U0925427

铁路货车性能评价概论

陈　雷　编著
杨绍清　主审

中　国　铁　道　出　版　社
2010年·北　京

图书在版编目(CIP)数据

铁路货车性能评价概论/陈雷编著.—北京:中国铁道出版社,2010.1
ISBN 978-7-113-10860-1

Ⅰ.①铁… Ⅱ.①陈… Ⅲ.①铁路车辆:货车-性能-分析 Ⅳ.①U272

中国版本图书馆CIP数据核字(2009)第235574号

书　　名:铁路货车性能评价概论
作　　者:陈　雷　编著

责任编辑:薛　淳　韦和春　王明容　聂清立
编辑助理:孙　楠
封面设计:郑春鹏
责任校对:张玉华
责任印制:郭向伟

出版发行:中国铁道出版社(100054,北京市宣武区右安门西街8号)
网　　址:http://www.tdpress.com
印　　刷:北京铭成印刷有限公司
版　　次:2010年1月第1版　2010年1月第1次印刷
开　　本:880 mm×1 230 mm　1/16　印张:32.75　字数:1 043千
书　　号:ISBN 978-7-113-10860-1/U·2610
定　　价:150.00元

前言

我国铁路货车经过近十多年的创新与发展,铁路货车技术实现了重大跨越与突破,逐步构建了完整的载重 70 t、80 t 级及 2 万 t 编组的重载铁路货车技术平台。在快速提升铁路货车产品性能与技术水平的过程中,形成了适合我国铁路运输要求及运用条件的从产品设计制造、试验评价到检修运用全寿命过程的完整技术及标准体系,并逐步达到国际先进水平,为确保我国铁路货车技术性能及安全可靠性提供了有力保障。其中,对铁路货车的试验及评价是产品设计、制造及运用的基础,是推动铁路货车技术进步、保障运行安全可靠的重要手段,是铁路货车技术体系中的重要环节。

铁路货车性能评价技术是依据标准与规范,为铁路货车及零部件实现特定功能、达到性能要求、保证安全可靠性而进行一系列计算分析、试验验证、运用监测的理论和方法,其主要作用一是通过计算分析、测试试验等手段指导与评估产品设计、制造及运用,使设计正确、运用科学;二是通过试验等手段检测验证产品性能,保证达到预期目标,保障铁路货车运行安全。铁路货车性能评价技术的发展与铁路货车技术发展历程及相关学科的进步息息相关,新中国成立 60 年来,我国铁路货车性能评价技术经历了从无到有、从粗到精、从单一到系统的发展过程。特别是近 10 年来,随着我国铁路货车重载、提速技术的发展以及走向国际市场的需要,得益于计算机信息技术、检测技术等的发展及应用,评价手段从原来简单的手工计算及试验数据处理发展到计算机仿真分析及自动采集分析试验数据,评价范围从单一的静强度评价发展到目前的疲劳强度、车辆动力学、列车纵向动力学等仿真分析及试验,以及大型台架试验和综合性试验、5T 系统监控等诸多内容,形成了理论完善、手段先进、结果准确的覆盖产品全寿命过程的完整体系。其中有些技术的应用及研究,如车轮疲劳裂纹容限分析、车辆运行品质轨边动态监测、大型综合性试验和大风环境、高低温环境下试验等,我国已走在了世界前列。铁路货车性能评价技术快速发展,为我国铁路货车产品及技术发展打下了坚实的基础,为铁路货车技术进步和运用安全提供了有力的支持和保障,在我国近 10 年来的铁路货车技术进步中发挥了巨大的作用,其中凝聚着广大车辆科技工作者的心血和汗水。然而技术的进步总是无止境的,展望未来,仍需做更多工作,如完善疲劳载荷谱和线路谱、对试验线路特征的研究及模拟、车辆运行品质轨边动态监测系统(TPDS)的深入应用及提升仿真分析的精准度等,有待于进行更深入的研究。

铁路货车性能评价技术已形成系统的技术体系,但一直疏于系统地总结。为使铁路货车工作者更好地了解和掌握铁路货车性能评价技术,铁道部运输局装备部组织编写了《铁路货车性能评价概论》一书。本书的主旨在于总结提高、深化应用、展望未来及传承经验,在"高标准、讲科学、不懈怠"理念指导下,一是通过系统总结已有的技术经验,使其得到更深入广泛的应用,更好地服务于铁路货车技术发展及运用安全;二是通过总结提高水平,并为未来铁路货车性能评价技术发展指明努力方向;三是向更广大的铁路货车工作者及有志于铁路货车工作者传承既有的知识及经验,为他们更好服务于铁路货车工作提供系统学习的机会。

本书共分 10 章,包括静强度和刚度评价、冲击强度评价、疲劳可靠性评价、动力学性能评价、列车纵向动力学性能评价、列车综合试验评价、车辆运行品质轨边动态监测评价、制动系统性能评价和配件评价技术等，其中涵盖了结构强度、车辆动力学、列车纵向动力学、铁路货车制动及新型材料等学科，包含基础理论、仿真分析、检测技术及评价标准等内容。作为铁路货车性能评价技术的专业图书，本书有助于铁路货车工作者较全面了解铁路货车性能评价技术的发展和现状，对铁路货车性能评价技术的实际工作有较强的指导意义，可供大专院校、铁路行业相关人员学习及参考。

齐齐哈尔轨道交通装备有限责任公司、中国铁道科学研究院、青岛四方车辆研究所有限公司、北京交通大学、西南交通大学、同济大学、中南大学、南车长江车辆有限公司、南车眉山车辆有限公司、南车二七车辆有限公司及铁道部产品质量监督检验中心低温试验站等单位为本书的编写提供了人员、资料及工作等方面的大力支持。

本书的出版是在那些曾经从事铁路货车性能评价技术工作的同志们多年沉淀、积累的基础上完成的，尽管他们没有亲自参加编写，但他们当年留下和保存的珍贵技术资料及背景材料，丰富了本书的内容；田缙谟、谈大同、宋凤书、陈伯施等老领导对铁路货车性能评价技术的发展发挥了重要的领导作用，在此对他们表示衷心的感谢！

全书由铁道部运输局装备部杨绍清主审，陈雷编著。参加编写人员：铁道部运输局装备部余明贵、王春山、刘吉远、赵长波、黄毅、周磊；齐齐哈尔轨道交通装备有限责任公司于连友、祝震、于跃斌、吕可维、刘严超、刘振明、姜岩、王胜坤、李立东；大连交通大学兆文忠、万朝燕、马思群；青岛四方车辆研究所有限公司王凤洲、田葆栓、刘宏友；北京交通大学谢基龙；西南交通大学戴焕云、赵永翔、王勇；中国铁道科学研究院王新锐、于卫东、曾宇清、徐倩、王成国、王京波；南车长江车辆有限公司孙明道、刘凤伟、王宝磊；中南大学梁习锋；南车眉山车辆有限公司安鸿、李伯清；铁道部产品质量监督检验中心低温试验站王凤和；同济大学胡用生；南车二七车辆有限公司孙蕾等。

作者初衷力求本书全面系统、内容准确，限于经验和水平，错误、疏漏及不足之处在所难免，恳请广大读者批评指正，并及时将使用中发现的问题通知我们。

作　者

目录

绪　　论

近年来，在我国铁路提速和重载发展过程中，铁路货车得到了大规模的发展，不仅保有量大幅增加，铁路货车的升级换代使得我国铁路货车技术水平大幅提高，已经接近或达到世界先进水平，铁路货车已经逐步跻身先进国家行列。而且中国铁路货车评价技术和试验装备也得到了快速发展和进步，技术水平也已逐步进入世界先进水平行列。对铁路货车评价技术进行系统的分类和总结，不仅对现在的铁路货车工作者是必要的，而且对今后铁路货车的工作也将会大有益处。

0.1　铁路货车性能评价的目的和意义

铁路货车是运送货物的移动装备，由车体、走行部、车钩缓冲装置、制动系统等组成，可以实现对所承载货物和自身载荷的支撑传递，实现走行以运送货物，实现铁路机车的牵引以及调速和制动。铁路货车是否具备客户要求的性能，运行安全性如何，对这些问题的回答需要铁路货车性能评价技术来实现。铁路货车性能评价技术就是通过对铁路货车及其零部件的功能、性能进行分析计算、试验测试，依照产品的有关标准、有关文件或产品技术条件，对计算或试验结果进行评估的理论和方法。铁路货车性能的评价贯穿产品全寿命周期中的各个环节和阶段，但其主要内容集中在产品研制阶段、试制样机的试验鉴定阶段和运用考验或可靠性试验阶段。

铁路货车产品研发过程包括决策阶段、设计阶段、样机试制与试验、设计确认、设计更改等阶段，见图 0-1。

决策阶段主要是详细了解用户需求，分析预测用户潜在需求，进行市场预测及技术调研，进行可行性分析，形成相应报告以便决策。决定开发后，制定研发计划。该阶段需要针对新产品的技术水平要求，对结构、动力学要求进行初步评估，发现技术上的难点，研究确定解决问题的基本途径，为可行性研究提供技术支持。

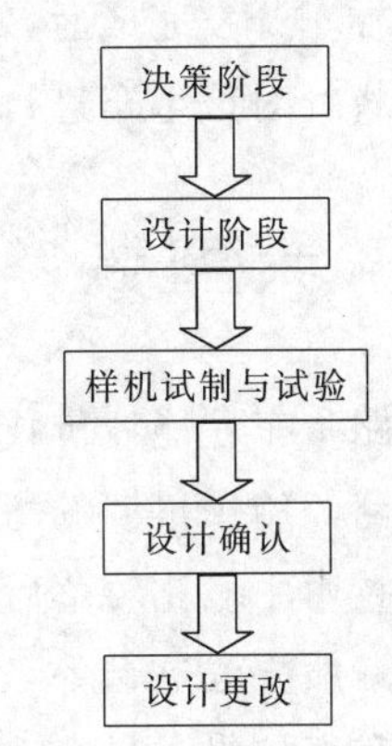

图 0-1　产品设计开发流程图

设计阶段分为初步设计、技术设计和工作图设计，在技术设计阶段一般即可开展动力学性能仿真工作，对技术方案的动力学性能进行初步评估，并可进行参数优化，对技术方案进行完善，对工作图设计阶段参数的确定提供理论支持。

在样机试制阶段，新研制的特性元件应先期试制，并开展试验研究，并制定零部件的技术要求，开展试验测试工作，其评价工作要先于整机。整机试制完成后，应按照产品的一般和特殊要求开展一系列的试验测试，以评价其功能、性能是否符合和满足标准及用户的要求。若存在问题，则应分析产生问题的原因，修改设计方案和调整工艺措施，直至问题妥善解决。产品的所有试验均应提供试验报告。

新产品或有重大改进的产品要投入使用须经过厂级、部级审查或鉴定，国家重大项目还要进行国家级鉴定。审查或鉴定前须进行各种试验并完成评价报告，这些报告成为产品审查或鉴定的重要内容和依据。

投入运用的铁路货车产品，在运用过程中可能会有问题或缺点暴露或反映出来，这些信息应通过各种渠道最终反映到产品研发部门和造修厂家，对问题进行分类和识别，对于结构、性能类问题须经产品开发人员分析研究，探寻改进措施，进行改进设计，改进设计方案要视改动规模决定改进试验验证和评价的项目。

各阶段情况和反映的问题均要反馈到有关主管部门，但这些信息只有反馈到产品研发部门，才能形成产品的改进，才能促进产品性能的提高。

铁路货车产品样机试验成功后，一般应进行小批量运用考验或可靠性试验，运用考验或可靠性试验通过后，视市场需求情况决定是否大批量推广应用。运用考验、可靠性试验和大批量推广应用等阶段内，产品的功能、性能、质量、可靠性、安全性等各方面的问题均可收集，反馈到产品研发部门，分析研究，分类定性，分别从设计、制造、管理等环节加以改进或克服，逐步完善产品。

在铁路行业的发展过程中，铁路货车产品开发的方法和过程也一直处于动态发展中，并且逐步形成了从设计内容及程序到设计管理制度等规范性文件，试验验证与评价就是这些文件规定的设计过程中的环节。产品研发过程中的试验又可分为前期研究性试验、中间验证性试验和后期的鉴定性型式试验。前期研究性试验应包括仿真研究，亦称数值试验。

1. 数值仿真、研究型试验及其评价

前期研究性试验主要是对铁路货车产品的初步设计方案的功能和性能进行研究，主要采用仿真手段，因为该阶段还没有实物样机，只能通过数值模型来进行，这主要得益于计算机技术及软件技术的飞速发展、数值方法的进步、力学研究的进展和早期铁路货车产品研发过程中试验数据的积累；前期研究性试验的另一个主要工作就是对铁路货车产品的初步设计方案中新型的或特殊的功能或特性元件进行先期试制并展开试验研究，否则，这将成为产品研发中的瓶颈或障碍，影响铁路货车新产品开发的整体进程。

2. 型式试验及其评价

试验验证是铁路货车产品开发过程中的重要环节，贯穿于产品开发中期，在此过程中，可得到被试铁路货车或其零部件性能和功能的定量或定性指标值。评价则是根据试验数据或结果给出铁路货车或其零部件性能或功能是否符合相关技术文件要求或性能等级的结论的过程，是产品研发后期各种鉴定性试验的目的和结果。在我国铁路货车产品开发手段的发展过程中，产品试验验证的项目、设备和技术手段是不断发展变化的。试验验证项目逐步增多，逐步完善；设备和技术手段越来越先进；评价的方法、过程和依据逐步完善并实现标准化，形成了评价的各项标准，并逐步形成了体系。

3. 运用考验、可靠性试验、综合试验及其评价

在样车开发完成后，新型铁路货车便进入运用考验阶段，若该新品将作为未来的主型铁路货车，则在该阶段还将针对该型车进行各种列车综合试验，以验证该车型在铁路运输系统中的适应性。

0.2 我国铁路货车评价技术发展历程

铁路货车性能评价技术的发展是与铁路货车产品升级换代的发展历程息息相关的。新中国成立以来，中国铁路经历了早期的仿制阶段和1957年以来的自主研发阶段。在20世纪50年代到70年代的产品研发过程中技术手段比较落后，设计过程中的结构设计基本上采用类比设计方法，分析计算应用材料力学和结构力学的一般方法进行手工计算，计算规模小、效率低、精度低，细节问题考虑较少，容易出错。试验工作在科研院所和高校中进行，产品研发企业仅有简陋的试验设备。70年代末，随着计算机和软件技术的发展，铁路货车结构分析工作逐渐发展起来，结构分析有限元法逐步推广、深入应用，设计过程中的结构分析工作上升到一个新台阶。1978年，TB/T 1335—1978《铁道车辆强度设计及试验鉴定规范》颁布，标志着车辆强度从理论分析、试验研究到产品鉴定走上了标准化阶段。20世纪80年代末，随着铁路货车载重及列车运行速度、牵引重量的提高，对铁路机车车辆提出更严酷的运输环境要求；新型铁路货车的设计制造并投入使用，对TB/T 1335—1978《铁道车辆强度设计及试验鉴定规范》的适应性进行了重新审视。新的设计计算方法不断

为工程结构分析广泛应用，冲击及疲劳等鉴定方法对评价强度的重大意义普遍为人们所认识，新的科研成果和技术进步需要通过规定程序吸收进进来。1996 年，TB/T 1335—1996《铁道车辆强度设计及试验鉴定规范》修订版完成并颁布实施。

结构疲劳可靠性从单纯构件疲劳试验发展到实测载荷制定载荷谱进行疲劳试验和寿命评估。交叉杆疲劳可靠性研究为我国铁路货车关键零部件可靠性和寿命的提高积累了可贵的经验。840D 车轮辐板孔裂纹研究，对提高轮对可靠性保证提速过程铁路运输的安全性作出了巨大贡献。焊接结构疲劳可靠性评估方法的探索和国际交流等将大大促进我国铁路货车疲劳可靠性设计和评价水平的提高。

20 世纪 50 年代到 70 年代，我国铁道车辆动力学研究主要在高校进行理论研究。到 90 年代初，出现了一个铁道车辆动力学研究的高潮期，以《西南交通大学学报》1991 年第 1 期和《铁道学报》1994 年增刊两个铁道车辆动力学研究专辑为标志。轮轨接触几何关系的系统研究、轮轨蠕滑理论的进展为当时的铁道车辆动力学研究奠定了基础，许多铁道车辆动力学学者发表了大量文章，对动力学问题展开研究，取得了喜人的成绩。从铁道车辆动力学分析方法、计算软件到大量的动力学问题的深入研究都取得了卓有成效的结果，期间铁道车辆动力学理论在我国得以有力传播，培养了一批人才，并使得研发企业的技术人员逐步接触并了解和掌握了分析方法，为铁道车辆动力学的广泛应用创造了条件。1985 年，GB/T 5599—1985《铁道车辆动力学性能评定和试验鉴定规范》颁布实施，为我国铁路货车的研发、鉴定作出了贡献。进入 21 世纪以来，铁路货车新产品开发速度加快，升级换代进展迅速，该规范已经不能很好适应铁路现阶段的条件，需要进行修订。轮轨力测试手段的进步，线路条件的发展变化，铁路货车重载化和高速化，使得原有评价指标的限度和评价方法需要调整和改进。随着高速铁路的建设和发展，客货分线已成必然发展趋势，面对这样的形势，铁路货车的动力学评价的内容和重点会发生变化，铁路客货车求同的要求越来越少，铁路货车的特点会被突出强调。

2003 年开始的铁路货车 120 km/h 提速可靠性试验是我国第一次针对铁路货车提速而开展的系统的可靠性研究项目，试验中铁路货车持续运行，其中 120 km/h 运行时间占 70%，空重状态不变，涉及敞、棚、平、罐以及共用平车等通用铁路货车，对铁路货车状态、性能进行了前后两个阶段，总计 35 万 km 的运行考验，历时近 3 年，积累了大量试验数据和经验。为了提速和重载的顺利发展，有关部门组织了多次列车综合试验，对铁路运输的相关环节进行全面系统的试验，以验证从移动装备到基础设施的适应能力。其中，铁路货车的功能、性能和质量在试验中均可满足提速和重载运输环境的要求，并且综合性能优良。

在铁路货车动力学试验中，低速通过小半径曲线试验研究是一个有代表性的研究项目。

铁路货车横向动力学性能可靠性评估方法研究是通过地面动态检测技术、网络和信息化技术并辅以动力学仿真分析技术来检测铁路货车横向动力学性能的渐变，通过可靠性方法对横向动力学可靠性进行评估，该方法对未来铁路货车的检修制度的发展会产生深远影响。

铁路货车的升级换代与铁路货车配件的技术进步是分不开的。近年来，随着铁路提速重载进程的发展，铁路货车特性元件的要求越来越高，为此有关单位研制了大量的非金属特性元件，以适应悬挂系统复杂的刚度要求，摩擦阻尼系统的摩擦系数要求，摩擦副的减磨、耐磨要求等。这是铁路货车性能评价技术的一个新领域，无论新产品还是评价方法和评价准则都有大量的工作需要进行。

0.3 铁路货车性能评价技术体系

我国重载铁路货车立足于高起点、高标准，积极创新，研发了满足我国特有使用条件的载重 80 t 铝合金、不锈钢运煤专用敞车，以低动力转向架、车体轻量化等核心技术为依托，建立了重载铁路货车技术平台和标准体系；深入开展基础性和可靠性研究，全面应用重载铁路货车性能仿真分析、试验台试验和线路综合性试验等方法，形成了重载铁路货车可靠性评价体系。

铁路货车性能评价技术已经形成从理论分析到试验研究的技术体系，从整机到关键零部件的评价制订了大量的相关评价标准，新产品开发中，对于标准尚未覆盖但确需评价的内容一般先形成专用技术条件作为评价依据，待条件成熟时修订标准或指定新标准。铁路货车性能评价的核心内容为结构强度和疲劳可靠性、铁路货车和列车动力学性能以及制动系统性能。零部件性能评价的内容与上述内容相关，它们本身也存在强度和可靠性问题需要评价，再就是需要评价的零部件多数是为铁路货车动态系统提供刚度或阻尼特性的，这也需要进行评价。评价体系中核心标准为 TB/T 1335—1996《铁道车辆强度设计及试验鉴定规范》和 GB/T 5599—1985《铁道车辆动力学性能评定和试验鉴定规范》。

1. 理论研究

铁路货车性能评价技术主要分为结构的评价、动力学性能的评价及关键零部件的评价。理论分析的评价方法主要用于产品开发的前期，现在这些方法已经逐步形成各种 CAE 软件，在高校、研究机构的研究人员和主要研发企业的工程师中使用，早些年主要是研究人员掌握这些技术，近年来，企业的工程技术人员也逐步掌握了这些分析技术，使得这些分析技术的应用范围迅速扩大，对产品的研究逐步深入。铁路货车结构静强度分析、疲劳寿命评估、动力学仿真已经由原来的研究项目发展成为产品开发的常规项目。结构分析的数值仿真与结构试验遵循相同的规范，区别是仿真的数据是结构模型在计算机及结构分析软件环境下通过计算获得，试验的数据是实际结构通过测试技术获得，之后对于数据的分析处理评价遵循相同的标准。动力学仿真与动力学试验遵循同样的规范，区别是仿真的数据是动力学模型在计算机及动力学分析软件环境下通过计算获得，试验的数据是实际试验时通过测试技术获得，之后对于数据的分析处理评价遵循相同的标准。仿真分析的目的除了检验设计是否符合要求外，更主要的作用是优化结构，优选特性参数，使得产品设计方案具有更好的性能，更高的经济效益。

铁路货车性能评价技术的基础是结构强度理论、疲劳理论、断裂力学理论等固体力学理论，多体系统动力学、滚动接触理论和铁道车辆系统动力学理论，测试技术。铁路货车性能评价技术则是上述理论的综合应用。车辆研究部门要根据铁路货车产品的技术水平研究和制定评价技术标准，并根据铁路货车产品的发展适时修订标准以满足技术进步的要求。

仿真技术有效发挥作用的基础是功能齐全、性能稳定可靠的计算软件和基础理论扎实应用经验丰富的分析人员。铁道车辆应用基础理论研究的成果要及时应用于计算软件的更新，软件应用人员也要加强学习并跟踪理论研究的进展，这样才能做到仿真技术有效地服务于铁路货车产品开发和新产品的评价过程之中。

2. 试验研究

铁路货车性能最终需要对铁路货车及其零部件的样机实物进行试验评价，这也是产品鉴定时的基本依据。为了保证产品性能评价的水平和质量，国家管理机构对评价的部门和单位进行了资质管理。铁路货车新产品的各种型式试验均需在铁路行业质检监督部门认证的具有合法资质的试验鉴定部门进行，否则没有相应效力。试验鉴定依据的标准归口管理，制定和修订有归口单位组织国内行业知名专家进行先期研究，广泛收集行业内各方人员意见，形成符合实际需要、满足行业内要求、并具有一定先进性的行业标准（或其修订版本）。试验测试设备要定期检修满足试验要求，计量仪器、器具必须符合计量法规并鉴定合格。

铁路货车性能评价包括以下方面：

(1)结构的评价

- 结构承载能力的评价，必须具有能够承受强度规范要求的载荷和/或用户要求的载荷的能力。
- 承受冲击载荷能力的评价。
- 结构疲劳可靠性评价，疲劳寿命评估。

(2)动力学性能评价

- 仿真、台架试验，参数研究。
- 线路动力学试验，型式试验。
- 列车纵向动力学试验，牵引、制动能力，纵向冲动研究。
- 线路列车综合试验，研究铁路货车对线路、牵引、制动以及运行条件的适应性。
- 地面监测评价技术。

(3)关键零部件性能评价

• 转向架零部件
• 制动系统及其零部件
• 钩缓系统零部件
• 非金属件

3. 评价技术方法的相互融合和渗透

理论分析的结果已经成为制定试验方案的指导和依据，试验工作不但是检验产品的手段，也是验证理论分析模型和结果的手段，可以改进和提高仿真分析的合理性和准确性。有的分析项目，如结构疲劳寿命的评估已经发展成试验和理论分析相结合的方法。

0.4　国内外铁路货车性能评价技术现状

0.4.1　我国铁路货车性能评价技术

铁路货车是结构、机构、特性元件等构成的机械系统。如何判定铁路货车性能是否符合应用的要求，如何评价铁路货车性能的优劣是铁路货车设计、制造、运用、检修等各有关部门不能回避的问题，必须给出明确的回答。在铁路货车结构评价技术方面，我国已经建立起系统的试验检验和评定标准，其内容包括结构强度、刚度测定和疲劳寿命评估评价方法及规范。动态性能的测试和评价方法和规范为铁路货车的开发提供了有力的支持，并使得铁路货车的运行安全性得到了有效的保证。各种特性元件特性参数测试技术的开发和进步为铁路货车产品的开发和性能的提高做出了应有的贡献。

0.4.1.1　结构的评价

目前，通过先进、使用方便的结构分析软件，对铁路货车中的各种承载结构进行结构的应力和变形的分析，就是在实物结构试验之前已经对设计方案中结构的受力状况、变形状态有了比较深入的认识，在该阶段已经可以做出一个结构的强度和刚度的理论评价。测试工作已经可以在仿真分析工作成果的基础上进行，测试工作具有很强的针对性，对结构的考核评定可得到可靠的结论。对动应力的考核评定、对结构疲劳寿命的评估也取得了很大的进步，评定的结果可有效地指导设计制造工作。

我国拥有齐全的结构强度试验检测设备，试验标准有 TB/T 1335—1996《铁道车辆强度设计及试验鉴定规范》以及针对关键零部件的试验标准。

对于铁路货车各种结构件，如车体钢结构，转向架摇枕、侧架或构架，车钩、钩尾框、缓冲器，交叉支撑杆，制动梁，轮对，悬挂弹簧等，均应进行结构强度测试，承受动载荷的零部件还要进行疲劳试验，进行疲劳寿命的评估。

1. 结构静强度评价

铁路货车需要对其各结构件承受静载荷的能力按照 TB/T 1335—1996《铁道车辆强度设计及试验鉴定规范》及相应零部件标准进行评估，各结构件在设计载荷作用下的应力和变形可通过理论分析，在通用有限元软件环境下计算得到；还可在相应零部件制造完成后通过试验测试得到。在设计阶段一般需要结构分析计算和结构设计修改交互进行，直至得到满足设计要求的结构。在完成样机制造后，才能通过实物的强度试验，验证是否符合标准规范和设计要求。

(1)结构的仿真分析

对于铁路货车产品开发而言，各种主要承载结构件一般要进行结构分析。有限元理论经多年发展，早已成熟，并在铁路机车车辆领域成功应用，软件资源丰富，分析方法基本完善，为铁路货车产品开发中的结构设计和结构优化作出了贡献，并且与结构试验结合起来，分析结果可以指导试验测试工作，试验可以进一步验证计算模型的合理性和检验计算结果的精度。目前，从通用铁路货车到长大铁路货物车，从车体到转向架的零部件，钩缓零部件，制动系统中的承力构件，从铸件到焊接结构均进行结构有限元分析，结构分析的数值仿真研究已经成为设计过程中的有效支持。

(2)静强度试验

对于铁路货车主要承载结构，从车体到转向架的摇枕、侧架或构架，均进行强度试验，结构件必须通过相应强度规范的考核。我国在铁道科学研究院设有铁路机车车辆检验站，可进行各种铁路机车车辆零部件的强度试验，四方车辆研究所也可进行铁路货车的各种强度试验。随着铁路货车制造业的发展，目前，许多制造厂也建立起了结构强度试验装备，具备了结构试验的能力，使得制造企业具备了中间试验能力，缩短了产品研制周期，提高了产品设计质量，新产品开发的成功率大大提高。

(3)结构刚度(挠度)试验

结构的刚度(挠度)也是结构的主要指标，而且是限制指标，因为许多在规定载荷下强度满足要求的结构，其刚度并不能满足应用要求，因此，结构刚度(挠度)常成为承载结构的限制性因素，结构越是庞大，刚度(挠度)问题将越发突出。铁路货车车体仅做垂向弯曲刚度试验，用挠度与车辆定距之比(即挠跨比)来评定。

2. 冲击试验

铁路货车冲击试验对鉴定铁路货车强度具有重要的意义，也是纵向动力学的重要研究内容之一。虽然，它主要研究调车编组时铁路货车的互撞规律，但就鉴定铁路货车及其零部件的强度而言，它却在相当程度上表征整个列车非稳态运动工况。因为不管调车编组抑或起动和制动等非稳态运动状态，都有一个共同的本质，即相邻铁路货车间具有相对速度差，因而产生比铁路机车起动牵引力还要大得多的纵向作用力。通过冲击试验，研究冲击速度与冲击力的关系，可为确定现有铁路货车调车作业时的允许冲击速度提供依据。冲击试验在冲击试验线上进行。冲击试验线是提供铁路货车、车钩缓冲器及货物进行冲击试验的综合设施。我国铁路货车冲击试验根据 TB/T 1335—1996《铁道车辆强度设计及试验鉴定规范》和 TB/T 2369—1993《铁道车辆冲击试验方法与技术条件》进行。

3. 结构可靠性评价

结构可靠性是指结构在规定的时间内、在规定的条件下完成预定功能的能力，它包括结构的安全性、适用性、耐久性 3 个方面。铁路货车结构的可靠性评价是一项综合性的工程，从时间上讲，它几乎贯穿整个产品开发阶段；从开发的对象来分，可大致分成转向架、钩缓、制动和车体 4 大系统及其零部件；而从所涉及的评价指标上讲，又包括强度、刚度、磨损、稳定性、耐久性、损伤容限、完整性和耐环境能力等。

在这些评价指标中，强度是一个比较重要的问题，一方面，强度不足危及行车安全并导致维修成本升高，为了满足在整个使用寿命内可靠性和耐久性要求，所有零部件、乃至整车需要有足够的强度；而另一方面，由于自重的要求，又要将零部件的材料用得最少。强度设计的目的就是要在这两个相矛盾的要求间找到一个平衡点，使得零部件达到轻量化的同时，满足可靠性的要求。因此，结构可靠性评价就是要回答零部件是否能够在使用寿命内不发生破坏的问题。

结构可靠性设计是结构能力与可预见载荷之间的协调问题，在可预见的载荷范围内，是有分布的，对于一个用途明确的具体的结构有一个相对集中的分布区域，这是结构设计最应关注的载荷，过大或过小的载荷出现的几率均较小。

要进行结构可靠性评价，必须获取两个关键参数：一是所研究的结构在整个使用过程中将会受到的各种各样的载荷，其表现形式是多种多样的，可以是力、应变或振动加速度等；二是结构本身能够承受这些载荷的能力有多强，也即俗称的“强度”，由结构的尺寸、材料和加工工艺等因素决定，它是结构本身的特性。对一个结构件来说，载荷和强度两者都是随机变量，它们符合一定的统计规律，当两者的概率曲线有部分干涉时，其干涉面积反映了载荷大于强度的可能性，该干涉模型是进行结构可靠性评价的基础。结构可靠性评价就是对结构寿命或耐久性的确定，有分析计算的方法和试验测试的方法，分别用于铁路货车产品开发的不同阶段。

根据规范进行的模拟计算和台架试验采用的载荷是定值、单一频率加载即不考虑加载频率的影响，因而不能很好地反映实际服役载荷情况，更无法体现结构动态特性对疲劳的不利影响，重载运输要求铁路货车轻量化设计，结构的固有频率必然有所降低，这就可能导致结构的低阶弹性振型处于线路的激扰频率范围之内而在某些部位产生较大的动载荷从而降低预期寿命。根据铁路货车服役线路情况进行运行试验以获取结构载荷谱的完整信息十分必要，能对上述 4 个方面问题进行更好的评价。当然，载荷谱测试要求选择在商业性运行中具有代表性的线路上进行:对专用线(如大秦线)上运用的铁路货车(如 C_{80} 型敞车),其商业性行程是众所周知的,因此载荷谱测试在专用线上进行;对非专用线上运用的铁路货车(如 C_{70} 型敞车),则应在具有不同线路特性(曲线半径、超高、线路质量等)的线路上进行载荷谱测试。

完全通过线路运行考核铁路货车的结构可靠性是一种最直接、有效的方法,其真实性毋庸置疑,但缺点是试验周期太长,费用也较大。还可选择试验场的强化线路作为试验线路,这样在载荷强度较高的强化线路上进行可靠性试验可以加快试验周期。我国曾在铁道科学研究院环行线试验场进行过累积 35 万 km 的提速铁路货车可靠性试验,提早发现了一些转向架零部件磨耗严重等问题。

目前,对于铁路货车产品,可靠性评价研究主要是对铸造和焊接结构件的疲劳性能的评价,随着近年来铁路提速和重载发展进程的加快,对铁路货车运行性能的持久性即动力学性能的可靠性也开展了研究,这部分内容在第 6 章和第 7 章中有所介绍。

我国铁路货车主型转向架多年来一直以铸钢三大件式为主,对铸钢件疲劳性能的评价的标准为 TB/T 1959—2006《铁道货车摇枕、侧架静载荷及疲劳试验》。对于焊接构架式转向架,我国尚待制定疲劳设计和试验标准,目前多借鉴 EN 13749—2005《*Railway applications-Wheelsets and bogies-Method of specifying the structural requirements of bogie frames*》和 UIC510-3《货车——二轴转向架试验台强度试验》规范进行货车转向架焊接构架的疲劳强度评定。

0.4.1.2 动态性能的评价

动态性能测试和评价技术是对铁路货车运行品质和安全性的要求。技术手段有线路动力学性能试验、滚动振动试验台试验、动态性能的地面监测等。随着计算机技术的快速发展,动力学性能仿真技术的发展和应用进展迅速,已经成为铁路货车动力学性能研究的产品开发的重要手段。

铁路货车动态性能的评价,从方法上可分为仿真、台架试验、线路动力学试验、列车线路综合试验以及动态监测技术等。

1. 动力学仿真分析方法

这是在产品开发阶段即可进行的铁路货车动力学分析评价手段,评价的项目、指标、依据的标准与线路动力学试验的一致,条件是应有先期实车动力学试验为基础,可靠的动力学分析软件以及合理的经验证的模型,以及可靠的模型参数。而铁路货车系统中各种特性元件实际参数的得出,却要待样机完成之后。若制造技术可以完全实现设计要求,则参数问题就不存在了,这时样机试验除验证性能外,性能与参数关系数据的积累就成为后续产品开发能力的基础。

仿真方法除了对设计阶段的方案进行性能预测和评价外,主要是对设计参数进行优选以及对新结构、新元件进行研究以加快新产品研发的进程。

2. 台架试验方法

铁路货车动力学性能的台架试验评价是在试验台上进行动力学性能的试验研究,可避免长时间线路试验而节省试验费用。目前,我国有西南交通大学牵引动力国家重点实验室的整车滚动振动试验台,四方车辆研究所的整车振动试验台和整车滚动试验台。利用整车滚动试验台可进行运行稳定性试验,可以测试蛇行临界速度,这是线路试验一般不容易做到的。利用整车振动试验台可以对铁路货车的运行品质、平稳性以及车辆振动特性等进行测试。台架试验模拟曲线的工作正在研究中。台架动力学试验现在一般用作铁路机车车辆新产品研发中间试验的主要设备。

3. 线路动力学试验

对于新研发或经改进的结构或参数有较大变化的铁路货车应进行线路动力学试验,以评定其动力学性能是否满足国家标准 GB/T 5599《铁道车辆动力学性能评定和试验鉴定规范》的要求。线路动力学试验是对铁路货车的运行安全性和平稳性等技术指标进行检验,也是保证铁路货车在批量生产和正常使用条件下安全运行的重要手段之一,线路动力学试验是我国铁路货车最重要的型式试验之一。

4. 列车综合试验

货物列车综合试验是伴随着铁路发展和提速需求而产生的针对铁路货车动力学、线路、桥梁等专业相互

影响、相互适应，以及铁路货车运用可靠性的综合性试验。我国近几年来货物列车参加的大型综合性试验大致可以分为以下几种类型。

①铁路货车综合性提速试验；

②铁路货车专项提速试验；

③客运专线联调联试中的铁路货车试验；

④铁路货车线路可靠性试验；

⑤大秦线重载列车纵向动力学试验。

货物列车综合性试验是我国铁路大提速一系列试验的重要组成部分，是铁路货车试验体系的重要环节，也是对铁路货车以动力学性能型式试验为主要手段的运行安全性评价与检验的延续，与动力学性能型式试验共同构成了铁路货车整车试验的评价体系，为铁路货车的设计、生产和运用反馈了有价值的信息，进一步保障了铁路货车提速与重载的运用安全可靠性。

无论哪一类铁路货物列车综合试验，参加试验的铁路货车都是通过动力学性能型式试验的运用车或新造车，试验列车均为大列编组，不同于动力学性能试验的小编组。铁路货物列车综合试验的最终目的都是为了确保铁路货物列车的在线路运行的安全可靠性和运行的平稳性，其评价标准基本上还是依据 GB/T 5599—1985，但不同类型的货物列车试验，又有各自的特点。

5. 地面监测评价技术

近年来铁路货车地面监测技术有了很大的发展。铁路货车动力学地面监测技术利用正线轨道上设置的监测平台，实时在线动态监测通过轮轨间的相互作用，从而得到通过铁路货车动力学性能的部分特性信息，单次监测时间短、包含一定随机因素，单次监测结果难以确定铁路货车动力学性能。若地面监测技术结合于铁路货车信息化技术，如铁路车号自动识别系统(ATIS)、铁路货车技术管理信息系统(HMIS)、网络化技术等，就可以通过分散监测、集中评判、数据共享，实现多点、多频次联网评判，可对通过铁路货车动力学性能进行在线监测，获得符合实际运用条件、大样本的动力学监测数据。如在我国主要干线建设的 TPDS，全路已联网建成的探测站 63 台，年监测铁路货车超过 4000 万辆次。

它们之间的关系如下：

车辆动力学仿真主要在产品开发前期，用于参数优化及动力学性能预测；台架试验主要用于样机早期，该阶段仍可进行多方案的参数比选，以进一步优化动力学性能，属于产品研发中间试验；线路动力学试验是对铁路货车动力学性能的鉴定性评价，并且其测试数据还应进一步作为依据对动力学仿真模型进行验证；列车综合试验则是更进一步对铁路货车在运营中的各种典型工况和运行条件进行试验，考核铁路货车的综合性能；地面监测技术是对运用中铁路货车的性能和行为的观测，既是安全设施，又是研究铁路货车性能长期变化规律，进行可靠性研究和评价的有效手段，可对修期的制定和调整提供统计依据。

铁路货车的动态性能的研究、测试、评定和改进已经可以在产品开发过程中有效地进行，它和结构分析一道是铁路货车产品开发过程中产学研结合非常紧密的领域。

0.4.1.3 关键零部件评价技术

铁路货车中功能元件的性能或特性的评价技术，内容差别较大，不易统一归类，主要内容有转向架中的弹簧减振装置和制动梁的评价，制动系统性能的评价，钩缓系统性能的评价以及非金属件的评价等。

1. 转向架零部件评价

铁路货车的动力学性能是与其结构和连接元件的特性参数有关的，因此，对连接元件特性的测试和评价是铁路货车工作者把握铁路货车性能的一种手段。铁路货车中各重要部件均有其特性，例如转向架悬挂系统，其特性参数就是决定动力学性能的重要参数，也是设计师可以在参数可行域内进行选择和优化的参数，车体和转向架连接的心盘和旁承也是对动力学性能有较大影响的参数，也是设计师可以进行选择和优化的参数。近年来，铁路货车转向架悬挂系统中非金属特性元件的应用逐渐增多，比如，一系悬挂的轴箱橡胶垫，二系悬挂的斜楔高分子材料磨耗板，心盘磨耗盘、旁承弹性体和磨耗板，交叉支撑轴向橡胶垫等。它们要么提供刚度特性，要么提供摩擦特性，要么利用其耐磨性。除了要保证其应有的特性参数外，这些零件本身还要适应自然环境和运用环境的要求，以及满足特定的使用寿命要求。因此，对这类特性零部件的评价往往是多学科多项目的综合的试验检验要求。铁路货车制动力一般是通过转向架的闸瓦与轮对的摩擦最终实现的。制动梁是其中主要的承载构件。对组合式制动梁的试验评价包括静强度、静载荷(即刚度)和疲劳性能三方面内容，采用专用试验设备进行试验。对于近年来的提速和重载铁路货车转向架，上述零部件主要按有关文件来进行试验和评价。随着试验和评价方法的完善，相应文件会逐步形成标准，正式颁布。

2. 制动系统性能评价

对铁路货车来说，制动系统的评价主要包括制动能力评价和制动性能评价两部分。制动能力是指列车在规定的制动距离内安全停车的能力，它是评价铁路货车制动系统安全性的重要指标。制动能力越大，列车就越能迅速停车，制动距离和制动时间都大大缩短。增大列车的制动能力，不仅可以增加列车的运行安全，还可以提高铁路的通过能力，充分利用线路和装备，具有极高的经济效益。制动性能主要是指制动系统及制动装置产生的制动与缓解作用。制动性能评价内容主要是评估制动系统作用的可靠性和稳定性。

我国对铁路货车制动能力的评价主要是通过制动计算和静态闸瓦压力测试来完成的。

制动性能试验是对制动装置性能进行检查的一种手段，是检验制动装置技术质量的方法。铁路货车制动性能试验是对车辆整个制动系统内各个制动装置的性能进行全面检查，分为单车性能试验、列车试验。单车性能试验(简称单车试验)是对一辆车的整个制动系统性能进行检查，只有经过单车试验合格，才能编组到列车中。列车试验是对已编组的列车进行全列车制动装置的性能检查，只有经过列车试验合格，才能参加运输。

3. 钩缓系统性能评价

车钩缓冲装置是铁道车辆传递纵向力和衰减纵向冲动的装置。其中车钩在列车牵引过程中有时受拉，有时受压，但缓冲器在尾框和从板之间只受压力作用，并且在压缩过程中将列车的纵向冲动的动能耗散掉，起阻尼作用。车钩缓冲装置是决定列车纵向动力学性能的重要特性元件，因此，其特性参数的测试和评价是非常重要的。其自身的承载能力和寿命等也是影响其特性的关键因素，也应对此加以考核和评价。铁路货车车钩、钩尾框强度评价标准主要是 GB/T 17425—1998《货车车钩、钩尾框采购和验收技术条件》和 TB/T 1335—1996《铁道车辆强度设计及试验鉴定规范》。目前我国缓冲器评价标准为 TB/T 1961—2006《机车车辆缓冲器》。

4. 非金属件评价

随着铁路货车技术的现代化，特别是朝着轴重大、速度高的方向发展，对转向架悬挂零件和耐磨件性能有了更高的需求，一些弹性与耐磨性优良的非金属部件逐步被引入到铁路货车转向架结构中，并得到了成功应用。

这些非金属部件根据主要功能通常分为两类。一类以提供承载的无磨耗弹性约束功能为主要特点，如轴箱橡胶垫、轴向橡胶垫、旁承弹性体等。另一类则以提供相对滑动约束和摩擦阻力(矩)的功能为主要特点，如心盘磨耗盘、旁承磨耗板、斜楔主摩擦板等。目前这些零部件的性能已使我国三大件转向架获得了优良的性能，已处于国际先进水平。

为了确保非金属材料部件的正常运用，对它们的工作可靠性检测是必须的。由于它们都是承载部件，一般可以通过疲劳试验的方法对它们的疲劳强度性能进行考核。另外则是对需要摩擦减振功能的耐磨耐压件的摩擦性能可靠性或稳定性和承压耐磨能力进行评价。

非金属部件材料除了上面的疲劳可靠性和耐磨可靠性等外，还应在物理化学性能稳定性方面满足部件工作所需要的标准，以保证材料自身的稳定。

0.4.2 国外铁路货车性能评价技术简述

世界货运铁路的主要代表区域有北美、欧洲、俄罗斯，其中北美和俄罗斯重载铁路运输较发达，重载铁路运输发达的国家和地区还有澳大利亚、南非、北欧国家等。北美的标准为 AAR 标准。欧洲的标准有国际铁路联盟 UIC 标准、欧盟 EN 标准。

对于铁路货运来说,北美铁路是世界上最具代表性的以重载货运为主的铁路运输体系,美国已经走过了铁路的繁荣时期,在后繁荣期美国铁路状况稳定。环境保护的压力使得美国铁路运输的需求有所抬头。这里仅简要介绍一下北美的铁路货车性能评价的概况。

北美铁路协会 AAR 标准包括标准手册和建议规范,分为三大类:技术规范(M)、一般标准(S)、推荐规范(RP)。包含 3 个方面的内容:

①针对铁路运营商的联运规则,主要为装备的使用和维护方面的内容;

②针对铁路运营商的联运规则和设备制造商的标准手册及推荐规范,主要为装备和零部件机械性能方面的内容;

③针对货物装载规则,主要为铁路、国际贸易或货主的载荷规定。

AAR 标准主要包括:

①强制性的规范、标准及推荐实例;

②制动设备、罐车、机车、缓冲系统、车轮车轴、轴承及一般铁道车辆设计的专业出版物;

③M-1003,AAR 质量保证规范;

④联运规则参考;

⑤AAR 铁道车辆及部件制造与修理技术标准;

⑥AAR 专业技术委员会的职责;

⑦代表 AAR 的 TTCI(运输试验中心)管理委员会和维护标准。

AAR 规则每年更新 2 次。无论标准还是规则的修订,都以试验数据作为支持。如摇枕、侧架易因铸造缺陷而发生问题,所以,AAR 专门立项研究,在大量试验统计的基础上修订了 M-202-2005 和 M-203-2005,提出了新的疲劳试验合格判定依据;又如对旧罐车罐体补修后进行的疲劳试验证明裂纹未发展和转移,也为规则修订提供依据。

对于铁路货车车体,在 AAR 标准 C 分册中详细规定了设计制造规范 M-1001 及罐车规范 M-1002。主要考虑静载荷、大冲击载荷及疲劳载荷 3 个方面,并在管理条款中规定:轴重超过 29.8 t 的铁路货车,除在 AAR 其他出版物所述的特殊情况下,不能在联运中不受限制地使用。

AAR 规范中关于性能评价相关的标准对铁路货车中各种结构载荷、许用应力、结构试验项目、疲劳设计试验要求和动力学仿真和试验要求有明确规定。

对于载荷、强度、疲劳强度试验问题,铸钢件采用 AAR M-202—1997《铸钢转向架摇枕技术条件》和 AAR M-203—1983《铸钢转向架侧架技术条件》。对于焊接构架式或铸焊结合的铁路货车转向架,北美采用 AAR M-213—1981《焊接结构转向架构架技术条件》。这里主要说明 M-213—1981 的试验要求:

(1)载荷工况。M-213—1981 中对转向架进行静载荷试验时,必须考虑垂向载荷、横向载荷、纵向载荷,也就是 3 个方向加载;垂向载荷最大可达到 10.44 倍轴重,横向载荷为 0.2 倍轴重,纵向载荷为 0.25 倍轴重,比 TB/T 1335—1996 多加了纵向载荷,垂向载荷、横向载荷数值也较大。

(2)M-213-1981 中静强度试验结果的判定要依据转向架的挠度和应力 2 项指标。

对于疲劳强度试验时,M-213-1981《焊接结构转向架构架技术条件》与我国 TB/T 1959－1991、TB/T 1960－1987 较为相近,要进行侧摆、心盘边缘浮沉、心盘中心浮沉及扭转载荷试验,总循环次数为 120 万次。

AAR 动力学标准在试验条件、测量参数、数据采集、数据处理、标准评判方面与我国标准相比都有差异,尤其在试验条件和标准评判方面差异较大。

AAR 关于线路试验条件规定较为全面,针对不同的试验项目需要有不同的试验线路,线路是专为试验设置的,这与其有 FAST 试验线有关。而 GB/T 5599—1985 和 UIC 受条件限制,没有规定在专用的试验线上进行试验,AAR 和 UIC 的线路试验标准中都强调钢轨表面必须保持干燥,均提到了试验车在列车尾部和在 2 个方向进行测试,而我国标准没有相应规定。AAR、UIC 线路试验的条件比我国线路试验的条件要具体、严格。

在评价指标方面,GB/T 5599—1985 规定的评定指标适用于铁路客、货车的试验鉴定,要求各种技术状态的铁路货车动力学性能都不低于GB/T 5599—1985所列评定指标中的合格等级。而AAR标准规定只对新造铁路货车进行线路试验。总的来说,我国的现行标准GB/T 5599—1985和AAR标准在评价指标方面差别较大。GB/T 5599—1985在评价铁路货车性能时没有像AAR那样具体规定缓和曲线、圆曲线等,更没有规定修建特殊线路来试验空车和重车的扭转和滚动,重车的点头、浮沉、摇头和横摆。AAR标准中更多的是关心车轮和车轴的脱轨系数及车轮最小垂向载荷。GB/T 5599—1985没有对车体的最大侧滚角做出限制。AAR标准的测量参数、由测量参数计算而得到的参数及试验数据的记录与我国标准不同,AAR更侧重于运行的安全性,而在平稳性评价方面,AAR没有规定。对于铁路货车来讲,运行的安全性更为重要。

(1)线路试验条件不同。GB/T 5599—1985中规定的线路为《铁路技术管理规程》中规定的Ⅰ级线路或Ⅱ级线路,对线路的具体情况没做要求。AAR M-1001—1997规定必须在专用的试验线路上进行试验,线路条件必须满足能够做车体扭转、侧滚、浮沉、横摆、摇头、点头振动和列车纵向冲动试验,必须能够测量轮轨冲角;铁路货车试验用的轨道结构是能够激发特别不利的动力学性能的结构,不是重复任何已知的运用线路几何标准或条件。AAR规定,必须对单辆空车进行平直线路上的蛇行运动稳定性试验。试验要求钢轨的摩擦系数必须大于0.4。当摩擦系数小于0.4时,必须对钢轨表面进行清理,使其干燥、清洁。

(2)测试内容不同。GB/T 5599—1985要求对轮轨横向力、车辆加速度、车辆位移进行测试,并计算求得车辆振动平稳性指标、脱轨系数、轮重减载率、倾覆系数等内容。AAR M-1001—1997除对上述内容进行测试外,还必须测试车体扭转、侧滚、浮沉、横摆、摇头、点头振动和列车纵向冲动等内容。AAR还规定必须对单辆空车进行无激扰、轮轨摩擦系数不小于0.4的蛇行运动稳定性试验,最高试验速度为112.65 km/h,在该速度范围内不得有蛇行运动现象。

(3)评定标准不同。在脱轨系数、轮轨横向力、轮重减载率和车辆振动加速度值等方面的评定限度值不同。GB/T 5599—1985对以上指标规定的限度值分别为1.0、19 kN加上车轮静载荷的0.3倍、0.6、垂向加速度0.7g、横向加速度0.5g。以上评定指标是硬性的,只要试验过程中超过标准即被认为是不合格的或危险的,感觉更为严格一些。而AAR M-1001—1997考虑的更适合于实际运用,对以上测试参数从持续作用时间、统计分析的角度制定标准。如其车体加速度采用标准偏差与峰值和峰值之间的差值来判定,加速度标准偏差限度值为0.26g,610 m的区段内峰值与峰值之间不允许超过1.5g。

在大部分国家铁路货车标准中,AAR标准是最为详细的。这些标准对规范生产和保证铁路货车性能很有意义。我国科研单位曾经对AAR标准进行过系统的研究,翻译介绍了其中许多标准。

UIC 510-1《货车走行部分标准化》介绍了铁路货车转向架轮对的轮毂宽度要求、轴重超过18 t的转向架的车轮直径和车轴形式尺寸要求、滚动轴承设计依据、轮对的互换性依据、连接部件的互换条件、称重装置的风管接头互换性、弹性旁承和下心盘特性、底架上心盘和上旁承位置、标准转向架的总体尺寸、三轴转向架设计要求、轴箱轴承试验程序和二轴转向架在试验台上的强度试验等内容。

在轴重与速度之间的关系上,UIC 510-1有明确的规定,而我国目前还没有相应的要求。速度与轴重的匹配程度对线路、工务、运用、运营组织、检修等各方面影响很大。建议参照UIC 510-1进行系统的研究,制定出我国铁路货车转向架速度与轴重的合理匹配关系。

AAR有功能齐全的试验基地TTCI,试验基地内有一系列的试验专线铁路,累计达77 km。可进行铁路机车车辆、轨道零件、信号设备的测试。该专用线用于评估铁道车辆稳定性、安全性、耐久性、可靠性、乘坐舒适性等,没有运营线路上试验中会遇到的干扰、延迟和安全问题。TTC有振动试验台,模拟加载装置,小型作动器,滚动载荷试验机,测力计,列车空气制动试验台,滚动轴承试验台等设备。

0.5 铁路货车性能评价技术未来发展方向

铁路货车性能评价技术伴随铁路货车的研发和运用而产生,并随着铁路货车技术进步而发展。我国铁路提速重载的快速发展进程,推动了铁路事业的全面发展,铁路货车的技术进步在铁路系统中为铁路运输的发展发挥了强有力的支撑作用。铁路货车的技术水平在铁路运输体系中处于领先地位,不仅满足了铁路提速重载的要求，还为进一步发展提供了空间。铁路货车性能评价技术在铁路货车技术进步中发挥了巨大作用，但在发展过程中，仍有许多工作需要做，还有大量问题需要研究。试验装备数量和效率也显不足，很难及时满足用户的需求。试验装备的技术能力也需要提高。需要研制新型大型试验装备以解决铁路货车大型化、重载化和高速化过程中对试验和评价的新要求。

1. 疲劳可靠性

结构疲劳可靠性已经发展成为考核和评价结构的重要内容，我国提速重载运输的快速发展，对铁路货车结构的疲劳可靠性提出了更高要求，尽快提升疲劳可靠性评价技术水平，是相关工程技术和研究部门面临的重要课题之一，有必要在以下几个方面进一步开展研究：

①载荷谱是疲劳可靠性评价的基础，目前尚未有足够的能代表我国铁路货车提速重载服役条件的载荷谱，根据铁路货车服役线路情况进行更多的运行试验以获取载荷谱的完整信息十分必要。

②制造工艺对保证产品疲劳可靠性至关重要，有待加强制造工艺与内在疲劳强度的量化关系研究，建立基本材料与工艺(特别是焊接工艺)下的疲劳性能数据库，为更科学合理的设计评价和制造提供依据。

③加快大型、综合乃至整车疲劳可靠性试验平台的建设，提高 CAE 技术在疲劳可靠性分析方面的作用，完善疲劳设计和评价标准体系，以适应我国铁路货车提速重载发展需要。

2. 动力学

虽然线路动力学性能试验为铁路货车的运行安全性作出了巨大贡献，但随着铁路货车装备的发展和铁路运行安全可靠性的要求，铁路货车线路动力学性能试验(型式试验)也需要进一步地发展。未来的铁路货车线路动力学性能试验，在注重铁路货车性能和状态的同时，对试验线路应有明确的要求，比如轨道的不平顺等，线路的曲线半径和超高，顺坡率等等。并要研究这些线路的特征对铁路货车动力学性能的影响，研究这些线路特征的典型代表性，研究这种条件下铁路货车的性能与实际运用性能的关系。美国的 TTCI 的试验线和 AAR 标准提供了一个很好的借鉴。

3. 综合试验

铁路货车在线路上运行是以列车的形式出现，其运行安全性离不开列车的运行条件。许许多多的综合试验表明，综合性试验比较全面地反映了铁路货车的运行性能，反映了列车作用的影响，反映了铁路货车对线路及桥梁的动态作用和相互的适应性等。

在列车的模式下，进一步研究 120 km/h 速度级时影响铁路货车动力学性能及运行可靠性的关键参数，研究适合我国铁路货车的载荷谱和轨道谱，进一步提高列车运行安全性。

希望不久的将来建立建全我国的综合试验体系，对试验线路提出明确细致的要求，并在试验中进行测试，分析铁路货车与线路相互影响关系。可建立综合试验基地，这方面美国 TTCI 的经验具有很好的借鉴意义。

4. 地面监测

对于数量庞大且绝大多数无固定配属的铁路货车，地面监测是一种经济、有效的技术，亟待建立相关技术标准，并配套与之适应的管理规程，才可充分发挥其保证铁路货车运行安全的作用。

我国铁路货车检修体系是定期修，对于技术状态不同的铁路货车定期检修是不合理、不经济的。随着车辆运行安全监控系统(5T)在全路建立，铁路相关部门可以掌握铁路货车的技术状态参数，如 5T 系统中的车辆轴温智能探测系统(THDS)和车辆滚动轴承故障轨边声学诊断系统(TADS)可提供铁路货车轴承技术状态参数，车辆运行品质轨边动态监测系统(TPDS)可提供铁路货车动力学性能的相关数据。这些参数可以全面反映铁路货车的技术状态，对于技术状态良好的铁路货车可以适当延长检修周期，对于技术状态不好的货车可以提前段修。这样不但使得铁路货车修程设置变得合理，节约维修成本，而且通过有针对性的维修，全面提高铁路货车整体的技术状态水平，从而为铁路运输提供更可靠的安全保障。

铁路货车横向动力学的可靠性研究是一个全新的领域，还需要进行大量深入的研究。铁路货车横向动力学的可靠性研究结果不但可以评估铁路货车运行安全性，还应深入应用于维修周期及维修标准的制定。

为了更好地发挥评价技术的作用，铁路货车业内应注重评价技术本身内容的丰富、完善和发展。加大仿真技术研究的力度，重视仿真模型的试验验证工作，提高仿真技术水平。仿真技术水平的提高可以有效提高产品设计水平，减少试验次数，缩短产品开发周期，降低产品开发费用。应积极促进评价技术手段、方法和装备的进步；加强评价技术相关基础研究，促进评价技术标准的发展。评价技术人员队伍建设是铁路货车评价体系的重要支柱，加强产学研用的结合，全面促进铁路货车性能评价技术的发展。跟踪国外评价技术的发展动向，学习和借鉴国外的先进评价技术和经验，为我国铁路货车评价技术的进步服务。加强与国外相关机构的技术交流，密切关注评价技术的发展。

评价技术要紧紧跟住铁路货车和铁路运输快速发展的步伐，尽最大可能来适应铁路货车本身技术发展的要求，在此基础上丰富、完善和发展。

参 考 文 献

[1] 陈雷.中国铁路货车关键技术和可靠性评价[C]//第九届国际重载会议论文集.北京：中国铁道出版社，2009.

铁路货车结构静强度及刚度评价

铁路货车结构静强度及刚度能否满足设计及试验要求是极其重要的，因为它关系到铁路货车能否安全运营。为了考查铁路货车结构静强度及刚度是否能满足设计及试验要求，不管是哪一个国家，一定要有相应的标准来执行。

1978 年，我国制定了铁道行业标准 TB 1335—1978《铁道车辆强度设计及试验鉴定规范》。经不断完善，1996 年编制形成了当前执行的标准 TB/T 1335—1996《铁道车辆强度设计及试验鉴定规范》。

随着改革开放的不断深入，我国设计生产的铁路货车产品不断打入国际市场，这就要求铁路货车产品的设计与制造须满足国外的标准，其中最有代表性的 AAR 标准，是专门为在北美铁路联运的铁路货车制定的法规，在美国、加拿大等几个北美国家有广泛应用。

AAR 标准规定，铁路货车应按下述载荷和力单独或合并作用的条件设计：自重、装载负荷、叉车轮载荷、作用在车钩上的垂向载荷、抬车载荷、车顶载荷、牵引载荷、车端压缩载荷、冲击载荷、由水平冲击力引起的垂向力、作用在棚车和敞车端墙及平车固定端墙上的纵向力、横向力、散装货物对侧墙的侧压力、斜靠在敞车侧墙上的货物引起的侧压力、离心力。

在有横向压力作用的铁路货车结构的设计中，如棚车、漏斗车和敞车，应考虑粒状、块状或粉状货物的横向压力。

在铁路货车设计中应考虑倾斜货物的影响，例如倾斜堆放的板材贴靠在敞车侧墙上，装载状态可以取为最大载重的 75%均匀分配。

通用的组合载荷工况应主要包括：压缩 1 560 kN＋载重＋自重（载荷系数 1.8）；拉伸 1 560 kN＋载重＋自重（载荷系数 1.8）；车端压缩 4 450 kN＋载重＋自重（载荷系数 1.0）；冲击 5 560 kN＋载重＋自重（载荷系数 1.0）；冲击 5 560 kN＋自重（载荷系数 1.0）；车钩垂向载荷（载荷系数 1.0）；顶车＋载重＋自重（载荷系数 1.0）；横向压力（载荷系数 1.5）＋牵引 1 560 kN＋载重＋自重（载荷系数 1.8）；横向压力（载荷系数 1.5）＋压缩 1 560 kN＋载重＋自重（载荷系数 1.8）；横向压力（载荷系数 1.0）＋车端压缩 4 450 kN ＋载重＋自重（载荷系数 1.0）；车顶载荷（载荷系数 1.0）。

与我国 TB/T 1335—1996 标准比较，AAR 标准有一定的差异，主要包括垂向动载系数、车钩纵向力、车体侧向力及考核应力值等，详见表 1-1。

事实上，不论是我国的标准，还是国外的标准，其内容细节深浅有一定的差别，但是其中的基本力学原理是一样的，比如，我国标准中考查结构静强度时，用的判据是材料的许用应力即材料的屈服极限除以安全系数，AAR 标准不用许用应力而是直接用材料的屈服极限。然而，如果比较一下这两种标准中规定的载荷差异，我们发现，前者的载荷是间接的，而后者的载荷是直接的，但是，它们的力学本质是一样的。因此，在对铁路货车结构强度与刚度进行评价时，必须首先明了其中的力学基本原理，在结构设计过程中才能主动而不是被动执行这些标准。

表 1-1 AAR 标准与 TB/T 1335—1996 标准的差异

对比项目	TB/T 1335—1996	AAR 标准
垂向动载系数	$k_{dy}=\frac{1}{f_j}(a+bv)+\frac{dc}{\sqrt{f_j}}$	1.8
车钩纵向力	TB/T 1335—1996 第一工况：纵向拉伸力铁路货车为 1 125 kN；压缩力取铁路货车为 1 400 kN；第二工况：纵向压缩力取为 2 250 kN 对于 70 t 级的新型铁路货车，其第一工况的纵向拉伸力为 1 780 kN，纵向压缩力为 1 920 kN；第二工况的纵向纵向压缩力为 2 500 kN。而应用于大秦线生载运输，列车编组超过 10 000 t 的新型铁路货车，第一工况的纵向拉伸力为 2 250 kN，纵向压缩力为 2 500 kN；第二工况的纵向压缩力为 2 800 kN	压缩与拉伸：1 560 kN；车端压缩 4 450 kN，冲击 5 560 kN（载荷系数 1.0）
侧压力	第一及第二工况散粒货物侧压力	兰金(Rankine)公式横向压力（载荷系数 1.5）
中梁及底架刚度	中梁 1/1 500，侧梁 1/2 000	无明确规定
特殊工况	插车工况、翻车机工况等	车顶载荷、车钩抬起工况等
考核应力值	小于材料的规定的第一及第二工况许用应力值	小于材料的屈服极限或强度极限

其次，不论用何种标准评价结构静强度时，除了查看结构许用应力是否得到满足之外，还应当在静强度的范畴内查看结构应力集中的大小及其分布规律，因为疲劳破坏总是从高的应力集中部位开始，这对铁路货车结构的焊接接头部位尤其如此。认识到应力集中是结构静态响应与动态响应之间的必然联系通道是极其重要的，将结构的静态分析只与许用应力相关联是片面的，将结构的静态分析与抗疲劳设计割裂开来更是概念上的错误，当前，这种普遍存在的现象反映了我们的理论修养还需进一步提高，错误的倾向必须尽快加以纠正。

鉴于此，本章主要讨论的内容有：

1. TB/T 1335—1996 中对铁路货车静强度的计算与试验要求，以及国内外标准的区别；
2. 静强度基本理论的扼要介绍；
3. 设计阶段计算结构强度、刚度的有限元法基本原理、建模技巧、实例；
4. 静载荷下的强度试验。

1.1 结构静强度的基本理论

1.1.1 失效、安全系数和强度计算

由材料的力学性能可知，在拉力作用下，脆性材料制成的构件于变形很小时就突然断裂。塑性材料制成的构件拉断前先已出现塑性变形，不能保持应有的形状和尺寸，损坏了正常工作。这些破坏现象统称为失效[1]。受压短柱的被压扁或压溃也是失效。上述各种失效现象都是强度不足造成的。另外，刚度不足、稳定性不足；不同的加载方式，如冲击、交变应力等；不同的工作环境，如高温、腐蚀等，都可导致失效。

脆性材料以断裂的方式失效时，应力为强度极限 σ_b；塑性材料以出现塑性变形的方式失效时，应力为屈服极限 σ_s。σ_b 和 σ_s 可称为极限应力。为避免失效，构件在载荷作用下的实际应力（称为工作应力），显然应该低于极限应力。强度计算中，以大于 1 的系数除极限应力，并将所得结果称为许用应力，用$[\sigma]$表示。对塑性材料

$$[\sigma]=\frac{\sigma_s}{n_s} \tag{1-1}$$

对脆性材料

$$[\sigma]=\frac{\sigma_b}{n_b} \tag{1-2}$$

式中，大于 1 的系数 n_s 或 n_b 为安全系数。把许用应力$[\sigma]$作为构件工作应力的最高限度，即要求工作应力 σ 不超过许用应力$[\sigma]$。于是得构件受轴向拉伸或压缩的强度条件为

$$\sigma=\frac{N}{A}\leqslant[\sigma] \tag{1-3}$$

根据以上强度条件，便可进行强度校核、截面设计和确定许可载荷等强度计算。

由强度条件可以看出，许用应力的大小直接影响构件的设计。出于安全的考虑，应增大安全系数以降低许用应力。但这将导致加大横截面尺寸和增加自重，提高成本。相反，出于经济的考虑，则应减小安全系数提高许用应力。这样便可减小横截面尺寸并降低自重，但毕竟不够安全。所以，应该权衡安全和经济两方面的要求，作出合理的抉择。

确定安全系数应考虑的因素，一般有下列几方面：

1. 材料，包括材料的均匀程度，质量好坏，是塑性材料还是脆性材料等。
2. 载荷情况，包括对载荷的估计是否准确，是静载荷还是动载荷等。
3. 构件简化过程的合理程度和计算方法的精确程度。
4. 构件在设备中的重要性，工作条件，损坏后造成的后果，制造和修配的难易等。
5. 对设备自重、寿命和机动性的要求等。

上述这些因素都可影响安全系数的选择。例如，材料的质地欠佳，分析方法精度不高，载荷估计粗略等都是偏于不安全的因素，这就应该适当加大安全系数，以补偿这些不利因素的影响。又如某些工程结构对减轻自重的要求高，材料质地好，又不要求长期使用，这就不妨适当地提高许用应力的数值。可见安全系数的确定要综合考虑多方面的因素，很难作统一的规定。随着原材料质量的日益提高，设计方法和制造工艺的不断改进，人类对客观世界认识的逐步深化，安全系数的选择必将日趋合理。

许用应力的数值，可参考中华人民共和国铁道行业标准《铁道车辆强度设计及试验鉴定规范》(TB/T 1335—1996)。

1.1.2 强度理论概述

各种材料因强度不足引起的失效现象并不相同。根据上一节的讨论，塑性材料，如普通碳钢，以出现塑性变形为失效标志。脆性材料，如铸铁，失效现象则是突然断裂。在单向受力下，出现塑性变形的屈服极限 σ_s 和发生断裂的强度极限 σ_b 可由实验来测定。可把 σ_s 和 σ_b 统称为失效应力。以安全系数除失效应力便得许用应力$[\sigma]$，于是，可建立强度条件 $\sigma\leqslant[\sigma]$。可见，单向应力的失效状态和强度条件是以实验为基础的。

实际构件的危险点的应力状态往往不是单向的。实现复杂应力状态的实验要比单向拉伸或压缩困难得多。常用的方法是把试样加工成薄壁圆筒(图 1-1)，在内压 p 作用下，筒壁为二向应力状态。配以轴向拉力 P，可使两个主应力之比等于各种预定的比值。有时还在两端作用扭矩，就可得到更为普遍的情况。此外，还有一些实现复杂应力状态的其他实验方法。尽管如此，完全复现实际中遇到的各种复杂应力状态仍然是困难的。况且，复杂应力状态中应力组合的方式和比值又有各种可能。如：像单向拉伸一样，靠实验来确定失效状态建立强度条件，则必须对各式各样的应力状态一一进行实验。由于技术上的困难和工作的繁重，这是难以实现的。解决这类问题，经常是依据部分实验结果，经过推理提出一些假说，推测材料失效的原因，从而建立强度条件。

尽管失效现象比较复杂，但经过归纳，强度不足引起的失效主要是屈服和断裂两种类型。同时，衡量受

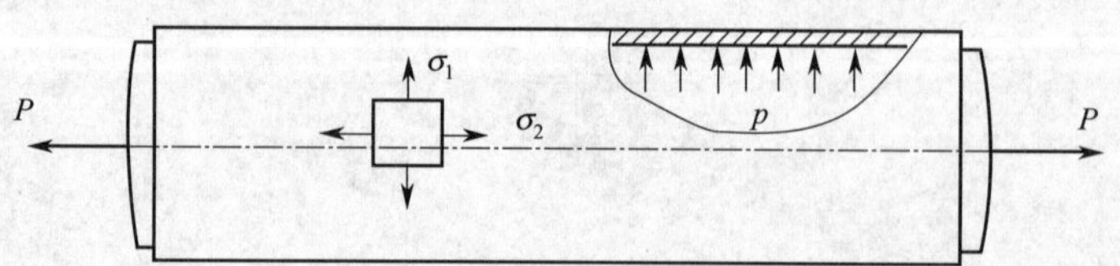

图 1-1 试样加工成薄壁圆筒示意图

力和变形程度的量又有应力、应变和变形能等。人们在生产活动中，综合分析材料的失效现象和资料，对强度失效提出各种假说。一些假说认为，材料之所以按某种方式(断裂或屈服)失效，是应力、应变或变形能等因素内某一因素引起的。按照这类假说，无论应力状态是简单的或是复杂的，引起失效的原因是相同的，亦即造成失效的原因与应力状态无关，这类假说称为强度理论。利用强度理论，便可由简单应力状态的实验结果建立复杂应力状态的强度条件。

强度理论既然是推测失效原因的一些假说，它正确适用于什么情况，应该由生产实践来检验。经常遇到的情况是适用于某种材料的强度理论却不适用于另一种材料；在某种条件下适用的理论不适用于另一种条件。

下面将介绍的四种强度理论，都是常温、静载下的强度理论，适用于均匀、连续、各向同性材料。当然，强度理论远不止这几种。而且，现有的强度理论还不能说已经圆满地解决了各种强度问题。这方面仍然有待发展。

1.1.3 四种常用强度理论

强度失效的主要形式为断裂和屈服。相应的，强度理论也分成两类：一类解释断裂，有最大拉应力理论和最大伸长线应变理论；另一类解释屈服，有最大切应力理论和形状改变比能理论。

1. 最大拉应力理论(第一强度理论)

这一理论认为最大拉应力是引起断裂的主要因素。即认为无论是什么应力状态，只要最大拉应力达到与材料性质有关的某一极限值，材料就发生断裂。既然最大拉应力的极限值与应力状态无关，便可用单向应力状态确定这一极限值。单向拉伸只有 $\sigma_1(\sigma_2=\sigma_3=0)$，且当 σ_1 达到强度极限 σ_b 时发生断裂。于是，根据这一理论，无论是什么应力状态，只要最大拉应力达到 σ_b 就将导致断裂。因而得到断裂准则：

$$\sigma_1=\sigma_b \tag{1-4}$$

以安全系数除极限应力 σ_b 得许用应力$[\sigma]$，所以，按第一强度理论建立的强度条件是

$$\sigma_1\leqslant[\sigma] \tag{1-5}$$

铸铁、玻璃、石膏等脆性材料在单向和二向拉伸以及拉—压二向应力下的实验资料都与这一理论相符。铸铁圆试样的扭转也是沿拉应力最大的螺旋面断裂。这一理论没有考虑其他两个应力的影响。对没有拉应力的情况，如单向或两向压缩，也不能应用。

2. 最大伸长线应变理论(第二强度理论)

这一理论认为最大伸长线应变是引起断裂的主要因素。即认为无论什么应力状态，只要最大伸长线应变 ε_1 达到与材料性质有关的某一极限值，材料即发生断裂。ε_1 的极限值既然与应力状态无关，便可由单向拉伸来确定。设脆性材料直到拉断可认为仍服从胡克定律，所以单向拉伸的伸长线应变的极限值为 $\varepsilon_0=\dfrac{\sigma_b}{E}$。按照这一理论，任意应力状态下，只要 ε_1 达到极限值$\dfrac{\sigma_b}{E}$，材料就发生断裂。故断裂准则为：

$$\varepsilon_1=\frac{\sigma_b}{E} \tag{1-6}$$

由广义胡克定律：$\varepsilon_1=\dfrac{1}{E}[\sigma_1-\mu(\sigma_2+\sigma_3)]$，代入式(1-6)，得断裂准则为：

$$\sigma_1-\mu(\sigma_2+\sigma_3)=\sigma_b \tag{1-7}$$

以安全系数除极限应力 σ_b 得许用应力$[\sigma]$，于是，按第二强度理论建立的强度条件为

$$\sigma_1-\mu(\sigma_2+\sigma_3)\leqslant[\sigma] \tag{1-8}$$

脆性材料的试块受轴向压缩时，如在试验机与试块的接触面上加添润滑剂以减小摩擦力，试块将沿垂直于压力的方向裂开，这正是 ε_1 的方向。铸铁受拉—压二向应力且压力较大时，试验结果也与这一理论接近。不过，如在试块受压的垂直方向再加压力，使它成为二向受压，按照这一理论，其强度应与单向受压不同。但混凝土、花岗石和砂岩的试验资料表明，两种情况的强度并无明显差别。与此相似，按照这一理论，铸铁在二

向拉伸时应比单向拉伸安全，但试验结果并不能证实这一点。对这种情况，还是第一强度理论更接近试验结果。

3. 最大切应力理论(第三强度理论)

这一理论认为最大切应力是引起屈服的主要因素。即认为无论是什么应力状态，只要最大切应力 τ_{max} 达到与材料性质有关的某一极限值，材料就发生屈服。单向拉伸下，当横截面上的正应力为 σ_s(屈服极限)，同时与轴线成 45°的斜截面上的最大切应力为 $\tau_{max}=\sigma_s/2$ 时，出现屈服。可见，$\sigma_2/2$ 就是导致屈服的最大切应力的极限值。它与应力状态无关，任意应力状态下，只要 τ_{max} 达到 $\sigma_s/2$ 就会引起屈服。若任意应力状态下的三个主应力分别为 σ_1、σ_2、σ_3，则有

$$\tau_{max}=\frac{\sigma_1-\sigma_3}{2} \tag{1-9}$$

于是，得屈服准则

$$\frac{\sigma_1-\sigma_3}{2}=\frac{\sigma_s}{2} \tag{1-10a}$$

$$或\quad \sigma_1-\sigma_3=\sigma_s \tag{1-10b}$$

以许用应力[σ]代替 σ_s，得到按第三强度理论建立的强度条件

$$\sigma_1-\sigma_3\leqslant[\sigma] \tag{1-11}$$

最大切应力理论比较圆满地解释了屈服现象。例如，低碳钢拉伸时沿与轴线成 45°的方向出现滑移线，是材料内部沿这一方向相对滑移的痕迹，而沿这个方向的斜截面上切应力也恰为最大值。钢、铝、铜等材料的实验资料表明，塑性变形出现时最大切应力接近于某一常量，这正是屈服准则式(1-10)表示的关系。这一理论的缺陷是忽略了 σ_2 的影响。在二向应力状态下，与实验资料比较，理论结果偏于安全。

4. 形状改变比能理论(第四强度理论)

这一理论认为形状改变比能是引起屈服的主要因素。即认为无论什么应力状态，只要形状改变比能 u_f 达到与材料性质有关的某一极限值，材料就发生屈服。单向拉伸下，由式

$$\begin{aligned}u_f&=\frac{1+\mu}{3E}(\sigma_1^2+\sigma_2^2+\sigma_3^2-\sigma_1\sigma_2-\sigma_2\sigma_3-\sigma_3\sigma_1)\\&=\frac{1+\mu}{6E}[(\sigma_1-\sigma_2)^2+(\sigma_2-\sigma_3)^2+(\sigma_3-\sigma_1)^2]\end{aligned} \tag{1-12}$$

求出与屈服应力 σ_s 相应的形状改变比能为 $\frac{1+\mu}{6E}(2\sigma_s^2)$，这就是导致屈服的形状改变比能的极限值。任意应力状态下，只要形状改变比能 u_f 达到上述极限，便引起材料的屈服。故得屈服准则为

$$u_f=\frac{1+\mu}{6E}(2\sigma_s^2) \tag{1-13}$$

将式(1-12)代入式(1-13)经整理后，得屈服准则

$$\sqrt{\frac{1}{2}[(\sigma_1-\sigma_2)^2+(\sigma_2-\sigma_3)^2+(\sigma_3-\sigma_1)^2]}=\sigma_s \tag{1-14}$$

以许用应力代替极限应力 σ_s，得按第四强度理论建立的强度条件

$$\sqrt{\frac{1}{2}[(\sigma_1-\sigma_2)^2+(\sigma_2-\sigma_3)^2+(\sigma_3-\sigma_1)^2]}\leqslant[\sigma] \tag{1-15}$$

几种塑性材料钢、铝、铜的试验资料与屈服准则式(1-15)非常接近。这一理论与实验结果吻合的程度比第三理论更好。在纯剪切的情况下，由屈服准则式(1-14)与(1-10b)得出的结果相差 15%，这是两者相差最大的情况。

综合式(1-5)、式(1-8)、式(1-11)和式(1-15)，可以把四个强度理论的强度条件写成以下统一形式：

$$\sigma_e \leqslant [\sigma] \tag{1-16}$$

式中 σ_e 称为当量应力，它由三个主应力按一定形式组合而成。按照从第一到第四强度理论的次序，当量应力分别为

$$\begin{aligned}
&\sigma_{e1}=\sigma_1\\
&\sigma_{e2}=\sigma_1-\mu(\sigma_2+\sigma_3)\\
&\sigma_{e3}=\sigma_1-\sigma_3\\
&\sigma_{e4}=\sqrt{\frac{1}{2}[(\sigma_1-\sigma_2)^2+(\sigma_2-\sigma_3)^2+(\sigma_3-\sigma_1)^2]}
\end{aligned} \tag{1-17}$$

关于强度理论的应用，一般说，铸铁、石料、混凝土、玻璃等脆性材料通常以断裂的方式失效，宜采用第一和第二强度理论。碳钢、铝、铜等塑性材料通常以屈服的方式失效，宜采用第三和第四强度理论。

1.1.4 TB/T 1335—1996 中与静强度相关的要求

根据 TB/T 1335—1996《铁道车辆强度设计及试验鉴定规范》[2]，铁路货车结构的承载能力须根据该标准所规定的各计算载荷及其组合的值按应力、变形、稳定性和疲劳强度进行评价。其铁路货车车体和走行部各主要承载构件以及重要设备和附件应进行应力计算。

该标准规定：计算复杂应力构件时，须求算当量应力（木材或其他各向异性材料包括聚合材料不求算当量应力），此应力不得超过相应计算工况的许用应力。

对于铁路货车结构来说，由于形状改变比能是引起屈服的主要因素，因此，当量应力按 1.1.3 的第四强度理论建立的强度条件式计算，即(1-17)中的第四式计算

$$\sigma_{e4}=\sqrt{\frac{1}{2}[(\sigma_1-\sigma_2)^2+(\sigma_2-\sigma_3)^2+(\sigma_3-\sigma_1)^2]} \tag{1-18}$$

对结构简单的铁路货车构件，其承载能力可用材料力学、弹性理论和结构力学的方法求算；复杂结构承载能力的计算，建议采用有限元分析方法。

1.2 结构强度及刚度的评价

1.2.1 评价标准发展历程

1978 年，我国制定了中华人民共和国铁道行业标准 TB 1335—1978《铁道车辆强度设计及试验鉴定规范》。

20 世纪 80 年代末，随着铁路运输的不断发展，国内出现了重载列车、客车扩编及组合列车，开始了中高速列车的开拓工作，从而对机车铁路货车提出更严酷的运输环境；新型铁路货车的设计制造并投入使用，对《铁道车辆强度设计及试验鉴定规范》能否完全适应它们的运用情况，许多人存有疑问。新的设计计算方法不断为工程结构分析广泛应用，冲击及疲劳等鉴定方法对评价强度的重大意义普遍为人们所认识；新的科研成果有待通过“立法”程序吸收进《铁道车辆强度设计及试验鉴定规范》。再者，调车速度是实现自动化半自动化作业所必需的，国外调车溜放速度普遍达到 7.0 km/h，有的高于 9.0 km/h，这必将对铁路货车强度提出进一步的要求；对铁路货车的零部件，AAR、UIC 虽有相应的疲劳试验方法，但完全引进国外性能试验方法不能认为是完全恰当的。1989 年起，我国开始对 TB 1335—1978《铁道车辆强度设计及试验鉴定规范》(试行)进行了修改，主要完成了：

1. 在预测铁路运输发展远景的基础上，提出了铁路货车作用载荷的“最大可能组合”，科学地解决了《铁道车辆强度设计及试验鉴定规范》的载荷组合问题；

2. 提出了“铁路货车单端冲击强度计算方法”，此方法对改善铁路货车结构的应力状态，保证铁路货车

满足规定的试验强度要求，减少或避免“返工”现象等，具有很强的实用价值；

3.《铁路货车用材料低温冲击韧性问题的研究》等有关研究解决了《铁道车辆强度设计及试验鉴定规范》材料低温冲击韧性评定方法存在的问题；

4. 铁路客货车转向架疲劳强度试验研究结果，为制订铁路客货车转向架疲劳强度试验及评定规范提供了试验依据；

5. 铁路货车调车冲击模拟计算，对提高允许调车连挂速度和全面正确地评价各种载重铁路货车的冲击强度提供了计算参考资料；

6.《铁道车辆强度设计及试验鉴定规范》初步引进了《铁道铁路货车主要零部件疲劳强度估算方法》等研究成果，使我国在铁路货车疲劳强度设计领域有了一个良好的开端；

7. 在《铁道车辆强度设计及试验鉴定规范》课题的研究中，采用了当时先进的国内外实行的理论计算分析方法和试验技术。

经不断完善，1996 年编制形成了当前执行的标准 TB/T 1335—1996《铁道车辆强度设计及试验鉴定规范》。

1.2.2 强度设计及计算的基本原则和一般方法

1. 基本原则

(1)设计铁路货车及其零部件时，应当保证承受运用载荷的各构件均具有必要的承载能力。同时，应尽可能减小铁路货车及其部件的自重，并充分发挥结构整体承载能力。

(2)铁路货车设计应保证铁路货车在运用时，在各种载荷条件下，车体的自振频率不同于转向架的蛇行、点头等振动频率，从而在整个运用速度范围内避免产生共振现象。

2. 一般方法

(1)铁路货车结构的承载能力，根据中华人民共和国铁道行业标准 TB/T 1335—1996《铁道车辆强度设计及试验鉴定规范》所规定的各计算载荷及其组合的值。按以下指标进行评价：应力、变形。

车体和走行部各主要承载构件以及重要设备和附件应进行应力计算，许用应力值参见《铁道车辆强度设计及试验鉴定规范》。

某些变形(挠度)过大会导致铁路货车或部件工作能力受损的构件，以及减振器、弹簧等器件，在设计时必须作允许变形的计算。车体的允许变形值参见 1.2.5 中的所论述的“垂向弯曲刚度的评定标准”，其他零部件或器件的允许变形值可根据设计任务书要求或实际需要确定。

(2)计算复杂应力构件时，须求算当量应力，但木材或其他各向异性材料包括聚合材料不求算当量应力，此应力不得超过相应计算工况的许用应力。

当量应力按式(1-19)计算

$$\sigma_e=\sqrt{\frac{1}{2}\left[(\sigma_1-\sigma_2)^2+(\sigma_2-\sigma_3)^2+(\sigma_3-\sigma_1)^2\right]} \tag{1-19}$$

式中 σ_e——当量应力(MPa)；

σ_i——主应力($i=1,2,3$)(MPa)。

(3)结构简单的铁路货车构件，其承载能力可用材料力学、弹性理论和结构力学的方法求算。

(4)复杂结构承载能力的计算，建议采用有限元分析方法。参见《铁道车辆强度设计及试验鉴定规范》。

(5)铁路货车初步结构方案设计建议参考《铁道车辆强度设计及试验鉴定规范》。

1.2.3 基本作用载荷或力及其组合[3]

1. 在进行铁路货车结构强度设计时，一般情况下均应考虑以下的作用载荷或力：

(1)垂向静载荷，包括结构自重、载重；

(2)垂向动载荷;

(3)侧向力,包括离心惯性力和风力;

(4)纵向冲击力及由它所产生的纵向惯性力;

(5)制动时产生的力,包括制动系统中的力和制动时产生的惯性力;

(6)铁路货车通过曲线时所受的钢轨横向作用力;

(7)修理时加于铁路货车上的载荷;

(8)扭转载荷及垂直斜对称载荷。

2. 除上述为各种铁路货车所共有的作用载荷或力外,还应考虑因铁路货车用途和结构不同的以下各种作用载荷或力:

(1)罐体内压力,包括所装液体蒸发气体的压力、液力冲击压力及所装液体自重引起的静压力;

(2)散装粒状货物的动侧压力;

(3)铁路货车在机械化装卸时所受的力,包括需上翻车机的敞车和为满足叉车装卸作业地板所受的载荷。

3. 上述所列作用载荷或力可归结为下列几种主要计算作用方式:

(1)垂向方式;

(2)纵向方式;

(3)侧向方式;

(4)自相平衡的一些力组,如扭转载荷及斜对称载荷。

4. 除自相平衡的力组外,三种计算作用方式中,垂向和纵向是主要的,即垂向总载荷和纵向力是考察铁路货车结构强度的主载荷。因为即将指出,在考虑铁路货车相应零部件的强度时,常以垂向静载荷的10%~12.5%来表征侧向力的作用影响,足见垂向和纵向作用方式所产生的应力可占据整个应力总成的90%以上。

1.2.3.1 车体基本作用载荷或力及其组合

1. 垂向静载荷

对铁路货车而言,作用在车体上的垂向静载荷 P_{st} 包括车体自重、铁路货车载重。

(1)车体自重

在进行铁路货车强度计算时,车体自重包括车体钢结构、木结构的重量以及固接在车体上的铁路货车其他零部件的重量。其数值视具体结构而定。

(2)铁路货车载重

铁路货车载重:对于一般铁路货车,取标记载重即打印在车体上的额定载重为铁路货车载重;对于敞车,考虑雨雪增载作用.则取标记载重的1.15倍作为敞车的载重。

铁路货车载重一般认为是沿地板面均匀分布的;对于可能装运大型笨重货物的敞车和平车,其载重的分布情况可按设计任务书或建议书提出的要求考虑。

2. 垂向动载荷

垂向动载荷 P_d 是由于轨面不平、钢轨接缝等线路原因以及由于铁路货车本身状态不良,如车轮滚动圆偏心,呈椭圆状,踏面擦伤等因素,引起轮轨间冲击和铁路货车簧上振动而产生的。由于上述因素变化复杂,垂向动载荷很难从理论分析得到,通常可由垂向静载荷 P_{st} 乘以从动力学实验测得的垂向动荷系数 K_{dy} 而得,即 $P_d = K_{dy} \cdot P_{st}$。

《铁道车辆强度设计及试验鉴定规范》推荐的垂向动荷系数的经验公式如下

$$K_{dy} = \frac{1}{f_i}(a + bV) + \frac{dc}{\sqrt{f_i}} \tag{1-20}$$

式中 K_{dy}——垂向动荷系数;

f_i——铁路货车在垂向静载荷下的弹簧静挠度。对变刚度弹簧,静挠度值为垂向静载荷与相应载荷下的弹簧刚度之比(mm);

V——铁路货车的构造速度(km/h);

b——系数,取值为 0.05;

d——系数,铁路货车取值为 1.65;

a——系数,簧上部分(包括摇枕)取值为 1.50,簧下部分(轮对除外)取值为 3.5;

c——系数,簧上部分(包括摇枕)取值为 0.427,簧下部分(轮对除外)取值为 0.569。

具有二系弹簧的转向架构架,垂向动荷系数按式(1-21)计算

$$K_{dy}=K_{dys}+(K_{dyx}-K_{dys})\frac{f_{jy}}{f_{j\Sigma}} \tag{1-21}$$

式中 K_{dys}——簧上部分的垂向动荷系数;

K_{dyx}——簧下部分的垂向动荷系数;

f_{jy}——摇枕弹簧静挠度(mm);

f_{jz}——轴箱弹簧静挠度(mm);

$f_{j\Sigma}$——转向架的弹簧静挠度($=f_{jy}+f_{jz}$)。

垂向静载荷与垂向动载荷之和称为垂向总载荷。

3. 侧向力

作用在车体上的侧向力包括风力与离心力。铁路货车运行时受到自然界风力的作用。当风从铁路货车侧面吹来并垂直于车体侧壁,而铁路货车又运行在线路的曲线区段时,车体所受的侧向力为风力与离心力之和。

(1)风力

我国风力取值系据建筑界有关全国风压分布网的研究而得。计算时取风压力 540 N/m^2,风力的合力作用于车体侧向投影面积的形心上 。

(2)离心力

铁路货车运行在线路的曲线区段时,将承受离心惯性力(俗称离心力)的作用,整个铁路货车的离心力作用在铁路货车的重心上,其方向沿径向指向曲线外侧。计算时通常把车体及转向架的离心力分别考虑。对于重载铁路货车其车体的重心通常取在距轮对中心线上 180 cm 处。离心力使车体产生向曲线外侧倾覆的趋势,并使铁路货车靠外轨一侧的零、部件产生垂向增载。车体离心力 H_1 的作用情况,如图 1-2 所示,其数值可按下式计算,单位为 N

$$H_1=\frac{P_{st}}{gR}\left(\frac{V}{3.6}\right)^2 \tag{1-22}$$

式中 P_{st}——车体垂向静载荷(N);

g——重力加速度(m/s^2),其值取 9.81;

R——曲线半径(m);

V——通过曲线时铁路货车最大允许速度(km/h)。

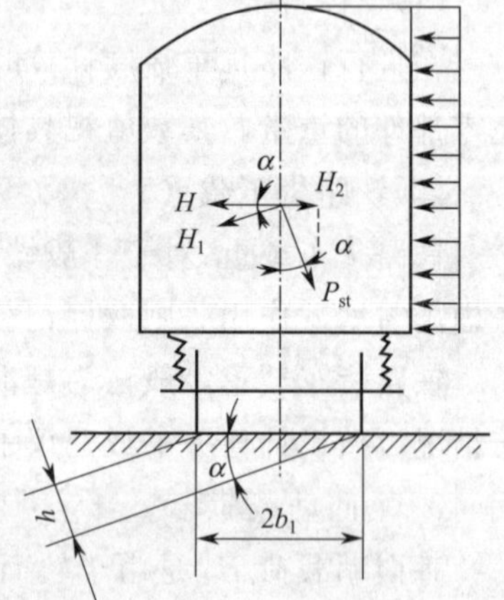

图 1-2 侧向力的作用

为了减小离心力 H_1 对铁路货车的作用,在线路的曲线区段上外轨铺设得比内轨高出一个 h 值(见图 1-2),h 通常称为外轨超高量,其数值与曲线半径 R 的大小有关。由于外轨超高,就使得铁路货车内倾,从而车体垂向静载荷 P_{st},包括车体自重、载重等就会在与离心力 H_1 相反的方向上产生一个分力 H_2,它以抵消一部分离心力的作用。

从图 1-2 中看出

$$H_2=P_{st}\sin\alpha=P_{st}\frac{h}{2b_1} \tag{1-23}$$

式中 h——曲线区段的外轨超高量(mm)(它与曲线半径 R 以及通过曲线时列车平均速度有关,其值可参

看铁路工程的有关书籍)；

b_1——轮对两滚动圆之间的距离之半(mm)，$2b_1=1\ 493$ mm。

考虑到外轨超高影响后，在曲线区段车体仍承受着未抵消的离心力作用，把 H_1、H_2 力沿着垂直于车体侧壁的方向即 H_2 的方向投影，其两者之差为

$$H=H_1\cos\alpha-H_2$$

由于 α 角度很小，故 $\cos\alpha\approx1$，因此

$$H=H_1-H_2=P_{st}\left(\frac{V^2}{gR3.6^2}-\frac{h}{2b_1}\right) \tag{1-24}$$

为简化计算，《铁道车辆强度设计及试验鉴定规范》规定可将上述 H 力的数值取为垂向静载荷 P_{st} 的7.5%，即

$$H=0.075P_{st} \tag{1-25}$$

计算中假定 H 力的方向与风力的方向相一致。

应当指出，近年来铁路发展高速，此时应考虑取 $H=0.1P_{st}$。

4. 扭转载荷

铁路货车制造的几何误差，线路不平顺等，能使车体产生扭转，即使是静止的重载车体也可以形成扭转。在运动过程中，蛇形运动、铁路货车进出曲线或道岔侧线均可以使车体扭转。

由于车体重心距心盘面有一定的高度，所以如图 1-3 所示，当第一个转向架进入缓和曲线，而后面转向架仍处于平直道，或当第一个转向架驶出曲线，而后面的转向架仍处于缓和曲线时，都将使车体产生扭转。

《铁道车辆强度设计及试验鉴定规范》规定扭转载荷 M_k 取值 40 kN·m。此扭矩作用在车体枕梁所在垂直平面内。

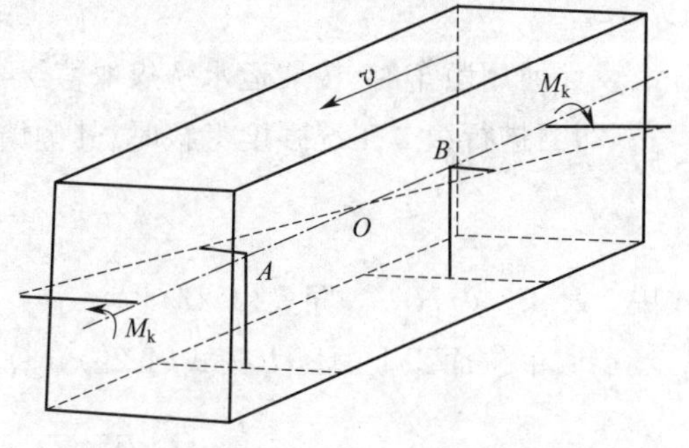

图 1-3 曲线上车体扭转示意图

5. 纵向力

当列车运动状态发生变化时，铁路货车牵引缓冲装置上，因相邻铁路货车间产生速度差，就会导致纵向拉伸或压缩作用力的产生，它经由铁路货车底架的前或后从板座作用于车体，使其产生偏心拉伸或压缩变形。纵向动力的大小与机车的起动牵引力和列车的重量与速度，甚至机务人员的操作水平等有关，同时也取决于单个铁路货车本身的质量、车体纵向刚度、所装制动机和钩缓装置的性能。纵向冲动的作用性质也相当复杂，不仅不同工况下其作用力的大小与性质不同，即使同一工况也不是都有统一的特征可言。尤其应当指出的是，不管哪一种工况下发生的纵向动力，其沿列车长度方向的分布都不是均匀的，换句话说，当列车发生纵向冲击时，铁路货车所处位置不同，其所受力的大小是不等的。

《铁道车辆强度设计及试验鉴定规范》对纵向力及其组合的表述如下：

纵向力是指列车在各种运动状态时，铁路货车间所产生的压缩和拉伸的力。在计算和实验铁路货车时，必须按第一工况和第二工况的载荷组合方式进行。

第一工况：纵向拉伸力取：铁路货车为 1 125 kN；压缩力取：铁路货车为 1 400 kN。该力分别沿车钩中心线作用于铁路货车两端的前、后从板座上。这种力产生的应力与垂向总载荷、侧向力、扭转载荷等所产生的应力相加，装运散粒货物的铁路货车，还应加上侧压力产生的应力，其和不得大于第一工况的许用应力(表 1-4)。

第二工况：纵向压缩力取为 2 250 kN，该力有两种作用方式：一是沿车钩中心线作用于铁路货车两端的后从板座上；二是沿车钩中心线作用于铁路货车一端的后从板座上。而为铁路货车及其所载货物的惯性力所平衡。

铁路货车的走行部分和车体构件，都必须考虑车体总重即车体静载重与车体自重之和所产生的惯性力的影响，该惯性力沿车体纵向作用在车体包括货物的重心处。其大小按式(1-26)计算，即

$$N_g=2\ 250\times\frac{\text{车体总重}}{\text{车辆总重}} \tag{1-26}$$

式中　N_g——车体总重产生的惯性力(kN)。

由这两种作用方式产生的应力分别与垂向静载荷产生的应力相加(装运散粒货物的铁路货车还应加上侧压力产生的应力),其和不得大于第二工况许用应力(表1-4)。

6. 散粒货物的动侧压力

铁路货车装运散粒货物时,车体侧、端墙承受着沿其全长或宽均匀分布的散粒货物侧压力

(1)散粒货物的侧压力作用于垂直侧(端)墙之上,当进行第一工况强度考核时,仅考虑侧墙压力。其单位面积上的压力按式(1-27)计算

$$P_{d1}=\frac{1}{2}\gamma\cdot H\sqrt{(1-K_V)^2+A_0^2}\times\sqrt{1+A_0^2}\times 9\,810 \tag{1-27}$$

式中　P_{d1}——侧墙单位面积上的压力(Pa);

γ——散粒货物容重(t/m^3);

H——散粒货物实际装载高度,可根据标记载重,货物容重以及车体内长和内宽等确定(m);

K_V——端墙上在重载车体重心高度处的垂向加速度与重力加速度的比值(一般可取0.7);

K_h——端墙上在重载车体重心高度处的纵向加速度与重力加速度的比值(一般可取0.4);

θ——散粒货物的自然坡度角(°)。

$$A_0=K_h-(1-K_h)\tan\theta$$

设计通用敞车时,按装运水洗煤取值 $\gamma=1.1\ t/m^3$;$\theta=25°$。

(2)当进行第二工况强度考核时,其侧墙单位面积上的压力按式(1-28)计算

$$P_{d1}=\frac{1}{2}\gamma H(1+\tan\theta)^2\times 9\,180 \tag{1-28}$$

式中　P_{d1}、γ、θ、H——同式(1-27)。

端墙单位面积上的压力按式(1-29)计算

$$p_{d2}=\frac{1}{2}\gamma H\sqrt{1+A_3+(A_1+A_2H)^2}\times\sqrt{H(A_1+A_2H)^2}\times 9\,180 \tag{1-29}$$

式中　$A_1=a-K_Vh/L+K_V\cdot X\cdot\tan\theta/L$

$A_2=K_V/L$

$A_3=A_2X(A_2X-2)$

$a=K_h-\tan\theta$

p_{d2}——端墙单位面积上的压力(Pa);

γ、θ、H——同式(1-27);

K_V——同式(1-27),一般可以取1;

K_h——同式(1-27),一般可以取3;

h——散粒货物表面至重载车体重心间的距离(m);

L——车体内长的一半(m);

X——重载车体重心至计算侧压力处的水平距离(均匀装载时 $X=L$)(m)。

7. 罐体的内压力

装运液体货物的罐车,其罐体承受着液体蒸发气体的内压力、液力冲击时所产生的压力及所装液体自重引起的静压力三部分之和。

液力冲击时产生的单位面积压力等于液体惯性力 N_g' 除以罐体端面的投影面积所得的商。静强度计算及试验时,假定此压力的作用沿整个罐体内壁是均匀分布的。

N_g' 值可用类似式(1-26),取相应工况的纵向力乘以液体载重与罐车总重的比而求得。

罐体内的蒸发气体压力依设计任务书规定的安全阀调整压力取值。

在评价罐体作为壳体的稳定性时,应考虑真空现象,当下部排卸或液体蒸气快速冷却及在进气阀发生故

障时，均可能出现这种现象。

罐体承受负压即真空时的计算值取为 0.05 MPa。

8. 铁路货车在机械化装卸时所受的力

(1)需上翻车机的敞车的上侧梁和立柱必须满足翻车机的作业要求，对于铁路货车总重为 84 t 的敞车，翻车机一个压头的最大垂向压力取 118 kN，作用在上侧梁的任何位置，匀布于最小 200 mm 的长度上；侧墙立柱根部的内倾总弯矩 235 kN · m，均匀分摊给所有立柱，其所产生的应力均不得大于(表 1-4)所规定的第二工况需用应力。其他载重的敞车及固定使用翻车机的敞车，应根据铁路货车总重和所用翻车机的结构确定上侧梁和立柱的载荷值。

(2)地板应能满足叉车装卸作业的要求。前轮距为 260 mm 时，载荷为 40 kN，每轮 20 kN，作用在地板任何位置所产生的应力不得大于表 1-4 第二工况许用应力。当进行这种强度考核时，钢地板可按四周简支板计算。当木地板直接承载时，其跨距不得大于 400 mm。

9. 修理时加于铁路货车上的载荷

鉴定铁路货车强度时，应考虑在车体一端枕梁的两侧或其他顶车处用千斤顶架起重载车体。此时，车体任何断面的应力不得大于所用材料的屈服极限，顶车位置处的结构不得产生永变形。使车体承受很大载荷的特定架修方法必须在设计任务书时载明，以便在鉴定强度时考虑。

1.2.3.2 三大件式、构架式转向架基本作用载荷或力及其组合

1. 垂向静载荷

(1)作用在心盘上的垂向静载荷 P_{st}

车体的自重、载重通过下心盘作用在转向架上，其数值通常采用两种方法计算。

① 根据车体实际重量计算，俗称“自上而下”的计算方法：对于专用的铁路货车转向架，作用在转向架心盘上的垂向静载荷 P_{st} 是按照车体的实际总量(t)来考虑，即

$$P_{st}=\frac{1}{2}(\text{车体总重})\times 9.81=\frac{1}{2}(\text{车体自重}+\text{载重})\times 9.81(\text{kN}) \tag{1-30}$$

按这种计算法所得的心盘载荷来设计转向架，可以使各零部件具有合理的结构强度和自重，但这种转向架往往缺乏通用性。

② 根据最大允许轴重计算，俗称“自下而上”的计算方法；对于通用型铁路货车转向架，作用在转向架心盘上的垂向静载荷 P_{st} 该转向架所用轮对压在钢轨上的允许载荷即允许轴重来考虑，即

$$P_{st}=9.81(nP_R-P_T)(\text{kN}) \tag{1-31}$$

式中 P_R——一个轮对压在钢轨上的允许载荷(允许轴重)(t)，(其数值随所用轴型而异)；

n——一台转向架的轴数；

P_T——一台转向架的自重(t)。

按式(1-31)计算所得的 P_{st} 来设计转向架，由于 P_{st} 与车型无关，故可在允许轴重的范围内应用于各型铁路货车，以提高转向架的通用性。

(2)作用在转向架任一构件上的垂向静载荷 P_{st}

求得作用在转向架心盘上的垂向静载荷 P_{st} 以后，就可按下列通式计算出作用在转向架任一构件上的垂向静载荷 P_{st}，即

$$P_{st1}=\frac{P_{st}+9.81P_{T1}}{m}=9.81\frac{(nP_R-P_T+P_{T1})}{m}(\text{kN}) \tag{1-32}$$

式中 P_{T1}——垂向静载荷自心盘面起至计算构件为止包括所有零件质量之和，包括计算构件本身的自重(t)；

m——一台转向架中平行受力的同名计算构件数目；

其他符号的含义同式(1-31)。

按式(1-32)计算时，计算构件的自重量包含在 P_{st1} 之中并以集中力表示而不取分布载荷的形式，这样将使计算简化，对计算结果影响不大，而且是偏于安全的。

现以铁路货车转向架侧架，分析在垂向静载荷下的受力情况。

以转 K2 型转向架铸钢侧架为例，按式(1-32)计算时，其中：轴数 $n=2$；D 轴的允许轴重 $P_R=21$ t；侧架数目 $m=2$；P_T 为一台转向架的自重，一般取 4.25 t；P_{T1} 为摇枕、中央弹簧装置以及两个侧架本身的自重之和。这样，作用在侧架上的垂向静载荷 P_{st1} 就可求得。P_{st1} 力是以集中力的形式作用在侧架中央的承簧台上，集中力的数目视中央弹簧的组数而定。转 K2 型转向架每个侧架上有七组弹簧，在图 1-4 上表示出五个集中力，其中 P_2 是二组弹簧的合力，即：$P_1=P_3=\frac{P_{st1}}{7}$ 而 $P_2=2\frac{P_{st1}}{7}$ 作用在承簧台上的 P_{st1} 力由轴箱的反力来平衡。侧架的受力情况如图 1-4 所示。

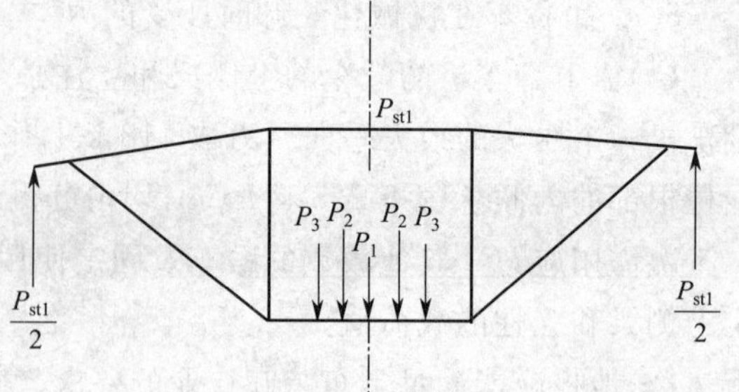

图 1-4 铸钢侧架在垂向静载荷作用下的受力情况

2. 垂向动载荷

作用在转向架零、部件上的垂向动载荷 P_{d1} 是由于铁路货车运行中轮轨之间的冲击和弹簧上振动所引起的，其数值按式(1-33)计算，即

$$P_{d1}=K_{dy}P_{st1}(\text{kN}) \tag{1-33}$$

式中 K_{dy}——垂向动载荷系数，其值按式(1-30a)或式(1-30b)计算。

P_{d1} 的作用方式与 P_{st1} 相同，对于侧架和构架只要把图 1-4 和图 1-5 中的 P_{st1} 改为 P_{d1}，就得到在垂向动载荷下的受力简图。

3. 纵向力所引起的附加垂向载荷

在前面曾指出，车体承受的纵向力有两种工况，其中，第一工况以及第二工况中的第一种作用方式规定车体在底架两端承受着对拉或对压式的纵向力。作用在车体上的这种纵向力并不引起转向架的附加载荷。但是第二工况中的第二种方式即单端冲击情况，车体的受力如图 1-5 所示。作用在车体上的这种纵向力将引起转向架的附加载荷。图 1-5 中 P_c 为转向架对车体的垂向反力，它的反方向即纵向力引起的作心在转向架心盘上的附加垂向载荷，可见按铁路货车运行方向的前位转向架增载，而后位转向架减载。作用在转向架心盘上的纵向水平力 $N_2/2$ 通常不予考虑。纵向力引起转向架心盘的附加垂向载荷 P_c 可按下式计算，即

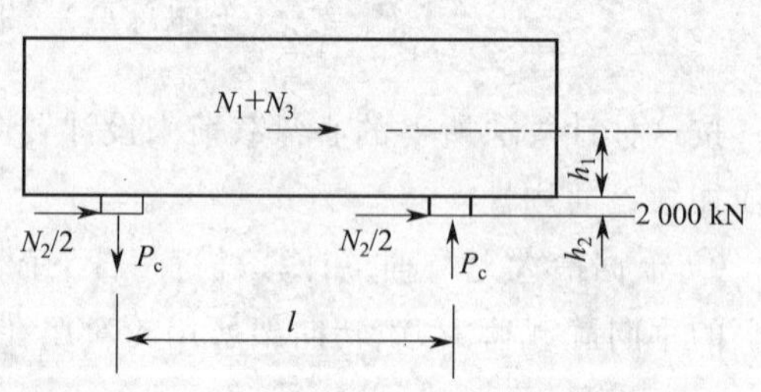

图 1-5 单端冲击时车体受力情况

$$P_c=\frac{(N_1+N_3)h_1-N_2h_2}{l}(\text{kN}) \tag{1-34}$$

式中 h_1——重载车体的重心至自动车钩中心线的垂直距离(m)；

h_2——自动车钩中心线与心盘面之间的距离(m)；

l——铁路货车定距，即两心盘中心之间的距离(m)；

N_1——车体自重产生的惯性力(kN)；

N_2——转向架自重产生的惯性力(kN)；

N_3——铁路货车所载货物的惯性力(kN)。

在 P_c 作用下转向架零、部件的受力情况，与在垂向静载荷 P_{st} 作用下的情况相同。应注意：附加垂向载荷 P_c 通常发生在调车作业时，它所引起转向架构件的应力不应与垂向动载荷所引起的应力相叠加。

4. 侧向力引起的附加垂向载荷

侧向力包括风力和铁路货车通过曲线时的离心力。风力和离心力的大小及作用点见 1.2.3.1 所述。

在平直道上且无风力作用的情况下，车体支承在两台转向架的心盘上。列车通过曲线时，在离心力以及风力作用下，车体将产生微量倾斜，车体靠近曲线外侧的上旁承将与转向架上同一侧的下旁承接触，这样就会引起转向架的附加垂向载荷。

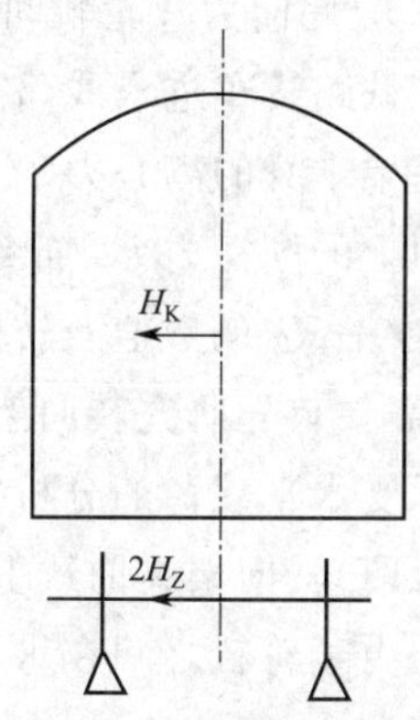

图 1-6 铁路货车受侧向力情况

图 1-6 表示铁路货车承受侧向力的情况。图中 H_K 表示作用在车体上的侧向力；$2H_Z$ 表示两台转向架的离心力。假定车体在侧向力作用下不发生倾斜，即转向架的摇动台和弹簧装置不变形的情况下，分析侧架和构架的受力。为此先研究铁路货车内侧及外侧轴颈或轴箱的附加垂向载荷。

(1)铁路货车内、外侧轴箱的附加垂向载荷

取车体连同中央弹簧装置以及侧架或构架、轴箱为分离体，如图 1-7 所示。图中 $2H_Z$ 为两台转向架除去轮对后的所有构件的离心力之和，假定此力作用在车轴中心线的水平面内。轴箱处的水平反力暂不研究，而每一个轴箱的垂向反力为 P_f，根据受力平衡得

$$P_f=\frac{H_K \cdot h}{2b_2 \cdot m_0} \tag{1-35}$$

式中 h——车体侧向力至车轴中心线所在水平面之间的垂向距离(m)；

b_2——轮对两轴颈中心线间的水平距离之半(m)；

m_0——铁路货车一侧的轴承数。

(2)侧架受力

以处于曲线外侧的侧架为例。由式(1-35)求得车轴轴颈对轴箱的垂向反力 P_f。那么轴箱对侧架的垂向作用力也就是 P_f。知道两个轴箱对侧架的作用力，则侧架中央承簧台上弹簧的反力之和必等于 $2P_f$，可见这时侧架的受力情况与图 1-4 侧架在垂向静载荷作用下的受力完全相同，只是力的大小不同而已。

(3)构架受力

与侧架不同，构架在侧向力引起的附加垂向载荷作用下的受力情况与在垂向静载荷下的受力不同、构架的受力情况如图 1-8 所示。图中处于曲线外侧的四个轴箱弹簧对构架的作用力向上，而内侧的则向下，每一弹簧作用力的数值等于 P_f，按每一轴箱上有两组弹簧。轴箱弹簧对构架的作用力系应由作用在构架摇动台吊杆销孔处的 P_n 力系平衡，即

$$P_n=2P_f \tag{1-36}$$

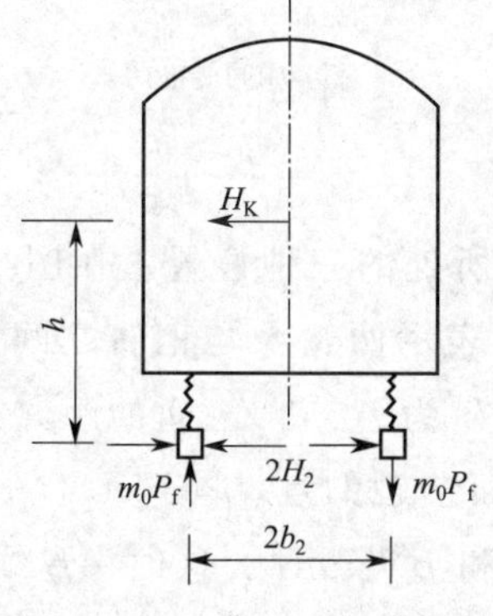

图 1-7 在侧向力作用下，除去轮对后的铁路货车分离体

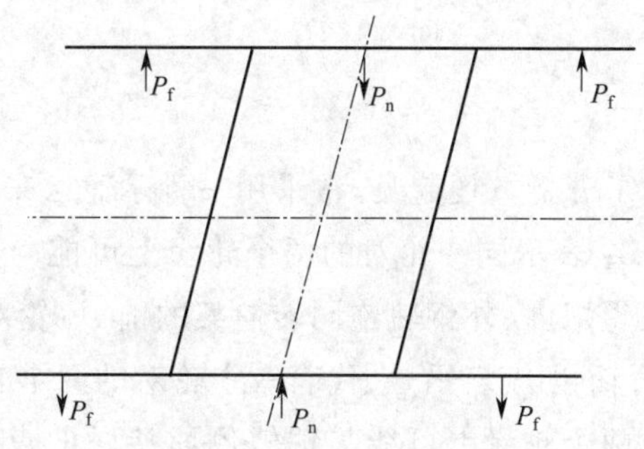

图 1-8 构架在侧向力引起的垂向增减载作用下的受力情况

侧向力引起的作用在转向架上的水平载荷，不能简单地像附加垂向载荷那样按图 1-7 由静力平衡求得，而必须研究转向架在曲线上所处的位置，以及轮轨间相互作用力的实际情况，才能正确地解决。

5. 侧向力及轮轨间作用力所引起的水平载荷

铁路货车进入线路的曲线区段后，转向架承受的水平载荷除了由车体传到心盘上的侧向力 $H_K/2$ 以及转向架本身的离心力 H_Z 以外，还有钢轨给车轮轮缘的横向力 Y，对于前轮对常称为导向力，轨面作用在轮踏面上的摩擦力 F。轮缘横向力的作用位置及大小以及摩擦力的大小和方向除了与转向架所受侧向力 $H=H_K/2+H_Z$ 的数值及转向架结构有关以外，还与转向架处于曲线上的位置及在曲线上的运动情况有关。为此，需要首先研究转向架在曲线上处于何种位置，进而得到轮轨之间的作用力，然后才能进行转向架各零部件承受水平载荷的分析。

(1)转向架在曲线上的三种位置

由于轮轨之间在水平方向有间隙存在(图 1-9)，当铁路货车在曲线区段运行时，转向架的前轮对一般均挤向外轨，而前轮对的内侧车轮与钢轨之间存在着侧向间隙，但后轮对则可能靠向外轨、也可能靠向内轨或处于中间位置，这要由铁路货车运行速度、曲线半径大小和转向架线性尺寸等因素来决定。因此转向架在曲线上可能处于下三种位置中的一种。

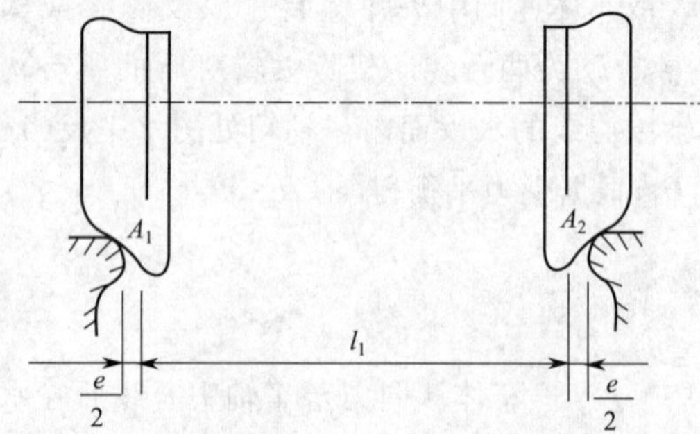

图 1-9　平直道上轮轨之间的相对位移

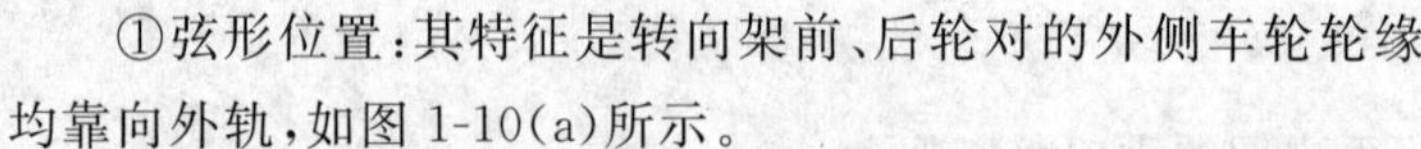
①弦形位置：其特征是转向架前、后轮对的外侧车轮轮缘均靠向外轨，如图 1-10(a)所示。

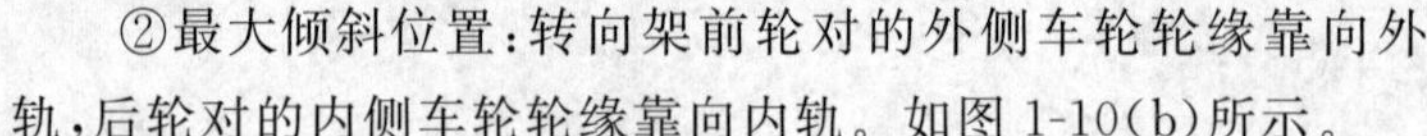
②最大倾斜位置：转向架前轮对的外侧车轮轮缘靠向外轨，后轮对的内侧车轮轮缘靠向内轨。如图 1-10(b)所示。

③中间位置：转向架前轮对的外侧车轮轮缘靠向外轨，后轮对的两个车轮轮缘与内、外轨均不接触，如图 1-10(c)所示。

转向架在曲线上究竟处于何种位置，这需要根据以下情况来决定。当转向架固定轴距 l、轮对两车轮滚动圆间的距离 $2b_1$、线路的曲线半径 R 以及轮轨间的滑动摩擦系数 μ 的数值一定时，主要决定于铁路货车在曲线上的运行速度 V。当运行速度很高时，常处于弦形位置；运行速度不高时，转向架常处于中间位置。因此，在转向架强度分析时，通常采用中间位置作为计算工况。

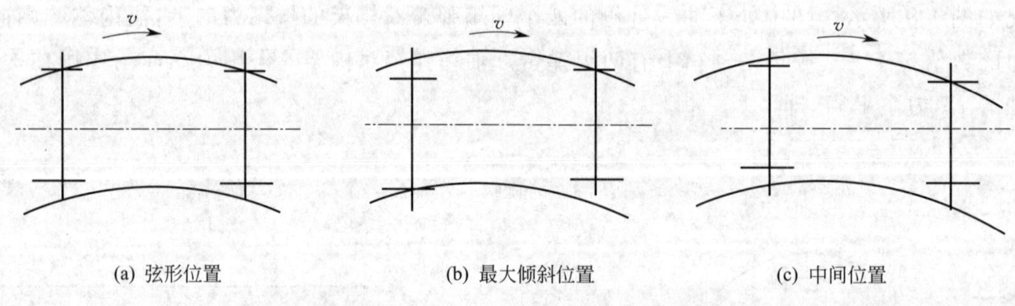

(a) 弦形位置　(b) 最大倾斜位置　(c) 中间位置

图 1-10　转向架在曲线上的三种位置

为了分析方便起见，常采用一种示意法来表示转向架在曲线上所处的三种位置。在图 1-11 上，如果用 A_1、A_2 表示同一轮对的两个轮缘上可能与钢轨侧面接触的点，e 表示两轮缘与钢轨之间的间隙之和。现在假想把内、外钢轨连同转向架的前、后轮对“压缩”一个距离 l_1(l_1 为 A_1 和 A_2 间的距离)，这时 A_1 与 A_2 重合而以 A 表示，它代表一个轮对的两个轮缘上可能与钢轨侧面接触的点。同理 B 代表转向架另一轮对的两个轮缘上可能与钢轨侧面接触的点(图 1-11 中以 B'、B'' 和 B''' 表示)。这时 AB 线就代表转向架，而相距为 e 的两条圆弧线则代表曲线上的内、外钢轨。由前述知道，转向架在曲线上无论处于何种位置，前轮对的外侧车轮轮缘都紧靠外轨，故在图 1-11 上 A 点落在外轨上。由于 A 点代表了 A_1 和 A_2，因此它既表示外侧轮缘 A_1 点与外轨接触，间隙为零，又表示内侧轮缘 A_2 点与内轨间的间隙为 e。三种位置中后轮对轮缘可能与外轨或内轨接触或均不接触，故在图 1-11 中 B 点就分别有三种不同的位置：连接 A 和 B'、A 和 B''、A 和 B'''，就得到转向架在曲线上的三种不同位置。为了分析在曲线上转向架所处三种位置时的受力，还需要确定转向架回转极点的位置。

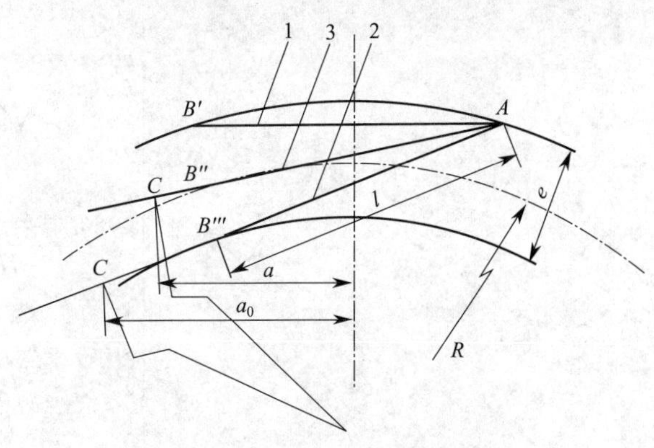

图 1-11 转向架在曲线上所处三种位置的简单表示法

1—弦形位置；2—最大倾斜位置；3—中间位置

(2)转向架回转极点的位置

为了分析问题方便起见，把转向架在曲线上的运动分解成两部分：沿转向架纵向中心线方向的移动即车轮纯滚动和绕着某一点 c 的转动即车轮沿轨面的滑动。c 点就称为回转极点。由理论力学得知，c 点即为自曲线中心引向转向架纵向中心线的垂足。从图 1-11 中可以看出：弦形位置时，c 点就处于心盘中心的位置，即 c 点处于 AB' 线的中点；最大倾斜位置时，c 点距心盘中心的水平距离 $a_0=eR/l$，其中 R 为曲线半径，l 为转向架的固定轴距；中间位置时，c 点距心盘中心的水平距离 a 为不定值，但它必定大于零而小于 a_0，即 $0<a<a_0$。

转向架在曲线上到底处于何种位置，可以通过以下计算求得。首先假定转向架处于中间位置，经计算：如果 $a=0$ 则说明转向架处于弦形位置；$a=eR/l$ 则处于最大倾斜位置；只有当 $0<a<eR/l$ 时，才说明原假定转向架所处的位置是正确的。

(3)中间位置时转向架的受力分析

①整个转向架的受力分析

为使计算简化，需做以下假定。

a. 车轮的滚动摩擦力不计。

b. 转向架各车轮压在钢轨上的垂向载荷 N 均相等，N 为平均分摊在一个车轮上的铁路货车垂向静载荷。这样，作用在各个轮踏面上的轮轨之间的滑动摩擦力 $F=N\mu$ 也均相同。μ 为滑动摩擦系数，一般取 $\mu=0.25$。

c. 轮对在水平平面内相对于构架或侧架没有位移。

d. 轮轨之间的水平作用力包括横向力 Y 和摩擦力 F 处于同一平面内。取整个转向架为分离体，因为仅研究水平力的作用，故取其俯视图，如图 1-12 所示。这时，转向架所承受的水平载荷有：作用在转向架心盘位置上的侧向力 $H=H_K/2+H_Z$，外轨给前轮对外侧车轮轮缘的导向力 Y_1 以及钢轨给各轮踏面的摩擦力 F。摩擦力的方向是这样确定的：它垂直于各轮轨接触点与回转极点 c 的连线，并力图阻止转向架绕 c 点的转动。此时暂假定 c 点处于后轮对之后，它与心盘中心的水平距离为 a。

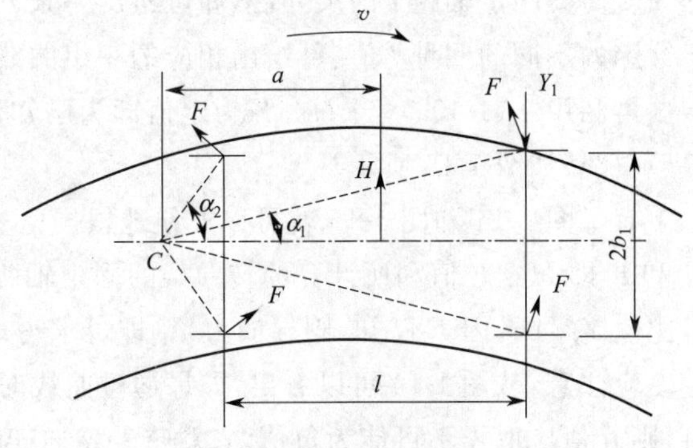

图 1-12 中间位置时转向架的受力情况

在图 1-12 上作用力 H 和 F，以及转向架的线性尺寸 $2b_1$ 和 l 均为已知值，而导向力 Y_1 及回转极点 c 的位置参数 a 是未知的。

由力的平衡方程得

$$\begin{cases} H+2F(\cos\alpha_1+\cos\alpha_2)-Y_1=0 \\ Hl/2+2Fl\cos\alpha_2-F(\sin\alpha_1+\sin\alpha_2)2b_1=0 \end{cases} \tag{1-37}$$

式中各符号的含义如前所述。其中

$$\begin{cases} \cos\alpha_1 = \dfrac{a+\dfrac{l}{2}}{\sqrt{b_1^2+\left(a+\dfrac{l}{2}\right)^2}} \\ \cos\alpha_2 = \dfrac{a-\dfrac{l}{2}}{\sqrt{b_1^2+\left(a-\dfrac{l}{2}\right)^2}} \\ \sin\alpha_1 = \dfrac{b_1}{\sqrt{b_1^2+\left(a+\dfrac{l}{2}\right)^2}} \\ \sin\alpha_2 = \dfrac{b_1}{\sqrt{b_1^2+\left(a-\dfrac{l}{2}\right)^2}} \end{cases} \tag{1-38}$$

把式(1-38)代入式(1-37),可见式(1-37)中只有两个未知数 Y_1 和 a,故可联立解得。由于用代数法解式(1-37)中的两个联立方程非常烦琐,故常用下列方法之一来求 Y_1 和 a。

试凑法:把上述各已知值(H、F、$2b_1$、l)代入式(1-37),并利用式(1-38)所示的关系,则式(1-37)中第一个方程式就变成 Y_1 和 a 的函数式,而第二个方程式则仅为 a 的函数式,可将这两个函数式简写成

$$f(a,Y_1)=0 \tag{1-39a}$$

$$f(a)=0 \tag{1-39b}$$

实践证明,直接用式(1-39b)来解未知数 a 也是很繁难的,故常用试凑法来解。选取不同的 a 值代入式(1-39b),得到一组不为零的 $f(a)$ 值,做 $f(a)-a$ 曲线(图 1-13),此曲线与 a 轴的交点的横坐标就是所要求的 a 值。再把此 a 值代入式(1-39a),就可得到导向力 Y_1 的值。图解法,把式(1-37)中的第一、二两个方程式分别除以 $4F$ 和 $2F$,则得

$$\frac{H}{4F}+\frac{1}{2}(\cos\alpha_1+\cos\alpha_2)-\frac{Y_1}{4F}=0 \tag{1-40a}$$

$$\frac{H\cdot l}{4F}+l\cdot\cos\alpha_2-(\sin\alpha_1+\sin\alpha_2)\cdot b_1=0 \tag{1-40b}$$

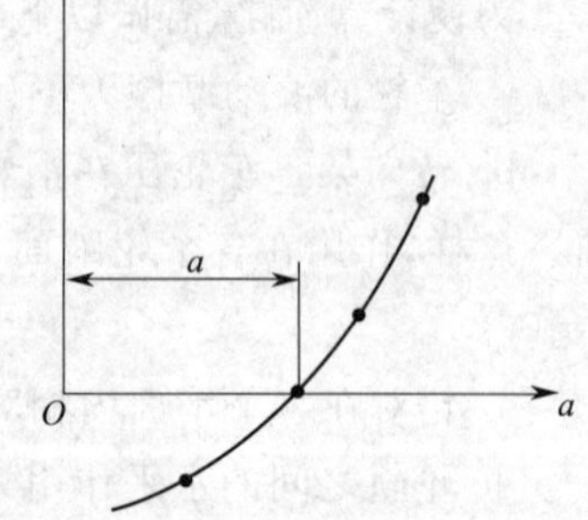

图 1-13 用试凑法求 a 值

利用式(1-40b),根据我国轮对滚动圆之间的距离 $2b_1=1\ 493$ mm 以及已知转向架固定轴距 l 的尺寸后,即可绘出一条 a 与 $H/4F$ 的关系曲线。对于给定的不同的四种 l 值、可绘出相应的一组曲线Ⅰ~Ⅳ,如图 1-14 所示。

再利用式(1-40a),当 $H/4F$ 为定值即为已知值时,对于不同的 l 值,可以绘出相应的一组 $Y_1/4F$ 与 a 的关系曲线,如图 1-15 所示。

有了图 1-14 和图 1-15 就可以方便地根据已知条件求得 Y_1 和 a 的值,使用时先根据图 1-14,由已知的 H 和 F 即 $H/4F$ 值和所计算的转向架的固定轴距 l,查得回转极点 c 的位置参数 a,再由 a 和 l 按图 1-15 查得比值 $Y_1/4F$,因 F 已知,则导向力 Y_1 即可求得。

应注意:从图 1-14 可以看出,如果通过曲线时铁路货车运行速度很高,以致侧向力 H 足够大,当 $H\geqslant 4F$ 时,则 a 值应取零不可能为负值,它意味着转向架不是处于中间位置而是弦形位置,这时就不能按图 1-13 来分析转向架的受力了,而必须按转向架处于弦形位置时绘出它的受力简图。这时转向架除了承受已知的侧向力 H 和钢轨给予四个轮踏面的摩接力 F 以外,H 及 F 力的大小、作用点及方向均已知,外轨还要给予前、后轮对的外侧轮缘以导向力 Y_1 和横向力 Y_2,Y_1 和 Y_2 的作用点和方向已知,但大小未知。同理可以写出两个力的平衡方程式,即可求得 Y_1 和 Y_2。如果按式(1-37)求得的 $a=eR/l$,则意味着转向架处于最大倾斜位置,类似于弦形位置,可以绘出转向架处于最大倾斜位置时的受力简图,与弦形位置不同的是 Y_2 力不是外轨作用于后轮对外侧轮缘的横向力,而应是内轨作用于后轮对内侧轮缘的横向力。

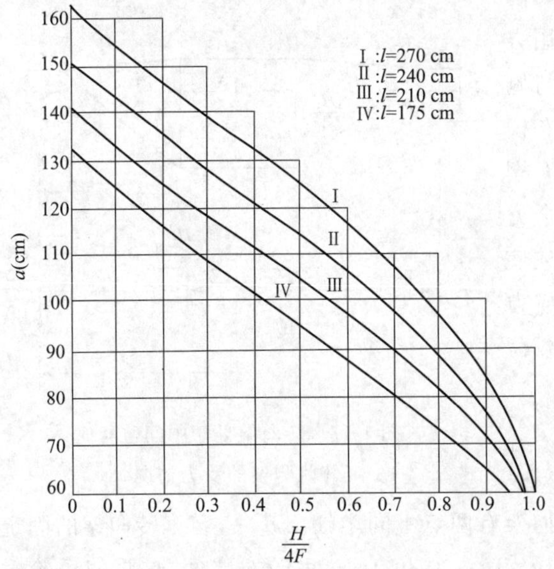

图 1-14 $a—H/4F$ 关系曲线

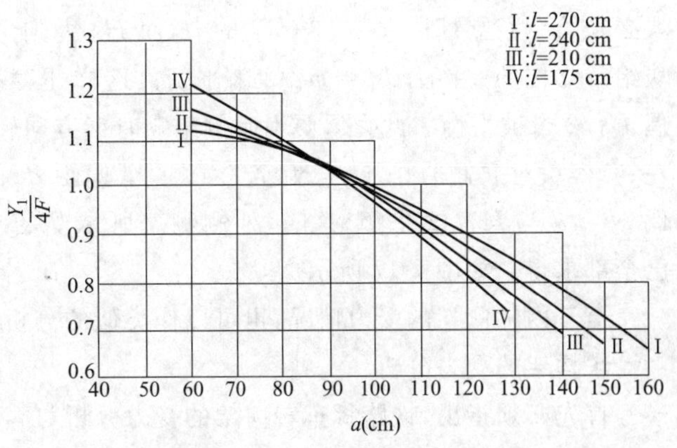

图 1-15 $Y_1/4F—a$ 关系曲线

求得了中间位置时 a 和 Y_1 或者弦形位置或最大倾斜位置 Y_1 和 Y_2 以后，仅解决了转向架作为一个整体的受力问题，为了研究转向架主要承载零部件的受力情况，还需要把转向架“拆开”，以各个零部件为分离体来分析，而首先要研究轮对的受力。这里假定转向架是处于中间位置，处于其他位置时，可同理进行分析。

② 轮对的受力分析

从图 1-13 中，把转向架的前、后轮对取出作为分离体，如图 1-16 所示。把已知的作用在轮踏面上的滑动摩擦力 F 沿坐标轴 x、y 方向分解成下列分力

$$F_{1x}=F\sin\alpha_1,F_{1y}=F\cos\alpha_1$$

$$F_{2x}=F\sin\alpha_2,F_{2y}=F\cos\alpha_2$$

把上列各分力以及已知的导向力 Y_1 分别加在四个轮轨接触点上，为了平衡 Y_1 和 F 力，轴承必须给予轴颈下列作用力

前轮对
$$H_1=Y_1-2F_{1y},T_1=\frac{F_{1x}2b_1}{2b_2} \tag{1-41}$$

后轮对
$$H_2=2F_{2y},T_2=\frac{F_{2x}2b_1}{2b_2} \tag{1-42}$$

式中各符号的含义如前所述。

必须指出，图 1-16 中 H_1 和 H_2 的这种作用方式只适合于滑动轴承的情况，因为滑动轴承车轴的轴颈前轴肩与轴瓦的间隙小于后轴肩与轴瓦的间隙。对于滚动轴承，H_1 和 H_2 可以认为平均分配在同一轮对的两个轴颈上，即前轮对的两个轴承各给予两轴颈以水平力 $H_1/2$，而后轮对的两轴颈所承受的水平力则为 $H_2/2$。

r 为车轮半径，为平衡力偶 $H_1\cdot r$ 和 $H_2\cdot r$，在前、后轮对的踏面上作用有附加垂向载荷

$$p_1=\frac{H_1\cdot r}{2b_1},p_2=\frac{H_2\cdot r}{2b_1} \tag{1-43}$$

③侧架的受力分析

以转 K2 型转向架外侧侧架为例，转向架处于中间位置时，已求得作用在前、后轮对外侧轴颈上的作用力 H_1、T_1 和 T_2，其反方向即为轴箱作用在外侧侧

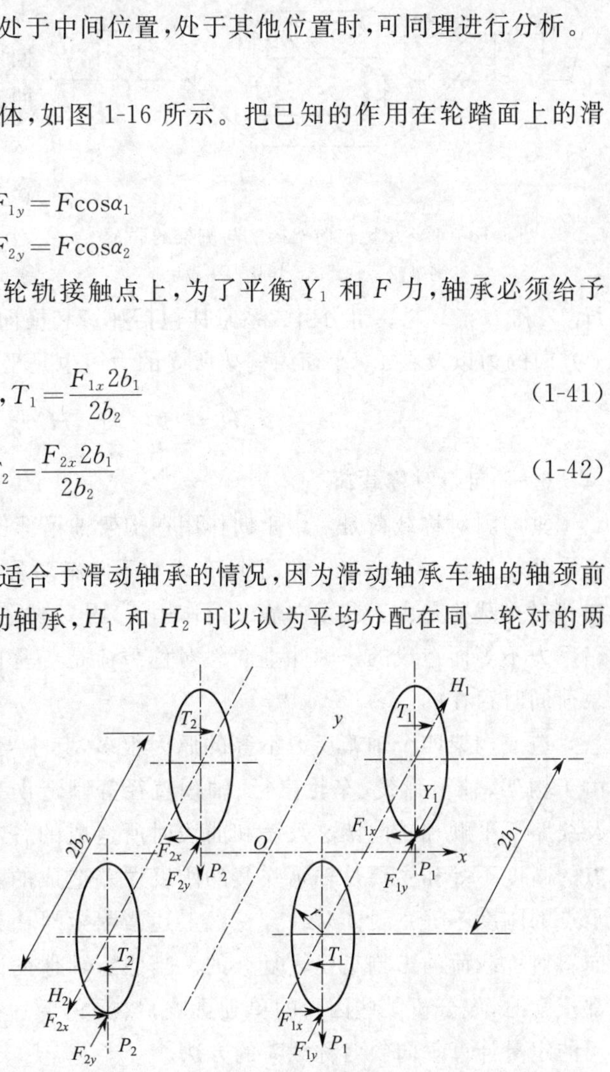

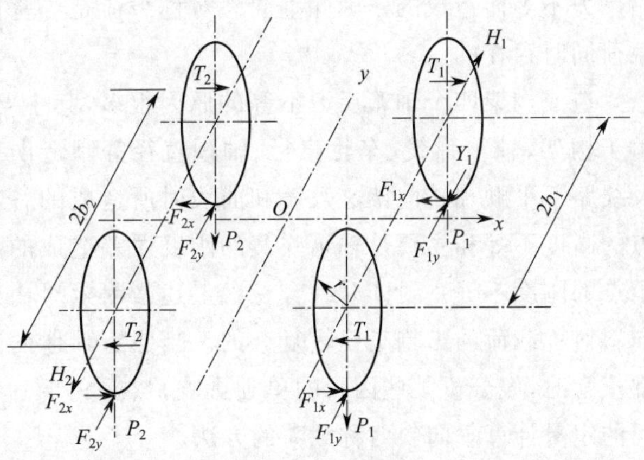

图 1-16 转向架处于中间位置时轮对的受力

架轴箱导框上的力(见图 1-17)。为了平衡这些力,在侧架的立柱部位,摇枕必须给予立柱以适当的作用力,该力的作用方式与侧架和摇枕之间的联系状况有关 。图 1-18 为摇枕与侧架之间联系的示意图。由该图可见,为了平衡 T_1 和 T_2,右楔块必须给予右立柱以 $T=T_1+T_2$ 的力,而 H_1 力则由左、右楔块给予立柱的摩擦力 $F_0=H_1/2$ 来平衡。这样还存在一个力偶 $H_1/2$ 未被平衡。此力偶要引起侧架顺时针方向转动,致使左、右楔块对立柱的挤压力 N_1 产生了一个偏距 d,以形成力偶 $N_1 \cdot d$ 与 $H_1 l/2$ 平衡,这时,外侧侧架所承受的水平载荷已全部求得。如图 1-17 所示。

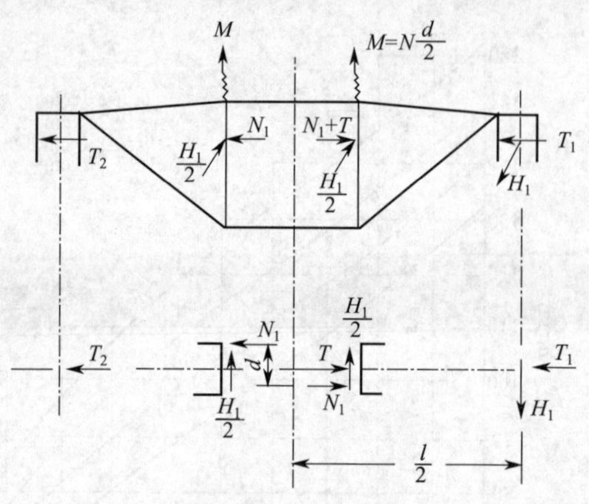

图 1-17 转向架处于中间位置时外侧侧架的受力情况

至于内侧侧架的受力情况,也可以作类似的分析。

④构架的受力分析

首先必须指出,铁路货车转向架的受力分析与客车转向架有两点不同之处。其一,客车转向架的固定轴距较长,当转向架在曲线上处于中间位置时,经计算,回转极点 c 往往位于前、后轮对之间,这将使后轮对的摩擦力分量 F_r 的方向与前述图 1-16 上所示相反,F_{2r} 方向的改变又影响着图 1-16 上 H_2 力的方向。其二,客车转向架上均装用滚动轴承,因此作用在前、后轮对轴颈上的 H_1 和 H_2 力就要平均分摊在该轮对的两个轴颈上,即前轮对的两个轴颈上各作用有 $H_1/2$ 的力,其方向指向曲线外侧,而后轮对两轴颈则为 $H_2/2$,其方向也是指向曲线外侧。

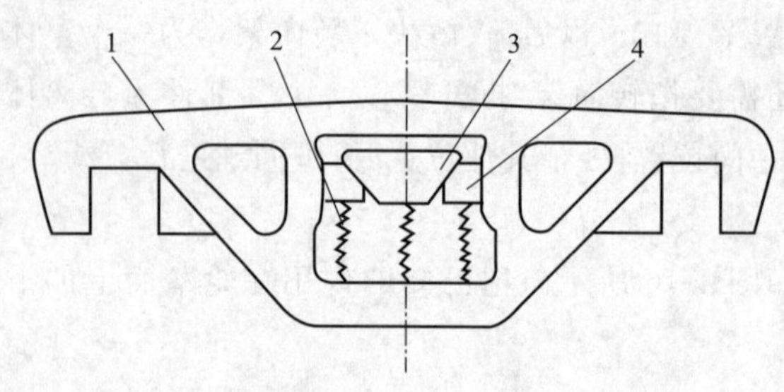

图 1-18 转 8A 型转向架摇枕与侧架的联系

1—侧架;2—弹簧;3—摇枕;4—楔块

取构架为分离体(图 1-19)。如前所述,认为轴箱作用在构架弹簧支柱上的力数值上就等于轴箱对轴颈的作用力 $H_1/2$、T_1、$H_2/2$ 和 T_2,只是方向相反。认为上述各力平均分摊在轴箱弹簧上,即分别为 $H_1/2$、T_1、$H_2/2$ 和 T_2。$H_1/2$ 和 $H_2/2$,这一组力由二系悬挂包括弹簧和横向止挡,在构架横梁上的侧向力 H 来平衡。不难证明,在 y 方向的力以及在 xy 平面内构架所受的力矩也是平衡的,即

$$H=H_1+H_2,H_1\frac{l}{2}-H_2\frac{l}{2}=(T_1+T_2)2b_2 \tag{1-44}$$

6. 垂向斜对称载荷

垂向斜对称载荷是一组垂向作用在构架轴箱部位的自相平衡的力系,此力系对于构架的纵向和横向中心平面均呈反对称分布。如图 1-20 所示垂向斜对称载荷仅产生在具有刚性构架的转向架上。构架上的垂向斜对称载荷是由于在垂向静载荷作用下,因为线路及转向架结构本身存在缺陷等原因引起构架的四个轴箱反力不等而造成的。因此垂向斜对称载荷是与垂向静载荷同时存在的。

造成构架四个轴箱反力不等的原因很多,其主要是:由于构架、轴箱弹簧、车轮直径、轴颈直径等制造误差以及线路不平顺和转向架进入缓和曲线时所造成的各支撑点的高度不等和主要是轴箱弹簧的刚度误差造成的各支承点的刚度不等。要同时综合考虑上述诸因素对构架垂向斜对称载荷的影响是比较复杂的。当假定其他的因素都正常时,先分析某些因素的单独影响,然后介绍一些实用的定量计算垂向斜对称载荷的方法。

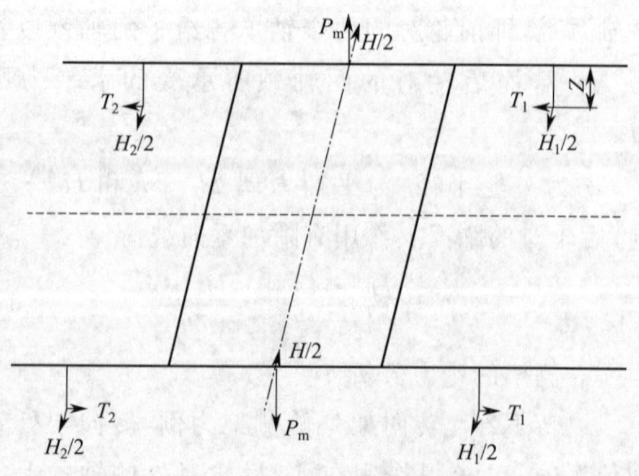

图 1-19 转向架处于中间位置时构架的受力

(1)弹簧高度误差引起的垂向斜对称载荷

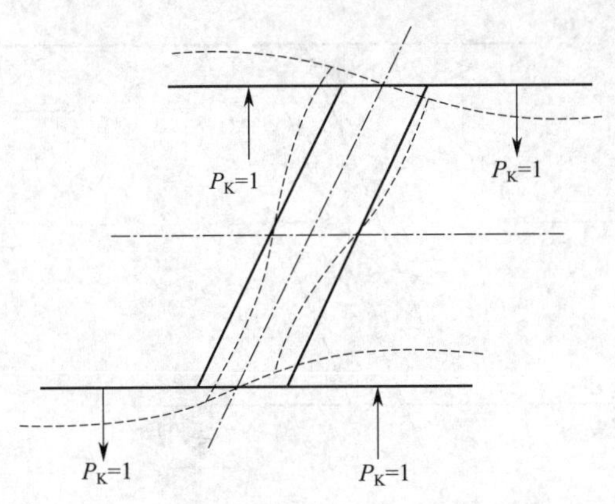

图 1-20 垂向斜对称载荷情况

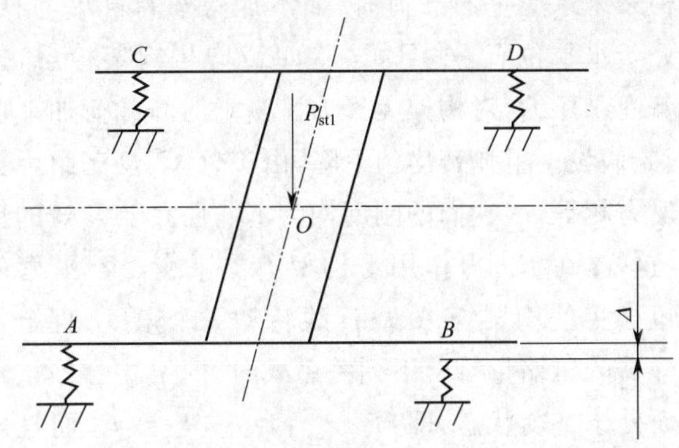

图 1-21 由于弹簧高度误差引起的垂向斜对称载荷

先假定其他因素都是标准的，仅仅某一轴箱弹簧 B 的高度比标准低一个 Δ 值(图 1-21)。为讨论方便起见，这里假定每个轴箱只有一组弹簧，即构架具有四个支承点。当构架未承受垂向载荷时，如不计构架的自重，这时四组弹簧对构架都没有反力，构架支承在 A、D、C 三点上，B 簧不与构架接触，其间隙为 Δ。

当作用在 O 点的合力 P_{st1} 表示的垂向静载荷逐渐增加时，弹簧受载而压缩，构架向下移动。在 B 簧与构架接触瞬间，A、D 两组弹簧受力而下降 f_1 挠度，并产生对构架的反力，以平衡构架所受的垂向静载荷。注意，这时 C 簧并未受到载荷，也没有挠度，故不产生对构架的反力，否则构架是无法平衡的。当垂向静载荷继续增加至最终值 P_{st1}，因 A、B、C、D 四簧均已与构架接触，构架向下移动，4 组弹簧同时下降一个 f_2 值。这时，四组弹簧的最终反力为：A、D 弹簧的反力 $P_2=K_1(f_1+f_2)$；B、C 弹簧的反力 $P_1=K_1f_2$。式中 K_1 为一个轴箱上弹簧的总刚度。显然 $P_2>P_1$，它意味着高度小的弹簧连同处于它的对角线上标准高度的弹簧所受的载荷要小些。根据力的平衡，知道 $P_{st1}=2(P_1+P_2)$，此时 P_1 和 P_2 的确切数值并不知道。图 1-22(a)的平衡力系分解成图 1-22(b)和图 1-22(c)两个平衡力系。显而易见，图 1-22(b)就是构架在垂向静载荷作用下的受力简图而图 1-22(c)则为构架承受垂向斜对称载荷，即

$$P_K=\frac{P_2-P_1}{2} \tag{1-45}$$

如果 B 簧比其他三簧高出一个 Δ 值或者有两组甚至四组弹簧的高度都不标准时，可用类似方法分析，需要强调的是，不论四组弹簧的高度怎样任意变化，以及随着这种变化而求出的四组弹簧反力是如何多种多样，但是对角线上两组弹簧的反力始终彼此相等，即仍如图 1-22(a)所示。

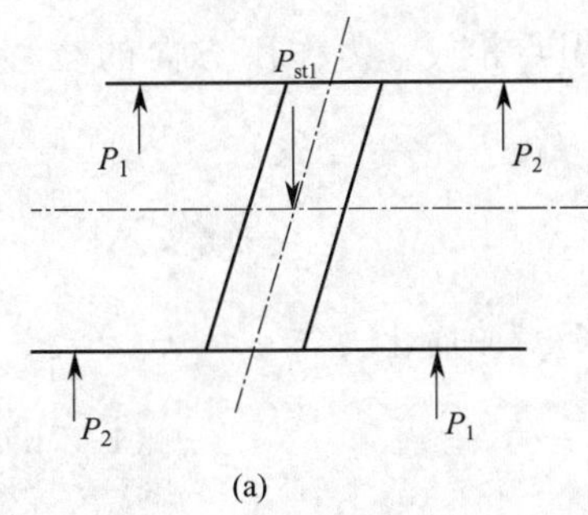

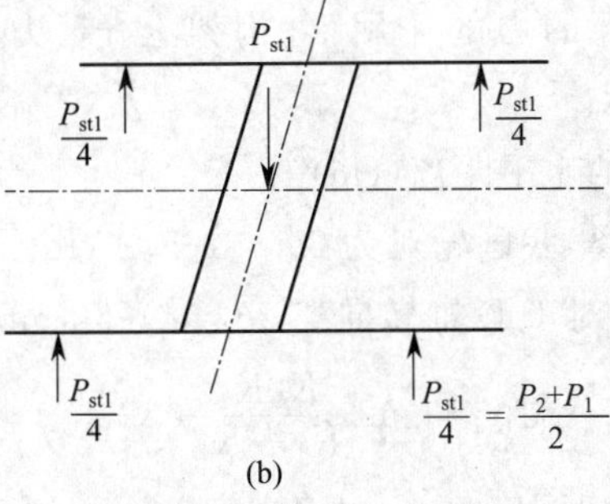

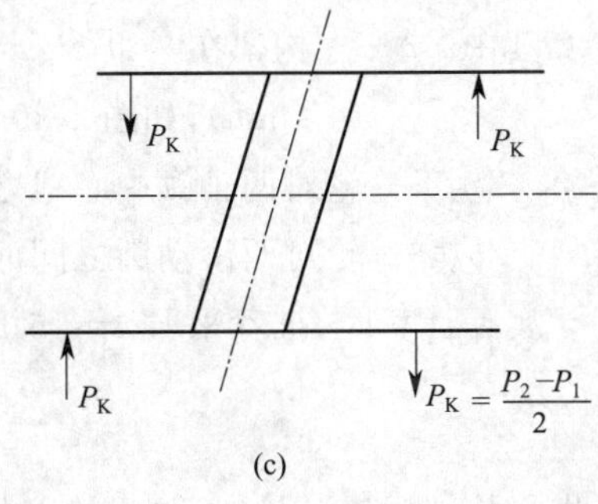

图 1-22 垂向斜对称载荷的产生

需指出，对于因为构架不平、车轮和车轴轴颈直径的误差以及线路不平引起构架垂向斜对称载荷的定性分析，也完全可以参照上述关于弹簧高度不等的方法来分析。因为这些因素都可以归结为构架的四个弹簧支承点不处在同一水平面上，即可当量地看成是各弹簧存在高度上的误差。

(2) 弹簧刚度误差引起的垂向斜对称载荷

同样，现假定其他因素都是标准的，仅仅某一轴箱弹簧 B 的刚度 K_0 比标准值 K_1 小些，如图 1-23 所示。

当构架未承受垂向载荷时，如不计构架的自重，则构架处于水平位置，A、B、C、D 四簧均与构架接触，但四簧尚未压缩，对构架无反力。当垂向静载荷加上以后，先假设 4 组弹簧均匀下降，由于 A、C、D 三组弹簧的反力相等，因它们的刚度均为 K_1，且大于 B 簧的反力，这样，在 P_{st1} 力作用下构架不能平衡。不平衡的力矩必将使构架绕 A、D 连线转动一个角度，直至各组弹簧的压缩量符合下列关系式时，构架才会停止转动而处于平衡状态，即：$f_B>f_A>f_C$，$f_A=f_D$ 而且四组弹簧的反力为：

A、D 弹簧的反力 $P_2=K_1f_A=K_1f_D$；B、C 弹簧的反力 $P_1=K_0f_B=K_1f_C$

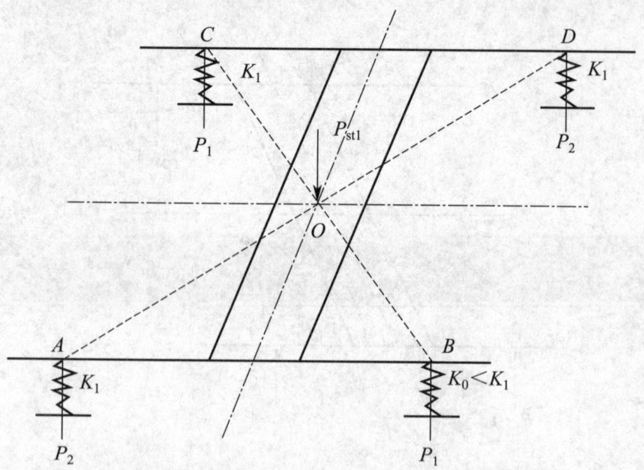

图 1-23　由于弹簧刚度误差引起的垂向斜对称载荷

由于 $f_A=f_D>f_C$，可见 $P_2>P_1$。根据力的平衡条件得到 $P_{st1}=2(P_1+P_2)$，如图 1-23 所示。同理，可以参照图 1-22 进行力的分解，从而得到作用在构架上的垂向斜对称载荷，即

$$P_K=\frac{P_2-P_1}{2} \tag{1-46}$$

如果 B 簧的刚度 K_0 大于其余各簧的标准刚度 K_1，经类似上述的分析后得知，这时 B、C 弹簧的反力 P_1 必将大于 A、D 弹簧的反力 P_2。也就是说，刚度大的弹簧以及处于它的对角线上标准刚度的弹簧所受的载荷要大些。

(3)垂向斜对称载荷的实际算法

上面定性地分析了各种偏差对构架垂向斜对称载荷 P_K 的影响。由于影响 P_K 的因素众多，很难一一考虑，为了求得 P_K 的数值，根据实践经验，通常把上述诸因素的综合影响当量地看成转向架上某一车轮在轨道上升起或下沉一个 z 值，而其他因素均认为是正常的。经过分析和推导，得到垂向斜对称载荷 P_K(N)的计算公式

$$P_K=\frac{1}{4}\left(\frac{2b_2z}{2b_1}\right)\frac{K_1K_2}{K_1+K_2}(\mathrm{N}) \tag{1-47a}$$

式中　K_1——一个轴箱上弹簧的总刚度(N/cm)；

K_2——构架抵抗垂向斜对称载荷的刚度或称构架的抗扭刚度(N/cm)，其值为

$$K_2=\frac{1}{\delta}$$

其中　δ——构架在一组 $P_K=1$ N 的力的作用下，构架上 P_K 力的作用点沿 P_K 力作用方向的位移(mm)，如图 1-20 所示。

$2b_2$——轮对两轴颈中心线之间的水平距离(cm)

$2b_1$——轮对两滚动圆之间的距离，我国轮对为 $2b_1=149.3$ cm。

实际计算时，推荐采取 $z=16$ mm，对于 D 轴转向架 $2b_2=1\ 956$ mm，式(1-47a)简化为

$$P_K=0.52\frac{K_1K_2}{K_1+K_2}(\mathrm{N}) \tag{1-47b}$$

在进行构架强度计算时，如果构架的抗扭刚度 K_2 远大于 K_1，可简化成

$$P_K=0.52K_1(\mathrm{N}) \tag{1-47c}$$

当然按式(1-47c)算出的 P_K 值要偏大些，用它来校核构架的强度时是偏于安全的。

从式(1-47b)亦可看出，如果减小 K_2，P_K 就会减小，因此，为了降低作用在构架上的垂向斜对称载荷，不仅要尽可能减低轴箱弹簧的刚度 K_1，同时构架的抗扭刚度 K_2 也不要做得很大，为此，国外出现了把构架扭转刚度做得很弱的构架，这种构架抗扭刚度很小，即在垂向斜对称载荷作用下变形很大，以致上述线路不平及转向架有关零件的制造误差对转向架垂向斜对称载荷的影响很小。

7. 制动时的载荷

列车在运行中实施制动时，在铁路货车上有以下两种纵向力的作用。

其一，在目前采用的空气制动机的情况下，列车开始制动时，由于列车中前、后铁路货车不是同时发生制动作用，这样就必然要引起铁路货车间的纵向冲击，其纵向力以集中力的形式，大小相等方向相反地作用在车体底架两端的后从板座上即前述作用在车体上的第一工况的纵向力，这种纵向力对转向架的受力情况没有影响。

其二，当全列车的所有铁路货车均发生制动作用后，铁路货车间的纵向冲击消失，制动力却逐渐增大至最大值，由于制动力的作用，就将引起车体和转向架质量的纵向惯性力。这种纵向惯性力对车体的作用远小于上述纵向力严重，故可不计，但它对转向架有一定的影响。

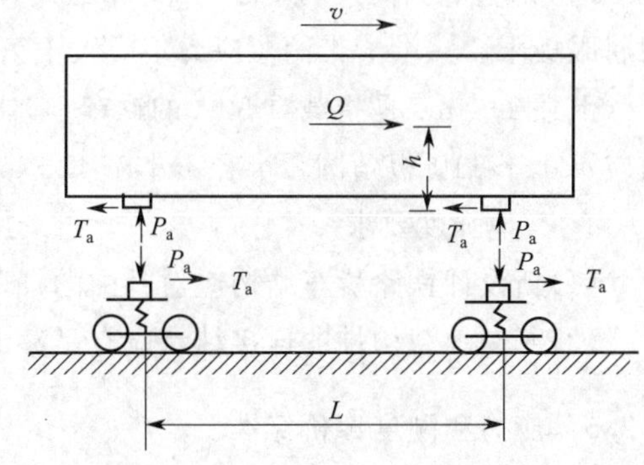

图 1-24　制动时的载荷

在图 1-24 上，制动时钢轨给予铁路货车的最大制动力 F，其方向与铁路货车运行方向相反，由下式决定

$$F=P_{st}\mu g \tag{1-48}$$

式中　P_{st}——铁路货车总重，又称铁路货车黏着重量，它等于车体和转向架的自重以及铁路货车载重之和(t)；

μ——轮轨间的黏着系数，一般取 $\mu=0.25$。

因此在制动力 F 的作用下，铁路货车的最大减速度为 $a=F/P_{st}=\mu g=0.25g$。

这时，车体的纵向惯性力 Q 将引起前、后(按铁路货车运行方向)转向架的垂向增减载 P_a，以及作用在转向架心盘处的水平载荷 T_a，如图 1-24 所示。根据车体受力平衡，得

$$P_a=\frac{Qh}{L} \tag{1-49}$$

$$T_a=\frac{Q}{2} \tag{1-50}$$

式中　h——重载车体的重心至心盘面的垂向距离(m)；

L——铁路货车定距(m)；

Q——车体的纵向惯性力，其值为 $Q=P_{1a}=2.5P_1$(kN)。

其中　P_1——车体垂向静载荷，即车体自重与载重之和(t)。

目前，在使用空气制动机和铸铁闸瓦的情况下，铁路货车最大制动力(或最大减速度)是发生在制动过程的最后阶段，即低速时。这时作用在转向架上的其他载荷如垂向动载荷和侧向力都比较小了，因此，在计算转向架摇枕、侧架或构架的强度时，一般都不考虑制动载荷的作用。只是在计算基础制动装置零件的强度时，才必须考虑制动时由制动缸活塞传来的力的作用。

1.2.4　设备及结构附件的强度要求

1. 冲击座及从板座固结的强度要求

(1)车钩冲击座及有关零件包括固结零件应当按数值等于 350 kN 向上或向下作用的垂向力加以校核。此时所产生的应力不得大于材料的强度极限。

(2)从板座铆钉在下列纵向力的作用下，剪切应力不得大于材料的剪切屈服极限；前从板座：铁路货车为 980 kN；后从板座铁路货车为 2 250 kN。

2. 车钩及缓冲器的强度要求

(1)自动车钩的拉伸破坏强度铁路货车不得小于 3 100 kN。

(2)缓冲器必须分别满足以下要求：通用铁路货车缓冲器的最大阻抗力不大于 2 000 kN，容量不小于 45 kJ。

(3)缓冲器强度的计算和试验,铁路货车按第二工况。

3. 有底架罐车罐体支承结构的强度要求

罐体在底架枕梁上的支承面积应不小于1.4 m²;支承面的包角应不小于77°,罐体与底架间紧固件按2 250 kN纵向力作用于底架一端时重载罐体所产生的惯性力进行强度核算,此时剪应力不应大于材料的剪切屈服极限。一端卡带的拉应力不应大于第二工况的许用应力。

上述1.4 m²是指载重50 t的罐车,其他载重罐车按设计任务书要求确定。无底架罐车,枕梁上盖板包角应不小于110°板角圆弧半径不小于115 mm。

4. 其他强度要求

(1)新设计铁路货车结构应对其中的杆、板或壳进行稳定性校核或试验以避免结构因失稳定而失效。

(2)所有承载构件的连接结点应有足够的强度,结构不得失稳。

1.2.5 应力和刚度评价标准

1. 应力评价标准

(1)铁路货车焊接结构主要承载件一般采用纯氧顶吹转炉、平炉或电炉钢。普通侧吹转炉钢仅可用于次要零件,普通底吹转炉钢不得使用。热轧碳素结构钢的含碳量不得大于0.24%,硫、磷以及镍、铬和铜等杂质的含量均应相应符合GB 700、GB 699等标准的要求;耐大气腐蚀钢应符合有关国家标准、铁道行业标准或其他相当的标准规定。

(2)铁路货车焊接结构主要承载件应当采用镇静钢。各种钢材的性能除相应符合GB 700、GB 699、GB 1591等标准的要求外,还应具有额定冲击韧性值(α_{kv}值),要求符合如下规定:

①当选择新材料牌号时①,应按20 ℃、0 ℃、−20 ℃、−40 ℃、−60 ℃五个温度测定α_{kv}值的统计平均值和考虑离散度后的下限值,不得低于表1-2结构钢或表1-3铸钢中的相应值。

② 按上述1款选定某种牌号材料后,日常进行采购或入厂检验时,可仅测定20 ℃下的α_{kv}值。取5个试样进行试验,其平均值应不小于表1-2或表1-3中相应温度下的下限值,但只允许5个试样中有一个试样的值低于规定值。

表1-2 结构钢额定冲击韧性值(J/cm²)

试验结果	温度				
	20 ℃	0 ℃	−20 ℃	−40 ℃	−60 ℃
平均值	60.43	36.71	16.39	8.76	4.46
下限值	49.54	29.37	10.75	5.38	3.38

表1-3 铸钢额定冲击韧性值(J/cm²)

试验结果	温度				
	20 ℃	0 ℃	−20 ℃	−40 ℃	−60 ℃
平均值	59.67	43.69	28.99	14.66	8.38
下限值	46.95	33.78	22.21	8.76	5.77

③除上述两点规定外,α_{kv}值的测试还应符合GB 2106、GB 4159以及GB 2975等标准的规定。

铁路货车焊接结构主要承载件应在产品技术条件中明确规定。

铁路货车用其他黑色金属和有色金属材料,均须符合相应标准的规定,或符合经供求双方协议并按规定程序批准的技术文件的要求。

---

① 在TB/T 1335—1996标准实施前经运用证明未发生低温冷脆者;或经鉴定,低温性能符合原标准要求者,不做为新材料。如09V、ZG20SiMn、09CuPTiRE、09PCuXt、08CuPVXt、以及表1.3.8-3中载明的材料(不锈钢、铝合金除外)等。

(3)在设计和试验时,材料机械性能一律采用相应标准的最低值。当使用没有载明机械性能、化学成分和冶炼方法的金属材料时,应以国标或冶金行业标准规定的方法进行鉴定后,方可按相应的钢号使用。对于经过鉴定不合格以及冶炼方法不能确定的钢材,均不得用于制造铁路货车的主要承载件。

(4)钢制零部件采用下列材料机械性能:

弹性模量:轧制钢材 $E=206\times10^3$ MPa;

铸钢件 $E=172\times10^3$ MPa;

切变模量 $G=\dfrac{E}{2(1+\mu)}$

波松比 $\mu=0.3$

(5)材料许用应力按下列各条确定。测试应力允许考虑5%的误差,但不得与下述3款合并提高许用应力值。

① 按TB/T 1335—1996第4、6、7节设计的钢质铁路货车零部件,除本章中已载明的试验许用应力外,零部件基体金属的测试应力均不得大于表1-4所规定的数值。

表1-4 金属零件许用应力表(MPa)

材料及其牌号		车体及转向架零件(轮对除外)		制动零件
		第一工况	第二工况	
普通碳素钢	Q235-A ($\sigma_s=235$)	161	212	136
	Q275 ($\sigma_s=275$)	188	248	159
耐候钢	09CuPCrNi ($\sigma_s=294$)	184	250	156
不锈钢	1Cr17Mn6Ni5N ($\sigma_s=275$)	188	248	159
低合金钢	16Mn ($\sigma_s=345$)	216	293	183
普通铸钢	ZG200-400 ($\sigma_s=200$)	115	154	98
	ZG230-450 ($\sigma_s=230$)	132	177	113
低合金铸钢	B级钢 ($\sigma_s=280$)	150	200	128
	C级钢 ($\sigma_s=420$)	195	259	166
铝合金	LF6 ($\sigma_s=157$) ($\sigma_s=314$)	100 (转向架零件除外)	140	—
弹簧钢	60Si2Mn ($\sigma_s=1\ 177$)	抗压及弯曲变形:981 剪切及扭转变形:736		

注:1. 不锈钢1Cr17Mn6Ni5N的力学性能根据GB 1220选取。

2. 铝合金LF6的力学性能根据GB 3139选取。

②若采用表1-4中没有载明的其他金属材料时,其许用应力可参照所用材料的屈服极限与表列同类材料的屈服极限之比而决定。

③对于主要承受弯曲的铁路货车杆件,允许按"极限荷重法"提高材料的许用应力,即主要承受弯曲的断面,其断面全部纤维达到屈服时所能承受的弯矩 M_1 比断面外侧纤维达到屈服时所承受的弯矩 M_2 要大,故弯曲时许用应力可按表列许用应力与比值 M_1/M_2 的乘积取值。

④铁路货车各金属零件除弹簧外在承受剪切状态下的屈服极限及许用应力取为拉伸屈服极限和许用应力的0.6倍。剪切强度极限取为拉伸强度极限的0.75倍。

2. 垂向弯曲刚度的评定标准

铁路货车车体的挠跨比评定标准推荐如下数值

底架承载的敞、平车 $\dfrac{f_Z}{L_2}\leqslant\dfrac{1}{900}$

侧墙承载的车体 $\dfrac{f_Z}{L_2}\leqslant\dfrac{1}{1\ 500}$

$$\frac{f_c}{L_2} \leqslant \frac{1}{2\ 000}$$

受集中载重的平车
$$\frac{f_Z}{L_2} \leqslant \frac{1}{700}$$

式中　L_2——铁路货车定距(m)；

f——中梁(f_Z)或侧墙(f_c)中央挠度(m)；

长大货物车的垂向弯曲刚度评定标准按设计任务书中的要求确定。

1.3　有限元分析

如前所述，当铁路货车结构件复杂，承受的外载荷也复杂时，《铁道车辆强度设计及试验鉴定规范》建议采用有限元方法求解。有关此方法的专著很多，例如，清华大学出版的《有限元法》就很有代表性。因篇幅所限，本节将就此方法进行一些概要的介绍。

自从 1943 年 Courant 第一次正式发表他的有限元思想，到 20 世纪 60 年代 Clough 第一次公开提出“有限元单元法”之后的几十年里，有限元法的理论已经相当成熟。对有限元理论有兴趣的读者可以从本节所列的参考专著中深刻领会。在这里，讨论的重点不是较深的有限元理论，而是从工程应用的角度介绍有限元法最基本的概念与最核心的基本思想。之所以将重点放在这里，其基本出发点是让读者知道：

有限元法的理论基础非常坚实，然而并不神秘；

把握住有限元法的基本思想是创建一个品质优良模型的必要条件，“黑箱”模式不可能创建出一个好的计算模型；对有限元法的理解有助于用好其计算软件。

1.3.1　基本原理

1.3.1.1　平衡状态与微分方程

对任何铁路货车结构而言，施加给一个结构的外力不随时间变化或基本不随时间变化时，所研究的对象是一个静平衡问题。反之，当外力随时间明显变化时，所研究的对象则是一个动力问题，然而，不论是静力问题，还是动力问题，从数学角度看，其力学模型的实质就是求解一个或一组微分或偏微分方程。

首先从一个简单的静力平衡的微分方程问题入手。

设有一个承受均匀载荷的小变形悬臂梁如图 1-25 所示。

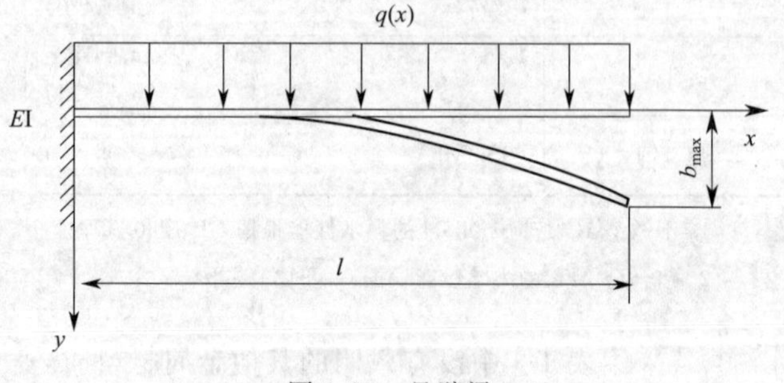

图 1-25　悬臂梁

已知材料物理参数，例如杨氏模量 E，梁截面几何形状，梁截面抗弯惯性矩 I 等。在均布载荷 $q(x)$ 的作用下，根据材料力学知识，可以推导出它处于平衡状态下的变形方程：

$$EI\frac{d^4y(x)}{dx^4} = q(x) \tag{1-51}$$

式中 $y(x)$ 是待求的梁的变形曲线。式(1-51)表明，所研究的梁的平衡状态等价于求解这个微分方程。考虑到悬臂梁的具体边界条件，求解微分方程(1-51)后，即得它处于平衡状态下的变形

$$y(x) = \frac{q(x)x^2}{24EI}(6l^2 - 4lx + x^2) \tag{1-52}$$

由(1-52)，很容易进一步求得梁内任一点的内力与应力。

再举一例。设有一均匀拉伸下的矩形薄板如图 1-26 所示，板中开一小孔，求小孔处应力分布，这是经典的小孔应力集中问题，只不过它对每一点(x,y)都成立。

根据弹性力学知识，上述问题可以等价于求解下面这样一个带有边界条件的偏微分方程组

$$\left.\begin{aligned}\frac{\partial \sigma_x}{\partial x}+\frac{\partial \tau_{yx}}{\partial y}+X=0\\ \frac{\partial \sigma_y}{\partial y}+\frac{\partial \tau_{xy}}{\partial x}+Y=0\end{aligned}\right\} \tag{1-53}$$

式中，σ_x，σ_y，τ_{xy}或τ_{yx}为板上任一点(x,y)的应力状态，X，Y 为单位体积上的力，微分方程(1-53)实质也是一个平衡问题。

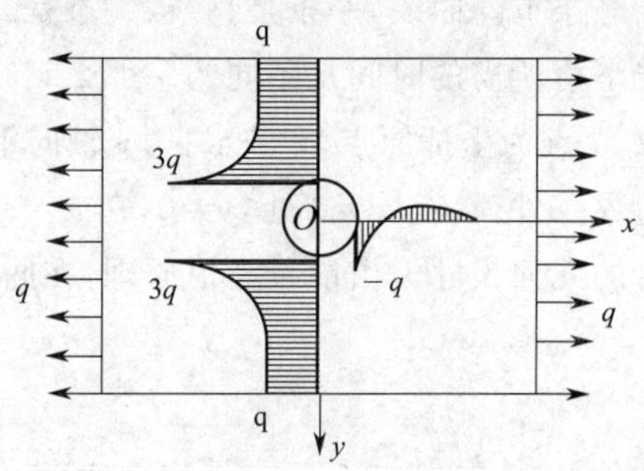

图 1-26 薄板中小孔应力集中问题

用求解平面问题的极坐标方式求解(1-53)后，可得处于平衡状态下的该板的应力分布，其中小孔处最大应力为外载荷强度 q 的 3 倍。

类似地，不论一个三维连续体的几何形状多么复杂，也不论它的载荷及约束它变形的边界条件种类多么繁多，其三维空间体的弹性力学平衡问题，也归结为求解下面一组偏微分方程(纳维叶方程)

$$\left.\begin{aligned}\frac{\partial \sigma_x}{\partial x}+\frac{\partial \tau_{yx}}{\partial y}+\frac{\partial \tau_{zx}}{\partial z}+X=0\\ \frac{\partial \sigma_y}{\partial y}+\frac{\partial \tau_{zy}}{\partial z}+\frac{\partial \tau_{xy}}{\partial x}+Y=0\\ \frac{\partial \sigma_z}{\partial z}+\frac{\partial \tau_{xz}}{\partial x}+\frac{\partial \tau_{yz}}{\partial y}+Z=0\end{aligned}\right\} \tag{1-54}$$

考虑到具体的边界条件后，理论上可求出处于平衡状态的体内任一点应力状态如图 1-27 所示。

总之，结构受力后，如果不被破坏，必然处于平衡状态。尽管(1-52)、(1-53)、(1-54)那样的描写平衡状态的数学模型形式简洁，由于求解这些微分方程时，必须同时建立相应边界条件的数学模型，而工程实际问题的复杂边界条件又很难数学模型化，所以通过直接求解这些微分方程去研究例如铁路货车的摇枕、侧架，客车的转向架等工程结构的平衡状态是不可行的。

那么，可不可以绕过这个困难另寻办法呢？答案是肯定的！这个办法就是采用变分原理及基于变分原理的有限元法。

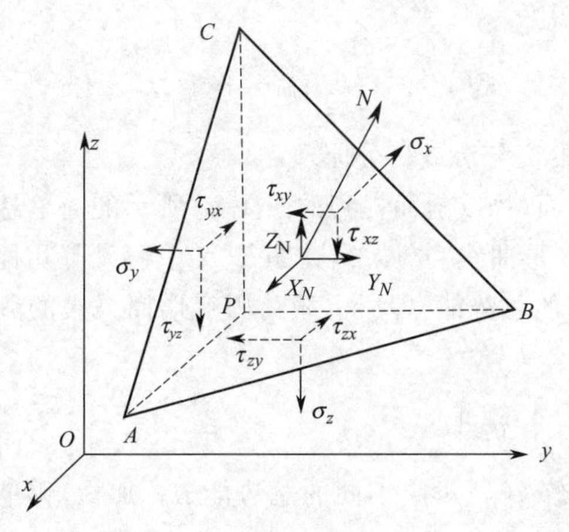

图 1-27 体内任一点的应力状态

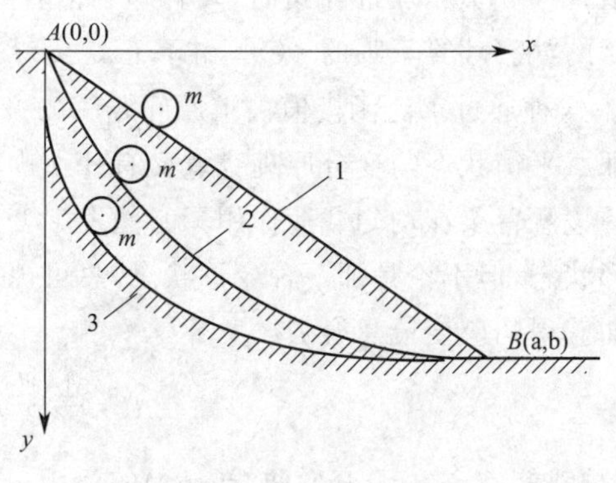

图 1-28 最速降线问题的几何解释

1.3.1.2 变分原理的基本思想

对工厂的许多设计人员来说，平衡状态易于想象和理解，而变分原理似乎太抽象，难以理解。其实，变分原理并不神秘，它是高等数学微分自变量的延伸。下面从一个经典的最速降线问题引进泛函和变分原理的基本概念。

已知平面上两点 A 和 B，A 高于 B，忽略摩擦力的情况下，要求在这两点间构造一条路径，使得重物 m 从 A 沿此路径自由滑下时，从 A 到 B 所需时间最小。由于需要求解的最小滑下时间取决于路径的形状，而路径形状本身即是一个数学上的函数，当取不同函数或路径曲线时，下滑所需时间即不同，因此下滑时间是一个以函数为“自变量”的函数，即专著中所说的“泛函”。图 1-28 给出了它的几何描述。图 1-28 中，仅假想

了三条下降曲线,一条是直线,一条是二次曲线,最后一条是三次曲线。显然,重物 m 沿这三条不同路径曲线下滑所需的时间是不同的。那么,什么样的路径曲线满足下滑时间最小呢?为求这一时间最短路径曲线,取 A 点为坐标原点,x 轴水平,y 轴向下。B 点的坐标为(a,b)。假设所求曲线为 $y=y(x)$,该曲线应满足的边界条件为:在 $x=0$ 处,$y=0$,在 $x=a$ 处,$y=b$,设 $p(x,y)$是曲线上的某一点,重物质量为 m,忽略重物自身的几何尺寸。由能量守恒原理,在曲线上任一点处,必有:

$$\frac{1}{2}mv^2=mgy$$

此处,g 是重力加速度,v 是物体速度,由此得到 $v=\sqrt{2gy}$。设 $\mathrm{d}s$ 为曲线的微弧长,则有$\frac{\mathrm{d}s}{\mathrm{d}t}=v=\sqrt{2gy}$而微弧长 $\mathrm{d}s=\sqrt{1+\left(\frac{\mathrm{d}y}{\mathrm{d}x}\right)^2}\,\mathrm{d}x$,代入上式,

整理后得

$$\mathrm{d}t=\frac{\mathrm{d}s}{\sqrt{2gy}}=\frac{\sqrt{1+\left(\frac{\mathrm{d}y}{\mathrm{d}x}\right)^2}\,\mathrm{d}x}{\sqrt{2gy}}$$

假设重物沿任一曲线 $y(x)$从 A 滑降到 B 的时间为 T,则有

$$T=\int_0^a\frac{\sqrt{1+\left(\frac{\mathrm{d}y}{\mathrm{d}x}\right)^2}}{\sqrt{2gy}}\mathrm{d}x \tag{1-55}$$

(1-55)表明:下降时间 T 不仅取决于 $y(x)$,还取决于 $y(x)$的变化率,因此寻求最速下降,就等于在 $0\leqslant x\leqslant a$ 的区间内找一个函数 $y(x)$,在 $y(x)$满足上述边界条件的同时,求(1-55)定义的 T 的最小值。(1-55)是一个关于 $y(x)$的函数,从几何上看,T 取决于形式为 $y(x)$的曲线的几何形状,即 T 以函数 $y(x)$为变量,T 是 $y(x)$的函数,即泛函。当 $y(x)$发生微小变化时,泛函时间 T 也将发生一个微小变化,设其微小变化值为 δ_T。那么怎样寻找 $y(x)$能使 T 取极小值呢?一个原理告诉我们:只有那个使 $\delta_T=0$,即泛函的"变分"等于零的 $y(x)$,才真正是要寻找的 $y(x)$。这种通过求泛函极值去求原问题解的方法,即为所谓的变分法或变分原理。

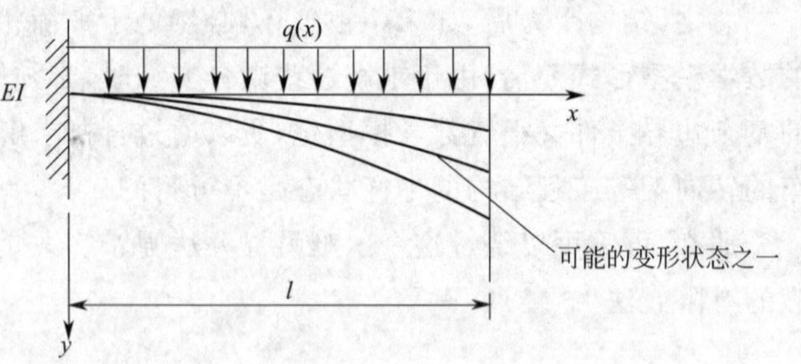

图 1-29　寻找悬臂梁平衡状态

那么平衡状态与变分原理究竟又有什么内在联系呢?下面,仍以前面提到的图 1-25 所示的简单悬臂梁为例。该悬臂梁在均匀载荷作用下必然发生变形,且假设小变形曲线为 $y(x)$,在图 1-29 中假设了几种可能的变形状态,但不论是那一种变形状态,总可以求出与之对应的总势能,即梁上载荷因变形而失去的势能与梁弯曲获得的应变能总合 Π,

$$\Pi=\frac{1}{2}\int_0^l EI\left(\frac{\mathrm{d}^2y}{\mathrm{d}x^2}\right)^2\mathrm{d}x-\int_0^l qy\mathrm{d}x \tag{1-56}$$

显然,总势能 Π 是关于变形曲线 $y(x)$的泛函,不同的变形状态 $y(x)$对应不同的总势能 Π。那么,哪个变形状态是真正的平衡状态下的变形状态呢?类似上面的下降问题,使泛函 Π 取极小值的那个变形状 $y(x)$即为平衡状态下的变形状态。可以证明(1-56)的泛函取极小值的结果与(1-52)的求解结果一致。

上面的结论推广到一个结构体系仍然成立,它的平衡状态同样具有相应的泛函取极小值的特点;反推之,对于许多假想的且不破坏边界条件可能的变形状态中,只有使泛函取极小值的那个状态才是所要寻找的平衡状态。仔细研究(1-52)与(1-56),可以看到一个非常有意义的区别:前者基于微分形式求解,后者基于积分形式求解;前者着眼于"局部",后者着眼于"全局";前者着眼于力的平衡,后者着眼于能量的守恒,而能量是可累计求和的。

1.3.1.3　最小总势能变分原理与平衡状态

弹性力学变分原理的基本思想是求解原问题泛函的极小值。然而,不同的出发点,有不同的变分原理。

例如，从满足变形协调条件出发，有最小总势能变分原理；从满足力的平衡关系出发，有最小总余能变分原理；当不仅要求变形协调而且还要求变形的一阶或二阶导数也连续时，有约束变分原理，亦即广义变分原理。

下面，仅以最小总势能变分原理为例，进一步地讨论有限元法的理论基础。

在力学理论中，最小总势能原理是这样定义的：在所有满足内部连续性和运动学边界条件的位移中，满足平衡方程的位移使得势能取驻值。如果驻值是极小值，则平衡是稳定的。

简言之，如果受力系统处于稳定状态，那么该系统的总势能一定最小，但最小不等于为零。这样，当研究平衡状态时，最小总势能原理从能量的角度建立一个新的判据，这与前面通过求解微分方程去研究平衡问题，殊途同归。

为加深理解，再通过一个如图 1-30 所示的极简单的受力弹簧系统来研究最小总势能变分原理与平衡状态的关系。这样的受力结构在铁路货车中是很常见的，例如：一个弹性杆受拉、受压或受扭，都可以简化为这类受力弹簧系统。

已知弹簧刚度系数为 k，原长为 l_0，下端施加载荷 p 后，弹簧获得变形而处于稳定平衡状态。下面，用最小总势能原理求由位移 d 度量的平衡状态。

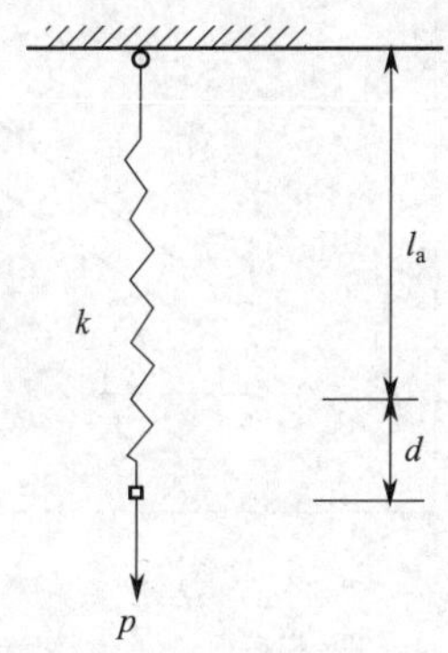

图 1-30　受力弹簧系统

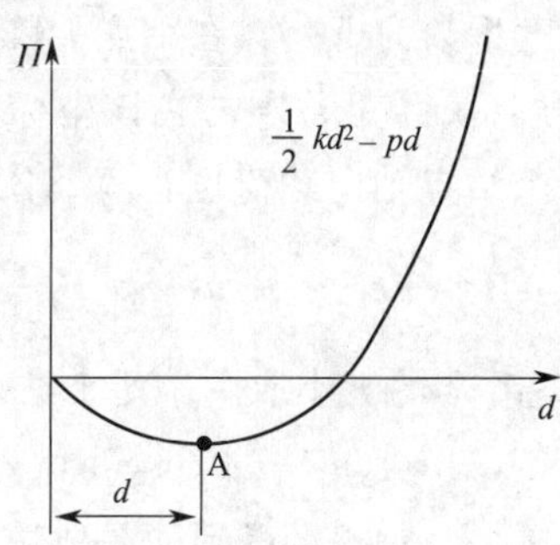

图 1-31　系统总势能

在平衡状态下，该系统势能由两部分组成，一部分是弹簧因变形而获得的势能：$\frac{1}{2}kd^2$；另一部分是，如果假定 $d=0$ 时载荷的势能为零，那么载荷 p 因作功势能受到损失，其大小是 pd。系统获得位移 d 后，它的总势能是二者之和

$$\Pi=\frac{1}{2}kd^2+(-pd)$$

$$\text{或}\quad \Pi=\frac{1}{2}kd^2-pd \tag{1-57}$$

式中负号代表势能的损失，不难看出 Π 是位移 d 的函数。由最小总势能原理，真正的稳定平衡位置一定使总势能 Π 取极小值，即 $\delta\Pi=0$（式中 δ 为变分记号，类似于微分记号），所以，对(1-57)进行变分运算，得

$$(kd-p)\delta d=0 \tag{1-58}$$

由于 δd 是不为零的任意小的假想虚位移，所以

$$kd-p=0\quad \text{或}\quad kd=p \tag{1-59}$$

从而解得平衡位置的 $d=p/k$，它与图 1-31 中系统总势能曲线的 A 点一致，该点为总势能最小点，即取极小值的那一点。注意，由(1-59)看出，移去载荷 p，$d=0$，系统恢复到原始状态，这种系统称之为为弹性系统；另一方面，d 与 p 成线性比例关系，所以又称这种系统为线性系统，综合之，称之为线弹性系统，工程结构中绝大多数线弹性系统。研究这种系统的平衡状态，直接解它的平衡方程可以，用最小总势能原理解之也可以，二者等价，但内涵截然不同。

1.3.1.4　多自由度系统与最小总势能原理

上一节受力弹簧平衡状态的例题中只用了一个位移 d 就足以描写了它的平衡位置，故称其为一个自由

度系统。如果系统需要用 n 个独立的 $D_i(i=1,2,\cdots,n)$ 来确定它的平衡位置，那么该系统就称之为 n 个自由度系统，例如桁架形式的起重吊臂等。这 n 个自由度，也称之为广义坐标，不仅决定了系统的平衡状态，也决定了系统的总势能，即：$\Pi=\Pi(D_1,D_2,\cdots,D_n)$，由最小总势能原理，如果系统在外载荷作用下处于平衡状态，总势能必取极小值，$\delta\Pi=0$，类似于多元函数的偏导数运算，由 $\delta\Pi(D_1,D_2,\cdots,D_n)=0$，得

$$\frac{\partial\Pi}{\partial D_1}\delta D_1+\frac{\partial\Pi}{\partial D_2}\delta D_2+\cdots+\frac{\partial\Pi}{\partial D_n}\delta D_n=0 \tag{1-60}$$

由于每一个假想的位移 $\delta D_i\neq0$，所以

$$\frac{\partial\Pi}{\partial D_i}=0 \quad (i=1,2,\cdots,n) \tag{1-61}$$

(1-61)对每一个独立的位移都成立，所以这 n 个方程共有 n 个未知的 D_i，因而可联立解之求出每个 D_i，求出了每一个 D_i 就等于最后确定了系统在什么样的位置上稳定平衡。

为加深对多自由度系统的理解，研究一个如图 1-32 所示的平面桁架中的任意单元的平衡。已知该单元长为 l，截面面积为 A，弹性模量为 E，所以刚度系数为 EA/l，在结点 i 和 j 上，作用有轴向载荷后，单元沿自身轴方向获得变形为 e，在该坐标系下，每个结点有两个独立位移分量，每个结点轴向载荷也有两个分量，所以该单元的总势能是

$$\Pi=\frac{1}{2}ke^2-p_{x_i}u_i-p_{y_i}v_i-p_{x_j}u_j-p_{y_j}v_j \tag{1-62}$$

由几何关系，e 的大小取决于两个结点上的位移

$$e=(u_j-u_i)\cos\varphi+(v_j-v_i)\sin\varphi \tag{1-63}$$

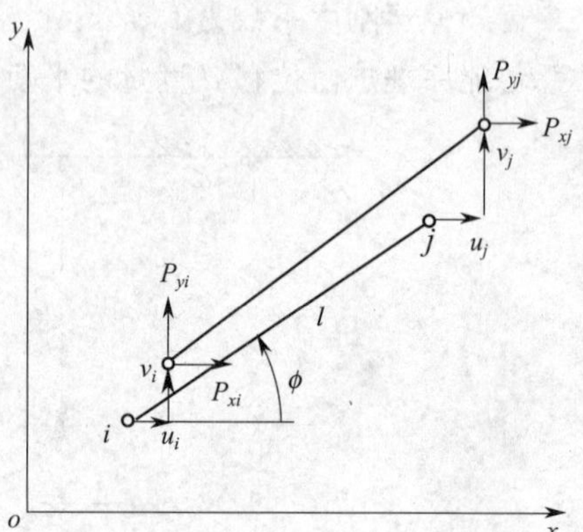

图 1-32　一个桁架单元的平衡

将(1-63)代入(1-62)，得到的是取决于 u_i,v_i,u_j,v_j 这 4 个自由度的总势能，对于给定的外载荷及单元自身属性，如构成材料，几何尺寸，总势能的大小仅与这 4 个自由度有关，当该单元平衡时，由最小总势能原理，一定有

$$\frac{\partial\Pi}{\partial u_i}=0,\frac{\partial\Pi}{\partial v_i}=0,\frac{\partial\Pi}{\partial u_j}=0,\frac{\partial\Pi}{\partial v_j}=0 \tag{1-64}$$

对(1-62)作微分运算，最后得平面桁架单元平衡方程

$$\left.\begin{aligned}
&(\cos^2\varphi u_i+\cos\varphi\sin\varphi v_i-\cos^2\varphi u_j-\cos\varphi\sin\varphi v_j)\frac{EA}{l}-p_{x_i}=0\\
&(\cos\varphi\sin\varphi u_i+\sin^2\varphi v_i-\cos\varphi\sin\varphi u_j-\sin^2\varphi v_j)\frac{EA}{l}-p_{y_i}=0\\
&(-cos^2\varphi u_i-\cos\varphi\sin\varphi v_i+\cos^2\varphi u_j+\cos\varphi\sin\varphi v_j)\frac{EA}{l}-p_{x_j}=0\\
&(-\cos\varphi\sin\varphi u_i-\sin^2\varphi v_i+\cos\varphi\sin\varphi u_j+\sin^2\varphi v_j)\frac{EA}{l}-P_{y_j}=0
\end{aligned}\right\} \tag{1-65}$$

(1-65)可以写成矩阵形式

$$\boldsymbol{kd}-\boldsymbol{p} \tag{1-66}$$

式中 $\boldsymbol{d}$ 称之为单元结点位移向量，$\boldsymbol{p}$ 称之为单元结点力向量，$\boldsymbol{k}$ 称之为该单元的刚度系数矩阵，矩阵中系数仅取决于 E,A,l 和决定它位置的 φ。当 $\varphi=0$ 时，(1-66)变得更为简单，有兴趣的读者可以自行推导。对比(1-59)，(1-66)每一项的物理意义完全相同，只不过前者是一个自由度的平衡方程，后者是以矩阵形式表达的 4 个自由度组成的平衡方程组，它们都来自于最小总势能原理。(1-66)对桁架中每一个单元都成立，列出所有单元的平衡方程，然后考虑每一个结点的平衡条件，从而可得整个桁架的平衡方程，由于结点力向量中除了真正的外载荷，其余结点力都用结点位移表示而被替换，最后得到整个桁架平衡方程

$$\boldsymbol{KD}=\boldsymbol{P} \tag{1-67}$$

式中 $\boldsymbol{K}$ 称之为桁架总刚度矩阵，$\boldsymbol{D}$ 称之为总自由度向量，$\boldsymbol{P}$ 称之为外载荷向量，它们之间的关系就是外载荷作用下平衡关系。(1-67)的推导过程不仅适用于桁架，也适用于刚架之类的杆系结构，且不论桁架或刚架这类杆系结构多么复杂，也不论是二维问题还是三维问题，它们的自由度总是有限的。对于摇枕、侧架之类的三维连续体，不论几何尺寸大小，它们有无限多自由度，并导致理论上可解而实际上办不到，因此，需要引入插值技术予以过渡：首先，将待解的自由度以有限多的形式定义并求解；然后，基于有限个解再向无限多的自由度区域上过渡，求出该区域的全部解。

1.3.1.5 位移插值——有限与无限的变换

在讨论本节内容之前，举一个生活中常见的例子来说明数学上的插值。

假设在同一时刻，测得 A 市的气温为 30 ℃，B 市的气温为 10 ℃，如果假定 A 市至 B 市之间的温度是线性变化的，如图 1-33 所示，那么，在 A 市至 B 市之间的任一城市的气温可由这两城市的气温决定，而不需要再做任何测试。由两点信息确定区间内(或外)任一点的信息，即为数学上插值的一种最简单形式。根据这样的假设，C 市及 D 市的气温可以从图 1-33 所表示的线性插值关系中近似确定：，$t_C=20$ ℃，$t_D=15$ ℃。

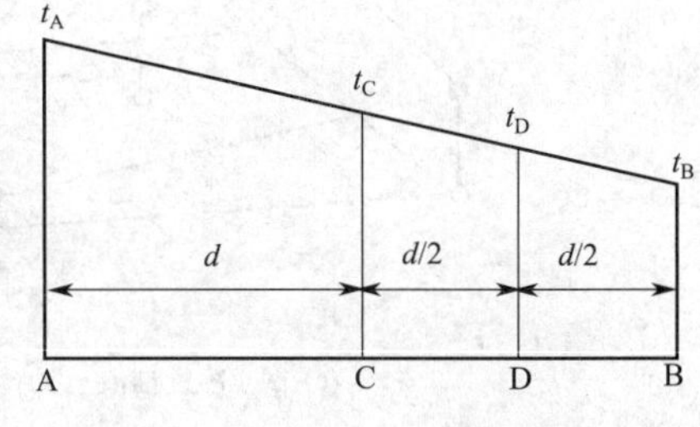

图 1-33 气温线性插值

如果在 A 市与 B 市之间的 C 市气温已经测得，例如 $t_C=18$ ℃，则 A、B、C 三市之间的任何一地点的气温可以从基于三点信息的二次插值中近似确定，此时，D 市的气温为 13.5 ℃ 。

这个例子非常简单，但是它给出了有限个点的信息(A 市、B 市或 C 市的信息)与无限个点的信息之间的转换关系。而且只要这有限个点的信息足够多，足够精确，它们所表示的任意多的信息都是有意义的、可信的。事实表明：正是这一数学上的插值思想与变分原理相结合才形成了后来的有限元法的基本思路，即：

(1)仍以变分原理为基础；

(2)将近似函数在子域上定义。

对于弹性连续体，如前所述，不论它实际结构大与小，它内部自由度是无限的，于是，一个合乎逻辑的解决办法是将连续体离散成通过有限个结点互相连接的小单元，每一个单元内部只能事先假定位移变化模式，然后采用数学上的“插值”，用单元的结点位移表示单元内部位移，基于这种位移模式，把结点位移搞清楚了，单元内部也就清楚了，这样，就能得到原问题的近似解。其近似解的好与坏，显然与事先假定的位移模式有关。

图 1-34 中给出了由结点向单元内插值的几何解释：

例如，(a)中两点确定一直线，这条线可以是桁架单元的抽象表示，也可以是刚架梁单元的抽象表示。如果假设单元内的位移线性变化，这两点就足够了；如果假定单元内的位移象二次函数一样变化，那么就应该像(b)那样，再加一个中点；(c)与(d)是向二维空间的扩展，例如是一个平面矩形板。总之，单元内位移变化的非线性程度要求越高，结点数要求的也就越多，计算的精度也会随之明显提高。插值技术是有限元法的一个关键技术，是它使无限个自由度问题转化为有限个自由度问题，对这些自由度应用象最小总势能原理那样的变分原理，从而可得原问题的近似解。

首先，将连续体划分成 m 个小单元(Meshing)，单元之间由结点互相连接，不同单元的结点有不同的结点自由度，这里假设是结点位移向量 $\boldsymbol{d}$，它的分量可以是线位移，角位移，甚至位移导数等。

为叙述上的方便，假定研究对象是弹性力学平面问题，则单元内任一点(x,y)的位移$(u(x,y),v(x,y))$可以像图 1-34 那样 4 点或 8 点插值，暂且不讨论点多点少的利弊，其插值的一般公式总可以写成

$$\left.\begin{aligned} u(x,y) &= \sum_i N_i(x,y)u_i \\ v(x,y) &= \sum_i N_i(x,y)v_i \end{aligned}\right\} \text{或 } \boldsymbol{f}=\boldsymbol{N}\boldsymbol{d} \tag{1-68}$$

式中 $u(x,y)$，$v(x,y)$分别代表点(x,y)在 x 和 y 方向的位移，u_i，v_i 分别代表单元结点 i 的位移，$N_i(x,y)$代表插值形状函数，称之为位移形函数，它实现了用结点位移表示单元内位移的插值联系。单元结点上

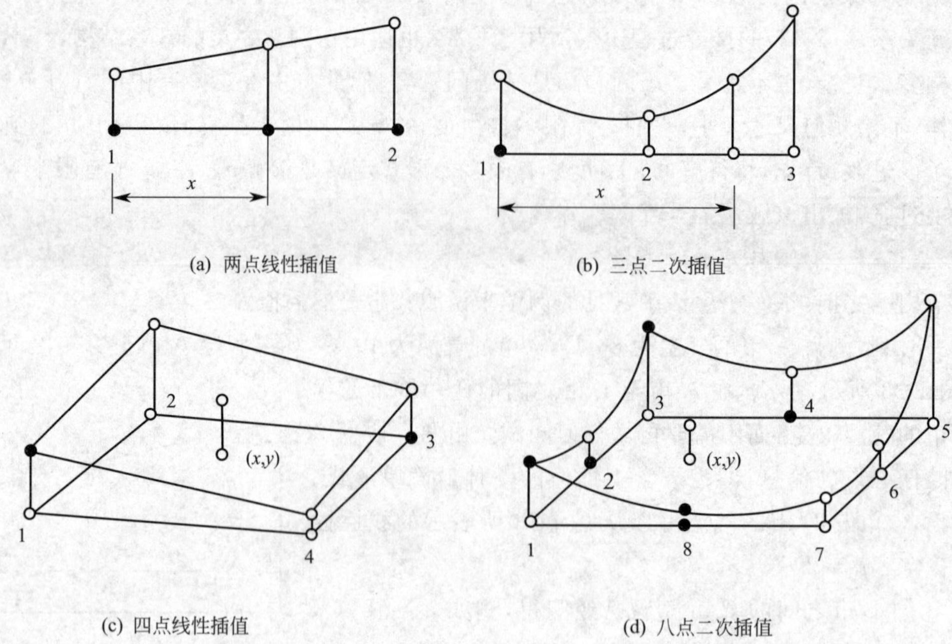

图 1-34 由结点向单元内插值的几何解释

的位移是"有限"的，单元内的位移点是"无限"的，正是(1-68)中的插值形状函数建立二者之间的联系。基于变分原理和插值技术，有限元法的主要思想就清晰可见了。

1.3.1.6 弹性连续体有限元法基本思想

所谓弹性连续体指的是在外载荷作用下体内的任一点的应力均低于材料的弹性极限。下面讨论的二维问题完全可以推广至三维问题。

首先，二维弹性力学的几何方程给出了位移与应变之间的几何关系

$$\varepsilon_x=\frac{\partial u}{\partial x},\varepsilon_y=\frac{\partial v}{\partial y},v_{xy}=\frac{\partial u}{\partial y}+\frac{\partial v}{\partial x} \tag{1-69}$$

将式(1-68)代入式(1-69)，可得

$$\varepsilon=\boldsymbol{B}\boldsymbol{d} \tag{1-70}$$

式中，ε 称之为应变向量，$\boldsymbol{d}$ 称之为结点位移向量，$\boldsymbol{B}$ 称之为几何矩阵，它是对位移形状函数求导数得到的。(1-70)实现了用结点位移表示单元内任一点处的应变。

另外，弹性力学的物理方程即广义虎克定律给出了应变与应力之间的物理关系

$$\boldsymbol{\sigma}=\boldsymbol{E}\boldsymbol{\varepsilon} \tag{1-71}$$

式中 $\boldsymbol{\sigma}=(\sigma_x\sigma_y\tau_{xy})^T$ 称之为应力向量，$\boldsymbol{E}$ 称之为弹性矩阵，它取决于材料的物理特性，对各向同性材料的平面应力问题

$$\boldsymbol{E}=\frac{E}{1-\mu^2}\begin{bmatrix}1 & \mu & 0\\ \mu & 1 & 0\\ 0 & 0 & \dfrac{1-\mu}{2}\end{bmatrix} \tag{1-72}$$

E 是材料杨氏模量，μ 是波松比。

将式(1-70)代入式(1-71)，于是

$$\boldsymbol{\sigma}=\boldsymbol{E}\boldsymbol{B}\boldsymbol{d} \tag{1-73}$$

式(1-73)实现了由结点位移表示单元内任一点处的应力。

根据弹性力学理论，线弹性连续体的总势能可以写成积分形式

$$\Pi=\int_V\frac{1}{2}\boldsymbol{\varepsilon}^T\boldsymbol{E}\boldsymbol{\varepsilon}\,\mathrm{d}v-\int_v\boldsymbol{f}^T\boldsymbol{F}\,\mathrm{d}v-\int_s\boldsymbol{f}^T\boldsymbol{\varphi}\,\mathrm{d}s \tag{1-74}$$

式中，第一个积分是单元内应力的功，此功作为应变能储存起来，后两项分别表示体力和面力在它们的位移方向上所做的功而导致外力势能的减少，$\boldsymbol{f}=(u(x,y)v(x,y))^T$ 是位移函数，V 代表积分体积，s 代表边界表面上的积分面积。

将(1-68)和(1-70)代入(1-74)，于是得到了用结点位移 $\boldsymbol{d}$ 表示的单元总势能

$$\Pi_e=\frac{1}{2}\boldsymbol{d}^T(\int_V \boldsymbol{B}^T\boldsymbol{E}\boldsymbol{B}\mathrm{d}v)\boldsymbol{d}-\boldsymbol{d}^T\int_v \boldsymbol{N}^T\boldsymbol{F}\mathrm{d}v-\boldsymbol{d}^T\int_s \boldsymbol{N}^T\boldsymbol{\varphi}\mathrm{d}s \tag{1-75}$$

结构的总势能是对每一个单元势能求和得到的，同时还应包括作用在结构某些结点上的外加集中力 $\boldsymbol{P}$ 的势能，定义 $\boldsymbol{P}$ 的分量与结点自由度方向相同为正，于是得到结构的总势能

$$\Pi=\left(\sum_{e=1}^{m}\Pi_e\right)-\boldsymbol{D}^T\boldsymbol{P} \tag{1-76}$$

式中 $\boldsymbol{D}$ 被定义为结构所有结点的总位移向量，它包括了所有单元的结点位移，所以，只要单元结点位移 $\boldsymbol{d}$ 假想扩大"结构大小"，(1-76)中的累加就可以进行，从而可得用所有结点位移表示结构总势能

$$\Pi=\frac{1}{2}\boldsymbol{D}^T\left(\sum_{1}^{m}\int_v \boldsymbol{B}^T\boldsymbol{E}\boldsymbol{B}\mathrm{d}v\right)\boldsymbol{D}+\boldsymbol{D}^T\sum_{1}^{m}\left(-\int_v \boldsymbol{N}^T\boldsymbol{F}\mathrm{d}v-\int_s \boldsymbol{N}^T\boldsymbol{\varphi}\mathrm{d}s\right)-\boldsymbol{D}^T\boldsymbol{P} \tag{1-77}$$

至此，从结构离散成有限个单元到用有限多个结点位移表示结构总势能的过程全部完成。式(1-77)非常重要，它实现了用有限元模型替代原结构物理模型，并将结构的总势能凝聚成了 $\boldsymbol{D}$ 的函数。

类似，引入最小总势能原理，得到平衡条件

$$\frac{\partial \Pi}{\partial D_1}=\frac{\partial \Pi}{\partial D_2}=\cdots=\frac{\partial \Pi}{\partial D_n}=0 \tag{1-78}$$

式中 n 是结构自由度总数，如果以矩阵形表示，有$\frac{\partial \boldsymbol{\Pi}}{\partial \boldsymbol{D}}=\boldsymbol{0}$。

对(1-77)求导数，得到描写结构平衡状态的方程

$$\left(\sum_{1}^{m}\int_v \boldsymbol{B}^T\boldsymbol{E}\boldsymbol{B}\mathrm{d}v\right)D=\sum_{1}^{m}\left(\int_v \boldsymbol{N}^T\boldsymbol{F}\mathrm{d}v+\int_s \boldsymbol{N}^T\boldsymbol{\varphi}\mathrm{d}s\right)+\boldsymbol{P} \tag{1-79}$$

这是以 n 个独立位移为未知数的 n 个线性代数方程，式中，令 $k=\int_v \boldsymbol{B}^T\boldsymbol{E}\boldsymbol{B}\mathrm{d}v$，称之为单元刚度矩阵；令式右端的第一项为单元结点等效力 $\boldsymbol{r}$ 的累加，则(1-79)可简记为

$$\left(\sum_{1}^{m}\boldsymbol{k}\right)\boldsymbol{D}=\sum_{1}^{m}\boldsymbol{r}+\boldsymbol{P} \tag{1-80}$$

再令 $\boldsymbol{K}=\sum_{1}^{m}\boldsymbol{k}$，$F=\sum_{1}^{m}\boldsymbol{r}+\boldsymbol{P}$ 则(1-80)又可简记为

$$\boldsymbol{KD}=\boldsymbol{F} \tag{1-81}$$

式中，$\boldsymbol{K}$ 称之为结构整体刚度矩阵，是由单元刚度矩阵 $\boldsymbol{k}$ 根据单元结点编号信息累加而成的，其中每一个元素仅取决于构成单元的材料及几何形状，其形式与杆系结构的整体平衡方程(1-67)完全一样。$\boldsymbol{K}$ 是一个对称阵，另外它还是一个以对角元为中心的稀疏带状阵，并由此形成了它特有的存贮与求解方式。

总之，利用最小总势能原理，将平衡问题归结为(1-81)那样的一组平衡方程，求解该方程组，可得离散后所有结点上的独立位移，进而可求单元内的内力或应力。这些平衡方程反映了结点上的平衡条件，即$\frac{\partial \Pi}{\partial D_i}=0$，所以(1-81)的解是原问题的近似解，其近似程度不仅取决于离散过程中网格的疏密，也取于被选取的单元类型。关于以假定位移场为基础的平衡和连续性的要求、关于收敛和协调性的讨论、关于提高计算精度的等参元等问题在王勖成和邵敏的专著[4]《有限单元法基本原理和数值方法》中有详细介绍，这里不再重复。

1.3.2 有限元分析过程

1.3.2.1 有限元方法解题步骤

有限元法求解问题，可以分为以下几个步骤：

1. 弹性体的离散化

将要分析的结构分解成有限个单元体,并在单元指定的位置设置节点,使得单元的相关参数具有一定的连续性,并构成单元的集合体以它代替原来的结构并把弹性体边界的约束用位于弹性体边界上的节点去代替。

2. 单元分析

即用固体力学理论研究单元的性质,从建立单元位移模式入手,导出计算单元的应变、应力、单元刚度矩阵和单元等效节点载荷向量的计算公式,讨论单元平衡条件,建立单元节点力与节点位移之间的关系。

(1)建立单元位移模式

为了能用节点位移表示单元体的位移、应变和应力,在分析连续体问题时,必须对单元中位移的分布作出一定的假设,也就是假定位移是坐标的某种简单函数,这种函数称为位移模式或插值函数。选择适当的位移模式是有限元分析的关键,通常选择多项式做为位移模式,其原因是多项式的数学运算比较方便并且由于所有函数的局部都可以用多项式逼近。至于多项式的项数和阶次的选择,则要考虑单元的自由度和解的收敛性要求,一般来说,多项式的项数应等于单元的自由度数,它的阶次应包含常数项和线性项等。

根据选定的位移模式,即可导出单元位移与节点位移的关系如下

$$\{f\}=[N]\{\delta\}^{e} \tag{1-82}$$

式中 $\{f\}$——单元内任意一点的位移列阵;

$\{\delta\}^{e}$——单元结点位移列阵;

$[N]$——单元位移模式矩阵。

(2)单元应变位移

由式(1-82)可导出节点位移表示的单元应变关系式

$$\{\varepsilon\}=[B]\{\delta\}^{e} \tag{1-83}$$

式中 $\{\varepsilon\}$——单元内任意一点的应变列阵;

$[B]$——单元应变矩阵。

(3)单元应力分析

利用式(1-83)可导出应力与节点位移的关系式

$$\{\sigma\}=[D][B]\{\delta\}^{e} \tag{1-84}$$

式中 $\{\sigma\}$——单元内任意一点的应力列阵;

$[D]$——与单元有关的弹性矩阵。

(4)单元刚度矩阵与单元平衡方程

$$[K]^{e}=\int v[B]T[D][B]\mathrm{d}v \tag{1-85}$$

式中 $[K]^{e}$——单元刚度矩阵。

导出单元刚度矩阵是单元分析的核心内容,利用最小势能原理,导出单元平衡方程

$$\{F\}^{e}=[K]^{e}\{\delta\}^{e} \tag{1-86}$$

式中 $\{F\}\varepsilon$——等效节点力。

3. 整体分析

即在单元分析的基础上,建立系统总势能计算公式,应用最小势能原理建立有限元基本方程,引入位移边界条件,求解弹性体的有限元方程,解除全部节点位移,最后逐个计算出单元的应力。

(1)建立整体有限元方程

这一过程包括两方面的内容:一是将各个单元的刚度矩阵,组集成整体刚度矩阵,二是将作用于各个单元的等效节点力列阵,组集成总的载荷列阵。

最常用的组集刚度矩阵的方法是直接刚度法,即要求所有相邻的单元在公共节点处的位移相等。

得到有限元基本方程

$$[K]\{\delta\}=\{F\} \tag{1-87}$$

式中 $[K]$——整体刚度矩阵；

$\{\delta\}$——整体结构的节点位移向量；

$\{F\}$——整体结构的节点力向量。

(2)引入边界条件，求解未知节点和单元应力

利用式(1-87)可解出未知位移，再利用(1-84)可计算各单元的应力，并加以整理得到所要求的结果[5]。

1.3.2.2 有限元法的一般程序结构

一个完整的有限元程序一般应包含前置处理、解题程序和后置处理，具体叙述如下：

1. 前置处理

(1)建立有限元模型所需输入的资料，如节点、坐标系等。

(2)定义材料特性。

(3)单元的产生。

(4)边界条件的施加。

(5)定义载荷。

2. 解题程序

(1)元素刚度矩阵$[K]$的计算。

(2)系统外力向量$\{F\}$的组合。

(3)线性代数方程$[K]\{U\}=\{F\}$的求解。

(4)通过反算法求应力、应变、反作用力等。

3. 后置处理

将解题部分所得的解答如：变形、应力、反作用力等，通过图形接口以不同表示方式如等位移图、等应力图等显示出来。

有限元程序的流程如图 1-35 所示。

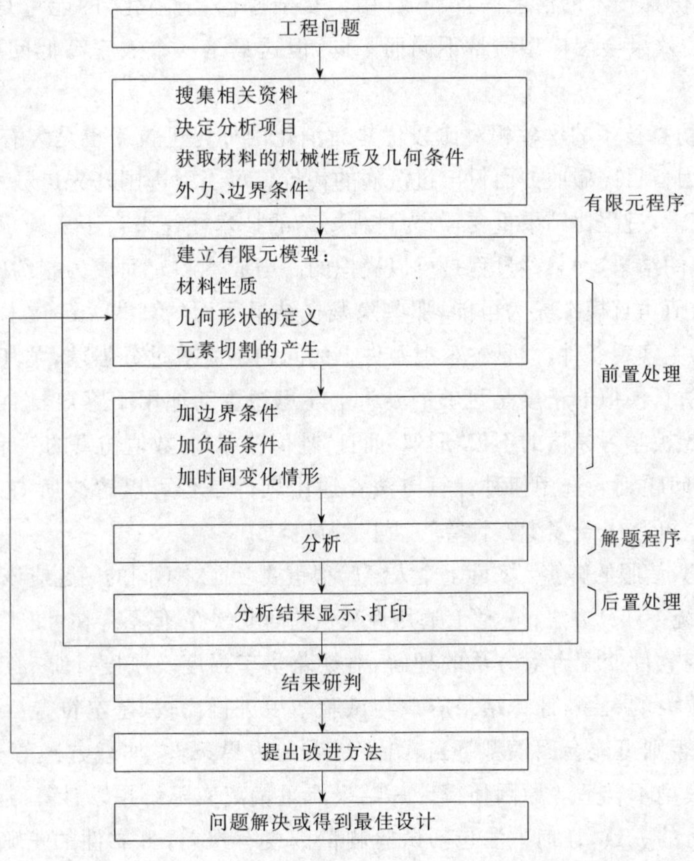

图 1-35 有限元分析流程图

1.3.3 有限元建模原则

在计算机上，使用大型有限元工具进行强度计算，其实也是一种强度实验，是利用计算机对强度试验进行数值模拟，求得对实物原型系统规律性认识的一种方法。计算机仿真技术有助于摆脱对物理样机的依赖，通过计算机技术建立产品的数字化模型，完成无数次物理样机无法进行的虚拟试验，基于这种试验与比较，可以经济地选取一个最优方案。目前，有限元技术在铁路货车的强度及刚度计算中已得到了广泛的应用。

有限元技术的数值仿真和试验一样，都是服务于产品设计过程的一种辅助手段，只不过前者是一种计算机内的数值实验，后者是一种以具体的设计对象为载体的物理试验。前者是抽象的，后者是具体的。首先，由于仿真计算模型是计算对象的抽象，因此，抽象得到的仿真计算模型不可能，有时也不必要与计算对象完全吻合。其次，数值仿真所需的边界条件，在没有物理样机或者可借用的数据支持下是很难精确获得的。所以，期望数值仿真的绝对准确是不科学的。

科学的态度应该是：不否认数值仿真的数值计算结果与理论上应该得到(假设可以得到)的理论解有差距，也不否认仿真的数值计算结果与物理样机的试验(假设试验可靠)结果有差距，甚至有时差距还不小。但是，当追求相对比较时，这些绝对意义上的差距就不那么重要了，而这一点恰是数值仿真技术在铁路货车产品设计过程中不可替代的最大优势所在。

一旦获得了基本可靠的有限元仿真模型，该模型就可以用于方案比较，该模型就是“财富”；

一旦进入设计方案的相对比较，比较的结果就为方案选优提供了定量的科学数据；

这种比较不仅科学、深刻，而且也是经济成本最低的。

除了用于方案对比，数值仿真技术另一个非常有价值的潜能是它可以对复杂过程“分解识别”。利用“分解识别”，可以实现复杂过程相对“清晰化”。

铁路货车产品是一复杂产品，而其复杂性的一个特征是从输出响应中很难识别出每一输入各自对响应的贡献份额大小，而这些贡献份额对量化判断每一因素对设计的影响至关重要。

众多实例表明，数值仿真技术的潜能一旦释放，用于复杂过程“清晰化”的能量是很大的。当然，这种相对比较以及“分解识别”的效果会因模型质量不同而不同，但这只是一个效率高低问题，而且经过努力，效率是可以逐步提高的。

需要强调的是，数值仿真技术的这种相对比较优势对消化国外先进技术也是大有益处的。之所以强调这一点，是因为一些工厂曾因盲目照搬照抄而付出过沉痛的代价。每当引进国外先进技术或装备时，他们看到的是结果而不是过程。事实上，过程比结果重要，因为过程凝结的技术往往来自于实验，甚至来自于挫折或失败。正确的过程必然导致正确的结果，而某些过程是可以模拟的。当成本和时间成为制约因素时，数值仿真模拟应当成为首选。一旦基于数值仿真模拟成为可能，那些隐藏在结果后面的某些关键技术就有可能被感知，当然，感知的深度取决模拟时的主客观条件，但是主客观条件上的问题不应被过分强调，尤其是从结构上寻找先进设计的“为什么”时，有限元仿真模拟的精度是足够的。将上述思想主动地用于感知与消化某些先进设计与技术的成功案例表明，如果欲想被学习模仿的不仅“形似”而且“神似”，那么，数值仿真的效果恰在于后者。

然而，对于所考虑的问题到底选用何种计算方法？通用软件是否可以解决所有问题？计算结果是否可靠？与试验结果相比误差可否小于多少？计算可否代替试验？

这种问题很难给以令人信服的解答。实际上个人经验很重要。针对不同的问题应该使用不同的计算方法，但人们正在尽量寻求所谓的统一计算方法。尽管有通用性很强的商业软件，但不存在可以解决所有问题的软件。

计算结果是否可靠与软件使用者对方法的理解，对铁路货车强度及刚度计算、有限元分析问题的理解以及所遇到的具述问题有很大的关系，计算结果应该与试验结果进行比较，基本符合后才能推广应用于同类问题其他相近条件的计算，否则可能会因模型不当、给了错误的边界条件、加载方式等条件、计算精度差，方法精度低、网格太粗、物理模型不合适等原因使得计算结果严重偏离实际结果。计算结果可靠与否并不意味着它能与试验结果百分之百的一致，任何方法包括试验测量都会有误差，可靠性的正确理解应该是，在软件使用没有错误的前提下，在多大程度上可以接受计算的误差。计算结果的可靠性与所考虑的问题的类型有关。

正因如此,数值仿真计算一般不能代替试验．既然如此,为什么还要进行数值仿真计算?这牵涉到如何理解计算的功能问题。

首先,数值仿真与试验在解决实际问题中可以起互补作用。用试验验证的计算方法与软件可以对许多不同的条件进行计算,得出指导性与方向性结果。而如此进行试验费用太高。利用计算结果可以近似选择最佳设计,最后用试验进行修正或证实。

其次,数值仿真可以解决一些试验不能处理的问题。对于许多工程问题,在实验室很难实现其真实的条件,试验研究往往只能部分满足某些条件,这样试验结果不一定能真实反映实际情况。例如用缩小尺寸的模型进行试验,很难做到所有条件都等于真实条件,但在物理模型足够可靠和计算方法足够精确的前提下,可以随意给定所需要的参数来进行计算模拟,只需在软件中或数据文件中改变相应的参数即可。

还有所谓的反问题,要求预先给定结果,然后通过数值仿真来确定结构。或者从给定的基本结构开始,为优化某些参数如减重等来修改结构和参数,以求得最佳设计结果,这些都是试验难以低成本做到的。

总之,数值仿真的作用不能过高估计与过低估计,计算机仿真只有与试验进行有机结合,才能发挥重要作用。对于解决工程问题,数值仿真可以帮助选型、减少设计费用、缩短设计周期,但在定型时还需进行试验测量与修正。对于某些特殊问题,数值仿真还可以代替试验。设计部门在使用数值仿真结果时,很少过分强调结果的精确度;对他们而言,只有明确使用数值仿真的目的才能正确利用数值仿真结果。优秀的工程师对于不合理的数值仿真结果自然具有判别力,在他判定数值仿真结果基本合理或者对于某种特定条件被某具体试验验证后,才能使用拓宽范围的数值仿真结果。要实现一个完整的试验过程需要解决一系列复杂的技术问题,所需周期长,费用也很高。当然,要建立正确的数学提法必须和试验研究相结合。

1.3.4 常用结构分析软件

随着计算机水平的发展,ANSYS、NASTRAN、I-DEAS、PARTRAN、FLUENT、MARC 等各种各样的大型有限元软件的纷纷推出,有限元技术被广泛应用于铁路货车结构的设计、计算和动态特性分析、噪声、空气动力学仿真与分析等领域。

1.3.4.1 I-DEAS 软件简介

I-DEAS 是美国 UGS 子公司 SDRC 公司开发的 CAD/CAM 软件,是高度集成化的 CAD/CAE/CAM 软件系统。它帮助工程师以极高的效率,在单一数字模型中完成从产品设计、仿真分析、测试直至数控加工的产品研发全过程。I-DEAS 是全世界制造业用户广泛应用的大型 CAD/CAE/CAM 软件。

I-DEAS 在 CAD/CAE 一体化技术方面一直雄居世界榜首,软件内含诸如结构分析、热力分析、优化设计、耐久性分析等真正提高产品性能的高级分析功能。主要含有:

1. 数字化仿真(Digital Simulation)

I-DEAS CAE 工具通过在产品开发早期阶段仿真全部产品性能来引导设计,提高产品质量,验证并优化细节设计,最大程度地减少重复制作物理样机的次数,同时降低后续加工的反复次数,识别造成现有产品质量问题的原因,制订交易计划,在产品价格和性能之间取得最佳平衡。

2. I-DEAS 机构设计(I-DEAS Mechanism Design)

I-DEAS 机构设计可集成地分析带有复杂运动副的机构运动。利用 I-DEAS 装配产生的装配体、运动约束副和接触区域,根据初始运动条件,解算出运动结果。使用了内嵌的 ADAMS 动态解算器,它帮助从最初的概念设计阶段就了解机构的运动情况,包括机构的位置、速度和加速度,从而作出更多的选择,得到更好的,更精确的设计结果。

3. 仿真模型构造(Simulation Modeling Set)

集成环境中的有限元模型构造和结果可视化工具。直接利用 I-DEAS 零件主模型或装配,或其他 CAD 系统输入的模型,快速地建立数字化产品仿真模型。仿真模型和设计模型具有相关性。

4. 仿真解算(Simulation Solution Set)

有限元解算器,包括结构的线性静态分析和结构模态分析、热传递分析和流动分析以及结构优化分析。

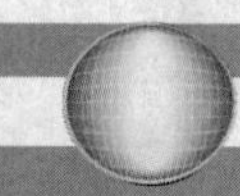

可以采用批处理的方式进行解算。提供多种收敛准则定义和解算选项控制，如模型解算占用的空间和时间预估，结构刚度矩阵文件控制。用户通过解算过程图形监控解算过程，允许终止解算。

5. 非线性求解器(Model Solution-Non-Linear)

支持几何非线性、材料非线性、弹塑性及综合非线性分析，利用 Newton-Raphson 方法求解非线性方程组。

6. 变量化分析(Variationl Analysis)

变量化分析仿真在设计初期介入设计过程，利用单一模型进行广泛的设计研究，通过一次网格划分和解算，生成手册式结果，得到多种可对比的方案。

7. 响应分析(Response Analysis)

响应分析用来研究结构在静态、瞬态、谐波和随机等激励下的受迫响应，模态可以来自结构分析或测试。

8. 复合铺合分析(Laminnate Composites)

以复合铺层材料结构进行高效的设计和评估。

9. 注塑冷却顾问(Part Advisor)

注塑过程顾问系统。简单实用，直接对 STL 格式进行计算，只用定义零件的材料和模具特性以及浇注口，就可以模拟浇注模具过程中塑料流动。可优化零件与模具的设计，以达到质量、成本和时间的最优平衡。

10. 机械仿真(Mechanism Sim)

分析机构在外力作用下的运动和受力。包含机构运动(Mechanism Design)的全部功能。

11. 产品寿命预测(Durability)

预测静态载荷下产品的材料强度和疲劳安全的工具。

12. 高级产品寿命预测(Advanced Durability)

预测静态或瞬态载荷下产品的产品寿命和疲劳破坏，包含产品寿命预测的全部功能。

13. 电子系统冷却仿真(Electronic System Cooling)

电子系统的三维热/流动分析。I-DEAS 集成环境中的电子系统可靠性分析工具，仿真可直接在 CAD 模型上分析单元件、多芯片组、散热片、PCB、功率模组或完整系统的热/流动行为，含 PCB Modeler 和 ECAD 接口。用于优化元器件的位置，预测风扇运作，评估风扇和通风口的位置与尺寸，优化散热片的形状和尺寸等。

14. 传热仿真(TMG)

通用的复杂热问题的快速解决方案。与 I-DEAS 及 Femap 完全集成，可直接使用有限元模型。

I-DEAS 作为 CAD 软件，界面不太友好，使用不方便，作为 CAE 软件，求解功能不强大，并未成为 CAE 行业有竞争力的软件。

1.3.4.2 ANSYS 软件简介

ANSYS 软件是融结构、流体、电场、磁场、声场分析于一体的大型通用有限元分析软件。由世界上最大的有限元分析软件公司之一的美国 ANSYS 开发，它能与多数 CAD 软件接口，实现数据的共享和交换，如 Pro/Engineer，NASTRAN，Alogor，I-DEAS，AutoCAD 等，是现代产品设计中的高级 CAD 工具之一。

CAE 的技术种类有很多，其中包括有限元法 FEM(Finite Element Method)，边界元法 BEM(Boundary Element Method)，有限差法 FDM(Finite Difference Element Method)等。每一种方法各有其应用的领域，而其中有限元法应用的领域越来越广，现已应用于结构力学、结构动力学、热力学、流体力学、电路学、电磁学等。

ANSYS 有限元软件包是一个多用途的有限元法计算机设计程序，可以用来求解结构、流体、电力、电磁场及碰撞等问题。

软件主要包括三个部分：前处理模块，分析计算模块和后处理模块。

前处理模块提供了一个强大的实体建模及网格划分工具，用户可以方便地构造有限元模型；

分析计算模块包括结构分析可进行线性分析、非线性分析和高度非线性分析、流体动力学分析、电磁场分析、声场分析、压电分析以及多物理场的耦合分析，可模拟多种物理介质的相互作用，具有灵敏度分析及优化分析能力；

后处理模块可将计算结果以彩色等值线显示、梯度显示、矢量显示、粒子流迹显示、立体切片显示、透明及半透明显示可看到结构内部等图形方式显示出来，也可将计算结果以图表、曲线形式显示或输出。

软件提供了100种以上的单元类型，用来模拟工程中的各种结构和材料。该软件有多种不同版本，可以运行在从个人机到大型机的多种计算机设备上，如PC，SGI，HP，SUN，DEC，IBM，CRAY等。

目前最新版本ANSYS 12.0。同级别的软件还有ADINA、ABAQUS、MSC等，ADINA和ABAQUS在非线性计算功能方面比ANSYS强，ABAQUS没有流体计算模块，ADINA不能做电磁分析但是ADINA是目前做流固耦合最好的软件。

1. ANSYS软件的分析类型

ANSYS软件提供的分析类型如下：

(1)结构静力分析

用来求解外载荷引起的位移、应力和力。静力分析很适合求解惯性和阻尼对结构的影响并不显著的问题。ANSYS程序中的静力分析不仅可以进行线性分析，而且也可以进行非线性分析，如塑性、蠕变、膨胀、大变形、大应变及接触分析。

(2)结构动力学分析

结构动力学分析用来求解随时间变化的载荷对结构或部件的影响。与静力分析不同，动力分析要考虑随时间变化的力载荷以及它对阻尼和惯性的影响。ANSYS可进行的结构动力学分析类型包括瞬态动力学分析、模态分析、谐波响应分析及随机振动响应分析。

(3)结构非线性分析

结构非线性导致结构或部件的响应随外载荷不成比例变化。ANSYS程序可求解静态和瞬态非线性问题，包括材料非线性、几何非线性和单元非线性三种。

(4)动力学分析

ANSYS程序可以分析大型三维柔体运动。当运动的积累影响起主要作用时，可使用这些功能分析复杂结构在空间中的运动特性，并确定结构中由此产生的应力、应变和变形。

(5)热分析

程序可处理热传递的三种基本类型：传导、对流和辐射。热传递的三种类型均可进行稳态和瞬态、线性和非线性分析。热分析还具有可以模拟材料固化和熔解过程的相变分析能力以及模拟热与结构应力之间的热—结构耦合分析能力。

(6)电磁场分析

主要用于电磁场问题的分析，如电感、电容、磁通量密度、涡流、电场分布、磁力线分布、力、运动效应、电路和能量损失等。还可用于螺线管、调节器、发电机、变换器、磁体、加速器、电解槽及无损检测装置等的设计和分析领域。

(7)流体动力学分析

ANSYS流体单元能进行流体动力学分析，分析类型可以为瞬态或稳态。分析结果可以是每个节点的压力和通过每个单元的流率。并且可以利用后处理功能产生压力、流率和温度分布的图形显示。另外，还可以使用三维表面效应单元和热—流管单元模拟结构的流体绕流并包括对流换热效应。

(8)声场分析

程序的声学功能用来研究在含有流体的介质中声波的传播，或分析浸在流体中的固体结构的动态特性。这些功能可用来确定音响话筒的频率响应，研究音乐大厅的声场强度分布，或预测水对振动船体的阻尼效应。

(9)压电分析

用于分析二维或三维结构对AC(交流)、DC(直流)或任意随时间变化的电流或机械载荷的响应。这种分析类型可用于换热器、振荡器、谐振器、麦克风等部件及其他电子设备的结构动态性能分析。可进行四种类型的分析：静态分析、模态分析、谐波响应分析、瞬态响应分析。

2. ANSYS的前处理

ANSYS的前处理模块主要有三部分内容：实体建模、网格划分和载荷及约束处理。

(1)实体建模

ANSYS 程序提供了两种实体建模方法:自顶向下与自底向上。自顶向下进行实体建模时,用户定义一个模型的最高级图元,如球、棱柱,称为基元,程序则自动定义相关的面、线及关键点。用户利用这些高级图元直接构造几何模型,如二维的圆和矩形以及三维的块、球、锥和柱。无论使用自顶向下还是自底向上方法建模,用户均能使用布尔运算来组合数据集,从而"雕塑出"一个实体模型。ANSYS 程序提供了完整的布尔运算,诸如相加、相减、相交、分割、粘结和重叠。在创建复杂实体模型时,对线、面、体、基元的布尔操作能减少相当可观的建模工作量。ANSYS 程序还提供了拖拉、延伸、旋转、移动、延伸和拷贝实体模型图元的功能。附加的功能还包括圆弧构造、切线构造、通过拖拉与旋转生成面和体、线与面的自动相交运算、自动倒角生成、用于网格划分的硬点的建立、移动、拷贝和删除。自底向上进行实体建模时,用户从最低级的图元向上构造模型,即:用户首先定义关键点,然后依次是相关的线、面、体。

(2)网格划分

ANSYS 程序提供了使用便捷、高质量的对 CAD 模型进行网格划分的功能。包括四种网格划分方法:延伸划分、映像划分、自由划分和自适应划分。延伸网格划分可将一个二维网格延伸成一个三维网格。映像网格划分允许用户将几何模型分解成简单的几部分,然后选择合适的单元属性和网格控制,生成映像网格。ANSYS 程序的自由网格划分器功能是十分强大的,可对复杂模型直接划分,避免了用户对各个部分分别划分然后进行组装时各部分网格不匹配带来的麻烦。自适应网格划分是在生成了具有边界条件的实体模型以后,用户指示程序自动地生成有限元网格,分析、估计网格的离散误差,然后重新定义网格大小,再次分析计算、估计网格的离散误差,直至误差低于用户定义的值或达到用户定义的求解次数。

(3)载荷及约束处理

在 ANSYS 中,载荷包括边界条件和外部或内部作用力函数,在不同的分析领域中有不同的表征,但基本上可以分为 6 大类:自由度约束、力(集中载荷)、面载荷、体载荷、惯性载荷及耦合场载荷。

①自由度约束(DOF Cinstraints):将给定的自由度用已知量表示。例如在结构分析中约束是指位移和对称边界条件,而在热力学分析中则指的是温度和热通量平行的边界条件。

②力(集中载荷)(Force):是指施加于模型节点上的集中载荷或者施加于实体模型边界上的载荷。例如结构分析中的力和力矩,热力分析中的热流速度,磁场分析中的电流段。

③面载荷(Surface Load):是指施加于某个面上的分布载荷。例如结构分析中的压力,热力学分析中的对流和热通量。

④体载荷(Body Load):是指体积或场载荷。例如需要考虑的重力,热力分析中的热生成速度。

⑤惯性载荷(Inertia Loads):是指由物体的惯性而引起的载荷。例如重力加速度、角速度、角加速度引起的惯性力。

⑥耦合场载荷(Coupled-field Loads):是一种特殊的载荷,是考虑到一种分析的结果,并将该结果作为另外一个分析的载荷。例如将磁场分析中计算得到的磁力作为结构分析中的力载荷。

在铁路货车结构分析中,I-DEAS 软件与 ANSYS 软件相比,各有千秋。I-DEAS 是 CAD/CAE/CAM 综合软件,其前处理功能强,建模速度快,特别是 I-DEAS 的 section mesh 功能为网格划分提供了强有力的工具。相比之下,ANSYS 的前处理功能要差一些。做比较复杂的模型很困难,划分网格功能也不是很强。一般都是先用其他的软件做前处理,然后再传到 ANSYS 里来作有限元分析。但 ANSYS 比 I-DEAS 提供了更多单元类型,另外,ANSYS 在完成多物理场分析时,具有较大的优势。

1.3.5 应用实例

1.3.5.1 载重 80 t 全钢运煤敞车的计算

该车为运煤专用敞车,其结构性能适应 2 万吨重载列车运输要求。可与相应的港口码头拨车机、定位机和翻车机配套使用,可实现不摘钩连续翻卸作业,并能适应环形装车、直进直出装车和解体装车作业。

该车车体为有中梁、平地板全钢焊接结构,主要由底架、侧墙、端墙和撑杆等组成。其主要的型材、板材均采用屈服强度为 450 MPa 的耐大气腐蚀钢。

底架由中梁、大横梁、枕梁、下侧梁、小横梁、端梁及地板等组成。中梁采用几字型冷弯型钢。采用整体式上心盘及冲击座，材料为 C 级铸钢，并与牵引梁组焊在一起。侧墙由上侧梁、侧柱、枕柱、横梁和侧板等组成。端墙由上端梁、横带、角柱和端板等组成。为增强两侧墙之间的连接刚度，防止侧墙外涨，车内设有三组水平撑杆。

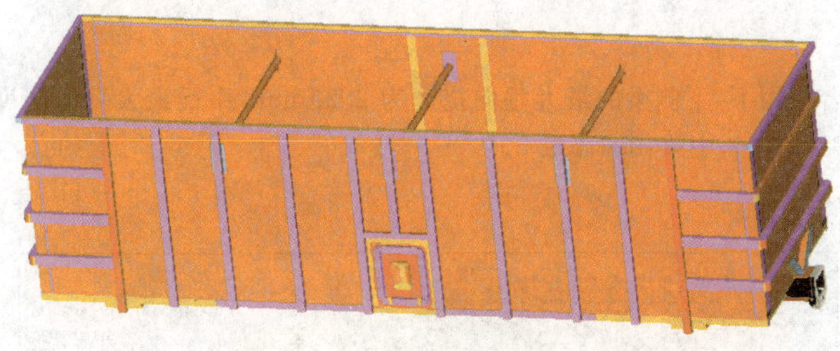

图 1-36 车体结构模型

1. 有限元模型

该结构对称于横、纵两个中心面。计算时取 1/4 结构进行研究，主要采用板壳单元进行网格的自动划分，该模型共划分了 37 493 个单元，30 048 个节点。整体结构有限元模型见图 1-37。

图 1-37 有限元模型

2. 约束设置

根据车体受力情况在模型中施加相应的垂向、横向及纵向位移约束。由于对称性，在相应的对称面上施加对称约束，心盘处加垂向弹性约束。模型中坐标轴的方向为：车体纵向为 Z 轴，横向为 X 轴，垂向为 Y 轴。

3. 分析载荷工况

(1)第一工况

拉伸组合：纵向拉伸力(2 250 kN)＋垂向静载荷(91.4 t)×1.24＋散粒货物侧压力，该工况合成应力应不大于材料的许用应力。

压缩组合：纵向压缩力(2 500 kN)＋垂向静载荷(91.4 t)×1.24＋散粒货物侧压力，该工况合成应力应不大于材料的第一工况许用应力。

(2)第二工况

压缩组合：纵向压缩力(2 800 kN)＋垂向总载荷(91.4 t)×1.24＋散粒货物侧压力，该合成应力应不大于材料的第二工况许用应力。

(3)翻车机工况

根据设计任务书和 TB/T 1335—1996 的相关规定，翻车机一个压头最大垂向力取 140 kN，作用在上侧梁任意位置，分布于最小 200 mm 长度上；侧墙立柱根部内倾总弯矩为 280 kN·m，均匀分摊给所有立柱。翻车机工况按照第二工况许用应力考核。

4. 计算结果的评定标准

(1)刚度

本次分析的刚度评定标准按照 TB/T 1335—1996 规定的标准，中梁挠跨比≤1/1 500，下侧梁挠跨比≤

1/2 000。

(2)强度

高强度耐候结构钢 Q450NQR1 屈服强度 σ_s=450 MPa,第一工况许用应力 281 MPa,第二工况许用应力为 382 MPa。

5. 计算结果

(1)刚度

在自重和载重联合作用下,下侧梁的最大垂向挠度为 2.20 mm,中梁最大垂向挠度为 3.69 mm。挠跨比分别为下侧梁:0.537/2 000,中梁:0.675/1 500。

结果参看图 1-38。

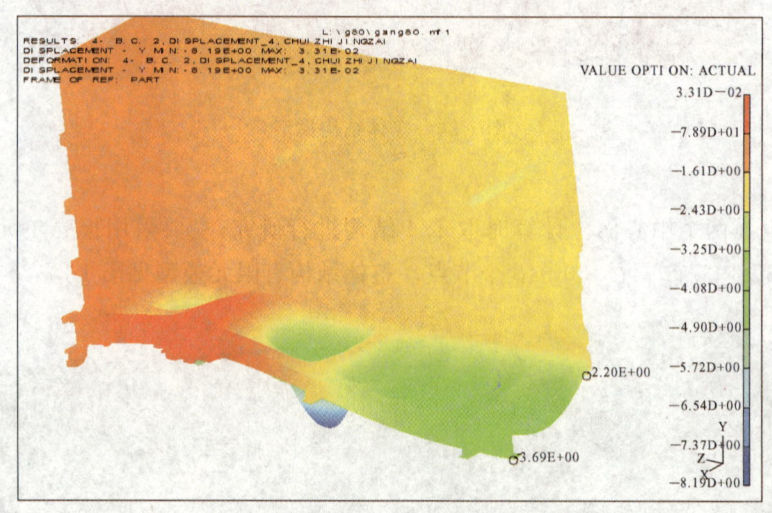

图 1-38　垂向总载荷工况垂向位移云图

(2)强度

根据 TB/T 1335—1996 要求,按最不利工况合成,给出了如下组合工况的最大应力值和部位,应力均为当量应力—Von Mises 应力,单位为 MPa。

第一工况拉伸组合:

在第一工况拉伸组合工况下,最大应力发生在中梁腹板的前从板座端部,详见图 1-39。

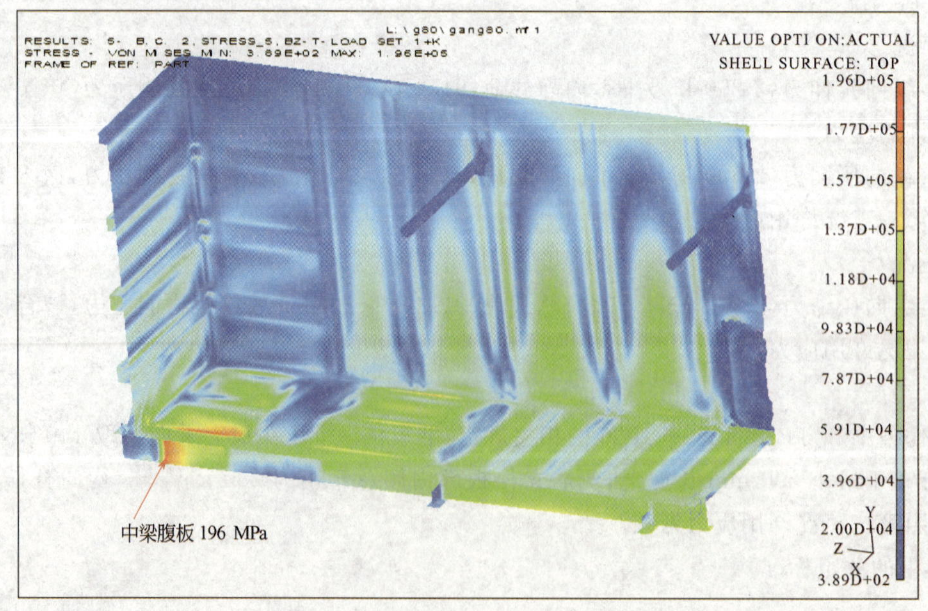

图 1-39　第一工况拉伸组合应力云图

第一工况压缩组合：

在第一工况压缩组合工况下，最大应力发生在中梁腹板整体上心盘端部，详见图 1-40。

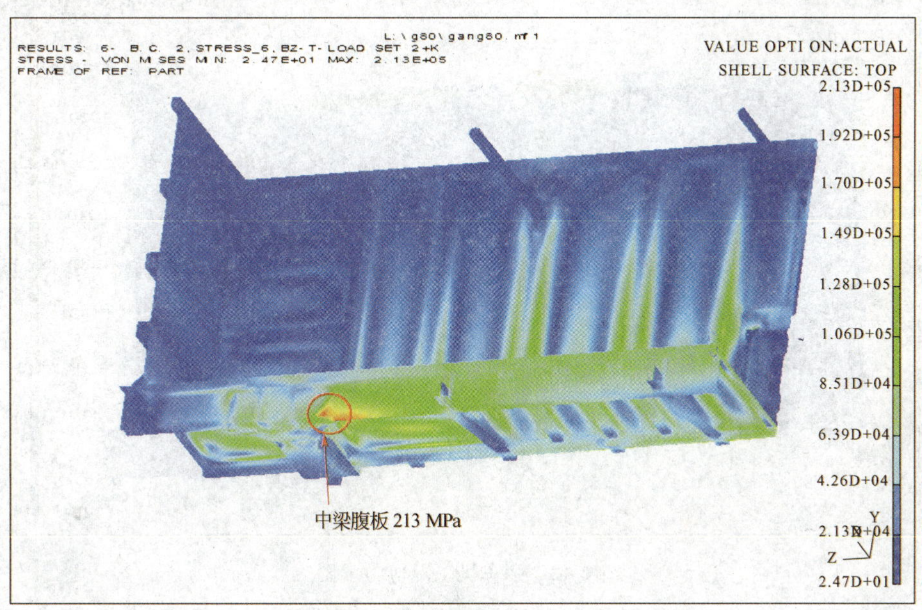

图 1-40 第一工况压缩组合应力云图

第二工况压缩组合：

在第二工况压缩组合工况下，最大应力发生在侧墙板，详见图 1-41。

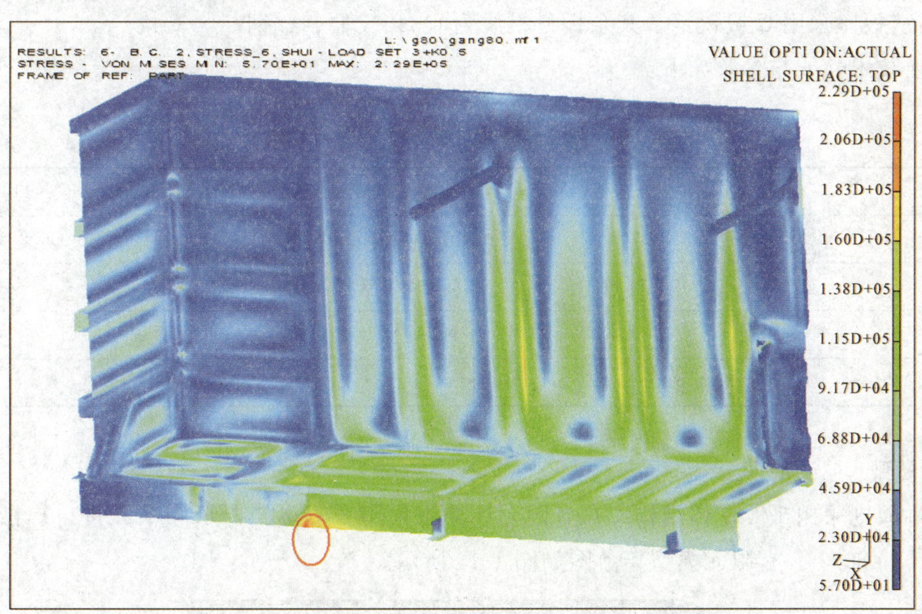

图 1-41 第二工况压缩组合应力云图

翻车机工况：

在翻车机工况下，最大应力发生在压头处，详见图 1-42。

表 1-5 各主要部位应力表 单位：MPa

	中梁	下侧梁	端墙	侧板	侧柱	枕梁
第一工况拉伸组合	196	195	179	146	120	106
第一工况压缩组合	213	112	54.5	136	63	139
第二工况压缩组合	229	135	186	189	110	145

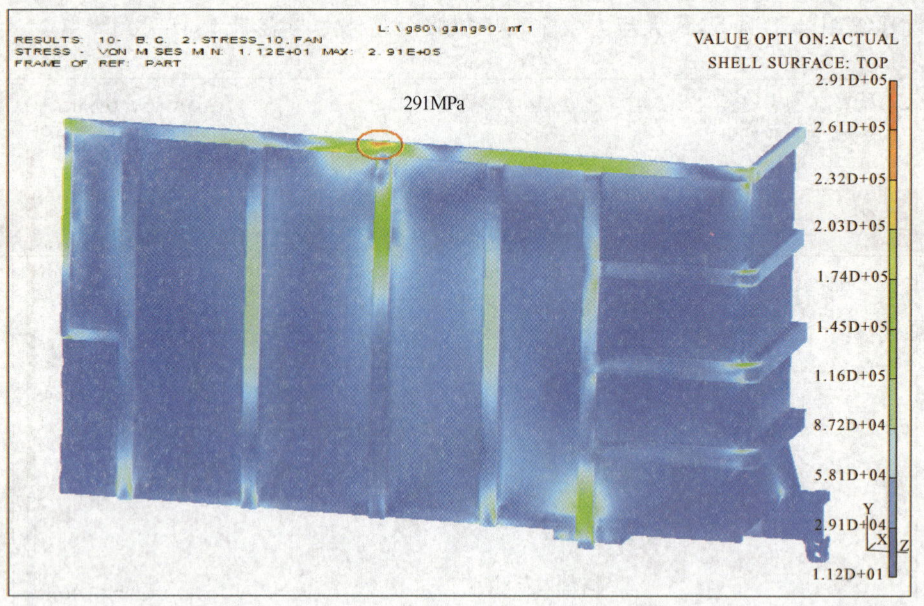

图 1-42　翻车机工况应力云图

1.3.5.2　载重 70 t 级罐车的计算

载重 70 t 级新型轻油罐车采用无中梁结构。罐体为直锥圆截面斜底结构，封头为 1：2.5 椭圆形封头。牵引梁采用屈服极限为 450 MPa 的高强钢，封头采用 Q295A 低合金钢，侧梁采用 Q235-A 普通碳素钢，一体式后从板座、前从板座采用 C 级铸钢。其余板材材质为 Q345A 低合金钢。

该罐车主要技术性能与参数如下：

表 1-6　70 t 级罐车主要技术性能与参数

工作压力(MPa)	0.15	罐体长度(mm)	11 100
载重(t)	70	罐体内径(mm)	ϕ3 050 渐变到 ϕ3 150
自重(t)	23.6	筒体名义壁厚(mm)	10
总容积(m^3)	80.3	封头名义壁厚(mm)	10
铁路货车定距(mm)	8 050		

1. 有限元模型

模型按对称原则采用 1/4 车体结构。在有限元计算中采用 8 节点四边形壳单元进行离散，共使用单元 4 423 个，节点 13 480 个。有限元模型离散图如图 1-43 所示。

图 1-43　罐体有限元模型图

2. 计算载荷及约束条件

在计算中，考虑车体的自重；按对称原则在两个对称面施加对称约束。液体密度为 0.89×103 kg/m³。

(1)第一工况第一种载荷组合方式

纵向拉伸力 1 780 kN 作用于铁路货车的前从板座；液体的蒸发气体压力取为工作压力即 0.15 MPa，液体冲击时所产生的压力均匀作用于罐体的内表面，动荷系数为 0.26 时的液体自重所引起的压力按梯度作用于罐体的内表面。

$$P_{液体冲击}=液体惯性力/罐体端面投影面积$$

$$=\frac{1\ 780\ 000\times\frac{70}{93.6}}{\pi\times1\ 525^2}$$

$$=0.182\ \mathrm{MPa}$$

在心盘中心处施加垂向位移约束。

(2)第一工况第二种载荷组合方式

纵向压缩力 1 920 kN 作用于铁路货车的后从板座；液体的蒸发气体压力取为工作压力即 0.15 MPa，液体冲击时所产生的压力均匀作用于罐体的内表面，动荷系数为 0.26 时的液体自重所引起的压力按梯度作用于罐体的内表面。

$$P_{液体冲击}=液体惯性力/罐体端面投影面积$$

$$=\frac{1\ 920\ 000\times\frac{70}{93.6}}{\pi\times1\ 525^2}$$

$$=0.197\ \mathrm{MPa}$$

在心盘中心处施加垂向位移约束。

(3)第二工况

纵向压缩力 2 500 kN 作用于铁路货车的后从板座；液体的蒸发气体压力取为工作压力即 0.15 MPa，液体冲击时所产生的压力均匀作用于罐体的内表面，液体自重所引起的压力按梯度作用于罐体的内表面。

$$P_{液体冲击}=液体惯性力/罐体端面投影面积$$

$$=\frac{2\ 500\ 000\times\frac{70}{93.6}}{\pi\times1\ 525^2}$$

$$=0.256\ \mathrm{MPa}$$

在心盘中心处施加垂向位移约束。

(4)顶车工况

液体自重所引起的压力按梯度作用于罐体的内表面。

在侧梁顶车位施加垂向位移约束。

3. 计算结果

(1)第一工况下第一种载荷组合方式强度(图 1-44)

牵枕部分：前从板座根部处的牵引梁腹板应力最大，其值为 202 MPa；牵引梁尾部过渡圆弧处应力较大，其值为 127 MPa；端梁和侧梁应力较小。

罐体部分：筒体上部应力较小；连接板尾部附近筒体应力较大，为 122 MPa。封头过渡圆弧部分应力较大，封头下部靠近直边段处应力最大，内表面为 180 MPa，外表面为 142 MPa。

以上各值均小于相应的许用应力值。

(2)第一工况第二种载荷组合方式下强度(图 1-45)

牵枕部分：最大应力位于牵引梁腹板与枕梁腹板连接处，其值为 209 MPa；牵引梁尾部过渡圆弧处应力较大，其值为 190 MPa；端梁和侧梁应力较小。

罐体部分：筒体上部应力较小；连接板尾部附近筒体应力较大，为 177 MPa。封头过渡圆弧部分应力较

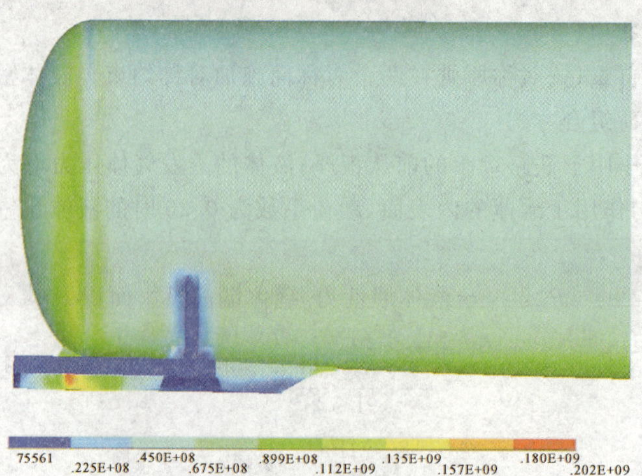

图 1-44　第一工况下第一种载荷组合方式作用下应力云图

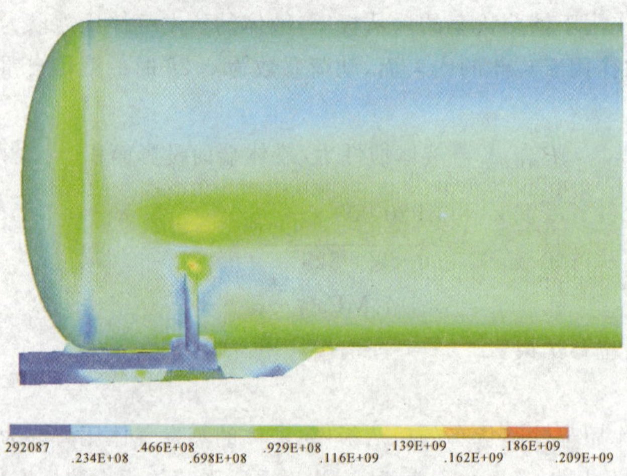

图 1-45　第一工况下第二种载荷组合方式作用下应力云图

大，封头下部靠近直边段处最大，内表面为 184 MPa，外表面为 136 MPa。

以上各值均小于相应的许用应力值。

(3)第二工况下强度(图 1-46)

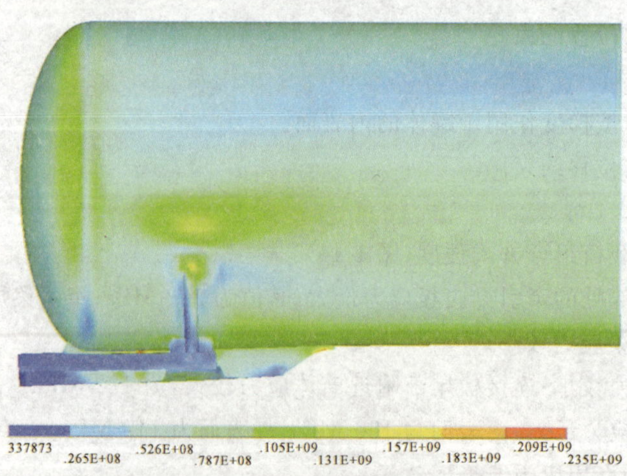

图 1-46　第二工况下载荷作用下应力云图

牵枕部分：最大应力位于牵引梁腹板与枕梁腹板连接处，其值为 235 MPa；牵引梁尾部过渡圆弧处应力较大，其值为 229 MPa；端梁和侧梁应力较小。

罐体部分：筒体上部应力较小；连接板尾部附近筒体应力最大，为 210 MPa。封头过渡圆弧部分应力较大,封头中部靠近直边段处内表面应力为 207 MPa,外表面应力为 151 MPa。

以上各值均小于相应的许用应力值。

(4)顶车工况下强度(图 1-47)

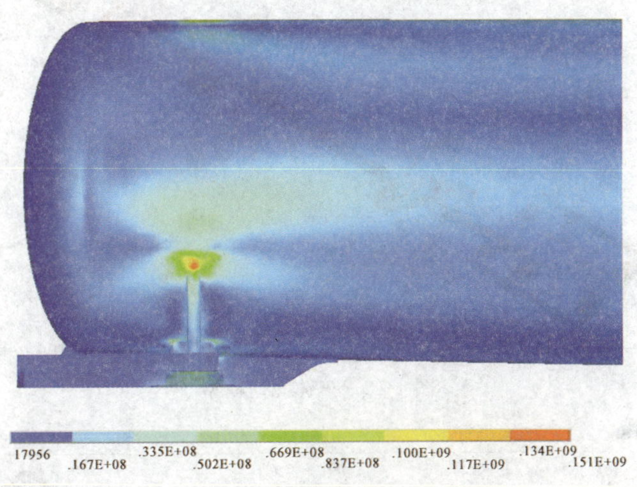

图 1-47 顶车工况载荷作用下应力云图

枕梁侧立柱与枕梁上盖板交接处应力最大,其值为 151 MPa。罐体与牵枕其他位置应力都较小。

以上各值均小于相应的许用应力值。

1.3.5.3 集装箱平车的计算

新型 3×20 英尺集装箱平车适用于在标准轨距线路上运行,主要用于集装箱货物的运输。可装运 3 个 20 英尺国际标准集装箱,或单独装运 1 个 48 英尺国际标准集装箱,也可同时装运 1 个 40 英尺国际标准集装箱和 1 个 20 英尺国际标准集装箱。

该车为底架承载结构,主要由车体、制动装置、车钩缓冲装置及转向架等组成。底架主要由中梁、端梁、枕梁、横梁等组成。车体底架的钢结构材料采用 Q450NQR1 高强度耐候钢;小横梁、侧梁等辅助梁件采用 09CuCrNi-A 的耐候钢。

中梁采用 Q450NQR1 高强度耐候钢组焊箱型变断面的鱼腹型结构,采用整体式冲击座,材质为 C 级铸钢,并与牵引梁组焊在一起,采用材质为 C 级铸钢的后从板座。枕梁、大横梁、端梁为双腹板箱形变截面结构,与边侧梁 60×60×4 的冷弯型钢采用螺栓连接,底架枕梁处设置加长的顶车垫板和吊车吊耳;在底架的中部设有 12 个翻转锁,端部设有 4 个固定锁。

1. 计算模型及计算载荷工况

根据结构及载荷的对称性,计算时取 1/2 车体结构为计算对象,在相应位置分别施加位移约束及对称约束。计算中将钢结构离散为薄壳元(Thin-shell),单元长度为 50,并且局部进行了细化,共划分节点 9 090 个,单元 9 148 个。几何模型见图 1-48,有限元模型见图 1-49。

载荷情况按照 TB/T 1335—1996 及万吨列车纵向力要求进行。

按照 TB/T 1335—1996《铁道车辆强度设计及试验鉴定规范》进行选取和施加计算载荷工况,并评定计算结果按照《铁道车辆强度设计及试验鉴定规范》进行。考虑重载运输需要,纵向力比照万吨列车试验的结果,考虑牵引重量为万吨取纵向力,第一工况拉伸 1 780 kN,压缩 1 920 kN;第二工况压缩 2 500 kN 对车体强度进行校核。

(1)基本作用载荷

①车体自重约 12 t,以均布方式作用在结构体内,转向架自重 4.8 t×2=9.6 t。

②垂向载荷见表 1-7;

③侧向力=0.1×垂向静载荷;

④扭转载荷:40 kN·m,作用于底架旁承处;

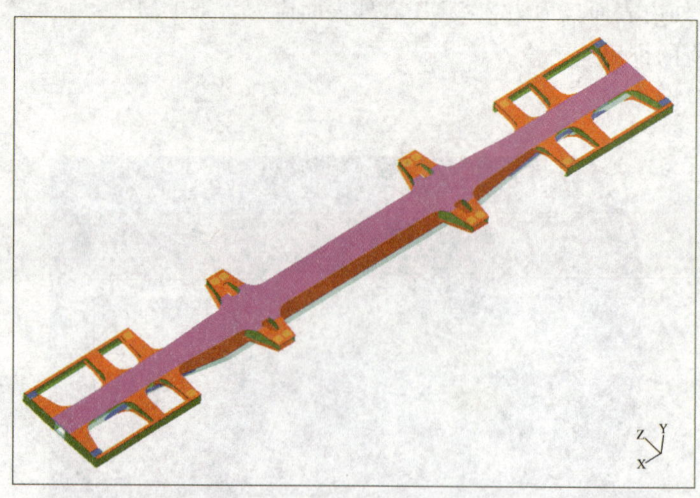

图 1-48　车体几何模型

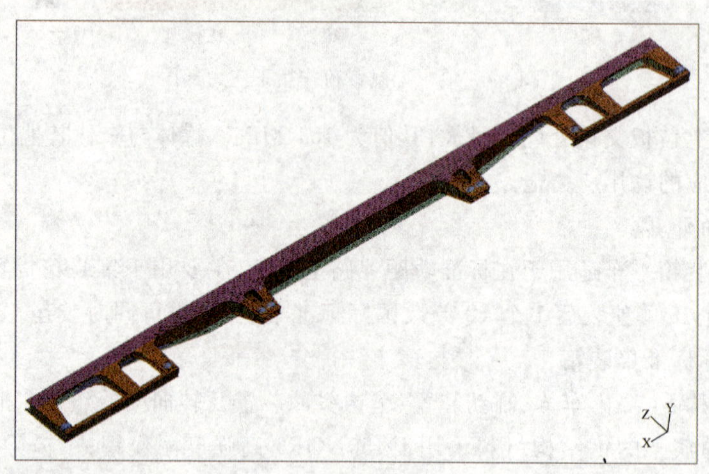

图 1-49　1/2 车体有限元模型

表 1-7　装载工况表

垂向载荷	装箱方案	装箱重量(t)	装箱总重(t)	弹簧当量静挠度(mm)	动载系数 K_{dy}
V1-1	3 只 20 ft 方案一	30.48+11.04+30.48	72	42.9	0.28
V1-2	3 只 20 ft 方案二	20.76+30.48+20.76	72	42.9	0.28
V1-3	3 只 20 ft 方案三	24+24+24	72	42.9	0.28
V2	1 只 20 ft+1 只 40 ft	30.48+27	57.48	35.9	0.33
V3	1 只 40 ft	30.48	30.48	22.1	0.49

⑤纵向拉伸载荷 1 780 kN，作用于底架前从板座处；

⑥纵向压缩载荷 1 920 kN，作用于底架后从板座处；

⑦纵向压缩载荷 2 500 kN，作用于底架后从板座处。

(2)组合计算工况

根据《铁道车辆强度设计及试验鉴定规范》的要求，按最不利工况进行合成(表 1-8)。

①第一工况

拉伸组合：纵向拉伸力(1 780 kN)+垂向总载荷+侧向力+扭转载荷(40 kN·m)。该合成应力应不大于第一工况的许用应力。

压缩组合：纵向压缩力(1 920 kN)+垂向总载荷+侧向力+扭转载荷(40 kN·m)。该合成应力应不大于第一工况的许用应力。

②第二工况

纵向压缩力(2 500 kN)+垂向静载荷,该合成应力应不大于第二工况的许用应力。

表 1-8 组 合 工 况 表

工况组合	纵向力(kN)	垂向载荷(t)	扭转载荷
第一工况	拉伸 1 780	(自重+V1-1)×(1+K_{dy}+0.1)	40 kN·m
	拉伸 1 780	(自重+V1-2)×(1+K_{dy}+0.1)	40 kN·m
	拉伸 1 780	(自重+V1-3)×(1+K_{dy}+0.1)	40 kN·m
	拉伸 1 780	(自重+V2)×(1+K_{dy}+0.1)	40 kN·m
	拉伸 1 780	(自重+V3)×(1+K_{dy}+0.1)	40 kN·m
	压缩 1 920	(自重+V1-1)×(1+K_{dy}+0.1)	40 kN·m
	压缩 1 920	(自重+V1-2)×(1+K_{dy}+0.1)	40 kN·m
	压缩 1 920	(自重+V1-3)×(1+K_{dy}+0.1)	40 kN·m
	压缩 1 920	(自重+V2)×(1+K_{dy}+0.1)	40 kN·m
	压缩 1 920	(自重+V3)×(1+K_{dy}+0.1)	40 kN·m
第二工况	压缩 2 500	自重+V1-1	—
	压缩 2 500	自重+V1-2	—
	压缩 2 500	自重+V1-3	—
	压缩 2 500	自重+V2	—
	压缩 2 500	自重+V3	—

2. 评定标准

(1)刚度

底架组成的挠跨比 $f/L \leqslant 1/700$。

(2)强度(表 1-9)

表 1-9 强度评定标准

材　料	σ_s 屈服点(MPa)	σ_b 抗拉强度(MPa)	许用应力[σ](MPa)	
			第一工况	第二工况
Q450NQR1	≥450	≥550	281	382
09CuPCrNi-A	≥345	≥480	215	293

3. 计算结果

(1)刚度

在装载 3 个 20 英尺集装箱时(V1-2:自重+20.76+30.48+20.76)垂向位移最大,其中梁中央断面最大挠度为 19.2 mm,挠跨比为 0.95/700。刚度汇总见表 1-10。

表 1-10 刚 度 汇 总 表

装载工况	垂向载荷(t)	中梁中央断面最大挠度(mm)	挠跨比(mm)
自重+V1-1	自重+30.48+11.04+30.48	−12.2	0.6/700
自重+V1-2	自重+20.76+30.48+20.76	−19.2	0.95/700
自重+V1-3	自重+24+24+24	−16.9	0.83/700
自重+V2	自重+30.48+27	−7.7	0.38/700
自重+V3	自重+30.48	−6.32	0.31/700

(2)强度

各工况应力情况如下:第一工况最大应力发生在中梁上盖板处,应力值为 228 MPa;第二工况最大应力也发生在中梁上盖板处,应力值为 221 MPa。最大应力汇总见表 1-11。

表 1-11 最大应力汇总表

工况	载荷组合	最大应力(MPa)	发生位置
第一工况	拉伸 1 780+(自重+V1-1)×(1+K_{dy}+0.1)+40 kN·m	177	前从板区
	拉伸 1 780+(自重+V1-2)×(1+K_{dy}+0.1)+40 kN·m	171	前从板区
	拉伸 1 780+(自重+V1-3)×(1+K_{dy}+0.1)+40 kN·m	173	前从板区
	拉伸 1 780+(自重+V2)×(1+K_{dy}+0.1)+40 kN·m	178	前从板区
	拉伸 1 780+(自重+V3)×(1+K_{dy}+0.1)+40 kN·m	156	前从板区
	压缩 1 920+(自重+V1-1)×(1+K_{dy}+0.1)+40 kN·m	190	后从板区
	压缩 1 920+(自重+V1-2)×(1+K_{dy}+0.1)+40 kN·m	228	中梁上盖板
	压缩 1 920+(自重+V1-3)×(1+K_{dy}+0.1)+40 kN·m	213	中梁上盖板
	压缩 1 920+(自重+V2)×(1+K_{dy}+0.1)+40 kN·m	194	后从板区
	压缩 1 920+(自重+V3)×(1+K_{dy}+0.1)+40 kN·m	161	中梁上盖板
第二工况	压缩 2 500+自重+V1-1	198	后从板区
	压缩 2 500+自重+V1-2	221	中梁上盖板
	压缩 2 500+自重+V1-3	211	中梁上盖板
	压缩 2 500+自重+V2	198	后从板区
	压缩 2 500+自重+V3	168	中梁上盖板

所有计算载荷工况下刚度、强度均分别小于计算任务书中规定评定标准,该车满足设计要求。

4. 部分工况计算结果云图(图 1-50～图 1-55)

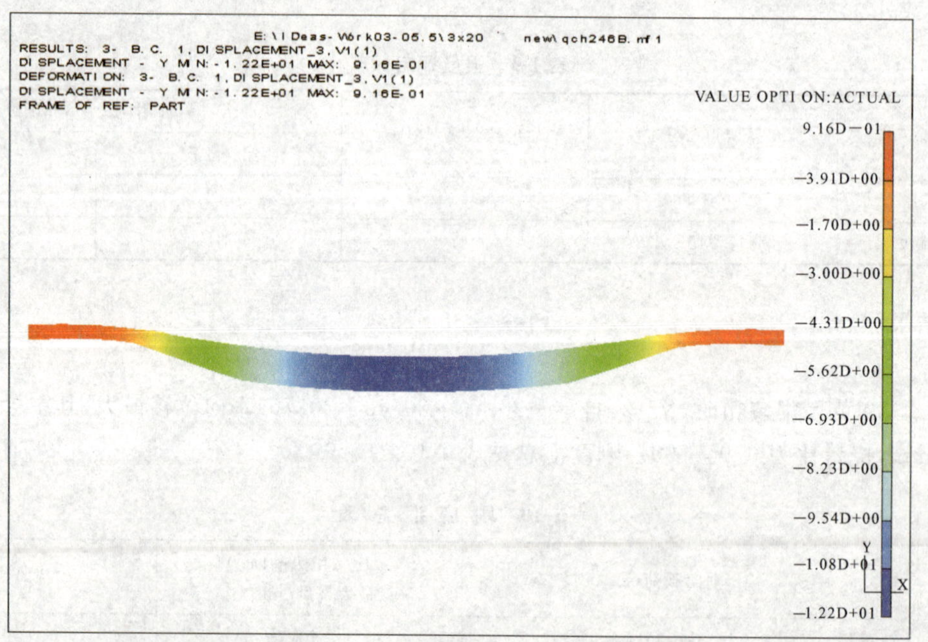

图 1-50 自重+V1-1 时垂向位移

1.3.5.4 载重 70 t 级棚车的计算

该车车体为全钢焊接整体承载结构,主要由底架、侧墙、端墙、车顶、车门、车窗等组成。底架主要型材及板材采用屈服极限为 450 MPa 的高强度耐大气腐蚀钢,其余冷弯型钢及板材采用屈服极限为 345 MPa 的 09CuPCrNi-A。

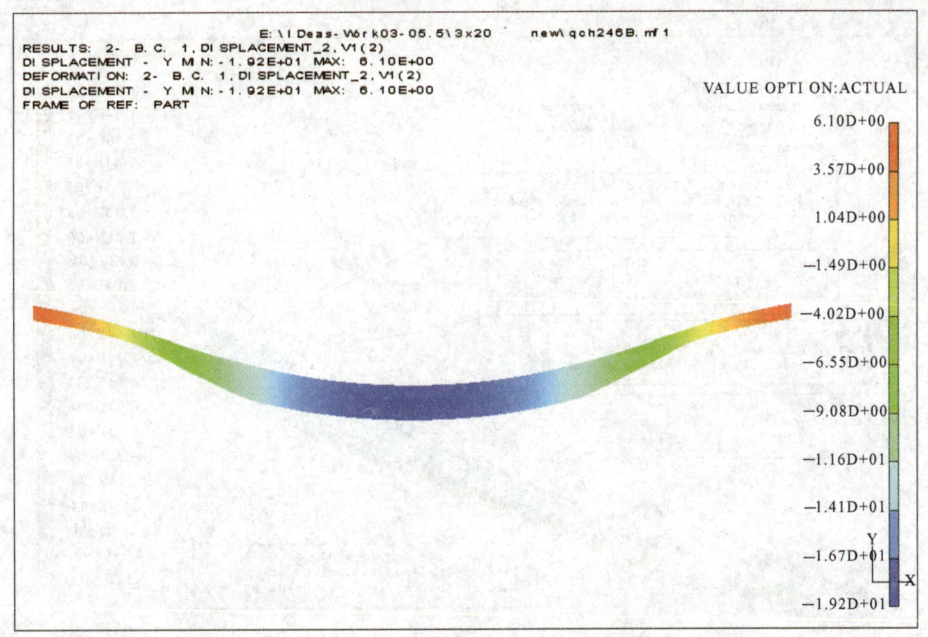

图 1-51 自重＋V1-2 时垂向位移

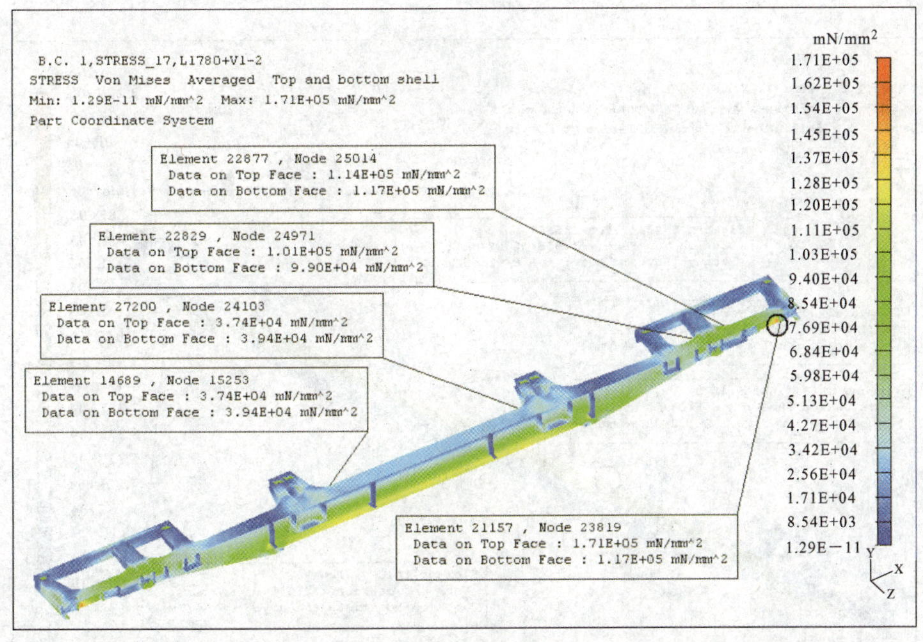

图 1-52 工况一[拉伸 1 780＋(自重＋V1-2)×(1＋K_{dy}＋0.1)＋ 40 kN·m]

底架，由中梁、枕梁、下侧梁、大横梁、端梁、小横梁、纵向梁、地板等组成。中梁采用冷弯型钢，材质为屈服极限 450 MPa 的高强度耐大气腐蚀钢；采用直径 ϕ358 mm 的锻造上心盘；前、后从板座采用 C 级钢材质新型结构；下侧梁冷弯型钢组焊成鱼腹形结构；枕梁为双腹板、单层上下盖板组焊而成的变截面箱形结构；大横梁为工字形组焊结构；底架铺设铁路货车用竹木复合层积材地板，门口处装 3 mm 厚扁豆形花纹钢地板。

侧墙采用板柱式结构，主要由侧板、侧柱、门柱、上侧梁等组焊而成。侧板为 2.3 mm 厚钢板压型结构，侧柱采用 4 mm 厚的冷弯型钢，门柱采用冷弯 U 形钢与钢板组焊结构，上侧梁为冷弯矩形管与冷弯角钢组焊而成。端墙采用板柱式结构，主要由端板、端柱、角柱、上端横梁等组焊而成。车顶主要由车顶板、上侧梁、车顶弯梁、端弯梁等组焊而成。车顶外部安装四个通风器。

1. 计算模型及计算载荷工况

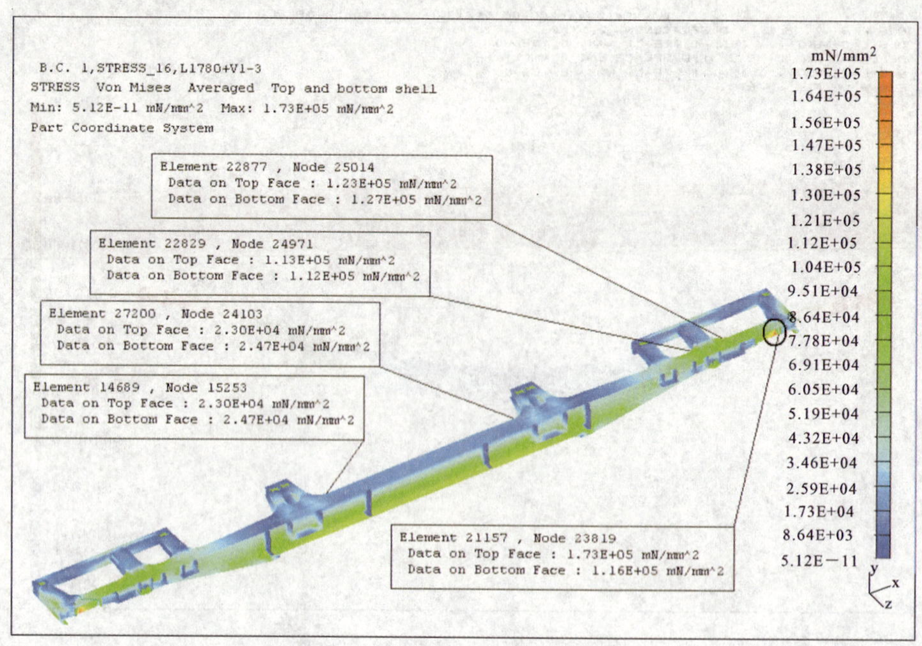

图 1-53 工况一[拉伸 1 780+(自重+V1-3)×(1+K_{dy}+0.1)+ 40 kN·m]

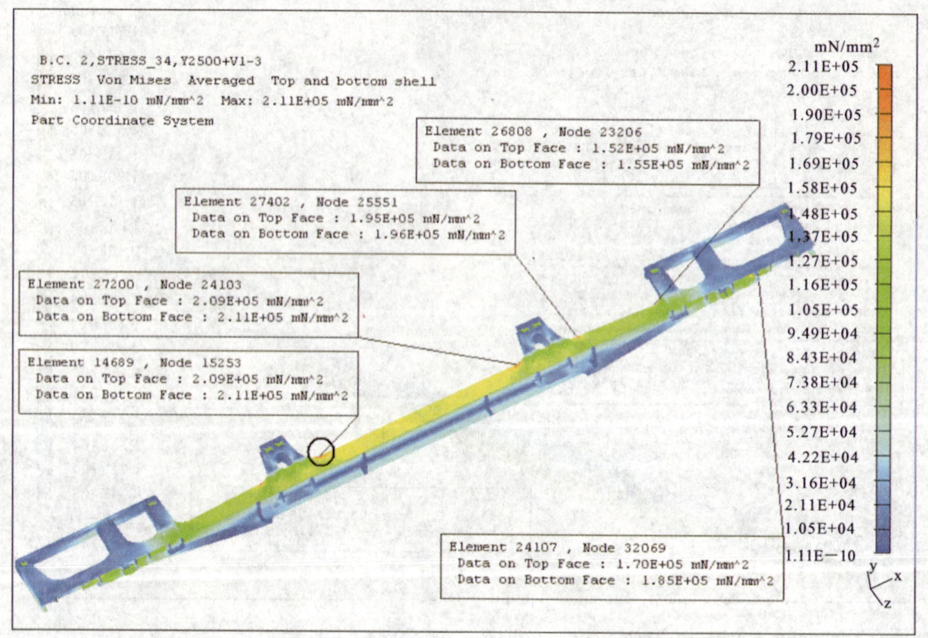

图 1-54 工况二[压缩 2 500+(自重+V1-2)]

根据载荷及结构的对称性,计算时取整车四分之一为计算对象,在两个对称面上分别施加相应的位移约束。计算中将钢结构离散为薄壳元(Thin-shell),共划分节点 22 461 个,单元 23 443 个。几何模型和有限元模型见图 1-56 及图 1-57。

计算载荷工况按照 TB/T 1335—1996《铁道车辆强度设计及试验鉴定规范》进行选取和施加。计算结果按照《铁道车辆强度设计及试验鉴定规范》进行评定;同时,考虑重载运输需要,纵向力比照万吨列车试验的结果,考虑牵引重量为 1.2 万吨取纵向力,第一工况拉伸 1 780 kN,压缩 1 920 kN;第二工况压缩 2 500 kN 对车体强度进行校核。

(1)基本作用载荷

①车体自重约 14.2 t,以均布方式作用在结构体内(转向架自重 4.8 t×2=9.6 t)。

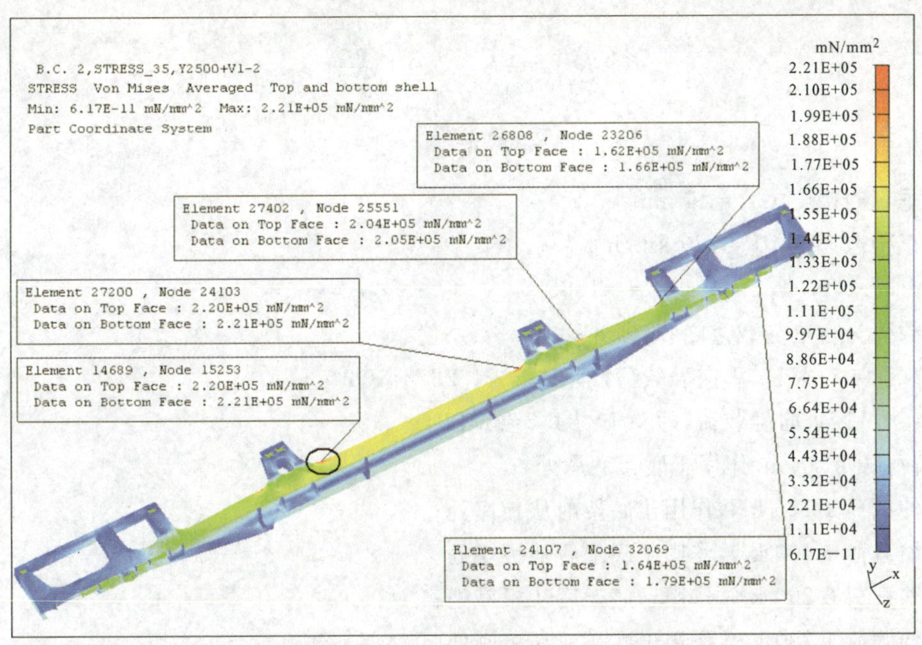

图 1-55 工况二[压缩 2 500+(自重+V1-3)]

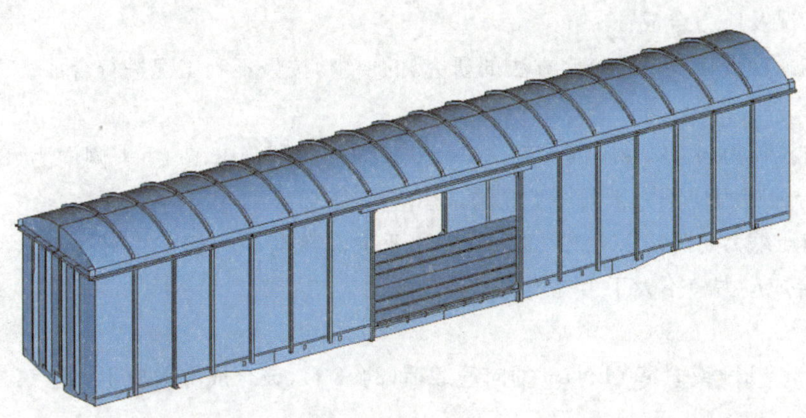

图 1-56 整车几何模型

图 1-57 网格划分模型

②动荷系数 K_{dy} 计算

$$K_{dy}=\frac{1}{f_j}(a+bv)+\frac{dc}{\sqrt{f_j}}$$

$$=0.267$$

式中　转向架垂直静挠度　$f_j=46$ mm

铁路货车构造速度　$v=120$ km/h

$a=1.5$　$b=0.05$　$c=0.427$　$d=1.65$

③垂向静载荷为自重与载重之和，即 84.2 t；

④垂向总载荷＝1.267×垂向静载荷，即 84.2×1.267＝106.7 t；

⑤侧向力＝0.1×垂向静载荷，即 0.1×84.2＝8.42 t；

⑥扭转载荷：40 kN·m，作用于底架旁承处；

⑦纵向拉伸载荷 1 125 kN，作用于底架前从板座处；

⑧纵向压缩载荷 1 400 kN，作用于底架后从板座处；

⑨纵向压缩载荷 2 250 kN，作用于底架后从板座处；

⑩纵向拉伸载荷 1 780 kN，作用于底架前从板座处(1.2 万 t 重载)；

⑪纵向压缩载荷 1 920 kN，作用于底架后从板座处(1.2 万 t 重载)；

⑫纵向压缩载荷 2 500 kN，作用于底架后从板座处(1.2 万 t 重载)。

(2)组合计算工况及应力合成：

根据《铁道车辆强度设计及试验鉴定方法的研究》的要求，按最不利工况进行合成。

①第一工况

拉伸组合：纵向拉伸力(1 125 kN 或 1 780 kN)＋垂向总载荷(106.7 t)＋侧向力(8.42 t)＋扭转载荷(40 kN·m)。该合成应力应不大于第一工况的许用应力。

压缩组合：纵向压缩力(1 400 kN 或 1 920 kN)＋垂向总载荷(106.7 t)＋侧向力(8.42 t)＋扭转载荷(40 kN·m)。该合成应力应不大于第一工况的许用应力。

②第二工况

纵向压缩力(2 250 kN 或 2 500 kN)＋垂向静载荷(84.2 t)，该合成应力应不大于第二工况的许用应力。

2. 评定标准

(1)刚度

该车为整体承载，根据《铁道车辆强度设计及试验鉴定方法的研究》，在垂向静载荷作用下，下侧梁挠跨比不应超过 1/2 000，中梁挠跨比不应超过 1/1 500。

(2)强度

根据《铁道车辆强度设计及试验鉴定规范》要求，高强度耐候钢材料(Q450NQR1)屈服强度 $\sigma_s=450$ MPa，经换算第一工况下的许用应力为 281 MPa，第二工况下的许用应力为 382 MPa。09CuPCrNi-A 的屈服强度 $\sigma_s=345$ MPa，经换算第一工况下的许用应力为 215 MPa，第二工况下的许用应力为 292 MPa。

3. 计算结果及分析

(1)刚度

冷弯中梁方案在垂向静载荷作用下，该车下侧梁中央相对枕梁端部最大挠度为 3.52 mm，中梁最大挠度为 7.46 mm，挠跨比分别为 0.58/2 000 和 0.92/1 500。

以上结果表明，该车的垂向弯曲刚度满足《铁道车辆强度设计及试验鉴定方法的研究》的要求。

(2)强度

根据《铁道车辆强度设计及试验鉴定方法的研究》要求，按最不利工况合成，给出了如下组合工况的最大应力值和部位，应力均为当量应力—Von Mises应力，单位为MPa。

冷弯中梁方案第一工况最大应力为266 MPa，发生在中梁下翼缘枕内下盖板端头，第二工况最大应力为286 MPa，发生在中梁下翼缘枕内下盖板端头，详见表1-12。

表1-12 冷弯中梁方案应力汇总表(MPa)

部　件	部　位	第一工况 1 125 kN 拉伸	第一工况 1 400k 压缩	第二工况 2 250k 压缩	第一工况 1 780 kN 拉伸	第一工况 1 920 kN 压缩	第二工况 2 500 kN 压缩
中梁上翼缘	与枕梁相交枕外处	148	14	80	200	42	94
中梁腹板	后从板座端头	27	199	239	45	252	262
	前从板座端头	153	22	21	214	24	22
中梁下翼缘	中央	106	18	70	137	42	82
	枕内下盖板端头	17	218	273	76	266	286
	枕外下盖板端头	63	173	194	156	202	208
下侧梁上翼缘	与枕梁相交处	36	95	122	60	177	133
下侧梁下翼缘	中央	122	16	43	150	11	53
	二位大横梁处	114	4	58	144	26	69
	一位大横梁处	74	10	48	95	27	58
	与枕梁相交处	61	110	156	101	142	171
枕梁	上盖板	144	42	112	187	76	128
	下盖板	23	102	136	55	128	148
一位大横梁	下盖板	66	23	60	89	42	69
	上盖板	52	67	93	79	78	103
二位大横梁	下盖板	71	60	79	91	73	87
	上盖板	86	72	98	164	89	108
纵向梁	近枕梁相交处	70	54	97	102	78	109
小横梁	中部近中梁区	61	49	85	87	70	95

4. 部分工况计算结果云图(图1-58～图1-64)

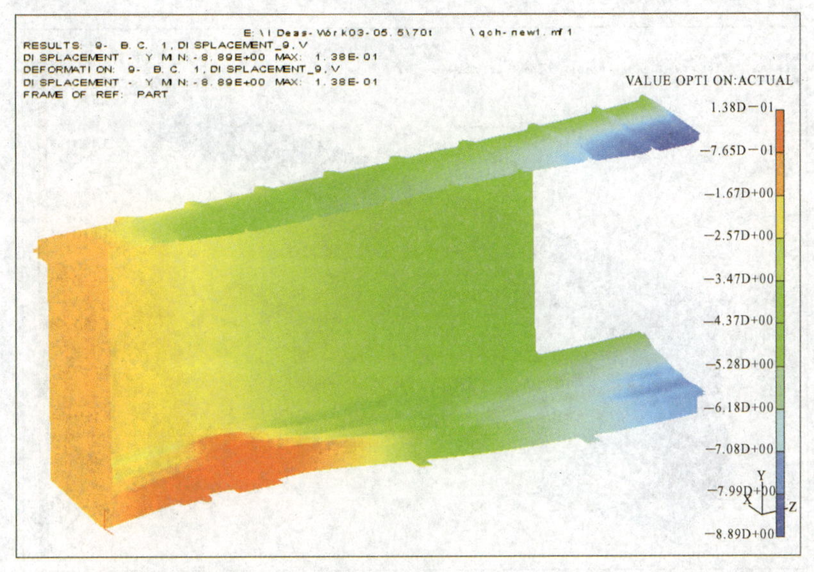

图1-58 垂向静载变形

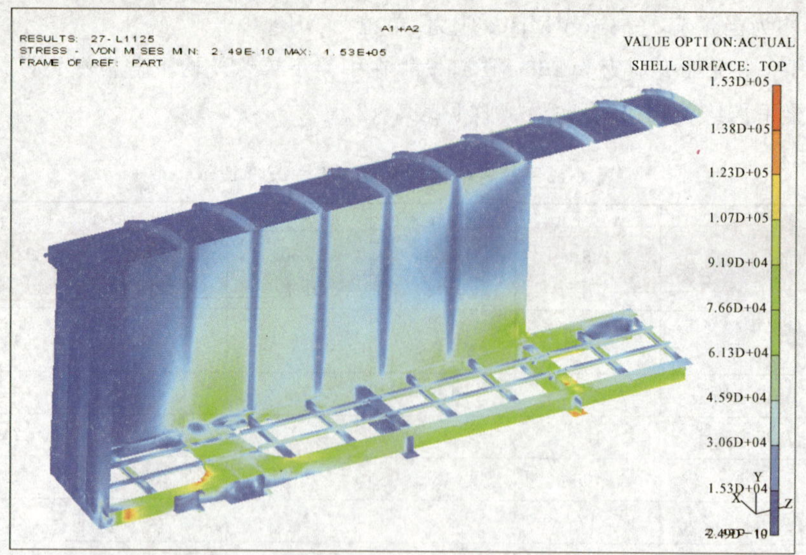

图 1-59　第一工况纵向拉伸力 1 125 kN 应力分布图

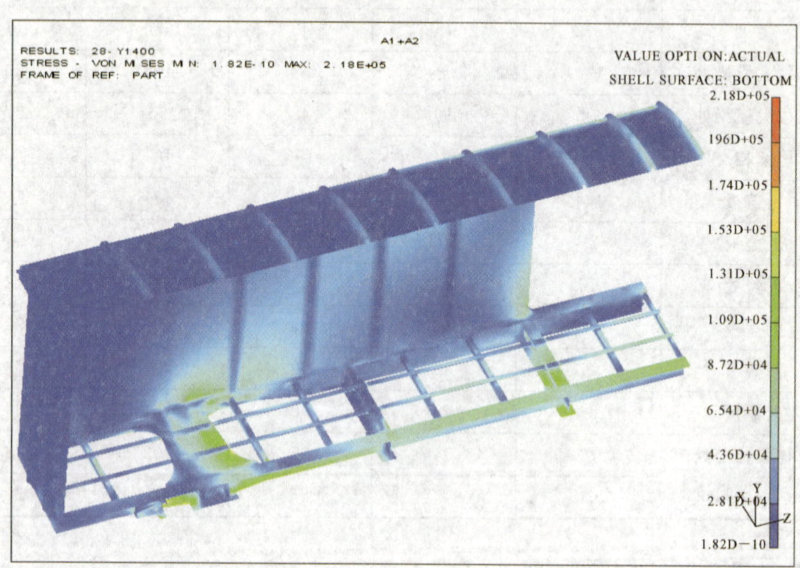

图 1-60　第一工况纵向压缩力 1 400 kN 应力分布图

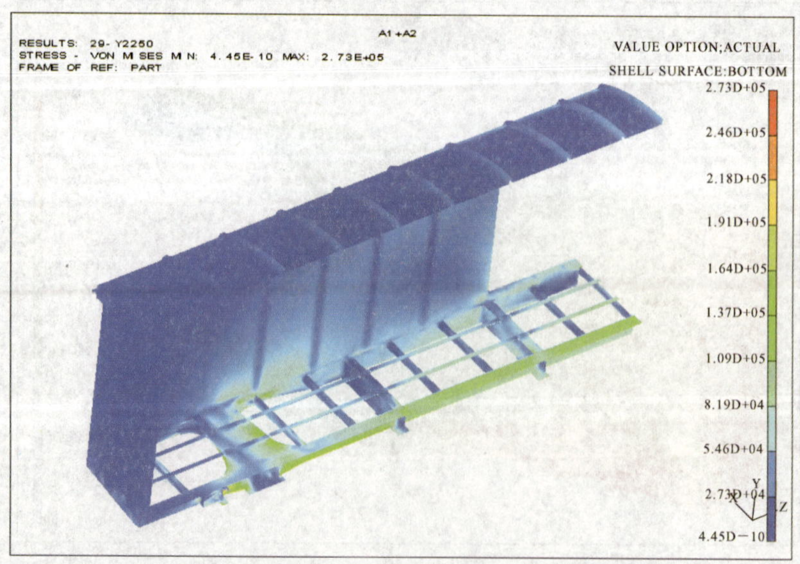

图 1-61　第二工况纵向压缩力 2 250 kN 应力分布图

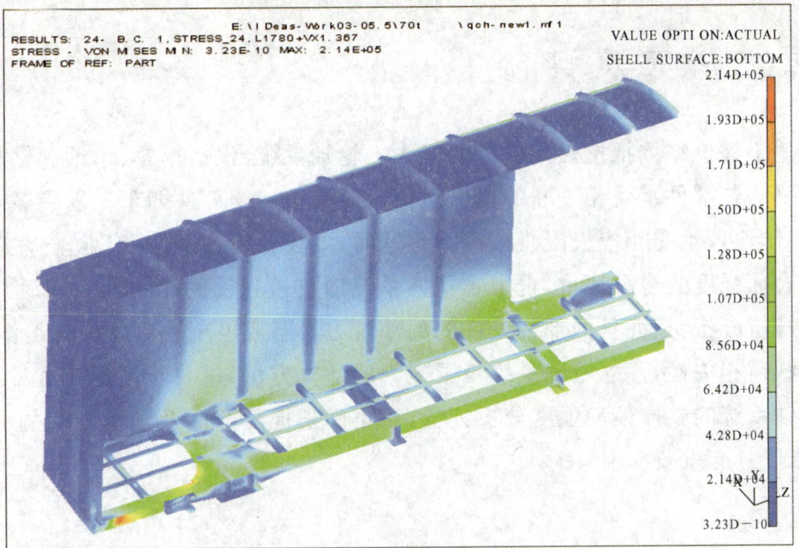

图 1-62　第一工况纵向拉伸力 1 780 kN 应力分布图

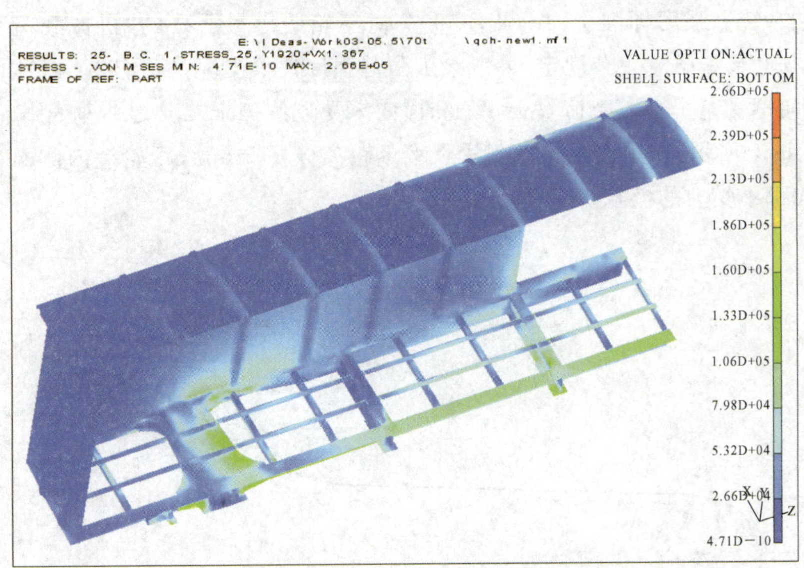

图 1-63　第一工况纵向压缩力 1 920 kN 应力分布图

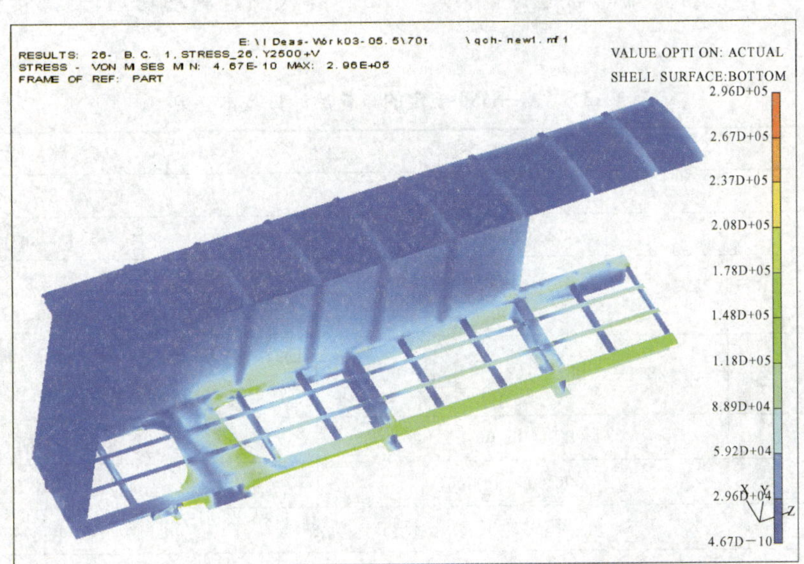

图 1-64　第二工况纵向压缩力 2 500 kN 应力分布图

1.4 轮轴系统静强度评价

结构静强度,应用于评价结构抵抗极限载荷的能力。轮轴系统,包括车轮、车轴和轴承,是组装在一起的组件。除制动热载荷外,各部件承受相关联的机械载荷。对其中一个部件如车轮承受极限机械载荷,其他部件如车轴和轴承依力学原理承受相应极限机械载荷。这时,单独分析各部件,很难正确建立结合面的静强度分析模型,影响对结合面强度的合理评价,也很难把握系统内机械强度的相关性。同时,对其中轴承的分析评价,长期以来都是解析分析,把握其内部各元件的局部应力状态成了事故后分析的工作。

因此,根据机械载荷相关性,建立轮轴系统极限应力的计算方法,进一步考虑车轮制动热应力与机械应力耦合,从而实现轮轴系统的整体性静强度分析评价,对正确把握配合面及轴承内部的局部应力状态,合理评估轮轴系统的静强度具有重要意义。

1.4.1 载 荷

1. 车轮载荷

在国内外的轮轴系统静强度标准中,AAR S-660[6]对车轮给出最严格的"机械载荷"和"热载荷"情况。根据 AAR S-660 第 5.0 节和第 6.1 节规定,最危险极限静强度评价工况是:

(1)单侧车轮垂向承受整个轴重载荷 $Q_1=W_a$ 和横向承受数值等于二分之一垂直载荷 $Y_1=0.5W_a$ 整个横向载荷作用,如图 1-65 所示,作用点距轮径测量点水平距离 3.175 mm,距轮缘内侧面 35.175 mm。而另一侧处于垂向与横向都不受力的极限状态,即 $Q_2=Y_2=0$。

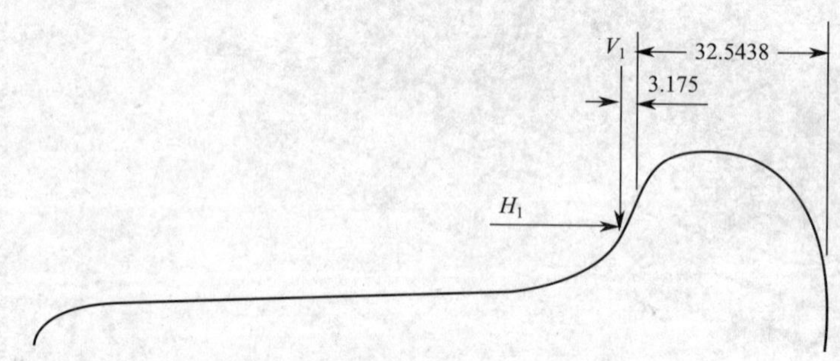

图 1-65 AAR 660 极限静载荷作用位置

(2)极限热负荷 T_1 是:在有效制动面积内,持续 20 mins 导入额定制动功率,全部转化为热。而车轮热计算参数见表 1-13。

表 1-13 AAR S660 规定的车轮热计算基本参数

参 数	美制单位规定值	国际单位值*
初始温度 C_0	75 F	23.89 ℃
密度 V_d	0.283 lb/in³	7 833.5 kg/m³
比热 C_p	0.102+0.000 052T_F(BTU/lb. F)	433.730 176+0.391 622 4T_C(J/kg·℃) C_{p0}=433.086 0 (J/kg·℃)
导热系数 K	28.1−0.006 0T_F(BTU/hr-ft-F)	48.280 84−0.018 684T_C(W/m·℃) K_0=47.834 5 (W/m·℃)
导流系数 h	4 (BTU/hr-ft²-F)	22.688 5 (W/m²·℃)
弹性模量 E	29 000 000 (lb/in²)	199 948.013 5 MPa
泊松比 r	0.3	0.3
热膨胀系数 α	α=6.0+0.002(T−75) (μin/F)	[1.08+0.000 36(T_C−23.89)]e-5(1/℃)

* 单位换算:$T_F=9T_C/5+32$;1(BTU/lb. F)=4 184(J/kg·C);1(BTU/hr-ft-F)=1.73 W/(m·℃)。

在 AAR660 标准所列的车轮静强度可能分析工况中，上述“机械力＋热载荷”是最危险极限载荷工况。

2. 轮轴系统载荷

考虑轮轴系统极限机械力的相关性，把车轮的极限载荷，符合力学原理的推演到车轴、轴承及承载鞍，构成轮轴系统的相关极限载荷。

铁路货车运行时，轮轴系统横向相关极限机械载荷及动平衡力系模型如图 1-66 所示，侧架以上产生的动态垂向与横向载荷 H 与 V 通过承载鞍组件分为 P_1、H_1 和 P_2、H_2 传到轮轴系统，与轮轨反力 Q_1、Y_1 和 Q_2、Y_2 构成动态平稳力系。当极限载荷 $Q_1=W_a$ 和 $Y_1=0.5W_a$ 时，轮轴系统机械载荷力系中的其他载荷可由下列公式确定

$$V=W_a-m_2g \tag{1-88}$$

$$H=0.5W_a \tag{1-89}$$

$$Q_2=0 \tag{1-90}$$

$$Y_2=0 \tag{1-91}$$

$$H_1=H_2=0.25W_a \tag{1-92}$$

$$P_1=\frac{1}{2b}[bW_a+(h-e+R)H] \tag{1-93}$$

$$P_2=\frac{1}{2b}[bW_a-(h-e+R)H] \tag{1-94}$$

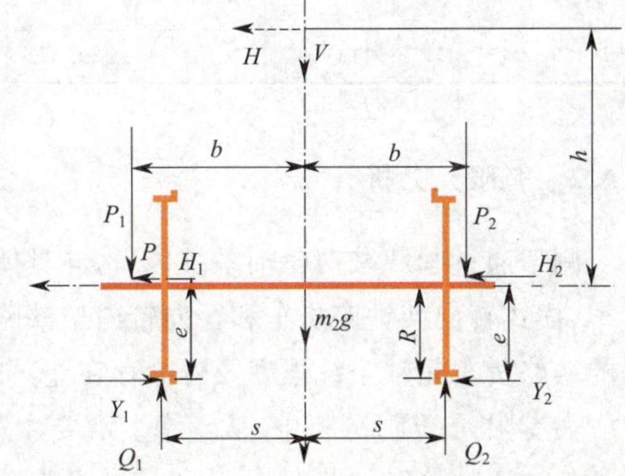

图 1-66 铁路货车运行时轮轴系统横向相关机械载荷动态平衡模型

这一模型与 EN13103 /EN13104 标准[7,8]中车轴载荷模型类似，差异之处有两点：

(1)EN 标准把横向力 H_1/H_2 假想为通过车轴轴心，而实际横向力是通过侧架导框及承载鞍传到轮轴系统的。自然的，本模型的横向作用于从侧架向承载鞍的传力位置。因为在轮轴系统中，除轮轨接触便于建立界面模型外，就只有该处比较好把握截面模型。只有按这样处理，才能使轮轴系统的计算科学合理。

(2)EN 标准应用于解析计算车轴各截面的弯矩及当量疲劳应力，而本模型服务于整个轮轴系统的静强度，分析对象与范围不一样，力的大小也不同。同时，前者不强调载荷作用的细节，而本模型关系到到承载鞍的传力局部，可以分析出不同铁路货车类型、承载鞍传力原理对铁路货车轮轴系统载荷的影响。

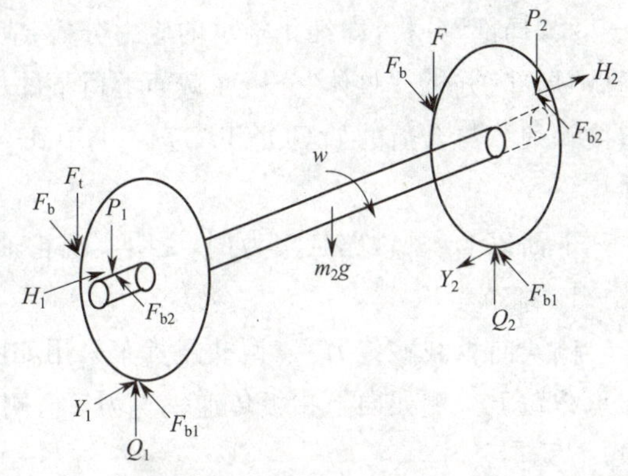

图 1-67 铁路货车制动时轮轴系统的相关机械载荷动态平衡模型

铁路货车踏面制动时，制动面载荷 F_b 与 F_t 使轮轴系统机械载荷的相关模型处于图 1-67 所示三维状态。此时，与前述极限工况叠加，轮轴系统极限机械载荷的大小由如下公式确定

$$F_{b1}=F_b-\frac{R}{e}(F_b-F_t) \tag{1-95}$$

$$F_{b2}=\frac{R}{e}(F_b-F_t) \tag{1-96}$$

$$Q_1=W_a+F_b \tag{1-97}$$

$$Q_2=F_b \tag{1-98}$$

$$Y_2=0 \tag{1-99}$$

$$H_1=H_2=0.25W_a \tag{1-100}$$

$$P_1=\frac{1}{2b}[(1.5b+1.5s-0.5h-e)W_a-2.5bm_2g] \tag{1-101}$$

$$P_2=\frac{1}{2b}[(0.5b-1.5s+0.5h+e)W_a+0.5bm_2g] \tag{1-102}$$

计算表明，最危险工况是铁路货车踏面制动时轮轴系统极限机械载荷。以 C_{70} 型铁路货车为例，额定轴

重按 23 t 考虑，轮轴质量 $m_2=1.171$ t；图 1-65 几何参数 R、s、b、e 和 h 分别为 395、746.5、990.5、584 和 1 776 mm；额定制动载荷按制动管压 600 kPa，F_b 为 20 kN 计算，摩擦系数取 0.25，制动宽度 55 mm、制动瓦长 352 mm，中间约 52 mm 为卸热槽。

铁路货车踏面制动时轮轴系统极限机相关械载荷模型中各力元素的计算结果见表 1-14。

表 1-14　C_{70}型铁路货车的轮-轴系统相关极限机械载荷的力元素(kN)

H_1	H_2	Y_1	Y_2	P_1	P_2	Q_1	Q_2	F_b	F_t	F_{b1}	F_{b2}
57.453	57.453	114.905	0	220.650	−2.316	234.810	5.0	20.0	5.0	10.271	9.729

1.4.2　有限元分析

侧架通过承载鞍向轮轴系统传力，与具体的转向架类型、承载鞍组件及传力原理相关。普通转向架铁路货车、摆式转向架铁路货车和径向转向架铁路货车都不尽相同，这一方面是轴重相同、而转向架及承载鞍不同的铁路货车轮轴系统强度及寿命存在差异的主要原因。

在有限元(FE)分析中，从学术上需要注意：轮轴系统是一个较为复杂的系统，包括轮轨接触和轴承内部滚子与滚道的接触细节在，一次性完成所有分析的难度很大。从节省时间角度，建议如下从“整体”到“局部”的两不有限元分析策略：

1.“整体”分析，即将“车轮—车轴—轴承—承载鞍”全视为实体，考虑合适的轮轨接与承载鞍—轴承接触，如 CONTA174-TARGE170 滚体面—目标面接触模型，侧架向承载鞍的力传递细节，轮—轴和轴承—车轴间的过盈装配，采用合适有限单元实体网格模型如 3D-SOLID185 实现车轮、车轴和承载鞍组件机械应力计算；

2.“局部”分析，即细化轴承的应力分析，应用适当截面，把包含轴承及车轴配合段从“整体”分析中截出用做“局部”分析；“整体”分析在截面上留下的应力/应变参数作为“局部”分析的输入，考虑轴承内滚子与滚道接触细节与合适的如 CONTA174-TARGE170 滚体面—目标面接触模型，实现轴承局部细节的应力分析计算。

下面以 C_{70} 型铁路货车为例，说明实现轮轴系统整体静强度有限元分析(FE)的具体方法：

1. 细节考虑

侧架向承载鞍传力 C_{70} 型铁路货车采用如图 1-68 所示承载鞍橡胶堆组件，上扣板卡在侧架上，下扣板卡在承载鞍上。侧架向上扣板传递垂直力 P_1、侧向力 H_1 和制动纵向力 F_{b2}。

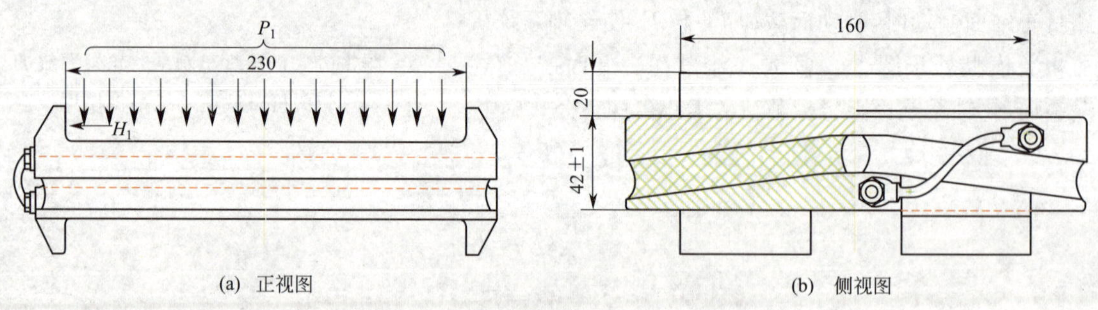

图 1-68　C_{70}型铁路货车承载鞍橡胶堆组件

侧架左侧，垂直力 $P_1=220.649\ 9$ kN，可近似处理为向下均布力。横向力 $H_1=57.452\ 5$ kN，考虑可能的配合间隙，有两种可能情形：一是横向力较小，近似以摩擦力均匀作用于接触面上；二是横向力较大，克服了摩擦阻力，作用在上扣板的止挡上。取摩擦系数 0.25，C_{70} 型铁路货车极限载荷 $H_1/P_1=0.260\ 4>0.25$，作用在上扣板的止挡上。纵向力 $F_{b2}=9.729\ 1$ kN，近似以均布摩擦力形似作用在上扣板面上。

侧架右侧，$P_2=-2.315\ 7$ kN，可近似处理为向上均布力。横向力 $H_2=57.452\ 5$ kN，$|H_2/P_2|=24.81>0.25$，作用在上扣板的止挡上。纵向力 $F_{b2}=9.729\ 1$ kN，近似按均布摩擦力形似作用在上扣板的止挡面上。

轮—轨、轴承滚子—滚道和轴承—承载鞍接触 接触面本身作为被动平衡载荷，依各自配对几何形状接触配合，FE 中按 CONTA174-TARGE170 滚体面-目标面接触模型处理。

轮—轴与轴承与车轴配合 车轴—车轮配合，根据设计图纸过盈量按 0.21 mm 考虑，与孔径比值为 0.001，大于 TB/T 1718[9]下限，同时满足 EN13260[10]规定，但低于 EN13260 的下限。车轴—轴承配合，过盈量按设计图纸 0.051～0.101 mm，这里按均值 0.076 mm 计算，与孔径的比值为 0.000 5。

热载荷 根据制动力、接触面积和列车运行速度，计算获得额定制动功率为 32.73 kW。根据 AAR S660 标准规定，计算时持续作用 20 min 并 100%转化到车轮热载荷。

2. 网格模型

除接触和配合面如上述外，其他部位一律采用 3D-SOLID185 网格单元模型。整体分析共有 205 751 个节点，377 542 个单元；局部分析截面距轴端 267 mm，共有 126 993 个节点，128 362 个单元。网格模型见图 1-69。

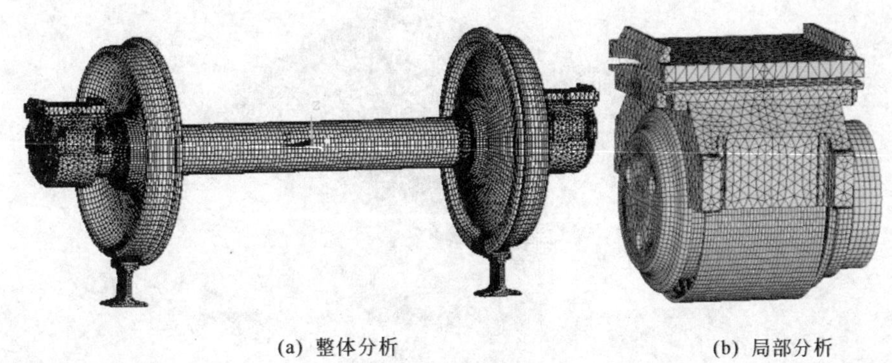

(a) 整体分析 (b) 局部分析

图 1-69 C_{70}型铁路货车轮—轴系统 FE 分析网格模型

3. 计算材料参数

考虑极限载荷大，难保结构局部应力在弹性范围。因此，除轴承前后挡盖外，建议采用弹塑性 FE 计算。在这里对车轴 LZ50、车轮 B 级铸钢采用了西南交大的试验数据[11,12]；轴承内外圈材料 G20CrNi2 MoA 借用了 20Cr 钢的试验数据[13]；轴承滚子钢 GCr15 借用文献[14]的试验数据；中隔圈材料 45 钢借用文献[15]试验数据；前后挡盖取弹性模量 206GPa 采用弹性计算。

4. 计算结果

承载鞍组件：图 1-70 给出承载鞍上下衬板和鞍板的 Mises 应力云图，从图中可知：由于存在较大横向力作用，承载鞍外侧应力偏大，纵向力的存在也导致承载鞍应力分布呈现一定非对称性，承受纵向力一侧偏大；上衬板最大应力较大，位于上衬板外侧横挡边角：距外侧 17 mm、距侧翼缘 25 mm 处，最大拉应力 76 MPa；而下衬板的最大应力稍小，接近板上部中段，距外侧边缘 133 mm、距侧翼 105.5 mm 处，其值为 56 MPa；鞍板最大应力出现在鞍与外圈接触面的外侧顶端、距外侧边缘 71 mm 处，其值为 85 MPa。各点的主应力、剪应力的大小与载荷的拉压特性见表 1-15。

表 1-15 C_{70}型铁路货车承载鞍组件最大主应力、Mises 应力和剪应力参量

部件	部　位	性质	主应力(MPa)			τ_{max} (MPa)	*Mises* σ_{von}(MPa)
			σ_1	σ_2	σ_3		
上扣板	外侧横挡边角：距外侧 17 mm、距侧翼缘 25 mm 处	拉	93.170	27.139	9.561	41.805	76.35
下扣板	接近板上部中段，距外侧边缘 133 mm、距侧翼 105.5 mm 处	拉	45.530	−1.661	−17.041	31.286	56.475
鞍板	鞍与外圈接触面的外侧顶端、距外侧边缘 71 mm 处	压	5.186	−41.325	−93.175	49.180	85.225

轴承：图 1-71 给出了轴承滚子、内外圈的 Mises 应力云图。从图中可知：在径向大约 8 组滚子与内外圈发生接触受力，对轴承内部各部件都属于轴端应力大、向内应力小；上部应力大，两侧应力小的分布规律。滚

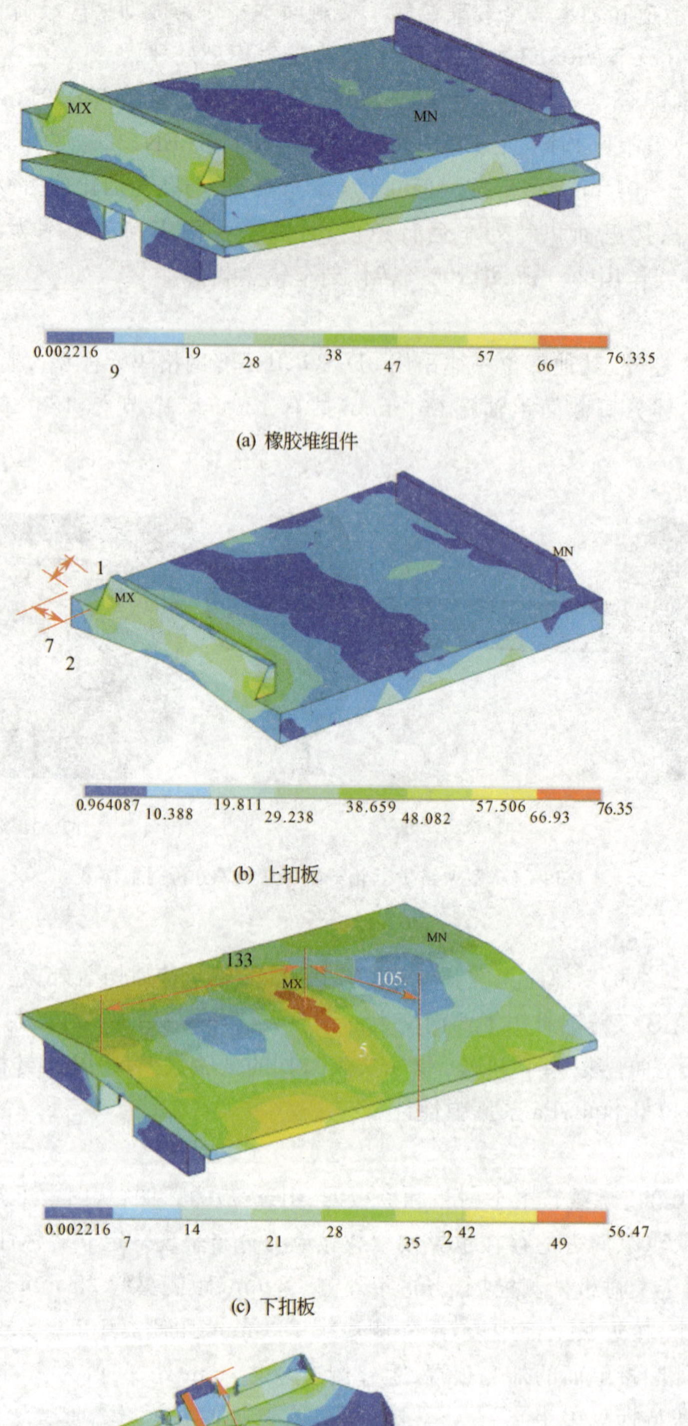

(a) 橡胶堆组件

(b) 上扣板

(c) 下扣板

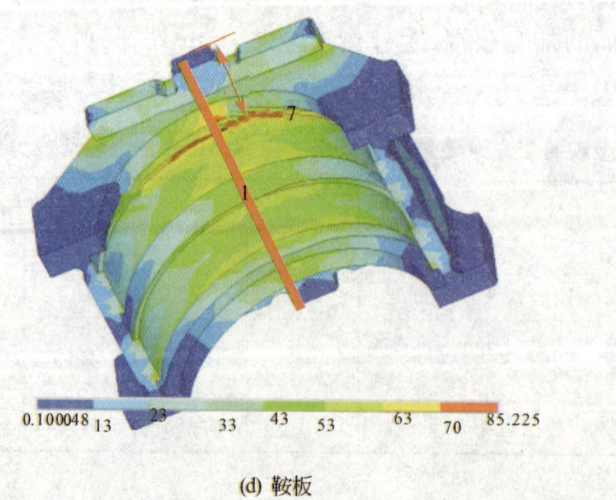

(d) 鞍板

图 1-70　C_{70} 型铁路货车承载鞍组件 Mises 应力云图

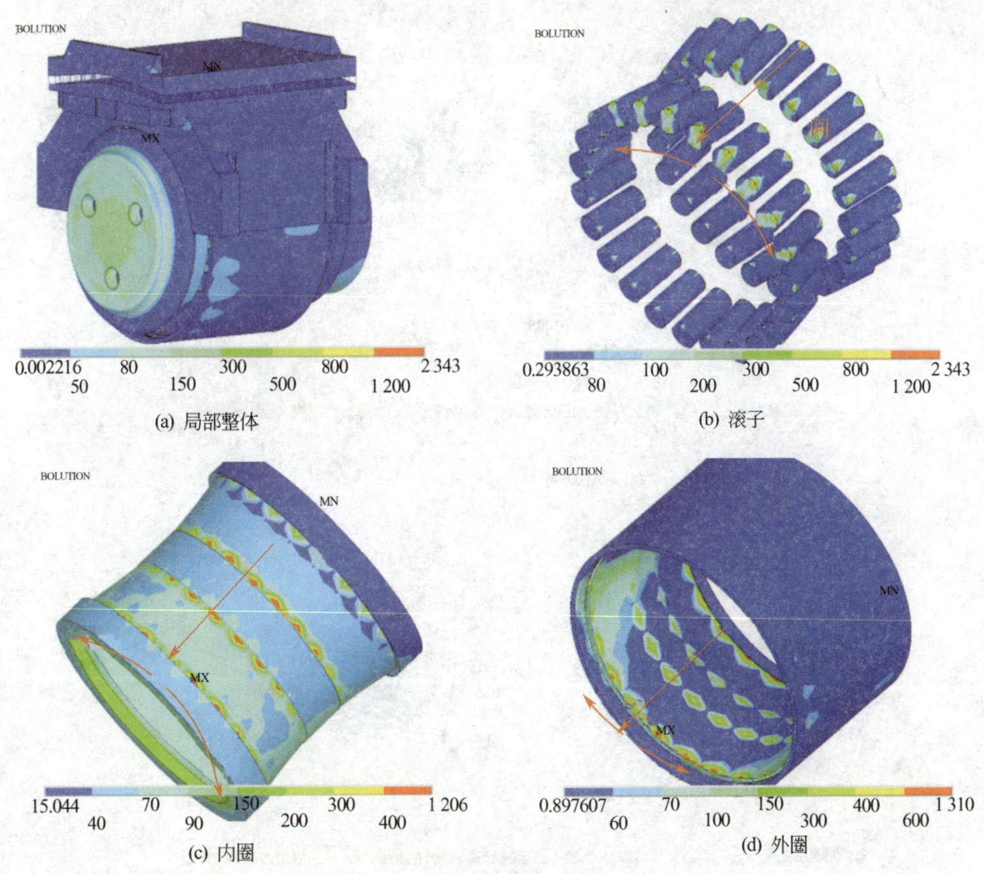

图 1-71 C_{70}型铁路货车轴承各部件整体 Mises 应力云图

子承受最大接触应力作用在轴端侧顶部附近与内圈接触处，其值 2 343 MPa。内外圈最大接触应力值分别为 1 206、1 310 MPa，作用在轴端侧顶部附近与滚子处。

图 1-72 给出了轴端周向和轴向滚子与内外圈的接触应力云图。从图中可知，滚子与内外圈周向 8 个接触应力偏差分别为 551 、542 MPa，具有中间大、向两侧递减的趋势；滚子轴向 4 个接触应力偏差分别为 1252、525 MPa，具有外侧大、向内侧递减的趋势。与纯机械载荷作用相比，应力分布略微均匀。

图 1-73 给出了轴承内圈周向和轴向与滚子接触 Mises 应力云图。从图中可知，轴承内圈 8 个接触应力的偏差为 452 MPa，呈现中间大，向两侧递减的趋势；轴承内圈 4 个接触应力的偏差为 758 MPa，呈现外侧大，向内侧逐渐减小的趋势。与纯机械载荷作用相比，应力分布略微均匀。

图 1-74 给出了轴承外圈外侧沿周向和轴向与滚子接触 Mises 应力云图。从图中可知，轴承外圈 8 个接触应力的偏差为 702 MPa，呈现出向两侧递减的趋势；轴承外圈 4 个接触应力的偏差为 256 MPa，呈现外侧大，向内侧递减的趋势。

轴承各元件最大 Mises 应力处的主应力、剪应力参数与拉压特性见表 1-16。

表 1-16 C_{70}型铁路货车轴承各元件最大应力参量(MPa)

部　　位	性质	主应力(MPa)			σ_{von}(MPa)	τ_{max}(MPa)
		σ_1	σ_2	σ_3		
滚子与外圈轴端接触上部	压	−2 188.5	−2 516.6	−4 678.3	2 343	1 244.9
内圈轴端上部与滚子接触处	压	322.52	−159.21	−1 049.5	1 206	686.01
外圈轴端上部与滚子接触处	压	620.37	−98.282	−927.67	1 310	774.02

车轴：图 1-75 给出了 C_{70}型铁路货车车轴 Mises 应力云图。从图中可知：由于制动纵向力的影响，各截面呈现出非对称分布，截面Ⅰ、截面Ⅱ分布更为明显，受闸瓦压力侧应力较大；大于二分之一段的车轴受到大载荷端

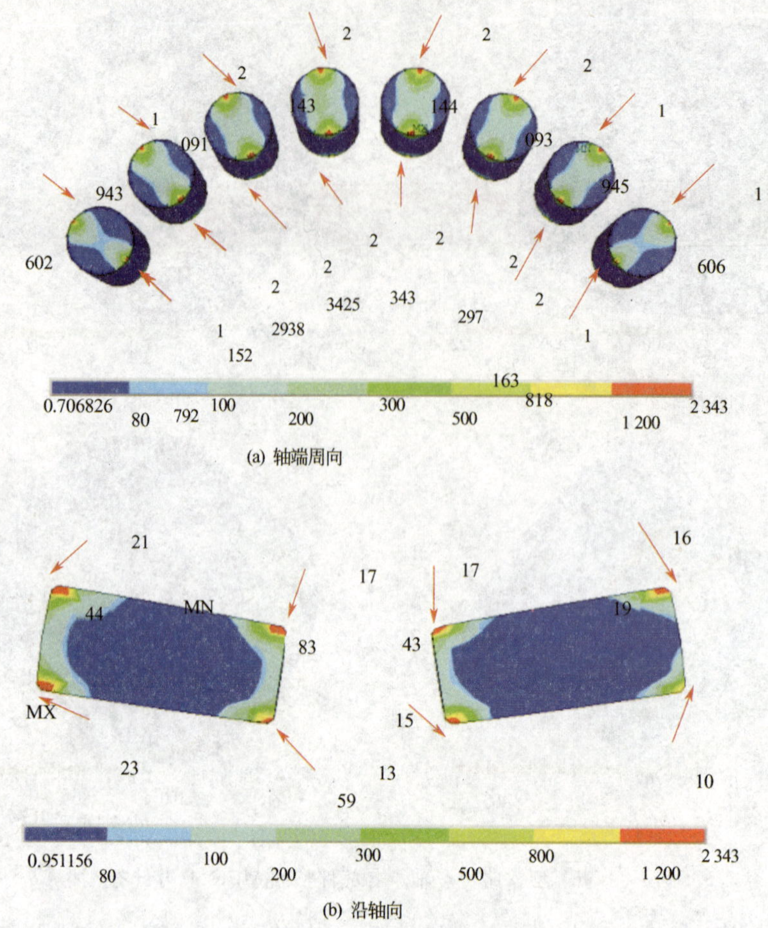

(a) 轴端周向

(b) 沿轴向

图 1-72　C_{70}型铁路货车轴承滚子与内外圈滚道周向与轴向接触 Mises 应力云图

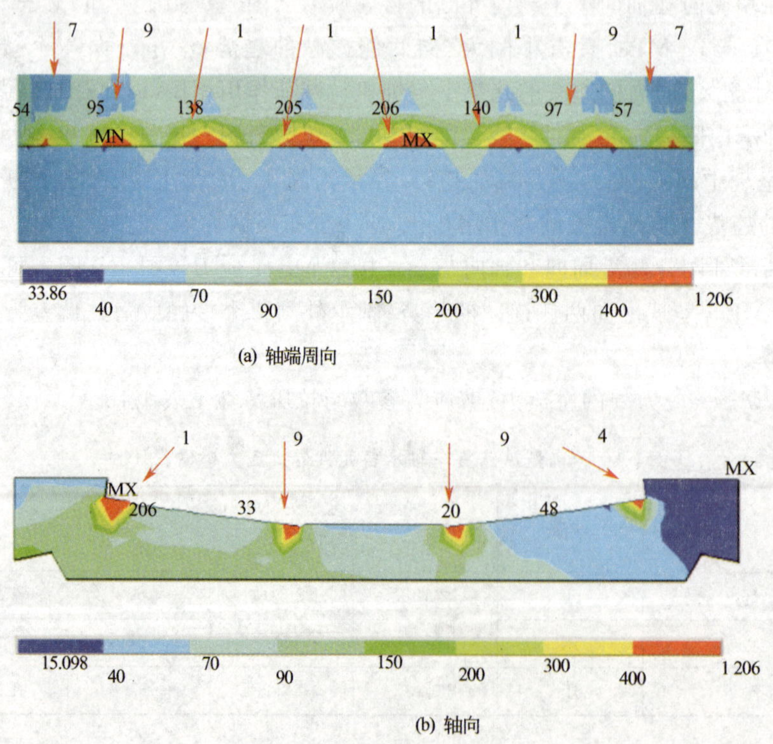

(a) 轴端周向

(b) 轴向

图 1-73　C_{70}型铁路货车轴承内圈周向与轴向与滚子接触 Mises 应力云图

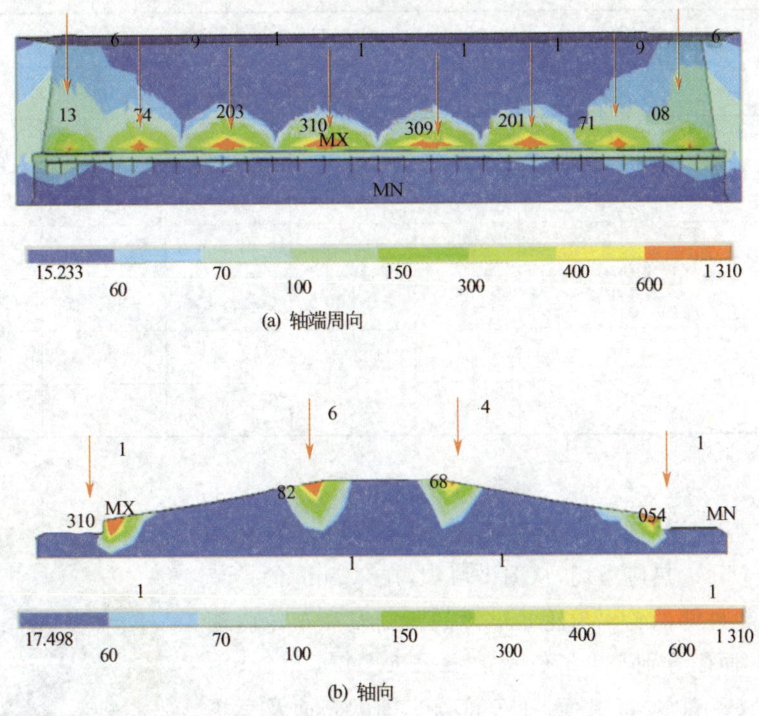

图 1-74 C_{70} 型铁路货车轴承外圈周向与轴向与滚子接触 Mises 应力云图

(左端)的影响;上部承受拉应力、下部承受压应力作用。最大应力截面出现在轮座内侧、距轮座 15.6 mm 的截面Ⅲ,次之出现在轮座外侧(轴肩段)、距轮座 13.7 mm 的截面Ⅱ,再次之出现在轴肩(轴颈段)、距轴肩 7.9 mm 的截面Ⅰ;三截面上/下端的 Mises 应力分别为 121/−157、104/−134 和 104/−126 MPa,主应力、剪应力大小与载荷的拉压特性见表 1-17。

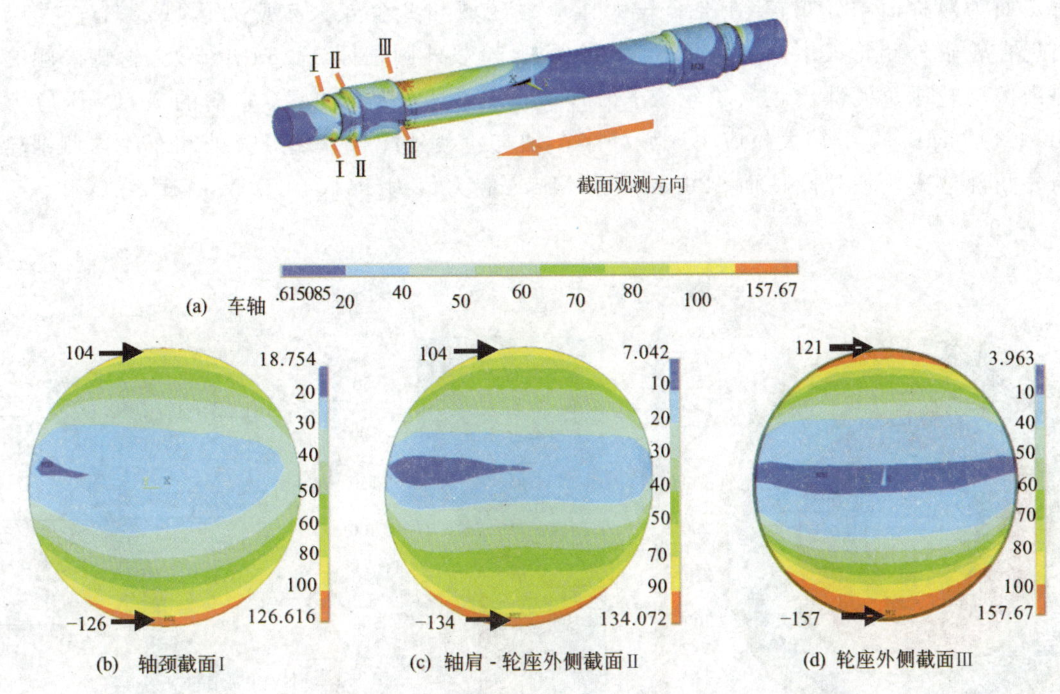

图 1-75 C_{70} 型铁路货车车轴及重要截面的 Mises 应力云图

HEZB 车轮制动温度场:图 1-76 给出了按 AAR S660 标准计算获得的 C_{70} 型铁路货车车轮的温度场,从图中可知:在 20 min 持续制动条件下,车轮最高温度为 681.579 ℃。踏面热源位置温度最高,向轮毂方向呈环形递减趋势,轮毂位置温度约为 46 ℃,接近常温。这说明热对车轴服役环境的影响较小。

表 1-17　C_{70}型铁路货车车轴关键截面的应力参量

截　　面	部位	性质	主应力(MPa)			σ_{von}(MPa)	τ_{max}(MPa)
			σ_1	σ_2	σ_3		
Ⅰ——轴颈段、距轴肩 7.9 mm	上	拉	112.46	14.259	3.129 9	104	54.665 05
	下	压	−5.167 2	−21.818	−139.28	−126	67.056 4
Ⅱ——轮座外侧、距轮座 13.7 mm	上	拉	112.46	14.259	3.129 9	104	54.665 05
	下	压	−9.520 9	−22.956	−145.18	−134	67.829 55
Ⅲ——轮座内侧、距轮座 15.6 mm	上	拉	132.04	14.983	5.866 3	121	63.086 85
	下	压	−7.046 0	−24.669	−169.03	−157	80.992

HEZB 车轮制动热应力场:图 1-77 给出了按 AAR S660 标准计算获得的C_{70}铸钢车轮的 Mises 热应力场,从图中可知:在 20 min 的持续制动条件下,HEZB 车轮外侧的轮辐与轮毂过渡的凹面段和车轮内侧的轮辐与轮缘过渡的凹面段分别产生了值为 404～350 MPa 和 250～309 MPa 的拉应力区域;在制动接触面、在车轮与车轴配合面及车轮内侧的轮辐与轮毂过渡的凸面段分别产生了值为 302～250、239～150 和 200～235 MPa 的压应力。由此可见,热载荷产生了很大的热应力。5 个关键部位的应力大小与拉压特性见表 1-18。

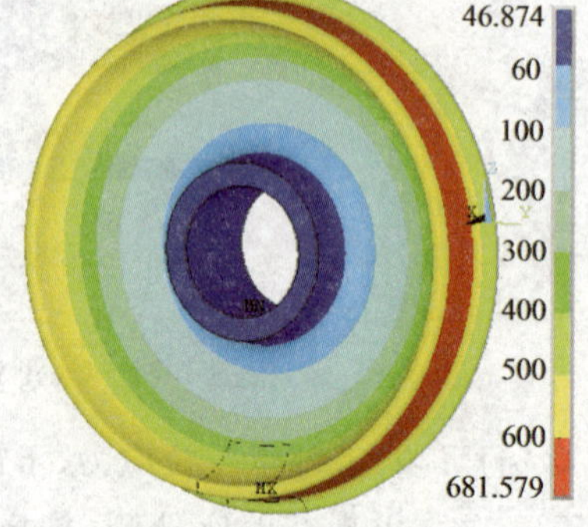

图 1-76　30 t 车轮按 AAR S-660 标准的制动温度场云图

HEZB 车轮机械载荷应力场:图 1-78 给出了纯机械载荷下C_{70}型铁路货车车轮的 Mises 应力云图,从图中可知:应力呈现以车轴轴线垂直截面为对称面的分布;存在 3 个较大压应力区域和 2 个较大拉应力区域:3 个较大压应力区域分别出现在轮辐外侧轮毂下部与轮辐过渡部位距离轮毂外圆柱面 37.34 mm 处、轮轨接触的踏面局部和轮辐内侧与轮缘过渡部位距离轮轮缘 34.99 mm 处,编号为 B、C、D,它们的 Mises 压应力分别为 90、1 066 和 112 MPa;2 个较大拉应力区域处于车轴与轮毂外配合下端分离处和车轮内侧即轮辐与轮毂过渡的外凸部位离轮毂外圆柱面 126 mm 处,Mises 应力值为 141、49 MPa,编号为 A、E。5 处应力参数见表 1-19。

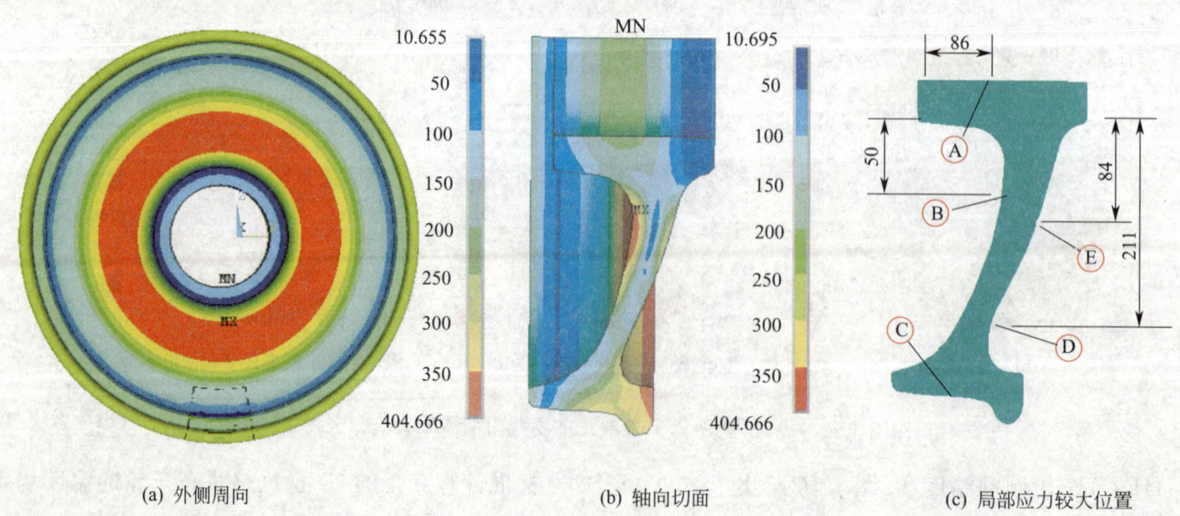

(a) 外侧周向　(b) 轴向切面　(c) 局部应力较大位置

图 1-77　C_{70}型铁路货车车轮制动热产生的 Mises 应力云图

表 1-18 C_{70} 型铁路货车车轮制动热产生的 Mises 应力参量

部位	性质	主应力(MPa)			σ_{von}(MPa)	τ_{max}(MPa)
		σ_1	σ_2	σ_3		
A——轮毂与车轴配合面下部距轴端 86 mm 处	压	107.60	8.521 2	−165.92	239.85	136.76
B——车轮外侧与轮辐过度凹部位距轮毂外圆 50 mm	拉	485.81	248.79	18.451	404.66	233.6795
C——轮轨接触踏面	压	−95.315	−160.88	−448.59	325.48	176.637 5
D——车轮内侧与轮辐过度凹部位距轮毂外圆 211 mm	拉	255.25	35.531	−98.779	309.56	177.014 5
E——车轮内侧与轮辐过度凸部位距轮毂外圆 84 mm	压	9.089 1	−175.74	−339.60	302.15	174.344 6

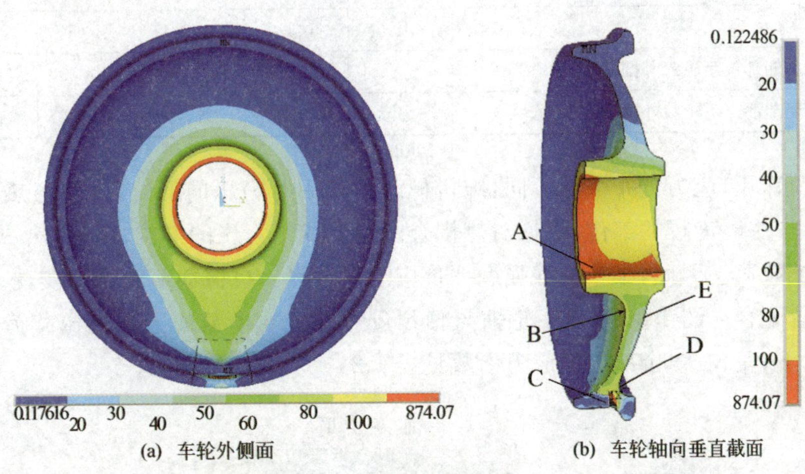

图 1-78 C_{70} 型铁路货车 HEZB 车轮纯机械载荷下 Mises 应力云图

表 1-19 C_{70} 型铁路货车 HEZB 车轮纯机械载荷下 Mises 应力参量

部位	性质	主应力(MPa)			τ_{max}(MPa)	σ_{von}(MPa)
		σ_1	σ_2	σ_3		
A——轮毂与车轴配合面下分离处	拉	99.245	−13.390	−59.113	79.179	141.16
B——车轮外侧与轮辐过度凹部位距轮毂外圆 37 mm	压	16.975	−4.106 1	−82.327	49.651	90.062
C——轮轨接触踏面	压	−250.66	−733.12	−1 478.3	613.82	1 066
D——车轮内侧与轮辐过度凹部位距轮缘 35 mm	压	3.094 1	−14.354	−116.81	59.952 05	112.23
E——车轮内侧与轮辐过度凸部位距轮毂外圆 126 mm	拉	51.755	6.0123	−0.462 71	26.108 86	49.300

HEZB 车轮热—机械载荷耦合应力场：图 1-79 给出了热机械载荷耦合条件下车轮的 Mises 应力云图，从图

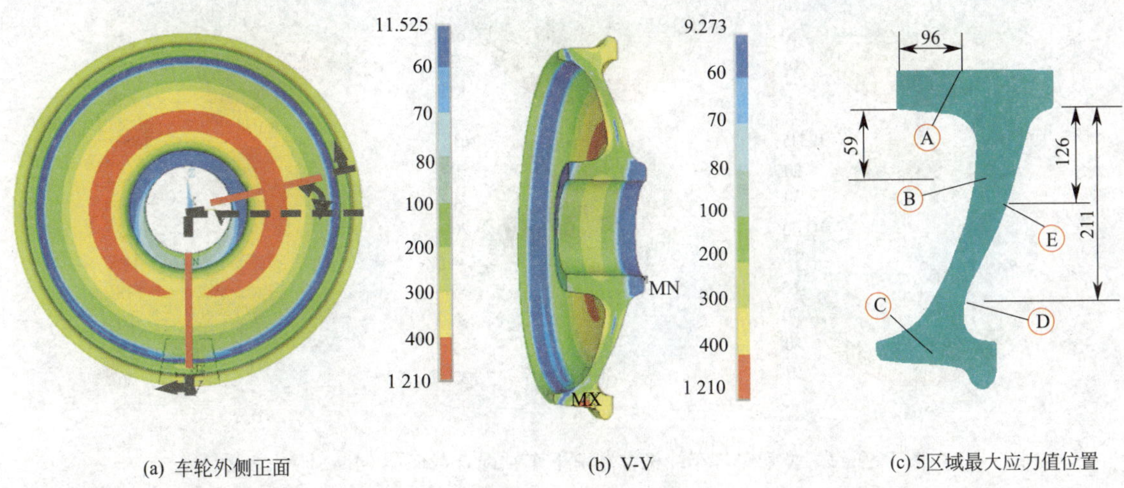

图 1-79 C_{70} 型铁路货车 HEZB 车轮在热—机械载荷下的 Mises 应力云图

中可知：车轮存在5个较大应力区域，分别为轮轴配合中间区、车轮外侧轮辐与轮毂过渡凹面段、轮轨接触踏面、车轮内侧辐板与轮缘过渡凹面段和车轮内侧辐板与轮毂过渡凸面段；各区域较大 Mises 应力点 A、B、C、D 和 E 分别较机械载荷时分别增加了 48.72%、250.53%、64.98%、215.05%和 483.33，应力参数见表1-20。

表 1-20 C_{70}型铁路货车 HEZB 车轮热—机载荷耦合的应力参量

部位	性质	主应力(MPa)			τ_{max}(MPa)	σ_{von}(MPa)
		σ_1	σ_2	σ_3		
A——轮毂与车轴配合面下部距轴端 96 mm 处	压	101.80	20.637	−146.83	124.32	219.60
B——车轮外侧与轮辐过度凹部位距轮毂外圆 59 mm	拉	499.54	282.32	14.318	235.45	420.98
C——轮轨接触踏面	压	−149.43	−860.41	−1 617	733.785	1 260
D——车轮内侧与轮辐过度凹部位距轮毂外圆 211 mm	拉	257.87	9.093 5	−45.790	151.83	280.28
E——车轮内侧与轮辐过度凸部位距轮毂外圆 126 mm	压	5.760 0	−227.25	−392.48	199.12	346.55

对照纯机械载荷作用，应力分布截然不同：纯机械载荷作用时为压的部位，机械与热耦合时变成了为拉的部位；纯机械载荷作用时为拉的部位，机械与热耦合时则变成了为压的部位；而且，热—机械载荷下车轮的应力明显高于纯机械载荷。因此，车轮的静强度评价应当通过热—机械载荷计算来实现。

轮轴与轴颈过盈配合 图1-80给出了轮轴与轴颈过盈配合6个截面上在机械载荷作用下的 Mises 应力云图。各截面上、下、左、右4个部位的应力参数见表1-21。从表中可知：

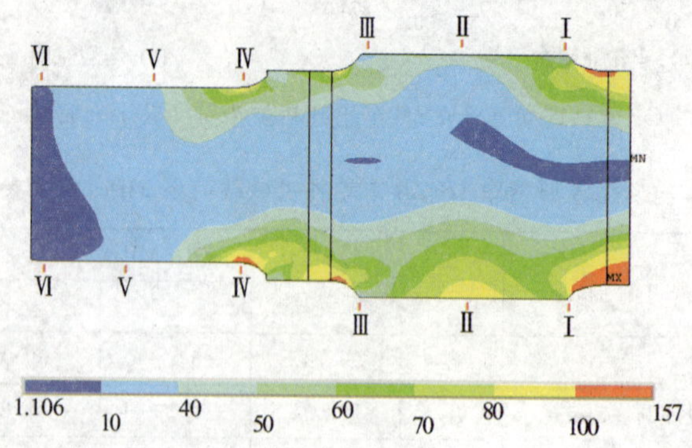

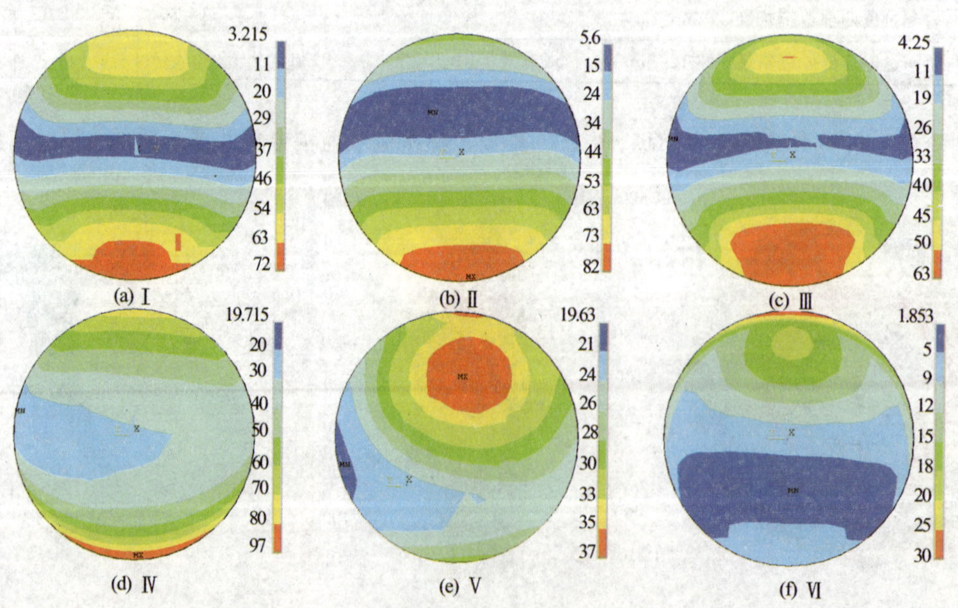

图1-80 C_{70}型铁路货车纯机械载荷下车轴配合截面的 Mises 应力云图

(1)各截面4个部位的 Mises 应力都处于压的状态；

(2)轮座部位各截面最小 Mises 应力是截面Ⅲ的右侧,其大小为 15.18 MPa;

(3)轴颈部位各截面最小 Mises 应力是截面Ⅵ的右侧,其大小为 8.97 MPa。

表 1-21 C_{70}型铁路货车纯机械载荷下车轴配合截面的应力参数

配合部位	截面	部位	性质	主应力(MPa)			τ_{max}(MPa)	Mises
				σ_1	σ_2	σ_3		σ_{von}(MPa)
轮座	Ⅰ	上	压	38.461	−12.256	−27.448	32.954 5	60.071
		下	压	−31.354	−34.513	−93.161	30.903 5	60.316
		左	压	−11.115	−25.12	−32.659	10.772	18.952
		右	压	−13.331	−24.807	−34.004	10.336 5	17.946
	Ⅱ	上	压	62.176	−36.867	−38.039	50.107 5	99.635
		下	压	−47.093	−51.771	−99.341	26.124	50.073
		左	压	−11.238	−37.652	−41.56	15.161	28.569
		右	压	−18.202	−38.549	−43.065	12.431 5	22.94
	Ⅲ	上	压	24.174	−23.177	−31.836	28.005	52.222
		下	压	−4.648 8	−15.172	−45.379	20.365 1	36.621
		左	压	−4.431 5	−18.257	−21.242	8.405 25	15.535
		右	压	−6.423 1	−18.934	−23.309	8.442 95	15.179
轴颈	Ⅳ	上	压	79.467	−1.535 6	−7.868 7	43.667 85	84.347
		下	压	−18.632	−26.878	−124.32	52.844	101.81
		左	压	−1.633 6	−13.366	−27.202	12.784 2	22.168
		右	压	−2.727 8	−14.982	−43.465	20.368 6	36.2
	Ⅴ	上	压	3.47	−28.871	−31.885	17.677 5	33.948
		下	压	−6.380 7	−8.502 5	−33.718	13.668 65	26.34
		左	压	3.248 3	−11.452	−20.593	11.920 65	20.833
		右	压	4.084 5	−10.785	−24.255	14.169 75	24.553
	Ⅵ	上	压	−3.303 2	−24.459	−26.22	11.458 4	22.089
		下	压	11.253	7.606 1	1.031 1	5.110 95	8.972 8
		左	压	2.990 1	−6.920 7	−7.971 7	5.480 9	10.476
		右	压	3.170 3	−5.832 1	−6.794 2	4.982 25	9.52

1.4.3 静强度评价

1.4.3.1 材料性能

AAR M1001 对铁路货车零部件非接触、非配合面的强度评价有如下规定[16]:

1. 许用设计应力[S]应以机械性能为依据,或有关规范保证的最低值,或者依据对没有说明机械性能的材料进行的试验的结果。

2. [S]取值为屈服应力或 80%极限强度中的较低值者,或临界屈曲应力。

表 1-22 给出了 AAR A 级、B 级车轮铸钢的机械性能数据[17,18]。表 1-23 给出测定的我国 B 级铸钢车轮机械性能数据[12]。

表 1-24 及表 1-25 给出了西欧、日本等国标准所测试的车轴钢机械性能数据[19~23]。表 1-26 给出测定的我国 LZ50 车轴机械性能数据[11]。

表 1-27 给出了轴承钢 G20CrNi2MoA 和滚子轴承钢 GCr15 的静强度参数[24,25]。

1.4.3.2 方　法

对非接触、非配合面的强度评价,国际上通常采用 Von Mises 应力来进行强度评价

$$\sigma_{von} \leqslant [S], \sigma_{von} = \frac{\sqrt{2}}{2}\sqrt{(\sigma_1-\sigma_2)^2+(\sigma_2-\sigma_3)^2+(\sigma_1-\sigma_3)^2} \quad (1\text{-}103)$$

其可靠性评价的基本方法是：

1. 考虑[S]的不确定性，将其表示为服从正态分布的参数

$$[S] \sim N(S; S_{av}, S_{rms}, n_{s1}) \quad (1\text{-}104)$$

式中　S_{av}、S_{rms}和 n_{s1} 分别是[S]的均值、均方差和测定该值的样本数。

2. 考虑结构制造尺寸的分散性，把计算 Von Mises 应力考虑为服从正态分布，可表示为

$$\sigma_{von} \sim N(\sigma, \sigma_{av}, \sigma_{rms}, n_{s2}) \quad (1\text{-}105)$$

式中　σ_{av}、σ_{rms}和 n_{s2} 分别是 σ_{von} 的均值、均方差和测定制造误差的样本数。

3. 置信度为 C 下可靠度 R 可由下式估计

$$R = \phi\left(-\frac{S_{av}-t_{1-C}(n_{s1}-1)S_{rms}-\sigma_{av}-t_{1-C}(n_{s2}-1)\sigma_{rms}}{\sqrt{S_{rms}^2+\sigma_{rms}^2}}\right) \quad (1\text{-}106)$$

$$Z_{R|C} = \frac{S_{av}-t_{1-C}(n_{s1}-1)S_{rms}-\sigma_{av}-t_{1-C}(n_{s2}-1)\sigma_{rms}}{\sqrt{S_{rms}^2+\sigma_{rms}^2}} \quad (1\text{-}107)$$

式中 $\phi(\cdot)$是标准正态分布函数，$Z_{R|C}$是给定置信度 C 下标准正态分布达到概率 R 时的百分位置。对于接触问题，除非立即压溃，通常是一个渐进的接触疲劳问题，需要结合接触疲劳寿命理论来评价。

而对于配合面强度问题，首先要防止松脱，通过控制适当的过盈量，保证配合部位承受极限扭转或弯曲力矩载荷时不松脱，又不至于预紧力过大，造成强度破坏。最小临界松脱应力由下式计算

$$\sigma_{j\min} = \frac{\sqrt{H^2+(M/R)^2}}{2\pi RL\mu} \quad (1\text{-}108)$$

H、M、R、L 和 μ 分别是极限横向力、弯/扭矩、配合孔半径、配合面宽度和摩擦系数。目前，EN13260 标准对孔径为 d 的轮毂与轮座配合过盈量 j 要求为：

表 1-22　AAR A、B 级车轮铸钢静强度参数

材　料	温　度	试样号	σ_b(MPa)	$\sigma_{0.2}$(MPa)	$\delta_{0.5}$(%)	ψ(%)
A 级铸钢[17]	室温	1	943.89	644.66	16	33.8
		3	922.52	618.46	15.5	31.7
		8	912.18	601.22	15.0	31.5
		均值	925.97	621.22	15.5	32.3
		均方差	16.17	21.88	0.5	1.27
		变异系数	0.017 463	0.035 221	0.032 258	0.039 319
	260 ℃	2	971.47	551.58	14.0	16.6
		4	1 019.73	659.83	15.0	16.0
		9	1 016.29	594.33	13.0	15.1
		均值	1 002.50	601.91	14.0	15.9
		均方差	26.92	54.52	1.0	0.75
		变异系数	0.026 853	0.090 578	0.071 429	0.047 170
	537.8 ℃	5	495.73	407.48	18.0	53.4
		6	477.12	396.45	19.0	57.6
		7	472.29	371.63	20.0	57.3
		均值	481.94	391.62	19.0	56.1
		均方差	12.38	18.36	1.0	2.34
		变异系数	0.025 688	0.046 882	0.052 632	0.041 711

续上表

材料	温度	试样号	σ_b(MPa)	$\sigma_{0.2}$(MPa)	$\delta_{0.5}$(%)	ψ(%)
B级铸钢[18]	室温	1	1 134.88	778.42	12.0	26.0
		3	1 095.58	732.91	13.0	29.4
		8	1 083.17	721.19	13.0	31.4
		均值	1 104.54	743.94	12.7	28.9
		均方差	27.00	30.23	0.58	2.73
		变异系数	0.024 444	0.040 635	0.045 669	0.094 464
	260 ℃	2	1 137.64	705.33	11.0	14.5
		4	1 148.67	764.63	10.0	16.2
		9	1 118.33	717.74	10.0	15.9
		均值	1 134.88	729.47	10.7	15.5
		均方差	15.36	31.28	0.73	0.91
		变异系数	0.013 534	0.042 880	0.068 224	0.058 710
	537.8 ℃	5	553.65	469.53	9.0	24.1
		6	542.62	481.65	12.0	35.1
		7	521.93	454.36	16.0	44.7
		均值	539.17	468.15	12.3	34.6
		均方差	16.11	13.68	3.51	10.31
		变异系数	0.029 879	0.029 221	0.285 366	0.297 977

表 1-23 我国B级车轮铸钢的静强度参数[12]

试样编号	试样直径	Youngth 模量 E(GPa)	屈服强度 σ_s(MPa)	极限强度 σ_b(MPa)	延伸率 δ_{25}(%)	断面收缩率 ψ(%)
LW-J1	14.984	206.79	572.13	961.77	9.98	14.12
LW-J2	15.060	203.17	585.66	978.36	9.87	13.09
LW-J3	15.064	207.23	593.42	990.01	10.02	12.57
LW-J4	15.056	204.94	600.07	996.34	10.48	12.41
LW-J5	15.004	205.33	577.38	959.98	10.15	13.66
LW-J6	15.068	211.41	573.95	963.42	10.67	12.90
LW-J7	15.064	211.86	589.04	986.68	9.89	11.72
LW-J8	15.080	207.00	575.70	967.71	10.53	11.58
LW-J9	15.088	208.25	598.56	995.50	11.09	16.10
LWJ10	15.068	208.96	582.29	966.29	10.34	13.87
均值		207.494	584.820	976.606	10.302 0	13.202 0
均方差		2.745 30	10.208 6	14.478 3	0.394 991	1.327 27
变异系数		0.013 231	0.017 456	0.024 825	0.038 341	0.100 536

表 1-24　西欧车轴材料的静强度参数

材　　料	试样直径 ϕ/厚度 t(mm)	E(MPa)	σ_b(MPa)	$\sigma_{0.2}$(MPa)	$\delta_{0.5}$(%)	ψ(%)
25CrMo4[19]	—	205 000	900～1 100	695	12	—
25CrMo4[20]	≤16/8	—	900～1 100	700	12	45
	16～40/8～20	—	800～950	600	14	55
	40～100/20～60	—	700～850	450	15	60
	100～160/60～100	—	650～800	400	16	60
EN1A(230M07)[21]	—	—	460	310	31.3	—
EN1A(230M07)[21]	—	—	370～520	230～310	17.0	—
EN1A(230M07)[22]	—	203 000	394	243	—	—

表 1-25　JIS E4502 规定车轴机械性能参数[23]

种　序	材　料		用　途	$\sigma_{0.2}$(MPa)	σ_b(MPa)	$\delta_{0.5}$(%)	ψ(%)
1	A*	SFA 55A	拖车轴	275	540	>23	>35
	B**	SFA 55B					
2	A	SFA 60A		295	590	>20	>30
	B	SFA 60B					
3	A	SFA 65A	动车轴	345	640	>23	>45
	B	SFA 65B					
4	A	SFA QA		295	590	>20	>30
	B	SFA QB					

* A 级钢 P<0.035%、S<0.040%；** B 级钢 P<0.045%、S<0.045%。

表 1-26　我国铁路货车 LZ50 车轴钢的机械性能参数[11]

试样序号 i	E(GPa)	$\sigma_{0.2}$(MPa)	σ_b(MPa)	$\delta_{0.5}$(%)	ψ(%)
1	209.82	319.58	627.71	23.80	42.84
2	195.88	328.49	635.35	23.60	41.81
3	216.65	332.37	632.79	23.90	42.16
4	191.85	336.21	636.62	23.62	40.78
5	221.16	331.09	625.12	25.68	41.13
6	224.11	333.65	628.95	24.54	43.19
7	222.16	325.98	623.84	25.38	40.78
8	198.92	333.65	634.06	24.62	42.50
9	194.75	329.81	621.28	24.04	40.81
10	222.16	328.54	623.84	24.92	43.19
均值	209.75	329.94	628.96	24.41	41.92
均方差	13.111 1	4.727 7	5.455 9	0.739 7	0.996 3
变异系数	0.062 5	0.014 3	0.008 7	0.030 3	0.023 8

表 1-27 轴承钢的静强度参数

材料	E(MPa)	σ_b(MPa)	$\sigma_{0.2}$(MPa)	$\delta_{0.5}$(%)	ψ(%)
G20CrNi2MoA[24]	—	1 200	—	9	45
	—	1 000	—	13	45
GCr15[25]	212 000	1 700	1 570	2.3	—
	212 000	1 785	1 716	2.4	—

缩装工艺：

$$0.000\,9d \leqslant j \leqslant 0.001\,5d \text{ (mm)} \tag{1-109}$$

直装工艺：

$$0.001\,0d \leqslant j \leqslant 0.001\,5d + 0.06 \text{ (mm)} \tag{1-110}$$

压装力 F_{pres} 的要求分别是

$$0.85F \leqslant F_{pres} \leqslant 1.45F \text{ (kN)} \tag{1-111}$$

$$F = 40d \text{ (kN}; 0.8d \leqslant L \leqslant 1.1d) \tag{1-112}$$

TB/T 1718 对轮毂与轮座配合的过盈量 j 要求是

$$0.000\,8d \leqslant j \leqslant 0.001\,5d \text{ (mm)} \tag{1-113}$$

EN 12080 对轴承内圈过盈量达到 $0.001\,5d$ 时不能出现裂纹，做了明确规定。

1.4.3.3 C_{70} 型铁路货车轮轴系统

根据前面介绍的计算结果和评价方法，表 1-28 给出 C_{70} 型铁路货车轮轴系统非接触部位的静强度评价结果。从表中可知，C_{70} 型铁路货车轮轴系统的静强度足够。

表 1-28 C_{70} 型铁路货车轮轴系统的静强度评价

类型	部件	部位	σ_{von} (MPa)	应力性质	材料或依据	$\sigma_{0.2}$ 或 $\sigma_{j,min}$(MPa)			均值安全系数	C=99%可靠度系数 Z_R
						$\sigma_{0.2,av}$	$\sigma_{0.2,rms}$	n_s		
机械静强度	承载鞍组件	上扣板外侧横挡边角：距外侧 17 mm、距侧翼缘 25 mm 处	76.35	拉	B+级钢	345	17.25	5	4.518 7	7.173 2
	车轮	极限纯机械载荷：轮毂与车轴配合面下分离处	141.16	拉	B级	584.82	10.21	10	4.143 0	30.671 6
		极限热机耦合载荷：车轮外侧与轮辐过度凹部位距轮毂外圆 59 mm	420.98	拉		584.82	10.21	10	1.389 2	1.663 9
	车轴	轮座内侧、距轮座 15.6 mm 上部	121	拉	LZ50	329.94	4.727 7	10	2.726 8	34.556 4
配合面	轮座	外侧与车轮分离部位	15.18	压	式(1.5-20)	5.48			—	—
	轴颈	外侧与轴承内圈分析部位	8.97	压	式(1.5-20)	1.96			—	—

1.5 结构强度与刚度试验

1.5.1 试验目的、载荷及要求

1. 试验目的是鉴定铁路货车及其主要零部件的强度刚度和稳定性。

2. 试验加载应最大限度地模拟试件实际运用时的受力状态。

3. 试验载荷应不小于基本作用载荷值，但鉴定标准仍须按基本作用载荷换算。

4. 试验对象的制造质量应具有代表性。其机械性能、化学成分、金相组织、铸件壁厚、外形尺寸及铆焊质量等技术状态均应符合有关图纸及技术文件的规定。

1.5.2 车体静强度试验

1. 试验内容

试验内容包括垂向载荷试验、纵向力试验、扭转试验、顶车试验和罐体内压力试验等。

(1)垂向载荷试验:车体支承在两心盘上,若为旁承承载则车体支承在旁承上,使底架处于水平状态然后加上均布或集中的试验载荷。

(2)纵向力试验:纵向拉伸力沿车钩中心线加在前从板座上,压缩力加在后从板座上。对已定型铁路货车进行一般性强度检验时,可由纵向压缩的试验应力换算为纵向拉伸的应力。

(3)扭转载荷试验:在枕梁的四个端部将车体顶起,使上下心盘离开一定距离成四点支承,并处于水平状态。将任意一个对角线的两个支承上升或下降,使车体产生扭转加于车体的扭转。力矩可用式(1-114)计算

$$M_k=b_1\left(\frac{\Delta P_1+\Delta P_2}{2}\right) \tag{1-114}$$

式中 M_k——扭转力矩(N·m);

Δp_1、Δp_2——分别为同一枕梁两支点承力的变化绝对值(N);

b_1——同一枕梁两支承点间的距离(m)。

(4)顶车试验:试验载荷和作用方式见本书 1.2.3.1 中“修理时加于铁路货车上的载荷”所论述的内容。

(5)罐体内压力试验采用水压试验。

2.应力合成及许用应力

(1)应力换算:鉴于试验载荷值与各部件承受的基本作用载荷值通常是不相等的,试验测得的应力应换算成基本作用载荷下的应力。采用下列符号:

σ_{cj}——垂向静应力;

σ_{cl}——试验载荷下测量的应力;

σ_{yl}——第一工况拉伸时的应力;

σ_{yy}——第一工况压缩时的应力;

σ_{ey}——第二工况压缩时的应力;

σ_{nz}——扭转应力;

σ_{ny}——内压应力;

σ_{dc}——顶车应力;

σ_{c1}——第一工况散粒货物侧压力作用下的应力;

σ_{c2}——第二工况散粒货物侧压力作用下的应力;

K_{dy}——垂向动荷系数;

K_c——侧向力影响系数 ,取值方法按本书 1.2.3.1 中有关侧向力的相关内容。

①垂向静载荷下的应力换算

假定中梁、端梁和横梁包括斜撑承受底架自重、载重和底架的整备重量;枕梁、侧墙包括侧梁和车顶承受车体自重、载重和底架的整备重量。因此中梁、端梁和横梁包括斜撑的应力按式(1-115)换算。

$$\sigma_{cj}=\sigma_{cL}\left(\frac{\text{底架自重}+\text{载重}+\text{底架的整备重量}}{\text{试验载荷}}\right) \tag{1-115}$$

枕梁侧墙包括侧梁和车顶的应力按式(1-116)换算

$$\sigma_{cj}=\sigma_{cL}\left(\frac{\text{车体自重}+\text{载重}+\text{车体的整备重量}}{\text{试验载荷}}\right) \tag{1-116}$$

对于一般铁路货车车体的所有梁件允许按式(1-116)换算。

②纵向力作用下的应力按式(1-117)～ 式(1-119)换算

第一工况

$$\sigma_{yL}=\sigma_{cL}\left(\frac{N_{yL}}{试验载荷}\right) \tag{1-117}$$

$$\sigma_{yy}=\sigma_{cL}\left(\frac{N_{yy}}{试验载荷}\right) \tag{1-118}$$

第二工况

$$\sigma_{ey}=\sigma_{cL}\left(\frac{N_{ey}}{试验载荷}\right) \tag{1-119}$$

式(1-117)-式(1-119)中的 N_{yL}、N_{yy} 及 N_{ey} 分别为本书 1.2.3.1 相关部分中规定的第一工况纵向拉伸力、压缩力及第二工况纵向压缩力。

③ 扭转载荷作用下的应力按式(1-120)换算

$$\sigma_{nz}=\sigma_{cL}\left(\frac{40}{试验扭矩}\right) \tag{1-120}$$

④顶车试验的应力按式(1-121)换算

$$\sigma_{dc}=\sigma_{cL}\left(\frac{车体自重+载重+车体的整备重量}{试验载荷}\right) \tag{1-121}$$

⑤ 罐车内压力试验的应力按式(1-122)换算

$$\sigma_{ny}=\sigma_{cL}\left(\frac{容器内压力}{试验压力}\right) \tag{1-122}$$

(2)应力的合成:在鉴定强度时将换算应力值按照最大可能组合的原则予以合成。

①第一工况:中梁、端梁、枕梁、横梁包括斜撑和铁路货车车顶应力合成为式(1-123)

$$\sigma_1=\sigma_{cj}(1+K_{dy})+\sigma_{yL}(或\ \sigma_{yy})+\sigma_{nz}+\sigma_L \tag{1-123}$$

侧墙包括侧梁合成应力为式(1-124)

$$\sigma_1=\sigma_{cj}(1+K_{dy}+K_c)+\sigma_{yL}(或\ \sigma_{yy})+\sigma_{nz}+\sigma_{cL} \tag{1-124}$$

罐体应力合成为式(1-125)

$$\sigma_1=\sigma_{cj}(1+K_{dy})+\sigma_{yL}(或\ \sigma_{yy})+\sigma_{ny} \tag{1-125}$$

式(1-35)(1-36)中仅装运散粒货物的铁路货车加入 σ_{c1} 下式(1-126)中的 σ_{c2} 同。

②第二工况:各测点的应力合成为式(1-126)

$$\sigma_2=\sigma_{cj}+\sigma_{ey}+\sigma_{c2} \tag{1-126}$$

罐体应力合成为式(1-127)

$$\sigma_2=\sigma_{cj}+\sigma_{ey}+\sigma_{ny} \tag{1-127}$$

③顶车应力合成为式(1-128)

$$\sigma=\sigma_{cj}+\sigma_{dc} \tag{1-128}$$

④许用应力

第一、二工况的合成应力不得大于表 1-4 规定的相应工况的许用应力;顶车合成应力不得大于所用材料的屈服极限。

对复杂应力状态下的合成应力,应按(1-129)取当量应力 σ_e 同许用应力作比较,即

$$\sigma_e=\sqrt{0.5[(\sigma_1-\sigma_2)+(\sigma_2-\sigma_3)+(\sigma_3-\sigma_1)]} \tag{1-129}$$

1.5.3 车体刚度试验

1. 试验内容

铁路货车车体仅做垂向弯曲刚度试验，用挠度与铁路货车定距之比值即挠跨比来评定。对于载荷基本对称和车长在 20 m 以下者可仅做垂向弯曲刚度试验。

2. 垂向弯曲刚度试验

在垂向载荷试验时不考虑动载荷和侧向力的影响，测定在端梁、枕梁两端和车体中央处的中梁和侧梁的挠度，并换算成中梁中央相对于两心盘的挠度 f_{zc} 和侧梁中央相对于枕梁端部的挠度 f_{cc}，然后根据垂直静载荷下应力换算的假定换算为车体正常运用情况下的挠度。换算公式分别为式(1-130)和式(1-131)

中梁中央挠度
$$f_z = f_{zc}\left(\frac{\text{底架自重}+\text{载重}+\text{底架的整备重量}}{\text{试验载荷}}\right) \tag{1-130}$$

侧梁中央挠度
$$f_c = f_{cc}\left(\frac{\text{车体自重}+\text{载重}+\text{车体的整备重量}}{\text{试验载荷}}\right) \tag{1-131}$$

f_{cc} 取一、二位侧梁中央挠度平均值。

垂向弯曲刚度评定时，铁路货车车体的挠跨比评定标准推荐按 1.3.5 节中数值。长大货物车的垂向弯曲刚度评定标准按设计任务书中的要求确定。

3. 扭转刚度试验

扭转载荷试验时测量加载后四个支撑点相对于刚性基础垂向距离的变化值 δ_i(mm)($i=1,2,3,4$)。

车体的相对扭转角用下式计算

$$\varphi = \frac{(\delta_1-\delta_2)-(\delta_3-\delta_4)}{b_2} \tag{1-132}$$

式中 φ——相对扭转角(rad)；

δ_i——加载荷后 i 点垂向距离的变化值(mm)($i=1,2,3,4$)；

b_2——一、二或三、四位侧点之间的距离(一、二位端应相等)(mm)。

4. 扭转刚度评定标准

相当扭转刚度按式(1-133)计算

$$GJ_p = L\left(\frac{M_k}{\varphi}\right) \tag{1-133}$$

式中 GJ_p——相当扭转刚度(N·m²/rad)；

M_k——同式 1-26；

φ——同式(1-132)；

L——相对扭转截面之间的距离(m)。

1.5.4 转向架静强度试验

1. 本试验适用于无横向联系梁的铸钢摇枕与侧架。对于具有横向联系梁或结构类似客车转向架的铁路货车转向架应参照 TB/T 1335—1996 的中 8.4 进行试验和评定。

摇枕和侧架可以单独地进行加载试验亦可对组成的转向架进行试验。

2. 试验内容和许用应力

摇枕的作用载荷有一个转向架承受的垂向静载荷 P，其值等于转向架轴重与轴数的乘积减去转向架自重和沿车体纵向作用的水平力 $0.25P$，它们均以集中力形式作用在摇枕中央截面，并应尽可能接近实际作用方式，摇枕两端弹簧支承面处以刚性支承。

侧架的作用载荷有：垂向载荷 $1.5C$ 和沿车体横向作用的水平力 $0.4C$，垂向载荷可模拟实际受力情况作用在弹簧支承面上；而横向水平力垂直于侧架平面作用在两个立柱上。C 为轮对两轴颈的垂向静载荷，其值等于轴重减去轮对自重。

摇枕和侧架在垂向和横向两种载荷作用下，各测点的最大可能合成应力［复杂应力状态下的合成应力，应按式(1-129)取当量应力 σ_e］不大于表 1-29 中许用应力值：

摇枕还需作沿车体纵向单独作用的水平力 0.8p 载荷下的试验，此力以集中形式作用在摇枕中央的腹板上，摇枕两端与侧架立柱接触面处以刚性支承。其应力不大于表 1-30 中许用应力值：

表 1-29　垂向和横向材料许用应力

材　质	ZG230-450	B 级钢	C 级钢
许用应力(MPa)	103	117	151

表 1-30　纵向材料许用应力

材　质	ZG230-450	B 级钢	C 级钢
许用应力(MPa)	78	89	115

侧架轴箱导框内侧弯角处，其主要承受弯曲断面的许用应力允许按 TB/T 1335—1996 中的 9.5.3 进行提高。

1.5.5　强度与刚度试验实例

1.5.5.1　载重 70 t 级新型通用敞车车体静强度试验[26]

1. 试验目的

检验载重 70 t 级新型通用敞车样车的车体静强度和垂向弯曲刚度是否满足 TB/T 1335—1996《铁道车辆强度设计及试验鉴定规范》及载重 70 t 级新型通用敞车设计任务书的有关要求。

2. 被试车简介及主要技术参数

(1)车体结构

该车车体为全钢焊接结构，主要由底架、侧墙、端墙、车门等组成。主要型材及板材采用屈服极限为 450 MPa 的高强度耐大气腐蚀钢。

该车底架由中、侧、枕、横、端梁和小横梁及钢地板组焊而成。中梁材质为屈服极限为 450 MPa 以上的高强度耐大气腐蚀钢；采用直径 ϕ358 mm 的锻造上心盘；前、后从板座采用材质为 C 级钢的新型结构，采用专用拉铆钉与中梁连接；侧梁为 240 mm×80 mm×7 mm 的槽型冷弯型钢；枕梁、大横梁为由上、下盖板及双腹板组焊而成的变截面箱形结构；小横梁为 U 形结构；底架上铺 6 mm 厚钢地板。本方案将原方案中枕梁和第一根大横梁间的纵向梁全部改为小横梁。

侧墙由侧柱、上侧梁、侧板、斜撑、连铁、侧柱补强板及内补强座等组焊而成。其中，侧柱采用厚度8 mm、断面高度 140 mm 的新型冷弯双曲面帽型钢，与下侧梁间采用铆钉连接，上侧梁采用 5 mm×100 mm×140 mm的冷弯矩形钢管，连铁为新型专用冷弯型钢，斜撑采用 4 mm×50 mm×60 mm 的槽型冷弯型钢；侧柱处采用铸造侧柱内补强座；采用 4 mm 厚上侧板、8 mm 厚侧柱加强板即下侧板。

端墙由上端缘、角柱、横带及端板组焊而成。其中，上端缘、角柱采用 160 mm×100 mm×5 mm 冷弯矩形钢管，横带为 5 mm 厚、断面高度 150 mm 的敞口槽型冷弯型钢，上侧梁与上端缘结点处组焊角部加强铁；端板上部厚度为 4 mm、下部厚度为 5 mm。

车体两侧的侧墙上各安装一对侧开式中立门，中立门采用新型锁闭装置和 C_{64} 型敞车改进后的锁闭装置两种方案。新型锁闭装置门边处组焊槽型冷弯型钢，增大门板刚度并将通长式上锁杆封闭其中，防止变形与磕碰；下门锁采用偏心压紧机构，当车门关闭后，通长式上锁杆可防止下门锁串出，操作简单，安全可靠，解决了 C_{64} 型敞车中立门锁杆弯曲及锁杆断裂和活动档丢失的惯性质量问题。

下侧门采用与 C_{64} 型敞车相同的结构，每侧侧墙设有 6 扇上翻式下侧门。

(2)主要性能及尺寸

①主要性能

载重(t)　70

自重(t)　≤23.6

容积(m^3)　77

比容(m^3/t) 1.1

自重系数 0.33

每延米重(t/m) 6.69

商业运营速度(km/h) 120

通过最小曲线半径(m) 145

制动距离(m) 1 400

集载能力高于《铁路货物装载加固规则》中对敞车集载能力的规定,满足表1-31中的规定。

②主要尺寸

铁路货车长度(mm) 13 976

铁路货车定距(mm) 9 210

车体内长(mm) 13 000

车体内宽(mm) 上侧板处 2 892

连铁处 2 792

车体内高(mm) 2 050

地板面高(空车)(mm) 1 083

车钩中心线高(空车,mm) 880

铁路货车最大高度(空车,mm) 3 143

铁路货车最大宽度(mm) 3 242

门孔尺寸(宽 mm×高 mm) 侧开门 1 620×1 900

下侧门 1 250×951

转向架固定轴距(mm) 转K6型 1 830

转K5型 1 800

车轮直径(mm) 840

3. 试验内容及方法

(1)纵向载荷试验

第一工况纵向拉伸载荷为1 780 kN、纵向压缩载荷为1 920 kN;第二工况纵向压缩载荷为2 500 kN。

加载方法:通过纵向加载装置将压缩载荷沿车钩中心线作用在后从板座上,此时测取纵向压缩应力。拉伸试验时通过纵向加载装置将拉伸载荷作用在前从板座上,此时测取纵向拉伸应力。

(2)垂向载荷试验

垂向载荷试验分为满载装运散装货物和集载两种情况,按照25 t轴重考核。

①满载装运散装货物时的垂向载荷试验

按照《铁道车辆强度设计及试验鉴定规范》要求,垂向静载荷 P_{cj} 包括车体自重、标记载重(若考虑雨雪增载,则取1.15倍)和整备重量。

垂向静载荷 $P_{cj}=14.24+76.4\times1.15=102.1\ t(1\ 001.6\ kN)$

动荷系数 K_{dy} 如下

$$K_{dy}=\frac{a+bv}{f_j}+\frac{dc}{\sqrt{f_j}}=\frac{(1.5+0.05\times120)}{43}+\frac{1.65\times0.427}{\sqrt{43}}$$

$$=0.282$$

式中 转向架垂向当量静挠度 $f_j=43$ mm。

商业运营速度 $v=120$ km/h

$a=1.5$ $b=0.05$ $c=0.427$ $d=1.65$

加载方法:将102.1 t砝码均匀置于枕木上加载,使载荷在底架上均布。

② 集载时的垂向载荷试验

集载时的垂向载荷满足表 1-31。

表 1-31 载重 70 t 级新型通用敞车集中载荷表

	车辆负重面长度(mm)	车辆负重面宽度(mm)	《加规》最大容许重量(t)	载重(t)	垂向加载值(t)	动荷系数(K_{dy})
集中均布	2 000	≥2 500	20	30	30	0.458
	3 000	1 300～未满 2 500	16	28	28	0.475
	4 000	≥2 500	26	40	40	0.390
	5 000	1 300～未满 2 500	18.5	36	36	0.414
	6 000	1 300～未满 2 500	20	42	42	0.379
		≥2 500	32	45	45	0.364
	7 000	1 300～未满 2 500	23.5	44	44	0.369
		≥ 2 500	35.5	48	48	0.351
	8 000	1 300～未满 2 500	27	48	48	0.351
		≥2 500	39	52	52	0.334
	两枕梁处 3 800	≥2 000	—	76	76	0.263
	枕梁及车体中央三段均布 2 000	≥2 000	—	76	76	0.263
	横垫木中心距(mm)	横垫木长度(mm)	《加规》最大容许重量(t)	载重(t)	垂向加载值(t)	动荷系数(K_{dy})
集中对称	1 000	1 300～未满 2 500	13	26	26	0.493
		≥2 500	17	30	30	0.458
	2 000	1 300～未满 2 500	14	32	32	0.442
		≥2 500	20	36	36	0.414
	3 000	1 300～未满 2 500	17	35	35	0.421
		≥2 500	21	39	39	0.396
	4 000	1 300～未满 2 500	24	42	42	0.379
		≥2 500	30	46	46	0.360
	4 500	1 300～未满 2 500	—	38	38	0.402
		≥2 500	—	38	38	0.402
	5 000	1 300～未满 2 500	32	48	48	0.351
		≥2 500	42	54	54	0.326
	6 000	1 300～未满 2 500	43	58	58	0.312
		≥2 500	49	64	64	0.293
	7 000	1 300～未满 2 500	46	60	60	0.306
		≥2 500	55	68	68	0.282
	8 000	1 300～未满 2 500	50	64	64	0.293
		≥2 500	60	70	70	0.276
	两枕梁处 1 000	≥2 000	—	76	76	0.263

备注：集载工况下的动荷系数计算公式同满载装运散装货物动荷系数计算公式。集载工况下转向架的垂向弹簧挠度根据各集载工况下的载重量和转向架弹簧刚度得出。其余参数不变。

(3)顶车试验

在车体一端枕梁的两侧顶车位，用千斤顶顶起重载车体，记录顶车试验应力，同时观察顶车处结构是否产生永久变形。顶车试验的应力与垂向静载荷试验相应载荷下的所得应力叠加，求出实际顶车应力不得超过所用材料的屈服极限，同时顶车处结构不得产生永久变形。

(4)扭转载荷试验

按《铁道车辆强度设计及试验鉴定规范》要求，在枕梁四个端部将空车车体顶起，使上下心盘离开一定距离，车体呈水平四点支撑状态。将任意一对角线上的两个支撑上升，使车体产生扭转，扭转力矩为 40 kN·m，记录该工况下的试验应力。

$$M=b(\Delta P_1+\Delta P_2)/2 \tag{1-134}$$

式中　M——扭转力矩，$M=40$ kN·m；

b——同一枕梁两支撑点之间距离，$b=2\ 888$ mm；

ΔP_1、ΔP_2——四支撑点力变化的绝对值。

$$\Delta P_1+\Delta P_2=27.7\ \text{kN}$$

(5)散装货物侧压力试验

将作用在侧墙上的散粒货物侧压力换算成等效集中力的形式在各侧柱上加载。

加载方法：用千斤顶在车体内两侧墙对应侧柱垂直中心线的相应高度上加载。全车 6 对侧柱均按上述方法分别加载，然后将测得各组的同一测点应力数据叠加作为本工况的试验应力值。各侧柱上等效集中力计算如下：

第一工况侧墙上的散粒货物侧压力

$$P_{d1}=0.5\gamma H[(1-K_V)^2+A_0^2]^{0.5}\times(1+A_0^2)^{0.5}\times 9\ 810\quad(\text{Pa}) \tag{1-135}$$

$$A_0=K_h-(1-K_V)\tan\theta$$

式中　γ——散装货物容重，取 $\gamma=1.1$ t/m^3；

H——散装货物实际装载高度，取 $H=2\ 032$ mm；

K_V——端墙上在重载车体重心高度处的垂向加速度与重力加速度的比值，取为 0.7；

K_h——端墙上在重载车体重心高度处的纵向加速度与重力加速度的比值，取为 0.4；

θ——散装货物的自然坡角取 $\theta=25°$。

故：　$$P_{d1}=0.5\times1.1\times2\ 032\times0.397\times1.033\ 2\times9\ 810=4\ 497.1\quad(\text{Pa})$$

为了加载方便，将加载作用高度统一取为 1 200 mm，保持侧柱根部侧压力造成的弯矩不变，则从一端枕柱开始各侧柱的试验作用力值分别为

$$P_1=P_6=7.12\quad(\text{kN})\qquad P_2=P_5=P_4=P_5=7.02\quad(\text{kN})$$

第二工况侧墙上的散粒货物侧压力

$$P_{d2}=0.5\gamma H[1+(\text{tg}\theta)^2]\times9\ 810\ \text{Pa}=13\ 367.33\quad(\text{Pa})$$

折算系数　$$K_{侧压}=P_{d2}/P_{d1}=2.968$$

第二工况侧压力下的应力值为第一工况试验应力值乘以 $K_{侧压}$。

(6)铁路货车侧墙内倾弯矩试验

按《铁道车辆强度设计及试验鉴定规范》要求，用于翻车机作业的 21 t 轴重敞车，侧墙立柱根部承受的内倾弯矩 235 kN·m，均匀分摊给所有侧柱，其所产生的应力均不得大于第二工况许用应力。本车车体强度按 25 t 轴重校核，因此其内倾弯矩值取 280 kN·m，即每根侧柱分别是按 46.7 kN·m 的载荷加载，将测得的各组应力数据叠加作为本工况的试验值。

加载方法：在每侧柱距地面 1 200 mm 处，加上加载框架、千斤顶及荷重传感器，水平加载至 38.9 kN，测试该车各测点应力。

(7)翻车机压车力试验

根据《铁道车辆强度设计及试验鉴定规范》要求，用于翻车机作业的 21 t 轴重敞车，上侧梁应满足在任意位置的 200 mm 长度上均布垂直压力 118 kN 的要求，该车上侧梁各测点所产生的应力不得大于第二工况许用应力。本车车体强度按 25 t 轴重校核，其压车梁压车力取为 140.5 kN/200 mm。

加载方法：选取图 1-81 中所示上侧梁的五个位置，分别施加 140.5 kN/200 mm 载荷进行试验。

加载位置见图 1-81 中所示 $P1$、$P2$、$P3$、$P4$、$P5$。

(8)垂向弯曲刚度试验

在中梁和下侧梁的枕梁和中央处放置位移传感器，垂向加载试验时，分别测量中梁、下侧梁中央相对于心盘和枕梁端部的挠度值，分别计算挠跨比。

4. 测点布置与编号和测试仪器

(1)应力测点布置与编号见图 1-81、图 1-82、图 1-83。

应力测点编号由下列形式组成：

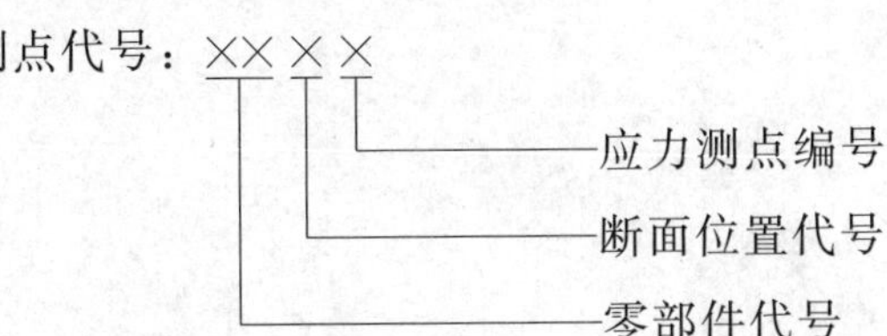

其中零部件代号规定如下：

Z——中梁；N——枕梁；H——大横梁；XH——小横梁；C——下侧梁；SC——上侧梁；DL——端梁；CZ——侧柱；HD——横带；SD——上端缘；JZ——角柱；DQ——端墙；D——地板；XHG——小横梁改。

(2)测量仪器

在车体需测量应力处粘贴电阻丝应变片，应力值经测量仪器处理后打印。

采用仪器：多功能数据采集仪 UCAM-20　　1 台

扫描箱 USB-50 A　　3 台

荷重传感器(30 t)　　2 个

5. 试验评定标准

(1)强度评定标准

该车主要型材及板材采用屈服极限为 450 MPa 的高强度耐大气腐蚀钢，因此：

第一工况许用应力为 281 MPa，第二工况许用应力为 380 MPa。

(2)刚度评定标准

该车为侧墙承载车体，《铁道车辆强度设计及试验鉴定规范》推荐挠跨比评比标准：

中梁　　$f_Z/l_2 \leqslant 1/1\,500$

侧梁　　$f_c/l_2 \leqslant 1/2\,000$

式中　f_Z——中梁中央挠度(mm)；

f_c——侧梁中央挠度(mm)；

l_2——铁路货车定距(mm)。

6. 试验数据整理

首先将试验测得应力值换算成基本载荷作用下的应力值，试验数据整理和换算，按《铁道车辆强度设计及试验鉴定方法的研究》规定进行。

各项试验载荷下的应力值按“最大可能组合”原则予以合成。

满载装运散装货物时

$$\sigma_{\mathrm{I}} = \sigma_{cz} + \sigma_{y1}(\text{或 } \sigma_{yy}) + \sigma_{nz} + \sigma_{c1}$$

$$\sigma_{\mathrm{II}} = \sigma_{cj} + \sigma_{ey} + \sigma_{c2}$$

$$\sigma_{D} = \sigma_{cj} + \sigma_{d}$$

集载时

$$\sigma_{\mathrm{I}} = \sigma_{czj} + \sigma_{y1}(\text{或 } \sigma_{yy}) + \sigma_{nz}$$

$$\sigma_{\mathrm{II}} = \sigma_{cj} + \sigma_{ey}$$

对侧墙

$$\sigma_{cz} = \sigma_{cj}(1 + K_{dy} + K_c)$$

$$\sigma_{czj} = \sigma_{cjj}(1 + K_{dy} + K_c)$$

其余

$$\sigma_{cz}=\sigma_{cj}(1+K_{dy})$$

$$\sigma_{czj}=\sigma_{cjj}(1+K_{dy})$$

式中 σ_{cj}——满载装运散装货物时垂向静应力；

σ_{cz}——满载装运散装货物时垂向总应力；

σ_{cjj}——集载时垂向静应力；

σ_{czj}——集载时垂向总应力；

σ_{y1}——第一工况拉伸应力；

σ_{yy}——第一工况压缩应力；

σ_{ey}——第二工况压缩应力；

σ_{d}——顶车试验应力；

σ_{D}——顶车合成应力；

σ_{c1}——侧压力第一工况应力；

σ_{c2}——侧压力第二工况应力；

σ_{I}——第一工况合成应力；

σ_{II}——第二工况合成应力；

σ_{nz}——扭转应力；

σ_{nq}——内倾弯矩应力；

σ_{yc}——压车力应力；

K_{c}——侧向力影响系数，取为 0.1。

7. 试验结果

(1)位移测量

在进行垂向满载散装货物载荷试验时，分别测量枕梁处和车体中央处中梁和侧梁的位移值，车体中央处中梁相对枕梁处的位移测量平均值为 3.31 mm，其中梁挠跨比为 $f_z/l_2=0.54/1\,500$，该值小于 1/1 500。车体中央处侧梁相对枕梁处侧梁的位移测量平均值为 3.08 mm，其侧梁挠跨比为 $f_c/l_2=3.08/9\,210=0.67/2\,000$，该值小于 1/2 000。车体垂向弯曲刚度满足《铁道车辆强度设计及试验鉴定规范》的要求。

(2)应力测量

①纵向工况

在第一工况 1 780 kN 纵向拉伸力作用下，最大应力发生在枕前中梁 Z2 断面下翼缘上的测点 Z2-1，其应力值为 188.4 MPa，其对称测点 Z2′-1 的应力值为 180.2 MPa 其他梁件的测点应力较小。

在第一工况 1920kN 纵向压缩力作用下，最大应力发生在枕后中梁 Z6 断面下翼缘上的测点 Z6-2，其值为－134.9 MPa，其对称测点 Z6′-2 的应力值为－122.6 MPa。其他梁件的测点应力较小。

在第二工况 2 500 kN 纵向压缩力作用工况下，最大应力发生在枕后中梁 Z6 断面下翼缘上的测点 Z6-2，其应力值为－179.5 MPa。其他梁件的测点应力较小。

② 垂向静载荷工况

在垂向静载荷作用下，最大应力发生在与中梁交接处的大横梁下盖板上的测点 H3-2，其应力值为 75.2 MPa；纵向梁上的其他测点的测试应力也较大。其他梁件的测点应力较小。

③ 顶车合成应力

在顶车合成工况下，最大顶车合成应力发生在门角上的测点 M2，其当量合成应力值为 92.1 MPa，小于其所用材质 450 MPa 的屈服极限。其他部件测点顶车合成应力都较小。顶车位置处的结构没有发现永久变形。

④ 满载散装货物时第一工况合成应力

中梁最大合成应力发生在枕后中梁 Z8 断面下翼缘上的测点 Z8-1，其合成应力值为 202.1 MPa，小于其所用材质 281 MPa 的第一工况许用应力；下侧梁最大合成应力发生在测点 C5′-1，其合成应力值为 212.6

MPa,小于其所用材质 281 MPa 的第一工况许用应力;大横梁最大合成应力发生在与中梁交接处的测点 H3-2,其合成应力值为 87.6 MPa,小于其所用材质 281 MPa 的第一工况许用应力;端梁最大合成应力发生在测点 DL1-1,其合成应力值为 112.1 MPa;地板处最大合成应力发生在测点 D3-1,其合成应力值为 101.5 MPa,小于其所用材质 281 MPa 的第一工况许用应力;门角处最大合成应力发生在测点 M1,其当量合成应力值为 106.1 MPa,小于其所用材质 281 MPa 的第一工况许用应力;腰带处最大合成应力发生在测点 YD2-1,其合成应力值为 105.0 MPa,小于其所用材质 281 MPa 的第一工况许用应力。其他梁件的测点合成应力较小。

⑤满载散装货物时第二工况合成应力

中梁最大合成应力发生在枕后中梁 Z6 断面下翼缘上的测点 Z6-2,其合成应力值为－224.5 MPa,小于其所用材质 380 MPa 的第二工况许用应力,Z6 断面的其他测点的合成应力均较大;下侧梁最大合成应力在测点 C4-1,其合成应力值为－151.3 MPa,小于其所用材质 380 MPa 的第二工况许用应力;大横梁最大合成应力发生在测点 H4-3,其合成应力值为 119.6 MPa,小于其所用材质 380 MPa 的第二工况许用应力;侧柱上最大合成应力发生在测点 CZ5-1,,其合成应力值为－127.2 MPa,小于其所用材质 380 MPa 的第二工况许用应力;地板处最大合成应力发生在测点 D3-1,其合成应力值为 212.1 MPa,小于其所用材质 380 MPa 的第二工况许用应力;腰带处最大合成应力发生在测点 YD2-1,其合成应力值为 260.7 MPa,小于其所用材质 380 MPa 的第二工况许用应力。其他梁件的测点合成应力较小。

⑥ 压车力作用工况和内倾弯矩工况

压车力作用工况下,当压车力载荷作用在 P1 位置时,最大应力发生在测点 SC1-2,其应力值为 220.5 MPa;当压车力载荷作用在 P2 位置时,最大应力发生在测点 SC2-2,其应力值为 181.0 MPa;当压车力载荷作用在 P4 位置时,最大应力发生在测点 SC3-2,其应力值为 345.2 MPa;当压车力载荷作用在 P5 位置时,最大应力发生在测点 SC5-2,其应力值为 236.7 MPa;均小于其所用材质 380 MPa 的第二工况许用应力。其他梁件的测点应力较小。

内倾弯矩工况下,最大应力发生在侧柱加强座处的地板上的测点 D3-1,其应力值为－370.2 MPa,小于其所用材质的第二工况 380 MPa 的许用应力;测点 D2-1 和门柱根部测点 CZ5-2,以及大横梁与下侧梁交接处的测点 H2-2 和 H4-4 处的应力也较大,其应力值分别为－337.8 MPa、199.0 MPa、207.9 MPa 和－195.4 MPa,小于其所用材质的第二工况 380 MPa 的许用应力。其余测点的应力均较小。

⑦集载均布时第一工况合成应力

中梁最大合成应力发生在负重面长度为 2 000 mm,负重面宽度为 2 600 mm 时的测点 Z8-2,其合成应力值为 225.1 MPa,小于其所用材质 281 MPa 的第一工况许用应力;下侧梁上最大合成应力发生在负重面长度为 2 000 mm,负重面宽度为 2 600 mm 时的测点 C5′-1,其合成应力值为 274.9 MPa,小于其所用材质 281 MPa 的第一工况许用应力;大横梁上最大合成应力发生在负重面长度为 5 000 mm,负重面宽度为 1 300 mm 时的测点 H3-2,其合成应力值为 115.0 MPa,小于其所用材质 281 MPa 的第一工况许用应力;端梁最大合成应力发生在负重面长度为两枕梁处3 800 mm 时的测点 DL1-1,其合成应力值为 118.5 MPa,小于其所用材质 281 MPa 的第一工况许用应力;门角处最大合成应力发生在负重面长度为两枕梁处 3 800 mm 时的 M2 测点,其当量合成应力值为 178.3 MPa,小于其所用材质 281 MPa 的第一工况许用应力。其他梁件的测点合成应力较小。

⑧集载均布时第二工况合成应力

中梁最大合成应力发生在负重面长度为 4 000 mm,负重面宽度为 2 600 mm 时的测点 Z6-2,其合成应力值为－223.2 MPa,小于其所用材质 380 MPa 的第二工况许用应力;下侧梁上最大合成应力发生在负重面长度为 2 000 mm,负重面宽度为 2 600 mm 时的测点 C4′-1,其合成应力值为－168.5 MPa,小于其所用材质 380 MPa 的第二工况许用应力;大横梁上最大合成应力发生在负重面长度为 7 000 mm 和 8 000 mm,负重面宽度都为 1 300 mm 时的测点 H4-3,其合成应力值均为 118.0 MPa,小于其所用材质 380 MPa 的第二工况许用应力;地板处最大合成应力发生在负重面长度为 8 000 mm,负重面宽度都为 1 300 mm 时的测点 D3-1,

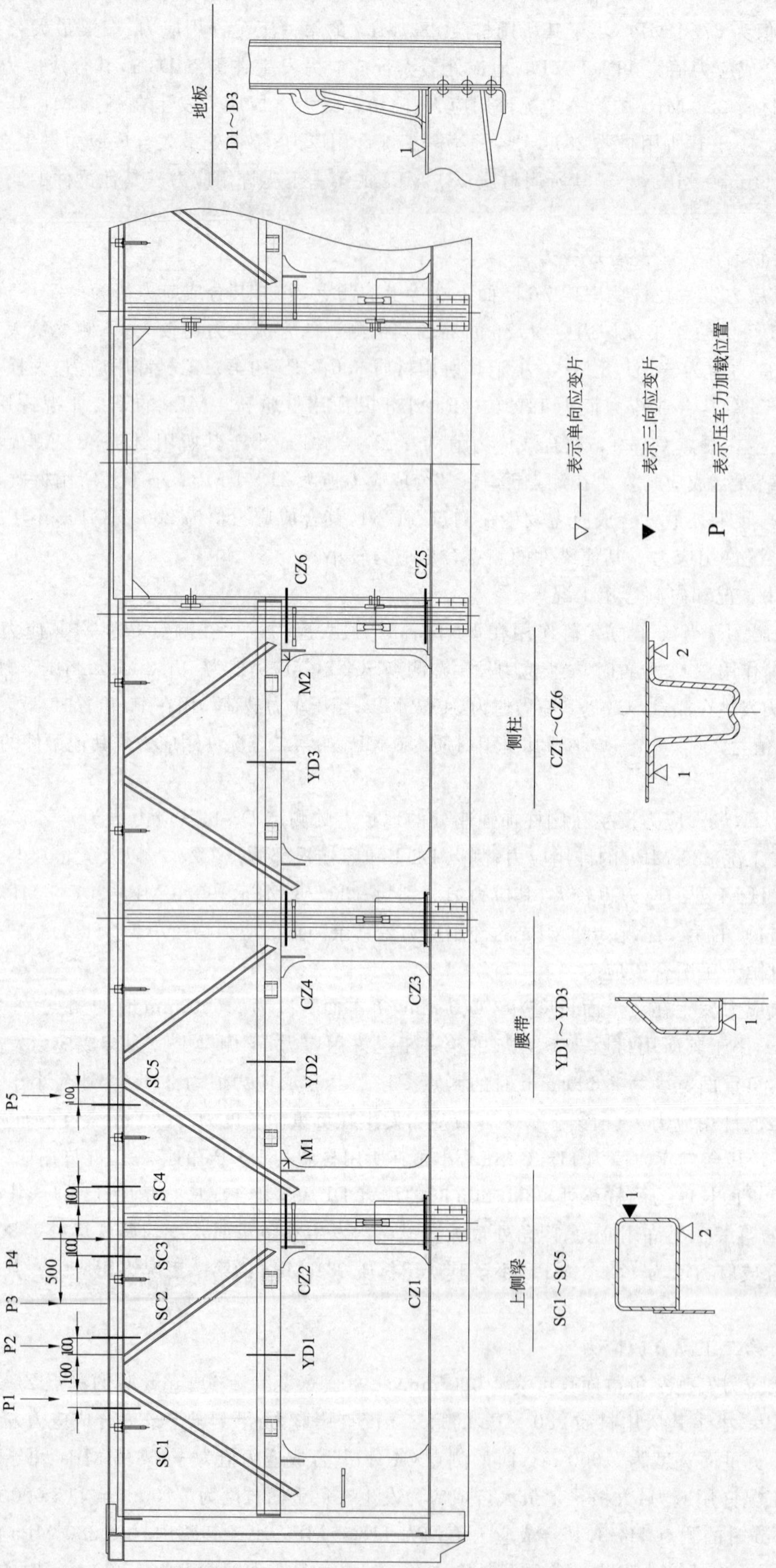

地板 D1～D3

侧柱 CZ1～CZ6

腰带 YD1～YD3

上侧梁 SC1～SC5

▽—— 表示单向应变片

▼—— 表示三向应变片

P—— 表示压车力加载位置

图 1-81 载重 70 t 级新型通用敞车车体静强度试验侧墙布点图

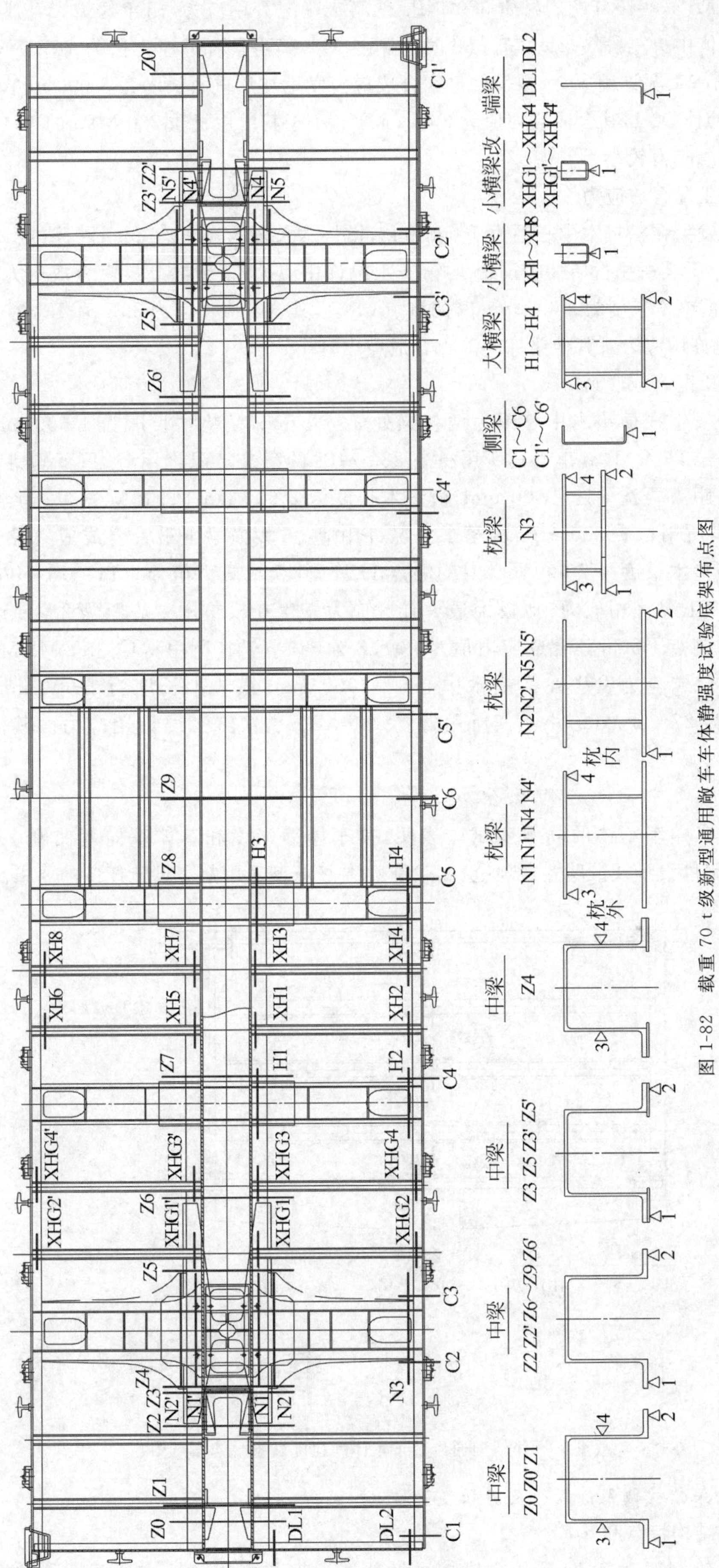

图 1-82 载重 70 t 级新型通用敞车车体静强度试验底架布点图

其合成应力值为 208.4 MPa，小于其所用材质 380 MPa 的第二工况许用应力；门角处最大合成应力发生在负重面长度为枕梁及车体中央三段均布 2 000 mm 时的测点 M2，其当量合成应力值为 134.9 MPa，小于其所用材质 380 MPa 的第一工况许用应力；腰带处最大合成应力发生在负重面长度为 8 000 mm，负重面宽度都为 2 600 mm 时的测点 YD2-1，其合成应力值为 265.2 MPa，小于其所用材质 380 MPa 的第一工况许用应力。其他梁件的测点合成应力较小。

⑨集载对称时第一工况合成应力

中梁最大合成应力发生在横垫木中心距为 1 000 mm，横垫木长度为 1 500 mm 时的测点 Z8-2，其合成应力值为 265.1 MPa，小于其所用材质 281 MPa 的第一工况许用应力；下侧梁上最大合成应力发生在横垫木中心距为 1 000 mm，横垫木长度为 2 600 mm 时的测点 C5′-1，其合成应力值为 267.5 MPa，小于其所用材质 281 MPa 的第一工况许用应力。其他梁件的测点合成应力较小。

⑩集载对称时第二工况合成应力

中梁最大合成应力发生在横垫木中心距为两枕梁处 3 000 mm，横垫木长度为 1 500 mm 时的测点 Z6-2，其合成应力值为－222.4 MPa，小于其所用材质 380 MPa 的第二工况许用应力；下侧梁上最大合成应力发生在横垫木中心距为两枕梁处 1 000 mm，横垫木长度为 2 600 mm 时的测点 C4-1，其合成应力值为－164.8 MPa，小于其所用材质 380 MPa 的第二工况许用应力；大横梁上最大合成应力发生在横垫木中心距为 6 000 mm，横垫木长度为 2 600 mm 时的测点 H2-3，其合成应力值为－117.73 MPa，小于其所用材质 380 MPa 的第二工况许用应力；地板处最大合成应力发生在横垫木中心距为 2 000 mm，横垫木长度为 2 600 mm 时的测点 D3-1，其合成应力值为 201.8 MPa，小于其所用材质 380 MPa 的第二工况许用应力；腰带处最大合成应力发生在横垫木中心距 7 000 mm，横垫木长度为 1 500 mm 时的测点 YD2-1，其合成应力值为 275.3 MPa，小于其所用材质 380 MPa 的第二工况许用应力。其他梁件的测点合成应力较小。

8. 结论

70 t 级新型通用敞车样车车体的静强度试验表明，其车体静强度和车体垂向弯曲刚度满足 TB/T 1335—1996《铁道车辆强度设计及试验鉴定规范》和载重 70 t 级新型通用敞车设计任务的要求。

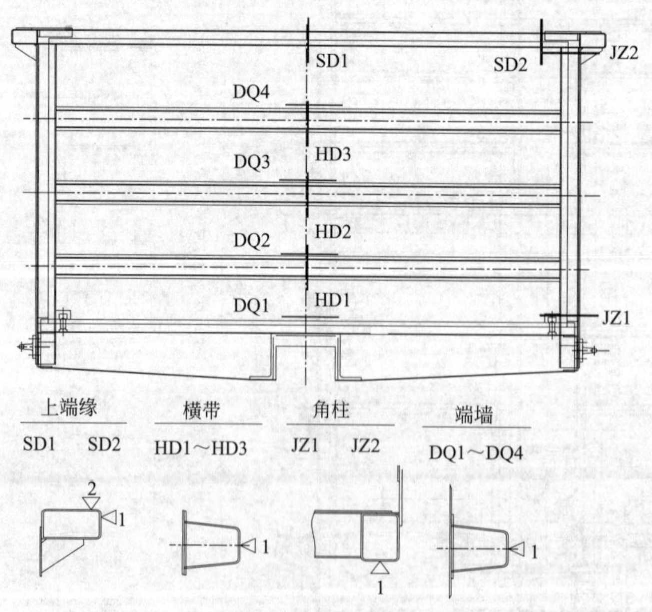

图 1-83 载重 70 t 级新型通用敞车车体静强度试验端墙布点图

1.5.5.2 25 t 轴重转向架摇枕侧架静载荷及静强度试验[27]

1. 25 t 轴重转向架结构特点和基本参数

25 t 轴重转向架为铸钢三大件式，采用变摩擦减振装置。加装侧架弹性交叉下支撑装置和轴箱橡胶垫,分离式耐磨铸铁斜楔,采用滚动轴承,双列圆锥滚子轴承,常接触弹性旁承,B级铸钢摇枕和侧架。

主要设计参数:轴重 25 t,轴距 1 830 mm,转向架自重约 4.8 t,构造速度 100 km/h,通过最小曲线半径 145 m。

2. 试验设备和测试系统

试验中使用的加载设备为长春试验机工厂制造的 5 000 kN 液压载荷机。

静载荷试验中采用百分表测量位移。

静强度试验中采用半桥测量方式,温度补偿采用公用补偿,应变片阻值为 120 Ω,灵敏系数为 2.11。应变值通过 USB-50 扫描箱接入 UCAM-10 A 应变测量仪进行测量记录,UCAM-10 A 应变测量仪具有计算功能,试验中由其将应变值转换成应力值。

所有设备均具有计量部门颁发的认证合格证书,测量仪表等均具有检定证书。

3. 摇枕侧架称重结果

在试验中,分别对摇枕和侧架进行称重,结果列于表 1-32 中。

表 1-32 摇枕和侧架重量(kg)

	设计重量	实称重量	
摇枕	670	669(铸造号 B0004)	675(铸造号 B0007)
侧架	450	450(铸造号 B0006)	453(铸造号 B0008)

4. 摇枕静载荷试验情况

根据 TB/T 1959—1991《铁道货车铸钢摇枕载荷试验评定方法》中第 3.1-3.9 节的要求分别进行水平和垂直载荷两种工况下的试验测试,结果分别列于表 1-33 中。

表 1-33 摇枕静载荷试验数据表

试验内容		载荷值(kN)		允许值(mm)	试验值(mm)	
					铸造号 B0004	铸造号 B0007
水平载荷	弹性变形	$0.95P$	420.81	≤1.90	0.885	0.905
	永久变形	$1.90P$	841.62	≤0.63	0.045	0.01
在心盘上垂直载荷	弹性变形	$1.43P$	633.43	≤1.90	1.235	1.20
	永久变形	$2.85P$	1 264.44	≤0.63	0.015	0.02
	破坏试验	$\geqslant 5.22P$	2 312.25	试验合格		

表中 P 为一个转向架承受的总载荷

$$P=(2G-H)\cdot g=(2\times 25-4.8)\times 9.8=442.96 \quad (\text{kN})$$

式中 G——轴重(t);

H——一个转向架的重量(t);

g——重力加速度,9.8 m/s^2。

5. 侧架静载荷试验情况

根据 TB 1960—1987《货车铸钢侧架载荷试验评定方法》中第 1.1-1.5 节的要求,分别进行水平和垂直载荷两种工况下的试验测试,结果分别列于表 1-34 中。

表中 C 为轴载荷

$$C=(G-T)\cdot g=(25-1.351)\times 9.8=231.76(\text{kN})$$

式中 G——轴重(t);

T——一对轮对的重量(t);

g——重力加速度，9.8 m/s²。

表 1-34　侧架静载荷试验数据

试验内容		载荷值(kN)		允许值(mm)	试验值(mm)	
					铸造号 B0006	铸造号 B0008
水平载荷	弹性变形	0.57C	132.58	≤1.89	0.765	0.69
	永久变形	1.14C	265.15	≤0.263	0.01	0.01
垂直载荷	弹性变形	2.14C	497.74	≤1.051	0.815	1.06
	永久变形	4.28C	995.48	≤0.263	0.005	0.02
最小极限载荷		≥11.9C	2 767.82	试验合格		

该侧架固定轴距 1 830 mm，按照 TB 1960—1987 中变形值表中固定轴距 1 800 mm 进行挠度值换算，得出表 1-34 中的允许值。

$$f=\frac{PL^3}{48EJ}$$

$$f'=\left(\frac{L'^3}{L^3}\right)\cdot f=1.051f$$

试验时先作水平载荷试验后作垂直载荷试验，预压初始载荷为 20 kN。

6. 摇枕静强度试验

(1)试验方法

根据 TB/T 1335—1996《铁道车辆强度设计及试验鉴定规范》的要求，摇枕的静强度试验采用垂直和水平分别单独加载方式进行。首先进行垂直加载，然后将摇枕翻转 90°实现沿车体纵向作用的水平加载试验。正式试验前预压一次不做记录，之后每次试验重复二至三次。加载力按如下顺序进行：

垂直力 $P=442.96$ (kN)　0→P→0→P→0→P→0

纵向力 $0.25P=110.74$ (kN)　0→0.25P→0→0.25P→0→0.25P

纵向力 $0.8P=354.37$ (kN)　0→0.8P→0→0.8P→0→0.8P→0

(2)试验工况

依照《铁道车辆强度设计及试验鉴定规范》要求，摇枕的静强度试验分二种工况进行。

第一种工况：垂直载荷 P 和沿车体纵向作用的水平力 0.25P 的合成载荷工况。垂直载荷以集中力形式作用在心盘位置，水平载荷以集中力形式作用在摇枕侧面形心位置，两种载荷下应力分别测试，然后人工合成。

第二种工况：沿车体纵向作用的水平载荷 0.8P 的单独加载工况，水平载荷以集中力形式作用在摇枕侧面形心位置。

(3)测试断面及测点布置

25 t 轴重转向架摇枕为对称结构，取其一半为测点布置对象，根据结构特点和有限元计算结果，选取 7 个测试断面，断面Ⅱ—Ⅴ还有对称断面Ⅱ′—Ⅴ′，M 和 N 还有对称断面 M′和 N′，测点共计 52 点，断面测点详见图 1-84。

(4)试验数据的整理

摇枕在垂直载荷 P、沿车体纵向的水平载荷 0.25P 及 0.8P 三种载荷下，按两种工况合成，一种为垂直载荷 P 与水平载荷 0.25P 合成，一种为单独纵向水平载荷 0.8P，将所测应力值依测点分别按二种工况列表算出平均值，再算出对应工况下的应力，第一种工况按照“最大可能组合”的原则予以合成。

摇枕静强度试验数据结果详见表 1-38。

7. 侧架静强度试验

(1)试验方法

侧架的静强度试验分别采用垂直和水平方向单独加载方式进行。正式试验前预压一次不做记录，之后每次试验系列重复二至三次。加载按如下顺序进行：

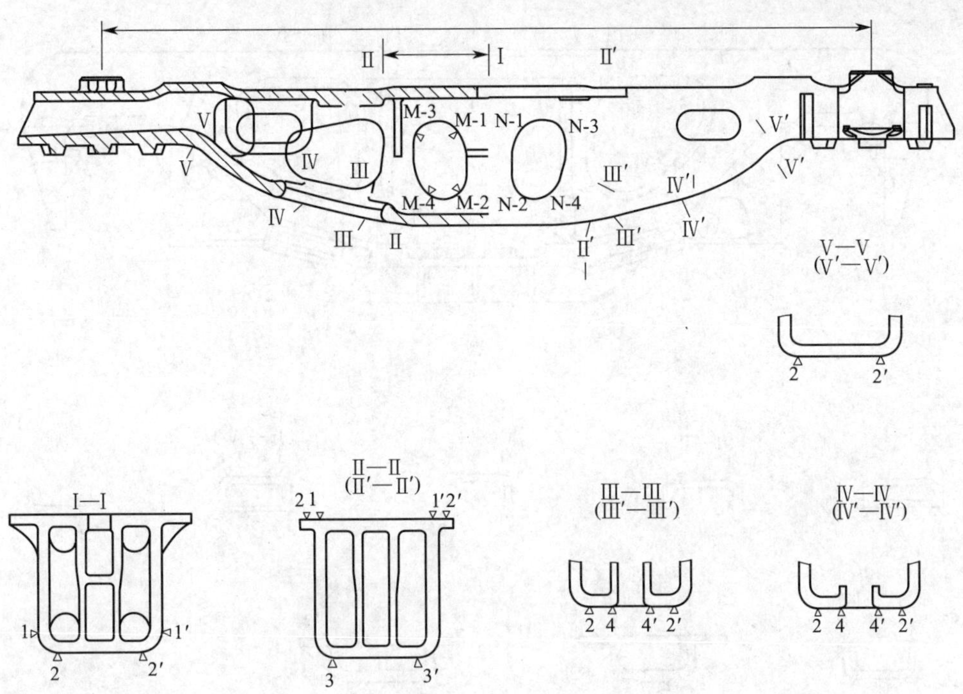

图 1-84 25 t 轴重转向架摇枕断面测点图

垂直载荷 1.5C=347.64 (kN) 0→1.5C→0→1.5C→0→1.5C→0

水平载荷 0.4C=92.70 (kN) 0→0.4C→0→0.4C→0→0.4C→0

(2)试验工况

根据《铁道车辆强度设计及试验鉴定规范》要求，在侧架弹簧承台面上施加垂直载荷 1.5C(平均作用在7个弹簧支座处)；在侧架两立柱上沿车体横向施加水平载荷 0.4C，平均作用在侧架两立柱的楔块磨耗板座处，力的方向由内侧(即有制动梁滑槽一侧)指向外侧。

(3)测试断面及测点布置

2E 中支撑型转向架侧架，共选取了 8 个测试断面，断面Ⅱ—Ⅶ还有对称断面Ⅱ′—Ⅶ′，测点共计 52 点，断面测点详见图 1-85。

(4)试验数据的整理

将垂直与水平加载测定应力值分别列表计算均值，然后按照“最大可能组合”的原则将所测垂直和水平应力值予以合成。

侧架静强度试验数据结果详见表 1-38～表 1-39。

8. 试验结果分析与评定

(1)摇枕静载荷试验中，所有变形测试结果符合 TB/T 1959—1991 所要求的允许值，破坏试验结果合格。因此，摇枕静载荷试验结果合格。

(2)侧架静载荷试验中，除 B0008 垂直静载弹性变形值超出规定之外，永久变形值不超限且最小极限垂直载荷达到了 TB 1960—1987 所要求的允许值，因为弹性变形值不作评定依据，仅供参考，所以认为被测侧架试样静载荷试验合格。

(3)摇枕静强度试验情况分析

摇枕为 B 级铸钢件，许用应力为：

第一工况 117 MPa

第二工况 89 MPa

在第一工况情况下，摇枕最大试验应力情况如下(前两位)：

断面 V′位于截面变化较大处，断面 I 位于摇枕中央，因此试验中应力值较大。其余断面测试应力值小于 80 MPa。全部测点应力值满足《铁道车辆强度设计及试验鉴定规范》要求的许用应力。

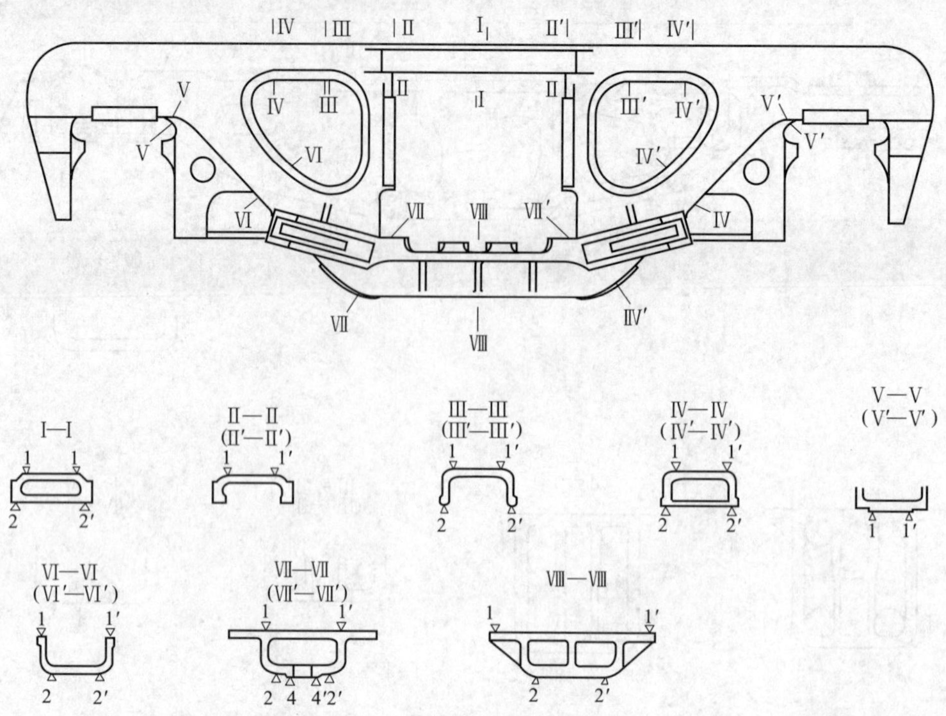

图 1-85　25 t 轴重转向架侧架断面测点图

在第二工况情况下，摇枕最大测试应力值情况如下：

表 1-35　第一工况下摇枕最大试验应力情况

断面号	应力值(MPa)
Ⅴ—2′	82.8
Ⅰ—2′	81.3

表 1-36　第二工况下摇枕最大试验应力情况

断面号	应力值(MPa)
Ⅱ—2′	−61.3
Ⅱ—2	60.8

断面Ⅱ位于腹板两孔之间，同时又是心盘与腹板截面过渡部位，在水平载荷下，必然产生较大应力值。因此，断面Ⅱ是第二工况下的大应力分布断面，其余断面测试应力值小于 60 MPa。均满足《铁道车辆强度设计及试验鉴定规范》要求。

(4)侧架静强度试验情况分析

侧架为 B 级钢铸件，许用应力值为 117 MPa，其最大合成应力值情况如下：

表 1-37　侧架最大合成应力值

断面　测点号	应力值(MPa)
Ⅴ—1	96.8
Ⅴ—1′	94.3
Ⅴ′—1	103.9
Ⅴ′—1′	115.6
Ⅶ—1′	116.3
Ⅶ′—1′	109.0

断面Ⅶ、Ⅶ′位于立柱与弹簧承台连接处，截面形状与尺寸变化大，在以往历次试验中应力值均较大，本次试验中测得最大应力值为测点Ⅶ—1′的 116.3 MPa，其对称点 109.0 MPa/Ⅶ—1′。断面Ⅴ、Ⅴ′是主要承受弯曲的部位，该部位最大测试应力值为 115.6 MPa/Ⅴ′—1′，其对称点为 94.3 MPa/Ⅴ—1′。其余测点应力值 80 MPa 以下。因此，侧架静强度试验结果合格。

表 1-38　摇枕静强度试验应力值(MPa)

断面	测点号	工况 1 垂直载荷 P	工况 1 水平载荷 0.25P	工况 1 合成值	工况 1 断面最大值	工况 2 水平载荷 0.8P	工况 2 断面最大值
Ⅰ	1	26.1	14.5	40.6	81.3	46.9	−54.5
	1′	37.1	−16.8	53.9		−54.5	
	2	60.0	18.8	78.8		50.2	
	2′	65.3	−16.0	81.3		−51.5	

断面	测点号	工况 1 垂直载荷 P	工况 1 水平载荷 0.25P	工况 1 合成值	工况 1 断面最大值	工况 2 水平载荷 0.8P	工况 2 断面最大值
Ⅱ	1	−28.3	10.8	−39.1	57.7	31.8	−61.3
	1′	−33.6	−16.3	−49.9		−50.5	
	2	−32.2	19.2	−51.4		60.8	
	2′	−30.6	−19.4	−50.0		−61.3	
	3	45.8	8.8	54.6		28.1	
	3′	48.2	−9.5	57.7		−30.9	

续上表

断面	测点号	工况1 垂直载荷 P	工况1 水平载荷 0.25P	工况1 合成值	工况1 断面最大值	工况2 水平载荷 0.8P	工况2 断面最大值
Ⅱ′	1	−42.4	15.7	−58.1	−58.1	52.3	59.7
	1′	−33.3	−15.0	−48.3		−48.2	
	2	−28.3	17.9	−46.2		59.7	
	2′	−28.1	−15.6	−43.7		−50.1	
	3	48.1	9.3	57.4		30.4	
	3′	46.6	−8.7	55.3		−28.2	
Ⅲ	2	52.4	9.1	61.5	64.2	30.1	30.1
	2′	50.4	−8.5	58.9		−27.5	
	4	59.5	−1.6	61.1		−4.8	
	4′	61.7	2.5	64.2		7.9	
Ⅲ	2	49.6	7.9	57.5	67.0	26.2	−29.7
	2′	51.7	−9.4	61.1		−29.7	
	4	64.9	−2.1	67.0		−5.8	
	4′	60.0	1.0	61.0		3.4	
Ⅳ	2	34.9	1.0	35.9	42.9	3.6	23.2
	2′	41.9	−1.0	42.9		−1.4	
	4	29.5	7.0	36.5		23.2	
	4′	31.4	−4.2	35.6		−12.8	
Ⅳ′	2	40.2	0.3	40.5	40.5	4.6	−17.9
	2′	38.1	−1.4	39.5		−3.7	
	4	31.7	5.0	36.7		16.8	
	4′	32.9	−5.6	38.5		−17.9	

断面	测点号	工况1 垂直载荷 P	工况1 水平载荷 0.25P	工况1 合成值	工况1 断面最大值	工况2 水平载荷 0.8P	工况2 断面最大值
Ⅴ	2	30.7	2.0	32.7	82.8	7.5	−16.8
	2′	77.7	−5.1	82.8		−16.8	
Ⅴ′	2	59.5	5.4	64.9	64.9	18.6	18.6
	2′	56.8	−4.8	61.6		−16.3	
M	1	0.3	−0.5	0.8	−36.1	0.3	29.4
	2	−26.3	−3.7	−30.0		−11.4	
	3	−34.9	1.2	−36.1		9.6	
	4	20.4	−0.4	20.8		29.4	
M′	1	4.0	−12.9	16.9	−44.9	−39.0	−39.0
	2	−26.4	1.9	−28.3		8.1	
	3	−39.6	−5.3	−44.9		−16.7	
	4	23.6	−8.8	32.4		−28.2	
N	1	0.5	−0.1	0.6	−35.9	0.5	28.6
	2	−24.4	−5.0	−29.4		−15.2	
	3	−27.7	8.2	−35.9		28.6	
	4	7.7	4.3	12.0		13.9	
N′	1	9.0	−6.8	15.8	−41.0	−26.5	−37.6
	2	−30.2	4.5	−34.7		13.6	
	3	−30.3	−10.7	−41.0		−37.6	
	4	8.8	−3.3	12.1		−9.8	

表 1-39 侧架静强度试验应力值(MPa)

断面	测点号	垂直载荷 1.5C	水平载荷 0.4C	合成值	断面最大值
Ⅰ	1	片坏			−52.3
	1′	−30.5	18.3	−30.5	
	2	−30.2	−22.1	−52.3	
	2′	−26.3	26.1	−26.3	
Ⅱ	1	−38.5	−16.1	−54.6	−54.6
	1′	−36.5	20.8	−36.5	
Ⅱ′	1	−31.5	−17.7	−49.2	−49.2
	1′	−30.0	18.3	−30.0	
Ⅲ	1	−44.3	−16.2	60.5	60.5
	1′	−41.7	19.3	−41.7	
	2	−12.5	−43.6	−56.1	
	2′	−13.4	32.9	32.9	
Ⅲ′	1	−42.0	−14.4	−56.4	−56.4
	1′	−36.9	17.3	−36.9	
	2	−11.9	−33.1	−45.0	
	2′	−8.6	26.2	26.2	
Ⅳ	1	−31.1	−15.8	−46.9	−60.5
	1′	−30.4	14.1	−34.0	
	2	−34.2	−6.3	−60.5	
	2′	−36.7	35.6	−36.7	
Ⅳ′	1	−25.8	−13.4	−39.2	−61.0
	1′	−26.5	11.9	−26.5	
	2	−38.6	−22.4	−61.0	
	2′	−33.5	30.0	−33.5	
Ⅴ	1	95.1	1.7	96.8	96.8
	1′	94.0	0.3	94.3	
Ⅴ′	1	103.2	0.7	103.9	115.6
	1′	112.1	3.5	115.6	
Ⅵ	1	48.7	−23.6	48.7	73.6
	1′	50.0	23.6	73.6	
	2	39.8	14.1	39.8	
	2′	39.9	17.9	57.8	

续上表

断面	测点号	垂直载荷 1.5C	水平载荷 0.4C	合成值	断面最大值	断面	测点号	垂直载荷 1.5C	水平载荷 0.4C	合成值	断面最大值
Ⅵ′	1	57.9	−28.5	57.9	74.7	Ⅶ′	1	78.9	−25.3	78.9	109.0
	1′	53.0	21.7	74.7			1′	81.3	27.7	109.0	
	2	44.4	−17.4	44.4			2	−2.1	−4.8	−6.9	
	2′	40.0	18.4	58.4			2′	−3.1	8.3	8.3	
Ⅶ	1	67.1	−19.3	67.1	116.3		4	0.3	8.3	8.6	
	1′	83.5	32.8	116.3			4′	−2.7	−6.7	−9.4	
	2	−1.8	−3.4	−5.2		Ⅷ	1	−30.1	−21.0	−51.1	62.9
	2′	−0.3	5.9	5.9			1′	−21.9	19.5	−21.9	
	4	1.6	7.3	8.9			2	59.1	−6.6	59.1	
	4′	0.1	−7.8	−7.8			2′	54.3	8.6	62.9	

9. 结论

试验结果表明，25 t轴重转向架摇枕和侧架静载荷试验分别满足TB/T 1959—1991和TB/T 1960—1987的要求，静强度试验均符合《铁道车辆强度设计及试验鉴定规范》的要求。

参 考 文 献

[1] 刘鸿文．简明材料力学[M]．第2版．北京：高等教育出版社，2008.

[2] TB/T 1335—1996．铁道车辆强度设计及试验鉴定规范[S].

[3] 严隽耄．车辆工程(第三版)[M]．北京：中国铁道出版社，2007.8.

[4] 王瑁成，邵敏．有限单元法基本原理和数值方法[M]．第二版．清华大学出版社，1997：329～420.

[5] 成建民．有限单元法及其在车辆强度计算中的应用[M]．北京：中国铁道出版社．1992.

[6] AAR S660—2007. Analytic evaluation of locomotive and freight car wheel design[S].

[7] EN 13103—2006. Railway applications-wheelsets and bogies-non-powered axles-design guide[S].

[8] EN 13104—2006. Railway applications-wheelsets and bogies-powered axles-design method[S].

[9] TB/T 1718—2003．铁道车辆轮对组装技术条件[S].

[10] EN 13260—2006. Railway applications-wheelsets and bogies-wheelsets-products requirements[S].

[11] 赵永翔，黄郁仲，高庆．铁道车辆LZ50车轴钢的概率机械性能[J]．交通运输工程学报，2003，3(2)：11-17.

[12] 赵永翔，杨冰，冯明飞．HEZD车轮铸钢的疲劳断裂可靠性性能研究[J]．西南交通大学，2008.

[13] 张于贤，王红．20Cr材料的应力应变关系研究[J]．兵器材料科学与工程，2006，29(6)：36-38.

[14] 张海涛，任成祖，常海艳．材料非线性对混合陶瓷球轴承有限元分析的影响[J]．机械设计，2006，23(4)：48-50.

[15] 罗艳，杨显杰，高庆．45钢单轴应变循环软化行为的本构模型[J]．西南交通大学学报，2007，42(1)：99-103.

[16] AAR M1001. Design，fabrication，and construction of freight cars.

[17] McMaster FJ，Robledo GB. Fatigue behavior of AAR class A railroad wheel steel at ambient and elevated temperatures. DOT/FRA/ORD06/15，Federal Railroad Administration，U. S. Department of Transportation，Washington，DC 20590，2006.

[18] McMaster FJ，McKeighan P. Fatigue behavior of railcar wheel steel at ambient and elevated temperature. DOT/FRA/ORD-03/19，Federal Railroad Administration，U. S. Department of Transportation，Washington，DC 20590，2003.

[19] http://www.matbase.com/material/ferrous-metals/high-grade-steel/25crmo4/properties.

[20] http://www.znksteel.com/supplier/manufacturer/carbon/special/alloy/products/mills/grade/standard/25CrMo4.html.

[21] http://www.kelvinsteels.com/spec_230m07.htm.

[22] http://www.interlloy.com.au/data_sheets/bright_steels/bright_steel_pdf/Interlloy_Grade_S1214_Bright_Carbon_Steel_Bar.pdf. S1214 Bright Carbon Steel Bar.

[23] Iita Y，Stolarski TA，Sato K. Surface damage resulting from rolling contact operating in magnetic field. J. Physics D-Ap-

plied Physics，2007，40(24)：7629-7637.

[24] GB 3203—1982. 渗碳轴承钢技术条件[S].

[25] 李永德，杨振国，李守新，柳洋波，陈树铭．GCr15 轴承钢超高周疲劳性能与夹杂物相关性[J]. 金属学报，2008，44(8)：968-972.

[26] 中国北车集团四方车辆研究所．C_{80B}型不锈钢运煤敞车车体静强度试验报告[R]. 2005. 10.

[27] 中国北车集团四方车辆研究所．25 t 轴重转向架摇枕侧架静载荷及静强度试验[R]. 1998. 12.

[28] 陈雷，刁年生，王俊彪. 840D 车轮辐板孔裂纹扩展速率的统计分析[J]. 中国铁道科学，2005，26(5)：62-65.

[29] 陈雷，黄海明. 840D 货车车轮辐板孔边裂纹扩展机理分析[J]. 中国铁道科学，2007，26(5)：62-65.

[30] 陈雷，章梓茂. B 级车轮铸钢的疲劳可靠性设计 Goodman-Smith 图[J]. 西南交通大学学报，2006，41(172)：705-708.

[31] 陈雷，章梓茂. B 级车轮铸钢疲劳可靠性设计 S-N 曲线重构方法[J]. 交通运输工程学报，2007，7(25)：16-20.

[32] 陈雷，张斌. 我国铁路货车车轮技术发展[J]. 中国铁路，2006(529)：53-55.

[33] 陈雷，刁克军. 我国重载铁路货车车轴及轴承的技术发展[J]. 铁道车辆，2006，44(507)：7-11.

铁路货车冲击强度评价

铁路货车冲击强度评价是检验铁路货车性能的非常重要的一个方面。冲击理论与试验研究对鉴定铁路货车强度、改进设计具有重要的意义。铁路货车在运用过程中,例如在编组场调车、溜放;列车起动、制动、运行中加速、减速及各种事故时列车或铁路货车的正面冲突等都会发生不同程度的冲击或冲动,往往产生很大的纵向冲击力。除事故冲突外,在正常情况下以列车突然起动、低速紧急制动以及驼峰溜放时的冲击为最严重。其中溜放冲击主要取决于铁路货车的运动状态,与机车无关。列车中发生的冲击除与溜放冲击具有相同的因素外,还与机车功率的大小、司机操纵技术的熟练程度、列车组成中铁路货车的重量及数量、车钩的间隙、制动机的性能等因素有关。当冲击的剧烈程度超过铁路货车或货物所能承受的程度时就会损坏车辆和货物。

铁路货车冲击强度理论研究一直发展缓慢,影响冲击强度的因素很多,仿真分析与试验结果相差较大。因此一直以冲击试验作为铁路货车冲击强度评价的手段。对铁路货车进行冲击试验是为了探讨铁路货车调车作业时,冲击速度、车辆重量、缓冲器性能、冲击加速度及纵向冲击力的关系,以便确定出较合适的调车允许速度,以提高铁路货车允许调车连挂的速度,提高编组场的作业效率,加速铁路货车周转。

通过铁路货车冲击试验,研究冲击速度与冲击力的关系,可为确定现有铁路货车调车作业时的允许冲击速度提供依据。相邻铁路货车速度差引起的冲击如调车场上的调车冲击是导致铁路货车结构及装载货物损坏的主要因素。而调车冲击是铁路货车运用中常用工况。国内外车辆界非常重视这一工况的试验研究。

2.1 冲击强度理论发展

2.1.1 冲击模拟仿真简述

铁路货车冲击强度通常理解为铁路货车在正常运行中承受冲击载荷的能力。在该冲击载荷作用下,铁路货车的损伤或减速度应在允许范围之内。对于铁路货车,冲击分为两类:调车作业时发生在较低速度下的碰撞以及在干线上运行时发生的高速碰撞。

为了保持干线铁路货车的良好状态以及避免在调车作业中的破损,在设计阶段有必要提出一种估计铁路货车冲击强度的方法。另外,铁路货车冲击试验既昂贵又费时,且只能在设计阶段后期才能进行,而在研制新型结构时,重要参数在设计初期就需确定,因而理论研究的方法在整个设计中具有重要意义。

有限元法应用于塑性和非线性问题,首先在国防工业、核工业等方面,投入较大的人力物力,研究了一些分析振动冲击的非线性有限元软件。但它们运行环境要求高,专业化强,不适于铁路货车,因而必须采用一种适于铁路工程背景的分析方法,并开发研究铁路货车冲击模拟仿真专用软件。

铁路货车冲击强度与列车及铁路货车纵向振动密切相关。理论上研究列车及铁路货车纵向振动的方法包括解析法、图解法和数值计算机模拟。国外的研究工作始于 20 世纪 50 年代，自 1966 年加拿大国家研究院 R. C. Roggeveen 首次提出列车纵向动力学的数值计算模型以来，理论研究已全面采用数值计算机模拟。在铁路货车上具有代表性的例子是北美铁道协会 AAR 研制的列车纵向作用程序 DTAM[1,2]，该程序现已被广泛用于研究列车过渡运动工况中的纵向振动，为 AAR 制订有关技术规范及确定新型制动装置和钩缓装置等提供了充分的理论依据。

国外以整列车为研究对象，考虑牵引力、制动力等多因素时，其列车纵向动力学理论计算模型尽可能简化，往往取只有纵向伸缩位移的单自由度铁路货车模型；研究铁路货车调车冲击时以有限铁路货车为对象，不计牵引、制动的影响，考虑铁路货车的几个方向自由度；但将缓冲器挠力特性或近似取为线性特性，或简化引入多个实验因子。

我国在列车及铁路货车纵向动力学方面的研究始于 20 世纪 60 年代中期，曾进行过一些铁路货车冲击试验即停顿下来。80 年代左右完成了几次较全面的敞车冲击试验。1978 年，为了制定强度规范，对敞车冲击进行了系统的试验研究。对新设计铁路货车应按冲击试验规定考核其结构的冲击强度纳入了规范。1982 年，根据试验，结合铁路货车动力学理论，借助计算机技术，开始铁路货车调车冲击计算机模拟研究，以便铁路货车在设计过程中即可借助仿真技术求得在各种调车工况下产生的车钩冲击力和冲击加速度，进而评定该车结构的冲击强度，这是国内铁路首次应用数值计算机模拟方法研究铁路货车纵向冲击力规律。由于各种因素的制约，工作周期较长，取得了一定效果，但还需结合技术的进展，进一步完善。1985 年在铁道科学研究院建成亚洲第一条铁路货车冲击试验线，进一步开展铁路货车纵向动力学的试验研究。2004 年以来，由于重载提速的要求，我国铁路部门进行了大量的大秦线列车操纵技术和列车动力学综合试验及理论研究工作。结合大秦线实际试验，通过理论研究建立起完整的重载组合列车纵向动力学模型，在此基础上研制完成的大秦线 2 万 t 重载组合列车纵向动力学软件，详细比较了仿真计算与试验实测的列车运行速度、铁路货车制动缸压力、车钩力等。结果表明，仿真计算的模型正确，计算精度较高，计算结果与试验结果基本一致。通过大秦线大量试验数据的验证与完善，大秦线 2 万 t 重载组合列车操纵运行和纵向动力学的仿真计算水平得到有效的提高。应用现代 CAE 技术建立的缓冲器数字试验模型，可进行缓冲器的数字冲击试验研究，得出了缓冲器的结构参数与其工作特性的相应关系。在整理 MT-2、HM-1 及 HM-2 三种缓冲器的冲击试验数据的基础上，并将其数字模型(图 2-1)装入铁路货车冲击模拟计算程序进行分析，有助于铁路货车冲击模拟仿真分析的准确性。

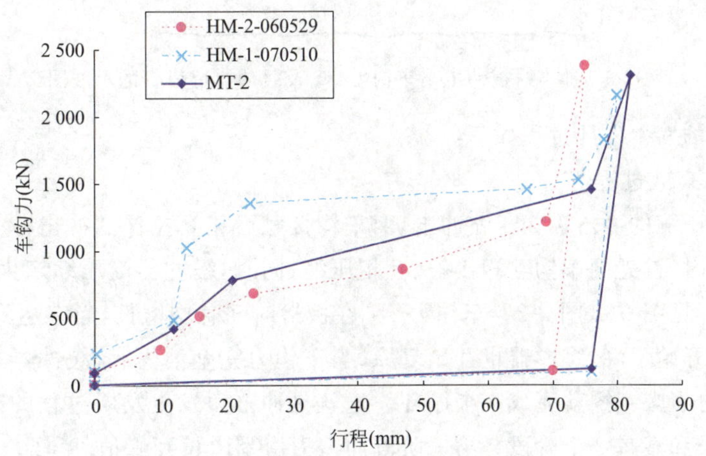

图 2-1　三种缓冲装置的特性曲线简图

2.1.2　冲击载荷的发展过程分析

虽然铁路货车冲击涉及许多因素，但是如果不考虑产生冲击的因素，只讨论由于相邻两铁路货车之间存在速度差而发生冲击的过程，则溜放冲击与列车冲击并无本质区别，完全可以把溜放冲击作为铁路货车冲击的基本工况进行研究。溜放冲击的工况可以概括为四种：即一辆冲一辆；一辆冲一组；一组冲一辆；一组冲一组。在这四种工况中又可用单辆冲击(即一辆冲一辆)及成组冲击(即一组冲一组)为代表。其他2种则介于这2种工况之间[3]。

图2-2及图2-3是单辆冲击及成组冲击时记录的被冲击车受冲击端的车钩力 N_1(即冲击力)及缓冲器行程 S 的示波图。单辆冲击时冲击车和被冲击车为 C_{62} 型敞车,前者总重87 t,后者总重92.5 t。成组车冲击时,冲击车5辆,被冲击车9辆,前端第一辆分别是单辆冲击时使用的冲击车和被冲击车,其他各辆每辆平均总重约80 t。

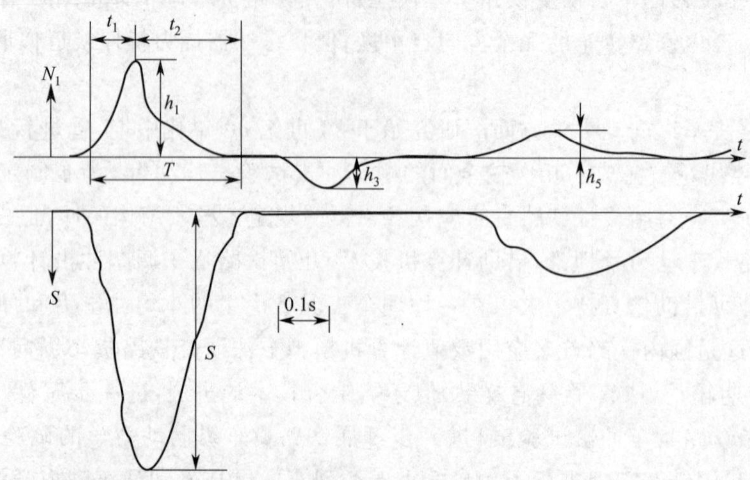

图 2-2　冲击时被冲击车车钩力 N_1 及缓冲器行程 S 的示波图

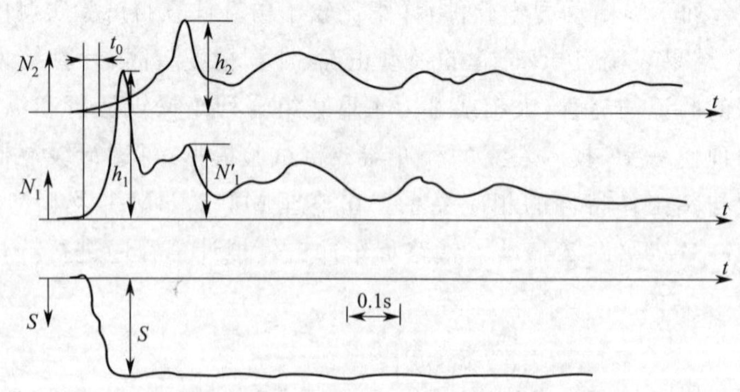

图 2-3　冲击时被冲击车车钩力 N_1 及缓冲器行程 S 的示波图

溜放冲击时冲击力的发生发展过程如下:

1. 冲击力的增长与衰减过程

把两车接触后相互压缩的冲击称为压缩冲击,两车钩接触后相互拉伸的冲击称为拉伸冲击。铁路货车在溜放过程中发生冲击时,首先两车钩互相接触、互相压缩,同时,缓冲器受压缩产生位移,车体受压缩产生变形、货物也产生移动。见图2-2、图2-3。车钩力 N_1 在极短时间急剧增长,当它达到峰值时,缓冲器位移 S 也达到某一峰值。然后开始下降,缓冲器也开始复原,当车钩力完全消失时,缓冲器才恢复到起始位置。冲击力从零增长到峰值,再衰减到零就完成一个循环。这就是冲击力发生发展过程的第一个循环。在这个循环中,冲击力经过了增长和衰减2个阶段。第一阶段冲击力由零增长到峰值 h_1,经历时间 t_1;第二阶段冲击力由峰值 h_1 衰减到零,经历时间 t_2。循环周期 $T=t_1+t_2$。

压缩冲击时,第一阶段相互冲击的铁路货车的重心逐渐接近,两车相对速度由开始时的最大值迅速降低,直到此阶段终了时趋于零。因此在此阶段终了的瞬间两车达到同一速度一起运动,冲击力达到极大值。第二阶段,由于缓冲器及车体复原的反弹作用,使两铁路货车的重心彼此相背远离分开,两铁路货车间又重新产生相对速度并随着重心远离而增大。

由于受自动车钩间隙的限制,当两连挂铁路货车的相对速度增大到一定值时,两车便产生拉伸冲击。图

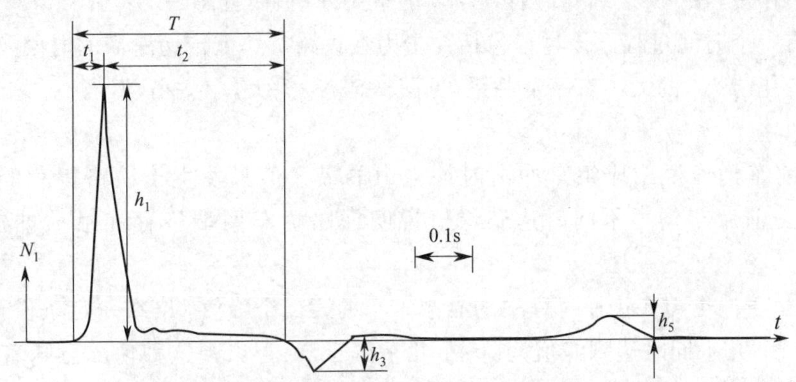

图 2-4 冲击时被冲击车车钩力 N_1 及缓冲器行程 S 的示波图

2-2 和图 2-4 中的 h_3 即拉伸冲击时的车钩力。发生拉伸冲击时，车钩力又像第一个循环那样重新经历增长和衰减两个过程，这就是冲击的第二个循环。由图可见，在第二个循环中的车钩力峰值已比第一个循环中降低了许多。

在第二个循环之后，如果两车还存在相对速度，又可能发生压缩冲击而形成第三个循环，此循环中冲击力的峰值为 h_3。如此连续交替发生压缩-拉伸-压缩冲击，直到车钩力完全消失、相对运动完全停止为止。这样在两铁路货车上就产生纵向振动和冲动。

拉伸冲击与压缩冲击的性质相同，但对于车体结构和车钩本身的受力情况则相反。缓冲器始终受到压缩力。

2. 冲击力的增长

分析这些示波图可以看出，在冲击的第一阶段中，冲击力的增长速度相当快，并且与冲击力成正比，不论单辆冲击或成组冲击都是如此。

3. 冲击力的衰减

单辆冲击时冲击力的衰减一般呈两段衰减，开始时衰减较快，然后突然变慢直到降至零为止。衰减时间 t_2 较增长时间 t_1 长 1.5～4.5 倍。成组冲击时冲击力的衰减一般呈多段衰减即冲击力出现几次连续衰减又连续上升过程。每次衰减到某一定值又重新上升到另一峰值，且每次重新上升时所达到的峰值依次较上次为低，最后才慢慢降至零。有时甚至始终保持在某一水平而不降至零。出现数个峰值的原因主要是由于冲击车组中当最前头的一辆车与被冲击车发生冲击后，每辆车之间依次产生相对速度发生相互冲击，冲击力依次传至被冲击车上。所以被冲击车组中第一辆车的前车钩力 N_1 出现的峰值个数恰好等于冲击车的辆数。冲击车组的辆数较多而冲击速度又较低时，后面的波峰几乎辨认不出或根本就未出现。在出现数个峰值期间，缓冲器则处于第一个峰值时所处的位置，直到最后一个峰值衰减到较低水平时才开始复原，如果车钩力始终保持在某一水平而不降至零时，缓冲器则始终处于压缩状态而不恢复到起始位置。

车钩力在衰减过程中出现数个峰值意味着铁路货车间发生连续冲击和振动。显然，这种冲击振动是一次比一次减弱，直至冲击力完全消失时冲击和振动才能停止。如果冲击力到最后还不衰减至零并保持在某一水平上，则各铁路货车处于压缩状态，此时的车钩力大约相当于 N_1 的 12%～15%。这种状态与列车起动前预先后退压缩列车的状态极为相似。

4. 冲击力在车组中的传递和衰减

成组车冲击时，被冲击车组中第一辆车的前车钩力 N_1 与后车钩力 N_2 开始作用和达到峰值的时间是不一致的。N_2 总滞后

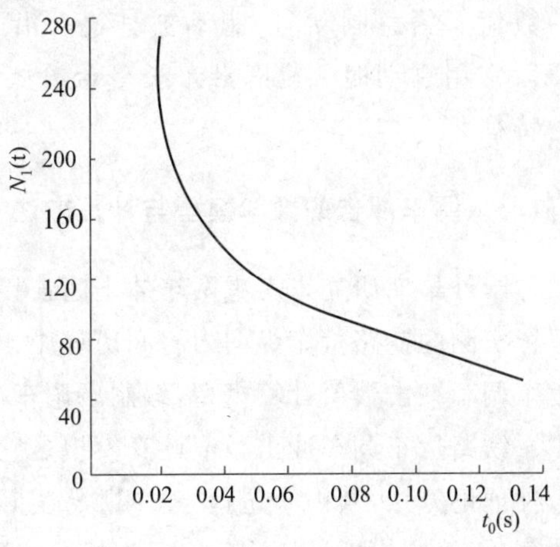

图 2-5 前车钩力 N_1 与后车钩力 N_2 时间 t_0 与 N_1 的关系图

于 N_1 时间 t_0 才开始作用，在 N_1 达到峰值后，N_2 才能达到峰值，而且总是 N_2 小于 N_1。t_0 的存在说明冲击力在车组中的传递有一个时间过程。该过程包括冲击力在铁路货车上传递所需的时间及克服自动车钩间隙所需的时间。t_0 的变化与 N_1 的大小有一定关系，见图 2-5，N_1 愈大，t_0 愈小，但当 N_1 增大到一定值时，t_0 几乎保持常量。

后车钩力小于前车钩力说明成组车冲击时冲击力的最大值只发生于铁路货车的一端，并且由该端向另一端逐渐衰减。前后车钩力不同时达到峰值说明铁路货车两端不存在最大冲击力同时作用的工况。

成组车冲击时，由于冲击力在传递过程中的衰减，N_1 的第二个峰值 N_1' 在一定条件下，如当缓冲器接近或达到全压缩时，与 N_2 几乎同时达到峰值，其大小几乎等于 N_2。出现这种情况意味着在这一瞬间铁路货车两端同时受到一个相当于 N_2 的冲击压缩力，此时 N_2 的大小约等于 N_1 的 70%左右。尽管 N_2 小于 N_1，但由 N_2 引起在铁路货车中梁中央断面的应力却高于由 N_1 所引起的值。

也就是说，成组车冲击时，铁路货车两端并非同时发生最大冲击力。冲击力的最大值只发生于铁路货车接受冲击的一端，并且由该端向另一端逐渐衰减，因此不存在最大冲击力同时作用于铁路货车端的工况。只有在特定条件下例如缓冲器接近或达到全压缩时，才会发生铁路货车两端同时受值冲击压缩力作用的工况。但此时的冲击力要比最大冲击力小得多，一般大约等于直接受击端最大冲击力的 70%左右，并且在最大冲击力发生之后才出现。

调车和列车运行过程中的铁路货车冲动，虽然都产生很大的纵向作用力，但其机理及过程却有很大的差异。由铁路货车冲动的能量方程出发，分速度型冲动与载荷型冲动。即如果在冲动过程中，缓冲器吸收的全部能量均来自直接冲击质量相对动能的变化，这种冲动被称为速度型冲动；反之，如果冲动过程中缓冲器吸收的全部能量均来自外力在冲击质量上做的功，称这种冲动为载荷型冲动；介于这两者之间的冲动是混合型冲动。但调车工况往往呈现出更明显的速度型冲动特征，而列车工况往往更趋向于载荷型冲动。铁路货车冲击试验校验的是速度型冲动的特性[5,6]。

在调车作业中，特别是在一对一的铁路货车冲击中，缓冲器吸收的能量全部来自冲击车动能的变化，两节车速度相等时，缓冲器的变形最大，这一过程中缓冲器吸收最大能量。即速度型冲动中缓冲器吸收的能量仅与冲击质量及冲击速度有关，而与缓冲器特性曲线形状无关。列车是一个多质量串联的非线性弹性系统，系统发生的伸缩振动及能量转换与缓冲器自身的特性密切相关。从理论上来说，按照动量原理：物体所受外力的冲量等于物体动量的增量，即：$F\cdot\Delta t=M\cdot\Delta v$。由上式可见，冲击力 F 只是与冲击作用时间 Δt、质量 M、冲击速度 Δv 有关。

在调车工况下，冲击车之间的速度差即为冲击速度，其值较高，因而呈现出明显的速度型冲动特征。在列车工况下，相邻车之间的速度差较小，但列车首尾铁路货车的瞬时速度差也有可能达到较高的数值。紧急制动时，制动波速高，沿车长方向的速度梯度呈均匀分布，呈现明显的载荷型冲动特征。常用制动时，速度沿车长呈台阶式分布，台阶两边冲击铁路货车的速差较大，表现出混合型冲动的特征。

2.1.3 调车冲击的数学模型与计算方法

国外早期研究未考虑两车体之间连接部件—车钩缓冲装置的动力作用，因而理论研究的结果往往无法解释实测的铁路货车纵向力时间历程中出现的高频抖动。1982 年，在调研国内外理论研究基础上，提出了货车调车冲击数值计算模型，编制了调车冲击车冲击的数值计算机模拟程序 DCSWI[4]。

铁路货车调车冲击数值计算模拟是它借助计算机用数值计算方法求解系统微分方程以模拟系统状态的一种理论方法，其内容包括：建立既与实际相适应又便于理论分析的数学模型，选择求解特定微分方程的最佳算法，编制模拟计算程序，通过试验验证数值模拟。将原始参数输入，通过计算即可输出在任意时刻的状态量。它虽然属于铁路货车纵向动力学范畴，与在线路上高速运行时不同，车体在调车冲击过程中出现的振动形式主要是纵向的伸缩振动和因偏心碰撞引起的点头振动，而其他振动形式如横向、摇头、侧滚、浮沉振动均相对较小可以忽略．至于车钩缓冲装置，考虑其特性在冲击过程中对车体的振动有较大影响；并且为评定该装置的动强度而研究其振动性能也很有必要。为此，将车钩缓冲装置分离出来，取如图 2-6 所示考虑了伸缩、点头自由度的车体和纵向一单自由度的钩缓装置组合的动力学模型。并提出如下假设：

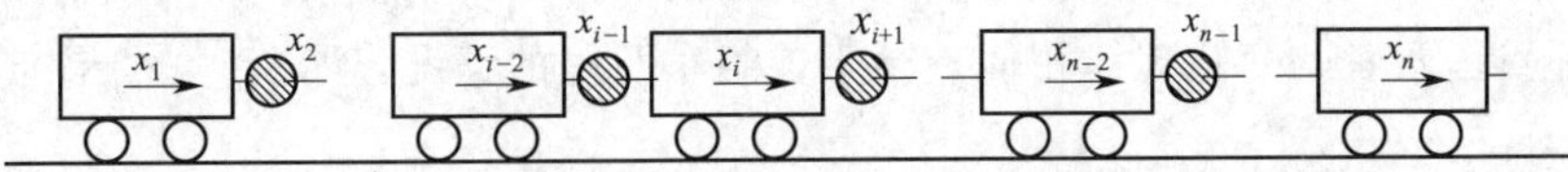

图 2-6 铁路货车冲击计算简图

1. 货物与车体合为一个质点，质量相加；两车体之间的钩缓装置的质量集中在模型的钩缓质点上，质点与车体通过实际的弹性约束（即缓冲器）连接起来。

2. 不计轮对的转动影响以及轮轨间的滚动摩擦力；转向架与车体以相同的纵向加速度同步运动。

3. 忽略相连挂两车钩之间因上下运动而产生的摩擦力对车体点头振动的影响。

4. 转向架垂直反力不包括垂直摩擦力。

5. 认为车体中梁在冲击过程中仅出现弹性变形。

第 i 个车体和钩缓装置的力学模型如图 2-7 所示。

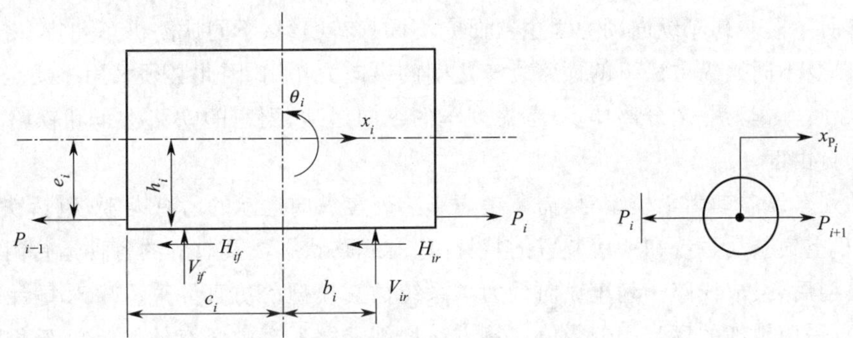

图 2-7 第 i 个车体和钩缓装置的力学模型

相应的数学模型为

$$\begin{cases} M_{bi}\ddot{X}_i=(P_i-P_{i-1})-(H_{if}+H_{ir}) \\ I_{bi}\ddot{\theta}_i=(P_i-P_{i-1})e_i-(H_{if}+H_{ir})h_i+(V_{ir}-V_{if})b_i-(P_i-P_{i-1})c_i\theta_i \\ M_{ci}\ddot{X}_{pi}=P_{i+1}-P_t \end{cases} \tag{2-1}$$

式中 M_{bi},I_{bi},M_{ci}——车体（包括货物）质量，转动惯量，钩缓装置的质量；

X_i,X_{pi},θ_i——车体和钩缓装置的纵向伸缩位移，车体点头转角位移；

b_i,c_i——铁路货车重心距车钩中心线和心盘而的高度；

e_i,h_i——铁路货车定距之半，车体半长；

P_{i-1},P_i,P_{i+1}——沿车钩中心线作用的纵向冲击力；

H_{if},H_{ir}——前后转向架的水平反力，$H_{if}=H_{ir}=M_{Ti}\ddot{X}_i$；

V_{if},V_{ir}——前后转向架的垂直反力，$V_{if}=-V_{ir}=K_{vi}b_i\theta_i$；

M_{Ti},K_{vi}——转向架质量，转向架弹簧刚度。

将上式展开，便成为 $3n$ 元非线性二阶常系数微分方程组。n 是参与冲击的铁路货车数。

为便于在计算机上进行计算，可采用变步长四阶龙格—库塔法求解上式。基于上述模型和算法编制了铁路货车调车冲击的数值模拟计算程序 DCSWI。

以 1985 年完成的 C_{61} 型敞车冲击试验中受试的敞车（配 2＃环簧缓冲器）为例，用 DCSWI 程序计算出各

铁路货车的纵向冲击力和加速度、缓冲器行程、车端垂向加速度、钩缓纵向加速度以及心盘增减载等主要冲击量。

计算结果表明，对比缓冲器位移和纵向冲击力随时间变化的计算曲线及试验曲线，理论值与试验值的波形相似且幅值接近；冲击力随冲击速度变化的计算与试验曲线最大误差仅为7%；纵向加速度的试验值基本上分布在计算曲线附近，两者的变化规律相似。至于成组车互撞的情况，理论计算结果与敞车冲击试验报告所述结论吻合。

实践证明，在一定试验的基础上采用数值计算机模拟货车调车冲击工况是可行的，这有助于新车设计，并可减少冲击试验工作量。

2.1.4 列车纵向动力学与货车冲击模拟仿真

铁路货车冲击过程研究也是纵向动力学的重要研究内容之一。虽然，它主要研究调车编组时铁路货车的互撞规律，但就鉴定铁路货车及其零部件的强度而言，它却在相当程度上表征整个列车非稳态运动工况。因为不管调车编组抑或起动和制动等非稳态运动状态，都有一个共同的本质，即相邻铁路货车间具有相对速度差，因而产生比机车起动牵引力还要大得多的纵向作用力。

虽然铁路货车调车冲击数值计算机模拟属于铁路货车纵向动力学范畴，但是与铁路货车及列车纵向动力学考虑的重点有所不同。列车纵向动力学主要研究不同列车编组、不同铁路机车和货车技术装备、各种运行工况、线路条件以及不同操纵方法下的铁路货车之间的纵向力作用，因此必须采用多质点的列车纵向动力学模型，以每节铁路货车作为一个分离体，只考虑列车的纵向运动，列车的铁路机车和铁路货车的总辆数就是整个列车模型的自由度。

建立多质点的列车纵向动力学模型时，需要考虑影响列车纵向运动的所有因素，包括铁路机车的牵引和动力制动特性、列车空气制动系统和钩缓装置的特性，还有线路状态及其对应的各种运行阻力。仔细建立相应子系统的物理模型后，组成线路—列车纵向动力学系统仿真模型。仿真计算程序对每台铁路机车和铁路货车建立运动方程，采用精细的逐步积分数值计算方法详细求解列车中所有的铁路机车和铁路货车的纵向动力学历程。与简单牵引计算的主要区别是列车纵向动力学需要计算列车中所有的铁路机车和铁路货车相互之间的加速度和车钩力。由于必须考虑车钩间隙变化以及缓冲器组合的串联阻抗特性等非线性因素的影响，需要采用高精度的数值积分算法。

2.2 冲击试验技术发展

2.2.1 冲击试验技术发展与标准升级

在1978年以前，我国对货车铁路货车冲击强度没有评价标准。1978年，提出了TB 1335—1978《铁道车辆强度设计及试验鉴定规范》，组织进行了敞车冲击试验以及过驼峰试验。当时国内还没有专用的冲击试验线，采用机车推送的方式进行。这次试验验证了TB 1335—1978《铁道车辆强度设计及试验鉴定规范》，研究了冲击速度与冲击力的关系，为确定当时敞车调车作业时的允许冲击速度提供了依据。对铁路货车冲击试验方法的确立，具有指导意义。

随着铁路货运事业的进一步发展，1988年8月，根据科研项目“提高货车允许连挂速度的研究”，在双桥站进行了现场冲击试验。冲击速度分别采用了3 km/h至7 km/h 5个速度等级，经过320钩的连续冲击试验，测得了大量铁路货车与货物变化的有关数据。根据试验研究报告将铁路货车允许连挂速度由3 km/h提高到5 km/h。我国现行的《铁路技术管理规程》规定，调车作业速度不得高于5 km/h。

20世纪80年代中期建成了专用冲击试验线，进行了C_{61}型运煤敞车等铁路货车的冲击试验，积累了经验。1993年，起草了TB/T 2369—1993《铁道车辆冲击试验方法与技术条件》。根据我国铁路货车几十年设计、制造、运用检修和技术管理的具体实践，1996年，对TB 1335—1978《铁道车辆强度设计及试验鉴定规范》进行了修订，标准升级为 TB/T 1335—1996，该标准提高了对铁路货车及其零部件的强度要求，其中对冲击试验与试验方法，标准规定：冲击车冲击速度从 3 km/h 开始，每次递增 1～2 km/h，直到车钩力达到2 250 kN或冲击速度达到 8 km/h。为满足在大秦线开行 2 万吨列车以满足大秦线铁路年运量达 2 亿吨的要求，在进行 2 万吨列车的铁路货车的设计工作时，车体强度第一工况纵向拉伸载荷取为 2 250 kN、压缩载荷取为 2 500 kN；第二工况纵向压缩载荷取为 2 800 kN。

TB/T 1335—1996《铁道车辆强度设计及试验鉴定规范》适用于鉴定标准轨距铁路上运用的新设计一般用途非动力铁路货车及其主要零部件的结构强度，其中铁路客车构造速度不大于 200 km/h，铁路货车构造速度不大于 120 km/h，列车牵引总重不大于 6 000 t，运煤专线 10 000 t 及其以上。轴重不大于 25 t。铁路货车结构有重大改变而影响强度时应按新设计铁路货车处理。专用铁路货车的强度设计除特殊要求在设计任务书中加以载明外均应符合本标准。

随着我国铁路重载运输发展的需要，货车将向更大轴重方向的发展，为了使试验验证更接近地反映铁路货车的实际受力情况，保证铁路货车运行安全可靠，2008 年，因出口铁路货车用户按 AAR 标准的需求，国内开始了铁路货车的动挤压试验研究。

2.2.2 国内外冲击试验标准差异分析

国外的铁路货车车体强度评价试验标准有北美铁路协会 AAR C 分册(Ⅱ)《货车设计制造规范》M-1001(以下简称 AAR M-1001)和国际铁路联盟(UIC)规程 UIC 577 及前苏联(俄罗斯)的《交通部 1 520 mm 轨距铁路(非自行)铁路货车计算和设计规范》、欧洲 EN 12663《铁路车辆车体结构要求》等。由于铁路货车运用情况不同，铁路货车连挂速度要求各异，各运营商要求的冲击载荷差异很大，UIC 577 和 EN12663 要求车体结构和零部件满足冲击强度要求，一般都由设计者和使用者共同商定试验方法和冲击载荷值，而中国与 AAR、俄罗斯专门规定了具体的铁路货车冲击试验方法。鉴于目前我国铁路货车采用 AAR 较多，这里重点介绍 AAR M-1001 中有关冲击的条款。

1. 冲击载荷(AAR M-1001 第Ⅳ章 设计 4.1.10 节)

铁路货车结构应设计为能承受由一端冲击产生的反作用力和惯性力。其冲击强度必须由铁路货车结构委员会选用分析的方法和(或)对样车或铁路货车部件进行试验的方法来验证。若采用对样车进行试验的方法验证其冲击强度，应按 11.2.4.1 项的规定进行试验并使用合适的仪器记录载荷和应变。

采用符合 AAR 规范 M-901、M-901-A、M-901-C、M-901-D 或 M-901-E 的普通缓冲器的铁路货车应被证明具有承受在铁路货车一端作用 5 562 kN 车钩力的结构强度。

采用符合相应的 AAR 规范的特殊缓冲装置的铁路货车：

对于装备滑动中梁的铁路货车，铁路货车底架(不包括滑动中梁)应具有承受在铁路货车一端作用 2 225 kN 车钩力的结构强度。滑动中梁、后从板座及其连接件必须具有承受 4 450 kN 的车端静压缩载荷的结构强度。

对于采用车端缓冲装置的铁路货车，铁路货车应具有承受在其一端作用如表 2-1 所示的车钩力的结构强度。

表 2-1 缓冲装置行程与车钩力的对应表

缓冲装置行程 L(mm)	车钩力(kN)
$L<152.4$	5 562
$152.4\leqslant L<228.6$	4 450
$228.6\leqslant L<355.6$	3 337
$L\geqslant 355.6$	2 670

2. 单车冲击试验(AAR M-1001 第Ⅺ章 新造铁路货车运用性能的试验和分析 11.3.4.1 节)

第Ⅺ章提出了铁路货车联运性能的试验和分析的评价准则。在每次静力试验和每次冲击试验之后应进行试验车的目测检查。在冲击试验之后，铁路货车应卸货和进行检查。在完成全部试验之前或之后，发现铁路货车任何主要结构部分有任何永久性损坏都将是该设计不被批准的充分理由。铁路货车需要送往工厂进行修理的损坏将被视为是永久性损坏。

在冲击试验中，试验车将是冲击车，且应装载至 AAR 为铁路货车所用车轴的数量和轴型所规定的最大轨道总重(见 2.1.5.17 项)。除非申请人说明理由经铁路货车工程委员会认可，这一程序才可不执行。

单车冲击试验是由重车冲击 3 辆名义载重为 63.5 t 的铁路货车组成的停留车组，停留车应装载砂或其他粒状材料，且应装载至 AAR 为铁路货车所用车轴的数量和轴型所规定的最大轨道总重。停留车应装用符合 M-1001 要求的缓冲器，但在被冲击端应装用 M-901E 橡胶摩擦缓冲器。车组非冲击端最后一辆车的手制动机应在制动位。停留车之间自由间隙应消除，但缓冲器不应压缩。除最后一辆车使用手制动外，不得存在约束。

应在直道上用冲击车进行一系列冲击。逐次的冲击应从速度为 9.66 km/h 或以下开始，速度增量为 3.22 km/h，直到铁路货车的设计车钩力首次达到 4.1.10 项的规定或速度首次达到 9.66 km/h。当速度为 9.66 km/h 或以下时，任何一次冲击的车钩力均不应超过 5 562 kN。

两车节或更多车节的车组也必须经受上述的冲击试验，试验车组的前方车节，对于两车节车组应是空车，对于三车节或以上的车组前方两车节应都是空车。

3. 动挤压试验（AAR M-1001 第Ⅺ章 新造铁路货车运用性能的试验和分析　第 11.3.4.2 节）

本试验不是强制性试验，可以进行本试验以替代车端静压缩试验，或者如果铁路货车工程委员会提出要求，除车端静压缩试验外，还要进行本试验。

冲击车组和停留车组各由 6 辆车组成，试验车可为任一车组的前方车。除试验车外的所有参试车均应符合 11.2 项的规定。在参试车之间的全部间隙都消除后，对于全部停留车均应施加制动。缓冲器不得预压缩。停留车应位于平直道上。如有必要，连挂在一起的冲击车应进行调整，恢复到初始状态。一系列的冲击应从速度为 9.66 km/h 开始，速度增量为 3.22 km/h，直到车钩力首次达到 5 562 kN 或速度首次达到 22.52 km/h。如果被试车是两车节或更多车节的车组，试验车组的前方车节，对于两车节车组应是空车，对于三车节或以上的车组前方两车节应都是空车。

除 AAR M-1001 中有关冲击的条款外，AAR 在 C 分册（Ⅲ）罐车规范 M-1002-96 对罐车冲击规定了相关条款。具体如下：

1. 罐车动态压缩试验（AAR M-1002 第Ⅵ章 铁路货车结构设计和试验要求　第 6.3.5 节）

此项试验由铁路货车制造厂自定，但铁路货车制造委员会提出时则是强制性的。在冲击试验中，至少用 3 辆车支撑试验车。4 辆冲击车各装载达到 80 286 kg。所有的静止车在调整车间间隙后由制动机制动。缓冲器必须无预压缩。静止试验车必须位于平直线路上。冲击车连挂编组用于反复冲击。每次冲击，静止车有必要时必须调整恢复原来的状态。以 3.22 km/h 冲击速度增值进行系列冲击，直到车钩力达到 5 562 kN。每次试验中和试验后必须目检试验车。铁路货车出现需要车间修理的任何永久损坏可作为不批准该设计的充足理由。如果铁路货车制造委员会提出要求，试验中在重要部位安装应变片并记录应变。重要部位用应力脆漆或其他批准的方法确定。必须记录车钩力和冲击速度。

2. 罐车冲击试验（AAR M-1002 第Ⅵ章 铁路货车结构设计和试验要求　第 6.3.6 节）

试验车至少必须装载达到其轴数和尺寸规定的轴载，必须安装为其设计的缓冲器和缓冲装置。非试验车必须安装符合 AAR 规范 M-901 要求的缓冲器。无论是被冲击车还是冲击车均必须安装车钩力测量装置。试验车受一辆载重 70t、装载达到 AAR 规范 M-1001 中 2.1.5.17 节规定的允许总重的车冲击。冲击速度增量 3.22 km/h，直到增至车钩力 5 562 kN。冲击车应装载高密度物质以保证低重心，防止货物移动。每次试验中和试验后必须目检试验车。铁路货车出现要求车间修理的任何永久变形可作为不批准该设计的充足理由。如铁路货车委员会提出要求，试验中在重要部位安装应力片。重要部位由应力分布或其他批准的方法决定。必须记录车钩力和冲击速度。

由于中国与北美铁路货车运用情况不同，铁路货车连挂速度要求各异，冲击载荷差异很大。AAR 是在极端情况下，考核车体的冲击强度。TB/T 1335—1996 规定：冲击车冲击速度从 3 km/h 开始，每次递增 1～2 km/h，直到车钩力达到 2 250 kN 或冲击速度达到 8 km/h（TB/T 2369—1993《铁道车辆冲击试验方法与技术条件》为 10 km/h）。对于大秦线上 2 万 t 列车，在进行冲击试验时，车钩力达到 2 800 kN 或冲击速度达到 8 km/h 为止。

提高铁路货车允许连挂速度,可提高编组场的作业效率,加速铁路货车周转。铁路货车允许连挂速度决定冲击试验速度。我国修订 TB 1335,制订 TB/T 1335—1996 时在铁路货车纵向动力学仿真方面做了大量工作,建议在结构方案确定后,根据纵向动力学理论,对调车冲击系统进行模拟仿真计算,在计算中应充分考虑编组、钩缓、制动等对纵向力的影响,同时关注车体纵向刚度等因素的影响。应进一步深入开展铁路货车冲击仿真研究,预测铁路货车冲击试验结果,进一步提高铁路货车设计水平。

2.3 试验方法与内容

2.3.1 试验方法

冲击试验是用一辆具有一定速度的冲击车向一辆停在平直线路上处于非制动状态的被试车(被冲击车)冲撞,同时用测试仪器测量和记录冲击过程中发生的冲击力、加速度、应力等动态参数。另用一辆或数辆处于制动状态的阻挡车停在被试车后面(非直接受冲击的一端)约 1 m 处,以限制冲击后被试车的移动距离。

冲击车获得速度的方式是让其从斜坡轨道上适当高度处靠重力作用自由溜下斜坡,亦可用铁路机车推送冲击车使其达到一定速度后,铁路机车突然停车,让冲击车靠惯性运行。

试验用牵引小车一台,试验车、冲击车、阻挡车共 5 辆,所有参试车均装载成重车。见如图 2-8。

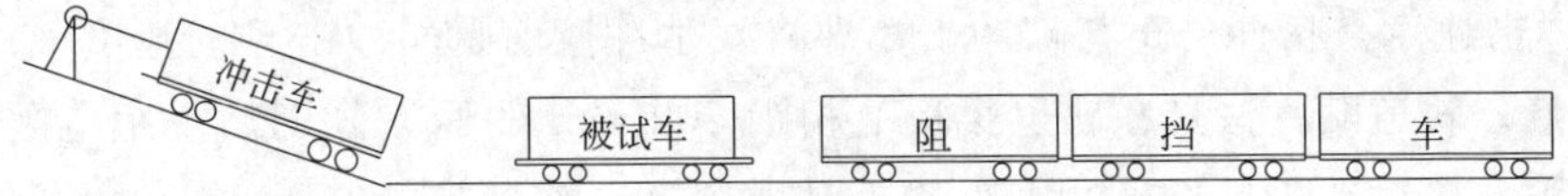

图 2-8 冲击试验参试车编组示意图

试验时,用升降装置提升冲击车(用粒状散煤加载使其总重达到 100 t),使其达到一定高度后溜放,对被试车进行冲击。在被试车之后数米,停放 3 辆阻挡车,阻挡车全部施行手制动,并且垫有铁鞋。冲击速度从3 km/h 开始,每次递增 1~2 km/h,直到车钩冲击力达到 2 800 kN 或冲击速度达到 8 km/h 为止,以先达到者为准,每速度级进行 3 次冲击。先达到规定速度值时,按相应速度下的车钩力评价铁路货车的冲击强度。

按《铁道车辆强度设计及试验鉴定规范》6.5.3 规定,用第二工况评定一般铁路货车强度时,纵向压缩力取为 2 250 kN,作用方式之一是沿车钩中心线作用于一端的后从板座上,且为铁路货车及其所载货物的惯性力所平衡;作用方式之二是沿车钩中心线作用于两端的后从板座上。产生的应力均应与垂直静载重产生的应力相加,其和不得大于第二工况规定的许用应力。因此冲击试验与静强度试验是相辅相成。互为补充的。

2.3.2 参试车要求和测试内容

参试车包括被试车、冲击车和阻挡车。

被试车要求如下:

1. 被试车的结构尺寸材质及工艺质量应经过生产厂或使用单位检验合格在冲击试验前应进行静强度试验并记录其技术状态如变形等。

2. 被试车应安装设计时所采用的缓冲器。

3. 被试车应装载到标记载重,所装货物应有代表性并符合装载要求,专用车按设计要求装载。

4. 受试车应处于非制动静止状态。

冲击车要求如下:

1. 冲击车的静载重应与受试车相近,但不应小于 80 t。

2. 冲击车应装载到标记载重。

3. 冲击车应具有实际运用技术状态，其车体转向架及车钩缓冲装置的技术状态应良好。

阻挡车要求如下：

1. 一般用途的铁路货车均可作为阻挡车并尽可能装载到标记载重。

2. 阻挡车应拧紧手制动机并在车下轨道上适当位置放置不少于两对铁鞋。

测试内容包括：

1. 车钩力(即冲击力)：在被试车直接受冲击端换上测力车钩，该车钩所承受的纵向冲击力即为车钩力。测力车钩应预先在钩身上贴电阻应变片组成电桥，电桥的连线方式应能消除由于纵向冲击力偏离车钩纵向中心而引起的附加应变，然后在经过检定的试验机或荷重传感器上进行静力标定，得出压力与应变的对应关系。然后将其装回原位使用，试验时，可根据测得的钩身上的应变值求得车钩力。车钩标定载荷不小于3 000 t。

2. 部件动应力：一般情况下主要测量车体各主要部件必要时包括转向架等其他零部件的动应力，采用电阻应变片法测量。应变片的布置应根据应力状态确定，在断面突变部位。测点中心应离突变断面20 mm，离构件翼缘边 10 mm。

3. 缓冲器行程：测量缓冲器行程的位移传感器安装在钩尾框纵向中心线下方前、后从板座间的适当位置。

4. 加速度：一般情况下主要测量车体中梁必要时包括转向架等其他部件的纵向加速度。测量中梁纵向加速度的传感器应安装于中梁中央横向水平中心线附近的中梁腹板外侧处。

5. 冲击速度：冲击速度是指冲击车与被冲击车即将发生冲撞前瞬间冲击车的速度。用轨道贴片法或其他更精确的方法测量。轨道贴片法是在轨道腹板上相距 500 mm 的两点分别贴一组电阻应变片，记录发生冲撞前瞬间冲击车第一轮对首先接近被冲击车的轮对越过第一点到第二点所经历的时间，通过换算得出冲击速度。

2.4 试验过程

我国铁路货车冲击试验根据 TB/T 1335—1996《铁道车辆强度设计及试验鉴定规范》和 TB/T 2369—1993《铁道车辆冲击试验方法与技术条件》进行。具体试验过程如下：

2.4.1 预备试验

在完成各测点的传感器与测量仪器之间的导线连接及仪器调试后，应对各测量参数进行初始标定，然后以2～3 km/h 的速度试冲击 2～3 次，检查分析各测点工作是否正常，并作必须要的调整后，即可正式进行冲击试验。

2.4.2 正式试验

1. 冲击速度从 3 km/h 开始逐级升高，每级升高 1 km/h，冲击次数不少于 3 次。当车钩力接近或稍超过 2 250 kN 的规定值时或冲击速度达到 8 km/h 时即可停止冲击，以先达到者为准。

2. 在冲击试验过程中应对铁路货车结构及设备进行系统的观察，停止冲击后详细检查和记录。

3. 冲击试验时应记录试验场地的大气环境温度及相对湿度。

4. 停止冲击后应对各测量参数进行末标定，确认仪器及传感器的工作状态正常后即可结束试验。

2.5 数据处理与评价标准

测试数据多数具有线性相关关系，其回归方程的求解与评价方法如下：

设自变量为 x,因变量为 y,其组数个数为 n 的数据中,任意一组数的对应值为 x_i 或 y_i,它们各自的平均值 $\overline{x}$ 和 $\overline{y}$ 为

$$\overline{x}=\sum_{i=1}^{n}\frac{x_i}{n};\quad \overline{y}=\sum_{i=1}^{n}\frac{y_i}{n};\tag{2-2}$$

均方差

$$\sigma_x=\sqrt{\sum_{i=1}^{n}(x_i-\overline{x})^2/(n-1)};\sigma_y=\sqrt{\sum_{i=1}^{n}(y_i-\overline{y})^2/(n-1)}\tag{2-3}$$

相关系数

$$r=\sum_{i=1}^{n}(x_i-\overline{x})(y_i-\overline{y})/\sqrt{\sum_{i=1}^{n}(x_i-\overline{x})^2\sum_{i=1}^{n}(y_i-\overline{y})^2}\tag{2-4}$$

回归系数 $$b=r\sigma_y/\sigma_x\tag{2-5}$$

回归直线方程 $$y=bx+(\overline{y}-b\overline{x})\tag{2-6}$$

回归直线是所测量数据最佳配合直线,是其平均值。一般情况下,测量所得到的数据并不完全落在直线上,而是散布在其两旁。所以回归直线并不能完全代表两对象之间的关系,尚需要考虑回回归直线的误差,其标准误差的算式如下

$$\sigma_\delta=\sigma_y\sqrt{1-r^2}\tag{2-7}$$

实际经验说明:当用和回归直线,并考虑标准误差,即用下式

$$y=bx+(\overline{y}-b\overline{x})+\sigma_\delta\tag{2-8}$$

包络测量数据时,在多数情况下,只有极少数测量点处于该直线以上,因而包络线以上的测量点被认为是非本质原因所得的数据。当用回归直线求得某一因变量,并加上标准误差之后,称为“实际可能最大值”。对于上述回归直线是否成立,即所测数据是否线性相关,可用相关系数来判别。

在每冲击一次所记录的各参数随时间的变化历程中每个参数只取一个最大峰值作为测量值。对各冲击速度级,进行回归分析,给出相关系数,先将最后一速度级的车体各主要部件的动应力按该级车钩力与动应力的比例关系,换算为车钩力等于规定值时相应的动应力值然后与垂直静载重下产生的静应力相加得合成应力。

滤波截止频率车钩力及铁路货车部件动应力不小于 100 Hz,测量加速度的滤波频率不小于 32 Hz。

由于列车编组重量的不同,纵向力的大小也不同,铁路货车冲击强度评定标准也不同。表 2-2 中列出了我国现行的车体强度试验的纵向力数值标准。铁路货车冲击强度评定按第二工况取值。

表 2-2 纵向力取值表

列车编组重量 W(t)	第一工况拉伸力(kN)	第一工况压缩力(kN)	第二工况压缩力(kN)
$W\leqslant 6\,000$	1 125	1 400	2 250
$6\,000<W<10\,000$	1 780	1 920	2 500
$10\,000\leqslant W\leqslant 20\,000$	2 250	2 500	2 800

TB/T 1335—1996 从冲击纵向力和冲击速度两方面规定了最大值。表 2-3 给出了现行评价标准中的最大纵向载荷与冲击速度。

基于上述冲击试验方法、内容、数据处理,根据 TB/T 1335—1996《铁道车辆强度设计及试验鉴定规范》对铁路货车冲击具体评定包含两方面:

1. 外观检查

冲击试验后，应对被试车进行检查。要求具有良好的运用技术状态；车体不得产生残余变形，不得有任何零部件发生损伤。

表 2-3　评价标准中的纵向载荷与冲击速度(kN)

标　　准	铁道部标准			铁道部文件	
	TB 1335—1978	TB/T 1335—1996	TB/T 2369—1993	科技装[2004]10 号	运装货车[2003]63 号
拉伸	981	1 125	—	1 780	2 250
压缩	1 177	1 400	—	1 920	2 500
	1 962	2 250	—	2 500	2 800
冲击	1 962	2 250 或 8 km/h	10 km/h	2 500 或速度 8 km/h	2 800 或速度 8 km/h

2. 分析与评定

对试验数据进行整理，分析数理统计分析，绘制车钩力、加速度及缓冲器行程与冲击速度的关系图。绘制各应力测点的应变测试值与冲击速度的关系图。

将冲击试验的动应力与垂向静载荷下的应力合成(对于装运散粒货物的铁路货车还应加上第二工况散粒货物侧压力下的应力)。其合成应力值应不大于 TB/T 1335—1996《铁道车辆强度设计及试验鉴定规范》第二工况下的许用应力，许用应力见表2-4。

表 2-4　金属材料许用应力表(MPa)

材　　料	牌　　号	屈服极限	第二工况许用应力
普通碳素钢	Q235-A	235	212
	Q275	275	248
耐候钢	09CuPCrNi	294	250
不锈钢	1Cr17Mn6Ni5N	275	248
低合金钢	16Mn	345	293
普通铸钢	ZG200-400	200	154
	ZG230-450	230	177
低合金铸钢	B 级钢	280	200
	C 级钢	420	259
铝合金	LF6	157	140(车体)
弹簧钢	60Si2Mn	1 177	981(抗压及弯曲)

注：本表针对车体及转向架零件，轮对除外。

2.6　主要设备和装备

2.6.1　测量仪器及传感器

1. 试验所用的仪器及传感器均应经过法定计量部门检验合格，并在有效期内。

2. 动态应变仪或信号调制器的响应频率应在 0～1 000 Hz 以内，非线性误差应±0.1%，零漂应在±5 με/4 h及 1.5 με/℃以内。

3. 低通滤波器阻带衰减应为$(18\pm\frac{1}{3})$dB，通带内波动应±0.25 dB。

4. 紫外线示波器振子的非线性误差应±3%，时标误差应±2%。

5. 测力车钩等力的传感器的非线性误差应±1%。

6. 位移传感器的非线性误差应±1%。

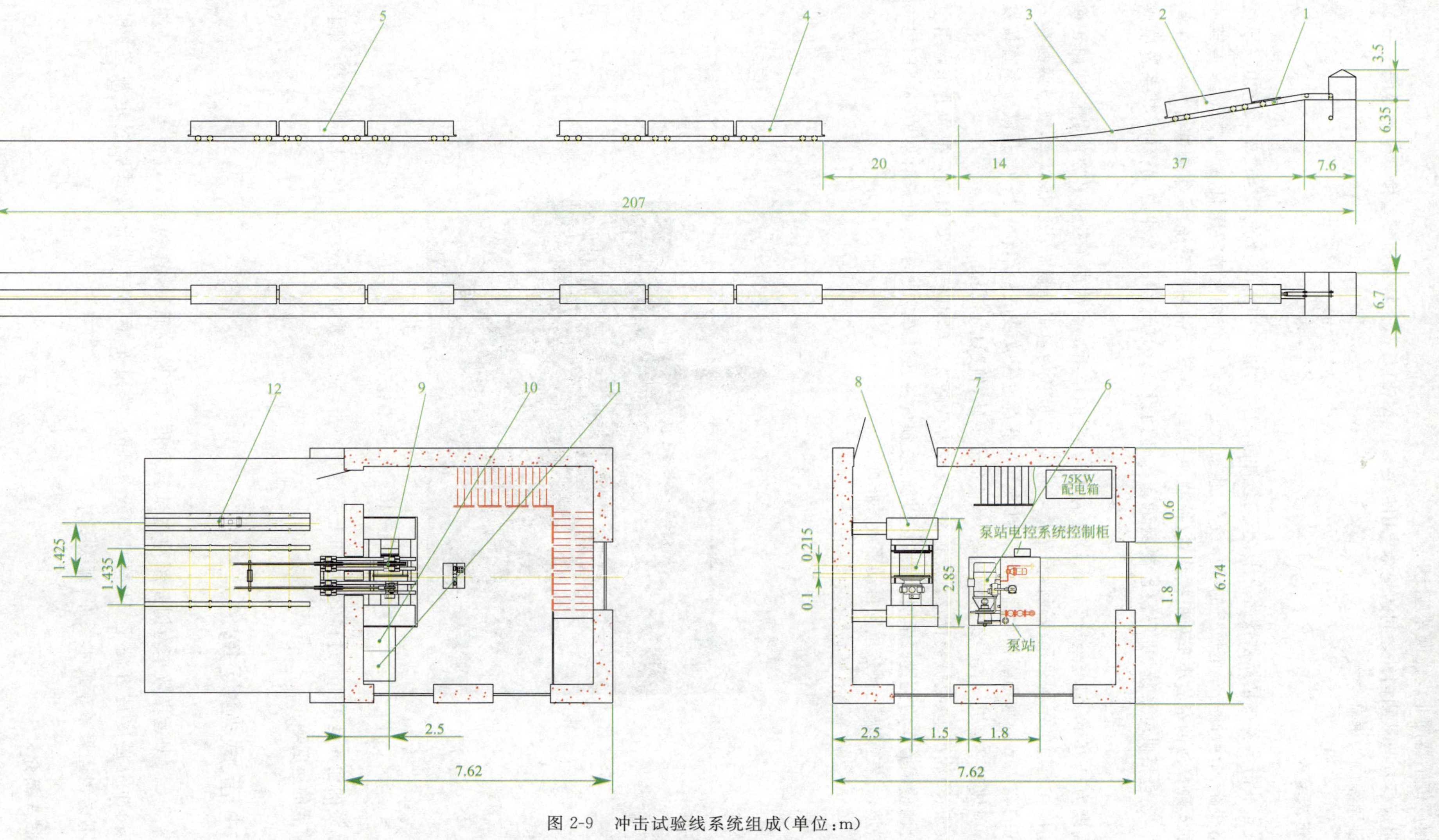

图 2-9 冲击试验线系统组成(单位:m)

1—牵放小车;2—冲击车;3—轨道线路;4—被冲击车;5—阻挡车;6—液压泵站;7—液压小车;

8—承载架;9—定滑轮装置;10—液压绞车;11—测控装置;12—定位开钩止挡

7. 加速度传感器的非线性误差应±1%。

8. 电阻应变片与被测构件之间的绝缘电阻应在 200 MΩ 以上,在特殊困难条件下也不得低于50 MΩ。

9. 测量导线应为屏蔽导线。

2.6.2 冲击试验线

铁路货车冲击试验线是提供铁路货车、车钩缓冲器及货物进行冲击试验的综合设施。它由一段坡道及平直的铁路线路、牵引冲击车上坡道的液压绞车、供应液压绞车工作油液的液压泵站和操纵台、连挂冲击车并使冲击车实现释放的牵放小车和机械装置、控制冲击车上升高度的测控系统、采集测试信号的数采系统等组成。此外,还包括供电系统、机房及控制测试室等辅助设施。现介绍一条冲击试验线,其系统组成如图2-9。

斜坡高度为 6.35 m、斜坡全长 51 m、坡度为 10°。它的作用是使冲击车获得必要的势能从而转换为所需的冲击速度。坡道的结构采用桥涵带洞路基墙的形式,坡顶为牵引卷扬机房和操纵室,坡道两侧有人行道在靠近坡底的 200 m 内采用焊接无缝钢轨。斜坡下的平直道停放被试验车和阻挡车,是试验车直接发生冲击的场所。斜坡和平直道均按一级线路标准,铺 50 kg 钢轨,轨距1 435 mm。

液压绞车、牵放小车、机械装置及其测控系统统称为铁路货车牵引装置,其用途是把冲击车牵引上坡并在平直道上调整试验车的位置。牵引装置通过设在坡顶的液压绞车和坡道上的牵引小车(见图 2-10)把冲击车拉上斜坡,并在斜坡上预定位置自动释放冲击车。

图 2-10　冲击试验线照片

数采系统的任务是在冲击过程中测量并记录各种冲击动态参数如冲击力、位移、冲击加速度、结构应力以及冲击前后的速度等。

2.7 冲击试验范例

以大秦线 C_{80B}型运煤敞车为例介绍冲击试验评价。试验的目的是,检验 C_{80B}型运煤敞车(端部结构改进方案)冲击强度是否满足 TB/T 1335—1996《铁道车辆强度设计及试验鉴定规范》和《C_{80B}(C_{80BH})型不锈钢运煤敞车技术条件》相关要求。

2.7.1 被试车简介

该车车体为有中梁、平地板全钢焊接结构,主要由底架、侧墙、端墙和撑杆等组成。底架(地板除外)

主要型材、板材采用Q450NQR1高强度耐候钢；侧、端墙及地板采用屈服强度为345 MPa的TCS345不锈钢。

底架由中梁、枕梁、大横梁、小横梁、端梁、小侧梁和地板等组成。中梁采用冷弯中梁，保证－40 ℃时的低温冲击功Akv不小于60 J；采用整体式上心盘及冲击座，材料为B级铸钢，并与牵引梁组焊在一起，上心盘直径为358 mm。枕梁为双腹板箱形变截面结构，大横梁为单腹板工字形组焊梁，与侧柱相连的小横梁为工字形组焊梁，其他位置的小横梁及纵向梁为冷弯槽形梁；端梁和小侧梁均为断面为L形的梁件，小侧梁与角柱、侧板相连。底架枕梁处设置加长的顶车垫板；地板设有排水孔。侧墙由上侧梁、侧柱、侧横带、上门框和侧板等组成，上侧梁为冷弯矩形方管，侧柱、侧横带、上门框均为冷弯槽形梁，侧板厚度为4 mm。端墙由上端梁、横带、角柱和端板等组成，上端梁为冷弯矩形方管，横带为槽形断面，角柱为角形断面，端板厚度为4 mm。为增强两侧墙之间的连接刚度，防止侧墙外涨，车内设有三组水平撑杆。为方便清扫车体内的积煤，在每个侧墙中部设置了一个下侧门。铁路货车1位端装E级钢16型联锁式转动车钩及配套的16型E级钢铸造钩尾框；2位端采用E级钢17型联锁式固定车钩及配套的17型E级钢铸造钩尾框或17型锻造钩尾框；合金钢钩尾销，MT-2型缓冲器。

主要尺寸及性能参数：

载重(t)	80
自重(t)	20(＋1.5％)
总重(t)	100
轴重(t)	25
自重系数	0.25
每延米重(t/m)	8.33
容积(m^3)	84.8
比容(m^3/t)	1.06
通过最小曲线半径(m)	145
商业运营速度(km/h)	100
限界：符合GB 146.1—1983《标准轨距铁路机车车辆限界》的规定	
车辆长度(mm)	12 000
车辆定距(mm)	8 200
车辆最大高度(mm)	3 767
车辆最大宽度(mm)	3 284
车钩中心线空车高(mm)	880
转向架固定轴距(mm)	1 830

2.7.2 试验内容

试验用牵引小车一台，试验车、冲击车、阻挡车共5辆，所有参试车均装载成重车，见图2-11。图2-12表示了采用铁路机车牵引冲击车进行模拟溜放冲击照片。

试验时，用升降装置提升冲击车(用粒状散煤加载使其总重达到100 t)，使其达到一定高度后溜放，对被试车进行冲击。在被试车之后数米，停放3辆阻挡车，阻挡车全部施行手制动，并且垫有铁鞋。冲击速度从3 km/h开始，每次递增1～2 km/h，直到车钩冲击力达到2 800 kN或冲击速度达到8 km/h为止，以先达到者为准，每速度级进行3次冲击。先达到规定速度值时，按相应速度下的车钩力评价铁路货车的冲击强度。

试验主要测试冲击车的冲击速度和被试车的动应力、车钩力、缓冲器行程及纵向加速度。车体上的应力用电阻应变片测量。

冲击车(装用MT-2型缓冲器)的冲击速度用钢轨贴片法测量，即在线路一侧钢轨的下部相距500 mm

图 2-11　冲击线冲击试验

图 2-12　铁路机车溜放冲击试验

的位置分别贴一应变片，试验时，试验车停车的位置使得冲击车的前轮对刚通过第二个应变片时即发生冲击，根据冲击车前轮对通过两个应变片所用时间即可求得冲击速度。

车钩力用应变法测量，即将试验车的冲击端即固定钩的车钩卸下，在钩身四周贴上应变片组成全桥，然后在压力机上进行静标定，得出压力与应变的对应关系。然后将其装回原位使用，试验时，可根据测得的钩身上的应变值求得车钩力。

纵向加速度用加速度计测量，加速度计固定于敞车中梁中央下盖板上。

将差动式位移计装在缓冲器前从板与缓冲器托板之间，测量缓冲器的压缩行程。

根据静强度试验结果，选择静强度试验中测点应力较大的点，对这些测点的动应力进行测量。动应力测点布置位置见图 2-13 和图 2-14。以上所有测量结果，用 DSPS 数据采集处理系统记录和处理。

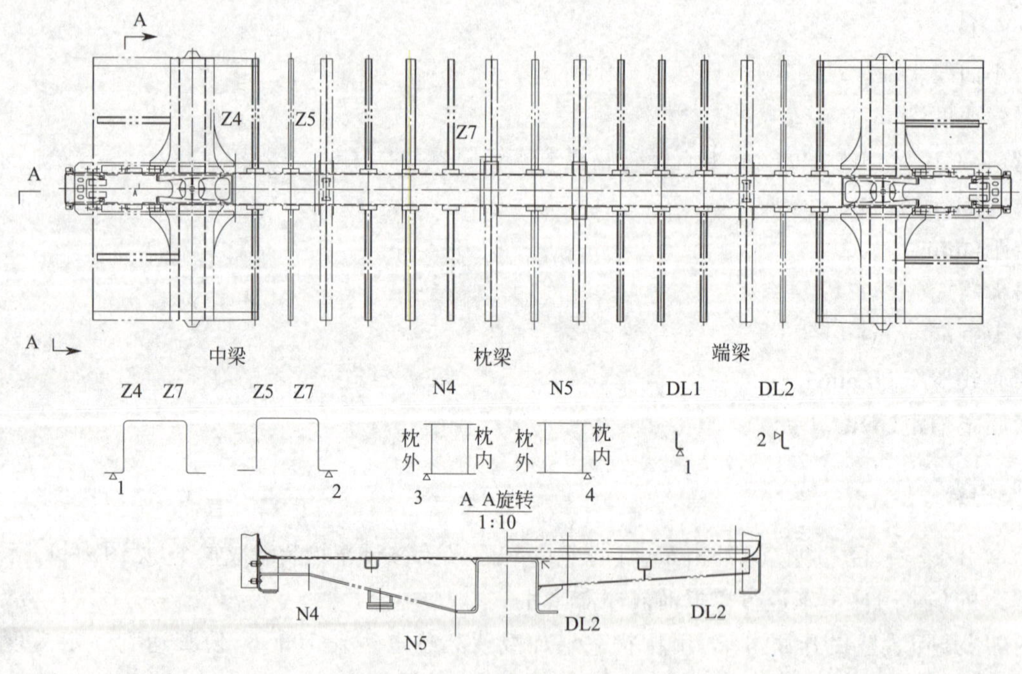

图 2-13　底架动应力布点图

2.7.3　应力合成和评定

冲击试验合成应力不大于第二工况的许用应力，如表 2-5 所示。

表 2-5　许用应力

材　　质	屈服极限(MPa)	第二工况许用应力(MPa)
Q450NQR1	450	380
TCS345	345	293

测量时，滤波截止频率：车钩力、位移、应力、冲击速

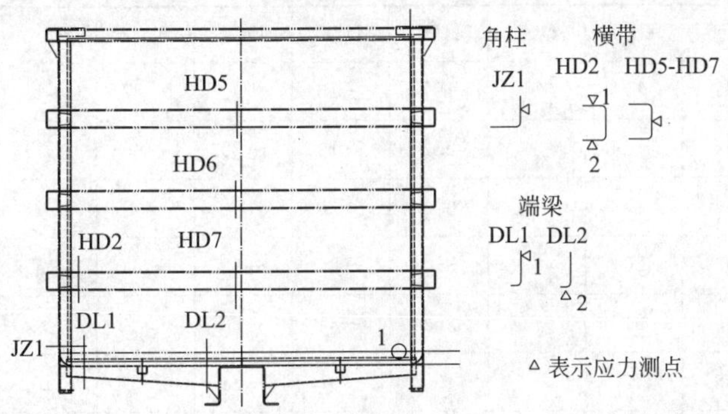

图 2-14 端墙动应力布点图

度、端墙动侧压力取 100 Hz；加速度取 40 Hz。在冲击试验时，每个速度级均冲击 3 次，整理数据时，用回归分析法统计各测试项目与冲击速度的关系。

冲击试验各应力测点的合成应力为

$$\sum\sigma=\sigma_{h}+\sigma_{cj}+\sigma_{c2} \tag{2-9}$$

式中 σ_{cj}——垂向静应力；

σ_{h}——2 800 kN 车钩冲击力作用下或 8 km/h 冲击速度下的应力；

σ_{c2}——静强度试验时的第二工况散粒货物侧压力下的应力值；

$\sum\sigma$——第二工况合成应力。

2.7.4 试验结果及数据处理

冲击速度与车钩力、缓冲器行程及冲击加速度的测试值见表 2-6。

从表 2-6 可以看出，当冲击速度达到 8.1 km/h 时，车钩力测试值还没有达到 2 800 kN，因此按《铁道车辆强度设计及试验鉴定规范》要求，在进行强度评定时，以冲击速度 8 km/h 进行相关计算评定。从缓冲器位移测试结果看，当冲击速度为 8.1 km/h 时，缓冲器位移为 40.0 mm，此时车钩力为 1 505 kN，车体冲击加速度为 2.49 g。

表 2-6 车钩冲击力、加速度和缓冲器行程测试表

冲击速度(km/h)	车钩冲击力(kN)	加速度(g)	缓冲器行程(mm)	冲击速度(km/h)	车钩冲击力(kN)	加速度(g)	缓冲器行程(mm)
3.0	714	1.28	12.0	6.9	1 527	2.21	34.0
3.0	768	1.00	15.0	6.9	1 461	2.47	35.0
3.0	870	1.54	13.0	7.9	1 652	3.12	38.0
4.0	1 034	2.11	19.9	8.1	1 505	2.49	40.0
4.0	942	1.76	21.8	8.0	1 623	3.00	35.8
3.9	1 014	2.02	19.5	8.9	2 226	2.99	53.2
4.9	1 156	1.58	23.3	9.1	1 952	5.36	47.0
4.8	1 135	2.57	22.6	8.9	2 098	2.77	49.0
5.0	1 076	2.38	22.5	9.6	2 547	6.20	54.0
6.0	1 249	2.45	28.6	9.5	2 526	4.19	56.0
6.0	1 231	2.37	29.7	10.0	2 718	4.42	58.0
6.0	1 413	2.02	29.1	10.0	2 578	3.63	59.0
7.2	1 418	1.73	34.0				

冲击速度与各应力测点应变值见表 2-7。

表 2-7　冲击速度与各动应力测点应变值($\mu\varepsilon$)

速度(km/h)	HD7	N5-4	HD6	HD2	DL1	HD5	HD2	DL2	N4-3	JZ1-1	Z4-1	Z7-2	Z5-2	Z7-1
3.0	212	−85	261	11	3	197	−16	−29	−77	−47	−192	−100	−213	−129
3.0	247	−99	294	13	4	232	−19	−29	−85	−53	−210	−98	−227	−132
3.0	295	−99	344	17	4	270	−20	−48	−80	−61	−229	−109	−251	−142
4.0	418	−105	476	26	8	395	−30	−75	−110	−90	−270	−125	−282	−180
4.0	398	−106	445	21	7	352	−31	−66	−113	−87	−275	−123	−297	−186
3.9	503	−118	538	33	8	463	−37	−83	−119	−104	−269	−129	−299	−212
4.9	459	−118	500	28	9	417	−37	−79	−134	−101	−301	−159	−319	−206
4.8	622	−126	652	43	11	543	−49	−100	−140	−131	−307	−147	−327	−230
5.0	581	−126	619	44	11	526	−48	−104	−131	−127	−305	−156	−334	−238
6.0	559	−133	612	39	15	521	−48	−94	−155	−128	−333	−163	−352	−249
6.0	641	−140	668	45	13	551	−55	−112	−163	−143	−337	−170	−336	−239
6.0	721	−143	760	54	14	664	−59	−112	167	−154	−348	−176	−384	−252
7.2	681	−146	711	52	15	595	−58	−118	−187	−150	−393	−170	−358	−242
6.9	825	−157	849	60	17	724	−68	−112	−182	−181	−380	−189	−392	−251
6.9	755	−147	754	55	20	617	−67	−107	−181	−174	−351	−171	−350	−233
7.9	940	−147	952	69	19	811	−77	−119	−184	−206	−427	−185	−402	−250
8.1	953	−146	942	70	20	780	−79	−122	−199	−204	−415	−180	−370	−269
8.0	987	−156	986	71	19	822	−81	−116	−206	−212	−446	−192	−397	−277
8.9	1 325	−162	1 365	91	24	1 211	−109	−122	−233	−281	−469	−209	−463	−294
9.1	1 424	−156	1 479	100	28	1 281	−118	−160	−222	−301	−479	−223	−489	−306
8.9	1 250	−170	1 300	88	25	1 375	−108	−166	−214	−277	−450	−202	−447	−290
9.6	1 873	−254	1 992	98	31	1 706	−131	−160	−300	−366	−576	−293	−607	−462
9.5	1 649	−221	1 789	99	35	1 596	−135	−181	−277	−359	−531	−275	−572	−438
10.0	1 807	−257	1 955	107	35	1720	−148	−233	−303	−391	−555	−308	−613	−473
10.0	1 629	−278	1774	102	35	1 635	−145	−225	−326	−380	−486	−277	−533	−388

对测试数据按统计回归处理，拟和方程式以回归系数愈接近 1 愈好。车钩力、加速度及缓冲器行程与冲击速度的关系分别见图 2-15、图 2-16 和图 2-17。各应力测点的应变测试值与冲击速度的关系见图

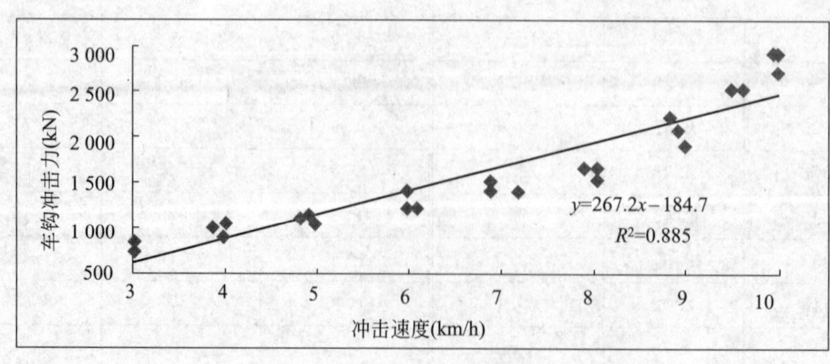

图 2-15　冲击速度与车钩力关系图

2-18～图 2-30。

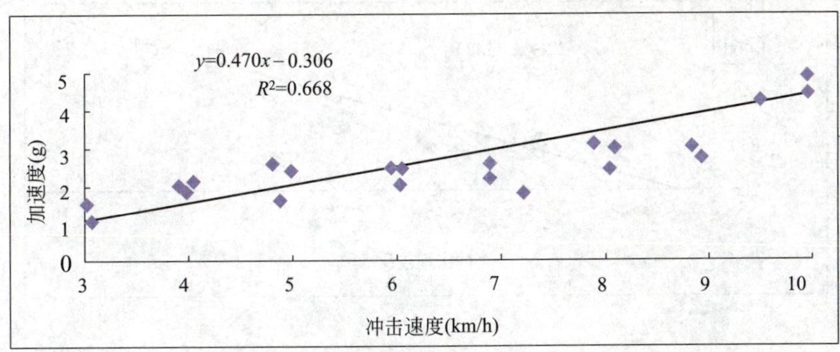

图 2-16　冲击速度与车体加速度关系图

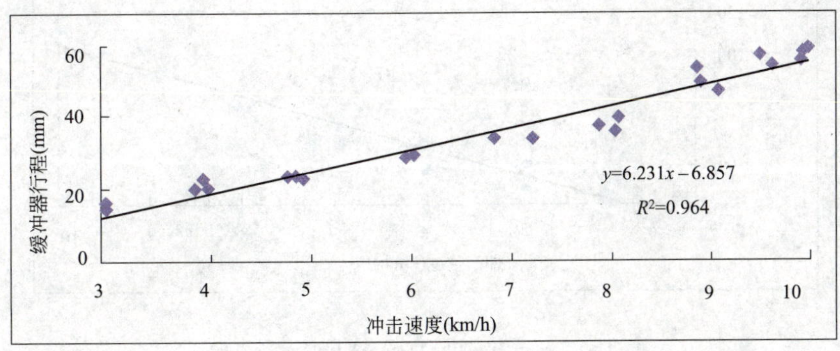

图 2-17　冲击速度与缓冲器行程关系图

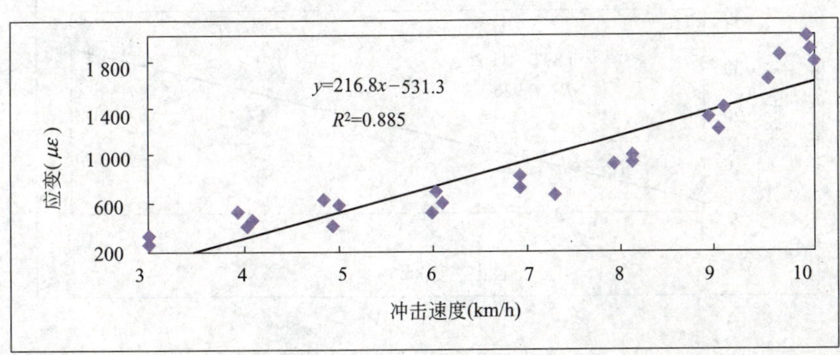

图 2-18　冲击速度与 HD7 测点应变关系图

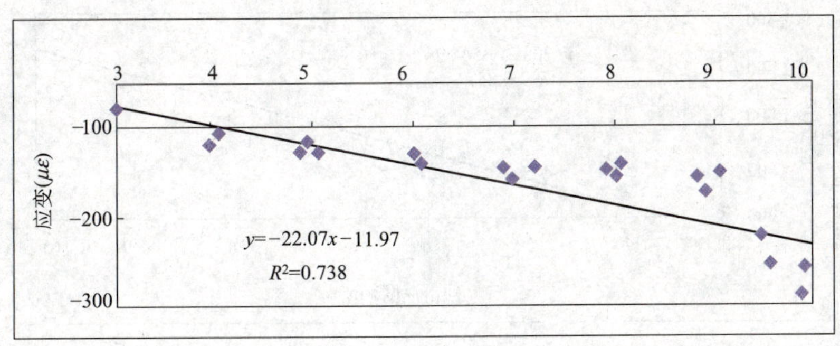

图 2-19　冲击速度与 N5-4 测点应变关系图

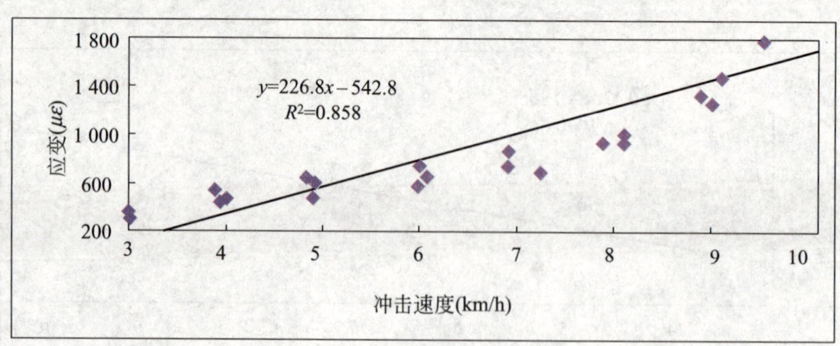

图 2-20 冲击速度与 HD7 测点应变关系图

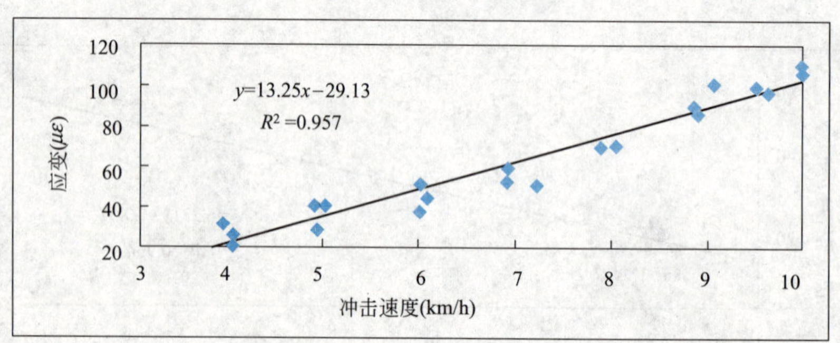

图 2-21 冲击速度与 HD6 测点应变关系图

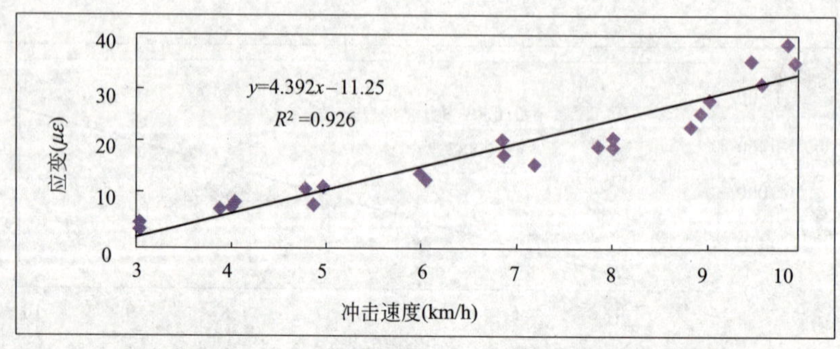

图 2-22 冲击速度与 DL1-1 测点应变关系图

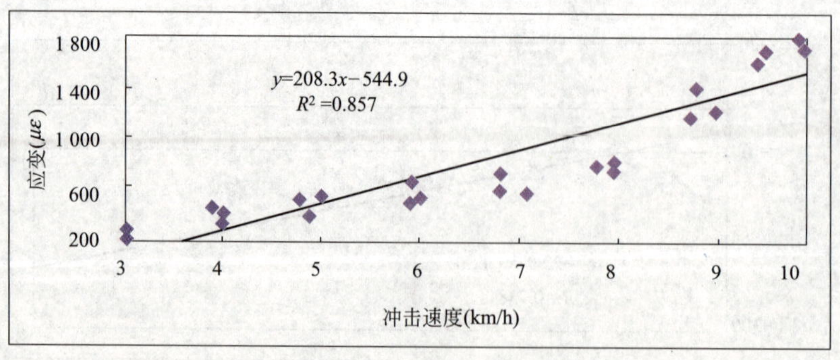

图 2-23 冲击速度与 HD5 测点应变关系图

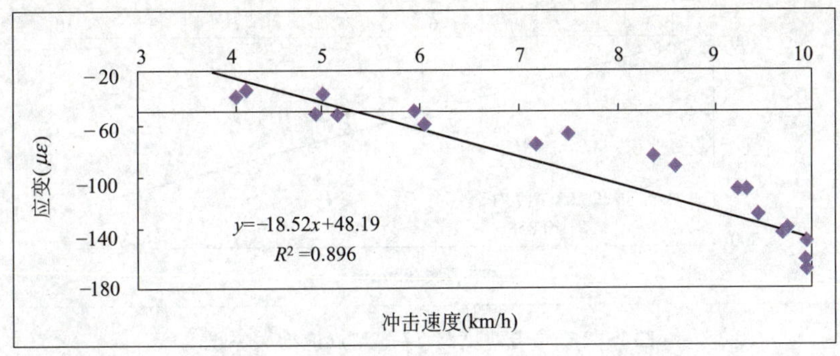

图 2-24　冲击速度与 HD2 测点应变关系图

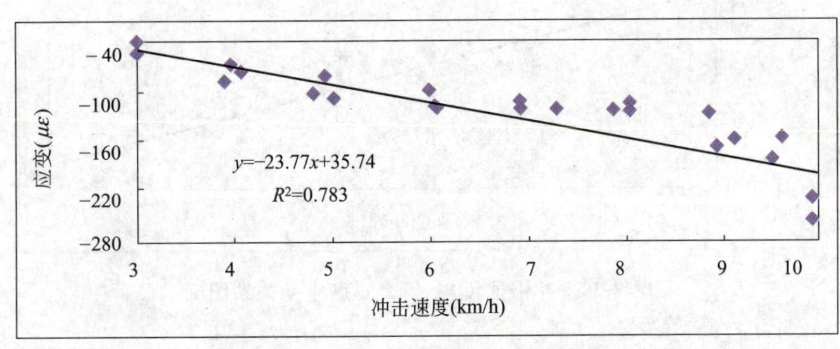

图 2-25　冲击速度与 DL2-2 测点应变关系图

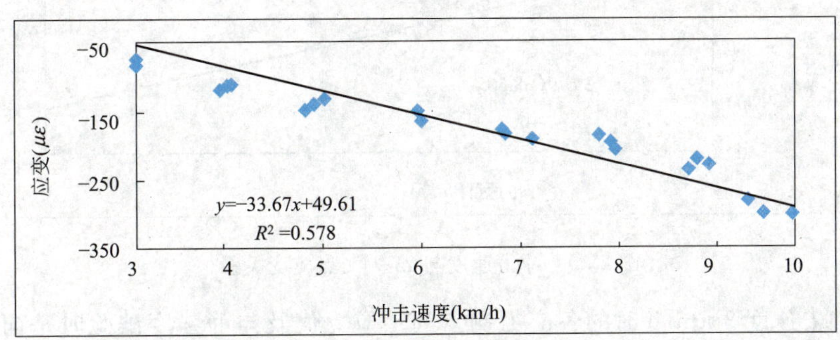

图 2-26　冲击速度与 N4-3 测点应变关系图

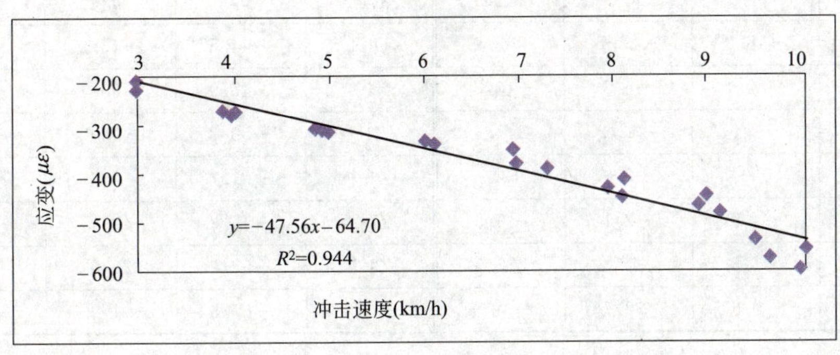

图 2-27　冲击速度与 Z4-1 测点应变关系图

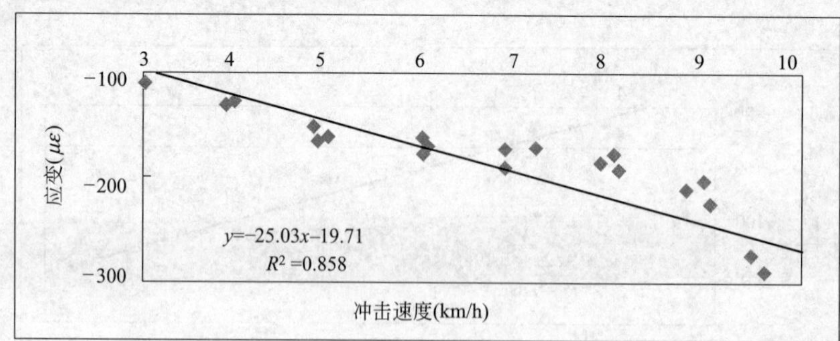

图 2-28　冲击速度与 Z7-2 测点应变关系图

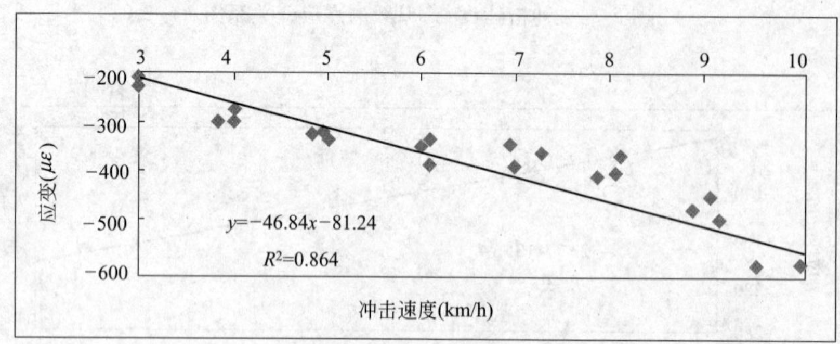

图 2-29　冲击速度与 Z5-2 测点应变关系图

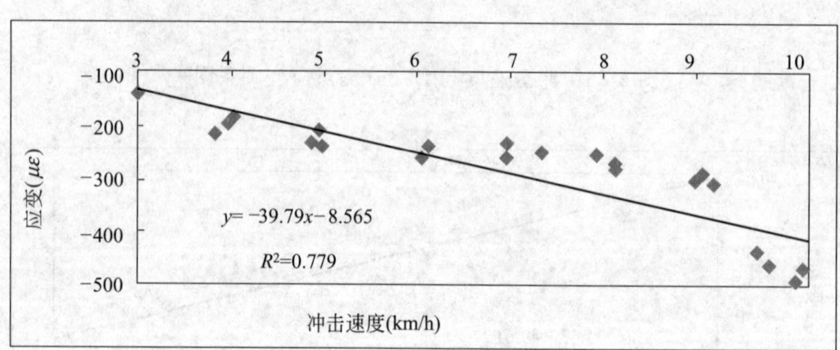

图 2-30　冲击速度与 Z7-1 测点应变关系

表 2-8 列出了冲击速度 8 km/h 时的各应力测点的动应力值及与静强度试验时垂向静应力的合成值。测点的合成应力 $\sum\sigma$ 均小于材料的第二工况许用应力。

表 2-8　冲击试验测点应力测试表(MPa)

测点	σ_h	σ_{cj}	σ_{c2}	$\sum\sigma$	测点	σ_h	σ_{cj}	σ_{c2}	$\sum\sigma$
HD7	247.8	−18.2	−23.7	205.9	DL2	−44.5	−15.9	−2.8	−63.2
N5-4	−38.8	−62.1	−6.3	−107.2	N4-3	−45.9	−50.1	−12.3	−108.3
HD6	261.9	−0.9	−13.2	247.8	JZ1-1	−53.8	−5.6	−1.9	−61.3
HD2	16.7	0.0	−3.0	13.7	Z4-1	−91.7	−76.3	−3.5	−171.5
DL1	2.1	−4.9	−3.1	−5.9	Z7-2	−45.3	49.0	−4.6	−0.9
HD5	231.0	−1.5	−12.2	217.3	Z5-2	−93.9	25.0	−6.6	−75.5
HD2	−40.4	−0.6	−2.7	−43.7	Z7-1	−67.3	94.9	−10.0	17.6

注:σ_h——冲击速度为 8 km/h 时的应力值;

σ_{cj}——静强度试验时的垂向静载荷下的应力值;

σ_{c2}——静强度试验时的第二工况散粒货物侧压力下的应力值;

$\sum\sigma$——σ_h、σ_{cj}和σ_{c2}之和。

2.7.5 冲击试验评价结论

C_{80B}型运煤专用敞车样车的冲击试验结果表明:该敞车样车的冲击强度满足TB/T 1335—1996《铁道车辆强度设计及试验鉴定规范》和《C_{80B}(C_{80BH})型不锈钢运煤专用敞车技术条件》的要求。

2.8 动挤压试验方法及范例

近年来,我国出口重载铁路货车日益增多,大多数国家要求采用AAR标准,尤其在冲击强度方面,增加了冲击试验及动挤压条款。动挤压试验方法已在前面作过论述。现以30 t轴重罐车动态挤压试验为实例。

1. 试验依据和目的

根据AAR M-1002罐车规范第Ⅵ章6.3.5节"动态挤压试验"的相关要求和《FMG油罐车动态挤压试验程序》,检验FMG油罐车在进行动态挤压试验后是否产生任何一种需要将试验车送回工厂进行修理的永久损坏。

2. 被试车简介

FMG油罐车采用无中梁结构。主要由罐体装配、牵枕装配、制动装置、车钩缓冲装置、转向架等组成。罐体由封头、圆柱形直筒组焊成。主要技术参数如下:

自重(t)	38
轴重(t)	30
罐体总容积(m^3)	97
有效容积(m^3)	95
铁路货车长度(mm)	17 860
定距(mm)	13 700
罐体长度(mm)	16 140
最高商业运营速度(km/h)	90

3. 试验测试内容

冲击车的冲击速度用钢轨贴片法测量,即在线路一侧钢轨的下部相距500 mm的位置分别贴一应变片,试验时,试验车停车的位置使得冲击车的前轮对刚通过第二个应变片时即发生冲击,根据冲击车前轮对通过两个应变片所用时间即可求得冲击速度。

车钩力用应变法测量,即将试验车的冲击端的车钩卸下,在钩身四周贴上应变片组成全桥,然后在压力机上进行静标定,得出压力与应变的对应关系。然后将其装回原位使用,试验时,可根据测得的钩身上的应变值求得车钩力。采用动态数据采集处理系统DSPS。数据整理时,滤波截止频率取100 Hz。

4. 试验方法

试验在一段平直线路上进行。试验时需要冲击车4辆、试验车1辆、停留车3辆。试验用机车、试验车、冲击车、停留车编组见图2-31。

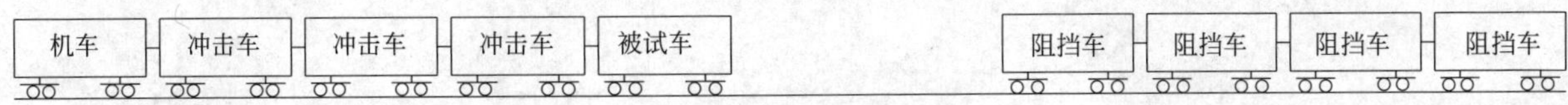

图2-31 动挤压试验编组图

试验车装水到总重120 t,装用SL-76型缓冲器。停留车和冲击车采用敞车,装用MT-2型缓冲器车,内装道砟,每车装载达到总重100 t。试验车与停留车在消除间隙后施行手制动,四辆车的缓冲器均处于无预压缩状态。每次冲击后均应进行调整,以恢复原来的状态。

试验时用铁路机车将冲击车组推送到预定速度后,在测速点前溜放冲击车组,冲击车经速度测量点后对试验车及停留车组进行冲击。先用 3 km/h 的速度试冲击 2 次,检查各仪器设备工作是否正常。正式试验时,冲击速度从 6 英里/小时(9.66 km/h)开始,每次递增约 2 英里/小时(3.22 km/h),直到车钩冲击力首次达到 1 250 000 磅(5 562 kN)为止。每次冲击试验后均卸货后进行目测检查。

表 2-9　各速度级下的车钩力值

冲击速度(km/h)	冲击力(kN)
4.0	1 175
4.0	1 124
9.6	2 309
9.0	2 115
13.2	4 680
15.2	5 609

5. 试验结果与评价

在各冲击速度级下的车钩力值见表 2-9。

当冲击速度达到 13.2 km/h 时,冲击力为 4 680 kN;观察试验车未发现变形。当冲击速度达到 15.2 km/h 时,冲击力为 5 609 kN;观察试验车未发现变形。试验中和试验后,以及卸货后用目测检查试验车,试验车没有出现永久损坏。试验现场照片见图 2-32。

图 2-32　油罐车动态挤压试验

参 考 文 献

[1] D'Souza A F, Garg V K. Simulation Model of Longitudinal Train Dynamics. 1982

[2] Shah N, D'Souza A F. Interactive Simulation and Computer Graphics for the Detailed Longitudinal Train Model. AAR Report No. R-492, 1981.

[3] 李明. 货车冲击与缓冲器[J]. 铁道学报, 1981(3): 9-18.

[4] 卢执中, 匡增意. 货车调车冲击的数值计算机模拟[J]. 长沙铁道学院学报, 1988(2): 77-87.

[5] 余民宜, 孙翔. 车辆的速度型冲动与载荷型冲动[J]. 铁道车辆, 1991(10): 1-6.

[6] 严隽耄, 翟婉明, 陈清. 重载列车系统动力学[M]. 北京: 中国铁道出版社, 2003.

[7] 陈雷, 姜岩, 孙蕾. 关于重载货车缓冲器技术的研究[J]. 铁道车辆, 2007, 45(521): 6-13.

铁路货车结构疲劳可靠性评价

随着铁路货车重载运输技术的发展，对铁路货车结构的可靠性要求日益提升。然而，如何验证铁路货车结构的可靠性，保证在它们投入运用之前即消除潜在的隐患，是铁路部门研究的重要课题之一。

结构可靠性是指结构在规定的时间内、在规定的条件下完成预定功能的能力，它包括结构的安全性、适用性、耐久性3个方面。结构可靠性的研究始于20世纪40年代，当时主要是围绕飞机失效进行研究，经过半个多世纪的发展，在航空、航天等高性能结构设计与分析中引入考虑不确定因素的可靠性模型，从概率的角度来评价结构的安全程度，数值化的可靠性设计和分析已成为众多产品发展和竞争中不可缺少的一环。

铁路货车结构的可靠性评价是一项综合性的工程，从时间上讲，它几乎贯穿整个产品开发阶段；从开发的对象来分，可大致分成转向架、钩缓、制动和车体4大系统及其零部件；而从所涉及的评价指标上讲，又包括强度、刚度、磨损、稳定性、耐久性、损伤容限、完整性和耐环境能力等。

在这些评价指标中，强度是一个比较重要的问题。一方面，强度不足危及行车安全并导致维修成本升高，为了满足在整个使用寿命内可靠性和耐久性要求，所有零部件乃至整车需要有足够的强度；而另一方面，由于成本的要求，又要将零部件的材料用得最省。强度设计的目的就是要在这两个相矛盾的要求间找到一个平衡点，使得零部件达到轻量化的同时，满足可靠性的要求。因此，结构可靠性评价就是要回答零部件是否能够在使用寿命内不发生破坏的问题。

要进行结构可靠性评价，必须获取两个关键参数：一是所研究的结构在整个使用过程中将会受到的各种各样的载荷，其表现形式是多种多样的，可以是力、应变或振动加速度等；二是结构本身能够承受这些载荷的能力有多强，也即俗称的“强度”，由结构的尺寸、材料和加工工艺等因素决定，它是结构本身的特性。对一个结构件来说，载荷 S 和强度 r 两者都是随机变量，它们符合一定的统计规律，当两者的概率曲线有部分干涉时，其干涉面积反映了载荷大于强度的可能性，该干涉模型是进行结构可靠性评价的基础，见图3-1。

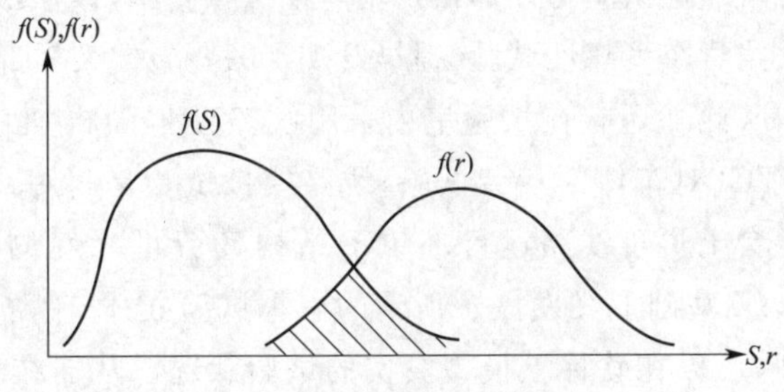

图3-1　载荷和强度的概率密度分布及其干涉模型

如上所述，载荷和强度都是符合一定统计规律的随机变量，相比较而言，载荷的离散度比零件本身强度的离散度要大。因为对于铁路货车上某个零部件来说，在整个使用寿命内所受到的载荷影响因素较多：线路状况、铁路货车状况、司机操纵、货物重量、调车作业和运行速度等随机因素导致要想准确得到载荷的真实分布是不可能的，通过测量等手段获得的载荷只是其中的某些样本，一般只能通过少数样本推导出载荷的概率分布。通过试验方法可以得到零部件强度的离散度，零部件的强度也是符合统计规律的随机变量，因此获取一批零部件的强度离散度也是非常重要的。

现行的国内外铁路货车强度规范中，结构可靠性评价仍采用传统的许用应力法，它的出发点是作用在结构危险截面上的工作应力小于或等于其许用应力，许用应力由极限应力除以大于1的安全系数得到。许用应力法沿用多年，只要安全系数选用适当，是可行的，但是随着产品日趋复杂，对其可靠性要求愈来愈高，许用应力法就显得不够完善。首先，大量的实验表明，现实的设计变量如载荷、极限应力以及材料硬度、尺寸等都是随机变量，都呈现或大或小的离散性，都应该依概率取值，不考虑这一点，设计出来的结果难免与实际脱节。其次，许用应力法的关键是选取安全系数。但在选取安全系数时常常没有确切的选择尺度，其结果是使设计极易受局部经验所影响，安全系数过大会造成浪费，过小则影响正常使用。所以为了使设计和评价更符合实际，还应在许用应力法的基础上发展铁路货车结构可靠性的概率评价方法。

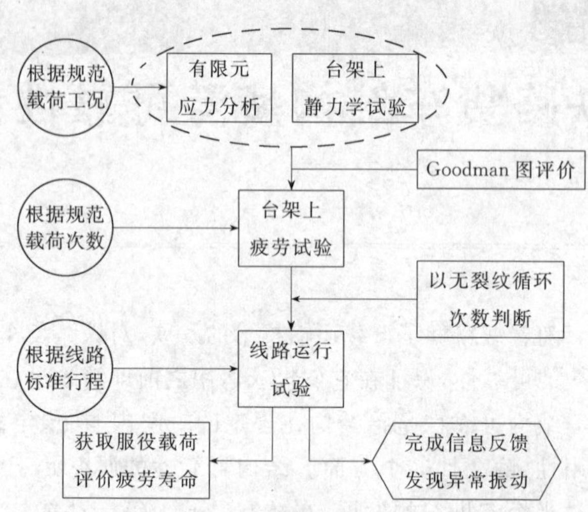

图 3-2　铁路货车结构疲劳可靠性评价

进行铁路货车结构可靠性评价的手段是零部件的模拟计算、台架和线路运行试验。铁路货车结构的疲劳可靠性是一个受制造工艺分散性和服役载荷随机性等多种不确定性因素影响的复杂问题，随着设计方法和试验手段的进步，这个问题的研究日益深化，通常以图3-2所示的模拟计算、台架试验和线路上的测定运行中载荷谱的运行试验3个层次进行4个方面问题的研究：预测新结构的疲劳可靠性；检验老结构在不同的服役环境中是否具有良好的运用性能；确定某个已用结构的剩余使用寿命能否满足今后的要求；分析结构运用中出现的疲劳失效问题。

这3个层次的研究中，根据规范进行的模拟计算和台架试验采用的是定值载荷，也不考虑加载频率的影响，从而不能很好地反映实际服役载荷情况，更无法体现结构动态特性对疲劳的不利影响。满足重载提速要求铁路货车轻量化设计，结构的固有频率必然有所降低，这就可能导致结构的低阶弹性振型处于线路的激扰频率范围之内而在某些部位产生较大的动载荷从而降低预期寿命。根据铁路货车服役线路情况进行运行试验以获取结构载荷谱的完整信息十分必要，能对上述4个方面问题进行更好的评价。当然，载荷谱测试要求选择在商业性运行中具有代表性的线路上进行：对专用线如大秦线上运用的铁路货车，如 C_{80} 型敞车，其商业性行程是众所周知的，因此载荷谱测试在专用线上进行；对非专用线上运用的铁路货车，如 C_{70} 型敞车，则应在具有不同线路特性如曲线半径、超高、线路质量等的线路上进行载荷谱测试。

完全通过线路运行考核铁路货车的结构可靠性是一种最直接、有效的方法。即根据载荷分析和经验积累，选择一条或多条实际线路的组合，作为整车可靠性试验线路，如果铁路货车在试验道路上运行一定的里程后没有发生破坏，则认为其强度是足够的。采用实际线路作为试验道路，其真实性毋庸置疑，但缺点是试验周期太长，花费也较大。还可选择试验场的强化线路作为试验线路，这样在载荷强度较高的强化线路上进行可靠性试验可以加快试验周期。在我国，曾在铁道科学研究院环形线试验场进行过累积35万公里的提速铁路货车可靠性试验，提早发现了一些转向架零部件磨耗严重等问题。

此外还有在试验室内采用线路模拟随机加载试验台上进行铁路货车零部件可靠性评价的技术，如TTCI对车体的疲劳试验，线路模拟试验是利用线路上实测的载荷－时间历程，通过参数控制技术，在试验台上再现线路运行环境下结构疲劳可靠性的一种试验方法，相对来说比较复杂。近年来，从计算机CAE基础上又发展了所谓的虚拟试验技术，有了零部件的有限元模型和虚拟线路谱以及虚拟试验台模型，可以在软件上模拟真实的试验状况。从而在较早的开发阶段就可以对零部件的可靠性进行评价，大大缩短了开发周期。

总之，铁路货车结构的可靠性评价是一项比较复杂的工作，必须考虑载荷的复杂性、结构强度的离散性以及影响这些参数的外部和内部因素，在这些方面还有相当多的基础工作要做，如铁路货车零部件疲劳数据库的建立、强度准则的推导、载荷谱和经验系数的积累等等。CAE技术的发展使得当今结构的可靠性分析越来越方便和快捷，但工程实际上台架试验仍然是进行结构可靠性评价的必备手段。

3.1 疲劳强度理论

3.1.1 疲劳研究发展

在工程实际中，外载荷很少是静态的。重复作用的载荷，它所造成的应力水平，虽然远远低于强度极限和屈服极限，却会引起意料不到的和突然的破坏。某个结构可能完好地工作了许多年，后来出现了裂纹，又经过一定数量的变载荷次数后，就可能会导致瞬间的断裂。这种断裂通常没有宏观塑性变形的痕迹，这样的破坏称为疲劳破坏。

回顾疲劳研究的历史，其发展的每一关键阶段几乎都与机械装备的断裂事故及其分析有关。第一个有详尽文字记载的金属疲劳的研究工作是在1842年法国凡尔赛附近的铁路发生事故以后进行的。1842年5月10日，法国国王在巴黎郊外的凡尔赛宫举行盛大庆典，庆典后人们涌向车站乘火车回城，火车行驶途中因机车车轴出现疲劳断裂，致使列车倾覆燃烧，造成数十人丧生。通过对这一事故的分析和随后的研究，Hood提出了疲劳的“晶化理论”，认为金属强度在重复应力作用下的降低是振动引起的“结晶化”所致。

1852～1870年期间，德国工程师Wohler针对当时火车轴在重复应力作用下多次发生台肩处断裂的事故，对疲劳破坏进行了系统的研究。他发现，钢制车轴在循环载荷作用下，其强度大大低于它们的静载强度。他于1871年发表的论文中，系统论述了疲劳寿命与循环应力的关系，提出了S—N曲线和疲劳极限的概念，确定了应力幅是疲劳破坏的决定因素，奠定了金属疲劳的基础。

20世纪50年代初发生的世界上第一批喷气客机彗星号的连续失事，掀起了疲劳研究的热潮，使疲劳研究在工程设计和微观机制两个方面都有了巨大的发展。为找到事故的直接原因，英国皇家航空研究院(RAE)的工程师们利用一架退役的彗星号飞机模拟高空飞行中座舱内外的压差，往座舱里反复增压注水和卸压放水，经过大约3 000次这种操作，一条裂纹于方形窗柜角附近的铆钉处萌生，并向前扩展穿透了机身的金属蒙皮。RAE对事故的分析证实首批三架彗星号飞机的失事是座舱的疲劳破坏引起的，是结构设计中没有考虑疲劳的结果。

彗星号失事造成的损伤是惨重的，它对疲劳研究的推动和所带来的经济效应也是巨大的。这次事故使设计师们把飞机的疲劳强度设计放到了一个重要的位置上，引起人们对低周疲劳的重视。1945年，Miner在对疲劳累积损伤问题进行大量试验研究的基础上，将Palmgren于1924年提出的线性累积损伤理论公式化，形成了Palmgren-Miner线性累积损伤法则，此法则至今仍在广泛应用。1952年，Manson和L. F. Coffin在大量试验的基础上提出了表达塑性应变和疲劳寿命间关系的Manson-Coffin方程，奠定了低周疲劳的基础，同时关于疲劳现象的物理本质的更精细研究也从此开始。

1957年Irwin提出线弹性断裂力学理论和方法以后，人们曾多次尝试采用应力强度因子来描述疲劳裂纹的扩展。1963年Paris基于断裂力学应力强度因子提出了表达疲劳裂纹扩展规律的著名关系式——Paris公式，给疲劳研究提供了一个估算裂纹扩展寿命的新方法，在此基础上发展起来的损伤容限设计，使断裂力学和疲劳这两门学科逐渐结合起来。1971年Wetzel在Manson-Coffin方程的基础上，提出了根据应力—应变分析估算疲劳寿命的一整套方法——局部应力应变分析法。

如今，人们已经对疲劳裂纹的萌生与扩展机制以及控制疲劳寿命的众多影响因素有了比较清楚的了解，现已形成无限寿命理论、有限寿命理论、损伤容限理论和疲劳可靠性理论等用于评价和预测工程材料、部件和结构的疲劳寿命，并建立起工程结构的无限寿命设计、有限寿命设计(包括名义应力疲劳设计法和局部应力应变法)、损伤容限设计和疲劳可靠性设计等四种疲劳设计方法。

3.1.2 无限寿命理论

无限寿命理论起源于“疲劳极限”的概念。所谓“疲劳极限”是指疲劳循环低于其值将不会发生疲劳损伤的临界值。通常，这一值在生产载荷范围并不存在。为解决工程结构的设计分析，在规范中，通常规定现有试验手段能够实现的疲劳寿命即应力循环数N为10^7次或2×10^6次时所测定的对称循环应力幅值为“疲劳极限”，用符号 σ_{-1} 表示[1]。

国内外规范一般规定采用“升降法”试验测定“疲劳极限”，而确定该值的方法有常规法[2]、Dixon-Mood法[3]、Zhang-Kececioglu 法[4]和 Zhao-Yang 的极大似然法[5]。经过验证，常规法和 Zhao-Yang 法是比较准确的方法[5]。

无限寿命理论仅能应用于结构的疲劳设计。应用时，需要考虑平均应力效应。铁路部门一般以 Goodman-Smith 图的方式应用。如图 3-3 所示，绘制 Goodman-Smith 图的基本思想如下[6]。

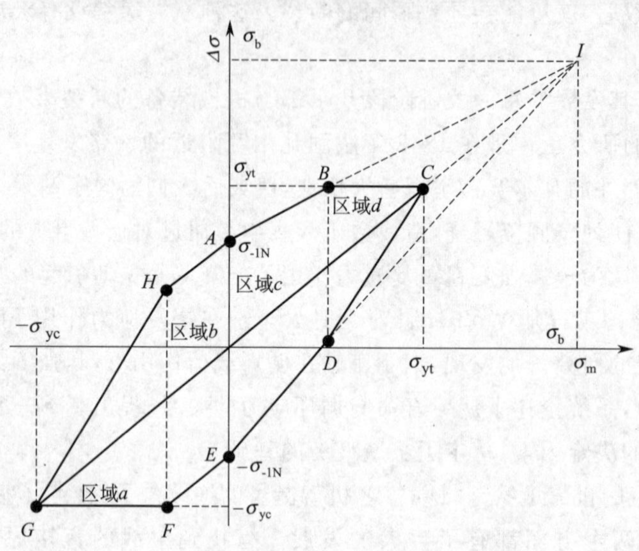

图 3-3　绘制 Goodman-Smith 图的一般原理

1. 材料屈服是疲劳强度的极限。考虑平均应力实施 Goodman 修正时，用水平截线 BC 和 GF 以及垂直线截点 B,D,H,F 来控制极限状态。

2. 压缩屈服前，平均应力不影响疲劳应力幅。因此，有平行线 AH 与 EF。

这样，Goodman-Smith 图就由 $ABCDEFGHA$ 封闭 8 边形组成，转折点的坐标见表 3-1。其中，σ_{-1N} 为给定疲劳寿命 N 下的对称循环疲劳强度；σ_b 为拉伸极限强度；σ_{yt} 为拉伸屈服极限；σ_{yc} 为压缩屈服极限。对于一般金属材料，通常以 σ_{yt} 与 σ_{yc} 相等对待；而对中低碳钢、硬铝和铸铁，一般 σ_{yt} 与 σ_{yc} 不相等。此外，对屈服不明显材料，常用拉伸极限强度 σ_b 和压缩极限强度 σ_{bc} 分别代替 σ_{yt} 与 σ_{yc}。

表 3-1　构成 Goodman-Smith 图-*ABCDEFGHA* 封闭 8 边形转折点的坐标

转折点	平均应力 σ_m	应力幅 σ_a
A	0	σ_{-1N}
B	$\frac{\sigma_{yt}-\sigma_{-1N}}{\sigma_b-\sigma_{-1N}}\sigma_b$	σ_{yt}
C	σ_{yt}	σ_{yt}
D	$\frac{\sigma_{yt}-\sigma_{-1N}}{\sigma_b-\sigma_{-1N}}\sigma_b$	$\frac{(\sigma_b+\sigma_{-1N})\sigma_{yt}-2\sigma_b\sigma_{-1N}}{\sigma_b-\sigma_{-1N}}$
E	0	$-\sigma_{-1N}$
F	$\sigma_{-1N}-\sigma_{yc}$	$-\sigma_{yc}$
G	$-\sigma_{yc}$	$-\sigma_{yc}$
H	$\sigma_{-1N}-\sigma_{yc}$	$2\sigma_{-1N}-\sigma_{yc}$

疲劳设计中，疲劳应力范围或当量疲劳应力范围在该封闭 8 边形内，即满足强度要求。而且，图形可划分为由 FGH 构成的 a 区域、$AEFH$ 构成的 b 区域、$ABDE$ 构成的 c 区域和 BCD 构成的 d 区域。依区域不同，疲劳设计要求也不同。表 3-2 给出了简便判断方法。

表 3-2　常规疲劳 Goodman-Smith 图的设计判据

区　域	有效范围	平均应力条件
a	$\sigma_{max}-2\sigma_m<\sigma_{yc}$	$-\sigma_{yc}\leqslant\sigma_m\leqslant\sigma_{-1N}-\sigma_{yc}$
b	$\sigma_{max}-\sigma_m<\sigma_{-1N}$	$\sigma_{-1N}-\sigma_{yc}\leqslant\sigma_m\leqslant 0$
c	$\sigma_{max}-\left(1-\frac{\sigma_{-1N}}{\sigma_b}\right)\sigma_m<\sigma_{-1N}$	$0\leqslant\sigma_m\leqslant\frac{\sigma_{yt}-\sigma_{-1N}}{1-\sigma_{-1N}/\sigma_b}$
d	$\sigma_{max}<\sigma_{yt}$	$\frac{\sigma_{yt}-\sigma_{-1N}}{1-\sigma_{-1N}/\sigma_b}\leqslant\sigma_m\leqslant\sigma_{yt}$

无限寿命理论的评价准则可分为恒应力幅和变应力幅历程情形。恒应力幅(σ_{aL},σ_{avL})时定性的评价准则为：

$$\sigma_{aL-1}\leqslant[\sigma_{-1}]=\frac{\sigma_{-1}}{n_{syth}} \tag{3-1}$$

式中 n_{syth} 为考虑材料疲劳极限与实际结构考察

部位疲劳极限差异的综合修正系数,包含了载荷模式、尺寸、表面质量和环境条件的差异;σ_{aL-1}是恒应力幅(σ_{aL},σ_{avL})的当量对称应力幅,按 Goodman 修正平均应力效应则由式(3-2)计算:

$$\sigma_{aL-1}=\frac{\sigma_{aL}}{1-\frac{\sigma_{avL}}{\sigma_b}} \tag{3-2}$$

变应力幅历程(σ_{aLi},σ_{avLi},n_i;$i=1,2,\cdots,n_L$)情形时,定性的评价准则类似,不过需要把σ_{aL-1}换为变应力幅历程的当量对称应力σ_{aLeq-1}:

$$\sigma_{aLeq-1}\leqslant[\sigma_{-1}]=\frac{\sigma_{-1}}{n_{syth}} \tag{3-3}$$

σ_{aLeq-1}的计算涉及有限疲劳寿命理论,将在后面介绍。需要强调的是,按无限寿命理论的设计结果并不是说结构具有无限寿命,也不能说其寿命为10^7 cycles 或2×10^6 cycles,而只能说当生产上的最大应力幅(σ_{aLmax},σ_{avLmax})的当量对称应力幅$\sigma_{aLmax-1}$小于结构考察处的疲劳极限时,结构具有$\geqslant10^7$次或2×10^6次的寿命。准确的寿命预测只有应用有限疲劳寿命理论才能解决。

3.1.3 有限寿命理论

有限寿命理论按照适用的寿命范围可分为低周疲劳理论和高周疲劳理论。高周疲劳理论,又称应力疲劳理论,适用于疲劳破坏前能承受10^5次以上的循环载荷作用,以应力幅作为试验、分析的控制参量,主要用于较长服役寿命结构的疲劳设计与分析。低周疲劳理论,又称应变疲劳理论,一般适用于疲劳破坏载荷循环数小于10^5次,以应变幅作为试验、分析的控制参量,主要应用于短寿命结构疲劳设计与分析。

铁路货车及一般机械结构的疲劳失效通常属于高周疲劳范畴。

3.1.3.1 低周疲劳理论

低周疲劳理论经过 Coffin、Manson、Neuber 等人的开拓性工作,已建立了定性的分析理论框架。1950年美国航空航天管理局(NASA)刘易思研究所的 Manson[7] 和 Coffin[8] 在大量试验基础上总结提出了后来被称之为 Coffin-Manson 律的循环应变—寿命(CSL)关系式:

$$\varepsilon_{aS}=\frac{\sigma'_f}{E'}(2N)^b+\varepsilon'_f(2N)^c \tag{3-4}$$

式中ε_{aS}是与N相关的循环应变强度,E'是循环弹性模量,σ'_f、b是疲劳强度系数与指数,ε'_f、c是疲劳塑性系数与指数。应注意的是,上式应在服从规范地采用应变控制试验方法在获得$\varepsilon_{aS}-N$数据的基础上按照规定的方法确定。图 3-4 给出了 1Cr18Ni9Ti 焊缝金属的$\varepsilon_{aS}-N$曲线[31]。

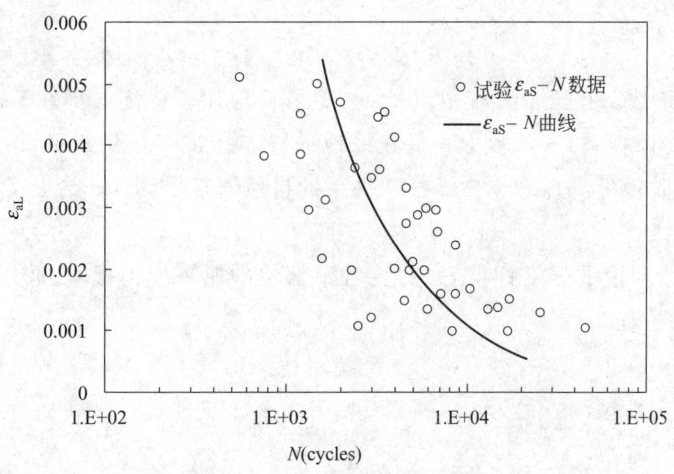

图 3-4 1Cr18Ni9Ti 焊缝金属的均值$\varepsilon_{aS}-N$曲线

当考察部位处外载产生的循环恒应变载荷幅ε_{aL}采用有限元法或检测方法获得时,可直接采用式(3-4)

的反函数 $F^{-1}(\varepsilon_{aS})$ 并把 ε_{aS} 当作 ε_{aL} 来定性进行寿命预测：

$$N(\varepsilon_{aL})=F^{-1}(\varepsilon_{aL}) \tag{3-5}$$

而定性的疲劳设计方法，则应服从循环应变载荷 ε_{aL} 小于设计寿命 N 对应的循环应变强度 ε_{aS}，即：

$$\varepsilon_{aL}\leqslant\varepsilon_{aS}(N) \tag{3-6}$$

如果考察部位以名义应力幅 S_{aL} 为基础进行分析，则需要把 S_{aL} 转变为局部 ε_{aL} 然后才能按上述方法进行分析。转换方法通常是修正的 Neuber 法则[9,10]：

$$\sigma_{aL}\varepsilon_{aL}=\frac{(K_f S_{aL})^2}{E} \tag{3-7}$$

式中 K_f 是疲劳应力集中系数，等式右边是材料的循环应力—应变关系，学术上又称之为循环本构关系，工程常用的最简单的循环本构关系是 Ramberg-Osgood 方程及其修正形式[11]：

$$\varepsilon_{aL}=\frac{\sigma_{aL}}{E'}+\left(\frac{\sigma_{aL}}{K'}\right)^{\frac{1}{n'}} \text{ 及 } \varepsilon_{aL}=\frac{\sigma_{aL}}{E'}+\left(\frac{\sigma_{aL}-\sigma_{ath}}{K'}\right)^{\frac{1}{n'}} \tag{3-8}$$

式中 K'、n' 是循环强度系数与指数，σ_{ath} 是从循环弹性进入循环塑性的交界点，(x) 函数的定义为：$x>0$ 时，$(x)=x$；$x\leqslant0$ 时，$(x)=0$。一般采用把式(3-8)代入式(3-7)求解出 σ_{aL}，再用式(3-8)求出 ε_{aL}。

考虑到循环变形过程中的应力松弛效应，且尚无好的方法考虑平均循环应变效应，在低周疲劳分析中，作者建议这样的策略：先求出考察部位的循环应力历程($\sigma_{aLi},\sigma_{avLi},n_i;i=1,2,\cdots,n_L$)经过当量对称循环处理($\sigma_{aL-1i},n_i;i=1,2,\cdots,n_L$)，再按根据循环本构关系获得循环应变历程($\varepsilon_{aLi},n_i;i=1,2,\cdots,n_L$)。所以，当考察部位的载荷为变幅情形时，低周疲劳的合寿命 N_ε 的预测需要与 Miner 线性累积损伤准则结合，定性预测可由式(3-9)计算：

$$N_\varepsilon=\frac{1}{D_\varepsilon};D_\varepsilon=\sum_{i=1}^{n_L}\frac{n_i}{N_i(\varepsilon_{aLi})} \tag{3-9}$$

根据寿命 N_ε 可按式(3-4)获得当量循环应变载荷 ε_{aLeq}，与式(3-6)类似，可由式(3-10)进行强度校核：

$$\varepsilon_{aLeq}\leqslant\varepsilon_{aS}(N) \tag{3-10}$$

3.1.3.2 高周疲劳理论

就解决问题的方法而言，高周疲劳理论较低周疲劳要相对简单一些，也发展较为成熟。其核心工作是 S—N 曲线，先后有 Basquin 方程[12]

$$\sigma_{aS}^m N=D \tag{3-11}$$

Langer 方程[13]

$$(\sigma_{aS}-\sigma_{ath})^2 N=D \tag{3-12}$$

和三参数方程[14]

$$(\sigma_{aS}-\sigma_{ath})^m N=D \tag{3-13}$$

式中 σ_{ath}、m 和 D 是材料常数。在三个方程中，Langer 方程是应用于描述低周疲劳范围的虚拟应力幅即应变幅与弹性模量的乘积—寿命关系，三参数方程能较好地描述非线性 S—N 关系，但参数 σ_{ath} 与试验的组织关系很大，不便于正确与超长疲劳寿命理论中 S—N 关系的自然连接。图 3-5 给出了按照 Basquin 方程描述的 LZ50 车轴均值 S—N 曲线[29]。

恒幅载荷下高周疲劳理论的强度评价思想是：考察部位的循环应力幅 σ_{aL} 低于或等于给定寿命 N 该处的疲劳强度 $\sigma_{aS}(N)$，定性方程为：

$$\sigma_{aL}\leqslant\sigma_{aS}(N) \tag{3-14}$$

而 σ_{aL} 作用下疲劳寿命的定性预测方程为：

$$N(\sigma_{aL})=\frac{D}{(\sigma_{aL})^m} \tag{3-15}$$

当结构考察部位承受变幅应力载荷历程($\sigma_{aL-1i},n_i;i=1,2,\cdots,n_L$)作用时，考察部位的综合疲劳寿命 N_σ 可定性的由式(3-16)计算：

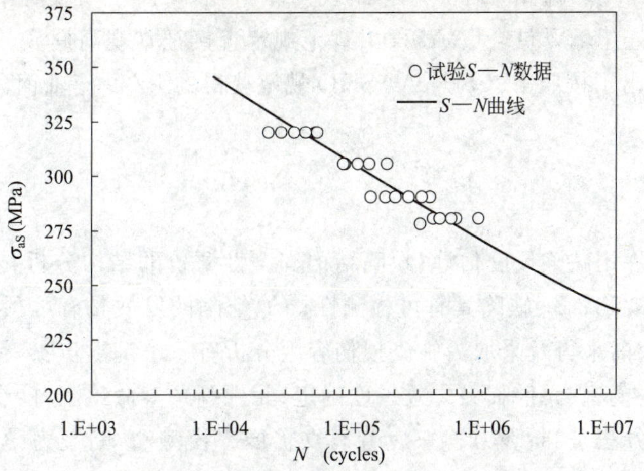

图 3-5 LZ50 车轴钢的均值 S—N 曲线

$$N_\sigma = \frac{1}{D_\sigma}; D_\sigma = \sum_{i=1}^{n_L} \frac{n_i}{N_i(\sigma_{aLi})} \tag{3-16}$$

根据寿命 N_σ 可按式(3-14)获得当量循环应变载荷 σ_{aLeq}，与式(3-14)类似，定性的疲劳强度可由式(3-17)校核：

$$\sigma_{aLeq} \leqslant \sigma_{aS}(N) \tag{3-17}$$

为解决变幅载荷下低于疲劳极限的小载荷部分对疲劳寿命的影响问题，1985 年欧洲钢结构委员会

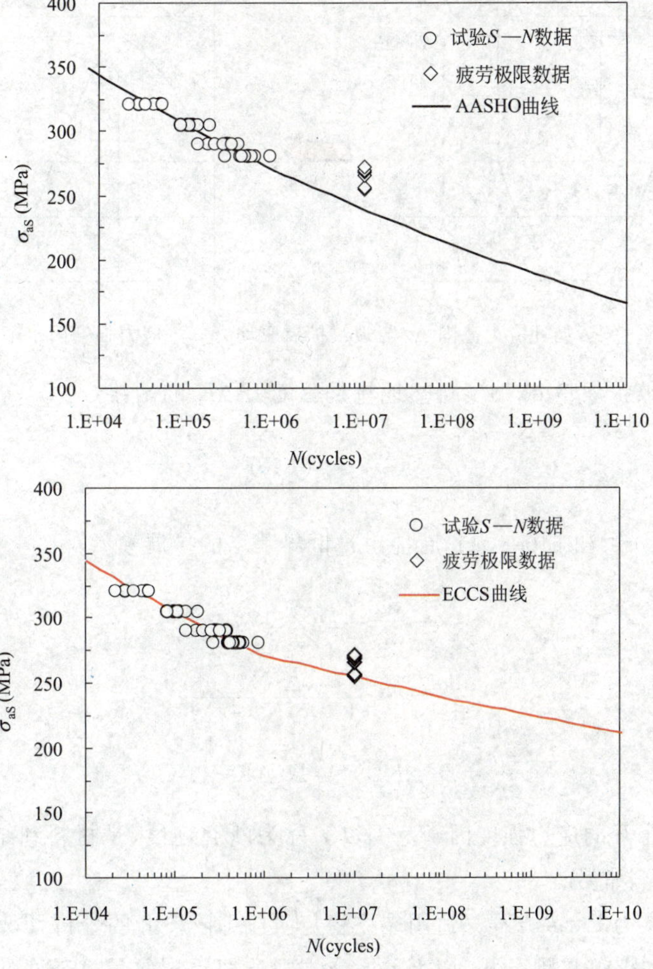

图 3-6 按照 ECCS 和 AASHO 规范获得的
LZ50 车轴钢含超长寿命均值 S—N 曲线

(ECCS)规范规定自 $N=5\times10^6$ cycles 后 S—N 曲线的指数由原来的 m 变为 $2m-1$ 应用于超长寿命范围[23]；1988 年美国国家交通运输委员会(AASHO)规范规定直接把常规高周疲劳 S—N 曲线延伸应用于超长寿命范围[24]。图 3-6 给出了按照 ECCS 与 AASHO 规范获得的 LZ50 车轴钢含超长寿命范围的均值 S—N 曲线。

3.1.4 损伤容限理论

损伤容限理论是结构许用缺陷尺度估计、缺陷结构安全性评价的结构分析与评价理论。该理论的基本思想是：A. 结构容许存在缺陷；B. 缺陷具有可检测性；C. 缺陷的发展具有可预测性；D. 缺陷的发展具有可控性，在发生灾难性事故前来得及采取措施。损伤容限分析有 5 个基本步骤，包括初始裂纹形状与尺度确定、临界失效前的裂纹扩展模型、元件临界失效尺度确定、元件剩余寿命预测、检修间隔的安全评价。

疲劳损伤容限分析的方法是"断裂力学＋疲劳裂纹扩展率模型"。断裂力学用"裂纹"的概念来表征缺陷，裂纹长度 a 反应缺陷的大小；引入应力强度因子 K 的概念来反映裂纹扩展驱动力的大小：

$$K=Y\sqrt{2\pi a}\,\sigma \tag{3-18}$$

式中 Y 是裂纹的形状系数。对于疲劳循环载荷：如图 3-7 所示，一个循环应力范围 $\Delta\sigma$ 对于裂纹产生一个循环的驱动力 ΔK：

$$\Delta K=Y\sqrt{2\pi a}\,\Delta\sigma \tag{3-19}$$

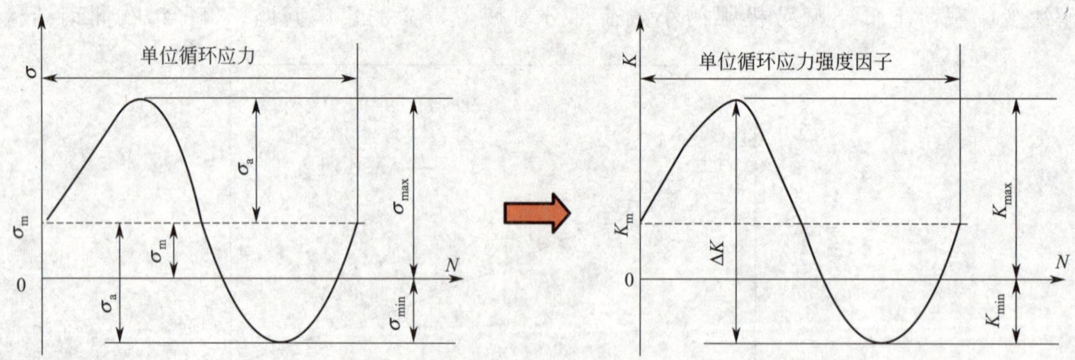

图 3-7 疲劳循环应力范围 $\Delta\sigma$ 与裂纹扩展驱动力——应力强度因子范围 ΔK

那么，单位循环产生的裂纹扩展量 $\mathrm{d}a/\mathrm{d}N$ 自然地将是驱动力 ΔK 的函数：

$$\frac{\mathrm{d}a}{\mathrm{d}N}=f(\Delta K) \tag{3-20}$$

著名学者 Paris[25]、Forman[26] 和 Elber[27] 先后提出过世界著名的扩展模型：

Paris 方程
$$\frac{\mathrm{d}a}{\mathrm{d}N}=D(\Delta K)^m \tag{3-21}$$

Forman 方程
$$\frac{\mathrm{d}a}{\mathrm{d}N}=D\frac{(\Delta K)^m}{(1-R)K_{\mathrm{IC}}-\Delta K} \tag{3-22}$$

Elber 公式
$$\frac{\mathrm{d}a}{\mathrm{d}N}=D(\Delta K_{\mathrm{eff}})^m=D(\Delta K-\Delta K_{\mathrm{op}})^m \tag{3-23}$$

式中 ΔK_{op} 是使裂纹张开的应力强度因子范围，K_{IC} 称为断裂韧度，是材料和结构临界断裂状态的参数，由标准测定；D 和 m 为材料常数。

如图 3-8 所示，一般认为 Paris 方程只适用裂纹稳定阶段即阶段Ⅱ的分析，Forman 方程适用于稳定及断裂后期(即阶段Ⅱ～Ⅲ)的裂纹扩展分析，而 Elber 公式则适用于裂纹尺寸较小阶段即阶段Ⅰ～Ⅱ的分析。但它们还无法描述从启裂到断裂的整个过程。为此，西欧在铁道车辆的损伤容限分析时，采用了美国航空航天管理局(NASA)学者提出称之为 NASGRO 的扩展率模型[28]：

$$\frac{\mathrm{d}a}{\mathrm{d}N}=D(K_{\max}-K_{\mathrm{op}})^n\frac{\left[1-\dfrac{\Delta K_{\mathrm{th}}}{K_{\max}-K_{\mathrm{op}}}\right]^p}{\left[1-\dfrac{K_{\max}}{K_{\mathrm{Jc}}}\right]^q} \tag{3-24}$$

式中 ΔK_{th} 称为门槛值，是使材料与结构发生起裂的临界参数，由规范的试验方法测定，通常规定为裂纹扩展率 $\mathrm{d}a/\mathrm{d}N=10^{-8}$ m/cycle 对应的 ΔK 值；D 和 n 为材料常数，由 Paris 公式拟合试验裂纹扩展数据确定；p、q 是经验材料常数。该模型未纳入循环比 R；p、q 是经验材料常数也影响了预测精度。在分析评价中需要根据检测手段明确缺陷部位与形态及尺寸 a_{o}；确定结构临界断裂的裂纹形态及尺度 a_{c}，满足式(3-25)：

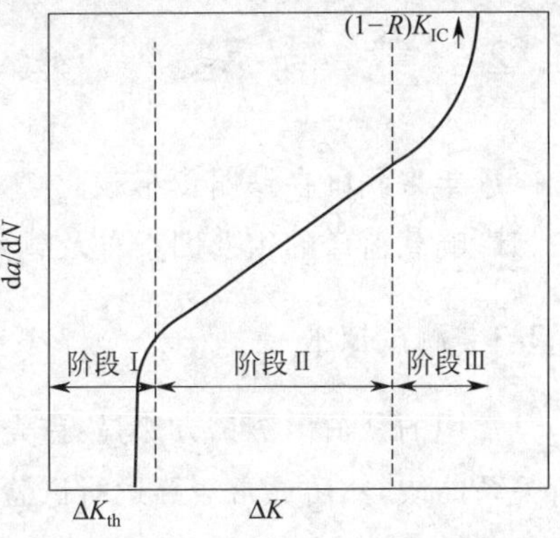

图 3-8 一般疲劳长裂纹扩展规律

$$K_{\mathrm{Ic}}=Y(a_{\mathrm{c}})\sqrt{2\pi a_{\mathrm{c}}}\sigma_{\max} \tag{3-25}$$

进而应用科学的方法明确与裂纹形态相关的作用于裂尖前沿 K 或 J 主导区域的动态主应力谱；与扩展率方程及裂纹形态结合估计结构剩余寿命：

$$N_{\mathrm{rest}}=\int_{a_{\mathrm{o}}}^{a_{\mathrm{c}}}\frac{\mathrm{d}a}{f(\Delta K)} \tag{3-26}$$

如果要保证结构服役安全，就必须在剩余寿命结束之前进行监控与检测。如果已规定了检测周期 N_{insp} 且不能更改，则所检测到的裂纹 a_{insp} 满足式(3-27)则结构能够继续使用：

$$a_{\mathrm{insp}}<a_{\mathrm{cs}} \tag{3-27}$$

其中 a_{cs} 是结构的临界安全裂纹尺度，由式(3-28)确定：

$$N_{\mathrm{insp}}=\int_{a_{\mathrm{cs}}}^{a_{\mathrm{c}}}\frac{\mathrm{d}a}{f(\Delta K)} \tag{3-28}$$

3.1.5 疲劳累积损伤理论

累积损伤是变幅载荷下结构有限寿命计算的核心问题。当材料承受高于疲劳损伤极限的应力时，每一循环都使材料产生一定量的损伤，这种损伤是能累积的，疲劳破坏便是一个累积损伤的过程，累积损伤理论就是经过疲劳寿命试验对疲劳破坏过程的仔细观测、分析和研究而提出的累积损伤规律，它揭示每一次载荷造成的损伤之间的相互关系和疲劳损伤是按照什么样的规律进行累积的。疲劳累积损伤归纳起来可分三大类：

1. 线性疲劳累积损伤理论；
2. 非线性疲劳累积损伤理论；
3. 双线性累积损伤理论。

在几十种的疲劳累积理论和公式中，目前工程中应用最广泛的是线性疲劳累积损伤理论。

线性疲劳累积损伤理论假设损伤是线性累积的，即在给定的应力水平下，每一循环产生等量的损伤。在这个假设的基础上，Miner 根据材料吸收净功的原理，提出了疲劳线性累积损伤的数学表达式，并指出：在疲劳试验中，试件在给定的应力水平反复作用下，损伤可以认为与应力掀环次数成线性累积的关系，当损伤累积到某一临界值时，就产生破坏。

线性累积损伤定律的正确运用，取决于两个局限性很强的假设：

1. 在任一给定的应力水平下，累积损伤的速度与以前的载荷历程无关，即对于每一应力水平，不论在寿命的前期或后期，每次循环的损伤应该是相同的；
2. 无论是由高到低或由低到高，加载顺序的变化不应该影响寿命。

当这些假设得到很好的满足时，线性累积损伤的计算可以得到满意的结果。

3.2 载荷谱

近年来我国在铁路货车载荷谱方面的研究取得了进展，下面就铁路货车载荷测试技术、载荷谱编制方法、影响载荷谱的主要因素以及载荷谱的损伤一致性校准等方面加以论述。

3.2.1 测试技术

常用的载荷谱测试方法是：首先在被试部件上贴应变片并在试验机上(或有限元分析)标定出应变—载荷关系曲线，然后通常线路运行试验测试出应变—时间历程，最后采用标定曲线得出载荷—时间历程进而得出载荷谱。该方法对受单一载荷作用且载荷作用点固定的部件比较有效。

对于受多个载荷作用的部件，例如摇枕在运行中就受到心盘、旁承以及纵向等多个动态载荷的作用，这些载荷可采用专门开发的测力摇枕进行测试。通过改变摇枕心盘和旁承座局部结构制作专用测力摇枕(图3-9)，这种局部变化并不改变摇枕的接口尺寸，也不应影响转向架动力学性能和强度。测力摇枕装有能测试心盘力大小和作用位置的组合式测力心盘传感器和旁承测力传感器。由于采用专用的测力传感器进行测试，因此提高了信噪比、抗干扰能力和精度，测试效果理想。

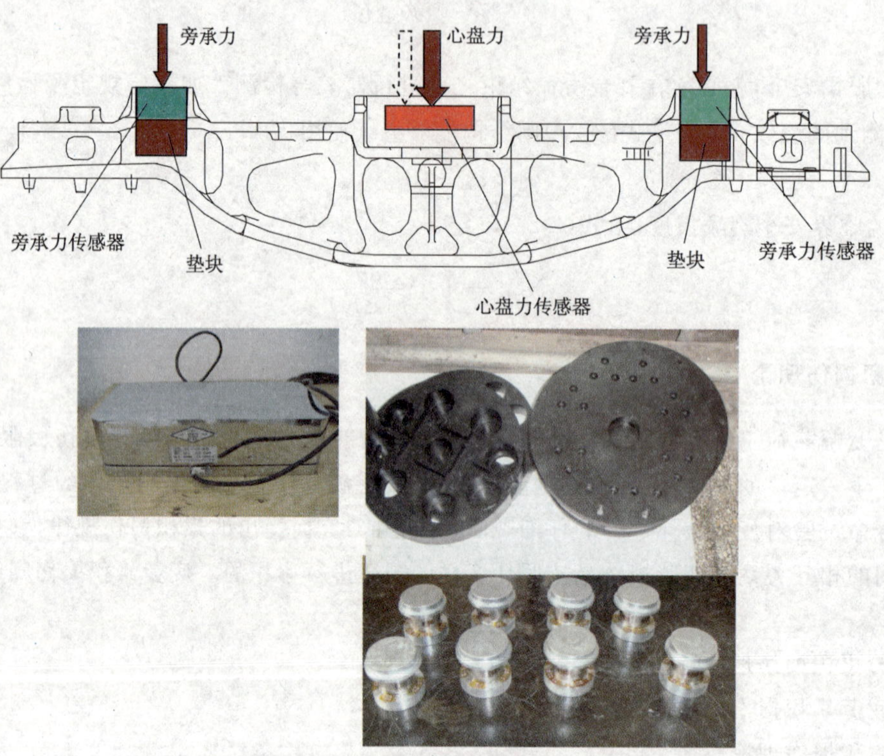

图 3-9 测力摇枕

铁路货车载荷谱测试需根据列车的编组运输情况进行，需要在多个断面上换装测力车钩和测力摇枕等测力装置，并应考虑电池供电时间以及数据采集系统的固定安装。要保证各载荷数据采集的同步性，以满足载荷识别和研究各载荷间关联性的需要。

3.2.2 数据处理方法

测试过程中数据采集系统把数据记录在系统内部的存储卡上，试验结束后，使用采集系统的配套软件进行数据回放，再把数据按通道转换成浮点格式数据文件，通过零漂处理、滤波处理和小波处理得到各个测力传感器的载荷时间历程，采用雨流计数法进行各级载荷及其出现频次的统计，这些工作用数据处理工具软件实现，载荷谱表现形式为各组载荷最大、最小值以及它们对应的循环次数。

对随机载荷时间历程进行分析归类、找出其变化规律的方法称为计数法。从统计观点上看，计数法大体可分为两类：单参数法和双参数法。单参数计数法只记录载荷循环中的一个参量，如均值或幅值，不能给出循环的全部信息，有较大的缺陷。双参数计数法可以同时记录载荷循环中的两个参数。由于载荷循环中只有两个独立参量，因此双参数计数法可以记录载荷循环的全部信息，是比较好的计数法。

双参数雨流计数法是由 Matsuiski 和 Endo 等人考虑了材料应力—应变塑性行为而提出的一种计数法，该法认为塑性的存在是疲劳损伤的必要条件，并且其塑性性质表现为应力—应变迟滞回线。一般情况下，虽然名义应力处于弹性范围，但从局部、微观的角度看，塑性变形仍然存在。图 3-10(a)为某一测点的应变—时间历程，其对应的应力—应变曲线如图 3-10(b)所示。由图可见，两个小循环 2—3—2′、5—6—5′和一个大循环 1—4—7 分别构成了两个小的和一个大的迟滞回线。如果疲劳损伤以此为标志，并且假设，截断一个小变程的迟滞回线，不影响一个大变程所引起的损伤，因此可以逐次将构成较小迟滞回线的较小循环从整个应变—时间历程中提取出来，重新加以组合。这样，图 3-10(a)应变—时间历程将简化为图 3-10(c)所示的等效应变—时间历程，而且认为两者对材料引起的疲劳损伤是等效的。

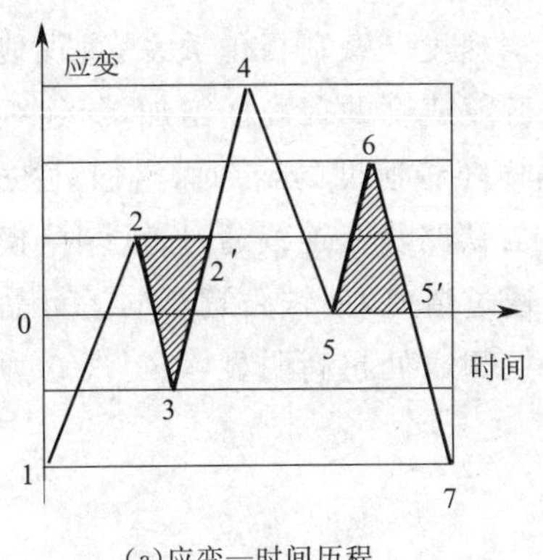

(a)应变—时间历程

(b)应力—应变迟滞回线

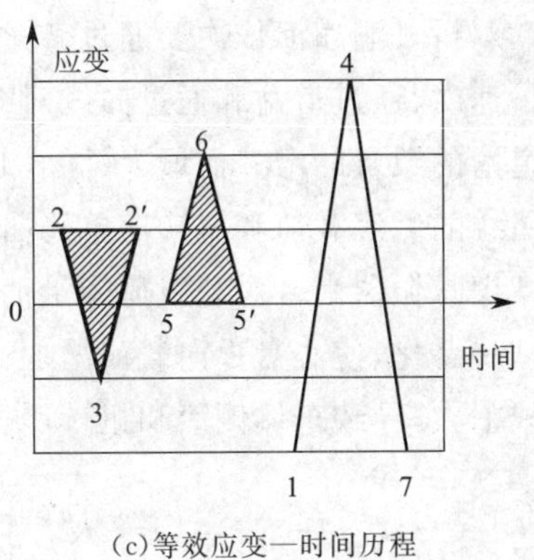

(c)等效应变—时间历程

图 3-10　雨流计数法原理

雨流计数法就是基于上述原理进行循环计数的。雨流计数法的规则是：

(1)雨流依次从每一峰谷值的内侧开始，顺着斜坡往下流，在下一个峰值处落下，直到对面有一个臂开始峰值更大的峰值时为止；

(2)当雨流遇到来自上层斜面落下的雨流时就截止；

(3)按上述规定取出所有的全循环，并记下各自幅度，直到剩下的载荷时间历程为发散收敛型；

(4)将剩下的发散收敛型历程从最大峰值或最小谷值处截断，改为等效的收敛发散型，再进行第二阶段的计数，总数应等于两阶段计数之和。

如图 3-11 所示，取时间为纵坐标，垂直向下，载荷—时间历程形如一宝塔屋顶。设想雨滴以峰、谷为起点，向下流动。用上述规则进行计数，可得到 2—3—2′、5—6—5′、8—9—8′三个全循环和 1—2—2′—4、4—5—5′—7、7—8—8′—10 三个半循环。

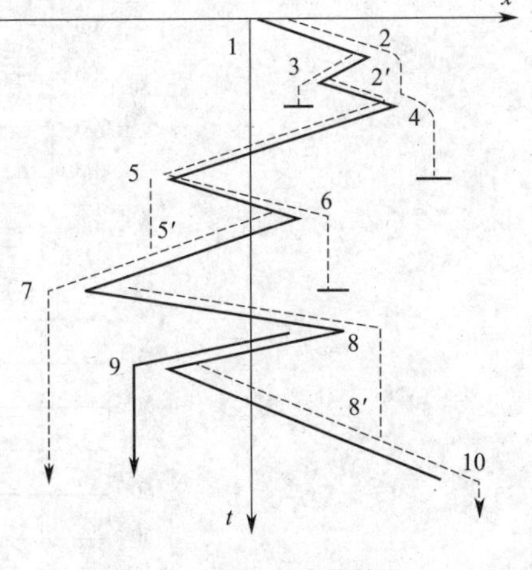

图 3-11　雨流法计数简图

3.2.3　载荷谱分析

近年来已在一些典型线路上对 C_{70} 型和 C_{80} 型铁路货车进行过载荷谱线路实测，获得了一定数量的数据样本，以下将通过数据分析揭示影响载荷谱的主要因素，并给出一些典型的载荷谱。

1. 线路影响

选择两条线路路况差别很大的 C_{70} 型铁路货车测试数据进行分析，其中一条是线路路况良好的京九线丰台西—衡水段(273 km)，最高运行速度为 120 km/h；另一条是线路路况较差的双桥—洞庙河段(166

km)，该段车站密集、弯道繁多，最高运行速度为 100 km/h。同一车的测力摇枕心盘载荷测试数据表明，这两条线上心盘浮沉载荷谱的差别很大，双桥—洞庙河段的远较丰台西—衡水段的恶劣，见图 3-12。

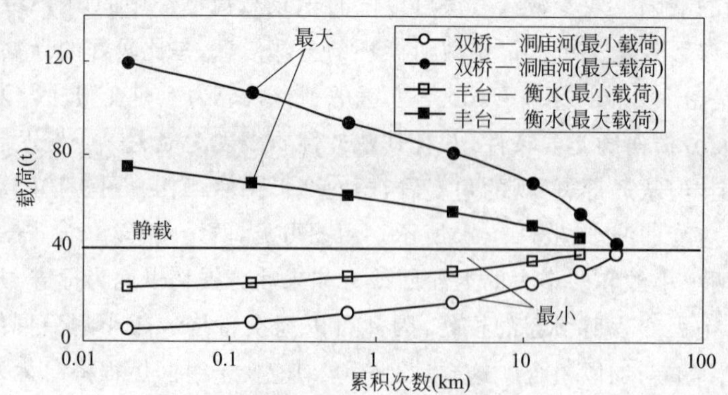

图 3-12　运行线路对心盘浮沉载荷谱的影响

双桥—洞庙河依次要通过 20 个车站，通过的曲线和道岔多，图 3-13 为速度与载荷极值关系，直观地说明了速度、通过道岔和通过曲线对载荷的影响。可见：心盘浮沉载荷的极值随速度的提高而增加，随连续通过道岔的数量的增多而增大(图 3-13(a))；侧滚载荷和扭转载荷的极值同样随着速度的增加而增加，通过 S 形曲线的侧滚载荷和扭转比单侧曲线更大(图 3-13(b))。上述结果反映出：铁路货车连续通过道岔时，楔块式摩擦减振器尚未对动载荷能量消耗完全，铁路货车系统尚未稳定，再次通过道岔，使铁路货车的运行品质进一步恶化，使心盘垂向载荷增加；由于侧线道岔的缓和曲线半径更小并且侧线处超高明显，使得离心力比正线上大，导致车体侧滚和扭转严重。

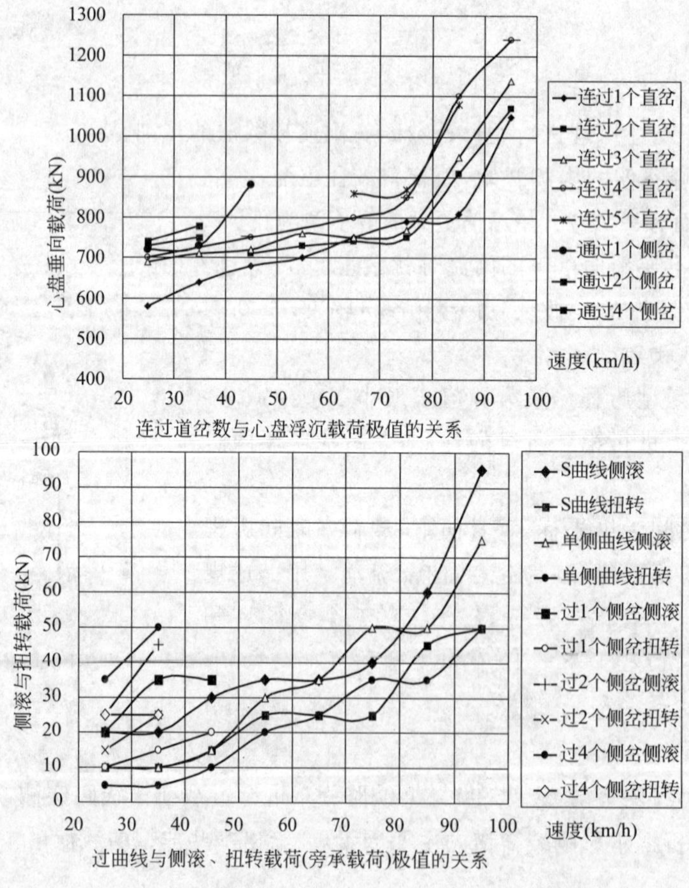

图 3-13　通过道岔和通过曲线对载荷极值的影响

2. 被试车个体差异的影响

对双桥—洞庙河区段上多个 C_{70} 型铁路货车的测试样本(转 K5 型和转 K6 型转向架测力摇枕各 4 个)分析结果表明,被试车个体差异对载荷谱的影响较大,见图 3-14。图 3-14 中结果显示,4 个转 K5 型和 4 个转 K6 型转向架的载荷谱的离散性均较大,总体而言旧转向架心盘浮沉载荷谱较新转向架更大些,这可能与旧转向架减振系统性能劣化而导致的垂向振动加剧有关。

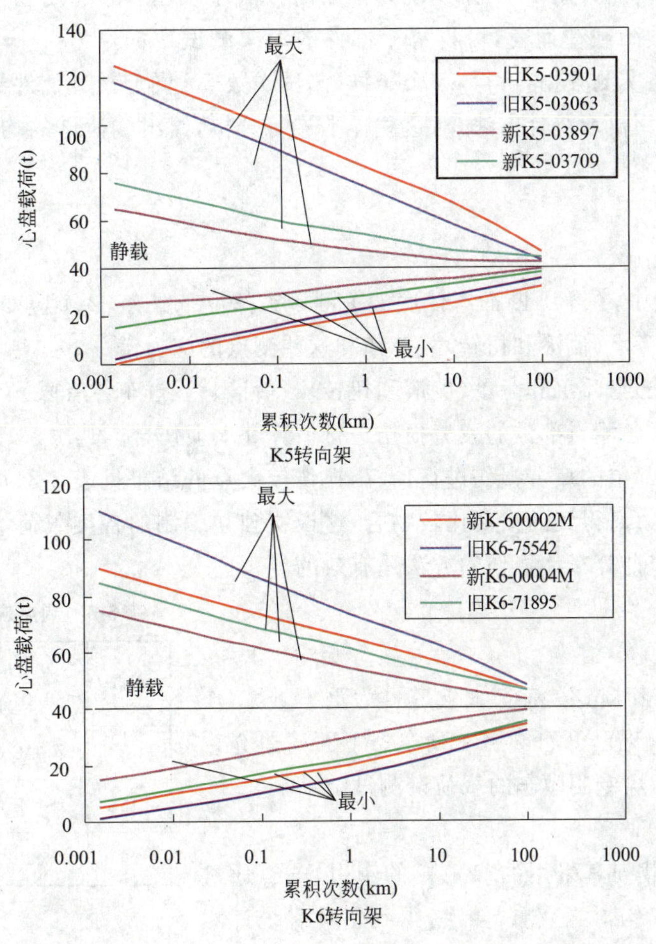

图 3-14　重车心盘浮沉载荷累积频次图,双桥—洞庙河区段 2 个往返统计结果

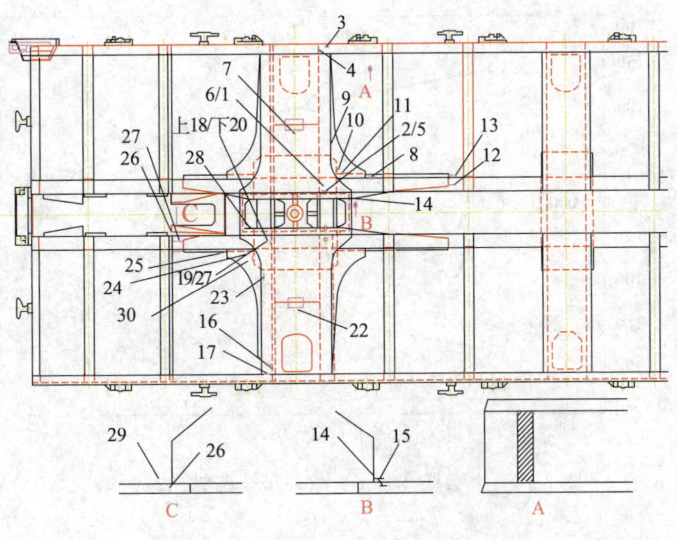

图 3-15　C_{70} 型车体结构应力测点

3.2.4 载荷谱的统计处理

实际上，包括铁路货车、线路状态、测试误差、试验编组、列车操纵等众多因素都会影响到载荷谱，载荷谱具有随机特性，因此，应在充分考虑这些影响因素的基础上，依据运用要求选择具有代表性的线路进行大量的载荷谱测试以获取多个实测数据样本，采用统计推断的方法才能建立起适用和可靠的载荷谱。从概率的角度看，对同型部件某个被测载荷而言，可将每个部件的每次测试数据作为一个子样。例如被试部件有 7 个，分阶段有 5 次相同线路实测数据，可得 35 个子样(测试次数 5×同型被试部件数量 7)。这样得到该部件的 35 个载荷谱样本后，采用概率统计方法，对这些样本进行分析，给出载荷谱的均值和方差等，进而可建立用概率表征的载荷谱。

3.2.5 载荷谱校验

5 000 t 重载列车试验中，在第 5 断面车体底架关键接头部位布置有 32 个应变片测点(图 3-15)，同时测试车钩纵向、新盘浮沉和旁承(侧滚和扭转)载荷谱和这些测点的应力谱。

首先采用车钩纵向、心盘浮沉和旁承(侧滚和扭转)载荷谱、通过车体有限元应力计算及接头应力—寿命曲线，对各分力谱下车体各测点部位的疲劳损伤进行估算并求损伤合。其次，采用测点实测应力谱及接头应力—寿命曲线对各测点部位的疲劳损伤进行估算，损伤较大点的结果见表 3-3，可见这些测点用载荷谱计算出的损伤与直接测试应力谱得到的损伤比较吻合，这说明独立编制的各类载荷谱与车体结构实际损伤的对应性较好，利用分力谱来计算车体损伤的方法是有效的。

3.2.6 载荷谱范例

表 3-3　测点应力谱与分力谱损伤比较

测点	分力谱损伤合	应力谱损伤	损伤比
12	2.91E-05	2.18E-05	1.3
13	2.16E-05	2.12E-05	1.0
26	2.42E-05	2.21E-05	1.1

大秦线线路全长 600 多 km，具有长大坡道且为重车下坡，作为我国的第一条重载线路，现已开行 2 万 t 列车。下面简单介绍大秦线 2 万 t 列车 C_{80} 型运煤专用敞车的载荷谱测试结果。

1. 车钩纵向载荷谱

针对大秦线 2 万 t 重载列车采用的“1＋1”的牵引方式，通过在列车中均布 20 个测力车钩，往返测试 4 次，得到了具有统计意义的车钩纵向载荷数据。通过雨流计数分别挑出车钩拉、压载荷及其作用次数，即得到图 3-16 所示的车钩纵向载荷谱。

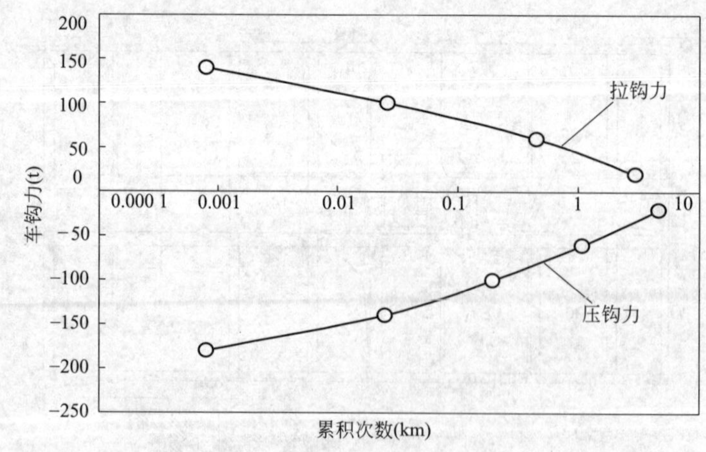

图 3-16　大秦线 2 万 t 重载列车车钩纵向载荷谱

2. 心盘载荷谱

对 3 辆 C_{80} 型运煤专用敞车的 6 个测力摇枕心盘垂直载荷数据进行统一处理，通过雨流计数分别挑出载荷的最大、最小值及其作用次数，得到图 3-17 的心盘中心浮沉载荷谱和心盘偏心力矩幅值谱。

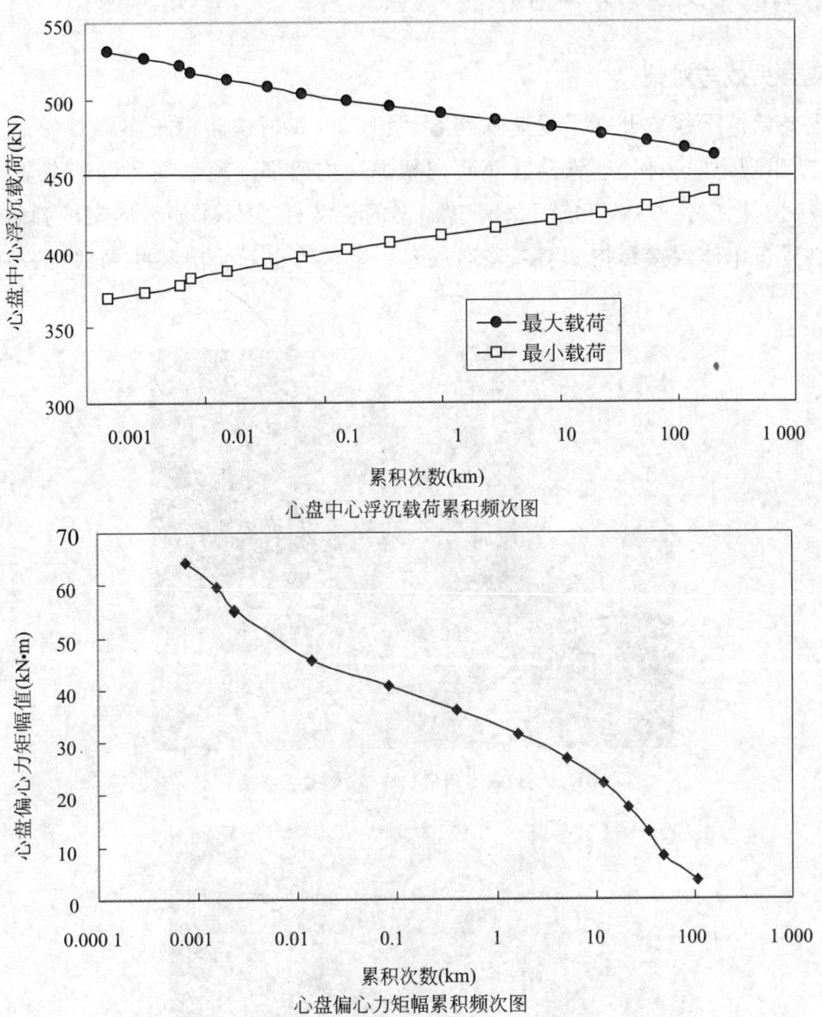

图 3-17　大秦线 C_{80} 型运煤专用敞车重车心盘载荷累积频次图

3. 旁承垂向载荷谱

对 3 辆 C_{80} 型运煤专用敞车的 12 个测力摇枕旁承垂直载荷数据进行统一处理，通过雨流计数分别挑出载荷的最大、最小值及其作用次数，即得到图 3-18 所示的旁承垂向载荷谱。

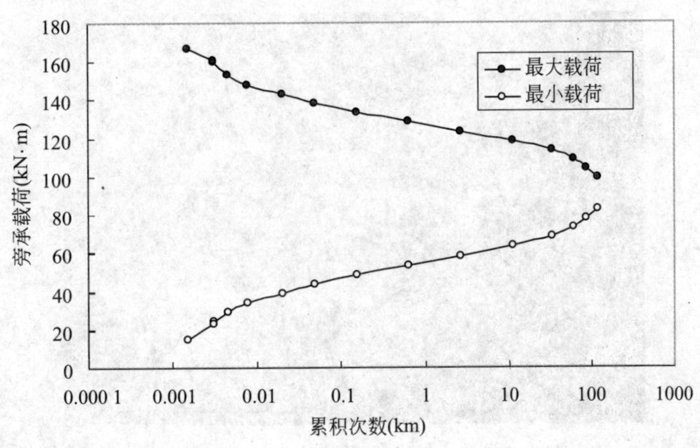

图 3-18　大秦线 C_{80} 型运煤专用敞车重车旁承载荷累积频次图

3.3 焊接结构的疲劳评价

3.3.1 焊接结构疲劳失效与对策

近年来，我国主要繁忙干线均开行了提速铁路客、货列车，我国铁路机车车辆焊接结构因疲劳问题而失效的工程事例也不断出现，如多种提速铁路客车转向架焊接构架都出现过危及行车安全的疲劳断裂问题，早期提速铁路货车焊接构件如Z8AG型和转K2型转向架的交叉杆、转K4型转向架的弹簧托板等运用不久即出现疲劳破坏，铁路货车车体焊接结构如 C_{80B} 型运煤专用敞车等也暴露出某些局部疲劳强度不足的问题(图3-19)。

(a) C_{80B} 型运煤专用敞车端部支撑连接板裂纹

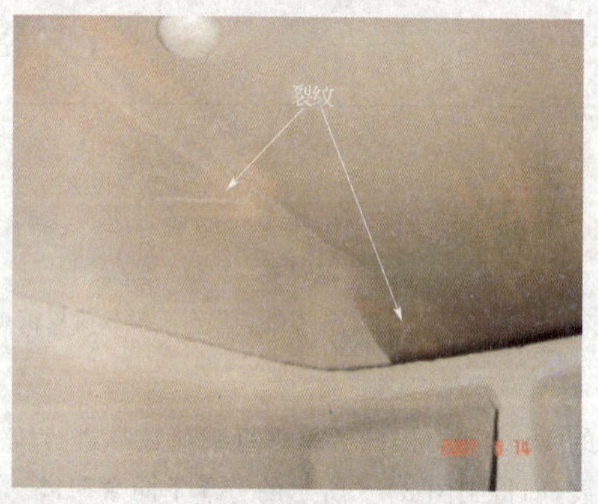

(b) C_{80} 型运煤专用敞车整体上心盘顶面裂纹

(c)机车牵引拉杆座裂纹

图3-19 铁路机车车辆典型焊接结构疲劳裂纹

焊接结构疲劳失效的主要原因有以下几个方面：

(1)客观上讲，焊接接头的静载承受能力一般并不低于母材；而承受动载荷时的能力却远低于母材，且与焊接接头类型和焊接结构形式有密切的关系。这是引起一些结构因焊接接头的疲劳而过早失效的一个主要的因素。

(2) 早期的焊接结构设计以静载强度设计为主，没有考虑疲劳设计，或者是焊接结构疲劳设计不完善，以至于出现了许多现在看来设计不合理的焊接接头。

(3)工程设计技术人员对焊接结构疲劳性能的特点了解不够，所设计的焊接结构往往照搬其他金属结构的疲劳设计准则与结构形式。

(4)焊接结构日益广泛，而在设计和制造过程中人为盲目追求结构的低成本、轻量化，导致焊接结构的设计载荷越来越大。

(5)焊接结构有往高速重载方向发展的趋势，对焊接结构承受动载能力的要求越来越高，而提高焊接结构疲劳强度方面的科研相对滞后。

由于焊接接头焊趾处的焊接缺陷、应力集中和残余拉伸应力的作用，其疲劳强度大幅度地低于基本金属的疲劳强度。所以焊接结构的疲劳强度取决于接头的疲劳性能，即焊接接头的疲劳性能，关系着焊接结构能否安全使用。因此为了保证焊接结构可靠性，在设计承受交变动载荷的焊接结构时，设计规范规定以焊接接头的疲劳强度作为整体结构的疲劳强度，而不采用基本金属的疲劳强度，显然这造成极大浪费。即使如此，在接头处局部应力集中作用下，仍然经常发生整体结构的过早疲劳失效。为了使焊接结构很好地满足工程上对其提出的承受动载的要求，能够采取的措施主要有两点：一方面，增加对焊接结构抗疲劳性能的了解，精心设计结构形式及接头形式，使所设计的焊接结构更合理，具有更高的疲劳强度，同时提高和严格控制焊接质量，防止和减少焊接缺陷的产生；另一方面，直接面对焊接接头疲劳性能较差的弱点，在焊接结构制造过程中、完成后以及使用过程中采取有效的工艺措施，提高接头的疲劳强度，增加其承受动载的能力、延长其使用寿命。

3.3.2 影响焊接结构疲劳强度的主要因素

1. 焊接缺陷

包括裂纹、夹渣、气孔、咬边、未熔合及未焊透等焊接缺陷均能引起相当程度的应力集中并引发疲劳裂纹(图 3-19(c))。当气孔、夹渣与未焊透等焊接缺陷尺寸较小时，对焊接接头的静载塑性强度影响不大，但对结构的疲劳强度影响要大得多。焊接缺陷对接头疲劳强度的影响不但与缺陷尺寸有关，还取决于许多其他因素，如表面缺陷比内部缺陷影响大，与作用力方向垂直的面状缺陷的影响比其他方向的大；位于残余拉应力区内的缺陷的影响比在残余压应力区的大；位于应力集中区的缺陷(如焊缝趾部裂纹)比在均匀应力场中同样缺陷影响大。

2. 静载强度

人们在结构选材时，总希望材料具有较高的比强度，即以较轻的自身重量去承担较大的负载重量，或是同样的承载能力可以减轻自身的重量，所以高强钢应运而生。它具有较高的疲劳强度，基本金属的疲劳强度总是随着静载强度的增加而提高。但是对于焊接结构来说，情况就不同，因为焊接接头的疲劳强度与母材静强度、焊缝金属静强度、热影响区的组织性能以及焊缝金属强度匹配没有多大的关系，也就是说只要焊接接头的细节一样，高强钢和低碳钢的疲劳强度是一样的，具有同样的 $S—N$ 曲线，这个规律适合对接接头、角接接头和焊接梁等各种接头形式。在设计承受交变载荷的焊接结构时，试图通过选用较高强度的钢种来满足工程需要是没有意义的。只有在应力比大于＋0.5 的情况下，静强度条件起主要作用时，焊接结构才采用高强钢。

3. 接头类型和焊缝形状

焊接接头的类型主要有对接接头、十字接头、T 形接头和搭接接头，在接头部位由于传力线受到干扰，因而发生应力集中现象。对接接头的力线干扰较小，因而应力集中系数较小，其疲劳强度也将高于其他接头形式。焊接结构中广泛应用十字接头或T形接头，在这种承力接头中，由于在焊缝向基本金属过渡处具有明显的截面变化，其应力集中系数要比对接接头的应力集中系数高，因此十字或T形接头的疲劳强度要低于对接接头。对未开坡口的用角焊缝连接的接头和局部熔透焊缝的开坡口接头，当焊缝传递工作应力时，其疲劳断裂可能发生在两个薄弱环节上，即基本金属与焊缝趾端交界处或焊缝上。对于开坡口焊透的十字接头，断裂一般只发生在焊趾处，而不是在焊缝处。焊缝不承受工作应力的T形和十字接头的疲劳强度主要取决于焊缝与主要受力板交界处的应力集中，T形接头具有较高的疲劳强度，而十字接头的疲劳强度较低。提高T形或十字接头疲劳强度的根本措施是开坡口焊接，并加工焊缝过渡处使之圆滑过渡，通过这种改进措施，疲劳强度可有较大幅度的提高。搭接接头的疲劳强度是很低的，这是由于力线受到了严重的扭曲。采用所谓"加强"盖板的对接接头是极不合理的，由于加大了应力集中影响，采用盖板后，原来疲劳强度较高的对接接头被大大地削弱了。对于承力盖板接头，疲劳裂纹可发生在母材，也可发生在焊缝，另外改变盖板的宽度或焊缝的长度，也会改变应力在基本金属中的分布，因此将要影响接头的疲劳强度，即随着焊缝长度与盖板宽度比率的增加，接头的疲劳强度增加，这是因为应力在基本金属中分布趋于均匀所致。无论是何种接头形式，它们都是由两种焊缝连接的，对接焊缝和角焊缝。焊缝形状不同，其应力集中系数也不相同，从而疲劳强度具有较大的分散性。

4. 焊接残余应力

焊接残余应力是焊接结构所特有的特征，它对于焊接结构疲劳强度的影响是人们广为关心的问题。已有的研究表明：在应力比 R 值较高时，例如在脉动载荷下($R=0$)，疲劳强度较高，在较高的拉应力作用下，残余应力较快地得到释放，因此残余应力对疲劳强度的影响就减弱；当 R 增大到0.3时，残余应力在载荷作用下，进一步降低，实际上对疲劳强度已不起作用。从这里也可以看出焊接残余应力对接头疲劳强度的影响与疲劳载荷的应力循环特性有关。即在循环特性值较低时，影响比较大。由于结构焊缝中存有达到材料屈服点的残余应力，因此在常幅施加应力循环作用的接头中，焊缝附近所承受的实际应力循环将是由材料的屈服点向下摆动，而不管其原始作用的循环特征如何。例如标称应力循环为 $+S_1$ 到 $-S_2$，则其应力范围应为 S_1+S_2。但接头中的实际应力循环范围将是由 S_y(屈服点的应力幅)到 $S_y-(S_1+S_2)$。这一点在研究焊接接头疲劳强度时是非常重要的，它导致了一些设计规范以应力范围代替了循环特征 R。

3.3.3 焊接结构疲劳强度评价方法

在疲劳强度理论基础上，根据焊接结构的特点，现已发展出的焊接结构的疲劳强度评价方法有：名义应力法、热点应力法、缺口应力应变法和断裂力学法。

(1)名义应力法

名义应力法根据焊接结构的名义应力—寿命曲线($S—N$ 曲线)进行疲劳强度评价。依据应力水平，可采用 $S—N$ 曲线的水平区段—疲劳极限进行无限寿命评定或采用 $S—N$ 曲线的倾斜部分进行有限寿命评定。

名义应力法使用简便，在焊接结构疲劳评定中普遍被采用，但对焊接结构必须依据焊接接头几何形状和受力状态分类，而且对于复杂的接头存在无法确定其类别的困难。

(2)热点应力法

热点法指最大结构应力或几何应力，是结构中危险截面上危险点的应力，一般在焊接结构的焊趾处(图3-20)，是疲劳裂纹的起源部位。作为应力评定的参考值，它排除了焊缝形状本身所产生的局部应力集中效应，考察由焊接件接头几何形状和尺寸大小在焊趾出所引起的应力集中效应，如图3-20所示，σ_{hot} 是基于表面两点应力线性外推得到的一种热点应力的表示，σ_{peak} 为考虑焊趾处局部缺口效应的真实应力，t 为母板厚度，因此热点应力是以虚构的应力，其与名义应力的关系为：$\sigma_{hot}=K_s\sigma_n$。式中，K_s 为结构应力集中系数，为 σ_n 名义应力。

热点应力法的两个关键问题是如何计算焊接接头处的几何应力，即获得热点应力和怎样获得该"热点"对应的 $S_{hot}—N$ 曲线。

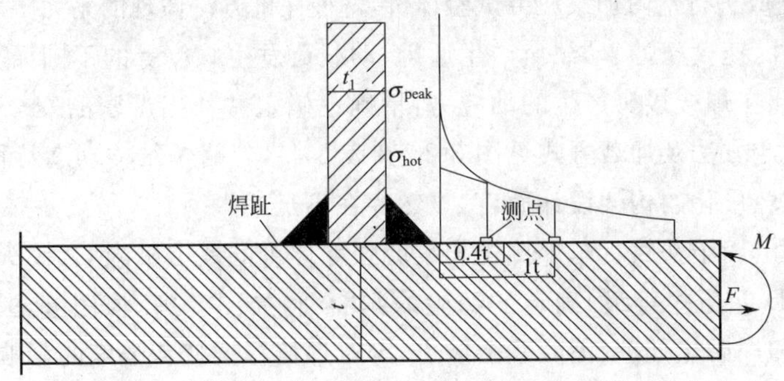

图 3-20 热点应力的定义方法

目前,有如下几种方法可获得焊接结构焊趾处的结构应力:表面外推法、厚度线性化法、等效结构应力法等。随着有限元商业软件的普及和推广,表面外推法和等效结构应力法得以较快发展。因为这两种方法通过将焊趾结构应力集中考虑在应力分析之中,一方面可适应有限元强大的应力分析技术,另一方面避免了对疲劳设计 *S*—*N* 曲线的选择。表面外推法在国内相关行业的应用研究已得到普遍关注,而等效结构应力法在 2007 版 ASME 锅炉及压力容器标准中推荐将其应用于焊缝疲劳分析。

表面外推法存在的局限性是网格化的敏感性,采用不同大小的网格划分会得到不同的特点应力,但该方法的具体实施相对较为简易,有利于工程实际应用。

等效结构应力法的优点是网格不敏感性,较基于表面外推法的结构应力计算具有明显优势。

热点应力法虽然避免了名义应力法要从众多 *S*—*N* 曲线选择一条合理的 *S*—*N* 曲线的麻烦,但其局限性较大,并不适用于焊根部位及构件背面焊接部位的疲劳强度评价。有限元软件的普及加速了该方法的研究和推广,但仍在于不断完善中。

(3)缺口应力应变法

该方法认为疲劳破坏源于焊接接头局部缺口(缺陷)的应力应变集中效应,决定焊接结构疲劳强度的是缺口根部的最大应力应变,只要最大局部应力应变相同,疲劳寿命就相同。因而在考虑应力应变集中的情况下可以使用光滑试样的循环应力——应变曲线和应变—寿命曲线进行计算,也可以使用局部应力应变相同的光滑试样进行疲劳试验来模拟。

缺口应力应变法可以评定各种样式的焊接接头形式,但是因为需要考虑焊接接头的局部效应,而焊趾尺寸细小且变化较大,所以缺口效应也较难确定,限制了该方法的应用。

(4)断裂力学法

这种评价方法是破损——安全设计准则的体现和改进。它假定焊接接头内存在有初始裂纹,因而应用断裂力学方法来估算其剩余寿命。

断裂力学的方法所描述的对象通常为一条主裂纹在交变载荷下的扩张规律,其所采用的数学模型主要是由应力强度因子或守恒积分所控制的各种类型的裂纹扩展速率公式。但由于影响疲劳裂纹扩展的因素很多,该方法较科学合理,但运用较复杂,还在发展中。

3.3.4 转向架焊接构架的疲劳强度评价

根据铁路货车转向架焊接构架疲劳设计载荷,用有限元软件模拟疲劳载荷下的应力状况,采用相应的焊接结构评定规范对焊接构架进行疲劳优化和可靠性评价,大大缩短了开发周期。

1. 疲劳设计载荷与评定规范

在运用中,转向架焊接构架支撑在轴箱弹簧上,除承载车体和货物重量外主要受到浮沉心盘载荷、侧滚载荷以及线路扭转载荷等动载荷的作用。

UIC510-3 规范将转向架焊接构架载荷种类分为“静载荷”和“动载荷”两种,并规定了载荷计算方法,再通过有限元应力计算或台架加载下的应力测试确定“静应力”和“动应力”,然后用材料/接头 Goodman 疲劳极限线图评定焊接构架的疲劳强度或进行室内加载疲劳试验评价，这种评价方法体现的是无限寿命设计思想。

动载荷值因线路条件、速度条件、动载荷产生原因、动载荷发生频率等的不同而异。因此在设计阶段，对加于构架的动载荷及由此在焊接接头产生的动应力，精确地确定并作出严密的安全判断是困难的。将动载荷系数看为定值（载荷确定方法及加载方式见图 3-20 和表 3-4），忽略了结构动态特性（包括动载荷大小和频率变化）的影响，对高速、轻量化的构架设计而言，显然存在不足。

EN 13749 标准中规定用于铁路货车焊接构架疲劳强度评价的疲劳极限 Goodman 图是一个按接头类型（按质量划分为 A、B、C、D、E 五个等级）确定的经验的判断图，如图 3-21，该图基本能反映铁路货车运用环境、结构尺寸、制造工艺和焊后热处理（消除残余应力）等对焊接构架疲劳强度的影响。

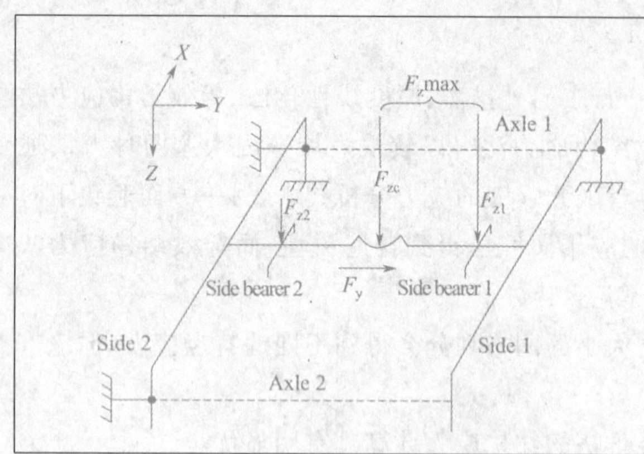

(1)垂向静载荷：$F_z=4Q_0-m^+g$

式中，F_z——作用在构架下心盘面上的垂向静载荷(kN)。

(2)横向载荷：$F_y=0.4\times0.5(F_z+m^+g)$

式中，F_y——作用在构架心盘上的横向静载荷(kN)。

(3)横向动力系数 α 为：$\alpha=0.2\left(\frac{1\,700}{2b_g}\right)$

式中，$2b_g$——旁承间距。

(4)斜对称载荷

按轨道扭曲量 5‰考虑。

(5)纵向载荷：制动力 F_x。

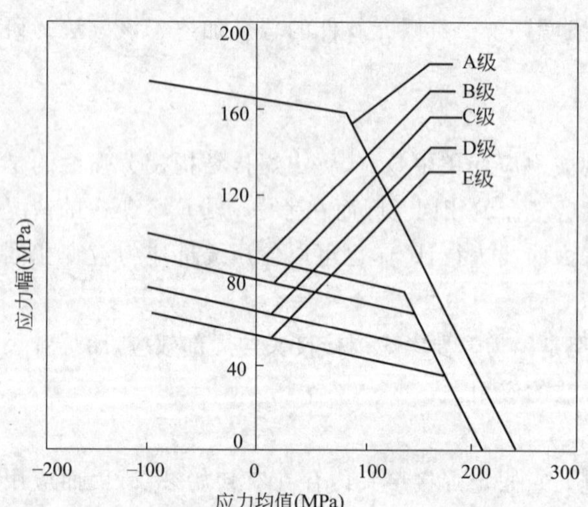

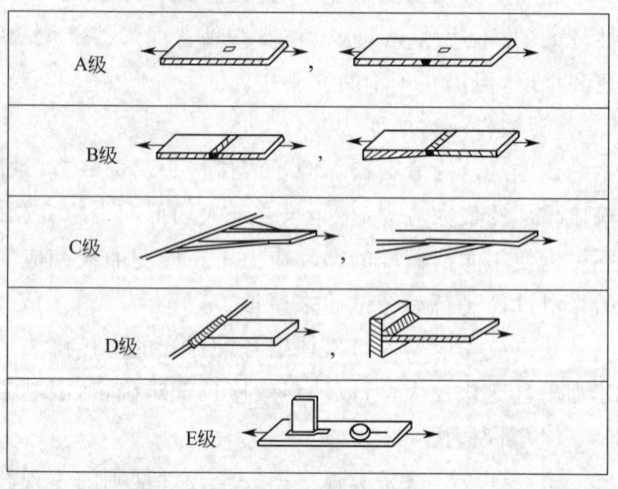

图 3-21　焊接构架各等级 Goodman 疲劳极限线图

表 3-4　构架疲劳模拟运营工况及载荷定义

载荷工况	垂向力(垂向动荷系数=0.3)			横向力 F_y	扭转载荷	纵向载荷
	2 位旁承 F_{z2}	心盘 F_{zc}	1 位旁承 F_{z1}			
1	0	F_z	0	0		
2	0	$(1+\beta)F_z$	0	0		
3	0	$(1-\beta)F_z$	0	0		
4	0	$(1-\alpha)(1+\beta)F_z$	$\alpha(1+\beta)F_z$	F_y	±5‰	$\pm F_x$
5	$\alpha(1+\beta)F_z$	$(1-\alpha)(1+\beta)F_z$	0	$-F_y$		
6	0	$(1-\alpha)(1-\beta)F_z$	$\alpha(1-\beta)F_z$	F_y		
7	$\alpha(1-\beta)F_z$	$(1-\alpha)(1-\beta)F_z$	0	$-F_y$		

在模拟运营载荷作用下，构架结构上任意两种载荷工况所产生的应力差及平均应力应在相应接头等级的 Goodman 极限线图的界限之内；对构架上模拟主要载荷中所得动应力较低的点，应当充分验证由于特殊载荷所产生的动应力是否在 Goodman 图容许的范围之内；对构架上模拟主要载荷中所得动应力较大的点，则应将其与由特殊载荷所产生的动应力相叠加，并验证其是否在 Goodman 图容许的范围之内。

2. 焊接构架疲劳评价举例

以某焊接构架为例，其在表 3-4 中第 4 和第 7 工况下的应力波动范围（两工况所产生的应力之代数差）见图 3-22(a)、平均应力（两工况所产生的应力之代数和）见图 3-22 (b)。显然，横侧梁上盖板连接接头应力波动范围较高，该处应力均值 m 为 −112 MPa、应力幅 a（应力波动范围之半）为 55 MPa，将该 m 和 a 和点入图 3-21 中，则可评价该横侧梁上盖板连接接头（C 或 D 级）的疲劳强度是否满足规范要求。

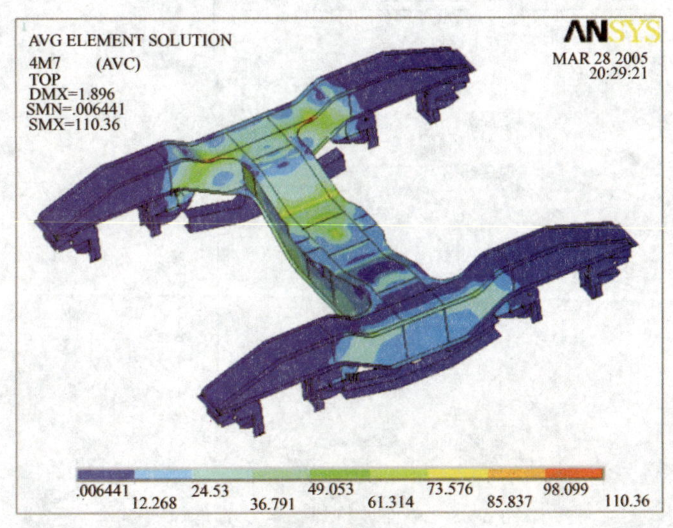

(a) 应力范围

(b) 应力均值

图 3-22 模拟运营载荷工况 4 和 7 作用下构架的应力云图

3. 焊接细节的疲劳强度评价

在构成转向架构架的构件之间相互结合的焊接部位所产生的疲劳裂纹部位，一般分为以下 3 种：

①构件表面的焊接部位；

②焊根部位；

③构件的背面存在的焊接部位。

表面焊接部位的疲劳强度可根据前面规范所述的疲劳极限图进行评价。但此方法不适用于焊根部位及构件背面焊接部位的强度评价，对这类问题应该采用焊接细节的疲劳强度评价方法进行细致分析。

(1)焊根细节的疲劳强度评价

焊接部位采用双面焊接是较为理想的方法，但在转向架构架上一般使用没有垫板的单面坡口焊。此时应该考虑到的是，即使焊接时完全熔合，也会在焊根部位存在细小的融合缺陷(接合缺陷)，将此熔合缺陷视为裂纹(图 3-23)，则可采用断裂力学进行强度评价的方法。

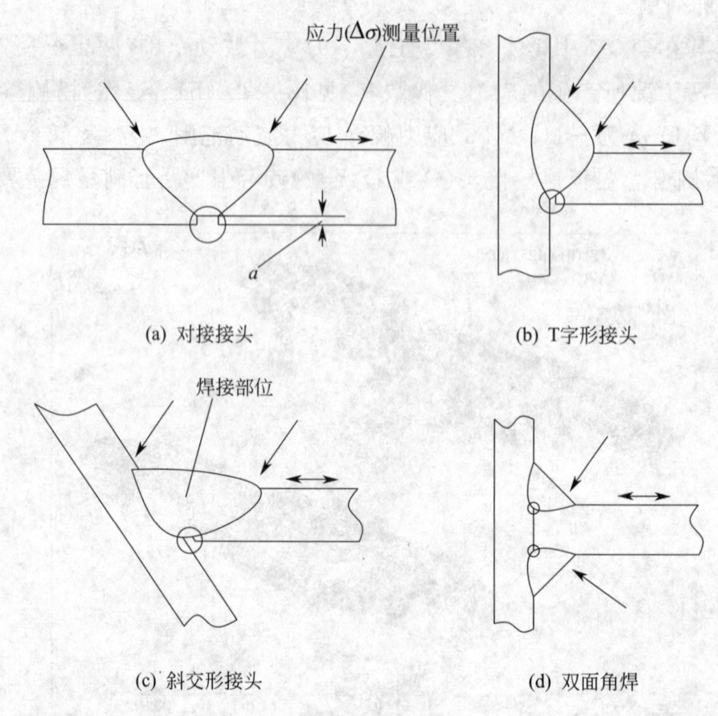

图 3-23　单面坡口焊接与双面角焊

断裂力学参数即应力强度因子 $\Delta K = F_C \Delta\sigma \sqrt{\pi a}$，该式中，$\Delta\sigma$ 为焊接部位靠近母材部分的应力范围，F_C 为修正系数，a 为熔合缺陷深度(图 3-23)。

如果 ΔK 与裂纹生长的应力强度因子范围的下极限值 ΔK_{th} 之间，若式(3-29)关系成立，则可以断定不会因熔合缺陷而发生裂纹。

$$\Delta K \leqslant \Delta K_{th} (= 4.2\ \text{MPa}\sqrt{m}) \tag{3-29}$$

当 $\Delta K = \Delta K_{th}$ 时，可求出极限应力范围 $\Delta\sigma_{th}$ 与 a 的关系。$\Delta\sigma$ 实际上采用距离强度评价目标焊缝边缘约 30 mm 的母材部位的应力测量值，该部位临近容易集中载荷的构件边缘。$\Delta\sigma$ 的最大测量值为 50 MPa，因此 a 的容许值应为 2 mm。而实际中出现损伤的转向架 a 为 3.5 mm 以上，所以这种评价方法趋于安全，也存在避免发生裂纹的余地。反过来，如果在焊接时，将 a 值控制在 2 mm 左右，则只要在距离焊接边缘 30 mm 处的 $\Delta\sigma$ 的测量值小于 50 MPa，我们也可以将其理解为安全。

(2)存在于背面的焊接部位的疲劳强度评价

在转向架构架的主构件背面存在如内部加强等从正面看不到的焊接部位，在这样的焊接部位上无法放置测量应力所用的应变仪。因此与焊根部位的评价相同，根据构件正面的公称应力值来评价强度。具体方法如下：

在大量疲劳试验结果的基础上，各种焊接接头被分为 A～F 六个强度等级，并按等级设定了疲劳设计曲线及应力范围的截至极限 $\Delta\sigma_{ce}$ 及 $\Delta\sigma_{ve}$(图 3-24)。此处的应力范围为不含应力集中成分的名义应力值。

当所测量的应力范围最大值即等幅应力范围的截至极限不超过 $\Delta\sigma_{ce}$ 时，此判断生效。若超过此限度，则以雨流法统计 $\Delta\sigma$ 的产生频度分布，推算在使用期间内各水准的应力范围 $\Delta\sigma_i$ 及其产生次数 N_i，使用疲劳设计曲线，根据修正的 Miner 定律计算累计损伤度，由此对应力产生次数进行评价。

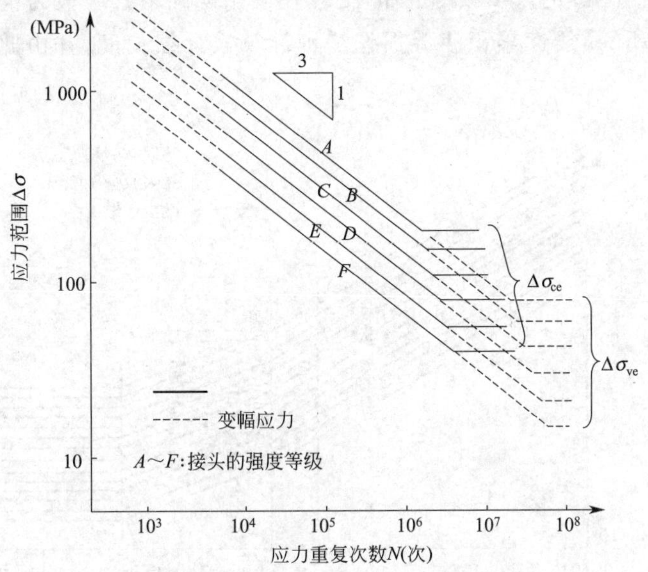

图 3-24 焊接结构强度等级及 S—N 曲线

3.3.5 铁路货车车体的疲劳强度评价

我国铁路货车车体结构设计规范中尚没有疲劳强度设计方面的内容，目前可借用 AAR 机务标准 M-1001-97 或 EN 12663 规范进行车体疲劳强度评定，车体焊接结构疲劳性能则可参照“EN 1993-1-9:2005”和“BS7608”等钢结构规范确定。

1. 车体疲劳载荷

铁路货车车体承受着多源复杂载荷的作用，如车体载荷就包含纵向、浮沉、扭转和侧滚等多个基本载荷类型。

根据线路运行长期实测数据，分别给出典型的敞、平、棚、罐和漏斗的纵向、浮沉、扭转和侧滚载荷谱，并规定新设计的车体须依据类似车型已有谱采用焊接结构的 S—N 曲线进行疲劳设计和评价，该标准是一种车体设计阶段的疲劳定寿评价方法。

根据经验数据，提出依据垂、横、纵三项恒定动荷系数(分别为 0.3 、0.4 、0.3)确定疲劳载荷，并规定用疲劳极限评价新设计车体的疲劳强度，该规范是一种车体设计阶段的疲劳定性评价方法。

铁路货车服役时这些基本载荷既有一定的关联性又不具同步性，独立编制的各类载荷的载荷谱已无法再现各类载荷间的关联性及其与结构实际损伤的对应性，细致地研究这些问题是相当复杂的，所以按以上两种规范给出的疲劳载荷计算车体结构的疲劳损伤都是近似的。

2. 车体疲劳强度评价方法

前面提到的钢结构规范认为焊接残余应力不可避免并且难以量化，因此这些规范对疲劳许用应力做了保守处理，对焊接结构的评价均以名义动应力变化范围来确定接头的疲劳强度而不考虑循环特征 R，应力范围法比较适用于车体等大型不做消残处理的焊接结构。比如“EN 1993-1-9：2005(E)钢结构设计规范”在大量疲劳试验结果的基础上，根据 2×10^6 等幅疲劳强度 $\Delta\sigma_c$ 试验结果将各种典型焊接接头划分为 14 个强度等级，并按等级设定了疲劳设计曲线、应力范围的截止极限 $\Delta\sigma_L$ 及等幅疲劳极限 $\Delta\sigma_D$(见图 3-25)，此处的应力范围为不含应力集中成分的名义应力值。该规范中给出的典型焊接接头 2×10^6 等幅疲劳强度 $\Delta\sigma_c$ 见表 3-5，S—N 曲线($\Delta\sigma$—N 曲线)定义如下：

$$\Delta\sigma^m N=\Delta\sigma_c^m 2\times10^6\text{，其中 } m=3\text{，当 } N<5\times10^6 \text{ 时} \tag{3-30a}$$

$$\Delta\sigma^m N=\Delta\sigma_D^m 5\times10^6\text{，其中 } m=5\text{，当 } 5\times10^6\leqslant N\leqslant10^8 \text{ 时} \tag{3-30b}$$

$$\Delta\sigma_L=\left(\frac{5}{100}\right)^{1/5}\Delta\sigma_D=0.549\Delta\sigma_D\text{，变幅载荷下的截止极限} \tag{3-30c}$$

对于变幅应力情况，当应力谱中的应力范围最大值不超过 $\Delta\sigma_D$ 时，表示结构为永久疲劳寿命。若超过此限度，则以雨流计数法统计 $\Delta\sigma$ 的产生频度分布，推算在使用期间内各级应力范围 $\Delta\sigma_i$ 及其产生次数 N_i，使用疲劳设计曲线，根据 Miner 线性累积疲劳损伤法则计算累计损伤度，并由此对应力产生次数（疲劳寿命）进行评价（图 3-26）。

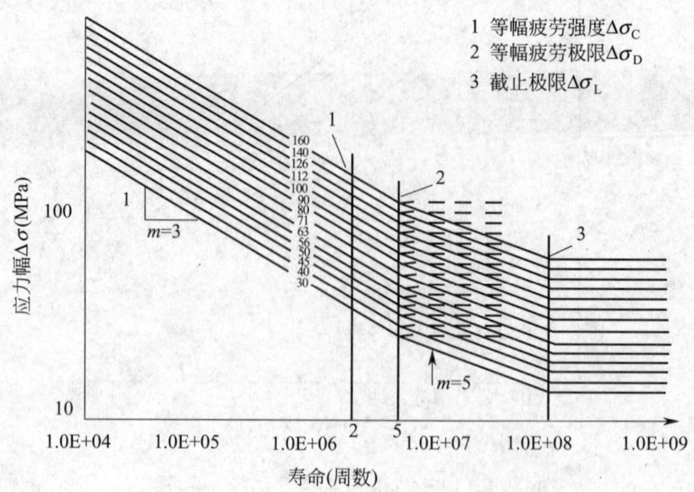

图 3-25　焊接结构名义应力范围—寿命曲线

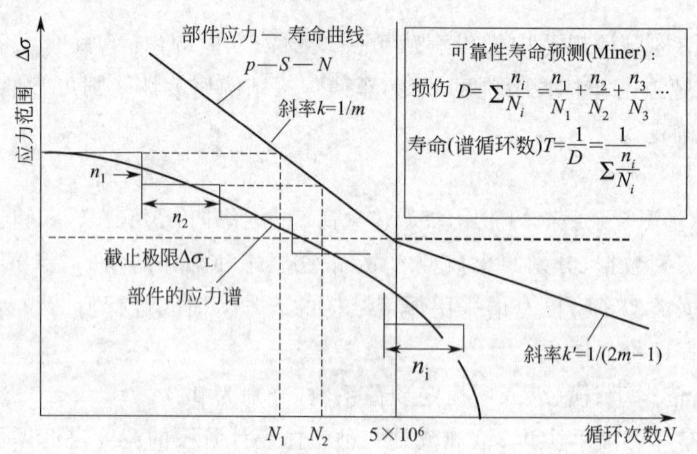

图 3-26　疲劳寿命预测方法

表 3-5　典型焊接接头结构细节疲劳强度分类（摘自 EN 1993-1-9：2005(E)）

$\Delta\sigma_c$	焊接接头型式		描　述
125			纵向对接焊接，两边皆与载荷方向平行；且全部探伤
112			不磨削，且没有起/止
90			有起/止位置
90	尺寸效应值： $t>25$ mm $k_t=(2.5/t)^{0.2}$	≤0.1b　b　t　≤1/4　t 1 2　≤1/4 3	1 板横向拼接； 2 无辅助孔的全断面对接焊缝； 3 板横向拼接，板在宽度或厚度上的斜率不超过 1/4

续上表

$\Delta\sigma_c$	焊接接头型式		描 述
80	$L \leqslant 50$ mm		根据纵向焊接附件的长度 L 来确定等幅疲劳强度的值
80	$l \leqslant 50$ mm		1 焊接到板上； 2 垂向加强筋焊接到梁或板梁上； 3 箱形梁的隔板焊接到突边或腹板上。 该值适用于环状加强筋
71	$50 < l \leqslant 80$ mm		
80	$l < 50$ mm	适用于所有 t 值	焊透对接焊和部分焊透连接的焊趾破坏
45		>10mm	该值适用于搭接接头

在进行车体疲劳评价时，首先建立好车体有限元模型，特别要处理好双层板(包括搭接)间的关系，以使模拟更真实；其次按载荷与应力成线性关系算出车体各处在规定载荷谱作用下的应力谱(采用板壳单元的计算结果参考图 3-27 所示方法进行处理以确定接头名义应力，例如对 T 型接头，距离两板连接中心 C 点 2.2 倍板厚之处的应力定义为名义应力)；然后采用钢结构规范中与车体结构细节相当的 S—N 曲线；最后采用 Miner 疲劳累积损伤理论评价车体疲劳可靠性。具体步骤见图 3-28。

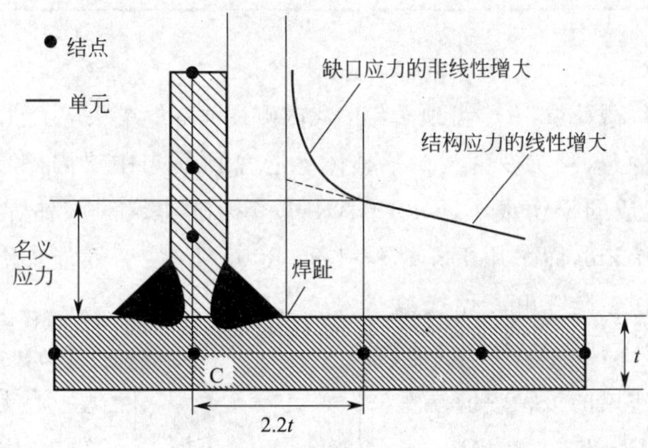

图 3-27 板壳单元接头名义应力确定方法

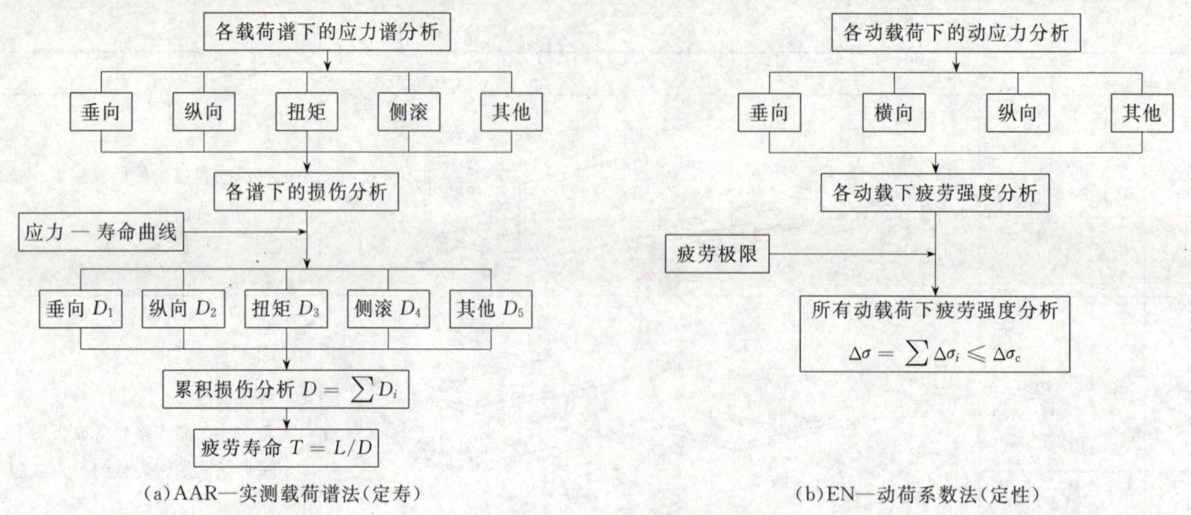

图 3-28　疲劳可靠性评价步骤

3. 车体疲劳可靠性评价举例

以 C_{80} 型运煤专用敞车车体为例，简要说明其整体铸造上心盘顶面与中梁内侧顶面间焊缝端头裂纹的分析方法。

(1)模型简化及单元划分

采用 shell63 板壳单元对结构进行离散，整体上心盘与中梁的焊接连接处以节点全耦合模拟，整体上心盘顶面与中梁内侧顶面间关系以节点垂向耦合模拟。

(2)疲劳载荷

分别以 AAR 载荷谱和 EN 动荷系数作为分析用疲劳载荷。

(3)疲劳性能参数

整体铸造上心盘顶面与中梁内侧顶面间为搭接接头，焊缝端头应力集中严重，易发生疲劳裂纹，AAR 机务标准及 EN 1993-1-9:2005(E)建议的该种焊缝端头疲劳性能参数见表 3-6。

表 3-6　评价部位及其典型的疲劳性能参数

说　明		构件图	MGD 曲线 Y 轴截距(MPa)		S—N 曲线
			2×10^6(b)	疲劳极限	指数(m)
搭接接头，以纵向角焊缝端部的板应力为基础	AAR		46.2	39.3 (10×10^6)	4
	EN		45	33.2 (5×10^6)	3

(4)疲劳强度评定结果

在 AAR 各载荷谱最大一级载荷下，上心盘顶面与中梁内侧顶面焊缝端头应力计算结果见表 3-7 和图3-29。

疲劳分析结果表明：垂向心盘浮沉疲劳载荷下整体上心盘顶面与中梁内侧顶面间焊缝端头处疲劳损伤最大，其他疲劳载荷在该处造成的损伤很小，采用 AAR 机务标准建议的该种焊缝端头疲劳性能参数预测该处的疲劳寿命在 50～60 万 km，而采用 EN 1993-1-9：2005(E)疲劳性能参数预测的寿命更短。

按 EN 垂向动荷系数为 0.3 换算出该焊缝端头动应力范围 $\Delta\sigma$ 为 49.5 MPa，而 AAR 机务标准和 EN 1993-1-9：2005(E)建议的该种焊缝端头疲劳极限 $\Delta\sigma_D$ 分别为 39.3 MPa 和 33.2 MPa，显然 $\Delta\sigma_D<\Delta\sigma$，因此，按 EN 方法评价该处均为有限疲劳寿命。

表 3-7　原结构整体上心盘与中梁区域关键部位应力计算结果(MPa)

部位 \ 载荷	心盘垂向	纵拉	纵压	侧滚旁承	扭矩
	120 t	154 t	226 t	40 t	4 t·m
尾部裂纹起始处	220	40	−97	≤15	≤25
头部裂纹起始处	210	38	−94		

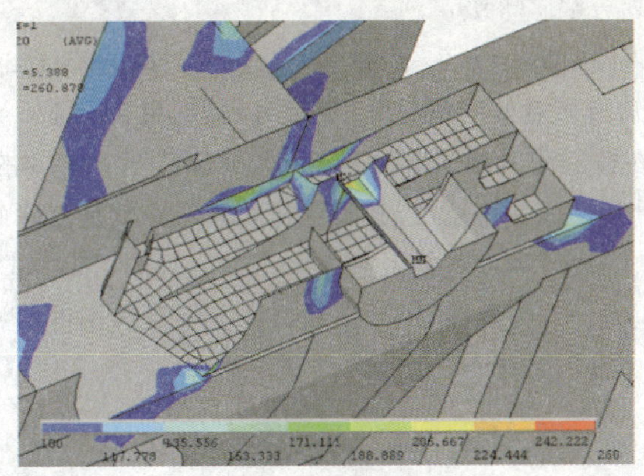

图 3-29 心盘垂向载荷 120 t(一端值)下整体上心盘与中梁区域应力云图

3.4 铸钢件的疲劳可靠性评价

3.4.1 铸钢件的疲劳性能

铸钢件的缩孔、疏松、夹渣等原始铸造缺陷难以避免，这些缺陷均能引起相当程度的局部应力集中，当缺陷尺寸较小时，对铸钢件的静载塑性强度影响不大，但对其疲劳强度影响要大得多，因为在交变载荷作用下，缺陷往往会引发疲劳裂纹。

一般铸造缺陷形状分为球状和锐边片状两类，缺陷对铸钢件疲劳强度的影响不但与缺陷尺寸有关，而且还取决于许多其他因素，如表面缺陷比内部缺陷影响大，与作用力方向垂直的片状缺陷的影响比其他方向的大，位于残余拉应力区内的缺陷的影响比在残余压应力区的大，位于应力集中区的缺陷比在均匀应力场中同样缺陷影响大。

最严重的铸造缺陷是铸造冷、热裂纹，并可能伴有具有脆性的组织结构，裂纹是最严重的应力集中源，它会大幅度降低铸钢件的疲劳强度。

有关试验结果表明(图 3-30)：屈服强度在 275～420 MPa 之间的铸钢件的疲劳极限与缺陷类型和缺陷尺寸有关，其疲劳极限以球状铸造缺陷最高、锐边片状铸造缺陷次之、裂纹型缺陷最小，缺陷尺寸越大、则疲劳极限越低。

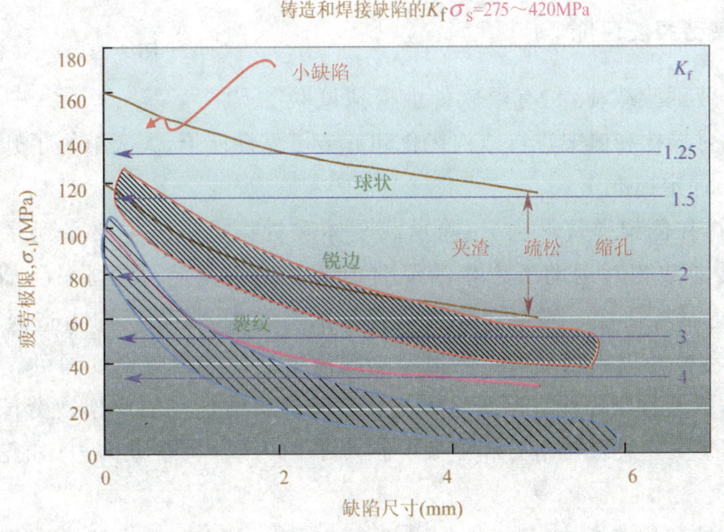

图 3-30 铸钢件的缺陷与疲劳极限的关系

将铸钢件名义上无缺陷的疲劳极限与有缺陷的疲劳极限之比定义为疲劳强度降低系数 K_f，则可以用

K_f 值来划分缺陷等级：

1. 铸件中 $K_f=1.5\sim2$ 的中等缺陷有很高的统计出现概率，$K_f=1.5\sim2$ 的中等缺陷代表铸件的正常质量水平，铸造质量好的情况下，实际 K_f 数据更接近 1.5；

2. 在铸造质量差的情况下，$2<K_f<3$ 甚至 $K_f>3$ 的裂纹状大缺陷也可能存在，可视大缺陷为偏离了正常的质量和良好的铸造工艺，质量管理的任务就是消除此类缺陷。

以缺陷疲劳强度降低系数 $K_f=1.5$ 为基准，建立屈服强度在 275～420 MPa 之间的铸钢件的对称及脉动循环应力—寿命曲线，用于该屈服强度等级铸钢件的疲劳可靠性分析，见图 3-31。

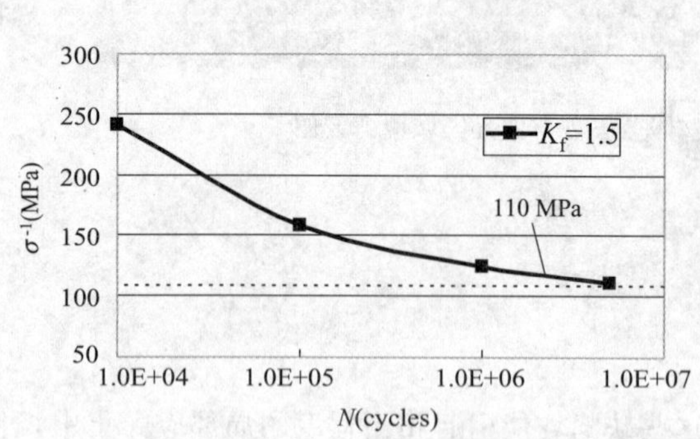

图 3-31(a)　铸钢件的对称循环应力—寿命曲线

（设计基准，疲劳强度降低 $K_f=1.5$ ）

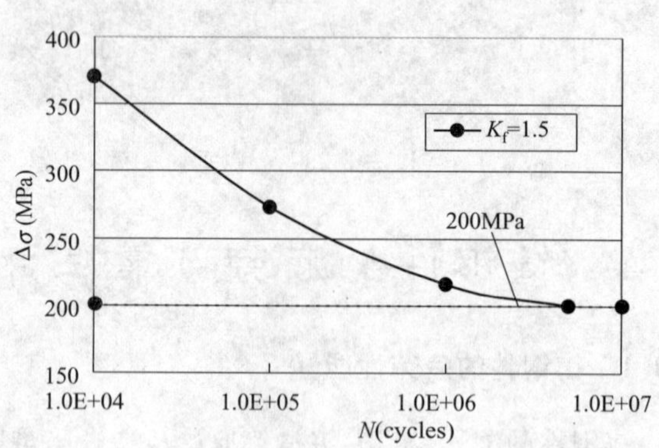

图 3-31(b)　铸钢件的脉动循环应力—寿命曲线

（设计基准，疲劳强度降低 $K_f=1.5$ ）

K_f 为 1.5 和疲劳极限循环次数为 5×10^6 下，铸钢摇枕和侧架对称循环疲劳极限 σ_{-1}（幅值）为 110 MPa，脉动循环疲劳极限 σ_0（应力范围）为 200 MPa。由这些数据可以得出铸钢摇枕和侧架的疲劳极限等寿命方程，该方程用于非恒定应力比（幅值 σ_a 均值 σ_m）下的疲劳强度评价。其中：

直线 AC 的方程：$\sigma_a=\sigma_{-1}-\dfrac{2\sigma_{-1}-\sigma_0}{\sigma_0}\sigma_m$

直线 CB 的方程：　$\sigma_a=\dfrac{\sigma_0(\sigma_b-\sigma_m)}{2\sigma_b-\sigma_0}$

图 3-31(c)　铸钢摇枕和侧架的疲劳极限等寿命曲线

3.4.2　摇枕和侧架的疲劳强度评价

根据摇枕和侧架疲劳试验载荷，在有限软件上模拟试验工况，从而在设计阶段就可以对摇枕和侧架进行结构优化和疲劳可靠性评价，大大缩短了开发周期。

1. 疲劳试验载荷与评定标准

在运用中，摇枕支撑在侧架弹簧承台上，除承载车体和货物重量外主要受到浮沉心盘载荷、侧滚旁承载荷以及由车体与转向架相对运动所产生的纵向力的作用。在现行的摇枕设计和疲劳试验规范（如 TB/T 1959—2006“铁道货车摇枕、侧架静载荷及疲劳试验”）中，认为纵向力造成的摇枕疲劳损伤微不足道而可以忽略，只要考核浮沉心盘载荷、侧滚旁承载荷下摇枕的疲劳强度即可。

TB/T 1959—2006 铁道货车摇枕、侧架静载荷及疲劳试验中规定的侧架疲劳试验载荷为来自摇枕的弹簧承台垂向载荷、侧架立柱边缘横向力和侧架立柱水平面力偶，忽略纵向力（如轮对与侧架导框的作用力）。

TB/T 1959—2006 铁道货车摇枕、侧架静载荷及疲劳试验，考虑到我国铁路货车使用频率与全寿命期内运用里程均比国外更高，因此，在 TB/T 1959—2006 铁道货车摇枕、侧架静载荷及疲劳试验的基础上，摇枕和侧架疲劳试验各载荷额外增大 20％载荷和加载次数进行附加的疲劳试验考核。无疑，采用 TB/T

1959—2006 铁道货车摇枕、侧架静载荷及疲劳试验进行摇枕和侧架的疲劳评价更严格，相关的疲劳试验载荷与考核标准如表 3-8 所示。

表 3-8(a) **我国摇枕疲劳试验载荷与考核标准**

载荷定义	疲劳载荷			考核标准
	作用力 F_{cv}	作用力 F_{cev}	作用力 F_{vb}	最低 120 万次循环
心盘中心浮沉(Q)	0.33～2.35P	—	—	不小于 37.5 万次
心盘边缘浮沉 (C-G)	—	0.33～2.35P	—	不小于 37.5 万次
旁承(Z-Z′)	—	—	0～1.07P	不小于 25 万次

注：P 为满轴重下心盘上的垂直静载荷，P =2×轴重－每转向架重

将上述载荷均提高 20%再进行附加试验，其中前两种载荷各不少于 7.5 万次、旁承载荷不少于 5 万次。

表 3-8(b) **我国侧架疲劳载荷与考核标准**

载荷定义	疲劳载荷			考核标准
	弹簧承台垂向力	侧架立柱边缘横向力	侧架立柱水平面力偶	最低 37.5 万次循环
垂向	0～2.38C	—	—	不小于 15 万次
横向(内—外)	—	±0.31C	—	不小于 15 万次
扭转(右—左)	—	—	±0.20C	不小于 7.5 万次

注：C 为满轴重轴载，C=(2×轴重－每转向架轮对及轴箱重)/2

将上述载荷均提高 40%再进行附加试验，其中前两种载荷各不少于 5 万次、扭转载荷不少于 2.5 万次。

2. 摇枕和侧架的疲劳强度评价举例

以下以某大轴重转向架为例，简要说明其摇枕、侧架疲劳强度评价方法。

(1)有限元建模及求解

对摇枕和侧架一般应采用 20 节点实体元对结构进行离散和分析，以弹簧元模拟支撑处的弹性约束，图 3-32 给出结构离散模型。

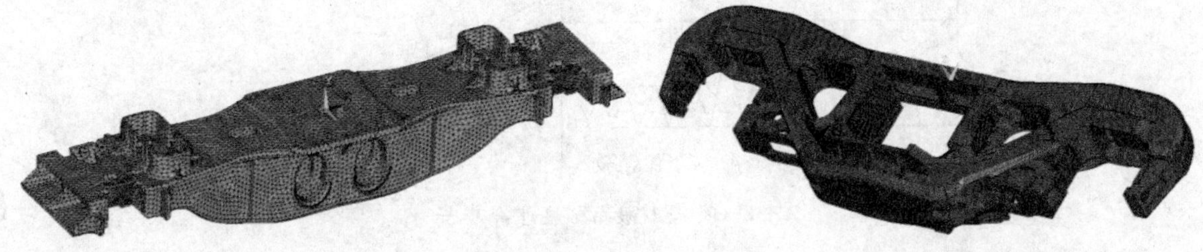

图 3-32 摇枕和侧架结构离散模型

(2)摇枕应力计算结果及疲劳强度评定

按表 3-8 中所列疲劳试验载荷进行摇枕的应力分析，图 3-33 显示拉伸区(拉伸区疲劳更易发生)的最大主应力计算结果。拉应力高的区均出现在下表面，主要为端部圆弧过渡区和鱼腹出水孔孔边。

对心盘浮沉和旁承侧滚载荷，采用图 3-34 所示方法以 Miner 线性累积损伤法则和脉动疲劳 S—N 曲线评价拉应力区大应力点的疲劳强度，图 3-35 表示铸造缺陷(用疲劳强度降低系数 K_f 代表)与这些大应力点疲劳损伤的关系。

图 3-35 表明，疲劳试验载荷及其全部加载次数下，端部圆弧过渡区和鱼腹出水孔孔边等高应力区发生疲劳破坏时对应的最小缺陷疲劳强度降低系数 K_f 分别为 1.9 和 3.1。因此，在正常铸造质量水平(K_f 为 1.5 左右)下，该摇枕疲劳强度满足要求；在常见的铸造缺陷(夹渣、疏松、缩孔，K_f=1.5～2)下，端部圆弧过

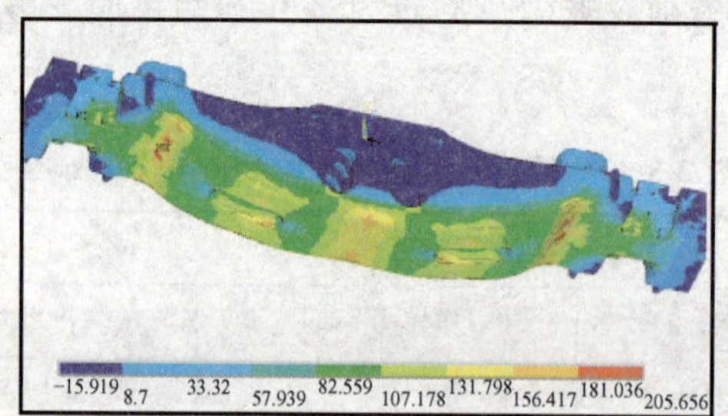

(a) 0.33～2.35 P心盘浮沉载荷

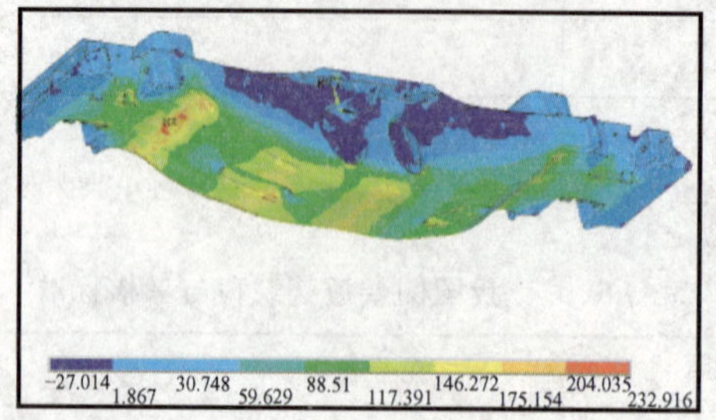

(b) 0.33～2.35P心盘边缘浮沉载荷

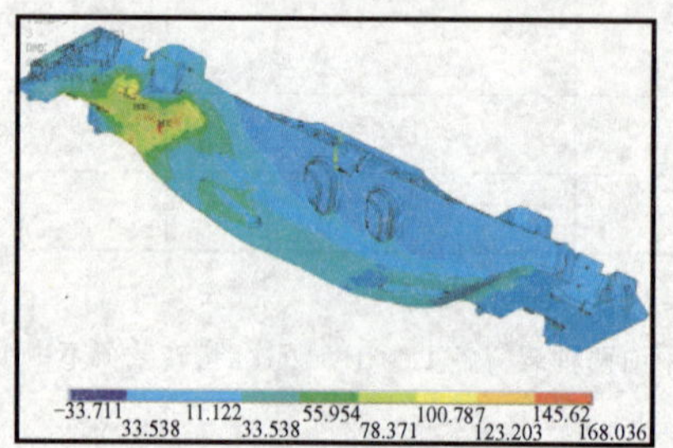

(c) LC3: 1.07P垂向旁承载荷

图 3-33 各工况应力计算结果

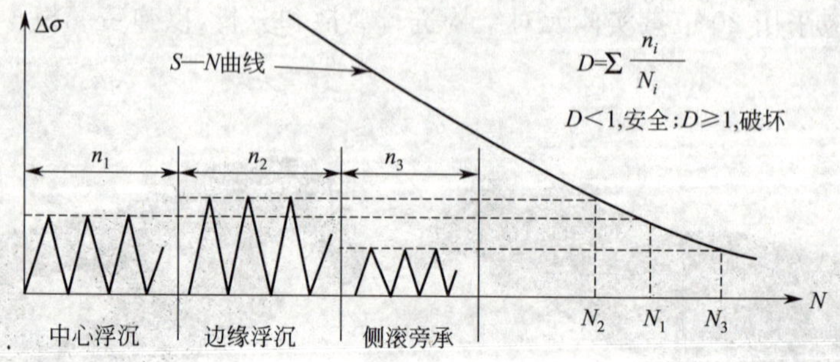

图 3-34 摇枕疲劳强度评价方法

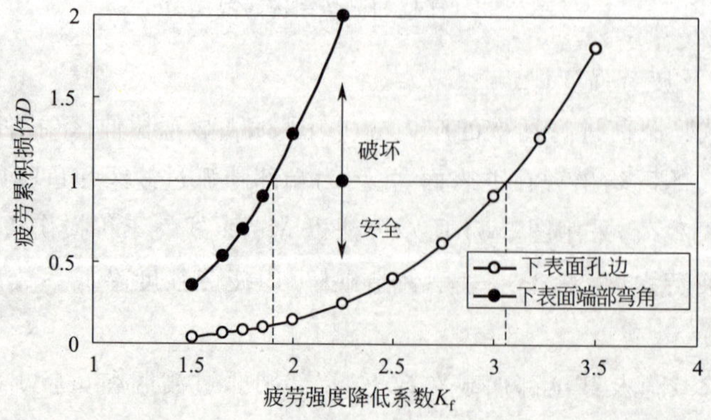

图 3-35 疲劳试验载荷下摇枕大应力点疲劳损伤

渡区疲劳强度也基本满足要求；在裂纹状大缺陷($K_f>2$)下，端部圆弧过渡区疲劳强度不满足要求，在 $K_f>3$ 时，鱼腹出水孔孔边的疲劳强度也不满足要求。

(3)侧架应力计算结果及疲劳强度评定

按表 3-8 中所列疲劳试验载荷进行摇枕的应力分析，结果表明只有弹簧承台垂向疲劳载荷下的应力水较高，横向和扭转疲劳载荷下几乎不引起侧架的疲劳损伤，图 3-36 显示出垂向载荷下的应力计算结果，拉应力高的区均出现在弹簧承台拐角、弹簧承台下部和导框内侧拐角。

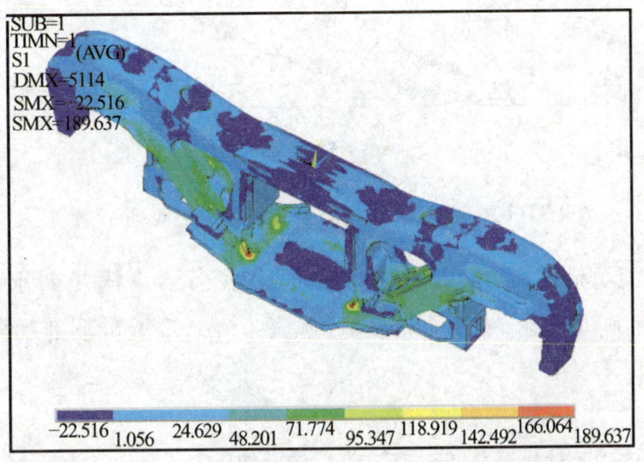

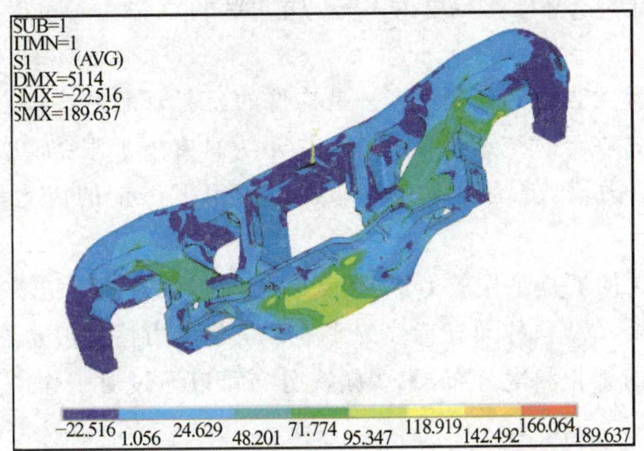

图 3-36 弹簧承台垂向疲劳载荷 0～2.38C 下应力计算结果

对弹簧承台垂向疲劳载荷，采用图 3-37(a)所示方法以 Miner 线性累积损伤法则和脉动疲劳 $S—N$ 曲线评价拉应力区大应力点的疲劳强度，图 3-37(b)表示铸造缺陷(用疲劳强度降低系数 K_f 代表)与这些大应力点疲劳损伤的关系。

图 3-37 表明，疲劳试验载荷及其全部加载次数下，侧架弹簧承台拐角、弹簧承台下部和导框内侧拐角等高应力区发生疲劳破坏时对应的最小缺陷疲劳强度降低系数 K_f 分别为 2.5、3.3 和 3.4。因此，在正常铸造

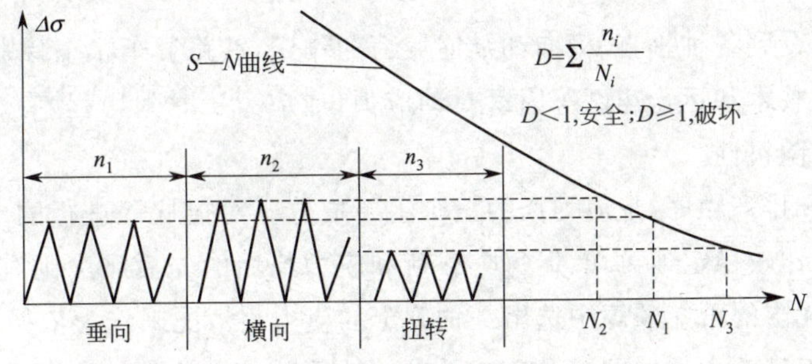

图 3-37(a) 摇枕疲劳强度评价方法

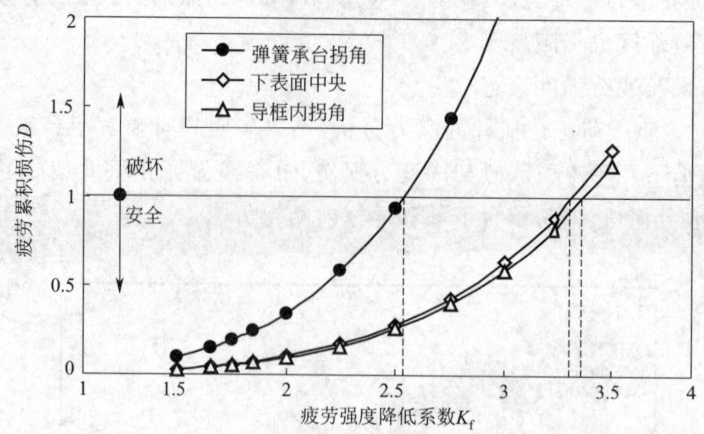

图 3-37(b) 疲劳试验载荷下侧架大应力点疲劳损伤

质量及常见的铸造缺陷(夹渣、疏松、缩孔,$K_f=1.5\sim2$)下,疲劳强度满足要求;在裂纹状大缺陷 $K_f>2.5$ 下,弹簧承台拐角疲劳强度不满足要求,在 K_f 大于 3.3 左右时,弹簧承台下部和导框内侧拐角的疲劳强度也不满足要求。

3.5 随机载荷下结构的疲劳强度评价

结构疲劳评价主要涉及两方面的问题[36]:一是构件的疲劳寿命曲线,一般用常幅加载疲劳试验得到,具有很大的离散性,通常在经过统计概率处理后表示为具有上下限(如出现概率为10%～90%)的曲线族;二是构件的工作应力谱,就是构件在外部载荷作用下产生的应力—时间历程(动态应力响应)。

一般意义上的载荷谱指的就是工作应力谱,因为后者可以实际测量出来(如通过电阻应变片),工作应力谱中包括了外部载荷及结构的动态特性的影响。工作应力谱一般也有很大的随机性和离散性,工作应力谱可表达为应力的累积频次分布,累积频次分布可以通过对工作应力的时间纪录进行统计处理来求得。

根据疲劳寿命曲线和工作应力谱的关系,有两种设计概念:第一种是工作应力须低于疲劳寿命曲线的疲劳极限(水平部分),这种设计概念体现的是一种无限寿命设计的思想;第二种是所谓考虑工作强度的设计,即工作应力谱与疲劳寿命曲线不相交,最高工作应力可以高于疲劳极限,大部分构件都可运用这种概念。运用第二种设计概念可以得到既较量化(许用应力高),又安全可靠(寿命长,在使用寿命期间不出现疲劳破坏)的结构。由此可见,除疲劳寿命曲线(用常幅疲劳试验可求得)之外,工作应力谱的准确确定是抗疲劳设计的关键,也就是说应力谱的制定是结构疲劳强度评价的基础工作。

3.5.1 应 力 谱

铁路货车零部件主要受到各种垂直、横向和纵向载荷的作用,铁路货车状态特别是转向架弹簧悬挂系统特性、线路状况、司机操纵技术和运行速度等因素对动应力(或应力—时间历程)有较大影响,这些复杂的因素导致动应力具有一定的随机性。

应力大小、循环次数和排列顺序,是应力谱的三个主要成分。对摇枕等进行的多次线路实测表明,应力大小和循环次数一般可以比较稳定地再现,但每个载荷和应力作用的先后顺序则有更大的随机性。在预测疲劳寿命时,只能从这些无限的可能顺序中选出一种确定的应力谱情况来作为依据,这就需要对应力—时间历程进行精心的编排,而编排的合理性则要看它能否较好地反映该类构件的疲劳损伤情况。由于铁路货车载荷具稳态特点,可不考虑载荷顺序对疲劳损伤的影响。

从概率的角度看，对同型部件某个位置相同的测点而言，可将每个部件的每次测试数据作为一个子样，即总样本数为测试次数×同型被试部件数量。得到某一关键件测点部位的多个样本后，采用概率统计方法，对这些样本进行分析，给出应力谱的均值和方差等，建立用概率表征的测点应力谱，用这样建立的概率应力谱（$P—S—\gamma$）来代表整个服役期的应力情况。

3.5.2　疲劳强度评价方法

采用 Miner 法则，结合概率应力谱（$P—S—\gamma$）和构件 $P—S—N$ 曲线，按图 3-38 思路可进行零部件疲劳可靠性预测。对于变幅载荷下结构的疲劳可靠性评估，比较方便的做法是将应力谱按损伤相当的方式等效为恒幅应力幅，称之为等效应力幅，该等效应力幅可以反映结构在一定的工艺条件，运用状况和运用里程（运用时间）下的动应力状况。将等效应力幅与结构在相同工艺条件和指定可靠度下的疲劳极限（称之为疲劳许用应力幅）进行比较，可以评估结构在一定的运用条件和指定可靠度下的疲劳强度。

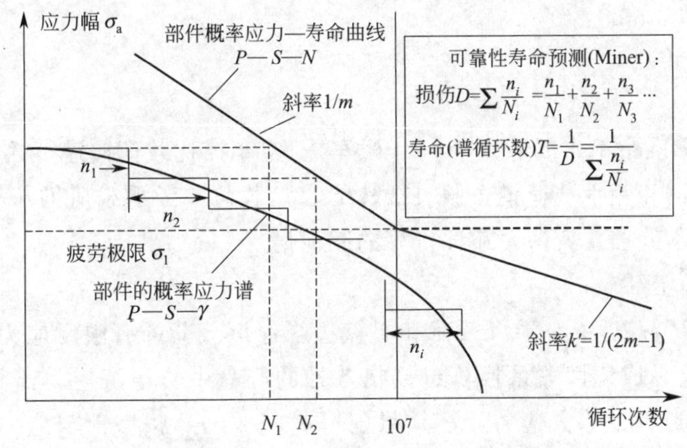

图 3-38　疲劳可靠性寿命预测方法

以 Miner 线性疲劳累计损伤法则和部件 $S—N$ 曲线指数计算等效应力幅，采用这一方法可使各级应力水平产生的损伤均得到合理的考虑，并使评估结果略偏保守。等效应力幅的计算公式见式（3-31）：

$$\sigma_{aeq}=\left[\frac{L}{L_1N}\sum n_i(\sigma_{ai})^m\right]^{\frac{1}{m}} \tag{3-31}$$

式中　L——在规定使用期限内的总运用公里数；

L_1——实测动应力区段对应的运用公里数；

σ_{ai}——应力谱中第 i 级应力水平；

n_i——应力谱中与应力水平 σ_{ai} 对应的循环次数；

m——构件的 $S—N$ 曲线指数参数；

N——与结构疲劳强度所对应的循环次数，可取 200 万次。

事实上，用每次测试数据（一个子样）整理出来的应力谱按上式折算出的等效应力各不相同，对所有等效应力子样进行统计分析，给出等效应力的均值和方差等，即建立用概率表征的测点等效应力，用这样建立的概率等效应力来代表整个服役期下测点的应力情况更加方便，采用概率等效应力实现疲劳寿命的可靠性预测，具体途径见图 3-39。

应力—强度干涉理论指出，强度大于应力时，结构安全可靠，强度大于应力情况的概率即为结构的可靠性，对于应力 $X_L\sim(\mu_L,\sigma_L^2)$ 和强度 $X_S\sim(\mu_S,\sigma_S^2)$ 均为正态分布的情况，下述联结方程将结构强度、载荷和可靠性三者关系联系起来，用于求指定运用里程下零部件的疲劳可靠性（或破坏概率）。

$$Z=\frac{\mu_\delta}{\sigma_\delta}=\frac{\mu_S-\mu_L}{\sqrt{\sigma_S^2+\sigma_L^2}} \tag{3-32}$$

式中 Z 为可靠性系数，或概率安全余量。

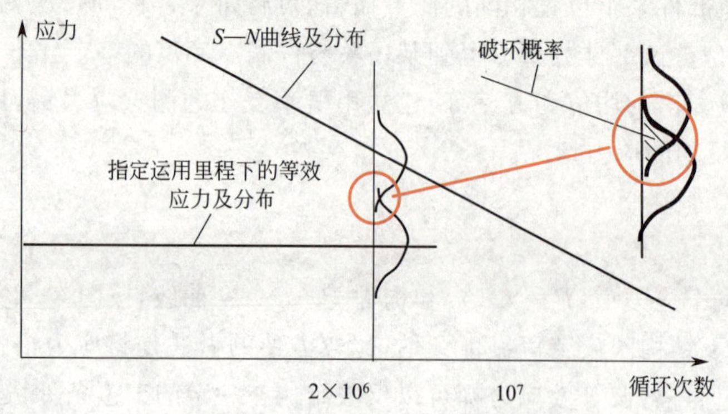

图 3-39　疲劳寿命及可靠性预测途径

3.5.3　疲劳寿命评价范例

1. 摇枕的疲劳寿命评价

(1) 摇枕载荷谱

本处利用 AAR 机务标准中给出的载重 90.7 t 敞车重、空车摇枕载荷谱进行摇枕的疲劳寿命预测，摇枕载荷谱包括心盘浮沉载荷谱和旁承载荷谱。假设摇枕的心盘载荷和旁承载荷均与轴重成线性关系，这样可将该载荷谱数据转化作为本处摇枕疲劳寿命评价用的载荷谱。

(2)摇枕的疲劳寿命评定

利用前面 0.33～2.35P 心盘中心浮沉载荷和心盘边缘浮沉载荷的有限元应力计算结果(见图 3-33(a)和图 3-33(b))，按载荷与应力成线性关系换算出摇枕各处的心盘中心浮沉应力谱和心盘边缘浮沉应力谱；利用前面 1.07P 旁承侧滚载荷的限元应力计算结果(见图 3-33(c))，按载荷与应力成线性关系由旁承载荷谱换算出摇枕各处在旁承载荷谱作用下的应力谱。

得到各载荷谱下的应力谱后，采用 Miner 法则，以铸钢 S—N 曲线和 Goodman 方程预测摇枕的疲劳寿命，不同缺陷水平下摇枕的疲劳寿命预测结果见图3-40。

图 3-40 表明，在 AAR 线路载荷谱下，对于常见的铸造缺陷如夹渣、疏松、缩孔，$K_f=1.5\sim2$，摇枕的疲劳寿命均足够长，大于 600 万 km；而当裂纹状大缺陷 $K_f>2.2$ 存在时，下表面端部弯角的寿命小于 600 万 km，当 $K_f>3$ 存在时，下表面鱼腹孔边的寿命小于 600 万 km。

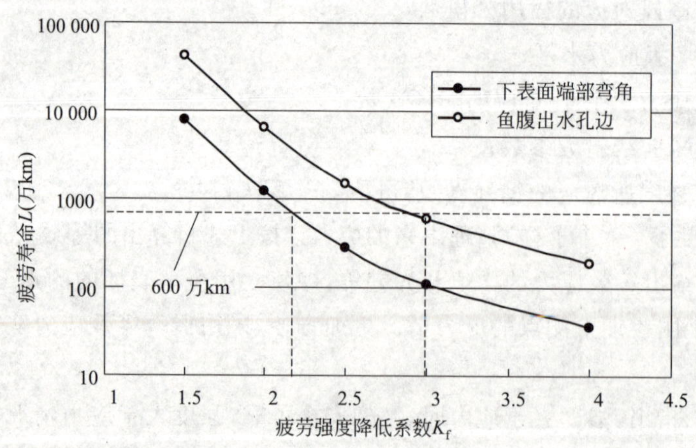

图 3-40　线路载荷谱下摇枕大应力点的疲劳寿命预测结果

2. 转向架交叉杆的疲劳寿命评价

(1)应力谱

交叉杆与扣板焊接接头是一个相对疲劳薄弱部位，在齐齐哈尔—龙江等线路上对转 K2 交叉杆该部位

(测点见图 3-41)进行过多次应力谱实测,累计测试里程 1 000 多 km。应力测点典型的应力—时间历程见图 3-42,应力谱见图 3-43。

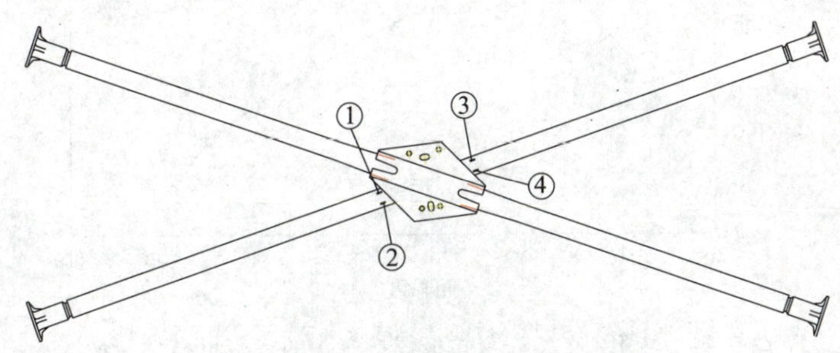

图 3-41 转 K2 交叉杆应力谱测点布置图

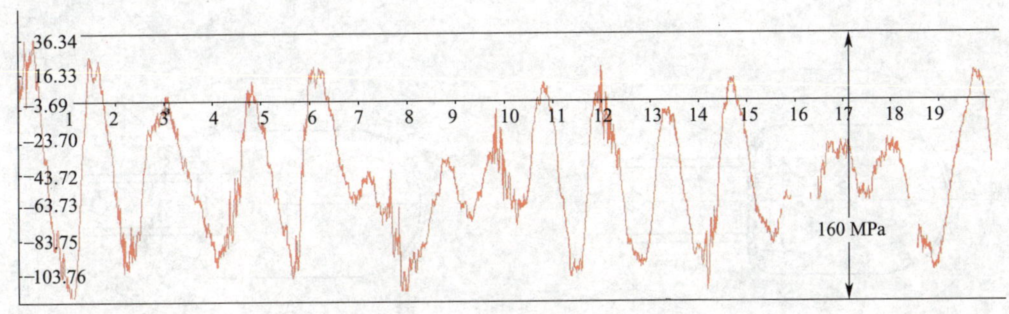

图 3-42 交叉杆应力谱测点典型的应力—时间历程

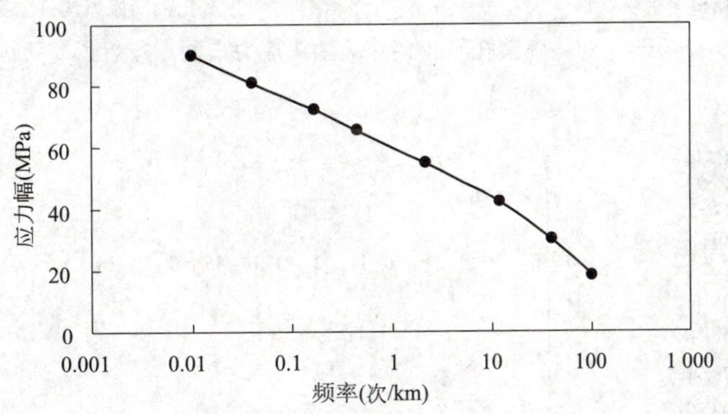

图 3-43 转 K2 交叉杆测点应力谱(重车)

(2)交叉杆接头 S—N 曲线

通过大量交叉杆室内拉压疲劳试验,实测交叉杆与扣板焊接接头的 P—S—N 曲线。得到的 P—S—N 曲线参数为:斜率 m 取为 3,50% 和 95% 可靠度下,条件疲劳极限($N=2\times10^6$ 下)分别为 115 和 92 MPa。

(3)重车疲劳寿命预测结果

获得应力谱和 P—S—N 曲线后,采用图 3-38 所示方法预测转 K2 型转向架交叉杆与扣板焊接接头的疲劳可靠性寿命,结果见图 3-44。可见,在 50% 和 90% 可靠度下,交叉杆接头的疲劳寿命预测结果分别为 300 和 120 万 km。交叉杆与扣板焊接接头的疲劳强度尚显不足,目前的交叉杆已取消了交叉杆与扣板焊缝,改用螺栓连接,明显提高了疲劳寿命。

3. 转向架弹簧托板的疲劳寿命评价

(1) 应力谱

弹簧托板与止挡连接焊缝端头是一个相对疲劳薄弱部位,在沙岭庄—太堡庄等线路上对转 K4 型转向

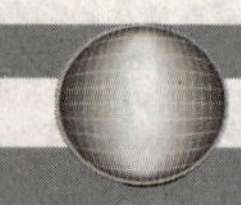

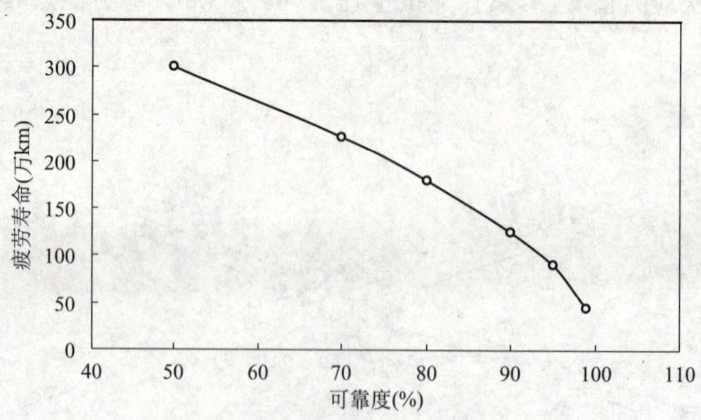

图 3-44　转 K2 交叉杆与扣板焊接接头的疲劳可靠性寿命

架弹簧托板该部位(测点见图 3-45)原结构与改进结构进行过多次应力谱实测,累计测试里程 1 000 多 km。应力测点典型的应力—时间历程见图 3-47,应力谱见图 3-47。

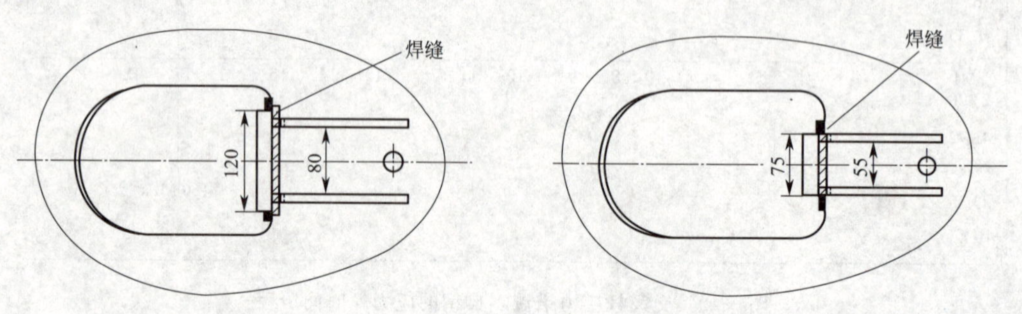

图 3-45　弹簧托板止挡焊缝端头应力谱测点布置图

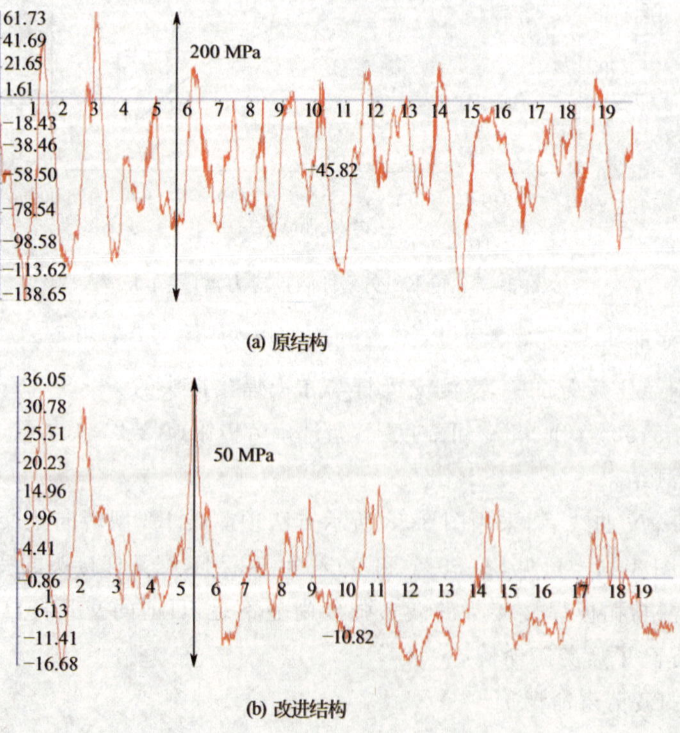

图 3-46　弹簧托板止挡焊缝端头测点典型的应力—时间历程

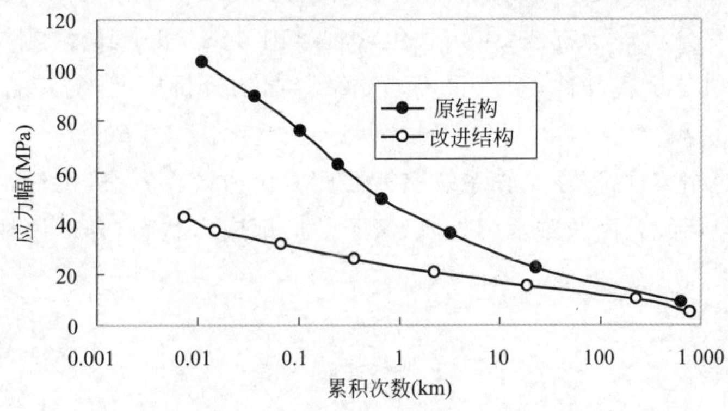

图 3-47 弹簧托板测点应力谱(重车)

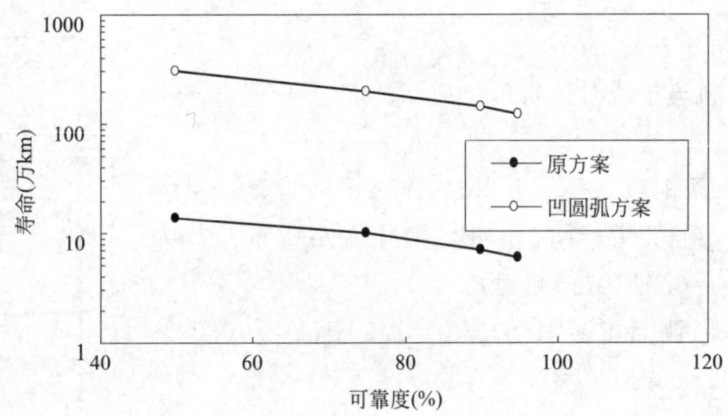

图 3-48 弹簧托板与止挡连接焊缝端头的疲劳可靠性寿命

(2) 止挡焊缝端头 S—N 曲线

止挡焊缝端头是一个疲劳薄弱部位,该接头类型为一疲劳强度不高的填角焊缝,类似于图 3-21 中的 E 级接头,其 P—S—N 曲线参数为:斜率 m 取为 3,50%和 95% 可靠度下,条件疲劳极限($N=2\times10^6$ 下)分别取为 56 MPa 和 42 MPa。

(3)重车疲劳寿命预测结果

获得应力谱和 P—S—N 曲线后,采用图 3-38 所示方法预测弹簧托板与止挡连接焊缝端头的疲劳可靠性寿命,结果见图 3-48。可见:原结构在 50%和 90% 可靠度下,弹簧托板与止挡连接焊缝端头的疲劳寿命分别为 14 万 km 和 8 万 km,疲劳强度明显不足;由于极大地降低了应力,改进结构在 50%和 90%可靠度下,弹簧托板与止挡连接焊缝端头的疲劳寿命分别达到 250 万 km 和 150 万 km,如再修磨焊缝端头,寿命还将成倍提高,完全能到达到要求。

3.6 轮轴系统疲劳强度评价

铁路货车轮轴系统疲劳强度评价,主要估计各部件达到规定寿命时抗疲劳损伤的能力。有常规法和集成法。

常规法对单个零件进行评价。在轮轴系统中,目前中、日、西欧的标准包括 TB/T 2705、EN 13103/13104 和 JIS E 4501 等对车轴规定了相似的设计评价方法;EN 13979-1 等也规定了车轮疲劳强度的评价方法。而对于轴承,有行业整体性的解析分析方法,在铁路行业有如 EN 12080 等试验验收方法,但尚缺乏轴承内外圈、滚子具体零件的疲劳强度评价。

集成法在计算分析 353130B 故障轴承的服役应力时提出。其基本思路是:轮轴系统,包括车轮、车轴

和轴承及承载鞍组件，是组装在一起的组件。除制动热载荷外，各部件承受的机械载荷是相互关联。根据这一关联性，建立整体性分析评价方法，可实现包含轴承内外圈、滚子具体零件及各零件配合面的疲劳强度评价。同时，如果单独分析各部件，很难正确建立结合面的分析模型，对结合面的疲劳强度做合理评价。

因此，根据机械载荷的相关性，建立轮轴系统整体性疲劳应力计算方法，实现轮轴系统的整体性疲劳强度分析评价，对正确把握包括配合面及轴承内外圈、滚子的局部应力状态，合理评估轮轴系统相关疲劳强度具有重要意义。

3.6.1 常规方法

3.6.1.1 车　　轮

EN 13979-1[37]和 UIC510-5[38]对车轮在机械载荷作用下的疲劳载荷、应力和评价方法做了如下规定。

1. 载荷

如图 3-49，考核 3 种机械载荷工况：

(1)直道运行(轮对沿轨道中线对称)：$F_z=1.25P$；$F_{y1}=0$(P——轴重的二分之一)。

(2)弯道运行(车轮缘靠钢轨)：$F_z=1.25P$；普通铁路货车：$F_{y2}=0.6P$(非导向轮对) 或 $F_{y2}=0.7P$(导向轮对)；摆式铁路货车：$F_{y2}=0.8P$(非导向轮对) 或 $F_{y2}=0.9P$(导向轮对)。

(3)道岔与道口(轮缘内侧面接触钢轨)：$F_Z=1.25P$；$F_{y3}=0.36P$(非导向轮对)或 $F_{y2}=0.42P$(导向轮对)。

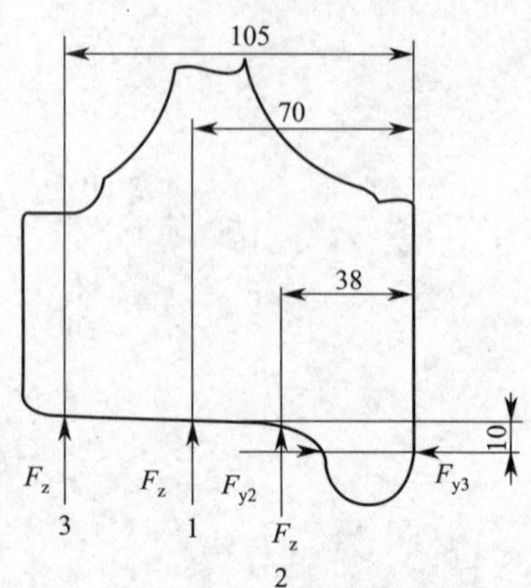

图 3-49　车轮疲劳计算机械力作用部位

2. 疲劳应力计算与评价

规范规定采用有限元法进行应力计算。计算时通常在对称面上施加对称约束，在轮座内侧车轴横截面(即整根车轴的中央端面)上施加三向约束，轮轨力以集中力的方式加在踏面上。由于采用上述集中力模型，轮轨接触踏力学模型无效，因而无法对踏面接触应力评价。

对上述 3 种工况进行计算；分别计算各工况的车轮的最大疲劳应力 $\Delta\sigma$：$\Delta\sigma=\sigma_{max}-\sigma_{min}$，其中 σ_{max}、σ_{min} 最大疲劳应力部位处在各工况下出现的最大/最小应力；许用疲劳应力为 360 MPa(轮网加工)、290 MPa(轮网不加工)。

这种评价方法是一种“当量疲劳应力”评价法，即车轮承受的复杂随机应力谱作用，按相同疲劳寿命要求，当量为车轮承受恒幅应力应力作用。

四方所在分析评价中额外增加了“直道运行＋制动热载荷”和“弯道运行＋制动热载荷”工况，未额外增加制动机械载荷。计算表明，许用应力不变，这样的评价是偏严格的。

3. 举例

以 C_{70} 型铁路货车 HEZB 车轮的分析评价为例。图 3-49 所示 3 种机械载荷考核工况的载荷分别见表 3-9。

表 3-9　C_{70} 型铁路货车 HEZB 车轮 3 种考核工况的载荷条件

序　号	工　况	工况描述	载　荷	
			P_Z(kN)	F_y(kN)
1	直道运行	轮对沿轨道中线对称	143.75	0
2	弯道运行	车轮缘靠钢轨	143.75	138
3	道岔和道口	轮缘内侧面接触钢轨	143.75	82.8

利用 ANSYS 进行有限元分析。如图 3-50，选用 SOLID45 三维六面体单元进行网格划分，整个模型 35378 个单元、33447 个节点；选用面面接触单元 CONTA174 及目标单元 TARGE170 进行轮轴过盈配合部

位的接触模拟，通过接触单元实常数设置过盈量。计算中轮轴配合过盈量取为轮座直径的 0.1%(0.21 mm)。计算时，在对称面上施加对称约束，在轮座内侧车轴横截面(即整根车轴的中央端面)上施加三向约束，轮轨力以集中力的方式加在踏面上。

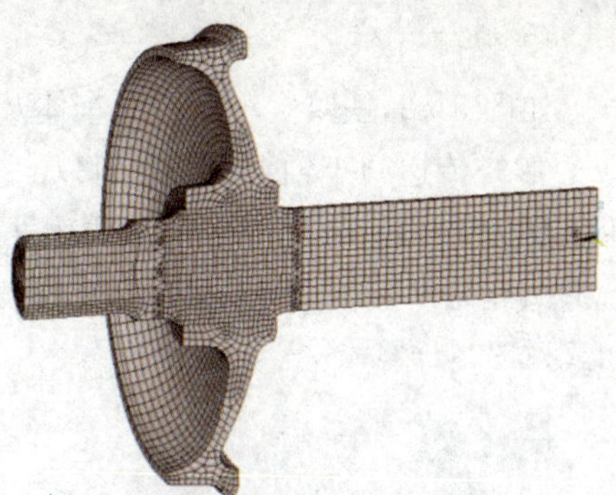

图 3-50 C_{70}型铁路车轮常规分析有限元网格模型

分析获得三种工况下 HEZB 车轮轮毂与轮辐的 Von Mises 应力云图见图 3-51，轮毂与轮辐最大 Mises 应力部位分别标在图中 A、B 位置。根据 7 个试样的测定结果，该材料疲劳极限均值为 178.88 MPa、均方差为 4.8076 MPa。三种工况在轮毂与轮辐产生的最大当量疲劳应力范围安全系数见表 3-10。从表中可知，过"道岔与道口"工况是最危险工况。

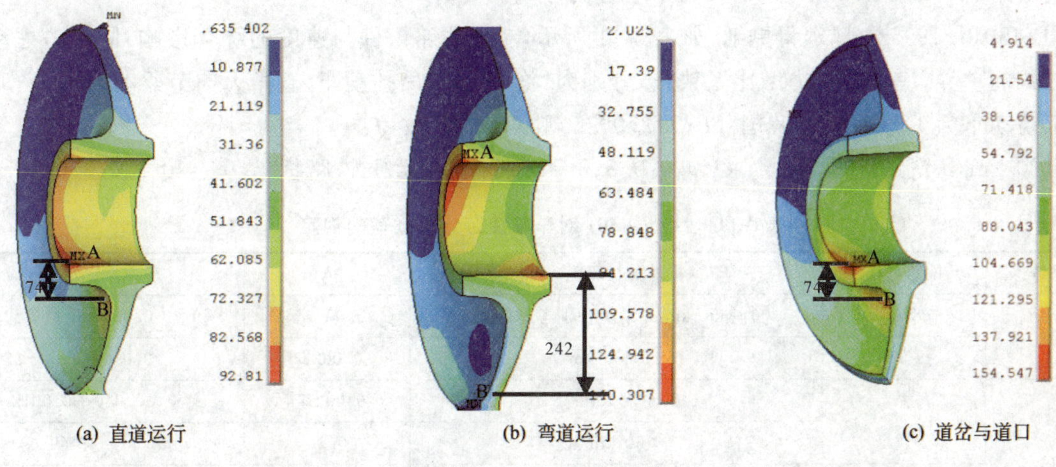

图 3-51 C_{70}型铁路货车 HEZB 车轮常规评价轮毂与轮辐 Von Mises 应力云图

表 3-10 C_{70}型铁路货车 HEZB 车轮常规评价轮毂与轮辐最大 Von Mises 应力和安全系数

序号	工况	轮毂			轮辐		
		Δσ(MPa)	安全系数 n	位置	Δσ(MPa)	安全系数 n	位置
1	直道运行——轮对沿轨道中线对称	92.81	1.927 4	外侧与车轴底部配合处	73.81	2.423 5	外侧与轮毂过渡凹处
2	弯道运行——车轮缘靠钢轨	140.31	1.275 0	外侧与车轴顶部配合处	122.14	1.464 5	内侧与轮辋过渡凹处
3	道岔和道口——轮缘内侧面接触钢轨	154.55	1.157 4	外侧与车轴底部配合处	126.95	1.409 1	外侧与轮毂过渡凹处

3.6.1.2 车　　轴

目前，中、日、西欧的标准包括 TB/T 2705、EN 13103 和 JIS E 4501 等对车轴规定了相似的疲劳强度设计评价方法。其评价原理同车轮，是"当量疲劳应力"法。

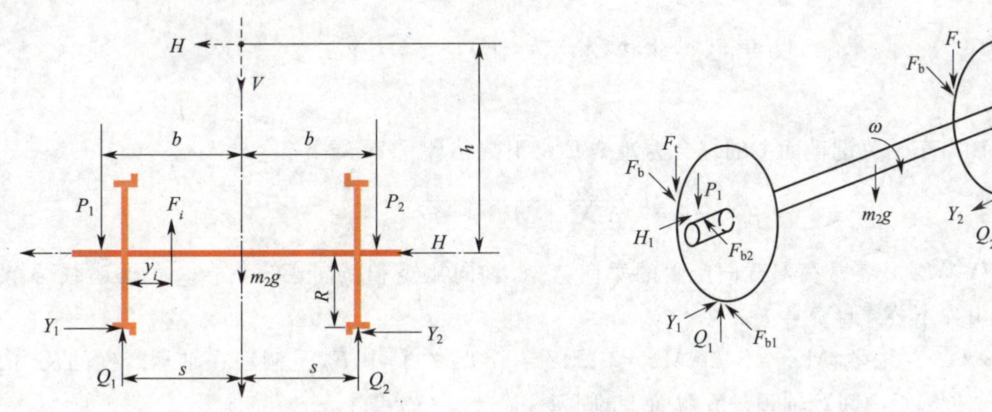

图 3-52 货车车轴常规评价载荷模型

1. 载荷

如图 3-52,铁路货车运行时车体及转向架产生了动态垂向力 V 和横向力 H,通过侧架分别以 P_1、P_2 和 H 的形式传递到车轴上。而轮对以自重 m_2g、两车轮间簧下部分(制动踏面/盘、齿轮等)质量附加力 F_i 和轮轨反力 Y_1/Q_1 与 Y_2/Q_2 的形式建立起动态平衡力系。

两车轮间簧下部分(制动踏面/盘、齿轮等)质量附加力 F_i 为已知力。动态垂向载荷 V+横向载荷 H 由如式(3-33)计算

$$V=\alpha_V m_1 g, H=\alpha_L m_1 g \tag{3-33}$$

式中 α_V 是垂向动荷系数、α_L 是横向动荷系数。EN 13103/EN 13104 标准规定:

普通铁路货车 $\alpha_V=0.25$、$\alpha_L=0.15$(导向轮轴计算时 $\alpha_L=0.175$);

摆式铁路货车 $\alpha_V=0.25$、$\alpha_L=0.25$(导向轮轴时 $\alpha_L=0.275$)。

JIS E 4501—1995[39]规定得更细,如表 3-11 所示,考虑线路条件与速度的综合影响;同时考虑动车与拖车传力方式的差异,应考虑应力增比系数 α_σ,分别为:拖车为 1;吊挂动车、直角万向节驱动为 1.1~1.2;水平万向节驱动动车为 1.2~1.3。我国 TB/T 2705[40]规定动荷系数为:

$v<120$ km/h 铁路货车,$\alpha_V=0.4$、$\alpha_L=0.3$;$v=120\sim160$ km/h 铁路货车,$\alpha_V=0.5$、$\alpha_L=0.4$。

表 3-11 JIS E 4501 对车轴疲劳计算载荷的规定[39]

铁路系统	铁路分区	速度及环境	α_V	α_L
高速	SA	200~350 km/h 给予特别考虑的场合	$0.0027v$	$0.030+0.00060v$
	A	150~280 km/h	$0.0027v$	$0.030+0.00085v$
既有	A	60~160 km/h	$0.0027v$	$0.040+0.0012v$
		<60 km/h	0.16	0.11
	B	60~130 km/h	$0.0052v$	$0.060+0.0018v$
		<60 km/h	0.31	0.17

已知 F_i、V 和 H 后,图 3-52 中其他力由如下公式计算:

$$\begin{gathered}P_1=\frac{1}{2b}[bV+hH]\\P_2=\frac{1}{2b}[bV-hH]\\Y_1=2H\\Y_2=H\\H_1=H_2=0.5H\\Q_1=\frac{1}{2s}[sV+sm_2g+(h+R)H-\sum F_i(2s-y_i)]\\Q_1=\frac{1}{2s}[sV+sm_2g-(h+R)H-\sum F_iy_i]\end{gathered} \tag{3-34}$$

2. 应力计算

根据 EN 13103,车轴关键截面上的综合力矩 MR 由下式估计

$$MR=\sqrt{MX^2+MY^2+MZ^2} \tag{3-35}$$

式中 MX、MY、MZ 是各载荷对截面产生的垂向弯矩、轴向扭矩和横向弯矩集合。在上述载荷作用下,关键截面的矩值由如下公式计算:

(1)截面Ⅰ—Ⅰ——轴颈:$MX=P_1L_1$;$MY=0$;$MZ=F_{b2}L_{\text{I}}$。其中 F_{b2} 是制动在轴承产生的反力、F_t 是制动切向反力、L_1 是轴承中间距轴颈过渡截面Ⅰ的距离。

(2)截面Ⅱ—Ⅱ——轮座外侧:$MX=P_1L_{\text{II}}$;$MY=0$;$MZ=F_{b2}L_{\text{II}}$。其中 L_{II} 是轴承中间距轮座外侧过渡

截面Ⅱ的距离。

(3)截面Ⅲ—Ⅲ——轮座内侧：$MX=P_1L_{Ⅲ}-0.5Q_1(L_{Ⅲ}-L_{Ⅱ})+Y_1R+0.5F_t(L_{Ⅲ}-L_{Ⅱ})$；$MY=(F_t-F_{b1})R$；$MZ=F_{b2}L_{Ⅲ}+0.5(F_{b1}-F_b)(L_{Ⅲ}-L_{Ⅱ})$。其中 $L_{Ⅲ}$ 是轴承中间距轮座内侧过渡截面Ⅲ的距离。

由于采用解析计算，需要考虑局部应力集中，截面的当量疲劳应力 $\Delta\sigma$ 由式(3-36)计算

$$\Delta\sigma=\frac{K32MR}{\pi d^3} \tag{3-36}$$

式中 K 是截面应力集中系数。图 3-53 是 EN 13103 给出的阶梯式过渡圆弧车轴的 $K—r/d$ 关系，图 3-54则是 EN 13103 给出的卸荷槽车轴的 $K—r/d$ 关系。

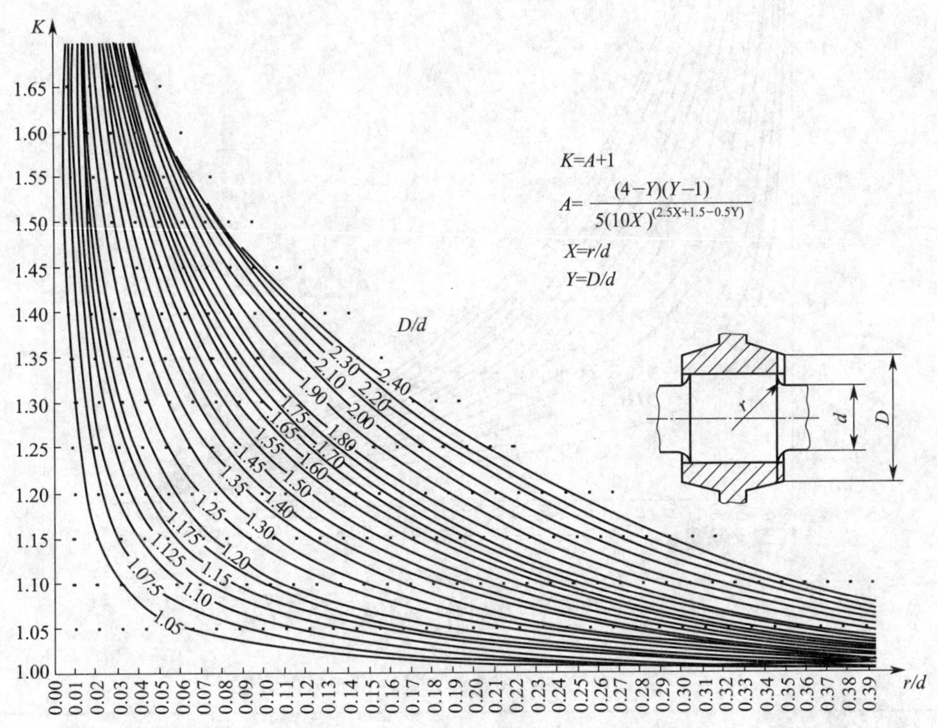

图 3-53 EN 13103 给出的阶梯式过渡圆弧车轴 $K—r/d$ 关系

3. 评价

EN 13103 标准采用安全系数 n 法评价车轴的疲劳强度，安全系数 n 代表最大许用疲劳应力[S]与根据 EN 13260、EN 13261 试验法测定的疲劳极限 σ_{-1} 的比值，定义为

$$n=\frac{\sigma_{-1}}{[S]} \tag{3-37}$$

当量疲劳应力 $\Delta\sigma\leqslant[S]$时即强度满足要求。EN 13103 规定的 EN1A 与 EA4T 钢车轴许用应力见表3-12，JIS E4502 的规定值见表 3-13，TB/T 2705 的规定见表 3-14。

表 3-12 EN 13103 规定的车轴疲劳许用应力值

材 料	安全系数	[S]（实心轴）(MPa)		[S]（空心轴）(MPa)			
		非配合面	配合面	非配合面	除轴颈部位配合面	轴颈部位配合面	孔表面
EN1A	1	200	120	200	110	94	80
	1.2	166	100	166	92	78	67
EA4T (25CrMo4)	1	240	145	240	132	113	96
	1.33	180	110	180	99	85	72

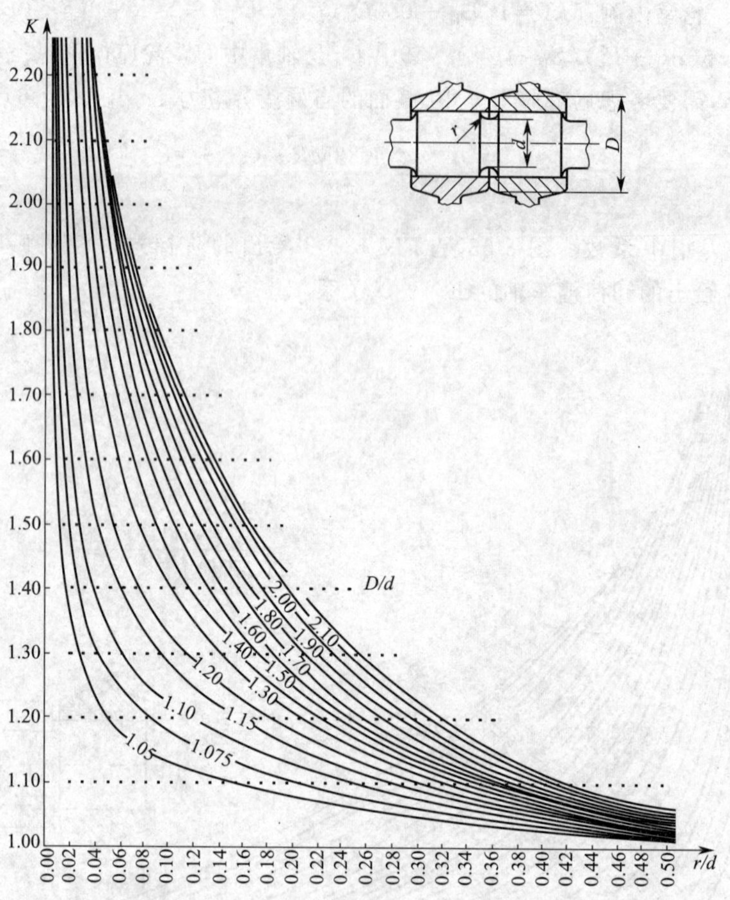

图 3-54　EN 13103 给出的卸荷槽结构车轴 $K-r/d$ 关系

表 3-13　JIS E4502 规定的车轴许用疲劳应力值

种　序	材　料		用　途	[S]（MPa）
1	A*	SFA 55A	拖车轴	98.1
	B**	SFA 55B		
2	A	SFA 60A		103
	B	SFA 60B	动车轴	
3	A	SFA 65A		108
	B	SFA 65B		
4	A	SFA QA		147
	B	SFA QB		

* A 级钢 $P<0.035\%$、$S<0.040\%$；** B 级钢 $P<0.045\%$、$S<0.045\%$。

表 3-14　TB/T 2705 规定的车轴许用疲劳应力值

材　料	[S]（MPa）				
	轮　座		轴　颈		轴　身
	平直压装	阶梯压装	滚动轴承	滑动轴承	
LZ 钢	84.6	98.1	98.1	137	137
LZ50	100.2	116.2	116.2	162	162

4. 应用举例

以 C_{70} 型铁路货车车轴评价为例。轴重 23 t,m_1=21.83 t,m_2=1.171 t,图 3-516 载荷模型中基本尺度参数 R、s、b 和 h 分别为 395 mm、746.5 mm、990.5 mm 和 1 776 mm;额定制动载荷按制动管压按 600 kPa 计算,F_b=20 kN;摩擦系数 μ=0.25,根据 EN 13103 按普通铁路货车取 α_v=0.25、α_L=0.15,计算获得轮轴系统机械载荷见表 3-15。

表 3-15 C_{70} 型铁路货车车轴常规疲劳强度计算机械载荷 单位:kN

H_1	H_2	Y_1	Y_2	P_1	P_2	Q_1	Q_2	F_b	F_t	F_{b1}	F_{b2}
16.044	16.044	32.089	0.0	168.869	98.536	191.101	97.780	20.0	5.0	5.0	15.0

按 2 级维修直径统一减小 1 mm 考虑车轴截面尺寸,3 个校核截面的位置、直径、应力集中系数、载荷矩和计算应力见表 3-16,证明按常规法车轴的设计满足 TB/T 2705 要求。

表 3-16 C_{70} 型铁路货车车轴常规疲劳强度校核结果

截　面	位置 L(mm)	直径 d(mm)	应力集中系数 K_t	载荷矩(kN·m)				计算应力 σ_a(MPa)	安全系数 n
				M_X	M_Y	M_Z	M_R		
Ⅰ—轴颈过渡处	105	149	1.023 7	17.731	0	1.575	17.801	56.11	2.07
Ⅱ—轮座外侧过渡处	188	188	1.047 5	31.747	0	2.820	31.872	59.29	1.69
Ⅲ—轮座内侧过渡处	371.5	183	1.005 1	45.66	0	4.196	45.852	76.60	1.31

3.6.2 集成法

轮轴包括车轮、车轴和轴承及承载鞍组件是组装在一起的组件。除制动热载荷外,各部件承受疲劳机械载荷具有相关性。考虑这一相关性,可采用集成法对系统内各部件抵抗疲劳的能力做相关性的分析。并正确分析系统内各元件配合部位的疲劳应力及强度。

3.6.2.1 载　荷

考虑轮轴极限机械力的相关性,结合常规法分析车轮和车轴的载荷,考虑了制动载荷的车轴载荷,可偏严格的作为轮轴相关机械载荷的依据。图 3-55 给出了轮轴整体集成分析的载荷模型。

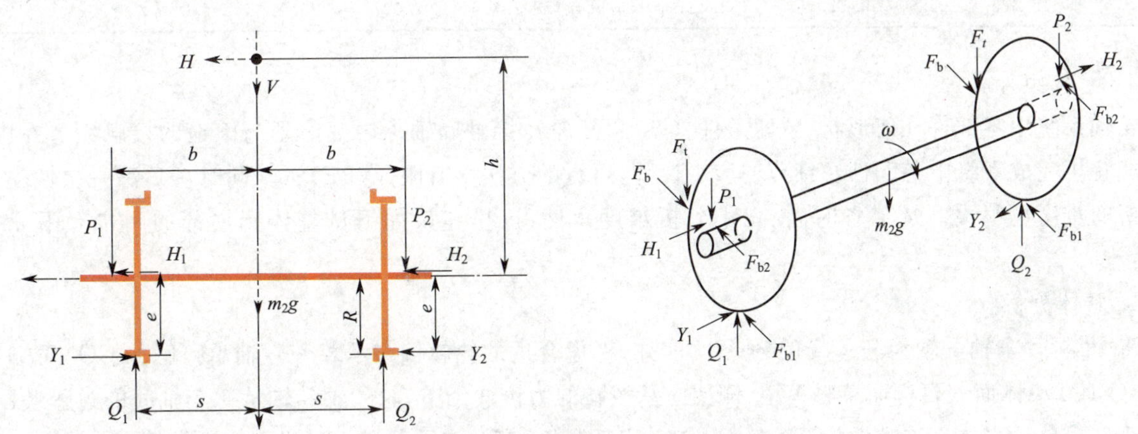

图 3-55 货车轮轴整体相关机械载荷平衡模型

与 EN 13103 标准中车轴载荷模型类似,主要差异有 3 点:

1. EN 标准把横向力 H_1/H_2 假想为通过车轴轴心,而实际横向力是通过侧架导框及承载鞍传到轮轴系统的。自然的,本模型的横向力作用于侧架向承载鞍传力的部位。在轮轴系统中,除轮轨接触便于建立界面模型外,就只有该处比较好把握截面模型,因而按此方法,使轮轴系统的计算科学合理。

2. EN 标准应用于解析计算车轴各截面的弯矩及当量疲劳应力,而本模型服务于整个轮轴系统的疲劳强度,分析对象与范围不一样。

3. 常规分析不强调载荷作用的细节，而本模型可考虑承载鞍传力局部，针对不同铁路货车类型及承载鞍传力原理的铁路货车轮轴系统，完成各零部件机械载荷关联的疲劳强度评价。

与前述车轴载荷模型相似，图3-55中轮轴同样受到铁路货车垂向动载荷V、横向动载荷H、自重m_2g及制动载荷F_b的作用，其他载荷由下列公式确定：

$$
\begin{aligned}
P_1&=\frac{1}{2b}[bV+hH]\\
P_1&=\frac{1}{2b}[bV-hH]\\
H_1&=H_2=0.5H\\
Y_1&=2H\\
Y_2&=H\\
Q_1&=\frac{1}{2s}[sV+sm_2g+(h+R)H]\\
Q_1&=\frac{1}{2s}[sV+sm_2g-(h+R)H]\\
F_{b1}&=F_b-\frac{R}{e}(F_b-F_t)\\
F_{b2}&=\frac{R}{e}(F_b-F_t)
\end{aligned}
\tag{3-38}
$$

以C_{70}型铁路普通货车为例，采用K6型转向架，额定轴重23 t，轮轴质量$m_2=1.171$ t；图3-55中几何参数R、s、b、e和h分别为395 mm、746.5 mm、990.5 mm、584 mm和1 776 mm；额定制动载荷按制动管压600 kPa计算，F_b为20 kN计算，摩擦系数取0.25，制动宽度55 mm、制动瓦长352 mm，中间约52 mm为卸热槽。动载系数按普通货车取$\alpha_v=0.25$、$\alpha_L=0.15$，计算获得轮轴当量疲劳计算时的相关机械载荷见表3-17。

表3-17 C_{70}货车轮轴系统疲劳强度集成分析的相关机械载荷 单位：kN

H_1	H_2	Y_1	Y_2	P_1	P_2	Q_1	Q_2	F_b	F_t	F_{b1}	F_{b2}
16.375	16.375	65.500	32.750	168.234	104.684	202.716	91.677	20.0	5.0	7.028	12.972

3.6.2.2 应力计算

轮轴系统中零部件几何形状、装配条件复杂，包括轮轨接触和轴承内部滚子与滚道的接触细节在内，无法集成解析完成系统中各元件及细节的应力计算，可行的方法是有限元(FE)法。同时，FE法一次性完成所有分析的难度也很大。从节省时间、减小分析难度角度，这里建议如下从整体到局部的两步有限元分析策略：

1. 整体分析

将"车轮—车轴—轴承—承载鞍"全视为实体，考虑合适的轮轨接与承载鞍—轴承接触如CONTA174—TARGE170滚体面—目标面接触模型，侧架向承载鞍的力传递细节，轮—轴和轴承—车轴间的过盈装配，采用合适有限单元实体网格模型如3D SOLID185实现车轮、车轴和承载鞍组件机械应力计算。

2. 局部分析

即细化轴承的应力分析，应用适当截面，把包含轴承及车轴配合段从整体分析中截出用做局部分析；整体分析在截面上留下的应力/应变参数作为局部分析的输入，考虑轴承内滚子与滚道接触细节与合适的如CONTA174—TARGE170滚体面—目标面接触模型，实现轴承局部细节的应力分析计算。

同时需要处理好细节与边界条件。如接触与配合副问题，整体分析时对轮—轨接触副、轮—轴配合副，局部分析时对轴承滚子—滚道接触副、轴承—承载鞍接触副和轴承与车轴配合副，依各自配对几何形状和过盈量接触配合，在FE中按CONTA174—TARGE170滚体面—目标面接触模型处理。

以 C_{70} 型铁路货车为例，说明实现轮轴系统有限元分析(FE)的具体方法：遵从上述策略与细节与边界处理方法，针对 C_{70} 型铁路货车本身特点还需要处理好如下细节：

1. 过盈量

车轴—车轮配合过盈量，根据设计图纸按 0.21 mm 考虑，孔径比值为 0.001，大于 TB/T 1718[41]下限，但低于 EN 13260[42]的下限。车轴—轴承配合过盈量按设计图纸最大能达到 0.0510.101 mm，这里按 0.1 计算，与孔径的比值为 0.000 625。

2. 侧架向承载鞍传力

C_{70} 型铁路货车采用如图 3-56 所示承载鞍橡胶堆组件，上扣板卡在侧架上，下扣板卡在承载鞍上。侧架向上扣板传递垂直力 P_1、侧向力 H_1 和制动纵向力 F_{b2}。

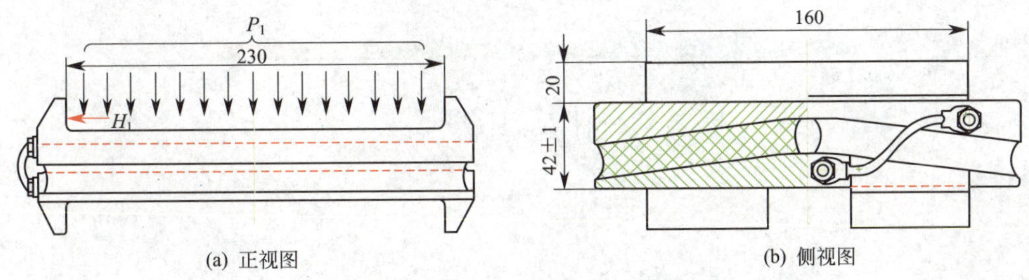

(a) 正视图　(b) 侧视图

图 3-56　C_{70} 型铁路货车承载鞍橡胶堆组件

垂直力 $P_1=168.233\ 6$ kN，可近似处理为向下均布力。横向力 $H_1=16.375\ 1$ kN，考虑可能的配合间隙，有两种可能情形：一是横向力较小，近似以摩擦力均匀作用于接触面上；二是横向力较大，克服了摩擦阻力，作用在上扣板的止挡上。取摩擦系数 0.25，C_{70} 型铁路货车当量疲劳载荷下，左侧承载鞍有 $H_1/P_1=0.097<0.25$，作用在上扣板的面上。同理，右侧承载鞍有 $H_2/P_2=0.156\ 4<0.25$，作用在上扣板的面上。纵向力 $F_{b2}=12.972\ 1$ kN，近似按均布摩擦力形似作用在上扣板的止挡面上。

3. 网格模型

除接触和配合面如上述外，其他部位一律采用 3D-SOLID185 网格单元模型。整体分析共有 205 751 个节点，377 542 个单元；局部分析截面距轴端 267 mm，共有 126 993 个节点，128 362 个单元。网格模型见图 3-57。

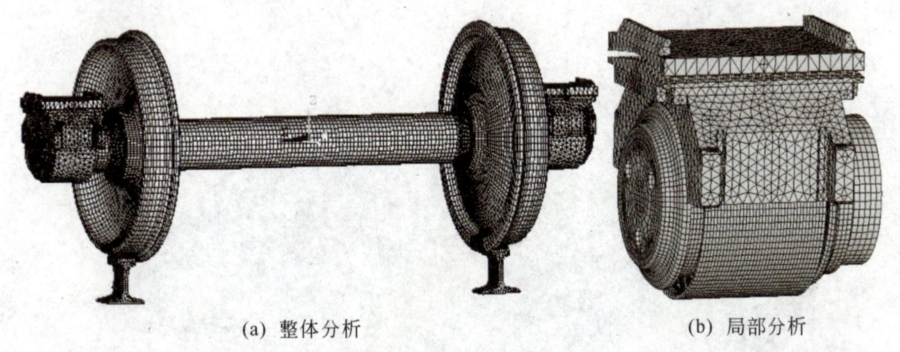
(a) 整体分析　(b) 局部分析

图 3-57　C_{70} 型铁路货车轮—轴系统 FE 分析网格模型

4. 计算材料参数

考虑极限载荷大，难保结构局部应力在弹性范围。因此，除轴承前后挡盖外，建议采用弹塑性 FE 计算。在这里对车轴 LZ50、车轮 B 级铸钢采用了西南交大的试验数据[36,43]；轴承内外圈材料 G20CrNi2MoA 借用了 20Cr 钢的试验数据[44]；轴承滚子钢 GCr15 借用文献[45]的试验数据；中隔圈材料 45 钢借用文献[46]试验数据；前后挡盖取弹性模量 206 GPa 采用弹性计算。

通过集成 FE 分析，获得了 C_{70} 型铁路货车轮轴系统如下应力信息：

1. 承载鞍组件

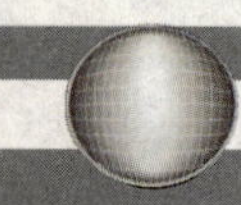

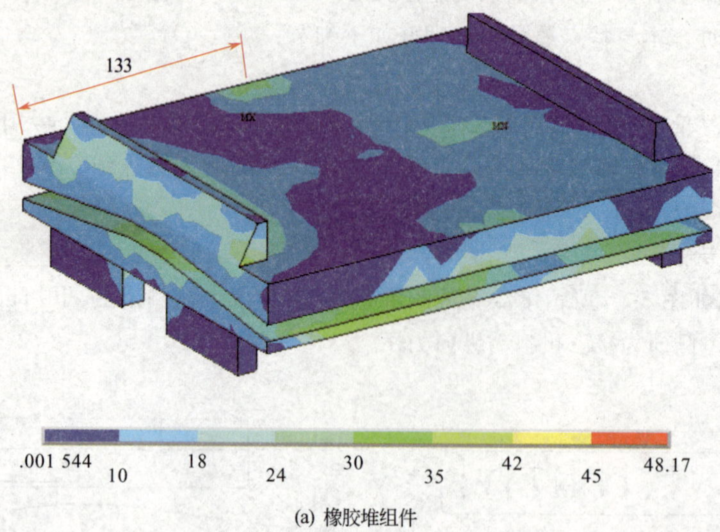

(a) 橡胶堆组件

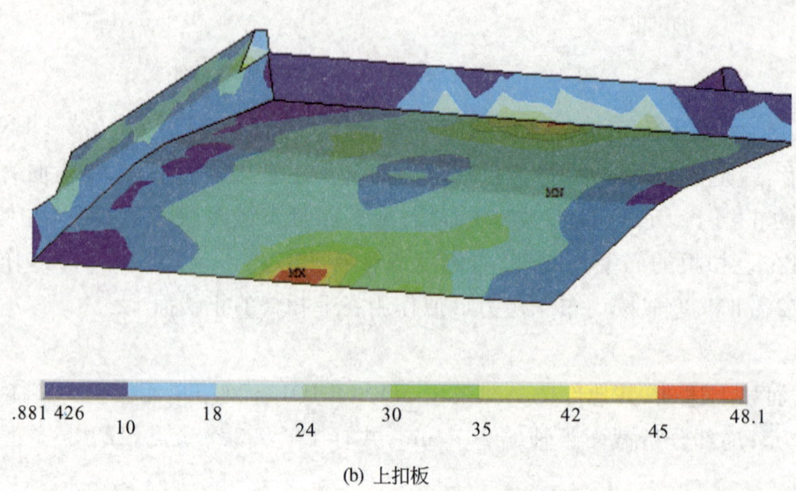

(b) 上扣板

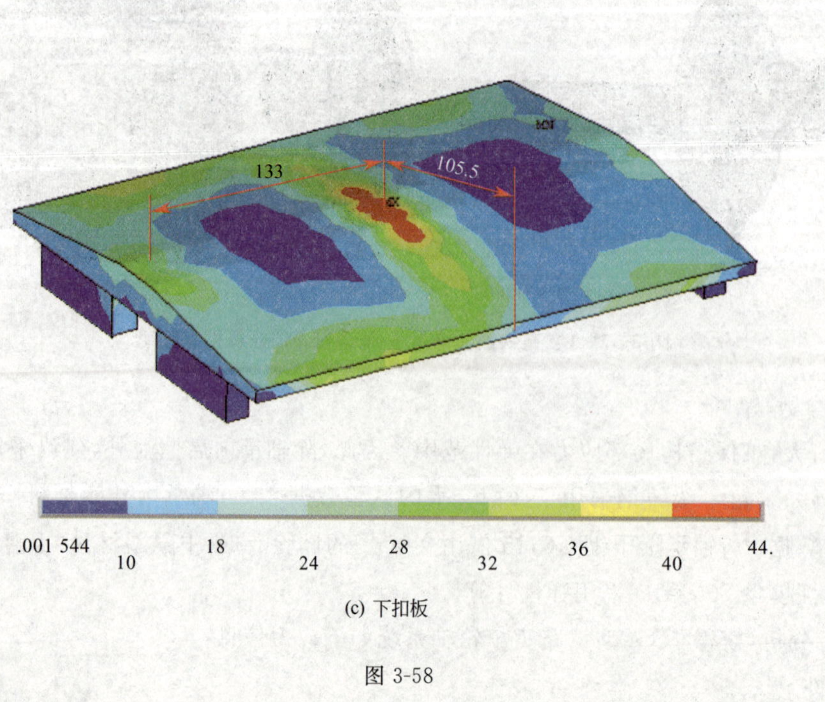

(c) 下扣板

图 3-58

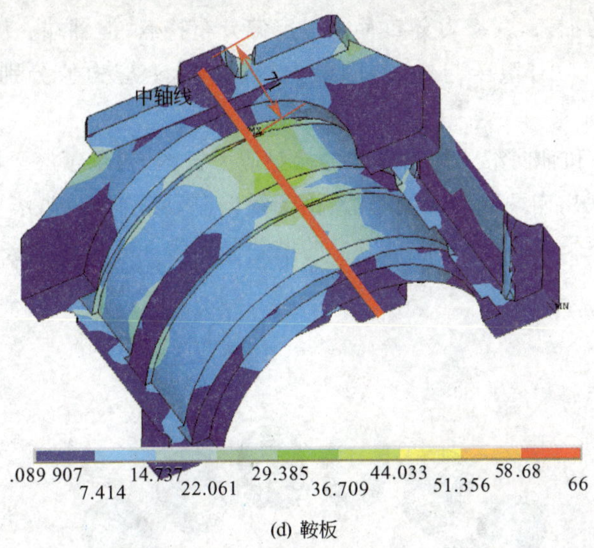

(d) 鞍板

图 3-58 C_{70}型货车承载鞍组件 Mises 应力云图

如图 3-58 给出承载鞍上下衬板和鞍板的 Mises 应力云图，揭示了上衬板最大 Mises 应力位置位于上衬板边缘距端部 133 mm 处，最大拉应力为 48 MPa；最小拉应力为 23 MPa。下衬板最大/最小 Mises 应力距外侧边缘 133 mm、距侧翼 105.5 mm，最大拉应力值为 44 MPa，最小拉应力为 24 MPa。鞍板的最大/最小 Mises 应力位于外侧距端面 71 mm 处的中轴线上，其最大拉应力幅值 66 MPa、最小幅压应力幅值为 13 MPa。

2. 轴承

图 3-59 给出了轴承滚子、内外圈的 Mises 应力云图，揭示了在该承载鞍模式下轴承有 8 组滚子参与承

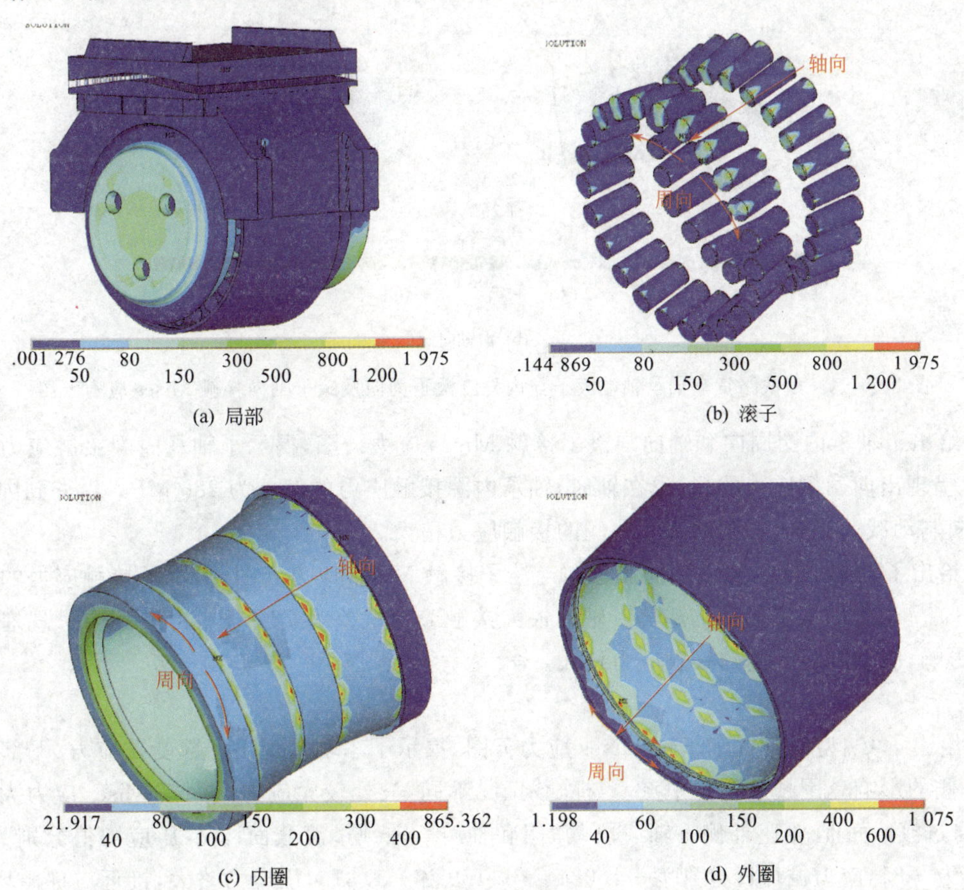

(a) 局部　(b) 滚子

(c) 内圈　(d) 外圈

图 3-59 C_{70}型铁路货车轴承各部件 Mises 应力云图

载；由于纵向制动机械载荷的加入，其应力分布存在一定偏分布特点；但轴端一侧应力较大，向内一侧应力较小；上部应力较大，两侧应力较小；滚子与内、外圈最大接触 Mises 应力值分别为 1 975 MPa、865 MPa 和 1 075 MPa。

图 3-60 给出了轴端周向和轴向滚子与内外圈的接触应力云图，揭示了滚子内外圈接触应力的周向偏差分别为 554 和 519 MPa，呈现出向两侧递减的趋势；由于纵向制动载荷影响，滚子与内外圈的接触应力偏制动闸瓦一侧稍大。在轴向，滚子与内、外圈接触应力的偏差分别为 968 MPa 和 370 MPa，呈现由外侧到内侧递减的趋势。

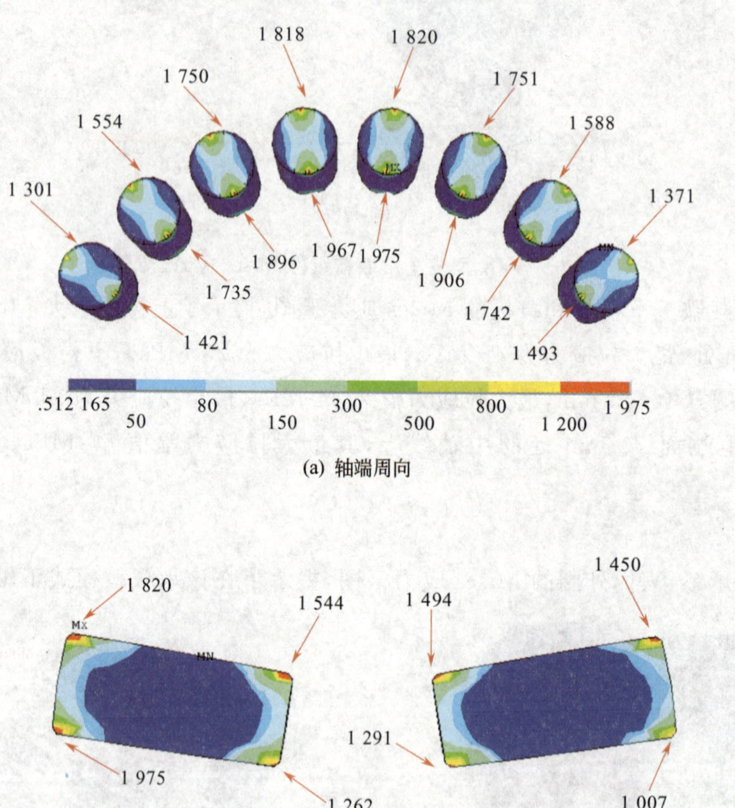

图 3-60 C_{70}型铁路货车轴承轴端滚子与内外圈滚道周向及滚子轴向接触 Mises 应力云图

图 3-61 给出了轴承内圈周向和轴向与滚子接触 Mises 应力云图，揭示了轴承内圈接触应力的周向偏差为 326 MPa，呈现出向两侧递减的趋势；在轴向，轴承内圈接触应力的偏差为 286 MPa，由外到内呈现递减趋势。由于纵向制动载荷影响，与制动闸瓦一侧的接触应力稍大。

图 3-62 给出了轴承外圈外侧沿周向和轴向与滚子接触 Mises 应力云图，揭示了接触应力的周向最大偏差为 444 MPa，呈现出向两侧递减的趋势。轴向最大接触应力偏差为 72 MPa，由外到内呈现递减趋势。由于纵向力的影响，制动闸瓦一侧的接触应力稍大。

3. 车轴

图 3-63 给出了 C_{70} 型铁路货车车轴 Mises 应力云图，揭示了车轴呈现出上部受拉应力、下部受压的应力状态，偏载一侧的影响范围越过轴身中点。与静载工况不同，三处较大应力截面按 Mises 应力大小排序为轮座内侧—轴身过渡截面Ⅲ、轮座外侧—轴肩段截面Ⅱ和轴肩—轴颈过渡截面Ⅰ，拉/压应力值分别为 98/－106、71/－83 和 59/－81，应力循环比分别为－1.081、－1.169 和－1.373，压应力略大，接近对称循环。

4. 车轮

图 3-64 给出了 C_{70} 型铁路货车车轮的 Mises 应力云图，揭示了由于制动载荷介入，车轮的应力分布也略

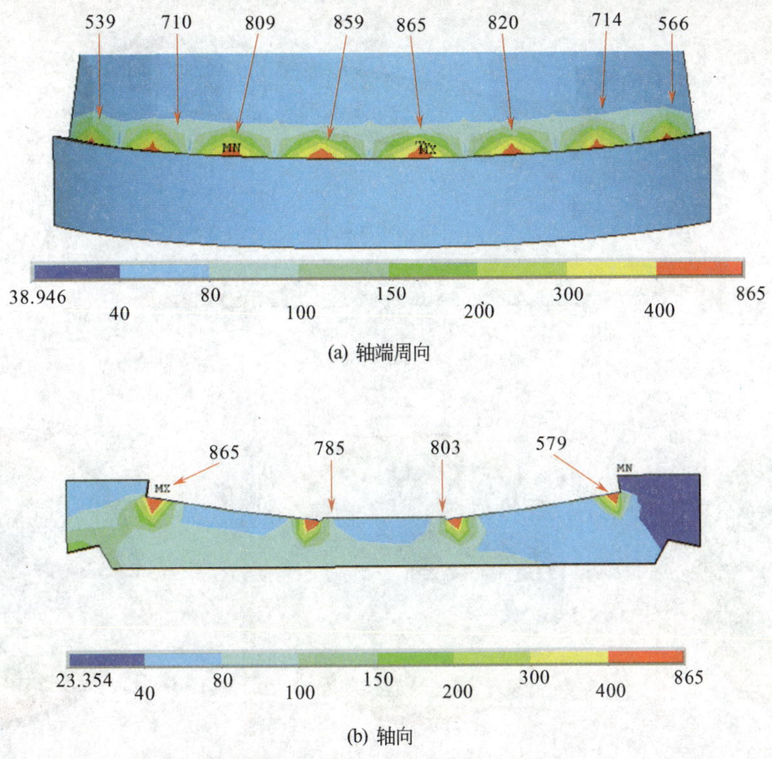

图 3-61 C_{70}型铁路货车轴承内圈轴端周向与轴向与滚子接触 Mises 应力云图

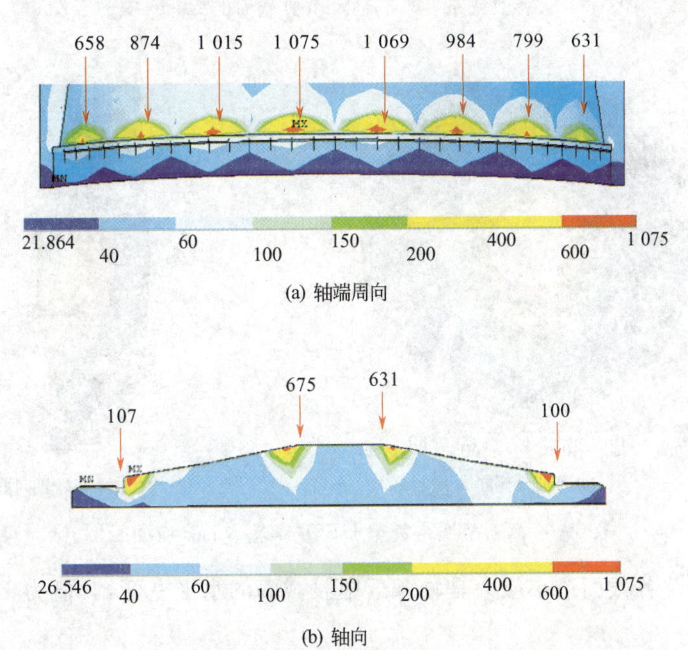

图 3-62 C_{70}型铁路货车轴承外圈轴端周向与轴向与滚子接触 Mises 应力云图

不对称。车轮存在 3 个较大疲劳压应力区域和 2 个较大疲劳拉应力区域。3 个较大压应力区域分别出现在外侧轮辐过渡部位距轮毂外圆柱面 37.34 mm 处、轮轨接触踏面和内侧轮辐与轮缘过渡部位距离轮缘 34.99 mm 处，编号为 B、C、D，最大拉/最大压应力分别为 30/－76、1/－773 和 6/－64 MPa；2 个较大疲劳拉应力区域处于轴端轮毂配合下端分离处、内侧轮辐与轮毂过渡部位离轮毂外圆柱面 72 mm 处；编号为 A、E，最大拉/最小拉应力分别为 116/102 MPa 和 39/19 MPa。

5. 配合部位

图 3-65 给出了轮轴与轴颈过盈配合 6 个截面上在机械载荷作用下的 Mises 应力云图揭示了各截面 4 个部位的应力都处于压的状态；轮座部位各截面最小压应力是轮毂与轮座外侧近分离截面的水平右侧，其值

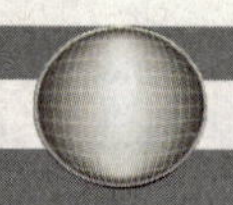

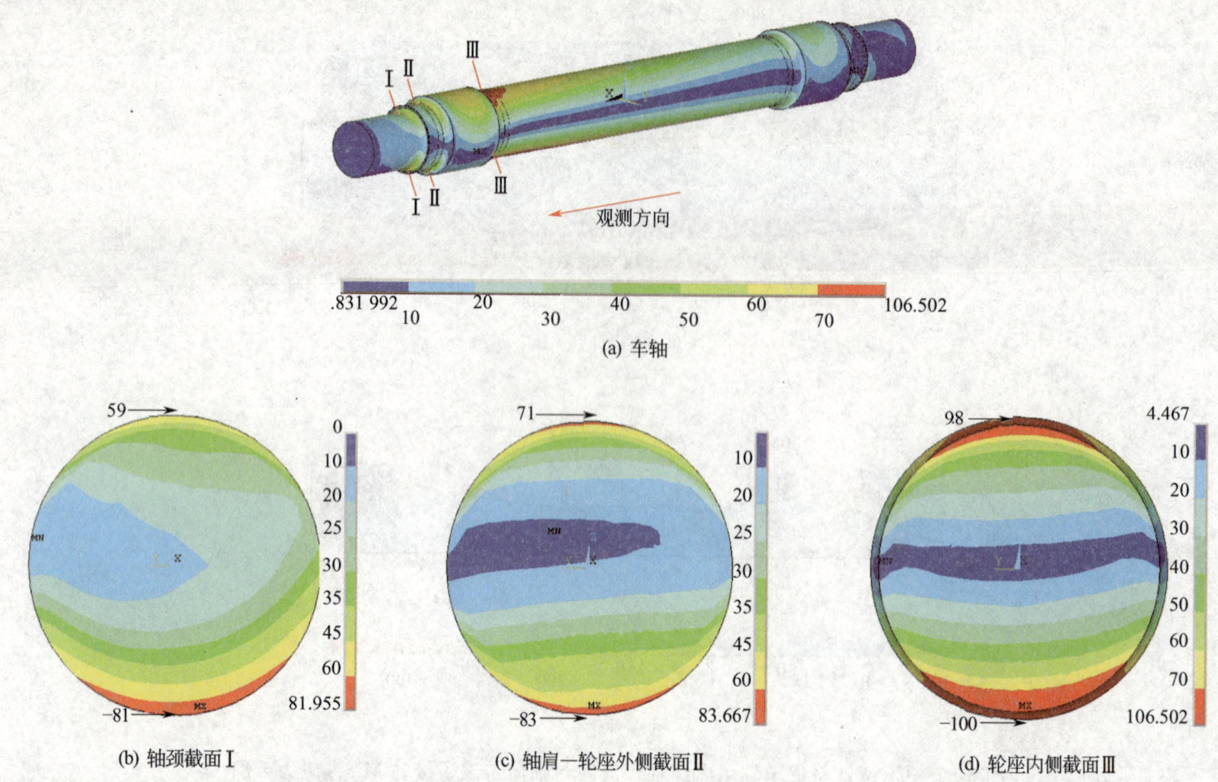

(a) 车轴

(b) 轴颈截面Ⅰ (c) 轴肩—轮座外侧截面Ⅱ (d) 轮座内侧截面Ⅲ

图 3-63 C_{70}型铁路货车车轴及重要截面的 Mises 应力云图

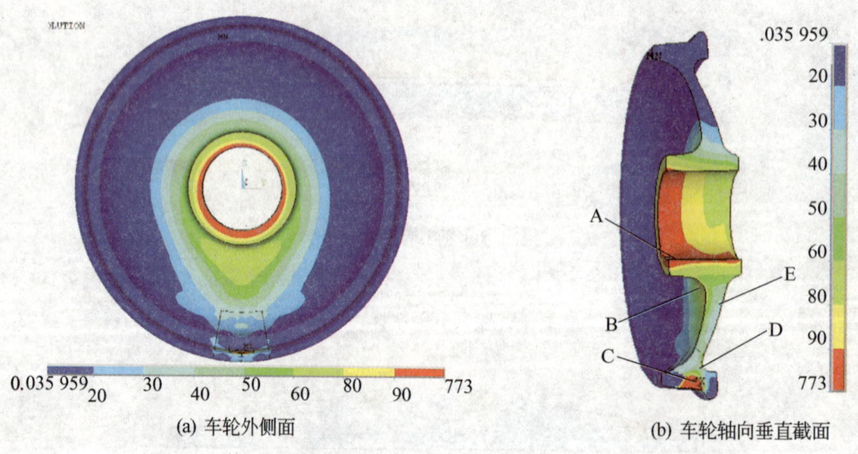

(a) 车轮外侧面 (b) 车轮轴向垂直截面

图 3-64 C_{70}型铁路货车 HEZB 车轮 Mises 应力云图

为 9.399 4 MPa；轴颈部位各截面最小应力是轴颈近中段截面的水平左侧，其值为 12.054 MPa。

3.6.2.3 评 价

有常规评价和超长寿命评价两种。常规评价，见前面常规法中所介绍的对车轮与车轴按照“疲劳极限”概念的“无限寿命”理论进行评价，可作为设计是否合格的近似评价。由于疲劳极限对应的疲劳寿命 N 通常 $\leqslant 10^7$ 应力循环，远低于铁道车辆许多零部件的真实疲劳寿命。而铁道车辆许多零部件在客观上要发生疲劳失效，按照“疲劳极限”概念的“无限寿命”理论无效，按照真实疲劳寿命要求所做的强度评价，是合理的超长寿命评价。

超长寿命评价的基本做法是，根据包含超长寿命范围的结构疲劳可靠性 S—N 曲线确定满足要求疲劳寿命的结构疲劳强度 S_a 分布，当结构服役应力 σ_a 分布小于结构疲劳强度，其可靠性水平 R 足够大满足要求值$[R]$时，强度合格：

$$R \geqslant [R]: R = \int_0^{\sigma_a} f(\sigma_a) \int_0^{+\infty} f(S_a \mid N) \mathrm{d}S_a \mathrm{d}\sigma_a \tag{3-39}$$

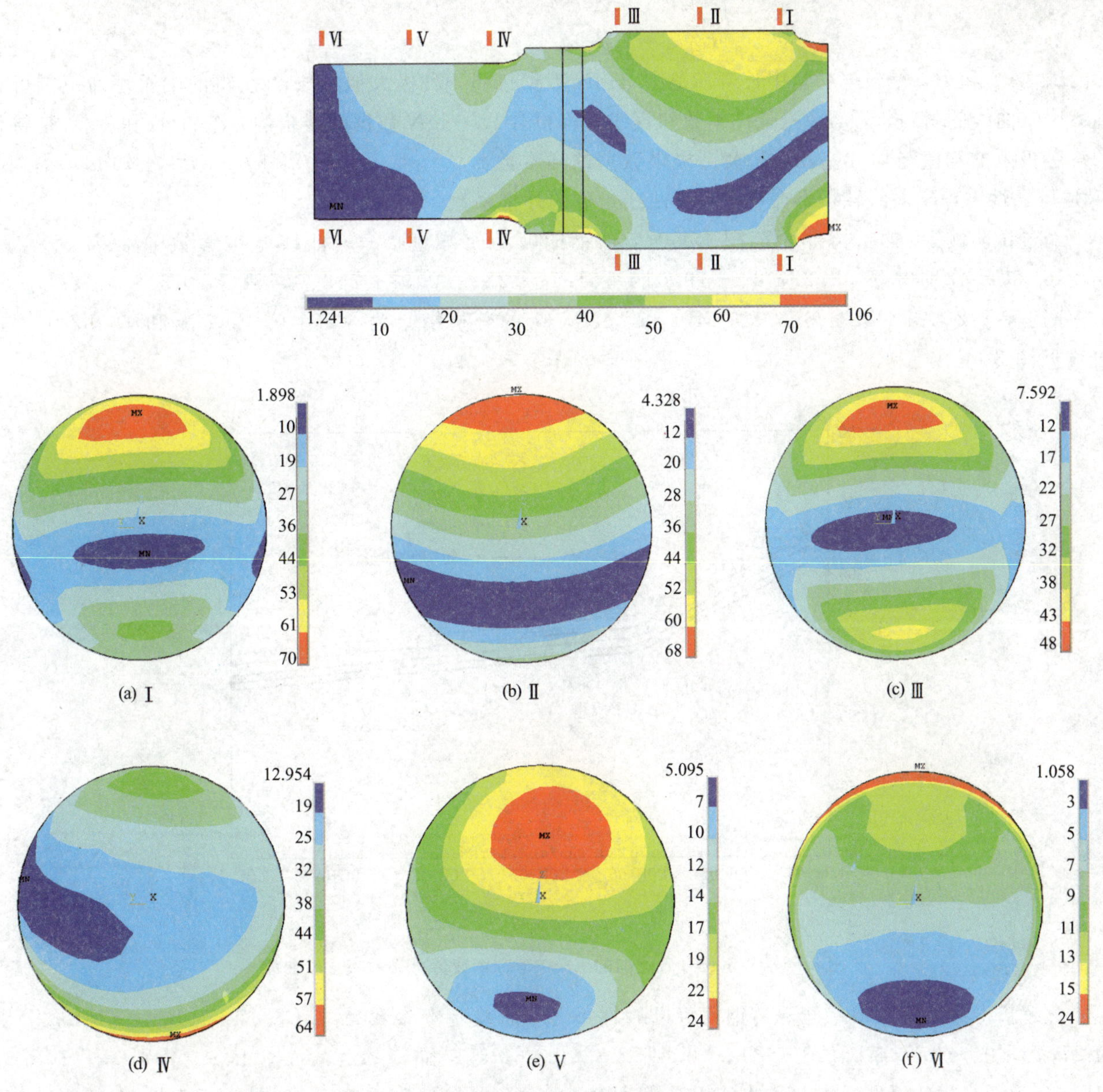

图 3-65 C_{70}型铁路货车疲劳载荷下车轴配合截面的 Mises 应力分布云图

当结构服役应力 σ_a 与疲劳强度 S_a 服从正态分布时，可采用如下可靠性连接系数 Z_R 评价

$$Z_R \geqslant [Z_R]; Z_R = \frac{S_{a,av-C} - \sigma_{a,av-C}}{\sqrt{S_{a,rms}^2 + \sigma_{a,rms}^2}} \tag{3-40}$$

其中，$\sigma_{a,av-C}$与 $S_{a,av-C}$是考虑了置信度 C 的结构疲劳应力与强度的均值，$\sigma_{a,rms}$与 $S_{a,rms}$是结构疲劳应力与强度的均方值。超长寿命范围的材料疲劳可靠性 $S—N$ 曲线可用式(3-41)表示：

$$\begin{cases} \lg N_{P-C} = A_{1P-C} + B_{1P-C}\lg s_a & N \leqslant N_T \\ \lg N_{P-C} = A_{2P-C} + B_{2P-C}\lg s_a & N > N_T \end{cases} \tag{3-41}$$

其中 P、C 是存活概率和置信度，其他参数的定义为

$$A_{1P-C} = A_{1av} - Z_P A_{1rms} - t_{1-C}(n_s - 2)s_r \sqrt{1 + 1/n_s}$$

$$B_{1P-C} = B_{1av} - Z_P B_{1rms}$$

$$\lg N_T = \frac{A_{1P-C}B_{1av} - A_{1av}B_{1P-C} - B_{1av}B_{1P-C}(\lg s_{-1P-C} - \lg s_{-1av})}{B_{1av} - B_{1P-C}} \tag{3-42}$$

$$k_T = \frac{\lg N_{-1} - \lg N_T}{B_{1av}\lg s_{-1av} - \lg N_T + A_{1av}}$$

$$\begin{cases} A_{2P-C} = \lg N_T - k_T(\lg N_T - A_{1P-C}) \\ B_{2P-C} = k_T B_{1P-C} \end{cases}$$

A_{av}、B_{av}、A_{rms}和 B_{rms}是根据材料中长寿命范围 S—N 数据按照一种极大似然法[47]获得的中长寿命范围可靠性 S—N 曲线的材料常数，n_s、s_r 是样本数和直线方程拟合 $\lg s$—$\lg N$ 数据的残余均方差；s_{-1av}和 s_{-1rms}是材料的疲劳极限的均值与均方差，n_{-1}是疲劳极限数据的样本数，$s_{-1P-C} = s_{-1av} - [Z_P + t_{1-C}(n_{-1}-1)]s_{-1rms}$；$N_T$、$k_T$ 是可靠性 S—N 曲线转折寿命和 S—N 曲线指数的外推系数。

经过试验测定：含超长寿命范围 LZ50 车轴钢的疲劳可靠性 S—N 曲线基本参数 A_{1av}、B_{1av}、A_{1rms}、B_{1rms}、s_r 和 n_s 分别等于 52.235 2、－19.019 0、1.175 22、－0.394 252、0.138 1 和 31；s_{-1av}、s_{-1rms}和 n_{-1}分别等于 264.96 MPa、6.605 6 MPa 和 7；N_T、k_T 的分析结果为 8 271 050 cycles 和 4.683 05[48]；曲线见图 3-66。

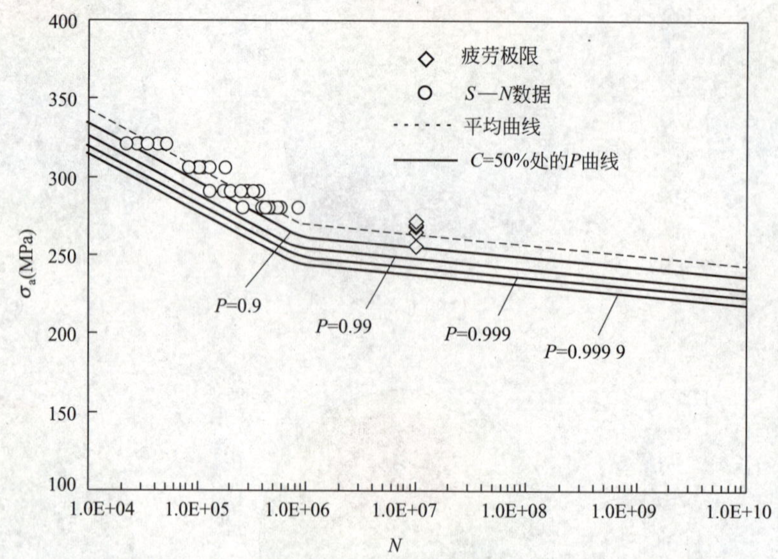

图 3-66　含超长寿命范围的 LZ50 车轴钢疲劳可靠性 S—N 曲线

含超长寿命范围的 B 级车轮铸钢疲劳可靠性 S—N 曲线基本参数 A_{1av}、B_{1av}、A_{1rms}、B_{1rms}、s_r 和 n_s 分别为 27.018 0、－9.084 1、1.390 81、－0.475 482、0.262 573 和 32；s_{-1av}、s_{-1rms}和 n_{-1}分别等于 178.88 MPa、4.807 6 MPa 和 7；N_T、k_T 的分析结果为 2 446 800 cycles 和 3.538 39[36]。可靠性 S—N 曲线见图 3-67。

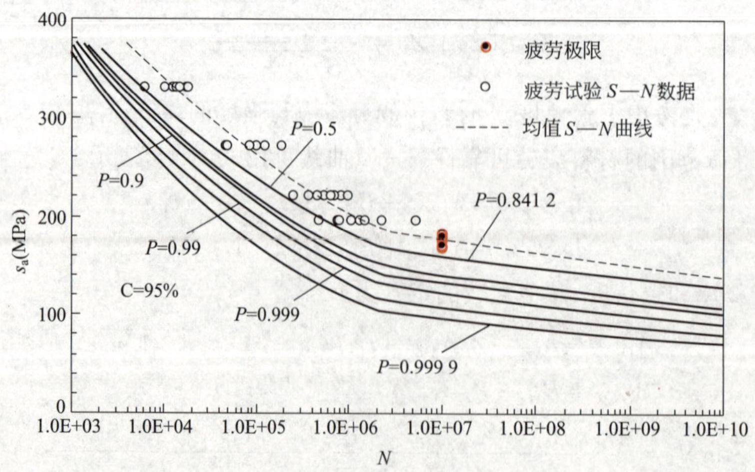

图 3-67　含超长寿命范围的 B 级车轮铸钢疲劳可靠性 S—N 曲线

有疲劳强度修正和疲劳寿命修正，两种途径把材料疲劳可靠性曲线转化为结构疲劳可靠性曲线。

1. 疲劳强度修正

引入疲劳强度修正系数 K_m，把材料疲劳可靠性 $S—N$ 曲线转化为结构疲劳可靠性 $S—N$ 曲线，其方程可表示为：

$$\begin{cases}\lg N_{P-C}=A_{1P-C}+B_{1P-C}\lg\dfrac{S_a}{K_{mP-C}} & N\leqslant N_T\\ \lg N_{P-C}=A_{2P-C}+B_{2P-C}\lg\dfrac{S_a}{K_{mP-C}} & N>N_T\end{cases}\tag{3-43}$$

$$K_{mP-C}=K_{m,av}-[t_{1-C}(n_{so}-1)+Z_P]K_{m,rms}$$

对于实物车轴，修正系数由式(3-44)决定：

$$K_{m,av}=D_{av}\left(\frac{A}{A_o}\right)^{w_{av}};K_{m,rms}=D_{rms}\left(\frac{A}{A_o}\right)^{w_{rms}}\tag{3-44}$$

其中 A 是车轴截面面积；A_o 为材料试样面积，为 44.178 6 mm^2；n_{so} 为试样数，为 7；D_{av}、w_{av}、D_{rms} 和 w_{rms} 为材料常数，分别等于 0.981 2、−0.025 1、0.026 3 和 0.048 6。修正系数曲线分别见图 3-68。

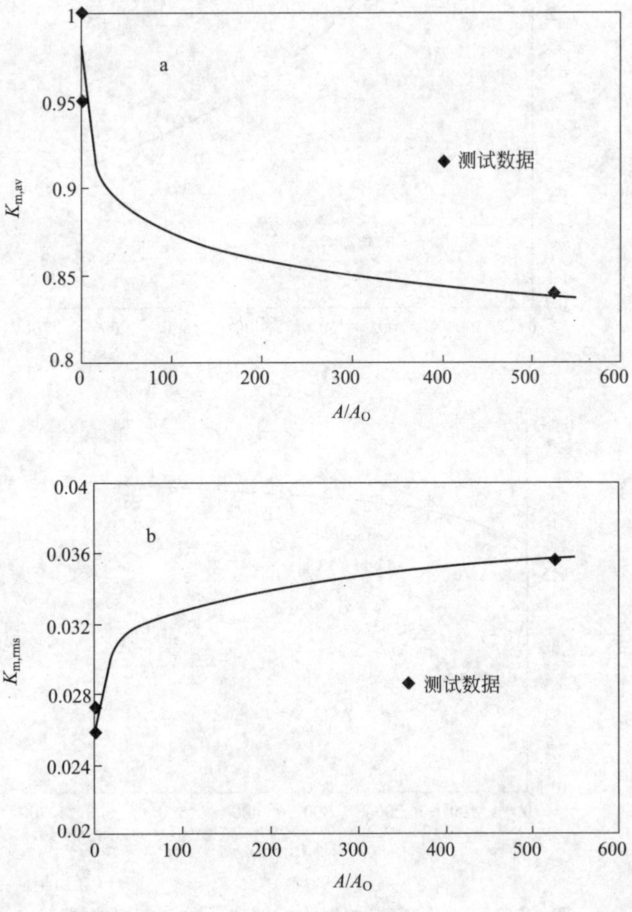

图 3-68 车轴疲劳强度修正系数曲线

图 3-69 中实线给出了原 RD_2 车轴卸荷槽截面(直径 172 mm；$K_{m,av}$、$K_{m,rms}$ 值分别为 0.840 2 和 0.035 5)的疲劳可靠性 $S—N$ 曲线。

2. 疲劳寿命修正

引入疲劳寿命修正系数 $K_{\lg N}$，把材料疲劳可靠性 $S—N$ 曲线转化为结构疲劳可靠性 $S—N$ 曲线，其方程

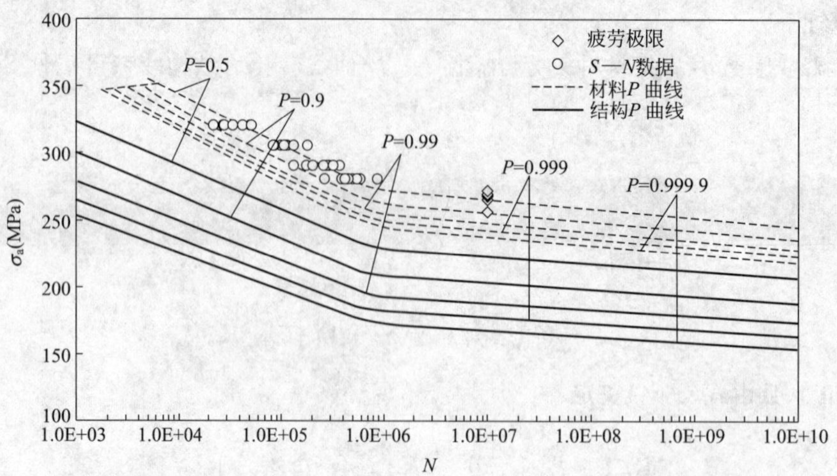

图 3-69　原 RD_2 车轴卸荷槽截面的疲劳可靠性 $S—N$ 曲线(实线)

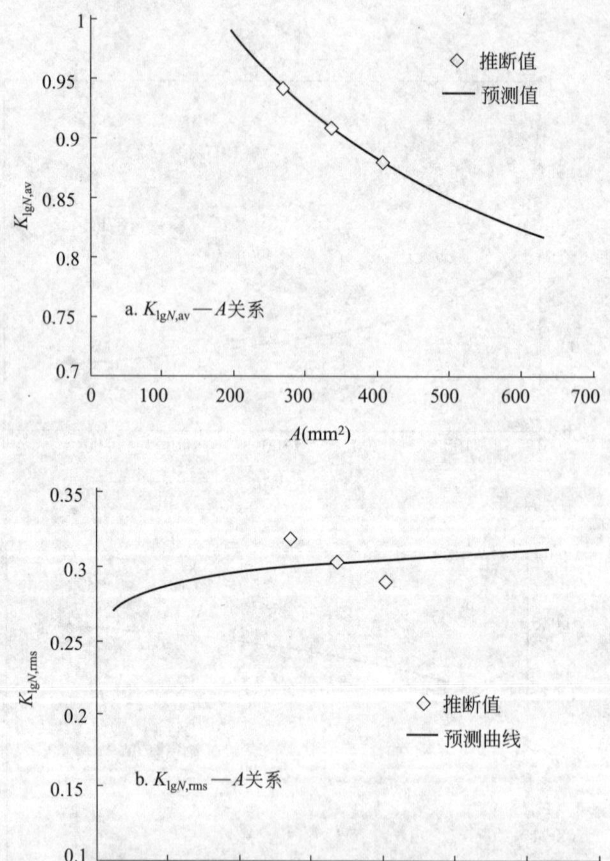

图 3-70　B 级铸钢车轮结构疲劳寿命修正系数曲线

可表示为：

$$\begin{cases} \lg N_{P-C}=\dfrac{1}{K_{\lg N,P-C}}(A_{1P-C}+B_{1P-C}\lg S_{\rm a}) & N\leqslant N_{\rm T} \\ \lg N_{P-C}=\dfrac{1}{K_{\lg N,P-C}}(A_{2P-C}+B_{2P-C}\lg S_{\rm a}) & N>N_{\rm T} \end{cases} \tag{3-45}$$

修正系数 $K_{\lg N}$ 的关系可表示为：

$$\lg K_{P-C}=U_{P-C}+V_{P-C}\lg(A_{\text{eff}}) \tag{3-46}$$

$$U_{P-C}=U_{\text{av}}-[Z_P+t_{1-C}(n_{s1}-1)]U_{\text{rms}}$$

$$V_{P-C}=V_{\text{av}}-[Z_P+t_{1-C}(n_{s1}-1)]V_{\text{rms}}$$

其中 A_{eff} 是结构考察截面的面积；n_{s1} 是试样数，针对 B 级车轮铸钢为 8；U_{av}、V_{av}、U_{rms}、和 V_{rms} 是材料常数，分别为 1.777 76、−0.343 758、0.228 793 和 0.029 509[36]。图 3-70 给出了 B 级车轮铸钢的疲劳寿命修正曲线。图 3-71 给出了面积为 200 mm² B 级铸钢车轮截面疲劳可靠性 S—N 曲线。

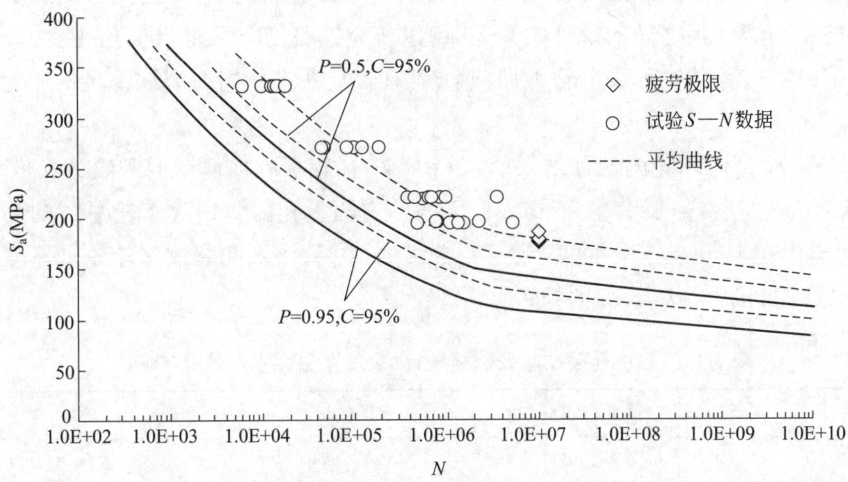

图 3-71 面积为 200 mm² 截面 B 级铸钢车轮截面的疲劳可靠性 S—N 曲线

表 3-18 给出了按常规法与寿命 300 万 km 超长寿命可靠性法对 C_{70} 型铁路货车轮轴中车轮、车轴的评价结果。从表中可知，集成有限元计算获得的车轴疲劳应力较常规解析法大，偏于安全；按常规法评价证明轮轴满足要求；按超长寿命法对评价结果，证明车轮满足要求、车轴以 95% 置信度达到 300 万 km 的裕度很小。

表 3-18 C_{70} 型货车轮—轴疲劳集成分析评价

部件	部 位	计算应力(MPa)		300 万 km 寿命、95%置信度结构强度(MPa)		评 价	
		$\sigma_{a,\max}$	$\sigma_{a,\min}$	$S_{a,\text{av}}$	$S_{a,\text{rms}}$	常规法 n	超长寿命法 Z_P
车轮	轴端轮毂配合下端分离处	110	7	105.62	1.587	1.626 2	54.825 0
	内侧轮辐与轮缘过渡部位距离轮缘 34.99 mm 处	35	29	104.15	1.852	5.110 9	30.319
车轴	截面Ⅰ	70	−11	192.77	27.928	1.428 6	4.206
	截面Ⅱ	77	−6	192.40	28.183	2.103 9	3.887
	截面Ⅲ	102	−10	191.88	28.552	1.139 2	2.966

3.7 840D 车轮辐板孔疲劳裂纹成因及检修

840D 铁路货车车轮是我国在役数量最多的铁路货车车轮，目前约有 300 万片。统计资料显示，当前 840D 铁路货车车轮辐板孔疲劳裂纹数量占该型车轮总数的 20%左右，并且有上升趋势。840D 铁路货车车轮辐板孔裂纹已对铁路运输安全构成严重威胁：2004 年初，发生了一起因辐板孔裂纹引起的崩轮事故；2004 年 7 月，京沪线上因辐板孔裂纹而崩轮并引起重大行车事故，此后又连续发生两次车轮崩裂事故。受到当前世界范围内铁路货车车轮的生产能力严重不足和更换周期、运输需求、发现时机、检查手段等的限制，继续运用带裂纹车轮势在必然。为保证铁路运输安全，防止崩轮事故再次发生，必须了解裂纹成因，掌握裂纹扩展规律和确定容限尺寸，以制定科学的车轮检修、管理办法。

3.7.1 车轮辐板孔裂纹的调查与分析

3.7.1.1 车轮辐板孔裂纹的统计分析

针对车轮辐板孔裂纹的问题主要进行了以下两方面的统计分析工作：一是用宏观的统计数据来反映我国铁路货车辐板孔车轮使用现状，这些宏观统计数据主要包括裂纹车轮比率、不同长度裂纹车轮所占比例分布、裂纹车轮的使用时间分布、轮辋厚度分布等等；二是结合疲劳断裂理论的概率统计分析，得出与裂纹疲劳扩展相关的一些统计指标，如裂纹长度与使用时间之间的关系分布、裂纹在空间上不同方向长度的统计关系、裂纹扩展与车轮踏面磨耗量之间的统计关系等，用以研究铁路货车车轮辐板孔裂纹扩展的统计规律。共调查了 20 316 片 840D 车轮，其中裂纹车轮 4 197 片，而有辐板孔内侧周向裂纹记录的车轮共有 3 990 片，由此得出裂纹率为 20.7%。

从样本总数 3 990 个裂纹车轮的统计结果(表 3-19)来看，辐板孔内侧周向裂纹的长度分散性较大，最短的有 2 mm，最长 60 mm 左右，但长度在 25 mm 以下的约占辐板孔内侧裂纹车轮总数的 96.2%。辐板孔裂纹车轮的使用时间集中在 10～20 年，约占裂纹车轮数量的 70%；辐板孔裂纹车轮轮辋厚度在 35～50 mm 之间的约占 50%，23(磨耗到限)～35 mm 的约占 26%。

表 3-19 辐板孔裂纹车轮数据统计(裂纹车轮样本总数 3 990 个)

裂纹周向长 a(mm)	$\leqslant 5$	$5<a\leqslant 10$	$10<a\leqslant 15$	$15<a\leqslant 25$	$25<a\leqslant 35$	$35<a$
比例%	21	37	22	16	3	1

已用时间 n(年)	$n\leqslant 5$	$5<n\leqslant 10$	$10<n\leqslant 15$	$15<n\leqslant 20$	$20<n\leqslant 25$
比例%	2	24	36	33	5

轮辋厚度 t(mm)	23(到限)$<t\leqslant 35$	$35<t\leqslant 50$	$50<t$	不清
比例%	26	50	10	14

3.7.1.2 典型车轮辐板孔裂纹的失效分析

典型的辐板孔内侧周向裂纹宏观照片见图3-72，可见裂纹起源于辐板孔内侧棱角，并沿辐板的圆周方向和辐板的厚度方向扩展。用人工方法将辐板孔裂纹打开后的断口宏观形貌如图 3-73 所示，可见裂纹沿辐板圆周和孔深度方向呈弧线形扩展，当初始裂纹较小时，深度方向扩展均衡，随后圆周方向扩展越来越快，深度方向扩展越来越慢，使裂纹形状扁化，从断口上明显的疲劳弧线可以断定辐板孔裂纹为疲劳裂纹，且疲劳源位于车轮辐板内侧的辐板孔边，断口形貌类似四分之一半椭圆角裂纹。

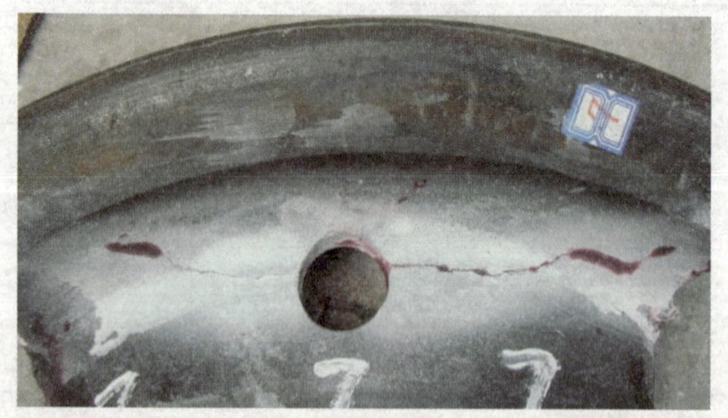

图 3-72 孔内侧周向裂纹宏观照片

裂纹转向：左侧距孔边约 35 mm，右侧距孔边约 43 mm

3.7.1.3 裂纹形成原因的初步分析

通过对车轮辐板进行的力学性能检验、化学成分分析、金相组织检验及能谱分析，未发现导致裂纹产生的材质缺陷，因此应该从车轮的实际运用工况着手考虑辐板孔裂纹的成因及扩展等问题。车轮受到轮轨之间的机械载荷和制动过程中的车轮踏面—闸瓦摩擦热负载的作用，因此，辐板孔疲劳应力可能有三种形式：车轮转动所形成的机械波动应力，制动形成的热应力，制动热应力与机械波动应力的叠加。但是，哪一种应力形式对裂纹形成和扩展起主导作用及作用程度是有待回答的问题。

图 3-73 裂纹断口宏观照片(裂纹原长 33 mm)

3.7.2 运用跟踪观测数据及裂纹扩展速率建模

3.7.2.1 专线跟踪观测试验

为了考察车轮辐板孔裂纹在实际运用时的扩展情况,2004 年 9 月至 2005 年 11 月在大秦线进行了含裂纹车轮的运用跟踪观测试验。在 5 辆正常运用的 C_{63A} 型车上安装了 12 个辐板孔裂纹车轮,这些裂纹的长度在 14～41 mm 之间,平均长度为 27.78 mm。

3.7.2.2 全路跟踪——HMIS 记录的数据

由铁路货车管理信息系统(HMIS)直接提取在临修、辅修及运用中发现的辐板孔有裂纹的车轮,并根据分析要求确定需要跟踪的车辆数量及样车检测裂纹的时间。2005 年的保守估计,HMIS 统计的所有 840D 辐板孔裂纹车轮的数量大约有 159 237 个,占这一时段 840D 车轮收入总量 77.5 万片的 20.5%,其中敞车、棚车、罐车占辐板孔裂纹车轮总数的 90% 以上。在 5658 条辐板孔裂纹车轮收入有效记录中,裂纹长度 $a\leqslant 5$ 占 6.7%,$5<a\leqslant 10$ 的占 25.2%,$10<a\leqslant 15$ 的占 57.1%,$15<a\leqslant 20$ 的占 1.0%,$a>20$ 的占 10.0%。

3.7.2.3 裂纹扩展速率的概率模型

从调查统计分析、仿真计算、断口定量分析、大秦线裂纹车轮跟踪测量以及 HMIS 记录数据分析共五个方面进行综合研究,建立起裂纹扩展速率 $\mathrm{d}a/\mathrm{d}t$ 与可靠度 p 的关系如下:

$$\frac{\mathrm{d}a}{\mathrm{d}t}\Big|_p = f(p)\cdot a \quad (\text{mm/年}) \tag{3-47}$$

$$f(p) = 1.23p^{1.6} \tag{3-48}$$

采用上述模型可进行裂纹扩展寿命及其可靠度预测。

3.7.3 裂纹形成的载荷条件分析

3.7.3.1 车轮典型载荷

运用中辐板孔承受与车轮转动相关联的机械载荷(包括轮轨垂向和横向载荷)导致的波动应力以及实施制动时产生的热应力的影响。由于缺乏车轮的实际运用载荷谱,而无法实现精确的定量疲劳分析,因此,根据有关资料[49,50,51],确定车轮的如下典型载荷分析辐板孔的应力波动情况:①垂向载荷 R_1 为 1.5 倍的轮载(157.5 kN,代表由悬挂振动造成的动载荷效应),作用于车轮踏面中央附近;②垂向载荷 R_2 为 1.5 倍的轮载,横向载荷 H 为垂向载荷的 0.5 倍,垂向和横向载荷均作用于轮缘;③停车制动热负荷 Th(初速度 60 km/h、闸瓦压力 10.7 kN,制动距离 450 m,平均摩擦系数 0.3);④中等坡道制动热负荷 Th(恒速 40 km/h,闸瓦压力 6.5 kN,平均摩擦系数 0.287,制动持续时间 500 s)。以上载荷的作用位置见图 3-74,其中车轮每转动一周为一个机械载荷循环,每次制动为一个制动热负荷循环。

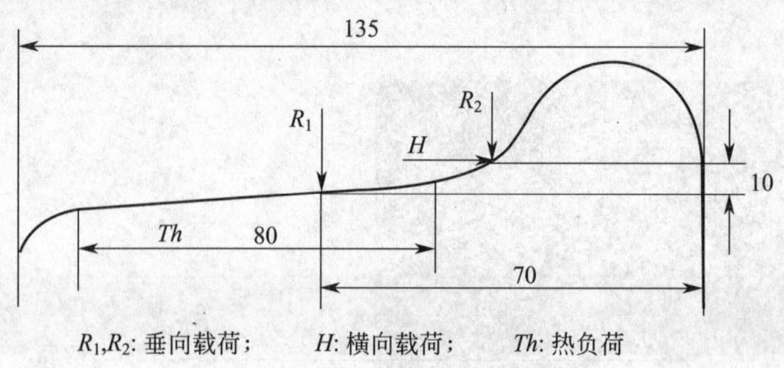

图 3-74　车轮载荷作用位置示意图[50]

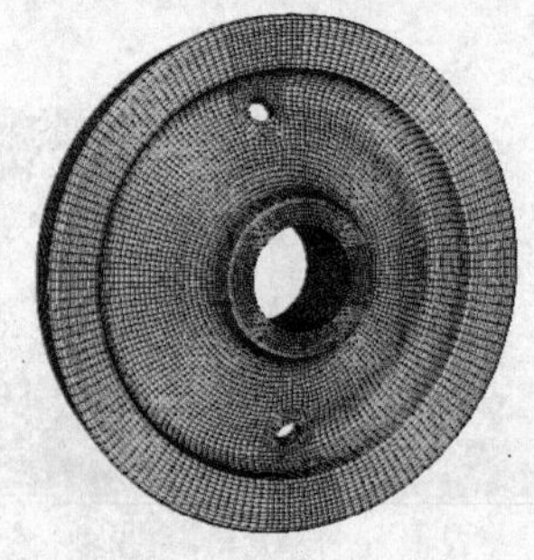

图 3-75　车轮有限元模型

以上载荷为常见载荷，更大的机械载荷、紧急制动和更长坡道持续制动发生的频率很低，故不在疲劳分析中考虑。鉴于现场调查过程中发现，踏面磨耗和辐板孔偏离标准位置且偏向轮辋一侧的车轮出现辐板孔裂纹的几率更高，因此还将分析辐板孔位置偏离、轮辋厚度变化对车轮辐板孔应力的影响。

3.7.3.2　有限元应力分析

采用有限元热力耦合分析方法辅助分析车轮辐板孔裂纹问题。以 ANSYS9.0 有限元软件采用六面体单元建立车轮有限元模型，并对辐板孔附近区域进行了局部细划，单元总数为 39 896 节点数为 49 284，见图 3-75，相关的车轮材料力学及热物理参数见表 3-20。

表 3-20　车轮材料力学及热物理参数[52]

材料名称	密度 (kg/m³)	泊松比	弹性模量 (MPa)	热膨胀系数 (10^{-6}/℃)	比热熔 (J/kg℃)	热传导率 (W/m℃)	对流换热系数 (W/m²℃)
CL60	7 800	0.3	2.05×10^5	10.3	$426.6+0.217T$	$48.6-0.01T$	10

注：T 为温度，即考虑比热熔和热传导率是与温度相关的参数。

在轮毂孔面上施加固定约束，分别施加前述 4 种载荷，辐板孔始裂部位车轮每转一周的机械应力波动、制动热应力与时间关系计算结果见图 3-76。由这些结果可以得出机械应力、制动热应力及其组合情况下辐板孔始裂部位应力波动形式(见图 3-77)，可见：①车轮每转一周，垂向及垂向＋横向载荷下机械波动应力均呈现零-压脉动疲劳特点，无踏面磨耗标准车轮在 R_1 下的应力波动范围为 18～－80 MPa，在 R_2+H 下的应力波动范围为 16～－156 MPa，踏面磨耗和辐板孔偏向轮辋均将使应力波动范围增大；②停车制动在辐板孔始裂部位及其圆周区域上能产生最高几十兆帕的热拉应力，踏面磨耗使应力略有增大，辐板孔偏向轮辋 15 mm 时使拉应力急剧增大，最高可达 100 MPa 左右，每次制动相当于一次零—拉脉动疲劳；③坡道制动能在辐板孔上产生很大的长时间稳态热应力，辐板孔偏向轮辋将使应力急剧增大、踏面磨耗使应力略有增大、制动结束时最高应力达 420 MPa(踏面磨耗 35 mm 、辐板孔偏向轮辋 15 mm)而且应力衰减缓慢(制动结束后需要 1 h 以上的时间应力才逐渐下降为零)，每次制动相当于一次零—拉脉动疲劳；④当制动热应力与轮轨机械应力相叠加时还会出现多次(车轮转一周为一次)高应力均值的波动应力、其应力幅值为机械应力的幅值、其应力均值由热应力决定、即相当于机械波动应力叠加到长时稳态的热应力上。

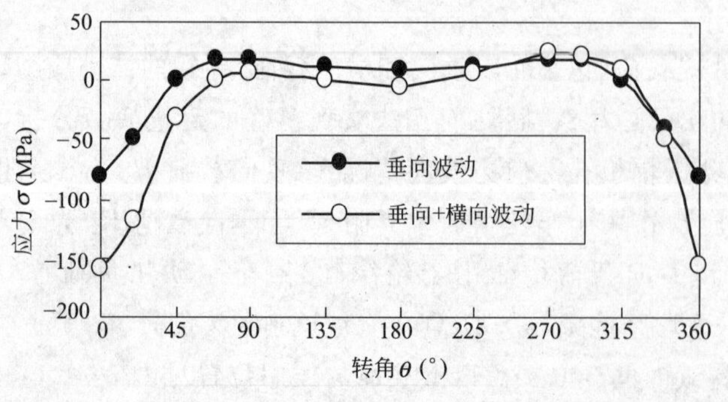

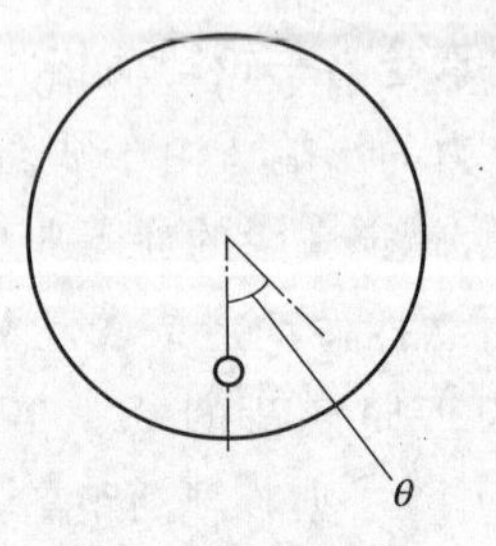

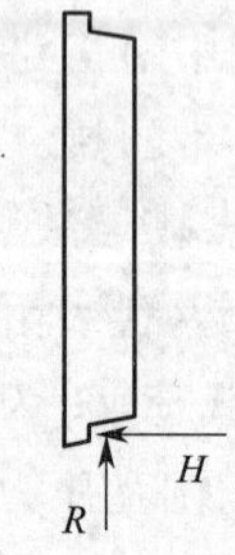

图 3-76(a)　车轮每转一周的机械应力波动

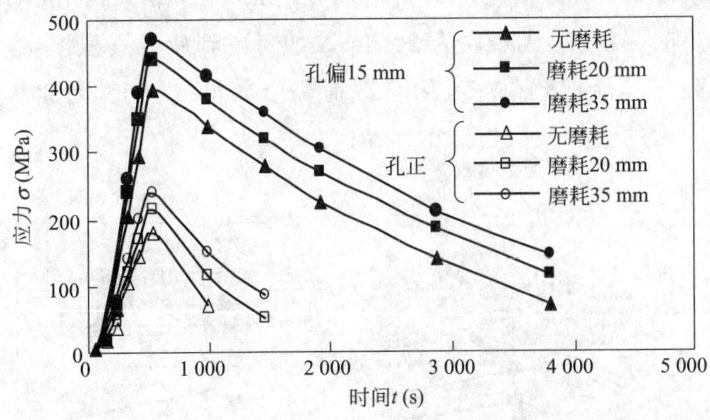

图 3-76(b) 坡道制动时的应力波动

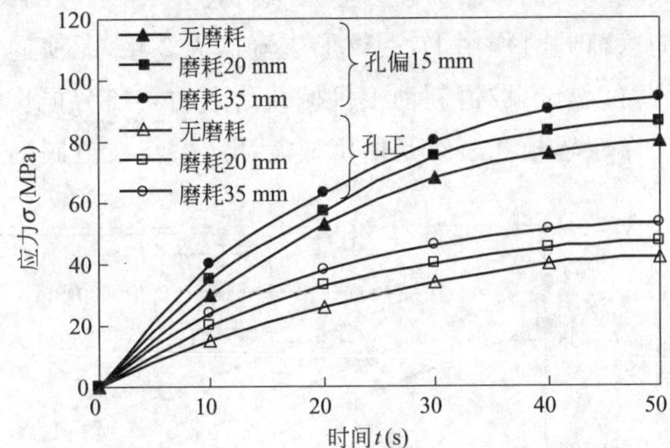

图 3-76(c) 停车制动时的应力波动

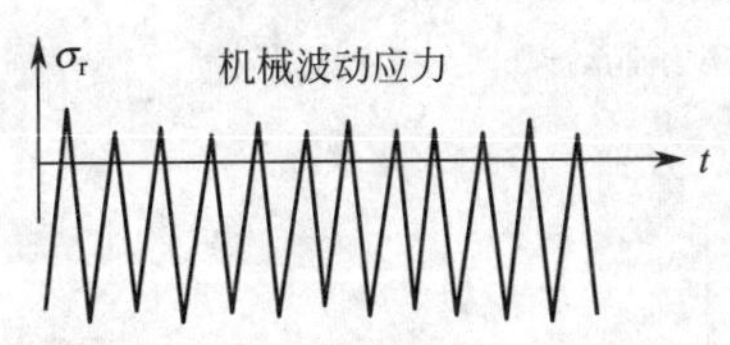

+

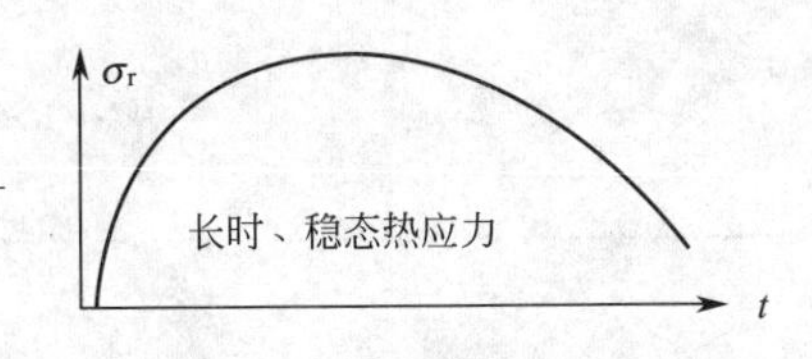

=

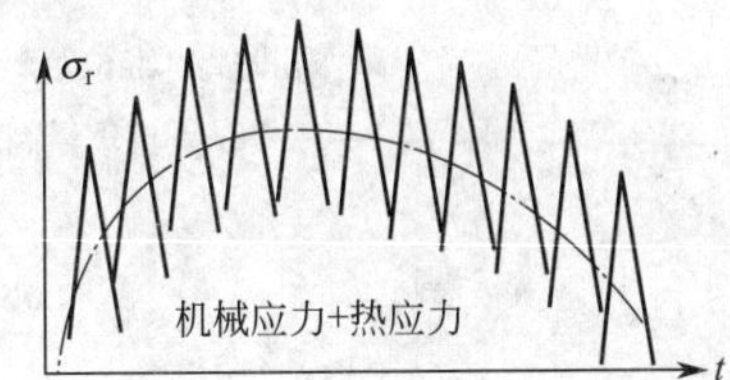

图 3-77 制动热应力与轮轨机械应力叠加方式

3.7.3.3 辐板孔疲劳性能

840D 铁路货车车轮为碾钢轮，辐板不进行热处理，为碾锻状态，其材料的疲劳极限(10^7)试验结果为 280 MPa[53]，S—N 曲线指数为 7。由于辐板孔的机械加工非常粗糙，取实际辐板孔的疲劳强度降低系数 K_f 为 1.8，则辐板孔相应的疲劳极限－1 为 155 MPa。辐板孔不发生裂纹的条件为疲劳应力幅值 a 和应力均值 m 应满足 Goodman 疲劳极限线方程：

$$\sigma_a \leqslant \sigma_{-1}\left(1-\frac{\sigma_m}{\sigma_b}\right) \tag{3-49}$$

同时，在给定 a、m 时，裂纹形成寿命 N 由以下 S—N 曲线方程决定：

$$\left(\frac{\sigma_a\sigma_b}{\sigma_b-\sigma_m}\right)^7 N=10^{21.49} \tag{3-50}$$

3.7.3.4 裂纹形成的载荷条件分析

考虑车轮踏面磨耗以及孔位偏离的影响，首先算出各前述 4 种工况下辐板孔始裂处的应力，其次采用图 3-77 方法得出制动热应力与机械应力的组合应力 a 和 m，最后按式(3-49)进行判断，如不满足式(3-49)，则采用式(3-50)进行有限寿命计算。结果表明：①由单纯机械载荷和单纯停车制动热负荷引起的应力波动均远低于疲劳极限，因此这两种情况均不会导致辐板孔裂纹；②停车制动时，最大热应力不过 100 MPa，每次制动热应力与机械波动应力叠加形成多次拉—压循环，但该循环的最大值仍低于疲劳极限，因此不会造成辐板孔裂纹；③单纯坡道制动热应力、坡道制动热应力与机械波动应力叠架后产生的波动应力均高于疲劳极限，可能造成辐板孔裂纹，具体裂纹形成寿命计算结果见图 3-78(结果采用制动次数表示，首先计算出热应力影响时间，再计算出相应的车轮转动次数，从而得出机械应力波动次数，最后通过 Miner 法则计算得出裂纹形成的制动次数)。

按我国铁路货车年运行 12 万 km(重车里程约占 70%)、年均停车制动 2 400 次、常用坡道制动 25 次考虑[52]，图 3-78 的结果表明：①单纯坡道制动所产生的热应力可能导致裂纹，但需要 50 年以上的时间，对既踏面磨耗而孔位又偏离标准位置的车轮也是如此，显然，可以排除这种裂纹形成情况；②车轮踏面磨耗和孔位偏向轮辋均对裂纹的形成寿命有巨大的影响，而这种影响主要是踏面磨耗和孔位偏向轮辋均会导致机械应力和热应力的增长，特别是在坡道制动时孔位偏向轮辋时的长时、稳态热拉应力增长更大、伴随着机械

波动应力的作用而较易导致辐板孔裂纹，中等踏面磨耗(20 mm)和孔位偏向轮辋 15 mm 的车轮，垂向和横向载荷同时作用下，裂纹形成寿命为 2 年，无横向载荷时，裂纹形成寿命为 20 年；③如考虑到疲劳累积损伤，则可以算出坡道制动＋机械载荷下的年疲劳损伤量高出其他种载荷或其组合载荷一个数量级以上，因此认为车轮辐板孔裂纹是由机械波动应力与坡道制动热应力的叠加效应造成的。

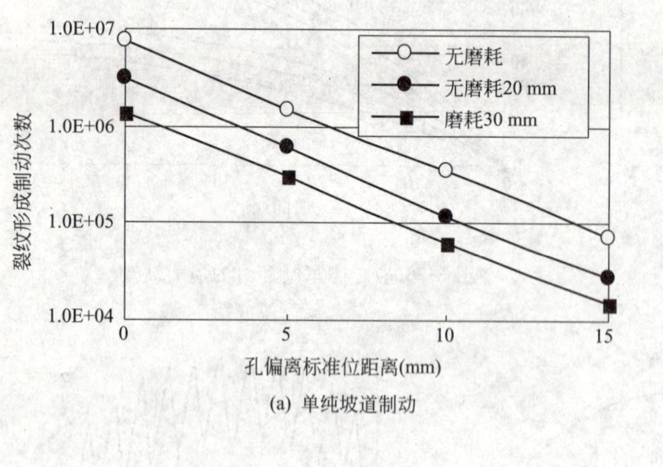

(a) 单纯坡道制动

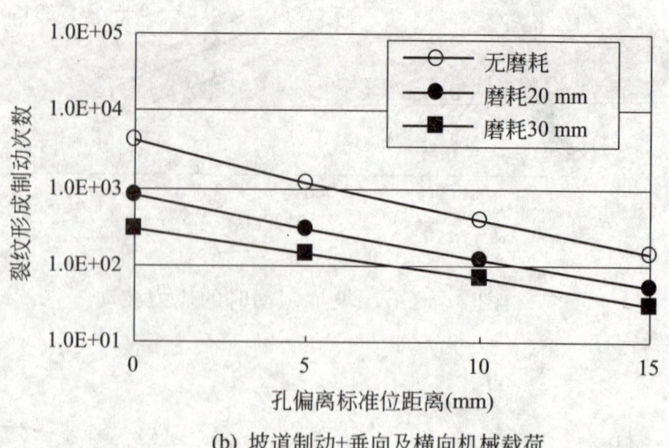

(b) 坡道制动+垂向及横向机械载荷

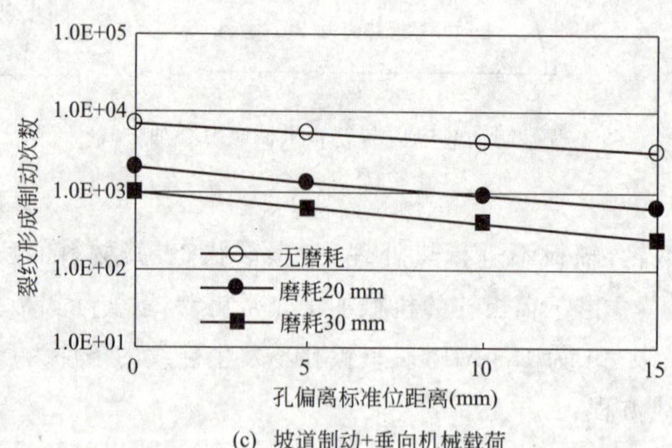

(c) 坡道制动+垂向机械载荷

图 3-78 裂纹形成寿命计算结果

3.7.4 裂纹扩展分析

3.7.4.1 辐板孔裂纹应力强度因子计算

对多个辐板孔裂纹及断口宏观照片进行了分析(图 3-62)，可见裂纹沿辐板圆周和孔深度方向呈弧线形扩展，当初始裂纹较小时，椭圆裂纹短轴 a 方向(裂纹深度方向)和长轴 b 方向(裂纹长度方向)扩展均衡，随后长轴方向扩展越来越快，短轴方向扩展越来越慢，使裂纹形状扁化，由对多个断口弧线的测量结果得出 a、b 关系约为：

$$b/a \approx -0.0035a + 0.5 \tag{3-51}$$

设辐板孔裂纹前沿为 1/4 椭圆形角裂纹、a 和 b 关系如式(3-51)，采用位移法计算裂纹尖端应力强度因子 K_{I}，即求得节点位移后，由断裂力学公式计算得到 K_{I}。为了提高精度，采用 20 节点等参元建立裂纹体子模型，其中围绕裂纹前沿的 15 节点或 20 节点单元上的中间节点被移至 1/4 点位置，以模拟裂纹前沿应力应变场的 $1/\sqrt{r}$ 奇异性。图 3-79 为带裂纹车轮有限元模型，由前述 4.1 载荷计算出制动条件下的 K_{I} 见图3-80。

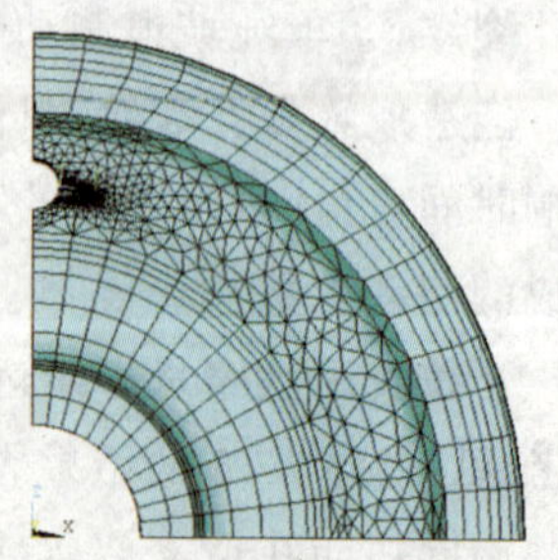

图 3-79 带裂纹车轮的有限元模型

3.7.4.2 辐板孔裂纹疲劳扩展分析

沿车轮辐板径向切取试样，在 MT810 疲劳试验机上进行疲劳裂纹扩展试验，采用 Forman 公式以研究平均应力对辐板孔疲劳裂纹扩展速率的影响，拟合的裂

纹扩展速率 da/dN 与应力强度因子 K 关系式如下：

裂纹扩展速率：
$$\frac{da}{dN}=\frac{3.39\times10^{-8}(\Delta K)^{3.1}}{(1-R)K_C-\Delta K} \tag{3-52}$$

断裂韧性：
$$K_C=53.33(\text{MPa}\sqrt{m}) \tag{3-53}$$

扩展条件：
$$\Delta K\geqslant\Delta K_{th}=6.0\times(1-R) \tag{3-54}$$

式中 R 为应力比，da/dN 的单位为 mm/c，K 值相应于 MPa $\sqrt{m}$的单位系统，K_{th} 为与 R 相关的裂纹扩展门槛值。

在此只分析 K_{I} 占主导时的辐板孔疲劳裂纹扩展问题。考虑车轮踏面磨耗以及孔位偏离的影响，首先计算出制动工况时不同裂纹长度的应力强度因子与时间的关系曲线 $K(t)$，其次计算机械载荷下车轮每转一周时的应力强度因子变化范围 K，则应力比为时间的函数，即：$R=(K-K/2)/(K+K/2)$，最后按式(3-54)进行判断，如满足式(3-54)，则采用式(3-52)进行裂纹扩展速率计算。计算结果表明：在本研究的裂纹尺度(裂纹长边 3～40 mm)、踏面磨耗量(≤35 mm)、孔偏移量(≤15 mm)及载荷大小范围内，单纯机械载荷下裂纹基本处于闭合状态，辐板孔裂纹 K 小且低于 K_{th}，因此不会独立导致辐板孔裂纹疲劳扩展；单纯停车制动时只有在长轴裂纹长度大于 5 mm 时才有 K 大于 K_{th} 而造成辐板孔裂纹疲劳扩展，但每次制动时长轴端点裂纹扩展量最大也不过 1.6×10^{-6} mm，折算出的年均疲劳裂纹最大扩展量只有 2×10^{-3} mm，可以忽略不计；单纯坡道制动时 K 大于 K_{th} 将导致辐板孔裂纹疲劳扩展，每次制动裂纹的最大扩展量为 2.5×10^{-4} mm，再考虑到这种制动的频次甚低，折算出的年均疲劳裂纹最大扩展量不过 6×10^{-3} mm，可以忽略不计；制动热应力与机械波动应力的综合作用也将造成辐板孔裂纹的疲劳扩展，计算结果采用每次制动造成的裂纹扩展量表示，见图 3-80。

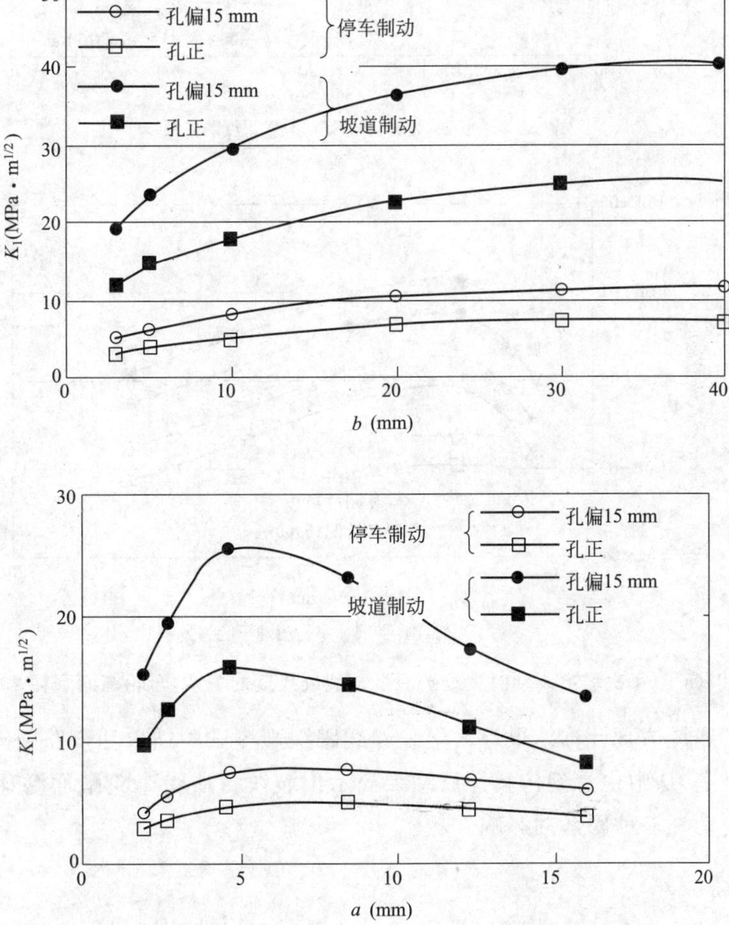

图 3-80　制动热负载下最大强度因子与裂纹尺度的关系，车轮踏面磨耗 20 mm

图 3-81 表明:①车轮踏面磨耗和孔位偏向轮辋均对裂纹的扩展速率有较大的影响,由于踏面磨耗和孔位偏向轮辋均会导致热应力的增长,特别是在制动时孔位偏向轮辋时的热应力增长更大、伴随着机械波动应力的作用而较易导致辐板孔裂纹疲劳扩展;②停车制动与机械载荷的综合作用时长边 40 mm 长裂纹最大扩展量为 0.005 mm,年均扩展量最大为 6 mm;③坡道制动与机械载荷的综合作用是造成辐板孔疲劳裂纹扩展的最重要原因,车轮踏面磨耗和孔位偏向轮辋均将加速裂纹的扩展,垂向和横向载荷同时作用下、中等踏面磨耗(20 mm)和孔位偏向轮辋 15 mm 的车轮、长边裂纹长度在 3～40 mm 时,最大扩展量为 0.04～1 mm、年均扩展量最大为 1～25 mm,无横向载荷时,最大扩展量为 0.02～0.6 mm、年均扩展量最大为 0.5～15 mm;④裂纹早期扩展阶段,以坡道制动＋机械载荷的综合效应为主,随着疲劳裂纹的增长,停车制动＋机械载荷的综合效应也不可忽略,长裂纹扩展阶段,这两种裂纹扩展模式造成的裂纹年均扩展量在同一个数量级上。长边裂纹长度在 3～40 mm 时,对于中等踏面磨耗(20 mm) 和孔位偏向轮辋 15 mm 的车轮,实际裂纹的年均最大扩展量可能在 1～30 mm 左右;对于中等踏面磨耗(20 mm)和孔位无偏移的车轮,实际裂纹的年均最大扩展量可能在 0.15～5 mm 左右。

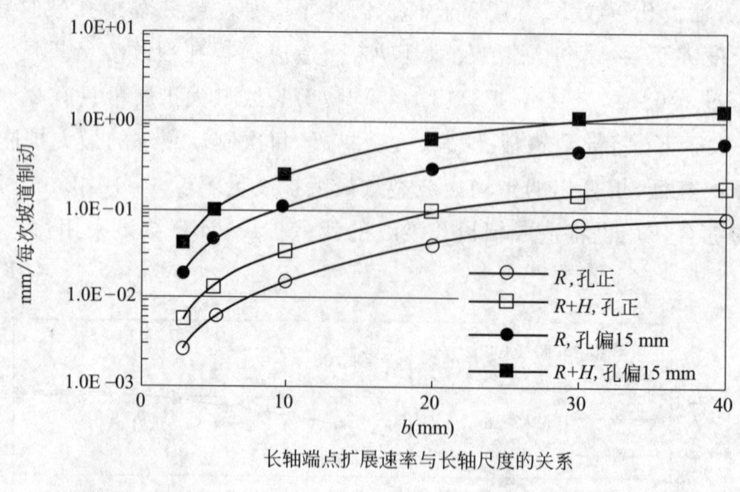

长轴端点扩展速率与长轴尺度的关系

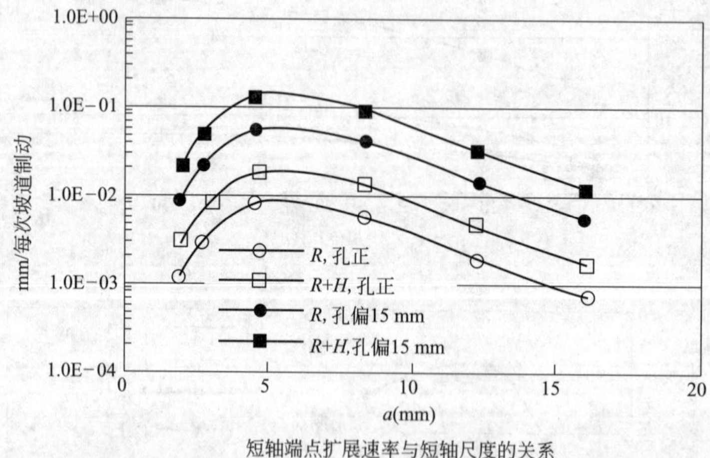

短轴端点扩展速率与短轴尺度的关系

图 3-81(a) 每次坡道制动时裂纹扩展量与裂纹尺度的关系,车轮踏面磨耗 20 mm

注意到裂纹年均扩展量仿真计算结果与大秦线专线跟踪观测试验结果和全路跟踪(HMIS 记录数据)的分析结果在一个数量级上,从中也看到仿真计算结果揭示出裂纹扩展受车轮踏面磨耗、孔位、机械波动载荷、停车制动与坡道制动等多种因素的影响。

3.7.5 裂纹容限的分析

本文前面的分析表明,坡道制动时辐板孔裂纹受到的拉伸应力最高,因此用其分析裂纹临界失稳扩展条件。对于裂纹长边 3～50 mm、磨耗量 20 mm、孔偏移量 10 mm 车轮,采用位移法计算常用坡道制动时辐板

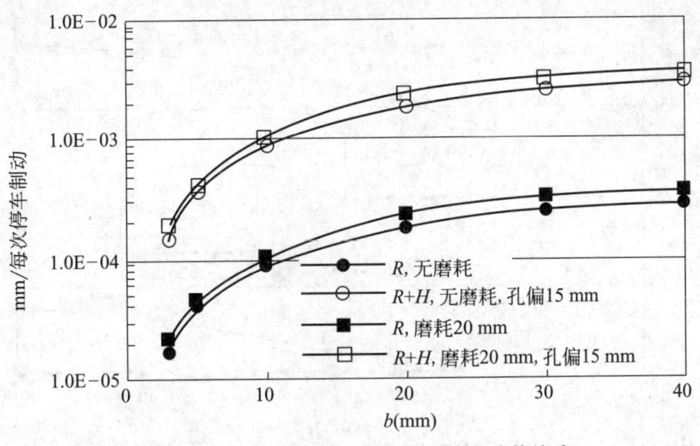

长轴端点扩展速率与长轴尺度的关系

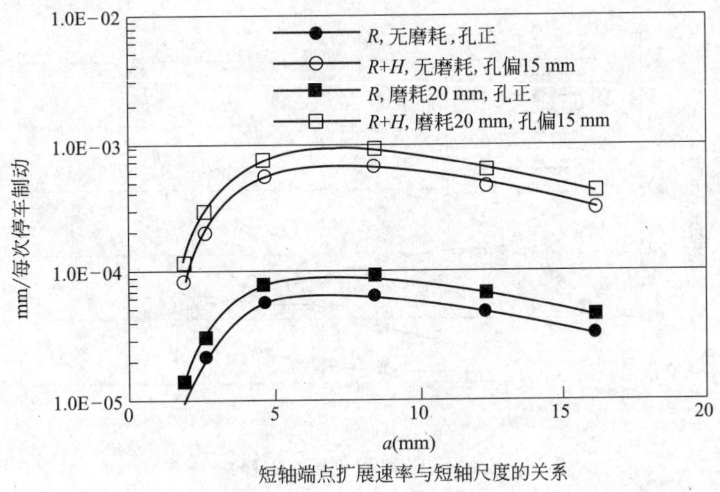

短轴端点扩展速率与短轴尺度的关系

图 3-81(b)　每次停车制动时裂纹扩展量与裂纹尺度的关系

孔裂纹尖端各型应力强度因子，结果见图 3-82，从中可以看出：辐板孔裂纹沿车轮周向扩展时，其长轴端点 K_{I}、K_{II} 随 b 的增长而增大，而 K_{III} 略有减小，K_{I} 远高于 K_{II} 和 K_{III}，因此裂纹长边以张开方式扩展(图 3-82(a))；辐板孔裂纹沿车轮辐板深度方向扩展时，短轴端点 K_{I} 随着 a 的增加先增大后减小，但 K_{II} 和 K_{III} 则增大，当 a 达到 15 mm 左右、长边裂纹长 40 mm 左右以后，K_{III} 急剧增大，其断裂机理发生改变，由一型张开裂纹变为三型撕裂裂纹，此时裂纹短边以撕开方式扩展(图 3-82(b))。这个分析结果与一些车轮辐板孔的裂纹断口形貌一致，反映出坡道制动时，长裂纹存在失稳断裂可能。

三型裂纹的断裂韧度 $K_{\mathrm{III}C}$ 比一型裂纹断裂韧度 $K_{\mathrm{I}C}$ 小，采用混合型裂纹断裂准则[54,55]以研究辐板孔复合型裂纹的失稳扩展问题，即失稳扩展条件如下：

$$K_{\mathrm{I}}^{2}+K_{\mathrm{II}}^{2}+\frac{1}{1-\nu}K_{\mathrm{III}}^{2}\geqslant K_{IC}^{2} \tag{3-55}$$

式中，ν 为波松比，为 0.3。将图中计算结果代入上式，同样可以得出一旦裂纹深度达到 15 mm 左右、长边裂纹长 40 mm 左右后，中等坡道制动时车轮辐板孔裂纹可能失稳扩展。同理，采用本方法可以分析更恶劣载荷条件及车轮状况时辐板孔裂纹的失稳扩展问题。

3.7.6 结　　论

1. 裂纹成因及扩展规律

辐板内侧近轮辋一侧在轮轨机械载荷下具有零压循环(车轮转一周为一次)波动应力特点，制动热负荷下则呈现长时、稳态拉应力现象。辐板孔的存在导致严重的应力集中，但孔边裂纹处在轮轨机械载荷、停

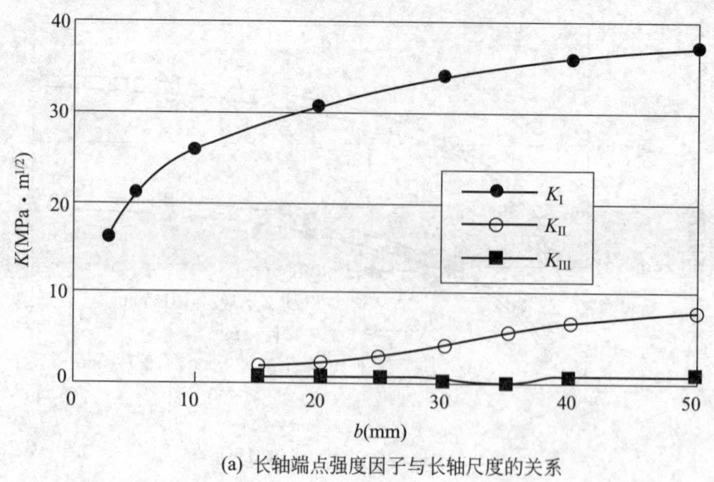

(a) 长轴端点强度因子与长轴尺度的关系

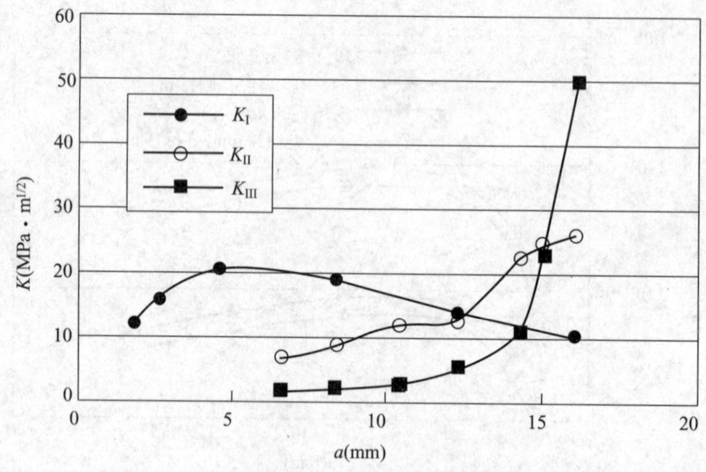

(b) 短轴端点强度因子与短轴尺度的关系

图 3-82　坡道制动热负载时各型强度因子与裂纹尺度的关系

踏面磨耗 20 mm、孔位偏离标准位置 15 mm 车轮

车制动热负荷及这两种载荷的叠加下所产生的应力波动范围均低于疲劳极限，因此不会导致辐板孔裂纹；坡道制动热负荷在孔始裂处产生极大的长时、稳态拉应力，该拉应力与机械波动应力相叠加形成多次高于疲劳极限的高应力均值的波动应力，这是导致辐板孔裂纹形成的最主要载荷条件。

辐板孔裂纹早期扩展阶段，以坡道制动热负荷与轮轨机械载荷的叠加效应为最主要驱动力；随着疲劳裂纹的增长，停车制动热负荷与机械载荷的叠加效应逐步显现而不可忽略，即使不再经历坡道运用，辐板孔宏观裂纹仍将在停车制动与机械载荷的叠加下进一步扩展。

可用坡道制动分析裂纹临界失稳扩展条件，在裂纹未穿透辐板之前，长边(辐板内侧表面裂纹周向)K_{I}比裂纹短边(孔深度方向)的 K_{I} 大，因而裂纹呈椭圆形角裂纹形式扩展；裂纹接近穿透辐板前，裂纹短边 K_{III} 突然大幅增加，由一型张开裂纹变为三型撕裂裂纹，同时裂纹长边 K_{II} 增大而使裂纹扩展由周向逐渐转向轮辋，并引起裂纹失稳扩展。

孔位偏向轮辋和车轮踏面磨耗均将导致辐板孔机械波动应力范围和制动热拉应力的增长从而减少裂纹的形成寿命、加速裂纹的扩展、降低裂纹临界失稳扩展载荷和临界裂纹尺寸。

2. 裂纹检修限度

采用裂纹扩展速率的概率模型得出：当裂纹检修间隔为 1.5 年，裂纹限度为 15mm 时，其可靠度为 88.0%；裂纹限度为 5 mm 时，其可靠度达 99.98%；如以 $a \leqslant 2$ mm 的裂纹车轮调查数据来分析裂纹萌生寿命，则 95%和 50%可靠度下分别为 5.6 年、12.7 年。

裂纹限度的实施还需要配套措施：(1)在临、辅、段、厂修过程中，尽可能对辐板孔孔边和周向采用打磨+

目视检测或者探伤检测方法，准确测量裂纹长度，以避免超出裂纹限度的车轮流入使用；(2)对于辐板孔位置偏向轮辋以及轮辋厚度小于 40 mm 的车轮，应加强裂纹检查。

3.8 疲劳强度试验和评价

铁路货车零部件的疲劳强度试验和评价是一项比较复杂的工作，必须考虑各方面的影响因素，载荷的复杂性、零件强度的离散性、以及影响这些参数的外部和内部因素，根据多年研发的经验，现已形成铁路货车重要零部件的疲劳试验规范。

目前，铁路货车疲劳强度试验和评价方法包括零部件台架试验和线路试验两种。

采用线路试验考核方法，即根据载荷分析和经验积累，选择一条或多条线路的组合，作为整车耐久性试验线路，如果设计的产品在试验线路上运行一定的里程后没有发生破坏，那么则认为其强度是足够的。这种试验方法，其真实性毋庸置疑，但缺点是试验周期太长，花费也巨大。选择试验线的强化耐久线路作为试验线路，这样在载荷强度较高的强化线路进行耐久试验可以加快试验周期，但搞清强化线路与实际运行线路的当量关系十分困难，很少被采用。

台架疲劳试验是考核设计和产品质量的最主要手段，包括摇枕、侧架、制动梁和枕簧等多数零部件的台架疲劳试验规范已较完善，基本能反映运用中的产品疲劳性能。台架疲劳试验有单一频率等幅加载和线路模拟随机加载两种方式：单一频率等幅加载实质上是根据疲劳损伤理论将运用中的变幅、变频载荷强化为单一频率等幅载荷，是常用疲劳试验方法；线路模拟试验是利用远程参数控制技术，在试验台上再现实际线路随机载荷的一种试验方法，相对来说比较复杂，仍在发展中。显然，无论采用哪种台架疲劳试验方法，都必须通过一定的载荷处理技术将试验时间缩短以用可接受的试验时间模拟车辆的长期服役环境。

近年来，从计算机 CAE 基础上又发展了所谓的虚拟试验技术，有了零部件的有限元模型和虚拟轨道谱以及虚拟试验台模型，可以在软件上模拟真实的试验状况。从而在较早的开发阶段就可以对零部件的疲劳强度进行评价，可大大缩短了开发周期。但该方法远不完善，有待进一步研究。以上提到的这些试验方法并不是孤立的，往往在研发过程中相结合使用。

3.8.1 交叉杆疲劳试验

3.8.1.1 试验方法

现场试验装置见图 3-83，结构示意图如图 3-84 所示。试验装置由水平移动侧梁 A、垂直扭转侧梁 B 及相应的水平、垂直作动器等组成，侧梁 A 可沿试验台面水平纵向运动，由水平作动器驱动产生往复运动；侧梁 B 中部通过水平转动轴与轴承支撑座连接，可绕转动轴作点头运动但不能横向移动，通过与侧梁 B 相连

图 3-83 试验装置

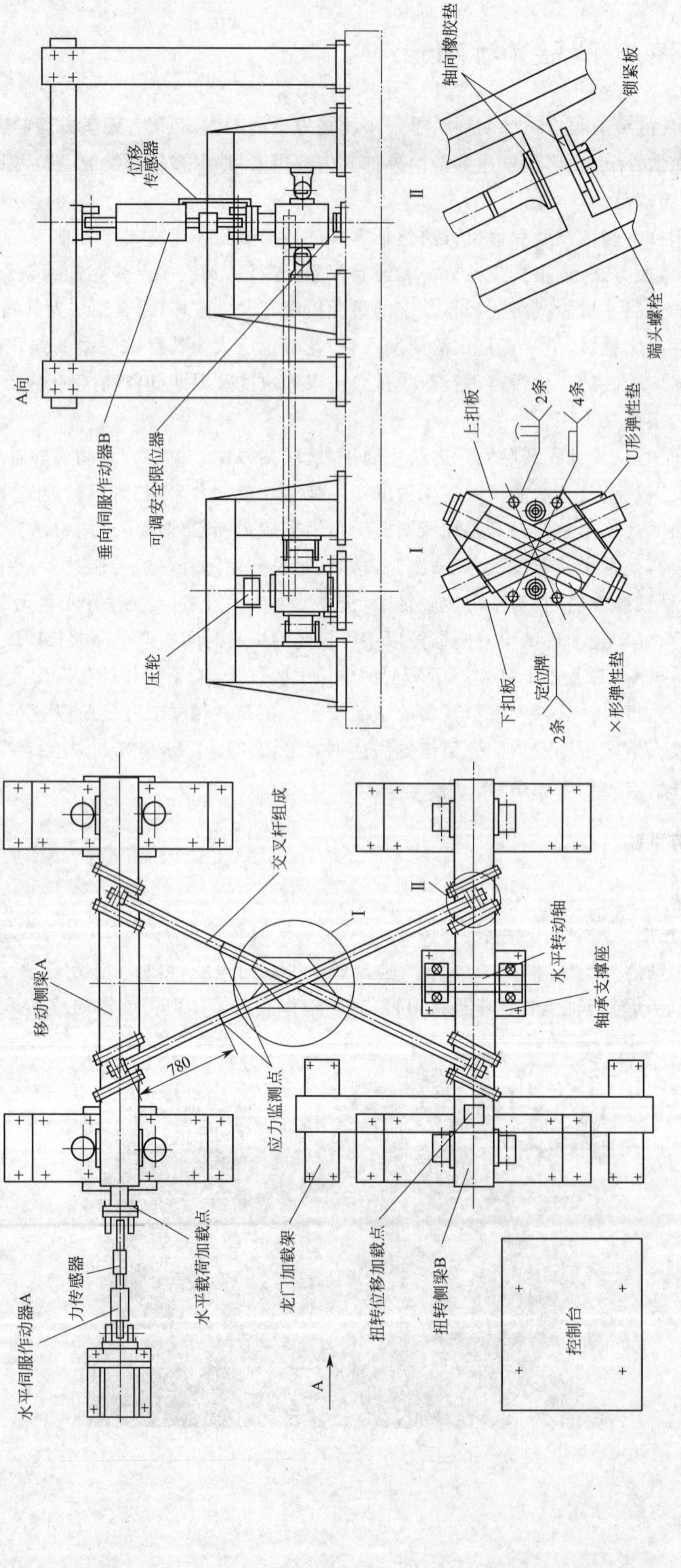

图 3-84　试验装置示意图

的垂向作动器进行驱动，产生扭转位移。试验装置牢固固定在铁平台上。

侧梁A的底部装有能沿作动器A推出方向往复运动的支承滚轮，侧梁A的两侧垂直面上布置有耐磨板，与固定支座滚子配合，以确保侧梁A的轴向加载，每个固定支座上方的连接横梁下部装有压轮，以防止侧梁A上翘。滚子有间隙微调功能以降低冲击振动力，各支承滚轮、滚子及压轮有滚动轴承，以减少运动摩擦力。侧梁B两侧下方的铁平台上装有限制侧梁B过大转动的安全限位器。侧梁B的两侧垂直面上布置有耐磨板，与固定支座滚子配合，以确保侧梁B绕水平轴的扭转加载，滚子有间隙微调功能以降低冲击振动力，各滚子及水平转动轴有滚动轴承，以减少运动摩擦力。

3.8.1.2 疲劳试验载荷

例如25 t轴重满足160万运行公里的疲劳试验载荷谱如表3-21所示。水平加载频率3 Hz，扭转加载频率0.5 Hz。

表3-21 25 t轴重转向架交叉杆疲劳试验载荷谱

载荷级别	扭转位移(mm)	扭转次数	水平力(kN)	水平力次数
1	±5.3	416 666	±19	2 500 000
2	±5.3	150 000	±22	900 000
3	±5.3	15 000	±24	90 000
4	±5.3	1 666	±25	10 000

3.8.1.3 结果评价方法

试验后检查交叉杆组装成的外表有无异样，着色探伤后环焊缝、杆体与扣板自身有无任何开裂，打开扣板连接后对交叉杆组成内部压形处，经着色探伤是否发现交叉杆组成内侧表面存在裂纹等。

3.8.2 弹簧托板疲劳试验

3.8.2.1 基本思路

弹簧托板在运用中主要受横向剪力、扭转载荷和垂向弯曲载荷的作用。转向架发生菱形变形时将对弹簧托板产生剪切作用，在通过三角坑时两侧架发生相对转动，从而对弹簧托板产生扭转作用，在摆动时还产生垂向弯曲作用。实际上，弹簧托板受到这三种载荷的随机作用。

为尽可能反映实际运行载荷对弹簧托板疲劳寿命的影响，疲劳试验载荷的确定以实测载荷谱和应力谱为基础、以损伤等价原则为依据，通过实测载荷谱求出单级等效载荷P作为疲劳试验载荷，P的具体计算公式如下：

$$P = F_{\max}\left(\frac{H\sum_{i=1}^{n} n_i \lambda_i^m}{N_0}\right)^{\frac{1}{m}} \tag{3-56}$$

式中 $F_{\max}$——实测载荷谱中的最大载荷；

λ_i——实测载荷谱中各级载荷与最大载荷之比；

n_i——实测载荷谱中各级载荷所对应的循环次数；

N_0——疲劳试验载荷所对应的循环次数；

H——块谱总数；

m——接头S—N疲劳曲线中的指数。

在给定设计公里数L下的块谱总数H由L与块谱公里数l之比得到。

这样，在给定设计公里数L下，如疲劳试验以循环数N_0为考核指标，则相应的疲劳试验载荷P由上式确定。

3.8.2.2 疲劳试验及评价方法

确定疲劳试验加载方案的原则是：该加载方案应使弹簧托板的大应力部位与线路实测的大应力部位一

致，并能再现动应力较大部位的疲劳损伤情况。根据这一原则，确定弹簧托板疲劳试验加载方案的基本框架如下：

1. 摆动时垂向弯曲应力相对较小，弹簧托板的疲劳试验载荷由横向剪切载荷 P_y 和扭转载荷 T 所构成。

2. 由于实测的横向剪切载荷 P_y 和扭转载荷 T 的均值均很小，因此 P_y 和 T 均可按对称循环加载。

3. 弹簧托板横向剪切载荷和扭转载荷通过专用试验工装同时施加，见图 3-85。

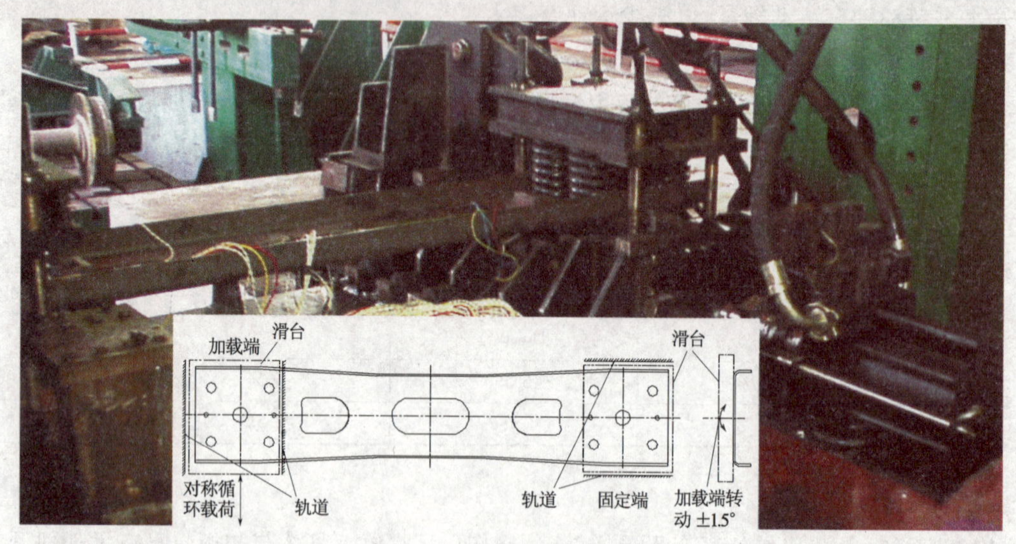

图 3-85　弹簧托板疲劳试验

4. 疲劳试验以 $N_0=2\times10^6$ 个循环为考核指标，并以此对线路实测载荷进行等效处理。

5. 达到 2×10^6 个循环指标并且没有出现宏观尺度的裂纹即为达到设计运行公里数的要求，反之则为疲劳强度不足。

根据设计要求，并考虑到实测载荷数据有限、车辆状态的差异、测试偏差以及疲劳可靠性试验的要求等因素，考虑一定的载荷修正后，按 240 万 km 由实测载荷制定出等效等幅疲劳载荷，得到疲劳试验方案，例如表 3-22 中的转 K4 型转向架弹簧托板疲劳试验方案。

表 3-22　转 K4 型转向架弹簧托板疲劳试验载荷(200 万次对称循环)

考核目标	载荷种类及大小		监控点应力(MPa)	
	横向剪力(kN)	扭矩/扭转角(kN·m)	中央孔边圆弧	立板上部近摇动台处
240 万 km	±30	±0.60 或±1.5°	±180	±140

按载荷控制方式对弹簧托板施加频率为 1.5～2.5 Hz、幅度为±30 kN 的交变载荷，同时以工装保证弹簧托板的扭转角始终保持在±1.5°的范围。对所有孔边周围 50 mm 区域进行磁粉探伤检查，经 200 万次循环载荷后未出现裂纹者为合格。

3.8.2.3　应　　用

早期运用中，发现大量转 K4 型转向架弹簧托板原结构在止挡焊缝端部出现疲劳裂损，为此进行了结构改进，其差别在于止挡圆弧处结构不同，如图 3-86 所示。对转 K4 型转向架弹簧托板原结构和改进结构进行对比疲劳试验，以评价改进效果，试验结果见表 3-23。

表 3-23　K4 弹簧托板改进前后疲劳试验对比结果　　(单位：循环次数×10^4)

试件号	原结构		改进方案 1(焊缝内缩)		改进方案 2(凹圆弧)	
	循环次数	裂纹情况	循环次数	裂纹情况	循环次数	裂纹情况
1	40	止挡焊趾裂	>217	未发现裂纹	>250	未发现裂纹
2	165	止挡焊趾裂	>252	未发现裂纹	>250	未发现裂纹

续上表

试件号	原结构		改进方案1(焊缝内缩)		改进方案2(凹圆弧)	
	循环次数	裂纹情况	循环次数	裂纹情况	循环次数	裂纹情况
3	181	止挡焊趾裂	—	—	—	—
4	191	止挡焊趾裂	—	—	—	—
5	105	止挡焊趾裂	—	—	—	—

由试验结果不难看出转K4型转向架原结构止挡焊缝疲劳强度不能满足运行240万km的要求,而改进方案能满足,由于原结构止挡焊缝设计不当因而应力过高是导致疲劳裂纹的主要原因。

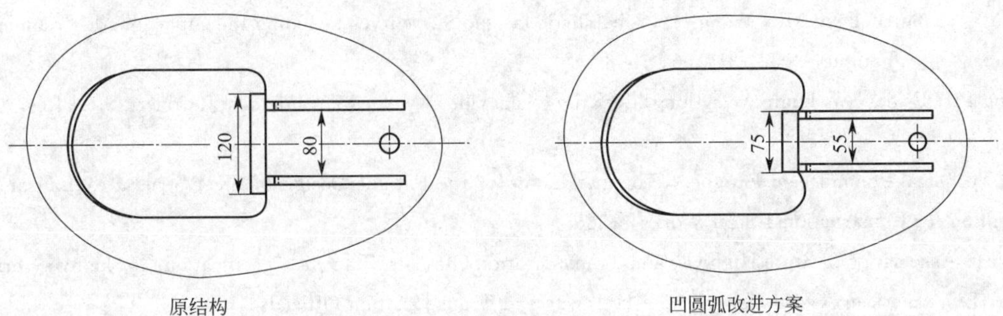

图3-86 K4弹簧托板局部改进前后

参 考 文 献

[1] ISO 12107—2003:Metallic materials-Fatigue testing-Statistical planning and analysis of data.

[2] 高镇同.疲劳应用统计学[M].北京:国防工业出版社,1986.

[3] Dixon WJ, Mood AM. A method for obtaining and analyzing sensitivity data. J Amer Stat Assoc,1948, 43:109-126.

[4] Zhang J, Kececioglu DB. New approaches to determine the endurance strength distribution. In:Proceedings of the 4th ISSAT Int Conf on Reliability and Quality in Design, Seattle, Washington, 12-14 August, 1998:297-301.

[5] Zhao YX, Yang B. Probabilistic measurements of the fatigue limit data from a small sampling up-and-down test method. Int. J. Fatigue, 2008, 30(12):2094-2103.

[6] 赵永翔,杨冰,彭佳纯,等.铁道车辆疲劳可靠性设计Goodman-Smith图的绘制与应用[J].中国铁道科学,2005,26(6):6-12.

[7] Manson SS. Behaviour of materials under conditions of thermal stress. National Advisory Commission on Aeronautics TN-2933, Lewis Flight Propulsion Laboratory, Cleveland, 1953.

[8] Coffin LF Jr. A study of the effects of cyclic thermal stresses on a ductile metal. Trans. ASME, 1954, 76:931-950.

[9] Neuber H. Theory of stress concentration for shear-strained prismatic bodies with arbitrary nonlinear stress-strain law. J. Appl. Mech., 1961, 28:544-550.

[10] Topper T H, Wetzel R M, Morrow J. Neuber's rule applied to fatigue of notched specimens. J. Mater., 1969, 4:200-209.

[11] Bannantine J A, Comer J J, Handrock J L. Fundamentals of Metal Fatigue Analysis. Englewood Gliffs:Prentice-Hall, Ltd.,1990.

[12] Basquin O H. The Exponential Law of Endurance Tests. Proceedings of ASTM, 1919, (10):625-630.

[13] Langer B F. Design of Pressure Vessels for Low Cycle Fatigue. Journal of Basic Engineering ASME, 1962, 84 (3):389-402.

[14] Weibull W. Fatigue Testing and Analysis of Results. London:Pergamon Press, 1961.

[15] Bathias C. There is no infinite fatigue life in metallic materials. Fatigue Fract. Eng. Mater. Struct., 1999, 22:559-566.

[16] Bathias C, Drouillac L, Le François P. How and why the fatigue S-N curve does not approach a horizontal asymptote. Int. J. Fatigue, 2001, 23(S1):143-15.

[17] Marines-Garcia I, Paris PC, Tada H, Bathias C. Fatigue crack growth from small to long cracks in VHCF with surface initiations. Int. J. Fatigue, 2006, 29(9-10):2072-2078.

[18] Murakami Y, Namoto T, Ueda T. Factors influencing the mechanism of superlong fatigue failure in steels. Fatigue Fract. Eng. Mater. Struct. , 1999, 22(7):581-590.

[19] Murakami Y, Takada M, Toriyama T. Super-long life tension compression fatigue properties of quenched and tempered 0.46% carbon steel. Int. J. Fatigue, 1998, 16:661-667.

[20] Shiozawa K, Lu L. Effect of non-metallic inclusion size and residual stresses on gigacycle fatigue properties in high strength steel. In:Proc. Int. Conf. on Advances in Product Development and Reliability (PDR2008), Chengdu, China, August 4-6, 2008, Switzerland:Trans Tech Publications SA, 2008; Also see:Advanced Materials Research, 2008, 44-46:33-42.

[21] Zhao YX, Yang B, Feng MF, Wang H. Probabilistic fatigue S-N curves including the super-long life regime of a railway axle steel. Int. J. Fatigue, 2009, 31:1550-1558.

[22] Keating PB, Fisher JW. High-cycle, long-life fatigue behavior of welded steel details. J. Constr. Steel Res. , 1989, 12(3-4):253-259.

[23] ECCS-Technical Committee 6-Fatigue. Recommendation for the Fatigue Design of Steel Structures. Lausanne:European Convention for Constructional Steel Works, 1985.

[24] American Association of State Highway and Transportation Officials. Standard specifications for highway bridges. Washington, DC:American Association of State Highway and Transportation Officials, 1988.

[25] Paris P, Erdogan F. A critical analysis of crack growth laws. J. Basic Eng. , 1963, 85:528-534.

[26] Forman RG, Kearney VE, Engle RM. Numerical analysis of crack propagation in cyclic-loaded structure. J. Basic Eng. , 1967, 89:459-464.

[27] Elber W. The significance of fatigue crack closure. In Damage tolerate in aircraft structures, ASTM STP 486,Philadelphia:American Society for Testing and Material, 1971:230-242.

[28] NASGRO. Fatigue Crack Growth Computer Program, NASGRO, version 3, NASA, L. B. Johnson Space Centre,Houston,Texas. JSC—22267B; 2000.

[29] 何朝明，赵永翔，杨冰，等. LZ50 车轴钢随机 S—N 关系的概率模型[J]. 工程力学，2005，22(2):200-205.

[30] 赵永翔，杨冰，张卫华. 一种疲劳长裂纹扩展率新模型[J]. 机械工程学报，2006，42(11):120-124.

[31] Zhao YX, Wang JN, Gao Q. Statistical model for the random cyclic strain-life relations of 1Cr18Ni9Ti pipe-weld metal under temperature of 240 ℃. Nuclear Engineering and Design, 2001, 205(3):241-249.

[32] 赵永翔，高庆，王金诺. 估计三种常用应力—寿命模型概率设计 S—N 曲线的统一方法[J]. 核动力工程，2001，22(1):42-52.

[33] Серенсен C A. 汪一麟译. 机械零件的承载能力和强度计算[M]. 北京:机械工业出版社，1984.

[34] 赵少卞，王忠保. 疲劳设计[M]. 北京:机械工业出版社，1992.

[35] Zhao YX, Yang B, Feng MF. Measurement on scale-induced fatigue behaviour for railway axle. Advanced Materials Research, 2008, 44-46:65-70.

[36] 赵永翔，杨冰，冯明飞. HEZD 车轮铸钢的疲劳断裂可靠性性能研究[R]. 成都:西南交通大学，2008.

[37] EN 13103—2006. Railway applications-wheelsets and bogies-non-powered axles-design guide.

[38] UIC 510—5—2007. Technical approval of solid wheels.

[39] JIS E 4501—1995. Railway rolling stock—Design methods for strength of axles.

[40] TB/T 2705—1996. 车辆车轴设计与强度计算方法[S].

[41] TB/T 1718—2003 铁道车辆轮对组装技术条件[S].

[42] EN 13260—2006. Railway applications-wheelsets and bogies-wheelsets-products requirements.

[43] 赵永翔，黄郁仲，高庆. 铁道车辆 LZ50 车轴钢的概率机械性能[J]. 交通运输工程学报，2003，3(2):11-17.

[44] 张于贤，王红. 20Cr 材料的应力应变关系研究[J]. 兵器材料科学与工程，2006，29(6):36-38.

[45] 张海涛，任成祖，常海艳. 材料非线性对混合陶瓷球轴承有限元分析的影响[J]. 机械设计，2006，23(4):48-50.

[46] 罗艳，杨显杰，高庆. 45 钢单轴应变循环软化行为的本构模型[J]. 西南交通大学学报，2007，42(1):99-103.

[47] Zhao YX. A probabilistic assessment of the design S—N curves for 1Cr18Ni9Ti pipe-welded joint. ASME J. Press. Vess.

Tech.，2003，25(2)：195-200.

[48] Zhao YX，Yang B，Feng MF，Wang H. Probabilistic fatigue *S—N* curves including the super-long life regime of a railway axle steel. Int. J. Fatigue，2009，31：1550-1558.

[49] Association of American Railroads AAR Locomotive Standard，货车设计制造规范 M-1001[S]，2007.

[50] EUROPEAN COMMITTEE FOR STANDARDIZATION. BS EN 1993—1—9：2005：Fatigue. B-1050 Brussels. May 2005：9-33.

[51] Gwmey T. R. Fatigue of Welded Structures[M]. London，Combridge University Press，1979.

[52] 铁道部标准计量研究所. 铁道车辆强度设计及试验鉴定规范(TB/T 1335—1996)[S]，2004. 5：226.

[53] 姚卫星. 结构疲劳寿命分析[M]. 北京：国防工业出版社，2003. 1.

[54] 陈传尧. 疲劳与断裂[M]. 武汉：华中科技大学出版社，2002. 1.

[55] 织田安朝(日本). 转向架构架焊缝强度的评价[J]. 国外机车车辆工艺，2002.

[56] 陈雷，黄海明. 840D 货车车轮辐板孔边裂纹扩展机理分析[J]. 中国铁道科学，2007，26(5)：62-65.

[57] 陈雷，章梓茂. B 级车轮铸钢的疲劳可靠性设计 Goodman-Smith 图[J]. 西南交通大学学报，2006，41(172)：705-708.

[58] 陈雷，章梓茂. B 级车轮铸钢疲劳可靠性设计 S-N 曲线重构方法[J]. 交通运输工程学报，2007，7(25)：16-20.

[59] 陈雷. 840D 货车车轮辐板孔疲劳裂纹研究[J]. 北京交通大学学报，2007，31(131)：1-7.

铁路货车动力学性能评价

铁路货车是铁路机车车辆的重要组成部分，在铁路货车动力学研究的早期就已成为重要的研究对象。铁路货车动力学研究的方法可以分为利用计算机和动力学软件的仿真分析，借助于大型综合试验设备的台架试验以及线路动力学试验。我国对铁路货车动力学性能评价的依据主要是 GB/T 5599—1985《铁道车辆动力学性能评定及试验鉴定规范》。

铁路货车动力学性能直接关系到其运行稳定性、安全性和平稳性，我国近年来在提速和重载两大发展方向上均取得了长足的发展，铁路货车的动力学性能在从研究、设计开发到试验验证等的诸多环节上做了大量的工作，在推动铁路货车技术进步和升级换代中起到了重要的作用，铁路货车动力学性能评价技术本身也在此过程中得到迅速发展。

动力学性能评价贯穿于铁路货车产品生命周期中的各个阶段，因每个阶段的条件和情况的差异而形成各有侧重的评价内容和方法。动力学仿真方法评价主要用于产品研发的方案设计阶段、试验和运用中铁路货车动力学问题的分析研究等方面。台架试验是在试验台上模拟线路条件研究某一方面的动力学性能，虽与实际线路存在差异，但可进行多方案、多参数比选、极端工况试验，不受线路运营的影响，并且模拟试验的结果与线路动力学试验存在相关性，能够进行线路试验不易完成的蛇行失稳临界速度测试。是铁路货车产品研发的一种重要研究手段。线路动力学试验是铁路货车重要的型式试验，用于鉴定新型车的动力学性能是否满足规范和技术条件的要求。线路动力学试验还是铁路货车动力学性能研究的重要手段。铁路货车动力学数值仿真的模型和结果需要线路动力学试验的验证，而线路动力学试验需要仿真分析的指导，两者相互支撑，相互促进，在铁路货车产品开发的不同阶段发挥好各自的作用，通过试验和仿真的积累，使得早期铁路货车产品开发的成果成为后面新产品开发的基础。

铁路货车动力学性能评价技术在我国铁路货车提速和重载发展过程中发挥了重要作用。铁路货车动力学从理论研究到在产品开发中广泛应用，主要是从 20 世纪 80 年代中后期开始，当时我国正值通用铁路货车和重载单元列车的研制，使我国通用铁路货车的快速发展和重载铁路货车的发展迈开了坚实的步伐。在载重 70 t 级铁路货车的开发过程中，为了适应我国铁路提速的要求，从仿真分析、台架试验到线路动力学试验，车辆动力学评价技术在铁路货车提速产品的开发过程中全面地发挥了作用。在载重 80 t 级重载铁路货车的开发过程中，动力学性能评价技术也作出了应有的贡献。

为了铁路提速重载的发展，在铁路货车升级换代过程中，除铁路货车新产品型式试验外，还开展了以可靠性试验、重载列车纵向动力学试验和列车提速综合试验等为代表的综合性试验，为提速和重载提供了必要的技术储备。

4.1 评价标准

4.1.1 运行平稳性的评定标准

1. 用平稳性指标评定铁路货车平稳性

铁路货车运行平稳性是指振动性能，直接影响到装运货物的完整性。振动的大小除与线路质量有关外，还和走行部分的结构与参数有关。铁路货车运行平稳性一般采用斯柏林(Sperling)平稳性指标来评定(见表4-2)，其计算公式及评定标准如下：

平稳性指标按式(4-1)计算：

$$W=7.08\sqrt[10]{\frac{A^3}{f}F(f)} \tag{4-1}$$

式中 W——平稳性指标；

A——振动加速度(g)；

f——振动频率(Hz)；

$F(f)$——频率修正系数，见表4-1。

表4-1 频率修正系数表

垂直振动		横向振动	
0.5～5.9 Hz	$F(f)=0.325f^2$	0.5～5.4 Hz	$F(f)=0.8f^2$
5.9～20.0 Hz	$F(f)=400f^2$	5.4～26.0 Hz	$F(f)=650f^2$
＞20.0 Hz	$F(f)=1$	＞26.0 Hz	$F(f)=1$

表4-2 平稳性指标等级表

平稳性等级	平稳性指标(W)			评定
	铁路客车、动车组车辆	铁路机车	铁路货车	
1级	＜2.5	＜2.75	＜3.5	优
2级	2.5～2.75	2.75～3.0	3.5～4.0	良好
3级	2.75～3.0	3.0～3.45	4.0～4.25	合格
4级	3.0～3.45	—	—	可以接受

2. 用动荷系数、最大振动加速度评定铁路货车平稳性

动荷系数计算式及我国采用的车体振动加速度幅值直接评定铁路货车运行平稳性的标准(运行速度在120 km/h范围内)见表4-3所示。

表4-3 动荷系数及我国采用的评定铁路货车平稳性的标准

动荷系数	$K_d=\frac{P_d}{P_j}=\frac{j}{g}=(2\pi f)^2\frac{a}{g}$ 式中 P_d——车体振动产生的附加动载荷(取幅值)； P_j——车体静载荷； j——振动加速度(cm/s²)； g——重力加速度(g=981cm/s²)； f——振动频率(Hz)； a——车体振幅(cm)	
振动加速度幅值	垂直方向	横向
	$\leqslant 0.7g$	$\leqslant 0.5g$

铁路货车最大振动加速度为铁路货车振动强度的极限值，该极限值以铁路货车在每100 km试验区段内通过直道、弯道、车站侧线测定的振动加速度的超限个数来评定，规定超限个数不大于3个为合格，若不合格时，则以出现超限值的某最低速度为该试验铁路货车的限制速度。

4.1.2 运行稳定性的评定标准

在轮轨间蠕滑力的作用下，铁路货车运行到达某一临界速度时会产生失稳的自激振动即蛇行运动。高速时的蛇行运动表现为轮对和转向架的激烈的横向振动，它威胁到运行安全。为此，铁路货车在正常运行速度下要避免出现蛇行失稳现象，要求铁路货车蛇行运动的临界速度要远高于其最高运行速度，以保证有足够的安全裕量。在仿真计算时一般按照渐近稳定概念判定铁路货车系统运动稳定性，即判定系统平衡位置的稳定性，判断各刚体振动位移和速度是否逐渐衰减到平衡位置，通过二分法搜索临界速度。

另外，由于线路试验时，铁路货车一直在有不平顺激扰的线路上运行，无法通过判断铁路货车各刚体是否收敛到平衡位置评判其稳定性，因此一般可以采用转向架构架横向加速度评价转向架的运行稳定性。通过测量构架横向加速度来监测转向架是否发生了不能迅速衰减的连续横向振荡。其采样方法是对轴箱上方构架横向加速度进行实时连续监测和采样，若加速度峰值有连续6次以上达到或超过极限值8～10 m/s²时，则判定转向架横向失稳。

4.1.3 运行安全性的评定标准

铁路货车运行安全性分别按照脱轨系数、轮重减载率、横向力允许限度和倾覆系数等指标评定。

1. 脱轨系数

铁路货车运行时，在线路状态、运用条件、结构参数和装载等因素最不利的组合下可能导致车轮脱轨。脱轨系数用于鉴定铁路货车的车轮轮缘在横向力作用下是否会因逐渐爬上轨头而脱轨。

(1)根据构架力 H 评定轮对脱轨安全性

当 H 的作用时间大于 0.05 s 时，轮对脱轨系数的容许值即第一限度为：

$$\frac{H+0.24P_2}{P_1}\leqslant 1.2 \tag{4-2}$$

安全值即第二限度为：

$$\frac{H+0.24P_2}{P_1}\leqslant 1.0 \tag{4-3}$$

式中 H——作用于轮轴上的横向力(kN)；

P_1——爬轨侧车轮作用于钢轨上的垂直力(kN)；

P_2——非爬轨侧车轮作用于钢轨上的垂直力(kN)。

(2)根据车轮作用于钢轨的横向力 Q 评定脱轨安全性

根据国标 GB/T 5599—1985《铁道车辆动力学性能评定及试验鉴定规范》规定，当横向作用力 Q 的作用时间大于 0.05 s 时，脱轨系数的容许值即第一限度为：

$$\frac{Q}{P}\leqslant 1.2 \tag{4-4}$$

安全值即第二限度为：

$$\frac{Q}{P}\leqslant 1.0 \tag{4-5}$$

式中 Q——车轮作用于钢轨上的横向力(kN)；

P——车轮作用于钢轨上的垂向力(kN)。

2. 轮重减载率

轮重减载率用于车轮轮重 p_2 远大于 p_1 的条件下，是否会因一侧车轮减载过大而导致脱轨。我国规定轮重减载率的容许标准即第一限度为：

$$\frac{\Delta P}{\overline{P}}\leqslant 0.65 \tag{4-6}$$

安全标准即第二限度为：

$$\frac{\Delta P}{\overline{P}}\leqslant 0.6 \tag{4-7}$$

式中 ΔP——轮重减载量(kN)；

$\overline{P}$——增载和减载侧车轮的平均轮重(kN)。

上述所列第一限度为评定铁路货车运行安全的合格标准，第二限度为增大了安全裕量的标准。

3. 横向力

轮轨间横向力过大时会造成轨距扩宽，道钉拔起或引起线路严重变形，如钢轨和轨枕在道床上出现横向滑移或挤翻钢轨等，按车轮通过时对线路的影响，横向力的允许限度采用以下标准：

道钉拔起，道钉应力为弹性极限时轮轨横向力的限度：

$$Q\leqslant 19+0.3P_{st} \tag{4-8}$$

道钉拔起，道钉应力为屈服极限时轮轨横向力的限度：

$$Q\leqslant 29+0.3P_{st} \tag{4-9}$$

线路严重变形时轮轴横向力的限度：

木轨枕 $$H \leqslant 0.85(10+\frac{P_{st1}+P_{st2}}{2}) \tag{4-10}$$

混凝土轨枕 $$H \leqslant 0.85\left(15+\frac{P_{st1}+P_{st2}}{2}\right) \tag{4-11}$$

式中 P_{st}、P_{st1}、P_{st2}——车轮静载荷和左右车轮静载荷(轮重)(kN)。

4. 倾覆系数

铁路货车沿轨道运行时受到各种横向力的作用，如风力、离心力、线路超高引起的重力横向分量以及横向振动惯性等。在这些横向力作用下造成铁路货车的一侧车轮减载，另一侧车轮增载。如果各种横向力在最不利组合作用下，可能有倾覆的危险，其倾覆的临界条件为：

$$D=\frac{P_d}{P_{st}}=1 \tag{4-12}$$

式中 D——倾覆系数；

P_d——铁路货车或转向架同一侧车轮的动载荷(kN)；

P_{st}——相应车轮的静载荷(kN)；

为了保证车辆不倾覆，倾覆系数应满足下列要求：

$$D<0.8 \tag{4-13}$$

在铁路货车同一侧各车轮或一台转向架的同一侧各车轮其倾覆系数 D 同时达到或超过 0.8 时，方被确认有倾覆危险。

4.2 动力学性能仿真

铁路货车系统动力学涉及铁路货车的运动稳定性、运行安全性、运行平稳性和曲线通过能力。其主要目的是研究铁路货车各部件的振动响应以及轮轨之间的相互作用，用以指导人们设计和制造运营安全、可靠、性能优良的铁路货车产品。对铁路货车系统动力学性能的评价，主要是通过仿真的方法，真实地对铁路货车产品的活动行为进行模拟，从中获得铁路货车及其相互系统的动态特性和活动性能，并参照动力学性能评价体系和相关规范对其动力学特性和铁路货车运行品质优劣进行评判。

一般来说，模拟技术可以分成三种类型：

(1)计算机模拟，通过对研究对象的数学模型进行仿真计算，在理论上获得研究对象的性能。

(2)实物模拟，直接对实物对象进行仿真试验，获得实物对象的性能。

(3)半实物、半虚拟的混合模拟，也就是研究对象部分是实物，部分是理论模型，用虚实模型构成一个完整的研究对象，进行仿真研究。在验证过程中，模拟研究得到广泛采用，贯穿全过程。图 4-1 显示了模拟研究在铁路货车开发过程中的应用情况。

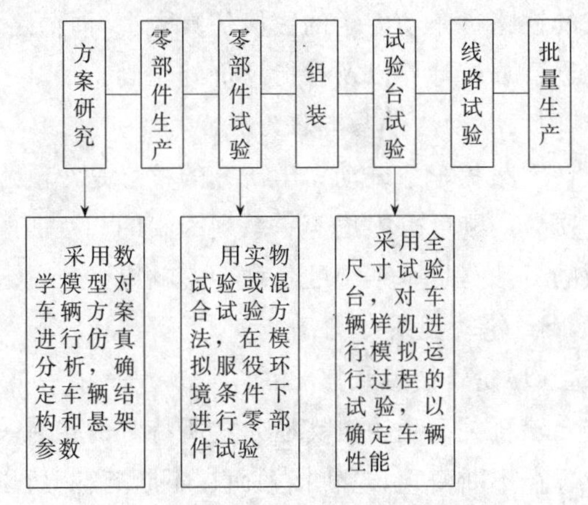

图 4-1 模拟研究在铁路货车开发过程中的应用情况

目前，在铁路货车动态模拟中发展比较成熟、应用较广的是实物模拟和计算机数值模拟。

实物模拟的对象是实物，它是一种物理方法。实物模拟的最大优点是直观、形象，采用实物，如轮轨关系这些难以描述的特征可以直接用实物的真实模型来模拟，既避免了仿真计算中的模型误差，又提高了模拟的精度。采用滚动振动试验台进行实车试验，就是最典型的实物模拟，试验可直接获得铁路货车的运行品质和运动特征。实物模拟是最有效的模拟方法，但实物模拟应遵循以下几点原则。

(1)行为相似。要求真实系统和模拟系统有相似的行为属性，其确定关系的定律、定理应相似，最典型的例子是用电气系统来模拟机械系统。机械和电气两种系统在物理上和存在形式上并不相同，但它们的行为属性是相似的。

(2)几何相似。主要强调在几何形状上的比例关系，即所模拟系统和真实对象之间除形状相同，各部件的比例关系应一致。几何相似应用很广，如模型演示、缩小比例大坝试验等。

(3)物理相似。主要指模拟系统和真实对象之间的物理量的相似，如密度、表面黏着力等物理属性的相似，当然也可以是时间、重力场等物理量相似。就铁路机车车辆的试验台模拟试验而言，关键是建立一套能反映被试对象(实物)运动及性能特性的试验系统。首先是研究并确定试验模拟方法、模拟比例和相似关系，再设计具体的试验装置，最后通过系统调试，使之达到试验模拟的要求。

计算机数值模拟就是通过建立被模拟系统的数学模型，利用计算机进行数值求解，计算出每一时刻模拟对象各部件的运行状态和综合性能。计算机模拟的最大优点是可以脱离实物，对研究对象进行性能或运行状态的预分析，同时具有模拟过程费用低，模拟工况或参数改变方便、灵活等优点，既环保又没有危险性，所以计算机模拟是现代科学研究中不可或缺的手段。一般对铁路货车进行计算机模拟的步骤如下：

(1)将研究实际系统抽象为对应的力学模型。

(2)根据力学模型导出运动方程组，即建立用微分方程式描述的数学模型。

(3)编写计算程序，对运动方程组进行求解。

(4)对数学模型进行仿真计算，求出其数值解，并进行结果分析。

长期以来，对于机械系统的建模，都是借助于 Newton-Euler 方程或 Lagrange 方法，根据力学模型来人工推导运动方程的。然而，随着科学技术的发展，许多工程系统趋向大型化和复杂化，其力学模型的自由度和参数也大大增加，手工建立系统的运动方程就显得很困难。即使采用 Lagrange 方法，由于涉及冗长的能量表达式及其微分过程，不仅工作量大，冗长乏味，而且也难以避免人工进行繁琐推导所造成的疏漏和误差。随着拓扑学和符号动力学的发展，目前只要将力学模型的结构信息和参数输入到软件中，计算机就会自动建模，生成数学方程，并最终给出数值解，从而为使用者提供了极大的方便。

铁路货车系统动力学性能数值仿真是在铁道车辆工程、车辆系统动力学、计算动力学和控制理论等学科的基础上发展起来的新的交叉学科。数值仿真技术是现代铁路机车车辆行业进行新产品开发研制的有效工具，是现代铁路机车车辆行业市场竞争能力的核心技术之一。其在先进的计算机软硬件系统的支持下，在计算机中构造虚拟现实环境，通过对铁路货车进行合理抽象，建立铁路货车动力学模型，描述轨道/铁路货车结构之间的几何关系、运动关系和约束关系，对系统进行运动学和动力学数值分析，从而研究铁路货车动力学性能，改进其结构设计，优化铁路货车的结构参数。

4.2.1 动力学仿真基础

进行铁路货车系统动力学数值仿真，其首要任务需要构造由铁路货车模型、轮轨接触模型和线路模型组成的铁路货车动力学的数值仿真模型，而铁路货车动力学基本理论则是建立铁路货车动力学数值仿真模型和进行分析计算以及性能评价的基础。

4.2.1.1 动力学基本理论

铁路货车系统动力学研究的核心是车辆和轨道的轮轨接触、蠕滑特性、部件几何形状、悬挂系统、铁路货车质量—刚度—阻尼等一系列因素的相互匹配和相互作用，研究的内容为轨道几何形状变化引起的不平顺激励下铁路货车系统的各种动态响应。

1. 轮轨关系

(1)轮轨接触几何关系

轮轨关系是轮轨交通方式所特有的接触关系。铁路机车车辆运行过程中，轨道状态和车轮相对轨道的位置在不断变化，轮轨接触面在不断磨耗，所以，轮轨关系是时变的、动态的。列车在两根钢轨上行驶时，轮轨接触斑不仅支承着整个列车，保证铁路机车车辆在固定轨道上的安全行驶，而且还影响着铁路机车车辆的运行品质，所以，轮轨关系是铁路系统最重要、最基本的关系。轮轨相互作用力、轮轨摩擦磨损、接触疲劳、脱轨、黏着等工程性问题均始于轮轨接触几何关系和轮轨蠕滑力机制。以轮轨接触点为轮轨间的联系点，轮对和左右钢轨就构成了特殊的几何关系——轮轨接触几何关系。轮轨接触几何关系一方面决定了铁路机车车辆轮对的空间位置，同时又是轮轨相互作用力计算的基本条件，所以，轮轨接触几何的研究也是铁路机车车辆动力学研究的基础。

图 4-2 是基本的轮轨接触系统。轮轨接触几何关系是由五个轮轨接触状态基本参数决定的，称之为轮轨关系五要素。它们是：

①车轮和钢轨型面；

②轨距 $2d_T$；

③轨底坡 θ_T；

④轮缘内侧距 $2b$ 或名义滚动圆距轮对中心距离 l_0；

⑤车轮名义半径 R_0。

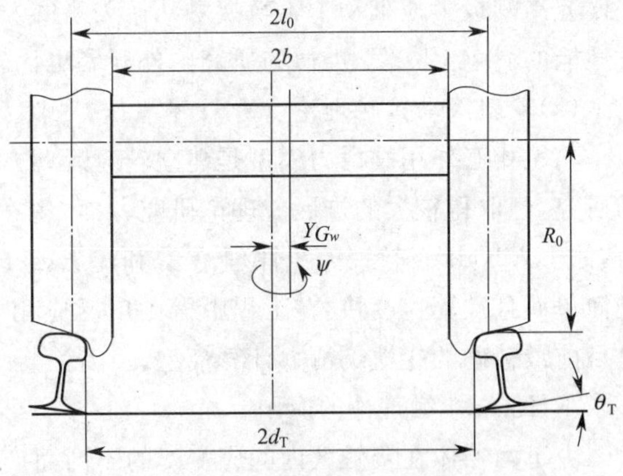

图 4-2 轮轨接触几何关系

轮轨接触关系具体描述的内涵，就是在特定的轮轨基本参数下，左右轮轨的接触点位置随轮对相对于轨道的横移量和摇头角而变化的关系。由于在轮轨接触几何关系研究时一般不考虑轮轨的变形，所以这种关系是一种固定的纯几何关系，一旦轮轨的基本参数确定后，轮轨接触几何关系就随之确定。

根据轮轨接触状态基本参数，可以在不同横移量 Y_{GW} 和不同摇头角 ψ 的情况下确定轮轨接触几何关系，即计算出左右轮的轮轨接触点的具体位置，并用接触点距轮对中心的距离 l_l 和 l_r 来表述。这时，其他轮轨接触几何关系参数也随之确定，它们是：

①左右轮接触点处的车轮滚动圆半径 R'_l 和 R'_r；

②左右轮车轮踏面曲率半径 R_l 和 R_r；

③左右钢轨轨头截面曲率半径 R_{Tl} 和 R_{Tr}；

④左右轮接触角 δ_l 和 δ_r；

⑤轮对的侧滚角 θ；

⑥轮对中心垂向位移 Z_{GW}。

在轮轨关系五要素确定后，以上轮轨接触几何关系的参数值便是轮对横移 Y_{GW} 和轮对摇头 ψ 的函数值。对简单圆弧或直线轮轨型面而言，可以直接推导出精确的函数表达公式。但对于复杂型面来说，只能用数值求解，并采用图表表达。不过也有文献采用近似拟合公式表达的。不同的轮轨型面匹配，就有不同的轮轨接触几何关系和接触几何参数，一旦轮轨接触状态基本参数有所调整，轮轨接触几何参数就有所变化。

轮轨接触几何关系的计算是随电子计算机的发展而发展的。开始主要是通过分析几何学方法，来研究规则型面的接触，如直线与圆以及圆与圆的接触，解出反映轮轨接触几何关系作用的接触点、滚动圆半径、等效斜度、等效接触角、重力刚度、重力角刚度等的表达式[3]。随着铁路技术的发展，由于现代铁路机车车辆的轮轨踏面都是由多段圆弧或直线段组成，甚至是非圆非直线的函数型或数值型踏面，用原有的解析几何方法，就难以计算分析有效接触范围内的接触几何关系，应用解析几何方法求解已越来越少。随着电子计算机的发展，采用数值方法求解轮轨接触几何关系的方法得以发展，而且日趋成熟，由开始时的逐点搜寻法[4-6]，发展到解析几何的数值计算[7-11]，这一发展，不仅使计算速度大大加快，同时使理论更加严密。另外，几何关系已由平面逐渐发展到空间。

实际上，在进行铁路机车车辆动力学分析计算时，通常很少有人去研究轮轨接触几何关系，而是直接引用已有的研究结果，如轮轨接触几何关系公式或数表等。轮轨接触几何关系的计算分析方法已有大量研究论文发表。在我国轮轨接触几何关系研究可分为 2 个阶段。第一阶段，是 20 世纪 80 年代，这时正值铁路机车车辆系统动力学研究开始引入我国，急需在理论上确定轮轨几何接触关系，代表性的工作有文献[3-6]，他们的工作是最基础的和奠基性的，为后人的研究作了准备；第二阶段是 90 年代后期到 21 世纪初，这方面的工作一是由于国内滚动(振动)试验台的运用，开始了轮轮接触关系的研究[12-14]，二是在铁路机车车辆动力学研究中对轮轨空间接触几何的重视，而且在铁路机车车辆动力学仿真计算中，要考虑钢轨的运动[15,16]。这样，就可以不采用预先计算好的、在线查表的轮轨接触几何关系计算方法，而是要进行轮轨关系的实时计算。这一研究高潮极大地推动了轮轨接触几何关系的发展；之后，轮轨关系的研究主要集中在对铁路机车车辆动力学性能的影响上[17-20]，类似的研究国外开展也比较多[21,22]。

(2)轮轨滚动接触理论

轮轨相互作用蠕滑力模型是建立轮对运动方程的依据，有许多学者从理论及试验入手对其进行了深入的研究，已取得较大的进展。理论研究方面，现在多数引用赫兹滚动接触理论模型来分析轮轨之间的蠕滑力，如 J. J. Kalker 教授的线性理论[23]和沈志云-Hedrick-Elkins 教授的改进型非线性计算模型[24,25]，这些模型简单而且计算速度快，在工程中得到广泛应用。在此之外，Kalker 三维弹性体非赫兹滚动接触理论模型是目前最精确的轮轨蠕滑力计算模型。

①Hertz 接触理论的应用

由于两物体在接触区内的应变率的不同而产生蠕滑力，其大小与接触区的形状有关。赫兹(Hertz)曾用弹性力学理论研究了两弹性体的接触问题，根据赫兹(Hertz)接触理论，两弹性体间的接触区为一椭圆斑，其椭圆的长短半轴的计算式为：

$$\begin{cases} a=m[3\pi N(K_1+K_2)/4K_3]^{1/3} \\ b=n[3\pi N(K_1+K_2)/4K_3]^{1/3} \end{cases} \tag{4-14}$$

式中 N——正压力，系数 $K_i(i=1,2,3)$定义为：

$$K_1=\frac{1-\sigma_W^2}{\pi E_W},K_2=\frac{1-\sigma_R^2}{\pi E_R},K_3=\frac{1}{2}[\frac{1}{R_1}+\frac{1}{R'_1}+\frac{1}{R_2}+\frac{1}{R'_2}]$$

式中 R_1——车轮滚动圆半径；

R'_1——车轮踏面横断面外形的半径；

$R'_2=\infty$——认为沿轨长方向轨头是平直的；

R'_2——轨头横断面外形的半径；

σ_W——车轮泊松比；

E_W——车轮弹性模数；

σ_R——钢轨泊松比；

E_R——钢轨弹性模数。

另外，式(4-14)中的 m,n 可通过查表求得。

②轮轨滚动接触面间的蠕滑作用

a. 蠕滑率

具有弹性的钢质车轮在弹性的钢轨上以一定的速度 v 滚动时，在车轮与钢轨的接触面间会产生一种极为复杂的物理现象：由于车轮与钢轨间的弹性滑动 u 和刚性滑动 s 组成的滑动 W 而产生两者之间的速度差。卡特(Carter)首先在车辆中应用蠕滑的概念，其由笛卡尔坐标系统定义的纵向和横向蠕滑率为：

$$\zeta_x=\frac{\text{实际前进速度}-\text{纯滚动时前进速度}}{\text{由纯滚动产生的前进速度}} \tag{4-15}$$

$$\zeta_y=\frac{\text{实际横向速度}-\text{纯滚动时横向速度}}{\text{由纯滚动产生的前进速度}} \tag{4-16}$$

而自旋蠕滑率定义为：

$$\zeta_{sp}=\frac{\text{上物体的角速度}-\text{下物体的角速度}}{\text{由于滚动产生的前进速度}} \tag{4-17}$$

70 年代初，考虑到在较大蠕滑情况下车轮在钢轨上的运动特点，UIC 对蠕滑率作了更为确切的定义：

以轮轨接触椭圆的中心为原点，建立 0-123 坐标系统(图 4-3)，01 轴为车轮前进方向，与 $0x$ 轴重合；02 轴在轮轨接触平面内、大致与车轴轴线方向平行，且在 yz 平面内，与 $0y$ 轴间的夹角即为接触角 δ；03 轴为接触椭圆的法向。实际上，将 $0\text{-}xyz$ 坐标系统绕 $0x$ 轴转动一接触角 δ，即为 0-123 坐标系统。轮对左右侧轮轨接触椭圆上的坐标系统是不同的。设在车轮上的接触椭圆沿 01 轴、02 轴和绕 03 轴的刚体速度分别为 v_{w1}、v_{w2} 和 Ω_{r3}。则可定义纵向、横向和自旋蠕滑率为：

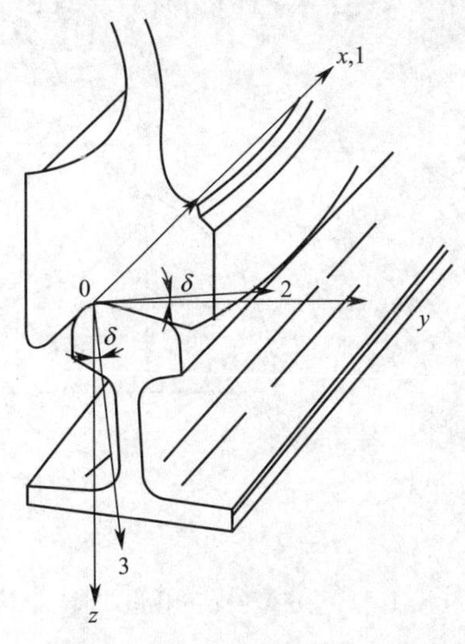

图 4-3　轮轨接触椭圆上的两个坐标系统

$$\begin{cases}\xi_x=\dfrac{2(v_{rl}-v_{w1})}{v_{r1}+v_{w1}}\\ \xi_y=\dfrac{2(v_{r2}-v_{w2})}{v_{r1}-v_{w1}}\\ \xi_{sp}=\dfrac{2(\Omega_{w3}-\Omega_{r3})}{v_{r1}+v_{w1}}\end{cases}\tag{4-18}$$

纵向和横向蠕滑率是无因次的，自旋蠕滑率的因次为长度$^{-1}$。

b. 蠕滑力与蠕滑系数

蠕滑力是由两个相互接触的弹性体在其接触斑内的应变不同所引起的。当两弹性体有相对运动或相对运动趋势时，在接触斑平面内的应变由切向力 $T(T_x、T_y)$来体现，这个切向力 T 就称为蠕滑力。为了计算在轮轨接触斑上的纵向蠕滑力 T_x、横向蠕滑力 T_y 以及自选蠕滑力矩 M_z，必须要知道接触斑的形状及大小，以及接触斑上力的分布规律，以便建立蠕滑力（力矩）与蠕滑率的关系式。为此，半个多世纪以来，很多学者进行了大量的弹性体滚动接触理论研究和实验研究。

蠕滑率决定着蠕滑力的大小，蠕滑力与蠕滑率有函数关系：

$$\begin{cases}T_x=f_1(\xi_x,\xi_y,\xi_{sp})\\ T_y=f_2(\xi_x,\xi_y,\xi_{sp})\\ M_z=f_3(\xi_x,\xi_y,\xi_{sp})\end{cases}\tag{4-19}$$

在较小的蠕滑时有线性关系：

$$T_x=-f\zeta_x\tag{4-20}$$

式中，f 为具有力的因次的蠕滑系数，与轮轨接触点的法向力、主曲率半径、车轮半径、材料弹性模量、泊松比等有关。

③轮轨滚动接触理论

a. Carter 理论

为了研究铁道车辆横向动力学的需要，1926 年，Carter 已开始进行带有摩擦的二维滚动接触理论的研究。对于纵向蠕滑力和蠕滑率之间的关系给出了一个精确的闭合解。

将车轮看成圆柱体，钢轨视为厚钢板，并且认为车轮半径远比接触面积的周长要大得多。于是这一问题可处理为一无限弹性介质被一平面所约束，在该平面上存在着局部压力分布与切向力。同时应用半空间假定，只研究其纵向蠕滑率 v_x。一个典型的局部切向力分布及其蠕滑率特性如图 4-4 所示。由此得到纵向蠕滑率同切向力关系，其纵向蠕滑率的计算式为：

$$f_{11}=\left[\frac{\pi G(\lambda+G)}{2(\lambda+2G)}R_1 lN\right]^{1/2}\frac{q}{1-(1-q)^{1/2}}\tag{4-21}$$

式中　f_{11}——纵向蠕滑系数；

λ——拉梅常数，$\lambda=\dfrac{2G\sigma}{1-2\sigma}$。

其中　G——剪切弹性模数；

σ——泊松比；

r_0——车轮滚动圆半径；

l——轮轨接触面积的横向换算长度；

N——总的法向力；

q——纵向切向力与总切向力比值 $q=T_x/T$，$q=1$ 为纯纵向蠕滑。

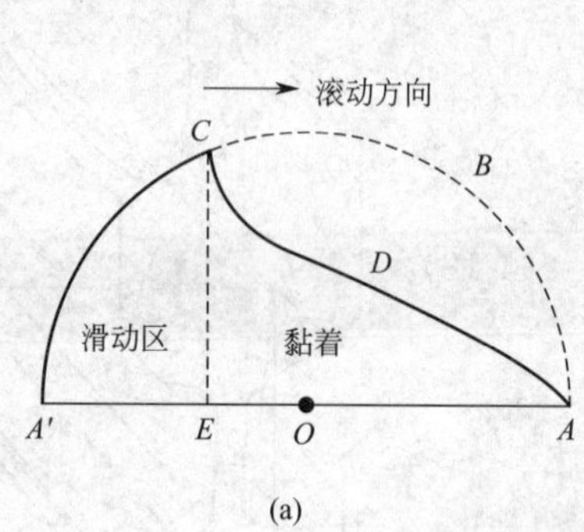

(a)

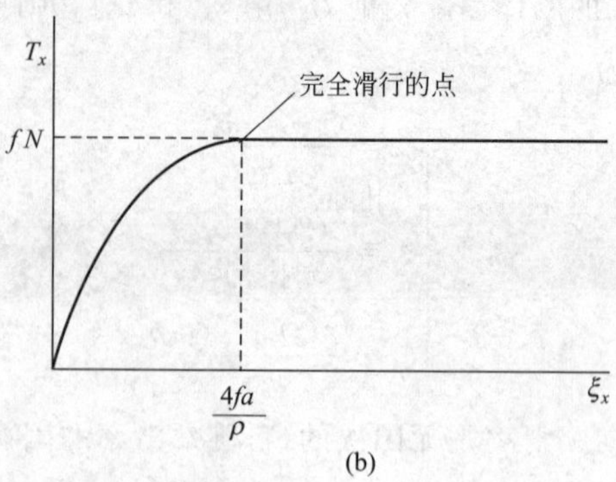

(b)

图 4-4　Carter 的理论曲线

b. Johnson-Vermeulen 理论

1958 年，Johnson 将 Carter 二维理论推广到三维工况，用于两球滚动接触，包含纵横向蠕滑，没考虑自旋。1964 年 Johnson 与 Vermeulen 又将光滑的半空间理论引入研究没有自旋蠕滑的纯蠕滑工况。因而传递着切向力的两滚动体之间的接触表面不对称的划分为两个不同的区域——滑动区与黏着区(图 4-5)，则合成的切向力计算公式为：

$$\frac{F}{fN}=\begin{cases}\frac{1}{\tau}\left[\left(1-\frac{1}{3}\tau\right)^3-1\right](\zeta i+\eta j) & |\tau|<3\\ -\frac{1}{\tau}(\zeta i+\eta j) & |\tau|\geqslant 3\end{cases} \tag{4-22}$$

式中　$\tau=\sqrt{\xi^2+\eta^2}$——合成蠕滑率；

ξ,η——正则化的纵、横向蠕滑率。

Johnson-Vermeulen 理论只能限制应用于纯纵向和横向蠕滑(即自旋等于零)的工况。

c. Kalker 滚动接触理论

荷兰学者 J. J. Kalker 为发展滚动接触理论作出了杰出的贡献。从 60 年代中期开始，先后开发了用于小蠕滑的线性理论、简化理论、三维非线性的精确理论、新简化理论等，比较完整的解决了两弹性体在干摩擦下的滚动接触理论。

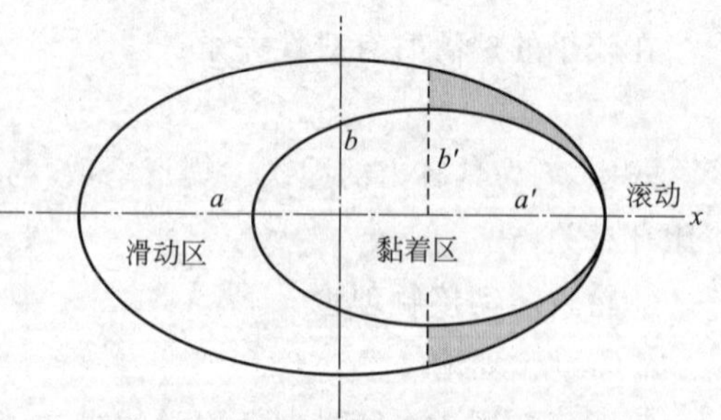

图 4-5　Johnson-Vermeulen 理论的接触椭圆

在 Kalker 的线性理论中，假设轮轨接触区全部为黏着区，且切向力的分布是对称的，因此，纵横向蠕滑力间不耦合。蠕滑力与蠕滑率的线性关系如下：

$$\begin{cases}F_x=-f_{11}\xi_x\\ F_y=-f_{22}\xi_y-f_{23}\xi_{sp}\\ M_z=f_{32}\xi_y-f_{33}\xi_{sp}\end{cases} \tag{4-23}$$

式中　f_{ij}——蠕滑系数，定义为：

$$f_{11}=EabC_{11},f_{22}=EabC_{22}$$
$$f_{23}=E(ab)^{3/2}C_{23},f_{33}=E(ab)^2C_{33} \tag{4-24}$$

式中　a、b——接触椭圆的长、短轴；

E——杨氏弹性模数；

C_{ij}——无因次的 Kalker 系数，与泊松比和 a/b 有关，可查表得到。

Kalker 的线性理论是在纵、横向和自旋蠕滑率都很小，而且接触区内不存在滑动的条件下建立的。实际上，只有当蠕滑力接近零时，才存在无滑动的纯滚动。在研究大蠕滑的情况下铁路机车车辆通过曲线时，用线性理论来计算蠕滑力，将会产生较大的误差，由此 Kalker 又进一步运用变分方法和基于最小能量原理开发了非线性的三维精确理论及其 DUVOROL 计算程序。此外，Kalker 又开发了简化理论和相应的计算程序 SIMPOL 以及在此基础上改进的新简化理论和相应的快速算法程序 FASTSIM，保持了弹性体滚动接触的基本理论，即轮轨关系基本方程不变，但所费的机时要少得多，特别是比精确理论要快得多，同时精度能满足工程要求。

d. 沈氏理论

沈氏理论是在 White，Hedrick 等人的推断式非线性模型的基础上建立的近似计算方法，是改进的 Jonhson-Vermeulen 理论，考虑了轮轨间自旋蠕滑。

先计算 Kalker 线性蠕滑力 F_x，F_y，M_Z，然后得合成蠕滑力：$F_R=\sqrt{F_x^2+F_y^2}$，继而得非线性合成蠕滑力为：

$$F=\begin{cases}\mu N\left[\frac{F_R}{\mu N}-\frac{1}{3}\left(\frac{F_R}{\mu N}\right)^2+\frac{1}{27}\left(\frac{F_R}{\mu N}\right)^3\right] & F_R<3\mu N\\ \mu \mathrm{N} & F_R\geqslant 3\mu N\end{cases} \tag{4-25}$$

最后得修正后的蠕滑力、力矩为

$$F'_x=F_x\frac{F}{F_R},F'_y=F_y\frac{F}{F_R},M'_z=M_z\frac{F}{F_R} \tag{4-26}$$

2. 蛇行运动稳定性

稳定性这一概念早在 17 世纪 Torricelli 时期就已经形成，但直到 1892 年才由 A. M. 李雅普诺夫给出严格的定义[26]。稳定性的含义极广，有静态稳定性及动态稳定性即运动稳定性两大类。在铁道车辆工程中所讨论的车体在弹簧上的抗倾覆稳定性、轮对抗脱轨稳定性等都是从静力平衡条件出发来确定研究对象稳定与否的，因此均属于静态稳定性范畴。而蛇行运动稳定性则是铁路机车车辆系统本身的固有属性，是决定能否安全稳定运行的关键因素，属于动态（运动）稳定性的范畴[2]。

(1)蛇行运动

轮对蛇行运动是当具有一定形状踏面的铁道车辆轮对，沿着平直钢轨滚动时，所产生一种振幅有增大趋势的特有运动——轮对一面横向移动、一面又绕通过其质心的铅垂轴转动的耦合运动。由于轮对的蛇行运动而引起转向架和车体在横向平面内的振动，称为转向架蛇行（又称二次蛇行）和车体蛇行（又称一次蛇行）。铁道车辆系统产生蛇行运动，主要是由于车轮踏面具有斜度和轮轨间具有复杂的动力作用而引起。

所谓自激振动，是指系统内部的非振动能量转换为振动的激振力而产生的振动。具体地说，自激振动是一个系统处于运动状态，如果引起振动的激振源是由于系统结构本身所造成，而不是由外界强迫输入的，当运动停止时，这种激振力也就随之消失，那么这种振动就称为自激振动。具有一定形状路面的轮对产生蛇行运动时，假设钢轨是理想平直的，轮对上并未受到来自钢轨的激振力，因此轮对蛇行运动是一种自激振动。自激振动所消耗的能量取源于外界给予系统的，铁道车辆蛇行运动的能量则来自机车牵引力。

轮对蛇行运动的现象，早在一百多年前铁路运输事业发展的初期被注意到。一开始从轮对与钢轨之间的几何关系来研究蛇行运动，并推导出一个自由轮对蛇行运动的频率与波长公式。随着对轮轨间物理关系——蠕滑现象研究的深入，了解到当轮对在平直钢轨上滚动时受到蠕滑力的激振影响，由此可用动力学的方法来研究其蛇行运动，这样能够比较清楚地揭示出自由轮对蛇行运动的本质、特征及其规律。于是，对于铁道车辆蛇行运动的研究产生了一次飞跃。

在理想的平直轨道上运行的铁路机车车辆，在特定条件下如转向架上具有良好的轮对定位装置、其他各悬挂参数匹配适当，在某一速度范围内运行，这时车体、转向架构架、轮对的蛇行运动各振型的振幅，随着时间的延续其幅值会不断地减小，这种运动称为稳定的蛇行运动，或者可以说此时铁道车辆的蛇行运动是稳定的。如果振幅衰减得越快，铁道车辆系统稳定的程度越高。而当铁道车辆的运行速度超过某一临界数值时，将产生一种不稳定的蛇行运动，其表现形式为它们的振幅随着时间的延续而不断地扩大，使轮对左右摇摆直到轮缘碰撞钢轨，这时转向架或车体则出现大振幅的剧烈运动，这种现象称为失稳，此时的运动称为不稳定运动。一般将蛇行运动由稳定运动过渡到不稳定运动时的速度称为铁道车辆的临界速度。

实际上,铁道车辆沿直线轨道运动时,一直存在着蛇行运动。由于铁道车辆走行部分的状态及线路的横向不平顺所引起的随机激扰,使得车辆不断地产生蛇行运动,同时又出于轮轨间存在蠕滑及铁道车辆系统中的各种阻尼,又使这种运动的振幅不断地衰减,故这时候的运动是稳定的。只有当铁道车辆的运动速度超过其临界速度,蠕滑及各种阻尼所产生的作用不足以衰减不断增长的振幅时,铁道车辆才开始失稳,于是就出现了不稳定的蛇行运动。铁道车辆出现蛇行运动失稳后,不仅会使铁道车辆的运行性能恶化,作用在铁道车辆各零部件上的动载荷增大,并且将使轮对严重地打击钢轨,损伤铁道车辆及线路,甚至会造成脱轨事故。所以铁路机车车辆系统的蛇行运动稳定性一直为铁路工作者所重视。

(2)铁道车辆蛇行运动的临界速度

我们知道,在研究铁路机车车辆系统动力学性能时,一般可通过 Newton-Euler 方程或 Lagrange 方法建立铁道车辆系统的运动方程,对于一个具有 m 个自由度的铁道车辆系统来说,其运动微分方程可以表示为:

$$M\ddot{Y}+F(Y,\dot{Y},v)=G(t) \tag{4-27}$$

式中 $Y=(y_1,y_2,\cdots,y_m)^{\mathrm{T}}\in R^m$——车辆系统的广义坐标向量;

F——力函数向量,包括悬挂力、轮轨相互作用力等;

$G(t)$——轨道输入力,当 $t\leqslant t_1$ 时,$G(t)\neq 0$;而当 $t>t_1$ 时,$G(t)=0$,为理想平直轨道;

M——对角质量(惯量)矩阵;

v——车速值,系统的控制参数。

在早期的铁路机车车辆运动稳定性研究中,由于受计算条件的限制,对上述问题的求解大多采用线性模型或者是经过线性化的数学模型[27-30]来研究铁路机车车辆的蛇行运动稳定性。这些研究是在系统小位移假设下,考虑线性轮轨相互作用及线性悬挂参数,用常系数线性微分方程组特征值判稳法来确定系统的稳定性的。线性模型或者线性化模型的局限性在于只能研究平衡点附近的局部稳定性问题,若要研究系统的全局稳定性则必须考虑非线性数学模型。事实上,在铁路机车车辆中存在着大量的非线性特征,从轮轨关系、悬挂特性到止挡等,尤其是铁路货车为强非线性系统,系统中还有干摩擦减振器以及旁承和心盘回转摩擦力矩的存在。由于非线性因素对其运动稳定性影响较大,近几年采用对非线性系统进行直接数值积分来研究其运动稳定性的人越来越多,而且出现许多求解方法[31-38]。

①特征根法

以铁道车辆研究中最基本、也是最简单的自由轮对的蛇行运动为例,由文献[2]可得其运动微分方程,见式(4-28)。

$$\left.\begin{aligned} M_w\ddot{y}_w&=-2f\left(\frac{\dot{y}_w}{v}-\psi_w\right)\\ J_{wz}\ddot{\psi}_w&=-2f\left(\frac{\lambda b}{r_0}y_w+\frac{b_2}{v}\psi_w\right)\end{aligned}\right\} \tag{4-28}$$

式中 v——轮对的前进速度;

ω——角速度;

r_0——滚动圆半径;

λ——踏面斜率;

b——轮对两滚动圆间横向距离之半;

f——蠕滑系数,考虑微幅振动情况,线性蠕滑时纵向、横向蠕滑系数相等;

y_w——轮对横摆;

ψ_w——轮对摇头;

M_w——轮对质量;

J_{wz}——轮对摇头转动惯量。

令式(4-28)的解为:

$$\begin{cases} y_w = y_0 e^{\lambda_1 t} \\ \psi_w = \psi_0 e^{\lambda_1 t} \end{cases}$$

将其代入方程式(4-28)可得到一个四次的特征方程如下：

$$M_w J_{wz} \lambda_1^4 + \frac{2f}{v}(M_w b^2 + J_{wz})\lambda_1^3 + \frac{4f^2 b^2}{v^2}\lambda_1^2 + 4f^2 \frac{b\lambda}{r_0} = 0 \tag{4-29}$$

该方程有一对实根，不表示振动特性可不考虑，另有一对共轭复特征根为：$\lambda_1 = \alpha_1 \pm j\omega_1$。$\omega_1$ 为系统的振动频率，α_1 为对应于频率的振动时的阻尼。则得方程的解为：

$$\left.\begin{aligned} y_w &= y_0 e^{\alpha_1 t} \sin(\omega_1 t + \beta) \\ \psi_w &= \psi_0 e^{\alpha_1 t} \cos(\omega_1 t + \beta) \end{aligned}\right\} \tag{4-30}$$

在特征方程的根 $\lambda_1 = \alpha_1 \pm j\omega_1$ 中，当 α_1 为负值时，振动系统的振幅将随着时间的延续按指数曲线衰减。如果 α_1 为正值，则振幅随时间的延续而不断地扩大，这时系统的运动是不稳定的。所以判别线性振动系统稳定性的方法是：视其特征根的实部 α_1 是正值还是负值，也就是振动系统的振幅随时间延续是扩大还是衰减。如果是衰减，那么系统的运动是稳定的，否则即称之为不稳定或失稳。所以 α_1 的正负符号是判别稳定性的一个准则：α_1 为正时，α_1 愈大，则系统运动的不稳定程度愈大；α_1 为负时，α_1 的绝对值愈大，系统的稳定程度愈高；$\alpha_1 = 0$ 时是一种临界状态，有可能成为不稳定。因此，从运动稳定性的要求出发，不能认为只要 α_1 为负值就能保证运动的稳定性，而且还要有一定的稳定裕度。

当速度不高时，得：

$$\left.\begin{aligned} \alpha_1 &\approx \frac{\pi^2 M_w v^3}{f L_w^2}\left(1 + \frac{\rho_{wz}^2}{b^2}\right) \\ \omega_1 &\approx \frac{2\pi v}{L_w} \end{aligned}\right\} \tag{4-31}$$

式中　L_w——自由轮对蛇行运动波长，$L_w = 2\pi\sqrt{\dfrac{br_0}{\lambda}}$；

ρ_{wz}——轮对摇头转动惯量的惯性半径。

由式(4-31)α_1 的表达式可知，只要速度大于 0，自由轮对待征根实部值即为正值，系统出现负阻尼，且速度越高，实部正值的绝对值越大。按照前面稳定性判定方法可知，因此自由轮对从运动的开始就是失稳的。只是在低速时。α_1 的绝对值较小，故失稳程度较轻微，表现为振幅的扩大较缓慢，随着速度的上升，α_1 值快速增大，失稳现象迅速恶化。在失稳工况下，轮对的横移振幅超过轮轨间隙时，轮缘开始打击钢轨，这将损害车辆，破坏线路，甚至可能造成行车事故。

对于单轮对和二轴转向架的简单模型，可以通过解析方法由其特征方程的特征根实部的正负来判断其稳定性，只有系统的全部特征根的实部均为负值时，系统的运动才是稳定的。然而，对于实际的铁路机车车辆来说，其运动方程数目庞大，且系统往往具有较多的非线性因素，难以用解析的方法进行求解，此时可以采用常微分方程的一次近似理论求解雅可比矩阵的特征值来判断系统的稳定性。

考虑理想平直轨道情况，(4-27)式中右边项为零，则对其进行以下形式的降阶处理：令 $X = (\dot{Y}, Y)^{\mathrm{T}}$，$X \in R^n$，$n = 2m$，则(4-27)变为：

$$\frac{\mathrm{d}X}{\mathrm{d}t} = f(X, v) \tag{4-32}$$

式中向量函数 f 为：

$$\begin{cases} (f_1, f_2, \cdots, f_m)^{\mathrm{T}} = -M^{-1} F(X, v) \\ (f_{m+1}, \cdots, f_n)^{\mathrm{T}} = (x_1, \cdots, x_{2m})^{\mathrm{T}} \end{cases} \tag{4-33}$$

假设铁道车辆系统的结构是对称布置的，又根据直线轨道上轮轨关系的对称性，显然零解 $X=0$ 为系统(4-32)的平衡位置。设 f 在 $X=0$ 的某领域内有连续偏导数，则应用 Taylor 级数展开公式可以将方程(4-32)展开为：

$$\frac{\mathrm{d}X}{\mathrm{d}t} = J(v)X + R(X) \tag{4-34}$$

式中 $R(X)$ 为高次项，即 $\lim\limits_{X\to 0}\dfrac{||R(X)||}{||X||}=0$。

方程(4-32)的一次近似方程为：

$$\frac{\mathrm{d}X}{\mathrm{d}t}=J(v)X \tag{4-35}$$

其中雅可比矩阵 J 是一个 $n\times n$ 的矩阵，与车速 v 有关，其表达式为：

$$J(v)=\begin{bmatrix}\dfrac{\partial f_1}{\partial x_1} & \cdots & \dfrac{\partial f_1}{\partial x_m} & \dfrac{\partial f_1}{\partial x_{m+1}} & \cdots & \dfrac{\partial f_1}{\partial x_n}\\ \vdots & \vdots & \vdots & \vdots & \vdots & \vdots\\ \dfrac{\partial f_m}{\partial x_1} & \cdots & \dfrac{\partial f_m}{\partial x_m} & \dfrac{\partial f_m}{\partial x_{m+1}} & \cdots & \dfrac{\partial f_m}{\partial x_n}\\ 1 & \cdots & 0 & & & \\ \vdots & \vdots & \vdots & & 0 & \\ 0 & \cdots & 1 & & & \end{bmatrix}_{X=0} \tag{4-36}$$

根据运动稳定性理论，非线性系统(4-32)零解的稳定性可以通过研究一次近似系统方程(4-35)的矩阵 J 的特征值来判断：

a. 若 J 的特征值实部均为负，则(4-32)所代表的非线性系统零解渐进稳定。

b. 若 J 的特征值中至少有一个其实部为正，则系统(4-32)的零解不稳定。

c. 若 J 无正实部特征值，但有零实部特征值，则为临界情况，此时的车速可称为线性临界速度。

②直接数值积分方法

对于非线性系统，其蛇行运动特性要比线性系统复杂得多，无法通过求特征值来确定系统的线性临界速度，而非线性系统蛇行失稳临界速度应该如何定义，是否受线路状况的影响，以及其与线性临界速度的关系如何，都是值得深入研究的问题。当铁道车辆系统随着车速的提高其平衡位置由稳定变为不稳定而出现极限环振动时，称铁道车辆系统蛇行失稳，这时系统的各刚体以同频率、不同幅值和相位做周期振动。目前在铁道车辆行业采用较多的方法是结合分叉理论和直接数值积分方法（龙格—库塔法等）以及 Poincare 映射法来对式(4-32)所示非线性铁道车辆系统的运动稳定性和分叉进行研究。

根据过去的研究，非线性铁道车辆系统的蛇行运动一般会出现如图 4-6 所示的 2 种主要分叉情况。图中横坐标为铁道车辆运行速度，横坐标轴为系统的平衡位置，而纵坐标则表示系统任一刚体振动的极限环幅值，实曲线表示稳定的极限环幅值，虚曲线则为不稳定。

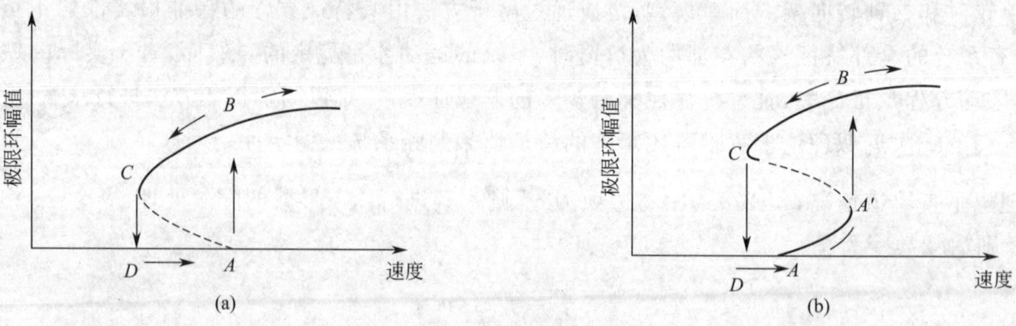

图 4-6 铁道车辆系统临界速度的定义

图中点 A 为铁道车辆系统的 Hopf 分叉点，分叉点的速度值可由当线性化系统的特征值有一对纯虚根时来确定，定义为线性临界速度。点 C 为系统的拐点，C 点的车速值要低于 Hopf 分叉点速度，定义为非线性临界速度。

由运动稳定性相关理论可知，实际系统中的平衡解和极限环的渐近稳定性范围即吸引域的研究具有重要的实际意义，虽然极限环的振幅与初始条件无关而只取决于系统本身特性，但这是指在同一定态振动吸引域内;对于具有几个稳定极限环的系统,究竟实现哪一个定态振动,要看与初始条件对应的相点落在哪一个区域而定。因此铁道车辆系统先从哪一点开始出现蛇行失稳或趋向哪一条极限环与外界初始扰动密切相关。当外界扰动位于平衡点吸引域时,则系统的振动趋于稳定的平衡点;而当外界激扰位于极限环吸引域时,则系统的振动趋于稳定的极限环。轨道不平顺等同于不断地改变铁道车辆系统的初始条件,线路等级和状态的不同其激扰大小是不同的,当只有微扰动时,铁道车辆系统可能首先从点 A 出现失稳,具有最高的临界速度;当轨道激扰较大时,铁道车辆系统有可能首先出现 C 点的极限环振动,此时铁道车辆系统具有最低的非线性临界速度。有时,C 的极限环振动幅值可能不大,对系统振动性能如平稳性影响也不会很大。但从理论上讲,设计车辆时,其最高运行速度应低于系统的非线性临界速度,这样才能完全保证铁道车辆的运行性能。但是,由于铁道车辆系统尤其是铁路货车的强非线性,其蛇行运动的分叉未必总是为图 4-7 所示的标准形式,可能更为复杂。总之,铁道车辆系统首次出现稳定极限环的车速值应被视为铁道车辆系统的最终限速值。

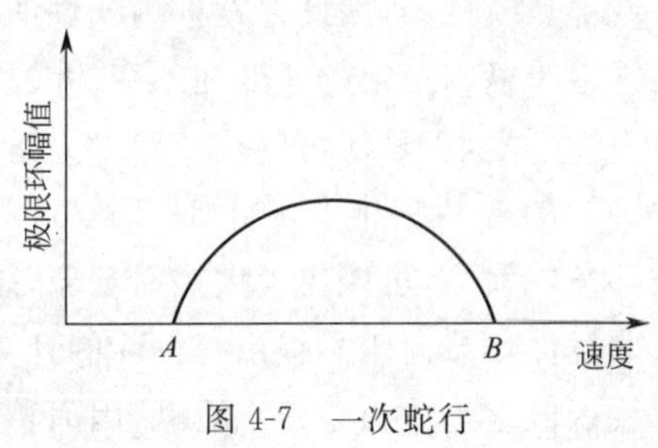

图 4-7 一次蛇行

当然由于实际的吸引域是一个多维的空间域,要判断激扰位于哪一个吸引域是极为复杂的。因此,铁道车辆在实际轨道上运行时失稳的临界速度 v_R 总是会位于 v_C 和 v_A 之间。不同的线路,其对铁道车辆系统的激扰就不同,则系统出现极限环时的临界速度 v_R 就不同,此临界速度可定义为实际临界速度。通常,线路条件差则临界速度低,好则临界速度高,此临界速度定义为对应于实际线路条件的实际临界速度。实际临界速度的计算方法为:给定一段有限长的实际轨道随机不平顺激扰样本函数,首先让铁道车辆运行在不平顺轨道上并激发其振动,然后,让铁道车辆运行在理想光滑轨道上,通过观察系统的振动能否衰减到平衡位置,来判断系统是否出现蛇行失稳。如在某一车速下系统的振动不再收敛到平衡位置,则这时的车速值即为系统的实际临界速度。

对于熟知的所谓铁道车辆系统的一次蛇行,其运动分叉情况可用图 4-7 表示,亦为 Hopf 分叉,其运动有一失稳速度区,通常该失稳区处于低速且很短,不在铁道车辆正常运行速度范围,因此,不影响铁道车辆的正常运行,且通过合理选取铁道车辆悬挂参数,此一次蛇行是可消除的。在一次蛇行过后就可能会出现所谓的二次蛇行,也就是图 4-6 所示的几种可能的分叉情况。如果一次蛇行失稳区较长且位于铁道车辆的正常运行速度范围,则一次蛇行就不可忽视,分叉点 A 的速度应被视为铁道车辆系统的临界速度。

3. 曲线通过性能

曲线通过是铁道车辆横向动力学课题中的一个重要研究领域。

铁道车辆在曲线上运行时,各运动部件之间以及轮对与钢轨之间将会产生相对位移,由此引起悬挂系统的弹性复原力和轮轨之间的蠕滑力。作用在铁道车辆上的力有离心力、风力和由于曲线上外轨超高引起的分力、轮缘与钢轨接触时还有轮缘力。当铁道车辆运行产生大振幅的横摆和摇头位移时,还应考虑到由于重力刚度和重力角刚度产生的力和力矩。此外,也要注意到通过铁道车辆前后端牵引缓冲装置作用在车辆底架上的横向分力的影响。上述这些力中,弹性复原力和蠕滑力对铁道车辆通过曲线的性能具有十分重要的影响。

具有良好的曲线通过性能的铁道车辆,意味着在通过曲线时轮轨间的相互作用力要小,这就能减轻车轮与钢轨的磨耗,作用在铁道车辆各部件上的力也比较小,铁道车辆在曲线上的运行阻力也会随之下降,由此减少了铁路机车的牵引力,节约了能耗。对线路来说,过大的侧向力将导致轨距扩宽、轨排横移或钢轨翻转,使线路的维修工作量大大增加,甚至危及行车安全。此外,线路的横向不平顺可能加剧,从而影响铁道车辆的运行平稳性;车轮上较大的侧向力与较小的垂向载荷联合作用时,将使铁道车辆的抗脱轨安全性下降。

研究铁路机车车辆曲线通过至今经历了四个阶段。

①20 世纪 30 年代,德国的 Heumann 及英国的 Porter 应用摩擦中心机理来研究曲线通过,并分别用图解法和分析法进行计算。

②在蠕滑理论取得突破性的进展后,60 年代末,英国的 Newland 和 Boocock 几乎在同一时期分别提出

在曲线上借助蠕滑力导向的概念。在建立这个方法时，假定蠕滑特性、轮轨接触几何关系以及铁道车辆悬挂特性都是线性的，因此通常称为线性曲线通过，并且认为铁道车辆在曲线上作稳态运动。所谓稳态运动就是指铁道车辆以一定的速度在不变的线路条件（曲线线路的曲率半径、超高）下运行，因此就不产生加速度，惯性力等于零，于是便可以按一般静力学问题处理。

③70 年代后半期，英国的 Elkins 和 Gostling 等人考虑到铁道车辆在通过小半径曲线的情况下，轮对的位移量较大，有可能出现大蠕滑现象，蠕滑特性和轮轨接触几何关系即呈明显的非线性，还计及悬挂系统中的非线性环节。于是提出一种新的计算方法，研究中引入运动学约束条件来分割曲线区段，而在每个小段的曲线区段上仍认为是稳态运动，因而称之为准稳态（准静态）运动。由此使理论研究与实际情况更为接近。这种方法又称为非线性曲线通过。

④80 年代以来，美国的 Nagurka、Hedrick、Wormley 等更深日地考虑到各种情况，包括铁道车辆从直线通过缓和曲线（存在着顺坡）进入圆曲线和驶出圆曲线时的动态响应；在圆曲线上存在线路不平顺；事实上存在着的导向车轮轮缘、踏面与钢轨间的两点接触；通过曲线时的非稳态工况；铁道车辆在曲线上运行时由于前、后端连挂有车辆而引起的牵引缓冲装置中动作用力的影响等。由此可获得铁道车辆在曲线上运行时较完整的动力学信息，诸如铁道车辆横向平稳性指标、横向加速度、轮轨间动作用力、抗脱轨安全性系数、轮轨磨耗指数、铁道车辆零部件间以及轮对和钢轨间的相对位移等。这样，对铁道车辆在曲线上运动的研究就更趋完善，这些研究统称为动态曲线通过。

(1)蠕滑力导向机理

为使一个自由轮对沿等半径 R 的曲线作纯滚动，外轮所滚过的距离必须大于内轮所滚过的距离。对于车轮踏面是锥形的，内外两个车轮可以有不同的滚动半径。当轮对向曲线外侧横向位移一个距离 y_0，这时外轮的滚动半径大于内轮的，这就能大道实现纯滚动的要求。因此轮对具有锥形踏面是它在曲线上具备纯滚动的必要条件，其他各型磨耗型踏面的轮对，也有类似的特性。

轮对作纯滚动时，轮对中心所走过的轨迹在轨道平面内的铅锤投影，称纯滚线。设轮对左右两车轮滚动圆的横向距离为 $2b$。轮对两滚动圆与钢轨的接触点与线路中心线间的相对位置未变，因此有：

$$\frac{R}{r_0}=\frac{R+b}{r_l}$$

式中　r_0——车轮标称半径；

R——圆曲线半径；

r_l、r_r——左（外）、右（内）轮滚动圆半径。

将 $r_0=\frac{r_l+r_r}{2}$代入上式得：

$$r_l-r_r=\frac{2r_0b}{R} \tag{4-37}$$

定义踏面等效斜率为：$\lambda_e=\frac{1}{2}\frac{r_l-r_r}{y}$

则可得纯滚线距线路中心线的距离：

$$y_0=-\frac{r_0b}{\lambda_eR} \tag{4-38}$$

可见，等效锥度越大，圆曲线的曲率半径越大，则轮对横移量 y_0 越小，越易实现纯滚动。

对于轮对在曲线上的横向位移不大，轮轨间的接触角较小的情况下，可以认为轮轨接触几何关系是线性的，蠕滑规律也是线性的，在不考虑自旋蠕滑时，作用在轮对上的合成横向蠕滑力和力矩为：

$$\left.\begin{aligned}T_y&=T_{yl}+T_{yr}=2f_{22}\psi\\M_z&=(T_{xl}-T_{xr})b=-2f_{11}\left(1-\frac{9}{4}q^2\right)\frac{\lambda b}{r_0}y^*\end{aligned}\right\} \tag{4-39}$$

式中　q——由于超高不足引起的轮重变化率，$q=\frac{\Delta p}{p}$。

由上式可以看出，横向蠕滑力 T_y 是由于轮对的摇头角位移 ψ 所引起，其大小和方向完全取决于 ψ；而蠕

滑力矩 M_z 则有轮对相对于纯滚线的横摆坐标值 y^* 引起，由于 $y^*=y-y_0$，因此其大小与方向不仅与轮对相对线路中心线的横向位移 y 有关，还受纯滚线与线路中心线间距离 y_0 的影响。下面讨论蠕滑力如何在曲线上对铁道车辆的轮对起导向作用。首先分析四种基本工况，轮对的初始条件是轮对轴线在径向线，轮对中心在纯滚线上。

①第一工况，假定由于某种原因，使轮对轴线顺时针偏离其径向位置$+\psi$，而 $y^*=0$。轮对在偏转$+\psi$时产生横向蠕滑力 T_y，其方向指向曲线内侧，此时 y^* 由零变为正值，于是产生逆时针向的蠕滑力矩 M_z，使轮对向$-\psi$(逆时针)方向回转，因此轮对轴线偏转指向径向位置，与此同时，轮对又产生向曲线外侧的横向蠕滑力，使 y^* 由正值趋于零。以上的过程都是微小地、自动地同时进行的，直至 $\psi=0$、$y^*=0$，调整位置的过程结束。

②$y^*=0$、$\psi=$负值，按上述过程相反地进行。

③$\psi=0$、$y^*=$负值，轮对的横向位移 y^* 由零到负值的过程中，产生顺时针向的蠕滑力矩 M_z，轮对受到 M_z 后，作顺时针向偏转$+\psi$，由此产生横向蠕滑力 T_y 指向曲线内侧，使轮对向内侧移动，逐渐趋于纯滚线，与此同时，又产生逆时针向的 M_z 而使轮对轴线回复到居于曲线上的径向位置，轮对微小地调整位置的过程中，一直进行到 $y^*=0$、$\psi=0$ 时为止。

④$\psi=0$、$y^*=$正值，轮对按上述过程相反地进行。

如果轮对在通过曲线的全过程中，始终能保持其轴线处于径向线，且轮对中心在纯滚线上，即 $\psi=0$、$y^*=0$，则轮轨间不产生蠕滑力和蠕滑力矩，轮对在曲线上作纯滚动。实际上，这种情况是不可能存在的，只要轮对一开始运动，其中心就会偏离纯滚线产生$-y^*$，同时轮对轴线也会偏转径向位置一个角度$-\psi$。于是轮对上同时作用有顺时针方向的 M_z 和与向曲线外侧的 T_y，轮对在 M_z 和 T_y 的联合作用下，产生位移，不断调整自己的位置，直到理想状态 $\psi=0$、$y^*=0$ 时止。但是轮对是继续运动的，上述调整过程也就不断进行。这时，轮对中心始终围绕着纯滚线附件做微小的移动，而轮对轴线相对其径向位置做微小的偏转。

对于磨耗型踏面的自由轮对，也能依靠蠕滑力和力矩进行导向，完成其理想的曲线通过，不过这时轮轨接触几何关系是非线性的，蠕滑规律也是非线性的，但定性地分析其通过曲线的过程则与上述的完全一样。

(2)线性系统稳态曲线通过

在进行铁道车辆线性系统稳态曲线通过分析时，假定：

①具有锥形踏面的车轮轮对和轮对柔性定位的铁道车辆在大半径曲线上稳态运行时，一般不会产生轮缘接触等大蠕滑现象；

②轮轨接触几何关系、蠕滑规律以及悬挂元件的特性均为线性；

③所有作用在铁道车辆上的力都在轮轨接触平面内；

④由于轮对的位移量较小，故可不计侧滚自由度，同时认为重力刚度、重力角刚度、自选蠕滑所产生的力和力矩也都很小，均略去不计。

此时作用在铁道车辆上的力有三种：①由于假定车轮轮缘不予钢轨接触，所以轮轨间只作用有蠕滑力；②由于外轨超高不足引起的力；③由于铁道车辆各运动零部件之间具有相对位移，引起弹簧悬挂装置产生弹性复原力。通过对线性铁道车辆系统稳态曲线通过的定性分析，可以得出如下结论：在铁道车辆悬挂和线路的一定参数条件下，轮对在曲线上利用蠕滑力导向是有可能的，超过这一范围，即有可能出现车轮滑行和轮缘接触钢轨的现象。为了提高铁道车辆的曲线通过性能，可以采取如下措施：

①一系和二系摇头角刚度要小；

②一系横向刚度要小；

③短轴距；

④短的车辆定距；

⑤大轴重；

⑥大的踏面斜率；

⑦低的车辆重心高度。

(3)非线性系统稳态曲线通过和动态曲线通过

在线性系统中，由于假定铁道车辆的各种位移都很小，又认为轮轨接触几何关系、蠕滑特性以及弹性悬挂元件的特性都是线性的，这就大大限制了线性理论的应用范围，因此它只适用于车轮不产生滑行以及轮缘不和钢轨接触等小蠕滑的情况下。而这种工况又只有在铁道车辆具有柔软的一系悬挂且在大半径曲线时才会出现。然而实际上，由于铁道车辆的轮轨接触几何关系往往是轮对横移量和摇头量的非线性函数；蠕滑力和蠕滑率之间的线性特性也仅适用于小蠕滑的情况，特别是在小半径曲线时蠕滑关系进入严重的非线性区域，而且容易出现合成蠕滑力大于极限摩擦力而导致车轮滑行的现象；悬挂元件也多具有非线性特性等，因此通常需要考虑非线性曲线通过特性。此外，铁道车辆通过曲线的实际情况是：铁道车辆从直线－缓和曲线－圆曲线－缓和曲线－直线的过程中，缓和曲线的曲率及超高按一定的规律在变化，且前后缓和曲线的主要参数又不一定是相同的，因此还应研究铁道车辆的动态曲线通过，此时需要考虑下列诸因素：

①除线路的曲率、超高外，应当有钢轨的弹性及阻尼；

②在缓和曲线上，曲率及超高的变化；

③线路不平顺；

④轮轨一点或两点接触；

⑤轮轨接触的非线性几何关系；

⑥蠕滑的非线性特性；

⑦铁道车辆悬挂元件的非线性。

对于非线性铁道车辆系统的稳态曲线通过和动态曲线通过的求解一般采用逐次逼近法或采用数值积分方法对运动方程进行求解。

4. 振动响应

铁道车辆沿线路运行时，由于线路存在不同的不平顺，轮轨之间相互作用力不断变化，这些力一方面使线路变形，同时又激起铁道车辆的振动，使车载货物也产生振动，这种振动所引发的车轮动载荷变化和加速度效应，使行车安全性和乘坐舒适度及货物安全性受到侵害，一般来说随着行车速度的提高，铁道车辆系统的振动响应显著增大，因此要求车轮动载荷变化和车体加速度不能超越某一范围，并为确保行车安全和舒适性，通常需要符合 ISO 国际标准化组织制订的有关规范。因此在设计开发铁道车辆产品的时候，必须通过一定的分析方法考察铁道车辆随机振动特性，并通过调整铁道车辆结构参数使对车体和乘客、货物的振动得到有效的缓和。

线路形状变化有人为的和非人为的两种，人为的线路形状变化，是由于地形或需要在修筑铁路时设置的线路特殊形状，如线路曲线、道岔、驼峰、上下坡道等。另一种非人为线路形状变化是微观的经常性的随机不平顺，这是由于施工和维修中无法避免的实际线路与理想线路之间的各种偏差。偏差大小随线路等级和施工维修的标准而异，这种偏差具有随机性质。对于铁道车辆系统在直线线路上的运行时的振动响应，就是基于随机过程的统计特性和系统随机响应的基本特性，考察铁路机车车辆在线路不平顺等激励下铁道车辆运动的变化以及搭载在车体上的货物的振动程度标准，也称之为铁道车辆的运行平稳性分析。

传统采用的铁道车辆随机振动频域分析法是以功率谱密度为基础，根据输入谱密度通过系统的频率响应函数计算出响应功率谱密度。随着随机振动理论和工程实践的发展，时域分析法，特别是协方差分析方法应运而生，较之频域分析方法具有明显的优越性。因此在进行实际的非线性铁道车辆系统运行平稳性分析时，通常以特定的线路不平顺激励作为输入，认为轨道的随机输入是历经各态的，用一段有限长的时间历程曲线来模拟铁道车辆在该线路上的运行情况，通过对铁道车辆系统运动方程的数值积分求解车体振动加速度响应，希望以巧妙的设计和参数优选使振动对铁道车辆产生的损害尽可能降到最小。在进行平稳性分析时车体加速度响应数据的采样、处理和分析方法、平稳性指标计算方法以及振动加速度和平稳性指标的评判则根据国标 GB/T 5599—1985《铁道车辆动力学性能评定及试验鉴定规范》进行。

4.2.1.2 动力学模型的建立

目前我国铁路运营的货物列车，其转向架绝大多数为三大件转向架，其基本结构主要由轮对组成、轴箱导框(橡胶垫)组成、侧架组成、摇枕组成及弹簧装置、减振装置、心盘和常接触弹性旁承及制动装置等组成。

在研究铁路货车的各种动力学性能时，须将实际系统抽象为物理或力学模型，再据此建立相应的数学模型即描述系统运动的微分方程，并通过某种数值方法进行求解。通常，建立用于研究铁路货车的动力特性的数学模型时，由于其本身是一个复杂的多体系统，不但有各部件之间的相互作用力和相对运动，而且还有轮轨之间的相互作用关系。因此，理论计算分析模型只能根据研究的主要目的和要求，对一些次要因素进行相应的假定或简化，而在对动力学性能影响较大的主要因素上尽可能作出符合实际情况的模拟。一般在建模时假定：系统中除弹性元件外的各个部件如车体、侧架、摇枕和轮对等的弹性比悬挂系统的弹性要小得多，均视为刚体，即忽略各部件的弹性变形；不考虑牵引工况和相邻车的影响，即只考虑单节铁路货车模型。

在建立动力学数值模型的车辆模型时，首先应定义一个惯性坐标系。通常依照右手法则构造一个 xyz 正交坐标系。在这个坐标系中，x 沿轨道线路延伸方向，y 沿与 x 构成水平面的方向，z 沿竖直方向，坐标系的原点位于轨道两轨头最高点水平连线的中心。

1. 构造铁路货车模型

在构造铁路货车模型时，首先需根据准备研究分析的铁路货车的具体结构特点，定义构成铁路货车模型的质量体。三大件转向架整车系统由一个车体、两个摇枕、四个侧架和四个轮对共计 11 个刚体组成，这些刚体具有各自的几何和力学属性，有自己的运动轨迹和动力学形态。在建模时需要给定描述物体特性的基本参数，包括序号、名称、质量、惯量、质心位置、物体相对坐标系和几何拓扑形状等。通常为了全面模拟三大件转向架铁路货车的运行性能，在建立铁路货车模型时通常需要考虑将系统横向运动和垂向运动耦合起来的数学模型，各刚体的自由度数如表 4-4 所示。车体、侧架、摇枕均考虑 6 个自由度，即纵向、横向、垂向、侧滚、点头、摇头；轮对考虑 4 个自由度，既横向、垂向、侧滚、摇头这样，整个铁路货车系统共计 58 个自由度。计算模型简图如图 4-8 所示。

表 4-4 铁路货车系统自由度

自由度	纵向	横向	垂向	侧滚	点头	摇头
轮对(i=1～4)		y_{wi}	Z_{wi}	θ_{wi}		ψ_{wi}
侧架(i=1～2)	$i_{sfil,r}$	$y_{sfil,r}$	$z_{sfil,r}$	$\theta_{sfil,r}$	$\varphi_{sfil,r}$	$\psi_{sfil,r}$
摇枕(i=1～2)	x_{bi}	y_{bi}	z_{bi}	θ_{bi}	φ_{bi}	ψ_{bi}
车体	x_c	y_c	z_c	θ_c	φ_c	ψ_c

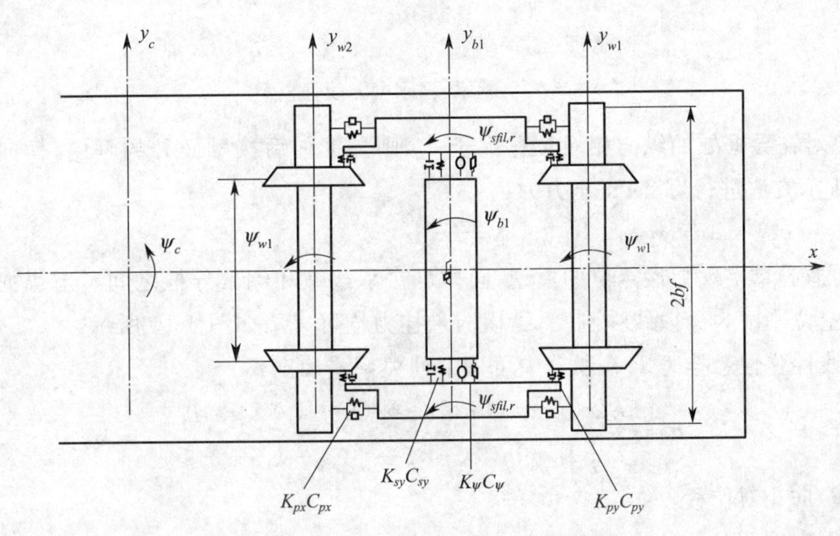

图 4-8 三大件转向架铁路货车计算模型图

三大件转向架铁路货车系统是个强非线性系统，包括轮轨接触几何关系非线性、轮轨蠕滑率和蠕滑力的非线性以及具有非线性特性的铁路货车系统悬挂等非线性因素，其中非线性悬挂包括有：各种间隙、止挡、斜楔减振器、心盘及旁承的摩擦力和力矩等。建立铁路货车模型另一个重要的步骤是确定连接单元，主要是完成悬挂系统特性参数的定义和输入。现将在铁路货车动力学仿真建模时对非线性悬挂的主要建模方法分述如下：

(1)轴箱定位的模拟

三大件转向架轴箱定位一般有摩擦导框定位和增加八字形弹性橡胶堆等定位等方式。对于采用导框式定位方式时，当轴箱与导框不相接触时，一系横向和纵向力均为承载鞍处的干摩擦力。实际上，运动过程中轴箱和导框在接触面上的相对运动方向是不规则的，根据在主摩擦面上侧架相对于轮对的纵向和横向相对运动速度的大小和方向，采用二维干摩擦减振器的模型，用式(4-40)、式(4-41)确定此处的纵向、横向干摩擦力的大小和方向。

$$F_x=\mu N\frac{\mathrm{abs}(\Delta\dot{x}_r)}{\sqrt{\Delta\dot{y}_r+\Delta\dot{x}_r}}\mathrm{sign}(\Delta\dot{x}_r) \tag{4-40}$$

$$F_y=\mu N\frac{\mathrm{abs}(\Delta\dot{y}_r)}{\sqrt{\Delta\dot{y}_r+\Delta\dot{x}_r}}\mathrm{sign}(\Delta\dot{y}_r) \tag{4-41}$$

式中 $\Delta\dot{x}_r$——侧架和轮对在承载鞍摩擦面处的纵向相对移动速度；

$\Delta\dot{y}_r$——侧架和轮对在承载鞍摩擦面处的横向相对移动速度；

μ——侧架和轮对在承载鞍摩擦面处的摩擦系数；

N——侧架和轮对在承载鞍摩擦面处的正压力。

当轴箱与导框横向和纵向接触后，一系横向和纵向刚度即为轴箱与导框的横向、纵向接触刚度，且在接触面上产生横向和垂向摩擦力。在一系导框纵、横向间隙分别为 δ_x、δ_y 时，其纵、横向刚度 K_{cx}、K_{cy} 为一非线性值，其特性如图 4-9 所示。

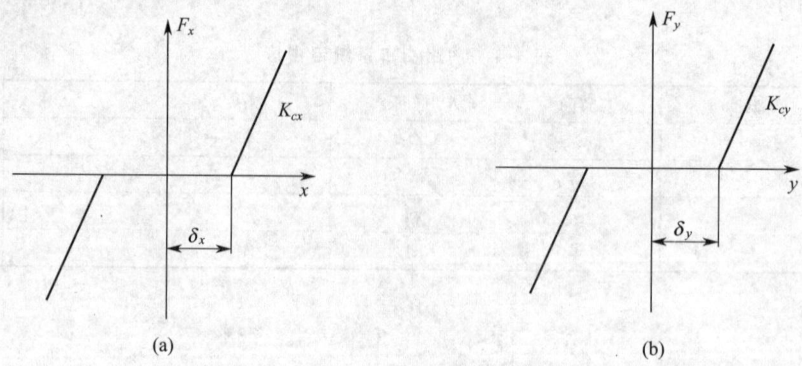

图 4-9　一系导框刚度非线性模型

此时侧架与轮对在导框处的纵向相对位移大于 δ_x，则导框前后接触面处的垂向、横向摩擦力仍可按式(4-40)、式(4-41)所示方法进行，此时正压力为：

$$N=k_{cx}(x-\delta_x) \tag{4-42}$$

对于一系增加橡胶垫实现弹性定位的模型，同样可在承载鞍和侧架导框之间考虑纵向和横向间隙的影响，其纵向和横向定位刚度为分段线性刚度，纵横向悬挂力均可表示如图 4-10 所示。

纵向、横向非线性弹性悬挂力 F 在积分中可用下列关系式确定：

$$F=\begin{cases}k_1x+[\max(x,\delta)-\delta](k_2-k_1) & x\geqslant 0\\ k_1x+[\min(x,-\delta)+\delta](k_2-k_1) & x\leqslant 0\end{cases} \tag{4-43}$$

式中 x——纵(横)向相对位移；

δ——纵(横)向间隙；

k_1——橡胶垫纵(横)向定位刚度；

k_2——轴箱与导框的纵(横)向接触刚度。

(2)中央悬挂装置的模拟

在二系中央悬挂中，由于摇枕和侧架之间除了枕簧作用外，还存在摩擦楔块的影响，受力状况比较复杂，如图 4-11 所示，斜楔式摩擦减振器的作用原理为：车体的重量通过摇枕作用于弹簧上，使弹簧压缩，由于摇

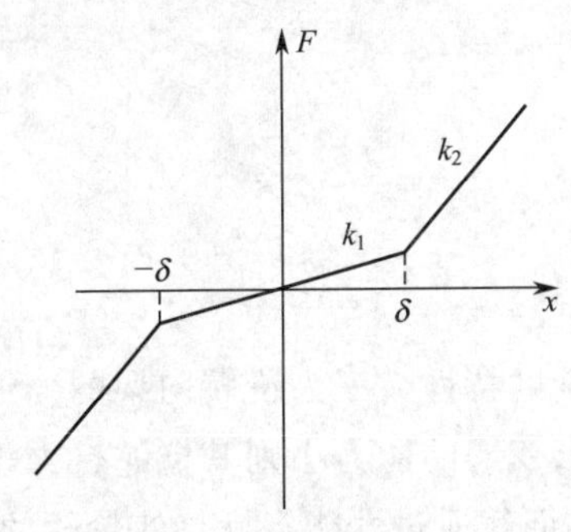

图 4-10 轴箱特性示意图

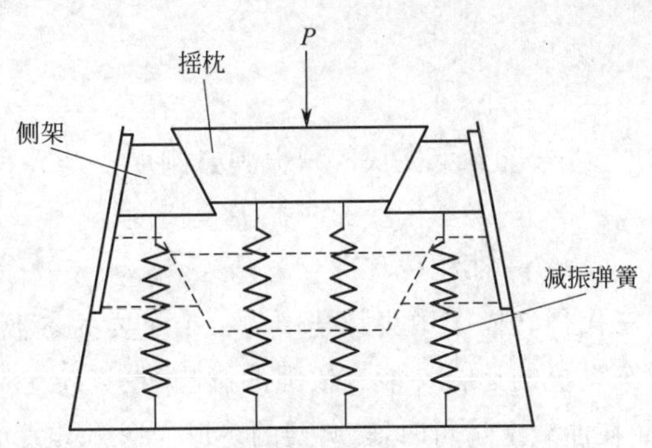

图 4-11 斜楔式摩擦减振器工作原理

枕和楔块之间的副摩擦面具有一定的斜面，因此在车体和弹簧反力作用下，楔块与摇枕之间，楔块与侧架之间产生一定压力，在铁路货车振动过程中，摇枕和楔块由原来的实线位置移到了虚线位置，这样，楔块与摇枕、楔块与侧架立柱磨耗板之间产生相对移动和摩擦，从而使振动动能转变为热能耗散掉，实现衰减铁路货车振动的目的。减振器的受力情况如图 4-12 所示。

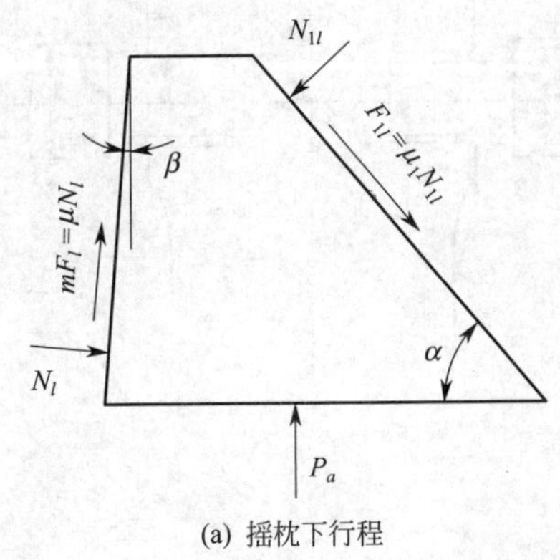

(a) 摇枕下行程

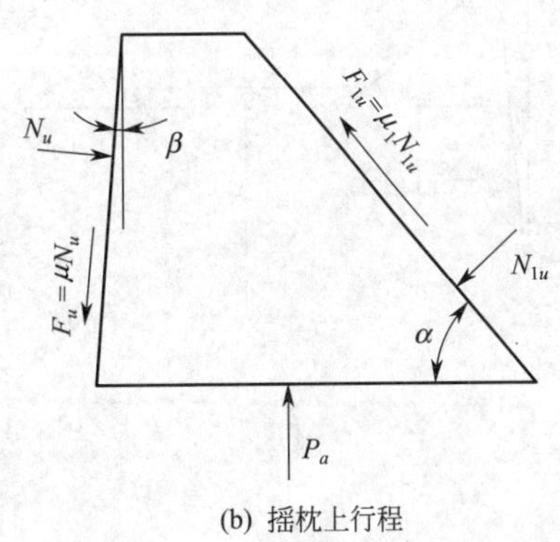

(b) 摇枕上行程

图 4-12 摩擦减振器楔块受力分析图

图中 N_l、N_{1l}——摇枕下行程运动时减振器楔块主副摩擦面上的正压力；

N_u、N_{1u}——摇枕上行程运动时减振器楔块主副摩擦面上的正压力；

F_l、F_{1l}——摇枕下行程运动时减振器楔块主副摩擦面上的摩擦力；

F_u、F_{1u}——摇枕上行程运动时减振器楔块主副摩擦面上的摩擦力；

α、β——楔块与摇枕的副摩擦面及楔块与侧架的主摩擦面的倾角；

P_a——楔块减振弹簧反力；

μ、μ_1——楔块主副摩擦面的摩擦系数。

楔块主副摩擦面正压力和摩擦力的具体处理方法可以参照文献[39,40]通过判断摇枕和侧架的相对位移按以下各式来进行。

$$\begin{cases} F_l=\mu N_l=\mu\,\dfrac{\sin\alpha-\mu_1\cos\alpha}{\Delta l}P_a \\ F_{1l}=\mu_1 N_{1l}=\mu_1\,\dfrac{\cos\beta+\mu\sin\beta}{\Delta l}P_a \end{cases} \tag{4-44}$$

$$\begin{cases} F_u=\mu N_u=\mu\,\dfrac{\sin\alpha+\mu_1\cos\alpha}{\Delta u}P_a \\ F_{1u}=\mu_1 N_{1u}=\mu_1\,\dfrac{\cos\beta-\mu\sin\beta}{\Delta u}P_a \end{cases} \tag{4-45}$$

$$\begin{cases} \Delta l=(1+\mu\mu_1)\cos(\alpha-\beta)+(\mu_1-\mu)\sin(\alpha-\beta) \\ \Delta u=(1+\mu\mu_1)\cos(\alpha-\beta)-(\mu_1-\mu)\sin(\alpha-\beta) \end{cases} \tag{4-46}$$

$$P_a = K_{tz1} z_1 \tag{4-47}$$

$$z_1 = \frac{z}{1+\tan\alpha\tan\beta} \tag{4-48}$$

式中 k_{tz1}——支承楔块的减振弹簧刚度；

z_1——支承楔块的减振弹簧挠度。

z——摇枕位移。

三大件转向架中央悬挂中另一个重要的参数为转向架的抗菱刚度特性。三大价转向架的菱形变形对铁路货车系统的运行性能有较强的影响，在直线上运行时，若抵抗菱形变形的能力小则其抗蛇行失稳的能力就低，而在曲线上运行时，转向架的菱形变形会增大轮轨间的冲角，影响曲线通过性能指标且使轮轨的磨耗增大。研究中发现三大件铁路货车转向架的抗菱刚度值与菱形角的关系是非线性的，受到空、重车状态、中央弹簧悬挂装置的结构参数和形式及斜楔的磨耗状况的影响。为考虑这些因素对整个铁路货车运行性能的影响，必须了解转向架的菱形变形机理从而由计算或试验得到不同工况下菱形变形特性曲线并应用到整车的计算中。

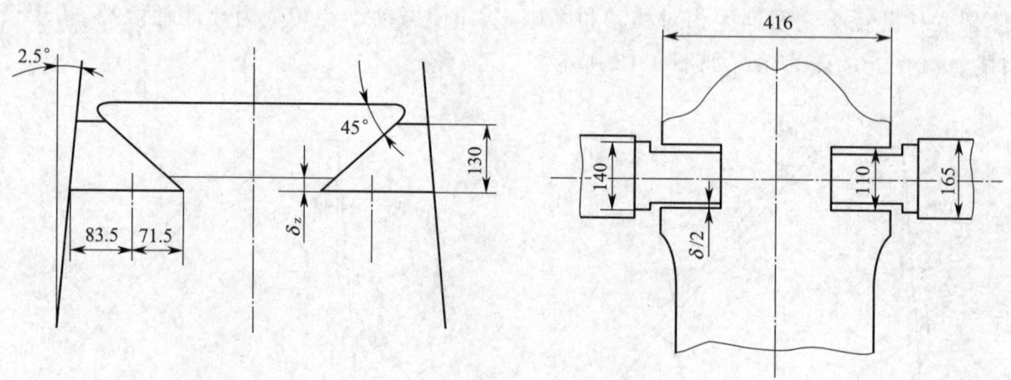

图 4-13　各部件连接处简图

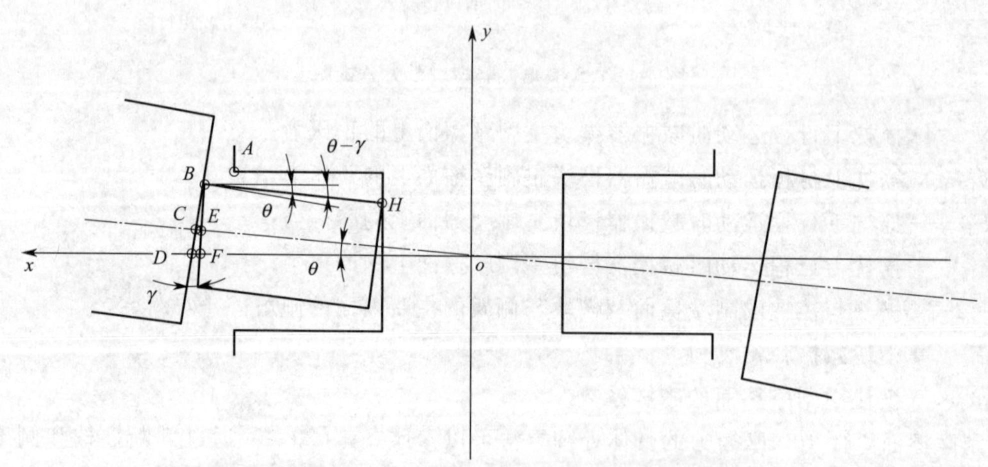

图 4-14　菱形角为 θ 时侧架、摇枕和楔块的位置关系简图

文献[41、42]采用准静态的分析方法，以转 8A 型转向架为例，通过对图 4-13 和图 4-14 所示三大件式转向架菱形变形过程中各侧架、摇枕和斜楔等部件在不同菱形角位置时相互间的受力和运动分析，可以得到转向架菱形变形力矩的表达式为：

$$M(\theta) = 6k_l r_{lk}^2 \theta + N_1 [b_N + 2\mu L_{cjk} \operatorname{sign}(\dot{\theta})] \tag{4-49}$$

式中 r_{lk}——枕簧至枕簧组中心的距离；

θ——菱形角；

N_1——主摩擦面正压力；

$b_N/2$——N_1 力作用点到侧架纵向中心线的水平距离；

L_{cjk}——任一高度处侧架方孔的纵向宽度；

μ——摩擦系数；

k_l——枕簧的横向刚度。

由此可以得到转 8A 型转向架菱形变形的特性曲线，结果如图 4-15 所示。

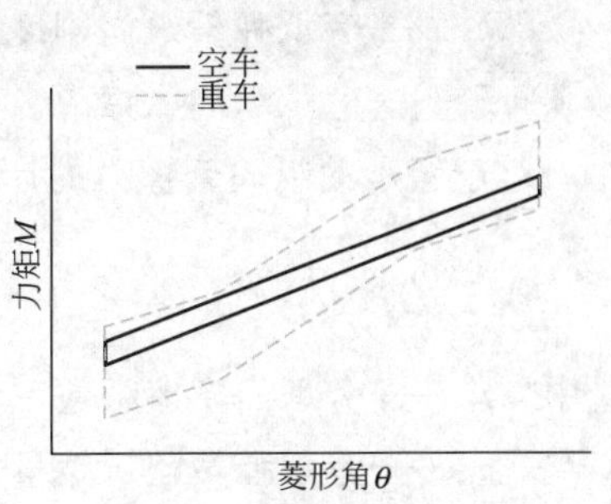

图 4-15 三大件转向架菱形变形特性曲线

由图 4-15 可见，抗菱刚度的计算曲线为一迟滞回线。在不同的载荷工况下，由于弹簧的垂向挠度不同，侧架立柱磨耗板所受的压力和弹簧的横向刚度及侧架、斜楔和摇枕连接处其他的一些结构和位置参数都发生了变化，因此转向架的菱形变形特性有着较大的差别，载荷越大，菱形变形特性值就越高，迟滞回线的厚度越大。

对于转 K6 型或 27 t、30 t 轴重的转向架，仍可按文献[41,42]的方法计算抗菱刚度，只是由于其弹簧的参数和部件及斜楔外形、尺寸等的参数不同，其计算结果有所差异。另外由于该方法采用准静态的分析，其结果具有一定的局限性，最直接的方法还可以通过实测得到较准确的转向架菱形变形特性曲线用于动力学性能仿真计算。

(3)车体、摇枕连接装置的模拟

目前三大件转向架铁路货车其中车体与转向架之间的连接多采用平面心盘和常接触双作用式弹性滚子旁承联合承载方式。心盘除起连接和传递垂直载荷外，还要传递纵向力和横向力，并提供车体和转向架之间的部分回转摩擦力矩。双作用弹性旁承上下旁承始终接触，承担部分车体载荷，并提供一部分回转摩擦力矩。另外，旁承滚子与上旁承面有一定的间隙。旁承的摩擦力矩可通过弹簧刚度和预压缩量以及磨耗板的摩擦系数来进行调整。

心盘采用干摩擦力矩模型来处理，对于心盘的回转摩擦力矩值的计算，由于心盘销的直径与心盘的直径相比要小得多，可忽略其影响。因此，心盘的回转摩擦力矩的计算公式为

$$T_c = \int_0^R 2\pi r^2 \mu_c \frac{P_c}{A} dr = \frac{2}{3}\mu_c P_c R \tag{4-50}$$

式中 P_c——心盘的承载；

A——心盘面积；

R——心盘半径；

μ_c——心盘面摩擦系数。

旁承在垂向和纵向连接的数学模型可以用图 4-16 来描述。

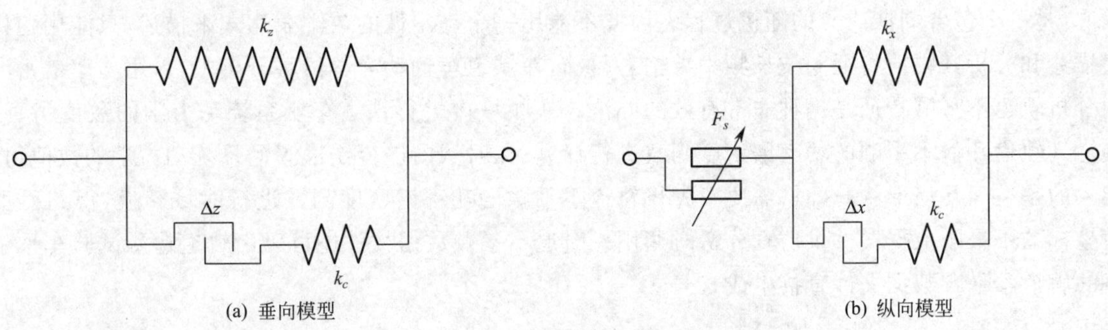

图 4-16 常接触双作用弹性滚子旁承模型

图中 k_z——旁承弹簧垂向刚度；

k_c——接触大刚度；

Δz——垂向间隙；

Δx——纵向间隙；

k_x——旁承弹簧纵向刚度；

F_s——旁承纵向摩擦力。

对于旁承的纵向摩擦力的计算，需考虑垂向滚子间隙的影响，其具体算式为：

$$F_s=\begin{cases}k_z(z_0+dz)\mu_s & dz\leqslant\Delta z\\ k_z(z_0+\Delta z)\mu_s & dz>\Delta z\end{cases}\tag{4-51}$$

式中 μ_s——旁承面摩擦系数；

z_0——旁承弹簧预压缩量；

dz——旁承垂向变形量。

由式(4-51)可见，采用双作用弹性旁承，当间隙压死后，摩擦力不会因接触刚度的增大而进一步加大，有效限制了车体和转向架之间的回转摩擦力矩的过度增大以保证曲线通过时不至于产生过大的轮轨横向力和磨耗。

2. 构造轮轨接触模型

轮轨接触模型一直是铁道车辆系统动力学研究的最重要的基础理论问题，是关系到铁道车辆系统动力学数值仿真成败的关键环节。在建立铁道车辆系统动力学数值仿真的轮轨接触模型时 Kalker 理论得到较多的应用。

在进行铁道车辆系统动力学的仿真分析时，轮轨接触模型需要解决三个问题：

(1)分析轮/轨的空间动态几何接触状态，计算出所需的轮/轨几何参数。轮轨接触几何参数认为是轮对横移量的非线性函数，包括车轮滚动半径、车轮横断面曲率半径、接触角、轮对侧滚角、轨头横断面曲率半径。由于车轮和钢轨可以具有任意外形，轮轨接触几何参数很难直接表示为轮对横移量的显函数形式，只能表示为轮对横移量的数表，而中间值则采用线性插值来计算。在构造轮轨接触模型时，首先应针对车轮踏面外形和钢轨轨头形状的数据文件，预先生成铁道车辆系统动力学仿真所需的轮轨接触几何参数数表。

(2)在已知轮轨的几何接触状态、轨道不平顺和轮轨力学参数的条件下，求解本时刻的轮轨法向作用力。

(3)分析轮/轨在接触面上的相对运动，求解轮/轨之间的蠕滑力。

3. 构造线路模型

铁道车辆系统动力学性能仿真分析的线路模型由线路断面和轨道不平顺两部分组成。二者均以数据文件的形式供仿真分析过程中调用。

线路断面的数据文件主要描述仿真计算所用的线路模型的宏观几何特征，主要包括组成线路的直线段、坡道、曲线和过渡曲线的长度及其对应的里程标等情况。

轨道不平顺的数据文件描述仿真计算所用的线路模型的微观几何特征。轨道不平顺是指轨道几何形状、位置在横向和垂向的偏差，主要包括高低、方向、轨距和水平不平顺等。轨道不平顺是铁道车辆振动的主要激扰源，是一个包含周期成分的随机过程。因此不能用一个确定性的数学表达式来描述，只能用随机过程理论来描述和分析其幅值特征和波长频率结构。目前，在铁道车辆动力学仿真分析中，采用功率谱密度函数描述和分析轨道不平顺特征是一种非常有效的办法。在频域内进行铁道车辆系统动力学的数值仿真时，可以直接输入轨道几何不平顺的功率谱密度函数进行计算；在时域内进行铁道车辆系统动力学的数值仿真时，程序读入的是空间几何形状，这时，需要事先将轨道不平顺的功率谱密度函数进行时域转换，得到以里程位置为横坐标的不平顺数据文件供仿真分析时调用。轨道不平顺数据文件还可以由轨道检测试验车采集的实际线路的轨道不平顺数据文件直接生成。

4.2.2 仿真软件

铁道车辆动力学是多体动力学的一个很重要的研究应用领域，从多体动力学的诞生时起，从事铁道车辆动力学研究的科技工作者就对此产生了极大的兴趣，投入大量的人力、物力和财力进行研究探讨。基于多体系统动力学理论的铁道车辆动力学仿真分析软件与通用多体系统动力学仿真软件的主要区别在于，铁道车辆动力学仿真软件必须准确详细描述铁道车辆各零部件之间的特有的连接关系，必须提供各种不同类型的几何约束单元和载荷作用单元,尤其需要必须提供计算可靠的轮/轨单元和适用的轨道结构模型。

从20世纪80年代开始,国际上陆续开发成功出许多商业化的铁道车辆多体动力学仿真分析软件,如ADAMS/Rail、SIMPACK、NUCARS、UM以及我国的TPLDYNA等。随着计算机技术的发展,铁道车辆系统动力学仿真软件均提供了可视化方法进行系统建模,提供了良好的用户界面和强大的前后处理功能。用户只需输入描述系统的基本数据,建模过程可以在计算机可视化环境中完成,避免了人为因素造成的错误,并有软件自动生成系统的运动学和动力学方程,通过高效、稳定的数值算法和求解器,自动对方程求解,进行运动学和动力学分析。这些仿真软件是铁道车辆研究、设计人员的重要工具,在工程实际中得到有效、广泛的应用。这些软件中,目前在铁路货车动力学仿真分析中应用比较多的、有代表性的软件有:

1. NUCARS软件

由于其具有铁路货车专用的各种摩擦元件的建模模块,又经过大量的试验进行验证,因此在铁路货车的仿真分析中得到了大量的应用。NUCARS软件是由北美铁路协会(AAR)下属的普耶勃罗试验中心(TTC)开发的,其1.0版本在1989年面市,NUCARS软件也是应用多体系统动力学方法采用相对坐标系进行铁路机车车辆系统的自动建模,由于其针对以铁路货车为主的铁路机车车辆进行模拟计算,因此程序中镶嵌了铁路货车所特有的斜楔减振器以及心盘、旁承等摩擦模块,而且程序不像MEDYNA那样庞大,NUCARS软件早期的版本的铁路货车数据准备均在文本环境中进行,在较新的版本中增加了较强的可视化前后处理功能。NUCARS软件能够考虑车体的一阶模态,可以进行铁道车辆系统的时域内的动力学数值积分分析,其缺点是不便于求解特征值问题。

2. SIMPACK软件

SIMPACK软件是德国INTEC Gmbh公司开发的针对机械/机电系统运动学/动力学仿真分析的多体动力学分析软件包。它最初是继基于频域求解技术的MEDYNA软件后,德国航空航天局于1985年开发的基于时域数值积分技术和相对坐标系递归算法的以多体系统计算动力学为基础,包含多个专业模块和专业领域的虚拟样机开发系统软件。该软件首次将多刚体动力学和有限元技术结合起来,开创了多体系统动力学由多刚体向刚柔多体耦合系统的发展,并成功地将控制系统和多体计算技术结合,发展了实时仿真技术。1993年,SIMPACK软件从德国航空航天局分离出来,由INTEC公司负责SIMPACK多体动力学软件的开发和市场运作,并于1996年推出Wheel/Rail模块。

SIMPACK软件可以用来仿真任何虚拟的机械/机电系统,可以进行静力学、准静态分析、运动学、动力学、频域、模态、谱分析、时域积分分析等,还有强大的动画与前、后处理功能等。由于其强大的功能,在铁路货车、普通客车及高速客车的仿真分析中得到广泛的应用。

利用该软件的不同应用模块,工程师可以像构筑三维CAD模型那样,在三维可视化环境中,利用多体系统的各种基本要素快速建立机械系统和机电系统的动力学模型,利用多体系统的各种基本要素组建复杂多体系统,并且自动形成其动力学方程,利用各种内置的高效率求解方式,如时域积分计算,得到系统的动态特性。快速预测各种复杂机械系统整机的运动学/动力学性能和系统中各部件所受的各种复杂载荷状况。

除了时域积分外,SIMPACK求解器还有非常强大的静力学求解能力,它不但可以快速找到系统的静力平衡位置,尤其重要的是,可以预测系统处于任意位置平衡所需条件。还可以在不同的求解器中进行频域分析,求解系统的固有频率与固有振型,以及在频域内分析系统的振动、冲击和噪声等。

图形化的Model Set-up界面提供了方便的建模手段,带有非常丰富的建模元器件库,包括零件、关节、约束、力、碰撞、函数、控制元件等等。

3. ADAMS/Rail软件模块

ADAMS软件是世界上应用最广泛的机械系统仿真软件,由Mechanical Dynamics公司的Chance、Orlandea等人于1981年最初推出的这一软件,能完成包括运动学、约束反力求解、特征值、频域分析、静力学、准静力学分析以及完全非线性和线性动力学分析,具有可视化的二维和三维建模能力,可包括刚体和柔体结构,具有组装、分析、动态显示不同模型或一个模型在某一过程变化中的能力。ADAMS软件可以采用绝对坐标系或者相对坐标系建立系统模型,采用先进的数值分析技术和强有力的求解器,使计算快速、准确。其最初的版本只针对通用机械系统仿真分析，后期才增加了包含轮轨关系的铁路 Rail 模块。

4. UM 软件

近两年进入我国的 UM 软件也具有强大的机械系统仿真分析功能。由俄罗斯布良斯克国立理工大学(Bryansk State Technical University)Dmitry Pogorelov 教授研发的 Universal Mechanism(简称 UM)软件是目前俄罗斯最为通用的机械动力学/运动学仿真分析软件之一，在铁道车辆行业拥有大量的用户。UM 软件具有高效易用的前后处理功能并支持并行计算技术，模型修改非常方便、计算速度较快。该软件开发了汽车模块、铁道车辆(包括铁路机车、客车和货车)模块、列车模块、疲劳分析模块及优化模块等功能强大的专业模块，还设有与 CAD 软件、有限元软件及控制软件的接口。与其他车辆动力学仿真分析软件相比，UM 软件的突出特点是功能强大、适用性强，其子系统建模技术、刚柔耦合系统建模技术、强大的轮轨关系处理功能(如实时绘制轮轨两点接触作用力的曲线等)都使 UM 软件具有良好的应用前景。UM4 中的道碴模型经过升级后，可以研究罐车的液固耦合振动问题，还可以研究运煤敞车、粮食漏斗车等散装物运输铁路货车的压力分布。UM5 已经开始考虑车桥耦合振动问题。UM 软件中的列车模块既可以建立车辆具有单自由度的列车模型，也可以建立铁路货车具有全自由度的列车模型。

5. TPLDYNA 软件

TPLDYNA 软件是 1997 年开发出来的铁路机车车辆动力学仿真分析软件包。TPLDYNA 软件采用多体系统动力学方法建立铁路机车车辆系统通用数学模型，对不同结构形式的铁路机车、客车和货车，软件自动生成系统的运动方程，可以进行包括线性稳定性、非线性运动稳定性、动态曲线通过和随机响应在内的全面动力学分析。TPLDYNA 软件的开发基于严格的多体系统理论推导，在相对坐标系下建立数值仿真模型，其计算结果经过各种车型不同计算条件与 NUCARS、MEDYNA 以及 VAMPIRE 作了大量的比较，并针对一些铁路客车和货车模型分别与滚动振动试验台的试验结果和线路试验结果作了相关试验验证。TPLDYNA 软件具有良好的可操作性，提供了友好的图形用户界面，具有较强的前后处理功能模块，提供实时绘图技术和动画模拟技术。

4.2.3 实　　例

以重载 80 t 级通用敞车，配套装用 27 t 轴重转向架为例，在 NUCARS 软件中对转向架的一系悬挂参数进行了优化研究，并对包括运动稳定性、曲线通过性能和运行平稳性等动力学性能进行了预测。该 27 t 轴重转向架是选用传统的铸钢三大件式转向架，采用交叉拉杆和二系弹性悬挂，具有结构简单、检修方便、均载性好等优点。其轮对和侧架间采用橡胶垫弹性定位，车体和转向架间采用平面心盘和常接触双作用弹性旁承，减振簧和枕簧内、外簧采用螺旋钢弹簧，车体和转向架间的阻尼由斜楔减振器提供。

在建模时定义前进方向的第一个轮对为一位轮对，运动坐标系取法如下：沿轨道前进方向为 x 轴；y 轴平行于轨道平面指向左方；z 轴垂直轨道平面向上。模型中考虑了 1 个车体、2 个摇枕、4 个侧架、4 条轮对共 11 个刚体，充分考虑了轮轨接触几何关系非线性、轮轨蠕滑力非线性以及各种非线性悬挂特性等非线性因素。

4.2.3.1　参数研究

在考察参数对动力学性能影响的研究中以一系轴箱橡胶垫的纵向、横向定位刚度和垂向挠度为例，说明其对铁路货车动力学性能和轮轨动力作用的影响情况。

1. 一系垂向挠度的影响

随着重载列车的运行，铁路货车轴重的增加，和线路之间的轮轨动作用力问题愈发突出。影响轮轨相互动力作用的因素是多方面的，不仅包括铁路货车结构型式、悬挂参数以及轨道结构支撑方式与基础弹性，而且牵涉到轮轨界面状态如轨面几何不平顺、接头状态及车轮擦伤、踏面圆顺度等。对新造货车方面来说，如何在设计阶段优化悬挂参数，尽量降低轮轨之间的垂向冲击力显得尤为重要。以前大量的研究表明，一系悬挂结构形式和特性参数对轮轨作用力的影响较大，在此以一系垂向挠度为例考虑铁路货车通过轨道低接头等线路不平顺情况下该参数对轮轨垂向冲击力和轨道加速度的影响情况。轨道低接头的模型如图 4-17 所示。

轨道低接头激扰模型为 0.02 rad 的脉冲激扰。低接头角度为 $2\alpha=\alpha_1+\alpha_2$，则对轮对的速度冲击为 $v_0=2\alpha V=(\alpha_1+\alpha_2)V$。

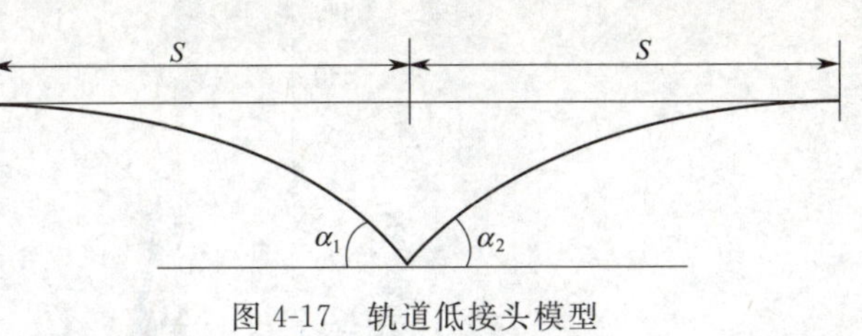

图 4-17　轨道低接头模型

图 4-18、图 4-19 为 27 t 轴重的重车以不同速度通过低接头冲击时轮轨垂向力 P_2 力、道床加速度随一系垂向挠度的变化情况，可见，在轨道低接头局部不平顺激扰下，轮轨垂向力 P_2、道床加速度均随着车速的增加而迅速增大，随着一系垂向挠度的增加而减小。在一系垂向挠度大于 6 mm 之后，各评价指标随着一系垂向挠度的变化变缓。

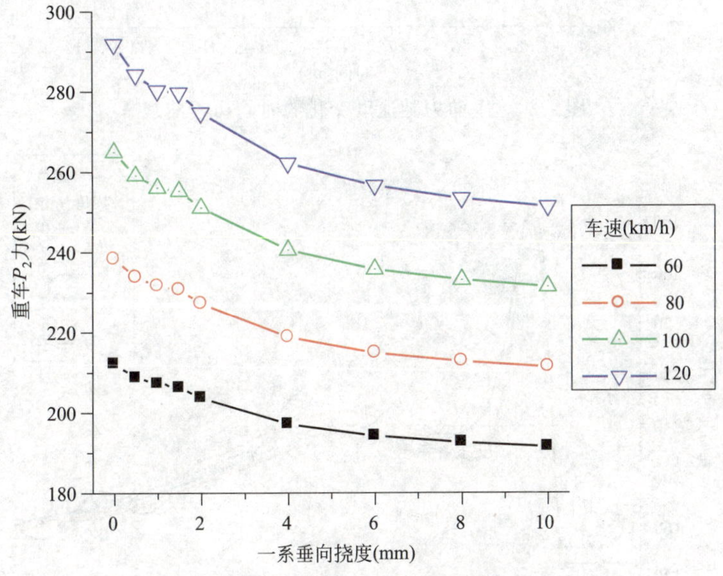

图 4-18　垂向力随一系垂向挠度变化情况

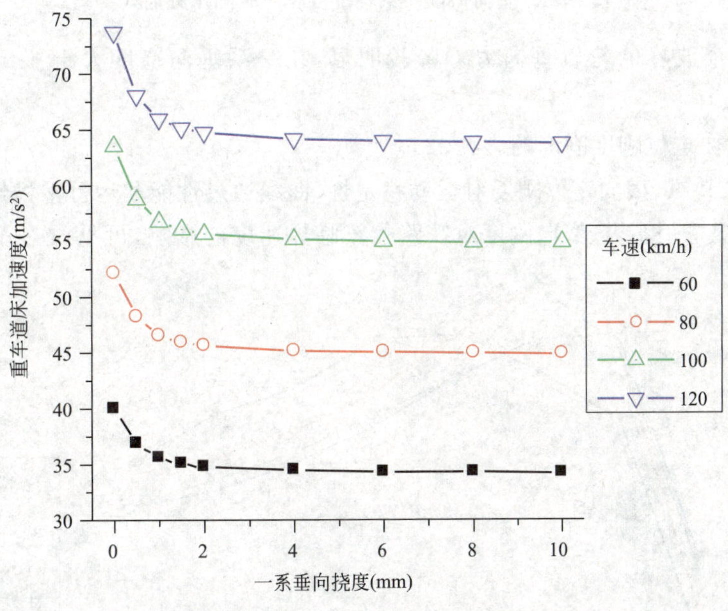

图 4-19　道床加速度随一系垂向挠度变化情况

图 4-20、图 4-21 分别给出垂向力随车速变化的时间历程图和一系垂向挠度在车速 100 km/h 时对垂向力影响的时间历程图。可见，在低接头激扰下，随着车速的增加，轮轨垂向力迅速增大；轮轨垂向冲击力的时域波形也随着一系垂向刚度的变化而有所不同，在没有一系垂向悬挂的情况下，第一个 P_1 力对应的波峰轮轨垂向力力均大于其他有一系垂向悬挂的情况，第二个 P_2 力对应的波峰轮轨垂向力变化更大。随着一系

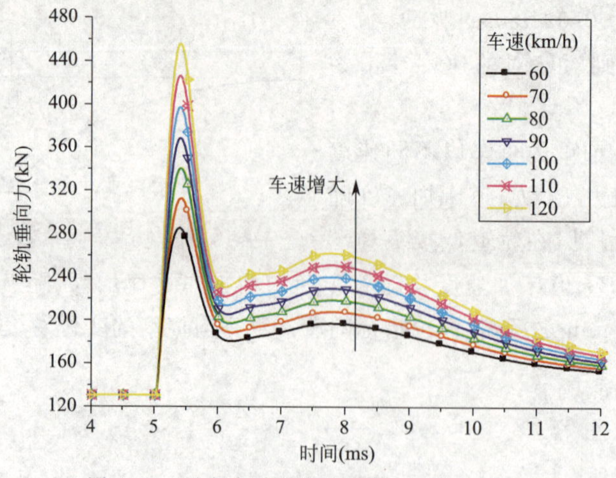

图 4-20 垂向力随速度变化的时间历程曲线

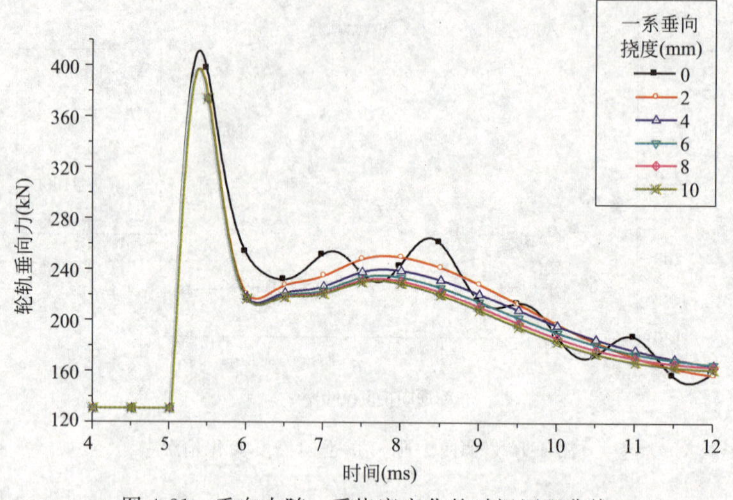

图 4-21 垂向力随一系挠度变化的时间历程曲线

垂向挠度的增大，第二个波峰的轮轨垂向力下降较明显，在一系垂向挠度大于 6 mm 之后，P_2 力下降变缓慢。

2. 一系轴箱纵、横向定位刚度刚度的影响

考察一系轴箱橡胶垫纵、横向定位刚度对运动稳定性、曲线通过性能和运行平稳性的影响情况。

图 4-22 为空车情况下一系纵、横向刚度对铁路货车临界速度的影响，可见，在一系橡胶垫的纵、横向定

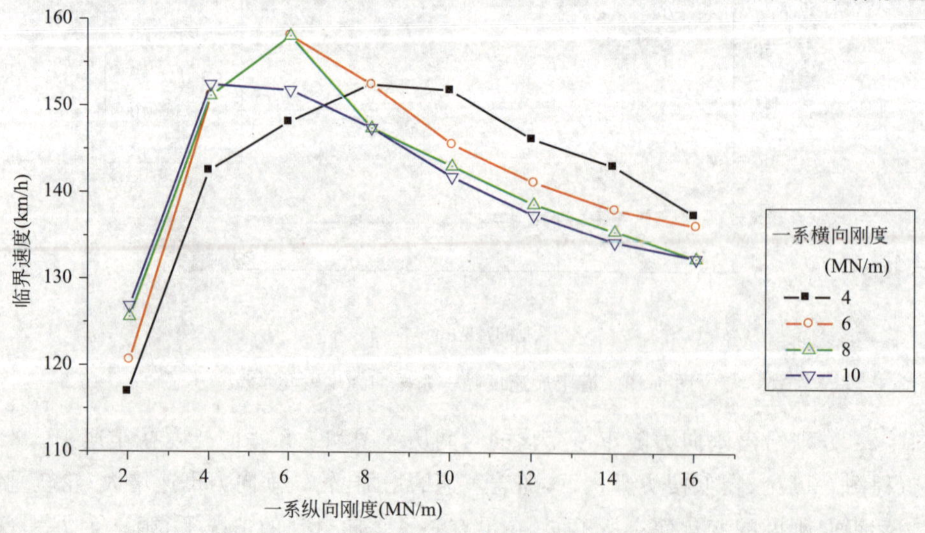

图 4-22 空车轴箱定位刚度对临界速度的影响

位刚度较小的情况下，随着刚度的增大，铁路货车的临界速度随着提高，当一系纵向刚度大于 6 MN/m 以后，随着纵、横向刚度的增大，空车的蛇行失稳临界速度随之降低。

图 4-23、图 4-24 为一系纵、横向刚度对车体平稳性指标的影响。可见随着一系纵向刚度的增加，空车和重车的横向平稳性指标值减小，在一系纵向刚度小于 6 MN/m 之前减小较快，之后减小变缓；空车和重车的垂向平稳性指标在一系纵向刚度小于 6 MN/m 之前稍有减小，之后变化平缓；与横向平稳性指标相比，一系纵向刚度对垂向平稳性指标影响不明显；总的来说，随着一系横向刚度的增加，车体横向平稳性指标减小，但没有一系纵向刚度的影响明显，一系横向刚度对垂向平稳性指标影响不大。

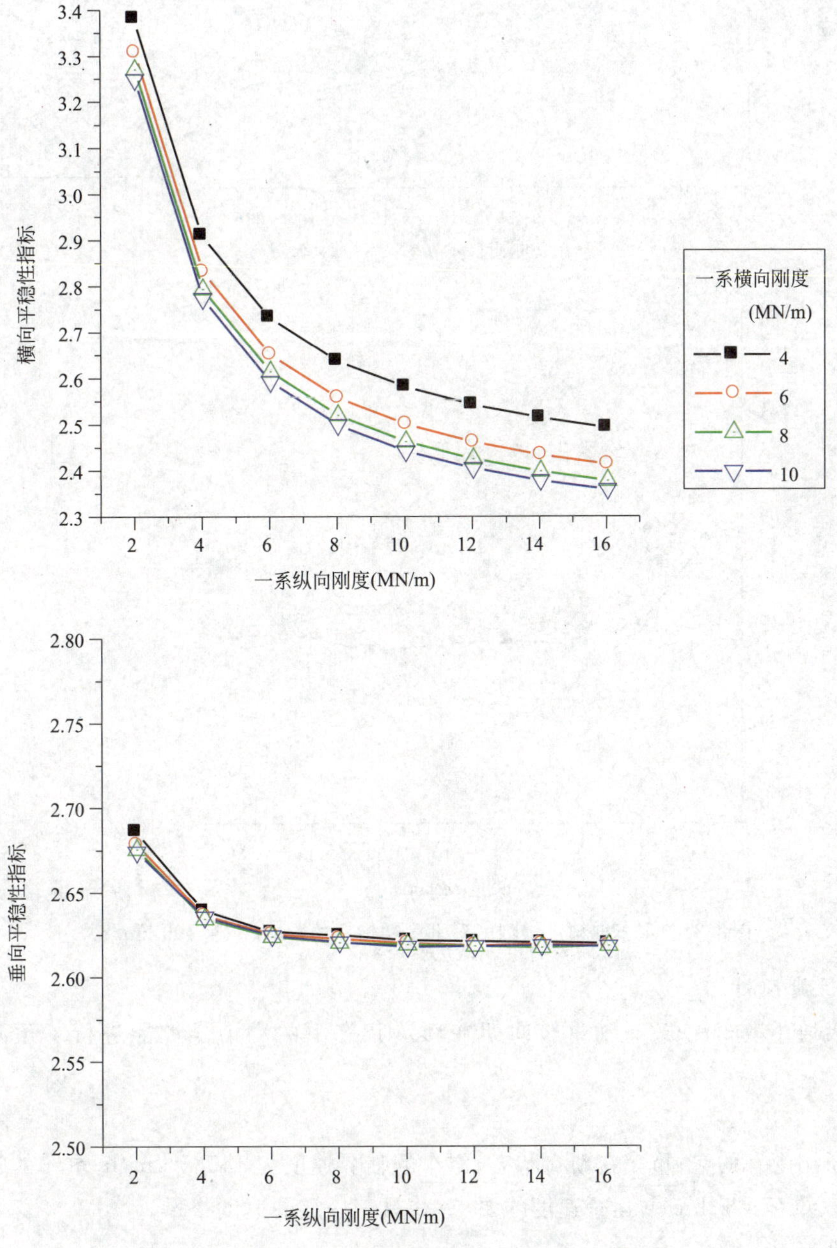

图 4-23　空车轴箱定位刚度对平稳性指标的影响(车速 100 km/h)

图 4-25、图 4-26 是一系纵向、横向刚度对空车和重车曲线通过性能的影响。考虑的工况是以 70 km/h 的速度通过 R300 m 的半径曲线。由结果可见，空车时，随着一系纵向刚度和一系横向刚度的增大，轮轨横向力最大值、轮轴横向力最大值、脱轨系数最大值均增大；重车时的规律和空车时一样，随着一系纵向刚度和一系横向刚度的增大，轮轨横向力最大值、轮轴横向力最大值、脱轨系数最大值均增大，横向刚度的影响趋势没有纵向刚度大。

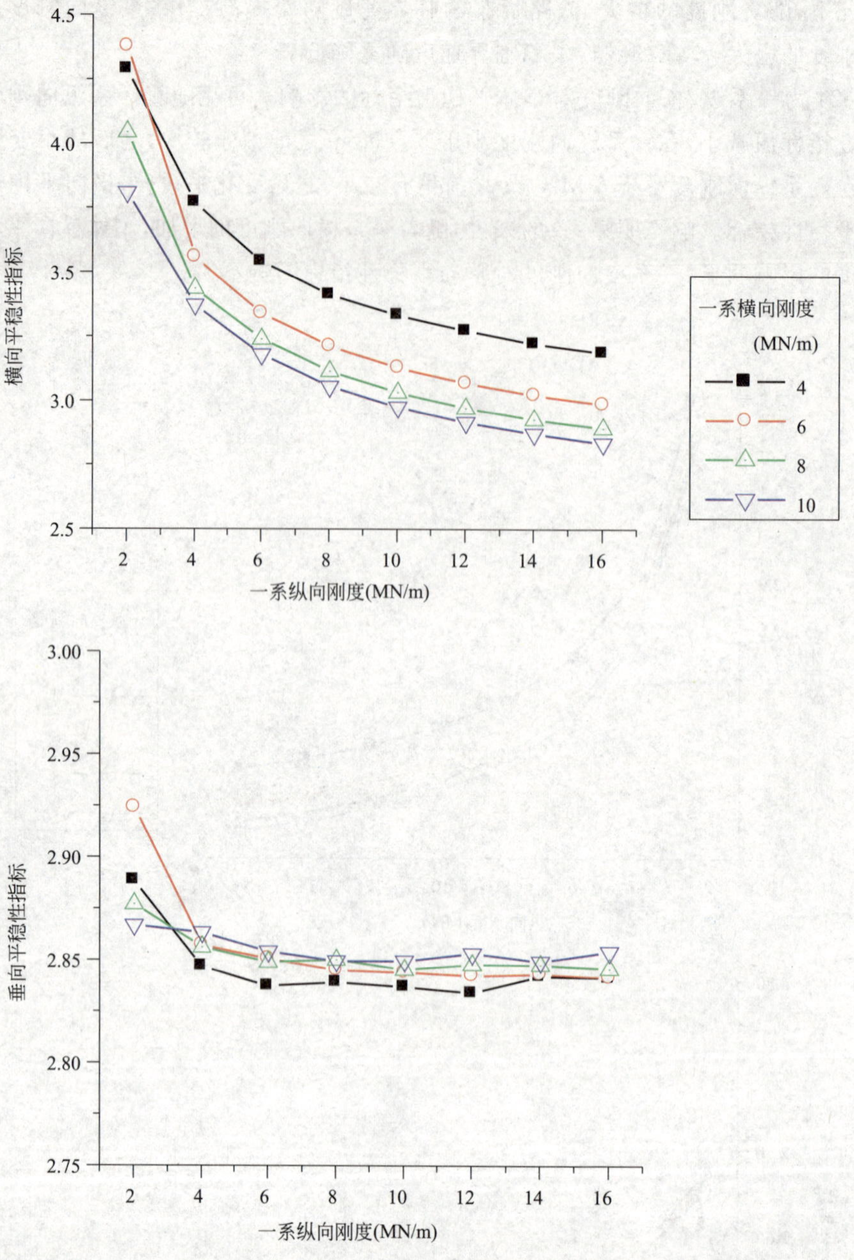

图 4-24 重车轴箱定位刚度对平稳性指标的影响(车速 100 km/h)

4.2.3.2 动力学性能预测

对重载 80 t 级通用敞车配 27 t 轴重转向架在新造状态下的动力学性能进行了预测分析，计算结果如下。

1. 临界速度

重载 80 t 级通用敞车的空、重车在新造状态，空车的临界速度为 145.5 km/h，重车的临界速度为 182.5 km/h，能够满足空、重车 120 km/h 运行速度的要求，并具有一定的速度裕量。

2. 曲线通过性能

运行在曲线线路上时，除受到线路不平顺的激扰以外，还要受到曲线曲率变化、超高变化、离心力等因素的影响，因此，铁路货车通过有限长度曲线时的响应是一个动态过程。重载 80 t 级通用敞车通过曲线的动态特性，对轮轨横向力、轮轴横向力、脱轨系数、轮重减载率等运行安全性 进行了分析及对比。

曲线通过性能计算选取的曲线参数和工况如下：

曲线半径：R300 m，超高：105 mm，通过速度：20～70 km/h。

由图 4-27、4-28 计算结果可见，在所计算的速度范围和曲线工况下，各车轮的轮轨横向力最大值、各轮

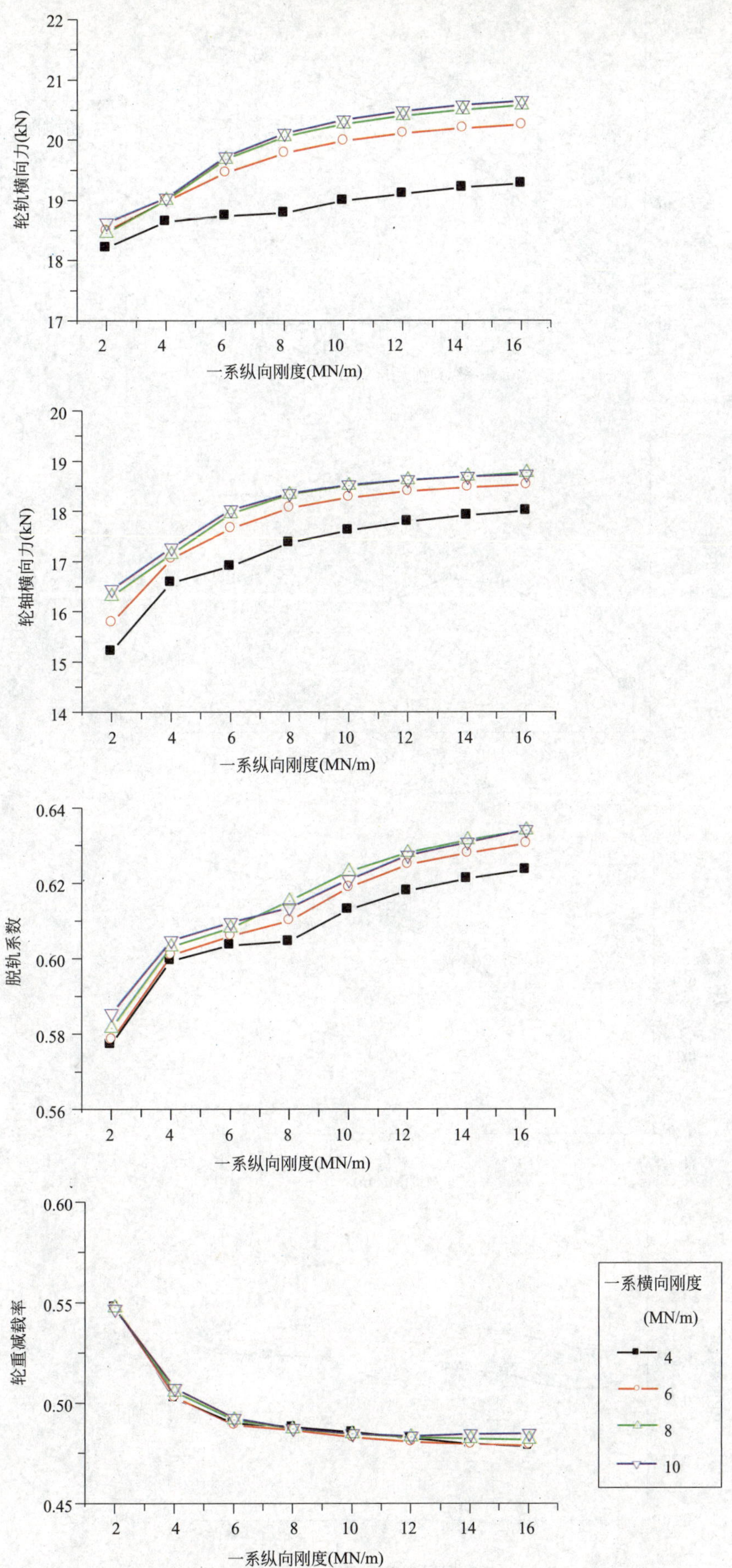

图 4-25 空车轴箱定位刚度对曲线通过性能的影响(R=300 m,v=60 km/h)

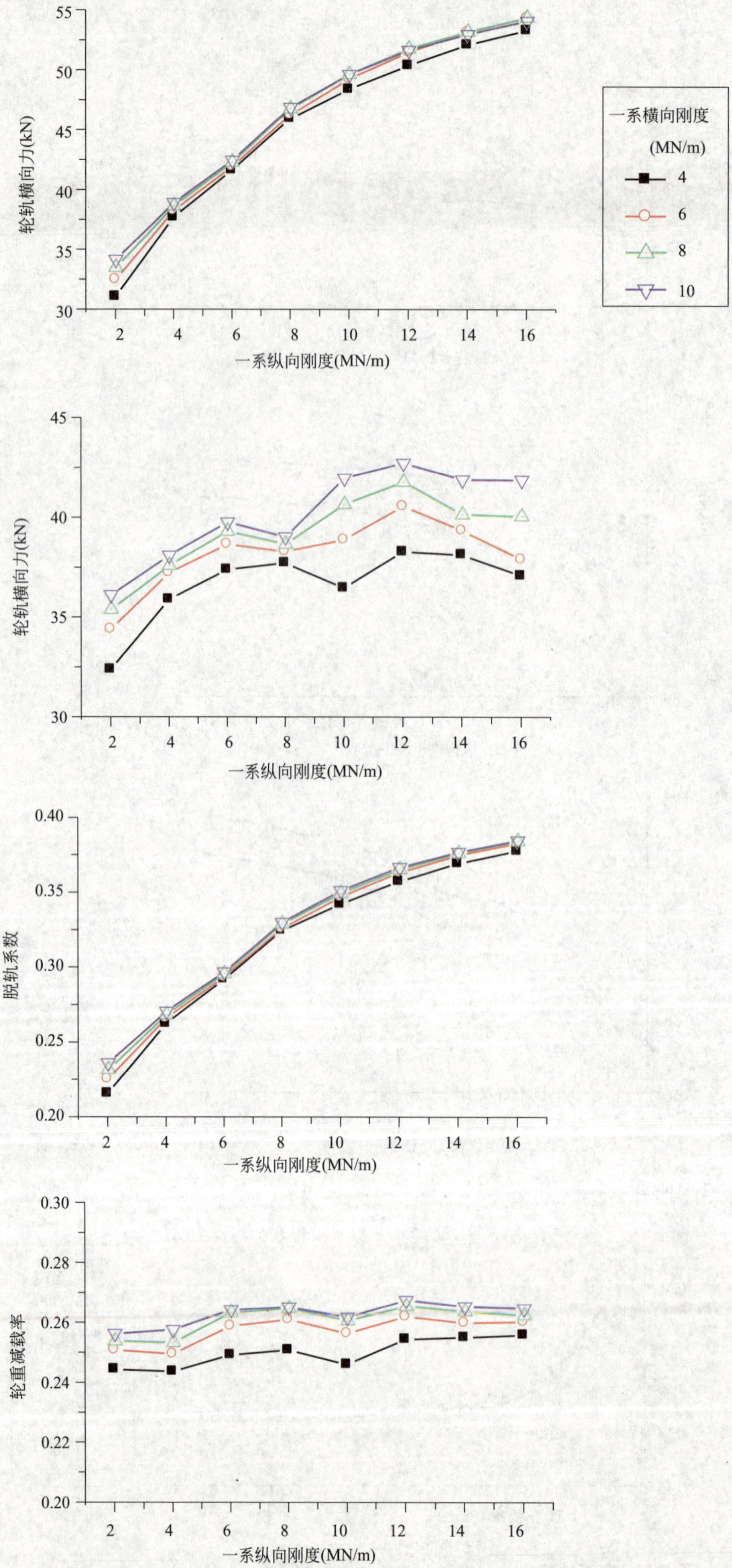

轮轨横向力(kN)
55 50 45 40 35 30
2 4 6 8 10 12 14 16
一系纵向刚度(MN/m)

一系横向刚度
(MN/m)
4
6
8
10

轮轨横向力(kN)
45 40 35 30
2 4 6 8 10 12 14 16
一系纵向刚度(MN/m)

脱轨系数
0.40 0.35 0.30 0.25 0.20
2 4 6 8 10 12 14 16
一系纵向刚度(MN/m)

轮重减载率
0.30 0.28 0.26 0.24 0.22 0.20
2 4 6 8 10 12 14 16
一系纵向刚度(MN/m)

图 4-26　重车轴箱定位刚度对曲线通过性能的影响($R=300$ m，$v=60$ km/h)

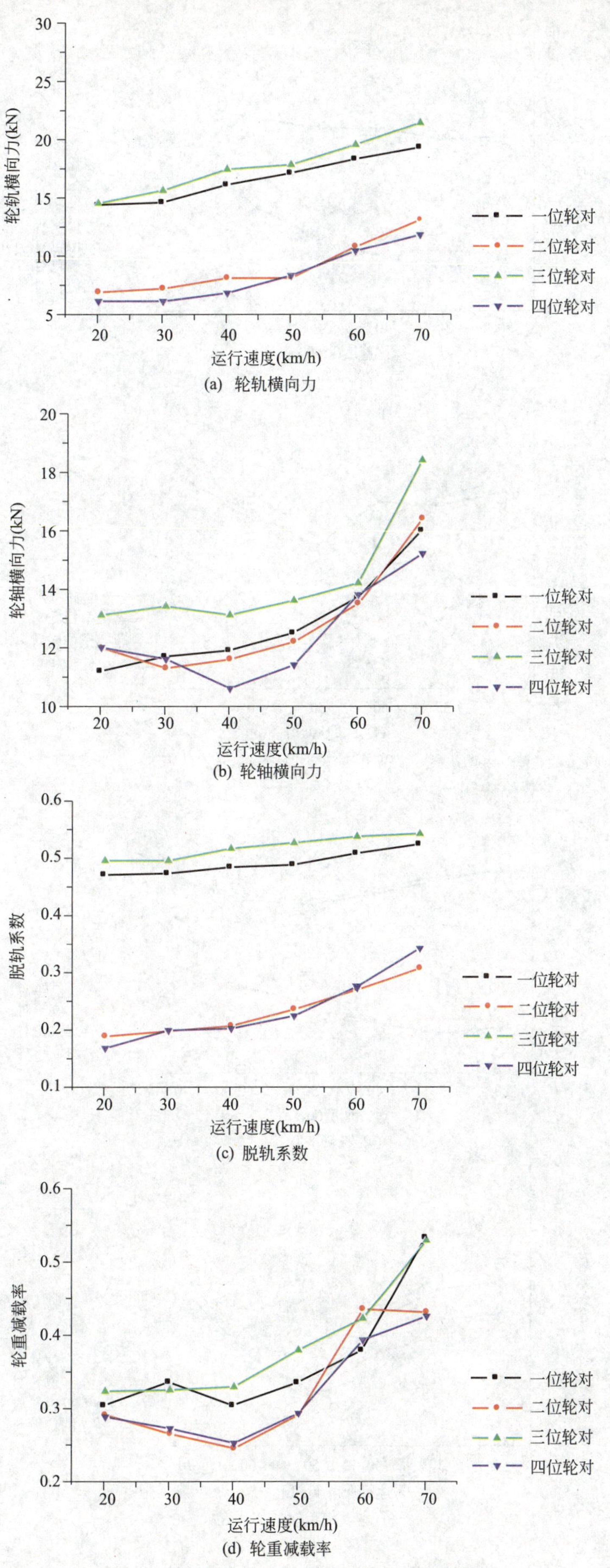

图 4-27 空车通过半径 300 m 曲线的性能指标

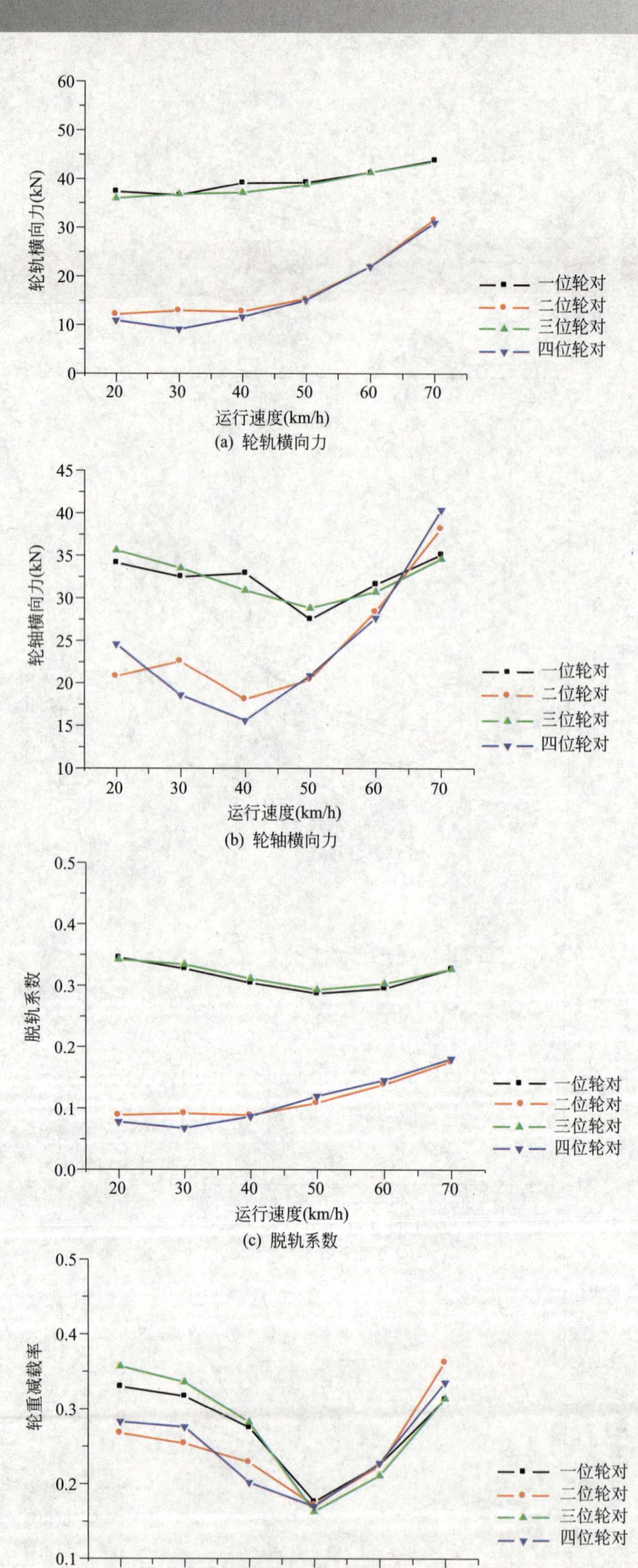

图 4-28 重车通过半径 300 m 曲线的性能指标

对的轮轴横向力最大值、各车轮的脱轨系数最大值、各轮对的轮重减载率均满足安全限度要求，轮重减载率均小于 0.6，脱轨系数均小于 1.0，说明 80 t 级通用敞车空车和重车工况下可以以计算速度安全通过各曲线。

3. 运行平稳性计算

分别对重载 80 t 级通用敞车在新造状态直线线路上的动态响应进行了计算，空、重车工况的计算速度均为 20～132 km/h。新造状态时动态响应计算结果如图 4-29、图 4-30 所示。

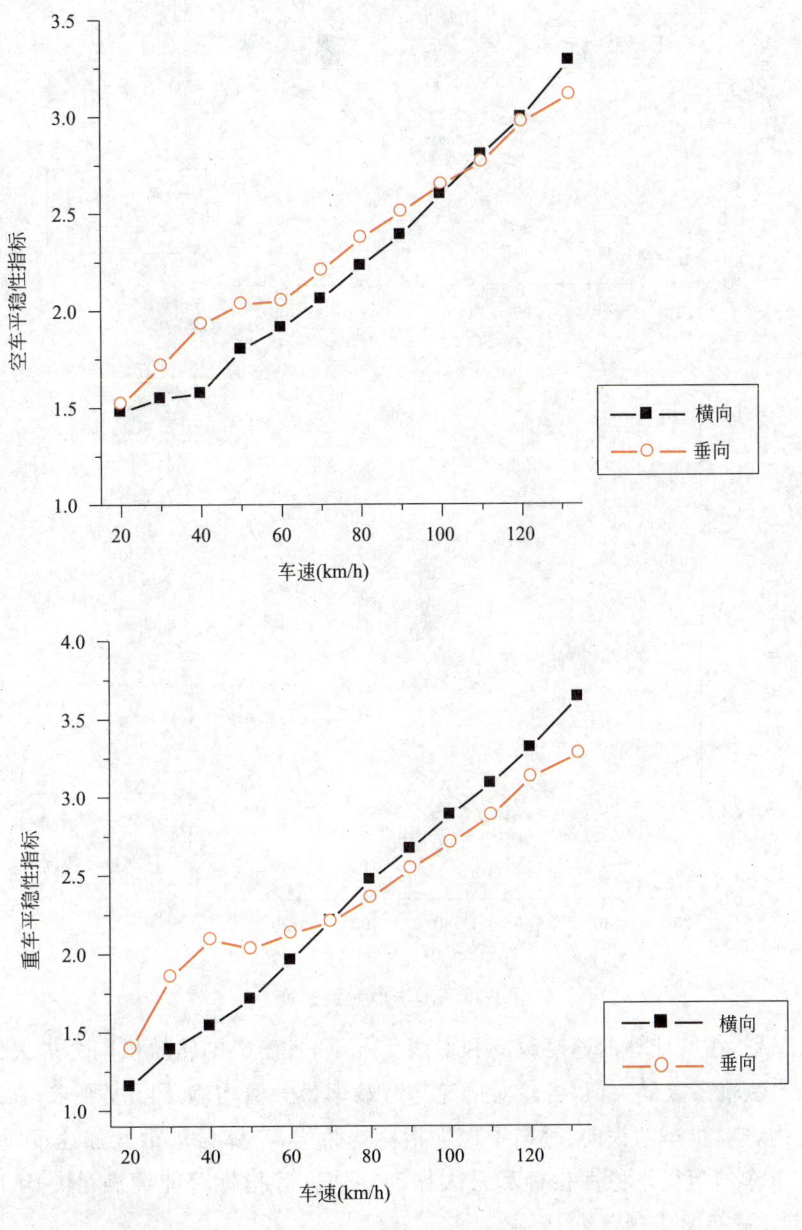

图 4-29　车体平稳性指标

由计算结果可见，随着速度的提高，车体的横向、垂向平稳性指标和振动加速度均随之增大。在新造状态下，空、重车的横向、垂向平稳性指标和平均最大加速度在 120 km/h 速度范围内均为优，车体振动最大加速度垂向均小于 0.7 g，横向均小于 0.5 g。可见空、重车的运行平稳性指标和平均最大加速度等指标都能够满足 GB/T 5599—1985《铁道车辆动力学性能评定及试验鉴定规范》的要求，能保证空、重车 120 km/h 速度正常运行的要求。

通过分析计算结果，可知：为尽量降低轮轨之间的动作用力，轴箱处应增加一系弹性定位，并合理选取纵、横向定位刚度和垂向静挠度；在新造状态，装配 27 t 轴重转向架的 80 t 级通用敞车空、重车的蛇行失稳临界速度分别为 145.5 km/h 和 182.5 km/h，能够满足空、重车 120 km/h 运行速度的要求，并具有一定的

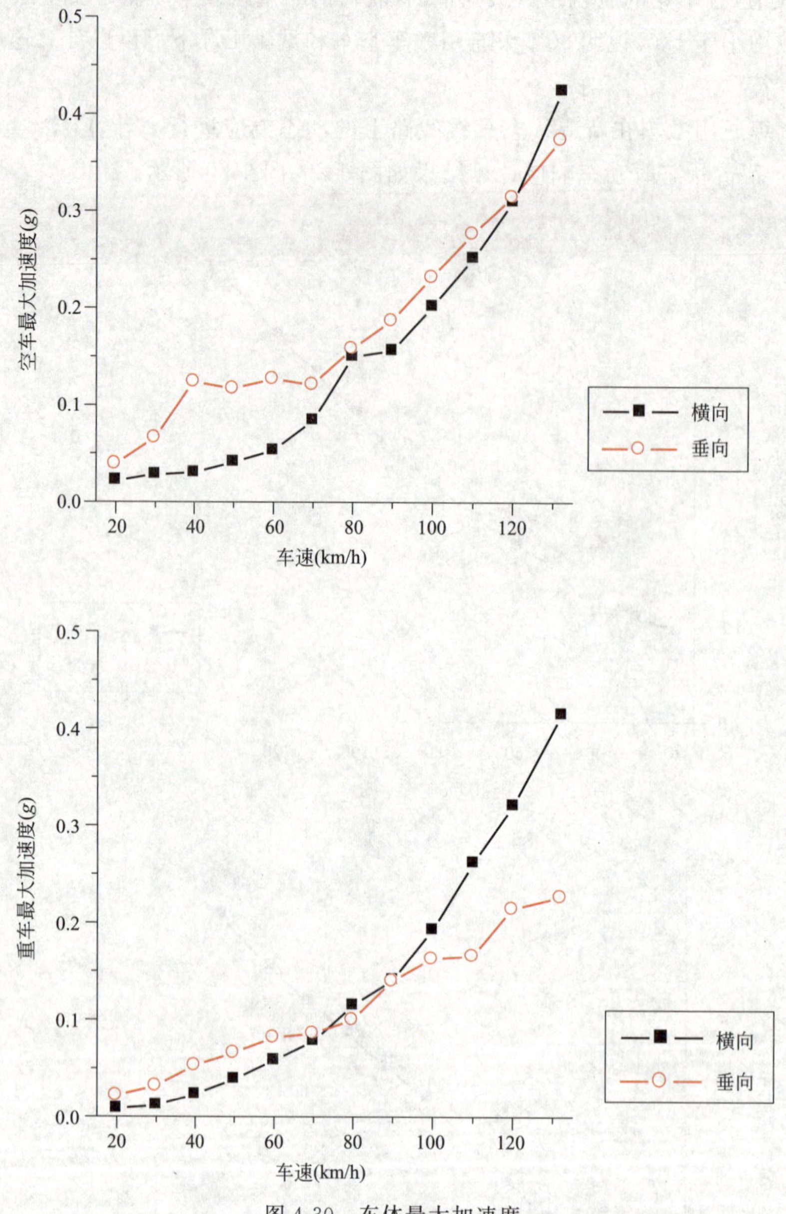

图 4-30　车体最大加速度

速度裕量；在新造状态下，在所计算的速度范围和曲线工况下，各车轮的轮轨横向力最大值、各轮对的轮轴横向力最大值、各车轮的脱轨系数最大值、各轮对的轮重减载率最大值均满足限度要求；在新车状态下，在 120 km/h 以下速度范围内，空、重车的横向、垂向平稳性指标均为优，车体振动最大加速度垂向均小于0.7 g，横向均小于 0.5 g，空、重车的运行平稳性指标和最大振动加速度等指标都能够满足 GB/T 5599—1985《铁道车辆动力学性能评定及试验鉴定规范》的要求。

综上所述，多体动力学的发展以及在铁道车辆领域的应用，使得计算机辅助工程 CAE 越来越深入地渗透到了铁道车辆系统动力学领域，各种各具特色的多体铁道车辆软件为工程技术人员提供了一个强有力的计算机辅助设计与分析手段。目前，许多动力学仿真软件的版本不断升级，其与 CAD 系统的交叉、与处理弹性体和空气、流体动力学软件的交叉、与带有反馈控制元件的控制系统的交叉以及与 CACSD 工具和通用仿真语言的接口交叉等研究和不断深入，仿真软件的功能性、可操作性更加强大和便利，计算结果的准确性和实用性也显著提高，铁道车辆动力学仿真分析技术必将在铁路机车车辆产品的开发研制中发挥越来越重要的作用。

在铁道车辆系统动态模拟技术中，计算机数值模拟和实物模拟均发展较快且得到了广泛的应用，目前，大规模科学计算的高精度快速算法、基于计算机群的并行算法、复杂动力系统的多目标数值优化分析、柔性多体系统动力学的数值计算、基于高性能计算机系统的虚拟现实技术正在日新月异的发展，在此基础上，人们将更加注重所建铁道车辆动力学仿真模型的准确性和计算结果的可信性，仿真模型也向列车模型、车－线－桥耦合模型、车辆－弓网耦合模型、机电耦合模型、车辆－空气的流固耦合模型等大系统模型的方向发展。这些现代科学的进步和仿真分析手段的发展必将为我国铁路机车车辆的研制开发作出更大的贡献。

在计算机数值模拟和实物模拟外还有一类模拟技术称之为混合模拟。所谓混合模拟是一种半实物、半虚拟的模拟方法。在模拟系统中，一部分是实物系统，另一部分则是用数学模型，组成一个完整系统。模拟时，借助于实物试验和计算机实时仿真计算相结合的方法，模拟被试系统的运行状态。一般来说，实物部分是需要研究的对象，如铁道车辆悬挂阻尼器，也可能是用数学模型无法表达的部分，如轮轨关系。虚拟部分往往是用实物构建(装置建设或经费)困难，又可以用数学模型精确描述的部分，如受电弓与接触网系统的接触网，由于接触网是跨度很大的柔索结构，在实验室内无法搭建，因此采用虚拟方法建模，而受电弓是需要检测的部分，是实物成品受电弓，所以必须构建弓网混合模拟试验台系统，对弓网关系进行分析。混合模拟的最大作用是使一些不可能开展的试验得以进行，并可以对研究对象直接进行性能分析，有可能使研究者或操作者进行模拟操纵。

混合模拟的最大优点是降低了试验系统的成本，缩短试验台系统的研制周期，同时由于对虚拟部分的结构和参数易于改造，可实现多方案、多参数分析。随着计算机技术和控制理论的发展，混合模拟技术将会得到越来越广泛的应用。

4.3 台架试验

4.3.1 动力学性能试验台

用定置方式来再现铁路机车车辆实际运行状态的试验台，是开发新型铁路机车车辆和研究轮一轨间相互作用等必不可少的工具，大多数铁路发达国家均拥有该设备。用定置方式就能很容易地再现与模拟铁路机车车辆实际运行条件的高性能试验台，用它进行多项目、高效率的试验，以缩短的研究时间，节约研究经费。同时，它还必须能做干线运行所做不到的验证临界设计值的试验和故障工况试验，以便能大幅度地降低铁路机车车辆成本，提高机车车辆性能。

由于试验台的试验目的和对象不同、设计技术路线不同以及投资规模不同，出现了几种类型的试验台，如滚动台、振动台以及滚动和振动相结合的试验台。然而，就整车动态运行模拟而言，最佳方案是带功率试验功能的滚动与振动相结合的试验台。

4.3.1.1 滚动振动试验台

1. 滚动振动试验台的功能和作用

滚动振动试验台有以下功能：把转向架安放在相当于轨道的轨道轮上，使轨道轮运转，以此来模拟铁路机车车辆的运行状态，给轨道轮以动态变化来模拟轨道的变化，用飞轮给出相当于实际铁路机车车辆的惯性力，使驱动电动机具有吸收负荷的能力，用它来模拟线路的坡度情况。灵活运用这些功能，可以弄清铁路机车车辆的动态特性、运转性能特性、轨道和铁路机车车辆相互作用特性等。这与仅在干线上进行运行试验的情况相比较，可大幅度缩短研究开发时间，节约经费。同时，还可以进行在干线上所做不到的验证临界设计值的试验，从而求得临界值。

滚动振动试验台的基本作用归纳如下：

(1)因为试验台可只作为干线运行试验最终阶段的验证，所以可以大幅度缩短研究时间，节约研究经费。

(2)由于试验台可以设定多种多样的机车车辆和轨道条件，因此能够系统地找出最佳条件。在寻求安全性和平稳性的临界值时，线路试验做不到的危险区域试验，试验台上可以做到。

与线路运行试验相比，模拟运行试验台试验经证实具有如下优点：

①可同时进行多项性能试验，周期短，成本低；

②可缩短的研发时间，节约研究经费；

③具有良好的重复性，不受气候条件影响；

④可排除各种干扰，进行单因素分析；

⑤可进行线路上无法进行的试验，如超高速运行、蛇行失稳、各种人为设置的极端条件(如减振器失效)下运行试验等；

⑥检测方便，并可检测在线路运行中无法检测的运行信号，如车体、转向架和轮对振动的绝对位移等。

在滚动试验台上，轨道是用滚轮来模仿的，其顶部断面与钢轨顶部断面完全相同，也就是说，用滚动试验台的滚轮模拟钢轨，滚动试验台本身也就是一个钢轨模拟装置。以滚轮作为轨道的设计方案，使滚动试验台完全可以做成固定式试验装置，因为在原则上滚轮相对于车轮支撑点可以实现全部六个自由度的运动。整车动力学试验台的发展，具有从简单到复杂的过程。随着列车车速的提高，机械工业和电子工业的发展，研制的试验台日趋完善。准确模拟铁路机车车辆运行状况，是试验台发展的必然趋势。

建造滚动振动试验台的主要目的是提供一个铁路机车车辆运行环境。试验台应全部或部分模拟铁道车辆运行工况：模拟车辆前进运动；模拟线路不平顺扰动；模拟在荷载条件下的牵引制动过程。

整车滚动振动试验台在铁路机车车辆开发过程中的地位是十分重要的，它可以节约大量时间，缩短新车型的开发周期，同时可积累大量的有用数据，为新型材料的使用提供有益的帮助。

纵观世界各国铁路机车车辆试验台，它们在各国的铁路发展中均发挥了重要作用，特别是功能相对齐全的试验台，都得到了很好的应用。例如，日本国铁研究所的滚动振动试验台，在防止铁路货车脱轮和无摇枕转向架等很多研究开发项目中起到了重要作用；德国慕尼黑的滚动振动试验台在德国 ICE 高速列车的研制过程中发挥重要作用，最忙的时候，年试验项目达到 10 项；牵引动力国家重点实验室的滚动振动试验台在我国的提速和高速铁路机车车辆研制过程中同样也起到不可替代的作用。

2. 滚动振动试验台试验系统

由西南交通大学牵引动力国家重点实验室研制的机车车辆整车滚动振动试验台，是当今世界上世界规模最大、功能最多、唯一可以模拟曲线的整车模拟运行试验台。试验台 1989 年开始研制，1994 年建成四轴滚动振动试验台，1995 年正式承接试验任务，经过 5 年的成功运行，于 2000 年开始进行改扩建，2002 年底新的 6 轴滚动振动试验台落成并投入运行。利用该试验台先后完成数十个整车或转向架的台架试验。铁路机车车辆整车滚动振动试验台主要由滚轮单元、驱动机械单元、液压激振系统、驱动电气系统、数据采集处理系统、监视系统和动力系统组成。其中，滚轮单元和驱动机械单元为组成完整的试验单元，被试车的每一个轮对对应有一个试验单元。滚动振动试验台系统框图如图 4-31 所示，铁路专用电 25 kV/50 Hz，主要用于铁路机车或其他动力车受流，同时也可以用于驱动系统的供电，市电 380 V/50 Hz，主要用于激振系统和驱动系统及其他辅助系统供电。

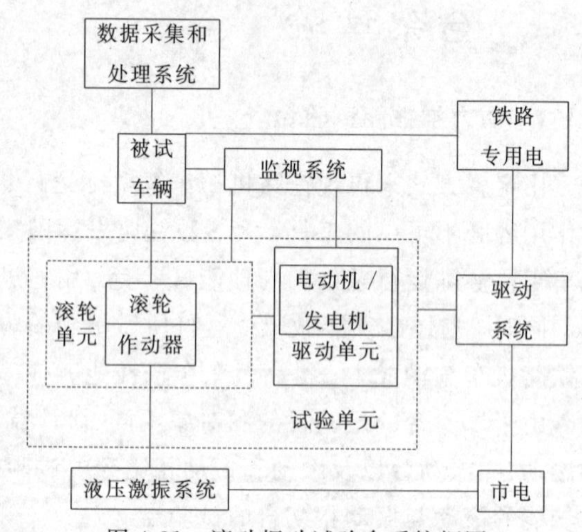

图 4-31　滚动振动试验台系统框图

(1)试验台系统

铁路机车车辆滚动振动试验台如图 4-32 所示，该试验台模拟轨道的滚轮可同时进行滚动和横向、垂向激振，以模拟铁道车辆在实际线路上的运行工况。其滚动即模拟铁道车辆沿轨道向前的运动，其激振则模拟轨道的各种不平顺输入。试验台最高模拟速度可达 450 km/h，激振的振幅横向可达到±10 mm，垂向可达到±15 mm。试验台除机械总体外，还有驱动控制系统、激振控制系统和总监控系统，可进行电机的驱动控制，实现四根轴的同步转动控制，以及各激振器的激振输入控制。

根据相关要求，试验台应满足以下基本要求：

①4 轴和 6 轴整车试验；

图 4-32 机车车辆整车滚动振动试验台

②米轨、准轨和宽轨(最大轨距 1 676 mm)的整车试验;

③铁路机车牵引制动试验;

④直线运行和曲线运行的模拟。

滚动振动试验台的试验示意图如图 4-33 所示(4 轴车辆试验情况)。试验台的中央控制室见图 4-34。

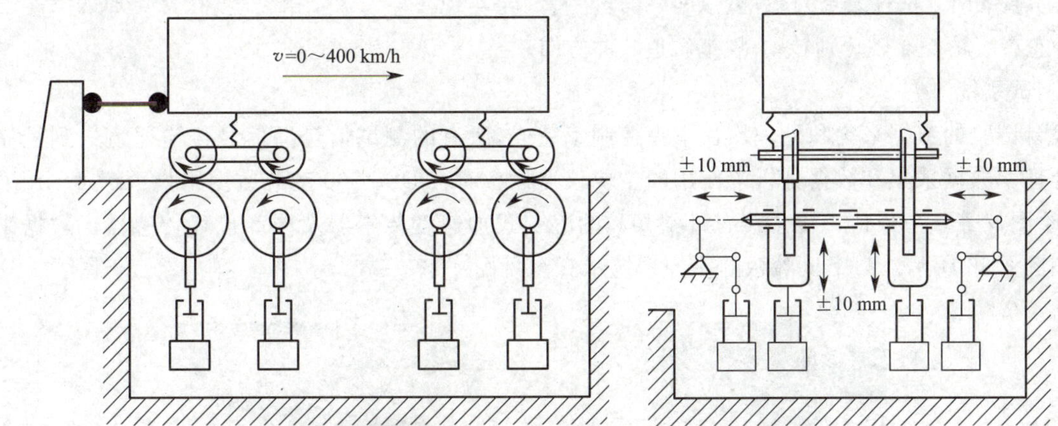

图 4-33 滚动振动试验台试验示意图

图 4-34 试验台中央控制室

被试车通过纵向拉杆固定在试验台上，被试车的车轮与试验台的滚轮正对放置。为了便于上车和降低试验大厅的高度，试验台采用落地式布置，试验台的机械部分坐落在抗震基础之上，被试机车车辆通过天车吊装上台。

滚动振动试验台方案的核心是模拟钢轨的滚轮自由度，除了为模拟铁路机车车辆相对于轨道前进滚轮所需要的滚动外，为模拟线路各种不平顺和线路状态，每个滚轮还需要独立地在垂向、横向、摇头和同一轴同步倾斜运动。能够实现上述各种运动的滚轮，可称之为全自由度轨道模拟器。然而，要实现滚轮的滚动以及垂向、横向位移，摇头运动和倾斜运动的耦合运动，在机械设计、制造和应用方面难度都很大，投资也相当高。全自由度滚轮虽然好，但制造困难，特别是研制费用过多，而过于简单，则又无法合理完整地模拟轨道的状态。在对设计可能性、制造难度、投入资金和试验台综合性能要求进行综合考虑的基础上，确定了滚动振动试验台滚轮的运动自由度如图 4-35 所示：①左右滚轮沿 y 轴方向分别移动，模拟轨距变化和方向不平顺。②左右滚轮沿 z 轴方向分别移动，模拟水平和垂向不平顺。③左右滚轮同时绕 x 轴转动，模拟曲线外轨超高。④左右滚轮绕 y 轴转动，模拟铁道车辆的向前运动。模拟直线时，左右滚轮同步；模拟曲线时，左右滚轮实现差速。⑤左右滚轮绕 z 轴分别转动，模拟轨道弯曲方向。

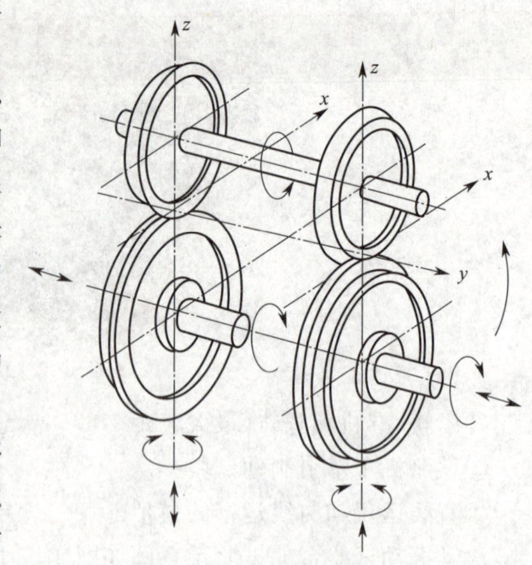

图 4-35　滚轮运动自由度

(2)测试系统

试验台试验的数据采集和处理均在中央控制室完成，所有的测试信号经信号传输通道送到控制室进行记录和处理。数据采集和数据分析中使用的主要仪器设备有：DDS-2000 动态数据采集系统、Dell 微机、激光打印机、绘图仪等。另外使用传感器有日本共和的应变式加速度传感器及国产位移传感器。数据采集和处理设备如图 4-36 所示。整个试验台的测控系统示意图见图 4-37。

图 4-36　数据采集和处理

牵引动力国家重点实验室滚动振动试验台的主要技术指标：

最高频率 f_{vmax}

垂向激振　30 Hz

横向激振　30 Hz

最大振幅 A_{vmax}

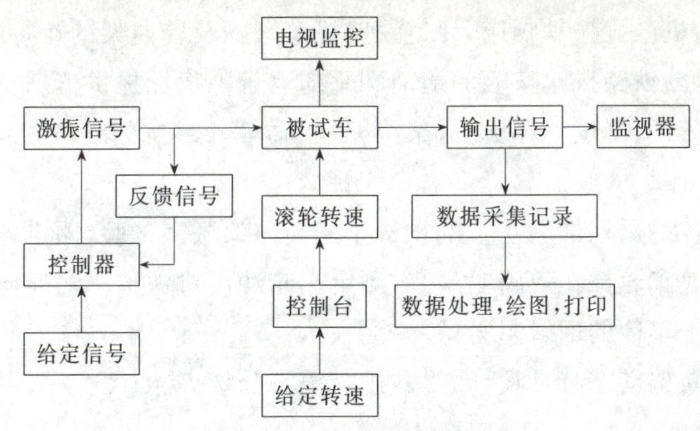

图 4-37 试验台测控系统示意图

垂向激振 ±10 mm

横向激振 ±10 mm

最大加速度 a_{vmax}

垂向激振 4 g

横向激振 5 g

单轴最大纵向牵引力 F_e 100 N

最大持续/短时电机功率 800/1 500 kW

最大超高角 <7°

转向架轴距 l 1 680～2 800 mm

最小曲线半径 R 200 m

最大轴重 M_w 25 t

最高运行速度 v 450 km/h

机车车辆定距 L 4～22 m

轨道轨距 A_0 1 000～1 676 mm

最大轴数 6

4.3.1.2 振动试验台

青岛四方车辆研究所有限公司铁道车辆振动试验台见图 4-38。

图 4-38 车辆振动试验台

1. 基本功能

(1)以现场采集的横向和垂向轨道谱作为激振输入,模拟铁道车辆在线路运行的事假振动条件,测定铁路机车车辆的横向和垂向随机激扰振动响应，评定铁路机车车辆及转向架的运行平稳性，为优化转向架的横向、垂向悬挂参数和阻尼，提高铁路机车车辆的横向和垂向运行平稳性提供依据。

(2)根据实际随机激扰条件，测试车体、转向架构架、轮轴等各部位的动应力，为评价铁道车辆各部的动强度和寿命估计提供依据。

(3)可进行垂向和横向各种周期性激扰下的铁道车辆转向架振型试验，测定各阶固有频率和振动特征。

(4)可模拟车轮过轨头或车轮擦伤等瞬时激扰，测定车轮冲击对铁道车辆转向架各部的影响。

(5)可进行转向架相对于车体的回转阻力试验。

(6)可研究铁道车辆转向架动态特性设计方法，进行模态分析等。

2. 主要技术参数

(1)试验台最大垂直举重力为 1 200 kN。

垂直激振器共 8 个，转向架每个车轮下一个，技术参数如下：

每个最大静载荷	±300 kN
每个最大动载荷	±300 kN
每个最大位移	±100 mm
常用振幅	0～12.5 mm
最大振动速度	0.5 m/s
最大振动加速度	4 g(载荷 25 kN 时)
频率范围	0～40 Hz

(2)试验台最大横向推动力 600 kN。

两端横向激振器共计 4 个，每条轮对的一端布置 1 个，技术参数如下：

每个最大静、动载荷	150 kN
每个最大位移	±100 mm
常用振幅	0～6 mm
最大振动速度	0.3 m/s
最大振动加速度	3 g
频率范围	0～40 Hz

3. 振动试验台的组成

振动试验台由以下各部分组成：

(1)由 8 个电液伺服激振器组成的激振系统；

(2)8 通道电液伺服控制系统；

(3)液压泵站；

(4)液压管路及其冷却系统；

(5)计算机控制操作系统；

(6)全车车轮支撑装置；

(7)可移动式激振器安装座(垂向和横向)；

(8)车辆引导轨道和牵引固定装置；

(9)车辆振动保护装置；

(10)车辆振动性能测试系统；

(11)试验数据处理系统；

(12)稳压电源装置；

(13)坑内通风、照明等辅助装置；

(14)基础、泵房、测试控制间等设施。

4.3.1.3 滚动试验台

铁道车辆滚动试验台见图 4-39,该试验台只能做铁道车辆及转向架滚动试验,不能做铁道车辆及转向架振动试验,振动试验由专门的振动试验台进行。

图 4-39 车辆滚动试验台

1. 基本功能

(1)模拟铁路机车车辆自由度。研究转向架悬挂参数对机车车辆蛇行运动的影响,从而确定合理的转向架悬挂参数。

(2)模拟铁路机车车辆曲线通过时的轮轨冲角,测试脱轨稳定性,研究提高脱轨稳定性的措施。

(3)能进行轮轨蠕滑试验和测试轮轨摩擦力,研究轮轨相互作用。

(4)能在同一试验条件下,进行各型转向架的性能对比,为转向架的产品开发和定型研究提供条件等。

2. 主要技术参数

铁道车辆滚动试验台的基本参数见表 4-5 所示。

3. 滚动试验台的组成

滚动试验台由机械装置、电气控制系统、测试系统和数据处理系统等四大部分组成,各部分的基本组成如下:

(1)机械装置

①2 各轨道轮对装置;

②直流电机电动机传动装置;

③可调式轨道轮对支承平台装置;

④平台基础导轨;

⑤卷扬机拖动装置;

⑥防止脱轨和车辆保护装置;

⑦可变轨距车辆引导梁装置(含液压升降装置);

⑧车辆牵引定位装置;

⑨液压横向加载装置;

⑩通风除湿装置等。

(2)电源及电气控制系统

①总电源及稳定装置;

②直流电机调速控制装置;

③横向加载电液伺服控制系统;

表 4-5 滚动试验台技术参数

项　目	数　值
轨道轮直径	1 370 mm
轨距变化范围	1 000～1 676 mm
转向架固定轴距变化范围	1 500～3 000 mm
车辆定距变化范围	6 000～18 000 mm
最大轴重	25 t
模拟最小曲线半径	145 m
模拟最大曲线超高角	6°
最大轨距加宽量	15 mm
一台主电动机功率	315 kW
试验台总功率	780 kW
最高运行速度	400 km/h

④引导梁升降油缸控制装置；

⑤照明及其他电气装置；

⑥总控制台等。

(3)测试系统

①试验台运转状态测试装置(温度、转速、转矩、转角、载荷等)；

②被试车辆转向架各种振动信号测试、记录装置(温度、运行速度、振动加速度、位移、动应力等)；

③蛇行运动观察用工业电视装置等。

(4)数据处理系统

①微机；

②专用软件；

③振动分析仪；

④打印机；

⑤绘图仪等。

4.3.2　动力学性能台架试验内容和方法

4.3.2.1　运动稳定性试验

铁路机车车辆运动稳定性试验是台架试验最主要的试验项目，这也是线路试验无法替代的项目。先介绍运动稳定性试验方法和临界速度定义。

铁路机车车辆稳定性试验就是测定蛇行失稳临界速度，往往通过被试铁路机车车辆在试验台上的蛇行运动极限环图来进行分析，得到各种含义的临界速度。典型的极限环图如图 4-40 所示。当铁路机车车辆在理想平直轨道上运行时，也就是试验台轨道轮作无扰动的纯滚动时，若试验运行速度达到 v_{C0}，铁路机车车辆系统出现稳定的周期运动，即蛇行运动，蛇行运动的振幅随速度的提高而增大，v_{C0}称之为线性临界速度；当速度大于 v_{C1}时，周期运动发生跳跃，振动幅值加大，可能出现撞击轮缘的蛇行运动现象，这时为无条件失稳，v_{C1}称之为非线性失稳速度。图 4-40 中虚线为不稳定周期运动极限环振幅值，当速度大于 v_{C2} 小于 v_{C1} 时，且初始扰动幅值大于图 4-40 中虚线时，同样也可出现较大极限环振幅的蛇行运动，这时称为有条件失稳，失稳速度 v_C 位于 v_{C2} 和 v_{C1} 之间；当速度小于 v_{C2}时则系统稳定，所以 v_{C2}称之为非线性稳定速度。

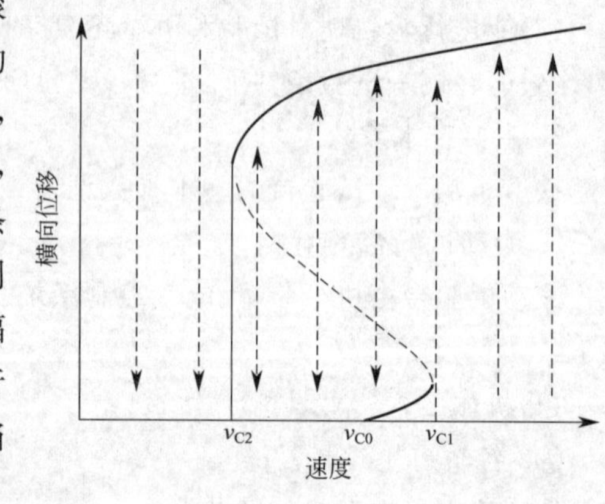

图 4-40　蛇行运动极限环图

铁路机车车辆稳定性试验台试验分两种方式，一是通过试验台纯滚动试验进行增速，找到蛇行运动线性和非线性失稳速度 v_{C0} 和 v_{C1}，然后降速，当蛇行运动消失，即可找到非线性稳定速度 v_{C2}；二是模拟铁路机车车辆线路运行的滚振试验，也就是在轨道轮模拟线路不平顺激扰运动的情况下进行增速，直到出现蛇行运动，这时即得到有条件的失稳点 v_C，即为铁道车辆系统对应该轨道谱的实际临界速度。激振停止，再进行降速，当蛇行运动消失时即可找到非线性稳定速度 v_{C2}。

机车车辆动力学的主要性能之一是保持稳定性，高速运行时一旦失稳，将影响运行平稳性和货物安全性，严重时甚至有可能会造成脱轨，影响行车安全。进行 0～400 km/h 无轨道激扰和 0～380 km/h 有轨道激扰的稳定性试验，来测定无轨道激扰情况下的线性临界速度和有轨道激扰情况下的实际临界速度。

铁路机车车辆运动稳定性的判定标准一般以转向架构架的横向振动加速度峰值连续 6 次超过 10 m/s^2 被视为出现运行失稳运动(横向振动加速度信号需经过 0.5～10 Hz 的带通滤波)。但实际上由于铁路机车车辆在台架上进行试验时，各部件的运行状况可以直接测量，特别是绝对位移，甚至可以通过实物或视频直接观察被试车的各部件运动。所以在试验台上，可以直接采用轮对周期(或拟周期)运动的位移状况来进行铁路机车车辆稳定状态的判别。

稳定性试验的评估内容包括：

(1)蛇行失稳临界速度。包括出现失稳的临界速度和失稳后恢复稳定的临界速度。

(2)失稳后运行振型。包括车体、转向架和各轮对在失稳后的运动振型。

为了获得被试车在失稳后的振动特征，就必须对被试车的运动进行检测。在实际稳定性试验中，对试验对象和试验过程的检测项目一般由试验委托方提出，但作为基本的试验检测项目，检测内容应包括：

(1)车体1、2位转向架处对角侧横向和垂向位移和加速度；

(2)1位转向架的前后轮对处对角侧横向和垂向位移，以及该转向架中部横向加速度；

(3)测试转向架中各轮对的横向位移。

具体测点布置表示见图4-41。

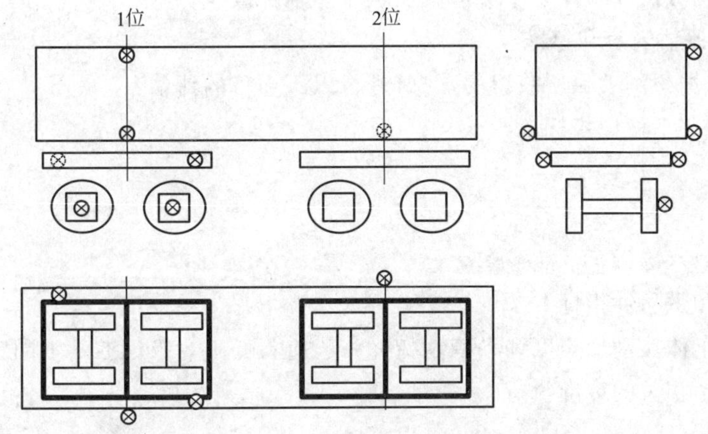

图4-41 测点示意图

通过观测和检测轮对运动位移，判断出各种不同类型临界速度。

铁路机车车辆的运动稳定性要求并不是越高越好。对新造车，应要求 v_{C2} 大于最高线路运行速度或最高线路试验速度的1.15倍。

4.3.2.2 运行响应

运行平稳性即响应试验就是模拟铁路机车车辆运行的试验，重点在模拟运行环境下测定被试车的响应，最后得出运行的平稳性指标。试验通过滚振相结合的方法来模拟被试铁路机车车辆在线路不平顺激扰下的运行状态，并测定车体振动响应的平稳性。在条件不允许的情况下，可采用纯振动试验台模拟。

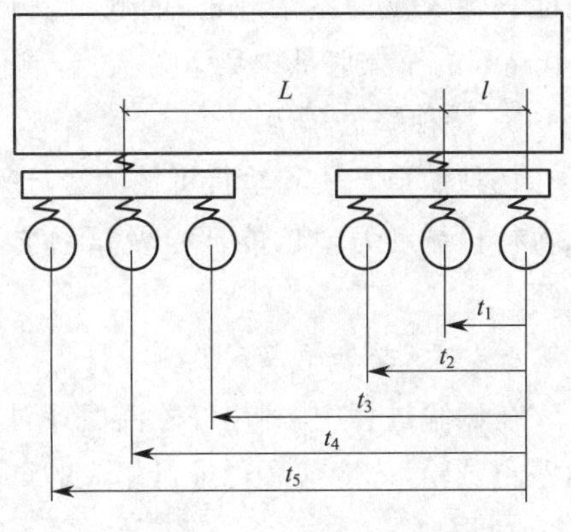

图4-42 激振信号延时

滚动振动试验台的滚轮激振信号应采用实际线路的轨道谱或相应的代用谱。试验时，首先确定试验台第一轴的激振信号，后面2～6轴的激振信号可通过第一轴激振信号的延时得到(图4-42)。延时可根据机车车辆定距和轴距来计算，对六轴车，2至6轴相对于1轴的延时时间为(四轴车的情况类似)：

$$
\begin{aligned}
t_1 &= l/v \\
t_2 &= 2l/v \\
t_3 &= L/v \\
t_4 &= (L+l)/v \\
t_5 &= (L+2l)/v
\end{aligned}
\tag{4-52}
$$

式中 l——同一转向架第1、2条轮对之间的距离；

L——前后转向架间距(定距)；

v——模拟运行速度。

1. 检测项目

根据 GB/T 5599—1985《铁道车辆动力学性能评定及试验鉴定规范》、GB/T 17426—1998《铁道特种车辆和轨行机械动力学性能评定及试验方法》、TB/T 2360—1993《铁道机车动力学性能试验鉴定方法及评定标准》的规定，以及作为研究性试验研究分析的需要，建议在试验中尽可能测定多一些的响应信号。建议检测的项目除 4.4.2.1 中所列之外，还应包括：

(1)测试转向架一系和二系悬挂的垂向和横向位移；

(2)1 位和 2 位轮对的轮轨力；

(3)各轴箱、电机、变速箱等回旋和相对运动副的温度；

(4)关键部件关键点的应变(选做)，贴应变片的位置由试验委托方确定。

检测项目的具体检测方法和检测要求参考相关机车车辆标准执行。

2. 运行响应试验的评估内容和标准

运行响应试验中，根据检测项目所获得的数据，进行以下项目的评估：

(1)车体振动加速度和平稳性指标；

(2)轮轨减载率和脱轨系数；

(3)悬挂的动挠度；

(4)动强度(动力系数)(选做)。

①车体振动加速度和平稳性指标

新造铁路机车车辆车体振动加速度和平稳性指标一般应不低于 2 级标准。不同铁路机车车辆具体的平稳性指标计算方法应参考相关的标准执行。

a. 铁路货车

铁路货车在轨道上行驶时，由于轨道的随机不平顺，引起铁路货车运动的不断变化，搭载在车体上的货物也一起振动。根据 GB/T 5599—1985《铁道车辆动力学性能评定及试验鉴定规范》规定，货物运行平稳性分别按平稳性指标、最大振动加速度和平均最大振动加速度来评定。

由于车体要装载货物，一般无法在车体内布置传感器。所以，根据 GB/T 5599—1985《铁道车辆动力学性能评定及试验鉴定规范》的规定，测量车体加速度的测点选在 1 或 2 位心盘内侧距心盘中心线不小于 1 000 mm 的车体底部中梁下盖板上，或相应位置。所测加速度信号应进行 20 Hz 低通滤波。

b. 特种铁道车辆

特种铁道车辆和轨行机械的运行平稳性评定标准和计算方法参考 GB/T 17426—1998《铁道特种车辆和轨行机械动力学性能评定及试验方法》执行。采用平稳性指标 W 进行评判。具体评定方法不再具体介绍。

4.3.2.3 轴箱轴承温度监测

在试验过程中，利用红外温度计对两个转向架共 8 个轴箱进行轴承温度监测试，若温度超过限制温升，则停止试验，待冷却后再进行相应的试验。

4.3.3 实　　例

在铁路货车开发过程中，整车的室内试验十分重要，它可以节约大量的开发时间和人力物力，且试验精度较高。整车试验台是整车室内试验的基本设备，作为一种试验手段，在铁路货车的研制和开发过程中处于举足轻重的地位。

转向架是铁路机车车辆的关键部件，转向架的台架试验和参数检测在保证铁路机车车辆性能中的作用逐步被广大机车车辆生产企业所认识。在发展提速和高速铁路机车车辆过程中，有许多典型的事例足以说明转向架台架试验和参数检测的重要性。由于企业从试验中对转向架技术有了更深的理解，同时通过试验，转向架性能得到测定和优化。

1995 年至 2008 年底，滚动振动试验台共完成铁路货车及转向架试验数十项，滚动振动试验台为我国铁路的重载、快速运输货物车辆的研制提供了重要的试验手段，发挥了重要的作用。表 4-6 为牵引动力国家重点实验室滚动振动试验台完成的主要铁路货车试验情况。

表 4-6 牵引动力国家重点实验室滚动振动试验台完成的铁路货车试验

序号	被试车	委托单位	时间
1	新型重载单元列车敞车及通用型低动力作用大型敞车	齐齐哈尔车辆厂	1995
2	准构架式 2E 轴转向架货车	株洲车辆厂	1996
3	120 km/h 快运平车	株洲车辆厂	1998
4	摆式转向架铁路货车	眉山车辆厂	1999
5	快运棚车	眉山车辆厂	2000
6	120 km/h 构架式转向架罐车	西安车辆厂	2000
7	160 km/h 高速铁路货车(原理机)	株洲车辆厂	2002
8	160 km/h 铁路货车转向架	齐齐哈尔铁路车辆(集团)有限责任公司	2003
9	25 t 重轴箱悬挂摆动式转向架	株洲车辆厂	2003
10	出口巴基斯坦三大件货车转向架	眉山车辆厂	2004
11	出口巴基斯坦构架式铁路货车转向架	眉山车辆厂	2004
12	C_{64H}(转 K4 型转向架)	株洲车辆厂	2004
13	160 km/h 高速铁路货车转向架	株洲车辆厂	2007
14	160 km/h 铁路货车转向架	眉山车辆厂	2008

4.3.3.1 构架式 160 km/h 铁路货车转向架滚动振动试验

为考察 160 km/h 铁路货车转向架的动力学性能，在线路运行前应进行室内滚动振动试验台的动力学性能试验，2003 年 8 月对 160 km/h 铁路货车转向架进行了动力学性能试验和参数优化试验，对 160 km/h 铁路货车转向架进行蛇行稳定性和运行平稳性试验，试验最高速度为 240 km/h。试验时被试车的两端用拉杆纵向固定，垂向和横向可自由运动。160 km/h 铁路货车及转向架在试验台上的情景见图 4-43、图 4-44。

图 4-43 被试轴箱钢弹簧方案整车及转向架在滚动振动试验台上

图 4-44　被试轴箱橡胶弹簧方案转向架在滚动振动试验台上

试验方案见表 4-7。

表 4-7　试　验　方　案

方案	方案描述		速度(km/h)	方案	方案描述		速度(km/h)
1		原车无扰动稳定性	0～240	13		原车无扰动稳定性	0～240
2		原车有扰动稳定性	0～240	14		原车有扰动稳定性	0～240
3		原车平稳性	40～240,间隔 20 km/h	15		原车平稳性	40～240,间隔 20 km/h
4	空车，方案 1	每转向架拆除一个中央横向减振器	40～200,间隔 20 km/h	16	空车，方案 2	每转向架拆除一个中央横向减振器	40～200,间隔 20 km/h
5		每转向架拆除二个中央横向减振器	40～200,间隔 20 km/h	17		每转向架拆除二个中央横向减振器	40～200,间隔 20 km/h
6		每转向架拆除四个轴箱垂向减振器	40～200,间隔 20 km/h	18		每转向架加装四个轴箱垂向减振器	40～200,间隔 20 km/h
7		原车无扰动稳定性	0～240	19		原车无扰动稳定性	0～240
8		原车有扰动稳定性	0～240	20		原车有扰动稳定性	0～240
9		原车平稳性	40～240,间隔 20 km/h	21		原车平稳性	40～240,间隔 20 km/h
10	重车，方案 1	每转向架拆除一个中央横向减振器	40～200,间隔 20 km/h	22	重车，方案 2	每转向架拆除一个中央横向减振器	40～200,间隔 20 km/h
11		每转向架拆除二个中央横向减振器	40～200,间隔 20 km/h	23		每转向架拆除二个中央横向减振器	40～200,间隔 20 km/h
12		每转向架拆除四个轴箱垂向减振器	40～200,间隔 20 km/h	24		每转向架加装四个轴箱垂向减振器	40～200,间隔 20 km/h

测试内容

(1)加速度传感器

1 位轴箱、转向架构架横向、垂向

摇枕(心盘侧)横向、垂向

车体(心盘内侧距心盘中心线小于 1 000 mm 的车底架中梁下盖板上的横向、垂向)

(2)位移

绝对位移:车体(枕梁处)、摇枕、转向架侧梁(中部)和轮对

相对位移:中央悬挂弹簧、轴箱悬挂弹簧的横向和垂向动挠度

(3)温度

各轴箱温度

4.3.3.1.1 运动稳定性试验结果

本次试验对被试车的运动稳定性进行了大量试验，各试验方案运动稳定性试验结果见表 4-8。

表 4-8 蛇行稳定性试验结果

试验方案	3	4	5	6	9	10	11	12
临界速度(km/h)	>240	>200	180	>200	200	>200	>200	>160
试验方案	15	16	17	18	21	22	23	24
临界速度(km/h)	200	180	160	180	>240	>200	>200	>240

分析试验得出以下结果：

原车试验方案 3 在 240 km/h 范围内，空车未出现蛇行失稳现象，重车在 200 km/h 范围内未出现蛇行失稳，说明该车钢弹簧方案具有良好的稳定性。试验方案 15 和试验方案 17 拆除两个中央横向减振器后，空车工况稳定性变差，方案 5 在 180 km/h 时系统小晃，方案 17 在 160 km/h 时系统失稳。重车工况 11 和工况 23 在 200 km/h 范围内未出现蛇行失稳现象，说明该车重车具有良好的稳定性。

4.3.3.1.2 运行平稳性试验结果

1. 车体运行平稳性指标

在进行运行平稳性试验时，对车体加速度进行测定，再根据国标 GB/T 5599—1985《铁道车辆动力学性能评定及试验鉴定规范》处理得到平稳性指标。

(1)对轴箱为钢弹簧转向架空车、重车方案：

见图 4-45、图 4-46，拆除一个中央横向减振器空车工况下车辆运行横向平稳性指标影响不大，重车工况下车辆横向运行平稳性指标变大；拆除两个中央横向减振器空重工况下横向性能明显变差。拆除轴箱垂向减振器，车体垂向平稳性明显变差。

(2) 对轴箱为橡胶弹簧转向架空车、重车方案：

见图 4-47、图 4-48，拆除一个中央横向减振器空车工况车辆横向运行平稳性指标变大，重车工况下车体横向平稳性指标变化不大。拆除两个空重车工况车辆中央横向减振器车辆横向性能明显变差。加装轴箱垂向减振器，车体垂向平稳性明显变好，表明轴箱橡胶弹簧等效阻尼系数偏小。

(3)拆除两个中央横向减振器情况下钢弹簧方案横向平稳性优于橡胶弹簧方案。

(4)拆除全部轴箱垂向减振器情况下钢弹簧方案垂向平稳性比轴箱橡胶弹簧方案加装轴箱垂向减振器方案大，表明轴箱钢弹簧方案轴箱垂向减振器对垂向运行平稳性影响较大。

(5)轴箱为钢弹簧和橡胶弹簧方案的横向平稳性指标比垂向略小，其横向和垂向平稳性指标均小于 3.5，达到优级，说明该车具有良好的横向和垂向性能，达到优级。

2. 振动加速度

试验时对铁路货车各部位的加速度值进行了测定。160 km/h 时，轴箱为钢弹簧方案下，空车工况下车体平均最大横向加速度在 0.08 g 左右，车体垂向加速度在 0.15 g 左右，重车工况下车体横向加速度在 0.06 g 左右，垂向在 0.07 g 左右，达到优级。轴箱为橡胶弹簧方案下，空车工况下车体横向加速度在 0.1 g 左右，垂向在 0.18 g 左右，重车工况下车体横向加速度在 0.07 g 左右，垂向在 0.2 g 左右，达到优级。

车体加速度变化规律同车体运行平稳性指标变化规律相似，各方案对加速度的影响和对平稳性指标的影响基本一致。

160 km/h 时，轴箱为钢弹簧情况下，空车工况下转向架构架横向加速度在 0.7 g 左右，垂向在 0.6 g 左右，重车工况下车体横向加速度在 0.7 g 左右，垂向在 1.0 g 左右。轴箱为橡胶弹簧方案下，空车工况下车体横向加速度在 0.6 g 左右，垂向也在 0.6 g 左右，重车工况下车体横向加速度在 0.5 g 左右，垂向在 0.8 g

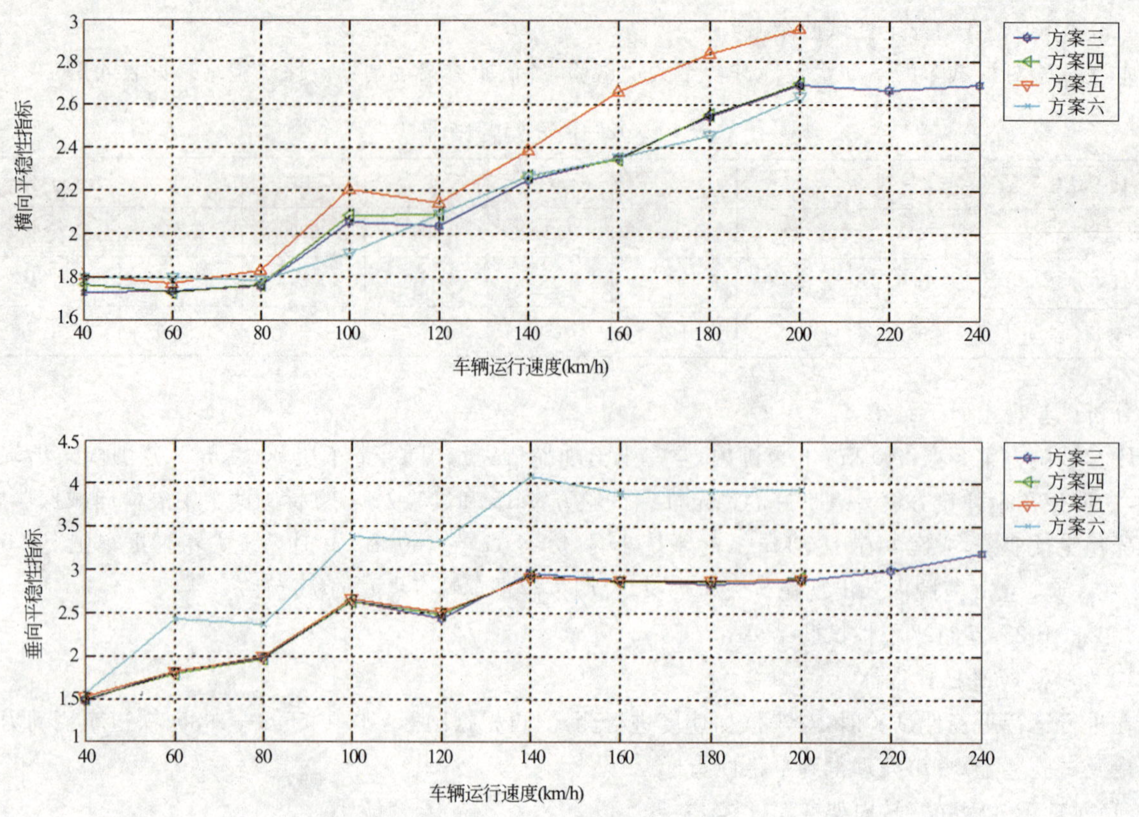

图 4-45　空车结果

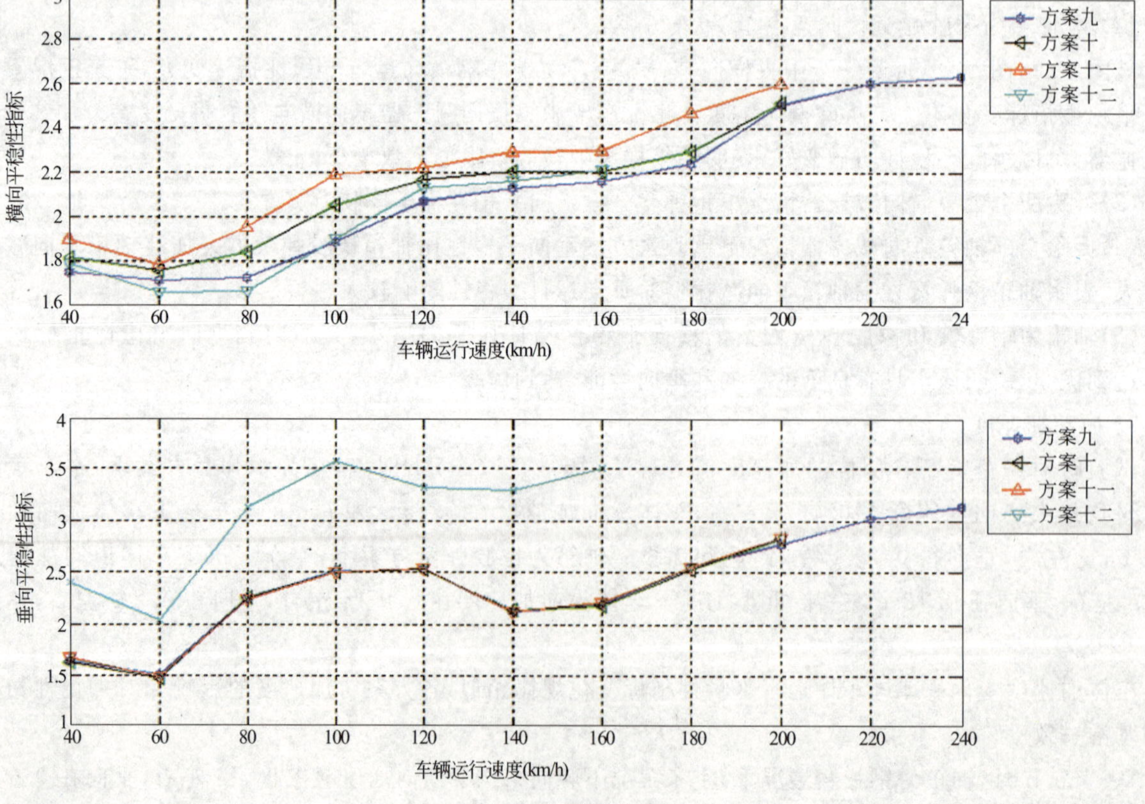

图 4-46　重车结果

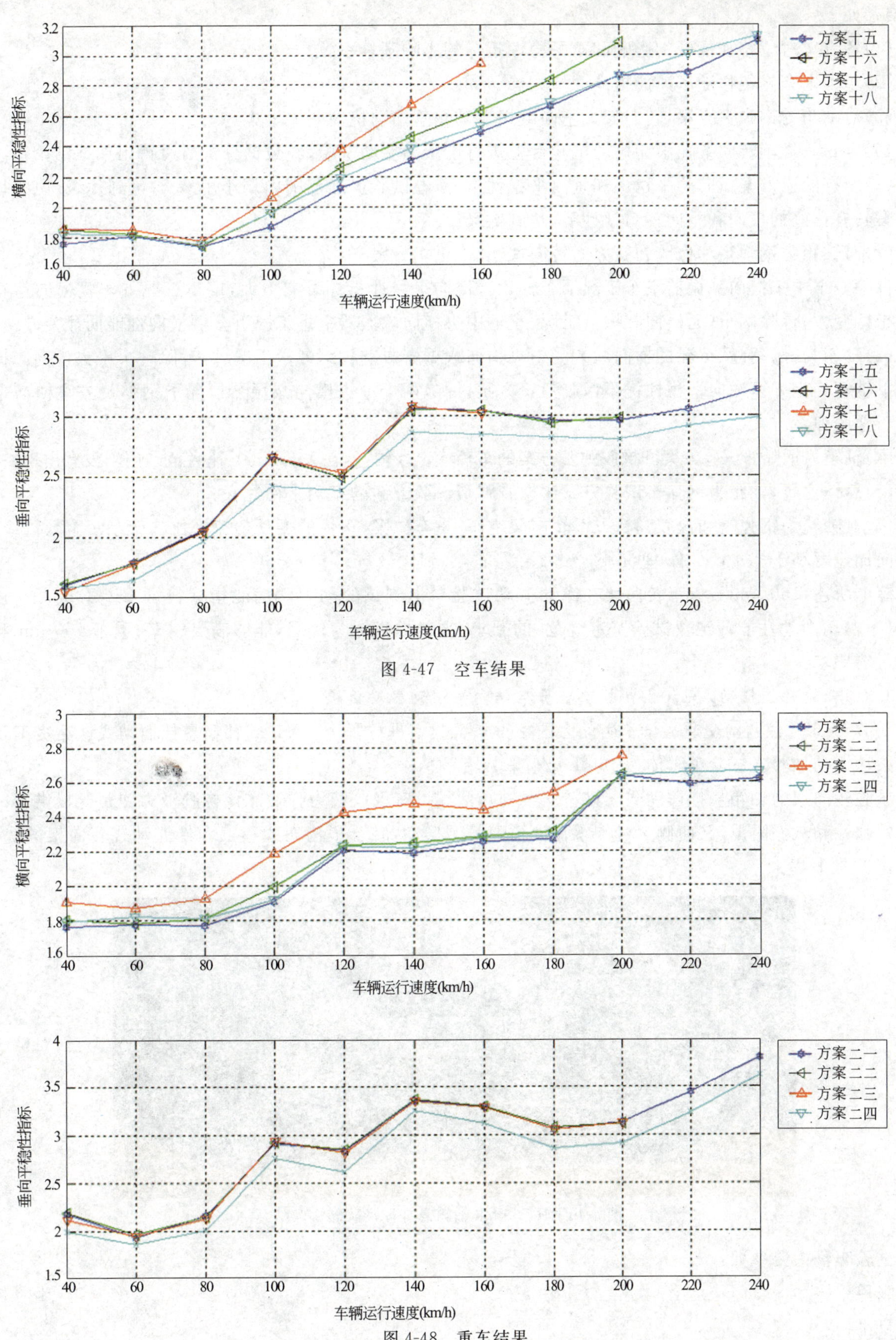

图 4-47　空车结果

图 4-48　重车结果

左右。

3．振动位移

试验中对车体、转向架构架相对地面横向及垂向位移、轴箱和中央悬挂横向和垂向相对位移等进行了测

定,结果如下:

(1)各方案对位移和挠度的影响和对平稳性指标的影响基本一致。

(2)基本上车体位移随车速的提高而增大。

(3)对轴箱为钢弹簧方案,转向架无垂向减振器轴箱垂向动挠度明显增大。

160 km/h 货车转向架在滚动振动试验台上进行了滚动振动试验,经数据分析后可得出如下结论:

(1)所有的原方案横向的平稳性和垂向平稳性指标,在试验速度范围内均小于 3.5,达到优级,说明该车原方案具有良好的横向和垂向动力学性能,达到优级。

(2)对轴箱为钢弹簧和橡胶弹簧方案转向架空车、重车方案:

拆除一个中央横向减振器空车工况下车辆运行横向平稳性指标影响不大,重车工况下车辆横向运行平稳性指标变大;拆除两个(无横向减振器工况)车辆中央横向减振器空重工况下车辆横向性能明显变差。

(3)轴箱为橡胶弹簧工况的横向性能受中央横向减振器影响较钢弹簧工况大,拆除一个中央横向减振器情况下轴箱为钢弹簧横向平稳性优于橡胶弹簧方案,拆除两个中央横向减振器情况下钢弹簧方案横向平稳性优于橡胶弹簧方案。

(4)轴箱为钢弹簧试验方案和橡胶弹簧方案的车辆稳定性较好,在 240 km/h 速度范围内均没有出现蛇行。

(5)总体比较,轴箱为钢弹簧试验方案比橡胶弹簧试验方案的车辆平稳性好。

(6)对轴箱为钢弹簧和橡胶弹簧方案转向架空车、重车方案,车体的振动加速度比构架小一个数量级,车体横向加速度小于 0.1 g 左右,垂向小于 0.2 g 左右,达到优级。

综上所述,160 km/h 货车转向架在滚动振动试验台上测量的动力学性能指标符合 GB/T 5599—1985《铁道车辆动力学性能评定及试验鉴定规范》的要求,平稳性指标为优级,能够满足空车、重车 160 km/h 实际运行的要求。

4.3.3.2 轴箱悬挂摆动式 160 km/h 铁路货车转向架滚动振动试验

2007 年 6 月在西南交通大学牵引动力国家重点实验室进行了 160 km/h 轴箱悬挂摆动式铁路货车转向架的滚动振动试验。试验车车体为 160 km/h 集装箱平车。

试验转向架为轴箱悬挂摆动式。该转向架轴箱两翼设有橡胶液力弹簧。该橡胶液力弹簧既提供了一系悬挂的弹性和减振阻尼,又使侧架可支承在轴箱弹簧上摆动,融合了构架式和三大件摆动式转向架的优点。其结构见图 4-49。

图 4-49　160 km/h 轴箱悬挂摆动式转向架

试验车辆主要参数:

载重	48 t
自重	22 t
车体	适装 2×20 英尺集装箱的平车
车辆定距	8 900 mm
转向架固定轴距	1 800 mm

轴重 18 t

最高运行速度 160 km/h

该车在滚振试验台上试验见图 4-50。

图 4-50 装 160 km/h 轴摆式转向架的平车试验

本次试验目的是进行转向架方案的优化和考察该转向架动力学性能。

试验方案包括下述转向架的不同结构和参数的组合：

(1)有横向液压减振器和无横向液压减振器方案。

(2)外挂垂向液压减振器和无垂向液压减振器方案。

(3)具有不同刚度弹性销套的轴箱纵向拉杆和无轴箱纵向拉杆方案。

(4)侧架上的摆动座球心向上和球心向下方案。

(5)刚性摆动座与弹性摆动座方案。

(6)长吊杆侧架(适装 ϕ915 车轮)和短吊杆侧架(适装 ϕ840 车轮)方案。

由于该车空车的临界速度低于重车，故方案对比试验从空车试验开始。如对比的方案空车的临界速度达到设计要求，再作重车试验。

试验最高速度为 180 km/h。重车载荷为两个 20 英尺集装箱，每个重 24 t。

经过对被试车的运动稳定性进行了多方案的大量试验对比，选定了优化后的结构方案。此后再对择优的方案进行了如表 4-9 所列的正式试验[45]。

表 4-9 试验方案描述

方案	方案描述		速度(km/h)	方案	方案描述		速度(km/h)
	车辆装载状态	测试项目			车辆装载状态	测试项目	
1	空车	无扰动稳定性	0～180	4	重车	无扰动稳定性	0～180
2		有扰动稳定性	0～180	5		有扰动稳定性	0～180
3		平稳性	40～160，间隔 20 km/h	6		平稳性	40～160，间隔 20 km/h

4.3.3.2.1 运动稳定性试验结果

各试验方案运动稳定性试验结果见表 4-10。

分析试验得出以下结果：

试验方案 1、2 在 180 km/h 范围内，空车未出现蛇行失稳现象，4、5 方案重车在 180 km/h 范围内未出现蛇行失稳现象，说明择优方案空重车均具有良好的稳定性。

表 4-10 蛇行稳定性试验结果

试验方案	1	2	4	5
临界速度(km/h)	>180	>180	>180	>180

4.3.3.2.2　运行平稳性试验结果

1. 车体运行平稳性指标

测试数据见表 4-11 和图 4-51。

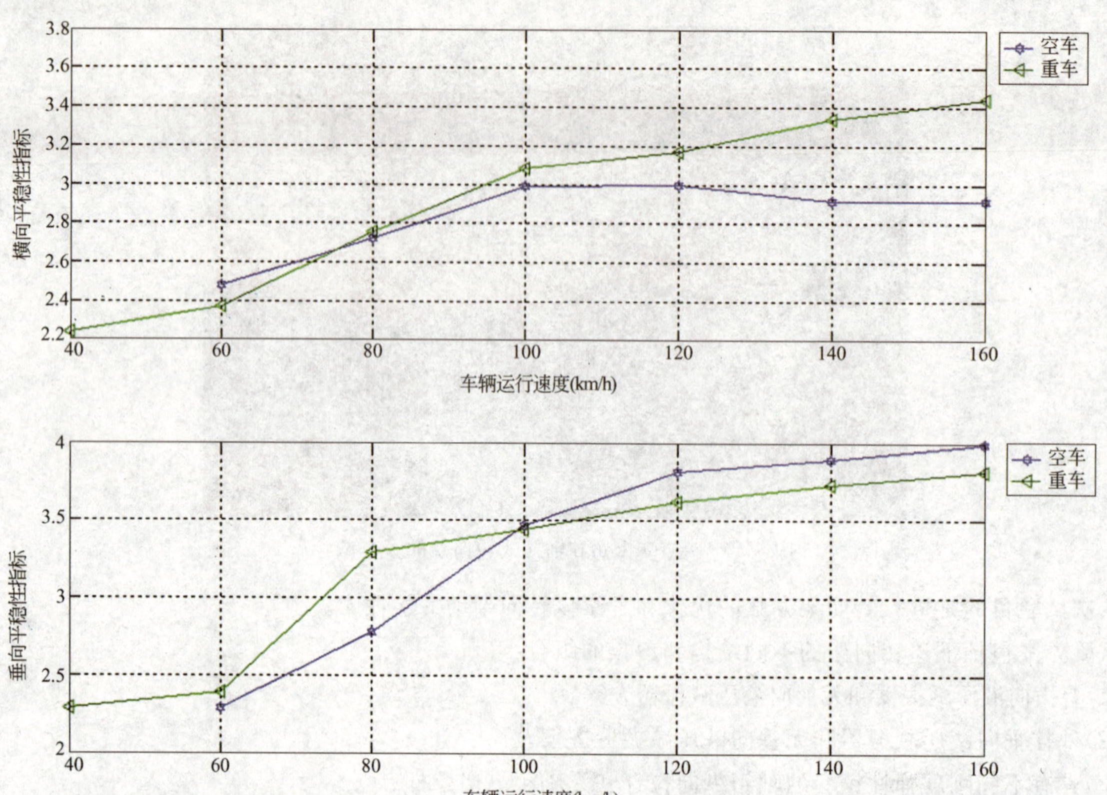

图 4-51a　车体(1 位)平稳性指标

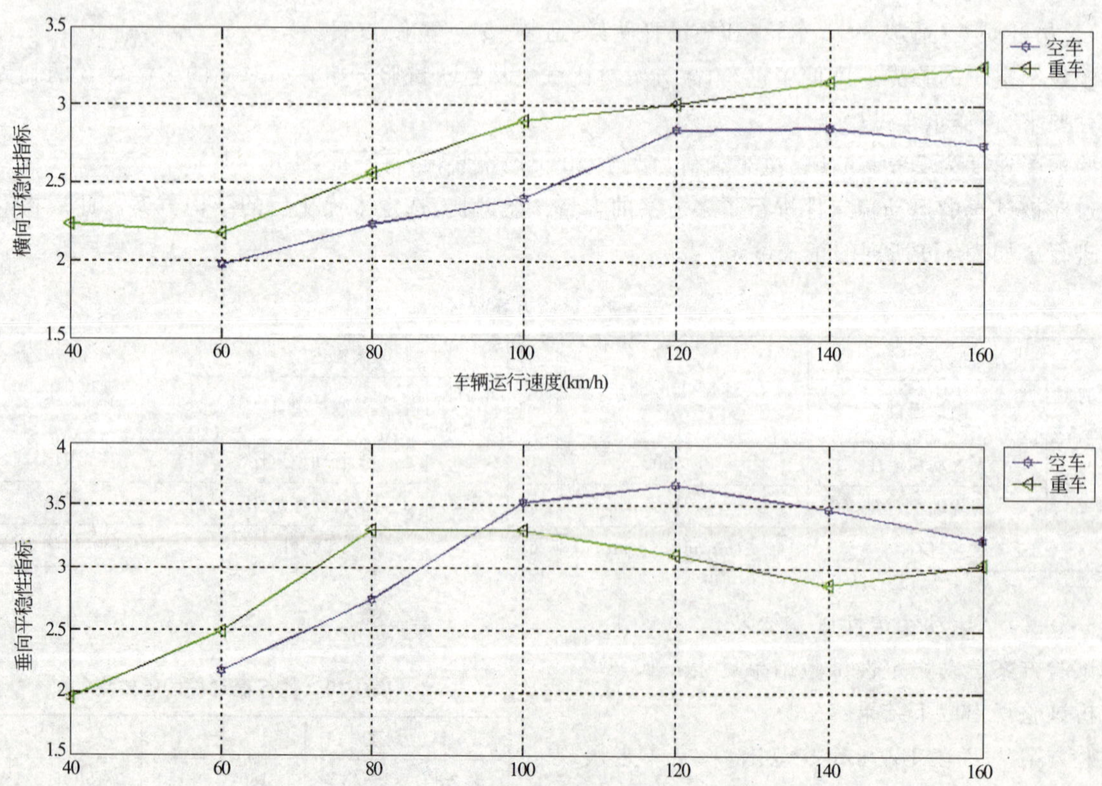

图 4-51b　车体(中部)平稳性指标

表 4-11 平稳性指标

方案	速度	文件	车体1位		车体中部		方案	速度	文件	车体1位		车体中部	
			横向	垂向	横向	垂向				横向	垂向	横向	垂向
空车	60	b45	2.481	2.288	1.978	2.180	重车	40	b36	2.235	2.289	2.238	1.957
	80	b46	2.718	2.777	2.239	2.747		60	b37	2.374	2.389	2.173	2.489
	100	b47	2.987	3.466	2.402	3.521		80	b38	2.757	3.287	2.559	3.302
	120	b48	2.998	3.812	2.843	3.664		100	b39	3.082	3.444	2.899	3.306
	140	b49	2.918	3.888	2.853	3.467		120	b40	3.172	3.614	3.008	3.106
	160	b50	2.914	3.989	2.749	3.225		140	b41	3.342	3.726	3.148	2.872
								160	b42	3.438	3.811	3.253	3.026

由上可知在试验速度160 km/h速度范围内车体平稳性指标垂向均小于4.0,达到良好级,横向均小于3.5,达到优级,说明该车具有良好的横向和垂向性能。

2. 振动加速度

试验时对铁路货车各部位的加速度值进行了测定,结果见表4-12 。可以看到,160 km/h时,空车工况下车体最大横向加速度0.163 g,车体垂向加速度在0.523g, 重车工况下车体横向加速度在0.257 g,垂向0.496 g。空、重车横向均低于0.5 g,垂向低于0.7 g。

表 4-12 加速度最大值(g)

方案	速度	文件	车体1位		车体中部		摇枕		侧架（轴箱上方）	
			横向	垂向	横向	垂向	横向	垂向	横向	垂向
空车	60	b45	0.098	0.108	0.064	0.090	0.220	0.569	0.733	0.708
	80	b46	0.136	0.182	0.098	0.181	0.293	0.871	1.089	1.228
	100	b47	0.155	0.347	0.111	0.321	0.369	1.340	1.678	1.853
	120	b48	0.200	0.457	0.199	0.411	0.458	1.666	2.260	2.653
	140	b49	0.157	0.529	0.221	0.360	0.464	1.780	2.335	3.205
	160	b50	0.163	0.523	0.221	0.316	0.478	1.735	2.428	3.598
重车	40	b36	0.067	0.100	0.059	0.059	0.273	0.711	0.884	0.831
	60	b37	0.090	0.123	0.071	0.116	0.542	1.336	1.316	1.442
	80	b38	0.133	0.252	0.102	0.289	0.433	1.453	1.512	1.647
	100	b39	0.169	0.344	0.171	0.299	0.394	1.424	1.436	1.934
	120	b40	0.221	0.369	0.199	0.258	0.538	1.666	1.718	2.389
	140	b41	0.254	0.395	0.200	0.199	0.621	1.843	1.934	3.194
	160	b42	0.257	0.496	0.250	0.226	0.723	2.474	2.917	3.721

3. 振动位移

试验中对车体、转向架构架相对地面横向及垂向位移、轴箱和中央悬挂横向和垂向相对位移等进行了测定,见表4-13,由表可见:

(1)各方案对位移和挠度的影响和对平稳性指标的影响基本一致。

(2)基本上车体位移随车速的提高而增大。

试验结果表明:

(1)160 km/h轴箱悬挂摆动式货车转向架须装设横向液压减振器。

表 4-13　最大值位移(mm)

方案	速度	文件	车体(枕梁处)		摇枕		侧架中部		一系		摇枕—侧架
			横向	垂向	横向	垂向	横向	垂向	横向	垂向	横向
空车	60	b45	10.318	8.105	10.251	8.215	7.833	7.815	0.674	1.657	3.495
	80	b46	15.348	9.993	14.752	9.149	13.222	9.332	1.087	2.467	7.884
	100	b47	14.666	12.384	14.048	10.471	12.862	9.635	1.417	4.623	10.810
	120	b48	14.648	12.528	13.904	10.678	11.309	9.618	2.101	4.888	16.388
	140	b49	13.404	10.289	12.755	9.043	9.863	9.704	1.924	5.872	12.806
	160	b50	12.081	11.418	13.406	10.827	10.564	10.404	3.179	5.892	12.096
重车	40	b36	7.491	8.943	6.426	8.867	6.203	0.022	0.603	3.850	1.156
	60	b37	8.764	8.648	7.731	8.835	6.649	0.028	0.431	4.046	2.294
	80	b38	7.808	10.153	8.450	10.160	6.941	0.021	0.515	5.747	3.430
	100	b39	8.097	10.844	8.392	10.741	6.314	0.028	0.684	7.739	5.109
	120	b40	8.339	10.475	9.496	10.181	7.193	0.024	0.795	7.079	5.989
	140	b41	7.973	11.828	9.088	11.419	6.585	0.024	0.785	7.948	6.483
	160	b42	7.745	12.495	8.361	11.899	7.103	0.024	1.545	8.460	7.672

(2)外挂垂向液压减振器可设置,也可不设置。不设置时须保证轴箱的橡胶液力弹簧有适当减振阻尼。

(3)加装具有适当刚度橡胶销套的轴箱纵向拉杆可使该转向架获得高临界速度。

(4)侧架上的摆动座球心向下方案较球心向上方案的摆动吊杆长度长,故其临界速度高,且下摆动座须用刚性,弹性下摆动座方案使临界速度大为降低。

(5)适装 ϕ915 车轮的长吊杆侧架较适装 ϕ840 车轮短吊杆侧架方案临界速度高。

对结构择优的方案的试验结论为:

装有 160 km/h 轴箱悬挂摆动式转向架的平车在 180 km/h 速度范围内没有出现蛇行失稳现象。空车和重车工况下该车平稳性指标,在试验速度 160 km/h 速度范围内垂向均小于 4.0,达到良好级,横向均小于 3.5,达到优级,动力学性能指标符合 GB/T 5599—1985《铁道车辆动力学性能评定及试验鉴定规范》的要求,能够满足空车、重车 160 km/h 的运行要求[46]。

4.3.3.3　振动试验台试验实例

以装用下交叉支撑型转向架的 P_{65} 型快运棚车进行的振动台振动试验为例,介绍铁路货车的具体振动试验过程。

4.3.3.3.1　试验条件、试验方法和测试项目

(1)试验条件

1999 年 3 月滚动试验的测试工作在青岛四方车辆研究所有限公司滚动台测试工作间完成。试验过程中主要采用以下仪器设备和传感器:

①振动试验台。

②应变式加速度传感器,型号为 AS-2GB,量程范围为±2 g、±10 g。

③拉线式位移传感器,型号为 LWS-0.1 mm,量程范围为±50 mm;型号为 LWS-0.3 mm,量程范围为±150 mm。

④HP E1432A VXI 数据采集系统、HP E1434A VXI 振动控制系统、HP B1000 计算机工作站、LMS TWR 多通道控制软件和 LMS TAM 信号采集软件。

以上传感器和测试仪器均经计量部门检定合格或经过标定。

(2)试验方法

振动试验时,被试车置于振动台的 4 个支撑横梁上,一端由专用的牵引杆连接在固定的牵引座上,由 8

个垂向作动器和4个横向作动器对被试车进行激振，激振方式分为：振型激励、周期性激励、线路谱激励和其他特定的激励等，可根据试验需要由计算机控制电液伺服系统执行。

(3)测试项目

试验内容有：

①各振型的自振频率；

②运行平稳性；

③随运行速度变化的振动特性。

测试项目有：

①轴箱垂向和横向加速度；

②侧架对应轴箱顶部位置端部垂向和横向加速度；

③侧架承台中央下部垂向和横向加速度；

④摇枕端部垂向和横向加速度；

⑤车体心盘垂向和横向加速度；

⑥车体中央垂向和横向加速度；

⑦摇枕弹簧垂向动挠度和横向位移等。

4.3.3.3.2 试验结果及分析

(1)各振型的自振频率

P_{65}型棚车在空、重车状态下各振型的自振频率测定结果如表4-14所示。由于铁路货车是一个多自由度的复杂的非线性系统，多种振型往往耦合出现，所以表中有的振型显示了2种主振动频率，有的示出了一个振动能量较大的频带，以供振动分析用。

表4-14 P_{65}型棚车各振型自振频率(Hz)

振型	空车	重车	振型	空车	重车
浮沉	4.5～4.8	3.7～4.7	摇头	4.2～6.8	4.1～4.8
点头	4.75～6.03	6.7～6.9	横摆	6.8～7.9	5.3～5.5
侧滚	1.4～1.8	1.97～2.18	车体垂向弯曲	10.0～13.0	9.2～9.8

(2)在波形线路激励下的振动响应

所谓波形线路激励，是指以轨长25 m为周期的线路弹性变形不平顺产生的振动激励，通常以正弦波的形式描述。本次试验取振幅4 mm。该激励频率与运行速度有关，且自第1轮对至第4轮对的激励波形有一定的时间差。该时间差与转向架轴距、心盘距及运行速度有关。在振动试验时，根据P_{65}型棚车的结构参数预选编制试验操作计算机程序，自动控制振动试验台8个垂向激振器产生波形线路激励。

P_{65}型棚车空、重车状态下的波形线路激励试验结果见表4-15所示，由试验结果可知，P_{65}型棚车在40～160 km/h范围内，在波形线路激励下产生的振动响应随运行速度的提高而增大，但没有共振现象。

表4-15 波形线路激励下的心盘垂向振动加速度(g)

运行速度(km/h)	空车		重车	
	RMS值	平均最大值	RMS值	平均最大值
40	0.006	0.015	0.012 9	0.028 3
60	0.009	0.026	0.009 8	0.022 8
80	0.011	0.033	0.012 6	0.030 2
100	0.015	0.043	0.018 5	0.043 7
120	0.019	0.052	0.021 7	0.052 5
140	0.025	0.057	0.027 2	0.058 6
160	0.030	0.066	0.050 1	0.098 6

(3)变频扫描激励的响应

为了对 P_{65} 型棚车的振动性能进行特性分析，通过垂向和横向激振器对车辆进行垂向和横向正弦扫描试验。

垂向扫描频率 0～10 Hz，振幅 2 mm。每速度级扫描周期 64 s，自 40 km/h 至 160 km/h，运行速度模拟由 4 个轮对的运行时间差来实现，第 1 条轮对开始以 1～10 Hz 扫描，第 2、3、4 轴与第 1 轴的时间差为：

$$\tau_{1.2}=\frac{1.75}{v};\tau_{1.3}=\frac{11.7}{v};\tau_{1.4}=\frac{13.45}{v}$$

式中 v 为车辆运行速度，m/s。

这种变频扫描激励试验，相当于在车辆运行中每条轮对受到 1～10 Hz 的正弦激励时，研究车辆产生的振动响应，同时可以分析振动的传递。

对于振动系统的横向特性分析，同样通过 4 个横向激励器施加正弦扫描激励来实现。横向扫描频率为 0～6 Hz，振幅 6 mm，轴间时间差与垂向相同，每速度级扫描周期为 64 s。

空、重车在垂向和横向正弦变频扫描试验的试验结果见表 4-16～表 4-19 所示。表中列出了各部位在变频扫描时产生的振动加速度响应及其主频。表中承载鞍、侧架导框顶部、侧架中间弹簧承台下部中央等部位属于簧下部分，而摇枕一头端部和车体心盘内侧附近的中梁部位属于簧上部分。根据上述结果可以得出以下结论：

表 4-16 P_{65} 型棚车空车垂向扫描激励时的振动加速度及主频

运行速度(km/h)	1 位承载鞍		1 位侧架导框部		1 位侧架承台下部中央		摇枕 1 位端		车体 1 位心盘部中梁	
	振幅(g)	主频(Hz)	振幅(g)	主频(Hz)	振幅(g)	主频(Hz)	振幅(g)	主频(Hz)	振幅(g)	主频(Hz)
40	0.640	7.6	0.545	7.6	0.410	7.6	0.370	7.2	0.545	7.2
60	0.640	7.6	0.545	7.6	0.500	7.6	0.320	7.4	0.640	7.4
80	0.730	8.1	0.640	8.4	0.545	8.4	0.320	8.4	0.545	8.4
100	0.755	8.4	0.640	8.4	0.545	8.1	0.275	8.1	0.545	8.1
120	0.730	8.2	0.590	8.2	0.460	7.8	0.275	7.8	0.460	7.9
140	0.820	8.3	0.730	8.3	0.590	8.3	0.275	8.3	0.410	8.3
160	0.910	8.7	0.730	8.7	0.410	8.7	0.320	7.3	0.320	8.4

表 4-17 P_{65} 型棚车空车横向扫描激励时的振动加速度及主频

运行速度(km/h)	1 位承载鞍		1 位侧架导框部		1 位侧架承台下部中央		摇枕 1 位端		车体 1 位心盘部中梁	
	振幅(g)	主频(Hz)	振幅(g)	主频(Hz)	振幅(g)	主频(Hz)	振幅(g)	主频(Hz)	振幅(g)	主频(Hz)
40	0.354	4.2	0.354	4.2	0.354	4.2	0.381	4.2	0.327	4.2
60	0.500	4.6	0.500	4.6	0.500	4.6	0.500	4.6	0.410	4.6
80	0.500	5.5	0.460	5.5	0.460	5.5	0.460	5.5	0.410	5.5
100	0.460	5.0	0.460	5.0	0.370	5.1	0.370	5.1	0.320	5.0
120	0.500	4.8	0.460	4.8	0.500	4.8	0.545	4.8	0.460	4.8
140	0.500	5.0	0.500	5.0	0.460	5.0	0.460	5.0	0.370	5.0
160	0.320	3.7	0.275	3.7	0.275	3.7	0.320	3.7	0.275	3.7

表 4-18 P_{65} 型棚车重车垂向扫描激励时的振动加速度及主频

运行速度(km/h)	1 位轴箱承载鞍		1 位侧架导框顶部		1 位侧架承台下部中央		摇枕 1 位端		车体 1 位心盘部中梁	
	振幅(g)	主频(Hz)	振幅(g)	主频(Hz)	振幅(g)	主频(Hz)	振幅(g)	主频(Hz)	振幅(g)	主频(Hz)
40	0.455	7.0	0.410	7.0	0.292	7.0	0.182	6.5	0.182	6.6
60	0.455	7.0	0.410	7.0	0.310	6.7	0.182	7.0	0.182	6.6
80	0.455	7.1	0.455	7.1	0.364	7.1	0.182	7.1	0.182	7.0
100	0.500	7.0	0.410	7.0	0.254	5.9	0.164	5.9	0.182	5.9
120	0.455	7.3	0.455	7.3	0.400	7.3	0.182	7.3	0.182	7.3
140	0.545	7.9	0.500	7.9	0.310	7.9	0.110	7.9	0.146	7.9
160	0.410	7.0	0.370	7.0	0.346	7.0	0.182	5.9	0.200	6.6

表 4-19 P_{65}型棚车重车横向扫描激励时的振动加速度及主频

运行速度(km/h)	1位轴箱承载鞍		1位侧架导框部		1位侧架承台下部中央		摇枕1位端		车体1位心盘部中梁	
	振幅(g)	主频(Hz)	振幅(g)	主频(Hz)	振幅(g)	主频(Hz)	振幅(g)	主频(Hz)	振幅(g)	主频(Hz)
40	0.408	3.9	0.381	3.9	0.438	3.9	0.465	3.9	0.408	3.9
60	0.492	4.5	0.438	4.5	0.381	4.5	0.354	4.5	0.354	4.5
80	0.408	4.2	0.408	4.2	0.438	4.2	0.438	4.2	0.408	4.2
100	0.327	4.0	0.327	4.0	0.381	4.0	0.438	4.0	0.354	4.0
120	0.408	4.3	0.381	4.3	0.354	4.3	0.327	4.3	0.300	4.3
140	0.438	5.0	0.354	5.0	0.246	5.0	0.219	5.0	0.219	5.0
160	0.381	4.2	0.381	4.2	0.354	4.2	0.381	4.2	0.381	4.2

(1)空车受垂向扫描激励时,其簧下部分的垂向振动主频为7.6～8.7 Hz,簧上部分的垂向振动主频为7.2～8.4 Hz,簧上簧下主频相近。

(2)重车受垂向扫描激励时,其簧下部分的垂向振动主频为5.9～7.9 Hz,簧上部分的垂向振动主频为5.9～7.9 Hz,但多次出现5.9～6.6 Hz的主振动,这说明簧上振动有时由于枕簧的弹性作用而使其主频降低。同时,重车垂向振动主频低于空车也可能是弹簧悬挂装置的作用。

(3)空车受横向扫描激励时,其簧下部分的横向振动主频为3.7～5.5 Hz,簧上部分的横向振动主频为3.7～5.5 Hz,上下基本相同。

(4)重车受横向扫描激励时,其簧下部分的横向振动主频为3.9～5.0 Hz,簧上部分的横向振动主频为3.9～5.0 Hz,上下基本相同。

(4)振动响应

①运行平稳性

P_{65}型棚车空、重车运行平稳性指标测试结果见表4-20、表4-21。由表4-20、表4-21可见,在40～160 km/h范围内,空车、重车的垂向和横向运行平稳性指标均为优级。

表 4-20 P_{65}型棚车空车平稳性指标

运行速度(km/h)	垂向	横向
40	2.14	2.45
60	2.37	2.73
80	2.45	2.76
100	2.57	2.92
120	2.61	3.26
140	2.70	3.25
160	2.78	3.39

表 4-21 P_{65}型棚车重车平稳性指标

运行速度(km/h)	垂向	横向
40	2.60	2.64
60	2.77	2.87
80	2.85	3.08
100	2.98	3.08
120	3.12	3.12
140	3.13	3.13
160	3.21	3.12

②振动加速度

P_{65}型棚车空、重车心盘振动加速度RMS值和平均最大值测试结果见表4-22、表4-23所示。

③弹簧动挠度

P_{65}型棚车空、重车弹簧动挠度测试结果见表4-24所示。由表4-24可知,空车动挠度平均最大值最大为2.28 mm,重车动挠度平均最大值最大为6.04 mm。空、重车弹簧动挠度都随运行速度的提高而增大。

表 4-22　P_{65}型棚车空车心盘振动加速度(g)

运行速度(km/h)	垂向		横向	
	RMS值	平均最大值	RMS值	平均最大值
40	0.035	0.095	0.048	0.133
60	0.045	0.126	0.065	0.176
80	0.051	0.138	0.064	0.169
100	0.059	0.151	0.082	0.218
120	0.079	0.196	0.112	0.273
140	0.076	0.191	0.110	0.267
160	0.084	0.205	0.130	0.314

表 4-23　P_{65}重车5级线路谱激励时的心盘振动加速度(g)

运行速度(km/h)	垂向		横向	
	RMS值	平均最大值	RMS值	平均最大值
40	0.042	0.113	0.044	0.124
60	0.051	0.134	0.061	0.146
80	0.057	0.136	0.070	0.178
100	0.066	0.157	0.076	0.182
120	0.077	0.177	0.084	0.206
140	0.077	0.172	0.083	0.204
160	0.083	0.190	0.088	0.211

表 4-24　P_{65}型棚车弹簧动挠度(mm)

运行速度(km/h)	空　车				重　车			
	1位侧		2位侧		1位侧		2位侧	
	RMS值	平均最大值	RMS值	平均最大值	RMS值	平均最大值	RMS值	平均最大值
40	0.51	1.05	0.52	1.21	0.81	2.52	0.66	2.18
60	0.63	1.39	0.61	1.37	1.05	2.94	1.00	2.40
80	0.68	1.78	0.58	1.51	1.20	3.73	1.16	3.79
100	0.75	2.00	0.58	1.86	1.51	4.10	1.48	4.36
120	0.71	1.76	0.67	1.64	1.83	4.52	1.62	5.05
140	0.68	1.88	0.63	1.71	1.94	5.20	1.73	5.35
160	0.87	2.10	0.89	2.28	2.06	5.74	1.92	6.04

4.3.3.4　滚动试验台试验实例

以P_{65}型棚车进行的滚动台滚动试验为例,介绍铁路货车的具体滚动试验过程。主要技术参数见表4-25。

表 4-25　P_{65}型棚车主要技术参数

项　目	数　值	项　目	数　值
转向架型式	下交叉支撑转向架	踏面型式	LM型
构造速度(km/h)	120	车轴类型	RD_2
车辆定距(mm)	11 700	轴承类型	197 726
车辆长度(mm)	16 438	减振器类型	斜楔式变摩擦
车辆自重(t)	25.8	制动方式	单侧踏面制动
车辆载重(t)	45	转向架制动倍率	4
轴重(t)	21	转向架弹簧型式	两级刚度弹簧
轴距(mm)	1 750	弹簧当量静挠度(mm)	
车钩中心线高(mm)	880±10	重车/空车(设计值)	38.8/14
车钩类型	13号上作用	相对摩擦系数(%)	
下心盘面高度(mm)	692^{+10}	重车/空车(设计值)	7.2/16.5
车轮直径(mm)	840		

4.3.3.4.1　试验条件

(1)试验设备

1999年3月,滚动试验的测试工作在青岛四方车辆研究所有限公司滚动台测试工作间完成。试验过程中主要采用以下仪器设备和传感器:应变式加速度传感器,型号为AS-2GB,量程范围为±2 g;拉线式位移传感器,型号为LWS-0.1 mm,量程范围为±50 mm;型号为LWS-0.3 mm,量程范围为±150 mm;DDS32

分布式数据采集系统，放大倍数为10～10 000倍，量程范围为±5 V，16位采样。系统放置在滚动台测试工作间内，中间采用四芯屏蔽电缆与传感器相连，用于测试信号的放大、滤波、采样、记录和处理。

(2)试验速度

当速度达到60 km/h时开始记录各项测试数据，每10 km/h为一速度级，每速度级稳定运行1～3 min，直至达到出现蛇行失稳的临界速度或试验大纲规定的最高运行速度为止。

(3)主要测试项目

主要测试项目见表4-26所示。

表4-26 测 试 项 目

序号	项 目	代号	序号	项 目	代号
1	1位轴箱横向加速度	J_{1L}	12	车体2位心盘横向加速度	J_{12L}
2	3位轴箱横向加速度	J_{2L}	13	1位轮对横向位移	L_{w1}
3	5位轴箱横向加速度	J_{3L}	14	2位轮对横向位移	L_{w2}
4	7位轴箱横向加速度	J_{4L}	15	3位轮对横向位移	L_{w3}
5	1位侧架1位端横向加速度	J_{5L}	16	4位轮对横向位移	L_{w4}
6	1位侧架2位端横向加速度	J_{6L}	17	1位侧架1位端横向位移	L_{F1}
7	2位侧架1位端横向加速度	J_{7L}	18	1位侧架2位端横向位移	L_{F2}
8	2位侧架2位端横向加速度	J_{8L}	19	车体1位端上部横向位移	L_{B1}
9	车体1位心盘垂向加速度	J_{9L}	20	车体1位端下部横向位移	L_{B2}
10	车体1位心盘横向加速度	J_{10L}	21	车体2位端上部横向位移	L_{B3}
11	车体2位心盘垂向加速度	J_{11L}	22	车体2位端下部横向位移	L_{B4}

4.3.3.4.2 试验方法

(1)拆下被试车的车钩，将被试车定置于滚动试验台的4条滚动轮对上，纵向利用牵引杆工装与牵引座固定连接，调整被试车轮对与轨道轮对的轮缘间隙，使被试车左、右轮缘间隙基本相等。

(2)安装测试传感器，测点见表4-26。完成连线和仪器调试工作。

(3)驱动轨道轮对，运转速度由低至高，运转速度由低到高，当速度达到60 km/h时开始记录各项测试数据，每10 km/h为一速度级，每速度级稳定运行1～3 min，直至达到出现蛇行失稳的临界速度或试验大纲规定的最高运行速度为止。

4.4.3.4.3 试验结果及分析

P_{65}型棚车空车下的滚动试验测试结果见表4-27所示。

表4-27 空车滚动试验轮对蛇行振幅(mm)

速度(km/h)	轮对1		轮对2		轮对3		轮对4	
	RMS值	平均最大值	RMS值	平均最大值	RMS值	平均最大值	RMS值	平均最大值
100	0.11	0.20	0.09	0.16	0.18	0.24	0.16	0.28
110	0.14	0.27	0.10	0.18	0.18	0.28	0.14	0.25
120	0.17	0.32	0.12	0.24	0.17	0.31	0.15	0.25
130	6.60	10.35	4.55	6.68	7.10	10.38	5.34	7.59

由表4-27可知，P_{65}型棚车空车的自激蛇行运动的临界速度为130 km/h。试验过程中发现：3、4为轮对先失稳，1、2位轮对后失稳，且1、3位蛇行振幅大于2、4位。关于轮对开始自激蛇行运动的频率，2位转向架约为2.0 Hz，1位转向架约为2.4 Hz，稍有不同。车体2位心盘横向振动的主频位2.0 Hz，与2位转向架一致，而车体1位心盘横向振动主频为2.4 Hz，与1位转向架轮对一致。车体垂向振动则为高频振动。

P_{65}型棚车重车运行速度达到160 km/h时仍未发生自激蛇行运动，具体测试结果见表4-28。

表 4-28 重车滚动试验轮对蛇行振幅(mm)

速度(km/h)	轮对 1		轮对 2		轮对 3		轮对 4	
	RMS 值	平均最大值	RMS 值	平均最大值	RMS 值	平均最大值	RMS 值	平均最大值
130	0.07	0.19	0.12	0.24	0.21	0.38	0.24	0.43
140	0.08	0.20	0.08	0.20	0.21	0.38	0.23	0.41
150	0.10	0.22	0.13	0.27	0.21	0.37	0.23	0.42
160	0.09	0.21	0.10	0.21	0.22	0.40	0.23	0.41

4.4 线路动力学性能试验

铁路货车是由多个部件组成的运行在铁路上的复杂的整体系统,列车在运行时,铁路货车之间以及各部件之间将会产生各种力和位移的动力过程,这些力和位移是由于铁路货车与线路的相互作用以及铁路货车之间的相互作用所引起的。铁道车辆系统动力学就是对这些过程进行研究的一门科学[2]。铁路货车运行在铁路线上,存在诸如线路不平顺、病害、曲线超高、道岔、轨道干湿状态等多种因素的影响,安全是首要前提。线路动力学性能试验是对铁路货车在实际运行线路安全性及平稳性的综合测试和评价。对目前我国的铁路货车,动力学性能试验是在不失稳的条件下针对不同速度级下进行的性能测试与评价。

线路动力学性能试验是对铁路货车的运行安全性和平稳性等技术指标进行检验,也是保证在批量生产和正常使用条件下安全运行的重要手段之一,线路动力学性能是我国铁路货车最重要的型式试验之一[43,44]。线路动力学性能试验或检验大致可分为新型铁路货车的动力学型式试验、既有铁路货车性能改进试验、新型关键部件装车试验、铁路货车可靠性考核试验等四大类。前三类试验是对当前状态下的动力学性能进行评价。按照我国《铁路技术管理规程》和相关标准[44]的规定,各新型铁路货车在首辆试制后均必须依据 GB/T 5599—1985《铁道车辆动力学性能评定及试验鉴定规范》进行动力学性能试验。我国全部新造、改造的提速铁路货车各类新车型均进行了此项试验。而可靠性试验是对铁路货车在模拟运用条件下、在运行一定里程后的性能及可靠性进行试验与评价,可靠性试验与评价在我国尚属起步阶段。我国新型提速改造的 120 km/h 铁路货车在环行线试验基地进行了可靠性试验。在可靠性试验的初始和末期对参试车进行了线路动力学性能试验,以评价动力学性能随里程变化的稳定性。无论哪一类的铁路货车线路动力学性能试验,其核心内容是依据 GB/T 5599—1985《铁道车辆动力学性能评定及试验鉴定规范》对相关性能进行测试与评价。

测试与评价的主要内容包括:运行稳定性(安全性)、运行平稳性和倾覆稳定性。运行稳定性主要包括三方面的内容:

①在直线、曲线和侧线等多种线路工况下脱轨安全性;

②通过曲线和在线路不平顺线路激扰条件下轮重的损失;

③由于轮对横移或轮对冲角,产生的轮轨间的横向作用力。

运行平稳性主要测试铁路货车的振动性能,包括横向及垂向振动加速度,由振动加速度按 Sperling 公式计算得到的平稳性指标。倾覆稳定性主要测试铁路货车在线路平顺、曲线超高或重心超过限值等条件下一侧轮重全减载而引起倾覆的可能性。一般情况下,对重心高没有增加的新型或改造铁路货车,只进行运行安全性与平稳性的测试。

国外铁路货车运用性能评价的主要标准有美国的 AAR 标准和国际铁路联盟的 UIC518,与我国标准 GB/T 5599—1985 相比,在评价指标方面也有所差别,比如 AAR 对横向力没有规定,UIC 规定与我国的标准一致,但 UIC 是基于以距离采样的统计值;关于轮重减载率,AAR 规定车轮最小垂向载荷大于等于 10% 的静轮重,相当于轮重减载率 0.9,大于我国 GB/T 5599—1985《铁道车辆动力学性能评定及试验鉴定规范》规定的 0.65 的要求,UIC 没有轮重减载率的规定。实践证明,动力学性能试验是检验铁路货车运行安全性的重要手段,为我国铁路货车的安全运行做出了重要贡献。

4.4.1 试验条件和程序

4.4.1.1 动力学性能试验条件

1. 线路要求

GB/T 5599—1985《铁道车辆动力学性能评定及试验鉴定规范》中对线路动力学性能试验的线路条件作了明确的要求：

(1)试验应在铁路技术管理规程中规定的Ⅰ级线路或Ⅱ线路上进行。

(2)试验鉴定报告须载明试验线路的主要技术特征及维护保养状态。其中包括钢轨型式、钢轨长度、轨枕类型、每公里轨枕数、道床种类、维护保养状态等等。

(3)如系非定点测试，为确保试验数据采集具有足够的数量和代表性，试验线路的长度应不少于 50 km。

(4)试验应分别在直线、曲线、道岔区段进行，通过曲线地段的曲线半径应在 300～800 m 之间取值，通过车站侧线道岔的最小号数为 12 号单开道岔。

实际上在进行铁路货车线路动力学性能试验时，试验线路的长度和线况大多数情况下远远超过了标准要求。比如京秦线双桥至丰润具有足够的直线进行高速的测试；京承线双桥至洞庙河具有 R250 m～R1 000 m多个曲线可满足曲线工况的测试的要求。目前进行的线路动力学性能试验与标准要求相比偏于严格。

在铁路货车可靠性试验中，尽可能模拟现场运用条件，最大限度地考核铁路货车运行性能和部件的可靠性。根据这一特点，铁路货车可靠性试验线路为一般为专用试验线。我国首次大规模的提速铁路货车 120 km/h 可靠性试验是在环行试验基地进行的，也可以在其他地方新建的试验专用线上进行。在正线上进行可靠性试验也是比较理想的，但对运输的影响面大，而且不易组织，约束条件多而分散，检测数据不易获得。根据提速铁路货车 120 km/h 环行线可靠性试验的经验，我国目前是采取环行线试验与正线运行试验相结合的方法进行，即在环行线进行的可靠性试验与实际运营线上的试验线路相结合，系统地试验和评价铁路货车。

2. 编组要求

铁路货车线路动力学试验列车编组一般为小编组，由铁路机车、隔离车、被试车、比较车和试验车组成，GB/T 5599—1985《铁道车辆动力学性能评定及试验鉴定规范》中规定被试车不应连在铁路机车后部或试验列车尾部。GB/T 5599—1985《铁道车辆动力学性能评定及试验鉴定规范》是对单辆车动力学性能的检验标准，不涉及试验列车的编组数量。可靠性试验中对参试铁路货车进行不同阶段的动力学性能试验时，编组数量也是小编组，根据测试能力一般为 6 辆，互为比较车。在综合性能试验或联调联试和动态验收的试验中，对货物列车的编组数量有所要求。一般情况下，为了满足地面测试和联调的要求，试验列车为空重混编的大编组。

3. 速度要求

GB/T 5599—1985《铁道车辆动力学性能评定及试验鉴定规范》规定最高试验速度应比设计构造速度高 10 km/h。一般在试验时，当速度大于 100 km/h 时增加的速度按 10%来掌握，比如设计最高速度为 120 km/h 的铁路货车，试验速度按 132～135 km/h 掌握。自最高速度以下，分若干速度级，各速度级差为 10～20 km/h。目前具体试验时，基本上均按 10 km/h 分级，当速度较高时，也可分得更细，比如 120 km/h 的铁路货车，在速度大于 100 km/h 时，试验速度分级可能是 100 km/h、110 km/h、120 km/h、125 km/h、130 km/h、135 km/h。

GB/T 5599—1985《铁道车辆动力学性能评定及试验鉴定规范》规定在曲线上进行试验时，按该曲线允许的最高速度通过。试验时若无该曲线允许通过的最高速度资料，可按式(4-53)计算：

$$v_{\max}=\sqrt{\frac{(h+h_0)R}{11.8}} \tag{4-53}$$

式中 $v_{\max}$——曲线允许通过的最高速度(km/h)；

R——曲线半径(m)；

h——外轨超高(mm);

h_0——允许最大未被平衡的超高度(取75mm)。

GB/T 5599—1985《铁道车辆动力学性能评定及试验鉴定规范》规定通过车站侧线道岔应按该道岔允许的最高速度通过,对铁路于货车来讲,侧向通过9号道岔的最高试验速度为30 km/h,侧向通过12号道岔的最高试验速度为45 km/h。

4. 里程要求

根据GB/T 5599—1985《铁道车辆动力学性能评定及试验鉴定规范》规定直线、曲线、道岔等测试工况的测试数据段数量的要求,直线数据按18 s一段,至少5段以上。进出曲线作为1段。通过道岔1次为1段。型式试验的总里程一般不低于50 km。我国目前通常的动力学性能试验线路远大于50 km,比如以曲线为主的京承线双桥至洞庙河和以直线为主的京秦线双桥至丰润的组合试验线路超过200 km。

对有特殊要求或专用线路的试验,试验在该线路上进行。比如大秦线重载专用线。几次大秦线试验,其试验区间为柳村—湖东,试验区段长620.129 km。上下行最小曲线半径均为500 m,下行最大超高80 mm(R600 m),上行最大超高100 mm(R600 m)。

4.4.1.2 动力学性能试验程序

不同类型的铁路货车试验,试验程序有所不同,但基本程序是一样的。试验的基本程序如图4-52所示。

1. 试验任务的来源

试验任务来源一般分为两种:

一是综合试验,这类试验一般包括综合性的提速试验、新建线路的联调联试和动态验收试验、新型铁路货车的大型综合性试验,以及其他重要试验等。比如遂渝线综合提速试验、合武客运专线联调联试试验、兰州23 t轴重新型铁路货车综合试验、120 km/h铁路货车环行线可靠性试验等。

二是委托的试验,这类试验一般是国标要求的型式试验和新产品开发的研究性试验。比如23 t轴重的敞、平、棚、罐车新车定型时的动力学性能试验,新型铁路货车的研究性试验。

无论那一类试验,动力学性能试验的核心内容是GB/T 5599—1985《铁道车辆动力学性能评定及试验鉴定规范》规定的测试内容。

试验任务来源
↓
编写试验大纲
↓
试验大纲报铁道部审批
↓
铁道部批准试验大纲并成立试验领导小组
↓
试验单位、试验所在路局和相关工厂编写试验实施计划,并落实
↓
试验的具体实施
↓
数据分析与试验报告的编写
↓
试验报告报部与总结

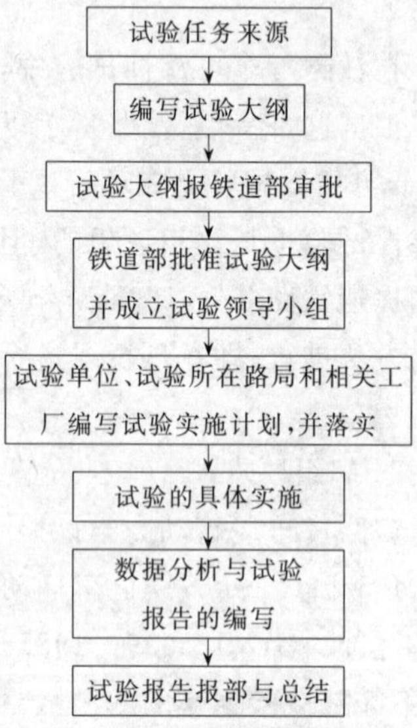

图4-52 动力学性能试验的基本程序示意图

2. 试验大纲的编写

试验大纲的编写由试验单位来完成,在试验大纲编写的过程中将进行充分讨论,听取各方面专家的意见。重大试验还要到试验现场进行勘察,明确试验条件,讨论确认试验各方面的具体事宜。

3. 试验大纲审批

经过多方修改完善后的试验大纲以试验单位的正式文件报铁道部进行审批。铁道部组织专家对试验大纲进行审查。试验单位根据审查意见进一步修改完善试验大纲。

4. 成立试验领导小组

试验大纲通过审查后,铁道部以文件或电报的形式批准并下发试验大纲,并成立试验领导小组,对试验的重要事项做出安排。试验相关单位据此进行试验具体工作。

5. 试验实施计划

试验前,还要根据试验大纲和具体的试验条件编写试验实施计划。试验实施计划依据试验的性质不同而不同,对重复性比较强的型式试验实施计划相对比较简单,试验参与单位讨论认可即行。对综合性的大型试验,为了确保试验参与各方工作协调一致和试验的顺利进行,实施计划需要报铁道部进行审查。

6. 试验数据分析与报告编写

试验单位在试验结束后尽快进行试验数据的整理与分析工作,编写试验报告。试验报告要明确是否完成了试验大纲的要求,要有明确的结论。

7. 试验报告总结

试验报告完成后，试验报告应报铁道部相关部门进行评审。如果是铁道部组织的各类大型试验，试验报告由试验单位直接报部；如果是工厂或公司委托的型式试验，由试验单位将试验报告交委托方，由委托方作为产品技术审查资料的一部分报铁道部进行审查。

4.4.2 动力学性能试验测试内容及方法

4.4.2.1 试验内容

铁路货车线路动力学试验的测试内容包括以下几个方面：

1. 运行平稳性

测试横向及垂向振动加速度，并根据振动加速度计算横向及垂向平稳性指标。

2. 运行稳定性(安全性)

测试轮轨间的横向及垂向作用力，并以此计算脱轨系数、轮重减载率、横向力等指标。

3. 摇枕弹簧动挠度

测量转向架摇枕弹簧动挠度，计算弹簧动静挠度比，简化计算倾覆系数。

4. 转向架的主要部件的动强度

转向架主要部件的动强度试验包括测定转向架的摇枕、侧架等主要部件的动力系数，以及鉴定这些部件在交变应力作用下是否会导致疲劳破坏。随着铁路货车的速度的提高和对转向架可靠性要求的提高，转向架的主要部件的动强度(疲劳寿命)的测试与分析也成为专项试验项目，根据转向架的实际使用条件由疲劳强度评估专业技术人员进行专项试验。

5. 转向架相对摩擦系数

对带有摩擦式减振器的，试验前测定转向架弹簧装置的相对摩擦系数。

4.4.2.2 试验方法

1. 动力学性能的测点布置

(1)振动加速度

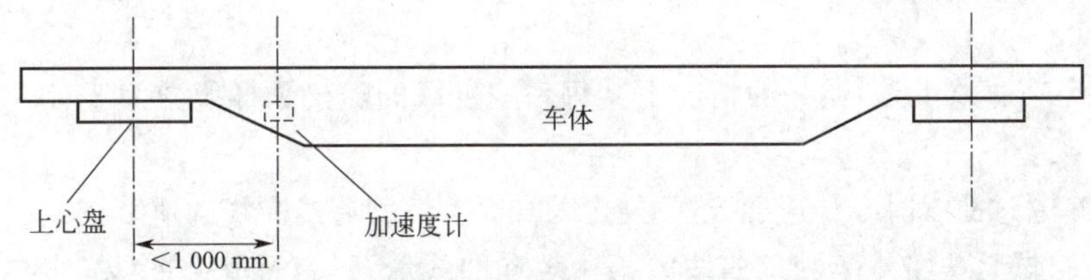

图 4-53 加速度测点布置示意图

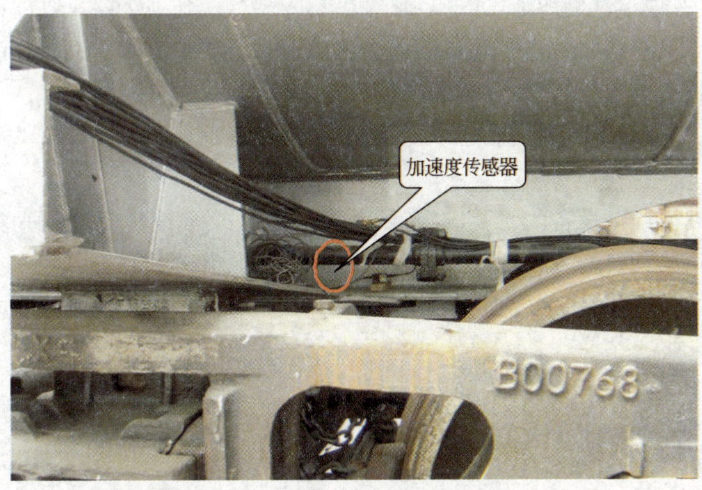

图 4-54 罐车车体振动加速度传感器的安装位置

在车体底架中梁距前心盘小于 1 000 mm 处的下盖板上，布置加速度传感器，测试车体的垂向、横向振动加速度并计算垂向、横向平稳性指标。加速度传感器测点布置如图 4-53，图 4-54 是某次试验中罐车车体振动加速度传感器的实际安装位置。

(2)轮轨力

一般情况下，在前进方向的第 1 轴安装测力轮对测量轮轨垂向力、横向力，并计算脱轨系数、轮重减载率。测力轮对的安装位置如图 4-55 所示。

在运行方向前端转向架侧架顶面，轴箱上方安装加速度传感器，测试转向架侧架横向和垂向振动加速度，可以判断转向架是否失稳状和线路的缺陷。转向架的振动加速度不是国标规定的测试项目。

(3)弹簧位移

在运行方向前端转向架两侧摇枕安装位移传感器，测量摇枕弹簧的位移。特殊情况下，也在承载鞍中心位置安装位移传感器，分别测量弹簧垂向动挠度和横向位移。

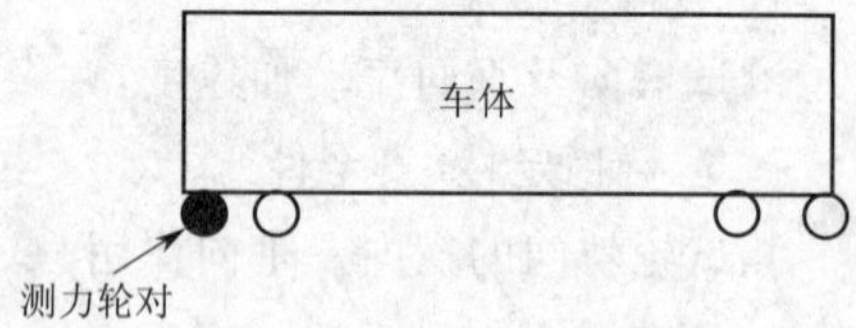

车体

测力轮对

图 4-55　测力轮对的安装位置示意图

2. 测试方法

测试方法如图 4-56 所示。

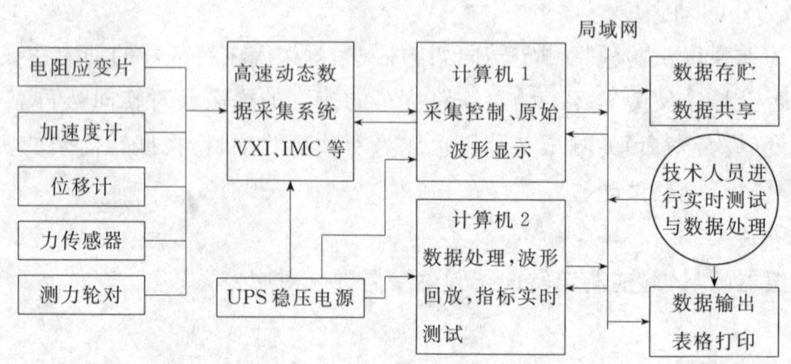

图 4-56　铁路货车动力学性能测试方法示意图

GB/T 5599—1985《铁道车辆动力学性能评定及试验鉴定规范》对铁路货车动力学性能试验中随机采样的规定如下：

(1)试验铁路货车在直线上运行，一般情况下其每一速度级的随机采样段数为 8～10 段。每段的采样时间为 18～20 s。

(2)试验铁路货车通过曲线时不分速度级，不规定采样时间。其通过曲线的速度按该曲线允许通过的最高速度确定。采样段应自试验铁路货车驶入曲线的第一缓和曲线前开始，至驶出曲线的第二缓和曲线后结束。对于长曲线区段，可在曲线两端的缓和曲线和部分圆曲线间断采样。在试验线路全程内，采样段数为 5～10 段。

(3)试验的铁路货车通过车站侧线道岔时不分速度级，不规定采样时间，其通过道岔的最高速度按道岔号数确定。采样段应自试验的铁路货车驶入道岔前的轨道开始，至驶出道岔后的轨道结束，即包括道岔前后两轨缝中心线的距离全长在试验线路全程内，采样段数为 3～5 段。

(4)若进行比较性试验，则试验鉴定铁路货车和比较车测点对应，应同步采样，以减小两车激振输入的时间差。

由于计算机技术和数据贮存设备的发展，在实际动力学试验时全程实时数据采集得以实现。动力学性能试验前将试验线路的相关资料输入计算机中，在动力学性能开始时，将试验线路的里程标与计算机进行校对，如有误差及时修正。这样所测到的数据将与线路一一对应。对于曲线可将进出曲线与圆曲线的数据分开。

数据处理程序将依据国标要求进行。

4.4.3　动力学性能测试技术

铁路货车动力学性能测试技术体现在测试系统的各个环节，如图 4-57 所示，主要包括传感器技术、数据采集技术、数据传输技术和数据处理技术。

传感器技术 → 数据采集技术 → 数据传输技术 → 数据处理技术

图 4-57 铁路货车动力学性能测试系统的各环节

4.4.3.1 测试传感器技术

1. 轮轨力的测量与测力轮对技术

轮轨力指的是车轮与钢轨间的相互作用力。在轮轨运输方式下，车轮和轨道构成了一对耦合体，轮轨间必定产生作用力与反作用力。因此从本质上而言，铁路货车在轨道线路上能否正常运行，就取决于轮轨力是否能够保持在正常范围内。

在通常的动力学试验中，所关注的最关键问题是铁路货车运行的安全性，而铁路货车运行安全性评定参数就来源于对轮轨力的测量。

对轮轨力的测量方法按测量途径不同可划分为轨测法和轮测法，轨测法是在轨道线路上(一般是在钢轨上)布置测量传感器，利用轨道受力后的变形关系检测出轮轨力。轮测法则是在车轮上布置传感元件进行轮轨力测量，在铁路货车运行过程中可以对沿途所经过的各处线路地点都获得检测数据，这种具备轮轨力检测功能的轮对被称为测力轮对。

测力轮对是一种特殊的传感器，它既有普通轮对的运行功能，也具有传感元件的测量功能。其本质是利用轮轨力在轮对特定部位所产生的应力(应变)变化关系来实现测量。然而与一般的传感器不同，测力轮对作为被试车辆走行部的一个基础部件，力的作用点沿着车轮圆周方向和踏面横向都处于不断的变化之中。这就使得测力轮对技术较其他一般的传感器更为复杂。

测力轮对按技术方案不同可以归纳为间断测量法和连续测量法两大类。

间断测量法是将应变片布置在车轮上有限的几条对称均布的径向线上，组成测量电桥，当某一布片线通过轮轨力作用点时，桥路输出灵敏度将达到一个极值，而一旦偏离此位置，信号输出电平将大幅度降低。因此随着车轮旋转，桥路输出灵敏度呈现周期性脉冲形态，形成峰谷值。

在测力轮对投入使用之前，必须对这些峰谷值位置进行标定，获得这些特殊点的灵敏系数、干扰系数等技术参数。在实际测试时，用技术手段截取输出信号中各个脉冲的峰谷值，利用标定系数进行换算，获取轮轨力的有效测量数据。这就意味着在车轮旋转一周范围之内，只在轮轨接触点到达这几个特定的角度位置时才能获得有效的测试信号，而在其他位置均无法获得检测数据，因此而称之为“间断测试法”。

间断测量法虽然存在固有的缺陷，但却具有技术和设备简单，整备过程短，系统简洁、成本低廉、可靠性高等特点，因此迄今仍然具有一定的使用价值。

轮轨力连续测量法能够实现在车轮旋转的整周范围内任何角度位置都能获得有效测量数据。为此必须在整个车轮上对称均布数量可观的应变片，并且构成多个测量电桥，这些电桥的输出灵敏度被设计成特殊的波形，以便经相互叠加合成之后获得恒定的轮轨力测量灵敏度。

连续测量法的主要技术关键集中在以下几个方面：

(1)提高灵敏度。测量灵敏度是传感器的基本特性，测力轮对的测量电桥同样必须确保具有足够的输出灵敏度，以提高信噪比。在连续测量中，由于受制错综复杂的各种条件限制，往往难以在车轮上高灵敏区布置应变片，只能通过优化桥路组合方式，尽可能提高灵敏度。

(2)使灵敏度保持恒定。连续测量法要求在车轮旋转过程中，轮轨接触点处于任何角度位置下，测量电桥对轮轨力的感应灵敏度始终保持恒定。为此，往往需要采用两个甚至是多个测量电桥联合工作，互相叠加合成，弥补灵敏度波动变化。波动度即是作为衡量连续测量法测力轮对的一项特有的重要性能指标，它反映了测力轮对的测量分辨力。

(3)控制与消除串扰。车轮上布置应变片的位置无论在垂向力或横向力作用下都会有相应的应变量产生，于是相互会在对方的测量桥路中的产生额外的输出，称之为串扰。串扰的存在会影响轮轨力测量的准确性，需要加以抑制或者消除。抑制的方法是选择在串扰极小的部位布置应变片，使得测量电桥中本身就基本不含有串扰成分。消除的方法是使串扰程度和变化规律可控，在信号处理过程中通过解耦的方法将串扰部分予以消除。

(4)克服轮轨接触点横移影响。由于车轮踏面具有一定的宽度，轮轨接触点除了在圆周方向发生旋转变化以外，横向位置也会发生改变，对测量精度有一定的影响。可以通过引入专门的位置电桥来消除接触点横移的影响。

(5)高精度标定。标定是对测力轮对测量特性参数的校准过程，由于连续测量法测力轮对要求掌握在整个轮周范围内以及踏面横向宽度范围内全方位的测量特性，因此标定工作构成了测力轮对检测能力的一个重要环节。高精度的测力轮对标定除了需要保证单个角度位置的准确加载之外，还需要保证在整个轮周范围内标定精度的一致性，此外还必须准确掌握垂向标定力在踏面上加载的实际位置。

测力轮对的精度应满足如下要求：

(1)车轮垂向力的测量精度必须在实际垂向载荷的±5%以内。当载荷范围从0至垂向静轮重的200%时，该精度应保持不变。最小信号分辨能力应不低于垂向静静轮重的0.5%。

(2)车轮横向力的测量精度必须在实际横向载荷的±5%以内。当载荷范围从0至名义AAR设计垂向静轮重的100%时，该精度应保持不变。最小信号分辨能力应不低于垂向静轮重的0.5%。

在测力轮对贴片位置及组桥方法的选择时，要考虑的基本问题是：

(1)电桥输出的灵敏度和线性度；

(2)交叉干扰；

(3)垂向力(或横向力)在横向力(或垂向力)电桥中的输出这种交叉干扰必须消除；

(4)载荷作用位置的影响；

(5)垂向力作用于踏面上的横向位置不同时，其产生的弯矩也不同，应该消除该弯矩对垂向和横向力测量造成的误差；

(6)离心力和温度等的影响；

(7)对热力场梯度、离心力和环境温度造成的测量误差应加以补偿或消除；

(8)输出的波动；

(9)对于连续测量测力轮对，还需考虑输出的波动，在恒载荷的作用下，该载荷的测量信号随轮对转角的变化即波动应尽可能减小。

2. 加速度传感器技术

加速度传感器是一种能够测量加速力的电子设备。加速力就是当物体在加速过程中作用在物体上的力，就好比地球引力，也就是重力。通过测量由于重力引起的加速度，可以计算出设备相对于水平面的倾斜角度。通过分析动态加速度，可以分析出设备移动的方式。加速度传感器的基本类型可分为：电容式加速度传感器、应变式加速度传感器、压电式加速度传感器、压阻式加速度传感器等四类。在铁路货车动力学性能试验中应用最广泛的是前两种，即电容式和应变式加速度传感器。

①电容式加速度传感器的原理和特点

电容式加速度是目前在铁道车辆动力学试验中经常使用的加速度传感器种类之一，电容式加速度传感器基本结构框图如图4-58，其由惯性敏感单元和伺服电子线路两部分组成。惯性敏感单元包括上下两个固定电极和中间用作动电极的敏感质量块，它们用静电键合工艺封装在一起，形成上下两个差动电容。伺服电子线路则主要由位移检测电路、电路增益、静电力矩器三部分构成。位移检测电路用来检测敏感质量块的位移；为减小寄生电容，采取电路增益部分完成滤波放大功能。在图4-57中，电极1与3构成的可变电容为C1，而动电极2与定电极3构成的可变电容为C2。当电极3受到加速度作用而上下移动时，电容C1、C2的容值发生相反的变化，其差分电容ΔC同样变化。由于ΔC的变化量很小，其数值比C1、C2小一个数量级以上。因此，相应接口电路对小电容需要有较高的感应能力。

②应变式加速度传感器的原理和特点

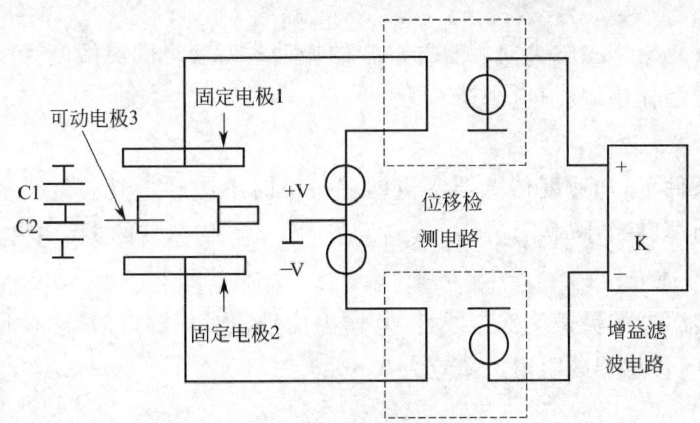

图 4-58 电容式加速度传感器结构原理示意图

电阻式传感器是将被测量的变化转化为传感器电阻值的变化，再经过一定的测量电路实现对测量结果得输出。而我们所使用的应变式加速度传感器分属于电阻式传感器的一种。应变式电阻传感器是通过弹性元件得传递将被测量引起的形变转换为传感器敏感元件得电阻值变化。

③压电式加速度传感器的原理和特点

压电式传感器是利用弹簧质量系统原理。敏感芯体质量受振动加速度作用后产生一个与加速度成正比的力，压电材料受此力作用后沿其表面形成与这一力成正比的电荷信号。压电式加速度传感器具有动态范围大、频率范围宽、坚固耐用、受外界干扰小以及压电材料受力自产生电荷信号不需要任何外界电源等特点，是被最为广泛使用的振动测量传感器。虽然压电式加速度传感器的结构简单，商业化使用历史也很长，但因其性能指标与材料特性、设计和加工工艺密切相关，因此在市场上销售的同类传感器性能的实际参数以及其稳定性和一致性差别非常大。与压阻和电容式相比，其最大的缺点是压电式加速度传感器不能测量零频率的信号。

④压阻式加速度传感器的原理和特点

应变压阻式加速度传感器的敏感芯体为半导体材料制成电阻测量电桥，其结构动态模型仍然是弹簧质量系统。现代微加工制造技术的发展使压阻形式敏感芯体的设计具有很大的灵活性以适合各种不同的测量要求。在灵敏度和量程方面，从低灵敏度高量程的冲击测量，到直流高灵敏度的低频测量都有压阻形式的加速度传感器。同时压阻式加速度传感器测量频率范围也可从直流信号到具有刚度高，测量频率范围到几十千赫兹的高频测量。超小型化的设计也是压阻式传感器的一个亮点。需要指出的是尽管压阻敏感芯体的设计和应用具有很大灵活性，但对某个特定设计的压阻式芯体而言其使用范围一般要小于压电型传感器。压阻式加速度传感器的另一缺点是受温度的影响较大，实用的传感器一般都需要进行温度补偿。在价格方面，大批量使用的压阻式传感器成本价具有很大的市场竞争力，但对特殊使用的敏感芯体制造成本将远高于压电型加速度传感器。

⑤加速度传感器在铁道车辆动力学试验的要求

a. 加速度传感器的静态、动态特性各项指标均应在室温为18～25 ℃，相对湿度为60％～70％的环境条件下测试。

b. 自振频率

用于车体振动加速度测量，推荐使用下限频率从零开始低频性能较好的惯性应变式加速度传感器。所选用加速度传感器的自振频率应为测量频率上限的5～10倍。

c. 幅值非线性误差

在量程范围内的幅值非线性误差应小于2％。

d. 灵敏度

应有适宜的灵敏度，其分辨率应达0.005 g，并与所配用的二次仪表相适用，使在加速度测量范围内传感器输出为二次仪表满量程的30％～50％。

e. 横向效应

加速度传感器在承受垂直于主轴方向(测试方向)的振动时所获得的灵敏度为横向灵敏度。横向效应为横向灵敏度和轴向灵敏度的比率,其值应小于 5%。

f. 稳定性

在环境温度不变的条件下,加速度传感器零点飘移每小时不应超过其满量程的 0.1%。在环境温度变化 10 ℃时,传感器的零点飘移每小时不应超过其满量程的 1%。传感器的灵敏度变化每小时不应超过 1%。

g. 幅频特性和相频特性

为使在较宽频域内传感器的灵敏度保持线性,其输出信号相对于输入信号的相位差也保持线性,兼具较好的幅频特性和相频特性,传感器的阻尼比 ξ 应为 0.6～0.7。

3. 其他传感器技术

其他类型的传感器有位移传感器、压力传感器等。市场上供应的该类型传感器基本上均能满足铁路货车动力学性能的测试要求。

4.4.3.2 数据采集技术

常用的动力学采集仪器有 VXI 动态数据采集仪器和分布式动态数据采集仪器。

VXI 动态数据采集仪器由一个机箱和多块插槽式的数据板组成,每块数据板包含 16 个通道。各数据板可以使用不同的采样频率,各通道均可以测量不同的信号。目前常用的机箱有三种分别可以插 2 块、4 块、13 块数据板,根据测试项目的多少可以灵活的使用各种不同的机箱,使用方便。VXI 动态数据采集仪器使用 1394 接口与计算机传输数据,特点是速度快,理论上可以达到 400 Mbit/s,可以满足目前最高速度下动力学测试的数据传输速度要求。但 1394 的传输距离较短,在不损失速度的情况下一般不超过 4.5 m,因此采集仪器必须与采集控制和存储数据的计算机放置在一起。可以测试的距离受信号传输距离的限制,不能实现远距离测量。

为了适应引进铁路机车车辆以及长大列车的网络化测试需要,我国开发了分布式数采系统,分布式动态数据采集仪器有 C1、SL2、SL4 等几种,一个 C1 可以测量 8 个通道、一个 SL2 可以测量 16 个通道、一个 SL4 可以测量 32 个通道。各通道均可以设置不同的采样频率也可以测量不同的信号。各仪器之间、仪器与计算机之间均使用网络连接。各仪器可以靠近测点布置,使用网络将各仪器连接起来,从而实现分布式测量,测试方案更加灵活多变,同时可以测试的距离只受网络传输距离的限制,测试距离有几百米可以提高到几公里甚至更远。

分布式数采系统的特点如下:

①工作环境:

温度:−20～60 ℃;

湿度:5%～95%;

振动:5g(任何方向);

冲击:20g(3 ms);

电源:电池供电;同时具备交流 AC 220 V,50 Hz 供电方式;

电磁兼容性:有良好的抗电磁干扰能力。

②每单元内建 UPS,保证突然断电或电源不稳定时能不中断记录 30 s。可使用外部电池供电,电池的电压为 10～36 V。

③采样数据可以在本地单元存储,可使用 CF 制式的记忆卡,远端能实现实时监控。

④数采系统既能脱机运行,数据存储在本机上,也能与 PC 联机运行并实时将数据存储在 PC 机的硬盘上。

⑤各数采系统之间可以级联,实现一台 PC 同步控制多台数采设备,并且可以通过同步电缆达到有线同步或 GPS 系统达到无线同步。

⑥具有 CAN 总线模块的设定软件及 imc-FAMOS 信号分析软件,软件可以与任何 PC 相连,并支持

Windows98、WindowsMe、Windows2000、WindowsXP 等主流操作系统。

⑦能够在 VC(Labview 等)环境中控制上述设备的采集和存储。

由以上分布式数采系统的特点可以看出,其可靠性、稳定性以及与其他设备的接口是许多数采系统无法比拟的。因此,分布式数采系统不仅可以单机运行实现数据的采集,而且具有非常大的灵活性,可以随意的组网,本地存储,适应恶劣的采集工况,如无外部交流电源以及剧烈的冲击等。这些都是以往的采集系统不具备的功能。

分布式仪器性能参数:

分布式仪器使用 16 位处理器,可以测量以下模拟量:温度、电桥、电压、电流等。

采样频率:单通道最高采样频率为 100 kHz,全部通道累加采样频率最高为 400 kHz。采样频率可以设置为 10 n、2×10 n、5×10 n。

抗混滤波器设置,可以自动或手动设置,截止频率可以取 10 n、2×10 n、5×10 n,具体衰减见表 4-29(采样频率为 1 kHz 时)。

表 4-29 抗混滤波器设置

滤波器设置	滤波频率(采样频率为 1 kHz)	Nyquist 频率时的衰减	40 dB 衰减(1%)的临界频率	60 dB 衰减(0.1%)的临界频率
采样频率/2	500 Hz	0.7=−3 dB	1.07 kHz	1.58 kHz
采样频率/5	200 Hz	1/244=−48 dB	—	630 Hz
采样频率/10	100 Hz	1/15 600=−84 dB	—	—

GB/T 5599—1985《铁道车辆动力学性能评定及试验鉴定规范》要求 2 倍截止频率时衰减大于 18 dB,分布式数采仪器在 2.15 倍时衰减 40 dB。

分布式网络测试系统:

图 4-59 为动力学试验测试图。由图可见,各断面之间通过无线网络进行传输数据,而且各断面的网络传输设备之间寻优组网。数据采集的同步通过 GPS 定时系统,即每台测试设备均具有 GPS 定时功能,这样保证了每个断面数据的同步性以及可比性。

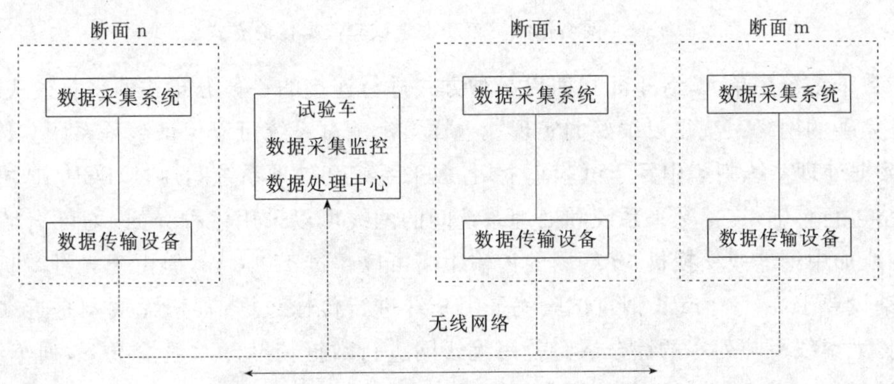

图 4-59 基于 imc 的分布式网络采集系统

在大秦线货物列车的制动试验以及纵向动力学试验中,分布式数采系统与无线网络接口,组成分布式网络数据采集以及处理系统,得到了很好的应用,同时也是对本系统的验证和考验。

4.4.3.3 数据传输技术

1. 传统数据传输模式

传统的数据传输为四芯屏蔽电缆传输方式。远端被试车上的传感器信号通过各自的电缆线将信号传输至试验车上的数据采集系统。这种方式适用于测点较少,试验列车编组数量少,最远被试车与试验车的距离小于 100 m 的情况。

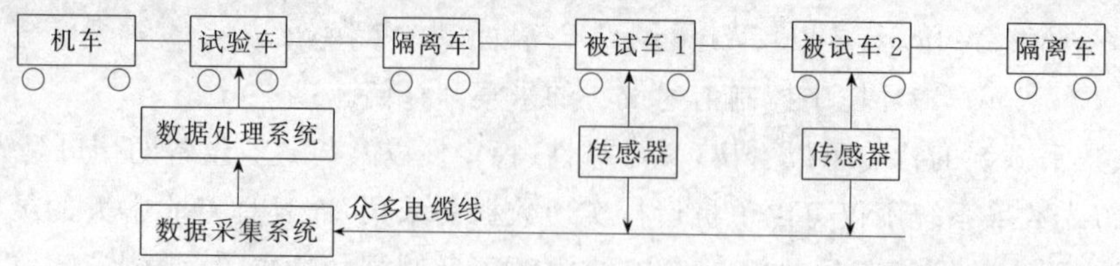

图 4-60　传统的铁路机车车辆动力学试验数据传输方式

2. 网络化的测试模式

与传统的货车动力学性能试验相比，现代的铁路货车动力学性能要求更高，一方面主要表现在同时被测的车辆数量增加，测点增多，测试通道越来越多。比如提速铁路货车 120 km/h 环行线可靠性试验的末期动力学性能试验中每组动力学测试铁路货车为 6 辆，测点达 90 多个。另一方面表现在被测试对象分布在列车的不同位置，距离相对比较远，比如 100 m、500 m 长钢轨运输车、万吨运煤列车、部分大件运输的专列等。测试不同位置铁路货车的动力学性能主要是为了分析在列车的运行模式下对铁路货车动力学性能的影响。如果是传统意义上的测试方面，很难满足测试要求，比如连接远端被试车传感器到试验车数采设备的屏蔽电缆线就可能太长，最大能达到 600 m，不但存在测试信号衰减的问题，这么远的距离捆绑电缆线存在巨大的困难。显然传统的采集处理模式很难满足这种特殊工况下的测试要求。

鉴于传统的动力学性能测试模式很难满足目前部分特殊要求的测试列车，我国研发了基于网络的列车线路试验的测试系统。该测试模式的基本策略是数据采集系统和被试车上的传感器之间的距离控制在 100 m 以内，而拉开数据处理系统和数据采集系统之间的距离，其采集及处理的模式如图 4-61 所示。

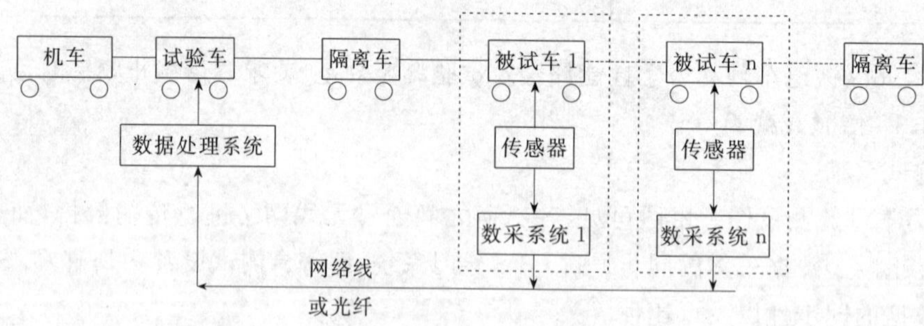

图 4-61　网络化的货车动力学试验数据传输方式

以传感器和数采系统为单元、各单元之间以某种方式进行连接的一种分布式的采集模式，这种连接方式可通过采用日益完善的网络系统得以很好的实现。这样整个测试系统可以保证数采系统与传感器之间的距离小于 100 m，数据处理系统则集中置于试验车上，各数采系统和处理系统间通过 TCP/IP 协议组成一局域网，数据通过网络进行传输，连接数采系统和处理系统间的网线可以采用多种介质，均可满足 200～2 000 m 的距离要求。网线加中继器或交换机；光纤网的传输距离可以超过 1 000 m，但由于光纤受折和挤压后容易受损，光纤网的铺设要求高，500 m 长钢轨试验就采用光纤进行传输数据信号；无线网是近来网络领域发展很快的一个方向，大秦线万吨列车的综合试验就用无线网进行数据传输。一般情况下，列车编组小于 10 辆时可使用双绞线网络，超过 10 辆以上可使用光纤网或无线网进行数据传输。

4.4.3.4　数据处理技术

动力学试验的目的就是通过对试验数据的分析处理，得到相关的动力学性能指标，从而评判铁路货车的动力学性能，所以试验数据的处理相当重要。数据处理与数据的采集和存储方式是分不开的，数据的存储从早期的光线示波纸、磁带记录仪发展到目前的计算机硬盘，数据处理也从手工转向计算机自动处理。由于铁道车辆动力学试验的专业性很强，数据采集系统又多种多样，因而没有一个统一通用的数据分析处理软件，目前已有的数据处理的软件在用户界面、数据处理算法、统计分析、计算速度、网络应用等方面存在许多需要完善和修改的地方。开发的数据分析处理软件 DASO(Dynamic Data Processing Software)，已在多次动力学试验中使用，效果良好。重要的是该软件且在实践中一直不断地完善与发展，是目前适合我国铁路机车车辆动力学性能试验数据采集与处理最先进和实用的软件，广泛用于我国铁路机车、动车组、客车及货车的动力学性能试验中。

DASO 软件采用 C++语言编程，它是融信号分析、数值计算、数据库设计方法为一体，遵循 GB/T 5599—1985，针对铁道车辆动力学试验数据处理而开发的。软件开发始于 1997 年，它吸收了许多其他动力学数据处理软件的优点，使用了模块化的设计思路，考虑了铁道车辆动力学试验的特点，结合了多种数据采集系统的特性，并于 1998 年初开始使用，在使用过程中不断地完善和发展，并仍在深入发展中。

DASO 软件主要由 4 部分模块组成：试验模型设定模块、波形显示与分析模块、数据计算分析模块以及数据统计分析模块，表 4-30 所示为软件的功能简介，图 4-62 所示为软件的主界面，图 4-63 所示为软件的总体框图。

表 4-30 DASO 软件的功能简介

序号	功 能 简 介
1	输入输出界面清晰友好
2	可视化的车辆模型和传感器模型设定
3	电子表格形式的各种参数设定
4	多种数采系统的接口
5	丰富的波形分析处理能力(数字滤波，频谱分析，野点修正与剔除，里程修正，段标生成和修正，打印输出等)
6	多种轮轨力算法选择(连续测量，间断测量，构架力测量等)
7	轮轨力测试标定系数计算和组桥分析
8	具有数据查询，排序，列表，统计，散点图等统计功能
9	完整的 GB 5599—1985 规范的动力学指标输出
10	与其他软件如 Microsoft Word，Microsoft Excel 有良好的输出接口
11	良好的扩展能力(可方便的增加新的动力学指标算法或连接新的数采系统等)

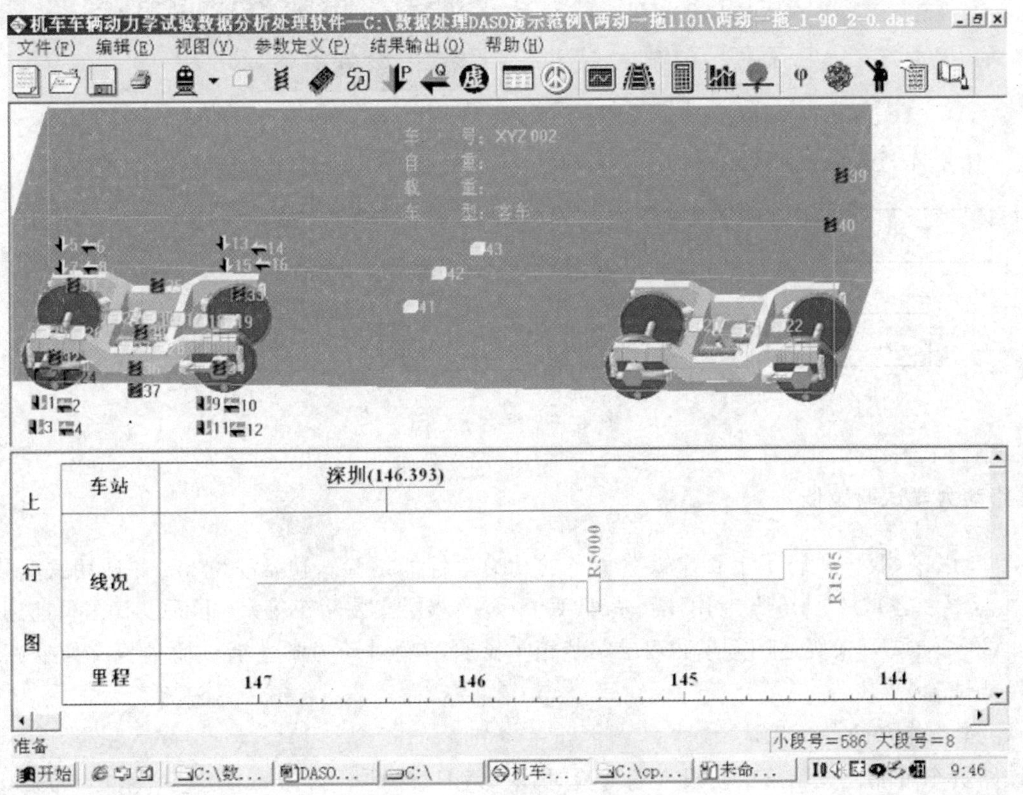

图 4-62 DASO 软件主界面

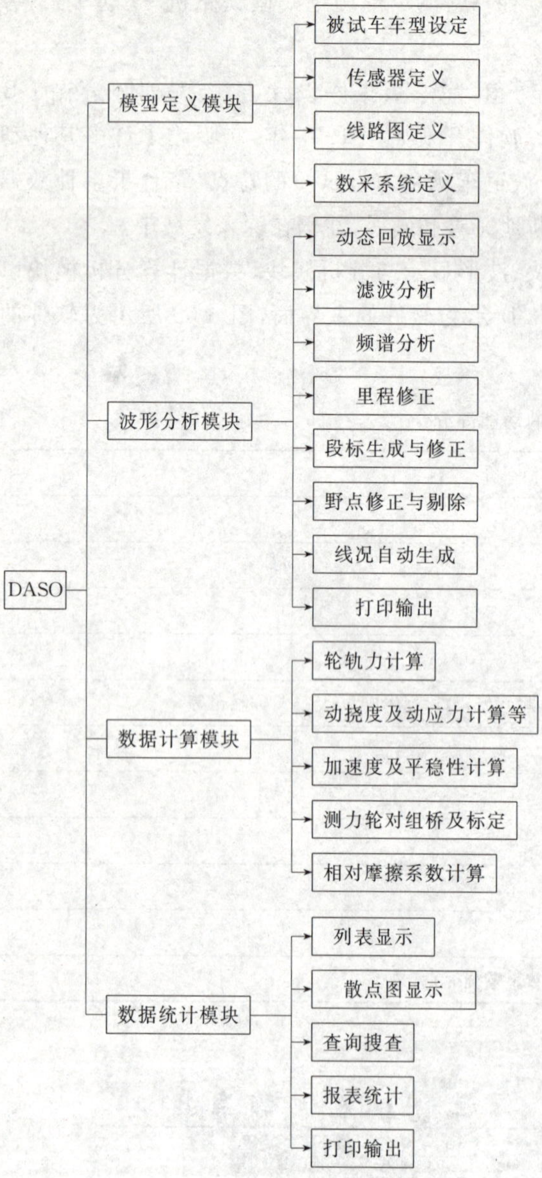

- DASO
  - 模型定义模块
    - 被试车车型设定
    - 传感器定义
    - 线路图定义
    - 数采系统定义
  - 波形分析模块
    - 动态回放显示
    - 滤波分析
    - 频谱分析
    - 里程修正
    - 段标生成与修正
    - 野点修正与剔除
    - 线况自动生成
    - 打印输出
  - 数据计算模块
    - 轮轨力计算
    - 动挠度及动应力计算等
    - 加速度及平稳性计算
    - 测力轮对组桥及标定
    - 相对摩擦系数计算
  - 数据统计模块
    - 列表显示
    - 散点图显示
    - 查询搜查
    - 报表统计
    - 打印输出

图 4-63　DASO 软件总体框图

图 4-64　C_{70}1551384(重车、装配转 K6 型转向架,已运行 17 万 km)

图 4-65　C_{70H}1500010(空车、装配转 K5 型转向架,已运行 16.5 万 km)

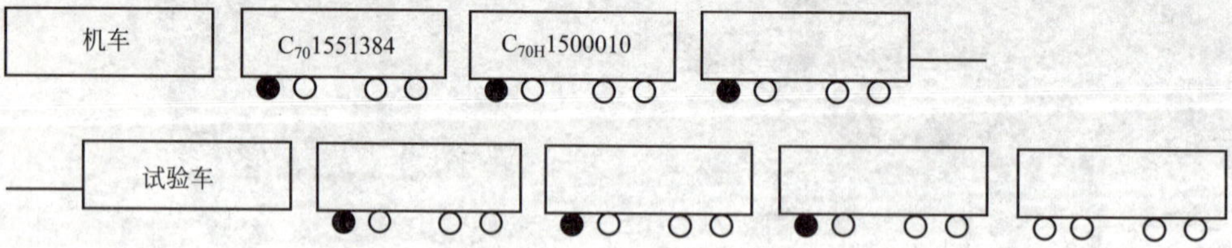

机车　C_{70}1551384　C_{70H}1500010

试验车

图 4-66　编组示意图

4.4.4　线路动力学试验范例

自 2000 年以来,我国进行了上百次铁路货车的动力学性能试验。包括 120 km/h 通用铁路货车(P65、NX_{17BK}、NX_{17BH}、C_{70}等),120 km/h 专用铁路货车(C_{80}、C_{80H}、双层集装箱车等)。下面以我国目前通用铁路货车的主型车 23 t 轴重 70 t 级通用敞车和双层集装箱车试验为例对动力学性能试验为例介绍铁路货车的线路动力学性能试验。

4.4.4.1　C_{70}型敞车动力学性能试验

提速铁路货车可靠性试验第二阶段末期试验时,对参加试验的 C_{70H}1500010 空车和 C_{70}1551384 重车进行了正线动力学性能试验,试验于 2007 年 10 月进行。

1. 被试车

被试车见图 4-64,图 4-65。

2. 试验线路

试验线路为京承线双桥至洞庙河和京哈线双桥至丰润或唐山。京哈线进行直线高速的试验,最高速度级 130 km/h。京承线进行曲线工况下的试验,最高速度按曲线通过限速进行。京承线最小曲线半径250 m,最大超高 125 mm。测试线路全部为混凝土轨枕,采用 60 kg/m 钢轨,碎石路基。

3. 试验速度

最高试验速度为 132 km/h,曲线最高速度按不同曲线半径的限速执行,侧向通过 12 号道岔 45 km/h。直线按 10 km/h 分为若干速度等级,分别是 60 km/h、70 km/h、80 km/h、90 km/h、100 km/h、110 km/h、120 km/h、130 km/h、132 km/h。

4. 试验列车编组

被试车辆试验时具体编组如下:

5. 测试项目及数据处理评定标准

按照 GB/T 5599—1985《铁道车辆动力学性能评定及试验鉴定规范》的规定,测试项目有:

(1)运行平稳性:车体横向及垂向振动加速度、车体横向及垂向平稳性指标。

(2)运行稳定性:脱轨系数、轮重减载率、轮轴横向力。

(3)弹簧动挠度:摇枕弹簧垂向动态位移(挠度)。

试验数据处理方法及测试项目的评定依据 GB/T 5599—1985《铁道车辆动力学性能评定及试验鉴定规范》的规定进行。

6. 试验结果分析

图 4-67、图 4-68、图 4-69 分别给出两辆 70t 级敞车脱轨系数、轮重减载率、轮轴横向力各工况最大值随速度变化图。

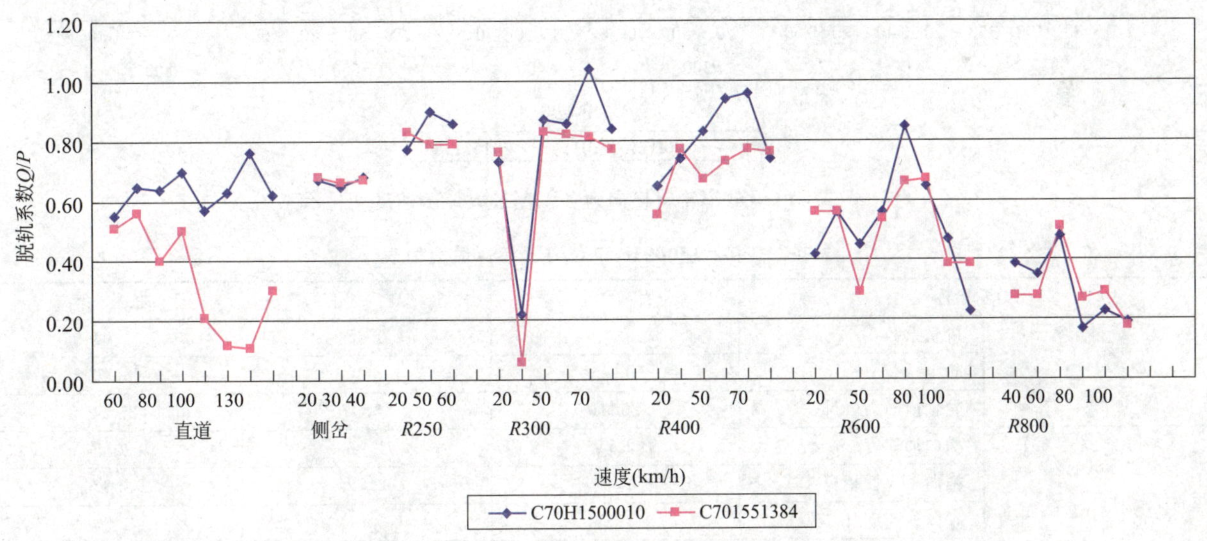

图 4-67 载重 70 t 级敞车脱轨系数各工况最大值随速度变化示意图

C_{70H}1500010 车为空车,表 4-31 列出了 C_{70H}1500010 车各工况动力学指标的最大值。

脱轨系数各工况最大值为 1.04,小于限度值;轮重减载率各工况最大值为 0.52,小于限度值;轮轴横向力各工况最大值为 21.52 kN,小于限度值(37.01 kN)。横向加速度各工况最大值为 2.75,垂向加速度各工况最大值为 3.73,垂向平稳性指标各工况最大值为 3.73,均小于对应限度值,横向平稳性最大值 4.47,横向平稳性指标最大平均值为 3.52,也小于对应限度值。摇枕弹簧动挠度最大值为 9.21 mm,C_{70H}空车弹簧静挠度约为 16 mm,弹簧动静挠度比为 0.58,小于限度值。C_{70H}1500010 车各动力学性能指标均满足限度要求。

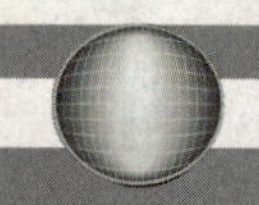

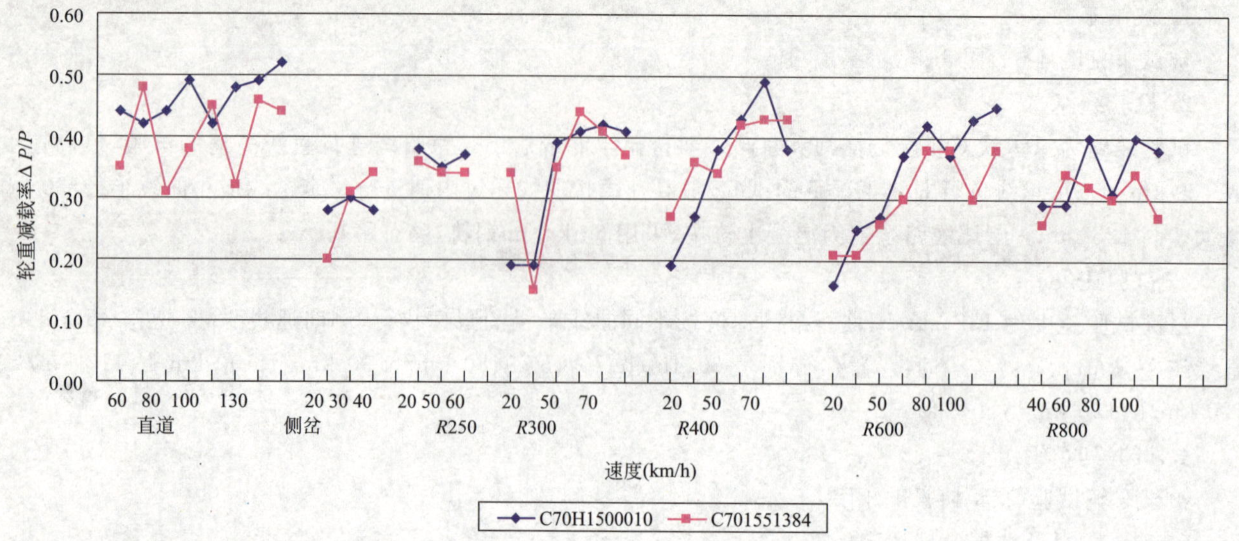

图 4-68　载重 70 t 级敞车轮重减载率各工况最大值随速度变化示意图

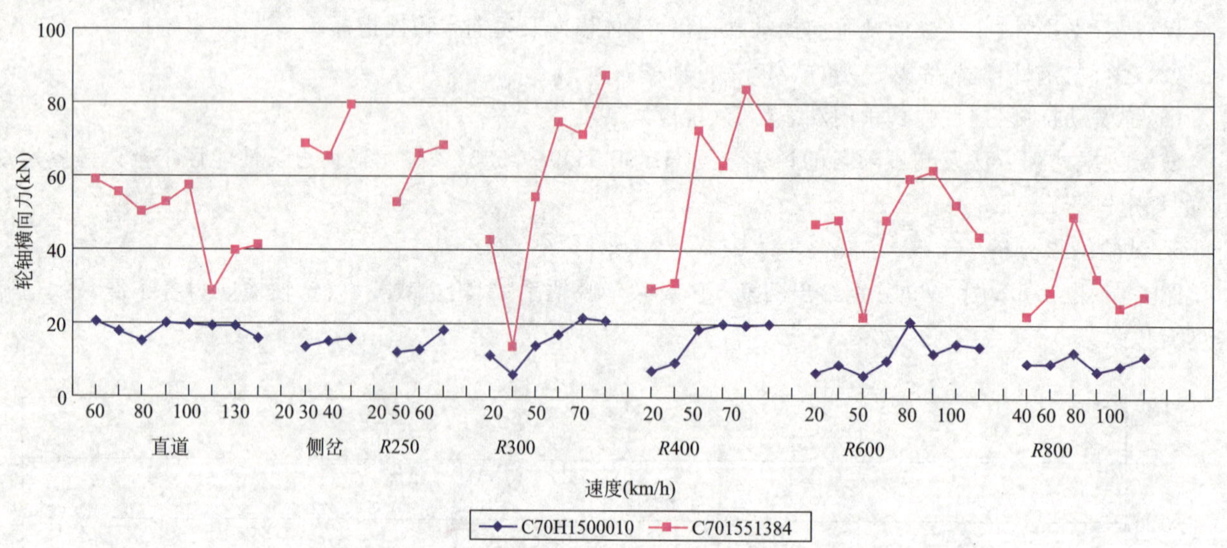

图 4-69　载重 70 t 级敞车轮轨横向力各工况最大值随速度变化示意图

表 4-31　C_{70H}1500010 车动力学指标最大值表

动力学指标		直　道	侧　岔	曲　线
运行安全性	脱轨系数	0.76	0.68	1.04
	轮重减载率	0.52	0.30	0.49
	轮轴横向力(kN)	20.31	15.97	21.52
运行平稳性	横向加速度(m/s^2)	2.75	1.96	2.75
	横向平稳性指标	4.47	2.72	3.32
	垂向加速度(m/s^2)	3.73	3.63	3.53
	垂向平稳性指标	3.28	2.85	3.08
	摇枕弹簧位移(mm)	7.97	9.21	7.38

C_{70}1551384 车为重车，表 4-32 列出了 C_{70}1551384 车各工况动力学指标的最大值。

脱轨系数各工况最大值为 0.83，小于限度值；轮重减载率各工况最大值为 0.48，小于限度值；轮轴横向力各工况最大值为 87.46 kN，小于限度值(114.46 kN)。横向加速度各工况最大值为 2.75，垂向加速度各工况最大值为 4.12，横向平稳性最大值 3.39，垂向平稳性指标各工况最大值为 3.35，均小于对应限度值。摇枕弹簧动挠度最大值为 9.18 mm，C_{70}空车弹簧静挠度约为 42 mm，弹簧动静挠度比为 0.22，小于限度值。C_{70}1551384 车各动力学性能指标均满足限度要求。

表 4-32 C_{70}1551384 动力学指标最大值表

动力学指标		直 道	侧 岔	曲 线
运行安全性	脱轨系数	0.56	0.68	0.83
	轮重减载率	0.48	0.34	0.44
	轮轴横向力(kN)	59.01	79.19	87.46
运行平稳性	横向加速度(m/s^2)	2.75	1.77	1.86
	横向平稳性指标	3.39	2.67	2.95
	垂向加速度(m/s^2)	3.73	3.53	4.12
	垂向平稳性指标	3.35	3.02	3.04
	摇枕弹簧位移(mm)	9.18	8.50	9.03

7. 试验结论

被试两辆载重 70 t 级敞车 C_{70H}1500010、C_{70}1551384 车经京哈线、京承线的动力学性能试验表明：

130 km/h 试验速度范围内，C_{70H}1500010、C_{70}1551384 车的脱轨系数、轮重减载率、轮轴横向力均符合 GB/T 5599—1985《铁道车辆动力学性能评定及试验鉴定规范》的规定，具有优良的运行稳定性。

130 km/h 试验速度范围内，C_{70H}1500010、C_{70}1551384 车具有优良的运行平稳性指标，其垂向、横向平稳性指标均符合 GB/T 5599—1985《铁道车辆动力学性能评定及试验鉴定规范》的规定。

4.4.4.2 25 t 轴重高重心双层集装箱试验概况

2003 年 11 月对 X_{2H}型双层集装箱车进行了正线动力学试验。比较车为同轴重的新造 C_{76H}型运煤专用敞车。被试车和比较车均装配转 K5 型转向架。双层集装箱车的轴重是 25 t，这是我国通用线路上运行的最大轴重的铁路货车；运行速度 120 km/h，最高试验速度 132 km/h；装载重心最大高度为 2 369 mm。

1. 试验线路

试验线路为京九线黄村至肃宁间和京承线密云至兴隆间。京九线进行直线高速的试验，最高速度 132.3 km/h。京承线进行曲线工况下的试验，最高速度按曲线通过限速进行。京九线黄村—肃宁、京承线双桥～洞庙河。京承线最小曲线半径 250 m，最大超高 110 mm。测试线路全部为混凝土轨枕，1 840 根/km，采用 60 kg/m 钢轨，碎石路基。

2. 试验速度

试验速度按照 GB/T 5599—1985《铁道车辆动力学性能评定及试验鉴定规范》的要求，最高试验速度为 132 km/h；曲线速度按不同曲线半径的限速执行，侧向通过 12 号道岔 45 km/h，侧向通过 9 号道岔 30 km/h。直线按 10 km/h 分为若干速度等级，分别是 50 km/h、60 km/h、70 km/h、80 km/h、90 km/h、100 km/h、110 km/h、120 km/h、130 km/h、132 km/h。

3. 试验方案

双层集装箱车试验分为空车重车及半空半重车，又分不同的装箱工况，如表 4-33 所示。其中方案 4 为

表 4-33 双层集装箱车动力学试验方案

	直线装箱工况	曲线装箱工况	装载重量(t)	重心高(mm)
方案 1	空车	空车	无	650
方案 2	上层:1×40 ft 下层:1×40 ft	上层:1×40 ft(半高箱) 下层:1×40 ft	61	2 510
方案 3	上层:1×40 ft 下层:2×20 ft	上层:1×40 ft(半高箱) 下层:2×20 ft	78	2 223
方案 4	上层:1×40 ft 下层:2×20 ft	上层:1×40 ft(半高箱) 下层:2×20 ft	78	2 223 重心横向偏 100 mm
方案 5	上层:2×20 ft 下层:2×20 ft	上层:1×40 ft(半高箱) 下层:2×20 ft	72	2 369
方案 6	上层:1×40 ft 下层:2×20 ft	上层:1×40 ft(半高箱) 下层:2×20 ft	18	1 342

满载条件下，重心横移 100 mm 工况，目的是验证《铁路货车装载加固规则》中关于货物重心横移最大限度条件下的安全性。曲线工况由于限界的关系，上层集装箱用特制的半高箱代替高箱，但载重和重心高与高箱保持一致。图 4-70～图 4-74 是双层集装箱车试验不同工况时车辆的照片。

图 4-70　双层集装箱车(空车)

图 4-71　双层集装箱车试验(4×20 ft 箱)装箱工况

图 4-72　双层集装箱车试验双高箱(2×40 ft 箱)装箱工况

4. 试验列车编组

试验列车编组如图 4-75。

图 4-73 双层集装箱车试验曲线装箱工况(40 ft 半高箱+2×20 ft)

图 4-74 双层集装箱车试验中的比较车

←列车前进方向(测试方向)

机车 | 隔离平车 | 双层集装箱车 | 比较车 | 尾车

图 4-75 双层集装箱车试验编组示意图

5. 测试项目及数据处理评定标准

按照 GB/T 5599—1985《铁道车辆动力学性能评定及试验鉴定规范》的规定,测试项目有:

(1)运行平稳性:车体横向及垂向振动加速度、车体横向及垂向平稳性指标;

(2)运行稳定性:脱轨系数、轮重减载率、轮轴横向力;

(3)弹簧动挠度:摇枕弹簧垂向动态位移(挠度);

(4)相对摩擦系数;

(5)动应力。

试验数据处理方法及测试项目的评定依据 GB/T 5599—1985《铁道车辆动力学性能评定及试验鉴定规范》的规定进行。

6. 试验结果分析

以下从脱轨系数、轮重减载率、轮轴横向力运行稳定性(安全性)方案和横向、垂向振动加速度及平稳性指标运行平稳性方面对双层集装箱车的动力学性能型式试验结果进行简要说明。

(1)运行稳定性(安全性)

图 4-76、图 4-77、图 4-78 列出了直线、曲线工况下,双层集装箱车的脱轨系数、轮重减载率、轮轴横向力

指标随速度的变化图。

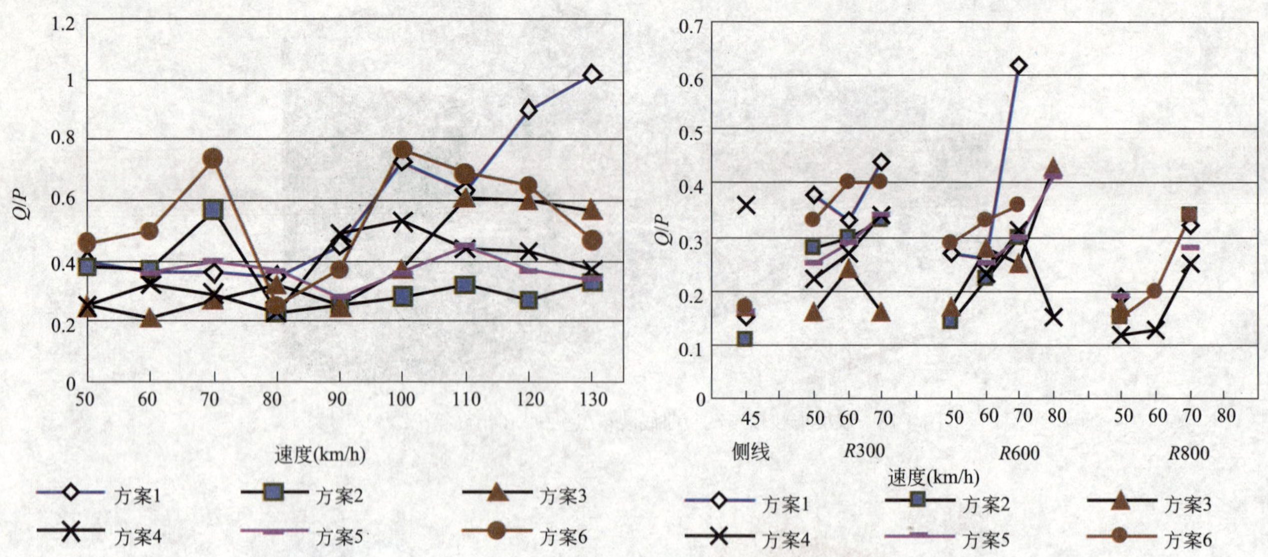

图 4-76　双层集装箱车直线、曲线工况脱轨系数最大值随速度的变化

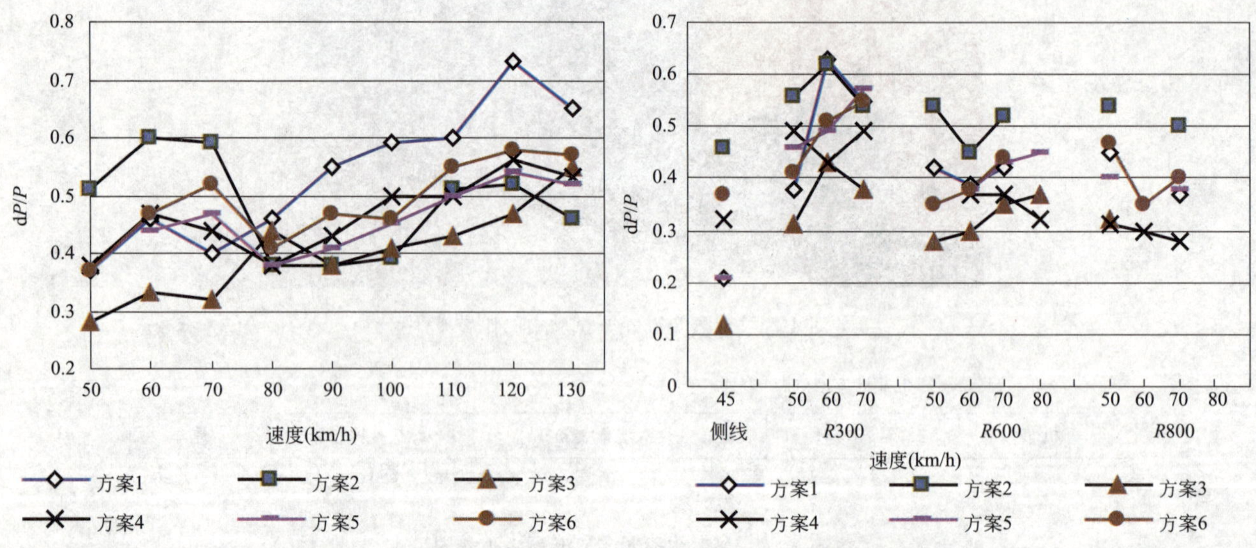

图 4-77　双层集装箱车直线、曲线轮重减载率最大值随速度的变化

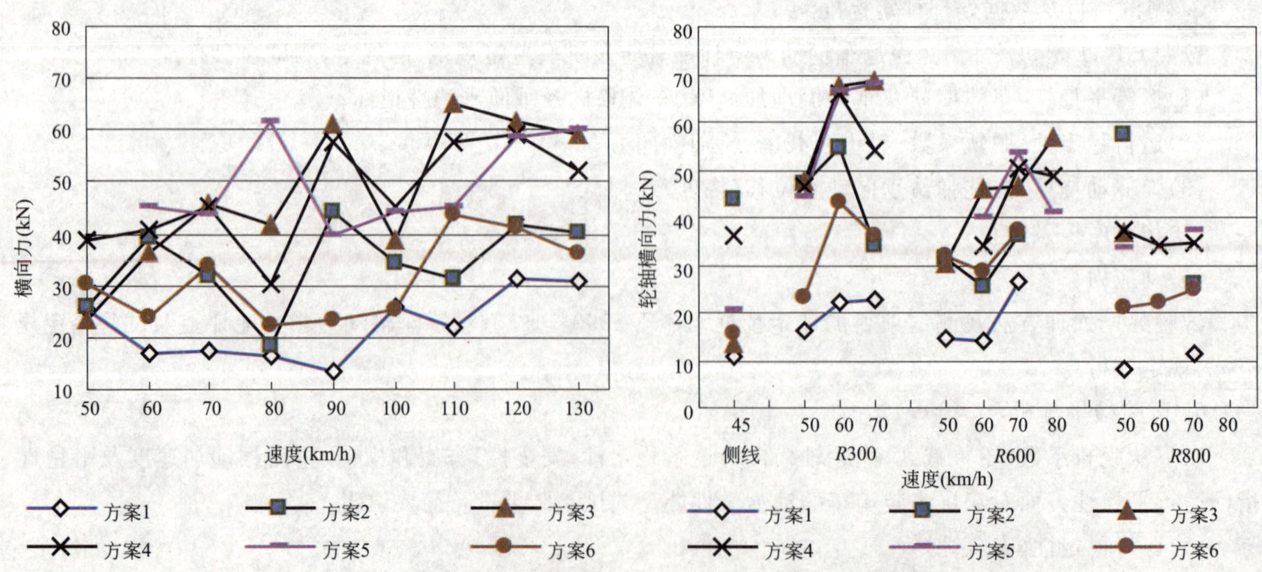

图 4-78　双层集装箱车直线、曲线轮轴横向力最大值随速度的变化

结果表明：

装载工况下，方案 2～方案 6 的脱轨系数最大值相差不大，最大值 0.77（方案 6），距限度值还有一定的裕量；方案 2～方案 6 的轮重减载率最大值基本上在 0.55～0.62 之间，也满足 0.65 的限度值；方案 2～方案 6 的轮轴横向力最大值都与各自方案的装载重量适应，均满足相应的限度值，可见最大值基本上都发生在 *R*300 m 的小曲线工况下。

空车工况下（方案 1），脱轨系数、轮重减载率都装载工况大。脱轨系数最大值 1.02，仍小于 1.2 的安全限度值，但轮重减载率有三点超过了 0.65 的限度值，分别是直线 0.73（120 km/h），直岔 0.71（120 km/h），*R*900 曲线 0.71（120 km /h）。轮重减载率在低速通过曲线时测得，在低速小曲线工况下双层集装箱车的轮重减载率均小于规定 0.65 限度值的要求。

重心横移 100 mm 时，从脱轨系数、轮重减载率和轮轴横向力的测试结果上来看，与其他方案没有表现出明显的差异。

（2）运行平稳性

图 4-79、图 4-80 列出了直线工况下，双层集装箱车的横向振动加速度和横向平稳性指标、垂向振动加速度和垂向平稳性指标随速度的变化图。

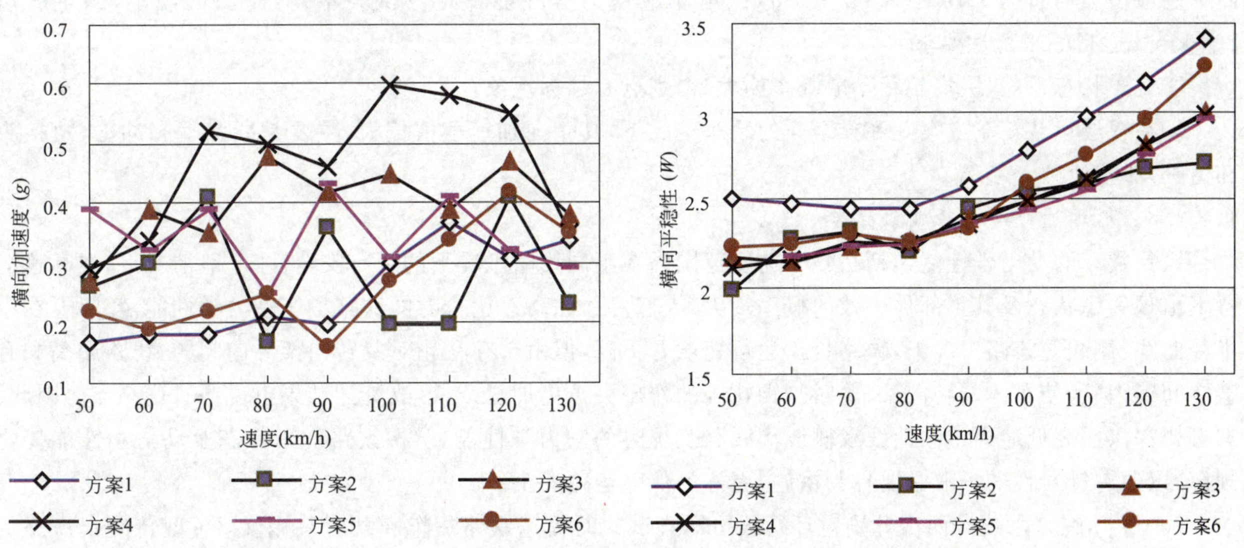

图 4-79　双层集装箱车直线横向加速度最大值及横向平稳性随速度的变化

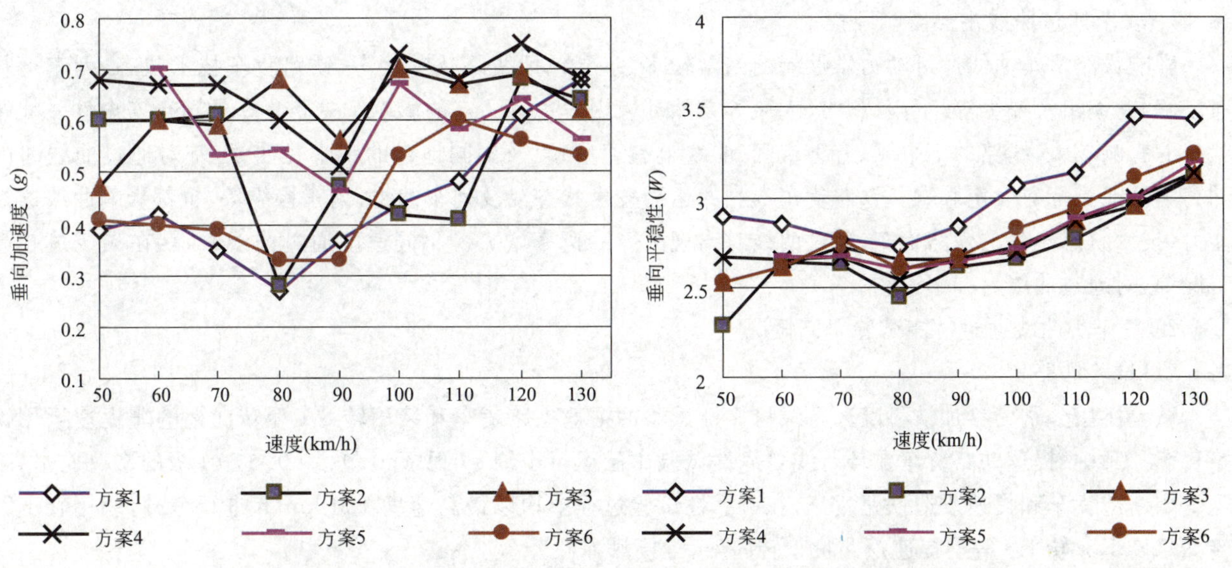

图 4-80　双层集装箱车直线垂向加速度最大值及垂向平稳性随速度的变化

结果表明：

直线工况下，方案 4 的横向、垂向振动加速度略超出了相应的 0.5 *g*、0.7 *g* 的限度值，最大值为 0.78 *g*（直线，100 km/h）。该方案为重心横移 100 mm 工况，是一个极限工况。其余方案的横向、垂向振动加速度最大值均规定的限度范围内，但垂向振动加速度普遍偏大，达到了 0.7 *g* 的限度值，主要是由轨接头和道岔的冲击引起。

直线工况下的横向及垂向平稳性指标均小于 3.5，属优水平，空车方案相对大一些。

曲线工况下，由于速度较低，各方案装载条件下，铁路货车运行稳定，横向、垂向振动加速度均小于相应的限度值，平稳性指标均属优。

(3)试验结论

双层集装箱车经京九线、京承线 6 种装载方案的动力学性能试验表明：

①130 km/h 试验速度范围内，双层集装箱车各装载方案的脱轨系数、轮重减载率、轮轴横向力及直线、直岔和 *R*300 m 以上曲线的轮轨横向力均符合 GB/T 5599—1985《铁道车辆动力学性能评定及试验鉴定规范》的规定，具有优良的运行稳定性，满足时速 120 km/h 运行的稳定性要求。

②130 km/h 试验速度范围内，双层集装箱车各装载试验工况，具有优良的运行平稳性指标，其垂向、横向平稳性指标均符合 GB/T 5599—1985《铁道车辆动力学性能评定及试验鉴定规范》的规定，满足时速 120 km/h运行的平稳性要求。

③空车状态下，双层集装箱车减载率偏大，个别点有超标现象；

④在双层集装箱车方案 3 和方案 5 的装车工况下，其垂向加速度值偏大，主要是线路瞬态冲击（轨接头和道等）激扰所致。

4.4.4.3 低速通过小半径曲线试验

铁路货车的动力学性能包括在整个速度范围内在不同线路工况下的运行安全性，一般情况下，在高速运行下出现失稳状态及其零部件失效的概率较大，人们更关注高速运行时的铁路货车动力学性能，实际上在小半径曲线、侧线等线路工况下，铁路货车运行速度并不高，但由于存在轮对及转向架导向问题、线路超高和有害空间等因素，使车体与转向架、轮对与钢轨等的作用关系更加复杂，事故统计结果也说明了这一点。因此，有必要深入研究低速通过小曲线及侧线等线路工况时的动力学性能，掌握铁路货车状态及动力学性能变化规律，以便有针对性的采取必要控制措施，更好的保障运输安全。

2007 年，在京承线分两次分别对环行线可靠性试验的提速铁路货车和既有装用转 8A 型转向架铁路货车进行低速通过小曲线的动力学性能试验研究，对我国不同类型的主型铁路货车小于 50 km/h 的低速通过小半径曲线、侧线的运行安全性进行了测试，并对试验数据进行了统计分析。

1. 安全通过曲线主要影响因素

影响铁路货车曲线通过动力学性能的因素较多，主要包括线路技术状态、铁路货车技术状态、列车运行速度、列车编组及操纵等，下雨、积雪、大风等自然环境因素也有一定的影响。铁路货车的运行安全性受线路状态的影响较大，线路的不平顺、有害空间（曲线上有道岔）以及不同地点的小半径曲线，都对通过曲线时的动力学性能指标有一定影响。铁路货车本身的运用技术状态以及列车编组、列车操纵等，也都影响曲线通过能力，技术状态不良的铁路货车，通过曲线时出现故障的概率增大。不同速度通过曲线时，存在欠或过超高工况等，对通过曲线有一定影响。

2. 货车小曲线通过性能试验研究概况

(1)试验铁路货车

试验所用分别为参加铁科院环行线可靠性试验的提速铁路货车和装用转 8A 型转向架的非提速运用铁路货车。其中：提速铁路货车在环行线可靠性试验中已运行了约 17 万 km，包括 60 t、70 t 级的敞、棚、平、罐等主型新造货车和提速改造铁路货车，在可靠性试验过程中均以最高速度 120 km/h 进行考核，装用转 K2、转 K4、转 K5、转 K6 等型提速铁路货车转向架，常接触弹性旁承。

非提速铁路货车选择有代表性的 C_{62B}、P_{62}、N_{17}、G_{60} 型货车，为装用转 8A 型转向架（间隙旁承）、经过厂修并且在第二个段修期内，均为空车，试验分为原方案和整治方案，原方案符合《铁路货车运用维修规程》的要求，整治方案符合《铁路货车厂修规程》的要求，本文的重点是借助两种方案的铁路货车通过小曲线的动力学性能进行分析，不是分析两种方案的差异。

(2)试验线路

试验线路的条件对于铁路货车动力学性能试验来讲至关重要，环行线可靠性试验的提速铁路货车和既有装用转 8A 型转向架铁路货车实施的两次小曲线工况试验，线路均为京承线(双桥—洞庙河)之间。测试线路全长 168 km，最小曲线半径 250 m，最大超高 125 mm。测试线路全为 60 kg/m 钢轨，1 840 根/km 混凝土轨枕，碎石道床。

(3)试验工况

提速铁路货车测试工况包括 R250 m、R300 m 和 12 号侧线等，R250 m 曲线最大超高 120 mm，R300 m 曲线最大超高 125 mm。R250 m、R300 m 曲线的速度均为 20～50 km/h，每 10 km/h 为一个速度级，12 号侧线的通过速度小于等于 45 km/h。

非提速铁路货车主要测试工况包括 R250 m、R300 m、R400 m 曲线及侧线的动力学性能，R250 m、R300 m、R400 m 曲线的速度均为 35、40、45、50 km/h 共 4 个速度级，侧线速度为 15、20、30、45 km/h 共 4 个速度级。

(4)测试项目及评定

主要对影响铁路货车动力学性能的脱轨系数、轮重减载率、轮轴横向力等稳定性指标进行了统计分析，评定的依据主要是按照国标 GB/T 5599—1985《铁道车辆动力学性能评定及试验鉴定规范》进行。

3. 小曲线通过性能测试结果及数据分析

(1)提速铁路货车

①测试结果

对敞车、棚车等主型被试铁路货车在不同试验速度条件下安全性指标的测试结果进行汇总统计。

a. 敞车

被试的敞车有 C_{64K}、C_{64H}、C_{70}、C_{70H}、C_{62BK} 和 C_{80H} 型空重车。图 4-81～图 4-86 分别是敞车的脱轨系数、轮重减载率、轮轴横向力在不同线路工况下随着速度的变化图。

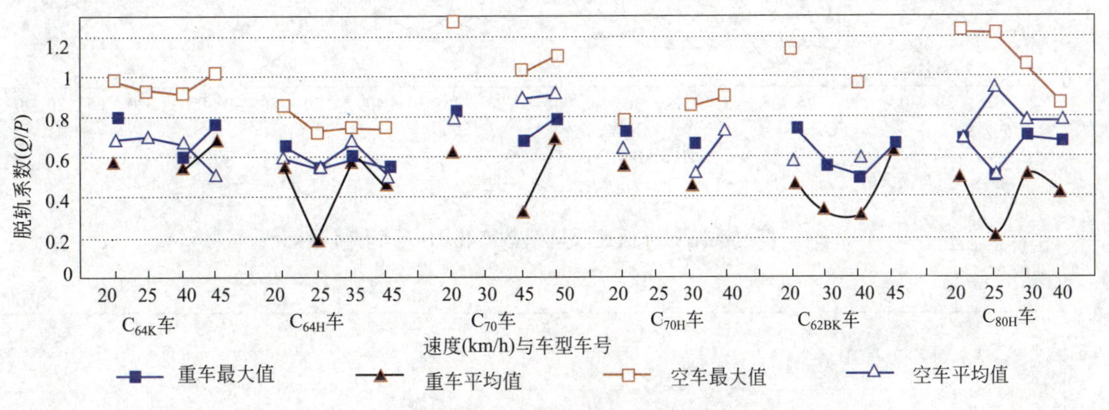

图 4-81 提速铁路货车低速脱轨系数变化图(敞车、R250 m 曲线)

小曲线工况

R250 曲线工况下，C_{70} 和 C_{80H} 空车脱轨系数最大值分别为 1.27、1.22，略超过限度值 1.2，轮重减载率及轮轴横向力均在规定的安全限度以内。与直线和侧线工况下相比，脱轨系数和轮重减载率略有增大，轮轴横向力与侧线工况相当。

侧线工况

12 号侧线工况下，脱轨系数和轮轴横向力相对比较大，C_{80H} 型敞车脱轨系数最大值 1.05(空车)，其他类型的敞车脱轨系数在 0.9 以下；轮重减载率小于 0.4，轮轴横向力在 70 kN(重车)以下。各指标均在安全限度以内。

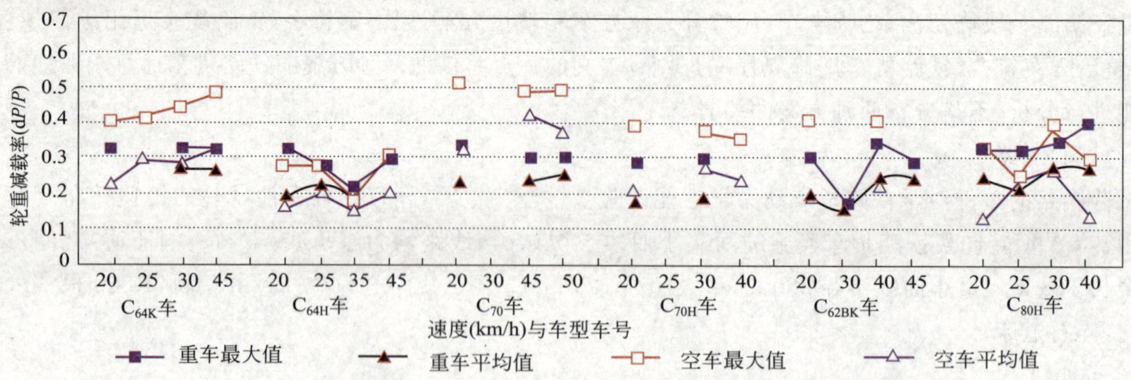

图 4-82　提速铁路货车低速轮重减载率变化图(敞车、R250 m 曲线)

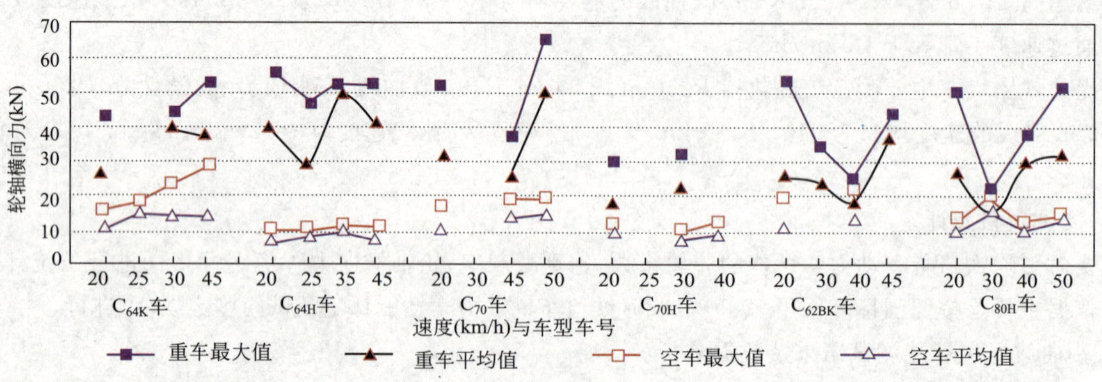

图 4-83　提速铁路货车低速轮轴横向力变化图(敞车、R250 m 曲线)

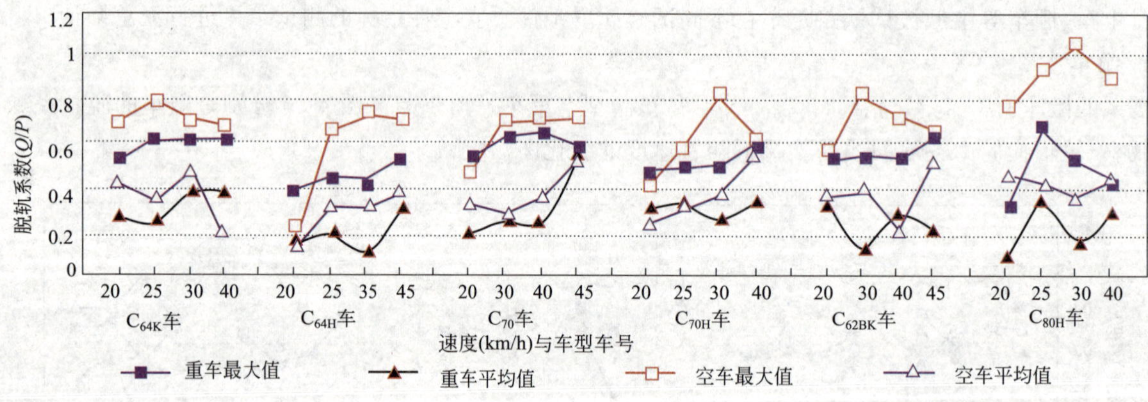

图 4-84　提速铁路货车低速脱轨系数变化图(敞车、12 号侧线)

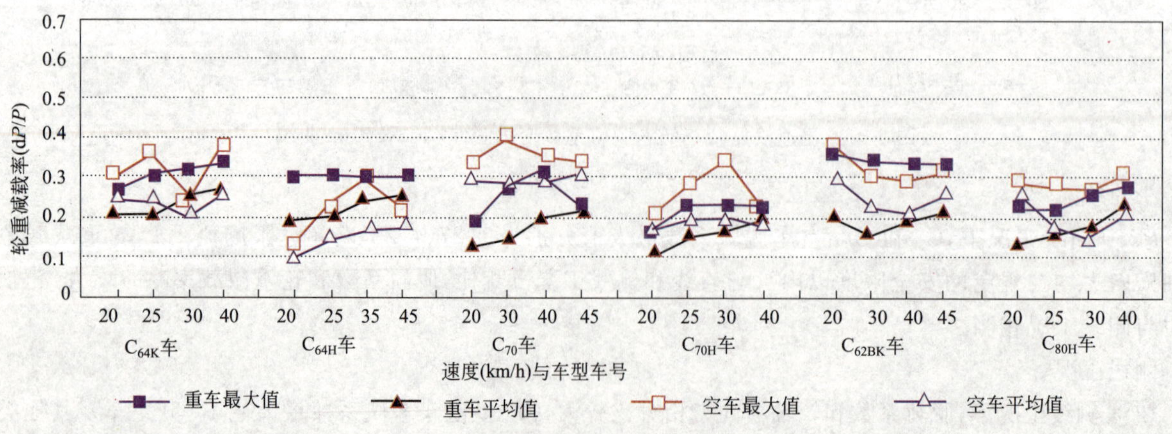

图 4-85　提速铁路货车低速轮重减载率变化图(敞车、12 号侧线)

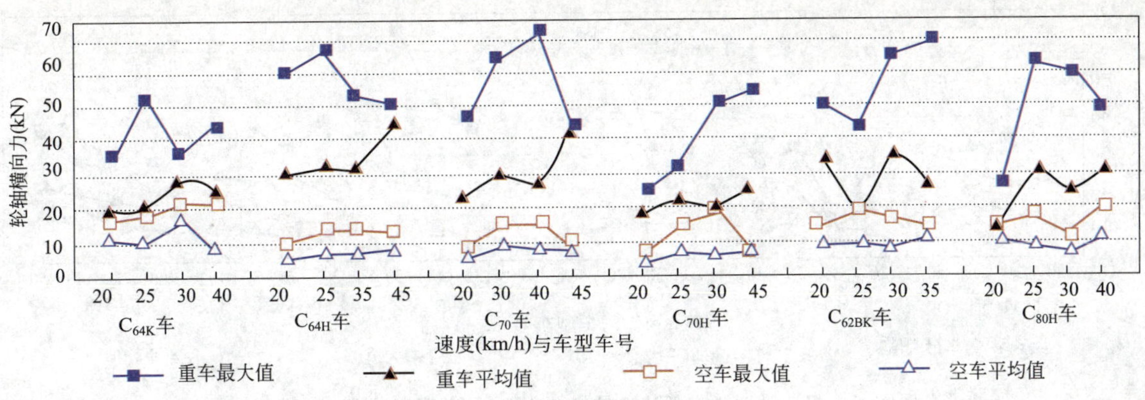

图 4-86 提速铁路货车低速轮轴横向力变化图(敞车、12 号侧线)

b. 棚车

被试的棚车有 P_{64GK}、P_{64GH}、P_{70}、P_{70H}、$P_{62(N)K}$、PB 型空重车。图 4-87～图 4-92 为棚车脱轨系数、轮重减载率、轮轴横向力在直线、侧线和 R250 m 曲线不同工况下的变化图。

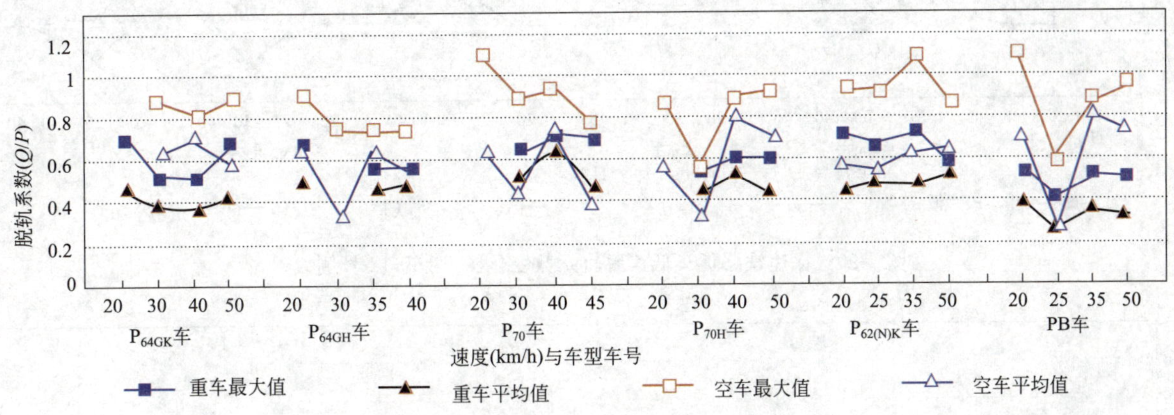

图 4-87 提速铁路货车低速脱轨系数变化图(棚车、R250 m 曲线)

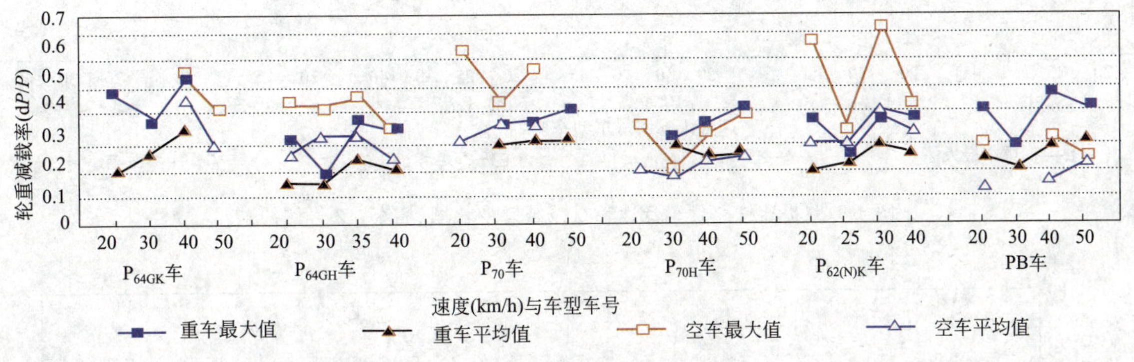

图 4-88 提速铁路货车低速轮重减载率变化图(棚车、R250 m 曲线)

小曲线工况

R250 曲线工况下，脱轨系数最大值基本上均 0.8～1.2 之间，最大值为 1.13，仍在规定的安全限度以内；轮重减载率最大值 0.71，略超规定的 0.65 的限度值，其他车均在安全限度 0.65 之内；轮轴横向力重车小于 70 kN，空车小于 20 kN。与直线和侧线工况下相比，脱轨系数和轮重减载率增加较明显，轮轨横向力水平与侧线工况相当，均在规定的相应安全限度以内。

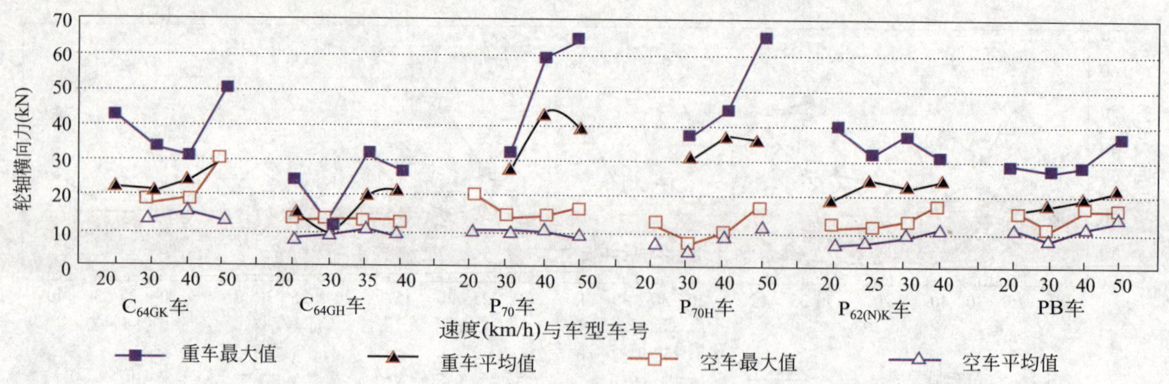

图 4-89 提速铁路货车低速轮轴横向力变化图(棚车、R250 m 曲线)

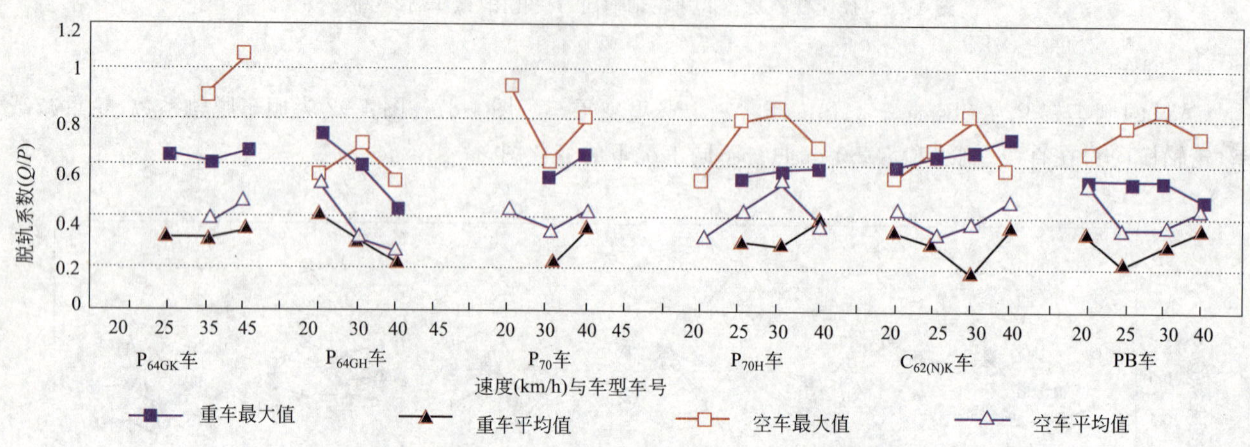

图 4-90 提速铁路货车低速脱轨系数变化图(棚车、12 号侧线)

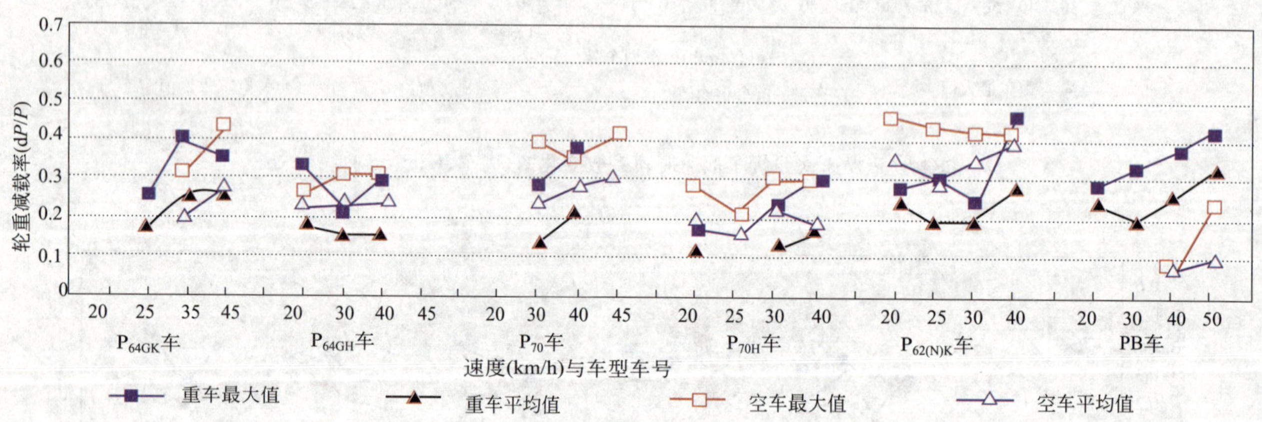

图 4-91 提速铁路货车低速轮重减载率变化图(棚车、12 号侧线)

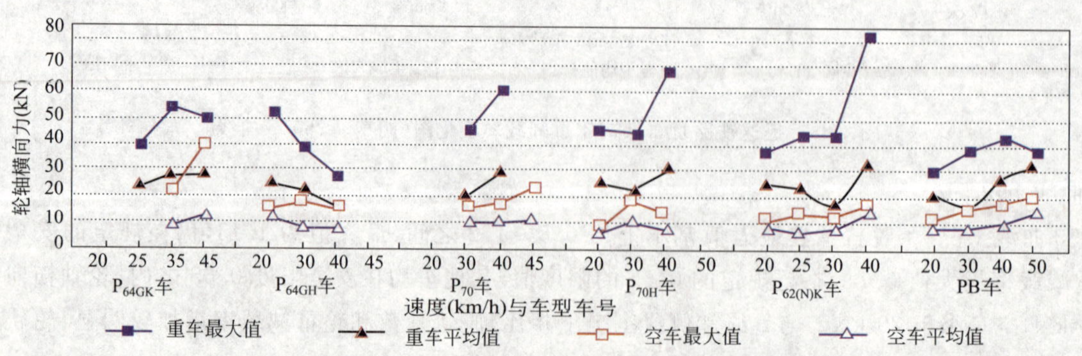

图 4-92 提速铁路货车低速轮轴横向力变化图(棚车、12 号侧线)

侧线工况

空车脱轨系数最大值在 0.7～1.06 之间；轮重减载率最大值都 0.50 以下；轮轴横向力重车最大值 83.26 kN，空车均不超过 25 kN。在侧线工况下，脱轨系数和轮轴横向力比直线工况稍大，轮重减载率与直线工况相当，各指标都在规定的安全限度以内。

②数据分析

从上述多个车型空重车不同速度通过小曲线下，脱轨系数、轮重减载率和轮轴横向力等安全性指标试验结果可以看出：

在试验的 20～50 km/h 速度范围内，铁路货车的安全性动力学指标与速度的相关性较弱，在此速度范围内，动力学性能指标无明显的变化，小曲线及侧线工况下，动力学性能指标与速度无明显的规律。动力学性能指标与速度的关系表明，侧线及小曲线工况下，影响动力学性能指标的因素相对较多，低速范围内的速度变化对动力学性能的贡献相对较小。因此，控制线路的诸如顺坡率、缓和曲线长度、曲线半径、超高等参数是保证曲线通过的根本性因素。

低速时不同车型间的动力学性能指标无明显的规律，均处于比较稳定的状态，*R*250 m、*R*300 m（未列数据）、*R*400 m（未列数据）曲线之间无明显差异。直线工况下，脱轨系数、轮重减载率、轮轴横向力优于侧线和 *R*250 m 曲线，而侧线与小曲线工况下的指标相当，有个别铁路货车的脱轨系数和轮重减载率略超过规定的安全限度值，其他各指标均在相应的国标规定的安全限度以内。具体见图 4-93～图 4-95 所示。

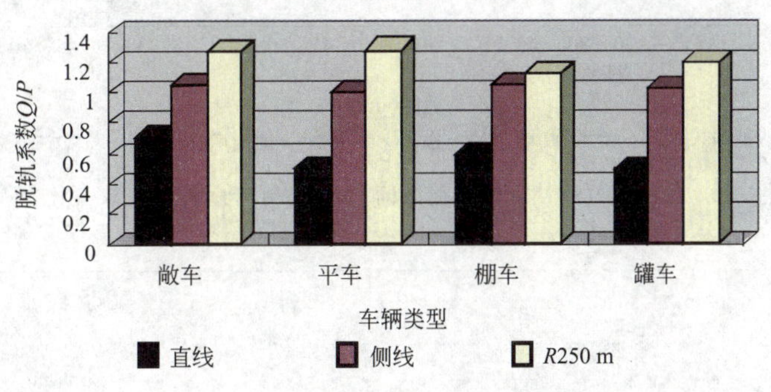

图 4-93 提速铁路货车低速时空车脱轨系数最大值水平图

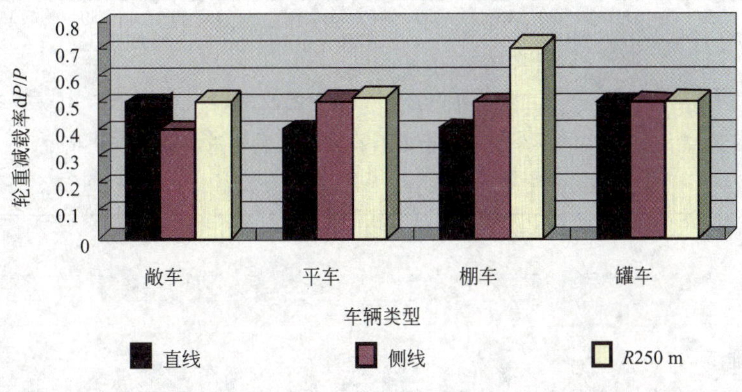

图 4-94 提速铁路货车低速时空车轮重减载率最大值水平图

(2)非提速铁路货车

①测试结果

由于多次试验及运用经验表明，重车状态下的动力学性能优于空车状态，在低速时各指标一般均在安全限度范围内，因此，以分析空车为主，不再对重车状态下性能进行对比分析。图 4-96～图 4-98 是 C_{62B}4677987敞车空车在不同速度下的安全性指标测试结果情况，其他车型测试结果总体变化趋势相类似，不再列出。

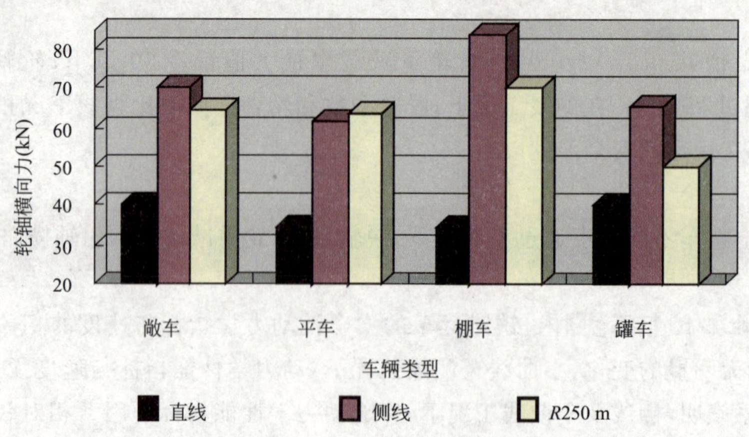

图 4-95　提速铁路货车低速时重车轮轴横向力最大值水平图

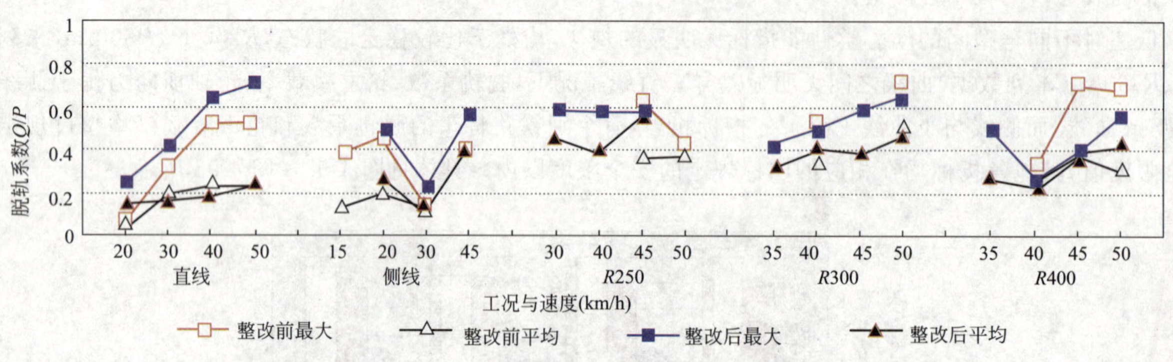

图 4-96　C_{62B}4677987 车空车整治前后小曲线试验脱轨系数变化情况

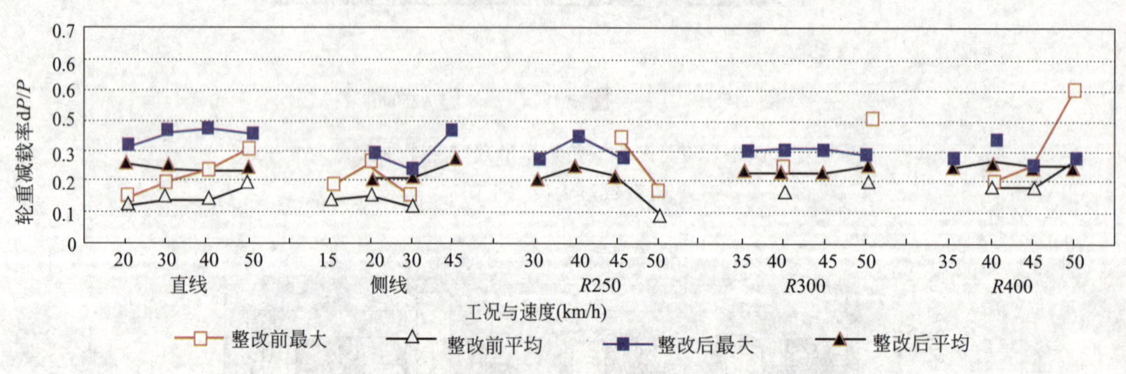

图 4-97　C_{62B}4677987 车空车整治前后小曲线试验轮重减载率变化情况

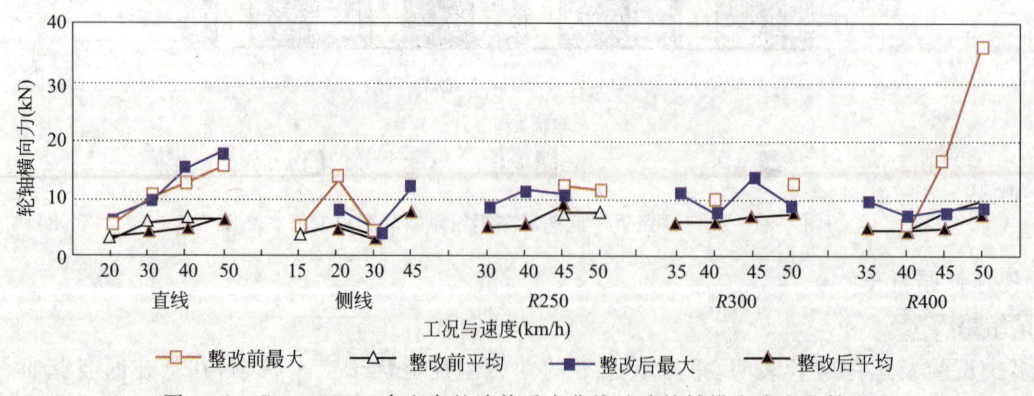

图 4-98　C_{62B}4677987 车空车整治前后小曲线试验轮轴横向力变化情况

a. 脱轨系数

脱轨系数平均值均在 0.5 以下，最大值在 0.8 以下，均在规定的安全限度范围内，并有一定的裕量。从平均值的变化趋势来看，直线工况下脱轨系数较小、曲线工况略大，随着曲线半径增加略有减小，侧线工况略低于小曲线工况，随着速度增加的变化不明显。

b. 轮重减载率

相比较而言，敞车 C_{62B}4677987、平车 N_{17}5041774 轮重减载率较小，均小于 0.4，罐车 G_{60}6228027 的相对较大(0.58)，棚车 P_{62}3106238 整治前的轮重减载率相对较大，其值为 0.65(R300 m 曲线)，均在规定的安全限度值范围内。

c. 轮轴横向力

C_{62B}4677987 车在 R400 m 曲线 50 km/h 时为 35.98 kN，G_{60}6228027 车在侧线 30 km/h 时为 23.39 kN、在 R300 m 曲线 50 km/h 时为 21.52 kN，其他车的轮轴横向力均小于 30 kN。从轮轴横向力来看，空车在直线、通过侧线、通过 R250 m～R400 m 时，轮轴横向力均在安全限度内。

②数据分析

在较低速度通过直线、侧线、R250 m、R300 m 和 R400 m 曲线工况下，通过对装用转 8A 型转向架的敞、棚、平、罐被试空车脱轨系数、轮重减载率、轮轴横向力测试数据的分析，可以看出：

在所测试的低速条件下，装用转 8A 型转向架铁路货车空车直线运行、通过侧线、R250 m 曲线的脱轨系数、轮重减载率及轮轴横向力均小于相应的国标限度值，通过侧线和曲线与直线工况下的相差不大，说明装用转 8A 型转向架铁路货车曲线通过能力较好，运行安全性是有保障的。

在所测试的低速范围内，侧线与小曲线工况下，脱轨系数、轮重减载率、轮轴横向力变化与速度无明显的规律，直线时的各指标随着速度的增加而增加。这说明直线低速运行时，影响运行安全的指标的因素相对比较单一，速度的影响相对比较突出。在通过侧线和小曲线时，诸如超高、缓和曲线长度、顺坡率、离心力等因素对脱轨系数、轮重减载率及轮轴横向力指标的影响较大。

在所测试的低速条件下，装用转 8A 型转向架空车各指标的离散性较大，分析与转向架抗菱刚度小、临界速度低、运用状态不稳定等有关。

4. 进出曲线轮轨力的变化特征

(1)提速铁路货车

①测试结果

以环行线可靠性试验中参试车 P_{70}3800005(装用 K6 型转向架)、NX_{17K}5274593(装转 K2 型转向架)、NX_{70H}5370001(装转 K5 型转向架)空车为例分析通过同一条小曲线时的轮轨力特征(具体位置有一定差异)。该曲线为测试方向的左弯曲线，超高 90 mm，曲线长 509 m，缓和曲线长 40 m。

a. 进缓和曲线

当铁路货车进入缓和曲线时，由于超高的存在，前进方向右侧轮被抬高，造成右侧(曲线外侧)轮增载，左侧(曲线内侧)轮减载，右侧轮轨横向力增加，作用于外轨内侧，左侧轮轨横向力减小。此时，轮轴横向力指向外轨增载侧，铁路货车相对处于安全的状态，P_{70}3800005、NX_{17K}5274593、NX_{70H}5370001 空车通过相同曲线时轮轨作用力的变化特征基本一致。图 4-99～图 4-101 为上述三种车型进入曲线时轮轨力的变化情况。

b. 出缓和曲线

当铁路货车开始出曲线时，外轨超高降低，铁路货车前进方向右侧轮位置高度降低，而后转向架仍在原超高的曲线上，使前转向架承载重量向曲线内侧转移，右侧轮减载，左侧轮增载。当进入出曲线的缓和曲线时，尽管曲线半径逐步增加，但导向力作用使右侧轮轨横向力仍维持一定的水平，作用于外轨内侧，轮轴横向力指向外轨减载侧，铁路货车相对处于对安全不利的状态。出曲线 P_{70}3800005、NX_{17K}5274593、NX_{70H}5370001 空车通过相同曲线时轮轨作用力的变化特征基本一致。图 4-102～图 4-104 为上述三种车型出曲线时轮轨力的变化情况。

②数据分析

P_{70}、NX_{17K}、NX_{70H}型装用提速转向架的空车均采用常接触式弹性旁承，进曲线当右侧轮抬高时，转向

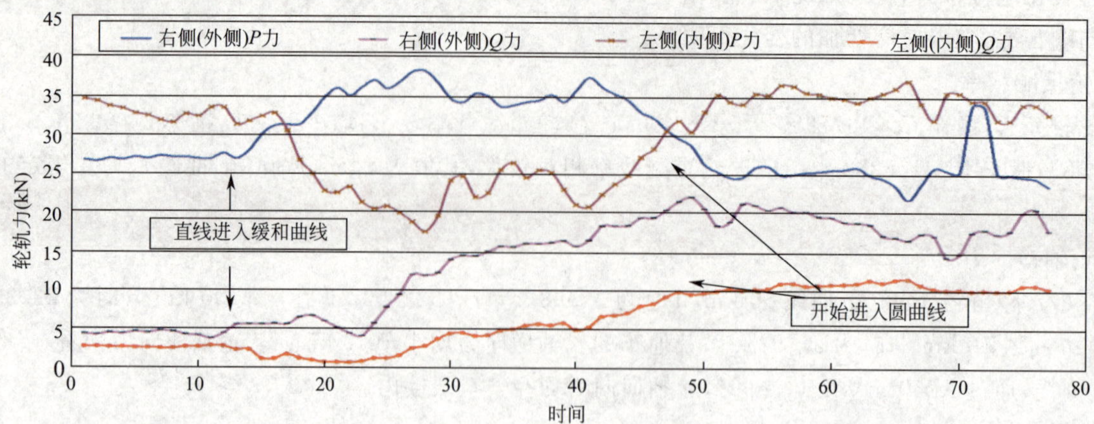

图 4-99　京承线 $R250$ m 曲线 P_{70} 3800005 空车进入曲线时轮轨力变化图

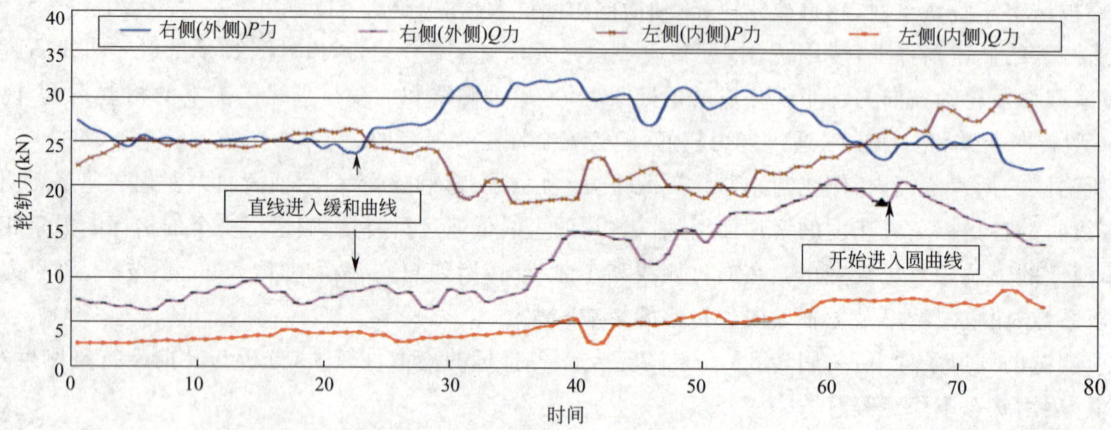

图 4-100　京承线 $R250$ m 曲线 NX_{17K} 5274593 空车进入曲线时轮轨力变化图

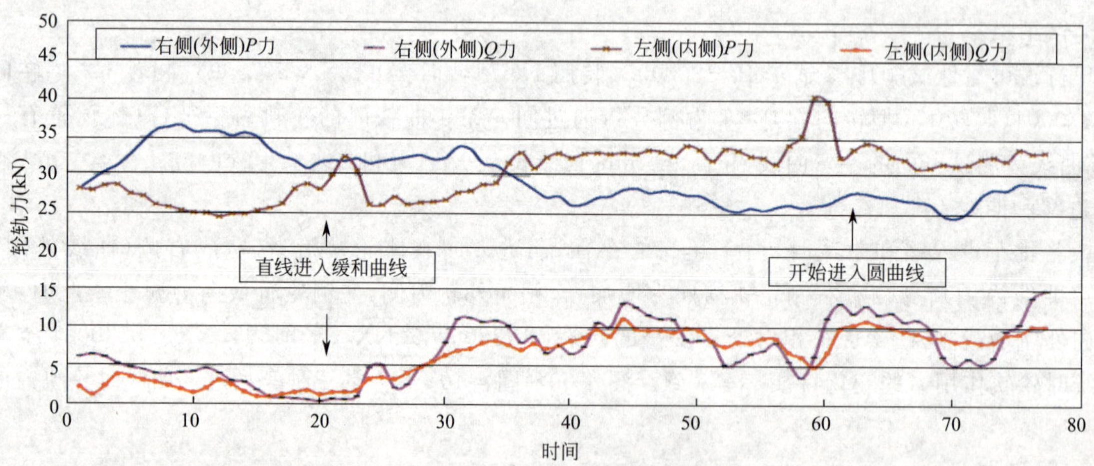

图 4-101　京承线 $R250$ m 曲线 NX_{70H} 5370001 空车进入曲线时的轮轨力变化图

架承载重量向外侧转移，外侧旁承压缩量增加，内侧旁承压缩量减小，使右侧轮增载，左侧轮减载。出曲线时外侧旁承压缩量减小，内侧旁承压缩量增加，使右侧轮减载，左侧轮增载。这也从另一个侧面说明了在加装弹性旁承来保证直线运行稳定性的同时，降低了曲线通过性能，但测试结果各指标均在国标规定的安全限度以内。

在重车状态下旁承承载的比例相对减小，心盘承载的比例增加，在进入曲线时，由于大部分载荷通过心盘近似平均分配到左右侧车轮，线路外轨超高引起旁承载荷的变化相对较小，轮重增减的变化不大。因此，重车比空车轮轨力的增减载缓和，更有利于曲线通过的安全性。

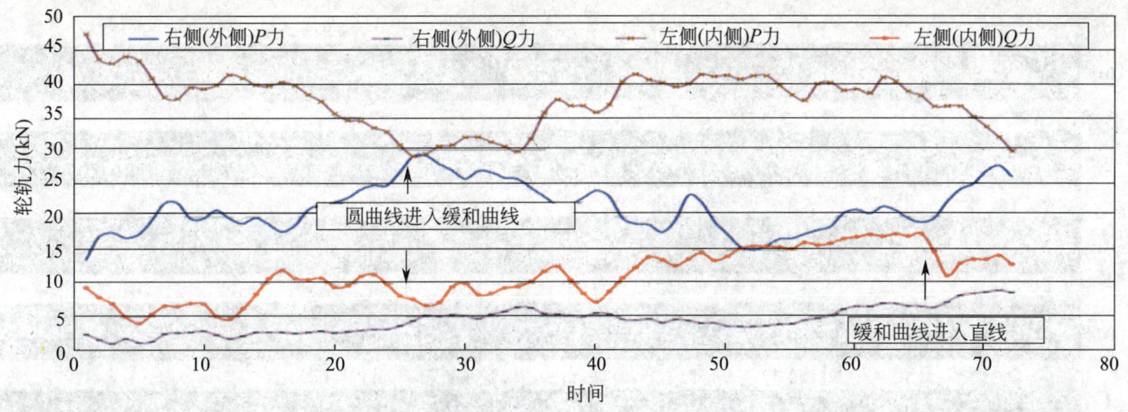

图 4-102 京承线 R250 m 曲线 P_{70} 3800005 空车出曲线时轮轨力变化图

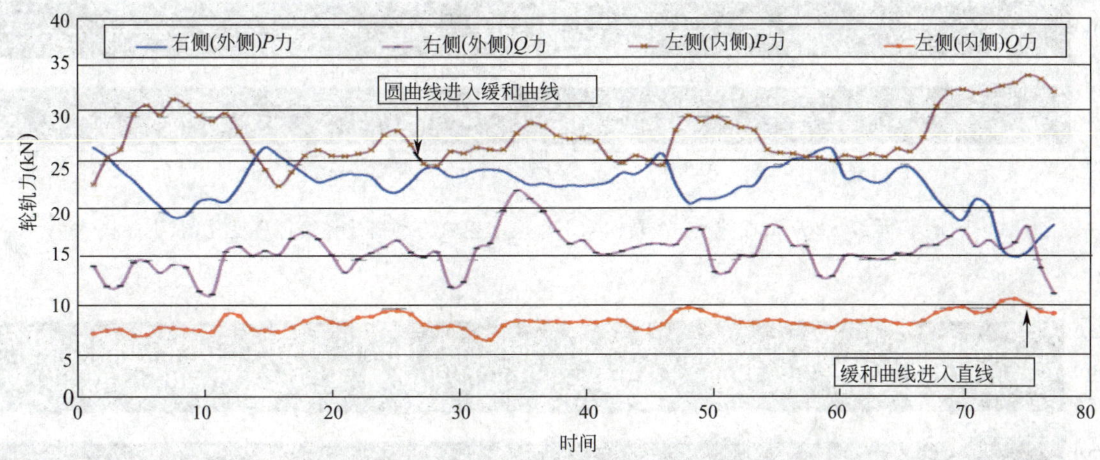

图 4-103 京承线 R250 m 曲线 NX_{17K} 5274593 空车出曲线时轮轨力变化图

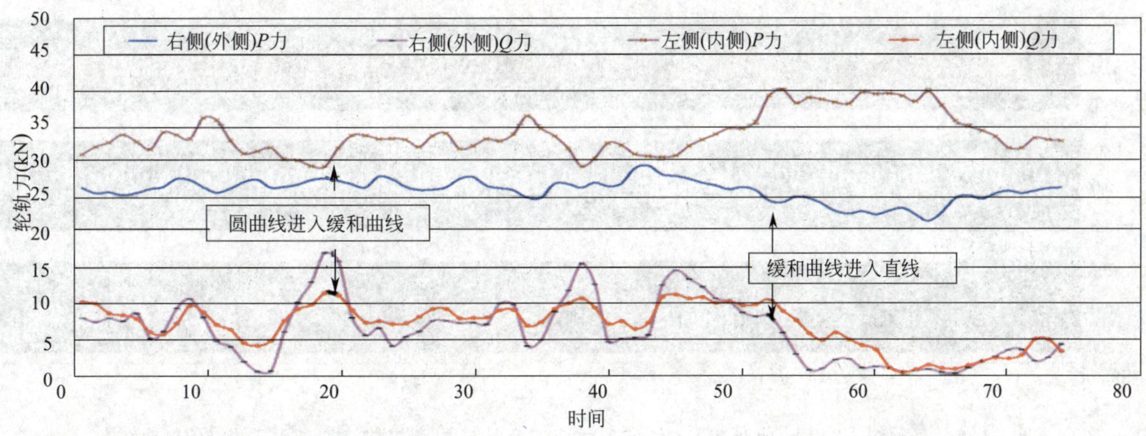

图 4-104 京承线 R250 m 曲线 NX_{70H} 5370001 空车进出曲线时的轮轨力变化图

(2)装用转 8A 型转向架铁路货车

装用转 8A 型转向架铁路货车在进出曲线时，由于装用间隙旁承，车体的重量通过心盘近似平均地分配到左右侧架上，左右侧轮的增减载较小，左右侧的垂向力无明显的增减载现象，测试结果各指标均在国标规定的安全限度以内。测试结果如图 4-105、图 4-106 所示。

通过对提速铁路货车和非提速铁路货车小曲线运行性能进行的线路综合试验与分析，在正常技术状态下，装用转 K2、转 K4、转 K5、转 K6 型转向架的提速铁路货车和既有装用转 8A 型转向架的非提速铁路货车，在低速通过小半径曲线或侧线时动力学性能基本满足相关标准的要求，铁路货车低速通过小半径曲线安全性是有保障的。考虑提速运行时直线与曲线性能兼顾，非提速铁路货车的曲线通过性能略优于提速铁路

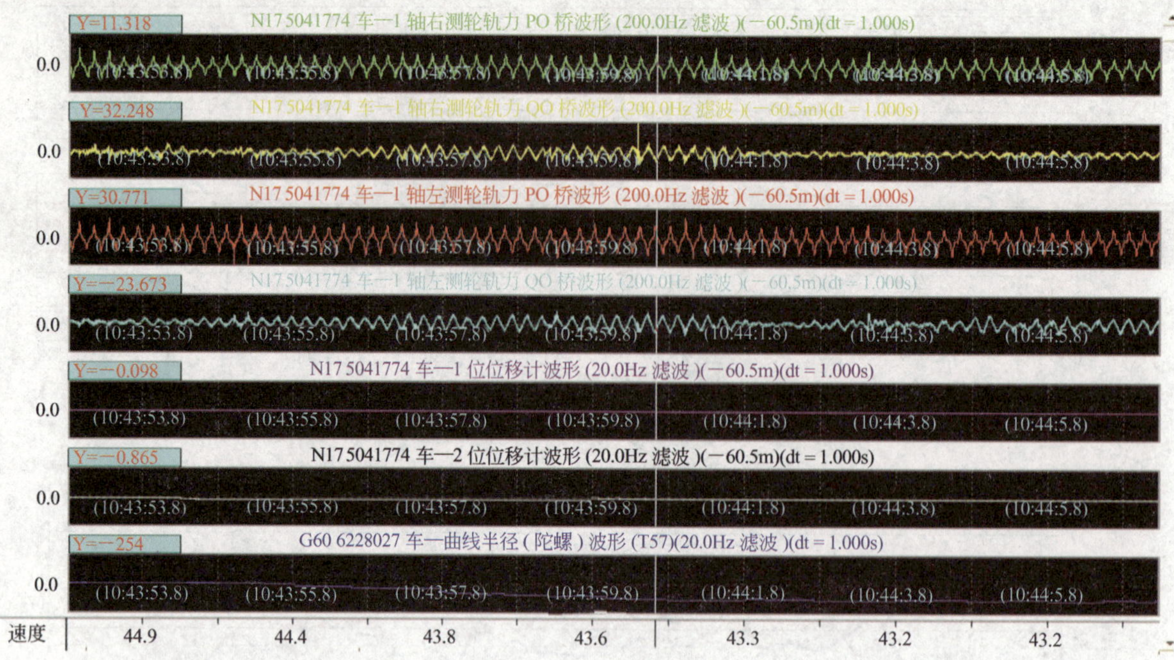

图 4-105　京承线 R250 m 曲线转 8A 转向架平车空车轮轨力和摇枕弹簧位移变化图(进曲线)

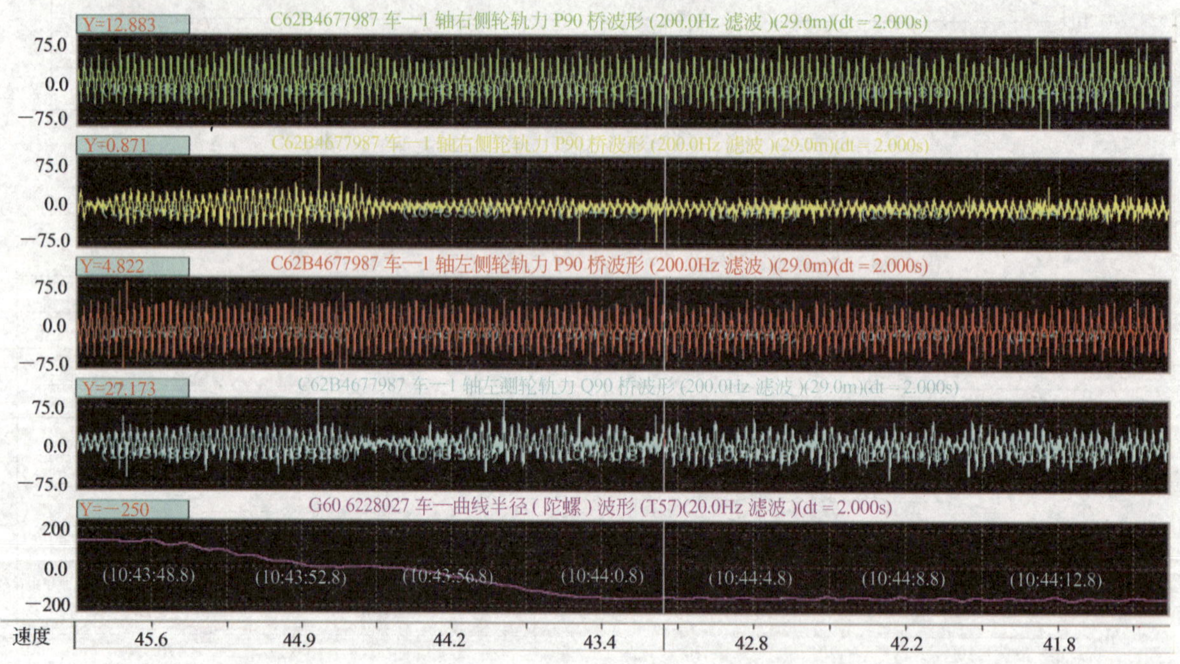

图 4-106　京承线 R250 m 曲线转 8A 转向架敞车空车轮轨力和摇枕弹簧位移变化图(出曲线)

货车。铁路货车通过小半径曲线并在出曲线时，外轨超高降低，外侧轮减载，增加了对安全的不利影响，因此，应严格控制运行速度在线路规定的允许范围内。

参 考 文 献

[1]　GB/T 5599—1985. 铁道车辆动车学性能评定和试验鉴定规范[S].

[2]　王福天. 车辆系统动力学[M]. 北京：中国铁道出版社，1994.

[3]　杨国桢. 磨耗形踏面轮轨接触几何学参数的研究[J]. 铁道车辆，1980，(10)：6-12；(11)：12-17；(12)：10-19.

[4]　金鼎昌. 磨损形踏面研究[J]. 西南交通大学学报，1984，(4).

[5]　王开文. 任意形状轮轨几何关系的研究. 西南交通大学硕士学位论文，1982.

[6] 严隽耄.具有任意轮轨形状的轮轨几何约束的研究[J].西南交通大学,1983,(3):37-42.

[7] 夏富杰,詹斐生,张卫华.轮轨几何接触的通解研究[J].机械工程学报,2000,36(8):51-54.

[8] 舒兴高,洪嘉振,贺启庸.精确求解轮轨三维几何接触的延拓方法[J].铁道学报,1996,18(6):83-89.

[9] De Pater. The Geometrical Contact between Tract and Wheelset. Vehicle System Dynamics,1988,17:127-140.

[10] Guang Yang. Dynamic analysis of railway wheelsets and complete vehicle systems. Delft University of Technology 博士学位论文. 1993.

[11] 柳拥军.高速轮轨接触几何学及高速轮轨几何型面优化的研究[J].铁道科学研究院博士学位论文,1999.

[12] 张卫华,陈良麒.机车车辆滚动振动试验台系统轮-轮接触关系的研究[J].西南交通大学学报,1995,30(1):76-81.

[13] 张卫华.机车车辆动态模拟[M].北京:中国铁道出版社,2007.

[14] 严隽耄,王开文,付茂海.机车车辆轮－轮与轮－轨接触关系的比较[J].铁道学报,1994,(增刊).

[15] 宋桦.轮轨空间动态耦合关系的研究[J].西南交通大学硕士学位论文,1998.

[16] 陈果,翟婉明,左洪福.新型轮轨空间动态耦合模型[J].振动工程学报,2001,14(1):402-408.

[17] 罗赟,金鼎昌.高速动力车轮轨几何参数设计[J].铁道学报,1994,16(增刊):24-30.

[18] 藏其吉,黄成荣,范钦海.高速动力车磨耗型车轮踏面的参数研究[J].中国铁道科学.1994,15(4):1-7.

[19] 任尊松,翟婉明,王其昌.轮轨接触几何关系在道岔系统动力学中的应用[J].铁道学报,2001,23(5):11-15.

[20] 王开云,翟婉明,蔡成标.轮轨型面及系统参数对轮轨空间接触几何关系的影响[J].铁道车辆,2002,40(2):14-18.

[21] 藤木裕(日本).车轮踏面形状对高速动车运动特性的影响——通过相对于圆弧、圆锥踏面形状的输入能量和几何蛇行运动波长进行评价[J].国外机车车辆,1999,(2):22-29.

[22] S. Kumar 等(美国).大轴重轮轨接触应力与踏面和轨顶曲率的关系[J].国外机车车辆,1999,(2):34-40.

[23] Kalker J J. A fast algorithm for the simplified theory of rolling contact. Vehicle System Dynamics,1982,11:1-13.

[24] Vermeulen P J,Johnson K L. Contact of non-spherical bodies transmitting tangential forces. J. Appl. Mech. ,1964,31:338-340.

[25] Shen Z Y,Hedrick J K,Elkins J. A. A comparison of alternative creep-force models for rail vehicle dynamic analysis. Proc,8th IAVSD Symp. ,Cambridge,Ma. ,1984,591-605.

[26] 舒仲周,张继业,曹登庆编著.运动稳定性[M].北京:中国铁道出版社,2001.

[27] S. G. Abel,N. K. Cooperrider. An Equivalent Linearization Algorithm for Nonlinear System Limit Cycle Analysis. Journal of Dynamics Systems,Measurement,and Control,1985,107:117-122.

[28] Alfred Jaschinski. On the Application of Similarity Laws to a Scaled Railway Bogie mode,Dissertation,DLR,1995.

[29] Keiji Yokose. An Analysis of Running Stability of High Speed Railway Trucks Connected in Series with Elastic and Frictional Forces Working against Truck Turning. Proceedings of 10th IAVSD Symposium on Vehicle System Dynamics, Swets & Zeitlunger. 1987:543-554.

[30] A. D. de Pater. The Equations of Motion of Single Wheelset Moving along a perfect Track. Proceedings of 10th IAVSD Symposium on Vehicle System Dynamics,Swets & Zeitlunger. 1988:287-299.

[31] 张继业,杨翊仁,曾京.Hopf 分岔的代数判据及其在车辆动力学中的应用[J].力学学报.2000,32(5):596-604.

[32] 杨翊仁.轮缘力作用下转向架极限环蛇行分析.振动与冲击[J].1995,14(3):43-48.

[33] 曾京,邬平波.车辆系统稳态方程收敛解的数值求解.铁道学报[J].1994,16(增刊):125-130.

[34] Wolfgang Hauschild. The Application of Quasilinearization to the Limit Cycle Behaviour of the Nonlinear Wheel-Rail System. Proceedings of 6th IAVSD Symposium on Vehicle System Dynamics,Swets & Zeitlunger. 1979:146-163.

[35] Hans True. On the Theory of Nonlinear Dynamics and its Applications in Vehicle Systems Dynamics. Vehicle System Dynamics. 1999,31:393-421.

[36] Zeng Jing. Numerical Analysis of Nonlinear Stability for Railway Cars. Chinese Jounal of Mechanical Engineering,2001,14(2):97-101.

[37] I. A. Castelazo,J. K. Hedrick. Stability Analysis of a Nonlinear Wheelset Rolling on Rough Track. Journal of Dynamics Systems,Measurement,and Control,1989,111:277-285.

[38] D. Moelle and R. Gasch. Nonlinear Bogie Hunting. Proceedings of 11th IAVSD Symposium on Vehicle System Dynamics, Swets & Zeitlunger. 1989:655-665.

[39] 沈钢,周劲松,任利惠.车辆动力学仿真中关键元件的建模[J].交通运输工程学报,2007,7(5):1-5.

[40] 陆正刚,胡用生.货车转向架动力学性能与悬挂结构设计和参数优化的综合研究[J].铁道车辆,2001,39(1):1-5.
[41] 米彩盈.货车三在件转向架抗菱刚度的研究[J].西南交通大学,1993.
[42] 吕可维.货车三大件式转向架菱形变形特性及货车蛇形运动稳定性研究[J].西南交通大学,1995.
[43] GB/T 5601—2006 铁道货车检查与试验规则[S].
[44] GB/T 5600—2006 铁道货车通用技术条件[S].
[45] 牵引动力国家重点实验室.160 km/h 轴摆式货车转向架滚动振动试验报告[R].成都:西南交通大学,2007.
[46] 陈雷,王新锐. 货车低速通过小半径曲线动力学性能试验分析[J]. 中国铁道科学,2009,30(108):84-89.
[47] 陈雷,吕可维,于卫东,等. 提速货车横向动力学性能可靠性分析方法[J]. 中国铁道科学,2009,30(105):97-102.

铁路货物列车纵向动力学性能试验及评价

由铁路机车和若干货车组成的列车是一个复杂的机械振动系统。列车沿铁路运行时，由于机车牵引和制动力的变化，以及线路纵断面的差异，列车的纵向运动就产生各种变化。列车在编组、调车作业中的冲击也会引起铁路货车之间的动态变化。

列车在常力或缓慢变力的作用下作等速或等加速运动。这时车钩缓冲装置内作用力的大小仅取决于列车数值不变的轮周牵引力和制动力、运行阻力以及列车在不同坡段上的重力的纵向分量等外力和惯性力，而与初始条件无关。在这种情况下，列车中各车之间的相对位移量极其微小，并不影响列车的纵向运动。列车起动、制动的过渡过程，牵引力骤变过程以及调车时的铁路货车之间的冲击过程容易引起列车的纵向冲动。这时，列车上的作用力除上述外力以外还有铁路货车之间的作用力，这些力与铁路货车之间的相对位移、冲击大小以及车钩缓冲装置的性能均有很大关系。

列车纵向动力学主要用来分析不同的列车编组、不同货车配置、不同运行工况及不同的线路条件下组成列车的铁路货车间的纵向动力作用，就是研究列车的纵向动态变化，也就是为了要掌握列车在牵引力、制动力变化时以及调车作业中铁路货车之间纵向力大小和分布变化规律，分析改善铁路货车受力状况和运行性能的途径，同时为铁路货车的设计和改进提供依据。列车纵向动力学以整个列车系统为研究对象，考虑了车钩间隙、缓冲器的非线性特性、铁路机车的牵引及制动特性、列车的空气制动以及与铁路机车之间的同步作用等影响。

5.1 列车纵向动力学模型

列车纵向动力学是重载铁路运输关键要研究的内容，以期掌握纵向动力学的原理，从而优化列车操纵方式，优化配置制动系统资源，减少列车的纵向冲动，降低轮轨作用力，保障列车的运行安全[1]。从 1971 年开始，美国铁路协会(AAR)就组织进行列车/轨道动力学的研究，世界各运输组织如加拿大、国际铁路联盟、澳大利亚等也投入大量的精力对列车纵向动力学进行理论分析以及线路试验的深入研究工作。试验研究由于受到试验手段的限制，在 2004 年以前世界各国尚没有完整地进行长大编组列车的列车纵向动力学试验。因此，从理论着手研究列车的纵向动力学问题成为主要方式。

5.1.1 列车纵向动力学方程

列车纵向动力学的主要内容是研究不同列车编组、不同铁路机车车辆技术装备、各种运行工况、线路条件以及不同操纵方法下的列车纵向动力作用，因此不同于简单的牵引计算而必须采用多质点的列车模型。如图 5-1 所示，在纵向动力学研究范围内，可以将列车抽象为一个多质点的质量弹簧阻尼系统。取列车中的一辆车为研究对象，分析其受力情况，在只考虑纵向运动时整个列车的自由度就相当于全列车的总辆数。

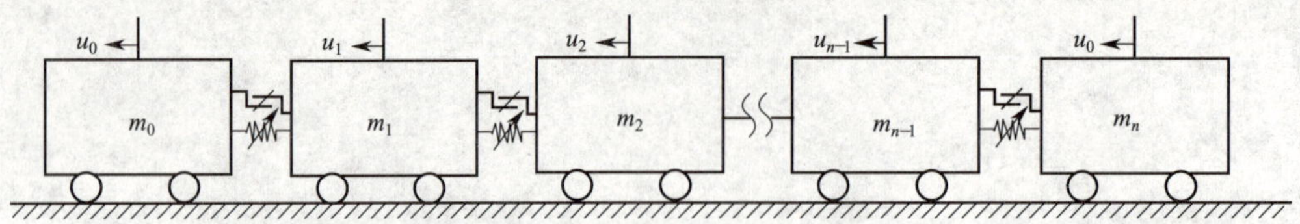

图 5-1　列车纵向动力学模型

该力学模型考虑有列车纵向运动的所有因素，包括铁路机车的牵引和动力制动特性、列车空气制动系统和钩缓装置的特性，还有各种运行阻力，均可分别按物理模型进行仿真，再建立每台铁路机车和货车的运动方程式，从而可详细求解列车中所有机车车辆的纵向运动过程。

其纵向动力学方程的形式为：

$$m_i \ddot{u}_i = F_{ci-1} - F_{ci} - F_{wi} + F_{TEi} - F_{DBi} - F_{Bi} \tag{5-1}$$

式中　$\ddot{u}_i$——第 i 车的加速度；

m_i——第 i 车的质量；

F_{ci-1}——第 i 车的前车钩力，$F_{c0-1}=0$；

F_{ci}——第 i 车的后车钩力，$F_{cn}=0$；

F_{wi}——第 i 车的总的运行阻力，包括等效运行阻力、坡道力、曲线阻力、起动阻力等；

F_{TEi}——牵引力，仅作用于铁路机车；

F_{DBi}——动力制动力，仅作用于铁路机车；

F_{Bi}——第 i 车的空气制动力。

将 $F_{ci-1}=\tilde{k}_{c-1}(u_1-u_{i-1})$ 和 $F_{ci}=\tilde{k}_i(u_{i+1}-u_i)$ 代入(5-1)式，可得紧凑的矩阵形式：

$$\begin{cases} \boldsymbol{M}\ddot{\boldsymbol{u}} + \tilde{\boldsymbol{K}}\boldsymbol{u} = \boldsymbol{F} \\ \dot{\boldsymbol{u}}|_{t=0} = \boldsymbol{v}_0 \\ \boldsymbol{u}|_{t=0} = \boldsymbol{u}_0 \end{cases} \tag{5-2}$$

式中，$\boldsymbol{M}$ 为铁路机车车辆的质量矩阵，$\tilde{\boldsymbol{K}}$ 为系统的总的非线性刚度阵，$\boldsymbol{F}$ 为外加激励。$\ddot{\boldsymbol{u}}$、$\dot{\boldsymbol{u}}$、$\boldsymbol{u}$ 分别为多原点体系各质点相对于平衡点的加速度、速度和纵向位移向量。

5.1.2　铁路机车牵引/制动力特性

目前大秦线采用了 SS_4 型电力机车、HXD_1 型以及 HXD_2 型电力机车牵引 2 万 t 列车。图 5-2～图 5-4 分别给出了三种铁路机车的牵引特性曲线。

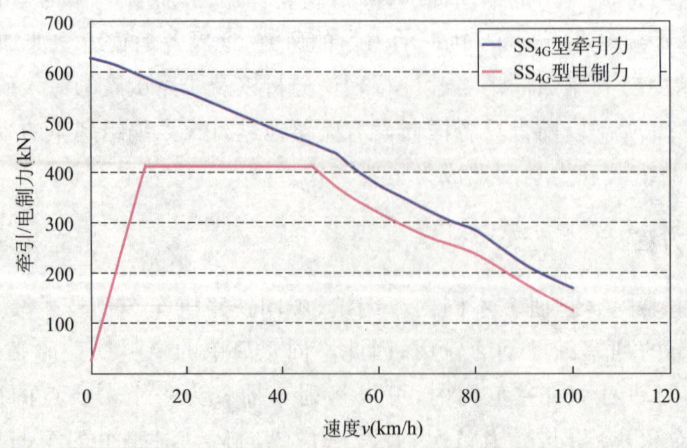

图 5-2　SS_4 型电力机车的牵引/制动特性曲线

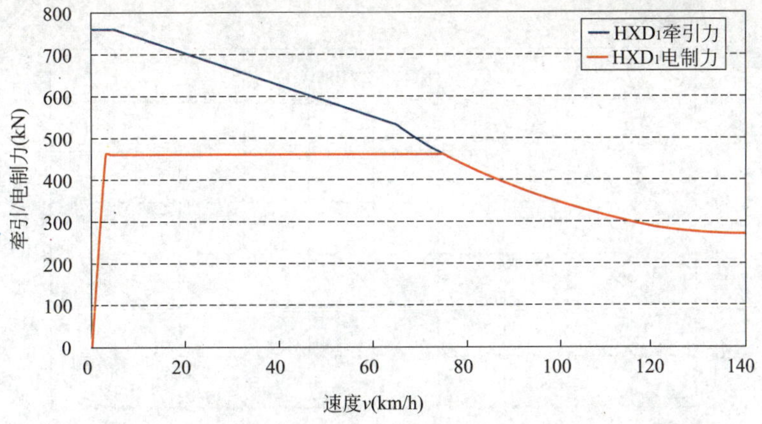

图 5-3 HXD1 型电力机车的牵引/制动特性曲线

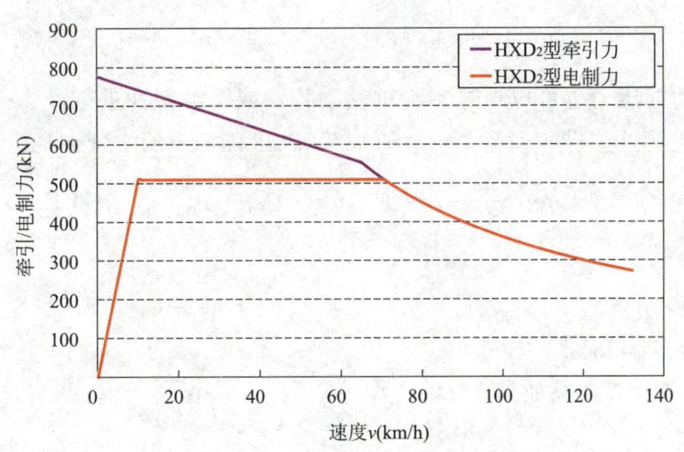

图 5-4 HXD2 型电力机车的牵引/制动特性曲线

5.1.3 空气制动力

列车空气制动特性主要包括：列车管压力及各节车制动缸压力值随时间的变化、装用制动阀类型、列车编组辆数及车辆换长、机车数量及在列车中所处的位置等，可根据货车定置制动台的试验结果及实车静置试验结果得到。图 5-5 为 HXD1 型电力机车＋10 000 t＋HXD1 型电力机车＋10 000 t 编组列车制动特性曲线示意图。由图可知，在列车管减压量及施行制动后的时间已知情况下，即可求出不同编组位置各辆车不同时刻的制动缸压力。同理，对于缓解特性曲线，利用同样方法可以求出缓解时的制动缸压力，图 5-6 为同一编组的缓解特性曲线示意图。

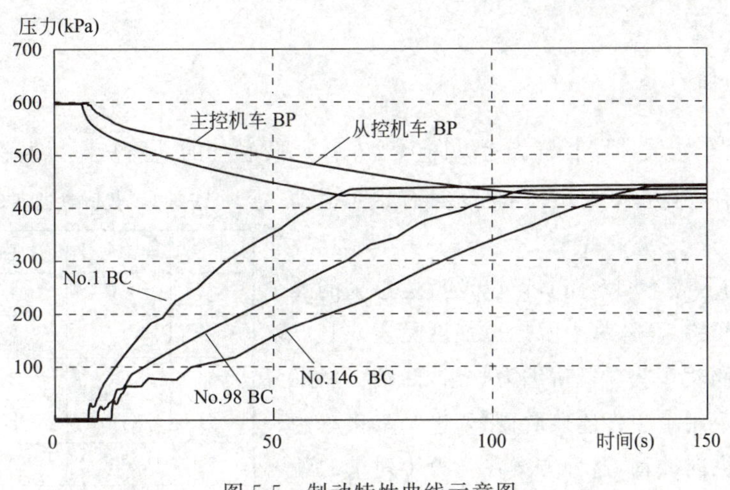

图 5-5 制动特性曲线示意图

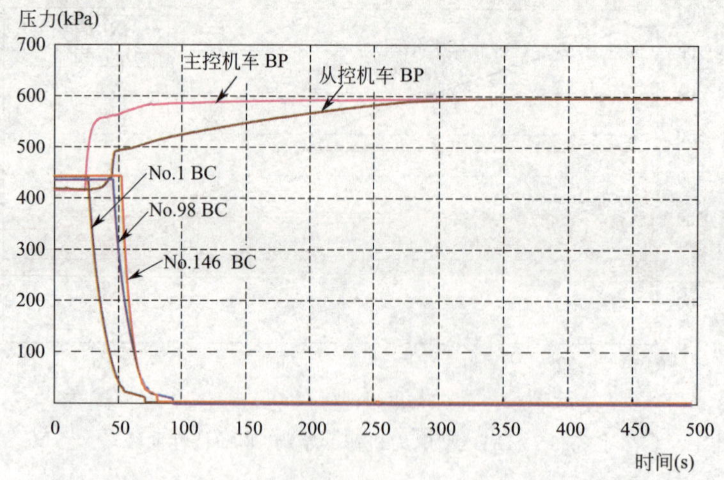

图 5-6　缓解特性曲线示意图

铁路机车的空气制动缸压力也可以通过制动缸制动特性或缓解特性进行计算。

已知制动缸的压力值后，可根据《列车牵引计算规程》求出各辆车的空气制动力 F_B，即：

$$F_B = \varphi_K \cdot \frac{\pi}{4} \cdot d^2 \cdot P \cdot \eta \cdot \gamma \cdot n_b \cdot 10^{-4} \quad (\text{kN}) \tag{5-3}$$

式中　π——圆周率；

d——制动缸直径(cm)；

P——制动缸空气压力(kPa)；

η——基础制动装置计算传动效率；

γ——制动倍率；

n_b——制动缸数；

φ_K——闸瓦摩擦系数。

闸瓦摩擦系数可根据《列车牵引计算规程》及有关厂家提供的试验数据获得，例如对于高摩合成闸瓦的实算摩擦系数取：

$$\varphi_K = 0.41\frac{K+200}{4K+200} \cdot \frac{v+150}{2v+150} \tag{5-4}$$

式中　v——车辆当前速度(km/h)；

K——闸瓦压力(kN)；

$$K = \frac{\pi}{4} \cdot d^2 \cdot P \cdot \eta \cdot \gamma \cdot n_b \cdot 10^{-4}/n_K$$

n_K——每辆车闸瓦数。

5.1.4　车钩/缓冲器纵向力

列车运行过程中靠车钩缓冲器装置传递纵向力给车体。两联挂的铁路货车以及铁路机车与铁路货车之间的车钩、缓冲器之间存在间隙，因此在两辆车具有相对运动时会产生纵向冲动。

我国铁路货车车钩适应不同铁路货车以及货运总重的要求，发展了系列型号的车钩，车钩型号及抗拉强度见表 5-1。

大秦线用 C_{80} 型铁路货车将 3 辆车编为一组，两端仍然采用 16、17 号车钩，中间改用牵引杆连接两辆车，进一步将车钩间隙缩小，减少列车的纵向冲动，这种方案在 2 万 t 列车的编组中尤其明显。

表 5-1　我国铁路货车车钩型式及间隙

序号	车钩型号	抗拉强度(kN)	车钩间隙(mm)
1	2 号	1 500	—
2	13 号	2 300	19.5
3	13C	3 000	19.5
4	16(17)号	3 500	10
5	13E	3 500	19.5
6	13A	3 500	12

铁路货车缓冲器从建国初期容量 20 kJ 的 2 号缓冲器、容量 18 kJ 的 3 号缓冲器，陆续发展到容量 35 kJ 的 MX-1 橡胶缓冲器、容量 50 kJ 的 MT-2 和容量 45 kJ 的 MT-3 缓冲器，在 2005 年相继又研制出容量 80～100 kJ 的大容量弹性胶泥缓冲器用于大秦线铁路运输 C_{80} 系列铁路货车。

大秦线要尽快形成 2～4 亿 t 的年运输能力，在这之前，铁路货运机车主要采用 C 级钢车钩、C 级钢钩尾框及 MT-3 型缓冲器，而与之编组的货车大多都装备了 16 号转动车钩、17 号固定车钩、加强型钩尾框和容量更高的 MT-2 型缓冲器。随后，铁路机车采用了 E 级钢车钩、钩尾框和 MT-2 型缓冲器。使机车车钩缓冲装置与货车钩缓装置性能相匹配。

缓冲器的阻抗力与缓冲器位移以及变形速度有关，即缓冲器的输入能量不同，其动态特性曲线是不同的。图 5-7 为 MT-2 型缓冲器落锤曲线示意图，图 5-8 为 HXD_1 型电力机车牵引 2 万 t 列车试验平道紧急制动试验工况第 102 位铁路货车缓冲器特性曲线示意图。由上述两图可见，缓冲器压缩以及复原的特性曲线是一个复杂的非线性过程，在运行的列车中由于车钩间隙存在，两联挂车辆具有相对运动速度，使得两辆车之间存在拉力和压缩力的交替运动，或者压缩力随着时间呈现增大及缩小的趋势。而且由于载荷作用速度的不同以及缓冲器位移的不同使车辆运行过程中缓冲器的动态特性与落锤特性曲线不能吻合。

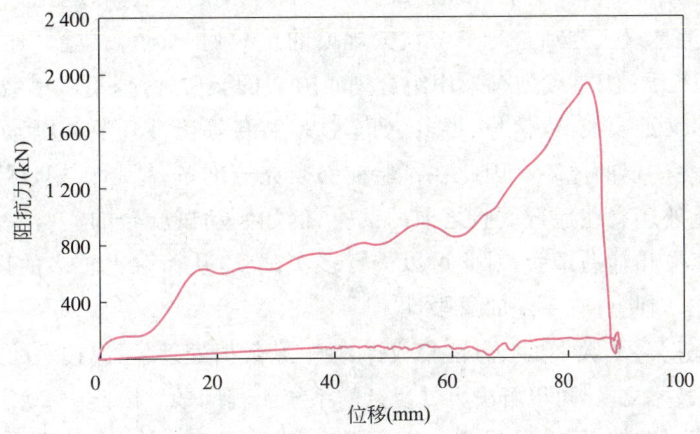

图 5-7 MT-2 型缓冲器落锤曲线示意图

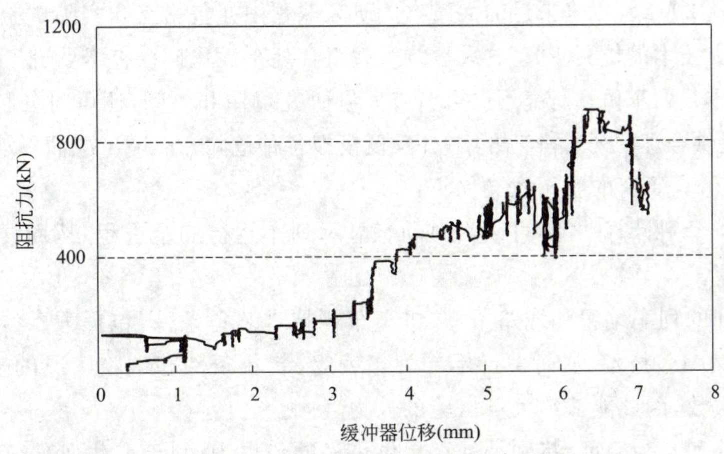

图 5-8 MT-2 型缓冲器紧急制动试验的动态特性曲线示意图

5.2 列车纵向动力学仿真

5.2.1 列车纵向动力学仿真的概况

前已述及，列车纵向动力学问题是影响重载列车运行安全的主要研究内容，也从模型以及影响因素等各方面进行了分析。而在进行初始重载列车方案进入试验阶段以及运营之前，对列车进行仿真研究是现代科学发展的必要手段，特别是用于高效率、高质量地解决复杂的系统工程问题。目前列车纵向动力学仿真计算方法已经列入铁道行业标准。主要应用成果有20世纪80年代初应用于旅客列车扩编的制动动力学软件；90年代初应用于大秦线万吨列车的繁忙干线开行5 000 t级重载列车、三大干线提速的TOS列车操纵模拟软件，并发展为《列车牵引计算规程》标准软件；近年来开发成功的列车纵向动力学软件更能适应大秦线2万t组合列车和高速列车的研究要求，在重载、高速、城轨交通的研究中得到广泛应用。

5.2.2 开展重载列车仿真研究的实用性

我国铁路的重载运输经过多年发展，以大秦铁路的重载运输为代表，已经取得了重大的成就，但从20世纪的1万t级列车扩大到近几年来的2万t级列车是一个“质”的飞跃，更有我国不同于国外的困难条件，特别是铁路机车车辆装备条件的不同和大秦铁路特殊的长大下坡道线路条件，因此必须在大量科学研究工作的基础上才能保证其安全运行。我国铁路重载运输的科学研究工作包括试验和仿真研究二个相辅相成的方面。

众所周知，实验室研究和线路试验多年来一直是铁道科学研究的重要手段，为保证重载列车运行的安全性和可靠性，实际线路试验是必不可少的，通过试验可取得不少试验数据，是正式开行重载列车的前提条件。因此从2004年以来大秦线上先后进行了7次大规模的重载列车运行试验。通过大量研究和吸取国外的先进经验，已经确认了2万t级重载列车采用组合列车方式的必要性，但每次重载组合列车的线路试验均需耗费庞大的人力、物力，又涉及线路、信号、供电、列车技术装备等诸多环节和因素，其费用不菲，试验次数及数据则极其有限，并存在一定的风险。因此在试验前必须充分准备，精心计划，尽量减少重复试验的次数特别是避免危险工况。此外还有在运行试验之前的试验，例如制动试验台的实验室试验和列车静置试验则通常是运行试验的前期工作和辅助试验，对此可以进行多次试验，从而取得较多的试验数据，但不能模拟列车运行的动态和线路条件，因此也有一定的局限性。

随着计算机技术的飞速发展，数字试验方法集成计算科学、数据处理、图像技术的最新成果，已成为现代科学的基本研究手段和核心技术之一，可以解决大量复杂的系统工程问题。因此由20世纪60年代开始，重载列车的仿真研究在国际重载运输的发展中已得到广泛应用，在我国亦不例外，特别是从1985年我国开发了列车纵向动力学TOS软件(Train Operation Simulation)以来，已通过多次应用和不断发展，具备仿真技术速度快、数据多和精度高的特点。从2004年以来下达的大量有关研究课题中亦包括有和实际试验研究紧密结合的“大秦线重载组合列车合理操纵技术的仿真研究”、“大秦线重载组合列车优化操纵技术研究”等应用仿真研究方法的重大课题。和试验相比重载列车仿真研究不仅可节省大量研究费用和时间，还可对各种预选试验方案进行预测和比较；为线路试验提供合理的列车操纵方案，并反复模拟各种危险和故障工况而不承担风险。

对于重载列车应用仿真研究的实用意义如下：

(1)完整的重载列车牵引计算功能，可以实时动态显示列车运行的全过程，从而详细研究重载列车的操纵技术。

(2)可精确模拟不同的列车编组和线路条件、机车车辆技术装备条件，包括大秦线重载列车采用的列车无线同步遥控装置(Locotrol)技术，从而进行不同列车编组、装备条件和试验工况的多方案预测和比选，优化试验方案，减少试验次数，因此能节约大量试验的人力、物力。

(3)可以与试验互补和互为验证，特别是补充提供更多的数据，有利于重载列车的深入研究。

(4)可以对比铁路机车黑盒子记录数据，反演重载列车的实际运行情况和进行故障分析。

(5)模拟实际试验无法实现的各种危险工况而不承担相应的风险。

5.2.3 重载列车仿真软件的发展

列车纵向动力学的数值仿真研究就是利用现代计算机技术在计算机上建立列车力学模型，进行列车纵向动力学的数值试验研究。由于计算机性能不断提高，科学计算的可视化技术、虚拟现实技术的迅速发展，列车纵向动力学仿真计算已成为重载列车的重要研究手段，在国际重载运输的研究和运行中得到广泛应用。

从 20 世纪 80 年代初开始，我国开展了铁道列车纵向动力学的仿真研究工作，此后长期以来一直在坚持该项研究工作，已在列车系统动力学的理论、数值仿真和工程应用方面取得了一系列的研究成果，其发展过程如下。

在 1986～1989 年期间，经过不断完善，完成了国家七五重大攻关项目"大秦线万吨重载列车机车配置与操纵方法的研究"。1991 年用 NDP-FORTRAN 语言完成了微机版本的列车纵向动力学操纵模拟程序（TOSPC）。1992～1995 年期间，配合"繁忙干线开行 5 000 t 列车的仿真计算研究"，应用 TOSPC 程序为各路局在繁忙干线开行 5 000 t 列车提供了大量计算数据。此后在 1995 年 5 月京沪线提速列车试验前，用TOSPC 程序对京沪线首次提速试验列车的运行方案反复进行仿真计算，提供试验应用的模拟操纵示意图。1996 年 8 月"三大干线客货列车提速试验总结及提速装备技术条件"研究论证工作用 TOSPC 对各种提速列车运行方案进行仿真计算，为我国铁路全面开行提速列车作出了贡献。

1996～1998 年，牵规电算软件采用 WINDOW 平台下的 C++软件设计思想，沿用了 TOSPC 的多质点列车计算模型。此后牵规电算程序广泛应用。

但由于 20 世纪 80、90 年代编制的 TOSPC 列车纵向动力学软件只适用于 1 万 t 以下的单编重载列车动力学计算，而牵规电算程序则是根据《牵引计算规程》要求使用的软件，没有列车纵向动力学的计算功能。为实现大秦线 2 亿 t 以上的年运输能力和开行 2 万 t 级重载列车的需要，必须开展关于大秦线 2 万 t 重载组合列车操纵运行和纵向动力学的研究，因此从 2003 年开始至今，在长期重载列车技术研究的基础上进一步开展深入细致的研究，结合试验数据和工程实际情况，不断完善力学模型，改进计算方法，提高计算精度，研制完成了适用于大秦线 2 万 t 组合列车的列车纵向动力学仿真软件。

5.2.4 列车纵向动力学仿真研究的基本模型

1. 列车牵引和制动力的仿真

在重载列车运行仿真中考虑的列车技术装备主要是铁路机车、铁路货车的型别及其"三大件"——制动机、车钩、缓冲装置。技术装备和司机操纵方法是列车运行的"硬件"和"软件"，不同技术装备条件是影响重载列车运行性能的关键因素，因此必须保证技术装备"仿真"的精度，对重载列车的各种技术装备进行深入调研，建立了相当精确的仿真模型，主要装备条件如下。

(1)牵引动力

在仿真软件中建立有我国各种主型机车的数据库，根据大秦线运用的实际情况，2 万 t 重载组合列车目前主要由改造后的 SS_4 型电力机车牵引，今后将引入大功率的和谐型电力机车，因此铁路机车仿真的重点是建立 SS_4 型及和谐型电力机车牵引、动力制动和空气制动特性的仿真摸型。铁路机车牵引力由其牵引特性决定，与速度和把位有关。其计算方法是对应于每一时刻 t，根据该时刻铁路机车的运行速度 v 和把位 N_s，由牵引特性曲线插值计算出对应的铁路机车牵引力 F_{LO}：

$$F_{LO}=f(N_s,v) \tag{5-5}$$

由此计算出整个列车的牵引力：

$$F_{LN}=N\times F_L \tag{5-6}$$

式中 N——铁路机车数量。

此外要考虑机车黏着力的限制和铁路机车在列车中的位置等对该牵引力进行修正计算。

(2)列车阻力

列车阻力计算包括铁路机车和货车的基本运行阻力、坡道阻力和曲线阻力等的计算。仿真计算的特点是按实际线路的列车编组情况可对每辆机车或货车分别进行详细计算以后再计算全列车的合力。

(3)列车制动力

重载列车的制动力可分为动力制动和空气制动，动力制动取决于铁路机车的动力制动特性、运行速度和司机操纵把位，其计算方法和牵引力相类似。空气制动系统包括铁路机车制动操纵装置、列车空气管系、铁路货车制动机和基础制动装置。因此首先需要建立铁路机车、货车数据库中有关的空气制动参数模型，并设置必要的初始条件，例如列车管定压、列车编组辆数等。对空气制动作用的仿真计算分为如下三个子程序依次进行计算。

①列车空气制动作用的传布模型，该模型又可根据列车牵引动力配置和装置条件区分为单编列车、组合列车和电空制动系统的仿真。

②铁路货车制动机及其基础制动装置的模型，用于计算每时每刻每辆车的空气制动力变化情况。仿真模型以重载铁路货车的120型制动机及其基础制动装置为仿真对象。

③铁路机车制动机及其基础制动装置的模型，用于计算铁路机车制动力和货车制动力不同的要求分为单独小闸制动、自动大闸制动作用，并考虑铁路机车的动力制动联锁性能。

2. 钩缓装置的模型

列车纵向动力学仿真不同于简单牵引计算的主要特点之一是计算所有铁路货车的车钩力和加速度。为此必须考虑车钩间隙变化以及缓冲器组合的串联阻抗特性。其仿真模型根据重载列车的装置条件可分别对MT-2型缓冲器或其他缓冲器例如大容量胶泥缓冲器进行仿真。其基本原理为应用下列数学方程。

$$F_t = FENV_t + (F_{t-\Delta t} - FENV_t)\exp\left(\frac{-|x_t - x_{t-\Delta t}|}{\beta}\right) \tag{5-7}$$

式(5-7)中，F_t 为当前时间步长的车钩力；$FENV_t$ 为对应于图5-9中上下边线的力，其值为：

$$FENV_t = \begin{cases} f(x_t) & 当\ x_t > x_{t-\Delta t} \\ kx_t - F_b & 当\ x_t < x_{t-\Delta t} \end{cases} \tag{5-8}$$

式中 $F_{t-\Delta t}$——前一时间步长的车钩力；

x_t——当前时间步长车钩缓冲器的变形；

$x_{t-\Delta t}$——前一时间步长车钩缓冲器的变形；

β——控制上下边界力连线变化率的控制参数，具有与 x 同样的长度单位，其值应根据试验图选定；

F_b——缓冲器预压力。

由式(5-7)可见，其中的指数项只有在当前和上一个时间间隔中的位移 x 变化很小时才起作用。参数 β 调整上下边线力两端连线的变化程度，β 愈大，连线变化愈平缓；β 愈小，则其变化愈陡。利用动态特性，可以更加真实地反映缓冲器性能。基于大量缓冲器的冲击试验结果回归出缓冲器的动态特性曲线上边线 $f(x_t)$。车钩间隙及一对MT-2缓冲器串联阻抗特性如图5-9所示，由图可见缓冲器的加载线和卸载线是不同的，即缓冲器的特性曲线是不可逆的，在这种特性曲线下铁路货车相互冲击时，一部分能量消耗于缓冲器的阻力功中，从而减小列车在纵向非稳态运动时铁路货车的相互作用力。

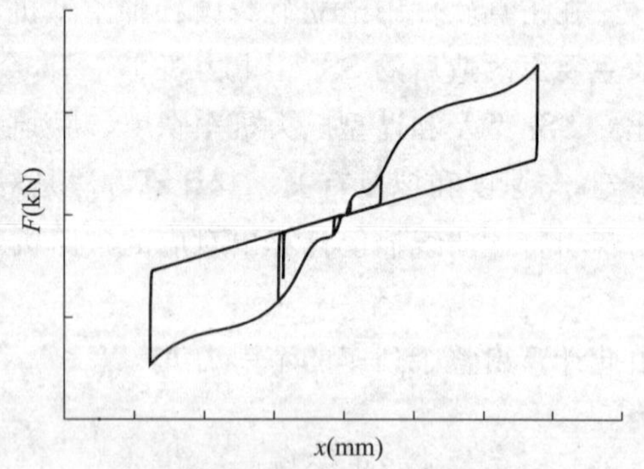

图5-9 车钩间隙及一对MT-2缓冲器串联阻抗特性

3. 组合列车用列车无线同步遥控装置的工作原理与数值模型

列车无线同步遥控装置技术是一种DP(动力分布)控制系统。如图5-10所示，列车无线同步遥控装置利用无线网络传输控制信号，可以实现多台铁路机车的同步遥控。主控铁路机车通过列车无线同步遥控装置系统的通信设备给各从控铁路机车发送制动命令及目标压力等信息，各从控铁路机车接到信号后实施空气制动。空气仍然是制动力产生的来源，但由于列车中多台铁路机车在不同位置同时向列车管进行工作，相当于多个风源，故制动波在列车中为双向传播，而不是传统空气制动系统中的由列车首部向尾部顺序传播。因此可以缩短列车管空气波的传播距离，各铁路货车接收到制动信号的时间差相对于传统空气制动而言大大降低。此外，将动力分散布置在列车中，还可以降低列车头部牵引力，亦有利于改善列车纵向冲动。(图5-11是组合列车牵引力分布图，图5-12是组合列车空气制动波传递示意图)

列车无线同步遥控装置系统中，分布在列车中的各个铁路机车通过无线网络进行通信。根据列车无线同步遥控装置工作原理，进行制动过程计算时，可以将整个列车拆分成若干单元编组分别进行计算。如图5-13所示编组列车可以划分为4个或3个编组。

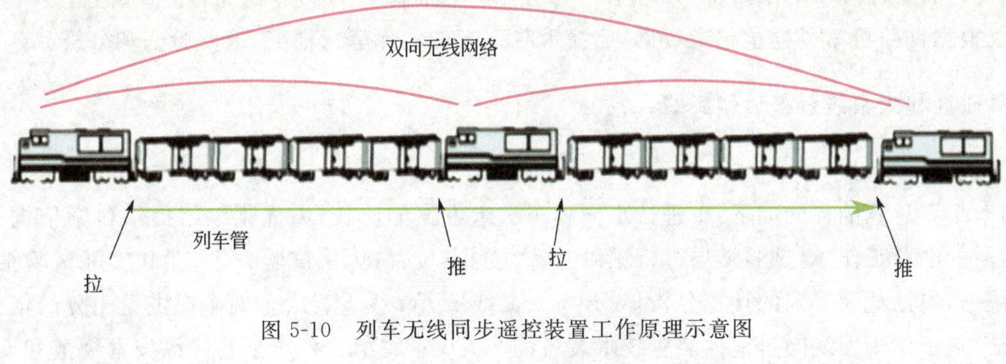

图 5-10 列车无线同步遥控装置工作原理示意图

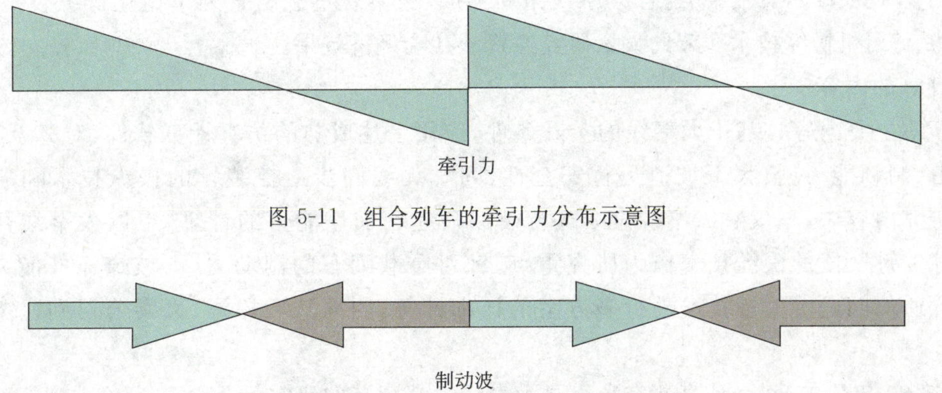

图 5-11 组合列车的牵引力分布示意图

图 5-12 组合列车的空气制动波传递示意图

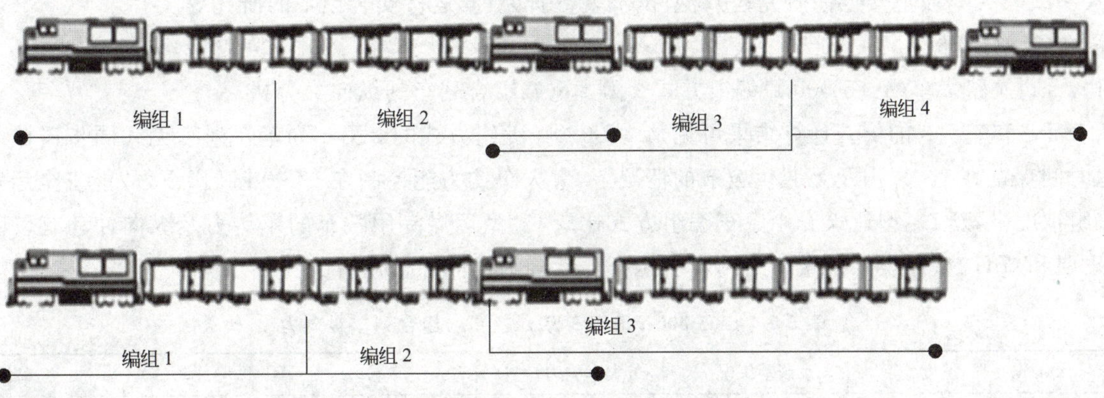

图 5-13 列车无线同步遥控装置组合列车的空气制动分组方案示意图

在同样采用列车无线同步遥控装置技术的条件下，组合列车的纵向动力学性能由于不同的编组方式和铁路货车装备条件而存在有较大差别，均可在仿真计算中得到充分的反映。

4. 重载列车纵向动力学仿真计算软件的主要功能和特点

综上所述，重载列车动力学仿真计算软件的主要功能和创新如下：

(1)完整的列车牵引计算功能，可以完成 1 万 t 级以上列车甚至 3 万 t 列车的牵引计算，从而克服了既有电算软件编组列车辆数有限的不足。

(2)具有实时动态显示仿真计算过程的功能，可提供列车操纵示意图，克服了旧有人工计算方法数据少、精度差、只有部分结果和缺乏过程的缺点。

(3)可精确模拟列车编组、线路条件、不同装备条件及司机操纵方法，从而进行多方案的比较和仿真计算。根据需要处理和选择大量数据(速度、距离、时间、纵向力、加速度、操纵把位等)。可补充运行试验次数和测点有限的不足。

(4)模拟列车无线同步遥控装置组合列车中主、从控机车的操纵情况，可改变牵引动力配置，克服了既有电算软件只能计算单编列车的局限性,并可用于货物列车电空制动(ECP)装置的仿真研究。

(5)可以根据铁路机车黑盒子记录数据,反演重载列车的实际运行情况,以便验证和分析。

5.2.5 仿真研究和大秦线重载运输实践

1. 仿真计算目的

重载列车仿真计算的目的如下:①进行不同列车编组方案的比较,为优化编组提供科学依据;②作为线路运行试验前的准备工作,对试验结果进行预测并选择测点位置,优化试验方案;③和实际试验结果互为验证,并补充数据,包括危险工况的计算分析,为开行大秦线2万t级重载组合列车提供更充分的依据;④协助运用部门研究基于列车无线同步遥控装置技术装备的2万t重载组合列车平稳操纵技术规范和安全应急预案;并制定列车合理操纵示意图;⑤配合太原铁路局完成"大秦线重载组合列车优化操纵技术研究"重大课题,可以达到提高司机操纵技术和节约大量研究经费的社会经济效果。

2. 仿真计算的内容

仿真计算的主要内容是基于大秦线的实际条件,应用上述成熟的仿真计算软件,对2万t重载组合列车的牵引能力、制动能力、长大下坡道运行安全性、列车无线同步遥控装置的操纵技术和故障等进行研究。在上述研究内容中,不仅有大秦线全线运行模拟和起动加速能力的计算,更以大秦线西段重车方向长大下坡道等关键区段的操纵技术作为研究重点,针对重载列车的制动力、下坡道充气能力和列车无线同步遥控装置通信问题等关键技术进行多方案的详细计算,因此从太原局、大秦公司到机务段都得到了充分的应用。

从20世纪80年代末开始,仿真研究始终是大秦线重载列车的研究手段之一,近年来为开行2万t重载列车进行的仿真计算包括:①全程运行的牵引计算;②牵引动力配置研究;③不同编组方案的纵向动力学计算;④大秦线长大下坡道安全性研究;⑤新型技术装备研究;⑥运行安全预案的研究等。

3. 仿真计算算例

(1) 不同铁路货车(4×5 000 t)编组方式2万t重载组合列车的纵向力分析

从表5-2和表5-3的仿真计算结果可见,4×5 000 t编组方式的2万t列车在列车无线同步遥控装置通信延迟时间保证在3 s以内及无起伏坡道的情况下,最大车钩力能控制在1 500 kN以下,故能安全运行。在同样编组情况下,新C_{80}型运煤专用敞车编组方式比老C_{80}型运煤专用敞车的车钩力及纵向冲动有较明显的改善,主要和新C_{80}型运煤专用敞车采用牵引拉杆后减轻纵向间隙作用有关。

表5-2 4×5 000 t编组2万t(老C_{80})组合列车纵向力

制动初速(km/h)	坡度(‰)	制动工况	最大车钩力(kN)	车位	纵向冲动(g)	车位
76	−12	常用全制动	−1 000~−1 300	105~120	−0.5~−0.8	90/150
67	−3	常用全制动	−900~−1 200	115~125	−0.4~−0.7	90/128
75	−11	紧急制动	−1 100~−1 400	135~145	−0.5~−0.8	19/84
76	0	紧急制动	−1 000~−1 300	107~117	−0.6~−0.9	84/110

表5-3 4×5 000 t编组2万t(新C_{80})组合列车纵向力

制动初速(km/h)	坡度(‰)	制动工况	最大车钩力(kN)	车位	纵向冲动(g)	车位
78	0	常用全制动	−850~−1 000	99~109	−0.3~−0.5	55/122
79	−12	常用全制动	−750~−900	95~105	−0.2~−0.4	76/184
77	−12	紧急制动	500~700	95~105	−0.3~−0.5	63/128
78	0	紧急制动	−700~−900	98~108	−0.3~−0.5	52/138

(2)(1+2+1)编组方式的2万t重载组合列车的纵向力分析

从仿真计算结果(表5-4、表5-5)可见,(1+2+1)编组方式的2万t重载组合列车常用全制动及紧急制动的最大车钩力均在安全范围以内。

表 5-4 1+2+1 组合 2 万 t(老 C_{80})列车纵向力

制动初速(km/h)	坡度(‰)	制动工况	最大车钩力(kN)	车位	纵向冲动(g)	车位
79	0	常用全制动	−700～−1 000	82～95	−0.6～−0.8	83/153
81	−12	常用全制动	−800～−1 100	136～156	−0.4～−0.7	64/170
78	0	紧急制动	−850～−1 100	90～108	−0.7～−0.9	27/200
81	−12	紧急制动	−900～−1 200	65～80	−0.4～−0.7	128/197

表 5-5 1+2+1 组合 2 万 t(新 C_{80})列车纵向力

制动初速(km/h)	坡度(‰)	制动工况	最大车钩力(kN)	车位	纵向冲动(g)	车位
80.5	−12	常用全制动	−350～−650	135～158	−0.2～−0.4	83/170
80.5	0	常用全制动	−350～−650	105～127	−0.25～−0.45	8/59
80	−12	紧急制动	−450～−750	85～106	−0.2～−0.4	125/180
81.5	0	紧急制动	−900～−1 100	80～105	−0.45～−0.7	71/150

(3)1 万 t+5 000 t 组合编组方式的 1.5 万 t 重载组合列车的纵向力分析

采用 SS_4 型电力机车和 C_{63} 型铁路货车的 1.5 万 t 重载组合列车时,采用 1 万 t+5 000 t 的方式是可行的,正常情况下的车钩力均在 1 500 kN 以下。但是纵向冲动可能超过 1.0 g。(见表 5-6)

表 5-6 1 万 t+5 000 t 组合(C_{63})列车纵向力

制动初速(km/h)	坡度(‰)	制动工况	最大车钩力(kN)	车位	纵向冲动(g)	车位
79.4	0	常用全制动	−950～−1 200	110～122	−0.5～−1.0	80
79	−12	常用全制动	−850～−1 100	120～135	−0.4～−0.9	126
80	0	紧急制动	−1 050～−1 300	115～125	−0.7～−1.0	111
80	−12	紧急制动	−1 000～−1 300	115～125	−0.6～−1.0	63

(4)C_{70} 型敞车编组的(1+2+1)2 万 t 组合列车编组方式的纵向力分析

现有 C_{70} 型敞车编组的(1+2+1)2 万 t 组合列车可以满足大秦线的运行安全性要求。在同样作用条件下,比较 C_{80} 型敞车编组的列车紧急制动最大纵向力可能增加 20%左右。(见表 5-7)

表 5-7 组合 2 万 t(C_{70})列车纵向力

制动初速(km/h)	坡度(‰)	制动工况	最大车钩力(kN)	车位	纵向冲动(g)	车位
80	0	常用全制动	−600～−800	117～132	−0.4～−0.6	80
80	0	紧急制动	−1 100～−1 300	85～102	−0.7～−1.0	85

(5)单编万吨列车的纵向力分析

从仿真计算结果可见,万吨单编列车的最大车钩力均在 1 500 kN 以内,可满足安全运行的需要。但在 12‰的下坡道紧急制动时,可能出现最大纵向冲动大于 1.0 g 的情况。(见表 5-8)

表 5-8 万吨单编列车(老 C_{80})纵向力

制动初速(km/h)	坡度(‰)	制动工况	最大车钩力(kN)	车位	纵向冲动(g)	车位
80	0	常用全制动	−1 000～−1 300	55～75	−0.5～−0.7	53
80	−12	常用全制动	−850～−1 100	35～55	−0.7～−0.9	39
80	0	紧急制动	−1 100～−1 400	45～65	−0.4～−0.7	105
80	−12	紧急制动	−1 100～−1 300	70～90	−0.9～−1.1	106

(6)不同牵引动力配置方案比较循环制动的仿真计算

例如对 2 万 t 列车的三种编组方案进行了仿真计算比较研究,三种方案分别如下:

(2+2)方案：SS_4 型×2+C_{80}型×102+SS_4 型×2+C_{80}型×102；

(2+1+1)方案：SS_4 型×2+C_{80}型×102+SS_4 型×1+C_{80}型×102+SS_4 型×1；

(1+2+1)方案：SS_4 型×1+C_{80}型×102+SS_4 型×2+C_{80}型×102+SS_{4G}型×1。

由于这三种方案的停车制动（常用制动和紧急制动）能力差别不大，根据大秦线的运用条件，关键问题是长大下坡道区间的循环制动能力和列车纵向力问题。因此选择大秦线 K275-K325 进行长大下坡道区间循环制动的充气能力和纵向力的比较分析。并按不同制动初速比较常用全制动和紧急制动时的纵向动力学性能，仿真计算结果如表 5-9。

表 5-9　循环制动最大纵向力(kN)

序号	列车编组方案	最大压钩力/车位	序号	列车编组方案	最大压钩力/车位
1	(2+2)老 C_{80}型	942.4/101	4	(2+2)新 C_{80}型	940.1/106
2	(2+1+1)老 C_{80}型	1 007/89	5	(2+2)新 C_{80}型	897.8/54
3	(1+2+1)老 C_{80}型	975/103	6	单编万吨列车	950/110

计算结果表明在未充分利用动力制动的条件下，三种方案在 K275～325 区间的循环制动次数均达到 11 次之多，其中最短的再充气时间不足 2 min，对于(1+2+1)或(2+2+1)方案，由于尾部铁路机车的充气作用，该充气时间仍可充分满足要求，2+2 方案则有再充气不足的可能性，其运行安全性不如(1+2+1)或(2+2+1)方案。在同样操纵条件下，(2+2)方案的车钩力较大，因此不宜采用该方案。所以(1+2+1)方案是最合理的可行性方案。

仿真计算结果的车钩力分布以原直道紧急制动为例，如图 5-14～图 5-17 所示，图示结果表明 1+2+1 方式 2 万 t 组合重载列车的最大车钩力发生在列车中部附近，其量值和位置均与实际试验结果相一致，但由图 5-16 和图 5-17 比较可见，在选择车位有限(图 5-17)时的车钩力小于全部车位(图 5-16)显示的最大车钩力，因此在试验测点有限时测得的最大车钩力往往小于全列车实际发生的最大车钩力。

5.2.6　大秦线 2 万 t 重载组合列车方案仿真计算结果的试验验证

1. 车钩力

重载组合列车仿真计算涉及多种复杂因素，尤其是制动性能和车钩力的计算一直是研究难点。2004～2006 年期间在每次重载列车试验研究前均根据重载组合列车运行方案进行仿真计算的预测，并在每次重载列车试验完成后，比较分析试验结果与预算结果的差异，通过与大秦线大量试验数据的检查和比较，大秦线 2 万 t 重载组合列车操纵运行和纵向动力学的仿真计算的功能和水平得到非常有效的促进和提高(如表 5-10、表 5-11 所示)。

表 5-10　常用全制动车钩力的试验值/计算值的比较

列车编组方式	地点	坡度(‰)	制动初速(km/h)	最大车钩力(kN)
4×5 000 t 组合	K87.6	0	79/79	−1 055/−900～−1 200
	K179.5	−12	80/80	−1 087/−1 000～−1 300
1+2+1 组合 2 万 t(新 C_{80})	K87.6	0	80.4/80	−387/−350～−650
	K179.5	−12	80.4/80	−572/−350～−650
1+2+1 组合 2 万 t(老 C_{80})	K87.6	0	80.2/80.2	−939/−700～−1 000
	K179.5	−12	80.2/80	−968/−800～−1 100
15 000 t 组合(C_{63})	K87.6	0	79.4/79.4	−1 110/−950～−1 200
	K179.5	−12	80.7/80.7	* −1 323/−850～−1 100
5 000 t 单编(老 C_{80})	K87.6	0	80	≤−1 000
10 000 t 单编(老 C_{80})	K87.6	0	80	≤−1 200

* 本次试验中因铁路机车制动信号有延迟问题，故影响车钩力偏大。

表 5-11 紧急制动车钩力的试验值/计算值的比较

列车编组方式	地点	坡度(‰)	制动初速(km/h)	最大车钩力(kN)
4×5 000 t 组合(新 C_{80})	K64.6	−12	77/77	458/500～700
	K339	0	78.7/78.7	−700/−700～900
1+2+1 组合 2 万吨(新 C_{80})	K64.6	−12	79.6/79.6	430/−450～−750
	K129	0	81.6	*−2 276/−1 152
5 000 t 单编(老 C_{80})	K87.6	0	80	≤−1 200
10 000 t 单编(老 C_{80})	K87.6	0	80	≤−1 600

*(1)试验时信号有问题,非正常作用,故车钩力偏大;

(2)1+2+1 组合 2 万 t(原 C_{80} 型)及 15 000 t 组合列车(C_{63} 型)未进行运行的紧急制动试验。

计算结果的车钩力和纵向冲动分布以 2 万 t(1+2+1 编组)列车紧急制动工况为例,如图 5-14～图 5-17 所示。

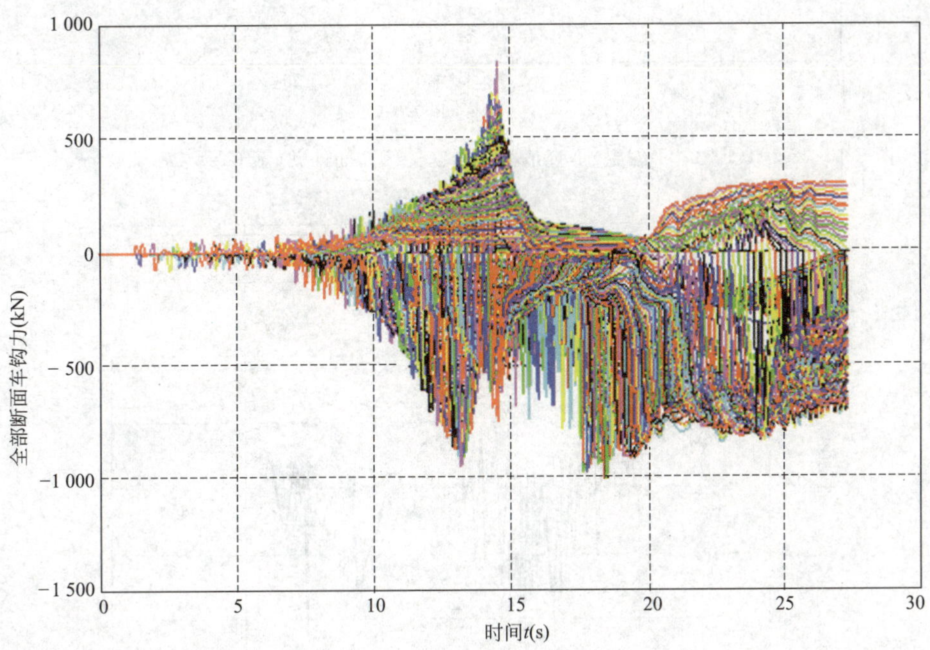

图 5-14 2 万 t(1+2+1 编组)平直道紧急制动车钩力(新 C_{80} 型,v_0=80 km/h)

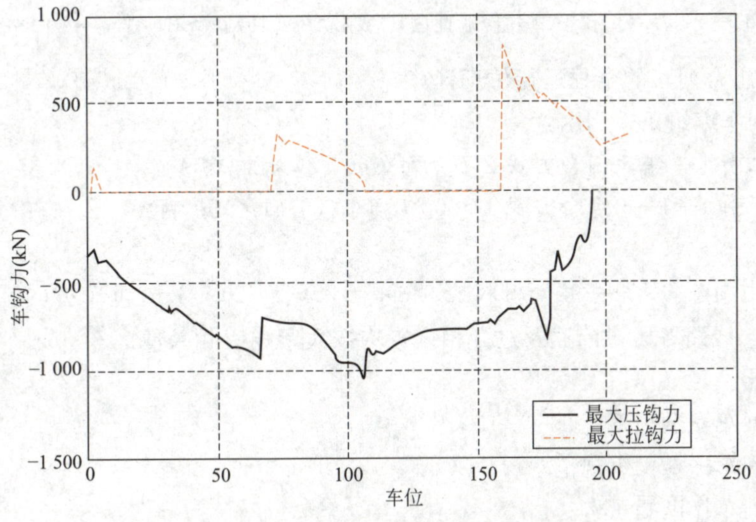

图 5-15 2 万 t(1+2+1 编组)平直道紧急制动最大车钩力(新 C_{80} 型,v_0=80 km/h)

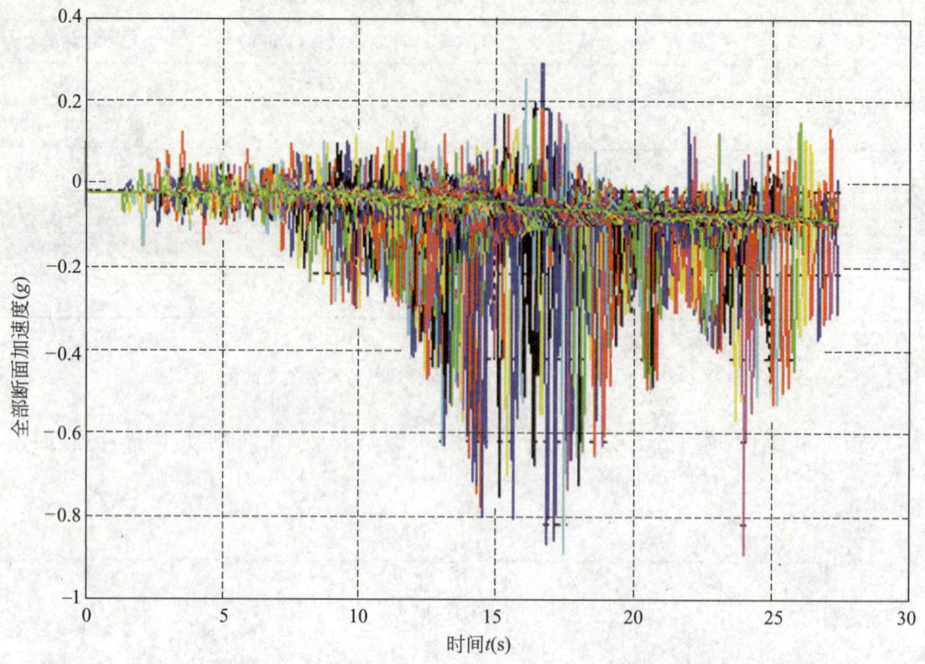

图 5-16　2 万 t(1+2+1 编组)平直道紧急制动全部断面冲动(新 C_{80} 型，$v_0=80$ km/h)

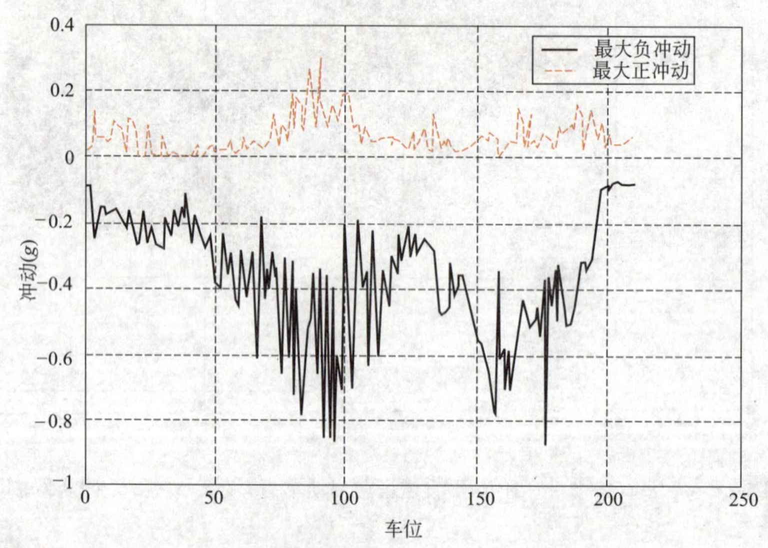

图 5-17　2 万 t(1+2+1 编组)平直道紧急制动最大冲动(新 C_{80} 型，$v_0=80$ km/h)

2. 大秦线 2 万 t 组合列车的全程运行仿真计算

(1)牵引动力和列车编组条件例示：

①SS_4 型×4 台牵引 1+2+1 组合方式 2 万 t 列车(C_{80} 型×204 辆)；

②SS_4 型×3 台牵引 1+1+1 组合方式 17 000 t 列车(C_{70} 型×180 辆)。

(2)线路条件

大秦线实际线路由湖东(K23+29)至柳村(K643+4)，全长 620.1 km，重车方向下行，最大下坡道为－12‰，上坡道为+4‰。线路各区段限速及过分相设置均按大秦线实际条件。

(3)操纵方法依据

2 万吨重载组合列车安全预案；

2 万吨重载组合列车平稳操纵规范；

2 万吨重载组合列车操纵提示卡；

2 万吨重载组合列车操纵示意图。

(4)列车运行时分比较(表 5-12)

表 5-12 重载列车运行时分的计算比较(湖东—柳村区间)

区间		湖东-茶坞(K232～K325)		茶坞－柳村(K325～K643)		合计时间
运行时间与速度		时间	平均速度(km/h)	时间(时:分)	平均速度(km/h)	
万吨列车图定要求		5 h 05 min	59.4	5 h 07 min	62.3	10 h 12min
计算结果	A1	5 h 10 min 00 s	58.5	5 h 09 min 00 s	61.9	10 h 19min
	A2	4 h 53 min 47 s	61.7	4 h 33 min 52 s	69.7	9 h 28 min
	B1	4 h 41 min 18 s	64.4	4 h 21 min 30 s	73.0	9 h 30 min

重载列车的全程运行时分均在 10 h 左右,其中 A2 和 B1 操纵方案由于未考虑过分相的操纵而运行时分偏短。实际运用中由于还有网压波动、前行列车和临时限速、途中停车等影响,因此达不到理论计算的时分,一般全程运行时分在 10～11 h 左右。2 万 t 重载列车全程运行的仿真计算结果和实际的操纵示意图相吻合。

计算结果表明,采用 4 台 SS_4 型机车具有牵引 2 万 t 列车的足够能力,并具有较强的动力制动能力。因此在长大下坡道区间的正常操纵条件下,其运行时分与速度和既有的万吨列车运行差别不大,如表 5-12 所示。

3. 上坡道(+4‰)上也具有足够的牵引起动能力

4 台 SS_4 型电力机车在大秦线重车方向的最大上坡道(+4‰)上也具有足够的牵引起动能力,计算结果如图 5-18 所示。

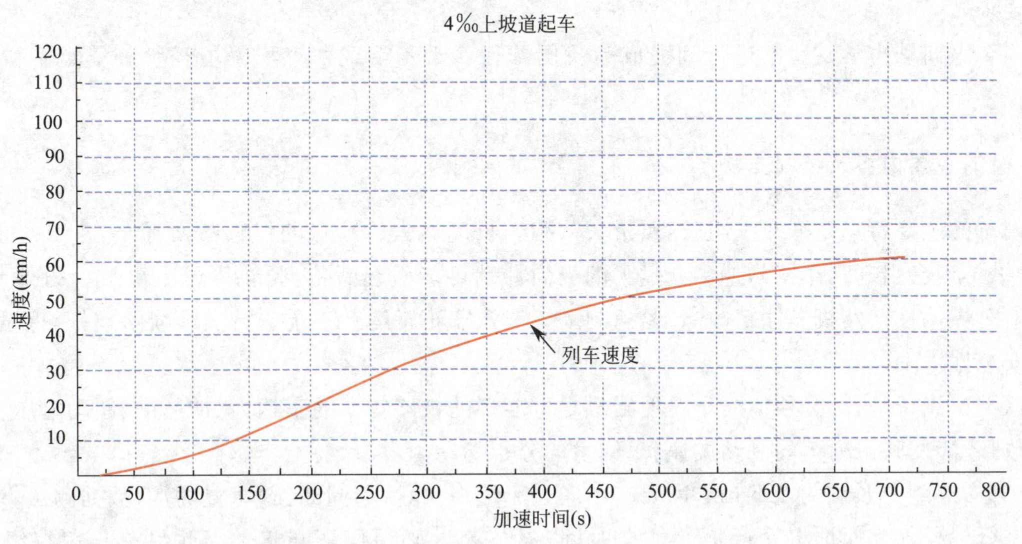

图 5-18 2 万 t 重载列车在 4‰上坡道的起动运行图

5.3 列车纵向动力学试验

试验研究是列车纵向动力学研究中极其重要的手段之一。列车纵向动力学是复杂的非线性过程,模拟真实运行情况以及非线性方程的解法等均存在一定困难。因此,从线路运行试验入手,监测列车纵向动力学参数,从而掌握列车的真实运行状况,研究制定减少列车纵向冲动的措施。

列车纵向动力学试验涉及铁路系统的运输组织、通信信号、基础设施、弓网供电、机车车辆装备等各个层面。仅就铁路机车车辆本身来讲,涵盖牵引系统性能、制动系统性能、列车纵向动力学性能、机车车辆动力学性能、机车车辆及其零部件强度以及合理操纵方法等众多方面。

列车纵向动力学试验,主要是通过列车纵向动力学试验得到不同编组列车车辆间作用力的大小和分布。

5.3.1　试验概况

我国自20世纪80年代初开始进行牵引总重5 000 t以上的列车纵向动力学试验研究工作。

1984年开展“牵引总重5 000吨C_{61}型铁路货车专列列车纵向动力学试验”；1990年开展“大秦线用SS_3型电力机车双机重联牵引1万t列车纵向动力学试验”；1992年开展“环行线5 000 t重载列车试验”；2004～2009年进行了“大秦线开行2万吨重载组合列车综合试验”等一系列重载列车试验；2007年及2009年分别进行大包线的万吨重载列车试验。其中，2万t列车运行试验对于铁路机车编组方式、牵引能力、通信等方案进行了多次试验研究及探索，而且对于不同型式铁路机车牵引2万t列车进行了试验研究。2009年开始，对采用HXD_1型电力机车、HXD_2型电力机车以及SS_4型电力机车牵引的2万t列车进行互联互通试验，满足不同型式的机车编组于同一列2万t列车的要求。

在2万t重载列车运行过程中，经历了从采用SS_4型电力机车到HXD_1型电力机车，再到HXD_2型电力机车牵引2万t列车运行的3个阶段，目前大秦线正研究采用不同铁路机车型式混编牵引2万t的方案。2万t编组方式从4(机车辆数)×51辆货车到2(机车辆数)×105辆货车。由于HXD_1型以及HXD_2型电力机车的研制，提高了机车的功率，使得2万t列车中机车牵引单边万吨列车成为可能。

2万t列车采用的铁路货车为C_{80}、C_{80B}等型敞车，由于2万t列车编组长，因此钩缓累积间隙大，引起的纵向冲动相对也较大。为了减少列车的纵向冲动，采用了新C_{80}型铁路货车，即采用三辆C_{80}型一组，两端为16号旋转车钩和17号固定车钩连挂，中间为牵引拉杆连接，采用牵引拉杆将钩尾销与车钩的间隙消除，这样可以将整列车的钩缓间隙缩小近2/3。实践证明采用新C_{80}型铁路货车的2万t列车的纵向冲动达到了相关指标的要求。

重载列车纵向动力学试验的进行和完成为我国开行2万t重载列车积累了经验和奠定了科学技术基础。

5.3.2　试验的主要内容及试验方法

重载列车的主要特点是列车编组长，重量大。列车长度增大后覆盖的线路断面复杂，有S形曲线，变坡点等，若操纵不当会引起列车剧烈冲动。过大的纵向冲动可能引起断钩、脱轨等严重事故。另外，纵向动力学试验还要对主从控铁路机车通信故障、紧急制动工况等非正常运行工况进行实际线路模拟，保证2万t列车运行的安全性。

基于以上特点，试验时必须沿列车长度测量尽可能多的铁路货车的车钩力、加速度、制动缸压力、缓冲器行程等参数，才能反映出列车的制动波速、车钩力的分布等动力学参数。

2万t列车编组总长约为2.5 km，需要在不同列车编组位置(不同断面)布置测点，数据测量不能采用有线的方式进行。另外为保证多个断面的数据时间一致，测试必须保证同步。因此目前长大编组列车采用GPS对各断面的采集设备统一授时，保证各测试设备的时钟同步；采用无线网络的传输方式将各断面的数据传至监控中心，以便进行实时的数据监测。

另外，为了确保重载列车的运输安全，对列车中的铁路货车在不同纵向力工况下车辆的运行安全性进行评价。

1. 基本动力学参数测试方法

列车纵向动力学试验时，测量列车运行中主要动力学参数为铁路货车纵向车钩力、车体纵向加速度、缓冲器行程、制动缸的压力等。

(1)纵向力的测定

纵向力是反映列车冲动水平的极其重要的参数之一。这里主要介绍在车钩钩身上直接贴应变片的测量方法。

在铁路机车车辆的车钩钩身上贴电阻应变片，组桥，经过标定后成为测力车钩，即可用来测量纵向力。用车钩来测量纵向力时应注意选择恰当的贴片位置，确保在车钩试验中车钩产生最大伸缩及最大摆动时不挤坏应变片及其桥路。应变片组成电桥后，电桥的输出与力的大小应呈线性关系。此外，要消除温度的影响，以提高测量精度。

(2)制动缸压力的测试

在制动缸的螺丝堵口上装上压力传感器,如果制动缸无螺丝堵口可以从离制动缸最近的风管上引上一个三通头来安装压力传感器。

(3)车体加速度的测试

在车体中梁的纵向中心位置沿列车纵向安装加速度传感器来测量车体的纵向加速度。

(4)缓冲器行程的测定

在适当位置安装位移传感器来测量缓冲器的行程。使用传感器时要注意选择其量程和频响范围。

(5)列车运行安全监测参数

在被试车第1轴安装测力轮对测量轮轨间的作用力,并计算脱轨系数 Q/P、轮重减载率 $\Delta P/P$、轮轴横向力 H。

2. 试验步骤和方法

(1)列车静置制动试验

试验列车编组完成后先进行列车静置制动试验。主要包括铁路机车空气制动系统及列车制动系统试验,测试单机排风时间、风泵供风能力及列车充风时间,进行常用制动、缓解充风试验、紧急制动试验及列车常用制动后追加制动试验,掌握制动机和列车制动特性。

(2)线路运行试验

试验包括起动加速、长大坡道循环制动、常用全制动和紧急制动停车等工况,试验线路在比较恶劣工况下,车体纵向动力学指标满足相关标准及要求。

5.4 列车纵向动力学性能评价

列车的纵向动态变化主要体现在铁路货车之间纵向作用力的变化。所以列车中铁路货车间作用力大小及其变化规律成为列车纵向动力学主要研究对象,铁路货车间作用力的大小成为主要评价指标。评价方法为列车中铁路货车间最大作用力力值。铁路货车的车体纵向加速度大小反应了车辆纵向振动情况也应在试验中加以考核。

5.4.1 列车纵向动力学评价指标及限度

第一种指标是对应与列车正常启动、调速、过分相、进站停车等列车正常运行工况。此时控制纵向力指标的目的是减少日常运用冲动次数和控制其冲动中产生的最大纵向力值。即此指标是考虑长期运用中疲劳载荷的影响。根据我国重载列车试验,将列车正常运行工况最大车钩力限制在1 000 kN以下。

第二种指标是与列车紧急停车工况对应。由于此工况对应的是运用中极少发生的特殊情况,即在铁路货车服役期内只发生有限次数,所以应按不发生破坏原则评价。此种工况发生时要保证车钩、缓冲器、车体等不发生永久变形和损坏。考虑到 C_{80} 型铁路货车设计第二工况纵向力为2 800 kN,所以项目组提出最大车钩力限制在2 800 kN以下。对于 SS_4 型电力机车的纵向力限值目前定为2 000 kN,对于 C_{63A} 型铁路货车纵向力限值定为2 000 kN。

最大纵向加速度控制指标。较大的车体纵向加速度将在车体紧固零件上产生较大的纵向惯性力,可能会对车体下的悬挂连接造成破坏。因此必须对纵向加速度加以控制,将纵向加速度限制在9.8 m/s^2 以下。

以上可以归纳为:

列车正常运行工况:最大车钩力≤1 000 kN。

列车紧急停车工况:制定原则是最大车钩力不大于铁路货车设计的第二工况纵向力值。

对 C_{80} 型铁路货车组成的列车,建议的纵向车钩力限值的评价标准为:2 800 kN。

对 C_{63} 型铁路货车组成的列车,建议的纵向车钩力限值的评价标准为:2 000 kN。

运行试验铁路货车车体最大纵向加速度值≤9.8 m/s^2。

5.4.2 列车运行安全性指标

根据 GB/T 5599—1985《铁道车辆动力学性能评定和试验鉴定规范》[2]，评定指标如下：

(1)脱轨系数

第一限度： $\frac{Q}{P} \leqslant 1.2$

第二限度： $\frac{Q}{P} \leqslant 1.0$

式中 P——爬轨侧车轮作用于钢轨上的垂直力(kN)；

Q——爬轨侧车轮作用于钢轨上的横向力(kN)。

(2)轮重减载率

第一限度： $\frac{\Delta P}{\bar{P}} \leqslant 0.65$

第二限度： $\frac{\Delta P}{\bar{P}} \leqslant 0.6$

式中 ΔP——轮重减载量，kN；

$\bar{P}$——减载和增载侧车轮的平均轮重，kN。

上述第一限度为评定铁路货车运行安全的合格标准，第二限度为增大了安全裕量的标准。

(3)横向力允许限度

最大轮轴力 $H \leqslant 0.85\left(15+\frac{P_{st1}+P_{st2}}{2}\right)$

式中 Q——轮轨横向力(kN)；

H——轮轴横向力)kN)；

P_{st}、P_{st1}、P_{st2}——车轮静载荷(kN)。

表 5-13 C_{80} 型铁路货车横向力限度值

	轮轨横向力限度(kN)	轮轴横向力限度(kN)
重车	65.8	115.9
空车	35.4	33.6

根据试验中动态测试的静轮重计算出 C_{80} 型铁路货车重车以及空车横向力的限度值，见表 5-13。

5.5 列车纵向动力学试验实例

自 2004 年开始，在大秦线进行了一系列的 2 万 t 重载组合列车的纵向动力学试验，在 2 万 t 列车中的机车采用同一种铁路机车型式，即探索分别采用 SS_4 型电力机车、HXD_1 型电力机车以及 HXD_2 型电力机车牵引 2 万 t 列车。2009 年开始在大秦线研究采用上述三种类型的铁路机车混编于 2 万 t 重载组合列车中，以方便机车的统一调度，提高工作效率。2 万 t 列车采用的全部为 C_{80} 系列铁路货车。

下面以 2004 年大秦线开行 2 万 t 重载组合列车综合试验为例，对列车纵向动力学试验进行介绍[3]。

5.5.1 试验概况

大秦线全长 653 km，设车站 32 个，为Ⅰ级双线电气化铁路，设计能力年运量 1 亿 t；限制坡度上行(重车方向)4‰，下行 12‰；最小曲线半径 800 m，困难地段 400 m。运行试验区间由北同浦线里八庄煤台专用线起到大秦线柳村南站止。大秦线湖东站至柳村南站间供有电分相电 23 个，见表 5-14。主要试验区段在大秦线湖东站至木林站间(K23～K350)，重点试验区段见表 5-15。图 5-19 为大秦线从湖东站至柳村南站间的线路纵断面图。

试验工作大体分成三个阶段进行。

第一阶段对选定的 5 台 SS_4 型电力机车进行改造。改造内容包括将 A 端 DK-1 制动机更换为 CCBⅡ制动机，安装列车无线同步遥控装置设备，安装 400 M 电台等。改造完成后进行了铁路机车制动静置试验和列车无线同步遥控装置设备系统联调。

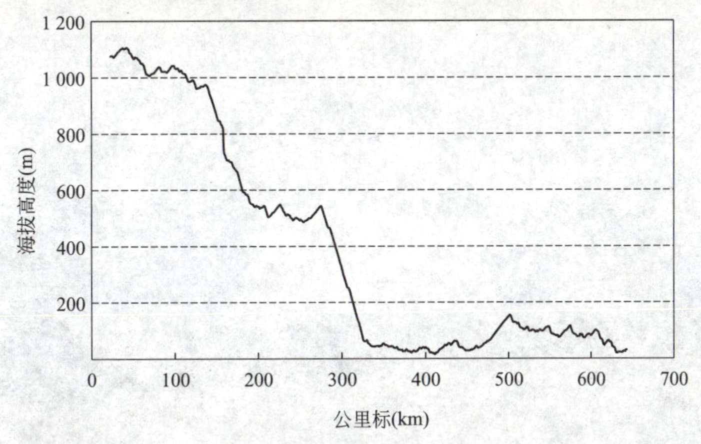

图 5-19 大秦线纵断面图

表 5-14 大秦线电分相位置表

序号	公里标	序号	公里标	序号	公里标
1	K26+400	9	K235+535	17	K419+650
2	K41+340	10	K260+936	18	K467+118
3	K74+350	11	K283+776	19	K492+875
4	K84+776	12	K308+284	20	K509+551
5	K116+574	13	K329+545	21	K553+200
6	K151+960	14	K351+545	22	K599+762
7	K183+932	15	K370+481	23	K628+912
8	K219+290	16	K389+250		

表 5-15 大秦线重点试验工况位置表

序号	公里标	线路工况	试验项目
1	K64+500	12‰下坡	最大常用制动停车,初速 75 km/h
2	K141～K179	长大下坡	循环制动
3	K179+500	12‰下坡	最大常用制动停车,初速 75 km/h
4	K269～K275	4‰上坡	坡道起动和加速能力
5	K275～K322	长大下坡	循环制动
6	K322	12‰下坡	紧急制动停车,初速 75 km/h
7	K339	平道	紧急制动停车,初速 75 km/h

第二阶段进行列车制动静置试验。

第三阶段列车运行试验。试验包括起动加速、长大坡道循环制动、常用全制动和紧急制动停车等,还包括了对列车进行动力学性能进行安全监测。

运行试验区间由北同浦线里八庄煤台专用线起到大秦线柳村南站止。

列车的运行试验从 2004 年 11 月开始,一共单程运行了 8 趟,其中 5 000 吨 1 趟,1 万吨 1 趟,2 万吨 6 趟,除一次上行空车运行试验外,其他均为下行重车运行试验。

5.5.1.1 试验用铁路机车

大秦线采用的重载列车用大功率机车均为电力机车,图 5-20、图 5-21 以及图 5-22 分别为 SS_4 型电力机

图 5-20 SS_4 型电力机车

图 5-21　HXD1 型电力机车

图 5-22　HXD2 型电力机车

图 5-23　C_{80} 型铁路货车

车、HXD1 型电力机车以及 HXD2 型电力机车，参数分别见表 5-16、表 5-17、表 5-18。

2004 年 11 月至 12 月期间试验用 SS_4 型电力机车 5 台。机车的 A 端经过改造，将 DK-1 制动机更换为 CCBⅡ制动机，并安装列车无线同步遥控装置系统设备。

表 5-16 SS_4 型电力机车参数

最高速度(km/h)	100	车体底架长度(mm)	2×15 200
持续功率(kW)	2×3 200	车体宽度(mm)	3 100
牵引时恒功率速度范围(km/h)	51.8～82	机车车顶部距轨面高度(mm)	4 080
轴式	$2\times(B_0-B_0)$	单节机车全轴距(mm)	11 100
机车整备重量(t)	2×92	转向架固定轴距(mm)	2 900
车钩中心线距轨面高(mm)	880	车钩型号	13 号
前后车钩中心距(mm)	2×164 616	缓冲器型号	MT-3

表 5-17 HXD_1 型电力机车参数

最高速度(km/h)	120
机车牵引/电制动轮周功率(kW)	9 600
持续速度(km/h)	65
轴式	$2\times(B_0-B_0)$
机车整备重量(t)	2×92/2×100
最大起动牵引力(kN)	760
持续牵引力(kN)	532
最大电制动力(kN)	461
转向架中心距(单节车)(mm)	9 000
机车转向架固定轴距(mm)	2 800

表 5-18 HXD_2 型电力机车参数

最高速度(km/h)	120
机车牵引/电制动轮周功率(kW)	10 000
持续速度(km/h)	65
轴式	$2\times(B_0-B_0)$
最大起动牵引力(kN)	760
持续牵引力(kN)	554
最大电制动力(kN)	510
转向架中心距(单节车)(mm)	9 000
机车转向架固定轴距(mm)	2 800
车钩中心距(mm)	2×18 975

5.5.1.2 试验用货车

试验铁路货车采用 204 辆 C_{80} 型双浴盆式铝合金运煤专用敞车(见图 5-23),其主要技术参数如表 5-19。

表 5-19 C_{80} 型铁路货车基本参数

构造速度(km/h)	120	车辆长度(mm)	12 000
载重(t)	80	车辆宽度(mm)	3 184
自重(t)	20	车辆高度(mm)	3 765
轴重(t)	25	车钩中心线距轨面高(mm)	880
转向架型号	K6/K5	车钩型号	16 号转动车钩/17 号固定车钩
固定轴距(mm)	1 800	缓冲器型号	MT-2
车辆定距(mm)	8 200	制动机型号	120-1

5.5.1.3 试验列车编组及断面测点

试验列车编组为 SS_4 型电力机车牵引 4×51 辆 C_{80} 型车辆,组合成 2 万 t 列车,万吨列车编组方式为 SS_4 型电力机车牵引 2×51 辆 C_{80} 型铁路货车。

9 辆 C_{80} 型铁路货车作为纵向动力学测试断面,监测制动、车钩力和加速度等参数;测力车钩安装在车辆 1 位端。相应的车号和在试验中的编组位置见表 5-20。

表 5-21 列出列车安全监测测点布置情况。

5.5.1.4 试验车

本次试验使用了 3 辆试验车。SY998440 试验车负责监测本务机车的牵引性能参数。SY997050 试验车负责监测第三机车的牵引性能参数和其后两辆货车的车辆动力学性能参数,列车纵向动力学参数监测中心也在该试验车上。SY997152 制动试验车负责监测列尾制动系统参数。

表 5-20 铁路货车传感器安装及编挂位置

序号	车 号	传感器类型及编号	列车中的编挂位置[注]				
			2 万 t(2)	2 万 t(1)	1.9 万 t	1 万 t	5 000 t
1	C_{80} 4372139	测力车钩 1	1	1	1	1	—
2	C_{80} 4372142	测力车钩 2	26	26	26	26	—
3	C_{80} 4372147	测力车钩 3	51	51	51	51	—
4	C_{80} 4372149	测力车钩 4	76	76	76	—	—
5	C_{80} 4372151	测力车钩 5	103	103	103	52	1
6	C_{80} 4372152	—	104	104	104	53	2
7	C_{80} 4372150	测力车钩 6	128	128	128	77	17
8	C_{80} 4372153	测力车钩 7	153	153	153	—	34
9	C_{80} 4372154	测力车钩 8	178	175	169	—	—
10	C_{80} 4372148	测力车钩 9	204	201	195	102	51

注:列车中的编挂位置计数不包括铁路机车和试验车。

表 5-21 2004 年 11 月大秦线试验铁路货车情况

试验名称	2004.11			试验名称	2004.11		
	5 000 t	10 000 t	20 000 t		5 000 t	10 000 t	20 000 t
被监测车型号	C_{80}	C_{80}	C_{80}	被监测车转向架型号	K6	K6	K6
被监测车数量(辆)	2	2	2	被监测车轴重(t)	25	25	25
被监测车位置	机次	列中	列中	试验列车编组数量	51 辆 C_{80} 型重车	102 辆 C_{80} 型重车	204 辆 C_{80} 型重车
被监测车装载状态	重车	重车	重车				

5.5.2 试验方法

试验采用分布式测量方法,数采设备采集 10 个断面的信号,经过无线传输至监测中心,监测中心对信号进行计算及分析。图 5-24 为分布式测试系统框图。测试系统采集了铁路货车以及机车的参数,对各测试系统统一授时,以便进行同步比较分析。

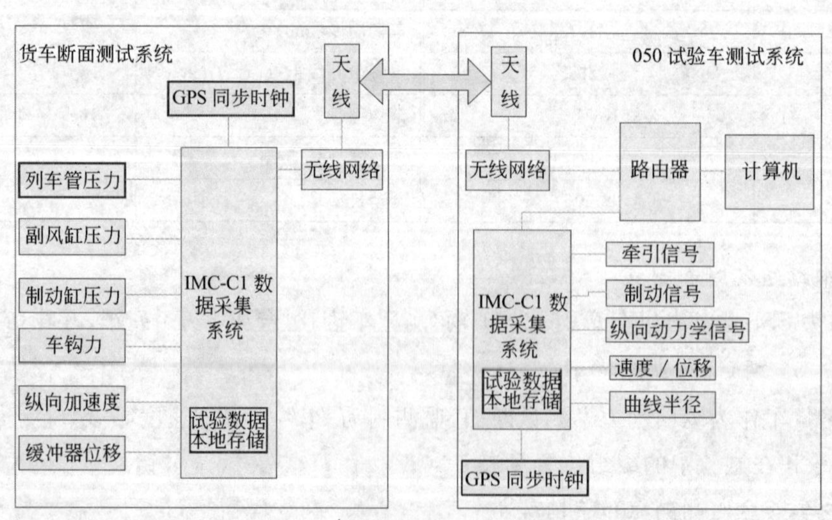

图 5-24 分布式测试系统示意图

不同制动工况下铁路货车的安全监测,采用测力轮对的方法进行轮轨力测试。数据采集系统由一套 VXI 信号采集仪、两台计算机、电源等组成。一台计算机控制 VXI 进行数据采集,并进行速度信号的采集与显示,一台计算机用于数据实时监测和数据集中处理。通过局域网络进行数据传输。系统能够对采样数据进行实时监测与处理。

5.5.3 试验结果

5.5.3.1 纵向动力学试验结果

试验中各种工况下各断面的车钩力和加速度的各参数的符号规定见表5-22。

表5-22 测量参数

测量参数	正号＋	负号－
车钩力	拉力	压力
纵向加速度	运行方向	运行反方向

表5-23 各种不同工况下车钩力和纵向加速度最大值的统计表

工况	车钩力最大值(kN)				纵向加速度最大值(m/s^2)			
	5 000 t	10 000 t	20 000 t	20 000 t(空车)	5 000 t	10 000 t	20 000 t	20 000 t(空车)
全程	432	1 243	−2 689	504	−5.1	−11.9	−13.3	−11.9
循环制动	−405	1 061	−978	—	−5.1	7.1	−7.0	—
常用制动	−217	−1 008	−1 733	467	−3.5	−11.9	−11.1	−4.4
紧急制动	−342	1 243	−1 668	—	−4.4	−5.5	−5.4	—
其他工况	432	676	−1 199	427	−4.6	7.3	−9.1	−10.2

图5-25～图5-28为2万t列车各种试验工况下车钩力最大值分布的散点图、常用全制动工况和紧急制动工况车钩力实测波形图以及循环制动工况(K141-K178区间)车钩力散点图。图5-29至图5-34为各种试验工况下，各断面的最大车钩力及纵向加速度分布图。

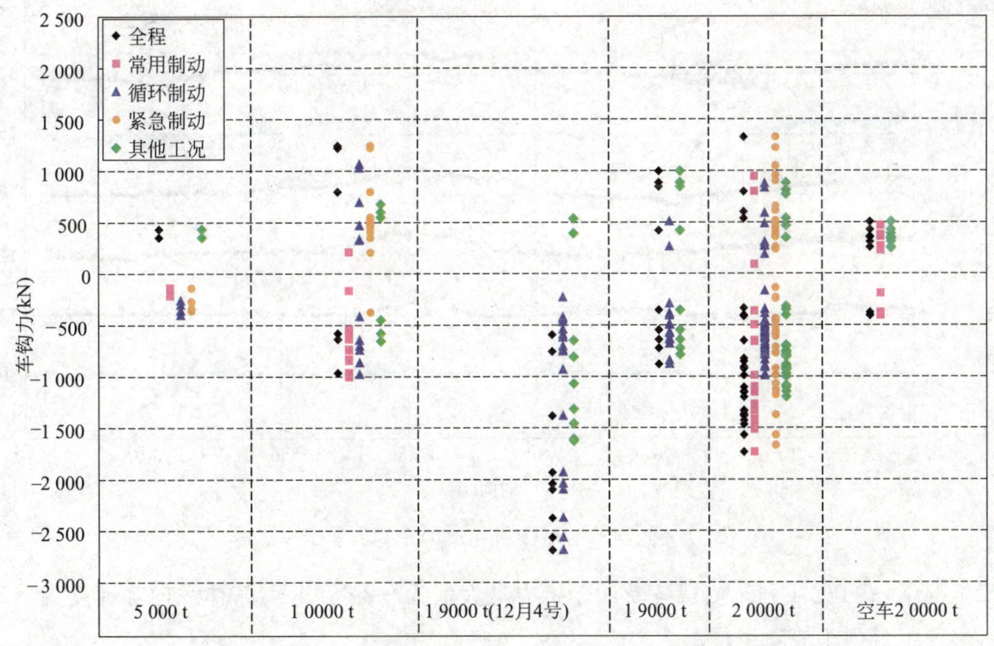

图5-25 各种试验工况下车钩力最大值分布的散点图

由测试结果得出：

(1)20 000 t组合列车运行试验中，车钩力和车体纵向加速度基本满足试验大纲的要求。

(2)从全程最大值的分布可以看出，车钩力和纵向加速度的最大值一般发生在常用制动和紧急制动工况下。20 000 t正常工况下车钩力的最大值为−1 199 kN，大于1 000 kN；紧急制动和常用制动工况下车钩力的最大值为−1 733 kN，小于2 250 kN。20 000 t正常工况下车体纵向加速度的最大值为−9.1 m/s^2，小于9.8 m/s^2，紧急制动和常用制动工况下车体纵向加速度的最大值为−11.1 m/s^2(铁路机车通信正常状况下)，大于9.8 m/s^2。

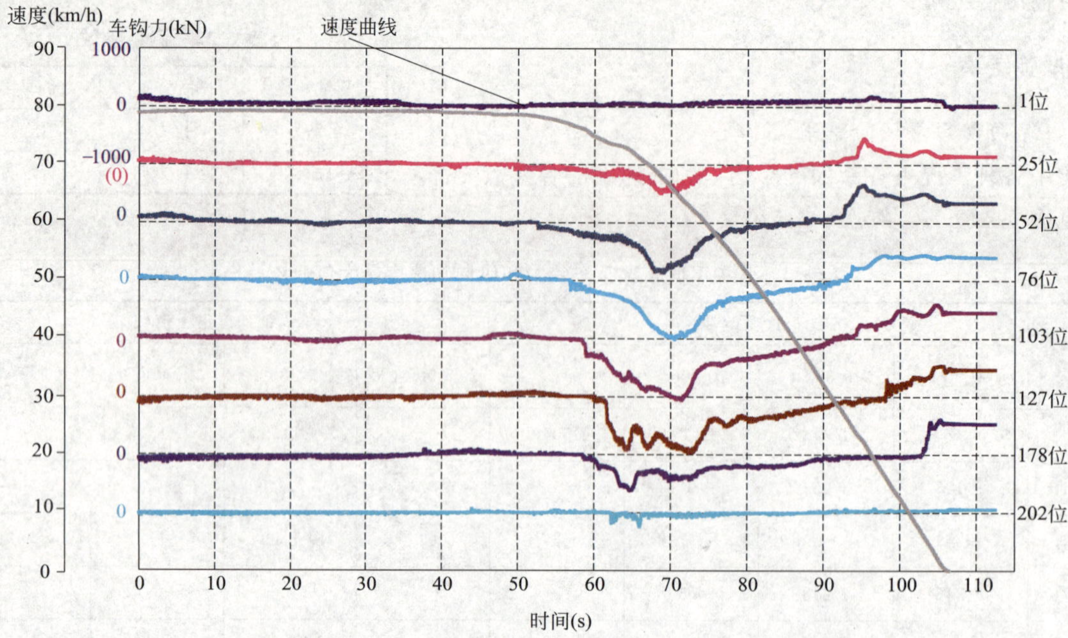

图 5-26　常用全制动工况(K87＋600)车钩力波形图

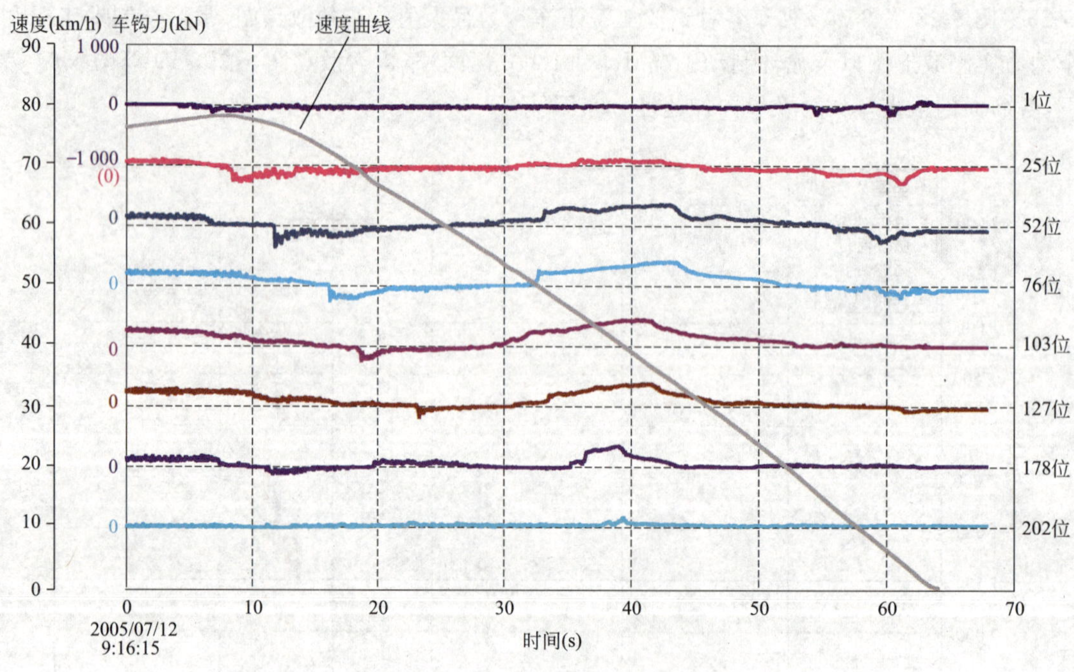

图 5-27　紧急制动工况(K64＋600)车钩力实测波形图

(3)故障工况下，20 000 t 列车测得各断面车钩力最大值为－2 689 kN，车体纵向加速度为－13.3 m/s^2。应引起关注，避免组合列车故障运行。

(4)在试验中监测到部分车钩力和车体纵向加速度超过了试验大纲要求，应对铁路机车控制和操纵方式继续进行优化工作，以保证大秦线重载列车持续安全开行。

5.5.3.2　制动性能试验结果

1. 常用制动及紧急制动

表 5-24 列出了每次运行试验的常用制动和紧急制动的停车距离。从表 5-24 可以看出，单编 5 000 t 列车的常用全制动距离和坡道紧急制动距离与采用列车无线同步遥控装置技术的 20 000 t 组合列车的常用全制动距离和坡道紧急制动距离基本相当。平直道紧急制动距离，20 000 t 组合列车比单编 5 000 t 列车延长 101 m，延长 20.4％。与 5 000 t 的单编列车相比，采用列车无线同步遥控装置技术的 20 000 t 组合列车在常

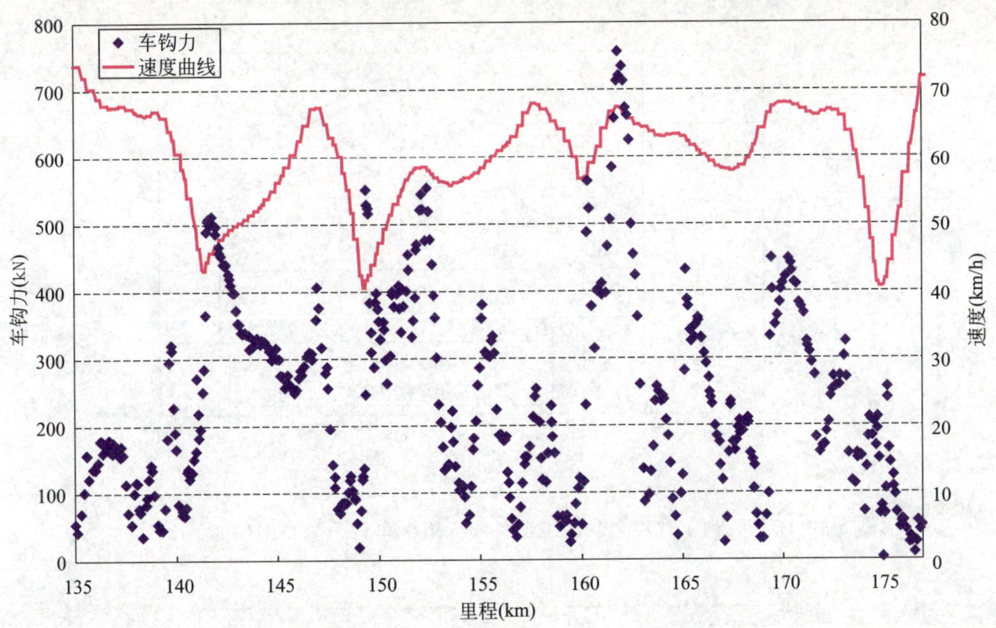

图 5-28 循环制动工况(K141-K178)车钩力散点图

表 5-24 紧急制动与常用全制动制动距离与最大车钩力和最大纵向加速度统计表

试验时间	试验工况	试验项目	坡度(‰)	开始地点	制动初速(km/h)	制动时间(s)	制动距离(m)	最大车钩力/位置		最大纵向加速度/位置	
								车钩力(kN)	位置	最大加速度(m/s²)	位置
2004/11/19	5 000 t	常用全制动	−12	K64+187	75.7	82.0	1 225	−217	17	−0.24	51
		常用全制动	−12	K179+040	76.9	84.0	1 256	−167	17	−0.18	17
		紧急制动	−11	K323+013	75.8	54.0	668	−361	1	−0.13	51
		紧急制动	0	K339+700	75.1	40.0	494	−274	17	−0.45	51
12/1	10 000 t(2×5 000)	常用全制动	−12	K64+338	75.4	83.0	1 244	−1 008	52	−0.28	26
		常用全制动	−12	K179+500	75.0	81.0	1 194	−845	52	−0.76	77
12/15	20 000 t(4×5 000)	常用全制动	−12	K64+730	76.0	78.4	1 151	−1 416	153	−1.13	128
		常用全制动	−12	K179+456	76.0	85.0	1 286	−1 733	128	−0.81	204
		紧急制动	−11	K322+024	74.9	55.6	680	899	153	−0.51	153
		紧急制动	0	K339+216	75.5	46.0	595	−1 668	128	−0.55	128
12/19	20 000 t(4×5 000)	常用全制动	−3	K4+112	62.3	59.0	684	−1 430	153	0.62	1
		紧急制动	3	K265+782	60.0	34.0	321	656	103	0.22	76
		紧急制动	−12	K321+932	67.4	52.0	594	1 325	178	1.03	128
		紧急制动	−4	K332+953	60.9	39.0	425	−1 180	128	0.34	103

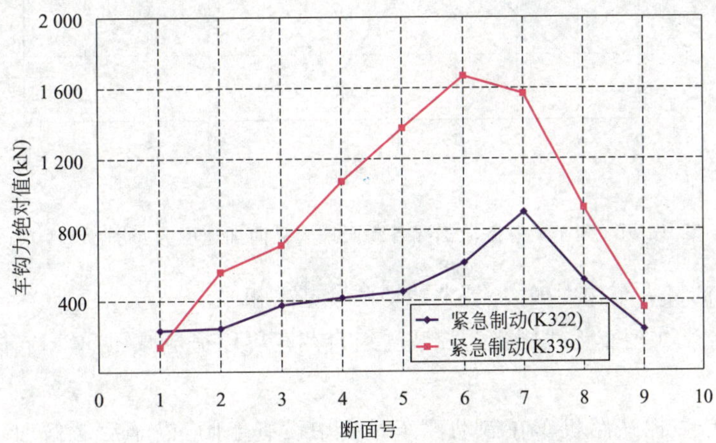

图 5-29 2 万 t 列车紧急制动工况各断面最大车钩力分布图(2004-12-15)

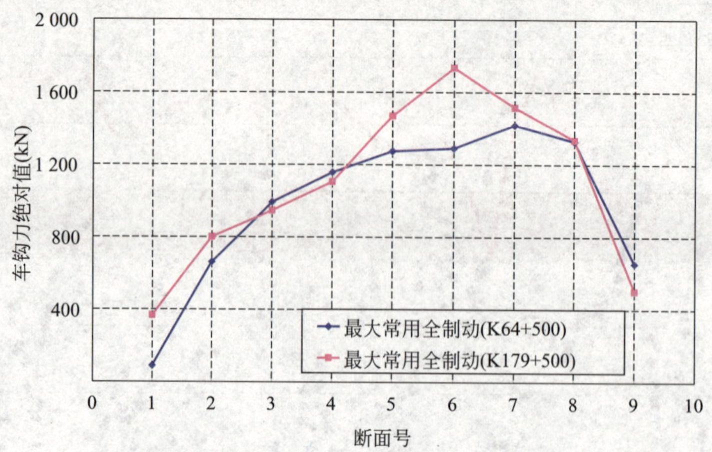

图 5-30 2 万 t 列车常用全制动工况各断面最大车钩力分布图(2004-12-15)

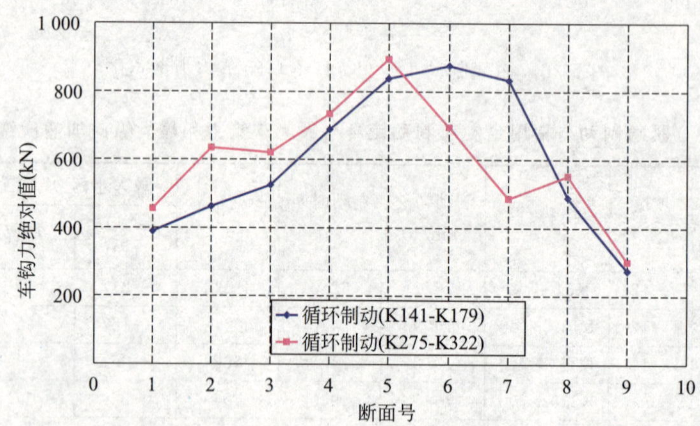

图 5-31 2 万 t 列车循环制动工况各断面最大车钩力分布图(2004-12-15)

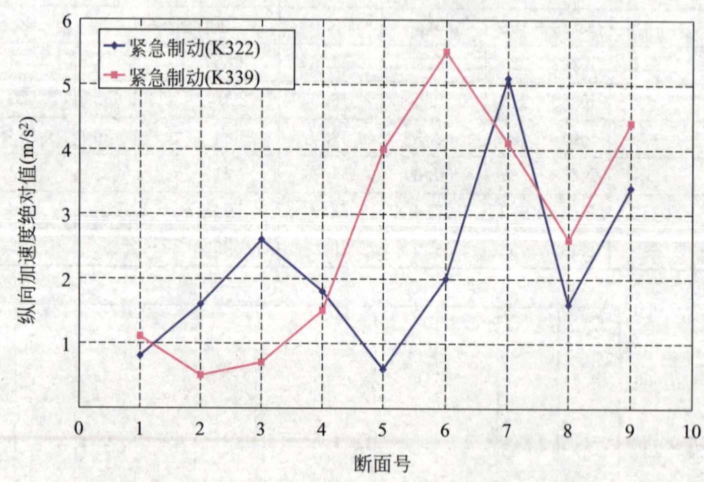

图 5-32 2 万 t 列车紧急制动工况各断面最大纵向加速度分布图(2004-12-15)

用全制动和紧急制动时的最大车钩力偏大，最大冲动两者基本相当。

4×5 000 t 组成的 2 万 t 列车无线同步遥控装置组合列车可以适应减压 50 kPa 保压 1.5 min，缓解充风 2 min 的循环制动。

在紧急制动试验中，主控铁路机车在制动停车过程中没有上闸，停车后缓解时才上闸，试验曲线见图 5-35。

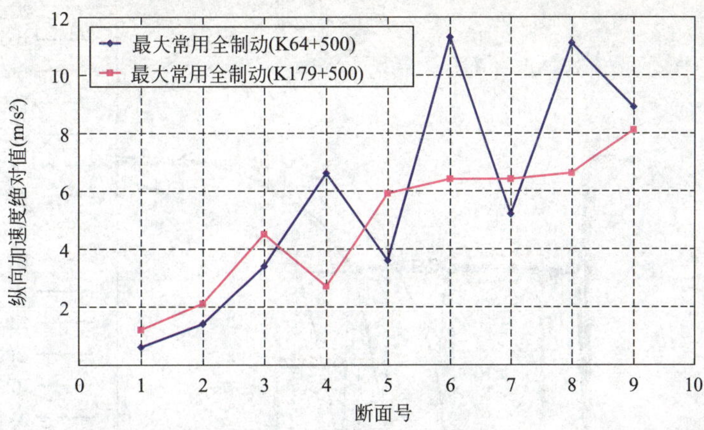

图 5-33 常用全制动工况各断面最大纵向加速度分布图(2004-12-15)

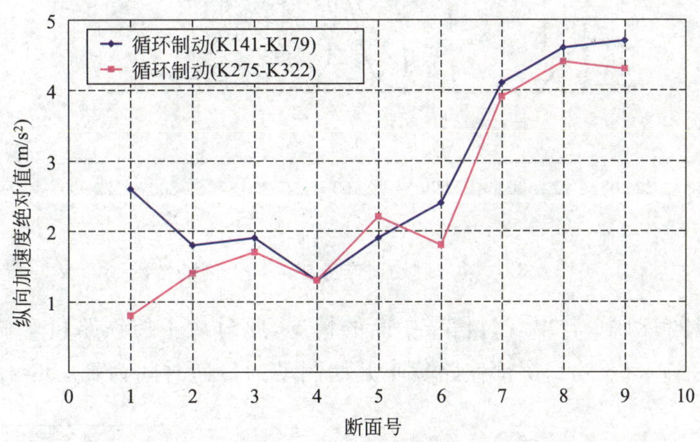

图 5-34 循环制动工况各断面最大纵向加速度分布图(2004-12-15)

2. 循环制动

表 5-25 至表 5-29 列出了各次运行试验过程中的循环制动试验数据统计。从表中可以看出，采用列车无线同步遥控装置技术的 20 000 t 组合列车在循环制动过程中的充、排风性能，可以满足试验中所采用的循环制动的操纵方式。

表 5-25 2004 年 11 月 19 日(5 000 t)循环制动统计表

编组		试验日期	2004 年 11 月 19 日						
			制动			缓解			
序号	循环次数	地点地形	制动初速(km/h)	减压量(kPa)	保压时间(s)	缓解车速(km/h)	开始缓解时尾部副风缸压力(kPa)	开始缓解时尾部制动缸压力(kPa)	尾部副风缸充至580 kPa 的时间(s)
1	(1)	K141～K188	76.0	41	107.3	62.9	565	95	19.6
	(2)		75.7	70	阶段减压	56.1	537	178	55.7
	(3)		76.0	44	36.3	62.1	566	105	16.2
	(4)		76.0	43	90.9	67.6	565	107	18.2
	(5)		73.3	44	55.5	58.5	565	114	17.1
2	(1)	K275～K322	75.7	43	68.5	61.9	567	105	17.3
	(2)		74.4	71	8.2	59.0	538	183	52.9
	(3)		75.4	43	90.0	61.9	563	107	20.9
	(4)		75.7	40	94.5	61.9	563	99	24.2
	(5)		74.9	62	28.0	57.0	542	153	52.3
	(6)		73.9	84	29.9	28.4	518	212	82.7
	(7)		40.6	79	0.0	27.6	526	200	65.8

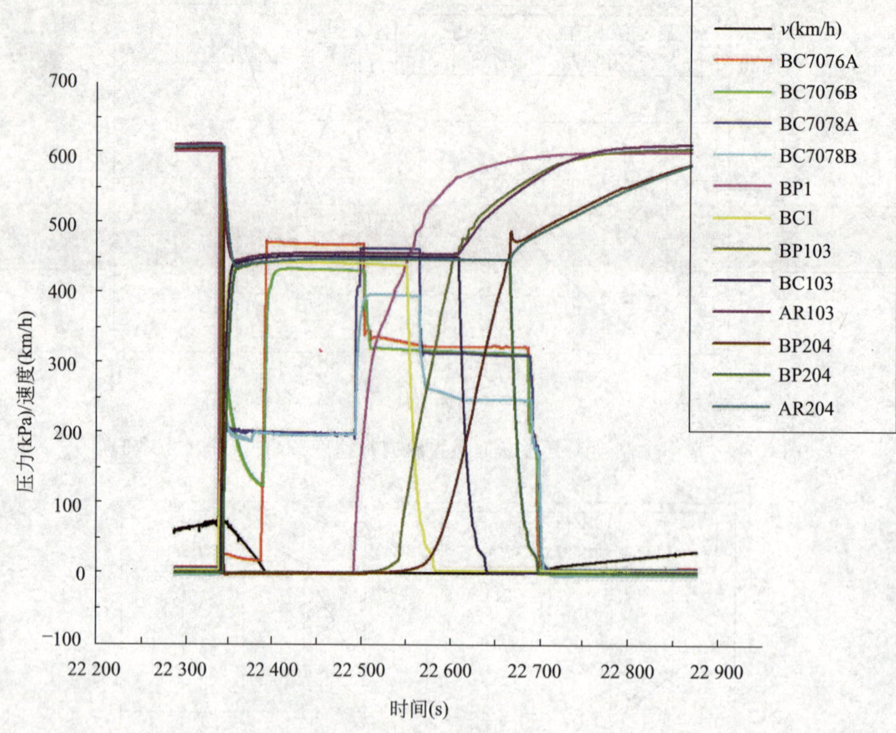

图 5-35　紧急制动时本务机车不上闸的情况

在 12 月 19 日的循环制动中，曾出现过信号中断的情况，此时从主控铁路机车开始制动到 7078 铁路机车开始减压的传递时间为 17.68 s，到尾部铁路货车开始制动的传递时间为 22.96 s，试验曲线见图 5-36。

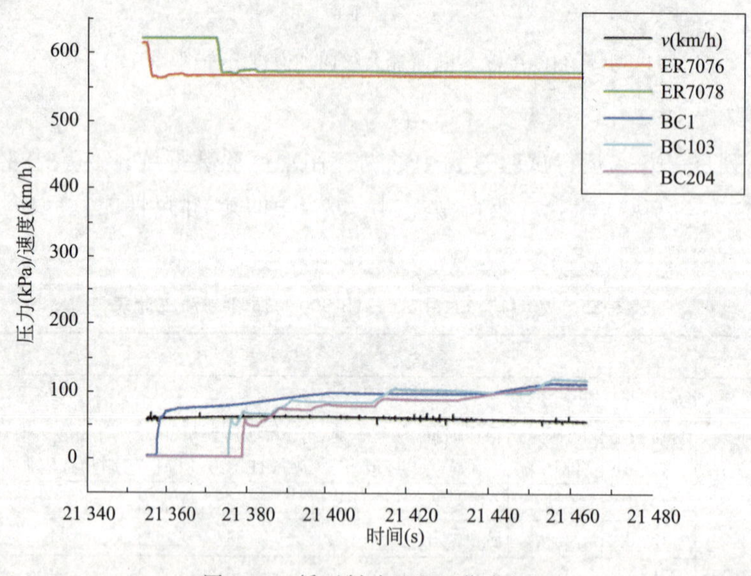

图 5-36　循环制动过程通信中断图

3. 铁路机车同步操纵与 120 阀

在运行试验中，4×5 000 t 的组合列车在制动试验中两台铁路机车响应时间的最大偏差为 2.88 s。

列车无线同步遥控装置分布式动力控制系统依靠铁路机车压力保持性能保证其作用的稳定可靠，试验证明列车无线同步遥控装置 EB 系统与 120 型空气制动系统作用能够相互匹配。

采用列车无线同步遥控装置分布式动力控制系统能有效地加快列车制动信号传递速度，缩短超长列车充气及排气时间。

5.5.3.3　列车运行安全监测结果

试验测得了在上述不同制动工况下列车的安全性指标。下面对重车在制动工况下平稳性指标以及稳定

表 5-26 2004 年 12 月 8 日(19 000 t)循环制动统计表

编组	SS$_4$7076+998440+51 辆老 C$_{80}$+SS$_4$7079+51 辆老 C$_{80}$+SS$_4$7078+997050+51 辆老 C$_{80}$+SS$_4$7079+42 辆老 C$_{80}$+997152+2 辆客车															试验日期	2004\12\08	
序号	循环次数	地点与地形	制动							缓解								
			7078 开始减压的时间(s)	制动初速(km/h)	制动开始时尾部列车管压力(kPa)	制动开始时尾部副风缸压力(kPa)	减压量(kPa)	尾部制动缸开始出闸的时间(s)	制动时间(s)	7078 开始升压的时间(s)	缓解车速(km/h)	尾部制动缸开始缓解的时间(s)	开始缓解时尾部列车管压力(kPa)	开始缓解时尾部副风缸压力(kPa)	开始缓解时尾部制动缸压力(kPa)	尾部副风缸充至 580 kPa 的时间(s)	尾部副风缸充至 580 kPa 时列车运行速度	从开始缓解到下次制动的时间(s)
一	1	K138.6	3.43	74.8	608	606	48	8.72	119.3	2.39	44.9	8.74	555	555	134	58	45	455.86
	2	K147.17	3.81	65	608	607	49	8.76	95.17	1.6	45.9	7.93	555	555	131	53	45.2	540.8
	3	K156.96	1.65	65.7	609	607	49	6.49	92.4	4.34	50.2	11.01	555	555	133	59.26	51.5	976.91
	4	K175.3	1.6	65.2	609	608	49	6.89	103.69	1.4	50	7.56	555	555	134	51.82	54.5	174.2
	5	K179.9	2.01	74.8	608	608	49	7.02	49.91	2.14	71.9	7.76	557	557	112	50.53	70.8	328
	6	K188.65	3.55	75.3	609	608	48	8.31	49.1	1.95	73.1	8.08	558	558	119	49.02	74.6	
二	1	K278.11	2.74	55.5	608	608	49	8.11	98.06	4.62	43.5	10.24	554	554	131	56.28	42.7	105
	2	K280.78	1.48	45.5	604	604	48.7	6.85	58.89	1.62	40.1	8	555	555	103.5	54.08	41.3	461
	3	K287.76	1.91	64.8	608	608	48.4	7.28	132.12	3.27	47.8	9.87	555	555	125	58.04	48.5	221.56
	4	K293.12	2.75	65.8	608.8	608	48.5	7.71	158	2.53	43.2	9.18	556	556	123	57.2	45.9	140.26
	5	K297.51	3.89	55.4	608	608	49	8.97	155.02	1.97	40	8.89	555	555	120	56.92	41.9	175.47
	6	K301.97	2.46	54.7	608	608	49	7.43	124.79	4.59	39	10.85	556	556	125	60.66	39.4	470.3
	7	K310	1.96	64.9	608	608	49	7.41	187.26	2.22	40.3	9.11	565	565	120	83.66	43.7	85.71
	8	K314.07	7.49	51.7	602	602	83	12.89	75.59	4.26	33.5	8.91	522	522	202	98.01	33.7	258.74
	9	K317.88	4.48	54.9	608	608	55	9.93	82.58	2.26	39.6	8.9	553	553	123	55.19	38.7	218.21
	10	K321.846	2.55	63.1	608	608	50	7.68	120.63	2.25	55.6	8.95	556	556	113	54.6	55.6	

表 5-27　2004 年 12 月 12 日循环制动统计表

编组	$SS_4$7076＋998440＋51C_{80}＋$SS_4$7079＋51C_{80}＋$SS_4$7078＋997050＋51C_{80}＋$SS_4$7079＋48C_{80}＋997152＋2 辆客车（总重 20 212.6 t，计长 228）																试验日期	2004\12\12
序号	循环次数	地点与地形	制动							缓解								
			7078开始减压的时间(s)	制动初速(km/h)	制动开始时尾部列车管压力(kPa)	制动开始时尾部副风缸压力(kPa)	减压量(kPa)	尾部制动缸开始出闸的时间(s)	制动时间(s)	7078开始升压的时间(s)	缓解车速(km/h)	尾部制动缸开始缓解的时间(s)	开始缓解时尾部列车管压力(kPa)	开始缓解时尾部副风缸压力(kPa)	开始缓解时尾部制动缸压力(kPa)	尾部副风缸充至580 kPa的时间(s)	尾部副风缸充至580 kPa时列车运行速度	从开始缓解到下次制动的时间(s)
一	1	K138.49	3.86	75.3	607	606	48.5	8.75	129.35	4.49	45.9	10.99	557	556	133.2	63.68	49.6	209.45
	2	K143.94	14.59	66.8	608.7	607.6	48.4	19.25	125.3	2.43	44.4	8.78	555	555	132.9	56.64	46.5	150.69
	3	K148.13	2.24	61.1	608	607	49.6	6.92	92.49	3.71	45.1	9.6	554	553	130	58.65	48	455.66
	4	K156.51	2.78	66.9	609	608	48.7	7.54	129	5.32	43.8	12.11	556	556	133	57.5	46.7	926.79
	5	K174.92	8.22	67.1	609	608	48	12.85	95.11	2.83	56.3	8.3	555	555	135	52.96	61.4	130.42
	6	K178.95	3.82	77.4	607	606	48.5	9	83.89	2.82	75	26.32	555	555	91	57.32		
二	1	K276.46	3.24	56.8	608	608	49	7.87	126.27	2.19	40.3	9.55	555	555	108.6	48.87	41.3	145.19
	2	K280.16	2.8	57.2	607	607	48.9	7.48	107.78	3.04	44.6	8.53	555	555	127	52.15	47	392.68
	3	K287.56	3.04	67.1	609	609	48.6	7.33	157.01	2.83	45.3	8.81	556	556	117	55.22	48.1	160.64
	4	K292.56	8.16	65.8	608	608	48	12.33	200.09	4.29	41.2	11.27	557	557	119	55.07	43.4	121.05
	5	K297.39	17.68	55.8	606	605	48.8	22.96	187.65	4.35	37.9	10.83	556	556	110	49.59	39.3	164.14
	6	K302.15	3.56	55.9	608	608	49.2	8.79	157.3	2.77	37.1	8.95	557	557	121	50.69	38.9	434.3
	7	K310.079	3.1	67.8	609	609	48.3	7.75	199.52	3.07	36	9.45	556	556	127	53.01	38.2	157.09
	8	K315.16	3.26	56.1	608	608	48.7	8.24	153.77	4.58	40.4	11.39	556	556	117	51.89	41.6	230.17
	9	K320.59	6.04	65.4	608	608	48.3	10.72	140.82	4.12	57.5	10.42	556	556	121	49.75	64	

表 5-28　2004 年 12 月 15 日循环制动统计表

编组	$SS_4$7076＋998440＋51 辆老 C_{80}＋$SS_4$7079＋51 辆老 C_{80}＋$SS_4$7078＋997050＋51 辆老 C_{80}＋$SS_4$7079＋48 辆老 C_{80}＋997152＋2 辆客车															试验日期	2004\12\15
			制动							缓解							
序号	循环次数	地点与地形	7078开始减压的时间(s)	制动初速(km/h)	制动开始时尾部列车管压力(kPa)	制动开始时尾部副风缸压力(kPa)	减压量(kPa)	尾部制动缸开始出闸的时间(s)	制动时间(s)	7078开始升压的时间(s)	缓解车速(km/h)	尾部制动缸开始缓解的时间(s)	开始缓解时尾部列车管压力(kPa)	开始缓解时尾部副风缸压力(kPa)	开始缓解时尾部制动缸压力(kPa)	尾部副风缸充至580 kPa的时间(s)	尾部副风缸充至580 kPa时列车运行速度	从开始缓解到下次制动的时间(s)
一	1	K138.426	1.24	75.2	608	606	48.3	6.8	109.72	1.14	45	8.66	555	554	134	64.18	48.8	209.74
	2	K143.491	1.2	67.2	608	607	48.6	7.5	114	1.46	48.2	8.48	555.7	556	127	63.14	52.2	143.56
	3	K147.583	2.86	65.3	606	605	48.6	8.32	113.42	2.02	44.8	9.42	555	555	120	60.48	47.8	458.86
	4	K156.53	2.34	66.8	609	608	48.7	7.84	117.7	1	47.2	9.6	555	555	130	64.06	52.1	865.46
	5	K173.552	1.84	65.8	609	609	48.5	7.46	90.68	3.26	39	10.62	555	555	139	63.8	37.4	
二	1	K277.052	3.14	56.8	607	607	49	9.46	101.72	2.14	39.7	9.62	555	555	127	57.98	41.5	132.78
	2	K280.109	2.02	52	604	604	49	8.14	93.4	1.76	39.2	11.4	555	555	112	57.46	40.8	451.38
	3	K287.552	1.64	66.4	607	607	48.3	7.56	151.3	2	45	9.22	554	554	116	60.78	49.1	159.26
	4	K292.437	3.28	65	606	606	48.4	9.72	181.56	1.48	40.1	10.54	555	555	118	59.28	43.3	139.34
	5	K297.087	2.36	55.1	604	604	48.5	8.08	157.74	2.3	37.6	10.44	555	554	126	52.74	39.6	149.46
	6	K301.147	2.14	55.1	604	604	48.6	8.44	154.94	3.76	36	11.58	554	554	127	56.18	36.9	144.36
	7	K304.880	2.72	47.9	604	604	50.1	8.64	72	2.22	43.3	10.7	556	556	101	46.94	41.5	362.08
	8	K310.424	2.2	66.4	608	608	48.1	7.86	199.2	2.36	35.4	10.22	554	554	135	62.26	38.1	163.54
	9	K315.536	2.18	54.9	606	606	48.7	8.32	137.34	1.86	41.7	11.66	554	554	116	56.88	42.9	

表 5-29　2004 年 12 月 19 日循环制动统计表

编组	SS$_4$7076＋998440＋51 辆老 C$_{80}$＋SS$_4$7079＋51 辆老 C$_{80}$＋SS$_4$7078＋997050＋51 辆老 C$_{80}$＋SS$_4$7079＋42 辆老 C$_{80}$＋997152＋2 辆客车															试验日期		2004\12\19
序号	循环次数	地点与地形	制动							缓解								
			7078开始减压的时间(s)	制动初速(km/h)	制动开始时尾部列车管压力(kPa)	制动开始时尾部副风缸压力(kPa)	减压量(kPa)	尾部制动缸开始出闸的时间(s)	制动时间(s)	7078开始升压的时间(s)	缓解车速(km/h)	尾部制动缸开始缓解的时间(s)	开始缓解时尾部列车管压力(kPa)	开始缓解时尾部副风缸压力(kPa)	开始缓解时尾部制动缸压力(kPa)	尾部副风缸充至580 kPa的时间(s)	尾部副风缸充至580 kPa时列车运行速度	从开始缓解到下次制动的时间(s)
一	1	K138.509	2.45	76.1	607	606	52	7	127.2	3.45	49.2	10.05	555	554	132	70.85	49.2	197.55
	2	K143.835	2.2	66	604	603	48	7.1	132.55	3.95	47.9	10.95	556	556	114	53.75	47.9	139.05
	3	K148.181	3.3	64.7	601	601	46	8.2	89.9	2.1	56.2	10.65	555	556	105	51.4	56.2	312.35
	4	K155.199	2.2	66.2	608	608	53	7.4	96.7	2.55	47.7	9.5	555	555	133	66.45	47.7	150.75
	5	K159.08	2.3	65.9	601	601	46	6.65	86.75	2.1	65.9	11.05	555	557	101	82.55	65.9	766.95
	6	K174.801	3	66.1	609	609	54	7.7	100.15	2.4	57.3	9.3	555	557	133	70.6	57.3	130.35
	7	K178.753	2.35	74.8	600	600	23	7.5	99.55	2.9	73.3	10.7	577	556	100	45.25	73.3	351.75
	8	K188.308	3.1	75.6	608	608	52	8	50.2	2.85	75.8	9.7	556	559	122	66.15	75.8	
二	1	K276.521	3.25	56.3	608	609	54	8.25	65.55	4.1	41.1	10.2	554	554	145	70.6	41.1	164.85
	2	K279.611	4.55	55.4	602	603	48	9.35	95.75	1.9	35.7	9.75	554	556	118	52.75	35.7	480.7
	3	K287.345	2.85	66.3	607	607	52	7.6	122	2.75	48.4	9.75	555	557	124	66.55	48.4	142.05
	4	K291.545	3.2	65.3	600	601	85	7.95	125.7	2.5	27.8	7.3	515	519	216	106.05	27.8	301.35
	5	K296.565	3.8	56.6	606	606	51	4.75	136.5	3.6	27.9	10.95	555	559	113	71.05	27.9	285
	6	K301.53	2.6	55.8	607	608	53	6.9	116.7	4.55	34.9	12.6	554	559	122	67.7	34.9	542.15
	7	K309.989	3	64.9	607	607	52	8.15	199.05	2.5	39.6	10.35	555	555	133	67.05	39.6	152.2
	8	K315.005	3.1	54.6	601	603	46	7.85	177.5	6.3	34.6	15	555	557	113	54.15	34.6	

性指标进行对比分析。

重车试验全程最大值和各种制动工况下的最大值列表如表5-30～表5-39。

表5-30　2004年11月19日试验数据　铁路机车：SS_{4G}，牵引吨位：5 000 t

车　号	C_{80} 4372151				C_{80} 4372152			
试验工况	全部	常规制动	循环制动	紧急制动	全部	常规制动	循环制动	紧急制动
脱轨系数 Q/P	0.42	0.13	0.17	0.11	0.62	0.26	0.22	0.13
轮重减载率 $\Delta P/P$	0.37	0.21	0.28	0.19	0.38	0.27	0.34	0.22
轮轨横向力(kN)	42.90	23.55	36.10	16.54	57.03	19.19	46.14	18.41

表5-31　2004年12月1日试验数据　铁路机车：SS_{4G}，牵引吨位：10 000 t

车　号	C_{80} 4372151				C_{80} 4372152			
试验工况	全部	常规制动	循环制动	紧急制动	全部	常规制动	循环制动	紧急制动
脱轨系数 Q/P	0.44	0.09	0.44	0.05	0.73	0.24	0.52	0.23
轮重减载率 $\Delta P/P$	0.40	0.26	0.31	0.22	0.36	0.24	0.34	0.28
轮轨横向力(kN)	59.56	13.17	49.75	15.76	59.26	18.30	35.77	30.08

表5-32　2004年12月4日试验数据　铁路机车：SS_{4G}，牵引吨位：19 714 t

车　号	C_{80} 4372151			C_{80} 4372152		
试验工况	全部	循环制动	紧急制动	全部	循环制动	紧急制动
脱轨系数 Q/P	0.53	0.22	0.10	0.55	0.28	0.11
轮重减载率 $\Delta P/P$	0.33	0.29	0.13	0.38	0.31	0.21
轮轨横向力(kN)	78.27	50.79	63.30	67.78	28.70	16.64

表5-33　2004年12月8日试验数据
铁路机车：SS_{4G}，牵引吨位：19 668 t

车　号	C_{80} 4372151		C_{80} 4372152	
试验工况	全部	循环制动	全部	循环制动
脱轨系数 Q/P	0.48	0.17	0.43	0.43
轮重减载率 $\Delta P/P$	0.38	0.31	0.38	0.32
轮轨横向力(kN)	64.80	59.32	53.40	38.46

表5-34　2004年12月12日试验数据
铁路机车：SS_{4G}，牵引吨位：21 202 t

车　号	C_{80} 4372151		C_{80} 4372152	
试验工况	全部	循环制动	全部	循环制动
脱轨系数 Q/P	0.38	0.21	0.36	0.24
轮重减载率 $\Delta P/P$	0.39	0.28	0.37	0.34
轮轨横向力(kN)	68.31	64.74	53.73	44.57

表5-35　2004年12月15日试验数据　铁路机车：SS_{4G}，牵引吨位：20 613 t

车　号	C_{80} 4372151				C_{80} 4372152			
试验工况	全部	常规制动	循环制动	紧急制动	全部	常规制动	循环制动	紧急制动
脱轨系数 Q/P	0.42	0.11	0.37	0.13	0.37	0.11	0.20	0.13
轮重减载率 $\Delta P/P$	0.37	0.19	0.32	0.18	0.33	0.25	0.28	0.20
轮轨横向力(kN)	61.39	20.93	41.08	29.50	63.55	13.68	47.50	34.04

表5-36　2004年12月19日试验数据　铁路机车：SS_{4G}，牵引吨位：20 236 t

车　号	C_{80} 4372151				C_{80} 4372152			
试验工况	全部	常规制动	循环制动	紧急制动	全部	常规制动	循环制动	紧急制动
脱轨系数 Q/P	0.47	0.10	0.23	0.13	0.37	0.01	0.35	0.12
轮重减载率 $\Delta P/P$	0.39	0.31	0.33	0.27	0.37	0.27	0.33	0.23
轮轨横向力(kN)	70.19	22.64	66.32	30.87	46.46	24.14	41.98	23.58

表 5-37　2008 年 7 月 21 日试验数据

铁路机车：HXD2，牵引吨位：2 万 t

车号	C_{80B}4382949		
试验工况	全部	常用制动停车试验	长大下坡道调速制动试验
脱轨系数 Q/P	0.60	0.39	0.42
轮重减载率 $\Delta P/P$	0.38	0.30	0.26
横向力(kN)	51.89	39.77	42.68

表 5-38　2008 年 7 月 30 日试验数据

铁路机车：HXD2，牵引吨位：2 万 t

车　号	C_{80B}4382949				
试验工况	全部	常用制动停车试验	紧急制动停车试验	从控机车隔离制动试验	长大下坡道调速制动试验
脱轨系数 Q/P	0.64	0.42	0.17	0.21	0.46
轮重减载率 $\Delta P/P$	0.36	0.30	0.16	0.23	0.28
横向力(kN)	57.80	39.26	25.84	34.47	49.61

表 5-39　2008 年 9 月 4 日试验数据

铁路机车：HXD1，牵引吨位：2 万 t

车　号	C_{80}4374144			
试验工况	全部	紧急制动停车试验	长大下坡道调速制动试验	从控机车隔离制动试验
脱轨系数 Q/P	0.67	0.42	0.47	0.32
轮重减载率 $\Delta P/P$	0.32	0.22	0.32	0.17
横向力(kN)	66.62	45.17	53.00	45.26

为了更直观地对比脱轨系数、轮重减载率、轮轴横向力制动工况和全部工况的对比情况，将上述 10 组数据共计 17 车次的试验结果汇成图 5-37～图 5-39，图中前排为制动工况，最后一排为全部工况最大值，横坐标为试验次数。

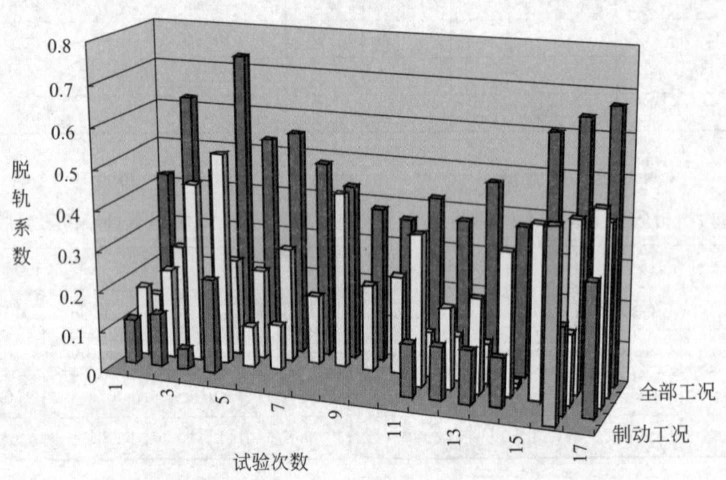

图 5-37　脱轨系数制动工况与全部工况对比图

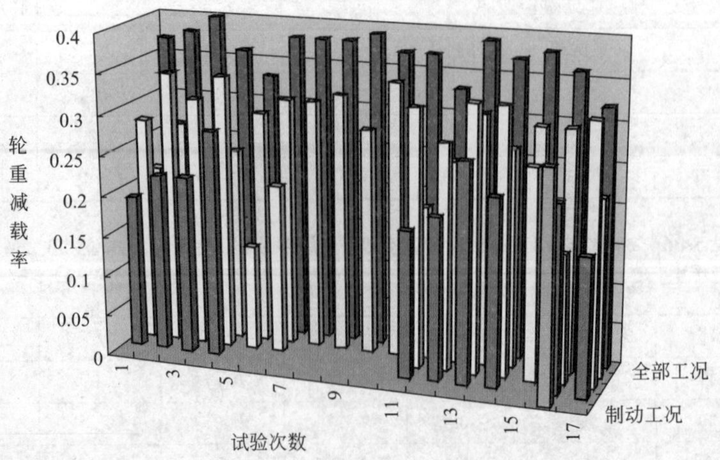

图 5-38　轮重减载率制动工况与全部工况对比图

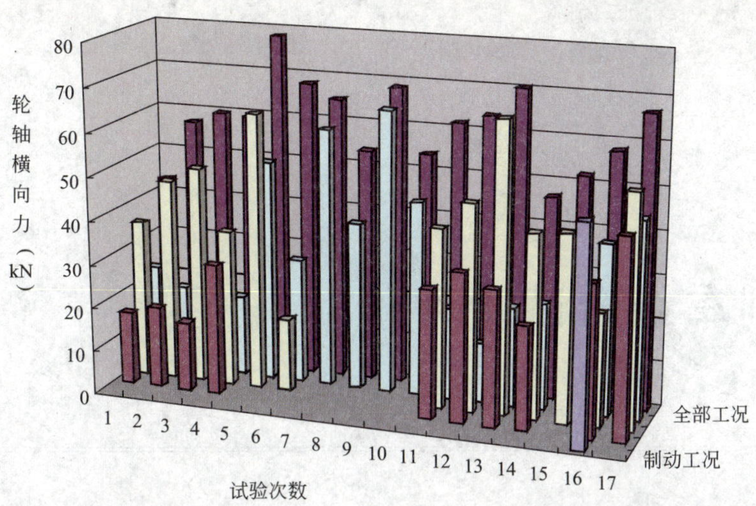

图 5-39 轮轴横向力制动工况与全部工况对比图

由图 5-37～图 5-39 可以看出，脱轨系数、轮重减载率各仅有一次制动工况是全程最大值，轮轴横向力制动工况均不是全程最大值。即历次试验铁路货车的脱轨系数、轮重减载率、轮轴横向力的最大值基本都没有出现在制动工况。

由试验结果可知，在列车操纵正常情况下，5 000 t、1 万 t 和 2 万 t 编组各次试验的运行稳定性指标均在限度以内。制动工况由于主要是列车的纵向力传递工况（制动工况在小曲线上会对铁路货车的动力学性能产生影响），对铁路货车的动力学性能没有影响。也就是说，重载列车中的制动工况对铁路货车动力学性能影响不大。

参 考 文 献

[1] 严隽耄，翟婉明，陈清，傅茂海. 重载列车系统动力学[M]. 北京：中国铁道出版社，2003.

[2] GB/T 5599—1985 铁道车辆动力学性能评定和试验鉴定规范[S].

[3] 大秦线 2 万吨重载组合列车综合试验报告[R]. 中国铁道科学研究院，2005.

[4] 陈雷，王新锐，孙蕾. 我国铁路提速货车动力学性能综述（待续）[J]. 铁道车辆，2008，46(526)：1-5.

[5] 陈雷，王新锐，孙蕾. 我国铁路提速货车动力学性能综述（续完）[J]. 铁道车辆，2008，46(527)：8-12.

[6] 陈雷，吕可维，于卫东，等. 提速货车横向动力学性能可靠性分析方法[J]. 中国铁道科学，2009，30(105)：97-102.

铁路货物列车综合试验评价

铁路货物列车综合试验是伴随着铁路发展和提速需求而产生,针对铁路货车动力学、线路、桥梁等专业相互影响,相互适应,以及铁路货车运用可靠性的试验。我国近几年来的铁路货物列车进行或参加的大型综合性试验,大致可以分为铁路货车线路可靠性试验、综合性提速试验、专项提速试验、客运专线联调联试中的铁路货车试验、大秦线重载列车试验等试验。铁路货物列车综合性能试验是我国铁路大提速一系列试验的重要组成部分,也是我国铁路货车试验体系的重要环节,是对我国铁路货车以动力学性能型式试验为主要手段对铁路货车运行安全性评价与检验的延续。与铁路货车动力学性能型式试验共同构成了我国铁路货车整车运行安全可靠性试验与评价体系,为铁路货车的设计、生产和运用反馈了有价值的信息,进一步地保障了铁路货车提速与重载的运用安全可靠性。

无论哪一类铁路货物列车综合试验,参加试验的铁路货车都是通过动力学性能型式试验的运用车或新造车,试验列车均为大列编组,不同于动力学性能试验的小编组。铁路货物列车综合试验的目的是为了确保铁路货物列车在线路运行的安全可靠性和运行平稳性,其评价标准均依据 GB/T 5599—1985《铁道车辆动力学性能试验及鉴定规范》。但不同类型的铁路货物列车试验,又有各自的特点,每种列车综合试验均包含不同专业的测试与试验项目,如桥梁、线路、装载加固、车辆动力学、空气动力学、环境噪声等,这里以铁路货车运行安全可靠性为出发点,对不同列车综合试验意义和货车运行安全可靠性进行分析与说明。

6.1 列车综合试验的必要性与特点

6.1.1 铁路货车可靠性试验

2004 年我国开始对既有铁路货车进行 120 km/h 提速改造,在短短的 3 年时间内完成了近 30 万辆既有国铁货车和参加国铁运营的企业自备铁路货车 120 km/h 全面提速改造工作。2006 年起我国新造铁路货车全部采用载重 70 t 级新型货车。既有车的改造完成和载重 70 t 级铁路货车的全面生产使我国满足 120 km/h 运行要求的铁路货车超过 60 万辆。如何确保在提速重载条件下这样庞大数量的铁路货车的运行安全可靠性,特别是在相应的速度与轴重下运用一段时间或一定里程后运行安全性是否仍满足要求,是摆在铁路货车工作者面前的重大而艰巨的问题,更是铁路货车决策层所关心的问题。

铁路货车是一种全天候运行,运用条件比较恶劣的移动运载工具,它对可靠性、维修性的要求是非常高的。无论是货车出厂时的强度和动力学性能的型式试验,还是综合性提速,或专项试验,或联调联试试验,一般都是反映提速和新型 120 km/h 货车当前状态下运行的性能。当铁路货车运用一段时间后,各磨耗件磨损到一定程度、踏面出现磨耗与损伤、减振器弹性旁承性能下降等,它的运行性能会发生什么样的变化规律,检修限度如何制定,这些问题通过型式试验和综合提速试验很难完全回答。我国铁路货车的速度从 70 km/h、80 km/h 提速到 120 km/h,提速幅度达到 50%;近几年轴重从 21 t 提高到了 23 t、25 t,提高的幅度 9.5%～19%,新一代铁路货车轴重还将进一步增加。轴重与速度的增加,也将会面临设计、制造和运用上一系列的技术层面和实践层面的问题。

在2003年年中铁道部决定在中国铁道科学研究院试验基地环行线进行提速120 km/h及重载铁路货车的可靠性试验，目的是进一步掌握提速及新型120 km/h铁路货车在以120 km/h速度长时间连续运行时铁路货车的动力学性能及其他性能状态和铁路货车的故障模式特性以及可能发生的问题，并制定相应检修限度和技术要求。可靠性试验于2003年12月正式开始，分为两个阶段，第一阶段18万km，参加的车型有21 t轴重的$C_{64K(H)}$、$P_{64GK(H)}$、$NX_{17BK(H)}$、$G_{70K(H)}$和25 t轴重运煤专用敞车；第二阶段17.2万km，参加的车型除了第一阶段的外，还增加了K2提速改造车、70 t级新型通用铁路货车、双层集装箱车和新型运煤专用敞车等提速重载铁路货车。

环行线铁路货车可靠性试验是我国乃至世界铁路货车历史上规模最大的一次货车试验。在试验里程、速度控制、试验条件等方面都创造了历史之最。试验里程长，可靠性试验最大运行里程35.2万km，相当于两个段修期，而且空车、重车的运行里程分别为35.2万km；试验运行速度高，120 km/h速度的运行里程占总里程的67%以上，100 km/h速度的运行里程占90%以上；运行持续时间长，每天运行1 000 km～1 309 km，除了早中晚检车时间外，上午、下午或晚上都是连续运行，每天相当于从北京跑到上海；试验条件复杂，在试验线路的直线段设置了线路不平顺和侧线通过工况，在每日的试验中还设置了五种制动工况以更接近实际运用工况全面地考核参试铁路货车。

环行线可靠性试验的试验里程、速度控制和试验条件等多方面条件的苛刻程度都远远地超过了我国铁路货车的实际运用条件。因此，环行线可靠性试验是对我国铁路重载提速货车在最高运行速度条件下运行安全性可靠性的充分考核与评价，是对铁路货车故障特性的一次全面反映和深入的试验研究。我国的提速重载铁路货车经受住了苛刻条件下的可靠性试验，并表现出优良的运行稳定性和运行平稳性。针对一系列典型故障与问题提出了相应的改进措施，并取得了良好的效果。同时提出了120 km/h铁路货车运行技术条件，保障了我国铁路货车提速120 km/h的运用要求。环行线可靠性试验对我国铁路货车技术装备的发展意义重大而深远。

图6-1为可靠性试验中的试验列车。

图6-1 环行线可靠性试验列车在运行中

6.1.2 铁路货车综合性提速试验

铁路货车参与了我国铁路六次大提速背景下的一系列综合性试验。铁路货车综合提速试验的目的是解决货车提速的一些关键技术问题，了解铁路货车在速度提高以后对线路的影响和对线路的适应性，确保铁路货车提速后的运行安全性。综合提速试验既研究了铁路货车由 80 km/h 提速到 120 km/h 后对线、桥、隧等基础设施的动力作用的影响，又检验了提速铁路货车对线路的适应性，同时是对提速铁路货车动力学性能更全面更充分的验证与评价。铁路货车综合性提速试验一般都是实际提速的线路上进行，编组与实际运行的编组一致。评价标准参照 GB/T 5599—1985《铁道车辆动力学性能试验及鉴定规范》，主要是运行稳定性（安全性）和运行平稳性进行评价。

近几年铁路货车参加的综合提速试验有：2004 年 9 月在胶新线进行的 120 km/h 铁路货物列车综合提速；2005 年 5 月～6 月间在遂渝线进行的 200 km/h 提速综合试验；2005 年 8 月在兰州铁路局陇海线进行的 70 t 级铁路货车综合试验等。

在综合提速试验中参试的铁路货车表现出了较好动力学性能，但也暴露出了一些问题，如 21 t 轴重个别铁路货车空车状态出现运行平稳性指标变差，这种情况还未影响到脱轨系数等安全性指标超限，但将会使铁路货车的磨耗加剧，从而影响到安全可靠性。这些问题在提速铁路货车 120 km/h 可靠性试验第二阶段的试验中结合提速改造车出现的问题得到了较好的解决。

6.1.3 专项综合提速试验

在进行铁路货车综合性提速试验的同时，铁路货车也进行了多次专项提速试验，其目的是验证铁路货车在特定装载加固条件下，或特定的运行条件下，铁路货物列车的运行安全性与平稳性。如铁路客、货车列车的交会试验、双层集装箱列车高重心运行试验、长钢轨运输试验等。各类专项试验为铁路货车的各类运行技术条件的制定提供了重要科学依据。

专项综合提速试验有 2004 年 1 月北京东至广州的高重心双层集装箱车线路运行试验；2005 年 7 月在京秦线进行的提速 200 km/h 列车交会综合试验；2006 年 12 月在胶济线进行的时速 250 km/h 列车与 120 km/h 铁路货车交会试验；2007 年 5 月在北京—上海、青岛—郑州、上海—株洲北间进行的双层集装箱重车高重心运行动力学性能试验；2009 年 5 月进行的 100 m 长钢轨普通平车运输综合试验等。

在这类试验中，铁路货车表现了良好的动力学性能，也发现了一些问题，比如在 2004 年 1 月北京东至广州的线路运行试验中，双层集装箱车的垂向振动加速度比较大[13]。对这些问题进行了深入的分析研究并提出改进措施，在后来的一系列双层集装箱的试验中其改进效果得到了验证[12]。

6.1.4 联调联试试验

随着新线建设和既有线的改造，铁路线路将逐步形成不同类别的线路，比如运行铁路客车的客运专线、以铁路客车为主铁路货车为辅的线路、以铁路货车为主的线路、铁路货车运煤专用通道等。即使铁路客运专线，有的还允许在晚间客车流量少时运行货车。对于可能运行铁路货车的新建快速线路，一般都进行铁路货车的试验。目的之一是铁路货物列车作为线路和桥梁试验的负载，也就是为路基、轨道和桥梁的测试提供载荷；目的之二是检验与评价铁路货车在新建线路上的适应性和运行安全可靠性。

近两年铁路货车参加的联调联试试验有：2008 年 12 月进行的合武线、石太客运专线联调联试试验，2008 年 1 月进行的合宁客运专线联调联试试验，2009 年 5 月进行的甬台温客运专线联调联试试验等。铁路客运专线一般都是运行 200 km/h 或以上速度级的动车组，线路修建及维护等级相对较高，而且线路基本上都是直线或大曲线，这对于铁路货车来说，线路条件非常理想。因此，参加客运专线联调联试试验的铁路货车都表现出优良的动力学性能。

6.2 线路可靠性试验

从整个可靠性试验的设计来看，可靠性试验是一个加速考核的过程。每天运行超过 1 000 km，120 km/h 速度的运行里程占 60%以上，100 km/h 速度以上的运行里程占 90%以上，这是非常苛刻的考核条件。大部分铁路货车各主要零部件没有出现危及行车安全的故障，摇枕、侧架、钩缓等主要大部件没有出现裂纹、裂损等故障，经受住了 18 万到 35 万 km 的考核，铁路货车总体运行状态良好。

同时，在试验过程中也充分暴露了 120 km/h 铁路货车在设计、制造、检修方面的一些问题。比如：个别铁路货车的 K2 型转向架摩擦减振器作用不良，K4 型转向架摇动座定位不良，K2 型转向架承载鞍顶面与侧架、K4 型和 K5 型转向架承载鞍导台与侧架导框异常磨耗，罐车卡带断裂与鞍木松动，旁承问题，车轮损伤等制造、修理质量问题。针对可靠性试验中发现的典型问题进行了专项攻关，提出了改进措施并进行了试验验证和可靠性考核，取得了突破性进展和良好的效果；提出了 120 km/h 提速铁路货车运用技术条件，进一步补充完善了 120 km/h 提速铁路货车承载鞍、轴箱橡胶垫、弹性旁承等列检检查关键部位的制造、修理质量标准和运用技术要求，提高了 120 km/h 铁路货车的性能。

6.2.1 试验评价方法

6.2.1.1 安全性评价要求

铁路货车运行安全性是最基本的性能要求，是可靠性试验最核心的评价要求和最终要达到的目标，也是可靠性及疲劳可靠性评价的前提条件。在线路上运行的铁路货车在任何时候在规定的运行里程内都应满足安全性的要求。实质上，可靠性试验的内涵是在模拟现场运用工况或典型工况下，对铁路货车进行运行里程的加速考核。第一步，尽快暴露铁路货车典型的故障；第二步，分析故障的模式、发展规律和对运行安全性的影响程度；第三步，分析研究改进措施或制定相应的安全运行的检修限度，保证铁路货车在各个运行里程阶段的安全性。

对可靠性试验中的参试铁路货车运行安全性按 GB/T 5599—1985《铁道车辆动力学性能试验及鉴定规范》进行评价。

6.2.1.2 承载部件疲劳可靠性分析与寿命预测

可靠性试验中可对铁路货车主要承载部件的疲劳可靠性进行测试与评估，包括转向架侧架、摇枕、交叉支撑装置、弹簧托板、车体关键承载部位、摆式转向架的摆式机构等。

采用 Miner 线性疲劳累计损伤法则和构件 S-N 曲线指数计算等效应力幅，可使各级应力水平产生的损伤均得到合理的考虑。等效应力幅计算公式如下：

$$\sigma_{\mathrm{aeq}}=\left[\frac{L}{L_1 N}\sum n_i(\sigma_{ai})^m\right]^{\frac{1}{m}} \tag{6-1}$$

式中 L——规定使用期限内的总运用公里数；

L_1——实测动应力区段对应的运用公里数；

σ_{ai}——应力谱中第 i 级应力水平；

n_i——应力谱中与 σ_{ai} 对应的循环次数；

m——构件的 S-N 曲线指数参数；

N——是与结构或材料的疲劳极限所对应的循环次数，取 200 万次。

指定运用里程下的等效应力概率分布确定方法如下：

① 按上式计算各子样应力谱的等效应力 S_i；

② S_i 服从正态分布，计算 S_i 的均值和标准差；

③ 根据不同的可靠度 R_i，求对应的应力。

50%可靠度下应力均值 $\bar{x}$ 和标准差 σ 分别由下式求得：

$$\bar{x}=\frac{1}{n}\sum_{i=1}^{n}S_i,\quad \sigma=\sqrt{\frac{\sum_{i=1}^{n}(S_i-\bar{x})^2}{n-1}} \tag{6-2}$$

具有指定可靠度 R_i 的等效应力 x_{Ri} 可由下式求得：

$$\bar{x}_{Ri}=\bar{x}+Z_i\sigma \tag{6-3}$$

式中　Z_i——标准正态偏量，可根据正态分布分位数表中查得；

n——样本数量。

按疲劳可靠性分析的相关理论，分析运行速度、车辆类型、装载状态、线路工况等因素对动应力的影响；评价主要承载部件疲劳可靠性寿命。

将落车时实测的静应力与其叠加并用 Goodman 方程转换得出以对称循环表征的疲劳等效应力，结合该对称循环概率疲劳等效应力和部件细节对称循环的概率应力-寿命曲线，通过 Miner 线性累积损伤法则可以实现转向架关键部件疲劳寿命的可靠性预测。

6.2.1.3　故障率及运行可靠性要求

铁路货车是一种由众多不同零部件组成的可修复的产品，运用环境复杂多变，零部件的故障模式多种多样。由于铁路货车自身的特特殊性，很难像单一功能的电子产品一样进行大样本的整车或部件失效试验，所以对铁路货车整车进行可靠性指标的量化分析是一件困难的事。我们在环行线可靠性试验对故障统计分析的基础上，结合检修制度研究分析对铁路货车的故障率和运行可靠性的评价，此项工作正在进行中。

6.2.2　可靠性试验实例一环行线可靠性试验

6.2.2.1　试验铁路货车

可靠性试验的参试铁路货车总共包括以下 5 个部分：

(1)第一阶段可靠性试验的敞、棚、平、罐车共计 34 辆，其中 24 辆上环行线运行试验(20 辆 21 t 轴重，4 辆 25 t 轴重)，10 辆为备用车(8 辆 21 t 轴重，2 辆 25 t 轴重)。空重车比例仍按第一阶段的状态执行。第一阶段的铁路货车已完成了 18 万 km 的运行里程。

(2)K2 改造车敞、棚、平、罐共计 24 辆，其中 18 辆上环行线运行试验，6 辆为备用车。空重车状态两空一重。

(3)23 t 轴重载重 70 t 级铁路货车敞、棚、平、罐共计 16 辆，全部参加运行试验，各型空重车比例为一空一重。

(4)新型 C_{80} 系列运煤专用车共计 3 辆，C_{80AH} 型、C_{80B} 型、C_{80C} 型各 1 辆，全为重车，均参加运行试验。

(5)第二阶段可靠性试验中期参加的其他铁路货车共计 8 辆，均参加运行考核。包括 P_B 型代用棚车 2 辆(1 空 1 重)；双层集装箱车 2 辆(1 空 1 重)；装用转 8AB 型转向架敞、棚、平、罐车各 1 辆共计 4 辆，全为空车。

6.2.2.2　试验列车编组

试验列车编组尽可能与实际运用条件接近，采用随机编组的同时兼顾以下两点试验列车编组原则：车型在编组中均具有不同位置的工况；不同车型均有互相连挂的工况。每个月度列车运行 4 周换一次编组，每周整列调一次头。第二阶段可靠性试验中共有六次大列编组，编组数量 60～68 辆，每列牵引重量约为3 369 t。合计总牵引 56 271.63 万 t·km。

6.2.2.3　试验线路

可靠性试验线路(图 6-2)，试验线路小环全长 8.5 km。试验过程中按顺时针运行。线路全部采用水泥轨枕，碎石道床，枕木数为 1 840 根/km，钢轨为60 kg/m U74 热轧轨，强度等级为 780 MPa。大环曲线半径 1 432 m，超高 105 mm；小环半径 1 000 m，超高 150 mm，中间直线段长度 755 m。其中，R1 432 为无缝线路，入车端包含部分有缝线路；R1 000 则在与 R1 432 连接一端为无缝线路，与直线连接一端为有缝线路；直线段为有缝线路。第一阶段可靠性试验没有侧线工况。第二阶段可靠性试验线路仍为第一阶段可靠性试验的线路，但在直线段增加了 12 号侧线。在每日的试验中要通过侧线 10 次。

6.2.2.4　试验速度

按试验中 120 km/h 速度在整个试验运行里程不少于 60%，确定了可靠性试验的速度控制的具体方案，第二阶段可靠性试验的速度控制方案见表 6-1，第一阶段可靠性试验的速度控制方案与第二阶段的基

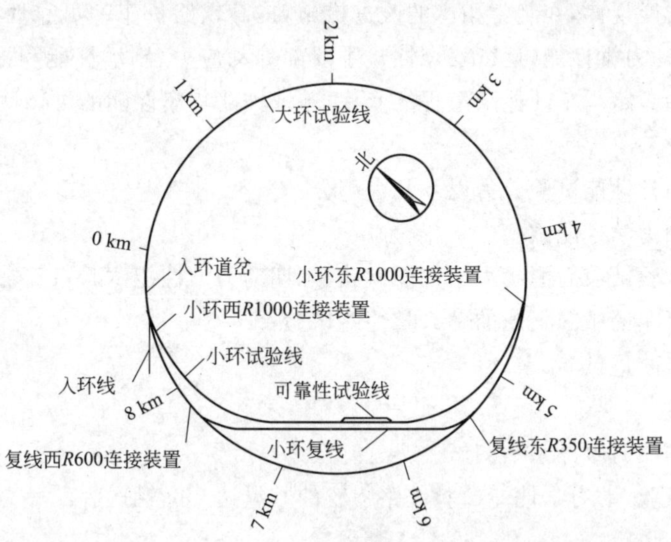

图 6-2 环行线可靠性试验线路示意图

本相同,第二阶段只是在 60 km/h、70 km/h、80 km/h 速度增加了侧线通过工况。速度控制方案表明,120 km/h 速度运行里程所占的比例为 70.78%,90 km/h 以上速度级的运行里程所占的比例约 90%。实际上由于前面所述的诸多客观因素的影响,120 km/h 速度运行里程所占的比例略低于 70%,但大于 60%。

表 6-1 第二阶段可靠性试验速度控制方案

速度(km/h)	60	70	80	90	100	110	120	合计
圈数(早)	1	2	2	2	4	4	89	125
圈数(中)	1		2	1	4	4		
圈数(晚)	1		1	1	3	3		
里程(km)	25.5	17	42.5	34	93.5	93.5	756.5	1 062.5
所占比例(%)	2.4	1.6	4	3.2	8.8	8.8	71.2	

说明:60 km/h、70 km/h、80 km/h 运行时,在直线段减速通过侧线。

6.2.2.5 列车制动

与第一阶段可靠性试验相同,在每日的运行试验中,安排 5 次列车制动试验。包括调速制动 2 次,常用制动停车 2 次和紧急制动停车 1 次。

1. 调速制动:上午列车速度提到 120 km/h,运行一圈后实施调速制动,初速度 120 km/h,列车管减压 100 kPa,列车速度降至 60 km/h 时缓解;

2. 紧急制动停车:在上午试验结束前紧急制动停车;

3. 调速制动:下午列车提速到 120 km/h,并运行一圈后实施调速制动,初速度 120 km/h,列车管减压 70 kPa,列车速度降至 60 km/h 时缓解。

4. 常用全制动停车:在下午试验结束前实施常用全制动停车,初速度 120 km/h,实施常用全制动停车。列车管定压 500 kPa 时,减压量 140 kPa 以上;列车管定压 600 kPa 时,减压量 170 kPa 以上。

5. 常用制动停车:晚上试验结束前,初速度 120 km/h,列车管减压 100 kPa,停车后缓解。

第二阶段可靠性试验中,试验列车的制动与第一阶段有所不同。表现在 60 km/h、70 km/h、80 km/h 速度级时都要在 12 号侧线处制动减速至侧线通过速度时,通过侧线后再提速运行。因此侧线工况的限速,增加了部分调速制动。

500 kPa 和 600 kPa 紧急制动工况按 5∶1 安排,即每运行 6 天,有 5 天列车管定压 500 kPa,有 1 天列车管定压 600 kPa。

6.2.2.6 试验内容

在环行线可靠性试验中,试验内容包括两大方面,一是对铁路货车进行运行里程的考核,检查记录、研究分析车辆故障的模式及发展规律，并制定相应的改进措施，提高铁路货车的可靠性；二是对性能参数进行测试，主要包括铁路货车的动力学性能（运行安全性）、主要部件动应力、制动性能和主要部件的性能测试。性能参数测试的目的是掌握铁路货车性能随里程的变化，验证铁路货车性能的可靠性。

1. 动力学性能试验

参试铁路货车的动力学性能试验分为以下几个部分：

——各型车的初始动力学性能试验；

——参试铁路货车试验结束后的动力学性能试验（末期动力学性能试验）；

——部分参试铁路货车的中间状态的动力学性能试验；

——故障分析及性能改进试验；

——验证试验；

——参试铁路货车的相对摩擦系数测试。

整个环行线可靠性试验，动力学性能试验铁路货车的数量达 299 辆次。

2. 主要部件动应力测试

在试验中对铁路货车转向架的主要部件进行动应力测试，以研究长时间高速运行时动应力的变化，并对各主要部件的疲劳强度（可靠性）进行评估。通过多次的动应力试验，对试验铁路货车各关键部件的动应力水平及其随运行里程变化的规律有所了解，积累了大量的试验数据，并对参试铁路货车关键部件的使用寿命作了初步的评估。

3. 制动性能测试

在可靠性试验的初期、中期和末期对参试铁路货车的制动性能进行试验。试验分为单车制动试验和列车制动试验，测试 120 型空气控制阀、空重车阀、闸调器，以及制动缸行程等性能与作用是否正常，研究铁路货车的制动性能与运行里程的关系。

4. 主要部件的性能测试

在可靠性性能期间，对铁路货车的主要部件，如 120 阀、轴承、闸瓦、旁承等均在试验台进行了测试，以研究分析运行里程对部件性能的影响。

6.2.2.7 动力学性能试验研究与结果

铁路货车动力学性能的试验研究是可靠性试验的最重要的组成部分，直接关系到铁路货车的运行安全性。在以下的介绍中，我们重点介绍参试铁路货车动力学性能可靠性试验研究的成果。

1. 动力学性能试验条件

（1）试验线路

可靠性试验中动力学性能试验的线路包括环行线、京承线双桥—洞庙河和京秦线双桥—丰润或唐山。京承线上主要进行曲线（*R*300、*R*600、*R*800）及道岔等工况的试验，在京秦线上主要进行高速试验（100 km/h～135 km/h）。

京承线的线路条件为：碎石道床，混凝土轨枕，部分小半径曲线为木枕，双桥至小唐庄为无缝线路，小唐庄至洞庙河为有缝线路，轨型为 60 kg/m。最小曲线半径为 250 m，曲线最大超高 125 mm。*R*250 m 曲线最大超高 120 mm，*R*300 m 曲线最大超高 125 mm。

京秦线为客货共线的铁路客车提速线路，线路状态良，有足够的直线进行 100 km/h 及以上速度级的测试。

（2）试验工况

动力学性能试验是在铁路货车当前装载状态下进行，即在可靠性试验过程中铁路货车的空重车状态，在动力学试验中保持原有的空重车状态。试验工况分为直线、曲线（包括小曲线）、侧线。

（3）试验速度

动力学性能试验时速度分为若干级，一般为 60 km/h、70 km/h、80 km/h、90 km/h、100 km/h、110 km/h、120 km/h、130 km/h，侧岔通过速度 45 km/h，曲线一般按曲线允许速度执行。

2. 可靠性试验中反映出的典型问题

(1)部分铁路货车动力学性能较差

第二阶段环行线可靠性试验初始动力学性能试验结果表明,部分铁路货车的动力学性能较差,尤其是改造车空车,11 辆改造车空车有 10 辆稳定性指标超限。性能差主要表现为横向稳定性或垂向减振效果差,图 6-3 是改造车棚车横向平稳指标变化图。

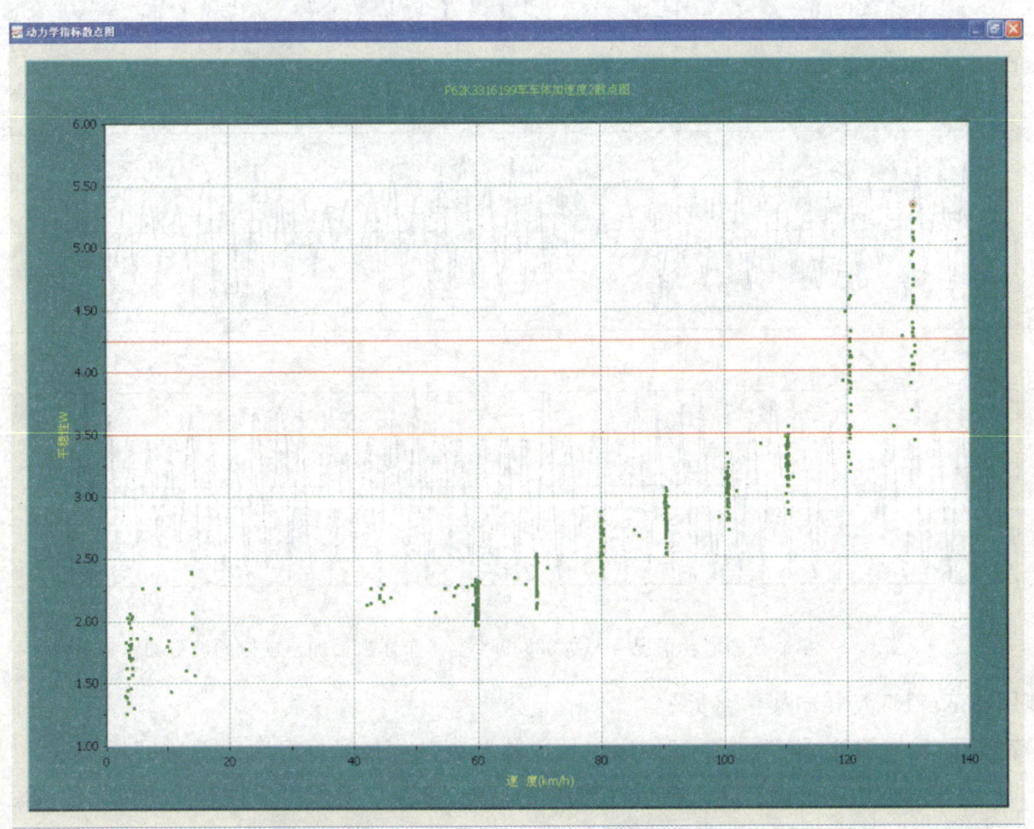

图 6-3　P_{62K} 3316199 车横向平稳性指标散点图

对于 K2 型转向架改造车在初始试验中反映出的典型问题,展开了全面深入的分析与试验研究。

(2)承载鞍与侧架间出现非正常磨耗

在第一阶段可靠性试验中发现的承载鞍与侧架间非正常磨耗问题,主要集中在空罐车 G_{70K} 6283954 车上,动力学性能试验表明,出现承载鞍与侧架间异常磨耗时铁路货车的动力学性能趋于恶化,运行性能变差。见图 6-4。

针对上述在试验中出现的问题,进行了一系列的试验研究工作,最终提出了加强设计、制造及检修质量控制的改进方案。

3. 改进方案的试验研究

(1)装用转 K2 型转向架的铁路货车

根据各次动力学性能试验结果结合铁路货车分解检查、仿真分析计算,经过一系列的试验研究与试验证,针对在可靠性试验初期反映出的问题提出了改进方案或措施。提出了进一步加强设计、制造及检修质量的控制要求:

①采用稳定减振装置的减振性能的质量控制措施,进一步改善铁路货车的动力学性能。

②增加旁承磨耗板和心盘磨耗盘摩擦系数质量检测要求。由原来每半年抽检一次的检验方式改为由制造厂进行日常检测、组装厂进行入厂复验相结合的方式,采用统一的尼龙件摩擦系数检测仪器,对旁承磨耗板和心盘磨耗盘的摩擦系数进行日常质量检测。

③控制旁承自由高尺寸及旁承间隙,保证弹性旁承体预压缩量,以提供适宜的回转阻力矩。

④严格按图样要求控制侧架立柱磨耗板安装面质量,避免出现倒八字现象。

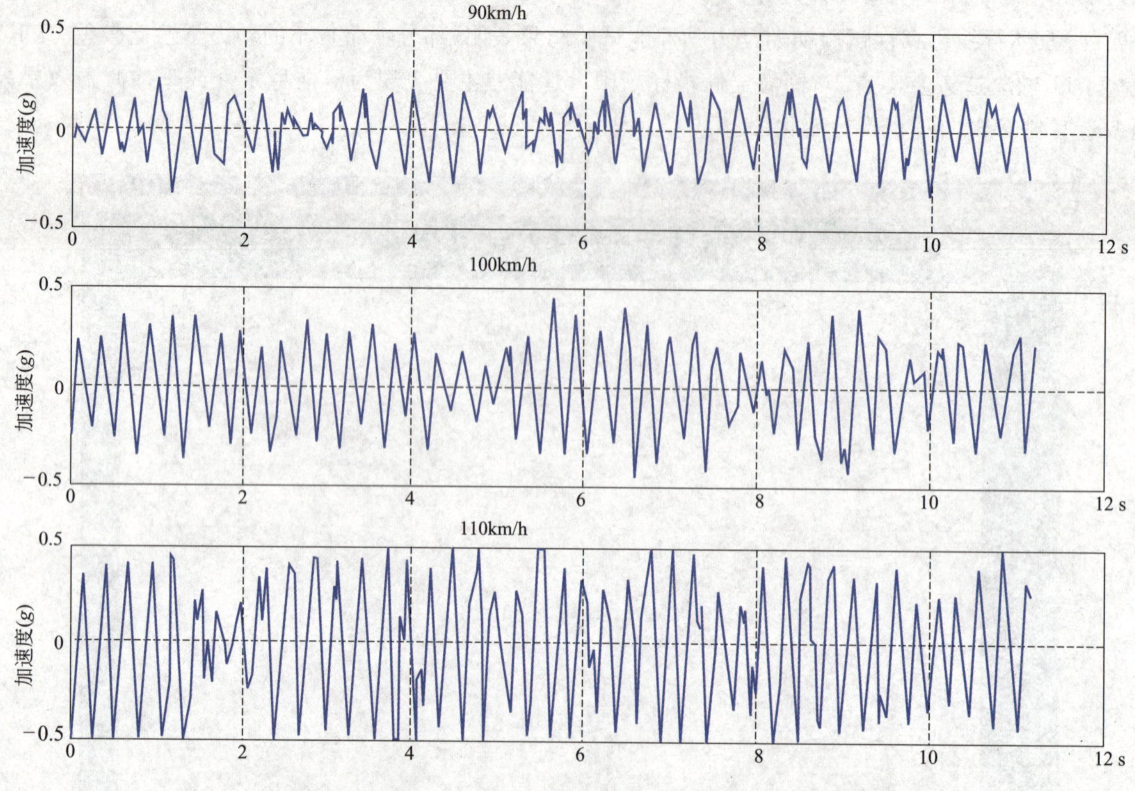

图 6-4　承载鞍的磨耗情况下 G_{70K} 6283954 空车车体振动加速度原始波形图

(2)装用转 K4、K5 型转向架铁路货车

装用转 K4 型转向架被试车导框摇动座固定块脱落及少数侧架导框导台承载鞍磨耗严重、侧架内倾呈“八字”是试验中出现的影响铁路货车正常运行的典型故障。在第一阶段可靠性试验中可靠性试验项目组与生产厂家共同对转 K4 转向架的此故障已进行了大量的试验研究，提出了将承载鞍顶部圆弧由原来的 R250 改为 R80，导框摇动座顶部圆弧由原来的 R125 改为 R70，以增加侧架的横向复原刚度，解决转向架侧架倾斜问题；导框振动座底面增加了 38×5 的凹槽，两侧面增加了 50×4 的凹槽，以保证导框摇动座与侧架良好接触，增加横、纵向定位能力。

(3)改进方案的可靠性运行里程考核

转 K2、转 K4、转 K5 改进方案装车运行至环行线可靠性试验结束，总运行里程为 12 万～16 万 km。各车都基本保持正常运行状态直到试验结束。总体上，各改进方案的参试铁路货车运行状态良好，改进方案达到了预期的目标。

4. 改进方案与铁路货车故障

图 6-5 列出了第二阶段可靠性试验前 5 个试验月度(每个月度约运行 3 万 km)的故障变化情况。第 2 月度基本上完成改进方案的装车工作。图 6-5 表明，第 2、3、4、5 试验月的故障发生较第 1 试验月明显下降。另外，承载鞍与侧架导框磨耗、承载鞍顶面磨耗等故障在第 4、第 5 月度检查中故障频次明显降低或没有发生，这说明了改进方案取得了明显的效果。

5. 动力学性能试验研究结果——末期动力学性能试验

(1)转 K2 提速改造车

在可靠性试验的初始动力学性能试验中，对个别动力学性能较差的改造车进行改进，其性能有了较大的提高，其他铁路货车在可靠性试验考核的定期检测过程中，对旁承的自由高尺寸及旁承滚子与上旁承磨耗板间隙进行了严格的组装质量控制，保证压缩量提供适当的回转阻力矩，从而保证铁路货车的动力学性能。从末期的动力学性能测试数据能说明这一点。图 6-6、图 6-7 分别显示了改造车初始试验和末期试验中动力学性能运行稳定性和运行平稳性的对比情况。

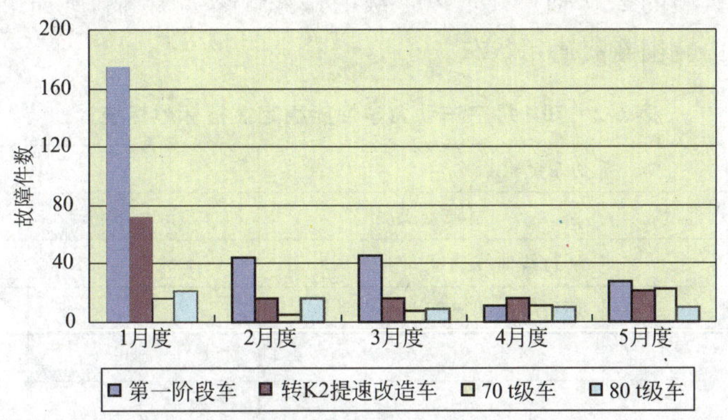

图 6-5 不同类型铁路货车故障(不计闸瓦)随试验月度的变化情况

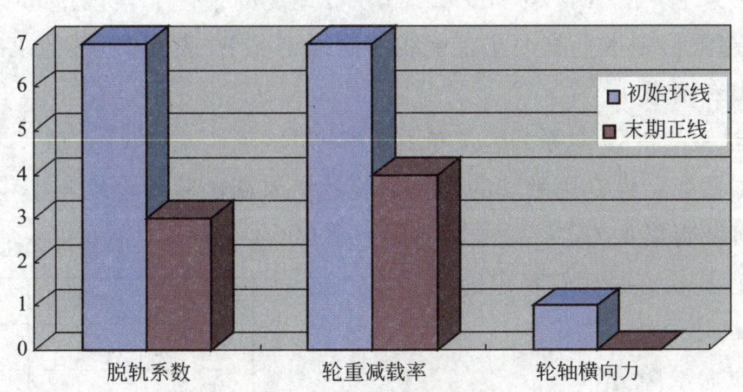

图 6-6 转 K2 提速改造车初始试验与末期试验运行稳定性指标超限对比图

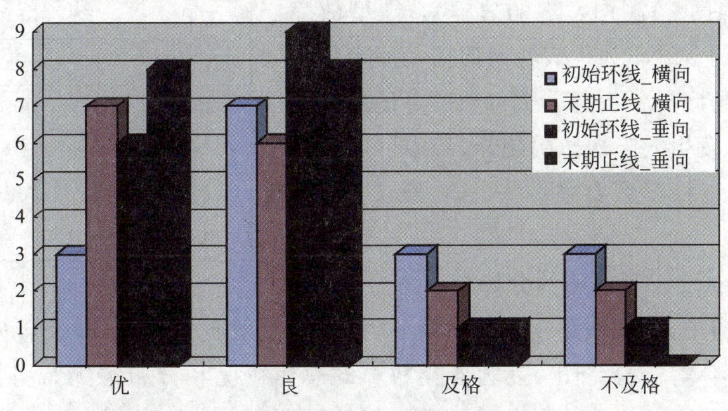

图 6-7 转 K2 提速改造车初始试验与末期试验运行平稳性指标超限对比图

试验结果表明，转 K2 提速改造车的改进效果显著。在可靠性试验的初始动力学性能试验中，转 K2 提速改造车的动力学性能较差。经过可靠性中间过程的改进试验研究，在可靠性试验初期反映出的问题得到了较好的解决，其动力学性能有了较大的提高。近 18 万 km 运行里程后的末期试验中改造车脱轨系数、轮重减载率和轮轴横向力等稳定性指标改善明显，没有出现任何蛇行失稳，垂向仍保持较好振动性能。

(2)第一阶段可靠性试验的铁路货车

第一阶段可靠性试验的铁路货车在环行线车辆检查的规则下，在第二阶段可靠性试验过程中及末期保持了较好的动力学性能，大部分铁路货车脱轨系数、轮重减载率、轮轴横向力均在安全限度以内，主要表现在速度较高的情况下，没有出现任何失稳，由此可见在第二阶段试验过程中对铁路货车在第一阶段试验中出现的典型故障的改进方案的效果是明显的，铁路货车的日常与定期检查方案也保障了正常运行状态。

(3)23 t 载重 70 t 级轴重铁路货车

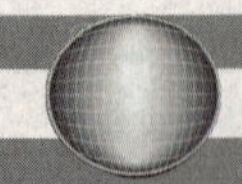

参加第二阶段可靠性试验的23 t轴重载重70 t级的铁路货车共16辆，参加第二阶段可靠性试验的70 t级参试铁路货车均为新造的我国新型通用货车。

表6-2 70 t级空车动力学性能稳定性指标超标统计

	初始试验		末期试验	
	超限点数量	超限点工况	超限点数量	超限点工况
脱轨系数	4	环行线曲线速度大于110 km/h	5	京承线曲线60～70 km/h
轮重减载率	大于10	环行线曲线速度80～130 km/h	0	—
轮轴横向力	0	—	0	—
超限车辆数	5		3	

试验结果表明，70 t级铁路货车具有良好的动力学性能，突出表现在速度较高的情况下，反映出了载重70 t级铁路货车的性能稳定性。在小于70～80 km/h较低速度的条件下，与初始试验相比脱轨系数、轮重减载率和轮轴横向力稍大，超限值基本上集中在京承线的曲线工况下(表6-2)，其他工况下性能较好。

(4)新型C_{80}系列运煤专用敞车

参加第二阶段可靠性试验的新型C_{80}系列运煤专用敞车共计3辆，C_{80B}型、C_{80AH}型、C_{80C}型车各1辆，均为重车。

总体上来看，新型C_{80}系列运煤专用敞车的初始试验还是末期试验稳定性与平稳性指标优良，具有良好的动力学性能。测试数据说明新型C_{80}系列运煤专用敞车经过近18万km的运行里程其状态是比较稳定的。

6.2.2.8 铁路货车故障统计分析

1. 第一阶段可靠性试验故障分布

参加第一阶段环行线可靠性试验的37辆车，共出现了38种不同类型故障，累计进行740次故障处理(包括制动试验、制动软管水压试验、轴承检测中发现的故障)。典型故障为以两辆运行状态不良的空罐车为代表转向架摇动座定位不良和转向架承载鞍与侧架间异常磨耗。表6-3是参试的21 t轴重、25 t轴重铁路货车发生故障次数的统计，从中可以看到罐车的总体车况较其他三种车型要差一些。C_{76}型、C_{80}型车故障发生次数较低。

表6-3 第一阶段可靠性试验铁路货车故障数统计

车型	轴重	故障总数	故障处理次数
敞车	21	46	30
棚车	21	42	30
平车	21	44	35
罐车	21	74	60
总计		206	155
C_{76H}型车	25	16	12
C_{76}型车	25	17	10
C_{80}型车	25	23	6
C_{80H}型车	25	5	1
总计		61	29

2. 第二阶段可靠性试验发现故障的分布

第二阶段可靠性试验中，参试铁路货车共出现60种不同类型质量故障，涉及转向架、空气制动、基础制动、钩缓、轮对及轴承、车体等部分。图6-8为各类故障的总体概况和分布情况。图6-9表明转向架的故障占参试车故障总数的54%；图6-9表明承载鞍与侧架间的异常磨耗占故障总数的比例较高，第二阶段可靠性试验对承载鞍与侧架间的异常磨耗、旁承故障等加强质量控制后效果良好。

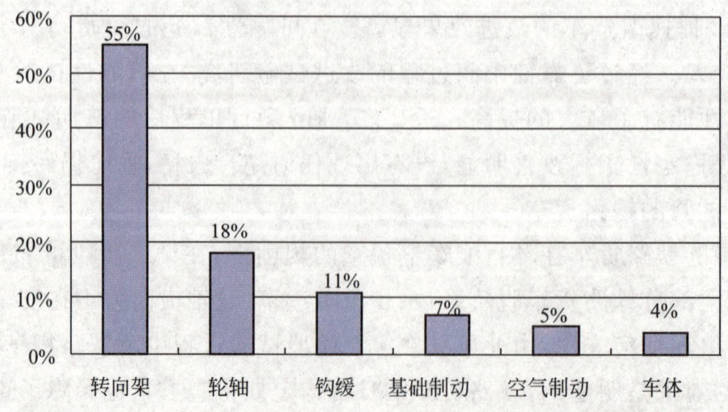

图6-8 第二阶段可靠性试验铁路货车各部分故障分布情况

表 6-4 是第二阶段可靠性试验中不同类型铁路货车故障统计，说明了不同类型车辆故障的分析情况，21 t 轴重铁路货车是参加完第一阶段 18 万 km 可靠性试验的铁路货车。故障检测表明，承载鞍与侧架导框磨耗、承载鞍顶面磨耗等典型故障在第 3 月度以后检查中频次明显降低或没有发生(每个月度运行约 3 万 km)，第 2 月度基本上完成改进方案的装车工作，这说明了改进方案取得了明显的效果。图 6-6 表明了第二阶段可靠性试验前 5 个试验月度的故障变化情况。

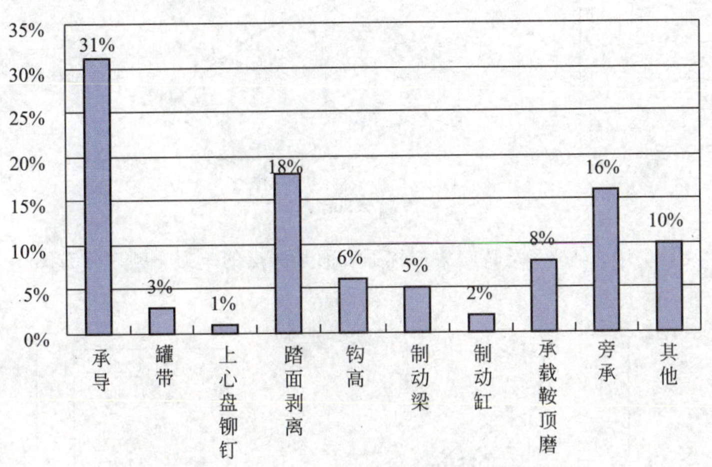

图中，“承导”：承载鞍与导框异常磨耗

图 6-9 第二阶段可靠性试验铁路货车主要故障分布情况

表 6-4 第二阶段可靠性试验故障分布与车型的关系

车辆类别	故障总数	故障处理次数	车辆类别	故障总数	故障处理次数
21 t 轴重车	316	175	80 t 级车	51	9
转 K2 提速改造车	158	102	总计	590	314
70 t 级车	65	28			

注：故障总数：铁路货车不同部位发生故障数之和，包括跟踪未处理故障；故障处理次数：不同部位已处理故障数之和。

6.2.2.9 *动应力测试及疲劳可靠性分析*

1. 动应力测试

铁路货车主要承载部件的动应力测试是进行疲劳可靠性分析的基础。整个可靠性试验共进行了 5 次动应力试验，分别为可靠性试验开始、参试铁路货车运行试验 9 万 km、18 万 km、27 万 km 和 35.2 万 km 左右后进行的动应力试验，累计进行 70 辆次的动应力试验。动应力测试的关键部件包括：转 K2、转 K4、转 K5 和 K6 型转向架的摇枕、侧架及制动梁，转 K2、K6 型转向架的交叉杆，转 K4、K5 型转向架的弹簧托板等。

2. 疲劳可靠性分析

(1)运行速度的影响

可靠性试验研究表明，无论是交叉支撑式转向架还是摆动式转向架，应力波动范围随运行速度的提高而增大。随运行速度的增长，应力波动范围变大、特别是高应力出现的频次明显提高。图 6-10 为不同运行速度下转 K6 型转向架摇枕下表面靠近弹簧支撑部位内侧点的应力—频率图。

(2)运行里程的影响

图 6-11、图 6-12 分别是转 K2 型交叉杆、转 K4 型转向架弹簧托板某测点在不同运行里程阶段的动应力测试结果。结果表明，两个测点不同阶段的应力谱测试结果相当，无明显的差异显示运行里程对动应力的影响规律。对摇枕、侧架等测点等效应力的分析也未发现随运行里程的增加动应力普遍变大的现象[8]，说明在铁路货车动力学性能稳定、线路条件确定、车辆结构部件未到疲劳破坏阶段时，动应力随铁路货车运行里程增加的变化不大。也就是车辆、运行线路、测试误差、试验编组、列车操纵等激励条件是稳定的，动应力的响应也是稳定的。

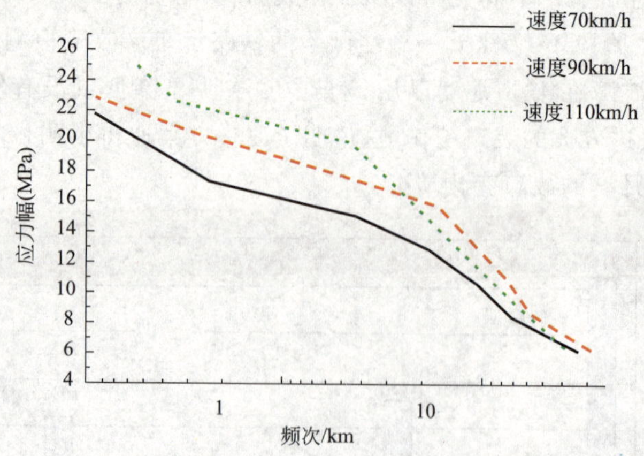

图 6-10　转 K6 型转向架摇枕下表面某测点的应力—频率分布图

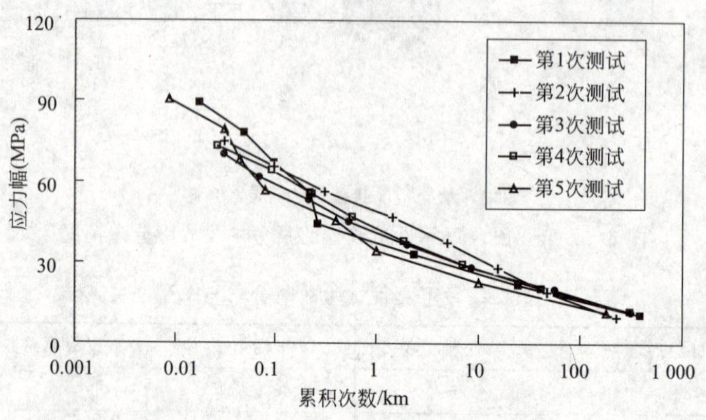

图 6-11　G_{70K} 6283955 交叉杆 3 号测点

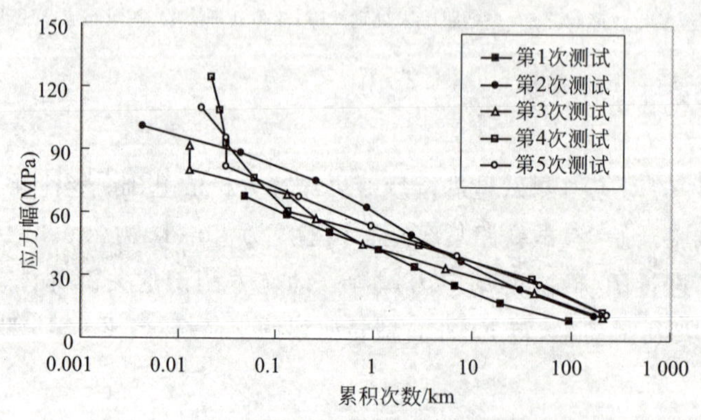

图 6-12　G_{70H} 6450100 弹簧托板圆弧 3 号测点

6.2.2.10　制动性能试验研究与结果

1. 环行道可靠性试验制动系统构成及试验内容

参试的铁路货车制动系统由 120 型空气控制阀、KZW-A 型空重车自动调整装置、ST2-250 型闸瓦间隙自动调整器、ϕ254×254 整体旋压密封式制动缸、新型高摩合成闸瓦等组成。部分改造车采用 ϕ356×254 制动缸。

试验内容包括初始状态检查，日常运用考核和月度检查(每两月进行一次月检)及 70 t、80 t 级铁路货车溜放试验。为了更全面地分析铁路货车的制动性能，制动性能分析中也包括大秦线的万吨列车制动试验。

2. 制动试验数据分析

(1)制动能力

通过在环行道进行的两次 C_{70} 型、C_{80} 型车的制动溜放试验及大秦线 C_{80} 万吨列车和大包线 C_{70} 万吨列车的紧急制动试验表明：

①定压 500 kPa 时，制动初速 80 km/h，C_{70} 型万吨列车的紧急制动距离 630 m 左右。而同样条件下 C_{80} 型万吨列车的紧急制动距离 740 m 左右。当定压改为 600 kPa 时，同样条件下制动距离缩短约 70 m 左右。

②定压 500 kPa 时，制动初速 90 km/h，C_{70} 型万吨列车的紧急制动距离 750 m 左右。而同样条件下 C_{80} 型万吨列车的紧急制动距离 910 m 左右。

③ 定压 500 kPa 时，制动初速 120 km/h，C_{70} 型万吨列车的紧急制动距离 1 400 m 左右。

而同样条件下 C_{80} 型万吨列车的紧急制动距离 1 600 m 左右。说明 C_{70} 型万吨列车的制动力大于 C_{80} 型万吨列车的制动力。

C_{70} 型万吨列车，制动初速 120 km/h，定压 500 kPa，紧急制动时基本可以满足 1 400 m 停车的要求。

C_{80} 型万吨列车，制动初速 90 km/h，定压 600 kPa，紧急制动距离为 850 m 左右。

(2)车轮状态

环行线可靠性试验中造成重车车轮损伤的原因与以下因素有关：(1)速度提高(120 km/h)；(2)轴重增加(由 21 t 增至 23～25 t)；(3)车轮、闸瓦生产质量；(4)一次制动停车车轮承担的制动功率较高。

一次制动停车中，车轮承担的制动功率过高的原因，除了运行速度提高(120 km/h)，制动距离要求严格(1 400 m)，致使重车制动率提高外，另一个原因是同一辆车的 8 个轮制动力分配不均。环行道可靠性试验的铁路货车中，同一个车使用的是同一个厂生产的车轮及同一个厂生产的闸瓦。而试验中很多铁路货车同一辆车 8 个轮的换瓦次数存在较大差异。图 6-13 和图 6-14 是车轮的损伤情况。

图 6-13 C_{70H}1500011-5 位车轮损伤情况

图 6-14 C_{80H}4390614-1 位车轮损伤情况

(3)万吨列车车钩力

大秦线1万吨 C_{80} 型列车及大包线1万t C_{70} 型列车运行试验结果表明:1万t C_{80} 型列车紧急制动时最大纵向车钩力为:平道1 160 kN;坡道1 518 kN。C_{70} 型列车坡道紧急制动时最大纵向车钩力为:1 747 kN。C_{80} 型列车常用全制动时最大纵向车钩力为:690 kN;长大下坡道循环制动调速时最大纵向车钩力一般小于670 kN。试验数据说明,现有的 C_{80} 型、C_{70} 型铁路货车制动系统可以满足开行1万t列车的需要;能够满足列车紧急制动时纵向车钩力小于2 500 kN;日常正常操纵运行时纵向车钩力小于1 000 kN的要求。

3. 试验结论

通过环行道载重70 t、80 t级铁路货车可靠性试验中的溜放试验和大秦线由 C_{80} 型系列铁路货车组成的万吨列车及大包线由 C_{70} 型系列铁路货车组成的万吨列车的运行试验证明:

(1)载重70 t级货车编组的1万t列车,制动初速120 km/h,定压500 kPa,紧急制动时基本可以满足1 400 m停车的要求。载重80 t级铁路货车编组的1万t列车,制动初速120 km/h,定压500 kPa,紧急制动时制动距离为1 600 m左右。制动初速90 km/h,定压600 kPa,紧急制动距离为840 m左右。

(2)大秦线1万吨 C_{80} 型列车及大包线1万吨 C_{70} 型列车运行试验结果说明,现有的 C_{80} 型、C_{70} 型铁路货车制动系统配置基本可以满足开行1万吨列车的需要。能够满足列车紧急制动时纵向车钩力小于2 500 kN;日常正常操纵调速时纵向车钩力小于1 000 kN的要求。

(3)环行线可靠性试验结束时的载重70 t、80 t级铁路货车车轮状态说明,列车一次停车制动时,由于铁路货车轴重增加,设计制动率较高及各车轮制动力分配不均,使车轮承担的制动功率较大,是加快车轮损伤的原因之一。

(4)环行线可靠性试验说明现有载重70 t、80 t级铁路货车制动系统中各部件基本性能可靠。但也存在以下一些问题:

①空重车自动调整装置的传感阀安装在铁路货车中梁部位,此安装方式利于防盗但不利于列检人员对传感阀进行观察及调整,致使试验中部分铁路货车制动缸压力超差。

②试验中部分铁路货车制动缸出现故障,原因是制动缸设计及检修质量问题,运用中将可能造成"制动不良"、"缓解不良"。

③试验中一些铁路货车发生副风缸支管裂,法兰接头开焊等现象。对铁路货车管系连接设计应深入研究。

6.2.2.11 可靠性试验总结论

铁路货车(环行线)可靠性试验不但是对我国铁路货车运行安全可靠性的严格的考核与评价,而且是对铁路货车运行安全可靠性不断改进提高的试验研究过程。试验结果表明,我国的提速重载铁路货车经受住了这样一个长时间、长距离、高速度条件下的考验,并表现出了优良的运行安全性能。可以概括为以下几点:

(1)新造和提速改造的120 km/h提速铁路货车在满足制造技术要求、符合《铁路货车运用维修规程》、《120 km/h提速货车运用技术条件》和相应线路条件要求下,能够满足120 km/h提速运行的要求,总体上具有较好的运行稳定性和运行平稳性。

(2)可靠性试验的运行考核和末期动力学性能试验结果表明:在可靠性试验期间针对参试铁路货车出现的典型故障和提速改造车空车动力学性能不良而实施的改进措施是有效的,改进方案也合理可行,提高了铁路货车运用安全可靠性水平。

(3)根据可靠性试验运行考核结果和一系列动力学性能试验研究结果制定的120 km/h提速铁路货车运用技术条件合理、可行,能够满足120 km/h运行安全的要求。

(4)可靠性试验的效果显著,交叉杆支撑转向架减振装置的改进、摆式转向架摇动座和旁承结构形式的改造、罐车卡带结构的改进,以及制定的《120 km/h提速货车运用技术条件》等成果都已推广应用,效果良好。

(5)在可靠性试验中,重车的动力学性能优于空车的,但重车反映出了车轮踏面损伤的一系列问题。另外,由于货车速度和轴重的提高,对钢轨的损伤也加大。提速与重载后铁路货车的轮轨损伤仍是今后重点研究的问题之一。

(6)铁路货车质量控制是一个永恒的主题。严格控制铁路货车的造修及重要配件质量,强化车辆配件入厂入段检查与验收。可靠性试验结果表明，铁路货车在满足其制造、改造要求和相应的技术条件下，状态良好的车辆运行安全性是有保障的，并且具有较好的可靠性。

6.3 列车综合提速试验

6.3.1 试验评价方法

在列车综合试验中对于被测试铁路货车的动力学性能试验数据处理方法和评判仍参照GB/T 5599—1985《铁道车辆动力学性能试验及鉴定规范》和铁道部审查并批准的试验大纲执行。GB/T 5599—1985《铁道车辆动力学性能试验及鉴定规范》规定的轮重减载率是在车辆通过小曲线时测试，而综合试验中线路一般直线或大曲线，考虑到参试的铁路货车为运用车辆和综合试验的特定条件，试验大纲对轮重减载率规定如下：

$$\frac{\Delta P}{\overline{P}} \leqslant 0.65(\text{准静态}) \qquad \frac{\Delta P}{\overline{P}} \leqslant 0.80(\text{动态}) \tag{6-4}$$

式中 ΔP——轮重减载量(kN)；

$\overline{P}$——减载和增载侧车轮的平均轮重(kN)。

间断式测力轮对连续两个峰值减载。

6.3.2 综合提速试验范例

铁路货车在2004年～2005年两年参加的典型的综合提速试验主要有：

1. 2004年9月在胶新线的沂水—临沂北三个区间进行的“胶新线120 km/h货物列车提速综合试验”；

2. 2005年4月在京秦线玉田县—丰润间进行的“提速200 km/h列车交会综合试验(120 km/h货物列车)”；

3. 2005年5月在遂(宁)渝(重庆)线进行的“200 km/h旅客列车、120 km/h货物列车和双层集装箱列车的提速综合试验”；

4. 2005年8月在陇海线通安驿至鸳鸯镇间进行的“23 t轴重70 t级货车综合性能提速综合性能试验”。

通过对试验中铁路货车的动力学性能测试，获得了大量的提速铁路货车正线运行120 km/h，甚至130 km/h的动力学性能数据。这些数据较为充分地反映了我国提速120 km/h铁路货车在不同线路条件下、不同运行工况下的性能特点。

6.3.2.1 试验概况

参加四次综合提速试验的铁路货车有环行线第一阶段可靠性试验的铁路货车、随机扣的运用铁路货车和新造的载重70 t级新型铁路货车，如表6-5所示。

表6-5 四次提速综合试验铁路货车动力学试验车条件

试验名称	胶新线120 km/h货车综合试验	京秦列车交会综合试验	遂渝线120 km/h货车及双层集装箱车综合试验		载重70 t级23 t轴重货车综合试验
测试车型号	G_{70K}、G_{70H}	NX_{17BH}、NX_{17BK}	C_{64K}	X_{2H}	P_{70XY}、C_{70XY}(2辆)、C_{80XY}
测试车数量(辆)	2	2	4	2	4
测试车的位置	列尾	机次和列尾	列尾与机次	列尾与机次	列尾
测试车装载状态	分别为空、重车	全空车	2空2重	全重车(2300/2400)	全空车
测试车转向架型号	K2、K4	K2、K4	K2	K5	K6
测试车轴重(t)	21	21	21	25	23
试验列车编组数量	25	12	48	20	37
最高试验速度(km/h)	133.3	120.0	137.0	132.3	131.4
车辆技术状态	已运行18万km的可靠性试验车	已运行18万km的可靠性试验车	现场扣下的运用车辆		新造的新型车辆

6.3.2.2 试验结果分析

四次综合提速试验的动力学性能各项指标最大值的测试结果如表 6-6 所示，总体上四次综合提速试验的车辆均具有较好的运行安全性，但也存在一些问题，如部分铁路货车在速度较高时出现平稳性指标超标，运行平稳性变化差，将加剧转向架相关部件的磨耗，使得铁路货车的动力学性能逐步降低。在环行线进行的可靠性试验中对转向架相关部件的磨耗与铁路货车的动力学性能关系进行了试验研究，提出了相应解决措施和运用、检修技术条件[8]。

表 6-6 四次提速综合试验铁路货车动力学性能指标

试验名称		胶新线 提速综合试验		京秦线 列车交会综合试验	遂渝线 综合提速试验	载重 70 t 级 23 t 轴重 货车综合提速试验
车型		G_{70K}	G_{70H}	NX_{17BK}、NX_{17BH}	C_{64K}	C_{70XY}、P_{70XY}、C_{80XY}
轴重(t)		21	21	21	21	23
脱轨系数	重车	0.85(120 km/h)	0.69(90 km/h)	—	—	—
	空车	1.36(110 km/h)	0.83(130 km/h)	0.82(NX_{17BK},120 km/h)	0.77(130 km/h)	1.15(*R*600 m 曲线,90 km/h)
减载率	重车	0.51(125 km/h)	0.53(120 km/h)	—	0.51(130 km/h)	—
	空车	0.70(120 km/h)	0.74(130 km/h)	0.57(NX_{17BK},120 km/h)	0.73(130 km/h)	0.78(直岔,110 km/h)
横向力(kN)	重车	79.62(120 km/h)	69.62(120 km/h)	—	58.52(130 km/h)	—
	空车	36.93(120 km/h)	33.80(110 km/h)	31.78 kN(NX_{17BK},120 km/h)	30.08(130 km/h)	34.14 kN(直岔,100 km/h)
横向加速度(*g*)	重车	1.02(120 km/h)	0.61(125 km/h)	—	0.49(120、130 km/h)	
	空车	0.76(120 km/h)	0.45(130 km/h)	0.41(NX_{17BK},120 km/h)	—	0.37(直岔,110 km/h)
横向平稳性	重车	4.37(125 km/h)	4.35(125 km/h)	—	—	
	空车	4.81(120 km/h)	4.35(130 km/h)	3.96(NX_{17BK},120 km/h)	4.64(120、130 km/h)	3.36(直岔,130 km/h)
垂向加速度(*g*)	重车	0.96(120 km/h)	0.84(90 km/h)	—	0.96(120、130 km/h)	
	空车	0.84(120 km/h)	0.56(120 km/h)	0.73(NX_{17BK},120 km/h)	—	0.54(直岔,130 km/h)
垂向平稳性	重车	3.92(120 km/h)	3.76(100 km/h)	—	4.09(120、130 km/h)	
	空车	3.88(130 km/h)	3.79(120 km/h)	3.89(NX_{17BK},100 km/h)	—	3.71(直岔,130 km/h)

1. 胶新线提速试验铁路货车动力学性能分析

(1)运行稳定性(安全性)

被测试的两辆罐车在重车工况下均出现随着速度的增加，脱轨系数、减载率、横向力缓慢增加，但都在安全限度以内。当速度增加到 120 km/h 时各指标基本上达到最大值。被测试的两辆车为环行线可靠性试验已运行完 18 万 km 的铁路货车。试验结果表明：重车工况下被测试车具有较优良的运行稳定性、安全性。

空车工况下，部分稳定性指标超出了限度值，120 km/h 速度范围内脱轨系数随速度增长比较明显。从图 6-15 可以看出，超限点集中在公里标 K160～K185，而且上行和下行基本一致。这表明测试车辆的振动性能受线路的影响较大。

(2)运行平稳性

由表 6-6 可以看出，被测试铁路货车在重车试验运行中，车体横向、垂向加速度不同幅度地超过了限度值。这是在车辆直向通过道岔或在轨接头时对线路瞬间冲击的响应。这种响应对铁路货车的平稳性没有明显影响，但车辆的振动加速度比较大，长时间会对铁路货车的轴承造成影响。

空重车的横向平稳性指标。当速度超过 120 km/h 时，出现了不同程度的超标。从波形看主要是速度比较高时横向加速度出现了比较明显的低频振动，这种低频振动没有出现持续的等幅振动(图 6-16)，也没有发散的迹象，不会影响到铁路货车的总体运行平稳性。但是这种等幅的低频振动随着运行里程的增加会加剧铁路货车摩擦件的磨耗，从而影响动力学性能及运用可靠性。

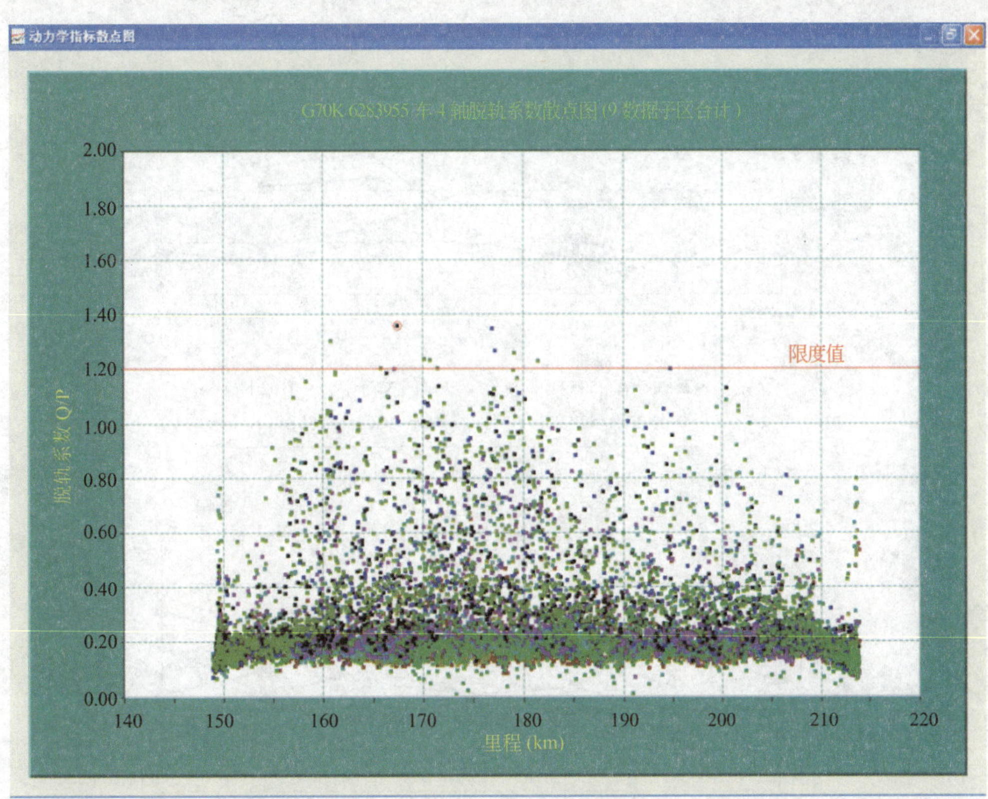

图 6-15 G_{70K} 6283955 车 4 轴脱轨系数随里程变化散点图

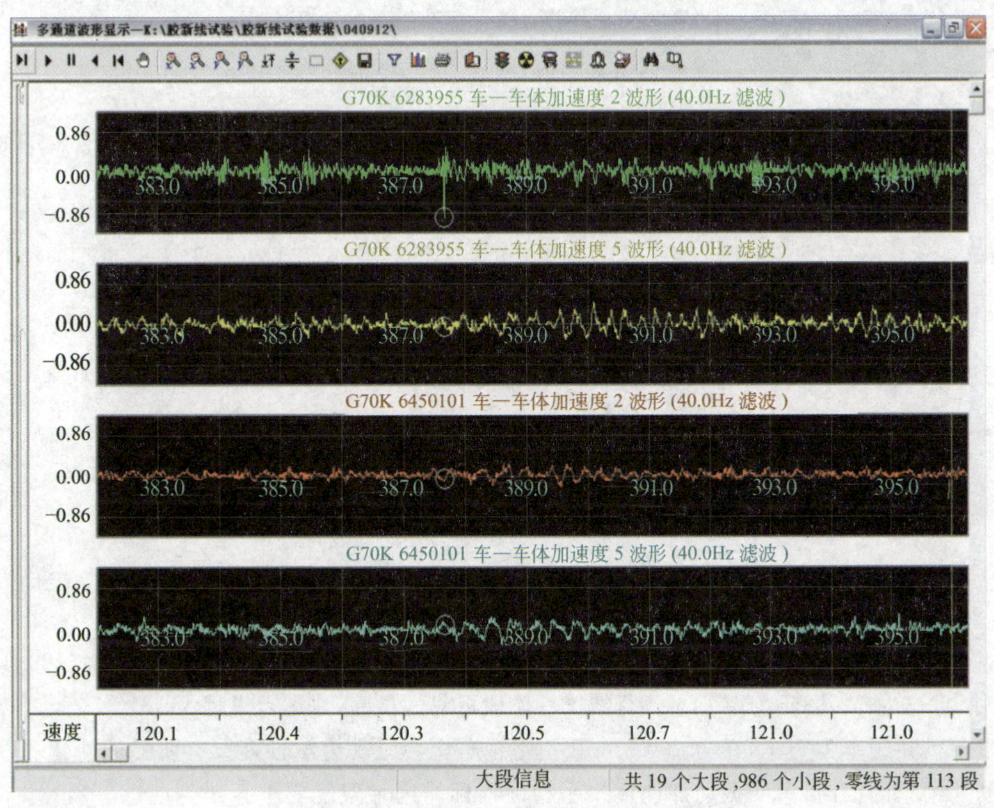

(四个波形分别代表所测四个横向加速度测点)

图 6-16 垂向加速度直向通过道岔波形

2. 京秦线交会试验货车动力学性能分析

图 6-17、图 6-18、图 6-19 分别为两辆空共用车的脱轨系数、轮重减载率和轮轴横向力的变化图。

测试结果表明:

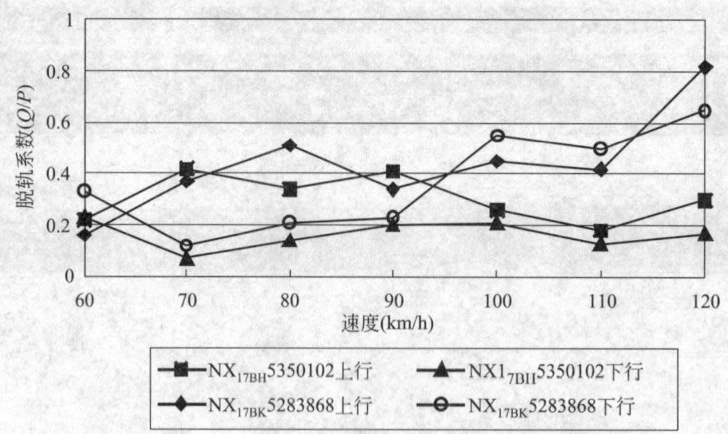

图 6-17　京秦交会试验共用车(空车)脱轨系数

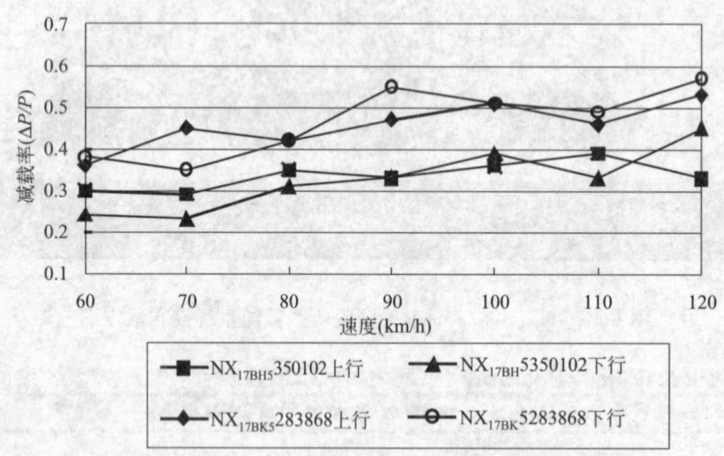

图 6-18　京秦交会试验共用车(空车)减载率

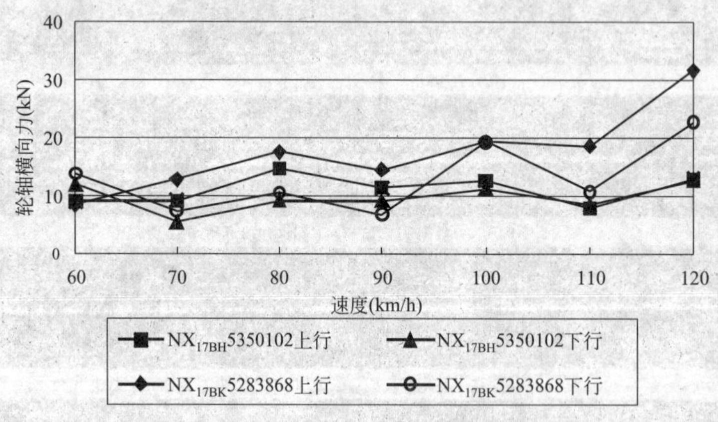

图 6-19　京秦交会试验共用车(空车)轮轴横向力

(1)被测试的两辆车的稳定性指标均在安全限度以内,当速度大于 110 km/h 时,NX_{17BK} 5283868 的稳定性指标增加较快。NX_{17BK} 5283868 车参加了环行线第一阶段可靠性试验,总运行里程为 181 475 km 未进行检修。

(2)由于两辆共用车为空车,在与 200 km/h 铁路客车交会时动力学性能没有明显的变化。

(3)两辆共用车的横向、垂向振动加速度及平稳性指标均满足限度要求。

3. 遂渝线综合提速试验铁路货车动力学性能分析

(1)运行稳定性

图 6-20、图 6-21 和图 6-22 分别为 4 辆被测试铁路货车脱轨系数、轮重减载率、轮轴横向力随着速度的变化图。由图可看出空重车的脱轨系数、轮重减载率、轮轴横向力随着速度增加变化平稳,均在安全限度以内。当速度大于 100 km/h 时各指标的增加趋势变大。

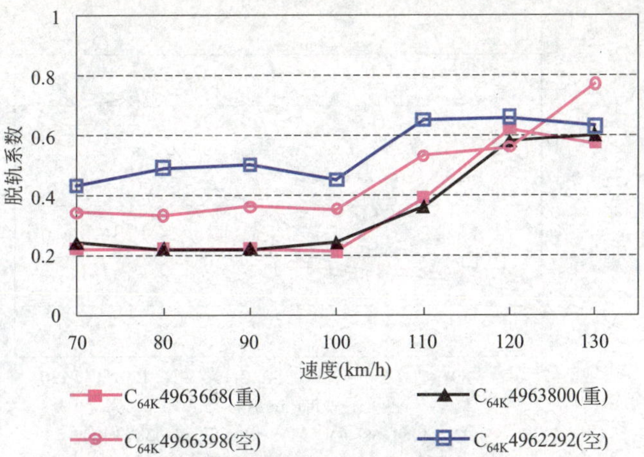

图 6-20　遂渝线试验 C_{64K} 型车脱轨系数随速度变化图

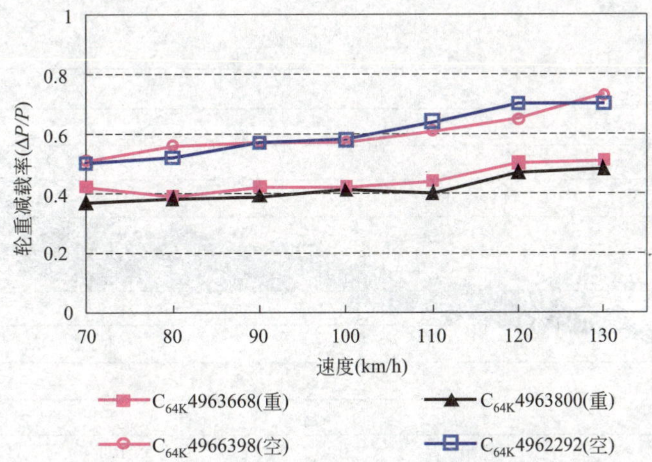

图 6-21　遂渝线试验 C_{64K} 型车减载率随速度变化图

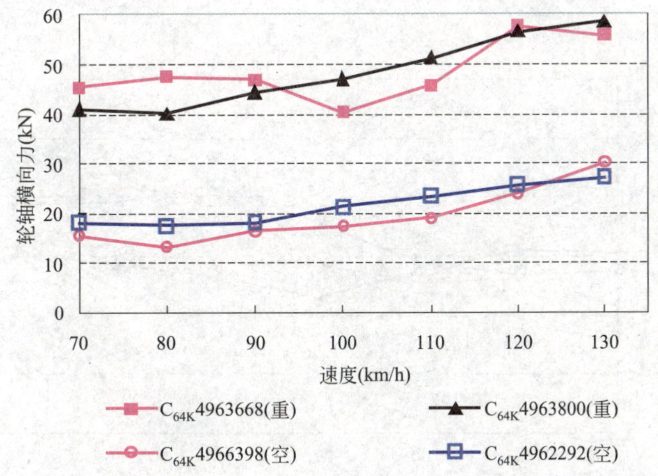

图 6-22　遂渝线试验 C_{64K} 型车轮轴横向力随速度变化图

(2)运行平稳性

被测试的四辆敞车在运行中车体横向平稳性指标有三辆出现不同程度的超限，超限值均出现在直线 120 km/h 和 130 km/h，在 110 km/h 及以下速度级均能满足限度要求。两辆重车的横向平稳性在 120 km/h 时达到最大值，见图 6-23、图 6-24；两辆空车的横向平稳性随着速度的增加有明显的增加，垂向平稳性指标变化平稳，无超限度现象，见图 6-25。

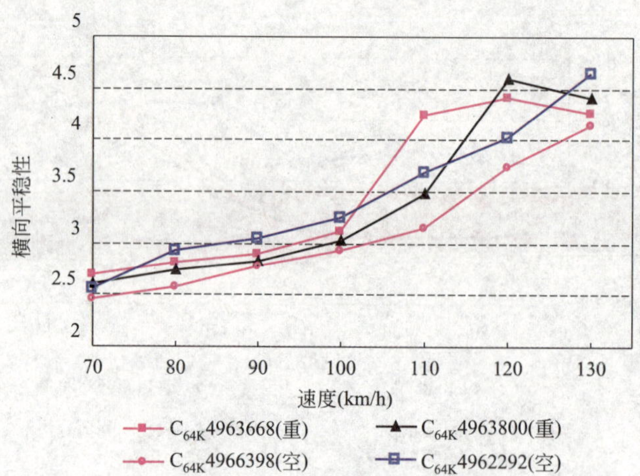

图 6-23　遂渝线试验 C_{64K} 型车横向平稳性指标随速度变化图

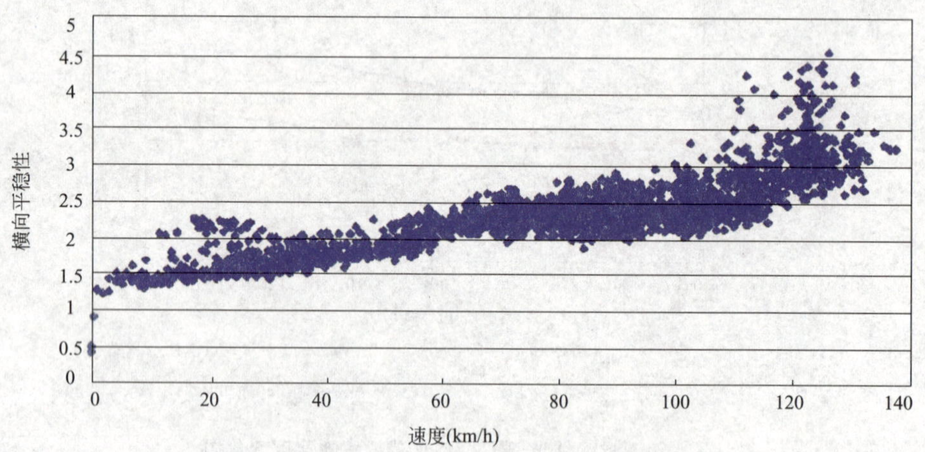

图 6-24　C_{64K} 4963668 车车体横向平稳性随速度变化图

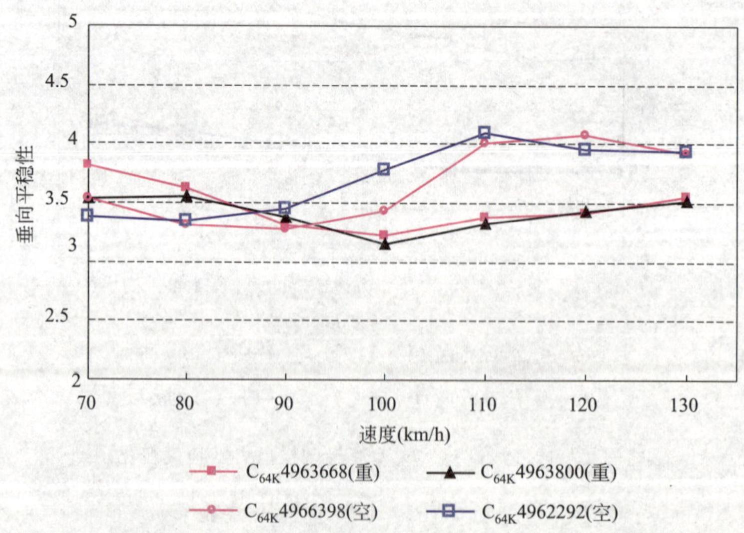

图 6-25　遂渝线试验 C_{64K} 型车垂向平稳性指标随速度变化图

从波形看主要是当速度比较高时横向出现了比较明显的低频振动(2.5 Hz 左右)，这种低频振动没有影响到铁路货车的运行安全性，但是横向平稳性随着速度的提高有明显增加的趋势。

4. 陇海线综合提速试验载重 70 t 级铁路货车动力学性能分析

(1)运行稳定性

表 6-7 列出了陇海线载重 70 t 级铁路货车综合试验动力学性能稳定性指标最大值及发生的工况。测试结果表明,4 辆被测试铁路货车在所测试的速度级内具有良好的运行稳定性和曲线通过能力。脱轨系数最大值出现在 90 km/h 速度级通过 $R600$ 曲线工况下,轮重减载率和轮轴横向力一般出现在直岔工况下。这说明最大值的出现与线路工况有很大关系。

表 6-7 陇海线载重 70 t 级铁路货车综合试验测试车动力学稳定性指标及发生工况

车型	P_{70XY}0001	C_{70XY}0011	C_{70XY}0006	G_{80XY}0001
脱轨系数	1.07 R600,90 km/h	1.06 R600,90 km/h	1.15 R600,90 km/h	1.02 R600,70 km/h
轮重减载率	0.78 直岔,110 km/h	0.68 R1000,130 km/h	0.61 直岔,120 km/h	0.63 直岔,120 km/h
轮轴横向力	34.14 kN 直岔,100 km/h	29.23 kN 直岔,100 km/h	27.15 kN 直岔,110 km/h	25.28 kN 直岔,110 km/h

(2)运行平稳性

表 6-8 列出了陇海线 70 t 级货车综合试验动力学性能平稳性指标最大值及发生的工况。测试结果表明,4 辆被测试铁路货车在所测试的速度级内振动平稳,并具有优良的运行平稳性。振动加速度和平稳性指标的最大值一般出现在直岔工况,这是因为直岔工况相对于直线和曲线工况是一种比较明显的激扰,这种激扰使得铁路货车出现相应的振动。从原始波形上看这种振动很快衰减或消失,没有影响到铁路货车的整体运行平稳性(图 6-26)。

表 6-8 陇海线载重 70 t 级铁路货车综合试验测试车动力学平稳性指标及发生工况

车型车号	P_{70XY}0001	C_{70XY}0011	C_{70XY}0006	G_{80XY}0001
横向加速度 (g)	0.37 直岔,110 km/h	0.32 直线,130 km/h	0.37 直岔,90 km/h	0.35 直岔,130 km/h
横向平稳性	3.36 直岔,130 km/h	3.24 直岔,130 km/h	3.26 直线,90 km/h	3.34 R600,80 km/h
垂向加速度 (g)	0.50 R1000,110 km/h	0.43 直岔,110 km/h	0.44 R1000,130 km/h	0.54 直岔,130 km/h
垂向平稳性	3.62 直岔,130 km/h	3.59 直岔,130 km/h	3.54 直岔,130 km/h	3.71 直岔,130 km/h

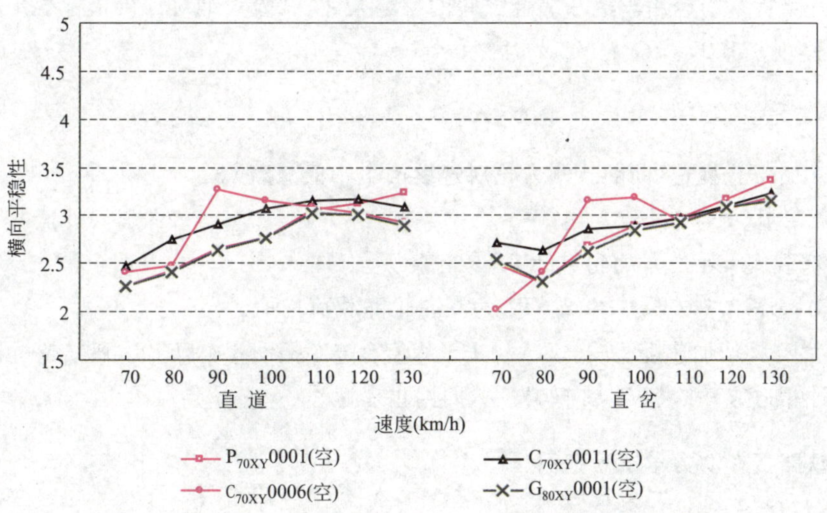

图 6-26 陇海线综合提速度铁路货车空车横向平稳性最大值随速度变化图

6.3.2.3　列车提速试验小结

由于每次综合试验动力学性能监测铁路货车的车型和状态不尽相同，试验线路状态也不一样，很难对一些指标进行量化的横向比较，也很难找出某些影响因素与动力学性能之间的内在关系，比如轴重、动力学性能的关系等。但通过四次重大提速综合试验中 120 km/h 铁路货车的动力学性能测试，比较充分地反映了我国提速 120 km/h 铁路货车在不同线路工况下、不同装载工况下，在正线上以最高 120 km/h 运行的动力学性能总体情况。总体上讲，四次提速综合试验对参试铁路货车的监测，保证了试验列车的运行安全，达到了试验目的。

1. 综合提速试验中，只是对部分参试铁路货车进行动力学性能监测。在这部分铁路货车中已反映出了一些问题，虽直接影响到运行安全性，但随着运行里程的增加将会加剧磨耗。

2. 运用车辆或运行一定里程的铁路货车的动力学性能相差比较大。主要表现为空车工况下铁路货车的动力学性能较差，动力学性能下降，出现部分安全性指标超限，对线路的适应性降低，应加强检查和检修，重车工况下具有相对较好的动力学性能。

3. 各动力学指标随速度的增加逐步增加，在 100 km/h、110 km/h 以下变化比较平缓，动力学性能指标基本上都在限度以内；在 110 km/h 及以上速度时，动力学性能变化较大，部分动力学性能指标上升趋势明显。

4. 在铁路货车通过轨接头、道岔等具有冲击激扰的工况下垂向加速度偏大，这种情况是个瞬态过程，作用时间小于 0.05 s，不会直接对试验铁路货车的运行安全性构成影响，然而长时间的冲击会对轴承和车辆的其他主要部件的寿命造成影响。

5. 线路状态对车辆的动力学性能有较为明显的影响。胶新线试验时超限点集中在公里标 K160～K185 之间，其他试验线路区段基本上没有超限点，而且上行和下行基本一致。陇海线载重 23 t 轴重载重 70 t 级铁路货车试验中，各车的脱轨系数最大值基本都集中在 $R600$ 的同一个曲线上。线路状态对铁路货车动力学性能的影响在速度较高时(120 km/h)表现得比较突出。

6.4　联调联试铁路货车动力学试验

6.4.1　试验评价方法

在客运专线的联调联试试验中，被测试铁路货车的动力学性能试验数据处理和评判方法仍按照 GB/T 5599—1985《铁道车辆动力学性能试验及鉴定规范》进行。GB/T 5599—1985《铁道车辆动力学性能试验及鉴定规范》规定的轮重减载率是在铁路货车通过小曲线时测试，而联调联试中的试验线路一般是直线或大曲线，考虑到参试的铁路货车为运用车辆和综合试验的特定条件，试验大纲对评价指标规定如下：

(1)脱轨系数：$Q/P \leqslant 1.2$，当 $Q/P > 1.2$ 时停止提速。

(2)轮重减载率：$\frac{\Delta P}{\overline{P}} \leqslant 0.80$

当 $\Delta P/\overline{P} > 0.8$ 时停止提速(间断式测力轮对连续两个峰值减载)。

ΔP——轮重减载量(kN)；

$\overline{P}$——减载和增载侧车轮的平均轮重(kN)。

(3)轮轴横向力：$H \leqslant 0.85(15 + P_0/2)$，$P_0$ 为左右轮静载荷均值。

(4)横向稳定性：当构架加速度滤波 0.5～10 Hz、峰值有连续振动 6 次以上达到或超过极限值 8～10 m/s^2(与转向架构架设计相适应)时，判定转向架失稳，即停止提速。

6.4.2　联调联试铁路货车动力学试验范例

近年来，铁路货车参加的客运专线联调联试有合宁线合肥至南京、石太线石家庄至太原、合武线合肥至武汉试验。在联调联试试验中，铁路货物列车为线路、道岔、桥梁等专业的测试提供负载。铁路货车的动力学性能测试一方面对参与试验的铁路货物列车的运行安全性进行测试,一方面测试铁路货车对不同线路的动力学性能的适应性,同时也为地面的线路及桥梁测试提供相应的数据。

6.4.2.1 试验概况

1. 试验线路

(1)合宁线,位于沪汉蓉快速通道的东段,肥东(K1084+630)—永宁站(K996+200),全长 110.3 km。限制坡度 6‰,最小曲线半径 4 500 m,到发线有效长度 850 m、预留 1 050 m,正线线间距 4.6 m。

(2)石太线,正线长度 189.93 km,第一阶段在获鹿—太原东区段进行,第二阶段在石家庄—太原全线拉通试验。最小曲线半径 5 000 m。最大坡度:上行限制坡度 13.5‰,下行最大坡度 18‰。

(3)合武线,正线全长 359.361 km,大坡度一般地段 6‰,正线最小曲线半径 4 500 m,到发线有效长度 850 m,正线线间距 4.6 m。第一阶段为湖北段,汉口—墩义堂;第二阶段为安徽段,三河—合肥;第三阶段为全线拉通,武汉—合肥。

2. 试验列车编组

(1)合宁线:HXD_3 型电力机车+重车 15 辆+空车 13 辆+试验车+空车 2 辆(加装测力轮对)+HXD_3 型电力机车。

(2)石太线:采用 25 t 轴重,空重混编。HXD_3 型电力机车+12 辆 C_{80} 系列铁路货车(重车)+13 辆 C_{70} 型铁路货车+2 辆 C_{70} 型铁路货车(空车,加装测力轮对)+试验车+HXD_3 型电力机车。

(3)合武线:HXD_3 型电力机车+12 辆 C_{80} 系列铁路货车(重车)+1 辆焦炭敞车(超出车帮装载)+1 辆煤炭敞车(超出车帮装载)+1 辆煤炭敞车(超出车帮装载+喷洒抑尘剂)+1 辆 C_{70} 型篷布敞车(超车帮、有网 D 型篷布)+1 辆 C_{70} 型篷布敞车(超车帮、无网 D 型篷布)+1 辆带发电机的铁路客车(用作试验车)+1 辆 C_{70} 型篷布敞车(超车帮、有网有小张篷布)+2 辆双层集装箱车(下箱装载、上箱空载)+5 辆 C_{70} 型铁路货车(空车)+2 辆 C_{70} 型铁路货车(空车,加装测力轮对)+试验车+HXD_3 型电力机车。

3. 线况、里程及速度

三次铁路货车参与的联调联试的线路工况、运行里程及最高试验速度如表 6-9 所列。

表 6-9 三次铁路货车参与的联调联试线路工况、运行里程及最高试验概况

试验名称	试 验 线 路	最小曲线	动力学试验运行里程(km)	动力学最高试验速度(km/h)
合宁	肥东—永宁站	R1 600 m	110.3	130.7
石太	获鹿—太原东,石家庄—太原	R5 000 m	189.93	102
合武线	喻家线路所—墩义堂,长安集—墩义堂	R4 500 m	359.361	120

4. 试验铁路货车条件

根据联调联试试验大纲的要求参试的铁路货车均为现场扣下的运用铁路货车,一般为第一个段修期内的状态正常良好的铁路货车。具体车辆的基本状态见表 6-10。

表 6-10 三次参与联调联试试验的铁路货车动力学试验条件

试 验 名 称	合宁线	石太线	合武线	试 验 名 称	合宁线	石太线	合武线
测试车型号	C_{70}	C_{70}	C_{70}	测试车辆转向架型号	K6	K6	K6
测试车数量(辆)	2	2	2	测试车辆轴重(t)	23	23	23
测试车的位置	机次	列车中部	列尾	试验列车编组数量(辆)	33	21	31
测试车装载状态	空车	空、重车	空车				

6.4.2.2 试验结果分析

动力学性能各项指标最大值的测试结果如表 6-11 所示,从三次试验的测试结果来看,同一类型的车不同的试验线路,结果有明显的差别。合宁线曲线半径最小,而石太和合武线曲线半径则比较大,见表 6-9。下面就三个试验分别进行分析。

1. 合宁线

(1)上行线试验

上行线试验测试结果表明:C_{70}1559141、C_{70}1571281 车最大脱轨系数分别为 1.15(直岔、120 km/h)、1.02(直岔、120 km/h);轮重减载率分别为 0.62(直道、130 km/h)、0.72(*R*6 998、120 km/h);轮轴横向力分别为 44.59 kN(直岔、130 km/h)、28.30 kN(直岔、120 km/h)。两车的脱轨系数、轮重减载率均满足要求;C_{70}1571281 车的轮轴最大横向力小于限度值(36.83 kN)的要求。

上行线试验测试结果表明:C_{70}1559141、C_{70}1571281 车最大车体横向加速度分别为 4.32 m/s^2(直岔、130 km/h)、4.81 m/s^2(直岔、120 km/h);两车最大车体垂向加速度分别为 6.18 m/s^2(黄安站内直道、90km/h)、6.47 m/s^2(黄安站内直道、90 km/h);小于规定的 4.91 m/s^2 和 6.87 m/s^2 的限度值;两车的横向平稳性指标最大平均值分别为 3.95、4.04,分别属良和合格;垂向平稳性指标最大平均值分别为 3.23 和 3.19,均属于优级。

表 6-11　三次参与联调联试试验的铁路货车动力学性能最大值

试验名称		合宁线	石太线	合武线
车型		C_{70}	C_{70}	C_{70}
轴重(t)		23	23	23
脱轨系数	重车	—	0.56	—
	空车	1.15	0.96	0.53
减载率	重车	—	0.41	—
	空车	0.72	0.67	0.58
横向力(kN)	重车	—	81.68	—
	空车	44.59	24.5	23.36
横向加速度(*g*)	重车	—	0.26	—
	空车	4.81	0.41	—
横向平稳性(*W*)	重车	—	3.12	—
	空车	4.04	3.56	2.91
垂向加速度(*g*)	重车	—	0.43	—
	空车	6.47	0.47	—
垂向平稳性(*W*)	重车	—	3.46	—
	空车	3.23	3.09	3.49

(2)下行线试验

2008 年 1 月 27 日在合宁线下行线合肥—永宁镇间进行了 80 km/h、90 km/h、100 km/h 的正线运行试验,下行线最高试验速度 100.8 km/h。两辆测试车的稳定性和平稳性最大值列于表 6-12。

下行线试验测试结果表明:C_{70}1559141、C_{70}1571281 车最大脱轨系数分别为 0.64(直岔、80 km/h)、0.67(*R*5500 m、100 km/h);轮重减载率分别为 0.46(直道、90 km/h)、0.68(*R*7000 m、100 km/h);轮轴横向力分别为 22.69 kN(直岔、80 km/h)、21.38 kN(直岔、100 km/h)。两车的脱轨系数、轮重减载率均满足 GB/T 5599—1985 的要求;两车的轮轴最大横向力均小于限度值的要求。

表 6-12　合宁线下行线两车动力学指标最大值汇总表

动力学指标	C_{70}1559141	C_{70}1571281	
		1 轴	4 轴
脱轨系数 Q/P	0.64	0.49	0.67
减载率 $\Delta P/\overline{P}$	0.46	0.68	0.60
横向力(kN)	22.69	16.81	21.38
横向加速度(m/s^2)	2.16	1.96	2.55
横向平稳性指标	2.38	2.76	2.80
垂向加速度(m/s^2)	5.98	2.84	3.92
垂向平稳性指标	2.96	2.52	2.95
摇枕弹簧动挠度(mm)	4.36	5.71	3.59
侧架横向加速度(m/s^2)	2.45	2.26	2.84

表 6-13　石太线铁路货车测试数据

(阳泉北至获鹿,最高运行速度:82.2 km/h)

动力学指标	C_{70} 1574539(重车)		C_{70} 1599695(空车)	
	最大值	速度(km/h)	最大值	速度(km/h)
脱轨系数	0.49	72.4	0.47	73.5
减载率	0.38	73.5	0.51	68.7
横向力(kN)	80.1	72.4	17.42	72.3
横向加速度(*g*)	0.19	72.4	0.29	74.4
横向平稳性	2.77	74.4	2.88	74.4
垂向加速度(*g*)	0.25	72.3	0.37	70.4
垂向平稳性	2.79	71.1	2.70	72.3

下行线试验测试结果表明:C_{70}1559141、C_{70}1571281 车最大车体横向加速度分别为 2.16 m/s^2(直岔、80 km/h)、2.55 m/s^2(直岔、90 km/h);两车最大车体垂向加速度分别为 5.98 m/s^2(直岔、100 km/h)、3.92 m/s^2(直岔、80 km/h);分别小于 GB/T 5599—1985 所规定的 4.91 m/s^2 和 6.87 m/s^2 的限度值;两车的横向平稳性指标最大平均值分别为 2.38、2.80;垂向平稳性指标最大平均值分别为 2.96 和 2.95,两车的横向、垂向平稳性均属于优级。

2. 石太线

表 6-13、表 6-14、表 6-15 列出了石太线上行(测力轮对在第 1 轴)试验数据。从测试的整个数据来看,被测试两车的脱轨系数、轮重减载率、轮轴横向力均小于限度值;侧架横向加速度未出现峰值连续振动 6 次以上达到或超过极限值 8～10 m/s^2 情况,转向架未出现失稳现象;两车的横向、垂向平稳性均属于优良级。两车的运行稳定性和平稳性均满足评价标准的要求。

表 6-14 石太线铁路货车测试数据

(太原东至获鹿,最高运行速度:99.6 km/h)

动力学指标	C_{70} 1574539(重车)		C_{70} 1599695(空车)	
	最大值	速度(km/h)	最大值	速度(km/h)
脱轨系数	0.56	92.2	0.60	92.2
减载率	0.40	86.8	0.62	88.2
横向力(kN)	81.46	83.6	15.58	92.2
横向加速度(g)	0.26	92.2	0.37	92.2
横向平稳性	3.03	92.2	3.41	92.2
垂向加速度(g)	0.43	87.4	0.45	88.8
垂向平稳性	3.24	92.1	3.01	89.3

表 6-15 石太线铁路货车测试数据

(太原北至获鹿,最高运行速度:102.0 km/h)

动力学指标	C_{70} 1574539(重车)		C_{70} 1599695(空车)	
	最大值	速度(km/h)	最大值	速度(km/h)
脱轨系数	0.56	83.6	0.96	98.1
减载率	0.37	82.6	0.67	98.0
横向力(kN)	81.68	98.2	24.50	98.0
横向加速度(g)	0.24	98.2	0.41	98.0
横向平稳性	3.12	98.1	3.56	98.1
垂向加速度(g)	0.38	83.0	0.47	98
垂向平稳性	3.46	97.9	2.97	97

3. 合武线

(1)湖北段测试结果

表 6-16、表 6-17 分别为合武线湖北段试验联调联试试验和货车侧向通过 18 号道岔时的动力学性能指标最大值汇总表。试验结果表明,两被测试车的脱轨系数、轮重减载率、轮轴横向力均小于相应的限度值,满足标准的要求。转向架横向加速度未出现峰值连续振动 6 次以上达到或超过极限值 8～10 m/s^2 的情况,转向架未出现失稳。两车在所测试区段横向、垂向平稳性指标均小于 3.5,等级为优。

表 6-16 合武线湖北段被测试铁路货车动力学指标最大值汇总

动力学指标	C_{70}1574073(空车)	C_{70} 1602221(空车)	
	下行	上行	下行
脱轨系数 Q/P	0.49	0.44	0.53
减载率 $\Delta P/\overline{P}$	0.54	0.58	0.58
横向力(kN)	23.36	12.39	19.30
横向平稳性指标	2.73	2.65	2.91
垂向平稳性指标	3.23	2.90	3.49
侧架横向加速度(m/s^2)	1.67	5.00	2.75

表 6-17 合武线湖北段被测试铁路货车侧向通过 18 号道岔动力学指标最大值汇总

动力学指标	C_{70}1574073(空车)	C_{70}1602221(空车)	
	下行	1 轴	4 轴
脱轨系数 Q/P	0.84	0.65	0.80
减载率 $\Delta P/\overline{P}$	0.35	0.42	0.48
横向力(kN)	16.92	19.61	22.18
横向平稳性指标	2.47	2.52	2.53
垂向平稳性指标	2.50	2.78	2.44
侧架横向加速度(m/s^2)	1.86	2.26	2.94

(2)安徽段测试结果

表 6-18、表 6-19 分别为合武线安徽段试验联调联试试验和铁路货车侧向通过 18 号道岔时的动力学性能指标最大值汇总表。试验结果表明,被测试的两辆车的脱轨系数、轮重减载率、轮轴横向力均满足标准要求;构架横向加速度未出现峰值连续振动 6 次以上达到或超过极限值 8～10 m/s^2 情况,转向架未出现失稳。两车横向、垂向平稳性指标为优良水平。

在合武线联调联试过程中,也进行了动车组与铁路货物列车的交会试验,试验结果表明,铁路货物列车与动车组交会,对铁路货物列车的动力学性能无明显的影响。

表 6-18 合武线安徽段被测试铁路货车动力学指标最大值汇总

动力学指标	C_{70}1574073(空车)	C_{70} 1602221(空车)	
		上行	下行
脱轨系数 Q/P	0.68	0.65	1.04
减载率 $\Delta P/\overline{P}$	0.50	0.59	0.57
横向力(kN)	20.51	19.03	32.63
横向平稳性指标	3.43	3.26	3.56
垂向平稳性指标	3.09	3.16	3.53
侧架横向加速度(m/s^2)	2.55	3.04	2.94

表 6-19 合武线安徽段被测试铁路货车侧向通过 18 号道岔动力学指标最大值汇总

动力学指标	C_{70}1574073(空车)	C_{70}1602221(空车)	
		1 轴	2 轴
脱轨系数 Q/P	0.82	0.66	0.72
减载率 $\Delta P/\overline{P}$	0.42	0.42	0.50
横向力(kN)	17.94	27.11	23.65
横向平稳性指标	2.59	2.67	2.59
垂向平稳性指标	2.66	2.81	2.65
侧架横向加速度(m/s^2)	1.96	3.04	2.45

6.4.2.3 铁路货车动力学性能试验结论

1. 联调联试试验中被测试的铁路货车表现出了较好的运行稳定性和平稳性，脱轨系数、轮重减载率均满足国标的评价标准值的要求。

2. 在合武线联调联试试验过程中，通过实时测试货车的动力学性能，及时反馈货物试验列车的运行情况，保证了试验的顺利完成。

6.5 铁路客货车高速交会安全性试验

6.5.1 试验评价方法

在铁路客货车交会试验中，货车动力学性能的评价方法与标准按照 GB/T 5599—1985 进行。当轮重减载率 $\Delta P/\overline{P}>0.8$ 时停止提速(对于连续式测力轮对减载时间超过 0.01 s、间断式测力轮对连续两个峰值减载)。

6.5.2 铁路客货车高速交会安全性试验实例

铁路客货交会专项试验的试验内容一般包括铁路货车的运行安全性、列车交会时的气动力特性、铁路货车的装载加固特性等。在这里我们仅对交会试验中的铁路货车动力学性能(安全性)进行介绍。

2005 年以来，共进行了三次铁路客货车交会试验：

(1)2005 年 4 月进行的京秦线提速 200 km 列车交会试验

本次试验为提速 200 km/h 列车交会综合试验，参加交会试验的铁路货车为 21 t 轴重 120 km/h 的敞车和平车。测试不同装载及加固条件下铁路货车运行的安全性。试验结果表明，被测试的铁路货车在试验运行中运行稳定性、平稳性各指标均符合评价标准的要求，铁路货车运行平稳安全。

(2)2006 年 7 月进行的胶济线列车交会综合试验

2006 年 7 月 18 日～21 日在胶济线进行了线间距 4.4 m 条件下的列车交会试验。200 km/h CRH_2 型动车组分别与 80 km/h、100 km/h 、120 km/h 的铁路货物列车交会试验。参加交会试验的铁路货车有双层集装箱车、70 t 级车和 21 t 轴重车。

(3)2006 年 12 月进行的胶济线列车交会综合试验

2006 年 12 月 7 日～8 日在胶济线进行了线间距 4.4 m 条件下的列车交会试验。此次试验动车组的最高交会速度为 250 km/h，铁路货物列车最高交会速度为 120 km/h。

第一次胶济线交会试验是 120 km/h 铁路货车与 200 km/h 动车组进行交会；第二次胶济线交会试验是 120 km/h 铁路货车与 250 km/h 动车组进行交会。下面以胶济线这两次列车交会综合试验为例，简要介绍 120 km/h铁路货车和 200 km/h～250 km/h 动车组交会试验中铁路货车运行安全性的试验概况。

6.5.2.1　试验目的

整个交会试验的目的是试验验证在区间正线 4.4 m 线间距条件下，200 km/h～250 km/h 动车组与动车组交会时的气动性能，验证 200 km/h～250 km/h 动车组与 120 km/h 铁路货物列车交会时的货物稳定性、铁路货车运行安全性。通过试验，为既有线提速的技术改造和安全运行提供科学依据。

对铁路货车来讲，试验目的是在不同装载及加固条件下，试验 200 km/h～250 km/h 动车组与 120 km/h 的铁路货车在不同速度级交会时的运行安全性和平稳性。

6.5.2.2　试验概况

1. 试验线路

胶济线交会试验的试验线路为胶济线即墨站(K42+594)—高密站(K88+715)，全长 46.121 km。交会区段为 K54+000～K57+300、K62+000～K64+800 的直线段，线间距 4.4 m。即墨至高密间线路主要由直线和曲线(最小曲线半径为 R2800 m)组成。

2. 试验铁路货车及编组

(1)胶济线交会试验第一次(CRH$_2$ 型动车组 200 km/h)

试验动车组为 CRH$_2$ 型 001 号、002 号动车组。

试验铁路货车为 120 km/h 货车共 20 辆，其中 X_{2K}5400091(重箱)、X_{2K}5400087(空箱)、P_{70}3800157(空)为动力学性能测试铁路货车，两辆双层集装箱车测试运行稳定性(安全性)和运行平稳性，一辆 C_{64K}型重车、P_{70}型空车测试运行平稳性。

试验铁路货物列车由两台 SS$_{7E}$型电力机车牵引 33 辆铁路货车，采用推挽方式。货物列车牵引总重约 1 900 t，换长约 41。编组：机车+…+C_{64K} 4829746(原木重车)+空平+X_{2K} 5400091(重箱)+空平+SY997152(试验车)+空平+X_{2K}5400087(空箱)+空平+P_{70}3800157(空)+…。P_{70}3800157、X_{2K} 5400091、X_{2K} 5400087、C_{64K}4829746 是动力学性能测试铁路货车。表 6-20、表 6-21 是被测试铁路货车的基本技术参数和装载方案。图 6-27～图 6-30 为被测试车照片。

图 6-27　双层集装箱重车 X_{2K} 5400091

(胶济线第一次交会试验)

表 6-20　被测试铁路货车基本参数

车　型	转向架类型	自重(t)	载重(t)	换长	定距(mm)	轴距(mm)
P_{70}3800157	K6	24.6	70	1.6	12 100	1 830
X_{2K} 5400091	K6	21.9	78	1.8	15 666	1 830
X_{2K} 5400087	K6	21.9	78	1.8	15 666	1 830
C_{64K}4829746	K2	22.1	61	1.2	8 700	1 750

表 6-21 被测试铁路货车装载方案

被试铁路货车	编组车位(上行方向)	装载货物和重量	装载加固方案及要求
P_{70}3800157	28	空载	空车
X_{2K}5400091	22	包装货物，箱货总重 68 t	装载 2 个 20 英尺箱和一个 40 英尺箱，箱货总重心横向偏移 100 mm、纵向偏移量使铁路货车两转向架承重差为 10 t、重车重心高2 400 mm，其他按《加规》要求执行。
X_{2K} 5400087	26	空箱，三个箱重约为 8.36 t	装载 2 个 20 英尺空箱和一个 40 英尺空箱，集装箱无偏载。
C_{64K}4829746	20	原木，≤标重	按《加规》规定方案执行

图 6-28 双层集装箱空箱车 X_{2K} 5400087

(胶济线第一次交会试验)

图 6-29 装载原木的 C_{64K} 4829746 车(胶济线第一次交会试验)

(2)胶济线交会试验第二次(CRH$_2$ 型动车组 250 km/h)

试验列车编组：机车＋…＋X_{2K} 5400048＋NX_{17K} 5264170＋SY22997152＋N_{17AK} 5067296＋C_{70H} 1501169＋…机车。X_{2K} 5400048、C_{70H} 1501169 是动力学性能测试铁路货车。铁路货车试验编组总计 30 辆车(不包括机车)，其中铁科院试验车 1 辆，客车 1 辆。表 6-22 为动力学性能测试铁路货车的基本技术参数，图 6-31、图 6-32 是被测试的双层集装箱车和 C_{70} 型敞车的照片。

图 6-30 空棚车 P_{70} 3800157(胶济线第一次交会试验)

图 6-31 双层集装箱重车 X_{2K} 5400084
(胶济线第二次交会试验)

图 6-32 裸装煤炭敞车 C_{70H} 1501169
(胶济线第二次交会试验)

表 6-22　被测试铁路货车基本参数

车　　型	转向架类型	自重(t)	载重(t)	换长	定距(mm)	轴距(mm)
X_{2K}5400048	K6	21.9	78	1.8	15 666	1 830
C_{70H}1501169	K5	23.6	70	1.3	9 210	1 800

装载方案：X_{2K}5400048 车箱货总重心横向偏移 100 mm(正向时偏向左侧)、纵向偏移量使铁路货车正向前转向架较后转向架承重轻 10 t、重车重心高 2 400 mm。C_{70H}1501169 车装无遮盖煤炭。

3. 试验速度(表 6-23)

表 6-23　胶济线 120 km/h 铁路货物列车与 200～250 km/h 动车组交会试验速度

日　　期	天　　气	试验速度(km/h)	全程最高速度(km/h)	往返次数	交会速度(km/h)	
					铁路货车	动车组
7 月 20 日	阴	80	121.9	1	79.7	200
	阴	100		1	101.0	200
	阴	120		1	120.0	200
7 月 21 日	阴	120	123.2	1	120.0	205
	阴	120	122.6	1	120.0	210
12 月 7 日	小雨	80	124.5	1.5	120.0	220
		100		1.5	120.0	220
		120		2	120.0	220
12 月 8 日	晴	80	124.0	1.5	120.0	250
		100		1.5	120.0	250
		120		2	120.0	250

4. 测试内容

交会试验中货物列车运行安全性测试内容基本与其他类型试验中的动力学性能测试内容相同，测试内容主要包括两个方面，一是运行稳定性(安全性)，二是运行平稳性。具体如下：

(1)运行稳定性测试

安装测力轮对，测量轮轨垂向力、横向力，并计算脱轨系数、轮重减载率和轮轴横向力。

(2)运行平稳性测试

在铁路货车车体中梁下盖板上布置加速度传感器测量车体横向、垂向加速度，并计算横向、垂向平稳性指标。

(3)摇枕弹簧位移测试

在摇枕弹簧处布置位移传感器，测量摇枕弹簧垂向位移。

(4)其他辅助测试

在转向架侧架上或车体的其他部位布置加速度传感器，测试转向架或车体的振动性能。

6.5.2.3　试验结果分析

1. 胶济线第一次交会试验(CRH_2 型动车组 200 km/h)

2006 年 7 月 20 日至 21 日在即墨高密间各进行了 80 km/h、100 km/h 和 120 km/h 速度级的交会试验，其中铁路货物列车 80 km/h 和 100 km/h 各一个往返(CRH_2 型动车组为 200 km/h)，120 km/h 三个往返(CRH_2 型动车组速度分别为 200 km/h、205 km/h 和 210 km/h)。被测试的四辆铁路货车动力学性能指标最大值数据如表 6-24～表 6-27 所示。

从试验数据来看，整个试验过程中该车稳定性指标均满足 GB/T 5599—1985 的要求，整个试验过程中横向和垂向加速度分别小于相应的限度值；交会时的平稳性指标均属优级。交会时刻稳定性(安全性)和运行平稳性指标没有显著的变化，各指标的最大值基本上都出现在非交会区段。

表 6-24 X_{2K} 5400091 车交会试验动力学指标最大值汇总

速　度	80 km/h		100 km/h		120 km/h	
线　况	全程	交会	全程	交会	全程	交会
脱轨系数	0.18	0.06	0.11	0.08	0.44	0.21
轮重减载率	0.50	0.37	0.49	0.45	0.52	0.48
轮轴横向力(kN)	30.53	12.36	31.98	19.41	47.09	32.43
车体横向加速度(g)	0.19	0.08	0.21	0.14	0.36	0.25
车体横向平稳性	2.75	2.11	3.31	2.82	3.82	3.47
车体垂向加速度(g)	0.51	0.27	0.58	0.34	0.66	0.45
车体垂向平稳性	2.55	2.39	2.68	2.62	2.84	2.67
垂向动挠度(mm)	6.05	1.40	5.79	2.01	5.1	3.37

表 6-25 X_{2K} 5400087 车交会试验动力学指标最大值汇总

速　度	80 km/h		100 km/h		120 km/h	
线　况	全程	交会	全程	交会	全程	交会
脱轨系数	0.12	0.06	0.13	0.11	0.27	0.15
轮重减载率	0.48	0.32	0.52	0.45	0.57	0.48
轮轴横向力(kN)	9.47	6.79	13.48	10.40	16.81	12.08
车体横向加速度(g)	0.14	0.08	0.16	0.13	0.29	0.19
车体横向平稳性	2.63	2.25	3.12	2.76	3.76	3.19
车体垂向加速度(g)	0.31	0.21	0.39	0.26	0.45	0.30
车体垂向平稳性	2.93	2.76	2.72	2.72	2.97	2.82
垂向动挠度(mm)	2.55	1.09	3.32	2.09	4.17	3.29

表 6-26 C_{64K} 4829746 车交会试验动力学指标最大值汇总

速　度	80 km/h		100 km/h		120 km/h	
线　况	全程	交会	全程	交会	全程	交会
车体横向加速度(g)	0.09	0.06	0.10	0.05	0.14	0.10
车体横向平稳性	1.99	1.60	2.01	1.81	2.10	1.80
车体垂向加速度(g)	0.31	0.17	0.31	0.23	0.47	0.32
车体垂向平稳性	2.74	2.17	3.11	2.68	3.32	2.77
垂向动挠度(mm)	3.61	2.01	2.74	0.93	7.72	3.17

表 6-27 P_{70} 3800157 交会试验动力学指标最大值汇总

速　度	80 km/h		100 km/h		120 km/h	
线　况	全程	交会	全程	交会	全程	交会
车体横向加速度(g)	0.12	0.09	0.20	0.11	0.24	0.14
车体横向平稳性	2.50	2.13	2.56	2.50	2.82	2.64
车体垂向加速度(g)	0.29	0.23	0.34	0.29	0.37	0.29
车体垂向平稳性	2.72	2.68	2.99	2.88	3.32	3.08
垂向动挠度(mm)	2.84	0.90	2.41	1.74	3.64	2.84

全程最大值是包括整个测试区段内的各种因素影响下的所有值中的最大值,交会最大值只是在交会时的短时间内的最大值。试验数据表明,交会最大值基本上都小于全程最大值,最大值没有发生在交会工况下说明该交会工况对测试的铁路货车动力学性能没有明显影响;CRH_2 型动车组与铁路货物列车交会对铁路货车的动力学性能影响很小,这可能与 CRH_2 型动车组具有比较好的空气动力学特性,而且 CRH_2 型动车组轴重和通用铁路货车相比具有较大差别,以及交会区段良好的线路条件有关。

2. 胶济线第二次交会试验(动车组 250 km/h)

2006 年 12 月 7 日、8 日在即墨高密间各进行了铁路货物列车与 CRH_2 型动车组的交会试验,每天铁路货物列车 80 km/h 和 100 km/h 各一个半往返、120 km/h 二个往返,7 日 CRH_2 型动车组速度为 220 km/h、8 日 CRH_2 型动车组速度分别 250 km/h。表 6-28、表 6-29 是 C_{70H} 1501169 裸装煤碳敞车与 220 km/h、250 km/h 动车组交会试验中动力学性能指标最大值的汇总;表 6-30、表 6-31 是 X_{2K} 5400048 装煤碳敞车与 220 km/h、250 km/h 动车组交会试验中动力学性能指标最大值的汇总。

表 6-28 C_{70H} 1501169 车与 220 km/h 动车组交会试验动力学指标最大值汇总

速　度	80 km/h		100 km/h		120 km/h	
线　况	非交会区	交会区	非交会区	交会区	非交会区	交会区
脱轨系数	0.15	0.06	0.16	0.10	0.22	0.09
轮重减载率	0.37	0.26	0.36	0.27	0.42	0.37
轮轴横向力(kN)	32.72	11.66	23.10	16.93	31.35	20.59
垂向动挠度(mm)	5.09	1.30	3.33	2.19	4.20	3.10
车体横向加速度(g)	0.13	0.08	0.17	0.16	0.24	0.19
车体横向平稳性	2.36	2.13	2.58	2.54	3.71	2.83
车体垂向加速度(g)	0.23	0.16	0.30	0.17	0.39	0.20
车体垂向平稳性	2.95	2.80	2.97	2.76	3.07	2.96

表 6-29 C_{70H} 1501169 车与 250 km/h 动车组交会试验动力学指标最大值汇总

速　度	80 km/h		100 km/h		120 km/h	
线　况	非交会区	交会区	非交会区	交会区	非交会区	交会区
脱轨系数	0.11	0.09	0.15	0.18	0.14	0.24
轮重减载率	0.38	0.27	0.34	0.29	0.44	0.34
轮轴横向力(kN)	26.16	16.40	20.60	18.76	26.41	24.13
垂向动挠度(mm)	4.89	2.44	3.74	3.03	4.38	4.15
车体横向加速度(g)	0.13	0.12	0.15	0.17	0.22	0.26
车体横向平稳性	2.53	2.26	2.76	2.57	2.95	2.91
车体垂向加速度(g)	0.23	0.21	0.24	0.26	0.23	0.29
车体垂向平稳性	2.91	2.76	2.95	2.79	3.15	2.96

表 6-30 X_{2K} 5400084 车与 220 km/h 动车组交会试验动力学指标最大值汇总

速　度	80 km/h		100 km/h		120 km/h	
线　况	非交会区	交会区	非交会区	交会区	非交会区	交会区
脱轨系数	0.21	0.11	0.19	0.13	0.26	0.21
轮重减载率	0.56	0.34	0.50	0.42	0.51	0.44

续上表

速　度	80 km/h		100 km/h		120 km/h	
轮轴横向力(kN)	29.00	17.61	37.90	21.50	44.16	35.01
垂向动挠度(mm)	9.55	1.76	8.00	3.58	5.10	2.82
车体横向加速度(g)	0.25	0.13	0.37	0.16	0.40	0.31
车体横向平稳性	2.88	2.34	3.74	3.14	3.86	3.84
车体垂向加速度(g)	0.50	0.32	0.75	0.46	0,72	0.54
车体垂向平稳性	2.45	2.37	2.63	2.51	2.86	2.57

表 6-31　X_{2K}5400084 车与 250 km/h 动车组交会试验动力学指标最大值汇总

速　度	80 km/h		100 km/h		120 km/h	
线　况	非交会区	交会区	非交会区	交会区	非交会区	交会区
脱轨系数	0.16	0.12	0.17	0.14	0.19	0.18
轮重减载率	0.56	0.34	0.48	0.39	0.52	0.47
轮轴横向力(kN)	29.99	21.15	29.95	26.85	35.23	30.35
垂向动挠度(mm)	11.03	3.13	8.48	3.90	5.79	5.57
车体横向加速度(g)	0.22	0.19	0.33	0.32	0.30	0.35
车体横向平稳性	2.75	2.59	3.43	3.33	3.82	3.55
车体垂向加速度(g)	0.49	0.46	0.58	0.73	0.66	0.71
车体垂向平稳性	2.43	2.35	2.67	2.66	2.77	2.64

表 6-28～表 6-31 中“交会区”指包括实际交会点及附近 3 个采样段(54 s)的测试数据。“非交会区”包含当天交会试验中各趟非交会地点所测试速度级的所有数据。我们可以将同一速度的交会数据和非交会数据进行对比。

铁路货物列车和 220 km/h 动车组交会试验中，铁路货物列车的交会速度分别为 80 km/h、100 km/h、120 km/h。从试验数据来看，铁路货物列车和 220 km/h 动车组交会试验中，C_{70H}1501169 车、X_{2K}5400048 车交会时稳定性指标、平稳性指标均没有明显的变化。

铁路货物列车和 250 km/h 动车组交会试验中，铁路货物列车的交会速度同样分别为 80 km/h、100 km/h、120 km/h。从试验数据来看，C_{70H}1501169 车 80 km/h 与 250 km/h 客车交会的运行稳定性和运行平稳性各项性能指标在交会时无明显变化，而在 100 km/h、120 km/h 与 250 km/h 铁路客车交会时，脱轨系数、车体横向加速度、车体垂向加速度比非交会处略大，但都远小于 GB/T 5599—1985 规定的限度值；其他各动力学性能指标均无明显变化。X_{2K}5400048 车 80 km/h 与 250 km/h 动车组交会的运行稳定性和运行平稳性各项性能指标在交会时均无明显变化。X_{2K}5400048 车 100 km/h、120 km/h 与 250 km/h 动车组交会时，车体横向加速度、车体垂向加速度比非交会处略大，但都符合 GB/T 5599—1985《铁道车辆动力学性能试验及鉴定规范》安全限度的要求；其他各动力学性能指标均无明显变化。

6.5.2.4　试验结论

通过在胶济线(即墨站—高密站)CRH_2 型动车组与 120 km/h 铁路货车交会试验对铁路货车的动力学性能测试，在铁路货车方面得出如下结论：

在整个铁路货车试运行及动车组与铁路货车交会综合试验过程中，被测试铁路货车的动力学性能各指标均在 GB/T 5599—1985《铁道车辆动力学性能试验及鉴定规范》规定的安全性限度以内，具有良好的运行稳定性(安全性)；动力学性能测试铁路货车的横向、垂向振动加速度小于规定的限度值，具有优良的运行平稳性。

货物列车在与 220 km/h CRH_2 型动车组交会时，被测试的货车动力学性能没有明显变化；在与 250 km/h CRH_2 型动车组交会时，被监测两辆铁路货车的车体横向加速度、垂向加速度略有增加、其中一辆的脱轨系数略有增加，但都小于规定的安全限度值。其他动力学性能指标没有明显变化。

6.6 大风环境下铁路货车空气动力学试验

6.6.1 试验评价方法

在强侧风作用下，列车空气动力性能恶化，不仅列车空气阻力、升力、横向力迅速增加，还影响列车的横向稳定性，严重时将导致列车倾覆。对于一些特殊的风环境，如特大桥、高架桥、路堤，列车的绕流流场改变更为突出，空气动力显著增大，当列车通过曲线路段时，空气横向力、升力与离心力叠加导致列车翻车的可能性大大增加。如 1986 年 12 月，在日本山阴线的余步桥上，超过列车临界倾覆风速的强风将列车吹至桥下，造成列车、路轨、桥梁等结构受损以及人员伤亡的重大交通事故。我国青藏高原铁路，1/2 以上线路处于大风环境下，有许多地段的年均大风在 150 天左右，其风力风向在短时间内变化较大，恶劣气候对列车正常运行构成严重威胁。我国亚欧大陆桥重要通道兰新铁路（兰州－乌鲁木齐）穿越新疆戈壁大风地区，自然条件十分恶劣，其百里风区瞬时最大风速达 64 m/s，是世界铁路之最，自通车以来，常造成整列车被吹翻的重大事故，在大风季节，由于风力过大，迫使列车经常停轮，大批旅客、货物被滞留，给旅客出行带来极大不便。在我国许多沿海地区的风速常常大于 30 m/s，其年发生概率均大于 15%。可见，在我国迫切需要开展大风环境下的列车空气动力学特性，保证列车运行安全[1]。

由于空气流动的复杂性，在保证测试精度满足要求的情况下，通过在线实车试验获得的结果真实可靠，可以用于研究列车空气动力学特性，为其他研究方法提供可靠的检验依据，进行列车空气动力学行车安全评估。大风环境下铁路货车空气动力学性能评价指标主要包括以下两个方面：

(1)铁路货车气动倾覆稳定性及动力学性能评价指标

依据 GB/T 5599—1985《铁道车辆动力学性能试验及鉴定规范》规定，车辆倾覆稳定性按倾覆系数 $D<0.8$ 考虑。

(2)车窗玻璃强度评价指标

依据 TB 3107—2005“铁路客车单元式组合车窗”规定，车窗玻璃抗风压能力为 3 500 Pa。

6.6.2 大风环境下铁路货车空气动力学试验实例

6.6.2.1 试验目的

为提高兰新铁路的运输能力，在该线途经新疆境内百里风区，设置有挡风墙以保障大风环境下的行车安全。随着铁路运行速度的提高和运能的增加，原有挡风墙很难满足现有运输要求，为了实现在保障列车运行安全基础上的运输效能最大化，需对挡风墙进行优化设计、进一步完善大风天气下行车管理办法。本次试验的目的主要包括：(1)得到大风环境下铁路货车（包括单层集装箱车、双层集装箱车、棚车、敞车）的空气动力学和铁路货车动力学性能，评估既有线路所处环境条件下的列车运行安全性；(2)得到大风环境下各型挡风墙承受的空气动力载荷，评估现有挡风墙的抗风沙能力，为挡风墙改造提供科学依据；(3)为验证数值计算和模型试验结果提供在线实车试验依据；(4)为完善和修改现行《大风天气列车安全运行办法》提供科学依据，实现在保障列车运行安全基础上的运输效能最大化。

6.6.2.2 试验内容及列车编组

本次试验在兰新铁路百里风区进行，根据现有资料，百里风区风速最大区段，以十三间房为中心向东西两侧按钟形对称分布，如图 6-33 所示。为此，大风环境下列车运行试验区段选在百里风区的了墩至小草湖西之间（K1440＋125—K1531＋900），试验区段长 91.8 km。该区间挡风墙有土堤式、加筋对拉式、混凝土板式、混凝土枕直插式、独立桥式 5 种，涵盖了兰新铁路现有挡风墙全部类型。其中，无挡风墙试验区段为兰新铁路了墩至红层之间[2]。

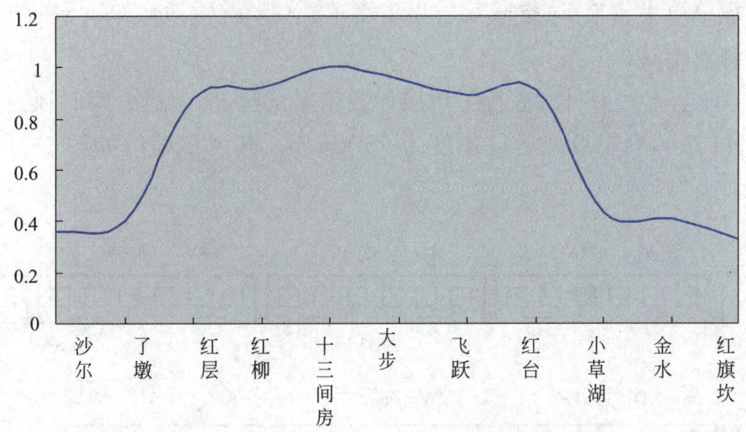

图 6-33 百里风区各站风速分布对比曲线

试验内容包括列车运行和静止时的列车空气动力学性能和铁路货车动力学参数测量。列车静止停靠的位置包括:在原有挡风墙一线及二线位置、加高后挡风墙一线及二线位置;列车运行时的测量内容包括列车以不同速度运行时的气动力、气动力系数及铁路货车动力学参数。

列车静止试验段针对百里风区现有的 5 种挡风墙型式各选择一试验段和加高后的挡风墙试验段,分别进行列车和挡风墙气动力测试。停车试验点总计 7 处,见表 6-32。列车运行试验全程测试,且根据现有测风站点,对列车经过各测点的气动力进行分析,各测风点名称及路况信息如表 6-33 所示。

表 6-32 静止试验地点及线路情况

试验点挡风墙类型	地点	试验车起点里程	试验车终点里程	线路走向	挡风墙距轨面高度	周围地形地貌
无挡风墙	小草湖西	K1532+230	K1532+290	45°	无	路堤高度 6 m
土堤式	猛进东	K1483+850	K1483+950	45°	2.5 m	路堤高度 3.7 m
加筋对拉式(加高)	十三间房	K1476+875	K1476+935	−70°	2.06 m 加高到 3.0 m	路堤高度 5.4 m
加筋对拉式	十三间房	K1476+940	K1477+000	−70°	2.06 m	路堤高度 5.4 m
混凝土板式	十三间房	K1476+470	K1476+845	−70°	2.5 m	小路堤 1.3 m
混凝土枕直插式	红柳	K1467+940	K1468+060	−80°	2.27 m	平路基
桥式	红层	K1455+976	K1456+022	87°	2.95 m	桥高 6 m

注:方向角度定义:以正北向为 0°,顺时针方向旋转为正,逆时针方向旋转为负。

表 6-33 运行试验测试点及线路情况

序号	里程	测风点名	挡风墙类型	挡风墙距路基高度(m)	道床厚度(m)	挡风墙距轨面高度(m)	上下行线间距(m)	线路走向(°)	路堤高度(m)
1	K1532+260	小草湖	无挡风墙				5.0	45	6
2	K1511+550	红台	土堤式	3	1	2	5.0	99	−3.99
3	K1494+310	大步	加筋土	3	0.41	2.59	5.0	77	−0.67
4	K1491+700	大步东	加筋土	3	1	2	4.4	70	3.39
5	K1489+200	猛进	加筋土	3	0.92	2.08	4.4	60	−0.72
6	K1484+000	猛进东	土堤式	3	0.52	2.48	4.4	50	0.89
7	K1481+000	十三间房西	加筋土	3	0.52	2.48	4.4	91	7.26
8	K1476+800	十三间房	加筋土	3	0	3	5	112	−0.21
9	K1468+430	红柳	混凝土枕直插式	3	0.66	2.34	4.45	105	2.79
10	K1462+232	红层西 2	混凝土板式	3	0.74	2.26	4.47	89	13.87
11	K457+400	红层西 1	混凝土枕直插式	3	0	3	4.54	83	6.04
12	K455+700	红层	加筋土	3	0.5	2.5	4.4	87	−0.63

根据先后顺序，空载单层集装箱车、空载双层集装箱车、空棚车（重载敞车）、空敞车总共进行了四次大风试验，其中●表示安装测力轮对。

(1)2009 年 4 月 17 日至 4 月 18 日，进行了单层集装箱车试验，期间最大瞬时风速达 38.7 m/s(13 级)，平均风速达 32.3 m/s(11 级)，列车最高运行速度为 98 km/h。其列车编组如图 6-34 所示，测点布置在 10 号车(X_{6K} 5520876)上。

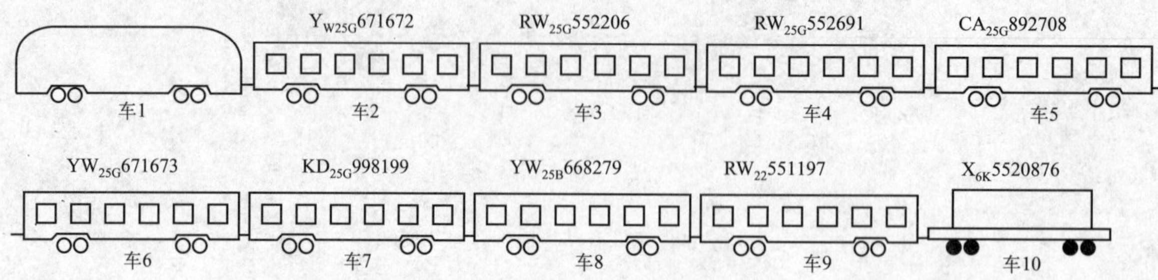

图 6-34　空载单层集装箱车试验列车编组

(2)2009 年 4 月 28 日至 4 月 29 日进行了双层集装箱车试验，期间最大瞬时风速为 39 m/s(13 级)，平均风速 32.3 m/s(11 级)，最高运行速度为 106 km/h。列车编组如图 6-35 所示，双层集装箱车测点布置在 11 号车(X_{2K} 5400248)。试验期间，由于双层集装箱车同一转向架两轴减载率同时超过 0.65 的情况多次出现，超出规定的安全限度，部分工况倾覆系数达到了 0.8 的限度值。为了安全起见，第二趟试验运行至大步后，就把双层集装箱车甩开，停放在避风区，未进行静止停靠试验。

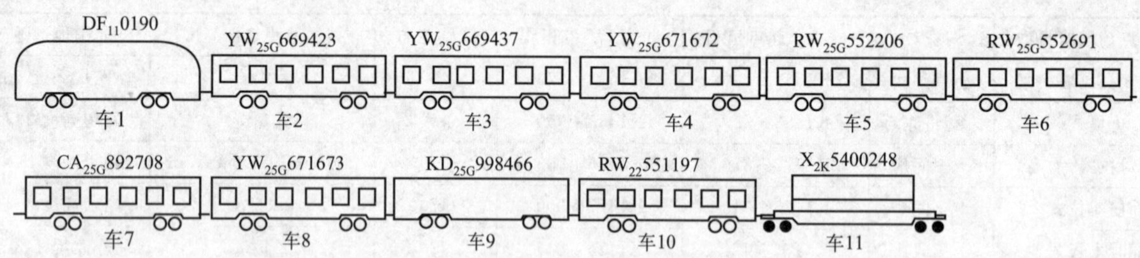

图 6-35　空载双层集装箱车试验列车编组

(3)2009 年 5 月 18 日至 5 月 19 日，进行了空棚车和重载敞车试验，期间最大瞬时风速达 39.5 m/s(13 级)、平均风速达 34.8 m/s(12 级)，最高运行速度为 80 km/h，进行了两个往返试验，其中一个往返进行了静止停靠试验。列车编组如图 6-36 所示，空棚车测点布置在 17 号车(P_{62K} 6124192)，重载敞车篷布气动力测点布置在苫盖 D 型篷布的 9 辆车上。另外，空敞车也编组在其中，空敞车气动力也进行了测量。

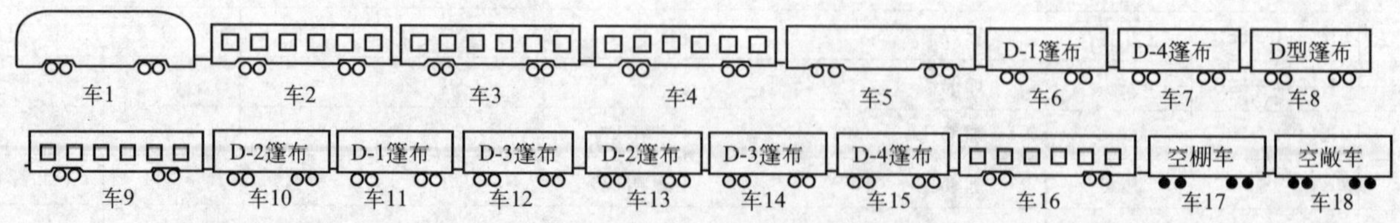

图 6-36　空棚车及重载敞车试验列车编组

(4)2009 年 5 月 25 日至 5 月 26 日，进行了空敞车试验，期间最高瞬时风速达 41.2 m/s(13 级)、平均风速达 34.2 m/s(12 级)最高运行速度为 106 km/h，进行了一个往返试验。列车编组如图 6-37 所示，空敞车测点布置在 7 号车(C_{64K} 4883348)。另外，空棚车也编组在其中，空棚车气动力也进行了测量。

6.6.2.3　测试方法及测点布置

(1)测试方法

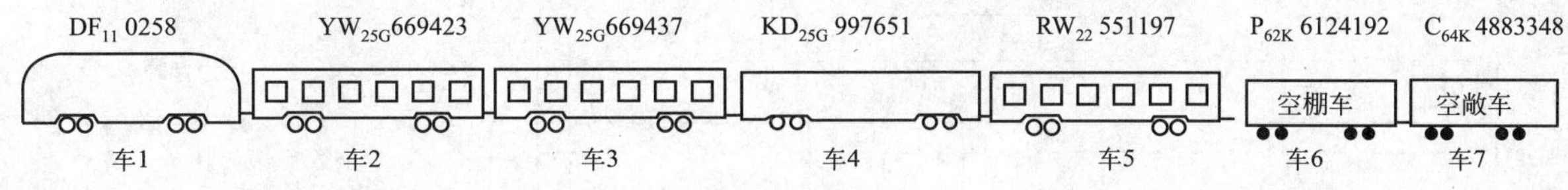

图 6-37 空敞车试验列车编组

试验采用差压传感器测试车体对应部位的差压，再通过积分得到整车的气动横向力、升力和倾覆力矩；采用动态压力传感器测量车体的表面压力分布。实车动态压力测试系统由动态压力传感器、信号调理器、以太网采集器、连接器、计算机及相应的分析软件组成，如图 6-38 所示。

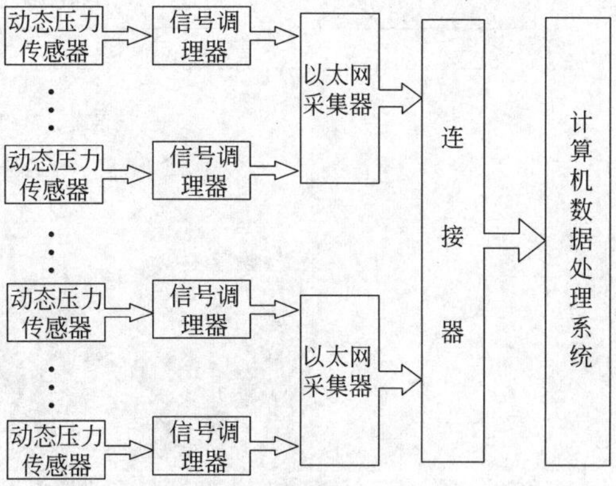

该系统以计算机为中心，在软件的支持下集成多种虚拟仪器的功能，能对多点、多种随时间变化的参量（主要是瞬态压力信号）进行动态在线实时测量，并能快速进行信号分析处理，有效排除噪声干扰、消除偶然误差、修正系统误差，从而实现测量结果的高准确度和具有对被测信号的高分辨能力。

动态压力传感器 → 信号调理器 → 以太网采集器 → 连接器 → 计算机数据处理系统

图 6-38 试验测试系统框图

(2)单层集装箱车测点布置

单层集装箱车车体表面差压测点布置见图 6-39，沿车体表面（侧面、顶面、底部和端部）共布置 104 个测点。单层集装箱车车体表面压力分布测点如图 6-40 所示，共布置 23 个测点。测点实物照片如图 6-41 所示。

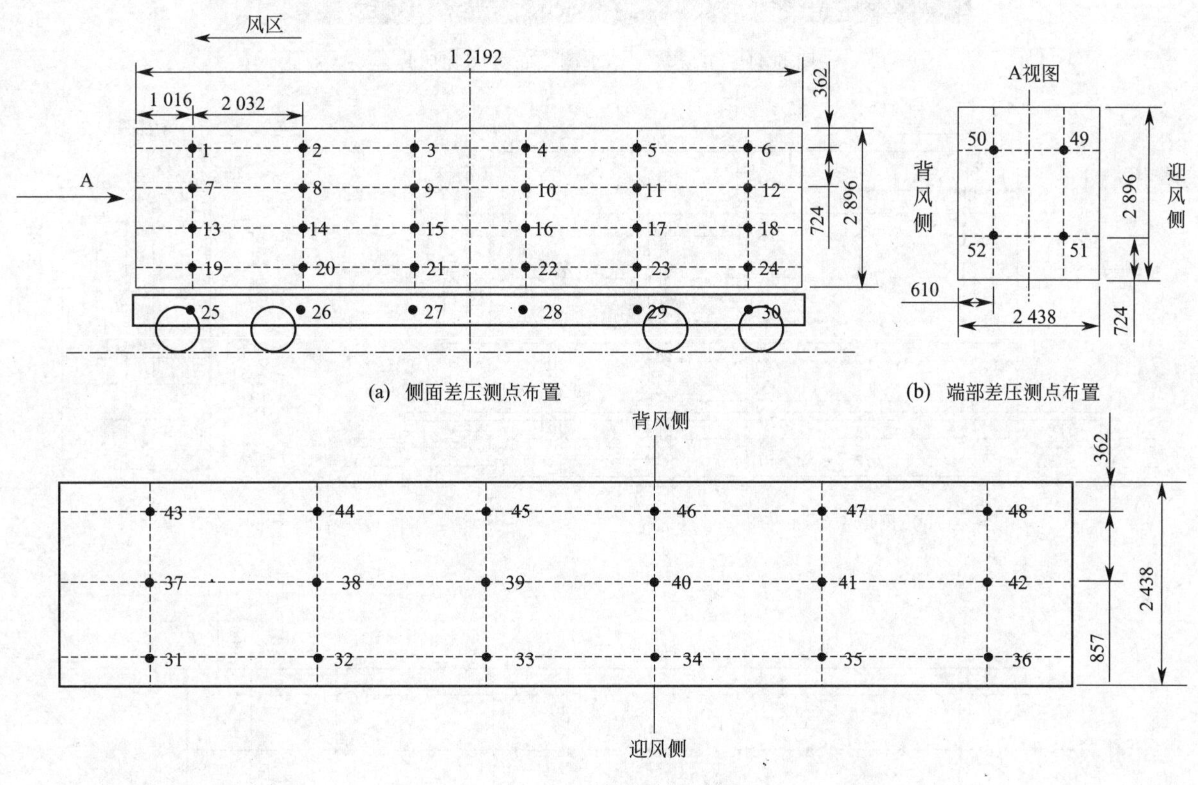

图 6-39 单层集装箱车车体表面差压测点布置

(3)双层集装箱车测点布置

双层集装箱车车体表面差压测点布置见图 6-42，沿车体表面共布置 168 个测点，其中上、下箱顶部与

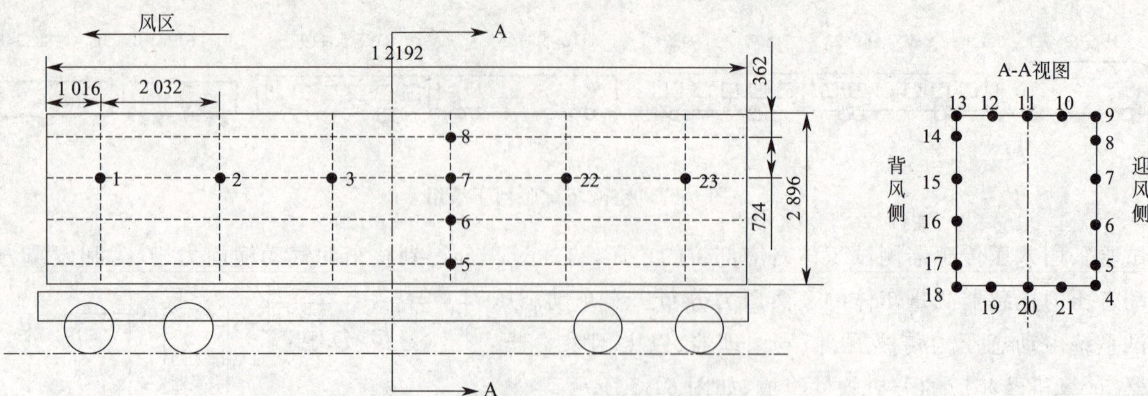

图 6-40 单层集装箱车车体表面压力分布测点布置

图 6-41 单层集装箱车测点布置实物照片

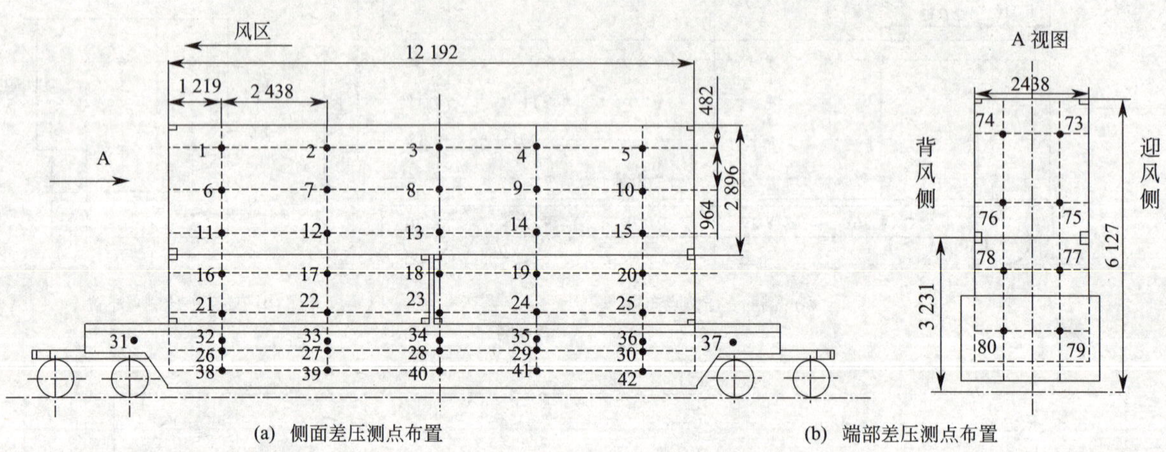

(a) 侧面差压测点布置 (b) 端部差压测点布置

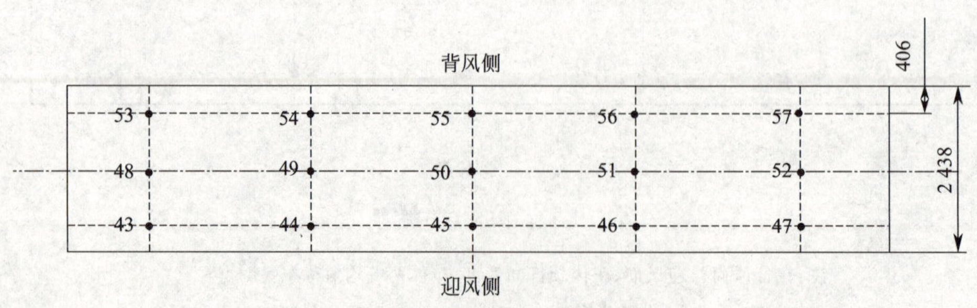

(c) 上下面差压测点布置

注：在背风面与迎风面、车体顶部与底部、车体两端均对称布置测点

图 6-42 双层集装箱车车体表面差压测点布置

底部分别布置差压测点，下面两个小箱端部也分别布置差压测点；双层集装箱车车体表面压力分布测点如图 6-43 所示，共布置 26 个测点；为了测量上箱与下箱、下箱与车体间的相对位移，在上箱与下箱、下箱与车体之间安装了位移传感器。测点实物照片如图 6-44 所示。

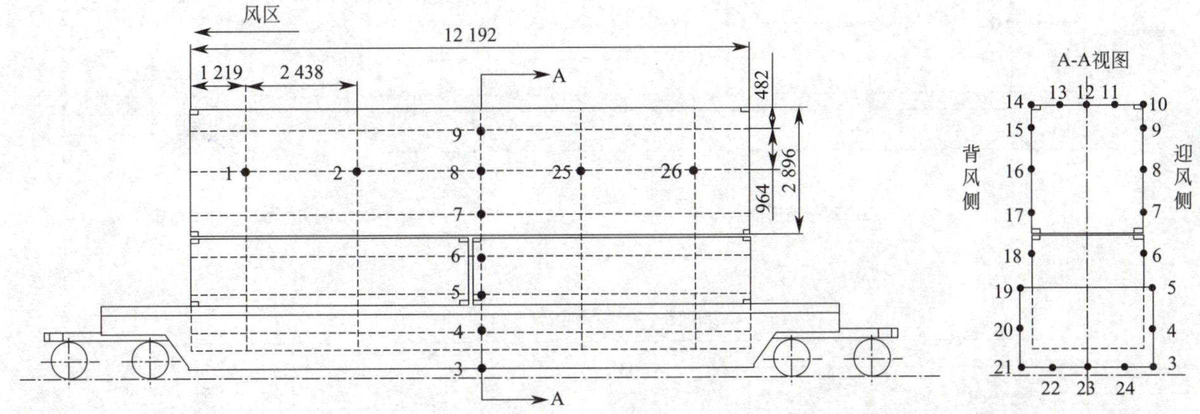

图 6-43 双层集装箱车车体表面压力分布测点布置

(a) 双层集装箱车差压测点

(b) 双层集装箱车位移测点

图 6-44　双层集装箱车测点布置实物照片

(4)棚车测点布置

棚车车体表面差压测点布置见图 6-45，沿车体表面共布置 78 个测点。棚车车体表面压力分布测点如图 6-46 所示，共布置 26 个测点。其测点实物照片如图 6-47 所示。

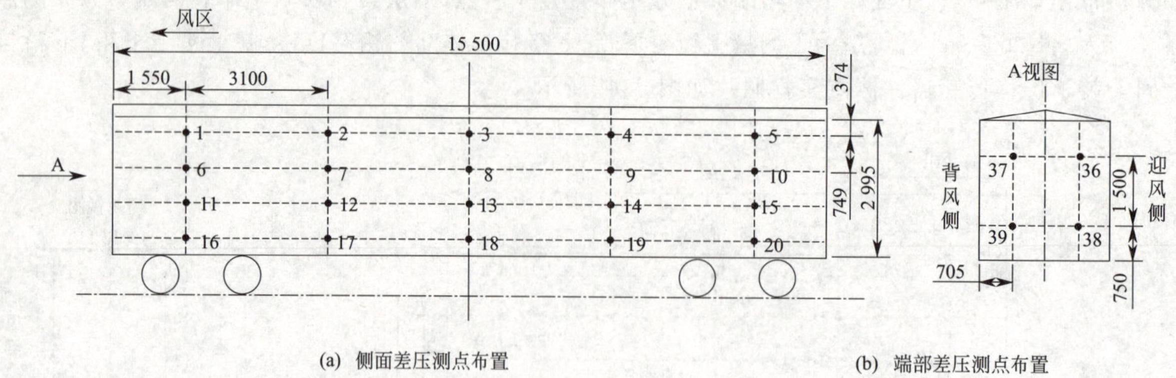

(a) 侧面差压测点布置　　(b) 端部差压测点布置

背风侧

迎风侧

(c) 上下面差压测点布置

注：在背风面与迎风面、车体顶部与底部、车体两端均对称布置测点

图 6-45　棚车车体表面差压测点布置

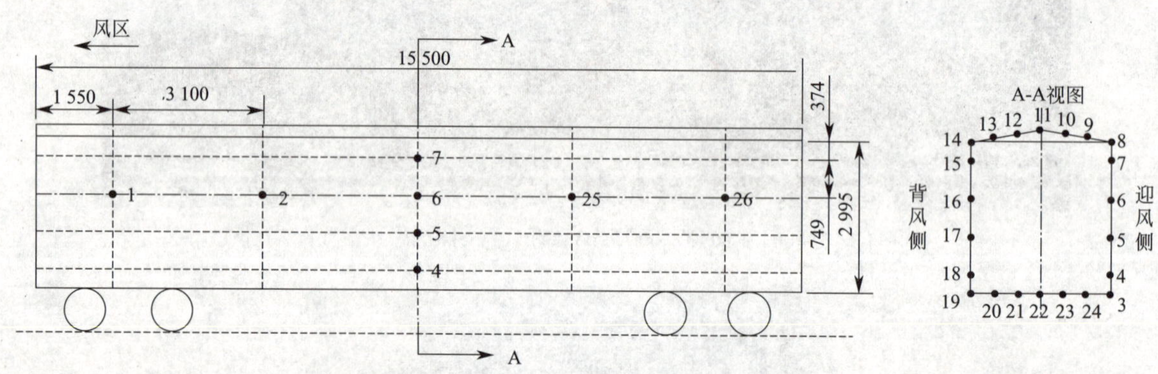

图 6-46　棚车车体表面压力分布测点布置

图 6-47　棚车测点布置实物照片

(5)敞车测点布置

敞车车体表面差压测点布置见图 6-48，沿客车体表面共布置 118 个测点，由于空敞车内部为空心结

构，所以在车体两侧墙内外分别布置差压测点。敞车车体表面压力分布测点如图 6-49 所示，共布置 19 个测点。其测点实物照片如图 6-50 所示。

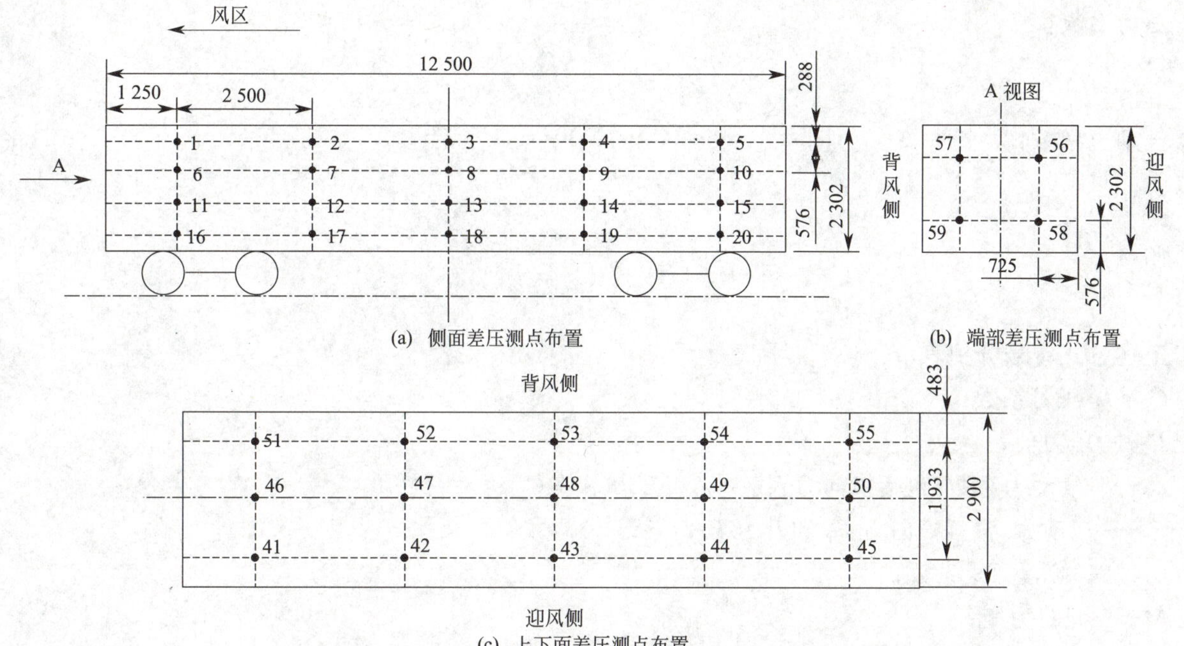

(a) 侧面差压测点布置　(b) 端部差压测点布置

(c) 上下面差压测点布置

注：在背风面与迎风面、车体顶部与底部、车体两端均对称布置测点

图 6-48　敞车车体表面差压测点布置

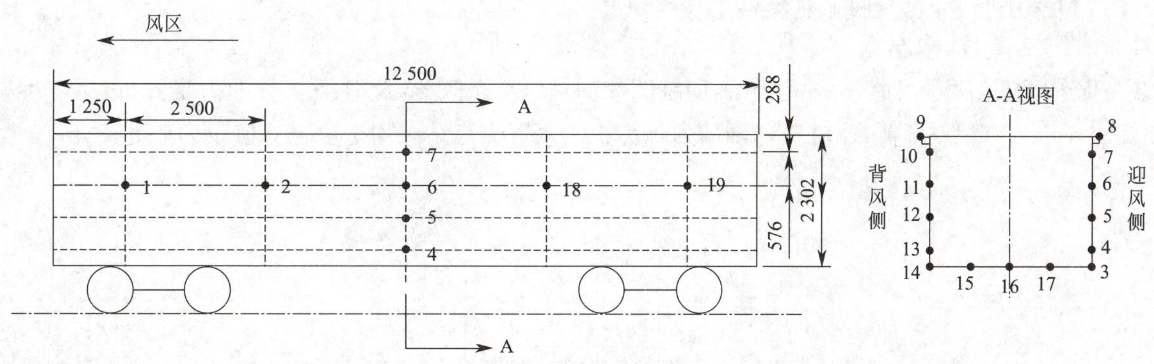

图 6-49　敞车车体表面压力分布测点布置

图 6-50　敞车测点布置实物照片

6.6.2.4　试验结果分析

(1)气动参数的定义及数据处理说明

压力系数：

$$C_P=\frac{P}{\frac{1}{2}\rho u^2} \tag{6-5}$$

气动力系数：

$$C_F=\frac{F}{\frac{1}{2}\rho u^2 A} \tag{6-6}$$

倾覆力矩系数：

$$C_{Mx}=\frac{M}{\frac{1}{2}\rho u^2 A H_g} \tag{6-7}$$

上述各式符号分别表示：

C_P——压力系数；

P——压力值；

C_F——气动力系数，包括横向力系数 C_{Fy} 和升力系数 C_{Fz}；

F——气动力，包括横向力 F_y 和升力 F_z；

C_{Mx}——倾覆力矩系数；

M——倾覆力矩；

ρ——来流密度，常温(15 ℃)、标准大气压下，来流密度为 1.225 kg/m³；

u——侧风风速；

A——计算横向力系数和倾覆力矩系数时指车体侧向迎风面面积，即车长乘以车高；计算升力系数时指车体底面面积，即车长乘以车宽；

H_g——参考高度，取车宽。

铁路货车倾覆有两种可能，一种是外翻，即绕图 6-51 中 O_1 点倾覆，此时绕 x 轴的力矩为负；另一种是内翻，即绕图 6-51 中 O_2 点倾覆，此时绕 x 轴的力矩为正。倾覆力矩结果均选取绝对值较大者进行分析。

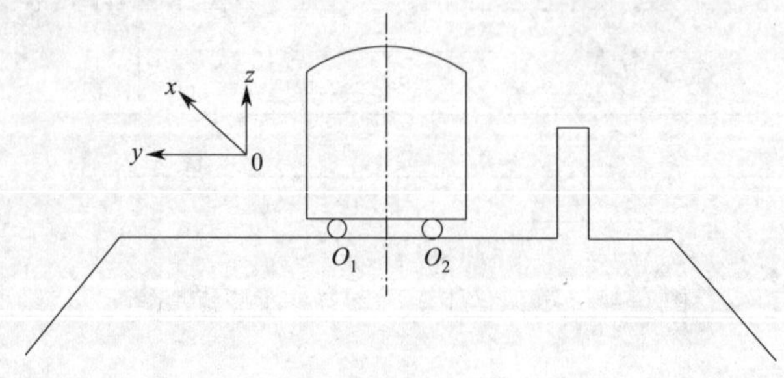

图 6-51　倾覆力矩作用点示意图

试验测得的气动倾覆力矩完全由气动力引起，未考虑其他因素(加速度、超高等)，所以用气动倾覆力矩对比铁路货车自重稳定力矩来评价铁路货车的稳定性只能作为参考，具体的倾覆系数等稳定性参数参见铁路货车动力学测试部分。铁路货车自重稳定力矩根据铁路货车重量，取两侧轮轨接触斑间距 1 500 mm，同时考虑列车倾覆系数 0.8，计算得到。

另外，根据国外研究资料，临界空气动力持续作用于车体表面 2～5 s 才可能造成车体倾覆。根据这一结论，此次试验分析瞬时和 2 s 平均气动力参数。

(2)表面压力分布测试结果

表面压力分布测点较多，这里只选取部分工况表面压力分布情况进行分析。部分工况表面压力分布如图 6-52～6-55 所示。从图中表面压力分布可知，无挡风墙时，迎风面为正压，背风面为负压；而在有挡风墙的地方，迎风面和背风面基本均为负压，只在土堤式挡风墙下，列车迎风面存在正压。

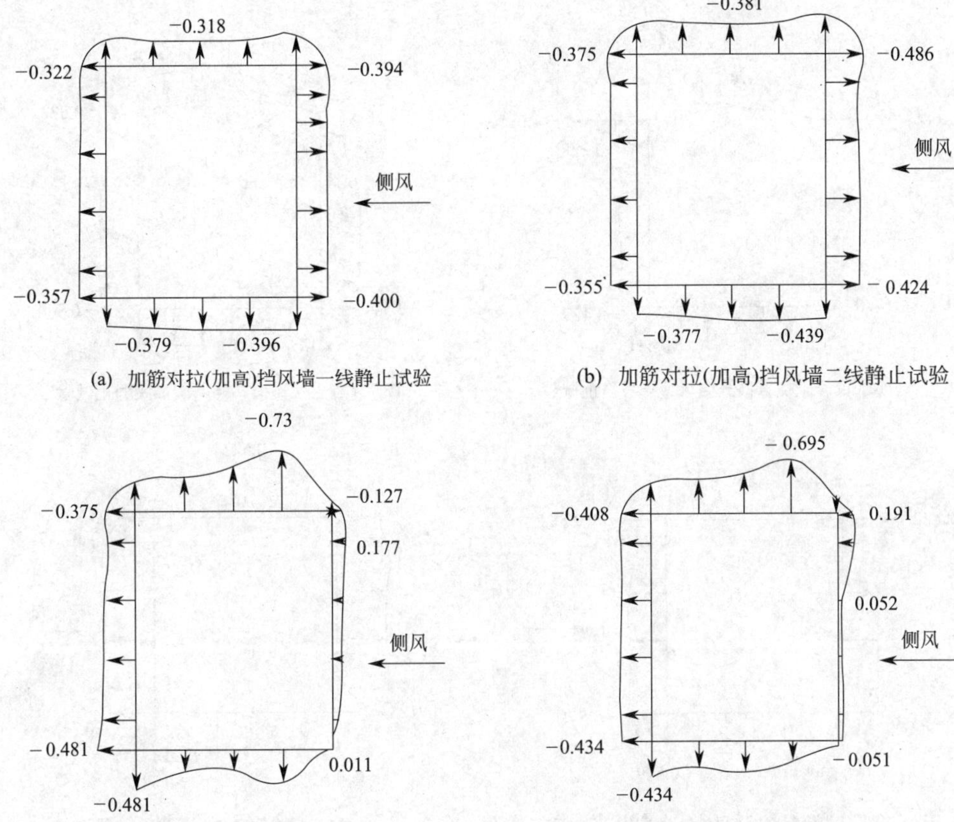

(a) 加筋对拉(加高)挡风墙一线静止试验 (b) 加筋对拉(加高)挡风墙二线静止试验

(c) 猛进东(土堤式)一线运行试验 (d) 猛进东(土堤式)二线运行试验

图 6-52 单层集装箱车部分工况表面压力分布图

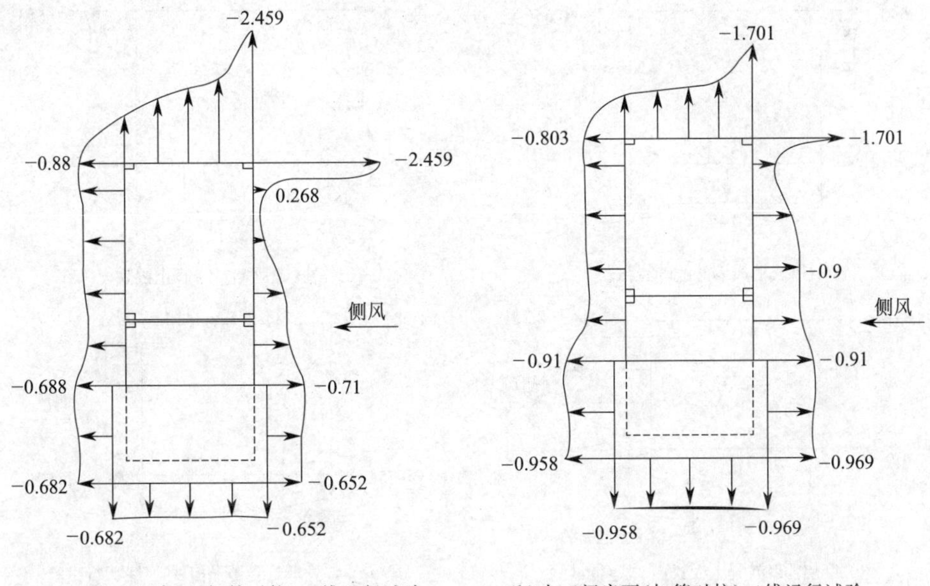

(a)十三间房西(加筋对拉)一线运行试验 (b)十三间房西(加筋对拉)二线运行试验

图 6-53 双层集装箱车部分工况表面压力分布图

(3)列车气动力测试结果

单层集装箱车、双层集装箱车、空棚车、空敞车测得的最大气动力如表 6-34 所示，各车型的最大气动倾覆力矩均小于铁路货车自重稳定力矩。根据动力学测试结果，空棚车、空敞车、单层集装箱车和双层集装箱车的最大倾覆系数分别为 0.52、0.48、0.56 和 0.79，除空载双层集装箱车倾覆系数接近安全值 0.8 外，其他铁路货车倾覆系数均远小于安全系数，满足列车运行安全要求。

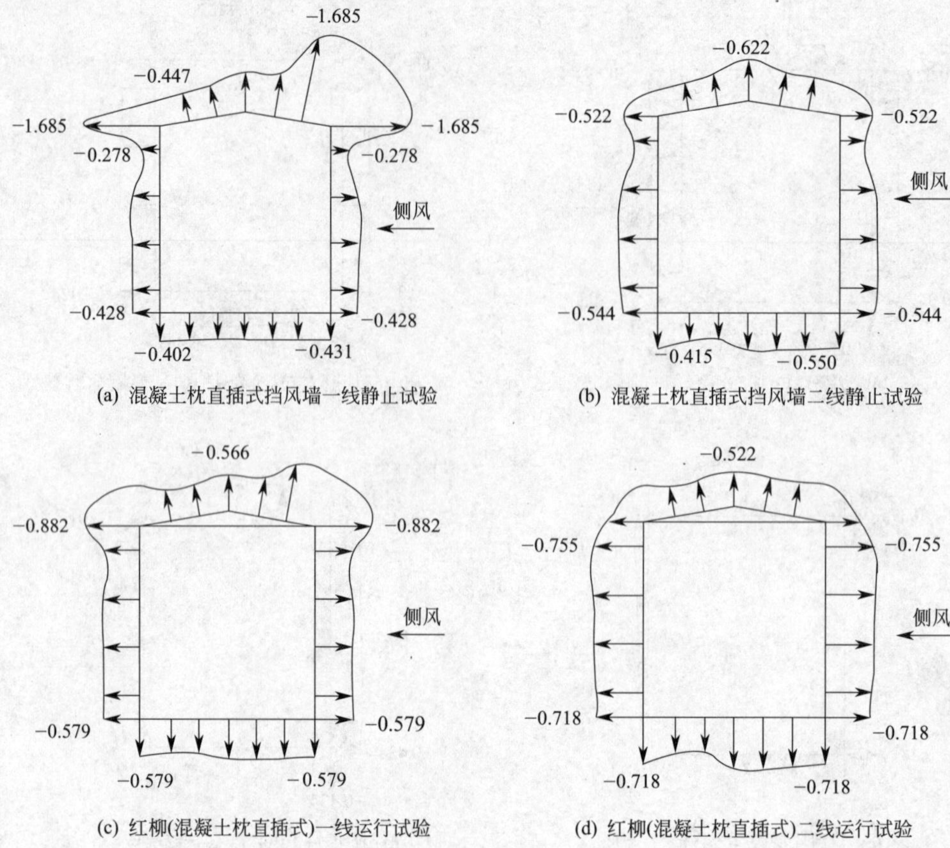

(a) 混凝土枕直插式挡风墙一线静止试验　(b) 混凝土枕直插式挡风墙二线静止试验

(c) 红柳(混凝土枕直插式)一线运行试验　(d) 红柳(混凝土枕直插式)二线运行试验

图 6-54　棚车部分工况表面压力分布图

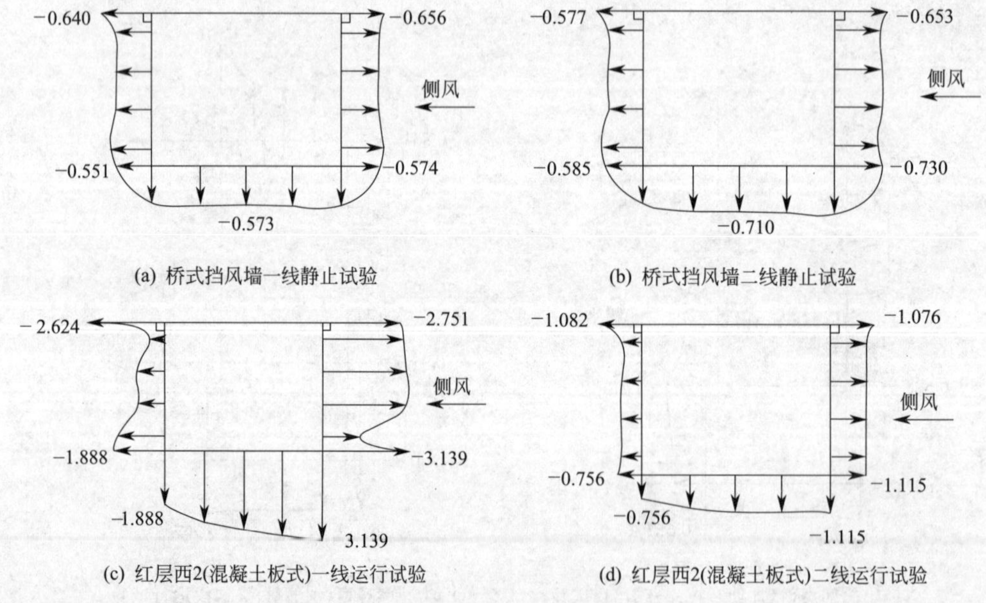

(a) 桥式挡风墙一线静止试验　(b) 桥式挡风墙二线静止试验

(c) 红层西2(混凝土板式)一线运行试验　(d) 红层西2(混凝土板式)二线运行试验

图 6-55　空敞车部分工况表面压力分布图

(4)双层集装箱车位移

双层集装箱车上箱相对下箱最大垂向和横向位移分别为 8 mm 和 13 mm,测点位置下箱相对车体最大垂向位移为 97 mm。下箱相对车体位移典型曲线如图 6-56 所示。箱体与车体之间偏移情况如图 6-57 所示。由于现有双层集装箱车的下箱与车体之间采用直插式锁头,没有自锁功能,所以在大风作用下,箱体很容易被吹起,箱体与车体之间相对位移较大,建议改成具有自锁功能的锁头。

表 6-34 五次大风试验铁路货车气动力测试结果统计

车型	最高车速(km/h)	试验期间最大风速		瞬态气动力测试结果			2 s 平均气动力测试结果			车辆自重稳定力矩(kN·m)
		瞬时风速(m/s)	平均风速(m/s)	横向力(kN)	升力(kN)	倾覆力矩(kN·m)	横向力(kN)	升力(kN)	倾覆力矩(kN·m)	
空载单层集装箱车	98	38.7	32.3	26.7	17.4	73.4	22.6	14.1	59.2	132
空载双层集装箱车	106	39.0	32.3	49.3	25.4	149.1	46.1	16.7	129.4	183
空棚车	80	41.2	34.2	25.4	19.3	68.1	22.2	16.5	59.6	144
空敞车	106	41.2	34.2	21.2	17.6	51.7	13.3	11.4	35.8	138

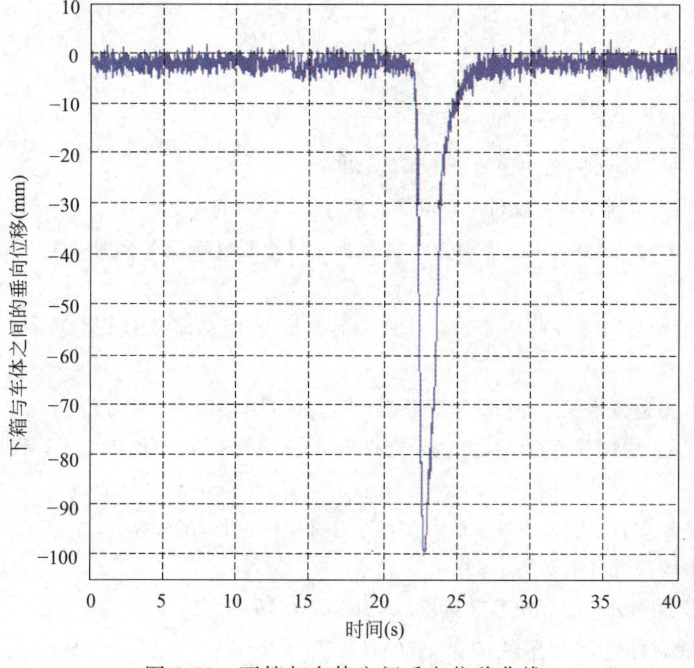

图 6-56 下箱与车体之间垂向位移曲线

图 6-57 箱体与车体之间偏移情况

(5)动力学测试结果

试验期间，测得空载单层集装箱车、空载双层集装箱车、空载棚车和空敞车的最大倾覆系数、脱轨系数、轮重减载率和轮轴横向力如表 6-35 所示。

表 6-35 大风环境下铁路货车动力学指标最大值测试结果

动力学指标		最大值测试结果			
		单层集装箱车(X_{6K})	双层集装箱车(X_{2K})	棚车(P_{62K})	敞车(C_{64K})
运行稳定性	倾覆系数	0.56	0.79	0.52	0.48
	脱轨系数	0.72	0.93	0.99	1.09
	轮轴减载率	0.61	0.88	0.57	0.53
	轮轴横向力(kN)	16.32	29.85	23.29	21.82
运行平稳性	横向加速度(m/s^2)	3.73	4.02	4.32	3.04
	横向平稳性指标	2.70	2.56	2.77	2.54
	垂向加速度(m/s^2)	5.79	6.28	6.67	6.67
	垂向平稳性指标	2.74	3.38	3.17	3.45

由表 6-35 可知，被试空载单层集装箱、空棚车、空敞车的运行稳定性指标(倾覆系数、脱轨系数、轮重减载率和轮轴横向力)和运行平稳性指标(横向加速度、垂向加速度、横向平稳性指标、垂向平稳性指标)均符合

标准要求。被试空载双层集装箱的倾覆系数、脱轨系数、轮轴横向力和运行平稳性指标均符合标准要求，但轮重减载率超限严重，不能满足标准规定的运行稳定性的要求。超限主要出现在无挡风墙、路堑、进入路堑前 50 m 内、插入式挡风墙的薄弱环节等。

本次试验中，铁路货车最大气动倾覆力矩均小于铁路货车自重稳定力矩。根据动力学测试结果，空棚车、空敞车、单层集装箱车和双层集装箱车的最大倾覆系数分别为 0.52、0.48、0.56 和 0.79，除空载双层集装箱车倾覆系数接近安全值 0.8 外，其他铁路货车倾覆系数均远小于安全系数，满足列车运行安全要求。铁路货车动力学参数较大值主要出现在无挡风墙、路堑、进入路堑前 50 m 内、插入式挡风墙的薄弱环节等。

参 考 文 献

[1] GB 5601—1985 铁道货车组装后的检查与试验规则[S].

[2] GB/T 5599—1985 铁道车辆动力学性能试验及鉴定规范[S].

[3] GB/T 5600—2006 铁道货车通用技术条件[S].

[4] GB/T 5601—2006 铁道货车检查与试验规则[S].

[5] 王福天. 车辆系统动力学[M]. 北京：中国铁道出版社，1994.

[6] 王志泉.《中国铁路机车车辆工业五十年》(1949-1999)[M]. 北京：中国铁道出版社，1999.

[7] HXD_2 机车牵引两万吨组合列车试验报告[R]. 中国铁道科学研究院机车车辆研究所，rev2_080131.

[8] 提速货车 120 km/h 可靠性试验第二阶段(环行线)试验总报告[R]. 中国铁道科学研究院研究报告，TY 字第 2470 号，2008.12，北京.

[9] 引进机车车辆动力学试验技术研究和软件开发研究报告[R]，中国铁道科学研究院研究报告，院总编号：TY 字第 2122 号，所编号：2006 年 JL 字第 38 号，2006.6，北京.

[10] DX1 型双层集装箱车检验报告[R]. 铁道部产品质量监督检验中心机车车辆检验站，(2004)JL 字第 W087 号.

[11] 胶新线 120 km/h 货物列车提速综合试验总报告[R]，中国铁道科学研究院研究报告，院总编号：TY 字第 1895 号，所编号：2004 年研发字第 012 号，2004.9，北京.

[12] 双层集装箱车动力学及线路运行研究课题总结报告[R]，中国铁道科学研究院，TY 字第 2123 号，2006.6，北京.

[13] 双层集装箱车线路运行试验报告(京广线)[R]，中国铁道科学研究院，2004.1，北京.

[14] 陈雷，王新锐. 120 km/h 货车提速综合试验动力学性能分析[J]. 铁道车辆，2007，45(521)：27-34.

[15] 周磊，陈雷. 大秦线重载货车检修运用现状分析及探讨[J]. 铁道车辆，2009，47(541)：35-38.

[16] 陈雷，吕可维. 铁路货车运行品质考核指标研究[J]. 铁道学报，2006，28(3)：111-115.

车辆运行品质轨边动态监测评价技术

传统的铁路货车动力学评估方法是在被试车上安装传感器，如测力轮对、加速度、位移计等，在铁路正线上或专用试验线上进行测试，从而评估铁路货车动力学性能。传统的铁路货车动力学评估方法优点在于对被试车测试充分，对于被试车本身的动力学状态的测试较为可靠，缺点在于测试样本少，测试的试验环境和条件与实际运用有所区别，对动力学参数离散程度大的铁路货车而言，某车型的评估结果易受样本选取的影响。

近年来车辆运行品质轨边动态监测技术有了很大的发展，车辆运行品质轨边动态监测技术利用正线轨道上设置的监测平台，实时在线动态监测轮轨间的相互作用，从而得到通过铁路货车动力学性能的部分特性信息，但单次监测时间短、包含一定随机因素，单次监测结果难以确定铁路货车动力学性能。若地面监测技术结合于铁路货车信息化技术，如铁路车号自动识别系统(ATIS)、铁路货车技术管理信息系统(HMIS)、网络化技术等，就可以通过分散监测、集中评判、数据共享，实现多点、多频次联网评判，可对通过铁路货车动力学性能进行在线监测，获得符合实际运用条件下、大样本的动力学监测数据。如在我国主要干线建设的TPDS，全路已联网建成的探测站 63 台，年监测铁路货车超过 4 000 万辆次。地面监测技术可以发展成为评估铁路货车动力学性能的重要工具。

7.1　车辆运行品质轨边动态监测设备

7.1.1　车辆运行品质轨边动态监测系统(TPDS)

多功能全自动的车辆运行品质轨边动态监测系统(Truck Performance Detection System，TPDS)利用设在轨道上的测试平台(图 7-1)，实时在线监测运行中铁路货车轮轨间的动力学参数，通过对轮轨垂直力和横向力的连续检测和分析，以及铁路货车运行状态综合评价，可实现对运行状态不良铁路货车的识别，并兼有对铁路货车超偏载、车轮踏面损伤的检测功能，同时系统实现了与车号自动识别系统的集成和监测信息的网络传输，可自动将监测信息发送至指定地点，并可对严重的监测结果随时报警。

TPDS 具有监测功能齐全、测试技术先进、测量精度高、系统稳定性好、测试数据分析和处理实时全自动、易于使用、数据网络共享等特点。

7.1.2　TPDS 测试原理

1. 系统垂直力测试原理

TPDS 采用了在较高速度条件下提高检测精度的全新的“移动垂直力综合检测的新方法”，在不增大轨枕间距、不恶化轨道平顺性的条件下大幅度增加有效检测区长度。

垂直力测试基本原理：在两剪力传感器之间设置若干个轨下垂直压力传感器，组成一个综合检测区，两种传感器采集的数据通过计算机合成处理，从而得到测试区内的垂直力之和。由于有较长的连续检测区，便能测得一段较长时间内车轮垂直力增减变化过程数据的平均值，而不是波动过程的某个瞬时值，这不仅提高

图 7-1　车辆运行品质轨边动态监测系统(TPDS)——轨道检测平台

了检测精度,还大大提高了装置适用的速度范围。同时,这一新方法还彻底打破了常规检测装置的检测功能单一性,使得同时测量铁路货车超载、偏载、平均轴重、通过总重、车轮踏面损伤成为可能。见图 7-2。

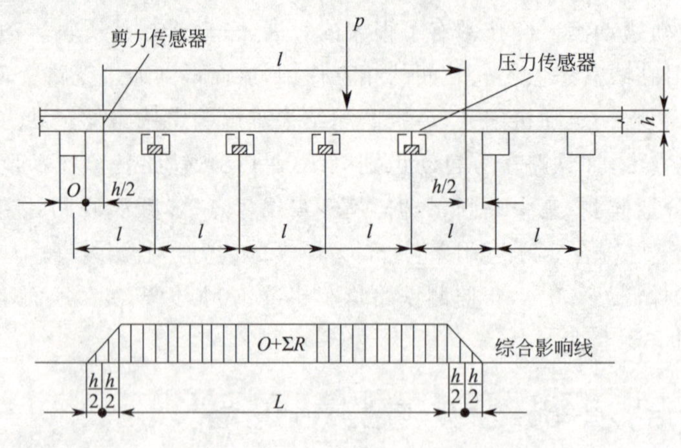

图 7-2　移动垂直力综合检测方法

2. 系统横向力测试原理

TPDS 横向力测试基本原理:将钢轨视为传递轮轨横向荷载的载体,而在钢轨的支承点上测量钢轨受铁路货车作用施加在框架结构中轨枕上的作用力大小。根据轮轨作用横向荷载在钢轨上的受力影响线,通过标定获得钢轨支承点处实际承受横向荷载的比例,再依据车轮在测试区的位置,由钢轨支承点处承受横向荷载的组合而得到车轮通过整个测试区的横向荷载连续变化情况。

7.1.3　TPDS 主要功能及技术指标

1. TPDS 主要功能

(1)识别运行状态不良铁路货车

在我国铁路干线列车的全面提速中,发现有为数不少的铁路货车在空载状态、运行速度达 70 km/h 左右时出现蛇行失稳现象,并导致多次列车脱轨事故,蛇行失稳铁路货车已成为我国干线提速危及行车安全的严重隐患。

TPDS 采用了较长的高平顺性测试平台和连续测量轮轨垂直、横向荷载技术,从测试的轮轨力波形、量值大小可捕获蛇行失稳铁路货车的主要动力学特征,如蛇行失稳导致车轮侧摆和铁路货车侧滚引起轮载交替增减载变化、铁路货车侧摆引起的横向力增大等,可为监测蛇行失稳铁路货车提供重要信息。由于本系统已把轨道不平顺对铁路货车振动的激扰作用降低到最低水平,测试结果能较真实反映铁路货车自身的动力学特性，使检测结果的可靠性大大提高。通过对测试数据的处理分析，对铁路货车动力学性能进行分级评判，并将评判结果自动逐级上传至铁道部TPDS查询中心服务器，系统根据多测点多频次的评判结果，综合评判运行状态不良铁路货车并及时下发运行状态不良铁路货车名单，通过对运行状态不良铁路货车联网报警、追踪、扣修或技术改造，可大大提高运行铁路货车整体运行品质，减少铁路货车脱轨事故的发生，确保铁路提速过程中行车安全。

(2)识别车轮踏面损伤

车轮踏面损伤可导致铁路货车在行驶过程中对轨道产生很大的冲击力，从而加剧对轨道和铁路货车的破坏，最为常见的是由于踏面损伤冲击作用的累积，导致铁路货车轴承伤损而出现的燃切轴事故，严重的踏面损伤甚至造成断轨、断轴等恶性事故。经过多年验证，TPDS踏面损伤报警功能在兑现率和发现率方面达到了国际先进水平。

TPDS系统踏面损伤监测功能具有以下两个显著特点：

① 踏面损伤捕获率高：由于测量区长达4.8 m，可对车轮全周长范围内的踏面损伤进行检测，踏面损伤捕获率较已有检测设备高。

② 评判踏面损伤指标科学：系统采用冲击当量来评价车轮踏面损伤的严重程度，冲击当量综合考虑了冲击力大小、速度、轮重等因素，因而更科学、更全面地反映了踏面损伤对轨道结构及铁路货车结构的危害，比北美仅采用冲击力作为评价踏面损伤指标更科学，后者踏面损伤兑现较高，但踏面损伤发现率较低。TPDS系统采用冲击当量来综合评价踏面损伤，无论兑现率还是发现率，均达到了较高水平。另外，冲击当量比《铁路货车运用管理规程》中规定用踏面损伤的深度或长度来度量损伤严重程度更为科学，因为深度或长度只是复杂踏面损伤几何形态描述的一个指标，而冲击当量则直接反映了踏面损伤对轨道结构及铁路货车结构冲击作用，因此，TPDS系统的冲击当量指标比踏面损伤的长度或深度更科学地反映了踏面损伤对轨道结构及铁路货车结构的损害程度。

(3)监测铁路货车的超偏载状态

超载、偏载会加剧轨道结构和铁路货车损坏，降低轨道部件和铁路货车的使用寿命，严重时将危及行车安全。为保障行车安全，必须对铁路货车的装载情况进行监测管理，识别偏载、超载铁路货车，纠正严重偏载、超载状态。本监测系统具有较高的超载检测精度(列车在30～40 km/h速度通过时检测精度优于5‰，40～60 km/h速度通过时检测精度优于1%，60～120 km/h速度通过时检测精度优于3%)，可在列车运行过程中实时获得铁路货车总重、前后架重、轴重、轮重和铁路货车超偏载情况，并将监测信息及时传递给铁路货运管理部门，控制严重的装载超偏载，减少对铁路货车、线路、桥梁等基础设施的破坏，同时，这些基础数据还可使铁路运输增收大量流失的运费。

(4)统计轨道负荷当量通过总重

世界各国铁路轨道等级的划分，轨道结构类型的选择，线路维修、大修周期、养护费用的投入，工务部门效益的评估等等，都是依据通过总重、平均轴重等运输条件来确定的。我国铁路部门以往对通过总重、平均轴重等重要数据都是根据运量估算获取，更无法将货物超载、车轮踏面损伤引起的冲击作用在通过总重统计中体现，准确度不能满足要求。监测系统可将具体线路通过的列车数量、列车总重等基础数据进行统计，并将车轮踏面损伤冲击力换算为当量通过重量，从而为铁路部门获得准确的通过总重、当量通过总重、平均轴重等重要信息提供手段，为线路的科学管理、养护维修投入等提供必要的技术依据。

(5)TPDS与THDS综合利用，提高防燃切轴的能力

踏面损伤是燃切轴的最重要的外因，因此将TPDS的踏面损伤信息与THDS热轴报警信息结合，可大大提高红外热轴报警的兑现率，降低其漏判率，从而提高防燃切轴的能力。

2. TPDS主要技术指标

(1)称重范围：最大轴重25 t。

(2)计量方式：双向全自动轴、转向架动态计量；通过速度30～120 km/h。

(3)超载检测精度：列车以30～40 km/h速度通过时精度优于5‰，40～60 km/h速度通过时精度优于

1%,60～120 km/h 速度通过时精度优于 3%。

(4)允许超载:为额定载荷的 250%。

(5)具有自动识别车轮踏面损伤功能。

(6)踏面损伤预报兑现率:一级报警兑现率≥90%,二级报警兑现率≥70%。

(7)自动识别运行状态不良铁路货车。

(8)具有系统运行状态自检及故障报警功能。

(9)自动生成日报表、周报表、月报表。

(10)被测铁路货车应符合铁路运输要求,轨距 1 435 mm 的各种类型铁路货车。

(11)钢轨轨型:50 kg/m、60 kg/m、75 kg/m。

(12)线路条件:符合铁道部颁布的《车辆运行品质轨边动态监测系统设备安装技术条件》。

(13)工作环境:

①室内设备:温度 0～+45 ℃,湿度≤85%;

②室外设备:温度 −45～+60 ℃,湿度≤95%。

(14)电源:AC 220 V(允差 −20%～+15%),(50±10)Hz;功率消耗不大于 3 kV·A。

7.1.4 TPDS 联网应用

1. TPDS 总体结构

TPDS 由探测站、基层网络汇节点、铁路局监控中心、铁道部查询中心四级组成,并在列检作业场设监控复示终端。各级中心间以及基层网络汇节点与探测站/列检作业场之间通过铁路通信网络连接。

全路 TPDS 的组网形式充分体现了系统运行分散检测、集中报警、网络监测、信息共享的基本要求,实现了探测站与基层网络汇节点之间、基层网络汇节点与铁路局监控中心之间、铁路局与铁道部查询中心之间三级联网;前方列检作业场、车辆段、铁路局车辆安全检测技术中心三级复示;以及铁道部查询中心系统、铁路局监控中心系统和基层网络汇节点系统三级管理系统,如图 7-3 所示。

2. TPDS 监测数据处理和传输流程

探测站包括测点设备和测点服务器两部分。监测数据由测点设备采集处理后传给测点服务器;服务器根据评分标准进行分析与评分,并将评分超过一定限度的状态不良铁路货车数据传输至基层网络汇节点以逐级上报;同时,也将其他通过信息传输至基层网络汇节点,与此同时相关列检作业场可复示监测数据,对评分严重超标的危险铁路货车进行重点检查,数据处理和传输流程如图 7-4 所示。

3. TPDS 网络连接方案

TPDS 监测网络利用铁路计算机通信网既有网络通道组网,即利用铁路计算机网络和铁道部、铁路局、基层网络汇节点和站段四级局域网络,各级局域网通过广域网互联。TPDS 监测网络具体组网方案如下:

(1)铁道部查询中心、铁路局监控中心和基层网络汇节点计算机接入各级机关办公局域网,级间通过铁路计算机网络相联;

(2)探测站测试工控机与测点服务器连通,测点服务器与站段计算机房连通,通过车站局域网接入基层网络汇节点(速率 128 kbit/s 以上);

(3)列检作业场的计算机与车站计算机房连通,通过车站局域网接入基层网络汇节点(速率 128 kbit/s 以上);

(4)各级铁路货车主管部门客户机通过各级机关局域网与 TPDS 网络相联;

(5)局域网和广域网络通信统一采用 TCP/IP 协议;

(6)IP 地址分配符合铁道部统一规划,并报铁道部信息办和铁道部运输局装备部备案;

(7)TMIS、ATIS 以及综合安全监控管理系统等通过各级办公局域网与 TPDS 网络相联,实现信息共享;

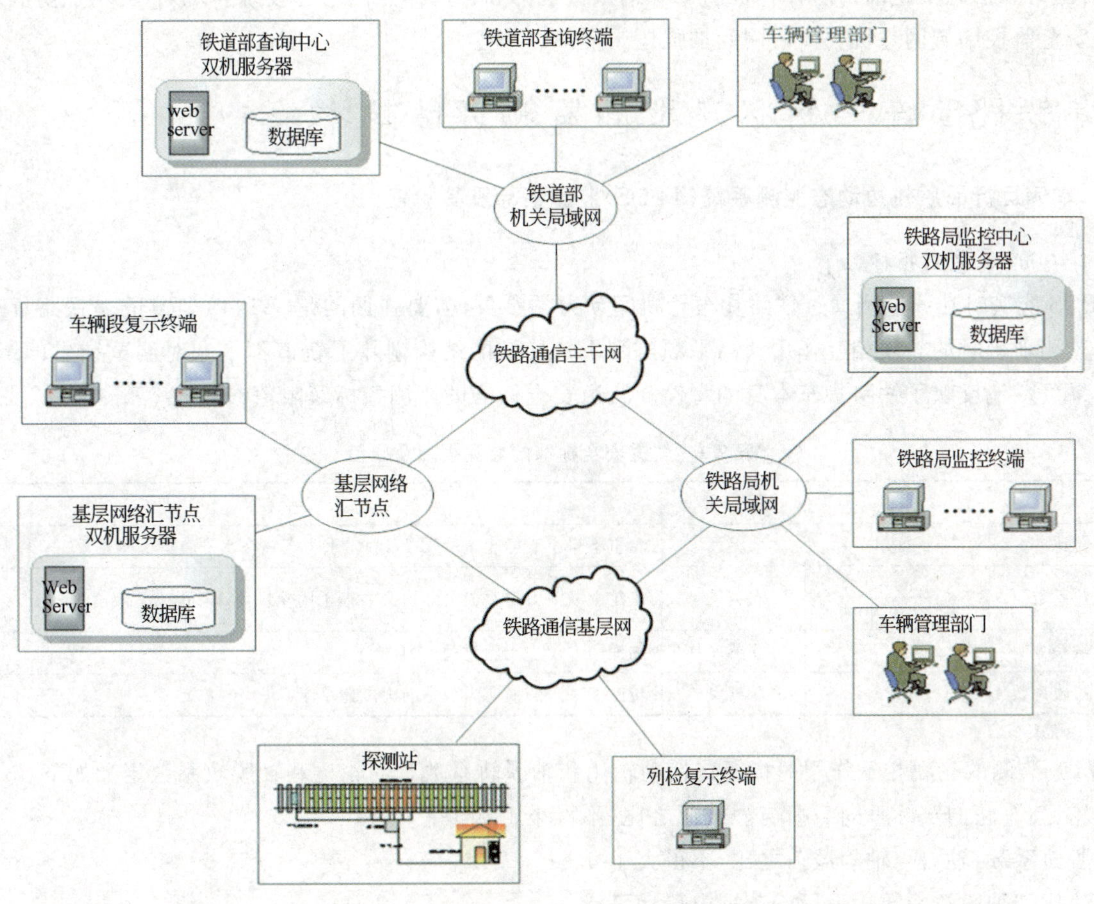

图 7-3 铁路货车运行状态地面安全监测网路信息系统框架结构

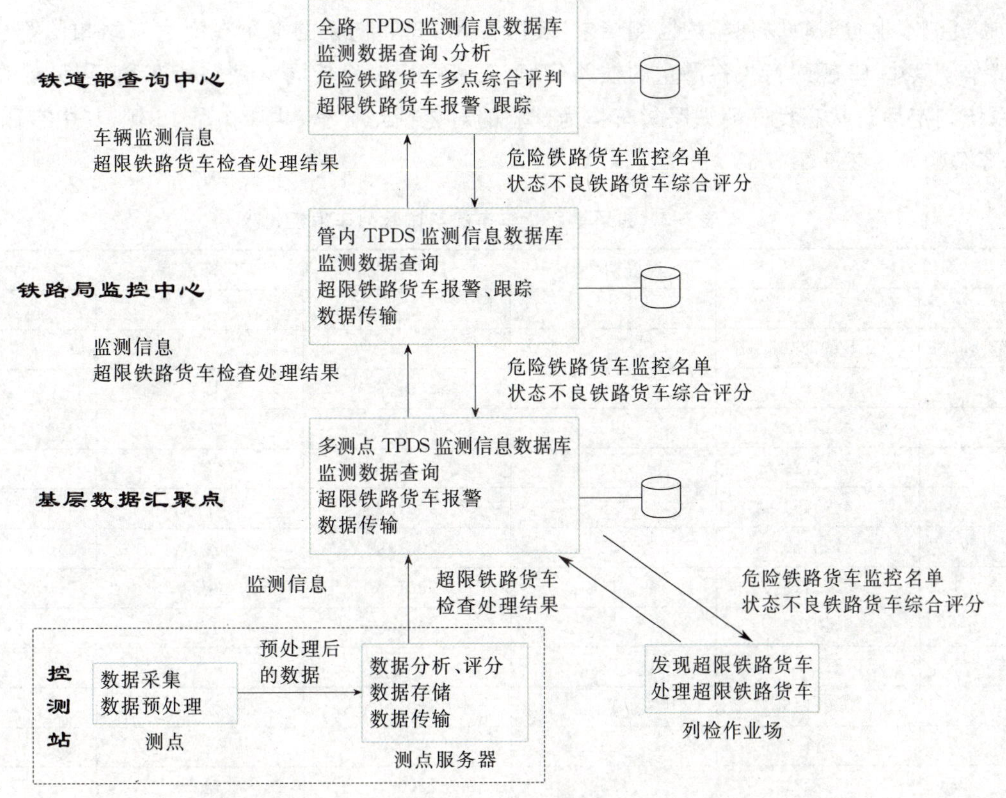

图 7-4 TPDS 系统监测数据传输流程示意图

(8)网络和信息安全以及防计算机病毒等纳入铁道部和各局信息网络建设统一规划,可增加防火墙设备在车辆安全监控局域网与机关局域网间加强逻辑隔离。

7.2 铁路货车运行状态地面监测评估技术

7.2.1 车辆运行品质轨边动态监测系统(TPDS)监测指标及其验证

7.2.1.1 TPDS监测指标

TPDS能实时在线监测通过铁路货车轮轨间动力学参数,需要强调的是,TPDS监测的是铁路货车通过高平顺监测平台时的轮轨相互作用。高平顺监测平台稳定的结构剔除了轨道不平顺对测试结果的影响,使监测结果更多地反映了铁路货车本身的特性。轨道安全标准的监测指标及限值参见表7-1。

表7-1 轨道安全标准的监测指标及限值

参数	限值	平滑窗	要求
动轮比	≥0.1	5英尺	轮重不得小于静轮重的10%,静轮重为车辆在水平轨道上的轮重
轮脱轨系数	$\leqslant\frac{\tan\delta-0.5}{1+0.5\tan\delta}$	5英尺	车轮上横向力与垂向力之比必须小于用轮缘角计算的安全限度
轴脱轨系数	≤0.5	5英尺	轴横向力须小于轮对垂向力的50%
转向架脱轨系数	≤0.6	5英尺	转向架一侧的横向力与垂向力之比小于0.6

TPDS监测的轮轨相互作用的指标包括动轮比和轴脱轨系数。动轮比和轴脱轨系数定义如下:

动轮比:车轮的实际垂向载荷与静载荷之比,不得小于0.1;

轴脱轨系数:轴力与轴静载荷之比,不得大于0.5;

动轮比和轴脱轨系数均采用5英尺窗移动平滑。

7.2.1.2 2001年沪宁线TPDS的扣车验证试验

2001年10月12日至2001年10月25日,利用设在镇江南站内、站外的2套车辆运行品质轨边动态监测系统,对通过沪宁上行线货物列车的监测结果,装用转8A型转向架的空车在南京东站扣留符合试验大纲要求的被试车。其中12辆蛇行失稳严重的铁路货车,4辆蛇行失稳较同型铁路货车稍轻,另外扣了3辆地面TPDS系统判定运行状态良好的铁路货车作为试验的对比铁路货车,共计扣车15辆,其中有棚车2辆、平车6辆、敞车7辆。见表7-2。

表7-2 扣留铁路货车车况与试验列车编组

编组顺序		段修期(年)	段修时间	段修地点	序号
机车					1
试验车	SY97846				2
P_{62}	3131004	1.5	2001.6	南京	3
C_{64}	4813802	1.5	2001.10	戚厂	4
N_{17}	5041729	1	2001.6	哈厂	5
C_{62B}	4670454	1.5	2001.3	上永	6
P_{62}	3125289	1.5	2001.9	沈苏	7
XN_{17A}	5273417	1	2001.2	南京	8
N_{17}	5040787	1	2001.8	京天	9
隔离车	重车				10
X_{6A}	5201196	1	2001.4	京天	11
隔离车	重车				12
C_{62A}	4547081	1.5	2000.7	哈厂	13
C_{64}	4838406	1.5	2000.4	济徐	14

续上表

编组顺序		段修期(年)	段修时间	段修地点	序　号
C_{62A*}	4518687	1.5	2000.10	广株	15
C_{62A*}	4509453	1.5	2000.11	沈辽	16
N_{17}	5042232	1	2001.2	京丰	17
N_{17G}	5053062	1	2001.7	贵厂	18
C_{62B}	4600802	1.5	2000.11	成西昌	19

列车线路动力学试验于 2001 年 11 月 1～4 日在沪宁线上行方向三山—镇江南的区间中进行。铁路机车牵引由试验车、15 辆被试车及 2 辆隔离重车组成的列车编组，反复通过镇江南站外、站内 2 套地面安全监测装置所在的区间，速度级包括：60 km/h、65 km/h、70 km/h、75 km/h 和 80 km/h。地面的 2 套安全监测系统和车载的车辆动力学测量系统对被试车进行了测定。

1. 车载的车辆动力学测量系统评定结果

铁路货车平稳性测试表明，15 辆被试车中，只有作为状态良好的对比车 P_{62}3131004 在试验的所有速度级，达到了 GB/T 5599—1985《铁道车辆动力学性能评定和试验鉴定规范》规定的合格标准，其余各车在稍高的速度级，均超过了合格标准，总体上状态不良被试车横向动力学性能较对比车差。如表 7-3 所示，状态不良铁路货车 N_{17}5042232 的横向动力学性能，明显比状态较好对比车 N_{17}5041729 差，证明地面安全监测装置能正确判断铁路货车运行状态。

表 7-3　动力学指标对比表

时间	速度(km/h)	N_{17}5042232(状态不良铁路货车)		N_{17}5041729(状态较好对比车)	
		车体横向加速度	横向平稳性指标	车体横向加速度	横向平稳性指标
		平均(g)	平均	平均(g)	平均
11月1日 11月2日 11月4日 晴天	60	0.31	3.69	0.25	3.33
	65	0.53	4.88	0.21	3.19
	70	0.65	5.4	0.35	3.84
	75	0.79	5.76	0.44	4.34
	80	0.84	5.87	0.52	4.75
11月3日 雨天	60	0.18	3.16	0.13	2.52
	65	0.23	3.52	0.12	2.55
	70	0.37	4.42	0.13	2.65
	75	0.56	5.15	0.23	3.42
	80	0.6	5.34	0.27	3.66

2. 车体横向加速度均值与 TPDS 横向轴力 H 均值相关性

车辆动力学测量系统在 60 km/h、65 km/h、70 km/h、75 km/h、80 km/h 五个速度级下测量的车体横向加速度的平均值与地面安全监测装置测得同一辆车的横向轴力平均值的相关性见表 7-4。从表中可见，两者有很强的相关性，说明 TPDS 测定动力学横向参数正确反映了铁路货车的横向动力学性能。

3. 车体横向平稳性指标均值与轴脱轨系数均值相关性

评定车辆横向动力学性能的重要参数是车体的横向平稳性指标，而轴脱轨系数是地面安全监测装置评定铁路货车状态的重要参数之一。车辆动力学测量系统在 60 km/h、65 km/h、70 km/h、75 km/h、80 km/h 五个速度级下测量的车体横向平稳性指标的平均值与地面安全监测装置测得同一辆车的轴脱轨系数的平均值的相关性见表 7-5。列表数据显示，二者最小的相关系数是 N_{17G}5053062 的 74.9%，最大的相关系数达

99.7%,15 辆被试车平均相关系数为 92.8%,表明地面安全监测系统测得的横向力/静轴重,与车辆动力学测量系统测量的车体横向平稳性指标有很强的相关性。

表 7-4　横向加速度与横向轴力 H 均值相关系数表

车　号	车体横向加速度均值与横向轴力 H 均值相关系数	车　号	车体横向加速度均值与横向轴力 H 均值相关系数
P_{62}3131004	86.9%	C_{62A}.4547081	97.5%
C_{64}4813802	97.5%	C_{64}4838406	94.8%
N_{17}5041729	79.4%	C_{62A}.4518687	95.3%
C_{62B}4670454	96.4%	C_{62A}.4509453	99.4%
P_{62}3125289	98.4%	N_{17}5042232	97.8%
XN_{17A}5273417	94.6%	N_{17G}5053062	77.2%
N_{17}5040787	97.1%	C_{62B}4600802	98.0%
X_{6A}5201196	85.5%	平均相关系数	93.1%

表 7-5　车体横向平稳性指标均值与轴脱轨系数均值相关性

车　号	车体横向平稳性指标均值与轴脱轨系数均值相关系数	车　号	车体横向平稳性指标均值与轴脱轨系数均值相关系数
P_{62}3131004	91.4%	C_{62A}.4547081	96.5%
C_{64}4813802	93.4%	C_{64}4838406	92.1%
N_{17}5041729	79.7%	C_{62A}.4518687	97.8%
C_{62B}4670454	96.8%	C_{62A}.4509453	99.6%
P_{62}3125289	96.7%	N_{17}5042232	99.7%
XN_{17A}5273417	92.5%	N_{17G}5053062	74.9%
N_{17}5040787	97.4%	C_{62B}4600802	93.4%
X_{6A}5201196	90.2%	平均相关系数	92.8%

4. 分解检测

在 2001 年 11 月 4 日完成沪宁线地面安全监测装置的第一次动力学试验后,试验编组调至南京东,准备本次试验的第二阶段工作:铁路货车的分解检查与维修。2001 年 11 月 6 日至 11 月 9 日铁路货车分解前,对 15 辆被试车进行了相对摩擦系数的测定,对被试车进行分解测量。15 辆被试车的分解检测工作按段修标准进行,获得了本次试验中各种运行状态的铁路货车零部件磨耗的数据,如轮对、承载鞍、斜楔、侧架立柱磨耗板、摇枕斜楔摩擦面、弹簧、心盘螺栓、心盘磨耗、旁承游间、导框间隙、车钩高、斜楔弹簧支承面与摇枕弹簧支承面高差等项指标。分解检测结果表明:

(1)铁路货车的磨耗程度与铁路货车的动力学性能有很强的相关性。

(2)通过地面安全监测装置扣到的状态不良铁路货车大都磨耗严重。

(3)通过地面安全监测装置扣到的状态较好铁路货车磨耗较轻。

7.2.1.3　提速铁路货车环行线可靠性试验 TPDS 监测数据分析

1. 动力学性能与转向架类型

本次可靠性试验中涵盖了我国所有提速转向架,包括 21 t 轴重的转 K2、转 K2(改)、转 K4 型转向架,23 t/25 t 轴重的转 K5、转 K6 型转向架。以下分空车、重车两种工况,分别比较各类转向架,在各个速度级下 TPDS 监测轴脱轨系数的均值,从而在总体上比较各类转向架横向稳定性的特性。

图 7-5 为转 K2、转 K2(改)、转 K4、转 K5、转 K6 型转向架空车工况下，各速度级通过环行线 TPDS 测得的轴脱轨系数均值比较。如图 7-5 所示，装用转 K2、转 K2(改)型转向架空车横向稳定性相对较差，转 K4、转 K5、转 K6 型转向架空车横向稳定性差别不大，这与动力学检测结果一致。

图 7-6 为转 K2、转 K2(改)、转 K4、转 K5、转 K6 型转向架重车工况下，各速度级通过环行线 TPDS 测得的轴脱轨系数均值比较。如图 7-6 所示，仍然是装用转 K2、转 K2(改)型转向架重车横向稳定性相对较差，转 K4、转 K5、转 K6 型转向架重车横向稳定性差别不大。

对比图 7-5 和图 7-6，在 60～120 km/h 速度范围内，提速转向架重车横向稳定性优于空车横向稳定性。

2. 动力学性能与累积里程

在可靠性试验中，每一圈(8.5 km)安装在直线段的 TPDS 监测参试铁路货车一次，因此可以详尽地反映参试车横向稳定性的变化。图 7-7～图 7-21 为部分可靠性参试车横向稳定性随累计运行里程变化的趋势，其中横轴是以天为单位统计的可靠性累积运行里程，纵轴为以天为单位统计的 120 km/h 速度级 TPDS 测得的轴脱轨系统均值。铁路货车的横向动力学性能与很多因素相关，如零部件磨合、零部件耗损、行车方向、编组因素、可靠性试验中检修、可靠性试验中零部件技术改造等，因此可靠性试验中参试铁路货车轴脱轨系数日平均值呈较大的波动，但其随累积里程变化的规律，仍然反映了参试铁路货车横向动力学变化的趋势及总体的规律。

3. 可靠性试验 TPDS 监测数据概述

如图 7-7～图 7-21 所示，重车横向动力学性能较好，随累计里程变化的幅值较小。从图 7-11(G_{70K} 6283956)、图 7-12(PB7006333)、图 7-15(C_{62BK} 4623687)、图 7-16(G_{60K} 6227084)、图 7-19(NX_{17BH} 5350101)中可以看出，TPDS 监测的轴脱轨系数日均值最大小于 0.2，明显较空车小。

装用转 K4、转 K5、转 K6 型转向架的参试车横向动力学性能普遍较好。从图 7-17(NX_{17BH} 5350102)、图 7-18(G_{70K} 6450102)、图 7-20(P_{70H} 3760000)、图 7-21(C_{76} 4353127)中可以看出，TPDS 监测的轴脱轨系数日均值明显较小。

装用转 K2、转 K2(改)型转向架的空车横向动力学性能相对较差。从图 7-14(G_{60K} 6227972)、图 7-18(G_{60K} 6283954)、图 7-7(NX_{17BK} 5283868)、图 7-13(C_{62BK} 4627592)中可以看出，其 TPDS 监测的轴脱轨系数日均值可超过 0.3 以上。

4. TPDS 监测数据与横向动力学相关故障的关联

可靠性试验中与横向动力学性能相关的故障或磨耗，如图 7-7～图 7-21 所示，某些参试铁路货车在试验中 TPDS 监测的轴脱轨系数日均值曾出现比较明显的大值，几乎所有 TPDS 监测的轴脱轨系数日均值超过 0.3 的参试车，其承载鞍顶面都出现过明显磨耗，而且 TPDS 监测的轴脱轨系数日均值的大值出现的日期或累积里程，能与承载鞍顶面都出现磨耗的日期或累积里程对应。NX_{17BK} 5283868 在 2004 年 7 月 8 日和 2006 年 3 月 18 日的可靠性试验中发现承载鞍顶面磨耗，对应的累积里程分别为 146 115 km、180 982 km，图 7-7中 TPDS 监测 NX_{17BK} 5283868 的轴脱轨系数日均值在上述两个累积里程附近均有 0.3 的大值；G_{60K} 6283954 在日列检发现其 1、2 位承载鞍顶面磨耗严重，对应的累积里程为 145 248 km，对照图 7-8 中 G_{60K} 6283954 的 TPDS 监测轴脱轨系数日均值在此累积里程附近有超过 0.3 的大值，在此前的几万公里可靠性试验中，环行线的 TPDS 曾多次对该车报警，但当时其承载鞍顶面尚未出现明显磨耗；另一个横向动力学失效的典型例子是 C_{62BK} 4627592，第二阶段可靠性试验中，列检于 2006 年 7 月 8 日发现 C_{62BK} 4627592 的 1、5、7、8 位承载鞍顶面出现磨耗，对应的累积里程为 47 430 km，查看图 7-13 中 C_{62BK} 4627592 在此处出现了接近 0.4 的大值。综上所述，TPDS 监测的轴脱轨系数日均值超过 0.3 的大值与参试车承载鞍顶面磨耗有非常一致的对应关系，说明 TPDS 的监测结果正确地反映了横向动力学失效，说明可以根据铁路货车通过 TPDS 探测站的轴脱轨系数监测正确地预报横向动力学失效，这里说的横向动力学失效是对横向动力学性能下降的一种描述，并非车辆会立即脱轨，只是相对横向动力学状态正常时，脱轨的概率较大。

5．动力学性能的方向性

图 7-7～图 7-21 中 TPDS 监测的轴脱轨系数的突变与可靠性试验中参试车辆的掉头密切相关。可靠性试验中为防止车轮偏磨，试验每周掉头一次、每月重新编组掉头一次，掉头可以造成 TPDS 监测的轴脱轨系数的突变，如图 7-9 中 TPDS 监测 NX_{17BK}5283866 的轴脱轨系数日均值，在试验累积里程约 9 700 km 后有明显下降，根据可靠性试验日志，该试验累积里程处(2004 年 4 月 6 日)，铁路货车进行了辅修掉头；又如，图 7-10 和图 7-17 所示 TPDS 监测 C_{64K}4944589 及 NX_{17BH}5350102 的轴脱轨系数日均值，在试验累积里程约 15 000 km 后均有突变，根据可靠性试验日志，两车在该试验累积里程处(2003 年 12 月 30 日)，铁路货车进行了周检掉头。正是通过 TPDS 对可靠性试验参试车全程监测，使得我们可以连续地分析监测值随累积里程的变化，TPDS 监测到的参试车因掉头而产生轴脱轨系数的突变表明，铁路货车动力学性能是有方向性的。

6．维修和技术改造因素

图 7-7～图 7-21 中的部分 TPDS 监测数据突变是因为可靠性试验中参试车进行了检修或技术改造。如图 7-13 中 C_{62BK}4627592 在 7.5 万 km 累积里程后，其 TPDS 监测的轴脱轨系数有了明显下降，该车因承载鞍顶面磨耗严重，于 2006 年 9 月 5 日扣车，进行修复，其侧架组成 3、4 位更换新品，侧架立柱磨耗板为微合金 ADI 磨耗板新品，4 个承载鞍全部更换新品，维修后 TPDS 监测的轴脱轨系数显著降低，表明该车横向动力学性能在维修后有了大幅度地改善。因此，TPDS 监测数据还可以作为评价可靠性试验中所采取的维修和技术改造有效性的依据。

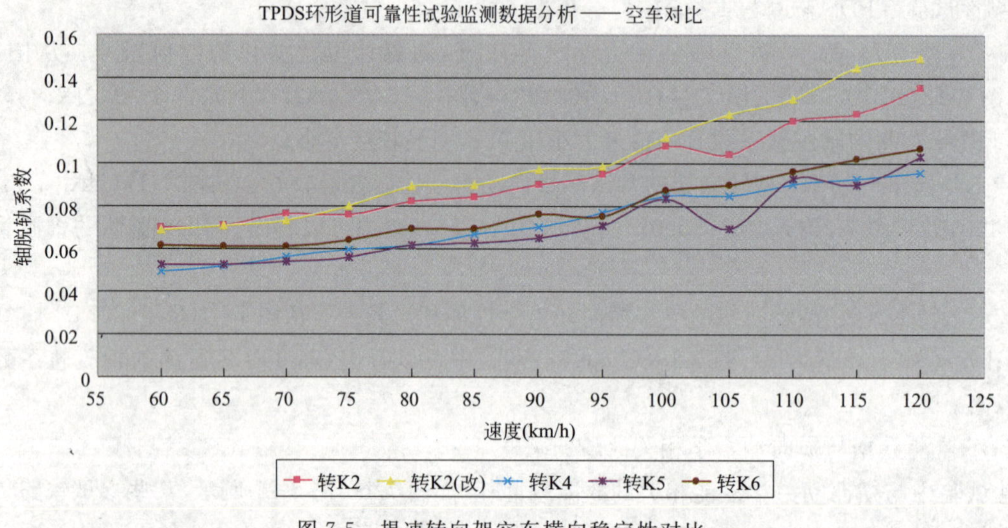

图 7-5　提速转向架空车横向稳定性对比

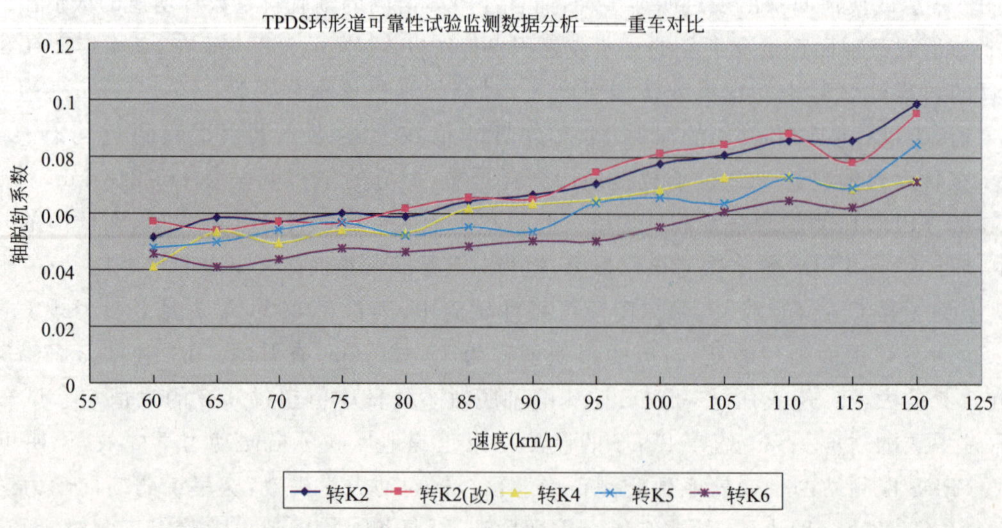

图 7-6　提速转向架重车横向稳定性对比

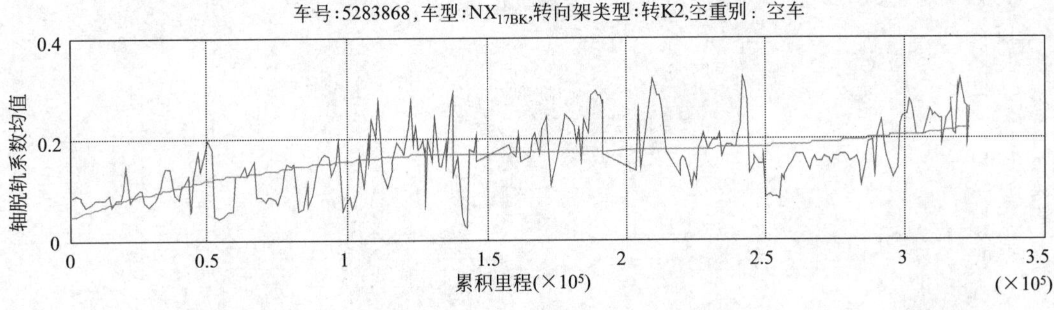

图 7-7　NX_{17BK} 5283868 可靠性试验累积里程与轴脱轨系数日均值

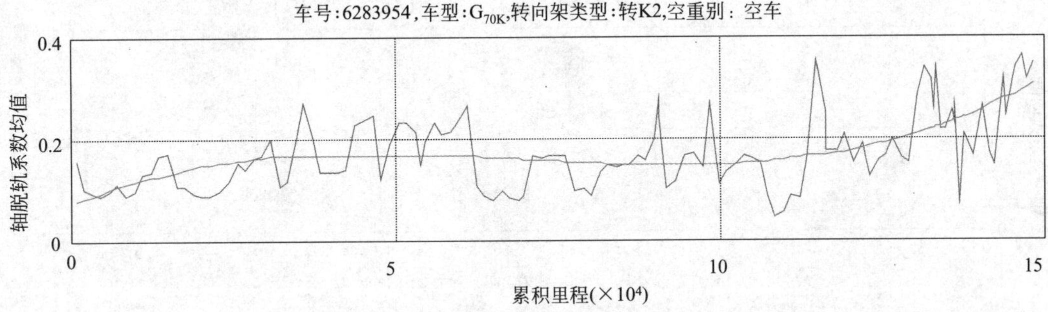

图 7-8　G_{70K} 6283954 可靠性试验累积里程与轴脱轨系数日均值

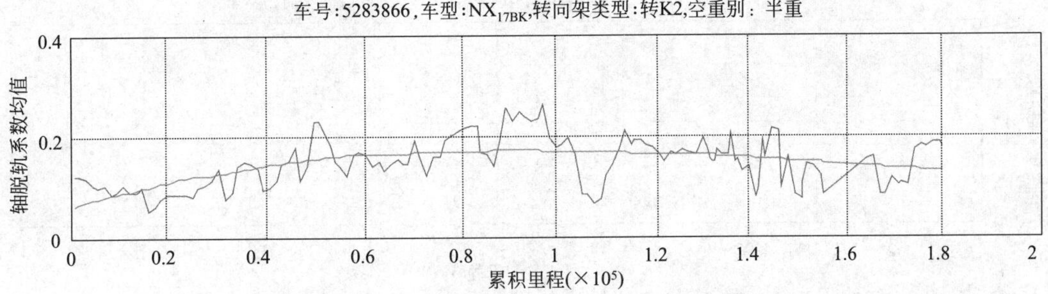

图 7-9　NX_{17BK} 5283866 可靠性试验累积里程与轴脱轨系数日均值

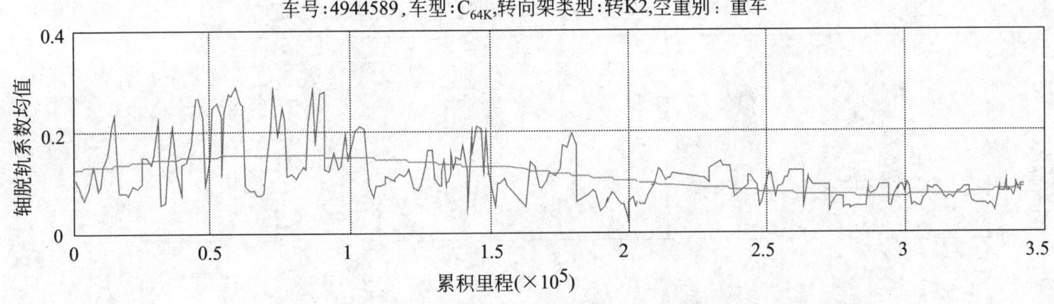

图 7-10　C_{64K} 4944589 可靠性试验累积里程与轴脱轨系数日均值

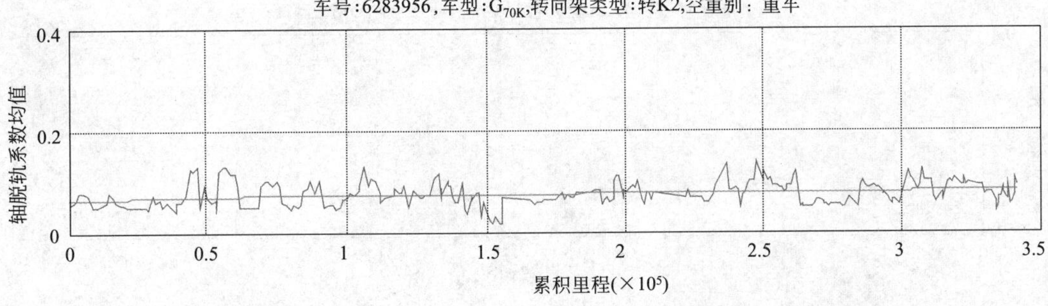

图 7-11　G_{70K} 6283956 可靠性试验累积里程与轴脱轨系数日均值

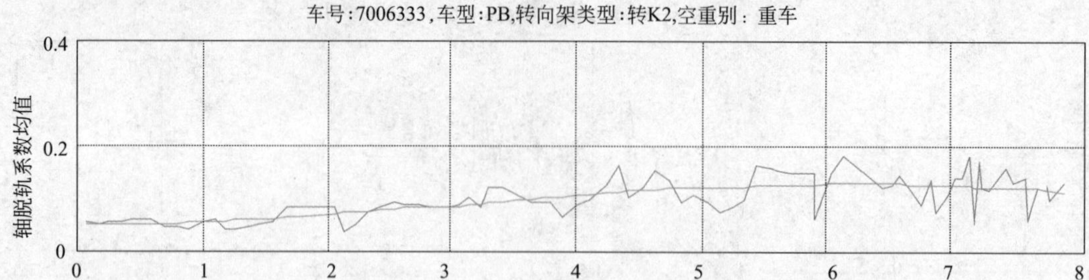

图 7-12　PB7006333 可靠性试验累积里程与轴脱轨系数日均值

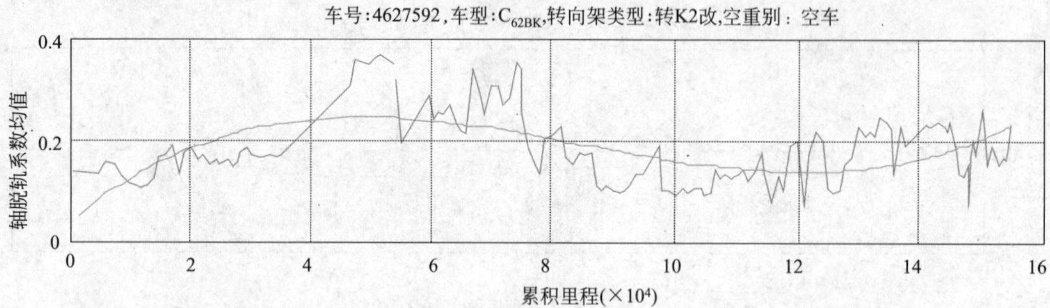

图 7-13　C_{62BK} 4627592 可靠性试验累积里程与轴脱轨系数日均值

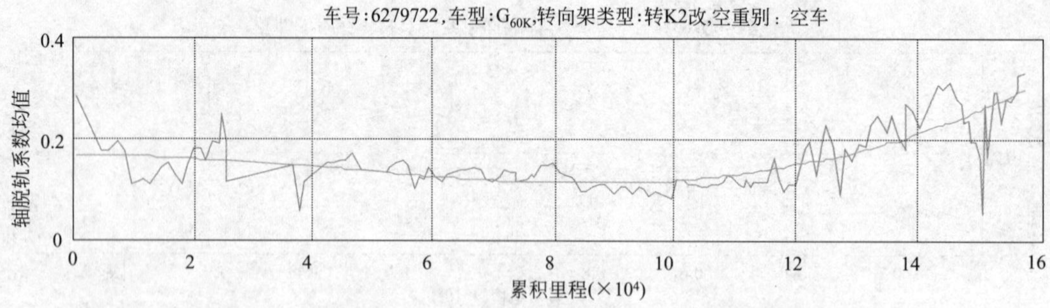

图 7-14　G_{60K} 6227972 可靠性试验累积里程与轴脱轨系数日均值

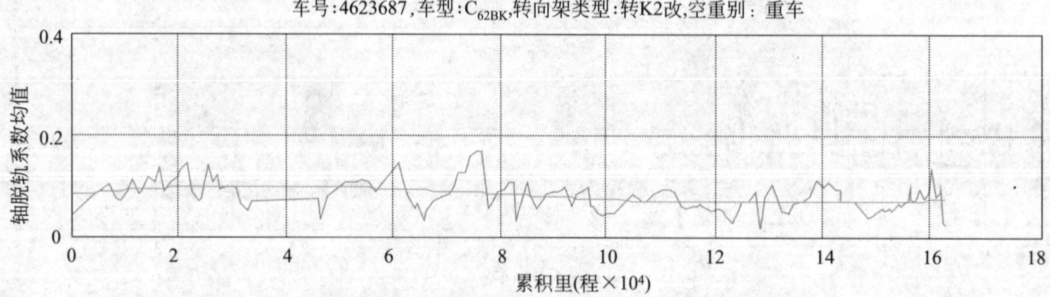

图 7-15　C_{62BK} 4623687 可靠性试验累积里程与轴脱轨系数日均值

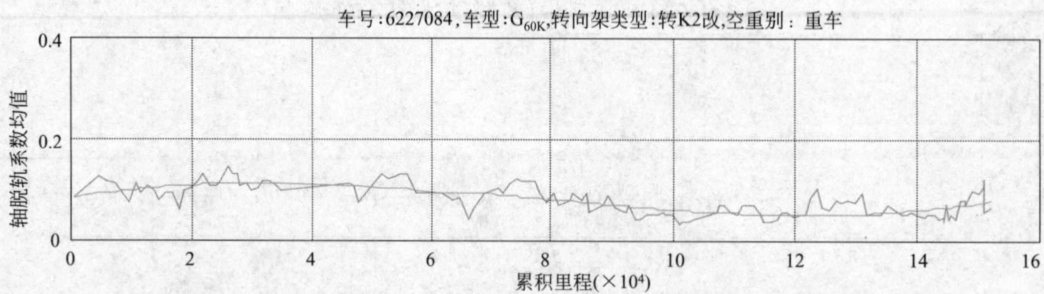

图 7-16　G_{60K} 6227084 可靠性试验累积里程与轴脱轨系数日均值

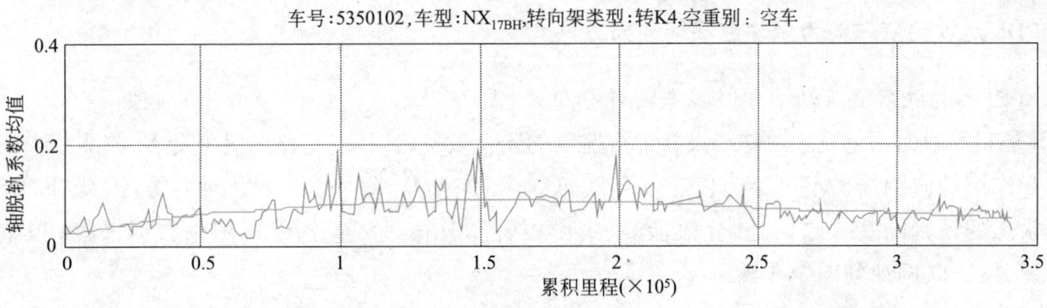

图 7-17 NX_{17BH}5350102 可靠性试验累积里程与轴脱轨系数日均值

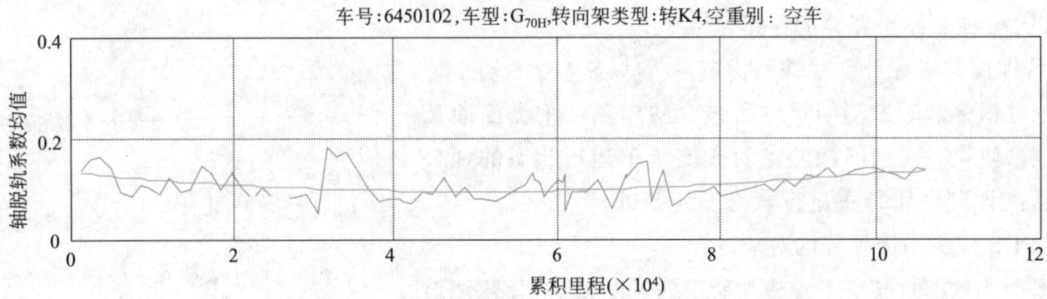

图 7-18 G_{70H}6450102 可靠性试验累积里程与轴脱轨系数日均值

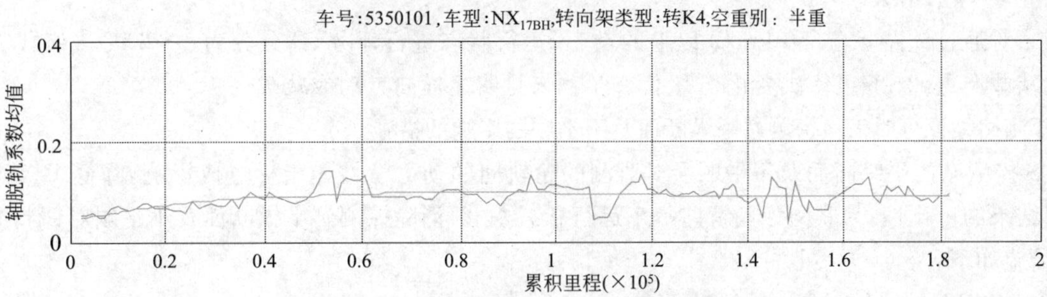

图 7-19 NX_{17BH}5350101 可靠性试验累积里程与轴脱轨系数日均值

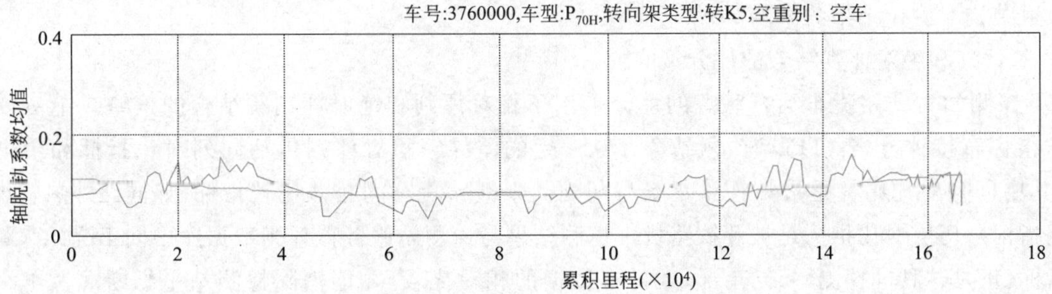

图 7-20 P_{70H}3760000 可靠性试验累积里程与轴脱轨系数日均值

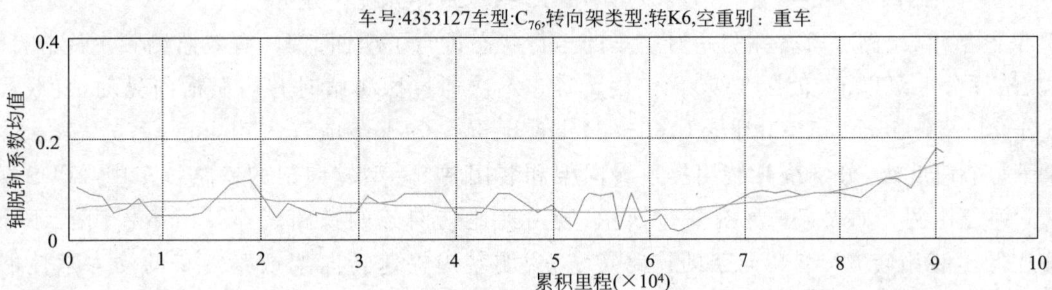

图 7-21 C_{76}4353127 可靠性试验累积里程与轴脱轨系数日均值

7.2.2 TPDS对铁路货车动力学性能联网评判方法

7.2.2.1 TPDS对铁路货车动力学性能联网评判框架(图7-22)

TPDS是利用地面固定设施对移动设备进行监测的安全设备，其特点是监测对象众多、监测频次高，但单次轮轨间相互作用的监测结果不可避免包含一定随机因素，如冲角、编组、列车纵向力等，因此TPDS对铁路货车运行状态的评判的基本原则是“分散检测、集中报警”，具体过程包括①探测站数据采集；②参数计算；③探测站评分；④联网评判四个步骤。

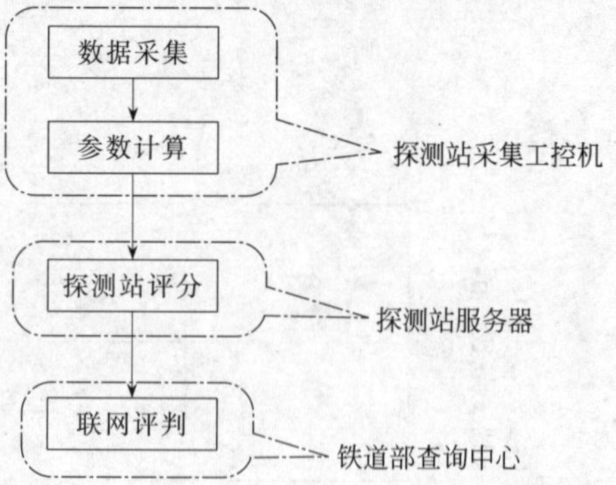

7.2.2.2 TPDS探测站级评分及验证

1. TPDS探测站级评分

(1)TPDS探测站级评分的作用

TPDS探测站级评分是对铁路货车运行状态进行的初步评判，在评分过程中消除监测结果中所包含的探测站平纵断面及不平顺影响，使得各TPDS探测站对铁路货车运行状态的评分可比，为联网评判铁路货车运行状态奠定基础。

(2)TPDS探测站级评分的对象

TPDS是为铁路货车空车脱轨而研发的安全设备，其监测对象是速度50 km/h以上的空车(低速时铁路货车动力学性能没有明显差异)；对重车只进行大值监测。

数据采集
参数计算
探测站采集工控机
探测站评分
探测站服务器
联网评判
铁道部查询中心

图7-22 TPDS对货车运行状态评判的步骤

(3)TPDS探测站级评分说明

探测站对通过铁路货车(50 km/h以上的空车)运行状态进行评分，评分分为1～6级，1级代表车辆横向晃动或减载严重，2～5级依次变化，6级代表车辆未见明显横向晃动或减载。

(4)探测站级评分时消除探测站平纵断面及不平顺的影响的措施

TPDS探测站的平纵断面及不平顺会对监测的轮轨间的动力学性能指标造成影响，降低了TPDS各探测站监测结果的可比性，为联网评判铁路货车运行状态，必须消除探测站平纵断面及不平顺对评判结果的影响，具体措施如下：

① TPDS探测站采用高平顺的测试平台

TPDS探测站测试平台采用了22根专用轨枕，并且纵向相连，构成了一个稳定的高平顺测试平台，尽可能减少轨道结构对测试结果的影响。

② 相对评判和绝对评判结合的评分策略

TPDS探测站对铁路货车运行状态的评分采用了相对评判和绝对评判相结合的策略。绝对评判是采用动力学指标直接评分，各TPDS探测站会存在一定的差异。相对评判包括同列对比指标和历史对比指标两类，其中同列对比指标是被评铁路货车与同列其余铁路货车的相对比较指标(如同红外热轴评判的列比或侧比指标)；历史对比指标是被评铁路货车检测结果与探测站服务器评判数据库中同工况的大量历史数据对比指标，正是这种同探测站、同工况、大样本数据的相对比较，才能消除探测站平纵断面及不平顺的影响。

2. TPDS探测站级评分的验证——2007年TPDS探测站评分统计分析

2007年上半年，全路TPDS探测站对空车的运行状态进行了全面监测，有效监测频次达五百多万次。TPDS探测站评分3级以下(包括3级)代表铁路货车本次通过探测站时有明显横向晃动，直线稳定性较差。以下分50～54 km/h、55～59 km/h、60～64 km/h、65～69 km/h、70～74 km/h、75～79 km/h、80～84 km/h等七个速度级，分别统计装用提速转向架和装用转8A型转向架的铁路货车中TPDS探测站评分3级以下评分比例。如表7-6及图7-23所示，装用提速转向架的铁路货车TPDS探测站评分3级以下的比例远低于装用转8A型转向架的铁路货车，说明装用提速转向架铁路货车的动力学性能明显好于装用转8A型转向架的铁路货车，同时表明TPDS探测站级评分对于铁路货车动力学性能有明显的指针性。

表 7-6 转 8A 型转向架与提速转向架直线稳定性的比较

直线稳定性较差铁路货车的比例(TPDS 探测站评分 3 级以下)								
转向架类型	速度 50～54 km/h	速度 55～59 km/h	速度 60～64 km/h	速度 65～69 km/h	速度 70～74 km/h	速度 75～79 km/h	速度 80～84 km/h	有效监测频次
转 8A	2.05%	7.47%	18.04%	30.54%	41.56%	47.65%	51.50%	1538774
提速转向架	0.26%	0.38%	0.42%	0.57%	1.53%	1.61%	0.48%	3986667

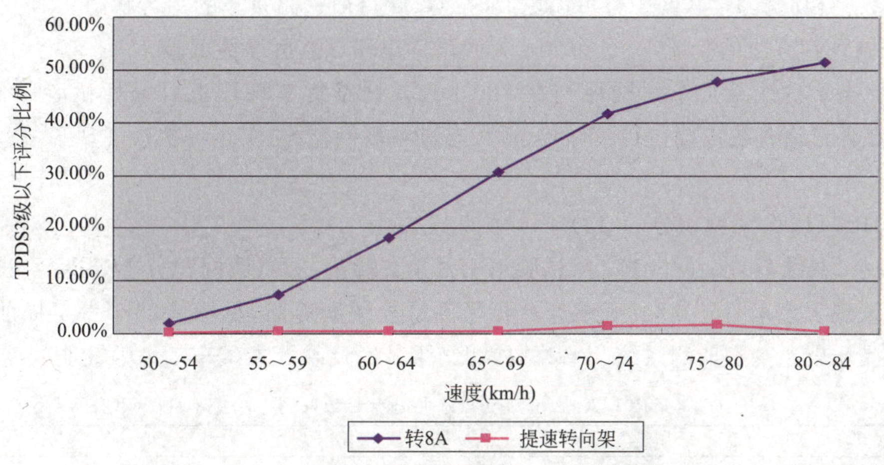

图 7-23 转 8A 型转向架与提速转向架直线稳定性的比较

3. TPDS 探测站评分随机因素说明

TPDS 探测站评分只是对铁路货车运行状态的初步评判，虽然在统计意义上对铁路货车动力学性能有明显的指针性，但单点单次评分仍不足以可靠地反映铁路货车的动力学性能，其原因主要是因为探测站的单次评分中包含了一些随机因素，如冲角、编组、列车纵向力等。例如一辆横向振动明显的铁路货车，如果通过探测站时列车牵引，其横向振动幅值会受到明显抑制，本次评分则不能完全反应该车的运行状态。因此探测站单次评分不足以可靠评价铁路货车的运行状态，必须在探测站评分的基础上，利用多点、多次的联网评判，TPDS 才能剔除上述随机因素的影响，全面、正确地评价铁路货车的运行状态。

7.2.2.3 TPDS 联网评判及验证

在 TPDS 探测站评分的基础上，TPDS 查询中心汇集全路 TPDS 探测站的评分，在此基础上开展铁路货车运行状态的联网评判，TPDS 铁路货车运行状态的联网评判是铁道部课题“状态不良铁路货车维修方法研究”(2002J044)的研究内容。

1. TPDS 联网评判铁路货车运行状态的基本方法

(1)有效通过

从最近的厂段修开始，空车 50 km/h 以上通过 TPDS 探测站等有探测站级评分的为有效通过。铁路货车厂、段修信息 TPDS 从 HMIS 中取得。

(2)探测站评分对应的运行状态积分

TPDS 探测站的评分都对应于一定运行状态积分，在此基础上可以计算铁路货车运行状态的联网积分。见表 7-7。

表 7-7 探测站评分与状态积分

探测站评分	状态积分
1 级	30
2 级	15
3 级	10
4 级	5
5 级及以下	0

(3)TPDS 铁路货车运行状态联网积分的计算

TPDS 查询中心汇集全路 TPDS 探测站的评分，探测站每级评分对应一定的运行状态积分，TPDS 联网评判采用“滑动平均”的方法，“滑动平均”的窗口长度为七次有效通过，即采用某车最近七次有效通过的运行状态积分和作为该车运行状态联网积分，来表征该车最近的动力学性能。

(4)TPDS 联网评判中滑动平均“窗口”长度的说明

TPDS 联网评判中滑动平均“窗口”长度的选取考虑两个因素，其一，随机因素的剔除，TPDS 探测站级评分及对应的运行状态积分不可避免包含随机因素，因此滑动平均窗口越长，联网积分包含的因素越少；其二，数据的实效性，铁路货车运行状态在一个动态变化过程中，时间太久的数据对表征目前的铁路货车运行状态意义不大。TPDS 2007 年上半年的有效通过为 500 万次左右，以全路国铁货车保有量 58 万辆计，平均每辆车月有效通过 1.49 次，目前滑动平均窗口长度覆盖了 4.5 个月运行周期，即联网积分表明了铁路货车最近 4.5 个月动力学性能的平均状态。随着 TPDS 监测网不断完善，监测力度及频次会大大增加，平均每辆车月有效通过次数会相应提高，联网积分可以更及时地反映目前铁路货车的运行状态。

2. TPDS 联网评判方法的验证——120 km/h 铁路货车环形道可靠性试验

TPDS 运行状态不良铁路货车联网评判在 120 km/h 铁路货车环形道可靠性试验中有成功的应用。TPDS 探测站设在环形道直线段，对参试车的运行状态进行联网监测(单点多次)，发现了一些运行状态不良铁路货车。

(1)G_{70H}6450103TPDS 联网积分(×10)

如图 7-24 所示，参试车 G_{70H}6450103 从试验第一月至试验第二月，联网积分上升迅猛，试验中被提示重点观察。试验中发现了该车明显异常(旁承磨耗板紧固螺栓频繁剪断，见图 7-25)，直至提前停止试验。试验表明车辆运行品质轨边动态监测系统(TPDS)检测结果及时反映了参试车动力学性能的变化趋势。

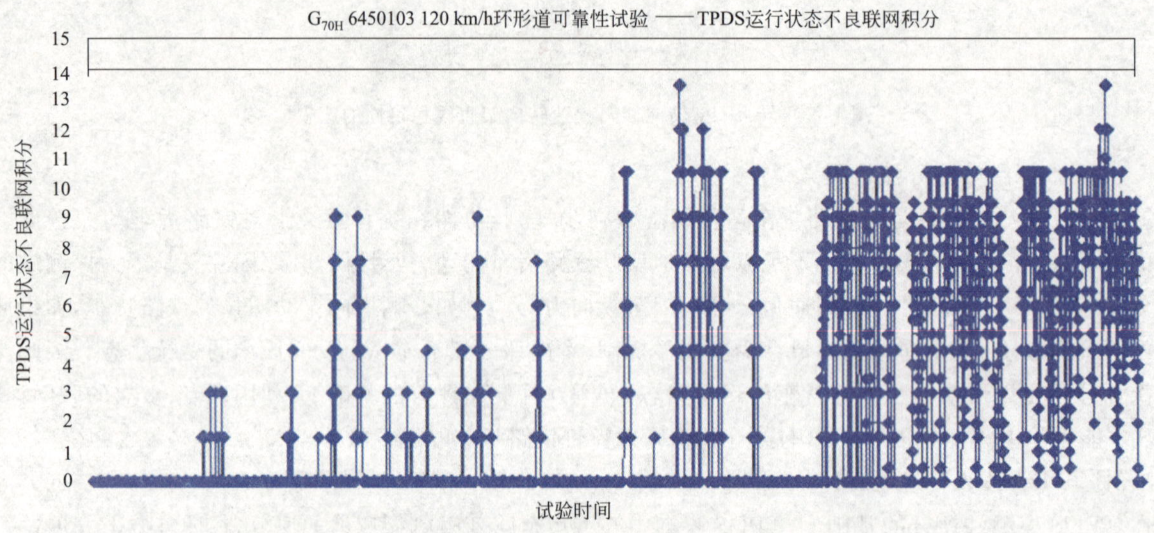

图 7-24　G_{70H}6450103 的联网积分

图 7-25　G_{70H}6450103 旁承磨耗板固定螺栓切断

经随后的动力学试验验证，G_{70H}6450103 车在速度大于 90 km/h 时出现了横向失稳的迹象，表现为单一频率的连续横向振动，主频 4.0～4.9 Hz。这种振动随着速度的增加而逐步增加。横向平稳性指标均超过了国标的最低要求。

(2)G_{70K}6283954TPDS 联网积分(×10)

如图 7-26 所示，参试车 G_{70K}6283954TPDS 联网积分在试验各月均较高，其最高值逐月增高试验前期，TPDS 虽然报警较多，但同期列检并没有发现该车特别异常。试验第五月该车联网积分更为迅猛，最大值达 18，试验中被列为重点观察对象，直至该车承载鞍出现异常磨耗(见图 7-27)，提前退出试验。

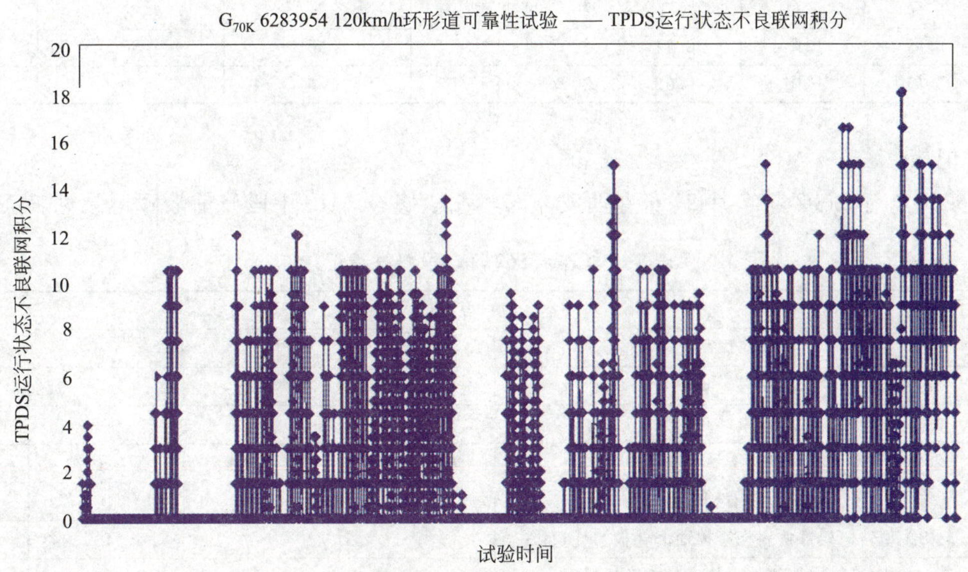

图 7-26 G_{70K}6283954 的联网积分

试验表明，在列检没有发现铁路货车明显异常情况时，车辆运行品质轨边动态监测系统(TPDS)已监测到 G_{70K}6283954 动力学性能不良，且有恶化的趋势，提前警示试验人员密切观察该车车况，确保了试验安全。

经随后的动力学试验验证，G_{70K}6283954 车当速度大于 90 km/h 时，横向出现单一频率的振动，横向加速度及平稳性指标增加较快。速度进一步增加时，横向加速度及横向平稳性指标全面超限，其横向振动频率为 3.75 Hz，表现出该车在横向已出现蛇行失稳的状态。

图 7-27 G_{70K}6283954 承载鞍异常磨损

3. TPDS 联网评判方法的验证——联网报警铁路货车段修记录实例

(1)联网积分

C_{62A}4556227 于 2007 年 7 月 4 日通过 TPDS 镇江探测站，联网积分达到 135，表 7-8 为联网积分的构成。

表 7-8　C_{62A} 4556227 联网积分的构成

序号	局别	探测站	总重(t)	通过时间	速度(km/h)	本次积分	联网积分
1	上局	镇江	20.42	2007-07-04 06:07	75	30	135
2	上局	安亭	20.86	2007-07-04 02:18	78	15	
3	郑局	谢庄	21	2007-04-28 18:37	63	10	
4	武局	乌龙泉	20.53	2007-04-27 23:43	63	15	
5	广局	渌口	21.3	2007-04-27 11:04	71	5	
6	上局	凤阳	20.94	2007-04-09 10:17	62	30	
7	上局	凤阳	20.92	2007-04-05 17:09	56	30	

(2)段修记录

C_{62A}4556227 车于 2007 年 7 月 21 日在西安东车辆段段修，HMIS 中段修前故障记录见表 7-9。

表 7-9　C_{62A}4556227 车段修故障记录

基本情况信息					
车号	4556227	车型	C_{62A}		
竣工日期	2007-07-21 00:00	单位代码	西安东	修程	段修
故障表					
序号	故障名称	故障方位	故障程度	新痕比例	施修方法
1	上心盘圆周磨耗过限	1		0	更换
2	转 8A 型转向架摇枕斜楔摩擦面磨耗板磨耗过限	1		0	更换
3	转 8A 型转向架侧架立柱磨耗板磨耗过限	1		0	更换
4	转 8A 型转向架斜楔磨耗过限	1		0	更换
5	转 8A 型转向架制动梁滑槽磨耗板磨耗过限	1		0	更换
6	支管卡子折损	1		0	更换
7	拉风杆作用不良	1		0	更换
8	拉风杆固定架变形	1		0	更换
9	上心盘裂损	2		0	更换
10	转 8A 型转向架侧架立柱磨耗板磨耗过限	2		0	更换
11	转 8A 型转向架制动梁滑槽磨耗板磨耗过限	2		0	更换
12	转 8A 型转向架摇枕斜楔摩擦面磨耗板磨耗过限	3		0	更换
13	转 8A 型转向架侧架立柱磨耗板磨耗过限	5		0	更换
14	转 8A 型转向架制动梁滑槽磨耗板磨耗过限	5		0	更换
15	转 8A 型转向架侧架立柱磨耗板磨耗过限	6		0	更换
16	转 8A 型转向架制动梁滑槽磨耗板磨耗过限	6		0	更换
总故障数	24				

7.2.3　基于贝叶斯估计铁路货车动力学地面监测评估技术

地面设备对铁路货车动力学性能采用了联网积分的评价方式，目前尚无相关标准，与现行的 GB/T 5599—1985《铁道车辆动力学性能评定和试验鉴定规范》无关联。为解决目前地面监测标准缺失的难题，以下提出了基于贝叶斯估计的地面监测评估技术，将地面设备在高平顺条件下测得的系列监测值，与正线测量值监测建立概率联系，从而应用既有的动力学标准来评价铁路货车的动力学性能。

地面监测可以正确反映铁路货车的横向动力学特性，但如何利用地面监测进行铁路货车横向动力学评估还需解决两个难题，其一，单次地面监测结果受测区长度的限制，不可避免地存在一定随机性，如何利用多频次地面监测结果，剔除单次地面监测结果包含的随机因素？其二，目前地面监测结果反映的是被测铁路货车通过探测站高平顺平台时轮轨间的相互作用，目前尚无相应的评判标准。

我国传统的铁路货车横向动力学性能评价采用车载测试方法，即在被测铁路货车上安装测力轮对、加装速度计、位移计等传感器，在正线上试验，依照 GB/T 5599—1985《铁道车辆动力学性能评定和试验鉴定规范》要求进行评估，其测量的特征值如脱轨系数最大值、平均值、方差等反映了被测铁路货车横向动力学特性，我们称之为横向动力学特性的"真值"；另外，铁路货车的横向动力学性能也可以通过地面监测的方式进行评估，其结果称之为横向动力学特性的地面监测"监测值"。"真值"与"监测值"不同之处在于测量方式、激励水平及数据处理方法，但广义上两者均是对铁路货车横向动力学性能这一对象从不同角度观测的结果，必然存在紧密的内在关系，这种关系无法用简单的函数来描述，但可以用概率密度函数来表达。

提速铁路货车 120 km/h 环行线可靠性试验中，对参试车在试验的各个阶段进行了大量的动力学试验，得到了参试车横向动力学性能的"真值"，同时 TPDS 对参试货车进行了全程监测，积累了大量的参试车横向动力学性能的"监测值"，为探求"真值"和"监测值"的概率关系奠定了坚实的基础。本节利用贝叶斯估计相关理论来研究铁路货车横向动力学性能正线试验检测"真值"，与对应的地面监测"监测值"间的内在关系，从而用地面监测来评估铁路货车的横向动力学性能。

7.2.3.1 铁路货车横向动力学性能地面监测评估方法

1. 评估原理

铁路货车横向动力学地面监测评估方法研究的目的是建立地面监测值与目前公认的正线车载试验铁路货车横向特性评估方法结果间的数值关系，进而对铁路货车的横向特性作出合理评判。

从前面的分析可以看到，这种数值关系体现为包含"真值"的某种分布，这也使得我们可能通过合理的评判提高得到"真值"的概率。比如，在测量理论中一个重要的方法是重复检验，通过重复检验可以有效提高判断的准确性(当然这是以时效性的损失为代价的)，但这一方法对于铁路货车横向动力学地面监测评估不能直接使用。

例如，某车通过地面监测系统的 4 次监测值相同，根据监测值-"真值"联合分布得到的结果均为"真值"大于 1.0 的可能性为 44.18%，若直接套用重复检验公式，结果为"真值"大于 1.0 的可能性为 $1-(1-44.18\%)^4=90.29\%$，若 8 次相同则为 $1-(1-44.18\%)^8=99.06\%$，显然不合理；而一个比较合理的估计为本车"真值"大于 1.0 的可能性为 44.18%左右。出现这种现象的原因是重复检验实现的是分布到状态(参数)的估计，而铁路货车横向动力学地面评估在本质上需要实现分布到分布的估计。铁路货车连续出现多次相同的监测值，必然有某种内在的因素在起作用，从数学的角度结合动力学分析其在铁路货车横向动力学地面监测评估上的运用。

以下的推导主要使用了贝叶斯估计理论及其相关知识[2]，下文的公式中大写字母 P 均代表概率，小写字母 p 代表概率密度，带上标的 $\overline{P}$ 及 $\overline{p}$ 代表相应的估计值。

令 $A_i, i=1,2,\cdots,m$ 是 m 个互斥事件，且 $\sum_{i=1}^{m} P(A_i)=1$，则任意事件 B 的概率为：

$$P(B)=\sum_{i=1}^{m} P(B \mid A_i) P(A_i) \tag{7-1}$$

其中 $P(B/A_i)$ 是 A_i 成立下 B 的条件概率，式(7-1)即为全概率公式。

定义：$P(B|A)=\dfrac{P(B,A)}{P(A)}$，$P(B,A)$是两个事件 A，B 的联合概率，贝叶斯准则可以表述为：

$$P(B|A)P(A)=P(A|B)P(B) \tag{7-2}$$

通过概率密度函数(pdf)的描述，可以将贝叶斯准则推广到随机变量或随机向量，即

$$p(x|A)P(A)=P(A|x)p(x)$$

或

$$p(x|y)p(y)=p(y|x)p(x) \tag{7-3}$$

最后有

$$p(x)=\sum_{i=1}^{m} p(x \mid A_i) P(A_i)$$

或

$$p(x)=\int p(x\mid y)p(y)\mathrm{d}y \tag{7-4}$$

成立。

设 x,y,θ 是事物的属性，已知 $p(x|\theta),p(y|\theta),p(\theta)$，设 X_c 是对某事物 x 属性的 n 次独立测量，$X_c=[x_1,x_2,\cdots,x_n]$，那么在 x 的测量序列 X_c 下对 y 的分布的估计可以写成如下形式(这里的积分范围是由积分变量物理意义的定义域而定，在下面的公式中不作标注)：

$$\bar{p}(y\mid X_c)=\int p(y\mid\theta)\bar{p}(\theta\mid X_c)\mathrm{d}\theta \tag{7-5}$$

其中：

$$\bar{p}(\theta\mid X_c)=\frac{p(X_c\mid\theta)p(\theta)}{p(X_c)}=\frac{p(X_c\mid\theta)p(\theta)}{\int p(X_c\mid\theta)p(\theta)\mathrm{d}\theta} \tag{7-6}$$

$$p(X_c\mid\theta)=\prod_{k=1}^{n}p(x_k\mid\theta)$$

由此可见，式(7-6)定义的 X_c 下 θ 概率密度函数的估计值 $\bar{p}(\theta|X_c)$ 实际上是测量序列 X_c 下 θ 的后验概率，后验概率的推导使用了贝叶斯公式及测量数据间的独立特性，显然 $\int\bar{p}(\theta\mid X_c)\mathrm{d}\theta=1$。

式(7-5)和式(7-6)表明：通过属性 x 的一个测量序列 X_c 来估计同一物体属性 y 的分布可以先通过测量序列 X_c 来估计一个“特征”属性 θ 的分布，再通过 θ 得到 y 的分布。如果通过式(7-6)得到的 θ 的后验概率 $p(\theta|X_c)$ 就是该物体 θ 特性的真值 $p(\theta|X_c)$，那么式(7-5)实际是全概率公式的一个具体化。

对任意 x,y,θ，在 x 的测量序列 X_c 下 y 分布的估计都可以写成式(7-5)的形式。在什么条件下，通过式(7-5)能得到特定物体 y 特性分布的合理估计，是需要明确的问题。

以下从 θ 与 x 独立、θ 与 y 独立、$\theta=y$、$y=x$ 等几个不同角度，探讨式(7-5)的内涵，并类比概率密度函数的贝叶斯估计方法，得到式(7-5)是真值的合理估计条件。

(1)设 θ 与 x 独立，则有：$\bar{p}(\theta|X_c)=p(\theta)$，估计值为：

$$\bar{p}(y\mid X_c)=\int p(y\mid\theta)\bar{p}(\theta\mid X_c)\mathrm{d}\theta=\int p(y\mid\theta)p(\theta)\mathrm{d}\theta=\int p(y,\theta)\mathrm{d}\theta=p(y)$$

与 X_c 无关，即此时无法通过对个体 x 特性的测量得到除总体分布外的、更明确的 y 特性。

(2)设 θ 与 y 独立，则 $p(y|\theta)=p(y)$，估计值为：

$$\bar{p}(y\mid X_c)=\int p(y\mid\theta)\bar{p}(\theta\mid X_c)\mathrm{d}\theta=\int p(y)\bar{p}(\theta\mid X_c)\mathrm{d}\theta=p(y)\int\bar{p}(\theta\mid X_c)\mathrm{d}\theta=p(y)$$

与 X_c 无关，即此时无法通过对个体 x 特性的测量得到除总体分布外的、更明确的 y 特性。

(3)设 $\theta=y$，则 $p(y|\theta)=\delta(\theta-y)$，估计值为：

$$\begin{aligned}\bar{p}(y\mid X_c)&=\int p(y\mid\theta)\bar{p}(\theta\mid X_c)\mathrm{d}\theta=\int\delta(\theta-y)\bar{p}(\theta\mid X_c)\mathrm{d}\theta=\bar{p}(y\mid X_c)\\&=\bar{p}(\theta\mid X_c)=\frac{p(X_c\mid\theta)p(\theta)}{p(X_c)}=\frac{p(X_c\mid\theta)p(\theta)}{\int p(X_c\mid\theta)p(\theta)\mathrm{d}\theta}\\&=\frac{\prod_{k=1}^{n}p(x_k\mid\theta)p(\theta)}{\int\prod_{k=1}^{n}p(x_k\mid\theta)p(\theta)\mathrm{d}\theta}\end{aligned}$$

此时得到的估计实际为 θ 相对测量序列 X_c 的后验概率。

由概率理论，当物体 x 的分布决定于 θ 时，该估计将随 n 的增加一致收敛到的 θ 真值，当 n 较大时，估计

结果与似然估计接近，若 $p(x|\theta)$ 特性良好，该收敛速度很快。

后验概率实现了随机分布到参数的凝聚，在本质上体现了重复检验的思想。

(4)设 $y=x$，估计值为：

$$\overline{p}(y \mid X_c) = \int p(y \mid \theta)\overline{p}(\theta \mid X_c)\mathrm{d}\theta$$

蜕化为：

$$\overline{p}(x \mid X_c) = \int p(x \mid \theta)\overline{p}(\theta \mid X_c)\mathrm{d}\theta$$

与概率密度函数的贝叶斯估计公式完全一致。

当 x 的分布决定于 θ 且 $p(x|\theta)$ 光滑时，概率密度函数的贝叶斯估计结果随 n 的增加趋近于真值。虽然在概率密度函数的贝叶斯估计严格证明以及一般的使用中需要确切知道 $p(x|\theta)$ 和 $p(\theta)$ 的形式，但概率密度函数的贝叶斯估计的成立并不要求 $p(x|\theta)$ 能写成任何显式(包含常用分布)的表达。

【推论】

设 x,y,θ 是事物的属性，已知 $p(x|\theta),p(y|\theta),p(\theta)$，设 X_c 是对某事物 x 属性的 n 次独立测量 $X_c=[x_1,x_2,\cdots,x_n]$，若 x,y 的分布决定于 θ 且 $p(x|\theta),p(y|\theta)$ 光滑，那么在 x 的测量序列 X_c 下对 y 的分布估计：

$$\overline{p}(y \mid X_c) = \int p(y \mid \theta)\overline{p}(\theta \mid X_c)\mathrm{d}\theta$$

其中：

$$\overline{p}(\theta \mid X_c) = \frac{p(X_c \mid \theta)p(\theta)}{p(X_c)} = \frac{p(X_c \mid \theta)p(\theta)}{\int p(X_c \mid \theta)p(\theta)\mathrm{d}\theta}$$

$$p(X_c \mid \theta) = \prod_{k=1}^{n} p(x_k \mid \theta)$$

将随 n 的增加趋近于真值。

推论的成立也不要求 $p(x|\theta),p(y|\theta)$ 能写成任何显式(包含常用分布)的表达，这一特性非常有利于该方法以数值计算的形式运用于实际问题的解决。

建立地面监测参数与目前公认的铁路货车横向动力学评估方法结果间的数值关系，进而对铁路货车的横向动力学作出合理评判。

地面监测值与铁路货车横向动力学公认评估方法结果间的关联，地面监测值的大小取决于该车的特性及进入测区的初始条件，就初始条件而言每个车的分布可认为是相同的，这样，地面监测值的分布本质上决定于车辆特性。

横向动力学评估公认方法结果取决于该车的特性及线路输入条件，就线路输入条件而言每个车是相同的，即横向动力学评估公认方法结果的分布决定于铁路货车特性。

可以设 x 是某车地面监测值分布，y 是某车横向动力学公认评估方法结果分布，θ 是表征铁路货车横向特性的参数，由于 $p(x|\theta),p(y|\theta)$ 光滑对一般工程问题可认为是成立的，结合以上分析可以看到：就铁路货车横向动力学地面监测评估而言，满足本节推论使用的条件。

理论上，θ 是铁路货车动力学参数或横向动力学敏感参数的集合，这也为通过地面测量评估关键部件如轮对磨耗等提供了依据。

综上所述，本节表述的原理-贝叶斯估计推论：反映了由“可测分布”凝聚到“特征参数”，再由“特征参数”推广到“不易测目标分布”的过程及该过程需要满足的条件；推广了概率密度函数的贝叶斯估计在工程上的运用；对于非直接、非标准测量结果的评估意义重大。

2. 评估框架

评估的总体框架与系统特性、监测对象(铁路货车)特性以及监测系统期望实现的功能紧密相关。在借鉴并推广重复检验、贝叶斯估计等思想，结合需要解决的实际问题特点、实现的可能性等，提出了地面监测评估铁路货车横向动力学性能的方法——铁路货车横向动力学评估贝叶斯估计推论模型，其算法框架如下：

图 7-28 中带箭头粗线条表示需要经过统计处理，带箭头细线条表示输入、输出传递。

该框架涵盖了铁路货车特性变化规律；反映了监测系统的响应特性；能依据贝叶斯估计推论进行有效的综合评估，在理论指导下提高评判的准确性；能在一定置信度下进行有限的外推，对铁路货车进行有效的安全裕度及安全运行速度区间的评估；具有一定的扩充能力且能分层次实现等。其中：

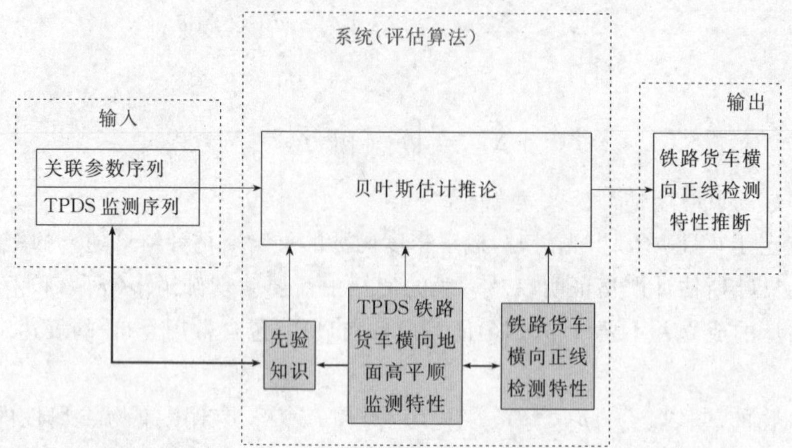

图 7-28　铁路货车横向动力学评估贝叶斯估计推论模型框架

(1)铁路货车横向正线测量特性是指依据公认的铁路货车横向动力学评判方法得到的结果，是随速度变化的变量，相当于贝叶斯估计推论中的 y。

(2)没有直接沿用评估原理中 θ 是动力学参数或横向动力学敏感参数的表述，而使用了目标速度级下铁路货车横向正线测量特性的概念，这主要是考虑到：θ 决定了铁路货车目标速度级下铁路货车横向正线测量特性；在一定速度范围内铁路货车横向正线测量特性可以通过目标速度级下铁路货车横向正线测量特性估计；容易实现。

(3)铁路货车横向地面高平顺监测特性[相当于本小节第 1 条中的 $p(x|\theta)$]也是随速度变化的多维变量，它取决于不同速度级下铁路货车横向正线测量特性以及测试设备的特性，针对的问题不同，有选择最佳监测参数的可能，测量特性的分布特点体现了测试系统对不同速度级下铁路货车横向正线测量特性的反映程度，铁路货车横向地面高平顺监测特性可以通过试验或仿真的方式得到。

(4)系统输入的是监测值序列及其关联值序列(相当于本小节第 1 条中的 X_c)，评估序列长度取决于车辆横向地面高平顺监测特性、关联序列(如速度)以及对时效性的要求。

(5)先验知识是铁路货车横向正线测量特性在目标速度级下的分布[相当于本小节第 1 条中的 $p(\theta)$]，可以在目标速度级下的分布 $p(x|v)$ 结合目标速度级下铁路货车横向地面高平顺监测特性 $p(x|\theta \cdot v)$ 得到。

(6)输出的铁路货车横向正线检测特性推断即相当于本小节第 1 条中的 y。

在本文实现的铁路货车横向动力学地面监测评估中：θ 定义为某型铁路货车 120 km/h 下在所有正常线路下脱轨系数最大值的统计值；x_v 定义为速度为 v 时其在高平顺平台上的轴脱轨系数；y_v 定义为速度为 v 时其在所有正常线路下脱轨系数最大值的统计值。可以看到此时 $\theta = y_{120}$。

显然通过 $\theta = y_{120}$ 可以把某型铁路货车的全体进行有效划分，考虑到对该型车中每个个体而言，正常线路的激励是一致的，通过地面监测系统的初始状态也是相同的，在一定速度范围内，可以认为：x_v、y_v 的分布决定于 θ，即满足评估条件。

若已得到 $p(x_v|\theta)$，$p(y_v|\theta)$，$p(\theta)$，即可根据某车的一组地面监测 X_c(可能处于不同的速度级)，估计其在 120 km/h 下的特性，再结合 $p(y_v|\theta)$ 自然推广到其他速度级，从而得到该车直线横向动力学的一个较为全面的评估。

7.2.3.2　评估模型试验样本

铁路货车横向动力学评估贝叶斯估计推论模型建立在铁路货车横向正线检测数据与铁路货车横向地面高平顺监测数据的二维条件概率密度函数的基础上，它的生成依赖于大量的铁路货车横向动力学车载试验与其对应的地面监测样本。这些样本既可以来源于实际试验的实测样本，也可以来自动力学仿真的仿真样本。实测样本是指既有车载实测的动力学数据，同时也有监测数据，两种对应的数据组成了实测样本；所谓仿真样本，是利用轨检车实测的包括地面探测站区段在内的正线不平顺作为输入，对铁路货车进行动力学仿真，同时得到铁路货车在正线不平顺上的响应及地面监测数据，形成仿真样本。由于提速铁路货车 120 km/h 环行线可靠性试验中，进行了大量的动力学试验和全程的地面监测，因此本文的铁路货车横向正线检测数据与铁路货车横向地面高平顺监测数据的二维条件概率密度函数的生成主要以实测样本为主，部分缺失数据用仿真样本补充。

在两期提速铁路货车 120 km/h 环行线可靠性试验中，参试的 82 辆提速铁路货车在各期试验的始末期均在环行线进行了大量的动力学试验，并有全程的地面监测，可靠性试验后又进行了正线动力学试验。可靠性试验中的动力学试验涵盖了提速铁路货车的主要车型，铁路货车状态也包括了新车、不同运用里程磨耗状态，因此较为全面地反映了提速铁路货车的横向动力学特性，参试车动力学试验情况见表 7-10。

表 7-10 可靠性试验中参试提速铁路货车动力学试验日期

车号	转向架型号	车型	第一阶段首期	第一阶段末期	第二阶段首期	第二阶段末期	正线动力学试验
3480139	转 8A 型	P_{64AT}		2006-07-01		2007-09-24	2007-09-25
4970094		C_{64T}					2007-11-20
5265098		NX_{17T}				2007-09-24	2007-09-25
6281195		G_{70T}					2007-11-13
3467900	转 K2 型转向架（21 t 轴重）	P_{64GK}	2003-12-06	2004-08-15		2007-09-03	2007-09-04
3467901		P_{64GK}		2004-08-10		2007-08-26	2007-08-28
4944589		C_{64K}		2004-08-24	2006-01-17		2007-10-30
4944590		C_{64K}		2004-08-10	2006-01-17		2007-10-30
4944592		C_{64K}	2003-12-03	2004-08-15			2007-11-06
5283865		NX_{17BK}	2003-12-06	2004-08-15		2007-08-26	2007-08-28
5283866		NX_{17BK}		2004-08-23			
5283868		NX_{17BK}		2004-08-10		2007-08-26	2007-08-28
6283955		G_{70K}	2003-12-06	2004-08-15		2007-10-08	2007-10-09
6283956		G_{70K}		2004-08-24			2007-11-13
6283957		G_{70K}					2007-11-06
7004997		PB				2007-09-10	2007-09-11
7006333		PB				2007-09-17	2007-09-18
3125013	转 K2（改）型（21 t 轴重）	P_{62K}			2006-02-21	2007-09-10	2007-09-11
3316199		P_{62NK}			2006-02-21	2007-09-17	2007-09-18
4607173		C_{62BK}			2006-02-01		2007-11-06
4623687		C_{62BK}			2006-01-23	2007-10-15	2007-10-16
4627592		C_{62BK}			2006-01-23	2007-10-08	2007-10-09
4629169		C_{62BK}			2006-01-23		2007-11-13
4656064		C_{62BK}			2006-02-01		2007-11-13
4659181		C_{62BK}			2006-02-01		2007-10-30
5274593		NX_{17K}			2006-02-12	2007-09-10	2007-09-11
5276296		NX_{17K}			2006-02-07	2007-09-17	2007-09-18
5276667		NX_{17K}			2006-02-12	2007-09-24	2007-09-25
6221223		G_{60K}			2006-02-17		2007-11-06
6227084		G_{60K}			2006-02-07		2007-10-30
6227972		G_{60K}			2006-02-12		2007-10-23
6229883		G_{60K}			2006-02-17	2007-10-08	2007-10-09
6230885		G_{60K}			2006-02-07		2007-10-30
6240605		G_{60K}			2006-02-17		2007-10-23

续上表

车号	转向架型号	车型	第一阶段首期	第一阶段末期	第二阶段首期	第二阶段末期	正线动力学试验
3600000	转K4型转向架(21 t轴重)	P_{64GH}	2003-12-03	2004-08-23		2007-09-24	2007-09-25
3600001		P_{64GH}		2004-08-12		2007-09-24	2007-09-25
3600002		P_{64GH}		2004-08-24			
4203137		C_{64H}	2003-12-03	2004-08-23			2007-11-06
4203138		C_{64H}		2004-08-12			2007-11-06
4203140		C_{64H}		2004-08-24			2007-11-13
5350100		NX_{17BH}	2003-12-03	2004-08-23		2007-09-03	2007-09-04
5350101		NX_{17BH}		2004-08-24			
5350102		NX_{17BH}		2004-08-12		2007-09-03	2007-09-04
6450100		G_{70H}	2003-12-03	2004-08-23		2007-10-08	2007-10-09
6450101		G_{70H}		2004-08-24			2007-10-30
6450103		G_{70H}				2007-10-15	2007-10-16
1500010	转K5型转向架(23 t/25 t轴重)	C_{70H}			2006-01-17		2007-10-23
1500011		C_{70H}			2006-01-17	2007-10-08	2007-10-09
3760000		P_{70H}			2006-02-17	2007-10-15	2007-10-16
3760001		P_{70H}			2006-02-12	2007-08-26	2007-08-28
4350132		C_{76H}	2004-02-19	2004-08-12			
4350134		C_{76H}		2004-08-28			
4350135		C_{76H}		2004-08-23			
4390006		C_{80H}					2007-11-13
4390007		C_{80H}				2007-09-24	2007-09-25
4390614		C_{80AH}			2006-01-23		2007-10-23
5370000		NX_{70H}			2006-02-17	2007-08-26	2007-08-28
5370001		NX_{70H}			2006-02-07	2007-09-03	2007-09-04
1551383	转K6型转向架(23 t/25 t轴重)	C_{70}			2006-01-23		2007-10-23
1551384		C_{70}			2006-01-23		2007-10-23
3800005		P_{70}			2006-02-07	2007-09-03	2007-09-04
3800006		P_{70}			2006-02-17	2007-08-26	2007-08-28
4353127		C_{76}		2004-08-28			
4353137		C_{76}	2004-02-19	2004-08-10			
4353138		C_{76}		2004-08-15			
4370008		C_{80}		2004-08-15		2007-09-17	2007-09-18
4370009		C_{80}	2004-02-19			2007-09-10	2007-09-11
4374826		C_{80B}			2006-02-01	2007-10-08	2007-10-09
5400038		X_{2K}				2007-09-17	2007-09-18
5400045		X_{2K}				2007-09-10	2007-09-11
5450007		NX_{70}			2006-02-12	2007-09-10	2007-09-11
5450021		NX_{70}			2006-02-07	2007-09-17	2007-09-18
6600011		GQ_{70}			2006-02-01	2007-10-15	2007-10-16
6600012		GQ_{70}			2006-01-17	2007-10-15	2007-10-16
6600013		GQ_{70}			2006-02-21	2007-10-15	2007-10-16
6600014		GQ_{70}			2006-02-01		2007-11-20
4374825		C_{80C}		2004-08-28		2007-09-03	2007-09-04

与动力学试验对应的地面监测数据，取自该车动力学试验附近的监测结果，其中动力学试验中铁路货车的行车方向与监测的行车方向必须一致，以免铁路货车动力学性能的方向性的干扰。

实测样本中以正线动力学试验样本为主，因为环行线的动力学试验不平顺的设置不具有广泛的代表性。

7.2.3.3 评估模型仿真样本

当建立在车载正线监测数据与地面监测数据的二维分布实测样本不足时，可用动力学仿真生成仿真样本予以补充。另外，正常情况下，不可能有如可靠性试验中大规模的动力学试验及相应的地面监测，要形成某种工况下的车载正线监测数据与地面监测数据的二维分布必须靠动力学仿真。

利用铁道车辆动力学仿真软件 NUCARS 对 P_{65} 型及 C_{64K} 型车进行了动力学仿真计算，其中模拟了多种参数匹配，不平顺输入取自轨检车在包含地面探测站区段的正线实测不平顺。

1. 动力学模型

铁道车辆系统不论具体结构多么复杂，它一般是由车体和转向架组成。在动力学研究中，一般将系统抽象为体和连接元件。可抽象为体的元件有车体、转向架的构架和摇枕或侧架和摇枕、轮对等。在铁道车辆系统中，体间作用力的传递装置，一般抽象为连接元件，如弹簧、减振器、摩擦副、接触等。

对于装用带交叉支撑装置的三大件转向架的通用铁路货车，考虑一个 49 自由度的铁路货车动力学模型，由 4 个轮对、4 个侧架、2 个摇枕和车体组成，见图 7-29。

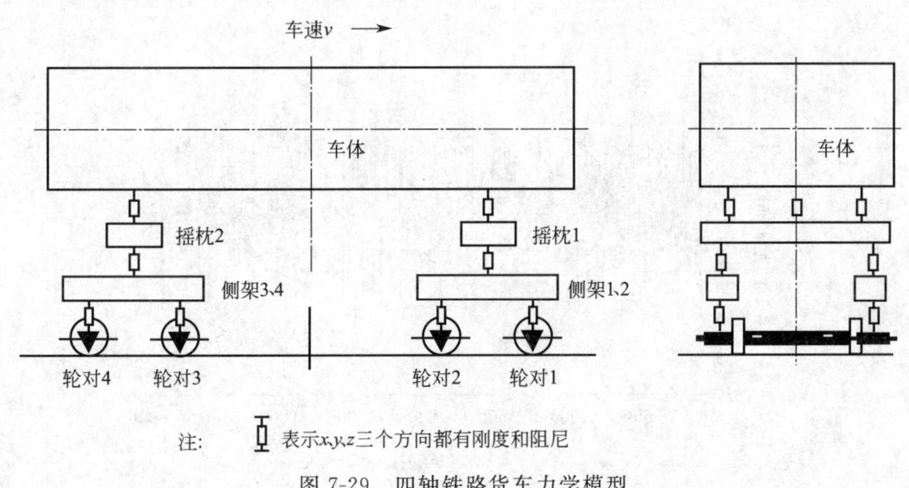

图 7-29 四轴铁路货车力学模型

这些自由度分别为每一轮对的横移、浮沉、侧滚和摇头，每一侧架的伸缩、横移、浮沉、点头和摇头，每一摇枕的横移、浮沉、侧滚和摇头，车体的横移、浮沉、侧滚、点头和摇头。输入铁路货车系统模型文件和其他建模所需数据文件后，这时铁路货车系统由 NUCARS 软件自动生成铁路货车的非线性多体系统力学模型。

2. 线路不平顺输入

本文动力学仿真计算中采用了轨检车在包含地面探测站区段的正线实测不平顺。线路不平顺数据通过轨检车[3]采集记录获得，轨检车实测不平顺的起止公里标及对应的地面探测站详见表 7-11。将轨道不平顺数据文件以 TRK 文件的形式用于 NUCARS 软件的仿真过程中。

表 7-11 京广线(含 TPDS 探测站)轨检车实测不平顺输入

探测站名称	铁路局	设置方位	代号	TPDS 位置	轨检车实测不平顺公里标
平南	京	京广线上行到达	T027	K279+215	K277～K285
谢庄	郑	京广线上行到达	T069	K696+915	K690～K700
乌龙泉	武	京广线上行到达	T123	K1238+960	K1237～K1245
渌口	广	京广线上行到达	T163	K1632+560	K1630～K1635
正定	京	京广线下行到达	T025	K253+45	K250～K255
祁家湾	武	京广线下行到达	T115	K1154+512	K1150～K1160
军田	广	京广线下行到达	T222	K2226+485	K2220～K2230

图 7-30 给出了京广线某段上行线路 2007 年下半年的检测数据，列出了左、右轨向数据，其中 608～624.27 m 为 TPDS 测试平台段，测试平台上的左、右轨向数据见图 7-31。

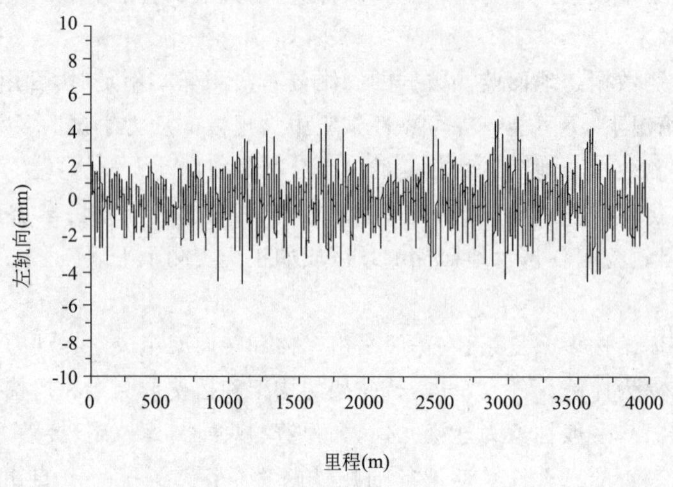

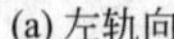
(a) 左轨向

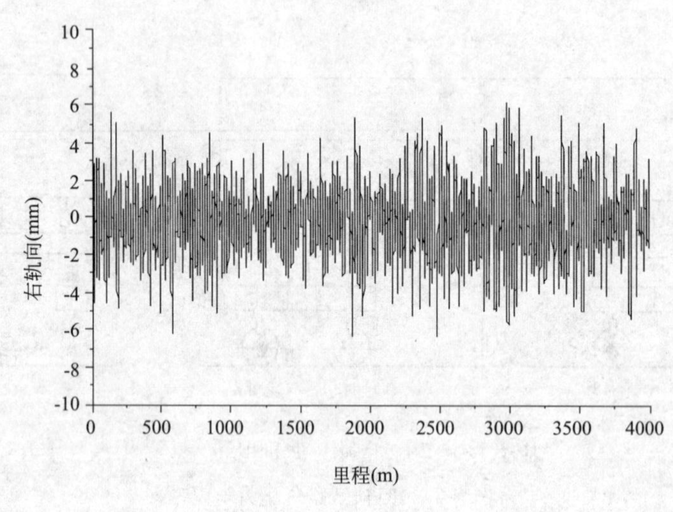

(b) 右轨向

图 7-30　京广线一段线路的不平顺

3. 模型参数

(1)初始参数

铁路货车系统的初始参数为设计参数或新车测试(量)参数。几何参数通过测量得到，特性参数通过参数测试台[4～6]测试得到。

转向架参数测试台[5]可以进行铁路货车转向架一系悬挂刚度参数的测试、轮对间等效剪切刚度和弯曲刚度的测试、心盘旁承回转阻力矩的测试。仿真过程中所用的铁路货车特性元件的参数通过测试得到。

(2)铁路货车运用中参数的变化

铁路货车的惯性参数和几何参数的初始值为设计参数。铁路货车惯性参数不计磨耗影响和装载的差异，认为是全寿命期中不变的。几何参数包括体的相对位置、连接的位置以及连接的最大行程等。连接特性参数包括弹性元件的刚度、减振器的阻尼或摩擦元件的摩擦阻力等。连接特性参数在铁路货车运用过程中一般是要变化的，依其所起作用的不同而表现出不同的变化规律。

磨耗引起铁路货车参数的变化，比如接触面形状的改变、间隙的增大、预压力的降低等，从而导致铁路货车动力学性能的变化。通用铁路货车装用的三大件式转向架，比如转 K2 型转向架，其存在磨耗且对铁路货

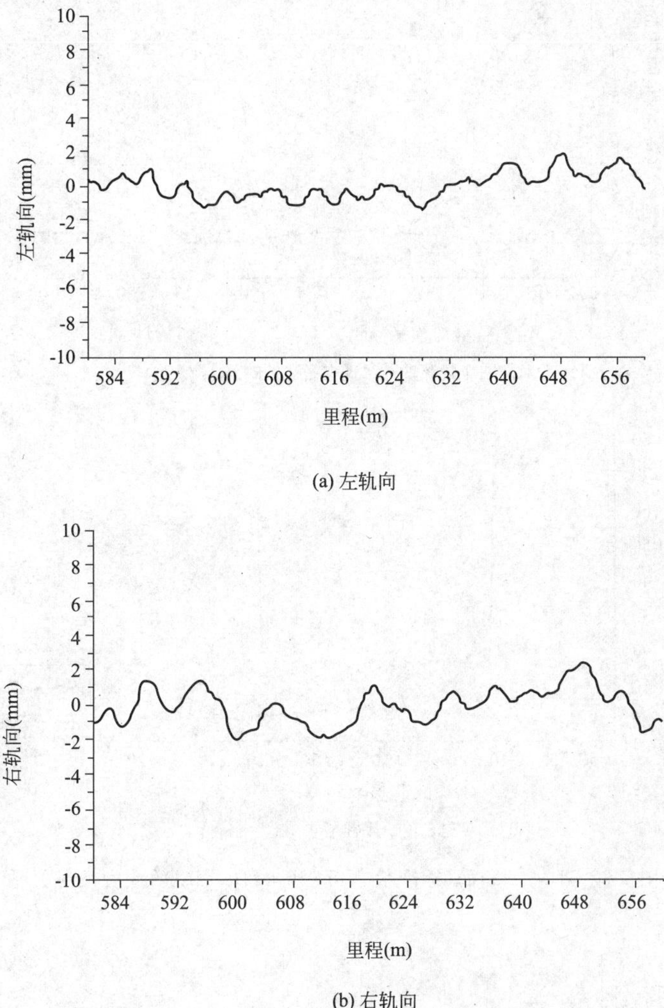

图 7-31 TPDS 测试平台段的线路不平顺

车动力学性能影响较大的主要摩擦副有车轮与钢轨、承载鞍与侧架导框、侧架立柱磨耗板与斜楔、上下旁承(常接触式)等。此外,磨耗还会引起摩擦副摩擦系数的变化。

随着运用时间的增加,铁路货车系统中橡胶弹性元件会逐步老化,长期处于压缩状态的橡胶弹性元件会发生蠕变,这些因素均引起橡胶弹性元件参数的变化。

对于存在磨耗的间隙,将其从初始值开始,逐步增大,仿真计算动力学性能随该间隙的变化情况。比如间隙序列:$\delta_0,\delta_0+\Delta_\delta,\delta_0+2\Delta_\delta,\cdots$,其中 δ_0 为初始间隙,Δ_δ 为仿真过程中设定的间隙增量。Δ_δ 的取值应根据具体的间隙部位的磨耗情况以及对铁路货车动力学性能的影响程度来酌情确定。

对于摩擦系数的变化,一般情况下,摩擦系数会逐渐下降,仿真计算铁路货车动力学性能随该摩擦系数的变化情况。比如取摩擦系数序列:$\mu_0,\mu_0-\Delta_\mu,\mu_0-2\Delta_\mu,\cdots$,其中 μ_0 为初始摩擦系数,Δ_μ 为仿真过程中设定的摩擦系数减小量。Δ_μ 的取值应根据具体摩擦副摩擦系数的变化范围以及对动力学性能的影响程度来酌情确定。

铁路货车中橡胶弹性元件的老化和蠕变规律目前还没有可靠的数据积累,需待今后进一步加以深入研究。

(3)轮轨接触几何参数

本文动力学仿真计算中考虑了两种踏面,分别为标准的 LM 型踏面及磨耗到限的 LM 型踏面。标准的 LM 型踏面车轮和 60 kg/m 钢轨的接触几何关系如图 7-32 所示。磨耗到限的 LM 型踏面车轮和 60 kg/m 型钢轨的接触几何关系如图 7-33 所示。

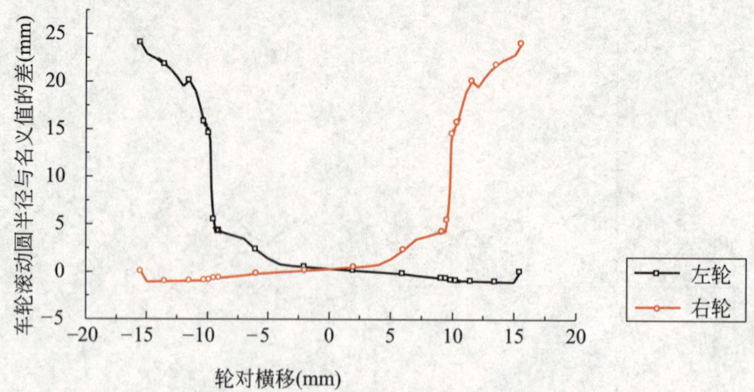

(a) 轮对左右车轮滚动圆半径与名义值的差

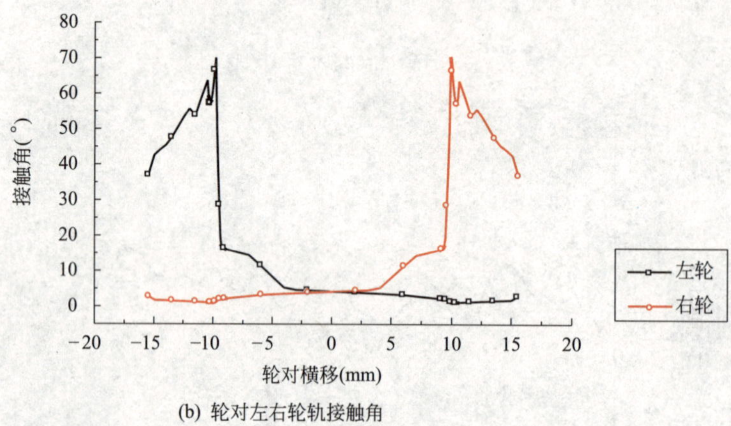

(b) 轮对左右轮轨接触角

图 7-32　LM 型踏面(标准状态)和 60 kg/m 钢轨的接触几何关系

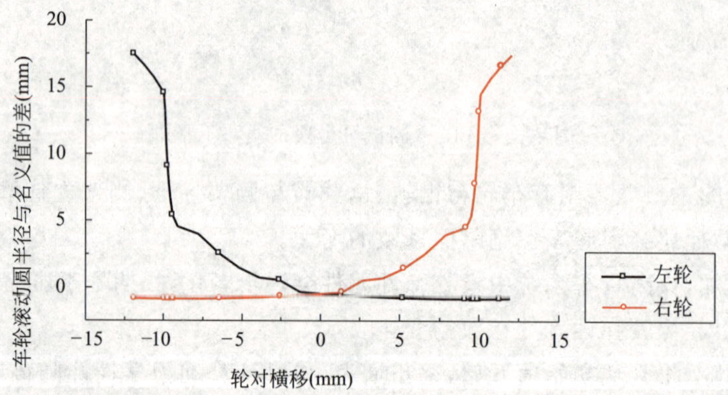

(a) 轮对左右车轮滚动圆半径与名义值的差

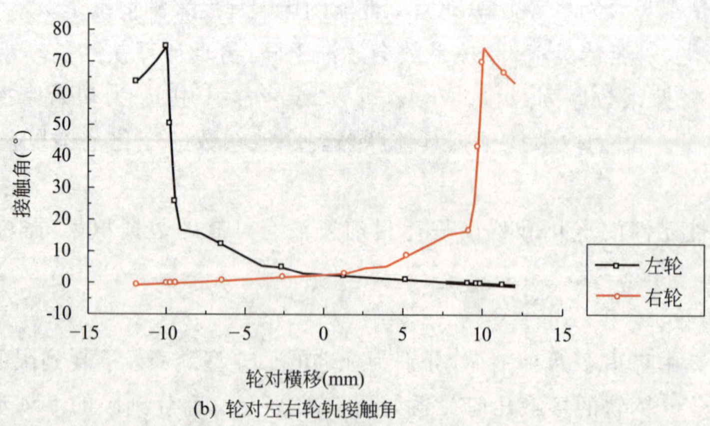

(b) 轮对左右轮轨接触角

图 7-33　LM 型踏面(磨耗到限状态)与 60 kg/m 钢轨的接触几何关系

4. 动力学仿真计算方案及结果示例

(1)计算方案

在对铁路货车进行动力学性能的参数研究过程中，对影响铁路货车动力学性能的主要因素进行了细致分析，并列入动力学性能仿真计算中的影响因素及其参数值列表，具体见表 7-12。需要考虑的主要因素如下：

①车型：P_{65}、C_{64K}。

②装载工况：空车、重车。

③轮轨工况：车轮分别为 LM 型磨耗形踏面标准状态、磨耗到限状态。

④钢轨：60 kg/m 钢轨。

⑤一系纵向间隙：4、6、7 mm。

⑥承载鞍顶面与侧架导框支撑面间摩擦系数：0.30、0.25、0.20。

⑦常接触弹性旁承磨耗板与上旁承间的摩擦系数：0.35、0.30、0.25。

⑧线路：t163、t115、t123、t025 等京广线线路不平顺数据。

表 7-12 铁路货车动力学性能仿真计算中的影响因素及其参数值列表

因素序号	因素 1	因素 2	因素 3	因素 4	因素 5	因素 6	因素 7	因素
因素内容	车型	装载工况	车轮踏面	一系纵向间隙	一系摩擦系数	旁承摩擦系数	线路	…
参数值	P_{65}	空车	LM	4	0.30	0.35	t163	…
	C_{64K}	重车	LM_DX	6	0.25	0.30	t115	
	⋮			7	0.20	0.25	t123	
							t025	
							t027	
							t069	
							t222	

本节中动力学仿真分析就表 7-12 中前 7 个因素的所列工况进行了展开计算，计算结果用于提速铁路货车动力学性能可靠性分析过程中。

(2)结果范例

仿真计算中重点关注被考察铁路货车的轮对运动、轮轨力、脱轨系数和动轮比等。

P_{65} 型专用棚车在线路上的部分仿真结果列于图 7-34、图 7-35 中，所列计算结果包括铁路货车初始状

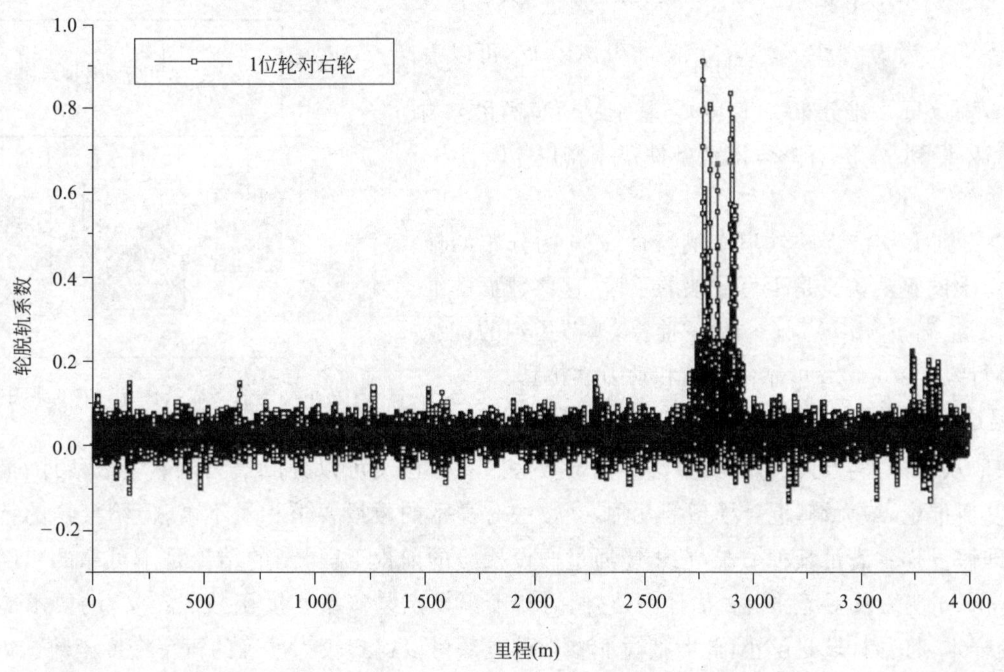

图 7-34 铁路货车初始状态的一位轮对右轮的轮脱轨系数

态的一位的轮脱轨系数(图 7-34)、车轮磨耗到限状态的一位轮对的轮脱轨系数(图 7-35)。铁路货车系统动力学性能的参数研究结果用于动力学性能可靠性的研究中,这里就不全面列出仿真计算结果了。从所列结果可以看出,车轮踏面磨耗到限后,轮脱轨系数和轴脱轨系数增大的几率明显增加,铁路货车的动力学性能明显下降。

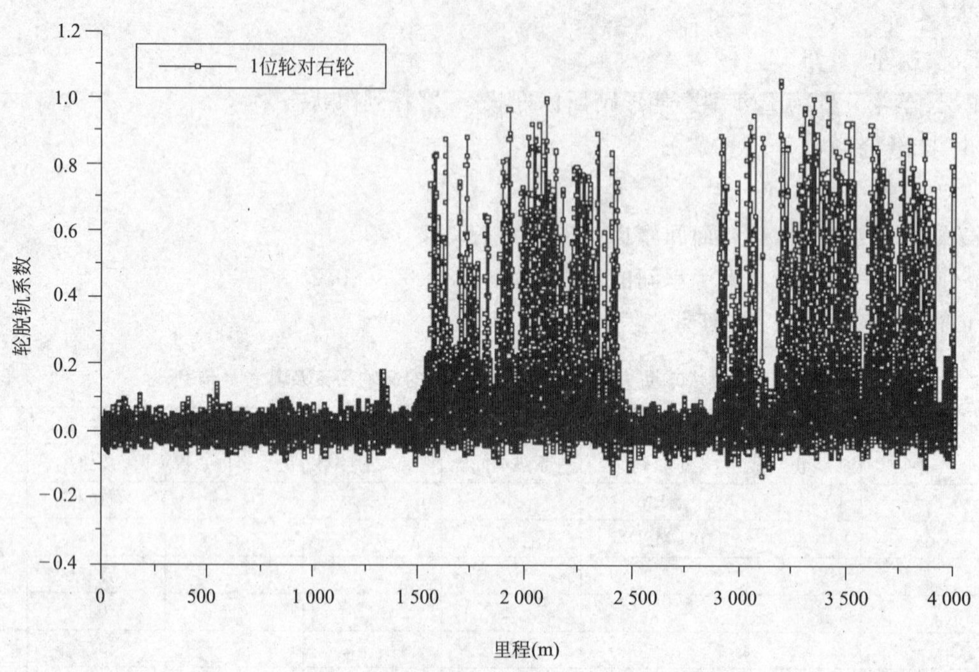

图 7-35　车轮磨耗到限状态的一位轮对右轮的轮脱轨系数

7.2.3.4　评估模型的二维条件概率密度函数生成

在利用贝叶斯估计推论模型对铁道车辆横向动力学性能进行评估的过程中,需要相关特性支持,这些条件对应图 7-36 中灰色部分,依据贝叶斯估计推论的要求选定了合适的特征参数 θ 后,评估支撑条件的获取是最终实现算法的关键。

评估支撑条件包含铁道车辆横向正线检测特性及横向地面高平顺监测特性获取与表达,包括 7.2.3.2 第 2 条中 $p(x_v|\theta)$, $p(y_v|\theta)$和 $p(\theta)$。考虑到 $p(x_v)=\int p(x_v\mid\theta)p(\theta)\mathrm{d}\theta$,可以由地面监测量 x 的实际多维分布(含速度)与基于铁道车辆状态测量特性 $p(x_v|\theta)$得到 $p(\theta)$。那么,得到条件概率密度 $p(x_v|\theta)$, $p(y_v|\theta)$方法如下:

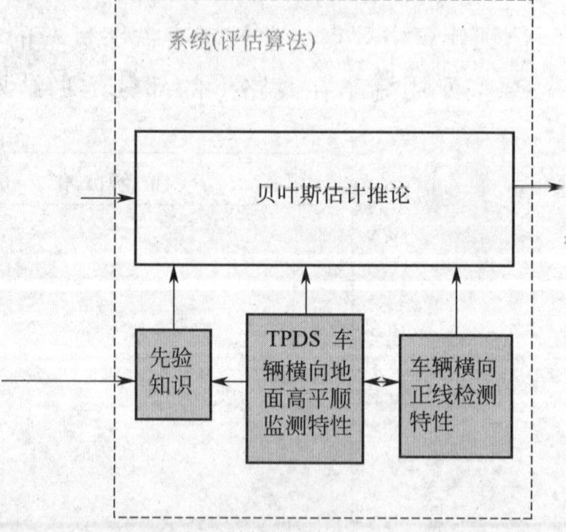

图 7-36　评估支撑条件在评估框架中的位置

1. 需要得到大量能反映铁道车辆特性 x、y 的分布的样本,此时动力学试验及仿真是不可或缺的手段,这些数据的准确获取是得到正确 $p(x_v|\theta)$, $p(y_v|\theta)$的前提,本节用到的试验样本取自环行线 120 km/h 可靠性试验和动力学仿真。

2. 根据这些有效样本得到相应的概率密度函数。概率密度函数的获取从总体来看可以分为参数法和非参数法。参数法又可以分成最大似然参数估计、最大后验概率估计、贝叶斯推论、最大熵、混合模型等几种,参数法对样本的数量要求相对不高,但给事物的特性加了较强的约束,即假设样本满足某种分布,在未能通过假设检验的前提下,得到的结论是不可靠的。经典非参数法主要有 Parzen 窗法及 k 近邻密度估计法,它们的基本出发点是概率密度函数的定义,均要求能得到足以反映分布的样本,且估计域足够小,此时通过非参数的方法可以得到较为准确的概率密度函数。以下先讨论非参数的 Parzen 窗法并与二维图形插补方法进行类比,提出并实现基于累积概率拟合的二维条件概率密度函数生成方法，较好解决了试验数据大范围缺失的问题。

(1)Parzen 窗法

设 n 个样本 $x_1,x_2,\cdots,x_n$ 根据连续概率密度函数 $p(\boldsymbol{x})$ 独立同分布抽取得到，其中 k 个样本落在区域 R 中的概率服从二项式定理[1]：

$$P_k=\binom{n}{k}P^k(1-P)^{n-k}$$

其中
$$P=\int_R p(x)\mathrm{d}x$$

k 的期望值为
$$\varepsilon[k]=nP$$

假设区域 R 足够小，那么有 $\int_R p(x)\mathrm{d}x\approx p(x)V$，其中 V 是区域 R 所包含的体积。

此时：
$$p(\boldsymbol{x})\approx\frac{k/n}{V}\tag{7-7}$$

是 $p(\boldsymbol{x})$ 的一个估计。

设 x 为 d 维，区间 R_n 是一个 d 维的超立方体。令 h_n 表示超立方体一条边的长度，那么体积就是 $V_n=h_n^d$，定义窗函数：

$$\varphi(u)=\begin{cases}1 & |u_j|\leqslant 1/2;j=1,\cdots,d\\ 0 & \text{其他}\end{cases}$$

显然 $\varphi(u)$ 表示一个中心在原点的单位超立方体。这样，若 x_i 落在超立方体 V_n 中，那么 $\varphi((\boldsymbol{x}-\boldsymbol{x}_i)/h_n)=1$，否则便为 0。因此，超立方体中的样本个数就是 $k_n=\sum_{i=1}^{n}\varphi\left(\frac{\boldsymbol{x}-\boldsymbol{x}_i}{h_n}\right)$，代入式(7-7)，得到：

$$p_n(\boldsymbol{x})=\frac{1}{n}\sum_{i=1}^{n}\frac{1}{V_n}\varphi\left(\frac{\boldsymbol{x}-\boldsymbol{x}_i}{h_n}\right)\tag{7-8}$$

这个方程说明了一种更一般的估计概率密度函数的方法，即不必规定区间必须是超立方体，而是可以为某种更加一般化的形式。式(7-8)表示对 $p(\boldsymbol{x})$ 的估计是对一系列关于 x 和 x_i 的函数作平均。在本质上，这是一种内插过程——即每一个样本依据它离 x 的远近不同而对结果作出不同的贡献。

只要：$\psi(u)\geqslant 0$，$\int\varphi(u)\mathrm{d}u=1$，就能够保证 $p_n(\boldsymbol{x})$ 是一个合理的概率密度函数，其值非负，积分的结果为 1，图7-37 为两个常用窗函数。

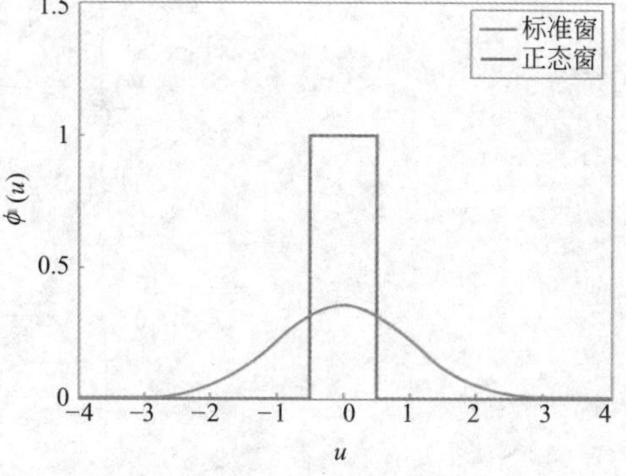

图 7-37　窗函数示例

可以证明：若样本个数无限，n 增加时，约束 V_n 以低于 $1/n$ 的速率趋近于零，$p_n(\boldsymbol{x})$ 就收敛到概率密度函数 $p(\boldsymbol{x})$。

图 7-38(a)～图 7-38(d)是 4 个不同样本数、不同估计区间条件下标准正态分布的非参数概率密度函数估计，从中可以看到：样本数相同，估计区间越小，方差越大[对比(a)、(c)或(b)、(d)图]；当估计区间较大时，样本的增加对估计的结果影响不大[对比(c)与(d)图]；Parzen 窗法是对直方图法的平滑，只有样本足够大、估计区间足够小的情况下[对比(b)与(a)、(c)、(d)图]，估计值接近真值。

图 7-38 示出了一个一维概率密度函数生成过程，利用贝叶斯估计推论模型对铁道车辆横向动力学性能进行评估的过程中需要用到的条件概率密度函数显然是二维的，需要进行推广，此时经典的图像插补算法可

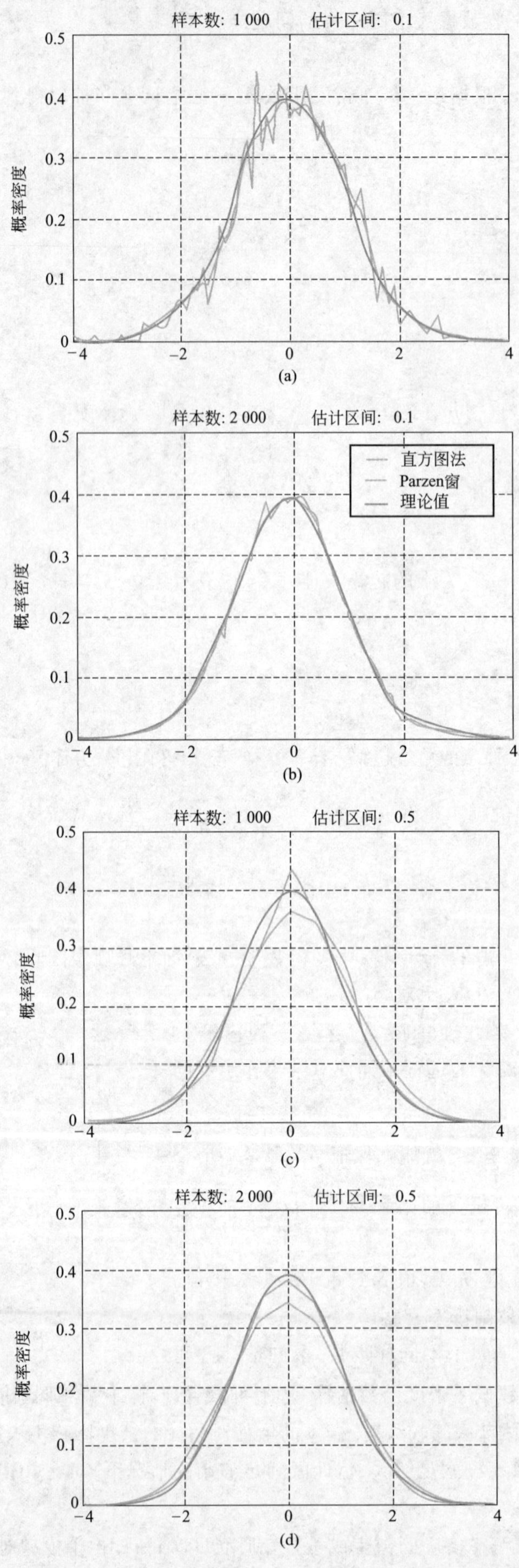

图 7-38　标准正态分布的非参数概率密度函数估计

以借鉴。

(2)基于累积概率的二维条件概率密度函数生成

图像插补,一般是利用曲线拟合的方法,通过离散的采样点建立一个(组)连续函数,利用重建的函数,生成一定范围内的函数值[7],如图 7-39 所示。

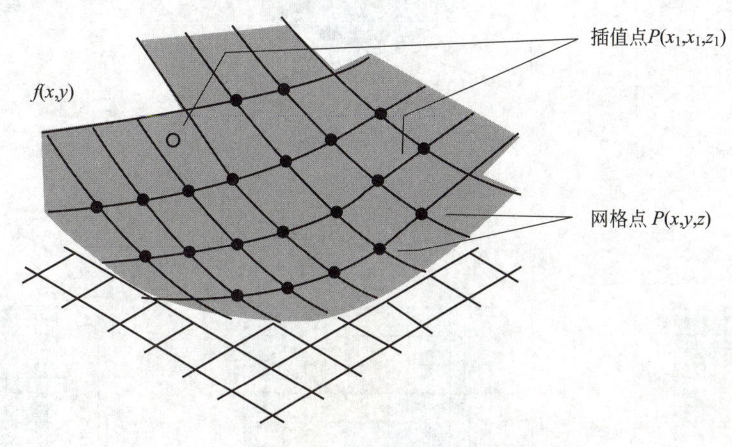

图 7-39 图像插补示例

对于数据覆盖范围内的点,可以表示为:

$$f(x)=\sum_{k=0}^{n-1}C_k h(x-x_k) \tag{7-9}$$

式中 C_k——权系数;

h——插值核,一般选用最近邻、双线性或双三次函数,如图 7-40 所示。

对比式(7-8)、式(7-9)以及图 7-39、图 7-40 可见,Parzen 窗法及二维图像插补方法在算法的形式上是一致的,都是一种内插过程——即依据每一个样本依据它离 x 的远近不同而对结果作出不同的贡献。

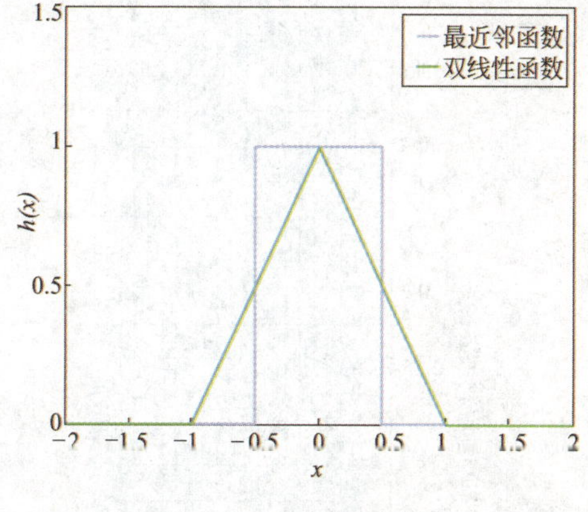

图 7-40 窗函数示例

可以采用标准的二维图像插补方法,将一维 Parzen 窗法的结果,推广到二维条件概率密度函数的生成。

标准的二维图像插补方法,是沿坐标轴方向进行的,在样本数据稠密到能反映图像的特点时,处理是非常有效的,见图 7-41。其中,(a)图是原图像,(b)图是(a)图的抽取图,(c)图是抽取(b)图的插补结果,(d)、(e)、(f)图分别对应(a)、(b)、(c)图的投影。

图 7-42 是 120 km/h 提速铁路货车正线动力学试验脱轨系数最大值的推断值与 TPDS 监测结果(轴横向脱轨系数)的联合分布图,其中横轴是提速铁路货车正线动力学试验脱轨系数最大值的推断值,可以看到其在0.6~1.1 的范围内没有任何样本,监测结果在 0.25~0.3 间也很少有取值,样本数据大范围缺失。

图 7-43 是标准二维图像插补方法处理后的提速铁路货车正线动力学试验脱轨系数最大值的推断值与监测结果的条件概率密度函数图。可以看到:在数据稀疏或大范围缺失的情况下,标准二维图像插补方法性能可能不佳,这是因为算法中未对未知域的数据做过多约束,数值仅沿着坐标轴方向进行插补,算法可能不能反映图像的特征,无法得到符合实际的结果。

为了解决条件概率密度函数生成时试验数据无法覆盖论域的问题,必须在图像标准插补算法中增加能反映图像特征的约束,显然二维条件概率密度函数相对一般的图像确实具有显著的特征。

一般地,铁路货车动力学特征二维条件概率密度函数 $p(x_v|\theta)$具有以下特点:

①对于任意 θ,$\int p(x_v|\theta)\mathrm{d}x_v=1$。

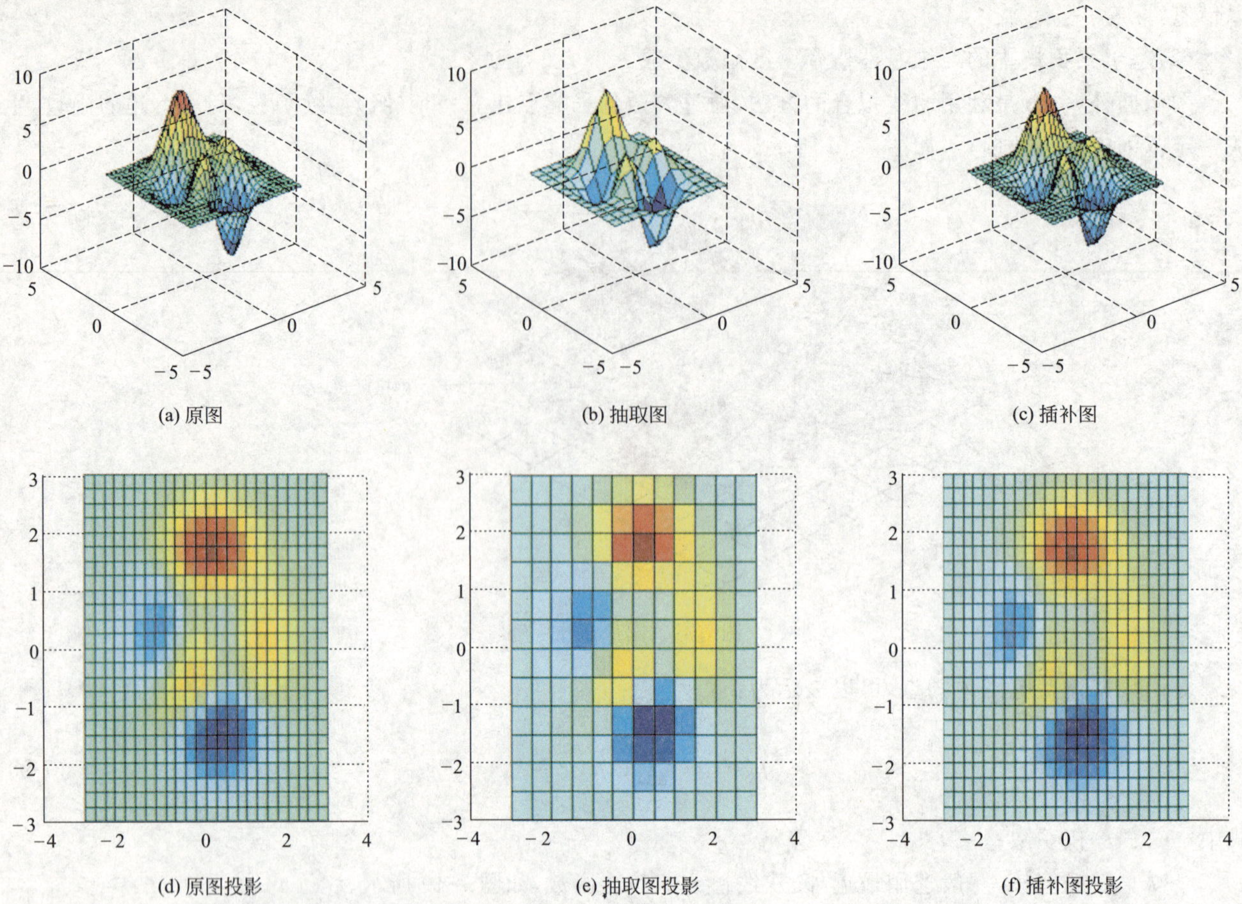
(a) 原图
(b) 抽取图
(c) 插补图
(d) 原图投影
(e) 抽取图投影
(f) 插补图投影

图 7-41　二维图像插补示例

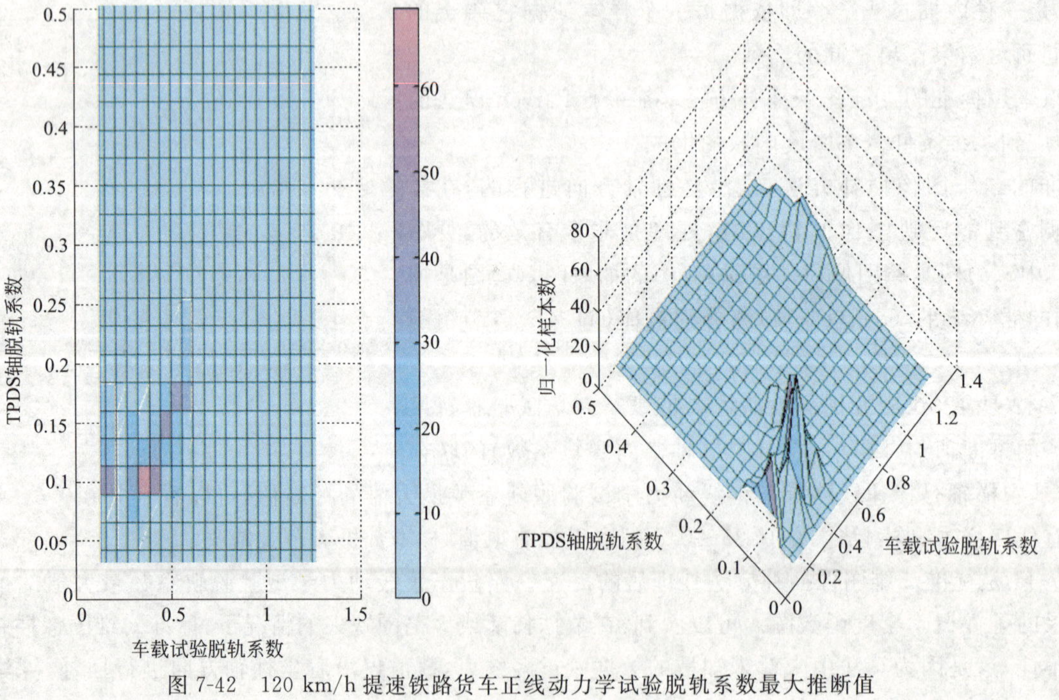
TPDS轴脱轨系数
车载试验脱轨系数
归一化样本数

图 7-42　120 km/h 提速铁路货车正线动力学试验脱轨系数最大推断值

与 TPDS 监测结果(轴脱轨系数)样本分布

②对于任意 θ，$p(x_v|\theta)\geqslant 0$，$\int_{-\infty}^{x} p(x_v|\theta)\mathrm{d}x_v$ 非减。

③$p(x_v|\theta)$的百分位点相对 θ 是连续的。

可以将以上特性，嵌入到图像标准差别算法中，得到适合于二维条件概率密度函数生成的算法。

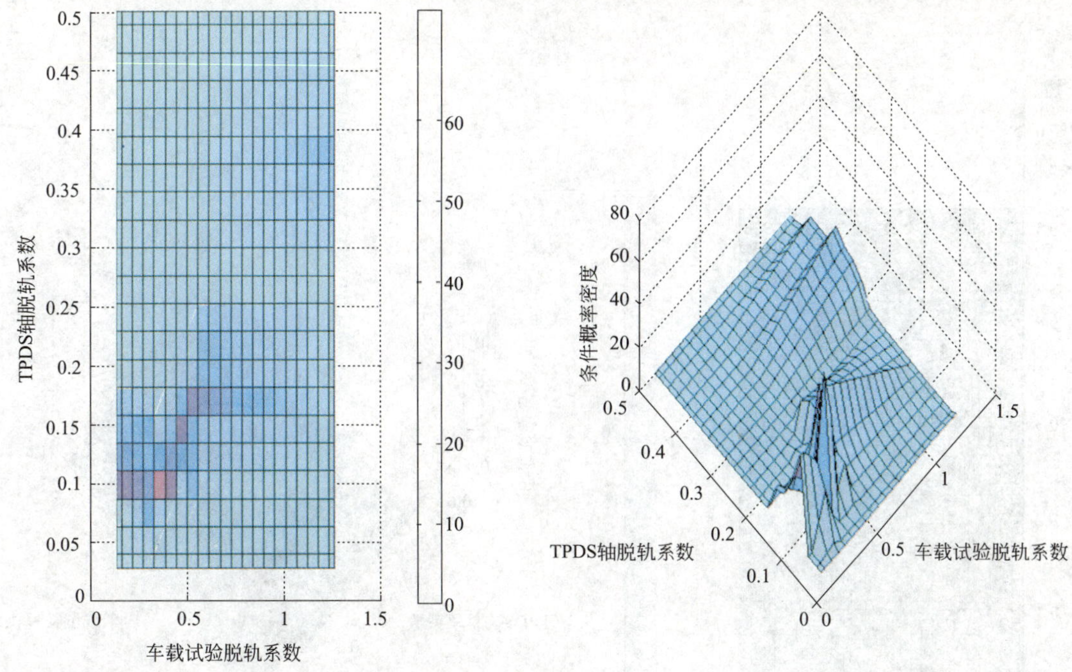

图 7-43 提速铁路货车 120 km/h 轴脱轨系数在 120 km/h 正线动力学试验脱轨系数最大推断值下的条件分布(原处理)

二维条件概率密度函数生成算法步骤如下:对每个 θ 采用 Parzen 窗法进行数据预处理;对每个 θ 累加生成累积概率数据[8];对等概率数据进行多项式拟合;累减生成待插补样本数据;进行标准图像插补计算;归一化处理。

图 7-44 是采用二维条件概率密度函数生成算法得到的轴脱轨系数关于铁路货车正线动力学试验脱轨系数最大推断值的二维条件概率密度函数图像,图 7-45 是图 7-44 的细化结果[相当于 7.2.3.2 第 2 条中的 $p(x_v|\theta)$, $v=120$ km/h]。对比标准图像插补算法得到的结果(图 7-43),可以看到:由于在算法中合理引入了条件概率密度函数特征,二维条件概率密度函数生成算法相对标准图像插补算法特性良好,较大程度上解决了试验数据大范围缺失问题,为铁路货车横向性能地面评估等类似问题的工程运用创造了条件。

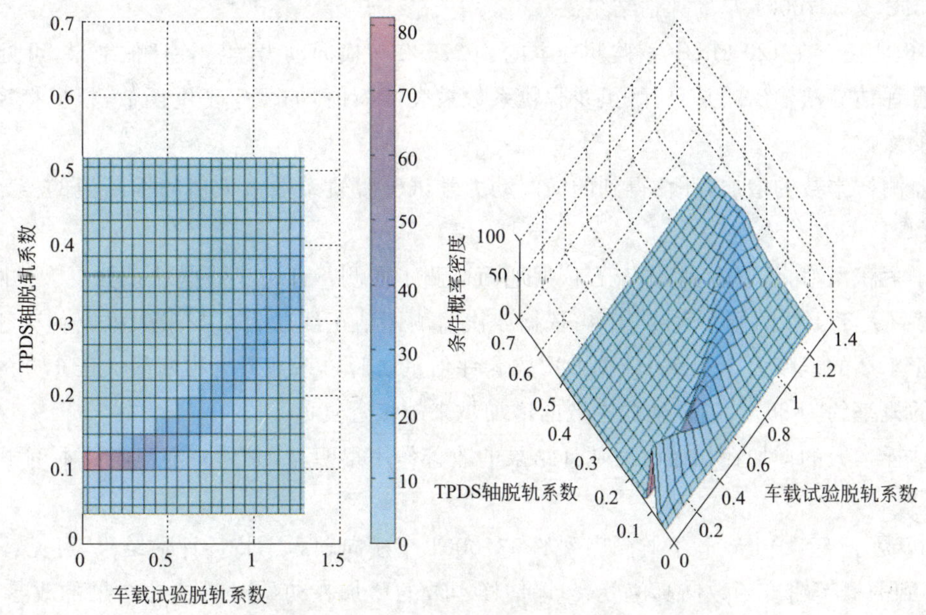

图 7-44 提速铁路货车 120 km/h 轴脱轨系数在 120 km/h 正线动力学试验脱轨系数最大推断值下的条件分布(新方法)

7.2.3.5 评估方法验证及可靠性试验应用

1. 评估方法验证

在实现了评估支撑条件后,就可以根据评估框架进行铁路货车横向性能的评估。为更好体现综合评估

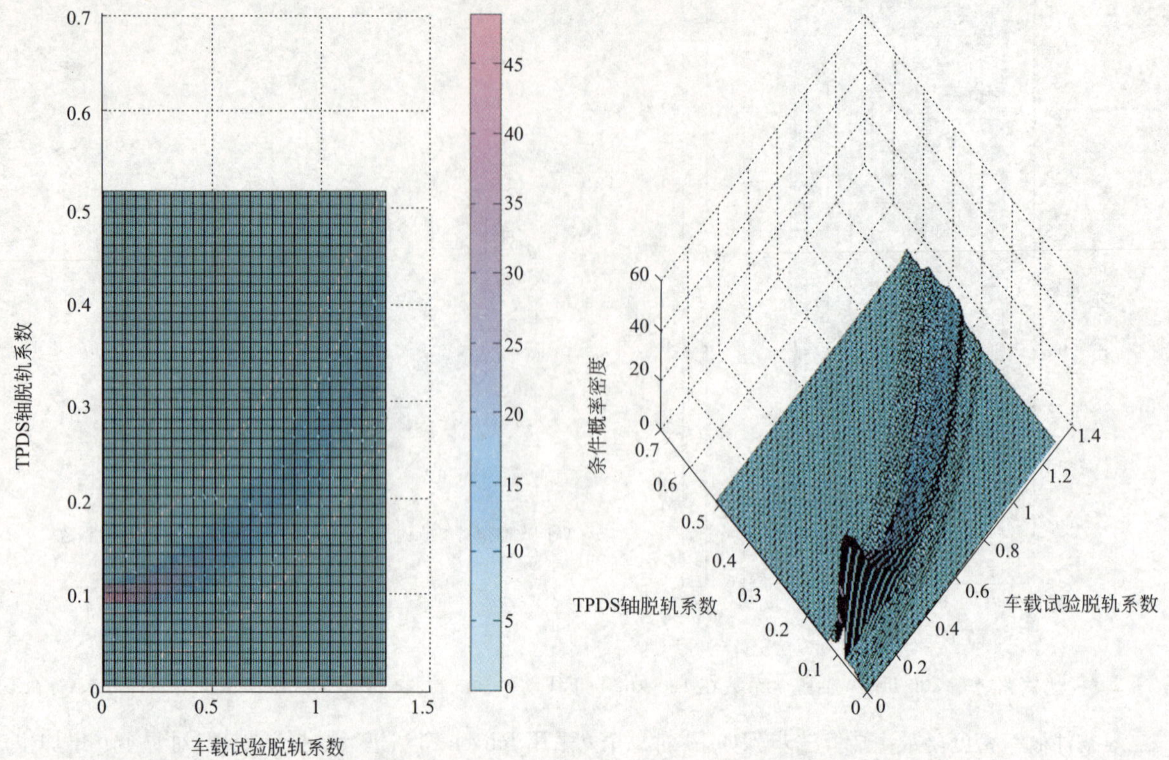

图 7-45　提速铁路货车轴脱轨系数在 120 km/h 正线动力学试验脱轨系数最大推断值下的条件分布(新方法细化图)

算法中的要素——样本素(监测次数)的影响,先假设分类先验分布为均匀分布,条件概率密度函数取图 7-45 反映的 $p(x_v|\theta)(v=120\text{ km/h})$,评估样本数取为 8,输入采用 120 km/h 下的监测样本,估计铁路货车120 km/h 下脱轨系数最大值的推断值,图 7-46 和图 7-47 是对环行线 120 km/h 提速铁路货车可靠性试验中 4627592 及 5370001 车的评估结果。

图 7-46 是基于在 120 km/h 下监测样本的 4627592 车横向动力学特性评估结果,可见:

①综合评估算法输出的是目标(正线脱轨系数最大推断值)的概率密度函数,根据概率密度函数可以提取感兴趣的参数。

②随监测样本数的增加,评估得到的横向动力学试验脱轨系数最人值的推断值的概率密度函数向真值 1.261 3 凝聚。

③对于累积概率,可以看到:本车若依据地面监测 1 次测量评估正线脱轨系数最大推断值大于 1.0 的概率大于 90%,大于 1.2 的概率大约 40%;依据 4 次监测评估正线脱轨系数最大推断值大于 1.0 的概率接近 100%,大于 1.2 的概率大于 70%;依据 8 次监测评估正线脱轨系数最大推断值大于 1.0 的概率接近 100%,大于 1.2 的概率约为 85%;随评估样本数的增加越来越接近真值。

④评估样本数的增加在初始时对估计结果的改善作用很明显,大到一定程度如本例中长 6、7、8 时,结果改善较小。

图 7-47 是基于 120 km/h 下监测序列的 5370001 车横向动力学特性评估结果,可见:随监测样本数的增加,评估得到的概率密度函数向真值凝聚;评估样本数的增加在初始时对估计结果的改善作用很明显,大到一定程度如本例中长 6、7、8 时,结果改善较小;该车横向动力学性能合格,依据 3 次以上地面监测数据作出的评估中,脱轨系数大于 0.8 的可能性几乎为 0。

铁路货车横向动力学评估贝叶斯估计推论模型涵盖了不同速度下的输入,这在实际运用中非常重要,为了验证这一点,以 120 km/h 下正线试验的脱轨系数最大值的推断值为条件生成了铁路货车横向地面高平顺监测100 km/h时的特性(相当于 7.2.3.2 第 2 条中的 $p(v_v|\theta)$,$v=100$ km/h),如图 7-48 所示。

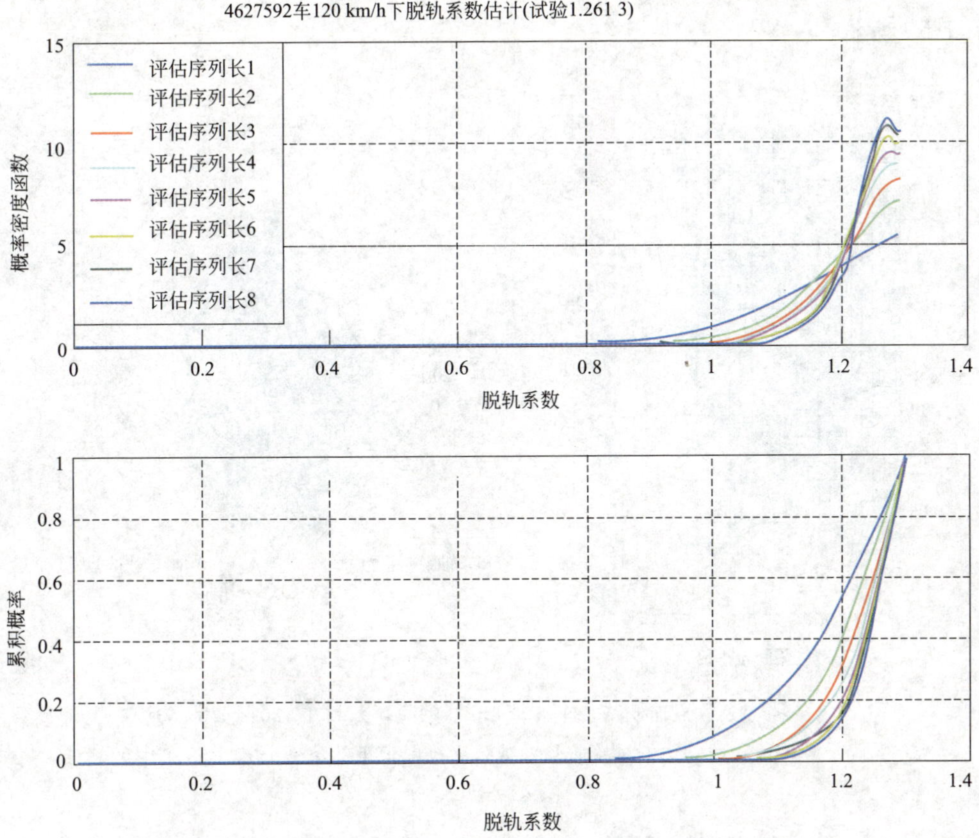

图 7-46 基于 120 km/h 下监测序列的 4627592 车横向动力学特性评估

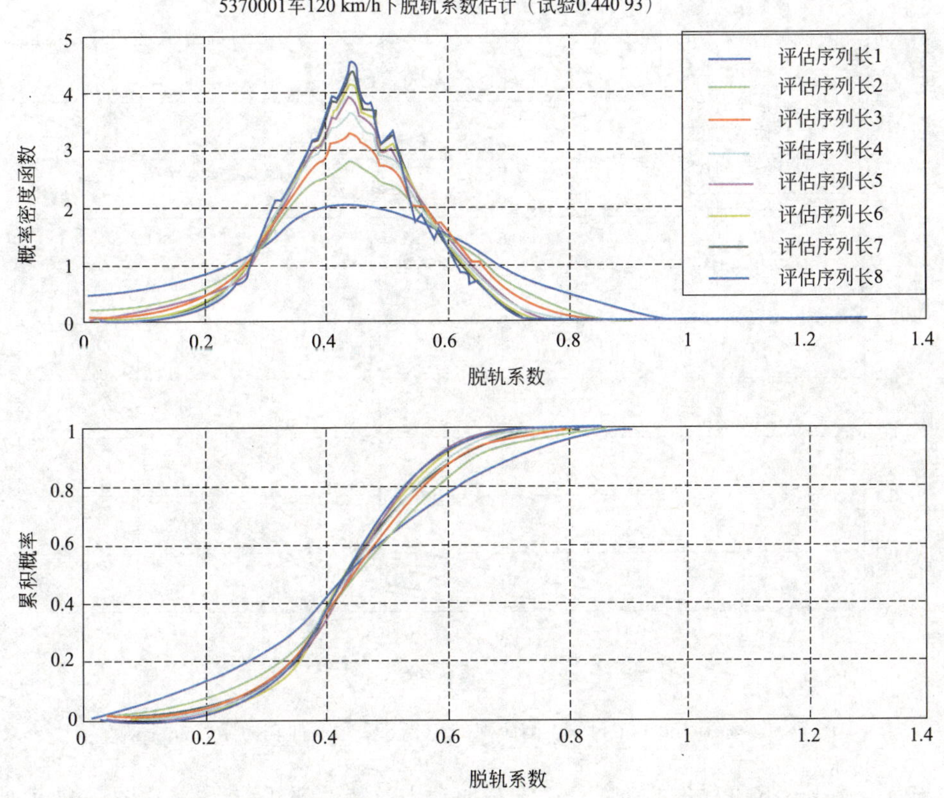

图 7-47 基于 120 km/h 下监测序列的 5370001 车横向动力学特性评估

此时，以 100 km/h 下的监测样本为输入，条件概率密度函数取图 7-48 反映的 $p(x_v|\theta)(v=100\ \text{km/h})$，

评估样本数为 8，再次估计前述 4627592 车及 5370001 车 120 km/h 下的脱轨系数最大值的推断值，如图 7-49 和图 7-50 所示。

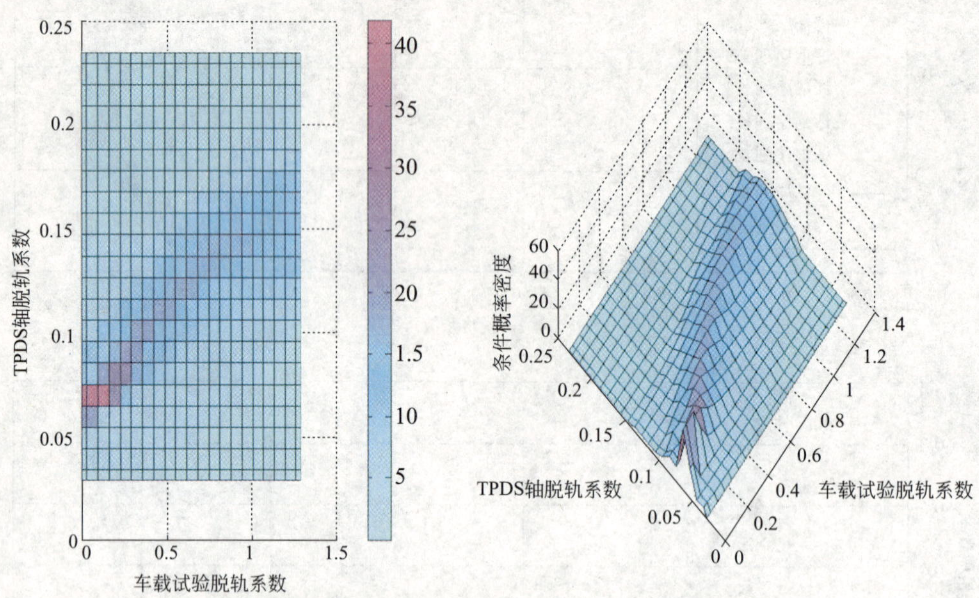

图 7-48　提速铁路货车 100 km/h 轴脱轨系数在 120 km/h 正线动力学试验脱轨系数最大推断值下的条件分布

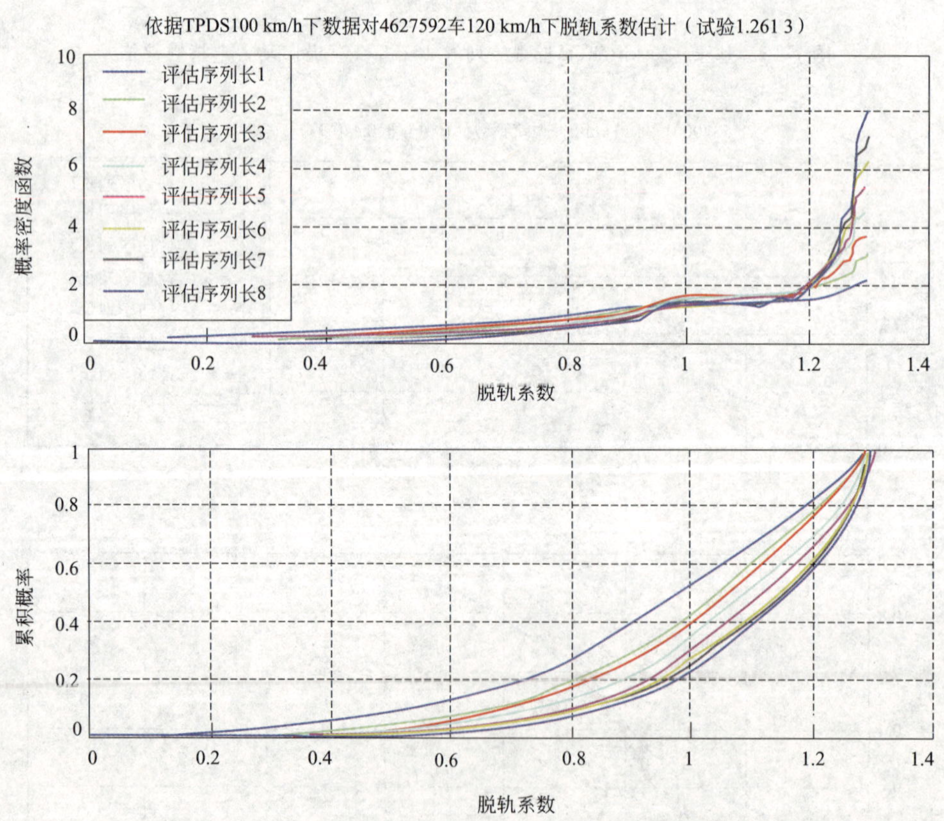

图 7-49　基于 100 km/h 下监测序列的 4627592 车横向动力学特性评估

图 7-49 是基于 100 km/h 下样本的 4627592 车横向动力学特性评估结果，对比图 7-46 可见：

①随监测样本数的增加，评估得到的横向动力学试验脱轨系数最大值的推断值的概率密度函数仍向真值 1.261 3 靠拢；

②相对图 7-46 表述的基于 120 km/h 下监测样本的 4627592 车横向动力学特性评估结果而言，结果趋近真值的速度明显变慢。

图 7-50 是基于 100 km/h 下样本的 5370001 车横向动力学特性评估结果，对比图 7-47 可见：

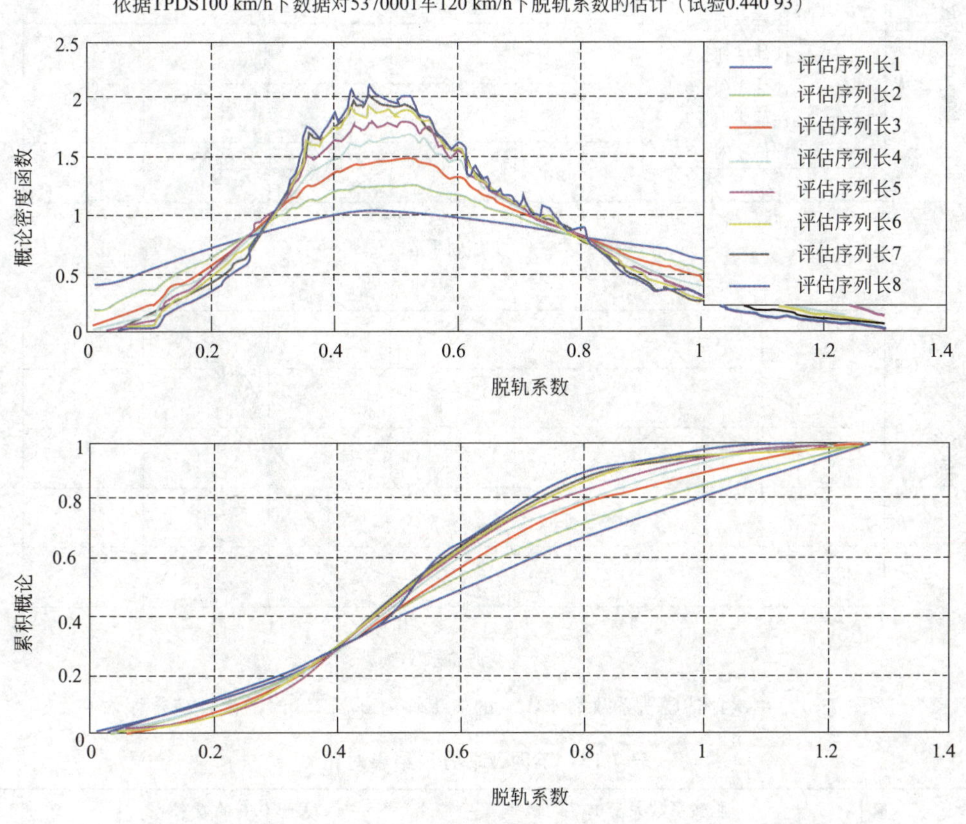

图 7-50　基于 100 km/h 下监测序列的 5370001 车横向动力学特性评估

①随监测样本数的增加，评估得到的横向动力学试验脱轨系数最大值的推断值的概率密度函数仍向真值 0.440 93 靠拢；

②相对图 7-47 表述的基于 120 km/h 下样本的 5370001 车横向动力学特性评估结果而言，结果趋近真值的速度明显变慢。

综合以上可以看到：

①随监测样木数的增加，木文提出的综合评估算法得到的目标概率密度函数向真值凝聚，实现了综合评估的目标；

②评估样本数的增加在初始时对估计结果的改善作用很明显，长度大到一定程度如依据 120 km/h 监测数据评估中长 6、7、8 时，结果改善较小，这是由算法及条件概率密度函数的特性决定的，具体使用时还要考虑到评估的时效性。

对于一定速度范围的输入数据，本文提出的综合评估算法均能得到贴近实际的结果，此时不同速度级下条件概率密度函数的特性决定了趋向真值的速度，对于铁路货车横向动力学特性地面评估而言，一般希望能以高速度级的监测数据作为输入。

现在，再回顾一下评估原理中提及的某车通过地面监测系统多次监测参数均相同的评估问题。

图 7-51 显示了利用贝叶斯推论进行模拟综合评估的结果，可以看到，随着样本数的增加，评估结果向 1.02 凝聚，综合评估得到脱轨系数大于 1.0 的概率随样本数的增加由 44.18%升到 57.48%（表 7-13），与此同时脱轨系数大于 0.9 的概率随样本数的增加由 70.21%上升到 88.23%、脱轨系数小于 1.1 的概率随评估样本数增加由 82.88%上升到 96.70%。可见，正是由于综合评估，实现了从“样本数”到“内在因素”再到“真

值”的转换，得到的结论全面、可信。

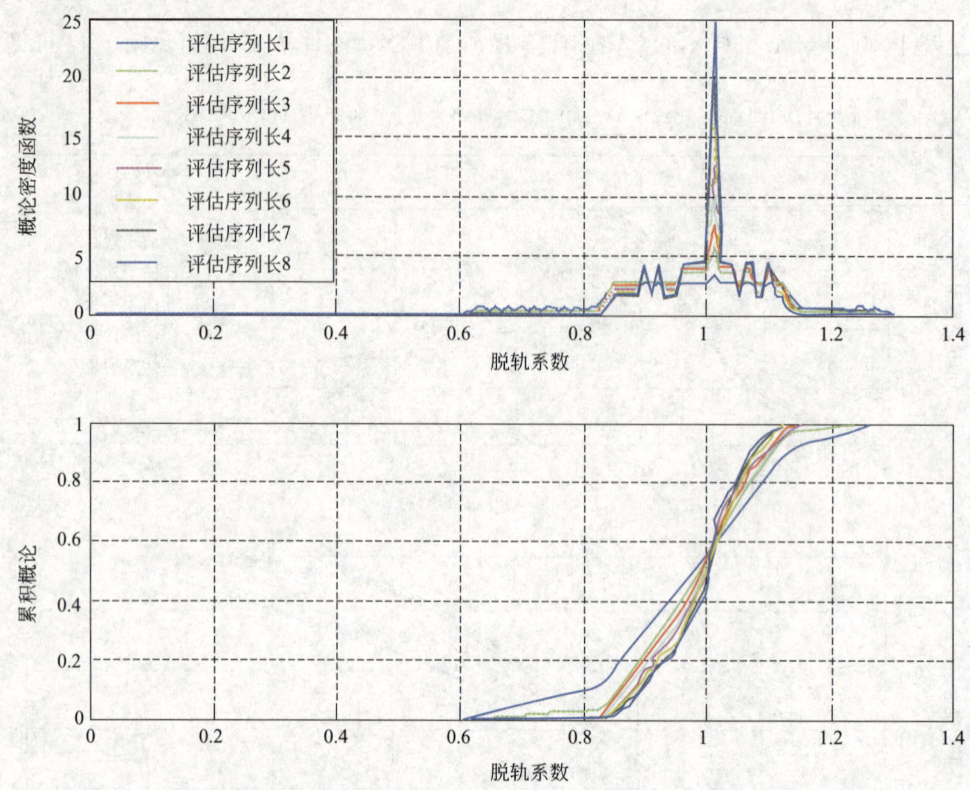

图 7-51　单次评估脱轨系数大于 1.0 的概率均为 0.441 8 时的模拟综合评估

表 7-13　不同评估方法结果对比

项　　目	脱轨系数大于 1.0 的概率		大于 0.9 的概率	小于 1.1 的概率
评估长度 (*n*)	套用重复检验 $1-(1-p>1.0)^n$	综合评估	综合评估	综合评估
1	44.18%	44.18%	70.21%	82.88%
2	68.84%	45.35%	77.08%	89.17%
3	82.61%	46.60%	80.23%	91.99%
4	90.29%	48.15%	82.21%	93.49%
5	94.58%	50.00%	83.84%	94.51%
6	96.97%	52.17%	85.35%	95.34%
7	98.31%	54.67%	86.81%	96.06%
8	99.06%	57.48%	88.23%	96.70%

2. 在可靠性试验中应用

依据评判特性，对于可靠性试验中 120 km/h 速度级地面连续 6 次监测样本进行评估，横向动力性能失效标准为：正线脱轨系数大于 1.0 的推断概率为 90%，可靠性试验参试铁路货车横向动力学性能失效数据见表 7-14。

表 7-14　可靠性试验横向动力学失效数据

车　　号	车型	空重别	转向架类型	最大累积里程(km)	时　　间
4607173	C_{62BK}	空车	转 K2 改	44 948	2006-07-13
4627592	C_{62BK}	空车	转 K2 改	46 486.5	2006-07-6
4659181	C_{62BK}	空车	转 K2 改	40 927.5	2006-07-13

续上表

车　号	车型	空重别	转向架类型	最大累积里程(km)	时　间
5276296	NX_{17K}	空车	转 K2 改	41 964.5	2006-07-13
5283868	NX_{17BK}	空车	转 K2	208 667	2006-07-13
6227972	G_{60K}	空车	转 K2 改	145 359	2007-04-11
6229883	G_{60K}	空车	转 K2 改	16 039.5	2006-03-25
6283954	G_{70K}	空车	转 K2	149 651	2004-06-28
6450103	G_{70H}	空车	转 K4	51 059.5	2004-02-16

7.2.3.6 小　结

1. 借鉴贝叶斯参数估计的思路，推广得到贝叶斯估计推论；贝叶斯估计推论反映了由“可测分布”凝聚到“特征参数”，再由“特征参数”推广到“不易测目标分布”的过程及该过程需要满足的条件；推广了概率密度函数的贝叶斯估计在工程上的运用。

2. 以贝叶斯估计推论为基础，建立了铁路货车横向动力学地面评估体系，实现了铁路货车横向地面高平顺监测序列与铁路货车横向正线测量特性(标准动力学试验结果)间的数值关联。

3. 同步的地面监测及正线试验、合理的动力学仿真均可以为铁路货车横向动力学地面评估体系提供有效样本。

4. 提出的基于累积概率拟合的二维条件概率密度函数生成方法，可以有效解决试验样本大范围缺失问题。

5. 对于一定速度范围的输入数据，铁路货车横向动力学地面评估均能得到贴近实际的结果，此时不同速度级下条件概率密度函数的特性决定了趋向真值的速度，对于铁路货车横向动力学特性地面评估希望能以高速度级的监测数据作为输入。

6. 铁路货车横向动力学贝叶斯估计推论模型，能够应用 TPDS 地面监测数据推断铁路货车横向正线测量特性，解决了地面监测技术标准空白、无法直接评判横向动力学失效的难题。

7.3 铁路货车地面监测可靠性评估技术

7.3.1 铁路货车横向动力学性能地面监测评估技术框架

7.3.1.1 铁路货车横向动力学性能可靠性定义和研究内容

铁路货车部件间摩擦件较多，在一定使用周期中其系统性能尤其是横向动力学性能呈明显的浴盆状，分为早期失效期、偶然失效期、耗损失效期。在早期失效期中，零部件尚未充分磨合，其系统性能不稳定；通过充分磨合后，进入偶然失效期，其间系统性能稳定；在耗损失效期中，由于零部件的磨耗，导致系统性能下降。大量资料表明，一般脱轨事故的发生均集中在运用周期的两头，一方面新车、新定检后的铁路货车，脱轨事故较多；另一方面，定检到期附近脱轨事故比例高。总之，运用中铁路货车横向动力学受诸多因素的影响，如零部件的磨合、车轮踏面形状改变、承载鞍、斜锲、心盘等零部件的磨耗，使得铁路货车的横向动力学性能在使用周期中变化较大，须用可靠性的方法对铁路货车的横向动力学性能进行研究。

根据可靠性定义，我们研究铁路货车的横向动力学性能可靠性时，“单元”是指铁路货车的横向稳定性；“给定条件”可以是线路条件或速度条件等，根据研究内容而定；“给定时间”可指运用周期或运用里程或运用周转量等；“规定功能”是指横向动力学性能能否满足 GB/T 5599—1985《铁道车辆动力学性能评定和试验鉴定规范》的要求。GB/T 5599—1985 规定铁路货车的动力学性能包括横向动力学性能在一个使用周期内都必须满足其规定。

铁路货车横向动力学性能可靠性的定义：铁路货车横向动力学性能在给定条件和给定时间内符合 GB/T 5599—1985 的概率。

铁路货车横向动力学性能失效定义：铁路货车横向动力学性能超过 GB/T 5599—1985 规定的限值，称之为铁路货车横向动力学性能失效。其含义是铁路货车因磨合、磨耗等原因导致其横向动力学性能下降，超过 GB/T 5599—1985 相关标准。需要说明的是，铁路货车横向动力学性能失效并不意味脱轨事故的发生，只代表脱轨事故发生的概率中铁路货车的因素在上升。

铁路货车横向动力学性能可靠性研究的内容就是在规定的条件下、规定的时间内研究横向动力学失效发生的规律。提速铁路货车横向动力学性能可靠性研究的内容是，研究提速铁路货车在正线 120 km/h 速度的条件下，在一定周期或一定里程内，其横向动力学失效发生、发展的规律。

7.3.1.2　铁路货车横向动力学性能可靠性研究手段

铁路货车横向动力学性能可靠性的研究，必须建立在铁路货车横向动力学性能的检测基础上。传统的动力学性能检测手段是在被试车上加装测力轮对、加速度计、位移计等传感器，在正线上进行动力学试验，以评价铁路货车横向动力学性能。这样的评价方法工作量大，对于铁路货车这样参数离散程度高的研究对象，其横向动力学可靠性的研究需要大量的样本，才能反映失效规律，因此传统的动力学检测手段难以用于横向动力学性能可靠性的研究。

铁路货车横向动力学性能可靠性的研究还需要取得“时间”信息。铁路货车技术管理信息系统（HMIS）覆盖了国有铁路货车和参与铁路运营的企业自备铁路货车技术管理的主要业务，提供了铁路货车从新造到报废的整个寿命周期内，以车号为唯一线索的动态技术履历信息，它包括新造、厂修、段修、临修、通过检修、报废信息，以及铁路货车配件及其更换信息、故障信息等。TPDS 通过集成的 AEI 获取车号信息，并与 HMIS 定检信息共享，从而得到当前的运用时间。

综上所述，车辆运行品质轨边动态监测系统（TPDS）及铁路货车信息化技术为铁路货车横向动力学性能的可靠性研究提供了有力的手段。

7.3.1.3　提速铁路货车横向动力学性能可靠性地面监测评估体系

基于铁路货车地面监测技术 TPDS 和铁路货车信息化技术，我们提出以下提速铁路货车横向动力学性能可靠性地面监测评估体系。如图 7-52 所示，提速铁路货车横向动力学性能可靠性地面监测评估步骤如下：

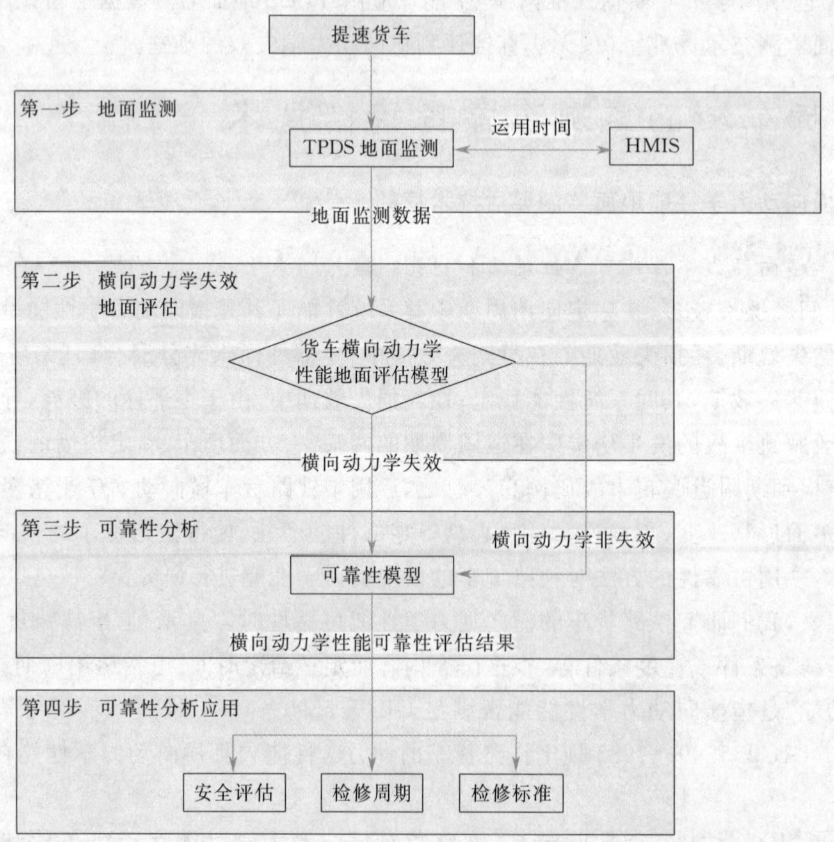

图 7-52　提速铁路货车横向动力学性能可靠性地面评估技术框图

(1)地面监测:提速铁路货车通过 TPDS 探测站,测得车号、轴脱轨系数、监测日期、速度、总重等参数,并上传至 TPDS 铁道部查询中心服务器,在 TPDS 查询中心服务器与共享的 HMIS 定检信息匹配,得到相应的运用时间。具体实例见 7.3.5 中横向动力学性能可靠性分析,环行线可靠性试验中,参试铁路货车的定检信息是已知的。

(2)横向动力学失效评估:利用一定长度的连续 TPDS 地面监测数据为输入,经过铁路货车横向动力学性能地面评估模型,对横向动力学失效进行评估,得到横向动力学性能可靠性数据。铁路货车横向动力学性能地面评估模型详见 7.2.3。

(3)可靠性分析:根据横向动力学性能可靠性数据的性质,采用对应的可靠性统计方法进行分析,给出其可靠度、可靠寿命等指标的点估计和置信限估计结果,参见 7.3.4 和 7.3.5。

可靠性分析的应用:可靠性分析的结果可以用于对提速铁路货车在 120 km/h 条件下运行一定周期的安全性进行评估;可靠性分析结果还可应用于检修周期及检修标准的制定。

7.3.2　可靠性分析的基础知识

1. 常见可靠性数据类型

常见的寿命数据类型主要有完全数据、定数截尾数据、定时截尾数据、随机截尾数据和无失效数据。下面给出它们的具体定义[10]:

(1)完全数据:指参与试验或使用的随机抽样产品全部失效时获得的数据。设有 n 个随机样品参与试验,最终得到 n 个顺序失效数据 $t_1<t_2<\cdots<t_n$。该类数据全面反映了产品的寿命分布情况,是进行寿命分析最理想的数据类型且有较好的统计分析方法,但该类数据的获得需要较长的时间或较多的试验费用,一般很难得到。图 7-53 给出一组样本量为 5 的完全数据。

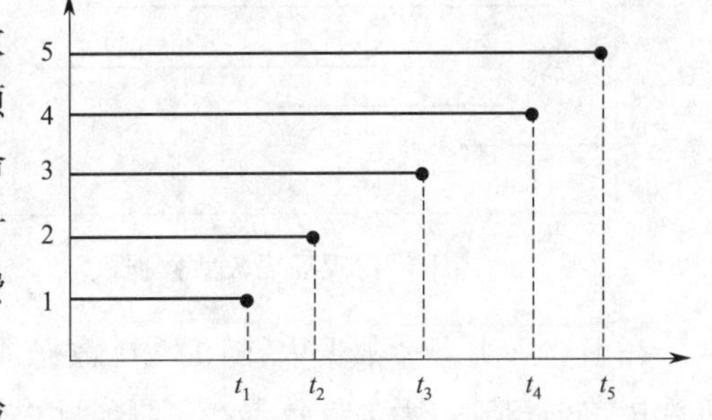

图 7-53　完全数据

(2)定数截尾数据:设有 n 个随机抽样产品参与试验,试验前就规定好产品的失效数为 $r(r<n)$,当失效数达到 r 个时,则终止试验,所获得的 r 个有序失效数据 $t_1<t_2<\cdots<t_r$ 称为定数截尾数据。这类数据在试验室和现场也比较常见,它部分反映了产品的失效情况。图 7-54 给出一组样本量为 5、截尾数为 3 的定数截尾数据。

(3)定时截尾数据:设有 n 个随机抽样产品参与试验,受试验时间的限制,试验前就规定好试验结束的时间为 t^0,设在 t^0 时恰有 r 个产品失效,得到 $r+1$ 个顺序数据 $t_1<t_2<\cdots<t_r\leqslant t^0$ 称为定时截尾数据。图 7-55 给出一组样本量为 5、失效数为 3 的定时截尾数据。

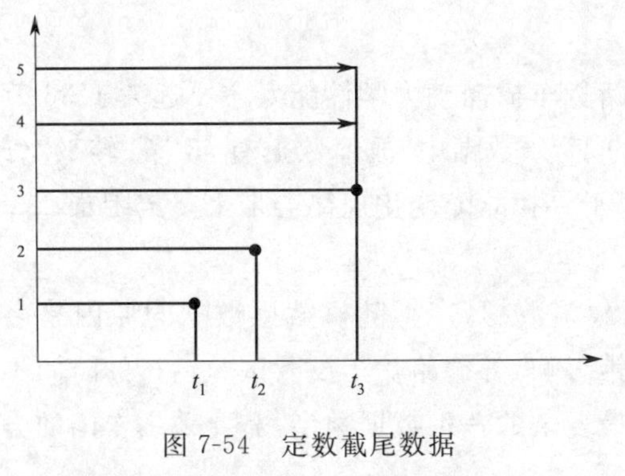

图 7-54　定数截尾数据

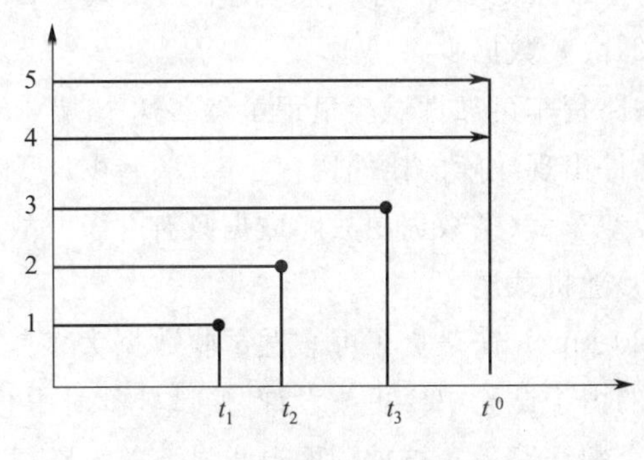

图 7-55　定时截尾数据

(4)随机截尾数据:是指在寿命数据中,失效数据与中止数据随机混合的一种数据类型。中止数据主要是指未失效数据和未按预定失效模式失效的数据,如在考察某滚动轴承的内圈失效规律时,由于轴承外圈、滚子或保持架出现故障而产生的轴承失效数据只能作为中止数据处理。随机截尾数据是最普遍的一种数据类型,其他几种数据都是它的特例。由于现场中产品的起始使用时间不同,数据收集时刻也不同,因此,大部分现场数据都属于随机截尾数据。图 7-56 给出一组原始的现场数据，图 7-57 为图 7-56 中数据整理后得到的随机截尾数据，其中有 3 个失效数据、2 个中止数据。

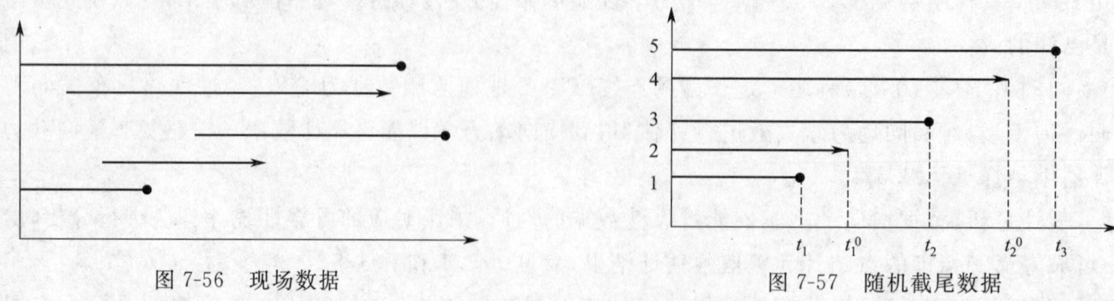

图 7-56　现场数据　　　图 7-57　随机截尾数据

(5)无失效数据：指由于受试验条件的限制，参与试验的产品无一出现失效。图 7-58 给出一组现场无失效数据，图 7-59 为整理后的无失效数据。无失效数据是目前可靠性领域的研究热点，由于该类型数据提供的可靠性信息非常有限，其统计结果的可信程度较低。

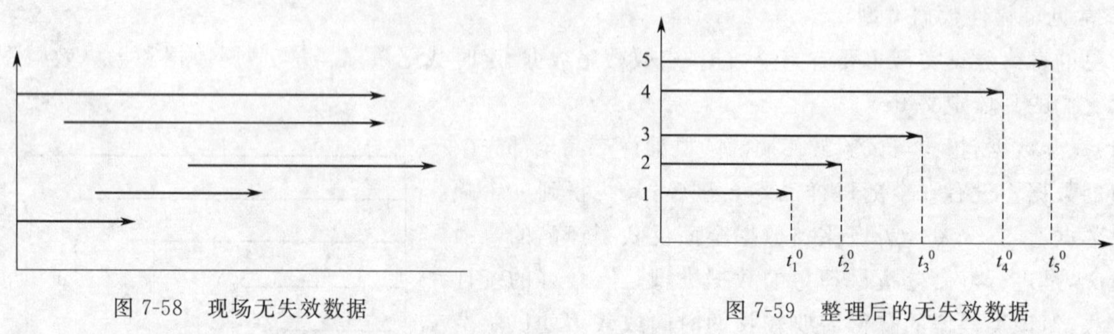

图 7-58　现场无失效数据　　　图 7-59　整理后的无失效数据

在上述五类寿命数据中，随机截尾数据是最复杂、最常见的类型，尤其在工程现场中，大部分数据属于随机截尾数据；其次，无失效数据在工程实际中也常常遇到。这两种类型数据的统计方法都不太完善，是目前可靠性工程中的研究热点和难点。

2. 提速铁路货车可靠性数据特点

提速铁路货车 120 km/h 环行线可靠性试验铁路货车横向动力学性能可靠性数据具有以下特点：

(1)数据量少

参与可靠性试验的铁路货车虽然多达 82 辆，但由于车型不同、转向架形式不同以及空重车状况不同，具体划分到每种车型、转向架及空重车状况后得到的数据并不多。如：转 K2 型转向架空车的数据量只有 17 条；转 K2(改)型转向架空车的数据量只有 20 条。数据量少，会造成统计结果的分散性大。

(2)故障数据少

铁路货车可靠性试验里程虽然多达 36 万 km，但许多铁路货车横向动力学性能寿命要远大于 36 万 km，所以部件出现故障的比例比较小。如：转 K2 型转向架空车的 17 条数据中，故障数据有 11 条；转 K2(改)型转向架空车 20 条数据中故障数据只有 9 条。故障数据少，对于寻找故障变化规律会带来一定困难。

(3)随机截尾

120 km/h 铁路货车可靠性试验数据大多是典型的随机截尾数据，产生随机截尾数据的原因是多方面的，有的由于试验中要更改设计，使试验临时中止；受试验安排影响，各铁路货车投入试验运行的时间不完全一致；个别铁路货车被抽调而退出试验等。随机截尾数据是最复杂的一种数据类型，需要采用专门的方法对数据进行统计分析。

鉴于 120 km/h 铁路货车可靠性试验数据的上述特点，需要对其统计分析方法做深入研究，以便获得更加准确的计算分析结果。

(4)无失效

如果铁路货车横向动力学性能的寿命通常较长，而试验时间相对较短，其结果造成试验数据无一失效的情况非常普遍,如何依据无失效数据对试验结果进行统计推断,是铁路货车可靠性数据处理面临的一个重要课题。

7.3.3 铁路货车可靠性数据分析方法

7.3.3.1 随机截尾数据估计方法

1. 分布参数点估计方法

通过前面讨论可知,随机截尾数据是最普遍的一种数据类型,铁路货车可靠性数据中也存在许多随机截尾数据。人们针对随机截尾数据做了大量研究,取得丰硕成果[17~28]。尤其是针对参数的点估计提出了多种方法,如:乘积限估计法、平均秩次法、极大似然法等,其中乘积限估计法和极大似然法主要用于样本量较大的情况,而平均秩次法由于可用于样本量较少的情况,因而在工程实际中得到广泛应用[29~42]。本文采用平均秩次法对铁路货车可靠性数据进行参数估计。

设 $T_{(1)},T_{(2)},\cdots,T_{(n)}$ 是来自某总体的一个样本,该样本得到一组完全数据观测值 $t_{(1)},t_{(2)},\cdots,t_{(n)}$,将它们从小到大排列为 $t_1\leqslant t_2\leqslant\cdots\leqslant t_n$,其中第 $i(i=1,2,\cdots,n)$ 个值 t_i 就是 T_i 的观测值,该数据的经验分布函数可定义为:

$$F_n(t)=\begin{cases}0 & t<t_1\\ i/n & t_i\leqslant t<t_{i+1}\\ 1 & t\geqslant t_n\end{cases}\tag{7-10}$$

计算表明,当数据量不大时($n<20$),式(7-10)的计算结果偏差较大,为此,人们提出了中位秩公式[9],即:

$$F_n(t_i)=\frac{i-0.3}{n+0.4}\tag{7-11}$$

利用式(7-10)或式(7-11)可以得到经验分布函数数据点:

$$(t,F_n(t_1)),(t_2,F_n(t_2)),\cdots,(t_i,F_n(t_i)),\cdots,(t_n,F_n(t_n))$$

在工程实际中,由于受各种因素的影响,寿命数据常常为不完全数据,表 7-15 给出了某零部件的一组不完全数据[9]。

对于一组完全数据可按其失效时间的先后排列成一组顺序统计量,其中每一个失效数据都有一个确定的失效顺序号。但对于一组不完全数据,由于受中止数据的影响,其失效数据的失效顺序号是不确定的,表 7-16 给出了表 7-15 中不完全数据失效的三种可能情况。Johnson 通过综合考虑中止数据的各种可能失效情况对失效数据顺序号的影响,确定了不完全数据中失效数据的平均失效顺序号,然后根据平均失效顺序号计算其中位秩,该方法称为平均秩次法。

表 7-15 某零部件寿命试验结果

序号	寿命值(h)	备注
1	84	故障
2	>91	中止
3	122	故障
4	274	故障

表 7-16 不完全数据故障发生情况

失效顺序号	情况 1	情况 2	情况 3
1	$t_1=84$	$t_1=84$	$t_1=84$
2	t_1^*	$t_2=122$	$t_2=122$
3	$t_2=122$	t_1^*	$t_3=274$
4	$t_3=274$	$t_3=274$	t_1^*

如果将表 7-15 的中止数据 $t_1^0=91$ 对应的产品继续试验到 t_1^* 时刻故障发生,则可能出现表 7-16 中三种情况之一。由表 7-16 可知,第一个失效数据 $t_1=84$ 的失效顺序为 1 是确定的;受中止数据的影响,第二个失效数据 $t_2=122$ 的失效顺序可能为 2 或 3,其概率分别为 2/3 和 1/3,故 t_2 的平均失效顺序号为 $2\times2/3+3\times1/3=2.33$;同理,第三个失效数据 $t_3=274$ 的平均失效顺序号为 3.67。将各平均失效顺序号代入式(7-11)中,可以得到三个失效数据的近似中位秩,进而得到相应的不完全数据经验分布数据拟合点(84,0.159),(122,0.461),(274,0.766)。

为了便于计算，统计学家给出了不完全数据中失效数据的平均顺序号的计算公式：

$$A_0=0;A_i=A_{i-1}+\frac{n+1-A_{i-1}}{n-m+2} \tag{7-12}$$

式中 A_i——第 i 个失效数据的平均秩次（$i=1,2,\cdots,r$；设有 r 个失效数据）；

m——第 i 个失效数据的数据总序号；

n——数据总数。

然后，将上述各平均失效顺序号代入中位秩公式：$F_n(t_i)=\dfrac{A_i-0.3}{n+0.4}$，得到经验分布函数数据点：$(t_1, F_n(t_1))$，$(t_2,F_n(t_2))$，…，$(t_1,F_n(t_i))$，…，$(t_r,F_n(t_r))$，再将数据点代入式(7-14)～式(7-25)中，可以得到分布参数估计值。

在可靠性工程中，常见的寿命分布包括：指数分布、威布尔分布、对数正态分布等，它们各有不同的特点和适用范围。如指数分布主要适用于描述具有恒定失效率的部件、经老炼试验并进行定期维修的部件、电子产品的寿命试验及无余度的复杂系统的故障间隔时间等；对数正态分布适用于描述某些机械零件的疲劳寿命；威布尔分布由最弱环模型导出，是最重要且应用最广的一种分布，其他寿命分布都可用威布尔分布替代或近似。尤其是三参数威布尔分布，通过形状参数、尺度参数和位置参数的变化可很好地描述各种不同的故障规律，被称为“万能分布”，其他许多分布都可用它替代或近似（如：指数分布、正态分布等）。这里我们就讨论一下，如何用三参数威布尔分布对铁路货车可靠性数据进行分析。

设三参数威布尔分布函数为：

$$F(t)=1-\exp\left(-\left(\frac{t-\gamma}{\eta}\right)^m\right) \tag{7-13}$$

其中 γ 为位置参数，m 为形状参数，η 为尺度参数。对三参数威布尔分布进行参数估计时，位置参数 γ 的估计很重要，γ 估计得是否准确直接影响其他两个参数 m 和 η 的估计精度，因此我们首先要对位置参数进行估计。

在确定位置参数时，可以采用相关系数优化法[43]。该方法的基本思想是，位置参数的取值范围一般为 $[0,t_1]$，在该范围内，按照一定步长，逐步选取不同的位置参数估计值 $\hat{\gamma}$，并采用最小二乘估计方法估计相应的形状参数 m、尺度参数 η 和相关系数，选取相关系数最大时对应的参数估计值作为三参数威布尔分布的参数估计值。

假设已获得位置参数估计值 $\hat{\gamma}$，则可利用 $\hat{\gamma}$ 进一步估计形状参数 m 和尺度参数 η。令：

$$y_i=\ln\ln\left(\frac{1}{1-F_n(t_i)}\right) \tag{7-14}$$

$$x_i=\ln(t_i-\hat{\gamma}) \tag{7-15}$$

$$b=m \tag{7-16}$$

$$a=-m\ln\eta \tag{7-17}$$

则式(7-13)变为：

$$y_i=bx_i+a \tag{7-18}$$

由最小二乘法原理，要使 $s=\sum_{i=1}^{r}(y_i-a-bx_i)^2$ 最小，则

$$\begin{cases}\dfrac{\partial \boldsymbol{s}}{\partial \boldsymbol{a}}=0\\[2ex]\dfrac{\partial \boldsymbol{s}}{\partial \boldsymbol{b}}=0\end{cases} \tag{7-19}$$

求解得：

$$\hat{b}=\frac{\sum_{i=1}^{r}x_iy_i-n\,\overline{xy}}{\sum_{i=1}^{r}x_i^2-\bar{x}^2} \tag{7-20}$$

$$\hat{a}=\bar{y}-\hat{b}\,\bar{x} \tag{7-21}$$

式中：

$$\bar{y}=\frac{1}{n}\sum_{i=1}^{r}y_i \tag{7-22}$$

$$\bar{x}=\frac{1}{n}\sum_{i=1}^{r}x_i \tag{7-23}$$

相关系数：

$$\rho=\frac{\sum_{i=1}^{r}x_iy_i-n\,\overline{xy}}{\sqrt{\sum_{i=1}^{r}(x_i-\bar{x})^2\sum_{i=1}^{r}(y_i-\bar{y})^2}} \tag{7-24}$$

通过在$[0,t_1]$范围内，按照一定步长逐步选取不同的位置参数估计值$\hat{\gamma}$，代入式(7-15)，并应用式(7-14)～式(7-24)计算形状参数m、尺度参数η和相关系数ρ的估计值，最终选取最大相关系数对应的参数估计值$\hat{\gamma}$、$\hat{m}$和$\hat{\eta}$作为三参数威布尔分布的参数估计值。

参数估计值：

$$\hat{m}=\hat{b} \tag{7-25}$$

$$\hat{\eta}=\exp\left(-\frac{\hat{a}}{\hat{m}}\right) \tag{7-26}$$

失效概率分布函数：

$$F(t)=1-\exp\left(-\left(\frac{t-\hat{\gamma}}{\hat{\eta}}\right)^{\hat{m}}\right) \tag{7-27}$$

可靠度函数：

$$R(t)=\exp\left(-\left(\frac{t-\hat{\gamma}}{\hat{\eta}}\right)^{\hat{m}}\right) \tag{7-28}$$

故障率函数：

$$\lambda(t)=\frac{\hat{m}}{\hat{\eta}}\left(\frac{t-\hat{\gamma}}{\hat{\eta}}\right)^{\hat{m}-1} \tag{7-29}$$

可靠寿命：

$$t(R)=\hat{\eta}(-\ln R)^{\frac{1}{\hat{m}}}+\hat{\gamma} \tag{7-30}$$

平均寿命：

$$\bar{t}=\hat{\eta}\Gamma\left(1+\frac{1}{\hat{m}}\right)+\hat{\gamma} \tag{7-31}$$

2. 分布的显著性检验

对于随机截尾数据的分布检验，目前还没有比较合适的方法，对于样本量较大的数据采用皮尔逊检验方法，但对于小样本数据，该方法不太适用。为此，有人采用回归方程的显著性检验对分布间接进行检验，该方法简单易行，不受数据量的限制。

式(7-18)成立是基于下式：

$$y_i=bx_i+a+\varepsilon \qquad \varepsilon\sim N(0,\sigma^2) \tag{7-32}$$

根据式(7-32)，并由式(7-20)可以证明：

$$E(\hat{b})=b \tag{7-33}$$

$$\operatorname{var}(\hat{b})=\sigma^2/\sum_{i=1}^{r}(x_i-\bar{x})^2 \tag{7-34}$$

$$z=\frac{\hat{b}-E(\hat{b})}{\sqrt{\operatorname{var}(\hat{b})}}=\frac{\hat{b}-b}{\sqrt{\sigma^2/\sum\limits_{i=1}^{r}(x_i-\bar{x})^2}}\sim N(0,1) \tag{7-35}$$

由 $s=\sum\limits_{i=1}^{r}(y_i-a-bx_i)^2$ 可以证明：

$$\frac{s}{\sigma^2}\sim\chi^2(r-2) \tag{7-36}$$

又由于 $\hat{b}$ 与 $\frac{s}{\sigma^2}$ 相互独立，故：

$$\frac{z}{\sqrt{\frac{s}{\sigma^2(r-2)}}}=\frac{(\hat{b}-b)\sqrt{(r-2)\sum\limits_{i=1}^{r}(x_i-\bar{x})^2}}{\sqrt{\sum\limits_{i=1}^{r}(y_i-\hat{a}-\hat{b}x_i)^2}}\sim t(r-2) \tag{7-37}$$

令假设条件 H_0：$b=0$，H_1：$b\neq0$，若 H_0 为真，则其拒绝域为：

$$\frac{\hat{b}\sqrt{(r-2)\sum\limits_{i=1}^{r}(x_i-\bar{x})^2}}{\sqrt{\sum\limits_{i=1}^{r}(y_i-\hat{a}-\hat{b}x_i)^2}}\geqslant t_{\alpha/2}(r-2) \tag{7-38}$$

式(7-38)中 α 为显著性水平，当检验值落在拒绝域时，假设条件 H_0：$b=0$ 被拒绝，说明回归效果是显著的，可以认为数据是服从相关分布的。

3. 分布置信限估计方法

由于参数的点估计无法给出其可信程度，为此，人们提出了区间估计的概念。区间估计可使给定的区间以一定的概率把未知参数覆盖住，从而以一定的置信度给出被估参数的置信限和置信区间，使人们可根据一定的置信度要求对事物做出判断和决策。尤其对于小样本数据，由于其分散性较大，不仅要给出点估计，常常需要给出区间估计。

对于铁路货车可靠性数据分析而言，参数的区间估计意义不大，人们更关心可靠寿命、可靠度等可靠性指标的置信限估计，如：要求给出95%置信度下，可靠度为99%的车轴可靠寿命，以便在运用维修中有效控制车轴的使用安全性。为此，本文针对铁路货车可靠性数据特点，在完全数据置信限估计方法基础上，给出了针对随机截尾数据的置信限估计方法。

设 $x_1\leqslant x_2\leqslant\cdots\leqslant x_i\leqslant\cdots\leqslant x_n$ 是一组来自分布 $F(x)$ 母体的 n 个有序随机样本，P_{ui} 是第 i 个观测值 x_i 置信度为 γ 的上百分位秩，即 $p(\tilde{p}_i\leqslant p_{ui})=\gamma$，$\tilde{p}_i$ 是第 i 个秩统计量，且 $p_{u1}\leqslant p_{u2}\leqslant\cdots\leqslant p_{ui}\leqslant\cdots\leqslant p_{un}$；$P_{li}$ 是第 i

个观测值 x_i 置信度为 γ 的下百分位秩，即 $p(\tilde{p}\geqslant p_{li})=\gamma$，且 $p_{l1}\leqslant p_{l2}\leqslant\cdots\leqslant p_{li}\leqslant\cdots\leqslant p_{ln}$。其中 P_{ui}、P_{li} 可由下式计算[8]

$$P_{ui}=\frac{[i/(n-i+1)]F_{1-\gamma,2i,2(n-i+1)}}{1+[i/(n-i+1)]F_{1-\gamma,2i,2(n-i+1)}} \tag{7-39}$$

$$i=1,2,\cdots n \tag{7-40}$$

$$p_{li}=\frac{i/(n-i+1)}{i/(n-i+1)+F_{1-\gamma,2(n-i+1),2i}} \tag{7-41}$$

式中 $F_{1-\gamma,n1,n2}$ 是自由度为 (n_1,n_2) 的 F 分布百分位值。

对于可靠性分布，分布的百分位秩就是累计故障概率值，分布的百分位值即是寿命值。因此，数据点 (x_i,p_{ui}) 反映了置信度为 γ 的分布概率置信上限和寿命值置信下限变化规律。同理，数据点 (x_i,p_{li}) 反映了置信度为 γ 的分布概率置信下限和寿命值置信上限的变化规律。

文献[43]指出，连续分布置信限公式与其分布具有相同函数形式。设随机变量 t 的分布函数为 $F(x,\alpha,\beta,\varepsilon)$，则其置信度为 γ 的置信限函数为 $F(x,\alpha_\gamma,\beta_\gamma,\varepsilon_\gamma)$，式中 $\alpha_\gamma,\beta_\gamma,\varepsilon_\gamma$ 为待定参数，可根据数据 (x_i,p_{ui}) 或 (x_i,p_{li}) 利用点估计的方法得到。由置信限函数 $F(x,\alpha_\gamma,\beta_\gamma,\varepsilon_\gamma)$ 可以进一步计算该置信度下的各种可靠性指标，以便控制产品的可靠性。

对于随机截尾数据而言，其故障数据的故障顺序是不确定的，采用平均秩次法可以计算出各个故障数据的平均故障顺序，那么利用与随机截尾数据量相同的完全失效数据的失效概率置信限，采用插值的方法，可以得到随机截尾数据的失效概率置信限。

仍以表 7-15 中数据为例，说明随机截尾数据的置信限估计方法。首先采用计算或查表的方法得到完全数据的失效概率置信限数值，这里取置信度为 95%，其失效概率置信上限值分别为 0.527 13，0.751 39，0.902 39，0.987 26，而表 7-15 中三个故障数据的平均故障顺序为：1，2.33，3.67，通过插值可以得到失效概率置信上限值分别为：0.527 13，0.801 22，0.958 97，如表 7-17 所示。

表 7-17 随机截尾数据失效概率置信上限计算结果

平均顺序	寿命值(h)	状 态	失效概率上限	平均顺序	寿命值(h)	状 态	失效概率上限
1	84	故障	0.527 13	3			0.902 39
2			0.751 39	3.67	274	故障	0.958 97(插值)
2.33	122	故障	0.801 22(插值)	4			0.987 26

如果根据工程经验已知，该产品失效规律服从三参数威布尔分布，将数据(84，0.527 13)，(122，0.801 22)，(274，0.958 97)代入式(7-14)～式(7-31)得到置信限函数参数估计值，进而得到各种置信限估计指标。

7.3.3.2 无失效数据统计分析方法

1. 无失效数据的秩分布

无失效数据是工程实际中常常遇到的一种数据类型，它提供了不完整的失效信息，根据无失效数据，人们至少可以推断出产品在此之前还没有失效。针对无失效数据人们提出了多种方法，文献[44]通过将二项分布和 Bayes 统计理论相结合的方法推导出了无失效数据的秩分布、平均秩和百分位秩。所谓无失效数据的秩分布，确切地说，是对中止数据处的母体百分率可能取值的度量。该方法简单、有效，便于工程实际应用。

设进行了 n 个产品的寿命试验，均未破坏，得到 n 个无失效数据，将其从小到大排列，得 $t_1,t_2,\cdots,t_i,\cdots,t_n$，并将该事件记为 A。现在考虑结构在 t_i 时刻的失效概率 p_i，由于在试验进行之前，我们只知道 p_i 位于[0,1]内，而对其他一无所知，此时，按统计学上的惯例，取[0,1]上的均匀分布 $U(0,1)$ 作为 p_i 的先验分布是合理的，即

$$f_0(p_i)=1 \tag{7-42}$$

式中 $f_0(p_i)$ 为 p_i 的先验分布。所以，根据 Bayes 统计原理，p_i 的后验分布 $f(p_i/A)$ 由下式计算

$$f(p_i/A)=\frac{f_0(p_i)P(A/p=p_i)}{\int_0^1 P(A/p=p_i)\mathrm{d}p_i} \tag{7-43}$$

由于前 $i-1$ 个无失效数据有可能在 t_i 之前失效，也有可能在 t_i 之后失效，所以可以证明

$$P(A/p=p_i)=(1-p_i)^{n+1-i} \tag{7-44}$$

代入式(7-43)，得

$$f(p_i/A)=\frac{(1-p_i)^{n+1-i}}{\int_0^1 (1-p_i)^{n+1-i}\mathrm{d}p_i}=\frac{(1-p_i)^{n+1-i}}{\dfrac{1}{n+2-i}} \tag{7-45}$$

由此得到第 i 个无失效数据 t_i 处的破坏率 p_i 的后验分布为：

$$f(p_i)=(n+2-i)(1-p_i)^{n+1-i} \tag{7-46}$$

此即无失效数据的秩分布公式。由此出发，我们就可以得到无失效数据的平均秩和百分位秩计算公式。

2. 无失效数据的平均秩

如果用服从该分布的随机变量 p_i 的均值(数学期望)来作为该终止数据处破坏率的估计。由此就可得到平均秩公式如下：

$$E(p_i)=\int_0^1 p_i f(p_i)\mathrm{d}p_i \tag{7-47}$$

将式(7-46)代入上式即得：

$$E(p_i)=\int_0^1 p_i(n+2-i)(1-p_i)^{n+1-i}\mathrm{d}p_i \tag{7-48}$$

将上式积分得：

$$E(p_i)=\frac{1}{n+3-i} \tag{7-49}$$

至此，我们就得到了无失效数据处的失效概率的估计值。那么理论上我们就可以利用这些无失效数据样本及其破坏率的估计值来拟合得到一条相应的寿命分布曲线，进而就可获得各项可靠性指标。以两参数威布尔分布为例，其寿命分布曲线形状如图 7-60 所示，其中，t 为试验时间，p 为破坏概率，特征寿命 β 处对应恒破坏率 $1-\mathrm{e}^{-1}=0.632$。

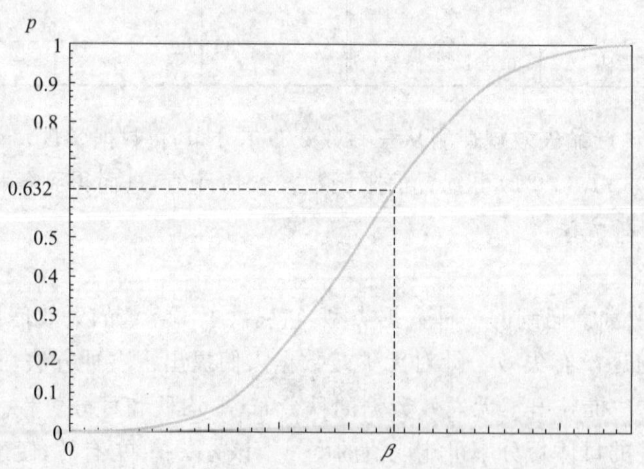

图 7-60 两参数威布尔分布寿命曲线示意图

3. 无失效数据的百分位秩

我们虽然得到了无失效数据的平均秩，但是这只是平均意义上的破坏率。在工程上，从安全寿命的角度出发，我们更希望得到带有置信度的破坏率(图 7-61)。

对于第 i 个无失效数据 t_i 的置信度为 $\gamma(\gamma\geqslant 50\%)$ 的上百分位秩 p_{ui} 和下百分位秩 p_{li} 分别由下面两式定义：

$$\int_0^{p_{ui}} f(p_i)\mathrm{d}p_i=\gamma \tag{7-50}$$

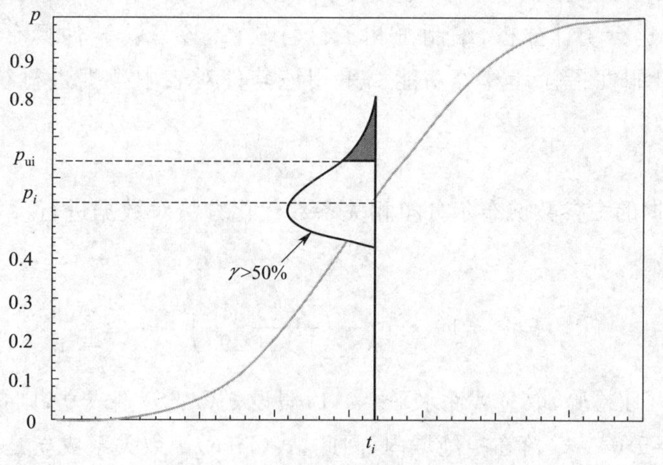

图 7-61 无失效数据处秩分布示意图

$$\int_{p_{li}}^{1} f(p_i)\mathrm{d}p_i = \gamma \tag{7-51}$$

将式(7-46)带入式(7-50)和式(7-51)即可得到失效概率的上百分位秩和下百分位秩分别为：

$$p_{ui} = 1-(1-\gamma)^{\frac{1}{n+2-i}} \tag{7-52}$$

$$p_{li} = 1-\gamma^{\frac{1}{n+2-i}} \tag{7-53}$$

由上式亦可得到，第 i 个无失效数据 t_i 对应的可靠度为 $R=1-P$ 的置信度为 γ 的单侧置信上限 R_{ui} 和单侧置信下限 R_{li} 分别由下面两式给出：

$$R_{ui} = \gamma^{\frac{1}{n+2-i}} \tag{7-54}$$

$$R_{li} = (1-\gamma)^{\frac{1}{n+2-i}} \tag{7-55}$$

其中，置信度 γ 由工程上根据相关标准选取。

7.3.4 可靠性试验提速铁路货车横向动力学性能可靠性分析

7.3.4.1 空车横向动力学性能可靠性数据统计分析

根据表 7-14，可以得到环行线试验基地获得的空车[不包括转 K2(改)型转向架]横向动力学性能可靠性数据如表 7-18 所示。

表 7-18 空车横向动力学性能可靠性数据

序号	累计运行里程(km)	状态	序号	累计运行里程(km)	状态
1	44 880	无故障	14	167 629	无故障
2	51 059.5	故障	15	167 629	无故障
3	55 556	无故障	16	167 629	无故障
4	105 834	无故障	17	177 217	无故障
5	123 633	无故障	18	208 667	故障
6	124 942	无故障	19	212 687	无故障
7	149 651	故障	20	258 621	无故障
8	167 603	无故障	21	329 800	无故障
9	167 603	无故障	22	343 103	无故障
10	167 629	无故障	23	343 706	无故障
11	167 629	无故障	24	346 902	无故障
12	167 629	无故障	25	349 869	无故障
13	167 629	无故障			

由表 7-18 可以看出，25 个数据中有 3 个故障数据，随机散布在无故障数据之中，属于典型的随机截尾数据。为了对表中数据进行统计分析，编制了相关计算软件，该计算软件具有数据整理、参数点估计、置信限估计、假设检验、可靠性指标计算等功能。采用该软件对表中数据进行统计计算，得到以下计算结果。

(1)参数点估计结果

采用针对随机截尾数据的三参数威布尔分布相关系数优化方法对数据进行参数点估计，得到其概率分布函数为：

$$F(t)=1-\exp\left(-\left(\frac{t-15\ 318}{1\ 124\ 298}\right)^{1.04}\right) \tag{7-56}$$

对式(7-56)函数做显著性检验，取显著性水平＝0.1，假设式(7-56)不成立，则该假设的拒绝域为$>t_\alpha=3.077$，由于检验统计量 $t=5.04>t_\alpha$ 落在拒绝域内，因此，式(7-56)函数关系成立是显著的。

由式(7-56)进一步得到可靠度分布函数：

$$R(t)=\exp\left(-\left(\frac{t-15\ 318}{1\ 124\ 298}\right)^{1.04}\right) \tag{7-57}$$

以及可靠寿命函数：

$$t(R)=1\ 124\ 298(-\ln R)^{\frac{1}{1.04}}+15\ 318 \tag{7-58}$$

图 7-62 给出空车横向动力学性能可靠度随运行里程变化趋势，并且可以计算出该型铁路货车走行 18 万 km 时的可靠度为 0.874；以及可靠度为 0.9 时，横向动力学性能的可靠寿命约为 14.6 万 km。

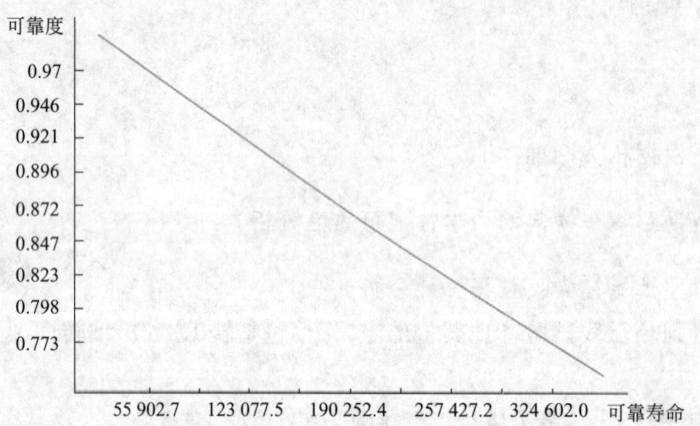

图 7-62　空车横向动力学性能可靠度随运行里程变化趋势

故障率分布函数：

$$\lambda(t)=\frac{1.04}{1\ 124\ 298}\left(\frac{t-15\ 318}{1\ 124\ 298}\right)^{0.04} \tag{7-59}$$

图 7-63 给出空车横向动力学性能故障率随运行里程变化趋势，由图可以看出故障率曲线是基本平稳且数值较低的，说明该型铁路货车横向动力学失效情况稳定且较好，处于最好的运用阶段，可在密切监视其变化趋势的同时继续使用。

(2)置信限估计结果

在工程实际中，常常要求给出某置信度下，产品的可靠寿命下限，以及产品使用一段时间后其可靠度下限，以便人们对于产品的寿命和可靠度进行更好地把握和控制。为此，采用随机截尾数据置信限估计方法对表 7-15 中数据做置信限估计。

我们选取置信度为 $\gamma=90\%$，计算其置信限函数。其可靠度置信下限为：

$$R(t)=\exp\left(-\left(\frac{t-15\ 318}{1\ 179\ 498}\right)^{0.69}\right) \tag{7-60}$$

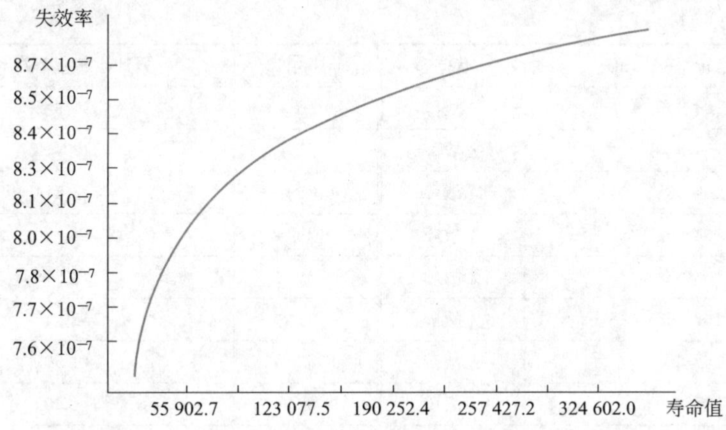

图 7-63 空车横向动力学失效率随运行里程变化趋势

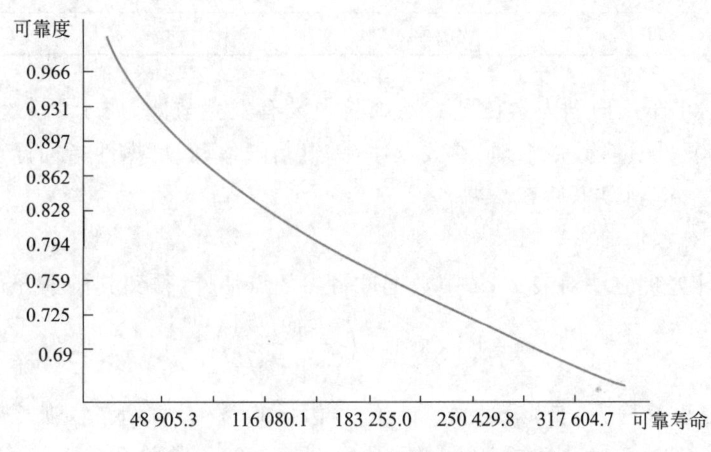

图 7-64 空车横向动力学性能置信限曲线

可靠寿命置信下限为：

$$t(R)=1\ 179\ 498(-\ln R)^{\frac{1}{0.69}}+15\ 318 \tag{7-61}$$

置信限曲线由图 7-64 给出，图中曲线为置信度 $\gamma=90\%$对应的置信限曲线。由上述公式可以计算出，置信度 $\gamma=90\%$时，该类铁路货车走行 18 万 km 时的空车横向动力学性能可靠度置信下限约为 0.77，以及可靠度为 0.9 时，空车横向动力学性能的可靠寿命下限约为 6 万 km。换言之，我们有 90%的把握保证，铁路货车走行 18 万 km 时空车横向动力学性能可靠度不低于 0.77，以及可靠度要求为 0.9 时，空车横向动力学性能的可靠寿命不小于 6 万 km。上述结论是在可靠性试验中加速强化的极限条件下得到，可靠性试验中参试铁路货车装载状态始终没有改变，120 km/h 速度的里程占可靠性试验总里程的 70%，这些对横向动力学性能不利条件与实际运用条件有很大的差异，因此分析结果明显偏于保守，或者称为极限值。

7.3.4.2 重车横向动力学性能可靠性数据统计分析

根据表 7-14，重车横向动力学性能可靠性数据如表 7-19 所示。

表 7-19 重车横向动力学性能可靠性数据

序号	累计运行里程(km)	状态	序号	累计运行里程(km)	状态
1	57 571	无故障	8	143 786	无故障
2	59 109	无故障	9	152 813	无故障
3	79 016	无故障	10	156 086	无故障
4	91 018	无故障	11	161 866	无故障
5	91 018	无故障	12	162 877	无故障
6	111 231	无故障	13	163 914	无故障
7	123 633	无故障	14	163 914	无故障

续上表

序号	累计运行里程(km)	状态	序号	累计运行里程(km)	状态
15	163 940	无故障	26	336 745	无故障
16	164 968	无故障	27	342 423	无故障
17	164 968	无故障	28	342 814	无故障
18	164 994	无故障	29	343 460	无故障
19	166 286	无故障	30	343 978	无故障
20	167 603	无故障	31	344 046	无故障
21	167 629	无故障	32	344 505	无故障
22	167 629	无故障	33	344 633	无故障
23	207 026	无故障	34	346 001	无故障
24	255 986	无故障	35	349 537	无故障
25	308 006	无故障			

由表 7-19 可以看出，重车横向动力学在可靠性试验中没有发生故障，属于无失效数据。针对无失效数据编制了相关计算软件，软件具有数据整理、参数点估计、置信限估计、可靠性指标计算等功能。采用该软件对表中数据进行统计计算，得到以下计算结果。

(1)参数点估计结果

采用无失效数据统计处理方法对表 7-19 中数据进行参数点估计，得到其概率分布函数为：

$$F(t)=1-\exp\left(-\left(\frac{t-17\ 271}{2\ 546\ 470}\right)^{1.01}\right) \tag{7-62}$$

对式(7-62)函数做显著性检验，取显著性水平＝0.1，假设式(7-62)不成立，则该假设的拒绝域为$>t_\alpha=1.31$，由于检验统计量 $t=13.08>t_\alpha$ 落在拒绝域内，因此，式(7-62)函数关系成立是显著的。

由式(7-62)进一步得到可靠度分布函数：

$$R(t)=\exp\left(-\left(\frac{t-17\ 271}{2\ 546\ 470}\right)^{1.01}\right) \tag{7-63}$$

以及可靠寿命函数：

$$t(R)=2\ 546\ 470(-\ln R)^{\frac{1}{1.01}}+17\ 271 \tag{7-64}$$

图 7-65 给出重车横向动力学性能可靠度随运行里程变化趋势，并且可以计算出该型货车走行 18 万 km 时的可靠度为 0.94，以及可靠度为 0.9 时，横向动力学性能的可靠寿命约为 29.2 万 km。

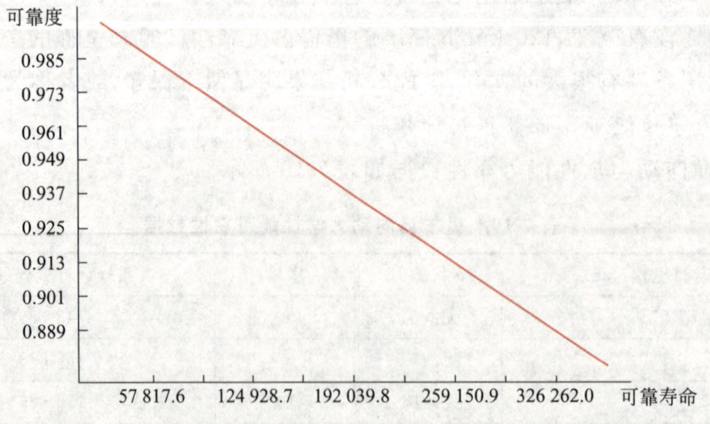

图 7-65　重车横向动力学性能可靠度随运行里程变化趋势

故障率分布函数：

$$\lambda(t)=\frac{1.01}{2\ 546\ 470}\left(\frac{t-17\ 271}{2\ 546\ 470}\right)^{0.01} \tag{7-65}$$

图 7-66 给出重车故障率随运行里程变化趋势，由图可以看出重车的故障率数值较低且非常平稳的，说明该型铁路货车横向动力学失效情况稳定且较好，处于最好的运用阶段，可在密切监视其变化趋势的同时继续使用。

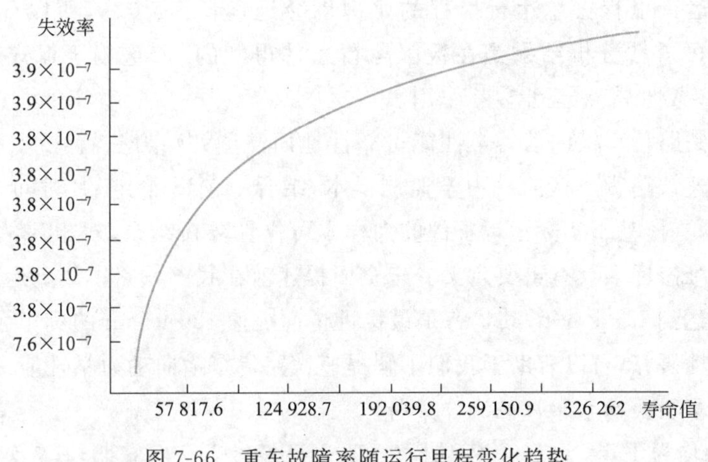

图 7-66 重车故障率随运行里程变化趋势

(2)置信限估计结果

在工程实际中，常常要求人们以一定的把握程度(置信度)给出产品的可靠寿命下限，以及产品使用一段时间后的可靠度下限，以便人们对于产品的寿命和可靠度进行更好的把握和控制。为此，根据本文无失效数据置信限估计方法对表 7-19 中数据做置信限估计。

通常选取置信度 $\gamma=90\%$ 来计算其置信限函数。其可靠度置信下限为：

$$R(t)=\exp\left(-\left(\frac{t-17\ 271}{986\ 126}\right)^{1.06}\right) \tag{7-66}$$

可靠寿命置信下限为：

$$t(R)=986\ 126(-\ln R)^{\frac{1}{1.06}}+17\ 271 \tag{7-67}$$

图 7-67 给出了置信度 $\gamma=90\%$ 时的置信限曲线。从图中可以看出，在此置信度下，该类铁路货车运行 18 万 km 时的重车横向动力学性能可靠度置信下限约为 0.861，以及可靠度为 0.9 时，重车横向动力学性能的可靠寿命下限约为 13.4 万 km。即：有 90% 的把握说，铁路货车运行 18 万 km 时重车横向动力学性能可靠度不低于 0.861，以及可靠度要求为 0.9 时，重车横向动力学性能的可靠寿命不小于 13.4 万 km。

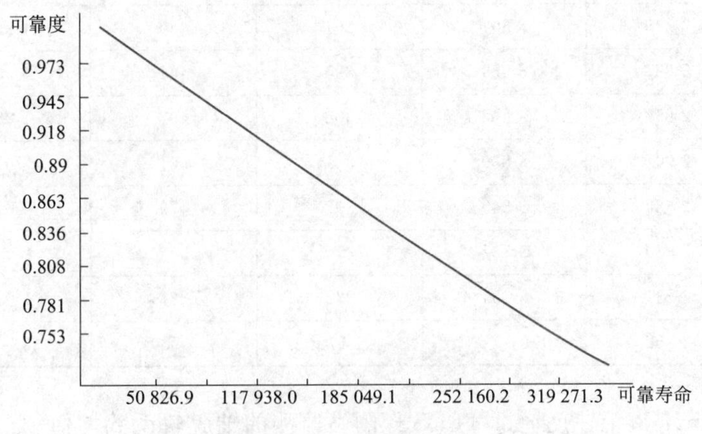

图 7-67 重车置信限曲线

7.3.5 正线 P_{65} 型棚车横向动力学性能可靠性分析

提速铁路货车 120 km/h 环行线可靠性试验中参试车的横向动力学性能可靠性，其分析结果有较大的局限性，主要因为可靠性试验的运行条件与实际运行条件相差悬殊，其一，空、重车装载状态，实际运用过程中铁路货车的空、重状态是交替的，可靠性试验中参试车始终维持一种装载状态；其二，可靠性试验中 120 km/h 速度的运行里程占总运行里程的近 70%，即使全面提速 120 km/h 后，实际运用中120 km/h 速度的运行里程占总运行里程的比例也会远远低于 70%，所以环行线的可靠性试验是一种加速强化试验，其可靠性分析结果是在极限运行条件得到的，严重偏于保守，对实际运行提速铁路货车横向动力学性能可靠性只能起到参考作用。

本书所提出的提速铁路货车横向动力学性能可靠性地面监测评估方法旨在利用正线 TPDS，收集大量的实际运行条件下的提速铁路货车横向动力学监测样本，结合 HMIS 给定的“时间”，在此基础上进行横向动力学性能可靠性分析，这样基于实际运行条件的大样本可靠性分析结果，对于评估提速铁路货车安全性、制定合理的维修周期及维修标准具有重要意义。未全面提速前在我国铁路正线上运行速度最高的铁路货车为 P_{65} 型棚车，最高速度达到 110 km/h，其状态是最接近全面提速 120 km/h 的货车。以下通过对 P_{65} 型棚车的横向动力学性能可靠性研究，可以有助于我们了解提速铁路货车横向动力学性能变化的规律。

7.3.5.1　正线 P_{65} 型棚车横向动力学性能统计分析

P_{65} 型棚车段修周期均为 1 年，于 1999 年规模生产，现已经过 1 个厂修期，其轮对状态与装用转 K2(改)型转向架的铁路货车相当。从 TPDS 数据库中收集 2006～2007 两年的 P_{65} 型棚车以高于 100 km/h 速度通过全路 TPDS 探测站的监测数据，并与 HMIS 中 P_{65} 型棚车定检日期匹配，得到按从段修(厂修)后运行日期与监测数据的关系。P_{65} 型棚车高于 100 km/h 数据样本见表 7-20。其中收集到 1 747 辆 P_{65} 型棚车、34 925 辆次通过TPDS 探测站记录，涉及 1 745 辆、31 969 辆次重车通过，933 辆、2 969 辆次空车通过。

表 7-20　速度高于 100 km/h 的 P_{65} 型棚车通过 TPDS 探测站样本统计

运用时间(月)	总工况		空车工况		重车工况	
	独立样本数量(辆)	样本数(辆次)	独立样本数量(辆)	样本数(辆次)	独立样本数量(辆)	样本数(辆次)
0	2 446	3 119	172	243	1 189	2 876
1	2 840	7 586	338	507	1 839	7 079
2	2 868	8 136	281	432	1 927	7 704
3	2 866	8 048	243	339	1 930	7 709
4	2 867	8 274	241	335	1 904	7 939
5	2 853	8 398	268	361	1 903	8 037
6	2 875	8 891	261	380	1 968	8 511
7	2 887	8 589	295	461	1 953	8 128
8	2 857	8 362	308	492	1 883	7 870
9	2 907	8 830	351	601	2 010	8 229
10	2 882	8 849	397	679	2 015	8 170
11	2 880	8 887	370	573	2 016	8 314
12	2 731	5 154	233	327	1 655	4 827
共计	2 962	101 123	1 679	5 730	2 962	95 393

P_{65} 型棚车以 100 km/h 以上速度通过 TPDS 探测站监测的轴脱轨系数均值、方差与运用时间(月)的关系见表 7-21 和图 7-68。如图 7-68 所示，P_{65} 型棚车空车通过 TPDS 探测站监测的轴脱轨系数均值，随运用时间(月)增加呈明显上升趋势，表明 P_{65} 型棚车空车随运行时间的增加，零部件磨耗加重，致使段修到期前的横向稳定性有明显恶化的趋势；而 P_{65} 型棚车重车横向稳定性变化趋势不明显。这表明 P_{65} 型棚车空车横向稳定性需要进行进一步的可靠性研究。

表 7-21　P_{65} 型棚车轴脱轨系数与运用时间的关系

运用	空　车		重　车		运用	空　车		重　车	
时间(月)	均值	方差	均值	方差	时间(月)	均值	方差	均值	方差
0	0.11	0.08	0.073	0.057	7	0.15	0.08	0.086	0.058
1	0.14	0.1	0.086	0.063	8	0.15	0.09	0.086	0.056
2	0.17	0.12	0.091	0.069	9	0.17	0.1	0.084	0.055
3	0.16	0.1	0.093	0.072	10	0.17	0.1	0.082	0.055
4	0.18	0.12	0.092	0.071	11	0.17	0.1	0.082	0.056
5	0.17	0.09	0.09	0.064	12	0.17	0.11	0.086	0.057
6	0.17	0.09	0.087	0.059					

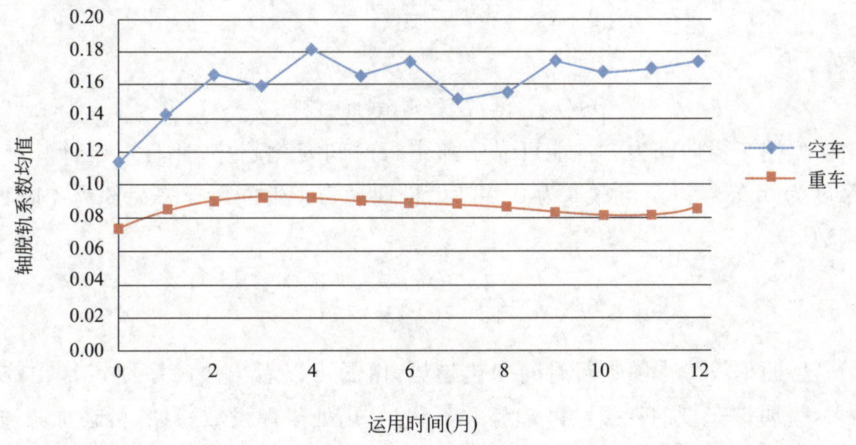

图 7-68　P_{65} 型棚车轴脱轨系数与运用时间的关系(正线 100 km/h)

7.3.5.2　P_{65} 型棚车空车横向动力学可靠性数据

通过 TPDS 铁路货车横向动力学贝叶斯估计推论模型,利用环行线可靠性试验中动力学试验、TPDS 监测、动力学仿真得到了提速铁路货车 TPDS 100 km/h 轴脱轨系数在 120 km/h 正线动力学试验脱轨系数最大推断值下的条件分布,在此基础上,对 P_{65} 型棚车空车横向动力学性能可靠性进行分析。考虑到正线上 TPDS 监测密度远低于环行线可靠性试验,数据的时效性要求监测序列长度不能高于 3,即以连续三次 100 km/h 以上的 TPDS 监测的 P_{65} 型棚车空车轴脱轨系数为输入,推断其正线 120 km/h 条件下脱轨系数大于 1.0 的概率。以脱轨系数大于 1.0 的概率大于 0.9 为横向动力学性能失效标准。从目前收集到 P_{65} 型棚车现场可靠性数据2 198 条,提取到 P_{65} 型棚车空车横向动力学失效数据 27 个,如表 7-22 所示。

表 7-22　P_{65} 型棚车空车横向动力学失效数据

序号	失效时间(天)	序号	失效时间(天)	序号	失效时间(天)
1	19	10	176	19	285
2	21	11	178	20	286
3	33	12	189	21	297
4	41	13	211	22	304
5	41	14	218	23	307
6	46	15	241	24	319
7	139	16	274	25	330
8	140	17	279	26	342
9	166	18	281	27	347

由于在 2 198 个数据中仅有 27 个故障数据，且随机分布在其他非故障数据中，因此，P_{65} 型棚车现场可靠性数据属于典型的随机截尾数据。采用随机截尾数据处理方法对上述数据进行处理，得到如下计算结果：

(1)参数点估计结果

采用三参数威布尔分布相关系数优化方法对数据进行参数点估计，得到其概率分布函数为：

$$F(t)=1-\exp\left(-\left(\frac{t-5.7}{15\ 170}\right)^{1.08}\right) \tag{7-68}$$

对式(7-68)函数做显著性检验，取显著性水平 $\alpha=0.1$，假设式(7-68)不成立，则该假设的拒绝域为 $>t_\alpha=1.32$，由于检验统计量 $t=18.17>t_\alpha$ 落在拒绝域内，因此，式(7-68)函数关系成立是显著的。

由式(7-68)进一步得到可靠度分布函数：

$$R(t)=\exp\left(-\left(\frac{t-5.7}{15\ 170}\right)^{1.08}\right) \tag{7-69}$$

以及可靠寿命函数：

$$t(R)=15\ 170(-\ln R)^{\frac{1}{1.08}}+5.7 \tag{7-70}$$

图 7-69 给出 P_{65} 型棚车横向动力学性能可靠度随走行时间变化趋势，并且可以计算出该型铁路货车走行 365 天时的可靠度为 0.982，以及可靠度为 0.98 时，横向动力学性能可靠寿命约为 408 天。

故障率分布函数：

$$\lambda(t)=\frac{1.08}{15\ 170}\left(\frac{t-5.7}{15\ 170}\right)^{0.08} \tag{7-71}$$

图 7-70 给出 P_{65} 型棚车故障率随走行时间变化趋势，由图可以看出故障率曲线是在较低的水平上缓慢上升的，但幅度不大，说明该车型的耗损故障趋势并不明显，仍处于偶发故障期，可在加强监测其故障率变化趋势的前提下，继续使用。

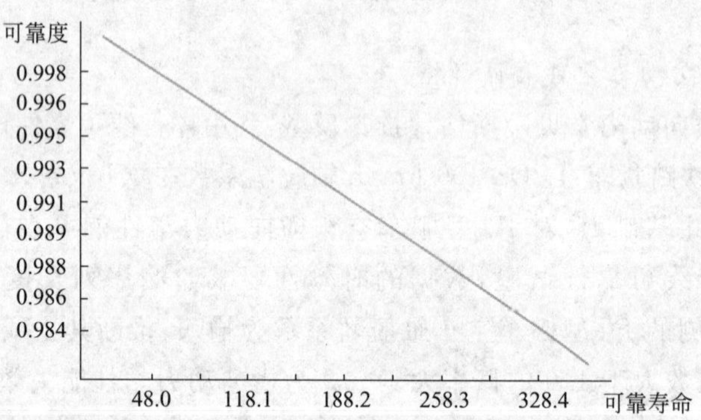

图 7-69 P_{65} 型棚车横向动力学性能可靠度变化趋势

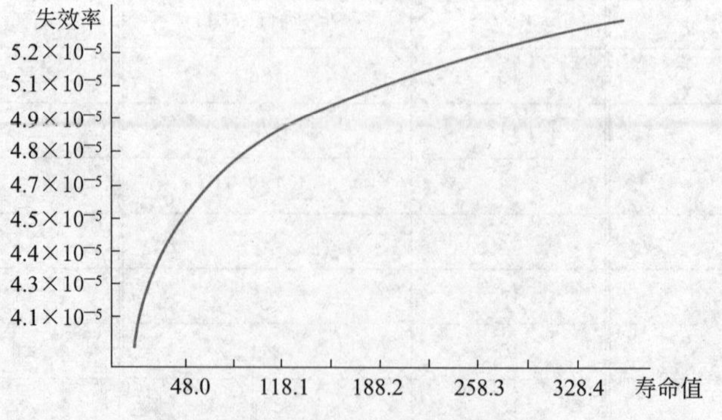

图 7-70 P_{65} 型棚车故障率变化趋势

(2)置信限估计结果

这里选取置信度 $\gamma=95\%$来计算其置信限函数。其可靠度置信下限为:

$$R(t)=\exp\left(-\left(\frac{t-5.7}{40\ 346}\right)^{0.81}\right) \tag{7-72}$$

可靠寿命置信下限为:

$$t(R)=40\ 346(-\ln R)^{\frac{1}{0.81}}+5.7 \tag{7-73}$$

图 7-71 给出了置信度 $\gamma=95\%$的置信限曲线,由置信限公式可以计算出,置信度 $\gamma=95\%$时,该型铁路货车横向动力学性能 365 天时的可靠度置信下限约为 0.978,以及可靠度为 0.98 时,横向动力学性能可靠寿命下限约为 326 天。换言之,我们有 95%的把握保证,该型铁路货车走行 365 天时可靠度不低于 0.978,以及可靠度要求为 0.98 时,横向动力学性能可靠寿命不小于 326 天。由于 P_{65} 型棚车数据量较大,提供的信息量大,使得估计结果的分散性较小,因此,置信限估计结果与点估计结果比较接近。

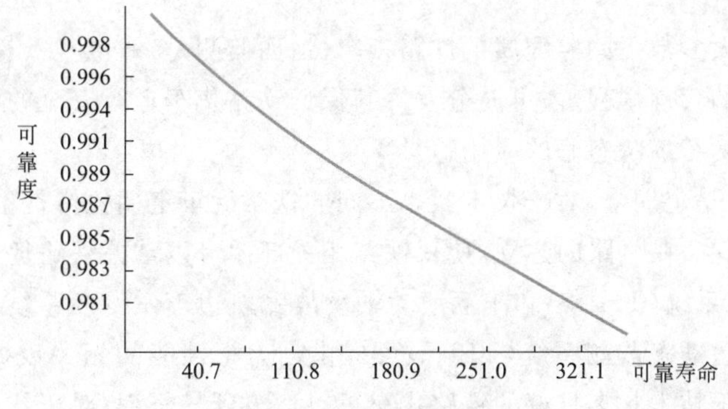

图 7-71 P_{65} 型棚车置信限曲线变化趋势

可得出以下结论:

①利用正线 TPDS 及 HMIS 得到了 2006~2007 两年中的 100 km/h 以上的 P_{65} 型棚车通过探测站时的轴脱轨系数和运用时间,统计表明随运用时间增加,P_{65} 型棚车的轴脱轨系数呈明显上升趋势,说明 P_{65} 型棚车的横向动力学性能随运行时间(里程)增加而明显下降。

②利用铁路货车横向动力学评估贝叶斯估计模型,对 100 km/h 以上的 P_{65} 型棚车监测数据进行横向动力学失效评估,产生 P_{65} 型棚车横向动力学性能可靠性数据,利用三参数威布尔分布进行了可靠性分析,在置信度 $\gamma=95\%$时,该型铁路货车横向动力学性能 365 天时的可靠度置信下限约为 0.978。这些结果是在实际运用条件下(有空重状态的交替),对已经过 1 个厂修期的 P_{65} 型棚车的横向动力学可靠性进行大样本评估得到的,明显优于可靠性试验中加速强化条件下得到的小样本可靠性结果。

7.4 地面监测评价技术的作用及发展前景

车辆运行品质轨边动态监测系统(TPDS)利用设在轨道上的测试平台,实时在线监测运行中铁路货车轮轨间的动力学参数,通过对轮轨垂直力和横向力的连续检测和分析,以及铁路货车运行状态联网综合评价,可实现对运行状态不良铁路货车的识别,并兼有对超偏载、车轮踏面损伤的检测功能。地面监测技术对铁路货车的运用及检修工作都具有很重要的作用。

1. 地面监测评价技术的作用

(1)TPDS 具有踏面损伤报警功能,可对踏面擦伤、剥离、失圆等多种踏面损伤形式引起轮轨冲击损伤做出科学的评判,具有兑现高、漏判率低的特点。对 TPDS 踏面损伤报警信息充分、综合应用,有利于提高铁路货车典型故障的防范能力。

(2)TPDS 超偏载报警功能可对正线行驶的铁路货车装载状况进行有效监测,是设在编组站进口的超偏载仪系统的重要补充,有效利用可减少由于货运装载不当而引发的事故。

(3)TPDS采用“分散检测、集中报警”原则对全路铁路货车的动力学性能进行监测，具体分探测站评分及联网评判两个步骤。运行表明，这种评判模式是使用地面监测设备对数量庞大且绝大多数无固定配属的铁路货车进行动力学监测的经济、有效模式。通过对运行状态不良铁路货车的联网评判、追踪、处理，可以减少空车脱轨事故的发生。

(4)目前地面监测设备对铁路货车动力学联网评判尚未有对应的技术标准，与现行的铁道车辆动力学标准GB/T 5599—1985《铁道车辆动力学性能评定和试验鉴定规范》没有关联，本书提出的铁路货车横向动力学贝叶斯估计推论模型，能够应用TPDS地面监测数据推断铁路货车横向正线测量特性，解决了地面监测技术标准空白、无法直接应用GB/T 5599—1985《铁道车辆动力学性能评定和试验鉴定规范》评判横向动力学失效的难题。

(5)提出了铁路货车横向动力学可靠性地面监测评估体系，能够进行横向动力学性能可靠性定量分析。该技术填补了铁路货车横向动力学可靠性研究的空白，其分析结果不但可以定量评估提速铁路货车的横向动力学性能，还可以指导铁路货车维修周期及维修标准的制定。

2. 发展前景

(1)对于数量庞大且绝大多数无固定配属的铁路货车，地面监测是一种经济、有效的技术，亟待建议相关技术标准，并配套与之适应的管理规程，才可充分发挥其保证铁路货车运行安全的作用。

(2)运行状态不良铁路货车的状态修的应用

我国铁路货车检修体系是定期修，对于技术状态不同的铁路货车定期检修是不合理、不经济的。随着车辆运行安全监控系统(5T系统)在全路的建立，使得铁路相关部门可以掌握铁路货车的技术状态参数，如5T系统中的车辆轴温智能探测系统(THDS)和车辆滚动轴承故障轨边声学诊断系统(TADS)可提供轴承技术状态参数；车辆运行品质轨边动态监测系统(TPDS)可提供动力学性能的相关数据。这些参数可以全面反映铁路货车的技术状态，对于技术状态良好的铁路货车可以适当延长修程；对于技术状态不好的铁路货车可以提前段修，这样不但使得修程变得合理，节约维修成本，而且通过有针对性的维修，全面提高铁路货车整体的技术状态水平，从而为铁路运输提供更可靠的安全保障。

(3)铁路货车横向动力学的可靠性研究是一个全新的领域，还需要进行大量深入的研究。横向动力学的可靠性研究结果不但可以评估铁路货车运行安全性，还应深入应用于维修周期及维修标准的制定。

参 考 文 献

[1] Richard O. Duda, Perer E. Hart, David G. Stock. 模式分类[M]. 北京：机械工业出版社，2003:16-161.

[2] 邓学通，叶一鸣. 准高速轨检车检测原理及应用[M]. 北京：中国铁道出版社，2004:7-70.

[3] 任利惠，张辉，胡用生. 货车转向架动力学参数测试台研究与试验[J]. 中国铁道科学，2001，22(3):72-78.

[4] 高利民，马志援. 货车转向架参数测试台的研制[J]. 铁道车辆，2000，(38)5:36-37.

[5] 倪文波，傅茂海. 铁道车辆转向架性能参数测试台[J]. 机床与液压，2002(6):237-238.

[6] Duane Hanselman, Bruce Littlefield. 精通 Matlab 7[M]. 北京：清华大学出版社：2006:246-250.

[7] 邓聚龙. 灰色系统基本方法[M]. 武汉：华中科技大学出版社，2005:26-36.

[8] K·C·卡帕，L·R·兰伯. 工程设计中的可靠性[M]. 北京：机械工业出版社，1977.

[9] 贺国芳. 可靠性数据的收集与分析[M]. 北京：国防工业出版社，1995.

[10] 戴树森. 可靠性试验及其统计分析(上册)[M]. 北京：国防工业出版社，1983:454-455.

[11] G·莱希纳，B·贝尔契. 机械产品的可靠性：零件与系统的可靠性估计[M]. 北京：机械工业出版社，1994:8-9.

[12] 董锡明. 机车车辆运用可靠性工程[M]. 北京：中国铁道出版社，2002:122-151.

[13] 董锡明. 机车车辆维修基本理论[M]. 北京：中国铁道出版社，2005:111-116.

[14] Mann N. R., Schafer R. E., Singpurwalla N. D.. Method for statistical analysis of reliability and life data[M]. New York: John Wiley & Sons, 1974.

[15] Lawless J F. Statistical mode and method for lifetime data[M]. New York: John Wiley & Sons, 1982.

[16] Kalbfleisch J D, Prentice R L. The statistical analysis of failure time data[M]. New York: John Wiley & Sons, 1980.

[17] Johnson L. G.. The statistical treatment of fatigue experiments[M]. Elsevier, 1964.

[18] Johnson L. G.. Theory and technique of variation research[M]. Elsevier,1964.

[19] Aitken A. C.. On least squares and linear combinations of observations[J]. Proc Roy Soc Edin. ,1935,55:42-48.

[20] Lloyd E. H. Least-squares estimation of location and scale parameters using order statistics[J]. Biometrika,1952,39:88-95.

[21] Lieblein J,Zelen M.. Statistical investigation of the fatigue life of deep-groove ball bearings[J]. J. of Res. Natl Bur Stds, 1956,57:273-315.

[22] Mann N. R.. Table for obtaining the best linear invariant estimates of parameters of the Weibull distribution[J]. Technometrics,1967,9(4): 629-645.

[23] Mann N. R. ,Fertig,K. W.. Tables for obtaining Weibull confidence bounds and tolerance bounds based on best linear invariant estimates of parameters of the extreme value distribution[J]. Technometrics,1973,15(1): 87-101.

[24] Bain L. J.. Inference based on censored sampling from the Weibull or extreme value distribution[J]. Technometrics, 1972,14(3): 693-702.

[25] Engelhardt M. ,Bain L. J.. Some complete and censored sampling results for the Weibull or extreme value distribution [J]. Technometrics,1973,15(3):541-549.

[26] Engelhardt M.. On sample estimation of the parameters of the Weibull or extreme value distribution[J]. Technometrics, 1975,17(3):369-374.

[27] Mann N. R. ,Fertig K. W.. Simplified efficient point and interval estimators for Weibull parameters[J]. Technometrics, 1975,17(3): 361-368.

[28] Engelhardt M. ,Bain L. J.. Simplified statistical procedures for the Weibull or extreme value distribution[J]. Technometrics,1977,19(3):323-331.

[29] Chernoff J,Gastwirth J,Johns M. Asymptotic distribution of linear combinations of functions of order statistics with applications to estimation[J]. Ann. Math. Stat,1967,38:52-72.

[30] Nelson W. ,Hahn G. J.. Linear estimation of a regression relationship from censored data part I-simple methods and their application[J]. Technometrics,1972,14(2):247-269.

[31] Nelson W. ,Hahn G. J.. Linear estimation of a regression relationship from censored data part II -best linear unbiased estimation and theory[J]. Technometrics,1973,15(1):133-149.

[32] Barbosa E. P. ,Neto F. L.. Analysis of accelerated life tests with Weibull failure distribution via generalized linear models [J]. Commun. Statist. -Simula,1994,23(2):457-465.

[33] Balakrishnan N. Estimation of the location and scale parameters of the extreme value distribution based on multiply type-II censored samples[J]. COMMUN STATIST. -THEORY METH,1995,24(8):2107-2125.

[34] Rao V,Dattatreya A. V. ,Narasimham V L. Optimum linear unbiased estimation of the scale parameter by absolute values of order statistics in the double exponential and the double Weibull distributions[J]. Commun. Statist. -Simula. ,1991,20(4):1139-1158.

[35] Rosaiah K,Kantam R L,Narasimham V L. Optimum linear unbiased estimation of scale parameter by absolute values of order statistics in symmetric distributions[J]. Commun Statist. -Simula,1991,20(4):1159-1172.

[36] Kulasekera K B,White W H. Estimation of the survival function from censored data:a method based on total time on test [J]. Commun. Statist. -Simula. ,1996,25(1):189-200.

[37] Draper N. R.. Applied regression analysis bibliography update 1994 ~ 1997 [J]. COMMUN STATIST-THEORY METH,1998,27(10):2581-2623.

[38] Liski E P. Estimation from incomplete data in growth curves models[J]. COMMUN STATIST-SIMULA COMPUTA, 1985,14(1):13-27.

[39] Downton F. Linear estimates of parameters in the extreme value distribution[J]. Technometrics,1966,8(1): 3-17.

[40] Hartley H O,Hocking R R. The analysis of incomplete data[J]. Biometrics,1971,27:183-823.

[41] Bhoj D S. Estimation of the extreme value distribution using ranked set sampling[J]. COMMUN STATIST-THEORY METH,1997,26(3): 653-667.

[42] 傅惠民.确定威布尔分布三参数的相关系数优化法[J].航空学报,1990,11(7):A324-A327.

[43] 傅惠民.连续分布百分位值和百分率的区间估计和假设检验[J].航空学报,1993,14(11):A569-A577.

[44] 傅惠民.不完全数据秩分布理论[J].航空学报,1993,14(11):A578-A584.

[45] 赵长波,陈雷. 5T 系统综合运用探讨[J]. 铁道车辆, 2008,46(537):18-21.

铁路货车制动性能评价

人为阻止铁路货车运动的作用，就是制动作用。铁路货车上能够产生制动作用的装置就是制动装置。铁路货车上的制动装置不仅能阻止铁路货车的运动而且还能解除这种作用。铁路运输中，由于货物列车牵引重量大、运行速度高，仅依靠轮轨之间的摩擦阻力和其他的阻力，不能在规定的距离内安全停车，因而铁路货车自诞生之日起，就拥有一套能够安全停车的制动装置。对于铁路运输来说，“安全第一，不止不行”。由此可见制动对列车安全的重要性了。但随着列车牵引重量和速度的提高，制动已经成为限制列车速度和牵引重量进一步提高的重要因素。要想“多拉快跑”，除了要有较大的牵引功率外，还要有更大功率的列车制动装置。如果列车制动装置的制动功率不足，在长大下坡道就不能保证列车安全下坡，或者遇到紧急情况时不能保证在规定的距离内停车，影响行车安全。因而，铁路货车制动的意义是：一方面使列车在任何情况下都能在规定的距离内停车，确保行车安全；另一方面是提高列车速度、牵引重量的先决条件，即性能先进的制动装置是提高铁路运输能力的前提条件[1]。

拥有制动装置是产生制动作用的前提条件，但拥有制动装置的列车并不一定都能安全停车，制动作用的实现取决于铁路货车制动装置性能状况。铁路货车制动装置性能好坏直接影响着列车行车安全，同时还限制着列车重载与提速的实现，因而如何正确评价铁路货车制动装置性能具有极其重要的意义。

铁路货物列车是由牵引机车与很多铁路货车组成的，每辆铁路货车均有一套能进行制动与缓解的制动装置，制动装置中含有许多具有独立作用的制动部件，组成列车的制动系统，其中每辆车是一个独立的子系统。制动性能评价不仅包含对铁路货车和列车制动系统的评价，同时也应包括对铁路货车制动装置中各部件作用的评价。

8.1 系统性能评价

对铁路货车来说，制动系统的评价主要包括制动能力评价和制动性能评价两部分。制动能力是指列车在规定的制动距离内安全停车的能力，它是评价铁路货车制动系统安全性的重要指标。制动能力越大，列车就越能迅速停车，制动距离和制动时间都大大缩短。增大列车的制动能力，不仅可以增加列车的运行安全，还可以提高铁路的通过能力，充分利用线路和装备，具有极高的经济效益。制动性能主要是指制动系统及制动装置产生的制动与缓解作用。制动性能评价内容主要是评估铁路货车制动系统作用的可靠性和稳定性。

8.1.1 评价理论及内容

8.1.1.1 制动能力

制动能力是指列车在规定的紧急制动距离，即制动距离限值内安全停车的能力。列车司机将制动阀手把置于制动位的瞬间至列车停车的瞬间为止，列车所通过的距离，称为制动距离。它是综合反映制动装置性能和实际制动效果的主要技术指标。制动距离包括空走距离和实际制动距离两部分。

为确保行车安全,世界各国都根据自己的国情制定了符合自己要求的紧急制动距离。紧急制动距离的制定不仅与列车制动能力有关,同时还与铁路的基础设施、社会经济效益等因素有关,如线路上线号机之间的距离、信号闭塞区间等。我国铁路紧急制动距离是综合考虑了铁路货车制动能力、列车牵引重量、运行速度等因素所制定出的,它是综合评定铁路货车制动能力的指标。由于早期铁路货车的载重及速度都较低,因而规定普通列车实行紧急制动时最大制动距离不能超过 800 m。但随着我国铁路重载提速技术的发展,铁路货物列车轴重及设计速度逐步提高,列车的运行速度及牵引重量也随之提高,800 m 列车紧急制动距离的要求,对提高列车的运行速度和牵引重量构成了限制[1]。为此,2006 年我国对《铁路技术管理规程》进行了修订,其中对货物列车紧急制动距离的规定是:最高运行速度 90 km/h 时紧急制动距离为 800 m;最高运行速度 120 km/h 时紧急制动距离为 1 400 m。

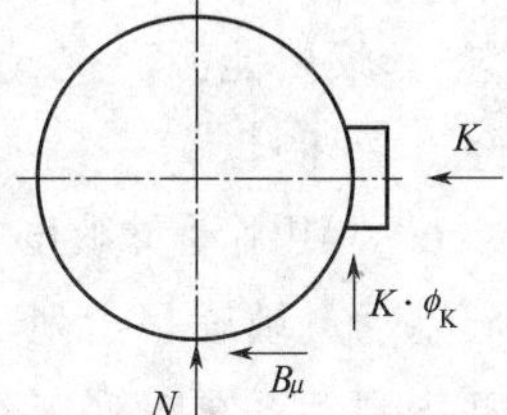

图 8-1　轮轨之间的作用力

由运动学公式 $S=\frac{v^2}{2a}$ 可以看出,紧急制动距离与列车的运行速度和制动减速度等因素有关,增大制动减速度,缩短实际制动距离,是提高制动能力的主要手段。

显然,增大铁路货车制动力,将增大制动减速度,有利于缩短制动距离,但制动力并不能任意增大,要受到轮轨间黏着的限制。轮轨之间受力情况如图 8-1 所示,轮轨之间的作用力,也就是制动力,即

$$B_k=\varphi_k \cdot K \tag{8-1}$$

式中　B_k——轮轨之间的作用力;

φ_k——闸瓦摩擦系数;

K——闸瓦压力。

轮轨之间的最大静摩擦力,也就是轮轨之间黏着力的最大值,即

$$B_\mu=\mu \cdot N \tag{8-2}$$

式中　B_μ——轮轨之间黏着力;

μ——轮轨之间的黏着系数;

N——车辆的轨道重量。

当铁路货车在运行中制动时,制动力要小于轮轨之间的黏着力,即

$$B_k \leqslant B_\mu \tag{8-3}$$

当制动力超过轮轨之间的黏着力时,轮轨接触点将发生相对滑动,轮轨之间的黏着力将变成滑动摩擦力,由于滑动摩擦力比轮轨之间的黏着力小得多,车轮在闸瓦摩擦力矩的作用下转速逐渐变慢,直至停止,已停止转动的车轮在轨面上滑行,造成车轮踏面擦伤。

铁路货车制动时,轮轨之间黏着系数的利用值(也就是轮轨之间的静摩擦系数)要小于黏着系数,这样才能保证铁路货车制动力小于黏着力,否则铁路货车将会发生滑行。黏着系数的利用率是指制动时轮轨之间的黏着系数与理论计算的黏着系数比值,通过计算轮轨之间的黏着系数的利用率,就可以校核车轮是否在轨面上产生滑行。

8.1.1.2　制动性能

货物列车是由许多的货车车辆组成的,每辆车制动性能的可靠性就关系到整个列车的可靠性。新造或检修的货车车辆投入运行前,都需要对每辆车制动系统及制动装置进行制动性能可靠性测试,以评定铁路货车制动系统的技术状态是否满足运用要求,保证运输安全。随着我国铁路运输的发展,通用线路普遍开行 5 000～6 000 t 重载列车,载重和速度的提高不仅对铁路货车制动系统可靠性和稳定性提出了要求,而且也对各关键制动部件的可靠性提出了更高的要求。制动作用可靠性主要指常用制动作用的灵敏度、紧急制动作用的可靠性以及对环境温度的适应性。制动作用的可靠性是通过对铁路货车的单车制动性能试验和列车制动性能试验进行评价的。对于铁路货车来说,评价制动性能可靠性

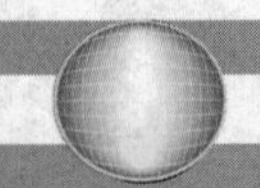

主要有以下几方面：

1. 漏泄量影响

铁路货车的制动系统是由许多制动部件组成的，各制动装置之间由制动管路连接，而制动管路中又存在着各种连接接头，因而在压力空气作用下制动系统必然存在着漏泄问题。漏泄是影响列车空气制动系统的关键问题之一，它不仅影响重载列车的充气缓解时间，还影响着制动缓解作用的可靠性。列车制动系统漏泄，容易使漏泄点前后铁路货车形成压力梯度，引起列车自然制动，影响制动系统的稳定性。由图 8-2 可以看出，列车管漏泄量大于 40 kPa/min 时，铁路货车制动机就会发生意外制动作用，因而漏泄量不大于 40 kPa/min 是制动系统稳定性考核的重要指标。同时，制动管路的漏泄量过大，将浪费列车储风缸中的压力空气，浪费能源。空气制动系统的漏泄量不仅是评价列车制动系统性能可靠性的技术指标，它同时也是一个经济指标[2]。

2. 常用制动灵敏度

制动灵敏度是指列车管在一定减压速度或减压量下，列车上的制动机要产生制动作用。制动作用灵敏就是指制动系统对列车管减压量反应的敏感度。制动灵敏度是评价铁路货车制动系统性能可靠性的重要指标之一。同时，制动作用的灵敏度与缓解作用的稳定性之间存在着一定矛盾，它影响着缓解作用稳定性。由图 8-2 可看出，当列车管减压量达到 10～40 kPa/s 时，铁路货车的制动机就要产生常用制动作用，这就是列车常用制动灵敏度的要求。常用制动灵敏度过高，缓解可靠性就差，对制动系统漏泄敏感度高，容易产生意外制动作用；常用制动灵敏度过低，缓解稳定性高，列车管常用减压时，尾部铁路货车不容易产生制动作用。

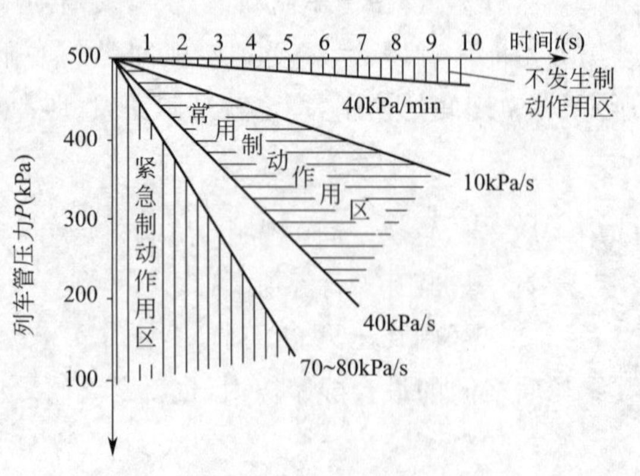

图 8-2　列车管减压曲线图[2]

3. 紧急制动可靠性

紧急制动是为使运行列车尽快停车而施加的制动作用，通过紧急制动作用，列车的全部制动能力都将发挥出来。紧急制动性能是确保列车运行安全的重要指标之一。由图 8-2 可以看出，当列车管减压量达到 70 kPa/s 以上时，列车应产生紧急制动作用，这是对铁路货车紧急制动灵敏度的要求。紧急制动灵敏度过高，在常用制动阶段，列车极易产生意外紧急制动；紧急灵敏度低，列车制动系统的安定性较好，在长大列车尾部的铁路货车，不容易产生紧急制动作用。

4. 环境温度的适应性

我国幅员辽阔，南北温差很大，这就要求铁路货车的制动系统具有良好的环境温度适应性，以满足铁路货车在全国范围内运用的要求。

铁路货车制动装置中采用了大量橡胶密封件，而环境温度对橡胶密封件的影响较大，甚至影响到整个制动系统性能稳定性。低温环境下，橡胶分子链极有可能被冻结，失去应有的弹性，橡胶密封件的密封效果下降，引起制动系统漏泄量增大。高温环境下，将加速橡胶分子的老化，降低橡胶件的使用寿命。

制动缸、控制阀等制动部件中还有大量的润滑脂，环境温度对润滑脂也有一定的影响。低温环境下，润滑脂可能会发生凝滞，增大控制阀滑阀或制动缸活塞的运行阻力，甚至冻住“运动元件”，不产生制动作用。环境温度过高时，润滑脂会产生汽化、挥发，运动表面无润滑脂，产生“干摩擦”，影响密封效果。

因而，苛刻的运用环境，要求货车车辆的制动系统及各制动部件能适应 −50 ℃～+70 ℃下的工作环境，在此环境温度下能进行正常的制动与缓解作用。

8.1.2　制动能力评价

我国铁路货车车辆制动能力是以重车平直轨道紧急制动距离的大小来进行评价的，但在实际应用中铁路货车紧急制动距离的测定涉及到线路组织、机车调配等问题，存在着一定难度。因而，评价铁路货车制动能力时需采用另一个技术指标来代替紧急制动距离，以方便现场应用。由于铁路货车均以踏面制动为主，即闸瓦与车轮踏面之间通过摩擦产生制动力。闸瓦压力是一个既方便计算又便于现场检测的技术指标，因而可用闸瓦压力代替紧急制动距离来间接评定铁路货车制动能力。

铁路货车的制动过程也就是能量的转换过程，在列车制动距离内制动力所做的功转化为热能，散发到大气中，从而达到列车制动目的。从列车能量的角度来说，制动力所做的功应等于列车的动能，即

$$F \cdot S=\frac{G \cdot v^2}{2g} \tag{8-4}$$

式中 F——制动力；

S——制动距离；

G——车辆重量；

v——车辆运行速度；

g——重力加速度。

而制动力又可表示成

$$F=\varphi_k \cdot K \tag{8-5}$$

式中 φ_k——闸瓦摩擦系数；

K——闸瓦压力。

式(8-4)就可以写成

$$\varphi_k \cdot K \cdot S=\frac{G \cdot v^2}{2g} \tag{8-6}$$

紧急制动距离的表达式也就可写成

$$S=\frac{G \cdot v^2}{2\varphi_k \cdot K \cdot g} \tag{8-7}$$

因而，闸瓦压力大小可以反映出铁路货车的制动能力，但对于编组运行的列车或闸瓦分布不均匀的铁路货车来说，总的闸瓦压力并不能准确反映铁路货车的制动能力。为准确反映铁路货车的制动能力，我们引入了制动率的概念，即单位重量的闸瓦压力来表示铁路货车的制动能力，它是衡量制动能力大小的重要参数。我们以

$$\vartheta=\frac{K}{G} \tag{8-8}$$

来表示铁路货车的制动率，那么紧急制动距离的公式就可写成

$$S=\frac{v^2}{2\varphi_k \cdot \vartheta \cdot g} \tag{8-9}$$

由式(8-9)可看出，当列车采用同一摩擦系数闸瓦时，铁路货车的制动率就可准确反映出列车的制动距离，也就是说可准确反映铁路货车制动能力。制动率过大，铁路货车易产生滑行，造成车轮踏面擦伤；制动率过小，制动力不足，则制动距离要延长。

闸瓦压力测试较方便，因而世界上许多国家均采用实测铁路货车闸瓦压力的方式来计算铁路货车的制动率，进行制动能力的试验评估。北美铁道协会(AAR)就以实测铁路货车的制动率来评估铁路货车的制动能力，AAR标准S-401中规定重车的实测制动率为10％～13％；空车制动率不大于32％。我国对铁路货车制动能力的评价主要是通过制动计算和静态闸瓦压力测试来完成的[3]。

8.1.2.1 制动计算

1. 制动计算的作用

铁路货车的制动计算是铁路货车设计阶段评估设计的铁路货车制动能力的重要方法。首先，铁路货车

的制动计算可以确定铁路货车的基础制动装置的杠杆倍率，方便基础制动系统设计。其次，确定铁路货车的制动杠杆倍率后，根据列车的运行速度、牵引重量，计算列车的紧急制动距离，计算空车的黏着利用情况，以确保铁路货车的安全运用。

2. 制动计算方法

铁路货车制动能力的计算主要是依据 TB/T 1407—1998《列车牵引计算规程》进行的，《列车牵引计算规程》中规定了铁路货车制动计算的计算方法及所使用的主要技术数据，是进行铁路货车设计及制动能力计算的主要依据。由于铁路的线路情况、机车车辆的运用条件并不是一成不变的，随着经济的发展及技术水平的提高，铁路货车的设计水平也在提升，这就要求制动计算的方法也要不断更新。

为适应不断发展的铁路情况，《列车牵引计算规程》也在不断地修订和改进。我国于 1957 年 12 月颁布了第一个列车牵引计算规程，全称为《蒸汽机车牵引计算规程》。随着我国机车牵引模式的转变，机车牵引逐步发展为内燃及电力，老版的《蒸汽机车牵引计算规程》已经不合时宜了，1982 年 7 月 12 日颁布了第二个《列车牵引计算规程》，内容涵盖了蒸汽、内燃、电力等三种牵引方式。20 世纪 80 年代，我国的列车牵引重量、运行速度不断提高，新的装备、新的制动方式不断出现，因而于 1998 年 10 月颁布了第三个《列车牵引计算规程》。与第二版《列车牵引计算规程》相比，增加了以下内容：

(1)全面采用新的国际单位制为基础的国家法定计量单位制；

(2)增加滚动轴承货车和新型客车的单位基本阻力计算公式；

(3)增加了高磷铸铁闸瓦、低摩合成闸瓦的摩擦系数和闸瓦压力计算公式；

(4)修订了客货列车制动空走时间的计算公式等。

为适应国民经济的发展，提高铁路货物运输能力，我国铁路运输装备开始进行提速与重载的技术升级。新技术与新装备开始在铁路货车中采用，为进一步提高制动能力，铁路货车开始采用高摩合成闸瓦。2002 年颁布了高摩合成闸瓦的技术条件，公布了制动计算所需的高摩合成闸瓦摩擦系数。关于提速货车车辆具体制动计算在《列车牵引计算规程》中有详尽的描述，这里就不在赘述。本节只讨论与《列车牵引计算规程》中的计算方法和参数选取有区别的地方。

(1)摩擦系数的选取

由于闸瓦摩擦系数是一个范围值，重车工况下计算铁路货车紧急制动距离时，闸瓦摩擦系数取该速度等级下的下限值，这样取值就可确保重载列车在规定距离内安全停车。校核空车工况下轮轨之间黏着利用率是否超过 100%时，闸瓦摩擦系数取该速度等级下的上限，这样可以确保铁路货车在闸瓦整个摩擦系数范围内黏着利用的可靠性，防止擦伤车轮。

(2)基础制动传动效率的选取

制动时，由于制动缸缓解弹簧的阻力、基础制动各杠杆连接件处的机械摩擦、杠杆别劲等因素的影响，制动缸推力不能完全作用在铁路货车闸瓦上。为方便计算，《列车牵引计算规程》中提出了计算传动效率的概念，并规定采用单侧闸瓦制动的货车计算传动效率为 0.9。近年来随着铁路货车测试技术的发展，经过实测，重车静态基础制动传递效率约为 0.7、空车为 0.5，但铁路货车运行后的动态传递效率要高于静态的。考虑到静态实测传动效率结果，同时兼顾动态时效率提高的实际情况，制动计算时，基础制动装置传递效率与《列车牵引计算规程》中的规定不同：重车取 0.8，空车取 0.65。

3. 制动计算实例

C_{70} 型通用敞车是主型铁路货车，下面就以 C_{70} 型通用敞车为例介绍一下铁路货车的制动计算。C_{70} 型通用敞车计算的基本参数：

自重 Q_0	23.8t
载重 Q	70t
全车制动倍率 γ_Z	7.8
制动缸直径 d_Z	305 mm
制动初速度 v_0	120 km/h

(1)实算闸瓦压力计算

重车工况(定压 500 kPa)

$$K_{重}=\frac{\frac{\pi}{4}d_Z^2\cdot p_{Z重}\cdot\eta_{Z重}\cdot\gamma_Z}{10^6}=\frac{73\ 062\times360\times0.8\times7.8}{10^6}=164.1(\text{kN})$$

空车工况(定压 500 kPa)

$$K_{空}=\frac{\frac{\pi}{4}d_Z^2\cdot p_{Z空}\cdot\eta_{Z空}\cdot\gamma_Z}{10^6}=\frac{73\ 062\times140\times0.65\times7.8}{10^6}=51.9(\text{kN})$$

空车工况(定压 600 kPa)

$$K_{空}=\frac{\frac{\pi}{4}d_Z^2\cdot p_{Z空}\cdot\eta_{Z空}\cdot\gamma_Z}{10^6}=\frac{73\ 062\times160\times0.7\times7.8}{10^6}=59.3(\text{kN})$$

式中 $\pi d_Z^2/4$——制动缸活塞面积,73 062 mm²;

p_Z——制动缸压力(kPa),计算重车紧急制动距离时按定压 500 kPa,$p_{Z重}=360$ kPa 取值;校核空车黏着利用率时按定压 600 kPa,$p_{Z空}=160$ kPa 取值;

η_Z——基础制动装置传动效率,$\eta_{Z重}=0.8$,$\eta_{Z空}=0.65$;

γ_Z——制动倍率。

(2)制动率

重车制动率(定压 500 kPa)

$$\theta_{重}=\frac{K_{重}}{(Q_0+Q)\times g}=\frac{164.1}{(23.8+70)\times9.81}=0.178$$

考虑列车中 6%的关门车,计算重车工况制动距离时重车制动率为 16.8%。

空车制动率(定压 500 kPa)

$$\theta_{空}=\frac{K_{空}}{Q_0\times g}=\frac{51.9}{23.8\times9.81}=0.222$$

空车制动率(定压 600 kPa)

$$\theta_{空}=\frac{K_{空}}{Q_0\times g}=\frac{59.3}{23.8\times9.81}=0.254$$

(3)制动距离计算

①空走时间

$$t_k=(1.6+0.065n)(1-0.028i_j)=1.6+0.065\times54=5.11(\text{s})$$

牵引重量 5 000 t 时列车的编组辆数 $n=54$,加算坡道 $i_j=0$。

②空走距离

$$S_k=v_0\cdot t_k/3.6=120\times5.11/3.6=170.3(\text{m})$$

③有效制动距离

用分段法计算,见表 8-1。重车时有效制动距离 $S_{e重}$ 为 1 145.5 m;空车时有效制动距离 $S_{e空}$ 为 592.6 m。

表 8-1　有效制动距离分段计算表

工况		10→0	20→10	30→20	40→30	50→40	60→50	70→60	80→70	90→80	100→90	110→100	120→110
	$v_p=\frac{v_1+v_2}{2}$	5	15	25	35	45	55	65	75	85	95	105	115
重车工况	$\omega_0''=0.92+0.004\,8v_p+0.000\,125v_p^2$	0.947	1.020	1.118	1.241	1.389	1.562	1.760	1.983	2.231	2.504	2.802	3.125
	$\varphi_{k重}$	0.373	0.353	0.338	0.326	0.317	0.310	0.303	0.298	0.294	0.290	0.287	0.284
	$b_重=1\,000\theta_重\cdot\varphi_{k重}$	62.64	59.28	56.76	54.74	53.23	52.06	50.88	50.04	49.37	48.70	48.19	47.69
	$\Delta S_{e重}=\sum 4.17(v_1^2-v_2^2)/(b_重+\omega_0'')$	6.56	20.75	36.02	52.14	68.71	85.55	103.0	120.2	137.4	154.7	171.7	188.7
空车工况	$\varphi_{k空}$	0.473	0.453	0.438	0.426	0.417	0.410	0.403	0.398	0.394	0.390	0.387	0.384
	$b_空=1\,000\theta_空\cdot\varphi_{k空}$	120.1	115.1	111.3	108.2	105.9	104.1	102.4	101.1	100.1	99.06	98.3	97.5
	$\Delta S_{e空}=\sum 4.17(v_1^2-v_2^2)/b_空$	3.47	10.87	18.74	26.98	35.43	44.05	52.96	61.87	70.84	79.98	89.09	98.33

④重车时制动距离

$$S_{Z重}=170.3+1\,145.5=1\,315.8(\mathrm{m})$$

(4)空车工况黏着利用率计算

①重车制动平均减速度

$$\bar{a}_{重}=\frac{(v_1^2-v_2^2)/3.6^2}{2S_{Z重}}=\frac{(120^2-0^2)/3.6^2}{2\times1\,145.5}=0.48(\mathrm{m/s^2})$$

空车制动平均减速度

$$\bar{a}_{空}=\frac{(v_1^2-v_2^2)/3.6^2}{2Se_{空}}=\frac{(120^2-0^2)/3.6^2}{2\times592.6}=0.94(\mathrm{m/s^2})$$

②黏着系数(潮湿轨面)

$$\bar{\mu}_z=\frac{1}{120}\int_0^{120}\left(0.040\,5+\frac{13.55}{120+v}\right)\cdot\mathrm{d}v=0.119$$

③空车工况的黏着利用率

$$黏着利用率=\frac{\bar{a}_{空}/g}{\bar{\mu}_z}=\frac{0.94/9.81}{0.119}=81(\%)$$

8.1.2.2　*静态闸瓦压力测试*

铁路货车设计阶段的计算制动率存在着一定的误差，难以反映铁路货车的实际制动能力。静态闸瓦压力的测试能准确反映货车的制动能力，验证铁路货车制动系统设计的合理性，并检查铁路货车的制造质量。新造的铁路货车须进行闸瓦压力检测，核算空、重车工况下的铁路货车纯制动率，从而保证重车能在规定的紧急制动距离内停车，且空车时不发生车轮擦伤。

1. 试验设备

闸瓦压力试验的测试设备是 RCPD-001 型铁路机车车辆制动压力智能检测仪，主要由测力闸瓦、多通道数据采集仪、电脑终端及数据传输线等部分组成，如图 8-3 所示。测力闸瓦采用与现车上使用的通用闸瓦相同结构制造而成，内部安装有压力传感器，能够测量闸瓦压力。闸瓦的下侧有数据传输线，能够实时地将测量数据传输给数据采集设备。多通道数据采集仪的作用主要是对车辆闸瓦压力数据进行采集、数据转换、分析，存储在终端电脑内，主要由数据采集电路、总线、计算分析电路、数据传输通道等部分组成。

图 8-3　铁路机车车辆制动压力智能检测仪

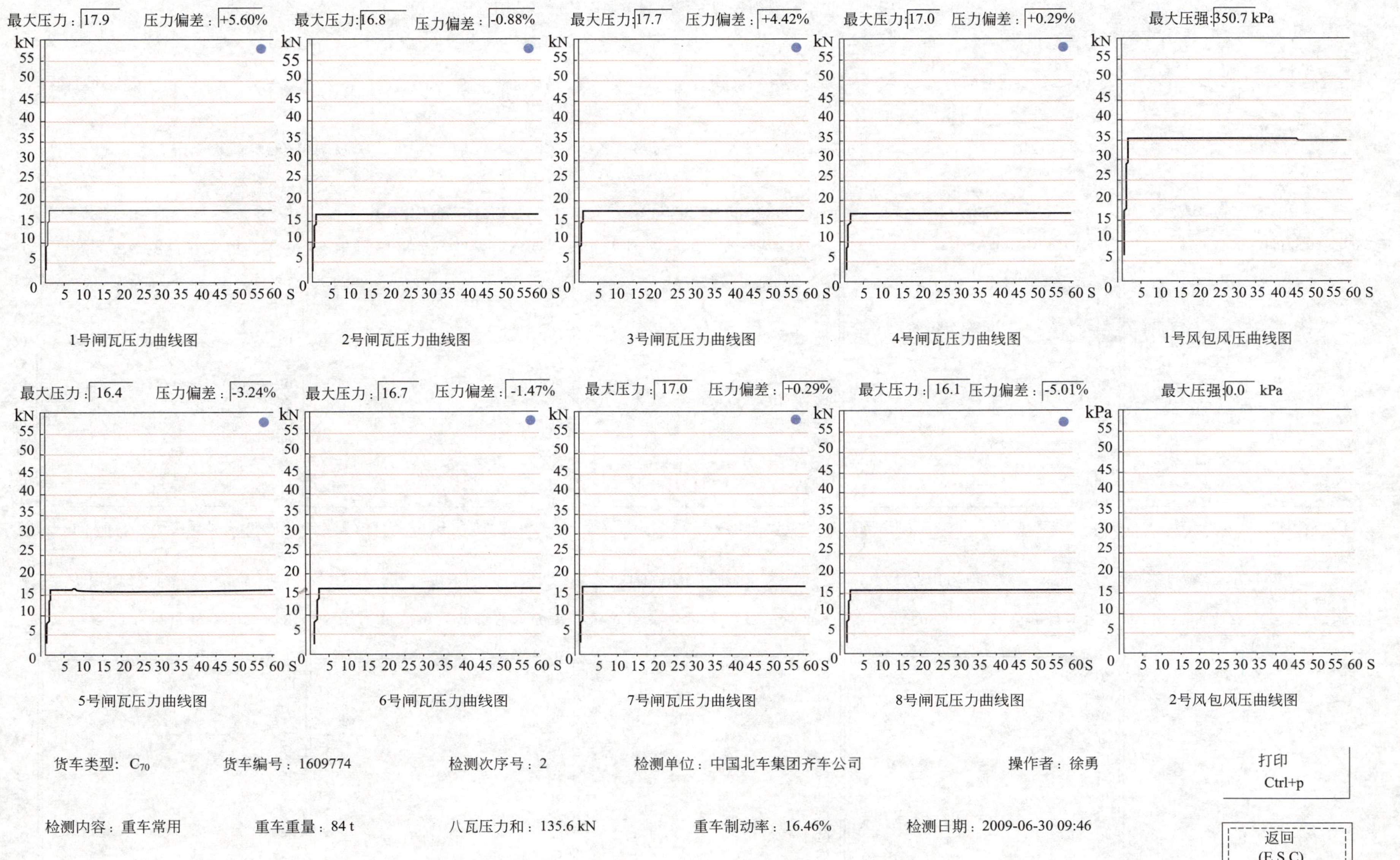

图 8-4 C_{70} 型通用敞车重车静态闸瓦压力测试曲线

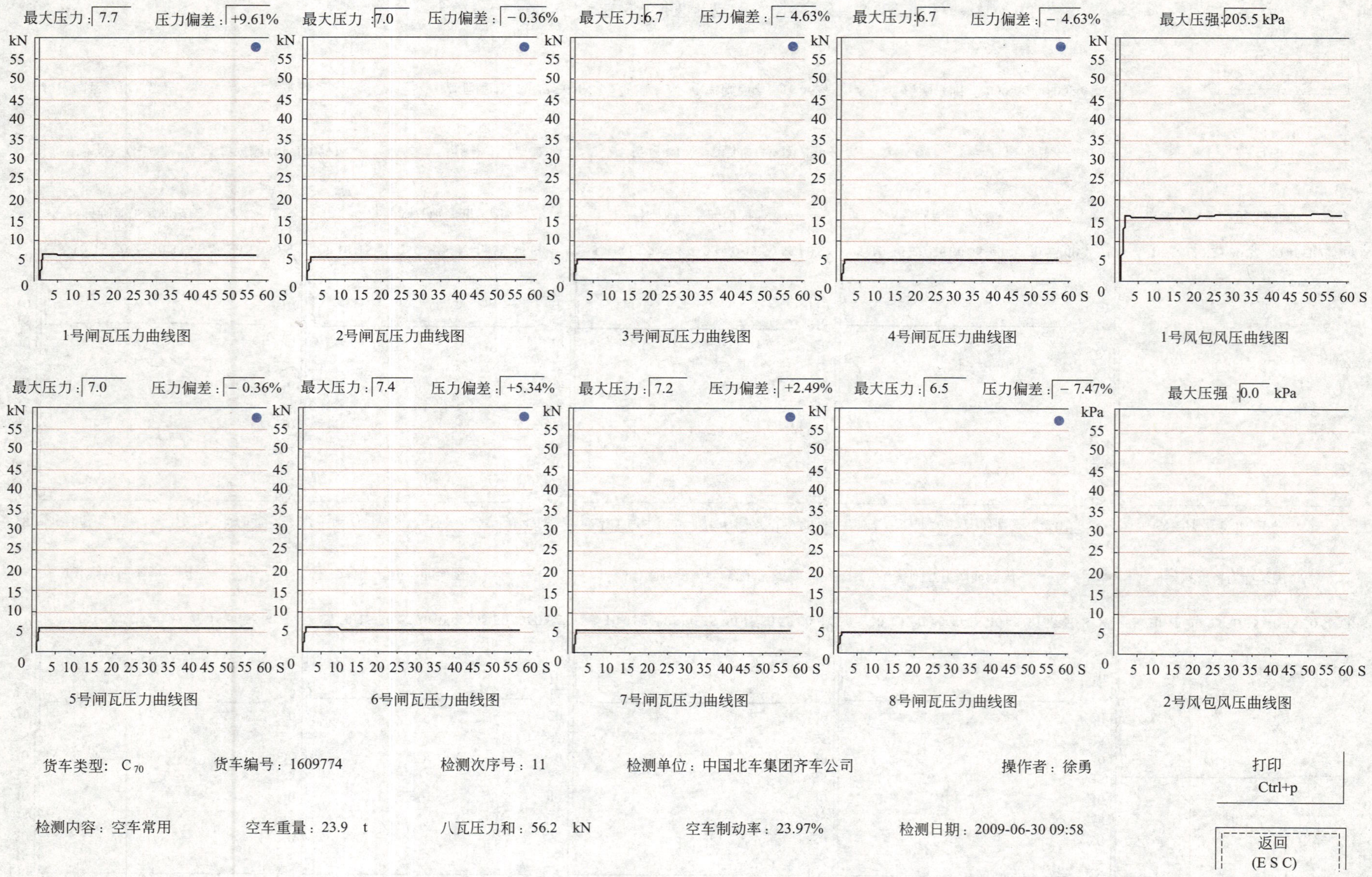

最大压力：7.7 压力偏差：+9.61%

1号闸瓦压力曲线图

最大压力：7.0 压力偏差：−0.36%

2号闸瓦压力曲线图

最大压力：6.7 压力偏差：−4.63%

3号闸瓦压力曲线图

最大压力：6.7 压力偏差：−4.63%

4号闸瓦压力曲线图

最大压强：205.5 kPa

1号风包风压曲线图

最大压力：7.0 压力偏差：−0.36%

5号闸瓦压力曲线图

最大压力：7.4 压力偏差：+5.34%

6号闸瓦压力曲线图

最大压力：7.2 压力偏差：+2.49%

7号闸瓦压力曲线图

最大压力：6.5 压力偏差：−7.47%

8号闸瓦压力曲线图

最大压强 0.0 kPa

2号风包风压曲线图

货车类型：C_{70} 货车编号：1609774 检测次序号：11 检测单位：中国北车集团齐车公司 操作者：徐勇

检测内容：空车常用 空车重量：23.9 t 八瓦压力和：56.2 kN 空车制动率：23.97% 检测日期：2009-06-30 09:58

打印 Ctrl+p

返回 (E S C)

图 8-5 C_{70}型通用敞车空车静态闸瓦压力测试曲线

2. 试验方法

新造或检修的铁路货车须进行静态闸瓦压力测试，以评估货车车辆制动能力及基础制动装置的传动效率。新造货车进行单车试验时，通过铁路机车车辆闸瓦压力智能检测仪对货车车辆的闸瓦压力进行测试，全车闸瓦压力之和与货车车辆轨道重量的比值为该车的纯制动率。

3. 静态闸瓦压力测试实例

图 8-4 与图 8-5 分别为 C_{70} 型通用敞车重车与轻车静态闸瓦压力测试曲线。从图 8-4 及图 8-5 中可以看出，C_{70} 型通用敞车重车制动率为 16.46%，空车制动率为 23.97%。

8.1.3 制动性能评价

制动性能试验是对制动装置性能进行检查的一种手段，是检验制动装置技术质量的方法。制动性能试验是对铁路货车整个制动系统内各个制动装置的性能进行全面检查，分为单车性能试验，列车试验。单车性能试验(简称单车试验)是对一辆车的制动系统性能进行检查，只有单车试验合格的铁路货车，才能编组到列车中。列车试验是对已编组的列车进行全列车制动装置的性能检查，只有试验合格的列车，才能参加运输。

8.1.3.1 单车性能评价

由于制动装置性能好坏直接影响到铁路列车的运行安全，所以，不管新造铁路货车还是检修铁路货车，都要按规定进行单车制动性能试验，合格后才允许运行。

我国铁路货车在 2002 年之前采用手动单车试验器进行铁路货车制动系统性能测试，由于手动空重车的自动化程度低，准确度差，容易受到人为因素影响，因而不能准确反应铁路货车的制动性能的可靠性和稳定性。现在，我国铁路货车车辆全部采用微控单车试验器，如图 8-6 所示，提高了单车试验的可靠性。微控单车试验器主要由移动式独立单车试验器、网络管理控制服务器、无线数传网络等三大部分。移动式独立单车试验器包括：单车试验主控制系统、人机交互界面、微型打印机、标准电控气动阀、空气过滤器等。网络管理控制服务器包括：服务器主机、服务器管理软件、网络数据库等。无线数传网络包括：服务器无线数传模块、移动端无线数传模块等。本系统每台单车不但可以独立控制、数据处理，而且可以与管理计算机联网集中控制、数据管理。

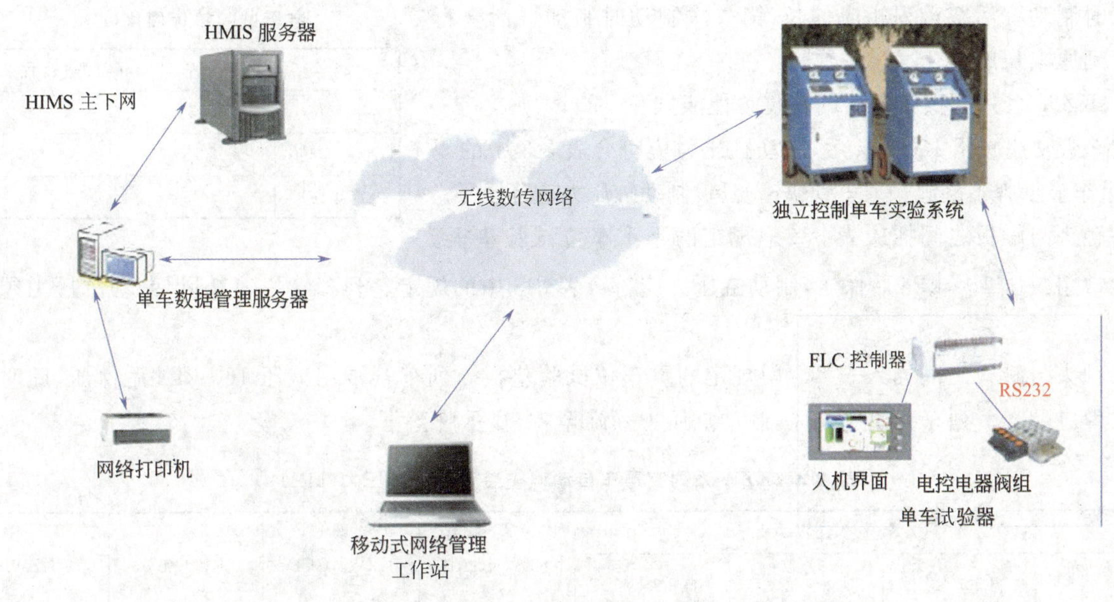

图 8-6 集散式网络单车试验系统结构示意图

单车制动性能试验的内容如下：

1. 制动主管通量

铁路货车车辆制动主管是一根贯穿车辆全长的钢管，内径为 32 mm。制动主管经过折弯成型，在钢管弯曲部位会发生变形，直径方向出现减小，影响压力空气在单位时间内的通过量。要求制动管系所用钢管折弯成型后，弯曲部位直径减少量不得超过原直径的10%。制动管系组装过程中，可能会出现异物阻塞制动主管。为控制制动主管折弯过程中的变形量以及组装过程中的异物阻塞问题，制动管系组装完成后，要用Sϕ25.4 mm尼龙球作过球试验，以检查制动主管的通量。

2. 全车漏泄量

TB/T 1492《铁道车辆制动机单车试验方法》中对铁路货车制动管系漏泄量做出了明确的规定，要求全车漏泄量不大于10 kPa/min，但随着列车编组辆数的增加，对单车管系漏泄量的要求也逐渐减小，以满足重载列车的运输安全。2006年，要求单车制动试验时每2 min的全车漏泄量不大于5 kPa。

3. 常用制动感度

列车管以常用制动减压速度减压40 kPa时，制动机应能产生制动作用。列车管停止减压后，制动机不能发生自然缓解。

4. 缓解感度

制动管长度小于16 m，单车试验器以2 kPa/min速度向列车管充风时，安装120型制动机的铁路货车其制动缸压力要在45 s内缓解至30 kPa以下；制动管长度为16～24 m时，制动感度试验后，使制动管继续减压30 kPa后，单车试验器以2 kPa/min速度向列车管充风，制动缸应在45 s内缓解至30 kPa以下。

单车试验器以2 kPa/min速度向列车管充风，安装GK、103型制动机车辆在45 s内缓解完毕。

5. 常用制动安定性

列车管以常用制动减压速度减压140 kPa时，安装GK、103型制动机的铁路货车不产生紧急制动作用；减压200 kPa前，安装120型制动机的铁路货车不产生紧急制动作用。

6. 紧急制动可靠性

列车管以120 kPa/s的减压速度减压100 kPa前，铁路货车制动机产生紧急制动作用。

7. 闸调器性能试验

将一块厚度不小于15 mm的垫板垫入任意一块闸瓦与车轮间，模拟更换新闸瓦工况，进行常用全制动，制动缸活塞行程缩短。然后充风缓解，反复制动缓解2次，制动缸活塞行程恢复到原来长度。

缓解后撤去垫板，模拟闸瓦磨耗工况，进行常用全制动，第一次制动时制动缸活塞行程相应伸长，第二次制动时制动缸活塞行程恢复到原来长度。

8. KZW系列空重车自动调整装置性能试验

列车管常用减压160 kPa后，制动缸压力应符合表8-3中的规定，空重车显示牌不翻起。列车管快速充风，制动缸压力应降至零。

表8-2 KZW系列空重车自动调整装置试验垫板厚度(mm)

	测重行程21 mm	测重行程27 mm
空车位	3	6
半重车位	13	19
重车位	25	35

在触头与触板之间插入表8-2中规定的半重车位试验垫板。列车管常用减压160 kPa后保压，制动缸压力应符合表8-3中的规定。列车管快速充风，制动缸压力须降至零。

在触头与触板之间插入表8-2中规定的重车位试验垫板。列车管常用减压160 kPa后保压，此时空重车显示牌应翻起。列车管快速充风，制动缸压力须降至零，显示牌落下。

表8-3 KZW系列空重车自动调整装置制动缸压力(kPa)

	KZW-A			KZW-4GAB	KZW-4GCD	KZW-4G	KZW-4
	自重<28 t	28 t<自重<33 t	自重>33 t				
空车位	140±20	180±20	220±20	160±20	160±20	160±20	150±20
半重车位	230±20	—	—	240±40	230±40	240±40	240±40

8.1.3.2 列车制动性能评价

整列车制动性能的评价主要是通过列车制动性能试验来实现的。列车制动性能试验是指组合成列的铁路货车车辆在静止状态下所做的制动性能试验,它主要是为检查机车车辆成组运用时制动性能的可靠性。列车试验是评价整列列车在线路上安全运行的重要保障措施,只有通过列车实验的列车才可以上线运行。

列车运行中经常会出现由于制动故障需要切断制动作用的“关门车”,但关门车数量过多将降低列车的制动能力,影响运输安全。因而,我国《铁路技术管理规程》规定在整个列车中因制动故障而引起的关门车数量不能超过总辆数的6%。为了保证列车的制动波速顺利传播,确保货物列车尾部车辆也能实现制动与缓解作用,对于因制动故障引起的关门车在整个列车中的联挂也做了明确的规定:关门车辆不得联挂于机车后3辆之内,在列车中连续联挂不得超过2辆,列车最后一辆不得是关门车,列车最后两辆不得连续关门。

列车制动性能试验时,在列车最后一辆车尾部制动软管上安装1.5级及其以上精度的无线风压监测仪,在列车主管压力达到规定压力后,确认尾部无线风压监测仪显示的压力与列车主管压力差不大于20 kPa,具体试验内容如下:

1. 管系漏泄试验

列车管充至定压后,保压1 min,列车管压力下降不大于20 kPa。

2. 感度试验

列车管常用制动减压50 kPa,编组60辆以上时减压70 kPa,全列车发生制动作用,并在1 min内不得发生自然缓解。然后向列车管内充风,全列车须在1 min内缓解完毕(编组60辆以上时须在90 s内缓解完毕)。

3. 安定保压试验

列车管常用制动减压140 kPa,列车管压力为600 kPa时减压170 kPa,不得发生紧急制动,同时保压,1 min内列车管压力下降不大于20 kPa,并确认制动缸活塞行程须符合规定。

8.1.4 高低温环境下的性能评价

环境温度对铁路货车制动系统的使用有着较大的影响,在低温环境下,由于橡胶制品硬度和油脂粘度增加,使得空气控制阀、空重车自动调整装置、闸调器、货车脱轨自动制动装置等制动配件动作性能出现延迟,甚至出现失灵;同时由于制动系统管路漏泄量的增加,使铁路货车在运用过程中产生缓解失灵等故障。反之在高温环境下,由于橡胶制品的硬度变小,会使制动机制动和缓解灵敏度提高,在运行中由于振动和冲击的影响而产生意外制动等故障。

我国的东北部,冬季严寒,最低温度可以达到-40 ℃以下,受西伯利亚寒流影响,极端温度可达-50 ℃以下。由于滨洲线的西端与满洲里口岸相连,运输繁忙,每年冬季由于制动系统故障而造成的关门车数量明显高于其他季节。在满洲里运用区段的全部行车事故概况中,制动故障占相当高比例,而制动故障中又以漏风和抱闸居多。发生制动故障时间多在气候严寒的冬运时节。2005年11月至2006年1月,共发生行车事故29件,其中制动故障17件,占57%,而漏风和抱闸就有14件,占制动故障的82%,占全部故障近二分之一;2005年度共外转制动故障13件,其故障原因全部是漏风和抱闸,特别要说明的是,13件故障中有12件发生在冬运期间。2004年3月的4日、5日、6日三天内(室外气温是-37 ℃~-39 ℃),列检人员从车上拆下12个紧急阀,故障均为排风不止。其中有一些排风不止紧急阀,在室内温度下作试验台试验,又一切正常。图8-7是2003—2004年度免渡河列检所对制动关门车的统计表,从表中看出,“关门车”数量冬季明显高于其他季节。由此可以看出,环境温度对铁路货车的制动系统影响很大。

8.1.4.1 低温环境下的性能评价

1. 低温环境下的要求

根据GB/T 5600《铁道货车通用技术条件》的要求,铁路货车应适用于-40 ℃~+40 ℃环境,在此环境条件下应能满足TB/T 1492《铁道车辆制动机单车试验方法》的要求。铁路货车在低温-40 ℃环境下应能保证标准中规定的漏泄、感度、安定、紧急制动等性能要求。对70 t级铁路货车,要求制动系统应满足-50 ℃~+70 ℃的环境要求。

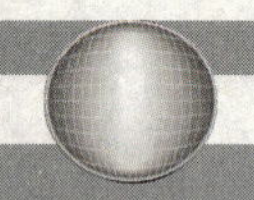

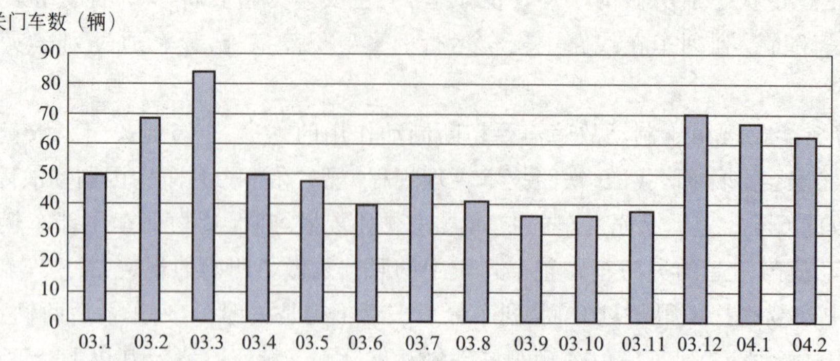

图 8-7 免渡河列检所处理关门车统计(2003 年 1 月—2004 年 2 月)

铁路货车低温环境下制动性能评价主要是在环境试验室内进行的，环境试验室主要由制冷设备(或加热装置)、保温装置、试验台架及试验时期等装备组成，可以进行铁路货车及制动配件环境温度试验。按照行检要求，货车空气控制阀每三个月就要进行一次低温环境下的性能试验，空气控制阀等制动配件的低温性能试验如图 8-8 所示。为检验 C_{80} 型铝合金运煤敞车的制动系统低温环境下的性能，2004 年 1 月进行了整车低温环境性能试验。C_{80} 型铝合金运煤敞车在−40 ℃环境温度下恒温 24 h，进行单车制动性能试验，如图 8-9 所示。

图 8-8 货车制动配件的低温性能试验

图 8-9 C_{80} 型铝合金敞车低温试验

2. 制动系统低温环境下的评价方法

在试验室进行单车性能试验中发现在低温环境下主要存在以下问题：管系漏泄严重，120 阀低温性能不良，闸调器低温下多数失灵，组合式集尘器漏泄，制动缸漏泄，空重车自动调整装置漏泄或调整不良等问题。因此铁路货车制动系统低温性能试验是检验铁路货车制造质量的必要手段之一。

在试验室中进行货车制动性能试验应在低温环境下恒温 24 h 后进行试验，试验内容包括：

(1)制动主管漏泄量

TB/T 1492《铁道车辆制动机单车试验方法》中对制动主管漏泄量做出了明确的规定，要求全车漏泄量 1 min 内不大于 10 kPa。

(2)全车漏泄量

TB/T 1492《铁道车辆制动机单车试验方法》中对制动管系漏泄量做出了明确的规定，要求全车漏泄量 1 min 内不大于 10 kPa。

(3)常用制动感度

列车管减压 40 kPa 时，制动机应能产生制动作用。列车管停止减压后，制动机不能发生自然缓解。

(4)缓解感度

制动管长度小于 16 m,单车试验器以 2 kPa/min 速度向列车管充风时,安装 120 型制动机的铁路货车其制动缸压力要在 45 s 内缓解至 30 kPa 以下;制动管长度为 16～24 m 时,制动感度试验后,使制动管继续减压 30 kPa 后,单车试验器以 2 kPa/min 速度向列车管充风,制动缸应在 45s 内缓解至 30 kPa 以下。

(5)常用制动安定性

列车管以常用制动减压速度减压 140 kPa 时,制动机不产生紧急制动作用。

(6)紧急制动性能

列车管减压 100 kPa 前,制动机产生紧急制动作用。

(7)闸调器性能试验

将一块厚度为 15 mm 的垫板垫入任意一块闸瓦与车轮间,模拟更换新闸瓦工况,进行常用全制动,制动缸活塞行程缩短。然后充风缓解,反复制动缓解 3 次,制动缸活塞行程恢复到原来长度。

缓解后撤去垫板,模拟闸瓦磨耗工况,进行常用全制动,反复制动缓解 3 次,制动缸活塞行程恢复到原来长度。

(8)KZW 系列空重车自动调整装置性能试验

列车管常用减压 160 kPa 后,制动缸压力应符合表 8-3 中的规定,空重车显示牌不翻起。列车管快速充风,制动缸压力应降至零。

在触头与触板之间插入表 8-2 中规定的半重车位试验垫板。列车管常用减压 160 kPa 后保压,制动缸压力应符合表 8-3 中的规定。列车管快速充风,制动缸压力须降至零。

在触头与触板之间插入表 8-2 中规定的重车位试验垫板。列车管常用减压 160 kPa 后保压,此时空重车显示牌应翻起。列车管快速充风,制动缸压力须降至零,显示牌落下。

8.1.4.2 高温环境下的性能评价

高温条件下,由于分配阀内油脂黏度降低,油脂流失较多,恢复常温后润滑效果下降,造成漏泄等问题;另外由于温度影响,橡胶制品的老化加速,对制动系统配件的寿命存在一定影响,容易出现开裂等问题,从而影响行车安全。由于目前尚未开展对整车制动系统的高温性能试验,故无法对铁路货车的整车高温性能进行更多的评价。但从对 120 阀等制动配件高温检测中可以得知:高温环境对铁路货车制动系统的性能存在着一定的影响,应在高温环境下依照 TB/T 1492《铁道车辆制动机单车试验方法》对铁路货车制动系统进行单车性能试验。

8.2 关键部件性能评价

铁路货车制动装置主要由基础制动装置和控制阀、空重车自动调整装置、制动缸、闸瓦间隙自动调整器、闸瓦、脱轨自动制动装置及空气管路附件组成。本节重点讨论控制阀、空重车自动调整装置、制动缸、闸瓦间隙自动调整器、闸瓦、脱轨自动制动装置及空气管路附件等制动部件的性能要求和评价方法。

8.2.1 控制阀

控制阀是空气制动机的核心控制部件。控制阀的基本功能是控制空气制动机准确地完成充气、制动、缓解等作用,保证列车安全运行、准确停车。控制阀的性能,以其控制空气制动机完成制动作用的能力来评价。制动机完成制动作用的能力是指列车在规定的条件下满足安全停车或调速运行要求的能力。

8.2.1.1 性能要求

控制阀的性能,主要以制动时的输出压力,制动、缓解时的灵敏度、稳定性、安定性及为避免制动、缓解过程产生有害影响而赋予的其他特殊特性来评价。

1. 控制阀的输出压力

目前,国内外的铁路货车均使用自动式空气制动机,即以压缩空气做动力源,列车管减压时产生制动作用，增压时制动机缓解。空气制动机产生的制动力与控制阀的输出压力成正比，即控制阀的输出压力越大，制动力就越大。

控制阀的输出压力可用式(8-10)计算

$$P_k \approx 2.6 P_j \tag{8-10}$$

式中 P_k——控制阀的输出压力，kPa；

P_j——列车管减压量，kPa。

当列车管定压为 500 kPa 时，常用全制动减压量为 140 kPa，控制阀输出压力约为 360 kPa；当列车管定压为 600 kPa 时，常用全制动减压量为 170 kPa，控制阀输出压力约为 440 kPa。

考虑到空气流动时的阻力和控制阀机件运动阻力、制造公差的影响，控制阀的实际输出压力，列车管定压为 500 kPa 时按 350 kPa，列车管定压为 600 kPa 时按 420 kPa 评价。

2. 控制阀的灵敏度、稳定性和安定性

灵敏度、稳定性和安定性是评价控制阀性能的主要技术指标。灵敏度是指控制阀感知列车管减压速率，控制制动系统产生制动和缓解作用的能力，由常用制动灵敏度、紧急制动灵敏度和缓解灵敏度三个参数。

常用制动灵敏度：列车管以大于 10 kPa/s 的速率减压时，控制阀必须在列车管减压 20 kPa 前产生制动作用。常用制动灵敏度的目的，是使控制阀具有按需要快速、准确地控制列车在运行中减速或停车的能力。

紧急制动灵敏度：列车管以大于 70 kPa/s 的速率减压时，控制阀必须快速进入制动位，并且在减压 100 kPa 前产生列车管紧急放风作用，3 s 内列车管压力降为零。规定紧急制动灵敏度的目的，是列车在运行中发生紧急情况时，紧急阀能控制列车管快速排风，提高制动波速，使列车尽快停车。

缓解灵敏度：列车管以规定速率缓慢充气时，控制阀必须在规定的时间内开始缓解，在规定的时间内缓解完毕。

稳定性是指当列车管的压力下降速度不大于 40 kPa/min 时，控制阀不应产生制动作用。稳定性是评价控制阀性能的重要技术指标。列车的空气管路很长，连接点多，要做到绝对无漏泄十分困难。列车管发生轻微漏泄时，如果控制阀就产生制动作用，势必使列车无法正常运行，这就是设定控制阀的稳定性技术指标的重要意义。

安定性是指当列车管的压力下降速度不大于 40 kPa/s 时，控制阀的紧急放风阀不应发生紧急放风作用。安定性是评价紧急放风阀性能的重要技术指标。设定安定性指标的目的，是列车实施常用制动时，防止发生意外紧急制动。

控制阀的灵敏度、稳定性和安定性，可通过试验台和单车试验进行评价。

3. 控制阀的加速制动作用

在常用制动的初始阶段，控制阀将其作用部上腔(通列车管)的压缩空气有控制地排向局减室或制动缸或大气，产生局部减压作用，使作用部快速进入制动位置，产生加速制动作用。因为，局部减压量过大(大于列车管的操作减压量)时，易于引起制动力过大、意外紧急制动等有害后果，局部减压量过小又会起不到加速制动的作用，所以，控制阀的局部减压量和减压速率应严格控制。控制阀的局部减压量控制在 20～40 kPa 较为合适。

紧急制动时的加速制动作用通过控制阀的部件——紧急阀的快速放风来实现。

4. 制动缸压力初跃升

空气制动机是依靠压力空气推动制动缸活塞，把压力空气的压力转换为制动动力。设置制动缸压力初跃升的意义在于：制动的起始阶段，压力空气应首先克服制动缸缓解弹簧的抗力，将活塞快速推出，才能达到快速产生制动作用的目的。因为，铁路货车的编组特性决定了控制阀需要较慢的充气速度与较长的制动缸充气时间。所以，要使制动缸压力获得初跃升，控制阀必须具有在制动的起始阶段使输出压力快速上升，然后回到正常的充气速度，这就是控制阀控制制动缸压力初跃升的作用过程。

5. 制动缸减速充气

由于沿列车长度方向制动作用的不同时性、制动力分布的不均匀性和铁路货车间的非刚性连接等原因，在制动时沿列车长度方向要产生纵向作用力。经理论分析和试验研究证明：

$$R=\frac{5}{12}(K\varphi_{k})\frac{l\cdot n^{2}}{t_{ZC}\cdot\omega_{ZB}} \tag{8-11}$$

式中 R——列车纵向作用力，kN；

K——辆车的闸瓦压力总和，kN；

φ_k——闸瓦摩擦系数；

l——辆车的长度，m；

n——列车编组辆数；

t_{ZC}——制动缸充气时间，s；

ω_{ZB}——制动波速，m/s。

从式 8-11 中可以看出，纵向作用力与制动缸充气时间成反比。纵向作用力过大，会造成铁路货车的机件疲劳损伤加剧，甚至可能危及行车安全。赋予控制阀控制制动缸减速充气的意义就是为了降低重载货物列车制动时的纵向作用力。

减速充气必然会使制动缸压力的上升时间延长。制动缸充气时间过长，又会使列车的制动距离延长。因此，控制阀的减速充气作用应严格控制。目前，我国铁路货车控制阀的制动缸充气时间规定为 9～13 s。图8-10是货车制动机实施常用全制动时典型的制动缸充气特性曲线。

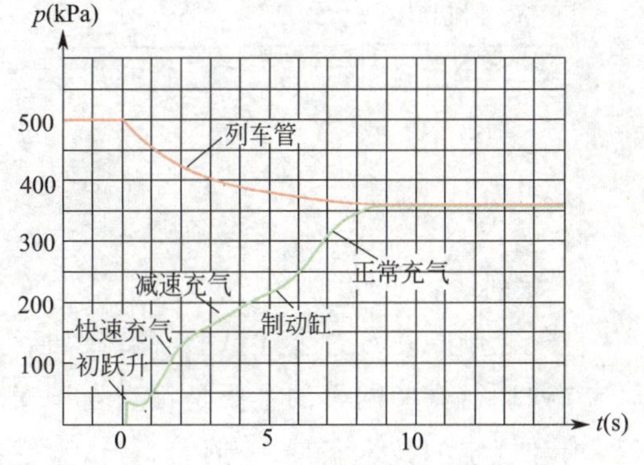

图 8-10 控制阀控制制动缸的初跃升

6. 混编性能

控制阀按作用方式可分为二压力式、三压力式和二、三压力混合式，按构造可分为滑阀结构和柱塞结构。

三压力控制阀以 UIC(国际铁路联盟)规程作为技术性能的评价依据，其基本特点是：具有良好的压力保持性能和阶段缓解性能，特别适应在多山、多坡道上运行的列车使用。二压力控制阀以 AAR(北美铁路联盟)标准作为技术性能的评价依据。目前使用的主型控制阀 120 型控制阀，是典型的二压力作用式滑阀结构。二压力控制阀的基本特点是：容易缓解，适用于编组较长的列车，但压力保持性能不如三压力结构的控制阀。因为，二压力控制阀和三压力控制阀的操作方式、作用方式和性能有较大区别，在列车中混编使用时不可能协调一致，因此原则上不能混编使用。

8.2.1.2 120/120-1 型控制阀性能评价

20 世纪 80 年代后期，GK 型三通阀、103 型分配阀由于其结构性能的局限，已不能满足国民经济发展对铁路运输能力，即发展重载高速列车对铁路货车制动机的要求。1989 年，开始研制 120 型控制阀。120 型控制阀充分吸收了 103 型分配阀和国外货车控制阀的优点，经过室内静置试验、万吨列车运行考验、耐寒、耐久试验及与 103 型、GK 型空气制动机混编等性能的试验验证，于 1993 年 6 月通过技术鉴定并广泛装车运用。2003 年，为使 120 阀无论是单独使用或与 ECP、Locotrol 配套使用时能满足 2 万吨列车编组的要求，我国又研制了 120-1 型控制阀。120-1 型控制阀除增加了常用加速制动性能外，其它性能与 120 阀相同。2005 年 1 月，120-1 型控制阀通过了技术审查，同年 5 月在 C_{80} 型敞车上装用并投入大秦线运用考验。

评价 120/120-1 型控制阀的性能的目的是检验其可用性、稳定性、可靠性，除了试验台试验及单车制动性能试验等常规试验方法外，还要进行室内定置试验、专列静止试验、专列运行试验、模拟解冻库试验及低温试验。

1. 室内定置试验

为检验空气控制阀的技术指标，空气控制阀的研制阶段需要进行室内定置试验。在室内进行列车静止制动试验的专用设备成为"定置试验台"，图 8-11 为我国进行空气控制阀制动性能试验研究的 150 辆车定置试验台。150 辆车室内定置试验台模拟了 150 辆列车的整个制动系统，可以进行各种空气控制阀的性能测试。室内定置试验是研制空气控制阀阶段，评价产品性能的重要方法，试验内容主要是：

(1)测定控制阀的充气、制动及缓解时间；

(2)测定控制阀的制动和缓解波速；

(3)测定制动管的漏泄对控制阀性能的影响；

(4)测定编组辆数对制动性能的影响；

(5)研究不同空气控制阀的混编性能。

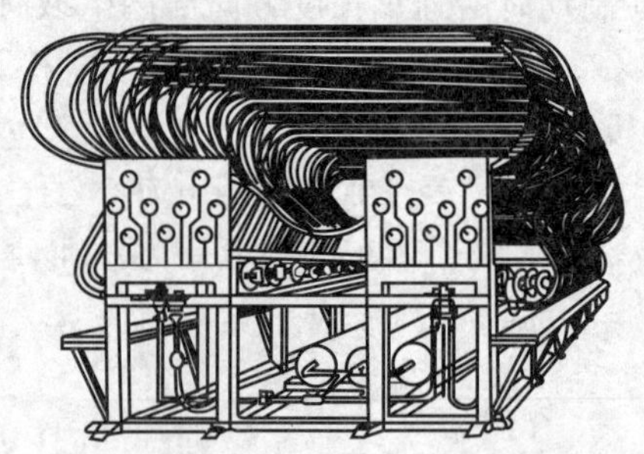
图 8-11　列车制动机定置试验台

2. 专列静止试验

在车站、车辆段或车辆厂的专用线上利用专门编组的列车进行专列静止试验时，把试验列车分为两部分，分别置于相邻的两股道上，如图 8-12 所示，使列车尾部与机车并列，并在列车分开处设置一根制动主管以连接两部分列车。这样就可以进行列车制动机在静止状态下的各种内部性能试验。

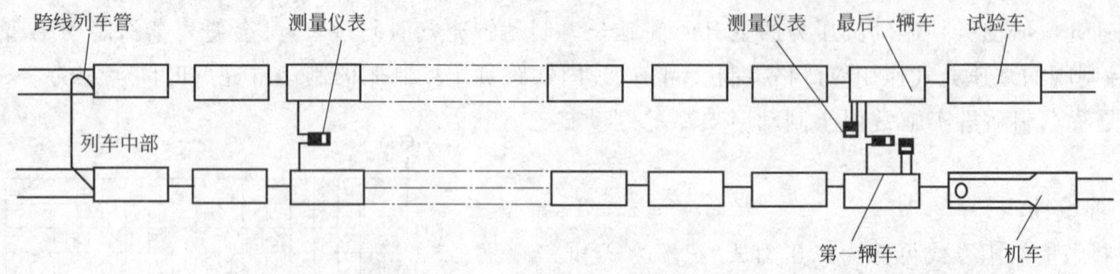

图 8-12　专列静止试验的列车布置图

3. 专列运行试验

空气控制阀在经过上述试验获得成功后，还要组成专列，到实际运营线路在各种自然条件下进行制动试验。专列运行试验的目的主要是检查列车安装控制阀后的全部实际效果，确认它是否能够充分满足实际运行要求和规定的技术条件。专列运行试验是影响因素多、条件复杂多变、耗资最多、时间最持久的一种制动试验，一般只是在最后阶段(技术鉴定之前)才进行这样的试验。

4. 模拟解冻库试验

铁路货车运送含有水分的货物并在零度以下环境中运行时，货物渗出的水分会结冰，部分结冰货物会与车体冻在一起而无法完全卸除，这就需要在解冻库中用 100 ℃左右的高温将与车体冻在一起的货物解冻。解冻库的温度为 110 ℃，持续加热时间为 3 h。由于空气控制阀内安装有大量的橡胶密封件，在解冻库持续的高温下，是否会造成橡胶件老化失去作用，因而需要通过模拟解冻库试验工况以检验空气控制阀的可靠性。解冻库模拟试验的目的就是评价铁路货车的制动部件在解冻库高温条件下不被损坏的能力。具体试验方法是：将空气控制阀加热至 110 ℃，持续保温 3 h，然后使之恢复常温，在试验台上进行制动缓解试验，检查各部动作是否正常。

5. 低温试验

我国幅员辽阔，南北温差较大，对空气控制阀低温下的作用有很大的影响。为检验空气控制阀对低温环境温度的适应能力，空气控制阀定期作低温性能试验。将空气控制阀在－50 ℃的环境温度下，持续冷冻48h，然后进行单车试验。120/120-1 型控制阀低温下的性能试验是在环境试验室中进行，试验方法原则上按 TB/T 1492《铁道车辆单车试验方法》的规定执行，试验装置的原理见图 8-13。除单车试验器及仪表外的其他试验装置应整体放置于环境试验室中。具体的试验方法如下：

(1)充气和保压性能

操纵阀置 1 位，待副风缸和加速缓解风缸充至定压后置 3 位，待压力稳定后，观察副风缸、加速缓解风缸和列车管等压力表：副风缸和加速缓解风缸均能充至 480 kPa；列车管压力下降在 1 min 内不得超过 20 kPa。

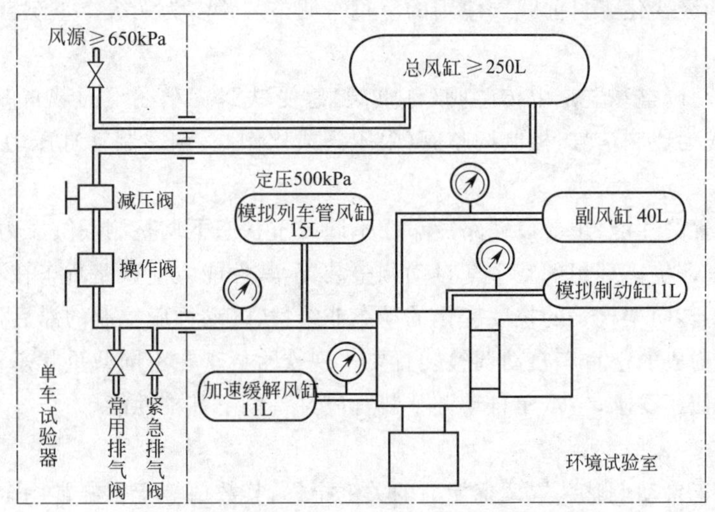

图 8-13 120 阀环境温度试验装置原理图

(2)常用制动灵敏度

操纵阀置 1 位,待副风缸和加速缓解风缸充至定压后移至 4 位减压 60 kPa 后移至 3 位,观察制动缸、列车管的压力表:列车管减压 60 kPa 以前,应发生制动作用;保压 1 min 不应发生自然缓解。

(3)缓解灵敏度

制动试验后立即将操作阀移至 2 位,观察制动缸压力表:制动缸应在 30 s 内开始缓解。

(4)加速缓解性能

手把置 1 位,待副风缸和加速缓解风缸充至定压后,手把置 4 位,待列车管减压 100 kPa 后,手把置 3 位保压,待压力稳定后,手把置 2 位,观察加速缓解风缸压力表:当制动缸开始缓解瞬间加速缓解风缸压力应有下降。

(5)安定性

操作阀置 1 位,待副风缸和加速缓解风缸充至定压后移至 3 位,开放常用排气阀,减压 200 kPa,然后将常用排气阀缓慢关闭,观察紧急阀:不应产生列车管紧急放风。

(6)紧急制动灵敏度

操作阀置 1 位,待副风缸和加速缓解风缸充至定压后移至 3 位,迅速打开紧急放风阀,观察列车管压力表和紧急阀:列车管减压 150 kPa 前应能产生紧急放风。

(7)缓解阀作用性能

操作阀置 1 位,待副风缸和加速缓解风缸充至定压后移至 3 位,开放紧急排气阀,待列车管压力空气排尽后,拉缓解阀手柄至全开位 3～5 s 后松开手柄,观察制动缸压力表:制动缸压力应能下降至零。

(8)缓解阀复位性能

操作阀置 1 位,待副风缸和加速缓解风缸充至定压后移至 4 位,使列车管减压 50 kPa,然后手把移至 3 位,拉缓解阀手柄至全开位,3～5 s 后松开手柄,待制动缸压缩空气排尽后移至 5 位,使列车管再减压 50 kPa,观察制动缸压力:制动缸应能产生再制动。

8.2.2 空重车自动调整装置

编组运行中的铁路货车,有的装满货物,有的装载货物的密度较小不能满载,有的是空车。显然,在列车相同的操作条件下,不同载重的铁路货车要产生基本相同的制动效果,其制动力需要随装载质量的大小调整,以防止重车(满载的铁路货车)制动力不足不能在规定的距离内停车,空车制动力过大擦伤车轮,这就是在铁路货车制动机中设置空重车调整装置的目的。

空重车调整装置按调整方式可分为"手动(人工)"、"自动";按制动力调整的范围可分为"二级"、"无级"。无级空重车调整装置可使铁路货车的制动力随载重无级别地变化,而二级空重车调整装置仅能使铁路货车的制动力分空车、重车两级变化。目前我国使用的空重车调整装置多为无级空重车自动调整装置。

8.2.2.1　性能要求

铁路货车空重车自动调整装置是由传感阀(称重阀)感受铁路货车在不同载重时转向架枕簧挠度的变化,并将该变化转换为气动控制信号,控制调整阀(限压阀或比例阀)调整制动缸压力,实现制动力随载重变化的目的。

空重车自动调整装置的性能,主要以铁路货车在不同载重状态下调整制动缸压力(即空重车自动调整装置的输出压力)的能力来评价。理想的空重车自动调整装置,其性能应使铁路货车在不同载重状态下的制动率趋于恒定。因为,由于转向架枕簧的挠度变化的动态非线性、气动伺服控制的滞后性和机械结构的误差等因素影响,所以,以机械构成的空重车自动调整装置要实现铁路货车在不同载重状态下的制动率趋于恒定的目标非常困难。为满足使用要求,空重车自动调整装置应具备以下基本性能。

1. 空重比

空重比是衡量空重车自动调整装置调整能力的关键指标,其数值等于实施常用全制动或紧急制动时,空重车自动调整装置重车输出压力与空车输出压力的比值。空重比一般根据制动率要求和空重车自动调整装置的结构来确定并保证。对空重车自动调整装置控制重车制动力能力的基本要求是:在铁路货车满载(达到设计的最大装载质量)时,能在规定的制动初速(最高运营速度)条件下实施紧急制动时,按规定的制动距离安全停车。理论上,空车制动率的理想值等于重车制动率,才不会因空车、重车混编产生纵向动力。

2. 调整精度

空重车自动调整装置的调整精度为实际输出压力与理想输出压力的差值。调整精度是评价空重车自动调整装置性能的又一重要指标。机械结构的空重车自动调整装置在全调整范围内的调整精度为±20 kPa～±40 kPa。

3. 黏着校验

当空重车自动调整装置的空重比确定后,必须按 600 kPa 定压进行空、重车状态下的黏着利用率校核。铁路货车未装备防滑器时,空车、重车的黏着利用率均不得大于 100%。当重车黏着利用率大于 100%时,应减小重车制动率;当空车黏着利用率大于 100%时,应增大空重比以降低空车压力。

8.2.2.2　KZW-A 型空重车自动调整装置性能评价

空重车的性能评定,在空重车微机试验台上对传感阀及限压阀的试验检测。空重车微机试验台上的气路原理如图 8-14 所示。

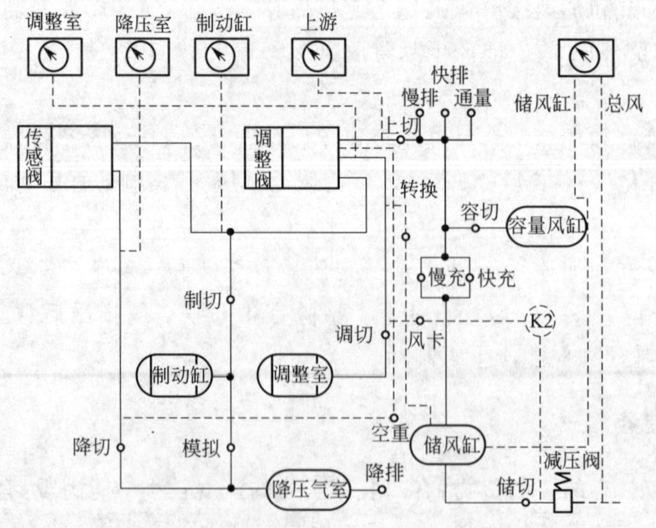

图 8-14　空重车微机试验台上的气路原理图

1. 传感阀性能评定方法

在调整阀安装座上安装盲板,开通 K2 夹紧盲板。在传感阀安装座上安装传感阀,开通 K1 夹紧传感阀。

(1)空车位小减压量试验

①开通 1,待副风缸压力充至定压后,关断 1。

②调整挡块 D 至空车位(h=6 mm),开通 12、9、3、14、15、2,待制动缸压力充至 40 kPa 后,关断 12。

③待制动缸压力稳定后,触杆应触及挡块 D。

④开通 10,制动缸压力和降压风缸压力应降至 0。

(2)空车位试验

①调整挡块 D 至空车位(h=6 mm),开通 1,待副风缸压力充至定压后,关断 1,确认开通 9、3、14、15、2。

②关断 10,开通 12、13,待副风缸降至 360 kPa 后,关断 12、13。

③待各风缸压力稳定后关断 2、3,传感器Ⅱ显示压力应为:

C-A:(140±15) kPa

C-4GA、KZW-4GC:(160±10) kPa

C-4:(160±10) kPa

④保压 60 s,传感器Ⅱ显示压力下降不大于 5 kPa。在各结合面周围涂防锈检漏剂进行检查,无漏泄。

⑤开通 10、2、3,制动缸压力和降压风缸压力在 30 s 内降至 0。

(3)半重车位试验

①调整挡块 D 至半重车位(C-A21、C-4GA、C-4,h=15 mm;C-A27、C-4GC,h=21 mm),开通 1,待副风缸压力充至定压后,关断 1,确认开通 9、3、14、15、2。

②关断 10,开通 12、13,待副风缸降至 360 kPa 后,关断 12、13。

③待各风缸压力稳定后关断 2、3,传感器Ⅱ显示压力应为:

C-A:(230±40) kPa(检修);(230±30)kPa(新造)

C-4GA:(240±40) kPa

C-4GC:(220±40) kPa

C-4:(240±40) kPa

④保压 60 s,传感器Ⅱ显示压力下降不大于 5 kPa。在各结合面周围涂防锈检漏剂进行检查,无漏泄。

⑤开通 10、2、3,制动缸压力和降压风缸压力在 30 s 内降至 0。

(4)重车位试验

①调整挡块 D 至重车位(C-A21、C-4GA、C-4,h=27 mm;C-A27、C-4GC,h=33 mm),开通 1,待副风缸压力充至定压后,关断 1,确认开通 9、3、14、15、2。

②关断 10,开通 13,待副风缸压力降至 360 kPa 后,关断 13。

③待各风缸压力稳定后关断 2、3,传感器Ⅱ显示压力应为(360±10) kPa,降压风缸压力应为 0。

④保压 60 s,传感器Ⅱ显示压力下降不大于 5 kPa。在各结合面周围涂防锈检漏剂进行检查,无漏泄。

⑤开通 10、2、3,制动缸压力在 30 s 内降至 0。

试验完毕,排空各部压力空气。关断 K1,卸下传感阀,关断全部开关。

2. 调整阀性能评定方法

在调整阀安装座上安装调整阀,开通 K2 夹紧调整阀。在传感阀安装座上安装盲板,开通 K1 夹紧盲板。

(1)空车位试验

①开通 1,待副风缸压力充至定压后,关断 1。

②开通 13、3、7、2。当制动缸与降压气室压力差小于 20 kPa 时,关断 7,当制动缸与降压气室压力差大于 24 kPa 时,开通 7,待制动缸压力稳定后关断 7、13、2、3,传感器Ⅱ显示压力应为:

X-A:(140±15) kPa

T-4GA、T-4GC:(160±10) kPa

B-4:(160±10) kPa

③保压 60 s,传感器Ⅱ显示压力下降不大于 5 kPa。在各结合面周围涂防锈检漏剂进行检查,不允许

漏泄。

④开通 7、10、2、3，制动缸压力在 15 s 内降至 40 kPa，开通 5，降压风缸排空，制动缸降至 0。

(2)半重车位试验

①开通 1，待副风缸压力充至定压后，关断 1，确认开通 2、3、7、5、10。

②关断 5、10，开通 13。当制动缸与降压气室压力差小于 142 kPa 时关断 7，当制动缸与降压气室压力差大于 143 kPa 时开通 7，待制动缸压力稳定后关断 7、13、2、3，传感器Ⅱ显示压力应为：

X-A：(230±40) kPa(检修)；(230±30) kPa(新造)

T-4GA、T-4GC：(240±40) kPa

B-4：(240±40) kPa

③保压 60 s，传感器Ⅱ显示压力下降不大于 5 kPa。在各结合面周围涂防锈检漏剂进行检查，不允许漏泄。

④开通 7、10、2、3，制动缸压力在 15 s 内降至 40 kPa，开通 5，降压风缸排空，制动缸降至 0。

(3)重车位试验

①开通 1，待副风缸压力充至定压后，关断 1，确认开通 2、3、5、10。

②关断 5、10，开通 13。待制动缸压力稳定后关断 13、2、3，传感器Ⅱ显示压力应为(360±10) kPa，降压风缸压力应为 0。

③保压 60 s，传感器Ⅱ显示压力下降不大于 5 kPa。在各结合面周围涂防锈检漏剂进行检查，无漏泄。

④开通 10，制动缸压力在 20 s 内降至 0。

试验完毕，排空各部压力空气。关断 K2，卸下调整阀，关断全部开关。

8.2.3 制动缸

制动缸是将压缩空气转换为制动力的执行部件。在空气制动系统中，制动缸如果失效，会造成制动力丧失，因此制动缸被列为与控制阀、空重车调整装置同等重要的 A 类制动部件，准确地评价其综合性能有非常重要的意义。

8.2.3.1 性能要求

制动缸是压力工作部件，其基本性能要求是具有足够的耐压性能和工作效能，可通过以下指标对其性能进行评价。

1. 耐压性能

耐压性能是制动缸承受压力而不损坏的能力。铁路货车用制动缸在整个寿命周期内能长时间承受而不损坏的工作压力为 450 kPa。制动缸在较短时间内能承受的最大工作压力为 600 kPa。为快速验证制动缸耐压性能而规定的试验压力称为最高试验压力。为保证使用安全，制动缸耐压试验采用水压试验的方式进行检验，试验压力为 1 MPa，保压时间为 3 min。

2. 疲劳要求

制动缸主要由 Y 形橡胶密封圈、弹簧、缸体等部分组成，而且缸座长期承受活塞推力所产生的周期性载荷作用。因而，在长期周期性载荷作用下，制动缸座的焊缝易产生开裂、缸体变形，影响使用。在整个寿命周期内，对制动缸疲劳可靠性的评价显得尤为重要。

3. 气密性要求

制动缸是空气制动系统中产生制动源动力的装置，同时也是一个密封的压力容器。在一定压力空气作用下，密封性能是它的重要评价指标。制动缸密封性差，在制动作用时，压力空气泄露，制动缸活塞推力减小，铁路货车制动力减弱，影响运输运输安全。

8.2.3.2 旋压密封式制动缸性能评价

制动缸的性能评定，主要是依据《关于全面提升铁路货车设计制造质量工作安排的通知》的规定和旋压密封式制动缸技术条件进行疲劳试验，按照《关于公布车辆旋压密封式制动缸技术条件和转发技术审查意见的通知》及参照 TB/T 2838—1997《铁道车辆用非密封式铸造制动缸技术条件》进行低温试验。性能评定的内容及方法如下：

1. 水压试验

缸体组成后进行 1000 kPa 水压试验，保压 3 min，不得产生塑性变形、裂纹及漏泄现象。

2. 疲劳试验

疲劳试验台原理如图 8-15 所示。总风从三位两通电磁阀进入，由控制及计数设备自动控制制动缸的充排气，调压阀控制制动缸的压力值，在试验过程中，折角塞门 3 和排风塞门 4 用来检测制动缸的的气密性，排风塞门可接压力表，也可做缓慢排气检测用。

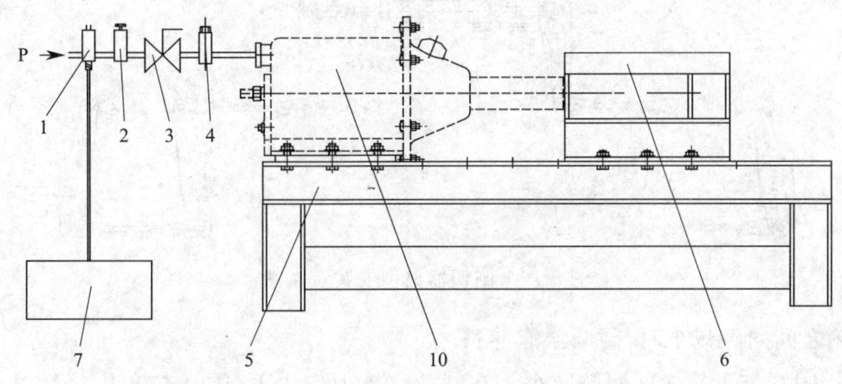

图 8-15　试验台原理图

1—三位两通电磁阀；2—调压阀；3—折角塞门；4—排风塞门；

5—试验台架；6—受压台架；7—控制及计数设备；10—制动缸

疲劳试验时，向制动缸充入 360 kPa 压力空气，制动缸活塞伸出 160 mm。经过 25 万次疲劳试验后，制动缸气密性良好，活塞运动平稳，制动缸各焊接部件无裂纹。拆解后检查，缸体内无划痕，缓解弹簧高度没有变化，Y 形圈弹性良好，活塞无裂纹，润滑套内有油脂，但不湿润。

3. 低温试验

在常温、低温（−50 ℃恒温 48 h）下 600 kPa、500 kPa、360 kPa、180 kPa 气密性试验，检验活塞动作性能。详见表 8-4。

表 8-4　活塞气密性试验要求

序号	检查项目	技术要求（低温检验）
1	600 kPa 气密性试验	向制动缸充入 600 kPa 压力的压缩空气，稳定后保压 3 min 测定泄漏量，泄漏量≤10 kPa/min
2	500 kPa 气密性试验	向制动缸充入 500 kPa 压力的压缩空气，稳定后保压 3 min 测定泄漏量，泄漏量≤10 kPa/min
3	360 kPa 气密性试验	向制动缸充入 360 kPa 压力的压缩空气，稳定后保压 3 min 测定泄漏量，泄漏量≤10 kPa/min
4	180 kPa 气密性试验	向制动缸充入 180 kPa 压力的压缩空气，稳定后保压 3 min 测定泄漏量，泄漏量≤10 kPa/min
5	活塞动作性能	制动缸在充风或排风过程中，活塞运动应平稳

8.2.4 闸调器

铁路货车在运用过程中，由于闸瓦、车轮等零部件的磨耗，制动缸活塞行程逐渐伸长，会导致制动力下降，制动距离延长。反之，若活塞行程太短，闸瓦容易贴靠车轮，制动力偏高，造成车轮擦伤，因而需保证闸瓦间隙或制动缸活塞行程保持一定范围内。自 1980 年起，我国开始研制能够自动调整闸瓦间隙的铁路货车用闸调器，1982 年通过了鉴定。闸瓦间隙调整器按照调整能力的不同主要有 ST1-600 型和 ST2-250 型两种。闸瓦间隙调整器经过试验台试验合格后才能装车使用，安装在铁路货车后再进行单车试验。

8.2.4.1 性能要求

闸瓦间隙调整器在拉力的作用下既能伸长又能缩短，可以调整制动缸活塞行程在一定范围内，防止制动缸活塞行程随着车轮及闸瓦磨耗而伸长，降低制动能力。闸调器在铁路货车上的安装方式如图8-16所示，根据闸瓦间隙调整器在铁路货车上的使用要求，它的性能要求主要有以下两方面：

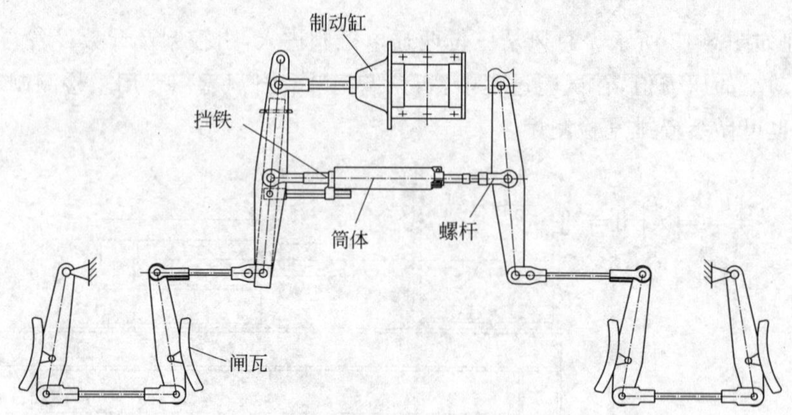

图8-16 闸调器典型安装示意图

1. 闸瓦与车轮之间间隙减小时，闸调器能伸长

更换新瓦后时，闸瓦与车轮之间间隙减小。在制动缸推力作用下，闸瓦与车轮接触时，但闸调器挡铁与筒体仍未接触，筒体在拉力作用下旋转移动，闸调器螺杆工作长度伸长，制动缸活塞行程随之伸长，达到调整间隙的作用。

2. 闸瓦与车轮之间间隙增大时，闸调器能缩短

闸瓦磨耗后，闸瓦与车轮之间间隙增大。在制动缸推力作用下，闸瓦与车轮接触前，闸调器挡铁与筒体已接触，挡铁推动筒体移动，使闸调器螺杆伸入筒体内，闸调器螺杆工作长度缩短，制动缸活塞行程也随之缩短，达到调整间隙的作用。

8.2.4.2 ST2-250型闸调器性能评价

闸瓦间隙调整器经过试验台试验合格后才能装车使用。闸调器性能试验早期由手动试验台完成，目前已经全部改为微控试验台，如图8-17所示。闸调器微控试验台主要由工控机、光栅测量尺及机械、气动台架组成，可同时适用于ST1-600型、ST2-250型闸调器的试验，该试验台采用双坐标光栅数显系统，实现了制动缸活塞行程和闸调器螺杆的高精度测量。试验台采用了先进的微机控制技术和人工智能控制方式，实现了检测过程的自动化，降低了劳动强度，提高了工作效率。

闸瓦间隙调整器不仅要进行试验台试验，还要进行耐久试验。试验台试验属于常规性能试验，耐久试验属于闸瓦间隙调整器研制阶段的型式试验。

1. 试验台试验

(1)正常间隙稳定性试验

向制动缸充风至300 kPa，然后缓解，重复上述试验两次。制动缸活塞行程应该在(125±5) mm范围内，螺杆工作长度保持不变。

(2)螺杆全行程伸长试验

抬起试验台控制杆，每次加垫60 mm，共加垫4次，每加一次垫制动缓解两次。加垫制动后，闸调器筒体应转动；每次缓解后螺杆工作长度伸长量为(30±2) mm。

(3)螺杆全行程缩短试验

放下试验台控制杆，撤去所加垫片，制动缓解五次。第一次制动时制动缸活塞杆应伸长；第五次制动缓解后，螺杆工作长度应恢复到初始长度范围内。

(4)螺杆伸长试验

加 40 mm 垫片后制动缓解三次。第一次制动时，制动缸活塞行程应缩短，外筒体应旋转，缓解后螺杆工作长度应伸长(30±2) mm；最后一次制动时，制动缸活塞行程应恢复到初始范围内，缓解后螺杆工作长度应伸长(40±2) mm。

(5)灵敏度试验

每次加垫 10 mm，共加两次垫，每加一次垫制动缓解一次。每次制动缓解后螺杆应伸长(10±1) mm。每次减垫 10 mm，共减两次垫，每减一次垫制动缓解一次。每次制动缓解后螺杆应缩短(10±1) mm。

(6)螺杆缩短试验

减 40 mm 垫片后制动缓解两次。第一次制动时，制动缸活塞行程应伸长，缓解后螺杆工作长度应缩短(40±2) mm；第二次制动时，制动缸活塞行程应恢复到初始范围内，缓解后螺杆工作长度不变。

(7)手动调整试验

左右旋转筒体 1～2 圈，螺杆应能伸长或缩短，旋转扭矩不得大于 30 N·m。

2. 耐久试验

为检验闸瓦间隙调整器在设计寿命周期内的使用情况，在研制阶段对闸瓦间隙调整器进行耐用模拟试验就成为必要的试验项目。耐用性试验是衡量闸瓦间隙调整器制造质量水平和设计水平的一个重要方面。耐久试验是在耐久试验台上进行的。闸瓦间隙调整器耐久试验台主要由两部分组成的，一部分为机械设备部分；另一部分为电器控制部分。机械设备部分主要实现闸调器的机械动作。电气控制部分主要由电磁气动换向阀、可编程控制器 PLC、光电开关等组成。其工作原理如图 8-17 所示。

耐久试验时利用可编程控制器(PLC)控制制动缸充、排气，使制动缸产生制动和缓解作用。制动缸每制动、缓解一次，计数器计数一次。在耐久试验台上进行 10 万次循环试验，以检验闸瓦间隙调整器各部零部件的磨耗情况。试验结束后，分解闸瓦间隙调整器，检查内部各零件的使用情况，一次来评价闸瓦间隙调整器的使用寿命及检修周期。

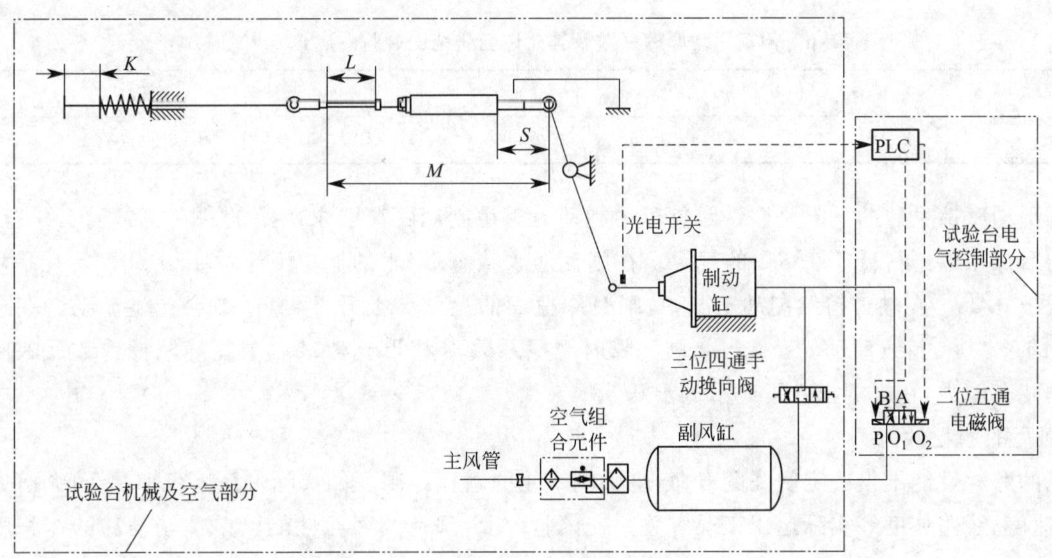

图 8-17　闸调器耐久试验原理图

8.2.5 闸　　瓦

闸瓦是基础制动系统的核心部件，承担着形成制动力、转换和消耗车辆动能的任务。随着铁路货车重载、提速的不断发展，新一代高摩擦系数合成闸瓦成为铁路货车的主型闸瓦。在铁路货车轴重大、编组长、速度高、制动距离短的极端运用条件下，新一代高摩擦系数合成闸瓦(以下简称高摩闸瓦或闸瓦)承担了更大的制动能量和更高的制动功率，技术难度和性能要求远高于在北美和欧洲铁路运用的高摩闸瓦。

8.2.5.1　性能要求

1. 闸瓦的制动摩擦性能

闸瓦的制动摩擦性能主要指制动时闸瓦的瞬时摩擦系数 φ_k、平均摩擦系数 φ_s、瞬时摩擦系数和平均摩擦系数的允许变化范围(上限和下限)以及静摩擦系数等。

闸瓦瞬时摩擦系数的上限是以铁路货车的制动力不超过轮轨黏着允许限度为依据确定的,闸瓦平均摩擦系数的下限是以铁路货车的制动力满足制动距离要求确定的。"一次停车"制动的闸瓦瞬时摩擦系数基准值按式(8-12)计算,允许变化范围应符合表 8-5 的要求。

$$\varphi_k = 0.43\,\frac{2v+120}{3v+120} \tag{8-12}$$

式中　v——瞬时速度,km/h。

闸瓦的平均摩擦系数 φ_s 不是瞬时摩擦系数 φ_k 的算术平均值,而是瞬时摩擦系数 φ_k 在制动距离 S_e 上的积分,即相对于制动距离的平均值,也叫做距离平均摩擦系数,如式(8-13)所示。它与制动初始速度 v_0 有关。闸瓦的平均摩擦系数基准值及其允许变化范围应符合表 8-6 的要求。

表 8-5　闸瓦瞬时摩擦系数及其允许变化范围(闸瓦推力 20 kN 时)

v(km/h)	0	10	20	30	40	50	60
φ_k	$0.43^{+0.07}_{-0.06}$	$0.406^{+0.07}_{-0.06}$	$0.389^{+0.07}_{-0.06}$	0.376 ± 0.06	0.366 ± 0.06	$0.358^{+0.05}_{-0.055}$	0.352 ± 0.05
v(km/h)	70	80	90	100	110	120	130
φ_k	0.346 ± 0.05	0.342 ± 0.05	0.338 ± 0.05	0.334 ± 0.05	0.331 ± 0.05	0.329 ± 0.05	0.326 ± 0.05

$$\varphi_s = \frac{1}{S_e}\int_0^{S_e}\varphi_k\,ds \tag{8-13}$$

式中　S_e——从闸瓦压力达到规定值的 95%时起到停车时为止累计的制动距离,m。

表 8-6　闸瓦平均摩擦系数及其允许变化范围(闸瓦推力 20 kN 时)

v_0(km/h)	35	55	75	95	105	125
φ_s	0.385 ± 0.05	0.375 ± 0.05	0.365 ± 0.04	0.355 ± 0.04	0.35 ± 0.04	0.34 ± 0.04

闸瓦平均摩擦系数的下限是以铁路货车的制动力满足制动距离要求确定的。在正常的工作范围内,闸瓦的平均摩擦系数不得低于表 8-6 的规定。在闸瓦遇水状态下(水的流量不超过 14 L/h),闸瓦平均摩擦系数不得低于 0.25。在坡道持续制动工况中,闸瓦摩擦面的温度会上升,摩擦系数会产生波动。在速度保持 40 km/h的条件下,持续制动 45 min 后,闸瓦瞬时摩擦系数不得低于 0.25。闸瓦静摩擦系数反映闸瓦在下坡道上的驻车能力,在规定条件下应不低于 0.38。

2. 闸瓦的磨耗性能

闸瓦的磨耗性能不仅决定闸瓦的寿命,也影响车轮的磨耗。闸瓦的实际寿命不仅取决于闸瓦的性能,也与车重、速度、线路坡度等实际运用工况有关。在试验台上,闸瓦的磨耗性能以单位制动功的体积磨耗量表征,即在一组不同条件的制动过程中,闸瓦体积的损耗与闸瓦转换和消耗的能量之比。我国规定,高摩闸瓦的磨耗量不应超过 1.5 cm^3/MJ。

3. 闸瓦的力学性能

闸瓦的力学性能是指闸瓦摩擦材料的力学性能,对闸瓦的使用性能有影响,但并没有直接的对应关系。闸瓦的力学性能包括摩擦材料的弹性模量(压缩模量或弯曲模量)、冲击强度、弯曲强度、压缩强度、拉伸强度等。在闸瓦的弯曲强度和拉伸强度中,可选择其一作为力学性能要求。因弯曲强度中包含了抗拉强度的影响,更符合闸瓦的实际运用工况,且弯曲强度试样的结构简单,尺寸容易控制,故宜优选弯曲强度作为力学性能要求。

弹性模量与闸瓦对车轮的热影响有关联。降低闸瓦的弹性模量,可以提高闸瓦与车轮踏面的贴合性,使车轮表面受热更均匀，温度更低，避免车轮因局部过热而形成热斑甚至是热裂纹。我国第一代高摩闸瓦的压缩模量要求不超过 1.5 GPa，新一代高摩闸瓦根据货车重载提速的要求调整为 1.3 GPa，闸瓦的实际值控制在 1.0 GPa 以下，可保证运用中不产生热斑等不良影响。

4. 闸瓦的物理性能

闸瓦的物理性能主要包括闸瓦摩擦材料的密度、丙酮可溶物、硬度等。闸瓦的物理性能取决于闸瓦配方和制造工艺方法。

闸瓦密度不反映闸瓦的使用性能，但批量生产的闸瓦的密度变化反映闸瓦的制造精度，即材料和工艺的稳定性。我国标准要求合成闸瓦密度的允许波动范围为公称密度的±5%。

丙酮可溶物反映合成闸瓦基体固化(或硫化)的程度，是控制合成闸瓦制造质量的技术指标。它与闸瓦的力学性能没有直接的关系。采用不同配方和工艺方法的闸瓦的丙酮可溶物含量是不同的，一般应小于 3%。

闸瓦硬度是指闸瓦摩擦材料基体的宏观硬度。在满足闸瓦弹性模量要求的前提下提高闸瓦的硬度，有利于提高闸瓦的综合性能。我国高摩闸瓦的硬度采用 R 和 X 两种标尺，要求闸瓦的洛氏硬度不低于 30 HRX，不大于 100 HRR。

5. 摩擦体与瓦背粘结性能

闸瓦摩擦材料以闸瓦钢背为依托，依靠钢背胶或粘接层材料与瓦背粘结在一起。瓦背上的抓料孔和抓料爪仅起增强粘结效果的辅助作用。闸瓦摩擦体与瓦背粘结强度影响闸瓦的使用效果和寿命。

闸瓦摩擦体与瓦背粘结强度应不小于 1.2 MPa。

8.2.5.2 评价方法

1. 闸瓦制动摩擦性能评价方法

闸瓦的制动摩擦性能可以通过试验台试验、单车溜放或列车制动试验获得。单车溜放试验和列车制动试验均属于综合性试验，其结果受制动系统的性能及其他多种因素影响，通常难以准确反映闸瓦的摩擦性能。因此，准确的闸瓦制动摩擦性能应在 1∶1 制动动力试验台(图8-18)上，通过各种工况和程序的制动试验得到。

图 8-18 1∶1 制动动力试验台

1∶1 制动动力试验台是评价闸瓦性能的主要手段。它以飞轮的转动能量模拟铁路货车的平动能量，以一个实物车轮和与之配合的实物闸瓦组成的摩擦副为试验对象。该摩擦副承受的能量与铁路货车分摊到一个车轮上的能量相等，车轮线速度与铁路货车的运行速度相等，闸瓦压力(制动率)与铁路货车的实际闸瓦压力(制动率)相等。因此，1∶1 制动动力试验台试验可真实、准确地反映闸瓦在实际铁路货车上的摩擦磨耗特性，以及闸瓦在实际制动条件下对车轮的不良影响，制动噪声和制动火花等不良现象。

闸瓦制动摩擦特性与车重、速度、闸瓦压力(制动率)有关，因此试验时按应实际车重、轮径调整制动能量，然后按不同的闸瓦压力、不同的制动初始速度和一定的速度顺序进行试验。不仅要进行干燥状态的制动试验，还要进行闸瓦遇水时的制动试验。既要按上述工况进行各种“一次停车”制动的试验，还要进行坡道持续制动试验和静摩擦系数的测试。在上述各种工况的试验完成后，即可按照闸瓦摩擦性能的要求评价闸瓦的瞬时摩擦系数、平均摩擦系数、静摩擦系数等摩擦性能。

2. 闸瓦磨耗性能评价方法

闸瓦的磨耗性能是在 1∶1 制动动力试验台测试闸瓦制动摩擦性能的同时得到。测量试验前后闸瓦的重量变化，按下式计算闸瓦的磨耗率。

$$W=\frac{W_1-W_2}{\rho \cdot A} \tag{8-14}$$

式中 W——闸瓦磨耗率，即单位制动能量的闸瓦体积磨耗量，cm^3/MJ；

W_1——闸瓦磨合后，规定的试验开始前的闸瓦质量，g；

W_2——常温干燥状态，规定的试验完成后的闸瓦质量，g；

A——常温干燥状态，规定的一组制动试验的总制动功，MJ；

r——闸瓦摩擦材料的密度，g/cm^3。

闸瓦的磨耗率反映闸瓦的耐磨性，决定闸瓦的使用寿命，应不低于规定的下限。

闸瓦的寿命通过线路运用考验或现车可靠性试验确定。闸瓦的寿命长短与货车周转量(含货车自重)或货车运用里程有关。2003—2006 年，进行了货车 120 km/h(环行线)可靠性试验。通过对试验研究结果确定闸瓦的使用限度为剩余厚度 14 mm，并确定闸瓦的安全运用限度为 22 mm。

3. 闸瓦力学性能评价方法

闸瓦的压缩强度和压缩模量、弯曲强度和弯曲模量、拉伸性能等力学性能分别按 GB/T 1041—2008《塑料压缩性能的确定》、GB/T 9341—2008《塑料弯曲性能的确定》和 GB/T 1040.4—2006《塑料拉伸性能的确定》规定的方法，在万能材料试验机上测试。采用弯曲性能作为评价指标。

闸瓦的冲击强度按 GB/T 1043.1—2008《塑料-简支梁冲击性能的测定第 1 部分-非仪器化冲击试验》规定的方法，在塑料简支梁冲击试验用摆锤冲击试验机上进行。试样为非标准试样，应符合表 8-7 的规定。

受闸瓦结构尺寸的制约，闸瓦力学性能试样不能采用国家标准中规定的标准试样，而应采用表 8-7 规定的试样。各项力学性能试样均应在闸瓦本体上制取，取样部位应符合图 8-19 的规定。

表 8-7　物理力学试验用试样的尺寸

试验项目	试样尺寸要求(长×宽×高或厚)	试样数量	试　样　要　求
冲击强度	(120±2) mm×(15±0.5) mm×(10±0.5) mm	5	试样长度方向与闸瓦长度方向一致，无缺口
压缩强度	(10.4±0.2) mm×(10.4±0.2) mm×(25±0.5) mm	5	1. 试样高度方向与闸瓦厚度方向一致 2. 高度方向两端面平行度：≤0.02 mm
压缩模量	(10.4±0.2) mm×(10.4±0.2) mm×(25±0.5) mm	5	
弯曲强度	(120±2) mm×(15±0.5) mm×(10±0.5) mm	5	试样长度、宽度和厚度方向分别与闸瓦的长度、宽度和厚度方向一致

各项力学性能试样的数量均为每组不少于 5 个，取每组 5 个试样试验结果的平均值作为各项力学性能试验结果。

4. 闸瓦物理性能评价方法

闸瓦摩擦材料的密度采用 GB/T 1033.1—2008《塑料-非泡沫塑料密度的测定第 1 部分-浸渍法、液体比重瓶法和滴定法》中规定的浸渍法确定。试样尺寸约为 10 mm×10 mm×10 mm。试验时，蒸馏水的温度应控制在(23±2) ℃，悬挂试样的金属丝直径不超过 0.5 mm，重量不超过试样的 0.05%。用细金属丝或添加浓度不超过 0.1%的清洁剂去除附着在试样上的气泡。试样浸入水中后，应在 1 min 内完成称重。每组密度试样的数量不少于 3 个，取其平均值作为密度测试结果。

闸瓦摩擦材料的丙酮可溶物按 GB/T 4617—2009《塑料-酚醛模塑制品丙酮可溶物的测定》规定的方法测定。试样从闸瓦本体上制取，质量≈3 g，粒度在 0.25～0.425 mm 范围内。

闸瓦摩擦材料的硬度按 GB/T3398.2—2008《塑料硬度测定第 2 部分——洛氏硬度》规定的方法，在塑

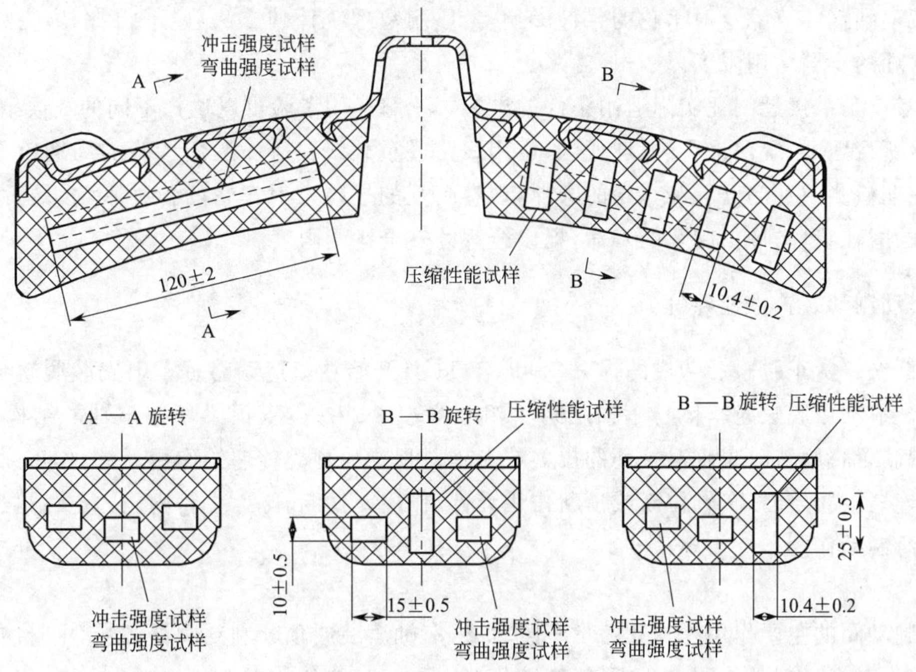

图 8-19 力学性能试验取样部位

料洛氏硬度计上测定。硬度值大于 HRX100 的材料,选用标准的 R 标尺。硬度值小于 HRR30 的材料,采用国际通行的非标准的 X 标尺,即,试验用压头采用直径为(19±0.015) mm、维氏硬度不小于 7 MN/mm² 的抛光钢球,试验载荷同 R 标尺。硬度试验在闸瓦侧面进行,试验部位如图 8-20 所示。

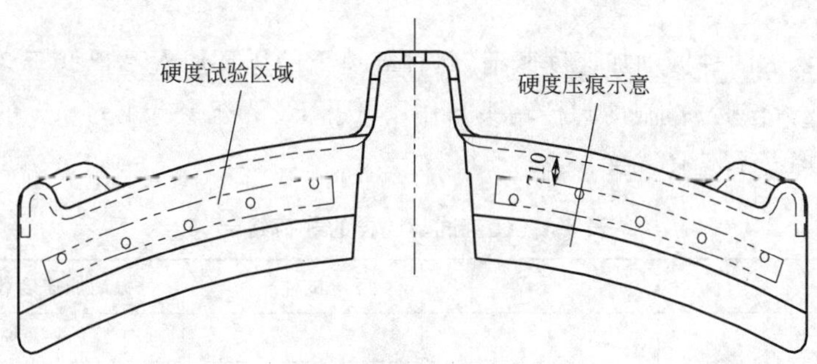

图 8-20 硬度试验部位

5. 摩擦体与瓦背粘结性能评价方法

摩擦体与瓦背粘结性能试验可在图 8-21 所示的试验装置上进行。试样在闸瓦两侧四个抓料孔中部制取。摩擦体与瓦背粘结强度是衡量摩擦材料与瓦背的粘结效果的技术指标,不仅反映钢背胶或粘结层材料的品质和效果,也反应闸瓦的制造质量。

6. 闸瓦综合性能评价方法

闸瓦综合性能评价依据单车溜放试验、列车制动试验、现车可靠性试验或线路运用考验结果进行。单车溜放试验和列车制动试验的试验结果是制动系统性能的综合反映,仅适用于不同闸瓦制动摩擦性能的比较或闸瓦摩擦性能的验证,也可以考察闸瓦是否会在车轮上产生热斑等不良现象。

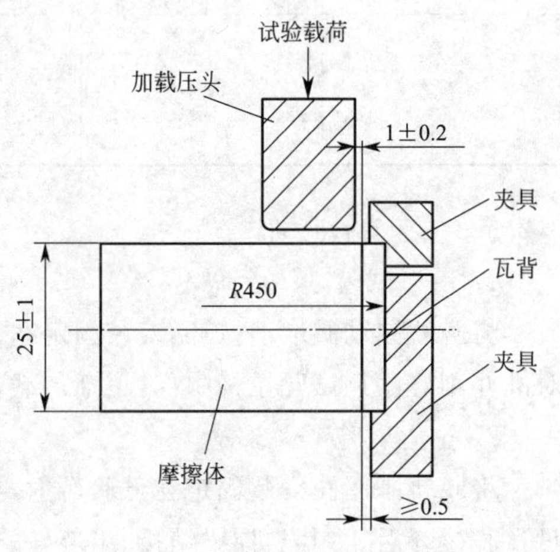

图 8-21 瓦背与摩擦体粘结剪切强度试验装置示意图

现车可靠性试验需要的试验周期和试验成本较高。试验期间,一定数量的、各种试验工况的制动试验可以反映闸瓦的磨耗性能以及闸瓦的故障类型、失效形式、对车轮的不良影响等综合性能。试验期间,应定期检测闸瓦的磨耗和车轮的磨耗,观察闸瓦的故障及对车轮的各种影响,最后用数理统计的方法分析闸瓦的磨耗特性,评估闸瓦的寿命,提出合理的安全运用限度。

线路运用考验是最接近闸瓦实际运用条件的试验。线路运用考验可以选择不同的气候条件和线路坡度区段进行,包括寒冷地区、湿热地区、高坡地区、通用线路或重载线路等。运用考验的周期应不少于6个月。试验期间,应定期检测闸瓦的磨耗和车轮的磨耗,观察闸瓦的故障及对车轮的各种影响,最后用数理统计的方法分析闸瓦的磨耗特性,评估闸瓦的寿命,提出合理的安全运用限度。

8.2.6 脱轨自动制动装置性能评价

为有效降低铁路货车脱轨后造成的损失,2005年11月开始在新造铁路货车上安装脱轨自动制动装置。脱轨自动制动装置利用脱轨时车体与车轴之间的相对位移,采用拉环、顶梁环抱车轴的结构来探测脱轨信号,并通过机械装置将脱轨时车轴对拉环的拉力或车轴对顶梁的顶力传递给作用元件,作用元件通过支管和三通与主风管连通。脱轨时,车轴拉断或顶断作用元件,作用元件断开后,主管内压力空气迅速排向大气,列车立即发生紧急制动作用。

8.2.6.1 性能要求

脱轨自动制动阀的主要作用是当铁路货车脱轨时,车轴压断或顶断制动阀杆,制动主管内的压缩空气快速排出,使铁路货车产生制动作用,减少脱轨铁路货车对线路和装备的损失。

1. 制动阀杆的拉断力

脱轨制动阀的拉断力应在12～20 kN之间。

2. 制动阀杆的顶断力

脱轨制动阀的顶断力应在12～20 kN之间。

3. 疲劳性能

脱轨制动阀要分别承受两种振动加速度载荷,每种载荷下的循环周次不得低于300万次,具体工况组合见表8-8。脱轨制动阀疲劳试验后,制动阀杆端头与作用杆孔上、下至少有1.0 mm的间隙,其他周边应有间隙,制动阀杆、弹片及各焊缝不应有裂纹。

表8-8 疲劳试验试样的载荷组合

试验工况	频率	振幅	试样	振动加速度载荷	循环周次(万次)
工况一	9 Hz	±5 mm	1	垂向1.1g+横向1.1g	300
			2	垂向1.6g	
			3	垂向1.1g+纵向1.1g	
工况二	9 Hz	±5 mm	1	垂向1.6g	300
			2	垂向1.1g+纵向1.1g	
			3	垂向1.1g+横向1.1g	

8.2.6.2 可靠性评价

1. 顶力试验

将脱轨制动阀取消拉环,安装固定在试验台上。将试验顶杆安装在顶梁上,如图8-22所示,使加载装置对准并刚好贴靠试验拉杆中部,逐渐加载,直至制动阀杆断开。

2. 拉力试验

将脱轨制动阀安装固定在试验台上,拆下试验顶杆,更换为试验拉环,并将其紧固。脱轨制动阀拉环穿过试验拉环后,将其与顶梁销接,组装好的脱轨制动阀安装紧固在试验用安装座上,如图8-23所示,试验用作动器与试验用拉环连接,作动器逐渐加载直至制动阀杆被拉断。

3. 疲劳试验

将脱轨制动阀疲劳试验用工装直接安装在疲劳试验台上,并将工装与作动器紧固在一起。按图8-24(a)

将 3 个脱轨阀试件安装紧固在脱轨制动阀疲劳试验用工装上，此时，倾斜安装的受试脱轨制动阀应与水平方向成 45°角，要求调节杆往下旋至刚好能销接为止，并将各紧固件安装到位，开口销劈开角度不小于 60°。以 9 Hz 试验频率、±5 mm 的振幅进行疲劳试验，循环周次不小于 300 万次。达到预定循环周次后，将试件 1 和试件 2 交换位置，并将试样 2 的拉环旋转 90°，试件 3 位置不变，但将拉环旋转 90°，如图 8-24(b)。同样以 9 Hz 试验频率、±5 mm 的振幅进行疲劳试验，循环周次不小于 300 万次。

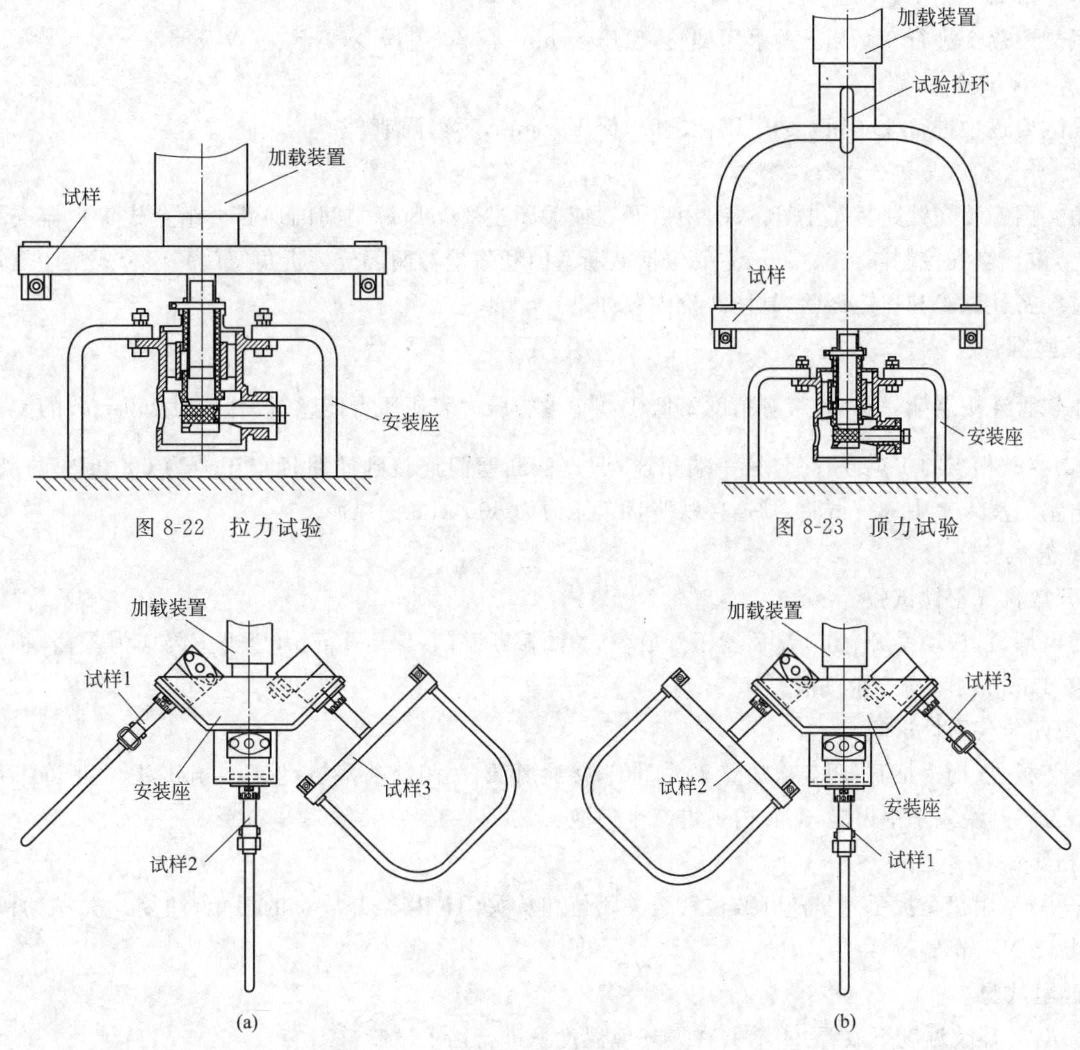

图 8-22 拉力试验

图 8-23 顶力试验

图 8-24 脱轨自动制动阀疲劳试验示意图

8.2.7 管路附件

8.2.7.1 编织制动软管总成

编织制动软管总成主要用于相邻铁路货车制动主管的连接，能在列车通过曲线或铁路货车之间距离发生变化时，进行柔性变化，不影响制动主管内的压缩空气流动，主要由制动软管、连接器及接头等组成。编织制动软管总成经过过球试验、强度试验、气密性试验，进行可靠性评估。具体评价内容如下：

1. 过球试验

水平放置编织制动软管总成，将 Sϕ25.4 mm 的金属球放在软管连接器的一端，倾斜软管连接器总成，金属球应能通过另一端。

2. 强度试验

软管连接器总成按 900 kPa 水压进行强度试验，保压 2 min 后，不产生漏泄，橡胶软管直径膨胀不能超过 6 mm。

3. 气密性试验

制动软管连接器总成应按 600 kPa 压力进行气密性试验,保压 5 min 不漏泄。

8.2.7.2 储风缸

储风缸是铁路货车制动系统压力空气贮存容器。充风时,将压力空气贮存;制动时,将压力空气充入制动缸产生制动作用。储风缸要逐个进行水压试验和气密性试验,具体评价内容如下:

1. 水压试验

储风缸要逐个进行 900 kPa 的水压试验,保压 5 min,不得产生永久变形、裂纹及漏泄。

2. 气密性试验

储风缸要逐个进行 600 kPa 的气密性试验,保压 5 min,不得漏泄。

8.2.7.3 折角塞门与组合式集尘器

折角塞门安装在铁路货车主管两端,用以开通或关闭主管与风源之间的通路。组合式集尘器安装在制动支管上,位于空气控制阀的入口处,主要包括截断塞门和集尘器两部分。折角塞门和组合式集尘器性能评价要经过气密性试验和扭矩试验,具体评价内容如下:

1. 试验准备

堵住软管连接器端,用一根带有精度不低于 0.4 级的压力表或压力传感器、总长为 350 mm 的 $1\frac{1}{4}$ 英寸管(或与之容积相当的 1 英寸管)与另一端相连,通过截断塞门连接到铁路货车压力为 600 kPa 的风源上。若将折角塞门浸入水中进行试验,则连接铁路货车压力为 600 kPa 的风源。

2. 室温试验

(1)开放位气密性试验

接通风源后,扳动手开、闭 3 次后置于开放位,关闭截断塞门,保压 1 min,压力下降应为零;若将其浸入水中试验,1 min 内不得产生气泡。

(2)关闭位气密性试验

卸下堵板,扳动手把开、闭 3 次后置于关闭位,接通风源,关闭截断塞门,保压 1 min,压力下降不得大于 3.5 kPa;若将其浸入水中试验,30 s 内不得产生气泡。

(3)扭矩试验

卸下手把,用扭矩扳手测量从开放位移至关闭位和从关闭位移至开放位的扭矩,往复 3 次,施加的扭矩不得超过 15 N·m。

3. 低温试验

在−50 ℃环境温度下放置 24 h,并在该环境温度下进行以下试验。

(1)开放位气密性试验

接通风源后,扳动手开、闭 3 次后置于开放位,关闭截断塞门,保压 1 min,压力下降不得大于 3.5 kPa。

(2)关闭位气密性试验

卸下堵板,扳动手把开、闭 3 次后置于关闭位,接通风源,关闭截断塞门,保压 1 min,压力下降不得大于 7 kPa。

(3)扭矩试验

卸下手把,用扭矩扳手测量从开放位移至关闭位和从关闭位移至开放位的扭矩,往复 3 次,施加的扭矩值不得超过 20 N·m。

参考文献

[1] 饶忠. 列车制动[M]. 北京:中国铁道出版社,1998.

[2] 夏寅荪,吴培元. 120 型空气制动机[M]. 北京:中国铁道出版社,2006.

[3] AAR S-401 货车制动机基本设计数据[S].

[4] 郑华,吴智强. 选用橡胶低温试验方法 保证机车车辆橡胶制品的可靠性[J]. 铁道机车车辆,2005,25(5).

9 铁路货车配件评价技术

前面各章已经从强度、动力学方面对铁路货车性能评价进行了分类介绍，但是强度和动力学并不能覆盖铁路货车性能评价技术的全部内容。为了实现铁路货车的功能和性能，铁路货车中还设置了各种功能元件和特性元件，从部件的角度来说，有实现承载和走行功能的转向架，实现装载功能的车体，实现牵引功能的车钩缓冲装置，还有近年来在铁路货车中逐步推广应用的非金属特性元件，可以实现一些比较特殊的刚度特性和阻尼特性，来保证重载和提速对铁路货车性能的要求。铁路货车的性能评价也包括对这些具有特定功能的零部件进行性能评价。

本章对包括转向架、车钩、缓冲器和非金属件在内的一些专用评价技术进行介绍。

9.1 转向架配件

9.1.1 弹簧试验评价

铁路货车在轨道上运行时，将伴随产生复杂的振动现象。为了减少有害的铁路货车冲动，铁路货车必须设有缓和冲动和衰减振动的装置，即弹簧减振装置。铁路货车弹簧减振装置的弹性元件一般采用圆柱形螺旋弹簧。图 9-1是铸钢三大件式铁路货车转向架变摩擦弹簧减振装置示意图。

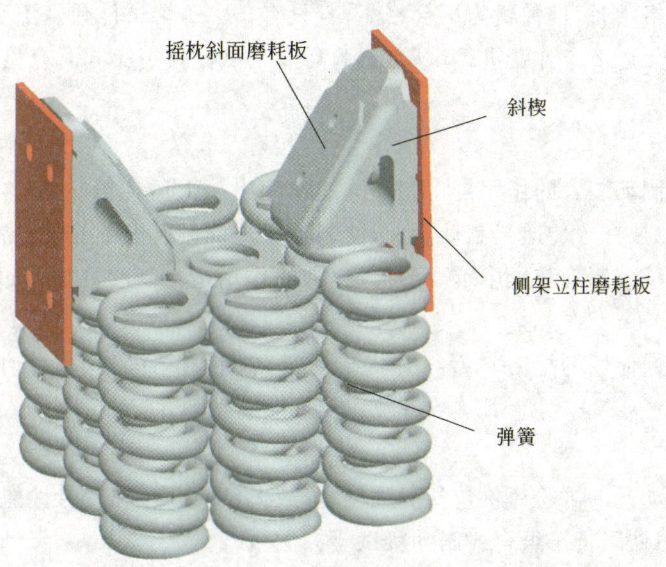

图 9-1 变摩擦弹簧减振装置

对圆柱形螺旋弹簧的试验评价包括弹簧在工作负荷下的挠度、极限负荷下的永久变形和疲劳性能三方面内容。

对圆柱形螺旋弹簧的试验评价按照铁路货车转向架圆柱螺旋弹簧技术条件和 TB/T 2211《机车车辆圆柱螺旋弹簧疲劳试验》进行。

1. 工作负荷下的挠度试验

对弹簧进行工作负荷下挠度试验的目的是测试弹簧的刚度，验证弹簧的实际刚度特性是否符合要求。为了便于操作，实际试验时采用测试弹簧在工作负荷下的挠度的方式进行，刚度值则可通过负荷和挠度计算得出。

按铁路货车转向架圆柱螺旋弹簧技术条件的要求，被试件弹簧实际挠度与计算挠度之差应符合图样规定；图样未规定时，按下列规定执行：

(1)挠度≥20 mm 时，实际挠度与计算挠度之差不超过±8%；

(2)挠度<20 mm 时，实际挠度与计算挠度之差为$^{+2.5\ \mathrm{mm}}_{-1.5\ \mathrm{mm}}$。

弹簧工作负荷下的挠度试验按每批数量的 3%(但不少于 3 件)抽检。当试验不合格时，须加倍取样复检，复检仍不合格应全检。

2. 极限负荷下的永久变形试验

弹簧应按照图样规定的极限负荷压缩不少于 3 次，进行 3 次压缩以后，再压缩后的高度变化量不得大于弹簧自由高的 0.25%。

制造单位应对弹簧逐个进行永久变形试验，但交货验收时可按 3%(但不少于 3 件)抽检。当抽检试验不合格时，须加倍取样复检，复检仍不合格应全检。

3. 疲劳试验

按照 TB/T 2211《机车车辆圆柱螺旋弹簧疲劳试验》的规定，弹簧疲劳试验机及承担弹簧疲劳试验的疲劳试验室必须经过国家计量检定部门检定并认证为合格者，方可进行试验。疲劳试验应在(20±10) ℃的室温环境中进行。试验时，试件弹簧上下面应设有专用支座，以保证在试验中弹簧的中心线与试验机载荷的中心线一致。弹簧试验频率为 1～6 Hz，按铁路货车转向架圆柱螺旋弹簧技术条件的规定，弹簧的疲劳试验循环次数不少于 300 万次，试验后弹簧不得出现疲劳裂纹和折断。

弹簧疲劳试验的负荷为 $P_j \pm K \cdot P_j$，其中 P_j 为弹簧垂直工作静载荷；K 为弹簧的动荷系数，货车转向架 $K=0.4$。

应从同批弹簧中任选 3 个作为试样进行疲劳试验，3 个试件弹簧必须同时合格，该批弹簧才为合格品；若其中 2 个试件弹簧不合格，则该批弹簧为不合格品；若只有其中 1 个试件弹簧不合格时，允许进行复验，复验方法是在同批弹簧中再任选 2 个弹簧进行试验，试验后 2 个试件弹簧应同时合格，该批弹簧才为合格品。

9.1.2 制动梁试验评价

铁路货车转向架基础制动装置的作用是将制动缸的作用力放大后传给轮对。当列车制动时，制动缸的作用力通过各个制动杠杆、拉杆等传递至制动梁上，使制动梁连同闸瓦贴靠车轮，靠闸瓦与车轮间的摩擦力阻止车轮转动。制动梁是基础制动装置中重要的部件，它的作用是将制动杠杆传过来的制动力平均分配并通过闸瓦施加于车轮上。

目前我国铁路货车普遍使用的是 L-B 型组合式制动梁，它由制动梁架、支柱、闸瓦托、制动梁安全链等组成，如图 9-2 所示。

9.1.2.1 评价方法

对铁路货车组合式制动梁的试验评价包括静强度、静载荷(即刚度)和疲劳性能三方面内容，采用专用试验设备进行试验，试验按照铁路货车组合式制动梁试验方法执行。

对制动梁的试验评价分型式试验和质量一致性检验两种方式。型式试验包括上述全部三项试验，当制动梁工艺或结构有重大改变(包括新设计型号)、同一型号制动梁由其它制造厂生产、同一制造厂停止生产 2 年后恢复生产时，应进行型式试验；质量一致性检验仅包括静载荷和疲劳试验，生产厂初始生产阶段质量一致性检验的周期为 1 年，大批量生产阶段(5 000 件之后)质量一致性检验周期为 2 年。

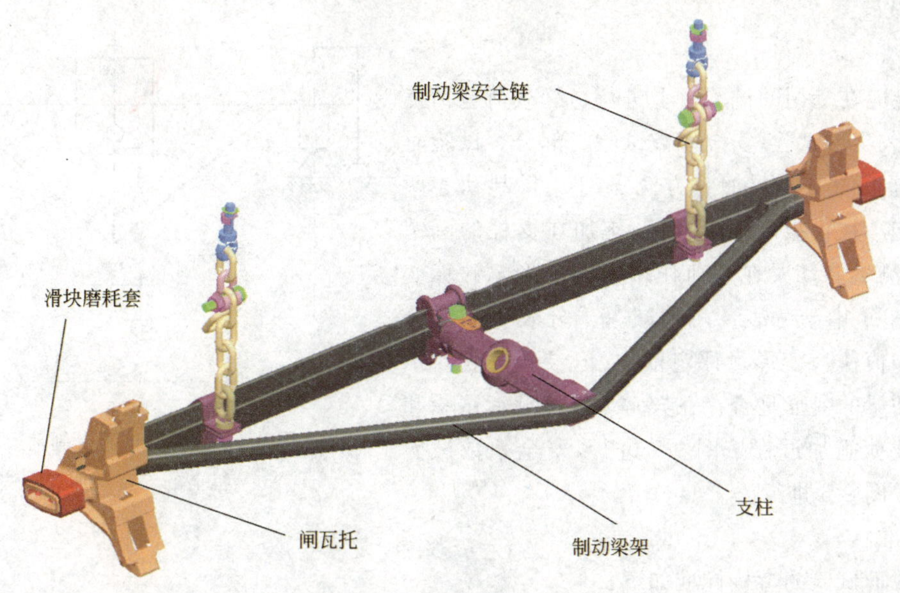

图 9-2 L-B型组合式制动梁

9.1.2.2 静强度、静载荷试验评价

1. 静强度试验

(1)试验方法

按照铁路货车组合式制动梁试验方法的规定，进行静强度试验时，被试制动梁应安装在试验机上，使制动梁两端的闸瓦托支承在模拟闸瓦上，制动梁闸瓦托外侧的滑块支承在模拟滑槽内；挠度载荷 F_n 施加于支柱的圆销孔处，同时切向载荷 F_q 施加于每个闸瓦托弧面上；切向载荷通过相应的模拟滑槽产生支承反力，该力作用于滑块上。制动梁的挠度载荷和切向载荷施加值见表 9-1，制动梁的加载方法见图 9-3。

表 9-1 制动梁静强度试验、静载荷试验载荷(kN)

挠度载荷 F_n	永久变形载荷 F_{yj}	安全系数载荷 F_{aq}	切向载荷 F_q
103.5	155.3	232.9	21.6

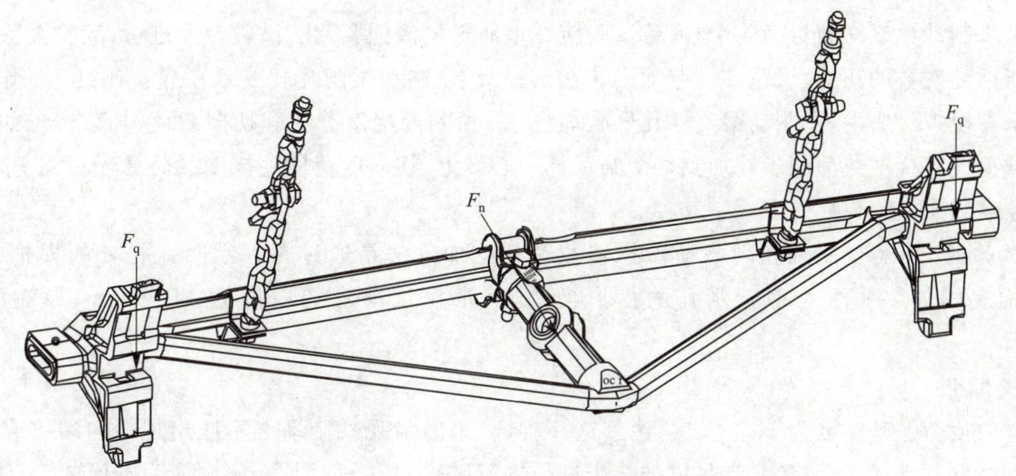

图 9-3 制动梁静强度试验载荷施加方法

(2)考核标准

制动梁静强度试验按 TB/T 1335—1996《铁道车辆强度设计及试验鉴定规范》进行考核，按该标准的规定，在挠度载荷和切向载荷的共同作用下，各测点应力值应不大于该标准表 3 内制动零件所对应的许用应力值。

2. 静载荷试验

(1)试验方法

静载荷试验应在专用的试验机上进行。静载荷包括挠度载荷试验、永久变形试验、安全系数试验三部分。试验时制动梁在试验机上的安装及加载方法见图 9-4,制动梁两端的闸瓦托应支承在模拟闸瓦上,载荷施加在支柱的圆销孔处,用千分表测量制动梁在载荷作用下的变形。计算变形量时,均用图 9-4 中千分表 4 示值减去千分表 1 和千分表 2 示值的平均值作为变形量评定依据,记录千分表 3 示值用于判断制动梁的变形是否存在异常。挠度载荷试验和永久变形试验载荷施加过程按图 9-5 进行,安全系数试验载荷施加过程按图 9-6 进行。

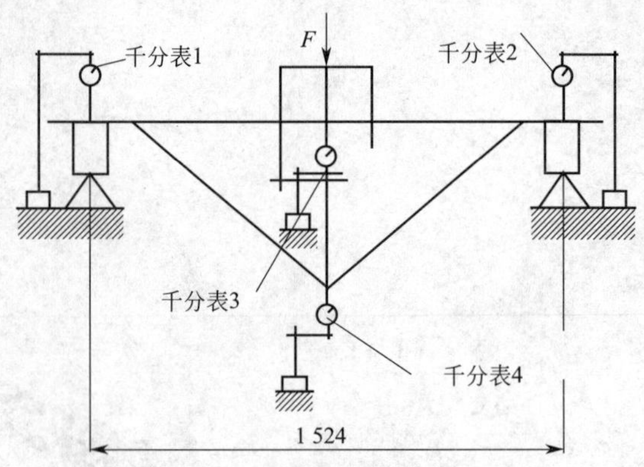

图 9-4　静载荷试验时制动梁在试验机上的安装及加载方法

(2)考核标准

制动梁静载荷试验的考核标准如下:

弹性变形:如图 9-5 所示,挠度载荷作用下的弹性变形量计算方法为 B_1-A_0,该值不应大于 2.5 mm。

永久变形:如图 9-5 所示,永久变形载荷作用下的永久变形量计算方法为 A_2-A_0,该值不应大于 0.6 mm。

安全系数载荷下的垂向和横向变形:如图 9-6 所示,安全系数载荷作用下的垂向弹性变形量计算方法为 A_a-A_0,该值不应大于 50 mm;横向弹性变形量为 A_{ah},该值不应大于 13 mm;此外,在安全系数载荷作用下制动梁任何部分均不可裂损。

从 50 个制动梁中随机抽取 6 个制动梁,其中 2 个制动梁作为试样进行静载荷试验(另外 4 个用于疲劳试验),如果出现 1 个试件制动梁不合格,允许另增加 2 个试样进行试验,2 个试件均合格则认为本项试验合格,否则为不合格;安全系数载荷试验制动梁试样数目为 1 个。进行过永久变形和安全系数载荷试验后的制动梁必须报废。

9.1.2.3　*疲劳试验评价*

1. 试验方法

疲劳试验制动梁试样数目为 4 个,疲劳试验应在多通道电液伺服疲劳试验台上进行,试验设备应具有自动计数载荷循环次数的功能。试验时,制动梁装在试验台上,制动梁闸瓦托支承在模拟闸瓦上,闸瓦托外侧的滑块支承在模拟滑槽内,在制动梁支柱孔处施加表 9-1 所列的挠度载荷和切向载荷,加载位置如图 9-7 所示。切向载荷应与挠度载荷同步施加到每个闸瓦托中心线上,切向载荷应随挠度载荷循环交替变向,循环载荷的加载频率为 1~8 Hz。

疲劳试验时,还需要施加扭转载荷。扭转载荷的施加方法是通过在一端闸瓦托处的模拟闸瓦与模拟车轮踏面之间加装一个类似于闸瓦的弧形楔块,弧形楔块薄端的厚度为 11.5 mm,厚端的厚度为 14.5 mm。

2. 考核标准

制动梁的疲劳循环次数为 1×10^6 次,达到这一次数后,肉眼观察制动梁不应出现任何裂纹或缺陷。如果出现 1 个试件制动梁不合格,允许另增加 2 个试件进行试验,2 个试件均合格则认为本项试验合格。

9.1.3　斜楔主摩擦板试验评价

如图 9-1 所示,变摩擦弹簧减振装置除包括圆柱形弹簧外,还包括斜楔、磨耗板等零部件。目前铁路货车所用的斜楔有两种结构型式:一种是普通球墨铸铁斜楔,一种是组合式斜楔。组合式斜楔是在普通球墨铸铁斜楔上加装高分子材料的斜楔主摩擦板而成。高分子材料的斜楔主摩擦板与金属件组成的摩擦副具有摩擦系数稳定、耐磨性好等优点。

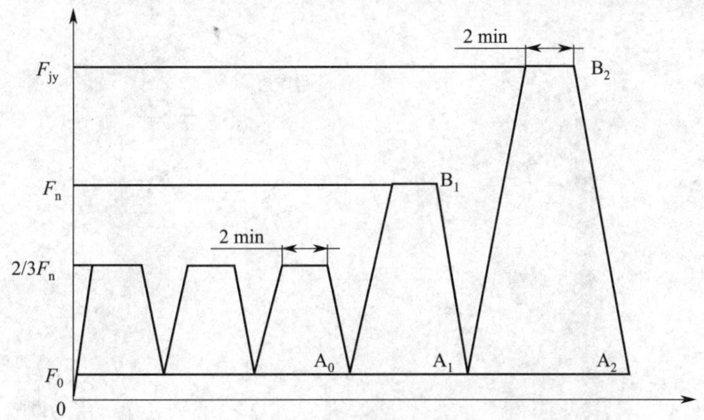

图 9-5 挠度试验载荷和永久试验载荷施加过程示意图

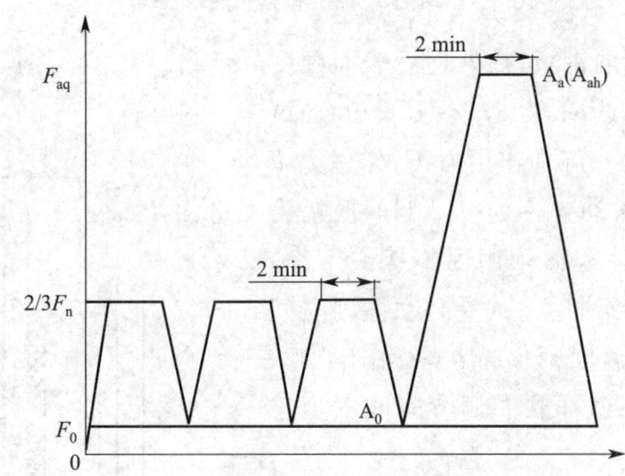

图 9-6 安全系数试验载荷施加过程示意图

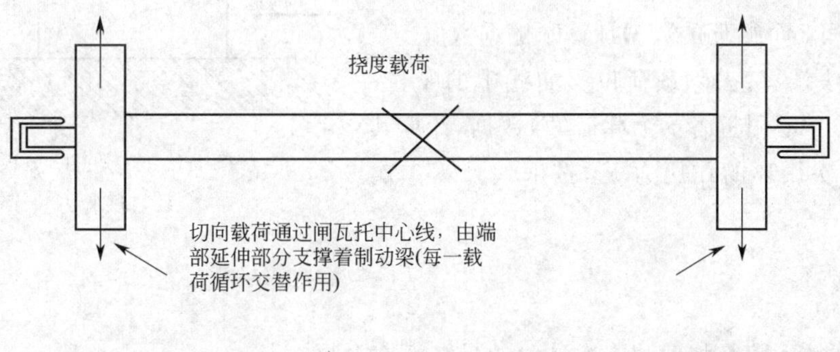

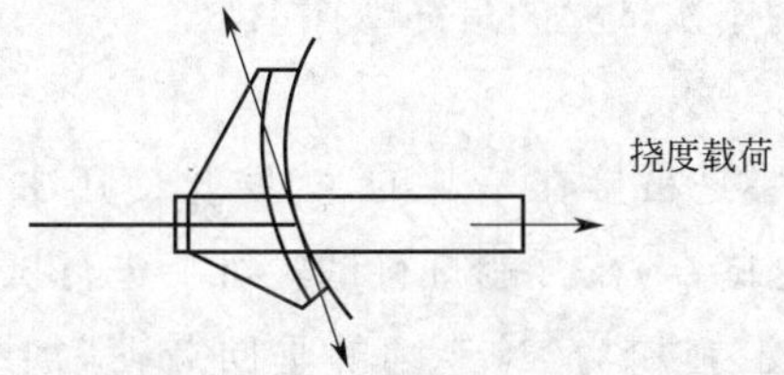

图 9-7 制动梁疲劳试验加载方法示意图

斜楔主摩擦板由高分子复合材料的耐磨层、增强层和定位圆脐组成，如图 9-8 所示。斜楔主摩擦板的试验评价主要包括产品摩擦系数试验、层间粘合力试验和圆脐剪切力试验三方面内容。试验评价按照铁路货车转向架高分子复合材料斜楔主摩擦板技术条件及检验方法进行。

1. 产品摩擦系数试验

为测定斜楔主摩擦板耐磨层的摩擦系数是否符合要求，对其进行产品摩擦系数试验。产品摩擦系数试验应在铁路货车平面摩擦试验机上进行，试件的安装和加载方法如图 9-9 所示。

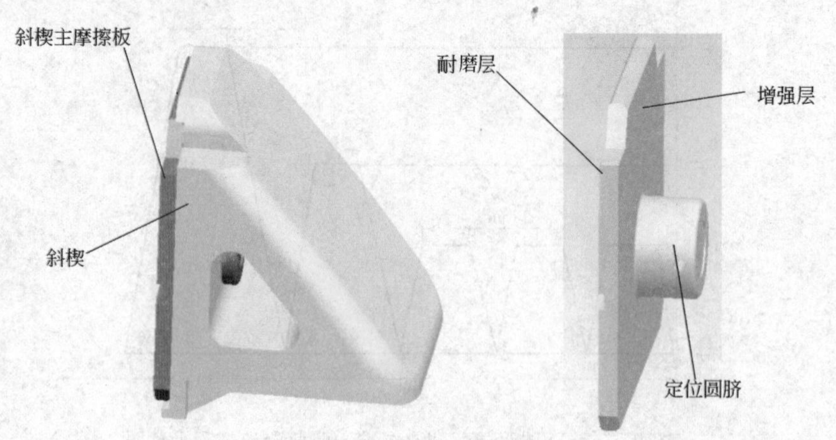

图 9-8　组合式斜楔和斜楔主摩擦板

试验对磨体为45号钢制成的钢板，热处理后表面硬度为47HRC～52HRC，表面粗糙度 Ra 为1.2～1.6 μm。试验夹紧力 P 为25 kN，垂向作动头施加作用力 F，作用力 F 与夹紧力 P 应保持垂直，往复振动频率为0.2 Hz，振幅为±15 mm。试验前试样及对磨体表面须用丙酮擦洗干净，不得有油污和划痕，不允许用砂纸打磨；试验时摩擦副之间不得涂抹任何介质。试验环境温度须保持在(23±2) ℃，相对湿度须保持在(50±5)%。试样状态调节时间不少于8 h。

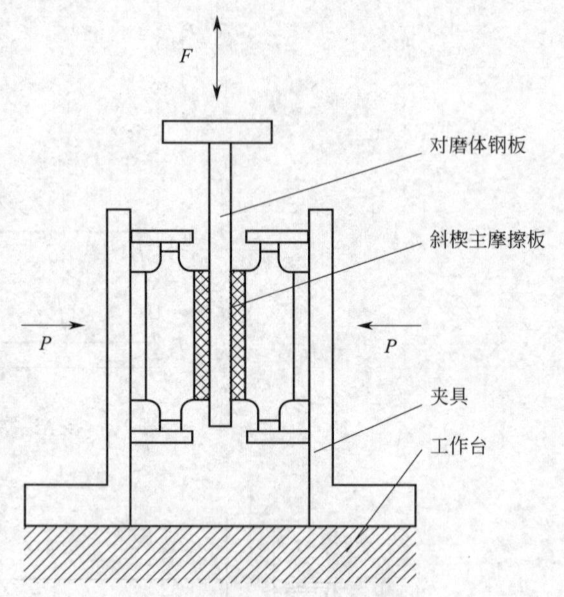

图 9-9　斜楔主摩擦板产品摩擦系数试验方法示意图

试验时应先进行1 000次预磨，然后进行正式测试。测试时保持摩擦副温度在(25±5) ℃，记录5个循环的力(F)、位移(S)，取中间3个循环的数据计算摩擦系数 μ。摩擦系数 μ 按如下方法计算：去除载荷位移曲线中的峰、谷值，选取平直段上、下中心附近各5个载荷(F)数据，计算其绝对平均值，作为该次循环的作用力 F_i，按下式计算本次循环的摩擦系数 μ_i。

$$\mu_i=\frac{F_i}{2P} \tag{9-1}$$

取3个循环的摩擦系数平均值为本次试验的最终摩擦系数。

2. 层间粘合力试验

斜楔主摩擦板的耐磨层和增强层是粘接在一起的，为防止使用中开裂，需对两者的粘合强度进行试验。试样在产品上截取，最少取5个试样，在万能材料试验机上进行试验。试验时将试样放入夹具中，如图9-10所示，将试样定位后在C面上施加均匀、连续的垂向载荷，加载速度为10 mm/min，直至试样破坏。5个试样的平均破坏载荷值应不小于规定载荷值2.7 kN，其中最小载荷值应不小于规定载荷值的90%。

3. 圆脐剪切力试验

斜楔主摩擦板的背面设有定位圆脐，为防止使用中圆脐与板体间开裂、分离，需进行圆脐剪切力试验。试验时取样数量不少于3个，试验在万能材料试验机上进行。如图9-11所示，在圆脐上连续、均匀施加垂向载荷，加载速度为10 mm/min，直至试件破坏。记录其载荷位移曲线，曲线中出现破坏点时最大载荷值为圆脐的剪切力，其值不得小于规定载荷值35 kN。

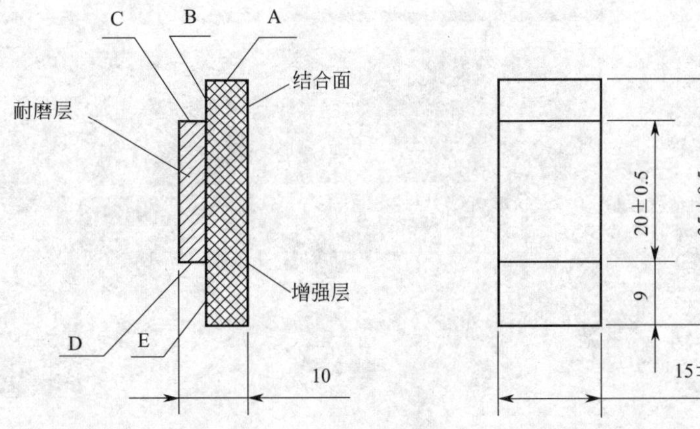

图 9-10 斜楔主摩擦板层间粘合力试验试样

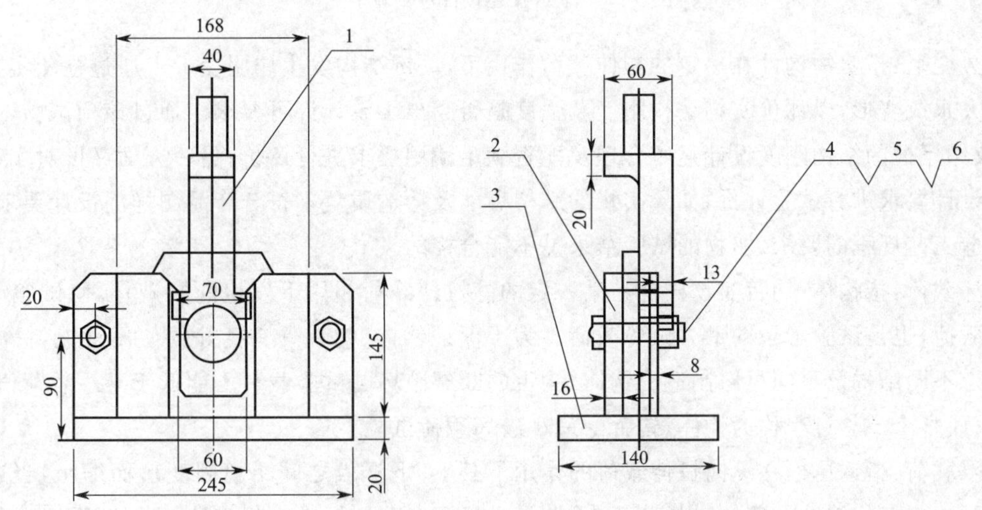

图 9-11 斜楔主摩擦板圆脐剪切力试验方法示意图

1—压头；2—底座；3—夹板；4—螺栓 M16×65；5—螺母 M16；6—垫圈 16

9.2 车钩及钩尾框的静载荷试验

车钩缓冲装置是铁路货车的重要部件，通过它使铁路货车之间以及与机车实现连接编组成列车，并传递和缓和铁路货车间在运行或调车编组作业时所产生的牵引和冲击力，车钩缓冲装置系统的三大功能是联挂、牵引和缓冲。

车钩缓冲装置主要由车钩、钩尾框、缓冲器及从板、钩尾销等零部件组成。联挂、牵引功能是由车钩、钩尾框、钩尾销、从板等来实现的，以保证机车与车辆、车辆与车辆之间能够实现连接，牵引、缓冲功能由缓冲器来实现，以缓和列车运行时因调速过程导致列车内部产生的纵向冲动和列车编组调车作业时产生的冲击。

目前我国评价车钩、钩尾框性能的主要技术指标有钩体、钩舌、钩尾框最大永久变形，钩体、钩舌最小破坏载荷，钩尾框最小极限载荷。评价方法主要以试验验证的为主要评价方法，有限元分析技术评价方法为辅的方式。但随着疲劳可靠性评价技术不断发展进步，特别是在重载货车上的研究应用，已在车钩、钩尾框等方面开展的可靠性技术研究及试验取得阶段成果，如利用疲劳可靠性仿真分析技术对货车车钩、钩尾框等重要部件进行了可靠性分析评估，通过对重载列车车钩载荷谱的测试采集及分析研究，编制了车钩及钩尾框疲劳试验载荷谱、建设使用了国内唯一的车钩专用综合疲劳试验台(如图 9-12 所示)，并对技术改进效果进行大量试验验证和研究，为不断提高我国评价技术水平、进一步提高车钩钩体、钩舌、钩尾框的疲劳可靠性及使用寿命、新产品新技术的开发研制，不断满足重载运输的发展需要提供了强大而可靠的技术支持。

图 9-12　车钩及连接件疲劳试验台

最大永久变形:指实物构件在一定的拉伸载荷作用下,关键结构发生屈服变形。通过检测实物构件的关键结构的最大永久变形,以评价实物结构刚度及强度是否超出了设计许可要求。通过该项试验,一方面可对钩体、钩舌及钩尾框的结构刚度设计是否合理及能否满足使用要求进行评价;另一方面又可对实物的制造质量是否达到设计要求进行试验评价,如果实物的结构尺寸及铸造质量不符合产品图样的设计要求、热处理质量不符合制造工艺规程的要求,实物的试验结果是不能合格的。

最小破坏载荷:指钩体、钩舌实物样件在某一定的静拉伸载荷作用下发生断裂破坏,使试验无法继续增加载荷时的载荷,也是试验记录的最大试验载荷。为了保证钩体、钩舌具有良好的使用性能,标准及相关技术要求中规定不同结构及不同材料制造的钩体、钩舌的断裂破坏的试验载荷不能低于某一载荷值,既称为最小破坏载荷;而整个试验过程称为钩体、钩舌的最小破坏载荷试验。

最小极限载荷:指钩尾框在纵向拉伸载荷的作用下其上、下框板之间距离因变形而缩小,当这种变形达到一定程度而造成卡住缓冲器箱体时的载荷,称谓最小极限载荷。标准中规定这种变形值不超过 6.4 mm。

随着有限元分析技术的不断发展,有限元分析技术在钩缓系统零部件也得到了广泛的应用,并与静强度试验的应力情况进行对比分析研究,以找到结构的薄弱点,为改进提供技术保障。

9.2.1　评价标准

铁路货车车钩、钩尾框强度评价标准主要是 GB/T 17425—1998《货车车钩、钩尾框采购和验收技术条件》和 TB/T 1335—1996《铁道车辆强度设计及试验鉴定规范》。标准中规定了钩舌、钩体和钩尾框的最大永久变形、最小破坏载荷和最小极限载荷要求,TB/T 1335—1996 的 7.2 条中要求铁路货车自动的拉伸破坏强度不得小于 3 100 kN。GB/T 17425—1998 的相关要求见表 9-2。

表 9-2　钩体、钩舌和钩尾框的最大永久变形、最小破坏载荷和最小极限载荷

零件名称	C 级 钢				E 级 钢			
	最大永久变形(mm)		最小破坏载荷	最小极限载荷	最大永久变形(mm)		最小破坏载荷	最小极限载荷
	1 335 kN 时	2 000 kN 时	kN		1 780 kN 时	3 115 kN 时	kN	
钩舌[a]	0.8	—	2 950		0.8	—	3 430	
钩体	—	0.8	3 225		—	0.8	4 005	
钩尾框[b]	—	0.8		3 225		3 340 kN 时 0.8		4 005

a)试验时,用模拟的钩舌夹具。

b)钩尾框的最小极限载荷是指加载时使钩尾框的变形造成卡住缓冲器箱体的载荷。在试验时钩尾框的变形不应超过 6.4 mm。

9.2.2 试验方法及要求

车钩、钩尾框静载荷试验执行 TB/T 2399—1993《车钩、钩尾框强度试验方法》，标准中对车钩、钩尾框静载荷试验的试验设备、工装夹具、试件的要求和试验方法做出了明确要求。

1. 试验设备及工装

为了保证试验研究工作的顺利实施，对试验设备及工装提出以下基本要求：

(1)试验机的加载能力要满足试验载荷的需要，加载速度要能控制在 5～25 kN/s 范围内。

(2)对试验机要按照国家相关试验检测设备的检定规程和设备检修维护要求进行定期检定，并确定其处于检定有效期内；一般要求经计量检定的检测记录设备及仪器的读取示值误差控制在±1%内。

(3)试验设备的主要结构须具有足够的强度和刚度，以保证试验过程不得产生影响试验结果准确性的变形。

(4)作为夹具用的钩头工装及模拟钩体和钩舌的连接轮廓外形尺寸还要符标准 TB 2950—2006《机车车辆车钩连接轮廓》的要求，以保证能与被试验车钩能正常连挂。

(5) 因钩体、钩舌、钩尾框结构限制，对用于测量结构永久变形值的量具，则要求采用专用的卡尺型量具，并确认其处于检定周期的有效期内，其读数值的级差精度应能达到 0.02 mm，读取数据时应满足精确到小数点后二位等等。

(6) 要求等待试验的车钩、钩尾框是经过标准检查样板及检验人员确认合格的产品。钩体、钩舌静载荷试验作用原理简图和钩体、钩舌的静载荷试验照片见图 9-13，钩尾框静载荷试验作用原理简图见图 9-14。

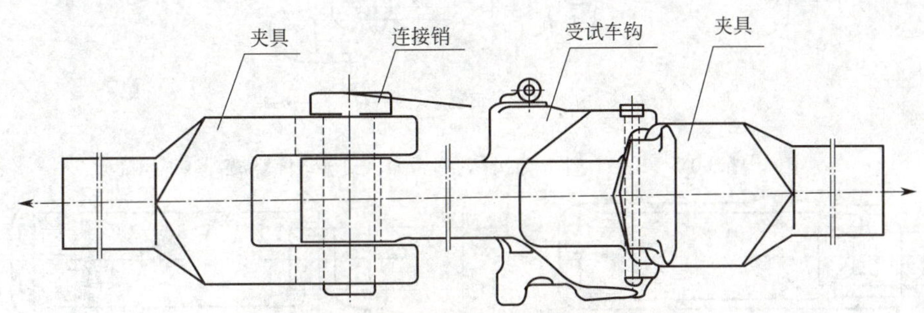

(a) 钩体、钩舌强度试验作用原理简图

(b) 钩体、钩舌的静载荷试验照片

图 9-13 钩体、钩舌强度试验作用原理简图和钩体、钩舌的静载荷试验照片

2. 试验方法

(1)按照 TB/T 2399—1993《车钩、钩尾框强度试验方法》标准要求对受试件及试验设备、装备进行检查和调试。

(2)在作永久变形的受试件上，按 GB/T 17425—1998《货车车钩、钩尾框采购和验收技术条件》及专用技术条件的规定，确定出测点位置并打出测点，如 16 型钩体、钩舌和钩尾框永久变形测点见图 9-15、图 9-16。测点大小及深度要与测量工具的测点尖端相吻合，记录初数值，读数精确到小数点后二位。

(3)车钩安装到试验台上后要确认车钩处于闭锁状态。

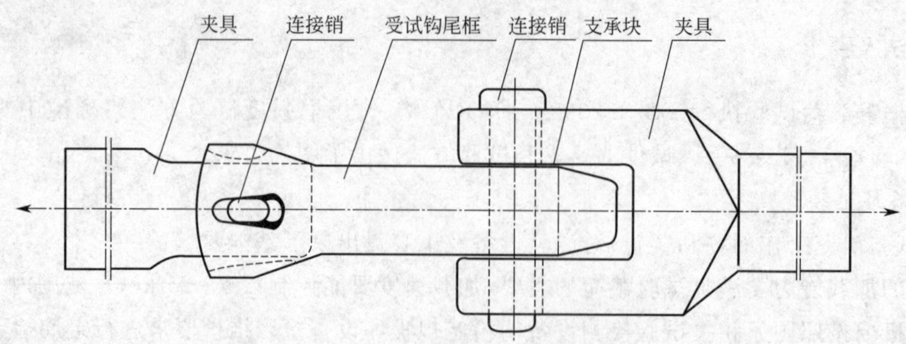

图 9-14　钩尾框强度试验作用原理简图

(4)调整好待试验车钩或钩尾框的水平中心，保证与试验设备的头部夹具、尾部夹具的中心基本一致。

(5)加载须均匀、稳定的进行，加载速度应控制在 5～25 kN/s 范围内，加载至规定的载荷。

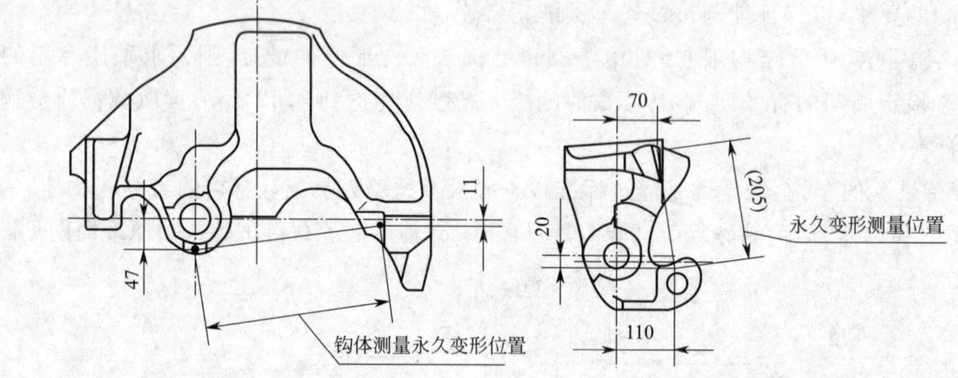

图 9-15　16、17 型车钩钩体、钩舌永久变形测量位置图

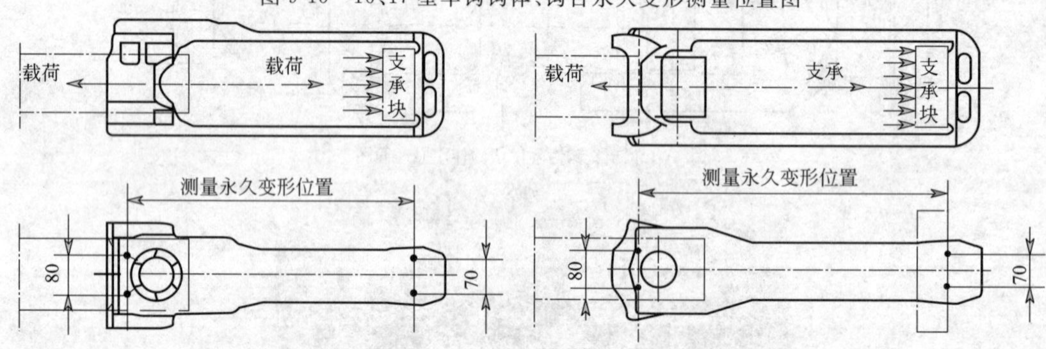

图 9-16　16 型、17 型钩尾框的永久变形测量位置图

9.2.3　静强度试验

钩体、钩舌 钩尾框的静强度试验是采用在实物上对关键重点部位粘贴应变片的方式，测定车钩、钩尾框的结构在一定载荷作用下测试部位的应力分布及变化情况。是一种有效的评价方法。

静强度试验采用半桥式应变测量方式，采用温度补偿进行公用补偿，应变值通过专用静态应变仪设备进行测量记录，并由其将应变值转换成应力值，通过电脑输出和保存。

为了保证试验结果的准确性和防止测试误差，一般是对同一载荷工况的试验至少进行两次试验检测，如两次结果不一致，再进行第三次试验检测。

静强度试验加载载荷主要依据 TB/T 1335《铁道车辆强度设计及试验鉴定规范》标准，试验时按第一工况和第二工况的载荷方式进行，其中第一工况作用在车钩上纵向拉伸力取 1 125 kN，压缩力取 1 400 kN；第二工况作用在车钩上的纵向压缩力为 2 250 kN。

随着大秦铁路开行 1～2 万 t 重载运输列车，运输效率和能力得到了进一步的提高。因列车编组数量和货车载重的增加，列车内部纵向冲动的加剧以及编组调车作业效率的提高，造成第一工况和第二工况载荷又有所提高。因此，为满足重载列车车辆及其重要部件的使用设计要求，大秦铁路重载货车强度设计需满足第一工况纵向拉伸力 2 250 kN，纵向压缩力 2 500 kN；第二工况纵向压缩力 2 800 kN 的要求；23～25 t 轴重的通用货车车辆强度设计的纵向载荷为：第一工况纵向拉伸载荷为 1 780 kN，纵向压缩载荷为 1 920 kN；第二工况纵向压缩载荷为 2 500 kN。

16 型、17 型钩尾框改进前后静强度试验范例：

为了对比验证 16 型、17 型钩尾框改进前后的结构强度，测定 16 型、17 型钩尾框及其改进方案在规定拉伸力作用下主要部位的应力值，进行 16 型、17 型钩尾框改进前后静强度试验。

试验采用 YAW-5000 PN 型四柱式压力试验机及钩尾框静强度试验专用工装，采用电阻式应变计检测各测点在不同载荷作用下的应力变化值。通过 UCAM-60A 型静态数据采集系统（包括扫描箱 USB-70A）对电阻式应变计在不同载荷的应力变化值进行采集、处理，并将数据结果输出。

试验载荷采取阶段缓慢加载方式。从 0 载荷开始加载，达到 300 kN 时每增加 100 kN 测试一次（包括 300 kN）各测点的应力值，其中试验载荷为 1 125 kN、1 780 kN、2 250 kN 时也进行应力值测试，直到试验载荷加到 2 300 kN 时为止。然后卸载到 0 载荷。重复加载 2 次。试验时 16 型、17 型钩尾框各测点贴片位置见图 9-17、图 9-18，16 型钩尾框试验见图 9-19。

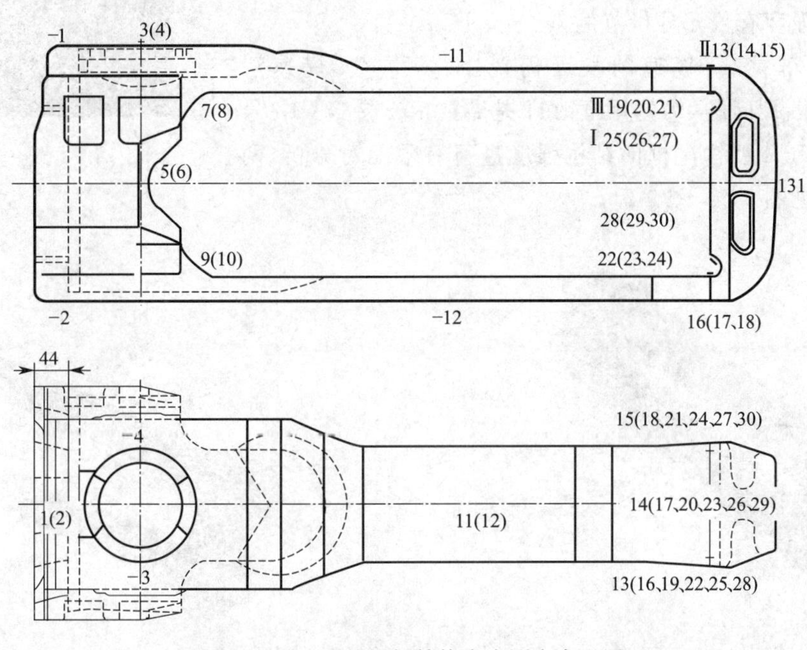

图 9-17　16 型钩尾框结构应力测点布置图

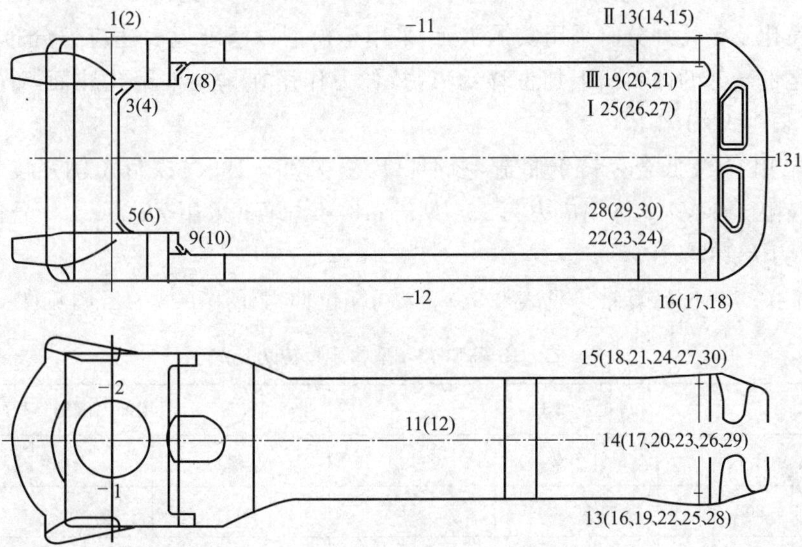

图 9-18　17 型钩尾框结构应力测点布置图

试验结果表明：

1. 钩尾框尾部内弯角的Ⅰ部位，即实际运用中出现裂纹的部位，压应力较大，按万吨列车纵向力考核要求的第一工况最大纵向拉伸力 1 780 kN 载荷作用下，16 型钩尾框改进方案比原方案应力降低 13.2%，17 型钩尾框改进方案比原方案应力降低 12.8%，改进方案的 16、17 型钩尾框尾部内弯角应力比原方案 16、17 型钩尾框均有明显改善。

2. 改进后的 16、17 型钩尾框在尾部弯角附近的框板两侧Ⅱ部位、Ⅲ部位的应力状况也均有明显改善。

图 9-19　16 型钩尾框试验照片

9.2.4　有限元强度分析

随着有限元分析技术的不断发展，在钩缓系统的零部件的设计改进过程也广泛的采用有限元分析的评价技术方法对其结构的刚度和强度情况进行了分析，并与静强度试验的结果进行对比分析研究及验证，为相关产品的持续改进和完善提供强有力的技术支持和保障。

13A 型钩尾框强度有限元分析范例：

为适应铁路货车重载、提速的发展需要，解决重载、提速后 13 号钩尾框裂纹及断裂问题，为钩尾框改进提供技术支持，对 13 号钩尾框和新设计的 13A 型钩尾框的结构强度进行有限元对分析，两种钩尾框实体模型见图 9-20、图 9-21。

图 9-20　13 号钩尾框

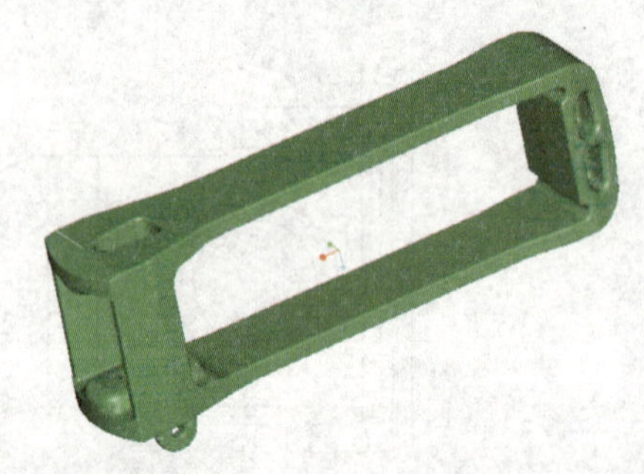

图 9-21　13A 型钩尾框

在有限元模型简化及单元划分时采用实体单元，采用全模型以清晰地表达应力分布情况。根据实际使用情况计算时在钩尾框端部的两斜面上加位移约束，拉伸力作用在钩尾框销孔柱面，计算工况拉伸力分别为：1 125 kN，1 700 kN 和 3 100 kN。

13A 型钩尾框采用 C 级低合金铸钢制造，参照 TB/T 1335—1996《铁道车辆强度设计及试验鉴定规范》，该材质的屈服极限 415 MPa，许用应力为 195 MPa；13 号钩尾框采用 ZG230-450 号铸钢的制造，屈服极限 230 MPa，许用应力为 132 MPa。

各工况下钩尾框关键部位计算结果见表 9-3，3 100 kN 拉伸力作用下应力云图见图 9-22。

表 9-3　13 号和 13A 型钩尾框应力比较

比较部位	销孔处（MPa）			尾部内侧圆角处（MPa）		
工况（kN）	1 125	1 700	3 100	1 125	1 700	3 100
13 号钩尾框	202.5	306	558	256	386.6	705
13A 型钩尾框	121	183	334	150	226	413

计算结果表明，13 号钩尾框强度不能满足要求，13A 型钩尾框的强度符合要求，考虑到铸件疲劳可靠度的储备，建议采用 E 级钢制造为宜。

9.2.5 国外铁路货车车钩发展及评价技术概况

随着美国铁路运输的发展，于 1954 年在客车 H 型车钩的基础上开发采用了具有联挂间隙小、结构强度高、防跳及防脱性能安全可靠、钩舌磨耗寿命长、曲线通过性能好、联锁功能强的 F 型车钩。20 世纪 60 年代至 80 年代是美国车钩发展速度比较快的 20 年，相继开发采用了 E67 型 E 型车钩，E68 型、E69 型及 F79 型、F73 型两种长度的 E/F 型和 F 型车钩；在 20 世纪 70 年代又相继采用了带有上下防脱止挡的 S 型 E、E/F 系列车钩及 SF70、SF79 型车钩，并在美国铁路货车上推广使用。随着运用中防脱车钩的普及、普通 E 型车钩的减少，在不影响和保证列车运行安全可靠性的前提下，简化车钩结构、降低制造成本和重量的条件已成熟，于是美国通用铁路货车在 1980 年开始采用只有下止挡的 SB 型 E、E/F 系列车钩。

与此同时，美国、澳大利亚等国铁路又积极开发采用了其他牵引连接技术。由于减小车钩联挂间隙和缩小列车中货车车辆间自由连接间隙，对改善和提高列车纵向动力学性能有显著的作用，可明显提高列车运行的安全性，具有延长货车车辆使用寿命、减少货车车辆及零件故障，降低货车车辆自重等优点，因此，美国

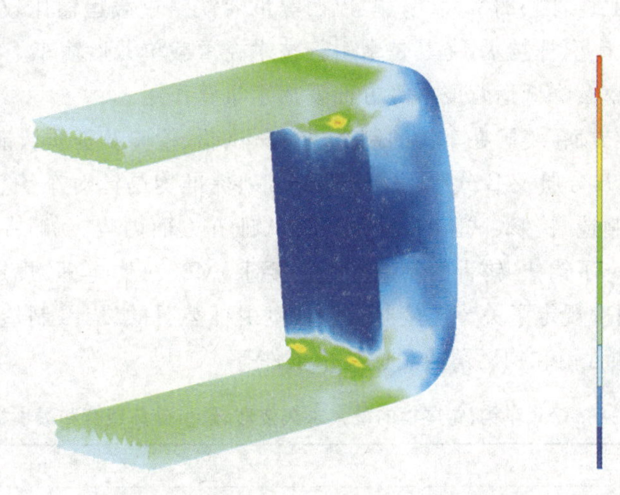

13 号钩尾框 3 100 kN 拉伸力作用下应力分布云图

图 9-22

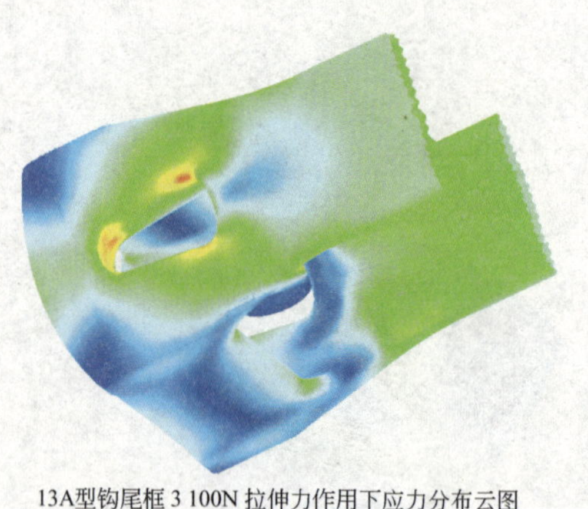
13A型钩尾框 3 100N 拉伸力作用下应力分布云图

图 9-22　3 100 kN 拉伸力作用下应力云图

1977 年开始在联运列车上定型采用关节连接器技术，20 世纪 80 年代后期在重载单元列车上采用牵引杆技术。目前，我国及澳大利亚、美国、加拿大、南非、巴西等世界铁路重载运输比较发达的国家均不同程度地开发采用关节连接器技术及牵引杆技术，尤其是牵引杆技术在重载单元运输车上得到了快速发展，在改善列车运行安全性、提高运输效率及降低运营成本等方面发挥了重要作用。

在相关评价技术标准方面，美国在车钩的制造、检修、试验、检验及资质认证等方面建立了一套完整的标准体系。美国 AAR 标准 B 分册及 B 分册(Ⅱ)全部 104 项标准均是针对车钩、缓冲器产品及车钩缓冲装置和连接器而制订的，包括制造、检修、试验、检验及资质认证五方面内容。如：AAR M211《货车车钩、钩尾框采购和验收技术条件》规定了钩体、钩舌的制造和强度要求，M205《钩尾框》规定了钩尾框的强度要求，见表 9-4。M215 连接系统中明确规定了关节连接器及各种牵引杆装置的设计、制造、试验、检验及认可等方面的技术要求，M118 是车钩钩舌销和钩尾销的制造技术条件等。

表 9-4　AAR 车钩、钩尾框的最大永久变形、最小破坏载荷和最小极限载荷

零件名称	E 级 钢			
	最大永久变形(mm)		最小破坏载荷	最小极限载荷
	400 000 磅时 (1 778kN)	700 000 磅时 (3 111.7 kN)		
钩舌 a)	0.8	—	650 000 磅 (2 890 kN)	

续上表

零 件 名 称	E 级 钢			
	最大永久变形(mm)		最小破坏载荷	最小极限载荷
	400 000 磅时 (1 778kN)	700 000 磅时 (3 111.7 kN)		
钩体	—	0.8	900 000 磅 (4 000 kN)	
钩尾框[b)]		750 000 磅时 (3 334 kN) 0.8		900 000 磅 (4 000 kN)

a)试验时,用模拟的钩舌夹具。

b)钩尾框的最小极限载荷是指加载时使钩尾框的变形造成卡住缓冲器箱体的载荷。在试验时钩尾框的变形不应超过 6.4 mm。

如美国 ASF 公司很早就建立了自己的产品试验室,主要试验设备有车钩疲劳试验台和 454 t 的静载荷试验台。车钩疲劳试验台可按标准进行车钩、关节连接器和整体牵引梁的疲劳试验,试验台见图 9-23;454 t 的静载荷试验台可进行车钩、摇枕、侧架的静载荷试验,试验台见图 9-24。

图 9-23 车钩疲劳试验台

图 9-24 454 t 静载荷试验台

前苏联各国和欧洲多数国家铁路货车均采用作用原理与 AAR E、F 型车钩作用原理不同的 CA-3 型车钩。CA-3 型车钩是 1934 年俄罗斯人发明设计的,经过多次改进定型为 CA-3 型车钩,也是目前俄罗斯及前苏联各国铁路货车的主型车钩。CA-3 型车钩连接轮廓间的自由间隙为 10 mm,属于密接式结构车钩,其尾销孔采用垂直立式的扁圆销孔,钩尾端部为圆柱面结构。

20 世纪 80 年代初,为进一步提高铁路运输的安全性,防止车钩相互脱离造成的列车分离事故,前苏联

对 CA-3 型车钩进行了改进，即在车钩钩头的上、下分别增设了防脱装置，并在罐车等运输危险货物及对列车运行安全性有特殊要求的货车上推广应用。为进一步满足重载列车对车钩强度的要求，并改善列车的曲线通过性能，俄罗斯又将 CA-3 型防脱车钩的尾部端面结构由柱面改为球面、钩尾销孔由扁销孔改为适应圆销连接的椭圆孔结构；同时将钩体的壁厚由 18～20 mm 提高到 20～22 mm，平均增加 2 mm。

俄罗斯车钩评价标准为 гост22703《1 520 mm 轨距铁路机车车辆自动车钩 铸件通用技术条件》和 гост21447《铁路机车车辆自动车钩连接轮廓尺寸》。其中 гост22703 标准中规定自动车钩钩体当车钩静拉伸中心偏差 50 mm 时在静载荷 2 450 kN 作用下，钩体的永久变形不大于 0.2%。

9.3 缓冲器性能评价

缓冲器是铁路机车车辆的重要部件，其主要作用为：一是吸收列车运行或编组调车作业时机车与车辆、车辆与车辆间的纵向冲动能量，缓和车辆间的冲击，降低车钩纵向力，减轻车辆及所运货物的损坏，改善列车纵向动力学性能；二是可以降低由纵向冲击力引起的车钩横向分力和车辆脱轨系数，从而提高列车运行的稳定性和平稳性，确保铁路运输安全。

评价缓冲器的主要性能参数是阻抗力、冲击速度、行程、容量、吸收率、初压力。

阻抗力：缓冲器产生一定量的行程后的反弹力。落锤试验中，缓冲器达到额定行程时所应达到的阻抗力为额定阻抗力；缓冲器达到最大行程时的阻抗力为最大阻抗力。

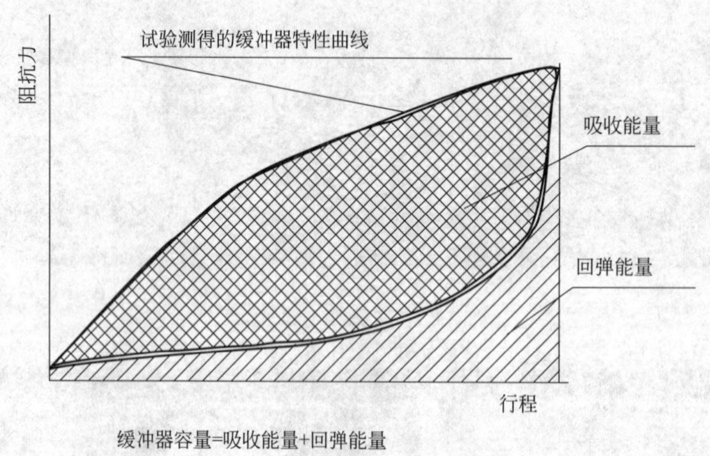

图 9-25　根据冲击试验数据拟合的缓冲器特性曲线

额定行程：落锤试验时是指在同一落程下连续两次锤击均达到或接近额定阻抗力(两次平均值)或距缓冲器压死差 0.25 mm 时的行程，两者以先达到者为准。冲击试验时，为缓冲器达到额定阻抗力时的行程。在自由状态下缓冲器结构所允许的最大行程称为自由行程，对应的缓冲器阻抗力接近或小于设计允许的额定阻抗力。

最大行程：在按规定程序进行的落锤试验中，在同一落程下连续两次锤击均达到接近最大阻抗力(两次平均值)或距缓冲器死差 0.25 mm 时的行程，两者以先达到者为准。冲击试验时，为缓冲器达到最大阻抗力时的行程。

容量：锤头重量乘以总落程的乘积值；总落程是锤体提升高度和缓冲器产生的行程之和。

用冲击速度评定的缓冲器，其容量为冲击试验测得的阻抗力-行程曲线所涵盖的面积，如图9-25 所示。

额定冲击速度：冲击试验时，缓冲器达到额定阻抗力时的冲击速度。

最大冲击速度：冲击试验时，缓冲器达到最大阻抗力时的冲击速度。

回弹量：在落锤试验时，试验用锤体冲击缓冲器后第一次回弹至超出正式容量试验中“额定行程”点的高度，乘以锤体的重量所求得的能量值。冲击试验时，为根据测得的缓冲器特性曲线(图 9-25)所计算出的回弹能量。

吸收率:缓冲器容量减去回弹量为缓冲器的吸收能量。吸收能量除以缓冲器容量为缓冲器的吸收率。

初压力:将缓冲器安装到铁路货车的前后从板座间,并使缓冲器与从板座之间保持有一定的组装预压力,这个预压力被定义为初压力。

9.3.1 评价标准

目前我国缓冲器评价标准执行 TB/T 1961—2006《机车车辆缓冲器》。该标准规定了缓冲器的基本性能参数、基本要求、制造要求、试验方法及试验结果的评定等。尽管标准数量少,但标准中评价项目及内容还是比较广泛而详细的,主要包括结构的型式及基本尺寸、静态与动态特性、高低温环境使用性能及耐久使用可靠性等。

9.3.1.1 基本性能参数

TB/T 1961—2006《机车车辆缓冲器》标准对铁路货车缓冲器的基本参数进行了规定,见表 9-5。

表 9-5 铁路货车缓冲器的基本性能参数

种　类	额定阻抗力(kN)	最大阻抗力(kN)	额定行程(mm)	最大行程(mm)	正式容量(kJ)	初压力(kN)	吸收率(%)	额定冲击速度(km/h)
快速货车缓冲器	1 200	1 200	≤83	83	≥30	≤80	≥90	≥6
21 t 轴重普通货车缓冲器	2 270	2 270	≤83	83	≥50	≤250	≥80	≥7
大于 21 t 轴重普通货车缓冲器	2 450	2 450	≤83	83	≥80	≤250	≥80	≥9
重载专线列车用缓冲器	2 500	2 500	≤83	83	≥80	≤250	≥80	≥10

注:用冲击速度评定的缓冲器,表中的容量指标为参考值。

9.3.1.2 基本要求

由于我国铁路运营地域辽阔,南北、东西的气候条件及地理环境差异较大,铁路货车运用管理模式采用的与铁路机车、客车明显不同的无配属管理体制,因此对铁路货车用缓冲器的基本要求也与其他国家不同。为了确保缓冲器的使用性能,在我国铁道部行业标准 TB/T 1961—2006《机车车辆缓冲器》中对缓冲器提出的基本要求是:

(1)各类缓冲器要满足适应的环境温度为－50 ℃～50 ℃使用要求;通用铁路货车、重载专线列车用缓冲器要求满足在解冻库经 3h、110 ℃高温解冻后恢复常温时能保持原有的工作性能。

(2)缓冲器要有良好的复原性能,在落锤和冲击试验过程中出现的不能有超过三次的卡滞现象。

(3)验证缓冲器性能要采用标准规定的落锤或冲击试验方法。对于冲击速度高于 8 km/h 的缓冲器或仅能用冲击速度评定的缓冲器不做容量试验。用落锤试验方法可以评价缓冲器的初始容量、正式容量、耐久性、坚固性等性能。

(4)对于弹性胶泥缓冲器和液压缓冲器(含具有该类结构的各种组合式缓冲器),还要求其具有良好的密封性能和持久的性能稳定性,并通过专项高、低温环境下的性能试验。高温试验测得容量应不小于常温下的 90%;低温试验测得的容量应不小于常温下的 70%。

(5)弹性胶泥缓冲器和液压缓冲器除要满足上述基本要求外,还要通过静载荷压缩试验,其静态阻抗力要不小于 1 200 kN,在静载荷压缩试验过程中缓冲器不能出现卡死现象。对于缓冲器的胶泥和液压芯体体还要通过疲劳耐久性能的考核评价。

9.3.1.3 主要评定方法

目前确定缓冲器基本性能的试验方法主要是落锤试验和冲击试验,落锤试验和冲击试验的理论基础是能量守恒和动量守恒定律。

1. 落锤试验

落锤试验是采用自由落体运动原理,通过利用一定重量锤自由落下锤击被试缓冲器,通过测量重锤自由

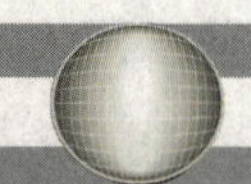

降落高度 h_1 和反弹高度 h_2 的方法测得，缓冲器吸收的能量可由下面公式求得：

$$\Delta E=(1-k^2)\cdot M_1 g h_1\cdot\frac{1}{1+\frac{M_1}{M_2}} \tag{9-2}$$

式中：$k=\sqrt{\frac{h_2}{h_1}}$；M_1 为重锤质量；M_2 为试验台基础质量。

在落锤试验中，试验台基础吸收的能量是引起测试误差的主要原因，基础吸收能量的多少取决于基础重量（M_2）与锤重（M_1）之比，该比值应不低于 70∶1，由打击效率 $\eta=\frac{1}{1+W_1/W_2}=99\%$，可确认锤击的能量绝大部分被缓冲器储存和消耗。

另外，计算公式中 $k=\sqrt{\frac{h_2}{h_1}}$ 也是影响缓冲器性能的参数，其值越大，表明缓冲器的吸收率低、反弹大，不利于最大限度地消耗冲击能量、缓解列车内部冲动和改善编组调车质量。因此在对缓冲器进行落锤试验时应特别重视重锤的反弹量 h_2。美国 AAR 标准明确规定了要对缓冲器的反弹量进行测量，缓冲器结构及性能设计时尽可能使 k 值最小，一般干摩擦缓冲器 k 值非常小，可以近似为零。

因此，采用落锤试验方法单纯考核缓冲器容量大小是准确的。通过落锤试验考核缓冲器性能时，仅与重锤的质量、重锤的总落程及其反弹高度有关，是缓冲器固有的特性，与实际应用状态存在着较大的差别。

2. 冲击试验

冲击试验中缓冲器吸收的能量理论基础为：

$$E=\frac{1}{8}\cdot\delta\cdot\frac{M_1\cdot M_2}{(M_1+M_2)}\cdot V^2 \tag{9-3}$$

从上述公式中能够得出，用冲击试验评价验证缓冲器性能时，能充分考虑影响缓冲器实际应用性能的冲击速度、铁路货车质量、车体、货物等重要因素，更能准确地考核缓冲器的实际应用性能。目前，我国对铁路货车用缓冲器的性能评价方法是利用仿真分析的评价方法对缓冲器性能进行综合性研究并取得一定进展。

缓冲器的落锤试验台及冲击试验线的主要型式见图 9-26。

图 9-26　12 t 标准落锤试验台和冲击试验线

9.3.2　落锤试验要求及方法

9.3.2.1　基本要求

1. 试验前要确认待测试的缓冲器在试验室内放置至少有 24 h，确认干摩擦式缓冲器的摩擦面没有水汽、油污、灰尘等。

2. 试验前要确认试验将在标准的 12 t 落锤试验台上进行。

3. 试验工装要能模拟缓冲器在牵引梁内安装使用情况。

4. 试验时要用铅丝法、粘贴压感纸法等测试方法,同时在缓冲器上均布四点,校核缓冲器的行程。

5. 当缓冲器的牵引、压缩特性不同时,应分别进行试验。

6. 除非锤击次数少于三次时,被试缓冲器在半小时内输入的能量要求不大于 250 kJ;用冲击速度评定的缓冲器要求不大于 400 kJ。

7. 试验过程中要能准确地测定、记录并保存锤的试验高度、落程和回弹量、缓冲器的行程和阻抗力。

8. 试验前,要按产品设计图样及技术文件要求对试验用试样做外观检查,并测量尺寸。必要时做分解检查确认。

9. 要检查确认试验所用仪表、传感器在合格有效期内。传感器要具有良好的零点稳定性,对环境温度变化所导致的零点飘移有足够的补偿,保证精度不低于 1%。检查确认整个测量系统的静校精度满足不低于 2%、测试精度不低于 6%的要求。

9.3.2.2 落锤试验的项目及程序

落锤试验的项目包括初始容量试验、正式容量试验、耐久性试验、坚固性试验。相关试验程序分别为:

1. 初始容量试验

缓冲器的初始容量试验程序见表 9-6。要求初始容量试验能以最少的锤击次数来完成。

表 9-6 初始容量试验程序

锤起始高度(mm)	锤高增量(mm)	锤 击 要 求
228×k	≤50×k	从起始高度起,锤高增量每增高一次锤击一次。达到距压死差 0.25 mm 或达到(或接近)额定阻抗力时为止

注:k 为换算系数,k=缓冲器容量(kJ)/50(kJ),容量大于 50 kJ 时 k 取 1。下同。

2. 正式容量试验

缓冲器的正式容量试验程序见表 9-7。

表 9-7 正式容量试验程序

程序段	锤起始高度(mm)	锤高增量(mm)	锤击要求
第 1 段	0	12.5	锤高增量每增高一次锤击一次。行程大于 35 mm 时,转第 2 段
第 2 段	接第 1 段锤高	25	锤高增量每增高一次锤击一次。行程距压死差 6 mm 时,转第 3 段
第 3 段	接第 2 段锤高	12.5	锤高增量每增高一次锤击一次。行程距压死差 3 mm 时,转第 4 段
第 4 段	接第 3 段锤高	6	锤高增量每增高一次锤击一次。连续两次行程距压死差 0.25 mm 或阻抗力达到(或接近)额定阻抗力时,确定缓冲器的正式容量。转第 5 段
第 5 段	接第 4 段锤高	3	锤高增量每增高一次锤击一次。连续两次距压死差 0.25 mm 或阻抗力达到(或接近)最大值时,确定缓冲器的最大容量。试验结束

试验中,当缓冲器阻抗力先于行程(即行程达到距压死差 0.25 mm)接近额定阻抗力时,也就是阻抗力达到额定值的 80%和 90%时,将锤高增量依次减至 6 mm、3 mm;第 4、第 5 程序段中的正式容量、最大容量应按两次同样锤高锤击所测得数值的平均值计算。必要时可在试验过程中测定缓冲器在 1/2 行程时容量等性能。

3. 耐久性试验

各类型缓冲器的耐久性试验程序分别见表 9-8、表 9-9 及表 9-10。

表 9-8　用容量评定的缓冲器的耐久性试验程序

程序段	锤起始高度(mm)	锤击要求
第 1 段	25	锤击一次,转下段
第 2 段	25、37.5	不同高度各锤击一次。每段结束时的锤高比上一段结束时的锤高增高 12.5 mm
第 3 段	25、37.5、50	
……	……	
第 N 段	25、37.5、50、……、H(正式容量试验中最大行程时的锤高)	不同高度各锤击一次。该循环结束,转第 2 循环
第 2 循环	从第 1 段重新开始,直到缓冲器累计输入能量达到 33.8 MJ×k 时试验结束 当累计输入能量达到规定总能量的 1/5 和 3/5 时,暂时中断耐久试验程序,分别按表 2 运行标定程序,直至最大行程。之后继续按原程序进行	

表 9-9　液压缓冲器和弹性胶泥缓冲器的耐久性试验程序

程序段	锤起始高度(mm)	锤高增量(mm)	锤击要求
第 1 段	50	25	不同高度各锤击一次,达到或接近额定阻抗力时为止
第 2 段	接第 1 段锤高	—	连续锤击 200 次(如阻抗力过高或过低,可适当调整锤高)
第 3 段	在卧式液压伺服疲劳试验台上进行试验 行程介于额定行程与最大行程之间 作动头的压缩速度小于 170 mm/s,回抽速度不小于 170 mm/s(或阻抗力介于额定阻抗力的 50%～60%之间) 直至缓冲器累计输入能量达到 33.8 MJ×k×1.4 时,试验结束		
第 4 段	在达到或接近额定阻抗力的锤高下,连续锤击 200 次		
注 1:正式容量小于 35 kJ 的液压缓冲器,也可按表 9-8 或表 9-10 规定的程序进行试验。 注 2:系数 k 换算时的容量按表 9-6 的经验公式换算。			

表 9-10　用冲击试验评定的缓冲器的耐久性试验程序

程序段	锤起始高度(mm)	锤击要求
第 1 段	75	锤击一次,转下段
第 2 段	75、150	不同高度各锤击一次。每段结束时的锤高比上一段结束时的锤高增高75 mm
第 3 段	75、150、225	
……	……	
第 N 段	75、150、225、300、375、……、H(额定行程时的锤高。额定行程由冲击试验测定时,为额定冲击速度下的行程)	不同高度各锤击一次。该循环结束后转第 2 循环
第 2 循环		从第 1 段重新开始。当累计锤击次数达到 1 000 次时,试验结束

对于双作用式缓冲器进行牵引性能试验时,试验到标准规定总能量的 3/5 时可结束耐久性试验。

对采用容量评价方法评价的缓冲器在耐久性试验结束后,还要求标定缓冲器的额定行程和正式容量(双作用式缓冲器只标定牵引侧);同时要检查确认其在试验安装框架中有无卡死现象、主要零部件是否破损、液压缓冲器内的液体和弹性胶泥缓冲器内的胶泥有无泄漏现象。

4. 坚固性试验

在正常情况下,对缓冲器的坚固性试验是在其耐久性试验通过后并重新组装后进行。各类型缓冲器的坚固性试验程序分别见表 9-11 和表 9-12。

表 9-11 用容量评定的缓冲器坚固性试验程序

程序段	锤击要求
第 1 段	锤高为耐久性试验结束后标定中确定的最大锤高＋12.5 mm(双作用式缓冲器为其牵引侧标定到额定行程时的锤高),连续锤击 10 次
第 2 段	第 1 段锤高＋12.5 mm,连续锤击 10 次
第 3 段	按表 3 进行标定,标定到最大行程(双作用式缓冲器为其牵引侧标定到额定行程)
第 4 段	第 2 段锤高＋12.5 mm(双作用式缓冲器为其牵引侧标定到额定行程时的锤高),连续锤击 10 次
第 5 段	第 4 段锤高＋12.5 mm(双作用式缓冲器为其牵引侧标定到额定行程时的锤高),连续锤击 10 次
第 6 段	按表 3 进行标定,标定到最大行程(双作用式缓冲器为其牵引侧标定到额定行程)

表 9-12 冲击速度评定的缓冲器坚固性试验程序

程序段	锤 击 要 求
第 1 段	锤高为用最少锤击次数确定的最大阻抗力下的锤高＋12.5 mm(双作用式缓冲器为其牵引侧额定行程时的锤高),连续锤击 10 次
第 2 段	第 1 段锤高＋12.5 mm,连续锤击 10 次
第 3 段	以 12.5 mm 为锤高增量,继续锤击。直到连续两次锤击均产生最大阻抗力时,再在此高度上连续锤击 10 次。本段中总锤击次数应不少于 30 次
注:正式容量小于 35 kJ 的液压缓冲器,也可按表 9-11 规定的程序进行试验	

坚固性试验后,还要测定缓冲器的额定行程,检查确认缓冲器在试验安装框架中有无卡死现象、主要零部件是否破损、液压缓冲器内的液体和弹性胶泥缓冲器内的胶泥有无泄漏。

采用容量评定的缓冲器经过坚固性试验后,还要上述试验方法标定正式容量。而采用冲击速度评定的缓冲器经过坚固性试验后,还要采用冲击的试验方法标定冲击速度。

9.3.2.3 *落锤试验结果评定*

除液压阻尼式、气液阻尼式和弹性胶泥阻尼式缓冲器外,缓冲器的落锤试验结果的评定要符合以下标准:

1. 容量试验时,测定的初始容量要求不小于正式容量的 80%;1/2 额定行程容量要求不小于正式容量的 25%;要求任一套缓冲器的正式容量与五套试样的正式容量的平均值比较不能高出或低于 15%。

2. 经过耐久性试验所标定的容量要求不小于容量试验时测定的正式容量的 80%或高出 50%;要求任一套缓冲器标定的容量不能比五套试样标定容量的平均值高出或低 10%。

3. 坚固性试验所标定的容量不能小于容量试验时测定的正式容量的 70%。

4. 经耐久性试验、坚固性试验后,要求缓冲器不能有在试验安装框架中卡死的现象;自由高度变化不能超出±6 mm;箱体不能出现鼓胀变形现象;主要零部件不能发生松动、破损;缓冲器内的液体芯体和弹性胶泥芯体中的液体或胶泥不能发生泄漏现象。

9.3.3 冲击试验要求及方法

9.3.3.1 *基本要求*

为了保证冲击试验结果的准确性和可比性,对冲击试验用铁路货车、样件及测试仪器等提出了基本要求。

1. 要求被试缓冲器是从每批交验的产品中随机抽取二套并检验合格的,以保证试验样件具有代表性。

2. 要求冲击车和被冲击车选用 4E 轴敞车,两车均用碎石、干砂或煤炭装载到 $100_{-2}^{\ 0}$ t。被冲击车装有被试缓冲器,冲击车装用用作比较的标准缓冲器,如 MT-2 型缓冲器。

3. 试验过程中要对缓冲器和铁路货车结构及铁路货车设备进行全面检查并做记录。试验后要将缓冲

器从试验铁路货车上拆下，并对缓冲器进行分解检查和记录。

4. 测量仪器的基本性能要满足测试要求

(1) 冲击试验用动态数据采集系统的频率响要高于1 000 Hz，非线性不大于0.3%。

(2) 数据处理时滤波截止频率，车钩力、位移取100 Hz，加速度取32 Hz。

(3) 波形记录仪的非线性误差要小于3%，时标误差要小于2%。

(4) 测力车钩、位移和加速度传感器的非线性误差不大于1%。

(5) 电阻应变片与测力车钩钩体间的绝缘电阻要大于200 MΩ。

(6) 测量导线要采用具有屏蔽性能的导线。

5. 冲击试验要在经过标定有固定斜度斜坡线路和平直线路组成的专用冲击线（如图9-26所示）上进行，以保证每级冲击试验速度的误差满足试验要求。

9.3.3.2　主要参数的测量方法和要求

冲击试验时要同时测量和记录冲击过程中发生的冲击力、缓冲器行程、铁路货车的冲击速度及加速度等参数；必要时，还应测量车体关键部位的应力及加速度等参数。

1. 车钩力(即冲击力)：采用专用的测力车钩，并将其安装在被冲击车的被冲击端。要预先在测力车钩钩身上粘贴电阻应变片并组成电桥，电桥的连接方式要能消除由于纵向冲击力偏离车钩纵向中心线而引起的附加应变，然后在试验机或荷重传感器上进行静力标定。标定载荷一般为被试缓冲器额定阻抗力的1.3倍。

2. 缓冲器行程：将测量缓冲器行程的位移传感器安放在牵引梁纵向中心线下方前后从板座间的适当位置。

3. 冲击速度：冲击速度一般采用在轨道上粘贴电阻应变片的方法测量，即在钢轨腹板上相距500 mm的两点处分别粘贴电阻应变片，记录发生冲击前瞬间冲击车首先接近被冲击车的轮对越过第一点到第二点所经历的时间，然后通过换算得出冲击速度。

4. 加速度：一般情况下主要采用加速度的传感器，测量车体中梁的纵向加速度。加速度的传感器要安装在所测量铁路货车之中梁中央横向水平中心线附近的中梁腹板外侧处。

9.3.3.3　试验方法及程序

1. 试验准备程序

试验时先被冲击车停放在平直的线路上，并使其处于非制动状态。然后在距离被冲击车的非直接冲击端约1 m处停放一辆或数辆处于制动状态的阻挡车，并在车下轨道上适当位置安放不少于两对铁鞋，以限制被冲击车受冲击后的移动距离。冲击车要通过在经标定的斜坡上溜放获得以一定的冲击速度，同级的冲击速度误差要控制在±0.2 km/h范围内，向被冲击车冲撞。

在完成测点、传感器与测量仪器之间的导线连接及调试后，要先对各测量参数进行初始标定；然后用冲击试验车以不大于3 km/h的速度对被冲击试验车试冲三次，检查分析及确认试验要求的各个测点工作是否处于正常良好状态，经调整正常后方可进行正式试验。

2. 试验

主要是缓冲器的额定冲击速度和最大冲击速度试验。

(1)额定冲击速度的测定

冲击试验是以冲击速度从3 km/h开始的，每挡以1 km/h的速度增量提高冲击速度；当车钩力达到缓冲器额定阻抗力的90%或缓冲器行程差5 mm压死时，改以0.5 km/h的速度增量提高冲击速度，直至车钩力达到缓冲器额定阻抗力为止，不再增加冲击速度。每档速度冲击三次，取其平均值。额定冲击速度是从最靠近的大于和小于额定阻抗力的两冲击速度平均值点，按线性内插法计算求得。当车钩力尚未达到缓冲器额定阻抗力而缓冲器已压死时，则以压死时的冲击速度作为额定冲击速度。

(2) 最大冲击速度的测定

继额定冲击速度试验后，当阻抗力和行程二者之一未达到最大值时，继续以0.5 km/h的增量增速，直至车钩力达到最大阻抗力时为止。每档速度冲击三次,取其平均值。最大冲击速度是从最靠近的大于和小于最大阻抗力的两点,按线性内插法计算求得。当车钩力尚未达到上述两种力值而缓冲器已压死时,则以压死时的速度作为最大冲击速度。

3. 试验标定

在停止冲击后还要对各个试验测量参数进行标定,经再次确认测量仪器及传感器工作状态正常后方可结束试验。

9.3.3.4 冲击试验的数据处理及评定

1. 试验数据处理

为了保证试验数据的准确、可用,要求处理试验数据要符合下述要求。

(1)各测量参数应使用动态数据采集系统记录和进行处理。

(2)在每冲击一次所记录的各参数随时间的变化过程中,取其最大峰值作为测量值。

(3)缓冲器的额定冲击速度取两个被试缓冲器的平均值。

2. 冲击试验结果的评定原则

(1)缓冲器在经过冲击试验、耐久试验和坚固性试验后,不需要再次进行冲击试验,标定其冲击速度。以前后两次冲击试验测得试验冲击速度值的平均值定为被测试缓冲器的冲击速度。

(2)任一套缓冲器的冲击速度应不低于表 1 规定值,且不能比被试两套缓冲器的平均值高出或低 15%。

(3)在试验过程中缓冲器的主要零部件不能出现松动、永久变形和破损现象或故障;液压缓冲器内的液体和弹性胶泥缓冲器内的胶泥不能有泄漏现象;摩擦式缓冲器摩擦元件表面不能有非正常粘滞现象。

(4)如果用户需要,可以向用户提供冲击试验中测得的车体加速度等报告。目前暂不作为判断缓冲器是否通过冲击试验的依据,供用户分析缓冲器的冲击特性时参考。

9.3.4 其他试验评定

9.3.4.1 高低温环境试验的方法及评价

为保证各类型缓冲器满足和适应我国特殊的使用环境温度要求,通用铁路货车、重载专线列车用缓冲器要求满足在解冻库经 3 h 110 ℃高温解冻后恢复常温时能保持原有的工作性能,对缓冲器的耐高低落温环境的性能进行试验评价。

1. 低温性能试验。各类型缓冲器一般要在 −50 ℃ 低温箱内放置 24 h。对含液压或弹性胶泥的摩擦组合式缓冲器,只冷冻液压或胶泥缓冲元件,采取保温措施后取出,立即进行落锤试验;试验时缓冲器的表面温度要求不高于 −45 ℃,用不多于三次的锤击试验,使缓冲器达到或接近额定阻抗力或距压死差 0.25 mm(以先达到者为准)时结束试验。要求缓冲器的试验容量均不小于常温状态下的缓冲器容量的 70%。

2. 高温性能试验。快速铁路货车缓冲器在 +50 ℃高温箱内放置 24 h,采取保温措施后取出,立即进行落锤试验,以不多于三次的锤击,使缓冲器达到或接近额定阻抗力或距压死差 0.25 mm(以先达到者为准)时试验结束。同一批次缓冲器试验二套,要求容量均不小于常温下的 90%时视为该缓冲器或被代表的该批缓冲器通过该项性能试验。

3. 普通铁路货车、重载专线列车用缓冲器在 110 ℃高温箱内放置 3 h 后,取出放置于常温环境下 2～4 h,测试其初始容量和正式容量或冲击速度。可在同一批次缓冲器中抽查二套进行试验测试,二套缓冲器的性能试验结果均要符合相关要求。

9.3.4.2 静压试验方法及评价

对于液压阻尼式缓冲器、气液阻尼式和弹性胶泥阻尼式缓冲器,还要采用静载荷压力试验的方法对其缓冲性能进行评价。

1. 静压试验采用液压试验设备及能自动检测和记录的控制系统装置。试验设计的最大试验压力要不低于 2 000 kN,压头行程要大于 90 mm,压缩速度要能在 5～50 mm/s 范围内根据需要调控并能保持稳定。

2. 试验条件要能满足使用环境温度为－50 ℃～＋50 ℃的要求，试验结果要符合相关技术要求。

3. 常温静载荷压缩试验时至少要在每批同类型缓冲器中抽取四套，并在试验室放置 24 h 后进行静压试验，以评价其静压性能的稳定性。

4. 必要时可以静载荷压缩的试验方法，测试缓冲器的静态容量、阻抗力及吸收率等性能指标。

5. 缓冲器的静态阻抗力不能小于 1 200 kN，并且在试验载荷作用下缓冲器不能出现卡死及缓冲介质的泄漏现象。

9.3.4.3 装车运行试验

对于新研制开发的缓冲器，在通过上述试验验证后还要进行小批量装车运行试验或考验。有关其装车运行试验的评价方法要符合如下要求。

1. 抽取液压缓冲器及弹性胶泥缓冲器，缓冲器安装到具有代表性的铁路货车上进行实际运用考验。

2. 运行试验满一年后，从车上取下四套缓冲器，用冲击速度评定的缓冲器为二套，对其进行标定试验验证。运行试验满二年后，再从车上取下四套缓冲器(用冲击速度评定的缓冲器为二套)对其再进行进一步的标定试验验证。如果试验结果满足以下要求后，一年考验期后可以建议或允许小批量生产并装车使用，二年考验期满后可以建议或允许定型并大批量生产装车使用。

(1) 每套缓冲器的 1/2 行程容量应不小于正式容量的 25%(用冲击速度评定的缓冲器除外)。

(2) 额定行程下的再标定容量应不低于原始标定容量的 85%；用冲击速度评定的缓冲器，额定冲击速度应不低于原始值的 90%；

(3) 缓冲器外形不能有因鼓胀变形造成在试验安装框中卡死现象，行程增大不能超过 6 mm；主要零部件不能出现破损；弹性胶泥缓冲器和液压缓冲器(含具有该类结构的组合式缓冲器)不能出现泄漏现象。

(4) 缓冲器无过度磨耗和其它损伤，无不良动作。

9.3.5 HM-1 型缓冲器

为尽快提高我国铁路货车缓冲器的技术水平，满足铁路提速、重载的发展要求，根据我国铁路运输的特殊国情和铁路货车具体运用条件，总结以往的设计、制造经验，借鉴国外重载铁路货车及车钩缓冲装置的研究、设计、制造、试验、运用、检修等技术发展经验，开发研制了 HM-1 型摩擦胶泥组合式缓冲器。

9.3.5.1 HM-1 型缓冲器主要性能参数

根据国内外铁路货车用缓冲器的设计经验，设计缓冲器的性能参数时均以调车编组作业工况为准。随着重载运输的发展、列车牵引重量的增加，必然要增加铁路货车的编组数量和调车作业工作量。为减少铁路货车的周转天数、提高使用频率，在提高铁路货车运行速度的基础上还需缩短列车编组作业时间，以满足运输需求，因此势必需要提高列车编组作业的调车冲击速度。我国目前规定冲击速度为 5 km/h，但实际冲击速度多为 7～8 km/h，美国铁路货车规定冲击速度为 8 km/h，前苏联及俄罗斯规定铁路货车冲击速度为 9 km/h。为保证我国铁路货车缓冲器的性能能够满足通用铁路货车调车作业的需要，又能够满足长大重载列车运行工况的需要，根据技术发展的实际情况，我国确定新型缓冲器的评定以冲击速度为主，并要求标准的冲击速度不能低于 10 km/h。

根据 TB/T 1961《机车车辆缓冲器》要求，结合铁路货车的实际运用工况，新型缓冲器的其他性能参数要满足：阻抗力不大于 2 450 kN，工作行程约 81 mm，能量吸收率不小于 80%，初压力不大于250 kN。

9.3.5.2 HM-1 型缓冲器的结构

HM-1 型缓冲器由摩擦系统、弹性元件、箱体及缩短装置组成。摩擦系统主要由中心楔块、动板、楔块等组成；弹性元件由圆钢弹簧和弹性胶泥体组成。缓冲器在工作状态下的外形尺寸为 568 mm×320 mm×230 mm。其结构简图如图 9-27 所示。

9.3.5.3 HM-1 型缓冲器的试验验证

1. 前期试验验证情况

按照 TB/T 1961 要求进行了冲击试验和落锤试验，同时还进行了－50℃弹性胶泥体低温性能试验。

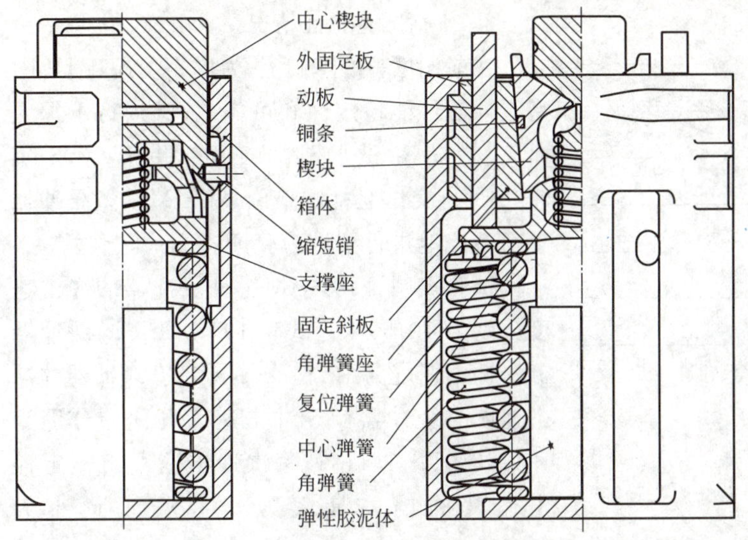

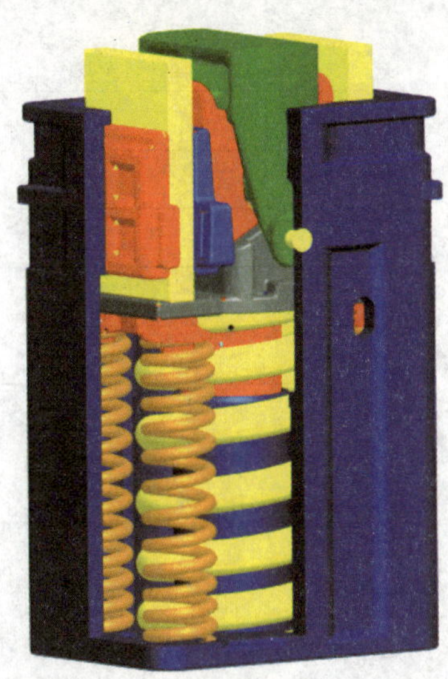

图 9-27 HM-1 型缓冲器结构简图

冲击试验结果表明：在用 MT-2 型缓冲器冲击 HM-1 型缓冲器的工况时的冲击速度达到了 10.5 km/h；在 HM-1 型缓冲器之间互冲工况的冲击速度达到 11.8 km/h。见图 9-28，图 9-29。

在两套 HM-1 型缓冲器的耐久性和坚固性试验中，累积锤数分别为 1 501 锤和 1 511 锤，累积容量分别达到 52 954 kJ、52 106 kJ。耐久和坚固性能试验后对缓冲器进行了分解检查，未见零部件损坏、异常磨损、胶泥体泄露等异常现象。

低温性能试验表明：弹性胶泥体的低温性能符合相关要求。试验是在铁道部认可的试验检测中心进行的。低温试验时，将 2 件待试弹性胶泥体放入高低温箱内，在－50℃的条件下保温 24 h 后，取出立即按照产品技术条件的要求进行静压试验。结果表明产品可以顺利反弹，无卡阻及滞后现象；相同的工况下，产品的静刚度基本相同，产品的稳定性很好；同一产品在低温时的最大静压力比常温时的小 13%，符合产品技术条件的规定。静压曲线如图 9-30、图 9-31 所示。

MT-2冲击新型摩擦胶泥组合式缓冲器
冲击速度-车钩力 (1号缓冲器)

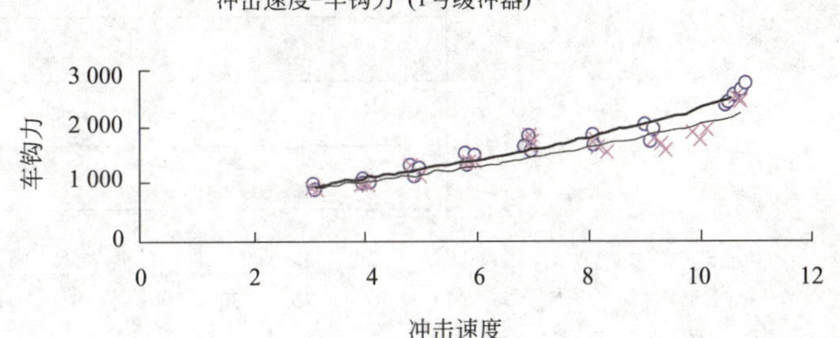

○ 耐久前 × 坚固后 —— 指数(耐久前) —— 指数(坚固后)

图 9-28 MT-2 型冲击 HM-1 型缓冲器，冲击速度—车钩力曲线图

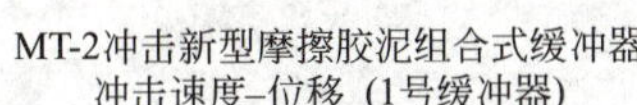

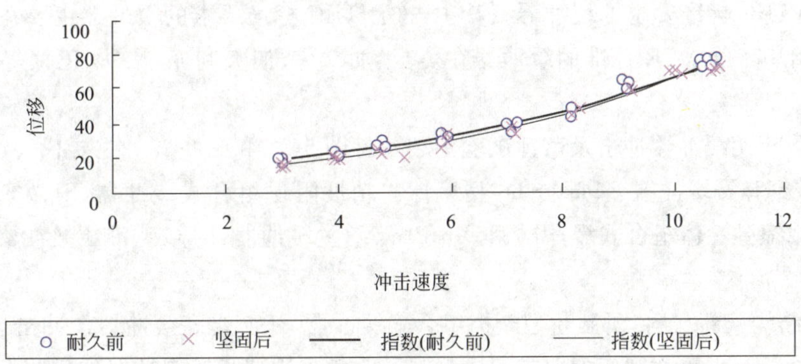

图 9-29 MT-2 型冲击 HM-1 型缓冲器，冲击速度—位移曲线图

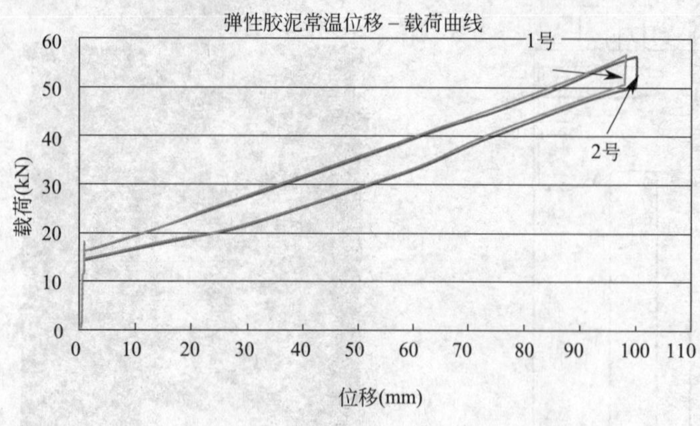

图 9-30　常温时载荷—位移曲线

2. 补充试验验证情况

在前期试验的基础上，为进一步提高 HM-1 型缓冲器性能稳定性和可靠性，又进行了深入研究、改进和试验验证工作，并于 2006 年 5～6 月再交试验检测单位，对 HM-1 型缓冲器重新系统地进行了试验验证。

试验表明：两套 HM-1 型缓冲器的冲击速度分别为 10.54 km/h 和 10.79 km/h，缓冲器额定冲击速度为 10.67 km/h，每套缓冲器的冲击速度与缓冲器额定冲击速度的偏差分别为 −1.22%、+1.11%；每次冲击速度与额定冲击速度的偏差最大为 +4.97%，最小为 −2.53%。冲击试验、耐久、坚固试验及标定试验过程中没有发现缓冲器卡死现象，试验结束后，将被试的两套缓冲器从试验车上卸下，并分解检查，没有发现箱体鼓胀变形、主要零部件松动、破损等现象。试验结果完全符合 TB/T 1961-2006《机车车辆缓冲器》的要求，具有较好的性能稳定性。

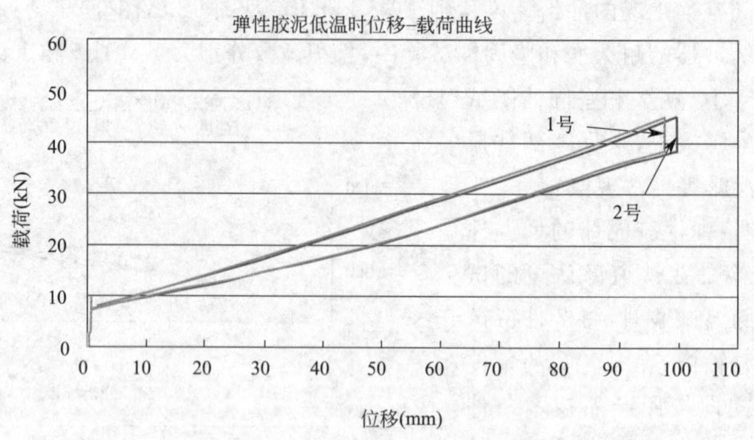

图 9-31　−50 ℃工况下载荷—位移曲线

HM-1 型缓冲器的额定冲击速度达到了 10.67 km/h，符合标准《机车车辆缓冲器》规定的重载专线列车用缓冲器的额定冲击速度应不小于 10 km/h、普通铁路货车缓冲器的额定冲击速度应不小于 9 km/h 的标准要求，性能稳定可靠，能满足我国铁路货车重载、提速的发展需要。

9.3.6　国外铁路货车缓冲器评价技术

目前，世界各国应用最为广泛的铁路货车缓冲器基本可分为两大类：一是符合美国 AAR 标准要求的缓冲器，二是符合欧洲 UIC 标准要求的缓冲器。其中，符合 UIC 标准要求的缓冲器主要在欧洲铁路联盟内的各国铁路货车上使用；符合 AAR 标准的缓冲器在美国、加拿大、澳大利亚、南非、巴西等铁路重载运输发达国家广泛采用。

美国重载铁路货车用缓冲器冲击及落锤试验的装备见图 9-32 和图 9-33。主要代表产品为 Mark 50 型、Crown SE 型摩擦式钢弹簧缓冲器，Mark H60 型摩擦与粘性阻尼组合式缓冲器，SL-76 型摩擦橡胶组合式缓冲器，TF-880 型摩擦弹性体组合式缓冲器、Twin Pack 双盒缓冲器，LPD 型液压缓冲器等。其铁路货车缓冲器的发展方向是：

1. 开发应用新结构及新材料，研制新型摩擦组合式缓冲器，从而提高缓冲器的冲击速度和容量、满足提高铁路货车联挂速度及长大重载列车的要求，是美国近 20 年来铁路货车缓冲器的主要发展趋势。

2. 简化结构、减轻自重是美国货车缓冲器发展的又一显著特点。

图 9-32 ASF-Keystone 公司的落锤试验机和冲击试验线

图 9-33 Wabtec 公司的落锤试验台及冲击试验线

3. 以冲击试验方法为主评定铁路货车缓冲器性能，用落锤试验方法来进一步考核评定缓冲器的耐久性、坚固性，已成为美国供货商研究开发新型缓冲器时积极采用的方法。

在美国 AAR 标准中有两个系列标准规定了铁路货车缓冲器新造、检修及试验要求。即 AAR M-901 系列和 AAR M-921 系列。安装尺寸符合 625 mm、工作行程约 82 mm 的铁路货车缓冲器，过去均按 AAR M-901E 标准考核，现在多按 AAR M-901G 标准考核。其主要原因是用 AAR M-901G 标准规定的冲击试验方法评定缓冲器的性能，能够更加接近实际应用工况。个别的液压缓冲器按 AAR M-901K 标准考核，大行程的液压缓冲器多按 AAR M-921 系列标准评定和试验。

M-901G、K 标准是在规定阻抗力的情况下，由线路冲击试验的方法来评定缓冲器的性能，用落锤试验方法来进一步考核评定缓冲器的耐久性和坚固性，以监控生产厂家的产品制造质量。M-901E 标准是在规定阻抗力的情况下，由落锤试验的方法来评定缓冲器的性能及其耐久性、坚固性和稳定性。

美国 AAR 为规范和促进缓冲器技术及产品的研制开发，及时研究制订、补充了相关技术标准，并形成比较完整的标准体系。由于铁路货车缓冲器的特殊作用及苛刻的使用要求和安装环境，为保证缓冲器产品的研发，美国 AAR 标准允许缓冲器的最大阻抗力达到 3 630 kN 以上、特殊用途的缓冲器允许再增加缓冲器的行程。

俄罗斯对铁路货车缓冲器性能也有一套评价标准，对摩擦式缓冲器、液压式缓冲器及弹性胶泥缓冲器的性能进行评价。俄罗斯铁路货车缓冲器主要或大部分是俄采用摩擦式缓冲器，同时也采用一些大容量液压式缓冲器及弹性胶泥缓冲器。其缓冲器的性能主要特点是工作行程比较大，一般在 70～120 mm 之间，在额定阻抗力满足 2 000 kN、最大阻抗力不大于 3 000 kN 前提下，额定容量能达到 40～140 kJ 以上、最大容量能达到50～190 kJ 以上。俄罗斯对铁路货车缓冲器性能的试验评价方法同我国类似，主要有结构、尺寸方面的评价、静态性能的试验评价、落锤试验性能的评价、冲击试验性能的评价、耐久性能和使用寿命的试验评价、列车运行试验评价标准等方法。

9.4 非金属件评价

9.4.1 非金属材料的功能

随着铁路货车技术的现代化,特别是铁路货车转向架朝着轴重大、速度高的方向发展,对铁路货车转向架悬挂和无磨耗或耐磨件性能有了新的需求,一些弹性与耐磨性优良的非金属悬挂和磨耗部件逐步被引入到铁路货车转向架结构中并得了成功运用。

这些非金属部件根据主要功能通常分为两类。一类以提供承载的无磨耗弹性约束功能为主要特点,如轴向垫、轴箱垫、旁承弹性体等。另一类则以提供相对滑动约束和摩擦阻力矩的功能为主要特点,如心盘磨耗盘、旁承磨耗板、斜楔磨耗板等。目前这些部件使我国新的三大件转向架获得了优良性能,并处于国际先进水平,这标志了我国铁路货车技术的创新能力。

非金属悬挂和磨耗部件相对于金属件而言,所用材料主要是非金属材料。非金属材料包括两大类,即(有机)高分子材料和无机非金属材料。由于高分子材料的分子量很大(分子量从几千到几十万甚至几百万,所含原子数目一般在几万以上),而且这些原子是通过共价键连接起来的,分子间作用力的情况与小分子大不相同,具有独特的高强度、高韧性、高弹性等特性。同时,具有密度小、质量轻的优点。因此,以橡胶、塑料高分子材料为主体材料的高分子材料越来越广泛的应用于轨道交通领域。

与金属部件类似,非金属件也存在着部件的可靠性问题,它们的可靠性分为部件性能的可靠性和部件材料的稳定性两方面。非金属部件性能的可靠性主要应包括它的关键性能参数的可靠性与部件在工作寿命期间的结构与功能可靠性。而非金属部件材料除了在物理化学性能方面满足部件工作性能所需要的标准外,还应在工作寿命期间具有一定的性能稳定性。它们不应在复杂工作环境和交变的工作状态下发生性能偏离或衰退。由于一般非金属部件作为机械的工作部件需要在外界的动态载荷下长期正常工作,因此也要通过疲劳试验考核,并按一定的检测指标进行评估。由于非金属部件的疲劳断裂性能与金属部件不同,在产生比金属件明显的裂纹后,由于非金属材料使用时的应力较小,其材料弹性模量小,释放应力集中的能力强,不像金属部件那样会对表面开裂带来的应力集中有强烈的敏感性。其开裂过程在时间上要缓慢的多,因而应用中虽然它们表面也会存在龟裂的现象,通常是非常缓慢的扩张,而不会很快地伤及本体并迅速失效。因此像橡胶之类的悬挂弹性件被广泛应用在现代高速列车、磁悬浮列车和城市轨道车辆上,以保证车辆运行性能的可靠性。

与钢弹簧相比,这种体积小的弹性元件通常比较容易达到很好的三向刚度来适应轨道车辆动力学性能的综合需求。它还可以在较小的体积条件下实现高的三向弹性能力和承载能力,这些性能对钢弹簧来讲几乎是不可能的。

在必须采用摩擦减振器并应具备耐磨和摩擦系数稳定性的地方,已将改性尼龙与其他复合类耐磨耐压的材料成功地运用在铁路货车转向架上。传统转向架过去使用的是钢对钢的摩擦约束方法,严重的金属部件表面磨耗使铁路货车检修部门大量采用堆焊等难于控制质量并损伤本体的维修方法。这类维修方式费工、费时、效果差。在采用耐磨耐压的合成摩擦部件后,换件修的现代维修方法才能真正进入铁路货车领域。因而在一定程度上非金属悬挂部件的使用为铁路货车技术现代化铺平了道路。

9.4.1.1 铁路货车非金属弹性元件的功能与机理

双作用常接触弹性旁承、轴箱弹性垫、轴向垫及中部无焊接结构的交叉杆等配套技术,保证了重载提速货车优良的动力学性能和运用可靠性。

1. 轴向橡胶垫

在交叉支撑转向架的左右侧架间通过弹性轴向橡胶垫连接上下两个交叉杆,形成了交叉支撑转向架,交叉杆端头的两个轴向橡胶垫在预压力下将交叉杆弹性的连接到侧架下部的支撑座上。因此轴向橡胶垫的轴向刚度和交叉杆的斜角决定了交叉支撑的抗菱刚度。这种弹性连接相比其他采用横向联系梁提高抗菱刚度的方式具有无磨耗的优点。

2. 轴箱橡胶垫

交叉支撑转向架通过加装轴箱弹性定位装置形成了以下主要功能:①实现了轴箱与轮对可靠的弹性定位,解决了原有钢对钢的干摩擦间隙定位方式下,定位性能离散度大导致铁路货车动力学性能不稳定的技术难题,提高了铁路货车直线高速运行的稳定性;②解决了过去侧架导框与承载鞍间磨耗的惯性质量问题;③一系采用轴箱橡胶垫,实现轮对的准径向功能;④可以减轻簧下质量,降低轮轨垂向和横向动作用力。

3. 旁承弹性体

应用橡胶复合常接触弹性旁承技术,为车体与转向架之间提供了适当而稳定的回转阻力矩,可有效抑制转向架与车体的摇头蛇行运动和车体侧滚振动,从而解决了空、重车回转阻力难以协调的技术难题,可以提高铁路货车的临界速度,有效保证铁路货车运行性能的稳定。双作用弹性旁承应用了纵向滚动的限位技术,可有效地把回转阻力矩控制在适当范围内,提高铁路货车的曲线通过性能。

4. 交叉杆中间的U形、X形弹性元件

交叉支撑装置中部的U形、X形弹性元件可以实现两交叉杆中部结合处的弹性连接,取消中部扣板与杆体的焊接,见图9-34。在交叉杆扣板与杆体间、上下交叉杆杆体间夹入高分子弹性垫实现了杆体间弹性约束,并可以消除杆体之间的微动磨损。由于取消了杆体扣板间的焊接,明显提高了交叉杆杆体的强度和疲劳寿命。

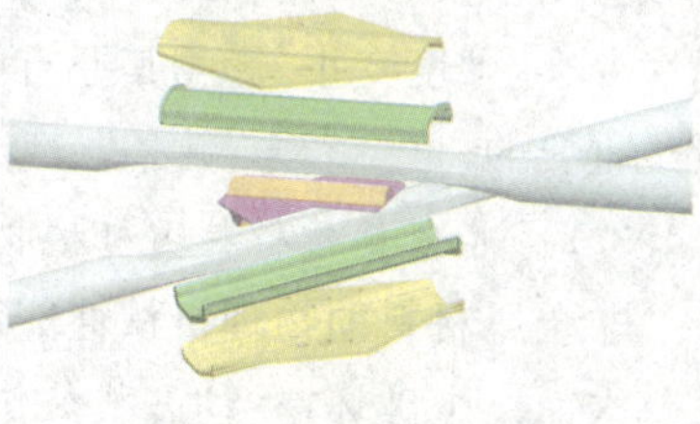

图9-34 交叉支撑装置改进后的结构图

9.4.1.2 摩擦副及磨耗元件的功能

心盘磨耗盘、旁承磨耗板和斜楔磨耗板等转向架磨耗件,采用高分子耐磨材料,可以实现无磨耗或低磨耗设计,提高磨耗件的使用寿命。

1. 心盘磨耗盘

采用摩擦性能稳定的耐磨高分子材料制作心盘磨耗盘,可有效隔离上、下心盘钢对钢的接触磨耗,实现从金属与金属对磨到金属与非金属对磨的关键性改变,高分子材料与钢的摩擦与耐磨特性易于做到匹配,磨损量远远小于钢对钢摩擦副的磨耗量,解决了上、下心盘磨耗严重的惯性质量问题。

2. 旁承磨耗板

采用旁承高分子材料制成的摩耗板可提高旁承接触处的耐磨性能及可靠性,有效地控制该位置的摩擦性能,延长上旁承的使用寿命,便于检修维护,同时也提高了铁路货车的稳定性。

3. 斜楔磨耗板

在斜楔摩擦副相接触的运动件上采用摩擦系数稳定的复合斜楔磨耗板,可避免原有金属部件磨损后的焊补加工,极大地方便检修维护,从根本上改变了传统维修方式,提高了维修效率和质量。还可以有效改善斜楔的受力状态,延长使用寿命,提高转向架减振性能的稳定性,降低各部位的磨耗。

9.4.2 非金属材料的可靠性检测方法

为了确保非金属材料部件的正常运用,对它们的工作可靠性检测是必须的。由于它们都是承载部件,一般可以通过疲劳试验的方法对它们的疲劳强度性能进行考核。另外则是对需要摩擦减振功能的耐磨耐压件的摩擦性能可靠性或稳定性和承压耐磨能力进行评价。

大多数非金属弹性悬挂件的疲劳强度考核是按照使用时的载荷情况进行单方向加载。然而如果它的主承载方向为两维时,则还应对另一方向进行疲劳加载。出厂时非金属弹性部件的弹性性能的稳定性将以概率分布抽样的思路按设计值在产品生产后按一定比率抽验,进厂时还可以再次复验。耐压耐磨部件如磨耗板,则在生产时按一定比率抽查它们的摩擦系数,如有可能和必要还可进一步考核摩擦系数的概率分布水平,或按实际运用条件反复加载以考核它在一定循环次数下的磨耗量,检验这些产品耐磨性能的稳定性和产品可靠性。

非金属部件材料除了上面的疲劳可靠性和耐磨可靠性外，还应在材料物理化学性能稳定性方面满足部件工作所需要的标准，以保证材料自身的稳定。

9.4.2.1 非金属材料老化性能测试和评价方法

非金属材料在不同环境因素(光照、氧、温度、化学介质、生物活泼性介质)下运用或在材料自身因素(化学成分、相结构、分子构造以及官能团)作用下，引起材料表面或材料物理化学性质和机械性能的改变，最终可能部分或全部丧失工作能力，这种变化通常称为材料的失效。这是一种不可逆的物理、化学变化。由于材料是逐渐失去原有的优良使用性能，故也称为"衰化"。对塑料、橡胶等高分子材料亦称为"老化"。非金属材料逐渐失效的原因，主要是内外因素综合作用的结果。材料的失效形式表现为外观整体龟裂、光泽散失，主要的性能指标如拉伸强度和断裂伸长率有所下降等。最常见的对应的实验室测试和评价方法为热老化等。

材料在使用、贮存和运输过程中，最容易受温度的影响而发生老化，所以热空气老化试验是高分子材料在高温常压下的空气中进行的最常用的老化试验，可以用来评价材料老化试验前后性能的变化，如拉断强度、扯断伸长率变化百分率等。橡胶、塑料等高分子材料的热空气老化试验方法可以参考 GB /T 3512—2001《硫化橡胶或热塑性橡胶热空气加速老化和耐热试验》。

吸水率对高分子复合材料摩擦板的影响可归结于水分对材料的溶胀及溶解作用，会使高分子材料发生溶胀甚至聚集态解体，从而使材料的性能受到损坏。某些非天然橡胶的弹性元件在过高湿度或沾水吸水后，弹性变大，硬度变小，影响其原有的力学性能，因而在使用时应注意。吸水率的检测对高分子复合材料摩擦板是重要的。

9.4.2.2 非金属材料物理机械性能通用测试和评价方法

非金属材料的物理机械性能对制品的使用性能极其重要。如材料在承载过程中会因为强度没有满足承载要求而发生破坏，在动态载荷作用下会因为疲劳而发生破坏，因此，有必要对材料的物理机械性能进行测试。测试内容主要包括强度、变形与机械疲劳等。

1. 非金属部件的材料强度

强度表征材料受载荷时抵抗破坏的能力。随载荷形式不同，可以有拉伸、压缩、弯曲等强度。

拉伸强度是最常用的评估材料强度的参数，其定义为试样在规定的试验温度\湿度和拉伸速度下，沿试样纵轴方向施加拉伸载荷，直到试样破坏时所承受的最大拉伸应力。其中，拉伸速度和试验温度影响材料的拉伸强度值。拉伸速度慢，材料的拉伸强度低，扯断伸长率大；拉伸速度快，材料的拉伸强度高，扯断伸长率小。不同材料对拉伸速度的敏感程度不同，硬而脆的材料(塑料)对拉伸速度较敏感，一般采用较低拉伸速度；韧性材料(橡胶)对拉伸速度的敏感性小，一般可采用较高拉伸速度。

弯曲强度是用来评定尼龙塑料类材料在经受弯曲负荷作用时的一项重要指标，其定义为在达到规定挠度值或之前，负荷达到最大值时的弯曲应力。其试验方法可以参考 GB/T 9341—2000《塑料弯曲性能试验方法》。值得注意的是，跨厚比、试验速度和应变速率、试验温度严重影响材料的弯曲强度值，所以，试验要严格按照标准规定执行。

冲击强度是用来评价尼龙塑料类材料抵抗冲击的能力或判断材料的脆性或韧性的，可以反映不同材料抵抗遭受高速冲击而破坏的能力。其定义为试样受冲击破坏时，单位面积上消耗的功。即试样在冲击负荷作用下，破坏时吸收的冲击能量与试样原始横截面积(缺口试样为试样缺口处的横截面积)之比。冲击试验方法很多，常用的有简支梁冲击试验和悬臂梁冲击试验，试验方法可以参考 GB/T 1043—1993《硬质塑料简支梁冲击试验方法》和 GB/T 1843—1996《塑料悬臂梁冲击试验方法》。值得注意的是，试样缺口及缺口加工方法、试验温度和湿度、冲击速度都严重影响冲击强度值。冲击速度快，温度高，冲击强度值一般会增大。

压缩强度指在压缩试验中试样承受的最大压缩应力，它可能是也可能不是试样破断的瞬间所承受的压缩应力。对于脆性材料，拉伸时材料的缺陷和亚微观裂纹对其拉伸强度的影响很大，而在压缩时则有利于亚微观裂纹的闭合，从而能承受较大的压缩应力。因此，压缩强度可以更加全面的反映材料的力学性能，有利于更有效的使用该材料。其试验方法可以参考 GB/T 1041—1992《塑料压缩性能试验方法》。与其他评价强度性能的参数不同，试样表面的光滑程度和两端面的平行度严重影响压缩强度值。试样表面光滑或涂润滑剂,能够降低压缩强度值。试样两端面不平行,也导致压缩强度降低。所以,试验过程中必须严格控制试样两端面的平行度和光滑度。

2. 永久变形

永久变形是指材料在撤除作用力下原有的变形不能随时间增长而完全消失的现象。产生原因是在外力长期作用下存在着蠕变或应力松弛现象。这种变化属于静态力学黏弹性过程,都是分子间相互流动的结果。作为结构材料使用的非金属材料,在载荷作用下首先发生弹性形变,而后随载荷作用时间的增加,永久形变将逐渐发生。

3. 非金属材料机械疲劳

非金属材料在交变的周期性载荷或形变作用下,物理机械性能逐渐下降以至最终破坏的现象称为机械疲劳。疲劳使材料不能发挥固有的力学性能,在反复的交变应力小于静态应力下的强度值时非金属材料就会破坏。引起疲劳的载荷形式可以是拉伸、弯曲、压缩、扭转等,最初材料上产生微小裂纹,随着动态载荷的反复施加,裂纹逐渐增大,最终导致完全破坏。

材料自身的耐疲劳性能可用疲劳寿命曲线和疲劳强度来表征。疲劳寿命定义为在某一给定交变应力作用下材料可承受的应力次数。疲劳强度定义为不引起材料疲劳破坏的最高动态极限应力。但是,与金属材料的疲劳强度测试不同,非金属材料在实际试验过程中很难测定疲劳强度。因此,通常用经过一定次数的疲劳试验后,试样裂口状况来表征材料的抗机械疲劳性能。疲劳次数越多,试样的裂口越少越小,表明材料抗机械疲劳性能越好。

另外,常用疲劳试验前后制品的性能变化来表示非金属件的疲劳特性,其中,性能主要有自由高、刚度等。疲劳失效的判断方法有外观以及性能变化是否符合规定要求。试验方法通常可参考 TB/T 2843-2007《机车车辆用橡胶弹性元件通用技术条件》附录 E 疲劳性能试验方法。

9.4.2.3 非金属材料低温性能通用测试和评价方法

材料抵抗低温引起的脆化或冲击强度降低的能力称为材料的耐寒性,它取决于材料的种类、结构、增塑剂和其他助剂的种类、含量等。对于低温使用的材料或制品,耐寒性是一个重要指标。但是,由于耐寒性的表征强烈依赖于试验方法和试验条件,所以,各种试验结果一般没有可比性,并且只能用作鉴别材料低温性能的相对方法,不能代表材料使用的最低温度。

当橡胶、塑料等高分子材料用做结构材料时,常用的表征耐寒性的参数有低温脆点。另外,与材料(磨耗板)低温性能密切相关的一个重要参数是材料的玻璃化转变温度(T_g),是材料由高弹态向玻璃态转变的温度,它与材料自身的分子结构有关。通常,在玻璃化转变温度以上 20 ℃或更高温度范围内,材料的物理机械性能与常温时有显著变化。

9.4.2.4 非金属材料有限元分析技术

材料在承载过程中会发生破坏,断裂是主要的破坏形式之一。高分子材料的断裂形式与受力条件和高分子结构有很大关系,高分子材料断裂行为具有很高的复杂性。通常高分子断裂力学模拟中应用有限元方法可以研究高分子材料的应变释放率、应力强度因子等。对非金属材料的弹性器件而言,通常采用非线性有限元方法来分析它的刚度与各处应力水平。

有限元分析(FEA,Finite Element Analysis)将求解的弹性体看成是由许多个有限单元所组成,给出单元结点力与位移之间的单元刚度矩阵,形成整个结构在某种约束条件下外力与变形之间的刚度矩阵,根据载荷和约束条件求解结构的应变与应力,从而得到问题的解。通常对非线性的非金属材料部件的求解难度很大。有限元不仅计算精度高,而且能适应各种复杂形状,因而成为行之有效的工程分析手段。

随着计算机技术的快速发展和普及,有限元方法迅速从结构工程强度分析计算扩展到几乎所有的科学技术领域。对于不同物理性质和数学模型的问题,有限元求解法的基本步骤是相同的,只是具体公式推导和运算求解不同。有限元分析可分成三个阶段,前处理、分析计算和后处理。前处理是建立有限元模型,完成单元网格划分;后处理则是采集处理分析结果,使用户能简便提取信息,了解计算结果。

虽然目前在大型通用的有限元商业软件领域中有 NASTRAN、ASKA、SAP、ANSYS、MARC、

ABAQUS 和 JIFEX 等。但在对大变形的非金属弹性部件开展有限元分析时，通常采用能解决非线性问题的 MARC 软件求解。

下面给出采用非线性有限元方法进行分析计算的简单例子。针对双作用 JC 弹性旁承体两侧翼橡胶层进行了应力计算，对其在不同工况下的应力和刚度情况进行了对比分析。JC 弹性旁承结构见图9-35。

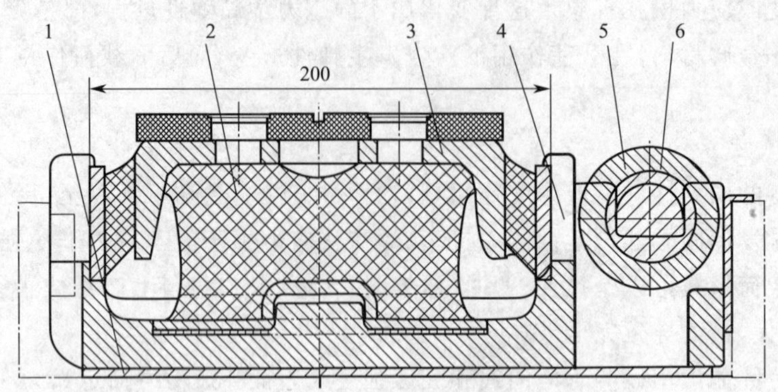

图 9-35　JC 型双作用旁承

1—调整垫片；2—弹性旁承体组成；3—顶板组成；4—旁承座；5—滚子；6—滚子轴

JC 型双作用旁承计算中采用硫化的优质天然橡胶与少量合成橡胶作为弹性体的主材料。采用由美国 MSC 公司开发的非线性有限元分析软件 MSC. MARC 建立旁承体非线性有限元模型。JC 型双作用旁承的有限元模型见图 9-36。

JC 型双作用弹性旁承体两翼橡胶垫在旁承座内时纵向预压缩量为 4 mm(每层压缩 2 mm)，但弹性旁承体两翼橡胶垫向旁承座内压装过程中纵向预压缩量变大，此时有限元分析计算所得到的各项应力水平见表 9-13。

表 9-13　两翼橡胶垫安装应力计算结果(MPa)

纵向预压缩量	最大压应力	最大拉应力	最大剪应力	Von stress
10 mm(正常安装时)	5. 301	0. 6 853	0. 903	4. 205
12 mm(过压)	8. 168	0. 8 917	1. 404	6. 124
14 mm(过压)	10. 75	1. 5 570	1. 798	6. 992

由计算结果可知，两翼侧部剪切橡胶垫安装时纵向不能出现过压情况，否则会导致两翼侧部橡胶垫拉应力和剪应力水平大幅增加。

图 9-37(a)给出了当上旁承面接触滚子时，旁承磨耗板受到纵向 6 000 N 的摩擦力时，纵向预压缩量 4 mm(每层压缩 2 mm)的旁承两侧橡胶垫在旁承座内(受拉及受压侧橡胶垫)的应力水平。

两翼橡胶垫变形前后对比及最大应力产生的部位见图 9-37(b)。

9. 4. 2. 5　非金属材料悬挂部件试验检测技术

因受不同配方、工艺、使用环境及加载工况的复杂影响，不同非金属材料的力学性能复杂而且表现为一定的离散性，因此，即使利用包括有限元分析技术在内的手段，开发过程中设计预测出的产品性能，也与实际产品的情况存在一定的出入，在某些特定场合下有时还会表现出较大的误差，因此，在产品开发制作过程中，必须辅以实验手段对产品性能进行最后的验证，才能较好的保证产品质量，从而确保新设计的产品具有高的可靠性。常用的对非金属部件性能试验检测方法有刚度、永久变形、高低温特性、粘结强度等。

刚度是指在静态或准静态下，即缓慢增减载荷条件下，单位挠度变化量对应的载荷变化量，主要用于计算使用过程中的承载能力。铁路货车转向架非金属弹性部件在使用过程中刚度应保持在一个较为适中的范围中，以保证动力学性能的稳定。

由于高分子材料的物理机械性能受温度的影响较大，所以，必须对其制品的高低温性能进行测试和评价。常用高低温试验前后静刚度的变化来评价。

图 9-36 JC 型双作用旁承体有限元模型

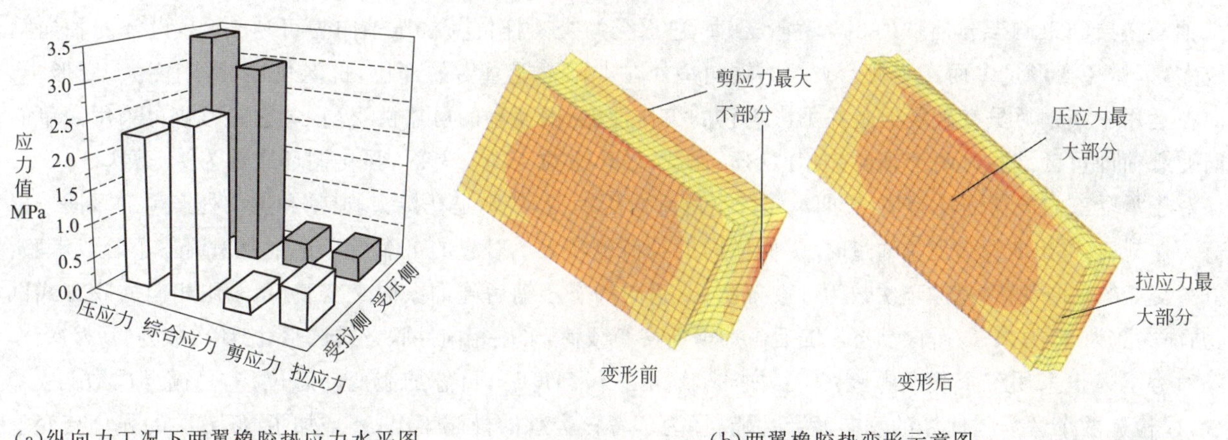

(a)纵向力工况下两翼橡胶垫应力水平图

(b)两翼橡胶垫变形示意图

图 9-37

非金属材料经常与金属、织物等结合在一起使用，尤其是橡胶-金属复合弹性元件的应用更加普遍，所以，粘结性能的好坏也会影响产品的使用可靠性。当结合处的强度与非金属材料本体强度一样，甚至更强时，断裂发生在非金属材料本体，这不可能精确测量结合处的强度，而且实际应用中一般也不需要。对于多数非金属材料复合件，结合处断裂通常说明在制造过程中出了问题。粘结性能的好坏通常用粘结强度和破坏类型表示。所谓粘结强度是指单位结合面积上试验载荷或试件破坏时的最大应力值。其测试和评价方法参考 TB/T 2843—2007《机车车辆用橡胶弹性元件通用技术条件》附录 C 粘结强度试验方法。

9.4.3 橡胶或其他高分子弹性(悬挂)件可靠性评价

运行速度以及安全性的提高，使得减振技术引起极大关注。由于橡胶材料的粘弹性和非常大的弹性变形(大约是钢的 300 倍)，减振橡胶制品在轨道交通中应用越来越广泛。减振橡胶制品是利用橡胶高弹性及其材料内部能量损耗来实现减振的，与金属弹簧相比具有如下优点：

1. 减振橡胶制品可以自由确定形状，使各个方向的刚度根据设计要求确定，并且利用橡胶的三维特性可以同时承受多向载荷，以便简化结构，安装在空间有限的位置中。

2. 可以避免金属件之间的磨耗，安装、拆卸简便无需润滑，所以，有利于维修更换，降低成本。

3. 硫化橡胶的内部摩擦损耗比金属大的多，振动衰减快，不会产生高频谐振，对高频振动和隔音有良好的效果。

4. 橡胶硫化时通过现代高强度粘结剂，容易与金属件牢固粘合，体积小，重量轻。

5. 弹性模量比金属低的多，可以得到较大的弹性变形，容易实现预想的良好的非线性特性。

同样，由于橡胶材料的力学性能复杂，要设计开发出满足设计要求的橡胶元件，使橡胶元件的各向性能，包括刚度及刚度匹配、稳定性及疲劳特性的技术指标，完全达到设计需要，则需要进行包括有限元分析技术在内的开发手段，并辅以试验测试技术在内的检测验证，才能使弹性元件完全满足使用要求。在现代轨道车辆走行部的转向架上，转向架与车体的联结部位上广泛应用橡胶元件。

橡胶弹性元件总体上虽然体积较少，但实际使用过程中表现为大承载、大变形的特性，在大变形的工况下，橡胶自由面变形复杂而且可能影响使用寿命，因此，设计出适应大变形需要的自由面，必须使用有限元分析技术对其变形特性进行模拟，并利用有限元技术进行自由面优化；另外，橡胶弹性元件往往需要设计实现匹配的各向刚度，在方案设计过程中引入有限元分析技术，使结构能满足刚度匹配要求并使结构整体应力合理。

9.4.3.1　机械特性的疲劳与可靠性评价

现代铁路货车转向架主要在一系、二系悬挂和旁承等处采用橡胶或其他高分子的弹性元件。作为提速与低动力重载转向架的主要技术支持，这些弹性元件提供了车体、转向架和轮对之间相互弹性约束的能力。在这些部位由于采用了橡胶弹性件，消除了过去摩擦约束与滑动间隙所带来的动力学性能差，磨耗等多种不良问题。由于它们都处在承载受力大的部位，工作环境比一般的客运轨道车辆恶劣。

轴向垫要约束侧架与摇枕的相对菱形运动，它承受的交叉杆抗菱拉压轴向力可达±4 t，设计的轴向刚度较大，可避免变形过多而产生疲劳破损。轴向垫处在太阳不能直射的部位，抗老化性好，刚度大，变形小，因而在运用中其钢片虽有破裂但是并不影响它的工作性能，因而它的可靠性很高，对它的考核可采用简单的轴向变载荷即可。试验时两个轴向垫相向串联加载，循环次数为200万次，强化循环次数为15万次。

对于承受三向载荷的轴箱垫，长期承受较高的垂向压缩力，特别是在接头、道岔和擦伤处产生的垂向冲击载荷。在制动、进出曲线与道岔通过时，纵向横向的载荷也较大。对它的可靠性考核主要采用三个阶段考验：①单一交变的垂向载荷，总循环次数为200万次；②垂向静态压缩后施加纵向交变载荷，采用相向并联方式试验，循环次数为50万次；③垂向静态压缩后施加横向交变载荷，采用相向并联方式试验，循环次数为50万次。

对旁承体也采用三个阶段考验：①在垂向压缩至工作高度后，再叠加交变动态位移，总循环次数为200万次，以检验两个旁承弹性体的垂向疲劳性能；②为了考核旁承的极端工况，还增加了35万次的强化交变垂向位移考核，在工作高度上叠加增大的交变动态位移；③当双作用旁承设计了纵向剪切压缩层后，还应增加纵向交变加载试验以考核两个侧翼层的疲劳强度，循环次数为100万次。此时弹性旁承体在垂向压缩到工作位后再施加纵向载荷，两个旁承体反对称安装并联加载。

表9-14～表9-16给出了考核这些产品疲劳强度的载荷情况。

表9-14　转K6轴箱橡胶垫刚度和疲劳试验条件

序号	项　目	指　标	方　法
1	双件串联垂直载荷疲劳试验(万次)	200	(117.6±58.8) kN
2	双件并联纵向载荷疲劳试验(万次)	50	(−39.2～58.8) kN(117.6 kN垂直载荷下)
3	双件并联横向载荷疲劳试验(万次)	50	±39.2 kN(117.6 kN垂直载荷下)

垂向加载时频率为3 Hz，纵横向加载时频率为2 Hz。

表9-15　转K2，转K6转向架交叉支撑的轴向垫疲劳试验条件

序号	项　目	指标	方　法
1	轴向加载疲劳试验(万次) (按安装方式两个一组进行，试验后松开，5 h后变形不得大于1.3 mm)	200	工作状态，轴向载荷(45±10)kN 2～3 Hz
2	强化疲劳试验(万次) (轴向加载按安装方式两个一组装夹进行，试验后松开，5 h后变形不得大于1.5 mm)	15	轴向载荷±39 kN，2～3 Hz

表9-16　转K2，K6转向架弹性旁承体疲劳试验条件

序号	项　目	指　标	方　法
1	垂直载荷下双件并排疲劳试验(万次)	200	垂直工作位(74±3) mm　2.5 Hz
2	纵向载荷下双件相向并联疲劳试验(万次)	100	纵向载荷±22 kN(垂直工作位74 mm下)　2.5 Hz
3	强化垂直载荷下双件并排疲劳试验(万次)	35	(垂直工作位74 mm下±5 mm)　1.5 Hz

1. 轴箱橡胶垫疲劳试验

两个轴箱橡胶垫完成刚度检测并合格后，在实验室内对上述刚度合适的两个轴箱橡胶垫，进行垂直疲劳试验考核。疲劳试验的装夹方式与刚度检测时相同，以相向串联方式装夹，同时进行二个轴箱垫垂直疲劳试验，见图 9-38。垂直试验载荷为(117.6±58.8)kN，试验频率为 3 Hz，在完成 200 万次垂向疲劳加载后停机，仔细检查轴箱垫表面状态。

经检查没有疲劳裂纹后，两个试件方可继续进行轴箱橡胶垫水平方向(纵向与横向)的疲劳试验。试件在工装上垂向预压至 117.6 kN 后紧固起来，置于液压伺服疲劳试验台上，见图 9-39。

图 9-38　轴箱橡胶垫垂向疲劳试验

图 9-39　轴箱橡胶垫横向疲劳试验

两个试件相向安装，工装中部是纵横向加载座，它被螺栓固联在激振器上。加载值见表 9-14，纵向加载 −39.2～58.8 kN，每件实际受载为其值一半。进行 50 万次后，检查轴箱橡胶垫，确定表面没有裂纹。然后试件可转换 90°后，再进行 50 万次横向加载，加载载荷为±39.2 kN，每件受载±19.6 kN。完成试验后，应检查它们的橡胶承载工作层外表面的状态，不应有超过标准的开裂或渗液现象。

轴箱橡胶垫和弹性旁承体在运用中有时实际运用载荷(如运煤车)可能超载，轴重超值会引起运用条件变差影响疲劳寿命，有的弹性橡胶件在安装时变形超过允许值，如旁承纵向预压缩进行安装时若没能控制好，压装时纵向预压缩量骤然增大，超过许可压缩量，从而会在安装过程产生过大挤压力并导致一定数量的侧翼橡胶层粘结面存在初始损伤。长期运用会使存在的初破损在运用时逐渐扩大，影响使用寿命。由于旁承弹性体在旁承座内不作分解，即使侧翼橡胶层粘结面脱开，只要它仍然处于工作的安全位置内，其基本功能并没有受到根本影响。

2. 旁承疲劳试验

旁承疲劳试验按垂向和纵向分开进行，达到刚度要求的两个旁承按垂向并联方式进行垂向疲劳加载，加载按垂向(10±3)mm 进行，见图 9-40。

两个被试品压装在旁承座中并联在伺服疲劳试验台面上，旁承面按工作高度下降 10 mm 后作为垂直加载的平衡位，加载振幅 3 mm，加载次数 200 万次，加载频率 2.5 Hz，加载中检查试验温度与表面状态。完成后应检查它们的工作层外表面的状态。200 万次垂向加载完成后再进行规定的 35 万次(10±5) mm 的强化垂直疲劳试验，经过强化疲劳试验，应仔细检查试件的橡胶工作层外表面的状态，金属表面和橡胶层之间不应发生脱胶与分离，其表面没有疲劳裂纹，方满足技术条件要求。

最后将两试件装入纵向试验检测工装，然后将压装在旁承座中的两个被试品一起在垂向按每件 10 mm

(两件串联 20 mm)预压挠度压紧，用螺栓拧固，被反向安装在同一个纵向刚度测量座内进行纵向疲劳试验，在台位上转过 90°进行并联纵向循环加载。加载次数 100 万次，加载振幅 22 kN，每个试件承受纵向疲劳试验载荷 11 kN。试验频率 2.5 Hz，见图 9-41，在试验 100 万次完成后，仔细检查试件，其两翼橡胶层表面没有疲劳裂纹，方满足技术条件要求。

图 9-40 旁承垂向疲劳试验

图 9-41 旁承纵向疲劳试验

3. 轴向垫疲劳试验

将 2 个轴向垫试样，采用 675 N·m 拧紧力矩通过高强度螺栓将两个试样相向固定在工装上(见图 9-42)，通过疲劳试验机加载(45±10) kN，频率 2.5～3.0 Hz，200 万次循环后，橡胶表面及金属件不得有裂纹，粘接良好。5 h 后压缩永久变形不得大于 1.3 mm。最后将对轴向垫进行 15 万次强化的垂直疲劳试验。

将经过垂直疲劳试验未分解的组合件继续进行 15 万次的强化疲劳试验。加载±39 kN，频率 2 Hz。试验完毕检查试样，橡胶表面不得有大于 5 mm长的裂纹，钢片表面不得有大于 10 mm 长的裂纹，金属件粘结处不得有大于 5 mm 长的裂纹，5 h 后压缩永久变形不得大于 1.5 mm。

通过轴向疲劳试验的样件表明具有运用 80 万 km 或 6 年使用期装车的能力。在使用寿命期内检修时，轴向垫橡胶层会有一定的蠕变，表面钢片可能有裂纹，只要其厚度降低在 1.5 mm 以内，橡胶表面开裂或粘结面脱开长度不大于10 mm，表面钢片的网状裂纹长度不大于 15 mm，这些轴向垫仍可以装车使用。

除去疲劳破损的可靠性评估外，橡胶等弹性元件在长期交变载荷作用下的刚度偏离或蠕变下的高度下降，超过允许值时，其工作可靠性将下降。

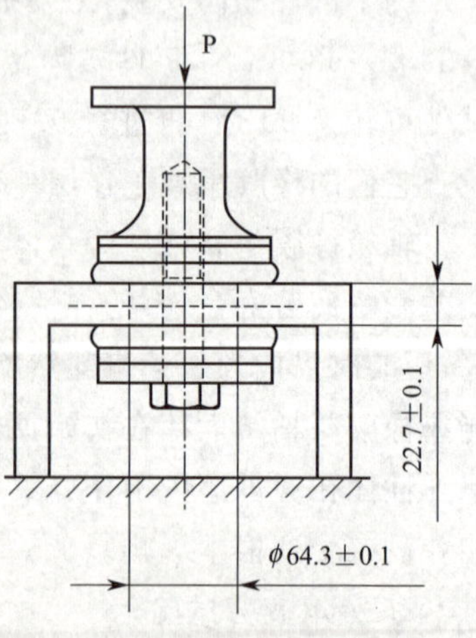

P

22.7±0.1

ϕ64.3±0.1

图 9-42 轴向垫疲劳试验

9.4.3.2 材料的物理化学特性的稳定性特征

橡胶或其他高分子弹性材料与金属材料的物理化学特性有相当的不同，除了需要有较好的机械强度等性能外，还应有稳定的化学结构稳定性能，如抗老化性能等。

橡胶在 20 世纪 30 年代运用于防振结构上，它的优良三向刚度、内摩擦减振性能被充分运用在轨道车辆上。橡胶元件的刚度取决于它的邵氏硬度 HS、形状系数 S 等。轨道车辆的高分子弹性配件运用于室外时，除了需要好的高低温性能外，由于常会受到日光直射(轴箱垫)，因此需要良好的耐老化性能。

橡胶的老化是在物理及化学因素的影响下，原有机械性质、外观、形状等随时间推移而发生的变化。影响老化的因素有大气(氧)、臭氧、紫外线照射、化学腐蚀、热作用等。老化作用将逐步引起橡胶硬化或发黏、表面龟裂等。在恒定压力下，橡胶会发生蠕变和应力松弛，这是物理效应与化学效应的综合反应。蠕变后弹性体在卸载时会部分恢复原状，但需时间，其中一部分变形是永久变形。旁承蠕变的最大不利影响是旁承橡胶体在压缩下形成的高度下降和应力松弛。当然这可以通过在元件底部加入调整高度的垫片来解决。

考核橡胶物理化学稳定性的指标见表 9-17、表 9-18。

表 9-17 旁承弹性体

序号	项 目		指 标	试 验 方 法
1	硬度(邵尔 A,度)		53±5	GB/T 531
2	拉伸强度(MPa)		≥15	GB/T 528
3	扯断伸长率(%)		≥400	GB/T 528
4 4	恒定压缩永久变形(%)	50 ℃、24 h、25%压缩下	≤15	GB/T 7759
5	脆性温度(℃)		≤−60	GB/T 1682
6	金属与橡胶粘合强度(MPa)		≥6.0	GB/T 11211
7	拉伸强度变化率(%)	70 ℃、96 h、空气	≥−15	GB/T 3512

表 9-18 转 K2，转 K6 型转向架轴箱橡胶垫

序号	项 目		指 标	试 验 方 法
1	硬度(邵尔 A)度(参考)		73±5	GB/T 531
2	拉伸强度(MPa)		≥15	GB/T 528
3	扯断伸长率(%)		≥350	GB/T 528
4	恒定压缩永久变形(%)	35 ℃，24 h，25%	≤15	GB/T 7759
		70 ℃，24 h，25%	≤25	
		110 ℃，3 h，25%	≤30	
5	脆性温度(℃)		≤−50	GB/T 1682
6	金属与橡胶粘合强度(MPa)		≥6.0	GB/T 11211
7	拉伸强度变化率(%)	70 ℃，96 h，空气	≥−15	GB/T 3512
		110 ℃，3 h，空气	≥−10	

一般橡胶元件的橡胶硬度 HS 影响他的各向刚度，脆性温度影响它的低温使用性能。扯断伸长率决定了它的大幅度单位变形的能力。橡胶的拉伸强度，橡胶与金属的粘结强度与它们在热空气下的变化程度都表示了橡胶的物理化学特征。

批量生产中，抽验产品时这些参数的概率分布的均值应在设计的中值处，而其均方差值应尽可能小。

9.4.3.3 特征参数测试和评估

1. 轴箱橡胶定位垫三向刚度检测(表 9-19)

刚度检测按技术条件要求，将生产后放置 72 h 的弹性元件按测试状态安装后先预压两到三次。主要克服滞后效应，进入稳定状态，两到三次后曲线将稳定重复性变好，然后才正式开始测试加力。

将一对轴箱橡胶垫相向的固定在试验夹具上，垂直力从上而下作用在上面的轴箱垫再传至下面的轴箱垫，因而垂直方向是以串联方式同时对两个轴箱垫进行垂直刚度检测，见图 9-43。

表 9-19 转 K6 型转向架轴箱橡胶垫刚度条件

序号	项 目	指 标	方 法
1	双件串联条件下常温静态垂直挠度(mm)	0.3～0.8	2～117.6 kN 垂直载荷
2	双件并联条件下常温静态纵向刚度(MN/m)	14±2.1	2～39.2 kN 纵载荷
3	双件并联条件下常温静态横向刚度(MN/m)	10±1.5	2～39.2 kN 横载荷

轴箱橡胶垫纵横向刚度在垂直预压 117.6 kN 下以并联方式检测，如图 9-44 及图 9-45 所示。

刚度检测方式与前面轴箱橡胶垫疲劳试验的装夹方式相同。

2. 弹性旁承体刚度检测

垂直刚度检测按技术条件要求，应对弹性旁承体逐个进行垂直刚度试验，见图 9-46。

弹性旁承体左右翼的橡胶侧片被预压在 200 mm 座内，左右翼的橡胶侧片每片预压缩约 2 mm。在安装过程中，其预压量因小台而变大，但不宜超过 5 mm。左右翼的橡胶侧片在垂直方向被预拉下 7 mm，此时上承板被左右翼的橡胶侧片相应拉低 1 mm 左右，故旁承工作高度应再下降 9 mm。

图 9-43　轴箱橡胶垫垂直刚度检测方法

压装在旁承座中的两个被试品被独立检测垂向刚度后，两个弹性旁承体成组地一起被反对称垂向预压缩 9 mm，相向安装在同一个纵向刚度测量座内，然后转过 90°进行纵向刚度检测。因而纵向刚度是在工作高度下检测的，为两个旁承的平均值。见图 9-47。

图 9-44　轴箱橡胶垫纵向刚度检测方法

图 9-45　轴箱橡胶垫横向刚度检测方法

3. 轴向垫垂向刚度检测

垂直刚度检测按技术条件要求，将轴向垫试样安放在工装上(见图 9-48)，放置于试验机平台上，先预压三次，每次载荷 0～50 kN。正式试验时，加载至 1 kN 后位移清零，然后向下压缩至载荷 35 kN，保持该位置 12 s，记录该时刻的载荷 P(kN)及位移 S(mm)，试件的名义垂直轴向刚度为 $Kz=(P-1)/S$(MN/m)。

分别检测 4 个轴向垫垂向刚度后，继续进行高低温度下垂向刚度变化率检测。将上述 4 个轴向垫中 2 个轴向垫作低温下垂向刚度变化率检测，另外 2 个轴向垫作高温下垂向刚度变化率检测，分别放在 −40 ℃和 +50 ℃高低温箱中保持8 h后，进行垂向刚度变化率检测。

4. 交叉杆 U 形垫与 X 形垫的刚度检测

在上下交叉杆中间采用 U 形、X 形垫后，解决了交叉杆与扣板焊接产生的疲劳强度问题。然而这两个弹性件将减小上下交叉杆互相间的刚性约束能力，因此对它们形状与刚度也是有一定要求的，提出具体试验要求需要一定的研究和实验数据的积累。

图 9-46 弹性旁承体垂直刚度试验

图 9-47 弹性旁承体纵向刚度试验

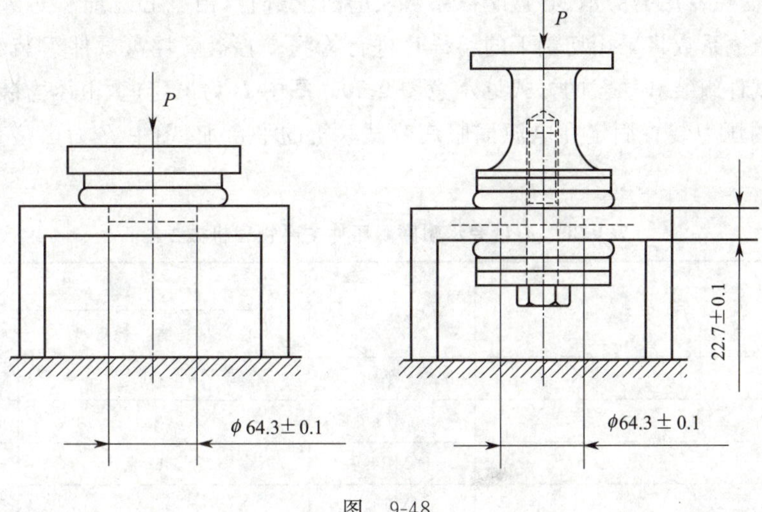

图 9-48

9.4.4 高分子耐磨耐压件的可靠性评估

9.4.4.1 高分子耐磨耐压件机械特性的疲劳可靠性试验

1. 改性尼龙或其他高分子的合成耐磨耐压件在铁路货车转向架上承受着交变的载荷或反复的接触滑移。其表面承受着变化的正压力和剪切方向的摩擦力。如心盘面，承受着峰值压强高达 20 MPa 的挤压力和相应的滑动摩擦力。在如此高的压力下，改性尼龙会发生微小的塑性变形或塑性流。由于它的结构呈盆形，在初始安装时变形较大，而后即趋于缓和。

由于心盘磨耗盘吸水膨胀后长期反复承受垂直、纵向和横向载荷，并受到侧滚和点头运动的偏载，会产生一定的疲劳破损，对其开展模拟运用工况的疲劳试验需要大型的多维疲劳加载试验机。而这对于生产厂家是极其困难的。目前不清楚国内有无这类功能的专业试验台。这只有在产量集中的条件下才能要求厂商和检测单位开展台架试验，因此目前主要靠收集运用数据，需要一定的研究和实验数据的积累，提出具体试验要求来评估它的疲劳可靠性。

2. 旁承磨耗板

对于旁承磨耗板则相对容易,因为它的单位接触应力大约在353.5 MPa内。这较心盘所受应力值小很多,同时所受垂向的交变力也不大,因而它在压力下的疲劳强度是足够的,收集到的运用数据也证明了旁承磨耗板可靠性。提出具体磨耗试验要求需要一定的研究和实验数据的积累。

3. 斜楔磨耗板

现在转向架斜楔的主副摩擦面上都安放了合成材料的磨耗板,它的摩擦系数较稳定。这种材料的硬度及弹模量要高于旁承磨耗板数值,主要是防止硬度低会影响到斜楔副处形成的抗菱刚度值。提出具体磨耗试验要求需要一定的研究和实验数据的积累。

目前主要需要考核的问题是这两种磨耗板在正常工作时产生的磨耗问题。如果磨耗不均匀,或磨耗过快,就会引起转向架性能变化。

9.4.4.2 高分子耐磨耐压件物化特性试验

改性尼龙或其高分子的合成耐磨耐压件的主要性能试验有:塑料吸水性试验;塑料拉伸性能试验;塑料压缩性能试验;塑料冲击试验;热塑性塑料软化点(维卡)试验;塑料邵氏硬度试验;塑料弯曲性能试验;塑料密度相对密度试验;塑料球压痕硬度试验;高分子复合材料摩擦板分层和疏松等缺陷试验。

考核心盘旁承耐磨耐压件物理稳定性的指标见表9-20。满足解冻库110 ℃保温3 h的静态解冻。

考核复合耐磨耐压件物理稳定性的指标见表9-21、表9-22中耐磨层和增强层的物理机械性能。

耐磨层和增强层的粘结强度目前还未制定完。

1. 转向架用心盘磨耗盘、旁承磨耗板的摩擦系数检测

摩擦系数的检查需在专用的旁承、心盘摩擦系数实验机上进行,由于心盘面积过大,采用真实件检测困难较多,因而心盘的摩擦系数将采用切割下的小样片进行检测。心盘磨耗盘试件组装和加载的方式见示意图9-49,旁承磨耗板试件组装和加载的方式见示意图9-50。图中 P 为恒定值,由压力装置单独施加,当 P 力恒定后,将装有试件的压力装置固定在电源伺服疲劳试验机的平台上,图中 F 力由疲劳试验机的作动头施加。

表9-20 心盘旁承耐磨耐压件主要物理机械性能

序号	项目		单位	指标	
				心盘磨耗盘	旁承磨耗板
1	硬度(邵氏D)		度	≥60	≥60
2	拉伸强度		MPa	≥55	≥40
3	弯曲强度		MPa	≥60	≥50
4	压缩强度		MPa	≥75	≥60
5	无缺口冲击强度	室温时	kJ/m²	不断	不断
		−50 ℃时	kJ/m²	≥40	≥40
6	吸水率		%	≤1.2	≤1.2
7	塑料软化点(维卡,5 kg)		℃	≥160	≥150
8	摩擦系数			0.2±0.06	0.3±0.06

表9-21 耐磨层的物理机械性能

名称	单位	性能指标
平均摩擦系数	工作压力:1.57 MPa 速度:0.04 m/s	0.22~0.27
磨损量	3 cm/N·m	$<2\times10^{-8}$
冲击强度(20 ℃)	kJ/m²	≥3.5
相对密度	g/cm³	2.6
耐温	℃	≥200
球压痕硬度	N/m	≥100
吸水率	mg/cm²	≤8

表9-22 增强层物理机械性能

名称	单位	性能指标
剪切层强度	工作压力:1.57 MPa	0.22~0.27
冲击强度		
20 ℃	kJ/m²	≥100
−40 ℃	J/m²	≥50
抗拉强度	MPa	≥90

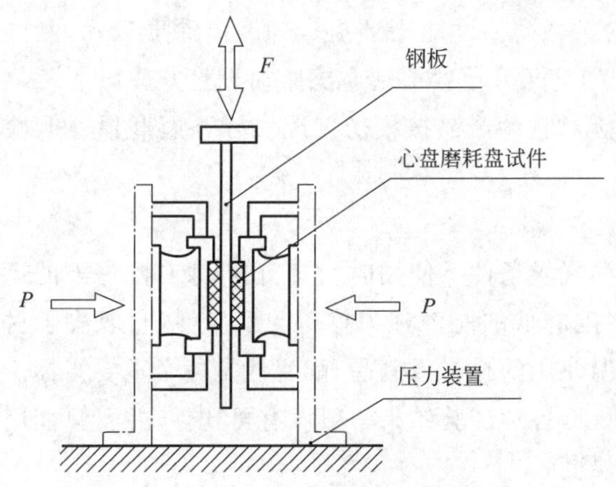

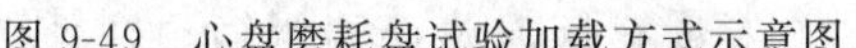
图 9-49 心盘磨耗盘试验加载方式示意图

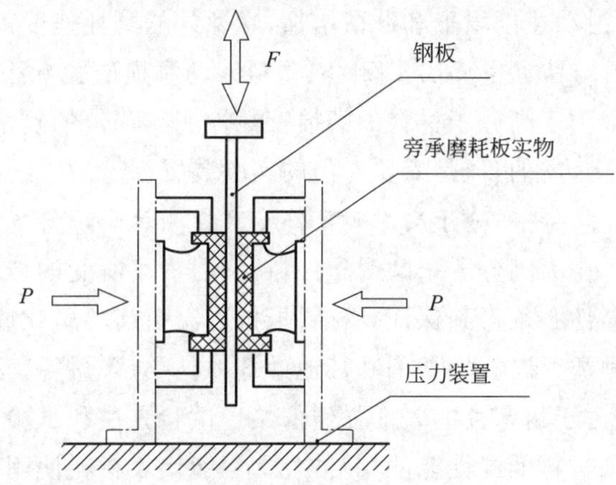

图 9-50 旁承磨耗板试验加载方式示意图

2. 交叉支撑装置的U形、X形弹性元件特征参数的检测

U形、X形弹性元件使两交叉连杆中部节点实现弹性连接后，由于上下交叉杆在抗菱运动中互相滑动，需要U形、X形弹性元件对交叉杆与扣板的运行提供摩擦阻尼，在试验台与测试系统条件成熟时可以检测不同材料的U形、X形弹性元件的摩擦系数和耐磨性。

9.4.4.3 非金属材料耐磨耐压件摩擦磨损性能测试和评价方法

高分子材料由于其特有的粘弹性行为，它的摩擦磨损过程区别于金属材料。高分子材料的摩擦磨损与内摩擦有关系，其摩擦磨损依赖于载荷、接触面积、速度、湿度、温度、表面状况和材料本身的性质等多种因素，因此考虑铁路货车用耐摩擦磨损材料的磨损特性，要考虑到其是包含整个系统的机械、物理、化学以及材料所具有的多种特性的综合效应。

1. 摩擦特性测试和评价方法

摩擦学的基本原理表明，摩擦力取决于表面层的物理和力学性质，它由分子部分和机械部分组成。分子部分主要是切开粘附节点的剪力，机械部分主要是一个表面的微凸体在另一个微凸体表面上的犁削力；摩擦过程既有形变过程又有粘附过程，一般来说，这两类过程并不是彼此无关的。然而在某些特殊条件下，某一过程可能是占主要作用。

在金属/高分子摩擦中，当金属表面比较粗糙时，摩擦阻力主要是金属表面硬质微凸体犁过高聚物表面的犁削力。然而在无油润滑条件下，且对磨金属的表面粗糙度较低时候或者磨合以后，高聚物的摩擦阻力往往是以切开粘附节点的剪力为主，机械变形部分的阻力可以忽略不计。由于高分子材料的压缩强度低于金属材料的压缩强度，故真实接触面积较金属大，因而所承受的载荷更容易均匀分散在表面，从而避免了应力集中，这也是高分子材料作为摩擦副的优越性之一。

摩擦性能用摩擦系数表示。摩擦副的摩擦系数不仅与材料组合、表面粗糙度、清洁度有关，还与接触压力、运动速度、温度、湿度等因素有关。压力增大，摩擦系数增大，继续增大压力，摩擦系数会减小。运动速度增大，摩擦系数一般也会先增大而后减小，温度具有与运动速度类似的影响。吸湿较强的塑料，湿度增大使摩擦系数增大，吸湿小的塑料，湿度对摩擦系数的影响较小。润滑对塑料间的摩擦性能的影响不如对金属影响大。实际使用中不需要润滑剂，吸湿小的塑料可以用水润滑。测试和评价方法参考GB/T 1006《塑料薄膜和片材摩擦系数的测定方法》。

2. 磨损特性测试和评价方法

高分子材料的磨损和金属一样，也是一个十分复杂的过程，如包含极薄表层材料间的相互作用，伴随着表层材料附近性质和结构的变化。一般认为，高分子材料的磨损也是产生于接触表面间的强粘附交互作用力，疲劳、磨料的微剪切作用，热的或者热氧化交互作用，腐蚀等，高分子材料的磨损行为主要有粘附磨损，磨粒磨损、疲劳磨损，但是实际上的工况是十分复杂的，他们是可以互相影响，互相转化的。

高分子材料的磨损不仅取决于材料本身，而且取决于所处的工作条件如温度、压力速度等。随着温度升高、滑动速度增加和载荷增加，摩擦件的磨耗速度都急剧增大。磨损性能用磨损量和磨痕深度表示，测试和评价方法参考 GB/T 5478《塑料滚动摩损试验方法》和 GB/T 3960《塑料滑动摩擦摩损试验方法》。

由于高分子材料的磨损特性检测与评价的复杂性，直接对它的产品按模仿工况实际开展磨损性能检测也是必需的，但是需要专门的实验装置。

9.4.4.4　高分子耐磨耐压件可靠性测试和评价方法

作为高分子耐磨耐压件，在铁路货车所受的地域变化和气候条件下使用时，它们在严寒和酷暑下的运用可靠性必须得到保证。材料抵抗低温引起的脆化或冲击强度降低的能力称为材料的耐寒性，它取决于材料的种类、结构、增塑剂和其他助剂的种类、含量等。对于低温使用的材料或制品，耐寒性是一个重要指标。但是，由于耐寒性的表征强烈依赖于试验方法和试验条件，所以，各种试验结果一般没有可比性，并且只能用作鉴别材料低温性能的相对方法，不能代表材料使用的最低温度。

当橡胶和高分子材料用做结构材料时，常用的表征耐寒性的参数有低温脆点和压缩耐寒系数。试验方法参考 GB/T 1682—1994《硫化橡胶低温脆性的测定单试样法》、GB/T 15256—1994《硫化橡胶低温脆性的测定(多试样法)》、HG/T 3866—2006《硫化橡胶压缩耐寒系数的测定》、GB/T 5470—1985《塑料冲击脆化温度试验方法》等。

另外，与材料低温性能密切相关的一个重要参数是材料的玻璃化转变温度(T_g)，是材料由高弹态向玻璃态转变的温度，它与材料自身的分子结构有关。通常，在玻璃化转变温度以上 20 ℃或更高温度范围内，材料的物理机械性能与常温时有显著变化。试验方法可以参考 GB/T 19466.2—2004《塑料　差示扫描量热法(DSC)第 2 部分：玻璃化转变温度的测定》和 ASTM D3418—2003《聚合物转变温度的标准测试方法——差示扫描量热法(DSC)》。

天然橡胶通常低温性能较好，可以在－50 ℃的寒冬季节使用，而尼龙类高分子材料的磨耗板在高低温时抗压强度、耐冲击性、玻璃化等都应得到加强。这些性能能够保证它们在不同气候下的运用可靠性。在高低温下摩擦元件的摩擦系数也会发生变化，简单讲，由于低温高分子类材料变硬，其摩擦系数开始下降。到高温时，这些摩擦材料变软、变粘，致使摩擦系数变大，温度再升高时有可能变小，可能处于不稳定状态中。对它们的可靠性应严加注意。

高分子材料吸水后弹性与摩擦系数均会发生变化，影响到它的工作可靠性，特别是旁承磨耗板在雨雪天中的摩擦系数的稳定性是必须引起注意的。同样，这些材料在老化后表面状态发生变化，也会影响到它们的摩擦系数，从而影响它们的工作可靠性。由于在正常条件下对旁承磨耗板、心盘磨耗盘、斜楔磨耗板的摩擦系数的测试目前都很困难，测试数据离散性较强，所以要进行气候变化、温度变化、时间变化下的性能或参数的可靠性检测还需要进一步努力才能进行。所以目前主要是从现场运用中的统计数据了解它们的可靠性。

图 9-51　心盘磨耗盘有限元分析模型图

9.4.4.5　高分子耐磨耐压件结构分析和评价方法

1. 有限元分析技术

(1)模型

计算用材料属性：弹性模量 2.106 GPa，泊松比 0.32。

计算用有限元模型：全部采用 C3D8 六面体实体单元，总计 25 152 个。见图 9-51。

下面的计算用载荷和边界条件是假设的，实际受力分布与约束条件是相当复杂的。

(2)边界条件(采用 25 t 轴重货车的静态最大载荷)

工况Ⅰ：垂向加载(见图 9-52)

工况Ⅱ：垂向加载＋横向加载(见图 9-53)

(3)应力应变分析

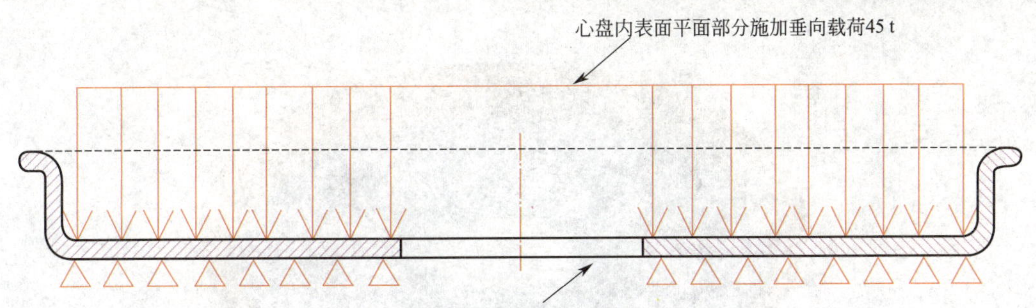

图 9-52 心盘磨耗盘有限元垂向加载模型图

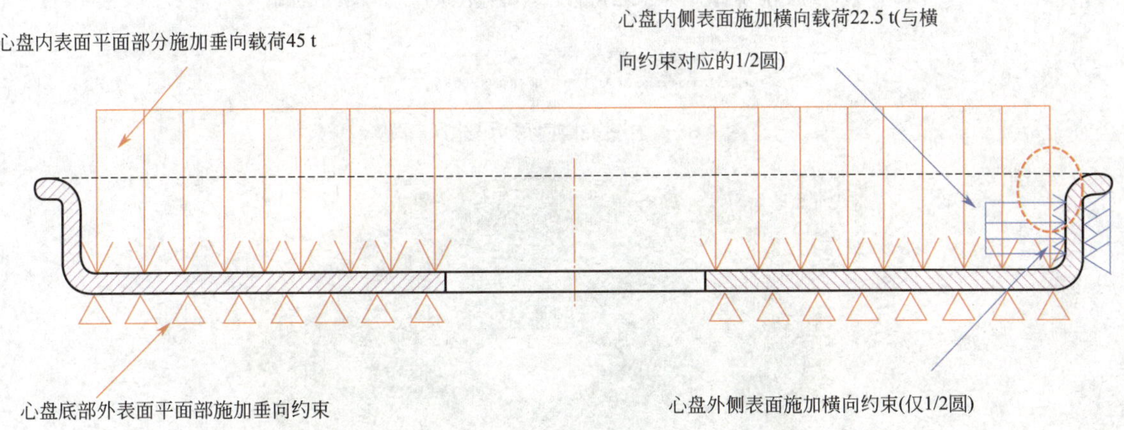

图 9-53 心盘磨耗盘有限元垂向、横向加载模型图

工况Ⅰ:由垂向应力云图 9-54(Y 向)左上角的数值可见(正值为拉应力,负值为压应力),该零件在垂向基本不受拉应力,底部压应力较为均匀,最大压应力为 5.6 MPa。

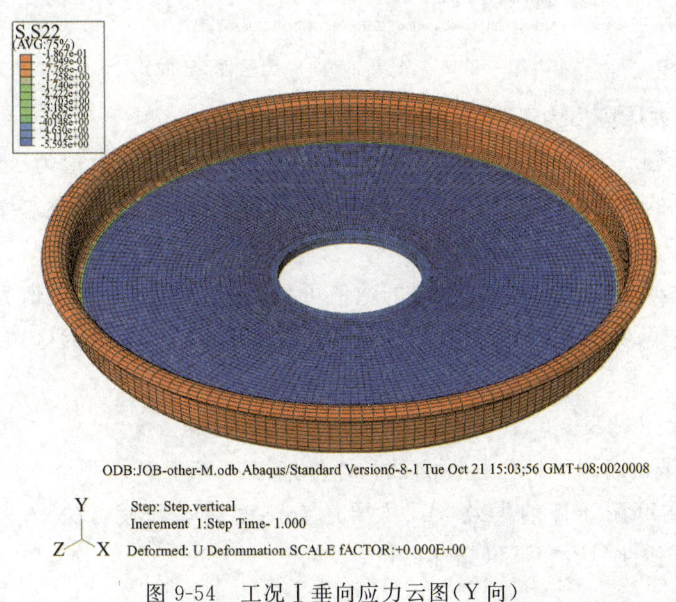

图 9-54 工况Ⅰ垂向应力云图(Y 向)

工况Ⅰ:由横向应力云图 9-55(Z 向)左上角的数值可见(正值为拉应力,负值为压应力),该零件在横向基本不受拉应力,底部压应力较为均匀,最大压应力为 2.6 MPa。由于该工况的载荷为对称布置,所以另一垂直该方向(X 向)的横向力应力分布与本图一致。

工况Ⅱ:由垂向应力云图 9-56(Y 向)左上角的数值可见(正值为拉应力,负值为压应力),该零件在垂向基本受拉应力最大的部位为图上红色区域,基本是 $R6$ 倒角的区域,最大拉应力为 6.0 MPa;压应力最大区

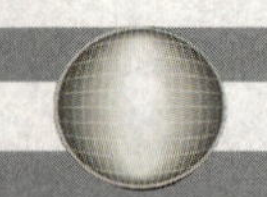

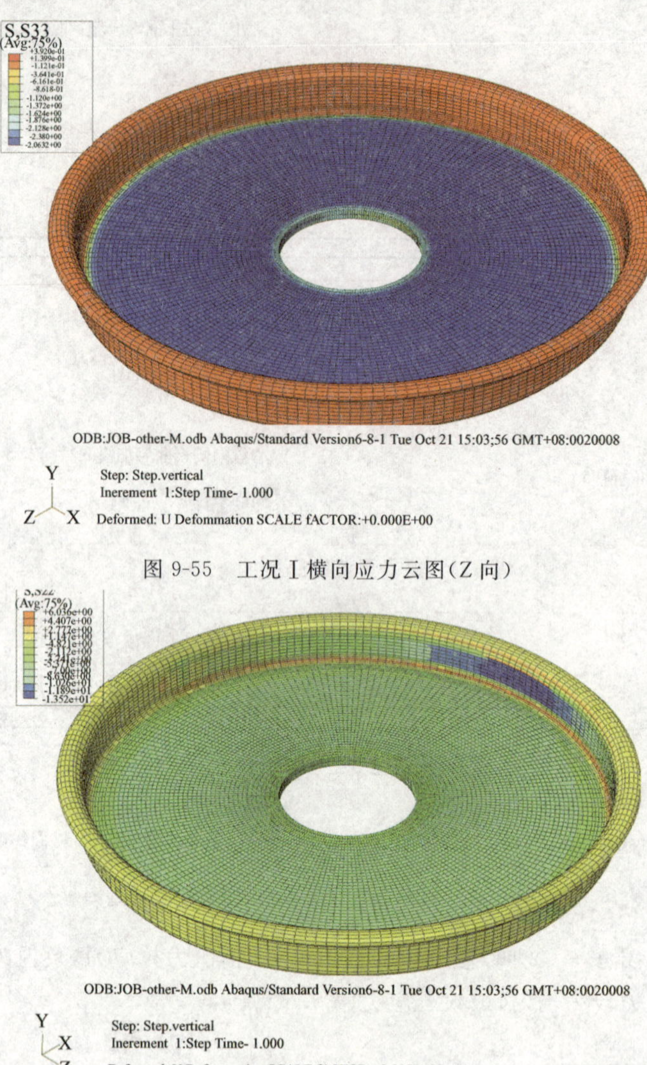

图 9-55 工况Ⅰ横向应力云图(Z 向)

图 9-56 工况Ⅱ:垂向应力云图(Y 向)

域为上图的蓝色部分,最大压应力为 13.5 MPa。

工况Ⅱ:由横向应力云图 9-57(X 向)左上角的数值可见(正值为拉应力,负值为压应力),该零件在垂向基本受拉应力最大的部位两侧的圆形红色区域,最大拉应力为 8.1 MPa;压应力最大区域为上图的蓝色部分,最大压应力为 37.6 MPa。

工况Ⅱ:由横向应力云图 9-58(Z 向)左上角的数值可见(正值为拉应力,负值为压应力),该零件在垂向基本受拉应力最大的部位两侧红色区域,最大拉应力为 5.7 MPa;压应力最大区域为上图的蓝色部分,最大压应力为 13.5 MPa。

应力应变计算分析结果见表 9-23。

2. 尼龙或其他高分子耐磨耐压件可靠性测试和评价指标

尼龙或其他高分子耐磨耐压件的失效形式主要还有刚度失效和疲劳失效。其评价和测试方法参考 9.4.3 橡胶或其他高分子弹性(悬挂)件可靠性评价。

表 9-23 应力应变分析计算结果

	方 向 说 明	工况Ⅰ	工况Ⅱ
产品垂向的最大应力(MPa)	附图 Y 向,施加垂向载荷的方向	−5.6	−13.5
产品横向的最大应力(MPa)	附图 X 向,施加横向载荷的方向	−2.6	−37.6
产品另一横向的最大应力(MPa)	附图 Z 向,水平垂直 X 向	−2.6	−13.5
MISES 合成的最大应力(MPa)		5.6	38.1

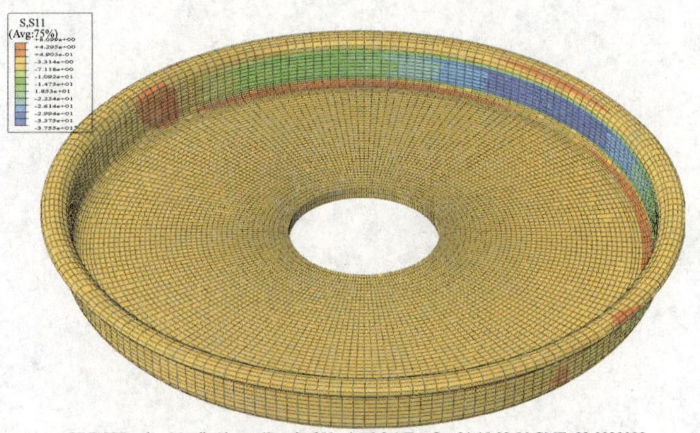

ODB:JOB-other-M.odb Abaqus/Standard Version6-8-1 Tue Oct 21 15:03;56 GMT+08:0020008

Y
X
Z

Step: Step.vertical
Inerement 1:Step Time- 1.000
Deformed: U Defommation SCALE fACTOR:+0.000E+00

图 9-57 工况Ⅱ:横向应力云图(X 向)

ODB:JOB-other-M.odb Abaqus/Standard Version6-8-1 Tue Oct 21 15:03;56 GMT+08:0020008

Y
X
Z

Step: Step.vertical
Inerement 1:Step Time- 1.000
Deformed: U Defommation SCALE fACTOR:+0.000E+00

图 9-58 工况Ⅱ:横向应力云图(Z 向)